최근 12년의 기출문제를 분석하여 이론에 완벽 반영한 기본서!

기술직
공무원

김홍덕 편저

9급 컴퓨터일반

"기술직 공무원"

기계, 전기, 화공, 농업, 토목, 건축, 전산 등
각 분야에 대한 전문적이고 기술적인 업무를 수행

직렬별 전공과목

직렬	급수	과목
공업직 (일반기계)	9급	기계일반
	7·9급	기계설계
공업직 (전기)	9급	전기이론
	7·9급	전기기기
농업직 (일반농업)	9급	재배학개론
	7·9급	식용작물(학)
시설직 (일반토목)	7·9급	응용역학(개론)
	9급	토목설계
시설직 (건축)	7·9급	건축계획(학)
	7·9급	건축구조(학)
전산직 (전산개발)	9급	컴퓨터일반
	7·9급	정보보호론

수험생 여러분 안녕하세요?

『2022 기술직 공무원 9급 컴퓨터일반』 도서는 전산직·계리직 분야의 시험을 대비하기 위한 수험서입니다. 전산직·계리직 분야의 컴퓨터일반 시험은 컴퓨터 구조, 디지털 논리회로, 운영체제, 데이터 통신과 네트워크, 프로그래밍, 자료구조, 데이터베이스, 소프트웨어 공학 과목에서 출제되고 있습니다.

이 책은 **과목별 이론, 2021~2013 최신·과년도 기출문제 및 해설, 핵심요약노트(PDF)**로 구성되어 있습니다.

9급 컴퓨터일반 기출문제를 기반으로 학습해야 할 내용들을 추출하여 단원 구성을 하였으며, 각 단원별 중요도는 출제 빈도와 내용의 중요도에 근거하여 작성되었습니다. 수험자는 각 과목별로 출제되고 있는 단원과 중요도를 파악할 수 있고, 각 단원의 중요도를 기초로 하여 세부적으로 학습해야 할 내용의 우선순위를 설정할 수 있습니다.

'과목별 이론'은 컴퓨터 구조, 디지털 논리회로, 운영체제, 데이터 통신과 네트워크, 프로그래밍, 자료구조, 데이터베이스, 소프트웨어 공학 총 8개의 과목으로 구성되어 있습니다. 각 과목에서 기출문제로 출제되었던 기본적인 내용은 물론, 연계되는 내용을 함께 수록하여 범위를 확장하였습니다. 또한 중요한 이론이지만 기출문제로 출제된 빈도가 적거나 없었던 내용도 추가하여 수험자가 새로운 기출 유형에 대비할 수 있도록 하였고, 산업기사 이상의 자격증 기출문제 중 해당 과목과 관련성이 높은 문제도 함께 수록하였습니다.

'기출문제 및 해설'은 2021~2013년의 최신·과년도 기출문제와 해설을 수록하였습니다. 각 문제에 대해서 중요도 표시를 하였으며, 상세한 해설을 통해 수험자들의 이해를 높일 수 있도록 하였습니다. 또한 문제와 관련된 이론을 함께 제시하여 학습 및 점검이 동시에 가능할 수 있도록 하였습니다.

'핵심요약노트(PDF)'에서는 기출문제를 통합적으로 분석하여 각 과목별로 출제 빈도가 높고 중요하다고 생각되는 핵심 내용을 짧은 시간 내에 학습하고 점검할 수 있도록 정리하였습니다. 제공되는 PDF 파일을 통해 시험 전 또는 중요 내용을 복습할 때 유용하게 활용할 수 있습니다.

이 책은 기출문제를 통합적으로 분석하여 불필요한 내용들은 제외하고 반드시 학습해야 할 내용 위주로 구성하였습니다. 이와 같은 구성은 수험자의 학습 부담을 최소한으로 줄이고 학습의 효율성을 높이는 것이 주된 목적입니다.

마지막으로 이 책이 수험자분들의 시험 대비와 최종 합격에 많은 도움을 제공하기를 기원합니다. 책의 출간에 도움을 주신 출판사의 모든 관계자분들과 늘 한결같은 마음으로 응원과 지지를 해준 사랑스러운 아내와 이 세상 소중한 보물인 딸, 아들 그리고 가족들에게 감사의 말씀을 전합니다.

김홍덕

기술직 시험 안내

※ 시험 공고는 변경될 수 있으므로, 시행처의 최신 공고를 반드시 확인하시기 바랍니다.

응시자격

- 응시연령

시험명	응시연령
7급 공채시험	20세 이상
9급 공채시험(8·9급)	18세 이상

- 학력 및 경력 : 제한 없음

- 응시결격사유 등 : 해당 시험의 최종시험 시행예정일(면접시험 최종예정일) 현재를 기준으로 「국가공무원법」 제33조(외무공무원은 「외무공무원법」 제9조, 검찰직·마약수사직 공무원은 「검찰청법」 제50조)의 결격사유에 해당하거나, 「국가공무원법」 제74조(정년)·「외무공무원법」 제27조(정년)에 해당하는 자 또는 「공무원임용시험령」/「지방공무원법」 제31조(결격사유), 제66조(정년), 「지방공무원 임용령」 제65조(부정행위자 등에 대한 조치) 및 「부패방지 및 국민권익위원회의 설치와 운영에 관한 법률」 등 관계법령에 의하여 응시자격이 정지된 자는 응시할 수 없음

- 전산직 응시에 필요한 자격증(해당 시험의 최종시험 시행예정일(면접시험 최종예정일) 현재 유효한 것)

7급 공채시험	9급 공채시험
컴퓨터시스템응용기술사, 정보통신기술사, 정보관리기술사, 전자계산기기사, 정보통신기사, 정보처리기사, 전자계산기조직응용기사, 정보보안기사	전자계산기제어산업기사, 정보통신산업기사, 사무자동화산업기사, 정보처리산업기사, 정보보안산업기사, 멀티미디어콘텐츠제작전문가 ※ 7급 공채시험 응시에 필요한 자격증은 9급 공채시험 응시에도 인정

- 거주지 제한(지방직 공무원, 아래의 요건 중 하나를 충족하여야 함)
    - 매년 1월 1일 이전부터(이전년 12월 31일까지 주민등록상 전입처리가 완료되어야 함) 최종시험 시행예정일(면접시험 최종예정일)까지 계속하여 응시지역에 주민등록상 주소지를 두고 있는 자로서 동 기단 중 주민등록의 말소 및 거주 불명으로 등록된 사실이 없어야 함
    - 매년 1월 1일 이전까지, 응시지역에 주민등록상 주소지를 두고 있었던 기간을 모두 합산하여 총 3년 이상인 자
    ※ 거주지 요건의 확인은 "개인별주민등록표"를 기준으로 함
    ※ 행정구역 통·폐합 등으로 주민등록상 시·도의 변경이 있는 경우 현재 행정구역을 기준으로 함
    ※ 과거 거주 사실의 합산은 연속하지 않더라도 총 거주한 기간을 월(月) 단위로 계산하여 만 36개월 이상이면 충족함
    ※ 재외국민(해외영주권자)의 경우 위 거주지 제한 요건과 같고 주민등록 또는 국내거소신고 사실증명으로 거주한 사실을 증명함

시험방법

- 제1·2차 시험(병합 실시) : 선택형 필기시험(과목별 20문항, 4지택일형)
  - 시험시간은 과목별 20분(1문항 1분 기준)

시험명	시험과목	시험시간
7급 공채시험	7과목	140분
9급 공채시험(8·9급)	5과목	100분

  - 지방직의 경우 : 필기시험 합격자를 대상으로 면접시험일 전에 임용예정기관별로 인성검사를 실시할 수 있으며, 일정 등 세부사항은 필기시험 합격자 발표 이후 임용예정기관별로 공고 예정
- 제3차 시험 : 면접시험
  - 제1·2차 시험에 합격한 자만 제3차 시험에 응시할 수 있음
  - 면접시험 결과 "우수, 보통, 미흡" 등급 중 "우수"와 "미흡" 등급에 대해 추가면접을 실시할 수 있음

가산점 적용

- 가산점 적용대상자 및 가산점 비율표

구분	가산비율	비고
취업지원대상자	과목별 만점의 10% 또는 5%	• 취업지원대상자 가점과 의사상자 등 가점은 본인에게 유리한 것 1개만 적용
의사상자 등 (의사자 유족, 의상자 본인 및 가족)	과목별 만점의 5% 또는 3%	• 취업지원대상자/의사상자 등 가점과 자격증 가산점은 각각 적용
직렬별 가산대상 자격증 소지자	과목별 만점의 3~5% (1개의 자격증만 인정)	• 구체적인 내용은 아래 참고

※ 직렬 공통으로 적용되었던 통신·정보처리 및 사무관리분야 자격증 가산점은 국가직은 2017년부터, 지방직은 2021년부터 폐지

- 취업지원대상자 및 의사상자 등
  - 「독립유공자예우에 관한 법률」 제16조, 「국가유공자 등 예우 및 지원에 관한 법률」 제29조, 「보훈보상대상자 지원에 관한 법률」 제33조, 「5·18민주유공자 예우에 관한 법률」 제20조, 「특수임무유공자 예우 및 단체설립에 관한 법률」 제19조에 의한 취업지원대상자, 「고엽제후유의증 등 환자지원 및 단체설립에 관한 법률」 제7조의9에 의한 고엽제후유의증환자와 그 가족 및 「국가공무원법」 제36조의2 및 「지방공무원법」 제34조의2, 「지방공무원 임용령」 제56조에 의한 의사자 유족, 의상자 본인 및 가족은 과목별 득점에 위 표에서 정한 가산비율에 해당하는 점수를 가산
  - 취업지원대상자 및 의사상자 등 가점은 과목별 만점의 40% 이상 득점한 자에 한하여, 과목별 득점에 과목별 만점의 일정비율(10%/5%/3%)에 해당하는 점수를 가산
  - 국가유공자, 5·18민주유공자, 특수임무유공자 등 취업지원대상자 가점을 받아 합격하는 사람은 선발예정인원의 30%(의사상자 등 가점의 경우 10%)를 초과할 수 없음. 다만, 응시인원이 선발예정인원과 같거나 그보다 적은 경우에는 그러하지 않음
  - ※ 취업지원대상자 여부와 가점비율은 국가보훈처 및 지방보훈청 등(보훈처 상담센터 ☎1577-0606)으로, 의사상자 등 여부와 가점비율은 보건복지부 사회서비스자원과(044-202-3255)로 본인이 사전에 확인하기 바람

- 직렬별 가산대상 자격증 소지자
  - 기술직 : 국가기술자격법령 또는 그 밖의 법령에서 정한 자격증 소지자가 해당 분야(전산직은 제외)에 응시할 경우 과목별 만점의 40% 이상 득점한 자에 한하여 과목별 득점에 과목별 만점의 일정비율(아래 표에서 정한 가산비율)에 해당하는 점수를 가산(채용분야별 가산대상 자격증의 종류는 「공무원 임용시험령」 별표 12를 참조)

구분	7급		9급(8·9급)	
	기술사, 기능장, 기사 [시설직(건축)의 건축사 포함]	산업기사	기술사, 기능장, 기사, 산업기사 [시설직(건축)의 건축사 포함]	기능사 [농업직(일반농업)의 농산물품질관리사 포함]
가산비율	5%	3%	5%	3%

- 가산점 적용과 관련한 유의사항
  - 7·9급 공채시험에서 가산점을 받고자 하는 자는 필기시험 시행 전일까지 해당 요건을 갖추어야 하며, 반드시 필기시험 시행일을 포함한 3일 이내(아래의 가산점 등록기간 참고)에 사이버국가고시센터(www.gosi.kr)에 접속하여 자격증의 종류 및 가산비율을 입력해야 함
  - ※ 자격증 종류 및 가산비율을 잘못 기재하는 경우에는 응시자 본인이 불이익을 받을 수 있음

기타 유의사항

- 필기시험에서 과락(만점의 40% 미만) 과목이 있을 경우에는 불합격 처리됨. 필기시험의 합격선은 「공무원임용시험령」 제4조에 따라 구성된 시험관리위원회의 심의를 통해 결정되며, 구체적인 합격자 결정 방법 등은 「공무원임용시험령」 등 관계법령을 참고

- 9급 공채 필기시험 응시자는 문제책 표지의 과목순서에 따라 답안지에 인쇄된 순서(제1·2·3·4·5과목)에 맞추어 답안을 표기해야 하며, 과목 순서를 바꾸어 표기한 경우에도 문제책 표지의 과목순서대로 채점되므로 반드시 유의해야 함

  ※ 원서접수시 선택한 과목이 아닌 다른 과목을 선택하여 답안을 표기하거나, 선택과목 순서를 바꾸어 표기한 경우에는 응시표에 기재된 선택과목 순서대로 채점됨

- 「공무원임용령」 제13조의2 제1항 및 「외무공무원임용령」 제12조의5 제1항의 임용유예 사유 중 '학업의 계속'을 사유로 한 임용유예는 정부 인력운영 사정상 허용되지 않을 수 있음을 유의해야 함

- 7급 공채시험의 인터넷 응시원서 등에 해당 영어·한국사 능력검정시험 성적을 허위로 표기하는 경우에는 그 시험을 정지 또는 무효처리 할 수 있음

- 7급 공채시험에서 영어·한국사 능력검정시험 성적 확인 시 필요한 경우에는 증빙서류 제출 등을 통해 소명할 수 있어야 하며, 소명 대상자는 사이버국가고시센터(www.gosi.kr)를 통해 공고함. 또한, 영어·한국사 능력검정시험 성적 확인에 필요한 문서를 위·변조한 경우에는 그 시험을 정지 또는 무효로 하거나 합격을 취소하고, 향후 5년간 각종 공무원 채용시험의 응시자격이 정지됨

- 면접시험에 응시하지 않고자 하는 자는 반드시 필기시험 합격자 발표일에 안내하는 기간 내에 사이버국가고시센터(www.gosi.kr)를 통해 면접 포기 등록을 해야 하며, 면접 포기 등록을 하지 않은 필기시험 합격자는 자동으로 면접 등록이 됨

2022년 변경사항

- 9급 공개경쟁 임용 필기시험 시험과목 개편 및 조정점수 폐지
  - 9급 공채 시험 선택과목에서 사회, 과학, 수학 제외 및 직렬(직류)별 전문과목으로 2과목 필수화

기존	변경
• 필수 : 국어, 영어, 한국사	• 필수 : 국어, 영어, 한국사, 전문 2과목
• 선택 : 전문 2과목 + 고교 3과목 + 행정학 중 2과목	※ 선택과목 폐지에 따른 조정점수제 폐지

구성과 특징

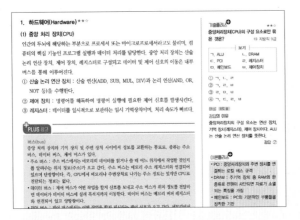

1 2020~2010의 기출문제 분석한 내용 구성

2020~2010년 기출문제의 유형을 분석하여 이론을 구성하고 관련 기출문제를 나란히 배치함으로써 한 번 더 확인할 수 있도록 하여 학습 효과를 높였습니다.

➡ 1회독

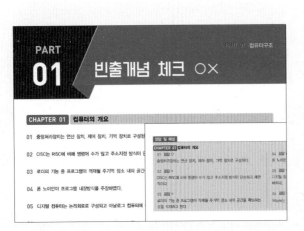

2 파트별 빈출개념 체크 OX문제

빈출되는 내용이나 중요한 부분을 OX문제로 정리하여, 학습한 내용을 한 번 더 정리하면서 반복 학습을 할 수 있도록 구성하였습니다.

➡ 2회독 효과

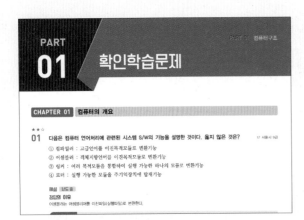

3 파트별 확인학습문제

파트별로 출제 가능성이 높은 기출문제를 중심으로 선별하여 확인학습문제를 구성하였습니다. 해당 내용의 문제를 풀어보며 보충해야 할 부분을 파악해 볼 수 있습니다.

➡ 3회독 효과

4 상세한 해설과 보충설명

혼자 문제를 풀어도 이해가 가능하도록 깔끔하고 상세한 해설을 수록하였습니다. 또한, 이론플러스, PLUS참고, 더 알아보기 등을 통해 관련 이론을 보충하여 학습할 수 있도록 구성하였습니다.

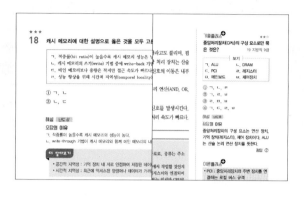

5 이론/문제의 중요도/출제빈도, 해설에 난도 표시

자주 출제되는 이론과 문제 부분에 중요도/출제빈도 표시를 하여 빈도가 높은 부분을 선별하여 학습할 수 있도록 하고, 해설에는 문제의 난도 표시를 하여 쉽고 어려운 문제를 구분할 수 있도록 하였습니다.

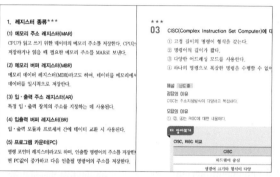

6 최신·과년도 기출문제의 분권 구성

2021년의 최신 기출문제와 2020~2013의 8개년 과년도 기출문제를 책속의 책으로 구성하여 편리하게 기출문제를 학습할 수 있도록 구성하였습니다. 회차별로 풀어보면서 자신의 실력을 한 번 더 점검해볼 수 있습니다.

⇨ **4회독 효과**

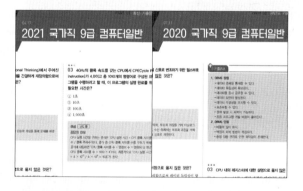

7 핵심요약노트(PDF)

과목별로 출제 빈도가 높고 중요한 핵심 내용을 요약·정리한 핵심요약노트를 PDF 파일로 제공해 드립니다. 핵심요약노트를 통해 본문 내용의 최종정리 및 마무리 복습을 효율적으로 할 수 있습니다.

⇨ **5회독 효과**

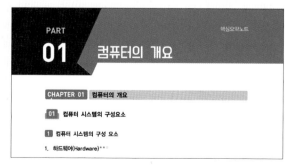

목차

PART

1

컴퓨터구조

CHAPTER 01 컴퓨터의 개요

중요 학습내용
1. 컴퓨터 시스템의 구성 요소를 알 수 있다.
2. CISC, RISC 특징을 비교할 수 있다.
3. 컴퓨터의 발전 과정을 알 수 있다.
4. 컴퓨터의 세대별 분류에 대해 비교할 수 있다.

01 컴퓨터 시스템의 구성요소

1 컴퓨터의 정의

컴퓨터는 하드웨어와 소프트웨어로 구성된다. 하드웨어는 각종 정보를 입력, 처리, 저장하는 동작이 실제로 일어나게 해주는 물리적인 실체를 의미하며, 소프트웨어는 정보 처리를 통해 원하는 동작이 일어날 수 있도록 해주는 명령들의 집합이다.

2 컴퓨터 시스템의 구성 요소

| 컴퓨터 시스템 구성 요소 |

컴퓨터	하드웨어	중앙 처리 장치	
		기억 장치	주기억 장치
			보조 기억 장치
		입·출력 장치	입력 장치
			출력 장치
	소프트웨어	시스템 소프트웨어	운영체제
			언어 번역 프로그램
			유틸리티 프로그램
		응용 소프트웨어	

1. 하드웨어(Hardware)★★☆

(1) 중앙 처리 장치(CPU)

인간의 두뇌에 해당하는 부분으로 프로세서 또는 마이크로프로세서라고도 불리며, 컴퓨터의 핵심 기능인 프로그램 실행과 데이터 처리를 담당한다. 중앙 처리 장치는 산술 논리 연산 장치, 제어 장치, 레지스터로 구성되고 데이터 및 제어 신호의 이동은 내부 버스를 통해 이루어진다.

① 산술 논리 연산 장치 : 산술 연산(ADD, SUB, MUL, DIV)과 논리 연산(AND, OR, NOT 등)을 수행한다.

② 제어 장치 : 명령어를 해독하여 명령어 실행에 필요한 제어 신호를 발생시킨다.

③ 레지스터 : 데이터를 일시적으로 보관하는 임시 기억장치이며, 처리 속도가 빠르다.

✚ PLUS 참고

버스(bus)

중앙 처리 장치와 기억 장치 및 주변 장치 사이에서 정보를 교환하는 통로로, 종류는 주소 버스, 데이터 버스, 제어 버스가 있다.

- 주소 버스 : 주소 버스에서는 메모리의 데이터를 읽거나 쓸 때 어느 위치에서 작업할 것인지를 알려주는 위치 정보(주소)가 오고 간다. 주소 버스는 메모리 주소 레지스터와 연결되어 있으며 단방향이다. 즉, CPU에서 메모리나 주변장치로 나가는 주소 정보는 있지만 CPU로 전달되는 정보는 없다.
- 데이터 버스 : 제어 버스가 어떤 작업을 할지 신호를 보내고 주소 버스가 위치 정보를 전달하면 데이터가 데이터 버스에 실려 목적지까지 이동한다. 데이터 버스는 메모리 버퍼 레지스터와 연결되어 있고 양방향이다.
- 제어 버스 : 제어 버스에서는 어떤 작업을 할지 지시하는 제어 신호가 오고 간다. 메모리에서 데이터를 가져올 때는 읽기 신호를 보내고, 처리 데이터를 메모리로 옮길 때는 쓰기 신호를 보낸다. 제어 버스는 CPU의 제어 장치와 연결되어 있고 신호는 CPU, 메모리, 주변장치와 양방향으로 오고 간다.

컴퓨터 시스템 신호 흐름

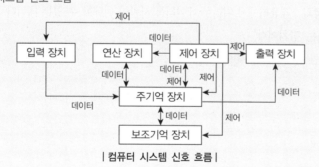

| 컴퓨터 시스템 신호 흐름 |

✚ 기출플러스 ★★☆

중앙처리장치(CPU)의 구성 요소로만 묶은 것은? 19 지방직 9급

보기
ㄱ. ALU ㄴ. DRAM
ㄷ. PCI ㄹ. 레지스터
ㅁ. 메인보드 ㅂ. 제어장치

① ㄱ, ㄴ, ㄹ
② ㄱ, ㄹ, ㅂ
③ ㄹ, ㅁ, ㅂ
④ ㄱ, ㄷ, ㄹ, ㅂ

해설 난도중

정답의 이유

중앙처리장치의 구성 요소는 연산 장치, 기억 장치(레지스터), 제어 장치이다. ALU는 산술 논리 연산 장치를 뜻한다.

정답 ②

✚ 이론플러스

- PCI : 중앙처리장치와 주변 장치를 연결하는 로컬 버스 규격
- DRAM : 주기억 장치 중 RAM의 한 종류로 전원이 차단되면 자료가 소멸되는 특징을 가짐
- 메인보드 : PC의 기본적인 부품들을 장착한 기판

✚ 기출플러스 ★☆☆

컴퓨터 시스템 구성요소 사이의 데이터 흐름과 제어 흐름에 대한 설명으로 옳은 것은? 17 국가직 9급

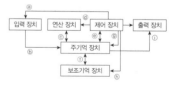

① ⓐ와 ⓕ는 모두 제어 흐름이다.
② ⓑ와 ⓖ는 모두 데이터 흐름이다.
③ ⓗ는 데이터 흐름, ⓓ는 제어 흐름이다.
④ ⓒ는 데이터 흐름, ⓖ는 제어 흐름이다.

해설 난도상

오답의 이유

① ⓕ는 데이터 흐름이다.
② ⓖ는 제어 흐름이다.
③ ⓗ는 제어 흐름, ⓓ는 데이터 흐름이다.

정답 ④

CISC(Complex Instruction Set Computer)와 RISC(Reduced Instruction Set Computer)에 대한 설명으로 옳지 않은 것은? 19 지방직 9급

① CISC 구조에서 명령어의 길이는 가변적이다.
② 전형적인 RISC 구조의 명령어는 메모리의 피연산자를 직접 처리한다.
③ RISC 구조는 명령어 처리구조를 단순화시켜 기계어 명령의 수를 줄인 것을 말한다.
④ CISC 구조는 RISC 구조에 비해서 상대적으로 명령어 실행 단계가 많고 회로 설계가 복잡하다.

해설 난도 중

정답의 이유

CISC	RISC
하드웨어 중심	소프트웨어 중심
명령어 크기와 형식이 다양	명령어 크기가 동일하고 형식이 제한적
명령어 형식이 가변적	명령어 형식이 고정적
적은 수의 레지스터	많은 수의 레지스터
주소 지정 방식이 복잡하고 다양	주소 지정 방식이 단순하고 제한적
프로그래밍이 복잡	컴파일러가 복잡
프로그램 길이가 짧고 긴 명령어 사이클	프로그램 길이가 길고 명령어가 한 사이클에 실행
파이프 라인이 어려움	파이프 라인이 쉬움

정답 ②

마이크로프로세서에 관한 설명으로 옳은 것만을 모두 고르면? 19 국가직 9급

ㄱ. 모든 명령어의 실행 시간은 클럭 주기(clock period)보다 작다.
ㄴ. 클럭 속도는 에너지 절약이나 성능상의 이유로 일시적으로 변경할 수 있다.
ㄷ. 일반적으로 RISC는 CISC에 비해 명령어 수가 적고, 명령어 형식이 단순하다.

① ㄷ
② ㄱ, ㄴ
③ ㄱ, ㄷ
④ ㄴ, ㄷ

해설 난도 상

정답의 이유
CPU의 클럭 속도는 상황에 따라 변경이 가능하며, RISC는 CISC에 비해 명령어 수가 적고 명령어 형식이 단순하다.

정답 ④

CISC, RISC ★★☆

| CISC, RISC 비교 |

CISC	RISC
하드웨어 중심	소프트웨어 중심
명령어의 수가 많고, 주소지정 방식이 다양하고 복잡	명령어의 수가 적고 주소지정 방식이 단순하고 제한적
명령어 형식이 가변적	명령어 형식이 고정적
적은 수의 레지스터	많은 수의 레지스터
메모리 참조 명령이 많음	메모리 참조 명령이 적음
복잡하고 고도의 기능을 수행하는 연산을 가짐	대부분의 연산 동작은 CPU 내에서 수행
프로그래밍이 간단함	프로그래밍이 복잡함
처리속도가 느리고 전력 소모가 많음	처리속도가 빠르고 전력 소모가 적음
비파이프라이닝, 적은 파이프라이닝 이용	CPU 내부 캐시, 슈퍼스칼라, 파이프라이닝 이용, 비순차 명령 실행 등 성능 향상

(2) 기억 장치

① 주기억 장치 : 보조기억 장치에 비해 저장 용량이 작고 고속이며 고가이다. 종류로는 RAM과 ROM이 있다.
② 보조기억 장치 : 주기억 장치에 비해 저장 용량이 크고 저속이며 저가이다. 종류로는 하드 디스크, CD-ROM 등이 있다.

(3) 입·출력 장치

① 입력 장치 : 데이터를 컴퓨터가 이해할 수 있는 2진 형태로 변환하여 전달하는 장치이다.
　예 키보드, 마우스, 스캐너 등
② 출력 장치 : 컴퓨터에서 처리한 데이터를 사람이 이해할 수 있는 데이터로 변환하여 출력하는 장치이다.
　예 프린터, 모니터, 플로터 등

2. 소프트웨어(Software)

(1) 시스템 소프트웨어(System Software)

하드웨어를 관리하고 응용 소프트웨어를 실행하는 데 필요한 프로그램이다.

① **운영체제** : 중앙 처리 장치, 기억 장치, 입출력 장치, 네트워크 장치 등을 제어하고 관리하는 역할을 수행한다. 종류로는 유닉스, 리눅스, 윈도우즈, 맥 OS, iOS, 안드로이드 등이 있다.

② **언어 번역 프로그램** : 고급 언어로 작성한 소스 프로그램을 컴퓨터가 이해할 수 있는 기계어로 변환하는 프로그램이다. 종류로는 인터프리터, 컴파일러, 하이브리드 기법이 있다.

　㉠ **인터프리터** : 소스 프로그램을 한 줄씩 기계어로 번역하기 때문에 실행 속도가 컴파일러보다 늦다. 스크립트 언어에서 대부분 사용하며 목적 프로그램을 생성하지 않는다.

　　예 LISP, 베이직(Basic), 자바스크립트(javascript), HTML, SQL, 파이썬

　㉡ **컴파일러** : 원시 프로그램, 고급 언어로 작성된 문장을 처리하여 컴퓨터가 이해할 수 있는 코드로 번역해주는 프로그램으로, 전체 소스 프로그램을 한 번에 기계어로 번역하기 때문에 실행 속도가 인터프리터보다 빠르다.

　　예 C, C++

　㉢ **하이브리드 기법** : 사용자에 의해 작성된 프로그램이 컴파일러에 의해 중간 코드로 변환되고, 변환된 코드는 서로 다른 시스템에서 인터프리터에 의해 실행된다.

　　예 C#, JAVA

③ **유틸리티 프로그램** : 컴퓨터 운영 또는 프로그램 작성에 도움이 되는 유용한 소프트웨어이다.

✚ PLUS 참고 ★★☆

드라이버(driver)
컴퓨터에 연결된 주변 장치를 제어하는 운영체제 모듈

링커(linker)
연결 편집기라고도 하며, 목적 프로그램 또는 라이브러리를 실행 가능한 하나의 프로그램으로 연결하는 프로그램

로더(loader)
보조기억 장치에 보관된 프로그램을 읽어 주기억 장치에 적재시킨 후 실행 가능한 상태로 만드는 프로그램으로 기능은 할당, 연결, 재배치, 적재가 있다.
- 할당(allocation) : 프로그램이 적재될 주기억 장소 내의 공간을 확보하는 것이다.
- 연결(linking) : 필요한 경우 여러 목적 프로그램 또는 라이브러리 루틴과의 링크 작업을 말한다.
- 재배치(relocation) : 목적 프로그램을 실제 주기억 장소에 맞게 재배치하는 것으로, 상대 주소를 절대 주소로 변경하게 된다.
- 적재(loading) : 실제 프로그램과 데이터를 주기억 장소에 적재하는 것을 말한다.

---

(2) 응용 소프트웨어

일반 사용자가 특별한 용도로 활용하기 위해 개발된 프로그램이다.

02 컴퓨터 역사

1 컴퓨터의 발전 과정

|컴퓨터 종류별 특징|

종류	개발자	특징
에니악 (ENIAC)	모클리 에커트	• 진공관을 사용한 최초의 전자식 컴퓨터 • 10진법 체계를 사용 • 단점 : 프로그램 과정에서 프로그램 순서를 와이어와 스위치로 사람이 직접 조작
프로그램 내장방식	폰 노이만	• 에니악의 단점을 보완하기 위해 프로그램 내장 방식을 주장 • 프로그램을 컴퓨터에 미리 저장시키고 순서대로 실행
에드삭 (EDSAC)	윌키스	• 프로그램 내장 방식을 적용 • 10진수 체계 사용
에드박 (EDVAC)	폰 노이만	• 프로그램 내장 방식을 적용 • 2진수 체계 사용
유니박 (UNIVAC)	모클리 에커트	• 최초의 상용 컴퓨터 • 미국 인구조사 통계국에서 사용

2 컴퓨터의 세대별 분류

|컴퓨터 세대별 분류|

세대별 구분	제1세대	제2세대	제3세대	제4세대	제5세대
회로소자	진공관	트랜지스터 (TR)	집적회로(IC)	고밀도집적회로 (LSI) 초고밀도 집적 회로(VLSI)	초고밀도 집적 회로(VLSI)
사용언어	기계어 어셈블리어	고급언어 (COBOL, FORTRAN, ALGOL)	고급언어 (LISP, PASCAL, BASIC, PL/I)	고급언어(ADA 등), 문제 지향 적 언어	객체지향언어 (C++, JAVA)

특징					
	• 컴퓨터의 부피가 크고 열 발생량이 많으며 전력 소모가 큼 • 프로그램 내장의 개념 도입	• 대용량의 보조 기억 장치 사용 • 운영체제 개념 도입 • 다중 프로그래밍 기법 사용 • 온라인 실시간 처리 방식 도입	• 캐시기억장치 등장 • OMR, OCR, MICR 도입 • 시분할 처리를 통한 멀티프로그래밍 지원	• 마이크로프로세서 개발 • 가상 기억 장치 개념 도입 • 컴퓨터 네트워크 발전	• 비 폰 노이만 컴퓨터 구조 제안 • 고도의 사람 대 기계 인터페이스 개발 • 객체 지향 프로그램 언어 사용

3 데이터 형태에 따른 분류

1. 아날로그 컴퓨터

아날로그 컴퓨터는 연속적인 변량(전압, 전류, 온도, 압력 등)이 입력되어 그래프나 곡선으로 출력된다. 산술 계산, 미적분 연산 방식을 가지며, 회로는 증폭회로로 구성되어 있다. 신속한 입력과 상태에 따라 즉각적인 반응을 얻을 수 있으므로 프로세스 제어에 적합하다.

2. 디지털 컴퓨터

디지털 컴퓨터는 숫자나 문자를 코드화하여 필요한 정밀도까지의 결과를 얻을 수 있다. 사칙연산, 논리연산 방식을 가지며, 회로는 논리회로로 구성된다. 아날로그 컴퓨터에 비해 정밀도가 높지만 속도가 느리고 가격이 비싸다.

3. 하이브리드 컴퓨터

하이브리드 컴퓨터는 아날로그 컴퓨터와 디지털 컴퓨터의 장점들을 조합하여 특수 목적용으로 만든 컴퓨터로 모든 유형의 데이터를 처리할 수 있다. 처리 결과는 필요에 따라 A/D 변환기, D/A 변환기에 의해 데이터를 아날로그 또는 디지털 형태로 얻을 수 있다. 아날로그나 디지털 신호를 모두 처리 또는 변환할 수 있다.

기출플러스 ★★☆
프로그램 내장 방식에 대한 설명으로 옳지 않은 것은?   19 지방직 9급
① 프로그램 내장 방식을 사용한 최초의 컴퓨터는 에니악(ENIAC)이다.
② 현재 사용되는 대부분의 컴퓨터는 프로그램 내장 방식을 사용하고 있다.
③ 컴퓨터가 작업을 할 때마다 설치된 스위치를 다시 세팅해야 하는 번거로움을 해결하기 위해 폰 노이만이 제안하였다.
④ 프로그램과 자료를 내부의 기억장치에 저장한 후 프로그램 내의 명령문을 순서대로 꺼내 해독하고 실행하는 개념이다.

해설 난도 중
정답의 이유
폰 노이만이 프로그램 내장 방식을 최초로 제안하였고, 윌키스가 프로그램 내장 방식을 채택한 최초의 컴퓨터인 EDSAC을 개발하였다.
정답 ①

기출플러스 ★☆☆
컴퓨터의 발전 과정에 대한 설명으로 옳지 않은 것은?   17 국가직 9급
① 포트란, 코볼같은 고급 언어는 직접 회로(IC)가 적용된 제3세대 컴퓨터부터 사용되었다.
② 애플사는 1970년대에 개인용 컴퓨터를 출시하였다.
③ IBM PC라고 불리는 컴퓨터는 1980년대에 출시되었다.
④ 1990년대에는 월드와이드웹 기술이 적용되면서 인터넷에 연결되는 컴퓨터 사용자가 폭발적으로 증가하였다.

해설 난도 중
정답의 이유
포트란, 코볼 등의 고급 언어는 제2세대 컴퓨터부터 사용되었다.
정답 ①

기출플러스 ★☆☆

정보량의 크기가 작은 것에서 큰 순서대로 바르게 나열한 것은? (단, PB, TB, ZB, EB는 각각 petabyte, terabyte, zettabyte, exabyte이다)   18 지방직 9급

① 1PB, 1TB, 1ZB, 1EB
② 1PB, 1TB, 1EB, 1ZB
③ 1TB, 1PB, 1ZB, 1EB
④ 1TB, 1PB, 1EB, 1ZB

해설   난도 중

정답의 이유

정보량의 크기는 TB → PB → EB → ZB → YB 순서이다.

정답 ④

이론플러스

단위별 기억 용량

- YB = $10^{24} \simeq 2^{80}$ byte
- ZB = $10^{21} \simeq 2^{70}$ byte
- EB = $10^{18} \simeq 2^{60}$ byte
- PB = $10^{15} \simeq 2^{50}$ byte
- TB = $10^{12} \simeq 2^{40}$ byte

PLUS 참고

컴퓨터 처리 속도 단위

컴퓨터 처리 속도 단위		
단위명	표기	초
밀리초(millisecond)	ms	10^{-3}
마이크로초(microsecond)	μs	10^{-6}
나노초(nanosecond)	ns	10^{-9}
피코초(picosecond)	ps	10^{-12}

컴퓨터 기억 용량 단위 ★☆☆

기억 용량 단위		
단위	명칭	의미
KB	킬로(Kilo) 바이트	$10^3 \simeq 2^{10} = 1{,}024$바이트
MB	메가(Mega) 바이트	$10^6 \simeq 2^{20}$ 바이트
GB	기가(Giga) 바이트	$10^9 \simeq 2^{30}$ 바이트
TB	테라(Tera) 바이트	$10^{12} \simeq 2^{40}$ 바이트
PB	페타(Peta) 바이트	$10^{15} \simeq 2^{50}$ 바이트
EB	엑사(Exa) 바이트	$10^{18} \simeq 2^{60}$ 바이트
ZB	제타(Zetta) 바이트	$10^{21} \simeq 2^{70}$ 바이트
YB	요타(Yotta) 바이트	$10^{24} \simeq 2^{80}$ 바이트

03 폰 노이만 구조

1 폰 노이만 구조의 이해

1. 개념

주기억 장치에 프로그램과 데이터를 넣고 순서대로 인출하여 처리하는 방식

2. 폰 노이만 구조

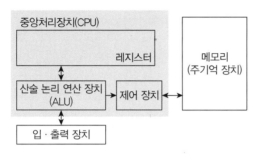

| 폰 노이만 구조 |

(1) 메모리에서 실행한 명령어를 인출한다.

(2) 제어 장치가 명령어를 해독한다.

(3) 명령 실행에 필요한 데이터를 메모리에서 인출하여 레지스터에 저장한다.

(4) 산술 논리 연산 장치가 명령어를 실행하고 결과를 레지스터나 메모리에 저장한다.

CHAPTER 02 중앙처리장치

> **중요 학습내용**
> 1. 레지스터 종류의 특징에 대해 알 수 있다.
> 2. 컴퓨터 명령어의 특징을 비교할 수 있다.
> 3. 주소 지정 방식의 종류와 특징에 대해 알 수 있다.

01 레지스터

1 레지스터의 이해

CPU가 사용하는 데이터와 명령어를 빠르게 읽어와 저장하고 전송하는 시스템에서 가장 빠른 메모리이다.

1. 레지스터 종류★★★

(1) 메모리 주소 레지스터(MAR)
CPU가 읽고 쓰기 위한 데이터의 메모리 주소를 저장한다. CPU는 메모리에 데이터를 저장하거나 읽을 때 필요한 메모리 주소를 MAR로 보낸다.

(2) 메모리 버퍼 레지스터(MBR)
메모리 데이터 레지스터(MDR)라고도 하며, 데이터를 메모리에서 읽거나 저장할 때 데이터를 일시적으로 저장한다.

(3) 입·출력 주소 레지스터(AR)
특정 입·출력 장치의 주소를 지정하는 데 사용된다.

(4) 입출력 버퍼 레지스터(BR)
입·출력 모듈과 프로세서 간에 데이터 교환 시 사용된다.

(5) 프로그램 카운터(PC)
명령 포인터 레지스터라고도 하며, 인출할 명령어의 주소를 저장한다. 명령어가 인출되면 PC값이 증가하고 다음 인출될 명령어의 주소를 저장한다.

(6) 명령 레지스터(IR)

주기억 장치에서 인출한 명령어를 저장한다. 제어 장치는 IR에서 명령어를 읽어와 해독하여 컴퓨터 각 장치에 제어 신호를 전송한다.

(7) 누산기(AC)

산술 논리 연산 장치(ALU) 내부에 위치하며, 연산 시 초기 데이터, 중간 결과, 최종 연산 결과를 저장한다. 최종 연산 결과는 목적지 레지스터나 MBR을 이용하여 주기억 장치로 전송된다.

(8) 플래그 레지스터(FR)

상태 레지스터(SR), 프로그램 상태 워드(PSW)라고도 하며, 연산 결과 발생하는 상태를 저장한다.

(9) 데이터 레지스터(DR)

주변 장치로부터 송수신되는 데이터를 일시적으로 저장한다.

02 컴퓨터 명령어

1 명령어 형식

명령어는 명령어의 의미를 가지고 있는 연산 코드(opcode)와 주소를 나타내는 오퍼랜드(operand)로 구성된다.

1. 0 주소 명령어

연산에 필요한 오퍼랜드와 결과의 저장 장소가 모두 묵시적으로 지정된 경우로 스택 구조에서 사용된다.

opcode

| 0 주소 명령어 |

2. 1 주소 명령어

2개의 연산 대상 중 하나만 표현하고 나머지 하나는 묵시적으로 지정된 누산기(AC)를 사용한다.

opcode	operand

| 1 주소 명령어 |

기억 장치의 X 번지의 데이터와 AC 내의 데이터를 연산한 후 그 결과를 AC로 저장한다.
예 ADD X ; AC ← AC+D[X]

기출플러스 ✚   ★★☆
⟨보기⟩가 설명하는 것은? 19 서울시 9급

| 보기 |

다음에 실행할 명령어의 주소를 보관하는 레지스터이다. 계수기로 되어 있어 실행할 명령어를 메모리에서 읽으면 명령어의 길이만큼 증가하여 다음 명령어를 가리키며, 분기 명령어는 목적 주소로 갱신할 수 있다.

① 명령어 레지스터
② 프로그램 카운터
③ 데이터 레지스터
④ 주소 레지스터

해설 난도 중
정답의 이유
프로그램 카운터는 명령 포인터 레지스터라고도 하며, 다음 실행될 명령어의 주소를 저장한다.

오답의 이유
① 명령어 레지스터 : 주기억 장치에서 인출한 명령어를 저장
③ 데이터 레지스터 : 주변 장치로 입·출력되는 데이터를 일시적으로 저장
④ 주소 레지스터 : 데이터의 메모리 주소를 저장

정답 ②

opcode가 4비트이고 operand가 10비트일 때 CPU는 16(=2^4)개의 연산을 수행할 수 있고, 1,024(=2^{10})개의 주소 지정이 가능하다.

3. 2 주소 명령어

연산에 필요한 두 오퍼랜드의 저장 장소 중 하나가 연산 결과를 저장하는 장소로 사용한다.

opcode	operand 1	operand 2

| 2 주소 명령어 |

레지스터 R1과 R2의 데이터를 더하고 연산 결과를 R1 레지스터에 저장하는 명령어는 다음과 같다.

예 ADD R1, R2 ; R1 ← R1+R2

4. 3 주소 명령어

연산에 필요한 두 오퍼랜드와 결과 같은 저장하기 위해 하나의 오퍼랜드를 사용한다.

opcode	operand 1	operand 2	operand 3

| 3 주소 명령어 |

레지스터 R1과 R2의 데이터를 더하고 연산 결과를 R3 레지스터에 저장하는 명령어는 다음과 같다.

예 ADD R1, R2, R3 ; R3 ← R1+R2

03 주소 지정 방식

명령어의 오퍼랜드 위치를 지정하는 것을 주소 지정이라고 한다.

1 주소 지정 방식의 종류 ★★☆

1. 즉시 주소 지정

오퍼랜드에 데이터가 있는 방식이다. 오퍼랜드를 인출하기 위해 메모리 참조가 필요 없으나 상수 값만 사용할 수 있다.

2. 직접 주소 지정

오퍼랜드가 데이터가 저장되어 있는 메모리 주소를 직접 가리키는 방식이다. 데이터에 접근하기 위해 주기억장치 최소접근횟수는 1회이다.

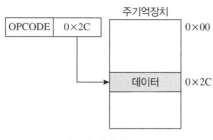

| 직접 주소 지정 |

• 레지스터 간접 주소 지정 : 주기억 장치에 저장된 데이터의 주소를 레지스터 내에서 가리키는 주소 지정 방식이다. 명령어에 전체 메모리 주소가 없어도 메모리를 참조할 수 있다.
• 변위 주소 지정 : 특정 레지스터에 저장된 주소에 변위를 더해 실제 오퍼랜드가 저장된 메모리 위치를 지정하는 방식이다.
• 묵시적 주소 지정 : 오퍼랜드의 출발지나 목적지를 명시하지 않아도 암묵적으로 위치를 알 수 있는 주소 지정 방식이다.

3. 간접 주소 지정

오퍼랜드에 데이터가 저장된 주소를 가리키는 주소를 포함하는 방식이다. 데이터에 접근하기 위해 주기억장치 최소접근횟수는 2회이기 때문에 데이터를 가져오는 데 많은 시간이 걸린다.

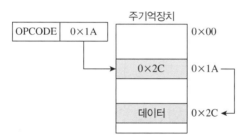

| 간접 주소 지정 |

4. 레지스터 주소 지정

직접 주소 지정방식과 개념은 같고 위치가 주기억 장치 대신 레지스터이다. 레지스터는 액세스가 빠르고 주소가 짧아 가장 일반적으로 사용하는 주소 지정 방식이다.

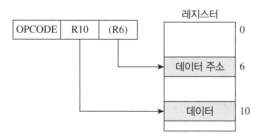

| 레지스터 주소 지정 |

5. 레지스터 간접 주소 지정

주기억 장치에 저장된 데이터의 주소를 레지스터 내에서 가리키는 주소 지정 방식이다.
명령어에 전체 메모리 주소가 없어도 메모리를 참조할 수 있다.

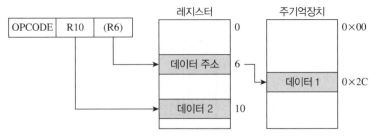

| 레지스터 간접 주소 지정 |

6. 변위 주소 지정

특정 레지스터에 저장된 주소에 변위를 더해 실제 오퍼랜드가 저장된 메모리 위치를
지정하는 방식이다.

(1) 인덱스 주소 지정

레지스터에 변위를 더해 메모리 주소를 참조하는 방식이다.

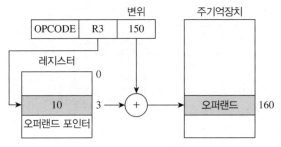

| 인덱스 주소 지정 |

(2) 상대 주소 지정

인덱스 레지스터 대신에 PC 레지스터를 사용하는 주소 지정 방식이다. 현재 실행되고
있는 명령어 위치에서 일정한 변위만큼 떨어진 곳의 데이터를 저장한다.

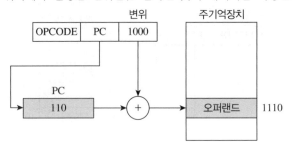

| 상대 주소 지정 |

(3) 베이스 주소 지정

세그먼트 레지스터 중 하나를 베이스 레지스터로 지정하고 변위를 더해 실제 오퍼랜드
가 있는 위치를 찾는 주소 지정 방식이다. 다음은 데이터 세그먼트(DS)를 베이스 레지
스터로 사용하여 오퍼랜드를 찾는 예이다.

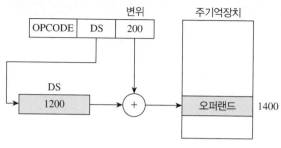

| 베이스 주소 지정 |

7. 묵시적 주소 지정

오퍼랜드의 출발지나 목적지를 명시하지 않아도 암묵적으로 위치를 알 수 있는 주소
지정 방식이다.

CHAPTER 03 제어 장치

중요 학습내용
1. 제어 장치의 개념을 알 수 있다.
2. 제어 장치의 기능에 대해 파악할 수 있다.
3. 제어 장치의 명령어 사이클을 파악할 수 있다.

01 제어 장치 개요

1 제어 장치의 이해

1. 제어 장치 개념

제어 장치는 컴퓨터의 모든 동작을 제어하는 부분으로 주기억 장치에서 명령어를 읽어 명령 레지스터에 가져오고 명령어 실행과 관련된 제어 신호를 발생시킨다.

2. 제어 장치 기능

(1) CPU에 접속된 장치들에 대한 데이터 이동 순서를 조정한다.
(2) 명령어를 해독한다.
(3) 데이터 흐름을 제어한다.
(4) 외부 명령을 받아 제어 신호를 생성한다.
(5) 명령어의 인출, 해독, 실행 등을 처리한다.

3. 명령어 사이클

명령어 사이클은 명령어 인출, 해독, 실행 사이클로 진행된다.
(1) 주기억 장치의 명령어가 저장된 위치를 프로그램 카운터(PC)가 메모리 주소 레지스터(MAR)로 보낸다.
(2) 주기억 장치의 주소에 저장된 데이터를 메모리 버퍼 레지스터(MBR)에 저장한다.
(3) 명령어 길이만큼 PC를 증가시킨다.

기출플러스⊕ ★☆☆
다음 중 컴퓨터 내부에서 제어장치의 구성 요소에 해당되지 않는 것은?
15 서울시 9급

① 메모리 버퍼 레지스터
② 세그먼트 포인터
③ 프로그램 카운터
④ 명령어 레지스터

해설 난도중
정답의 이유
제어장치에 속하는 구성 요소에는 프로그램 카운터(PC), 메모리 주소 레지스터(MAR), 메모리 버퍼 레지스터(MBR), 명령 레지스터(IR), 해독기 등이 있다.
정답 ②

(4) MBR에 저장된 데이터를 명령 레지스터(IR)로 이동시킨다.

(5) IR에서는 opcode만 해독기로 전달하면 해독기에서는 연산과 관련된 명령을 해독한다.

(6) 해독된 명령어를 실행한다.

(7) 매 명령어 사이클이 끝나면 인터럽트 유무를 확인하여 인터럽트가 있으면 인터럽트 처리 루틴을 실행한다.

CHAPTER 04

기억 장치

기출플러스 ⊕   ★☆☆

하드디스크에 대한 설명으로 옳지 않은 것은?   17 지방직 9급

① 하드디스크는 데이터접근 방식이 직접접근 방식인 보조기억 장치이다.
② 바이오스(BIOS)는 하드디스크에 저장된다.
③ 하드디스크는 주기억장치보다 접근 속도가 느리다.
④ 하드디스크는 전원이 꺼져도 저장된 데이터가 지워지지 않는다.

해설 난도 중

정답의 이유
바이오스(BIOS)는 ROM에 저장된다.
정답 ②

기출플러스 ⊕   ★★☆

접근 속도가 가장 빠른 기억장치는?
16 지방직 9급

① 주기억장치
② 보조기억장치
③ 레지스터
④ 캐시

해설 난도 중

정답의 이유
접근 속도가 빠른 순서대로 나열하면 레지스터 → 캐시 → 주기억장치 → 보조기억장치이다.
정답 ③

01 기억 장치 종류와 구조

1 기억 장치의 계층 구조★★☆

|기억 장치 계층 구조|

구분	기억 장치	특징	
내부 기억장치	레지스터	비트 당 가격 증가 액세스 속도 증가 CPU 액세스 빈도 증가	↑
	캐시		
	주기억 장치		
외부 기억장치 (보조기억장치)	자기 디스크, CD-ROM, DVD	용량 증가	↓
	자기 테이프		

1. 레지스터

액세스 속도가 가장 빠르고 비트당 가격도 가장 높다.

2. 캐시

주기억 장치와 CPU의 속도 차를 줄이기 위해 CPU와 주기억 장치 사이에서 명령어나 데이터를 일시 저장하는 버퍼 역할을 한다. CPU 내부에 있으면 L1 캐시, 외부에 있으면 L2 캐시라고 하며, L1 캐시가 L2 캐시보다 속도가 빠르다.

3. 주기억 장치

프로그램 수행을 위해 프로그램의 명령어와 데이터를 적재하는 역할을 한다.
예 RAM, ROM 등

4. 보조기억 장치

대규모 데이터를 영구적으로 저장하기 위해 사용된다. 내부 기억장치에 비해 속도가 느리지만 용량은 크다.

예 하드디스크, 자기 테이프 등

---

02 주기억 장치

1 기억 장치 모듈 설계★★☆

1. 용량 표현

기억 장치의 용량은 주소 버스의 길이와 데이터의 길이로 표현한다. 주소 버스의 길이가 n비트이고, 워드 당 비트 수가 m일 때

$$용량 = 2^n \times m$$

MAR의 비트 수는 주소 버스 길이 n과 같고, MBR의 비트 수는 워드 당 비트 수 m과 같다.

$$MAR=주소선=주소\ 버스$$
$$MBR=데이터\ 선=데이터\ 버스=워드\ 길이$$

주소	워드(m)
0	
1	
2	
⋮	⋮
⋮	
$2^n - 1$	

| 주기억 장치 구성 |

2. 모듈 설계 방법

(1) 기존 칩에 n을 곱하여 설계하고자 하는 기억장치 모듈의 워드 길이를 일치시킨다.
(2) 기존 칩에 m을 곱하여 설계하고자 하는 기억장치 모듈의 주소 선을 일치시킨다.
(3) n과 m의 값을 곱하면 기억 장치 모듈 설계에 필요한 칩의 개수를 구할 수 있다.

기출플러스 ★★★

1K×4bit RAM 칩을 사용하여 8K×16bit 기억장치 모듈을 설계할 때 필요한 RAM 칩의 개소 개수는?　19 국가직 9급

① 4개　　　② 8개
③ 16개　　④ 32개

해설 난도상

정답의 이유
기존 RAM 칩에서 설계할 기억장치 모듈의 워드 길이를 일치시키기 위해서 4개의 RAM 칩을 사용하면 1K×16bit RAM을 구성할 수 있다. 주소 선을 일치시키기 위해서는 1K×16bit RAM 칩이 8개 필요하다. 따라서 기억장치 모듈을 설계하기 위해서는 워드 길이를 일치시키기 위한 4개의 RAM 칩과 주소 선을 일치시키기 위한 8개의 RAM 칩 수를 곱하면 32개의 RAM 칩이 필요하다.

정답 ④

기출플러스 ★★★

32K×8비트 ROM 칩에 대한 설명으로 옳지 않은 것은?　17 지방직 9급

① 이 ROM 칩 4개와 디코더(decoder)를 이용하여 128K×8비트 ROM 모듈을 구현할 수 있다.
② 데이터 핀은 8개이다.
③ 워드 크기가 8비트인 컴퓨터 시스템에서만 사용된다.
④ 32,768개의 주소로 이루어진 주소 공간(address space)을 갖게 된다.

해설 난도상

오답의 이유
ROM 칩 모듈을 설계하는 방법에 따라 다른 비트의 컴퓨터 시스템에서도 사용할 수 있다.
① 32K×8비트 ROM 칩의 주소에 4를 곱하면 128 K×8비트 ROM 모듈을 구현할 수 있다.
② 8비트는 데이터 버스를 의미하므로 데이터 핀은 8개이다.
④ 주소 32K를 2의 승수로 나타내면 $2^5 \times 2^{10} = 2^{15}$가 된다. 즉, 총 주소의 수는 32,7680이고, 주소선의 수는 15개이다.

정답 ③

이론플러스

용량 표현
기억 장치의 용량은 주소 버스의 길이와 데이터의 길이로 표현한다. 주소 버스의 길이가 n비트이고, 워드 당 비트 수가 m일 때 용량 = $2^n \times m$ 이다.

32비트 16진수 정수 302AF567$_{(16)}$이 메모리 주소 200$_{(16)}$부터 시작하는 4바이트에 저장되어 있다. 리틀 엔디안(little endian) 방식을 사용하는 시스템에서 메모리 주소와 그 주소에 저장된 8비트 데이터가 옳게 짝지어진 것은? (단, 바이트 단위로 주소가 지정된다) 17 지방직 9급

①

200$_{(16)}$	201$_{(16)}$	202$_{(16)}$	203$_{(16)}$
67$_{(16)}$	F5$_{(16)}$	2A$_{(16)}$	30$_{(16)}$

②

200$_{(16)}$	201$_{(16)}$	202$_{(16)}$	203$_{(16)}$
F5$_{(16)}$	67$_{(16)}$	30$_{(16)}$	2A$_{(16)}$

③

200$_{(16)}$	201$_{(16)}$	202$_{(16)}$	203$_{(16)}$
30$_{(16)}$	2A$_{(16)}$	F5$_{(16)}$	67$_{(16)}$

④

200$_{(16)}$	201$_{(16)}$	202$_{(16)}$	203$_{(16)}$
2A$_{(16)}$	30$_{(16)}$	67$_{(16)}$	F5$_{(16)}$

해설 난도 중
정답의 이유
리틀 엔디안 방식은 오른쪽에서 왼쪽으로 데이터를 낮은 주소에 저장한다.
정답 ①

주기억장치로 사용될 수 없는 기억장치는? 17 지방직 추가 9급

① EPROM
② 블루레이(Blu-ray) 디스크
③ SRAM
④ DRAM

해설 난도 하
오답의 이유
블루레이 디스크는 보조 기억 장치에 속한다. 주기억장치는 RAM, ROM으로 구성된다. ③, ④는 RAM의 종류이며, ①은 ROM의 한 종류이다.
정답 ①

RAM의 일종인 DRAM(Dynamic RAM)에 대한 설명으로 옳지 않은 것은? 14 지방직 9급

① 휘발성 메모리이다.
② 주기적인 재충전(refresh)이 필요하다.
③ SRAM(Static RAM)에 비해 접근 속도가 빠르고 저장 밀도가 높다.
④ 주기억장치로 주로 사용된다.

해설 난도 중
정답의 이유
DRAM은 SRAM에 비해 접근 속도는 늦고 저장 밀도는 높다.
정답 ③

2 워드 저장 방법★☆☆

1. 리틀 엔디안

하위 바이트를 낮은 주소에 저장하는 방법으로 오른쪽에서 왼쪽으로 데이터를 낮은 주소에 저장한다.

2. 빅 엔디안

상위 바이트를 낮은 주소에 저장하는 방법으로 왼쪽에서 오른쪽으로 데이터를 낮은 주소에 저장한다.

3 주기억 장치 종류★★☆

일반적으로 ROM은 읽기 전용 메모리로서 전원이 끊어져도 정보가 지워지지 않는 비휘발성 메모리이고, RAM은 읽기와 쓰기가 가능하고 전원이 끊어지면 정보가 지워지는 휘발성 메모리이다.

| 주기억 장치 종류와 특징 |

분류		특징
롬 (ROM)	MASK ROM	• 한 번 저장된 데이터 내용 변경은 불가 • 대량 생산에 적합
	PROM	• 사용자가 한 번은 데이터를 쓰기가 가능
	EPROM	• 자외선에 노출하여 데이터 삭제
	EEPROM	• 전기 신호를 이용하여 데이터 삭제
	EAROM	• 전기적 특성을 이용하여 저장된 데이터를 모두 지우지 않고 선택적으로 변경 가능
	Flash Memory	• 전원을 끊어도 기억된 내용 유지 • 이동용 저장 장치로 사용 • 크기가 작고 속도가 빠르며 전력 소모가 적음 • 읽고 쓰기가 가능하지만 동일 영역에 대한 쓰기 반복 횟수에 제한이 있음
램 (RAM)	SRAM	• 구성 소자 : 플립플롭 • 가격이 고가, 고속, 저용량, 저밀도 • 전력 소모가 많음 • 속도가 빠르기 때문에 CPU 속에 캐시로 사용
	DRAM	• 구성 소자 : 커패시터 • 주기적인 재충전(refresh) 필요 • 가격이 저가, 저속, 고용량, 고밀도 • 전력 소모가 적음 • 주기억 장치로 주로 사용

반도체를 이용하여 정보를 저장하는 장치로, 플래시 메모리가 내장되어 있어 비휘발성 특징을 가져 전원이 꺼져 있는 상태에서도 정보를 지속적으로 보유할 수 있다. 크기가 작고 충격에 강하며, 소음 발생이 거의 없는 대용량 저장 장치이다.

03 캐시 기억 장치

CPU의 처리 속도와 기억 장치의 액세스 시간과의 격차를 보완하기 위해 캐시를 사용한다. 캐시는 명령어와 데이터를 별도의 캐시에 분리하여 저장하거나 여러 레벨의 계층적 캐시를 구성하기도 한다. 캐시는 SRAM을 사용하기 때문에 DRAM을 주로 사용하는 주기억 장치의 액세스 시간보다 상당히 짧다.

1 평균 메모리 접근 시간 ★☆☆

1. 히트율

CPU에 필요한 정보가 캐시에 저장되어 있으면 히트(hit)되었다고 하고, 정보에 캐시가 없으면 미스(miss)되었다고 한다. 기억 장치 액세스 중에서 캐시에 히트되는 비율인 히트율 H은 다음과 같다.

$$H = \frac{\text{캐시에 히트되는 횟수}}{\text{전체 기억장치 액세스 횟수}}$$

2. 평균 메모리 접근 시간

$$T_a = H \times T_c + (1-H) \times (T_c + T_m)$$
$$\simeq H \times T_c + (1-H) \times T_m$$

여기서, H : 히트율

　　　　T_c : 캐시 액세스 시간

　　　　T_m : 주기억 장치 액세스 시간

캐시의 히트율이 높아질수록 평균 메모리 접근 시간은 캐시 액세스 시간에 근접하게 된다. 즉, 히트율이 높아질수록 캐시의 효과가 커진다는 것을 의미한다.

2 참조 지역성

1. 공간적 지역성

기억 장치 내 서로 인접하여 저장된 데이터들이 연속적으로 액세스될 확률이 높아지는
특성을 의미한다.
예 순차적 코드의 실행

2. 시간적 지역성

최근에 액세스된 명령어나 데이터가 가까운 시점에 액세스 될 확률이 높아지는 특성을
의미한다.
예 순환, 부프로그램, 스택 등

3 사상 방식★★★

블록은 주기억 장치와 캐시 사이에 이동되는 정보 단위이며, 한 블록은 연속된 워드를
나타낸다. 캐시는 라인으로 구성되며 각 라인에는 워드가 저장된다. 라인 크기는 주기
억 장치 블록의 크기와 같다. 사상 방식은 주기억 장치의 블록이 어느 캐시 라인에
들어갈 것인지를 결정하는 방법이다.

1. 직접 사상(direct mapping)

주기억 장치 블록들이 지정된 어느 한 캐시 라인으로만 매핑되는 방식이다.

(1) 장점
단순하여 구현 비용이 적다.

(2) 단점
주기억 장치의 블록이 적재되는 캐시 라인이 하나이기 때문에 블록이 2개 이상 같은
라인에 사상되는 경우가 빈번하면 블록들이 반복적으로 미스되어 교체되므로 히트율이
떨어진다.

2. 완전 연관 사상(fully associative mapping)

직접 사상 방식의 단점을 보완하여 주기억 장치의 블록들이 캐시의 여러 라인에 적재될
수 있는 방식이다.

(1) 장점

주기억 장치의 블록들이 캐시의 어떤 라인으로도 적재가 가능하기 때문에 데이터의 참조 지역성이 높으면 히트율이 매우 높아진다.

(2) 단점

모든 태그를 순차적으로 비교하는 데 많은 시간이 소요된다.

3. 집합 연관 사상(set associative mapping)

직접 사상의 장점인 단순성과 완전 연관 사상의 장점인 높은 캐시 히트율을 모두 고려한 사상 방식이다.

전체 캐시 라인 m을 v개의 세트로 나눈 뒤, 각 세트를 k개의 라인으로 구성하면 다음과 같이 관계식을 작성할 수 있다.

$$m = v \times k$$

세트 v는 세트(set) 필드의 비트 수로 구할 수 있다.

$$v = 2^{\text{set field bit}}$$

k는 캐시 라인으로 각 세트에 캐시 라인이 2개일 경우 2-way 집합 연관 사상이라고 하고 캐시 라인이 4개일 경우 4-way 집합 연관 사상이라고 한다.

| 캐시 구성 |

2-way 집합 연관 사상의 주소 필드 구성이 아래와 같을 때 캐시 메모리의 크기는 다음과 같이 구할 수 있다.

3bit	10bit	5bit
태그	세트	워드

| 집합 연관 사상의 주소 필드 구성 예 |

2-way이므로 세트당 캐시 라인 k는 2이고, 세트 $v = 2^{\text{set field bit}} = 2^{10}$이다. 따라서 전체 캐시 라인 $m = v \times k = 2^{10} \times 2$이다. 각 캐시 라인은 태그 필드와 워드 필드로 이루어져 있고, 크기는 8bit이다. 따라서 주소가 바이트 단위라고 하면 캐시 메모리 크기는 $2^{10} \times 2 \times 8 = 16 \times 2^{10} = 16\text{Kbyte}$이다.

기출플러스 ✚   ★★☆

2-way 집합 연관 사상 방식을 사용하는 캐시 기억장치를 가진 컴퓨터가 있다. 캐시 기억장치 접근을 위해 주기억장치 주소가 다음 세 필드로 구분된다면 캐시 기억장치의 총 라인 개수는?

18 지방직 9급

태그(tag) 필드	세트(set) 필드	오프셋(offset) 필드
8비트	9비트	7비트

① 128개
② 256개
③ 512개
④ 1,024개

해설 난도 중

정답의 이유

총 라인 개수 = 세트 개수×세트 라인이다. 세트 개수는 $2^{\text{set field bit}} = 2^9 = 512$이다. 2-way 집합 연관 사상 방식이기 때문에 세트 라인은 2이다. 따라서 총 라인 개수는 512 × 2 = 1,024개이다.

정답 ④

4. 사상 방식의 비교

| 사상 방식 특징 비교 |

사상 방식	단순성	태그 연관 검색	캐시 효율	교체 기법
직접	단순	없음	낮음	불필요
완전 연관	복잡	연관	높음	필요
집합 연관	중간	중간	중간	필요

4 쓰기 정책★☆☆

캐시에 적재된 데이터가 수정되었을 때 수정된 내용을 주기억 장치에 갱신하는 시기와 방법을 결정하는 것을 의미한다.

1. write-through

모든 쓰기 동작들은 캐시와 주기억 장치에 동시에 수행되기 때문에 주기억 장치의 내용들을 항상 유효하지만 쓰기 동작에 걸리는 시간이 길어진다. 쓰기 버퍼(write buffer)를 사용하면 쓰기 동작에 오랜 시간이 걸리는 문제를 개선할 수 있다.

2. write-back

캐시에서 데이터가 변경되면 주기억 장치는 갱신하지 않는다. 캐시에서 데이터가 수정되면 UPDATE 비트가 세트되고 나중에 해당 블록이 교체될 때 주기억 장치에 갱신된다. 쓰기 동작이 캐시에서만 이루어지기 때문에 쓰기 시간이 짧아지고, 주기억 장치에 쓰기 동작 횟수는 최소화된다. 데이터가 수정되었을 때 UPDATE 비트를 세트하고 블록 상태를 확인하고 갱신하는 동작을 지원하는 캐시 제어 회로가 복잡해지는 단점이 있다.

+PLUS 참고 캐시 일관성 문제 해결 기술

캐시 일관성은 공유 메모리 시스템에서 각 클라이언트가 가진 로컬 캐시 간 일관성을 말한다. 캐시 일관성 문제를 해결하기 위한 기술로는 스누핑 프로토콜, MESI 프로토콜, 디렉토리 기반 프로토콜 등이 있다.
- 스누핑(snooping) 프로토콜 : 주소 버스를 항상 감시하여 캐시 상의 메모리에 접근이 있는지 감시하는 기능을 수행한다. 다른 캐시에서 쓰기가 발생하면 캐시 컨트롤러에 의해 자신의 캐시 위에 있는 복사본을 무효화시킨다.
- MESI 프로토콜 : 별도의 플래그를 할당한 후 플래그의 4가지 상태(수정, 배타, 공유, 무효)를 통해 데이터의 유효성 여부를 판단한다.
- 디렉토리 기반 프로토콜 : 캐시 블록의 공유 상태, 노드 등을 기록하는 저장 공간인 디렉토리를 이용하여 관리한다.

CHAPTER 05

버스와 I/O 인터페이스

01 시스템 버스

시스템 버스에 연결되는 모든 장치들은 버스를 통해 상호간에 데이터를 전송하고 정보를 교환한다.

1 버스의 종류★☆☆

1. 데이터 버스

시스템 요소들 사이에 데이터를 전송하는데 사용되는 선들의 집합이다.

2. 주소 버스

CPU가 기억 장치 혹은 주변 장치로 데이터를 주고받을 때, 해당 요소의 주소를 지정하기 위한 선들의 집합이다.

3. 제어 버스

CPU와 주변 장치 간에 필요한 제어신호를 전송하기 위한 선들의 집합이다.

2 버스의 특징

① 다양한 장치를 연결하기 위한 별도의 버스가 추가적으로 존재할 수 있다.
② 특정 장치를 이용하면 버스를 통해 입·출력 장치와 주기억 장치 간 데이터가 CPU를 거치지 않고 전송될 수 있다.
③ 3 상태 버퍼를 이용하면 데이터를 송신하고 있지 않는 장치의 출력이 버스에 연결된 다른 장치와 간섭되지 않도록 분리할 수 있다.

기출플러스⊕   ★☆☆
범용 컴퓨터의 시스템 버스에 해당하지 않는 것은?   16 지방직 9급
① 주소 버스(address bus)
② 데이터 버스(data bus)
③ 제어 버스(control bus)
④ 명령어 버스(instruction bus)

해설 난도 하
정답의 이유
시스템 버스 종류에는 주소 버스, 데이터 버스, 제어 버스가 있다.
정답 ④

이론플러스⊕
• 주소 버스 : CPU가 기억 장치 혹은 주변 장치로 데이터를 주고받을 때, 해당 요소의 주소를 지정하기 위한 선들의 집합
• 데이터 버스 : 시스템 요소들 사이에 데이터를 전송하는 데 사용되는 선들의 집합
• 제어 버스 : CPU와 주변 장치 간에 필요한 제어신호를 전송하기 위한 선들의 집합

I/O 장치가 시스템 버스에 직접 접속되지 못하는 이유는 다음과 같다.
- I/O 장치들과 CPU가 사용하는 데이터 형식의 길이가 서로 다르기 때문이다.
- I/O 장치들의 데이터 전송 속도가 CPU 데이터 전송 속도보다 느리기 때문이다.
- 제어 방법이 서로 다른 I/O 장치들의 제어 회로들을 CPU 내부에 포함시키기 어렵기 때문이다.

02 I/O 인터페이스

1 인터페이스 종류

1. USB(Universal Serial Bus)

외부 확장 포트들의 느린 속도와 불편한 연결을 해결하기 위해 개발된 직렬 포트의 일종이다. 자체 버스와 컨트롤러를 사용하고 주변 기기를 컴퓨터에 PnP로 인식시킬 수 있는 인터페이스이다.

2. PCI(Peripheral Component Interconnect)

여러 개의 주변 장치를 마더보드에 접속할 수 있도록 하는 버스규격이다. 빠른 데이터 전송 속도로 CPU가 더 많은 일을 처리할 수 있어 시스템의 속도가 높아질 수 있다.

3. SCSI(Smal Computer System Interface)

컴퓨터에서 주변 기기를 접속하기 위한 직렬 표준 인터페이스이다. 자체 버스와 컨트롤러를 사용하며 하나의 어댑터로 7~15개 주변 장치들을 연결할 수 있어 확장성이 뛰어나고 응용성이 넓다.

4. IEEE 1394

고속 장치들을 위한 직렬 통신 인터페이스로 빠른 속도가 필요한 외장형 하드 디스크, CD-ROM, 디지털 캠코더 등의 영상 장비에서 많이 사용하고 있다.

5. SATA(Serial ATA)

고속 전송이 가능한 직렬 버스 형태의 하드 디스크 연결용 접속 규격이다.

2 데이터 전송 기법

주변 장치와의 데이터 전송은 프로그램 입출력, 인터럽트 입출력, DMA 세 가지 방법 중 하나로 수행된다.

1. 프로그램 입출력

입출력 명령이 컴퓨터 프로그램으로 작성되어 프로그램 명령에 따라 데이터 항목이 전송된다.
(1) 입출력 장치가 메모리에 직접 액세스할 수 없다.
(2) 불필요하게 CPU를 사용하므로 시간이 많이 걸리는 시스템이다.

2. 인터럽트 입출력

인터럽트 기능 및 특수 명령을 사용하여 모든 장치에서 데이터를 사용할 필요가 있을 때 인터럽트 요청 신호를 보내도록 알리는 기법이다.
(1) 프로그램 입출력의 단점인 CPU 시간이 많이 낭비되는 문제를 해결하여 CPU 시간을 절약할 수 있다.

3. 직접 메모리 액세스(DMA)★☆☆

주기억 장치와 입출력 장치 사이에 데이터 전송을 CPU가 개입하지 않고 메모리 버스를 직접 사용하여 통신하는 기법이다.
(1) 주기억 장치와 입출력 장치 사이에 대량의 데이터를 고속으로 전송 시 인터럽트 방식보다 효율적이다.
(2) 주기억 장치와 입출력 장치 사이에 DMA에 의한 데이터 전송 시 DMA 제어기는 버스 마스터(master)로 동작한다.
(3) 단일 컴퓨터 시스템에 여러 개의 DMA 제어기가 존재할 수 있다.

+PLUS 참고

프로그램 입출력과 인터럽트 입출력의 공통된 단점
메모리와 I/O 모듈 간에 데이터를 전송하기 위해 프로세서가 능동적으로 개입되어야 하고, 모든 데이터 전송이 프로세서를 통과하는 경로이다.
• I/O 전송 속도는 프로세서가 장치를 테스트하고 서비스할 수 있는 속도에 따라 제한된다.
• 프로세서가 I/O 전송 관리에 묶여 있어 전송에 대해 많은 명령어가 실행되어야 한다.

스트로브(strobe) 펄스 방식
두 개의 독립적인 장치 간 비동기 데이터 전송에서 동기를 맞추기 위한 제어 신호를 스트로브신호라고 한다. 스트로브 신호는 한 개의 제어선을 통해 상호 교환된다. 스트로브는 송신, 수신 장치에 의해 발생되고, 보낼 데이터가 버스(bus)에 있을 때 수신 장치에게 알린다.

기출플러스⊕   ★☆☆
데이터 전송 기법인 DMA(Direct Memory Access)에 대한 설명으로 옳지 않은 것은?   17 지방직 9급
① DMA는 프로세서의 개입을 최소화하면서 주기억장치와 입출력장치 사이에 데이터를 전송하는 기술이다.
② 주기억장치와 입출력장치 사이에 대량의 데이터를 고속으로 전송 시, 인터럽트 방식이 DMA 방식보다 효율적이다.
③ 주기억장치와 입출력장치 사이에 DMA에 의한 데이터 전송 시, DMA 제어기는 버스 마스터(master)로 동작한다.
④ 단일 컴퓨터 시스템에 여러 개의 DMA 제어기가 존재할 수 있다.

해설 난도 중
정답의 이유
대량의 데이터를 고속으로 전송하기 위해서는 DMA 방식이 인터럽트 방식보다 효율적이다.
                                정답 ②

CHAPTER 06

병렬 컴퓨터 구조

중요 학습내용
1. 플린의 컴퓨터 분류법에 의한 개념과 특징을 알 수 있다.
2. 공유 메모리 시스템의 특징에 대해 알 수 있다.
3. 다중 컴퓨터의 종류와 특징에 대해 알 수 있다.

기출플러스➕ ★☆☆

Flynn의 병렬컴퓨터 분류방식에 대한 설명으로 옳지 않은 것은? 17 서울시 9급

① SISD - 명령어와 데이터를 순서대로 처리하는 단일프로세서 시스템이다.
② SIMD - 단일 명령어 스트림을 처리하고 배열프로세서라고도 한다.
③ MISD - 여러 개의 프로세서를 갖는 구조로 밀결합 시스템과 소결합 시스템으로 분류한다.
④ MIMD - 여러 개의 프로세서들이 서로 다른 명령어와 데이터를 처리하는 진정한 의미의 병렬프로세서이다.

해설 난도중
정답의 이유
MIMD를 다중 프로세서(공유 메모리, 밀결합) 시스템과 다중 컴퓨터(메시지 전달, 소결합) 시스템으로 분류할 수 있다.

정답 ③

---

01 공유 메모리 다중 프로세서

1 플린의 컴퓨터 분류법★★☆

플린의 컴퓨터 분류법은 명령 스트림과 데이터 스트림이라는 두 가지 개념을 기반으로 하여 네 가지 조합으로 분류하였다.

1. SISD

고전적인 순차적 폰 노이만 컴퓨터로 제어 장치와 프로세서를 각각 하나씩 갖는 구조로 명령스트림과 데이터 스트림을 각각 하나씩 가지며 한 번에 한 가지 작업을 수행하는 단일 프로세서 시스템이다. 여러 ALU를 사용하여 여러 데이터 세트에서 동시에 수행할 수 있다.

2. SIMD

여러 개의 프로세서들로 구성되고 프로세서들의 동작은 모두 하나의 제어 장치에 의해 제어되며, 대량의 데이터를 처리하는 시스템에 응용된다.

3. MISD

여러 개의 제어 장치와 프로세서를 갖는 구조로 각 프로세서들은 서로 다른 명령어들을 실행하지만 처리하는 데이터 스트림은 하나이다.

4. MIMD

병렬 처리 컴퓨터의 궁극적인 목표가 되며, 완전히 독립된 프로세서를 결합하여 커다란 시스템으로 구성하는 것이다.

2 공유 메모리 시스템

공유 메모리 시스템에는 UMA, NUMA, COMA 세 종류의 다중 프로세서가 존재한다.

1. UMA(Uniform Memory Access)

각 CPU가 모든 메모리에 액세스하는 시간이 동일한 특성을 지닌다. 액세스 시간이 동일한 것은 효율적인 코드를 작성할 수 있으므로 성능이 예측 가능하다.

2. NUMA(NonUniform Memory Access)

모든 프로세서는 단일 주소 공간을 가지며, CPU 가까이에 있는 메모리가 멀리 있는 메모리보다 액세스 시간이 훨씬 빠르다. 성능에 코드와 데이터 위치가 중요하다.

3. COMA(Cache Only Memory Access)

각 프로세서는 COMA에 공유 메모리의 일부를 가지고 있으며 공유 메모리는 캐시 메모리만으로 구성되어 있으므로 성능이 향상된다. 프로세서와 메모리는 복잡한 상호 연결망으로 연결되기도 한다.

02 다중 컴퓨터

1 다중 컴퓨터 종류

1. MPP(Massively Parallel Processors)

초고속 독점 상호 연결망으로 긴밀하게 연결된 많은 CPU로 구성된 고가의 슈퍼컴퓨터이다.

(1) 초당 많은 양의 트랜잭션을 처리하거나 대규모 데이터베이스를 저장하고 관리하는 용도로 사용된다.

(2) 데이터를 처리하고 저장하기 위해서 많은 디스크가 필요하고 빠른 데이터 이동이 가능해야 한다.

2. 클러스터 컴퓨터★☆☆

PC, 워크스테이션, 서버로 구성되고 랙 마운트가 가능하며 상호 연결망으로 연결된다.

(1) 고성능 컴퓨팅을 요구하는 과학, 엔지니어링, 산업 및 산업 응용 프로그램의 연구 및 개발에 널리 이용된다.

(2) 슈퍼컴퓨터 수준의 성능을 지니지만 경제적으로 저렴하고 기술 발전에 유연하게 대처할 수 있으며, 업그레이드가 가능하다.

(3) 클러스터 노드 간 높은 대역폭 및 프로세서 간 낮은 통신 지연을 지원하기 위해 고속의 상호 연결망 기술이 통합되어야 한다.

(4) 클러스터 컴퓨팅은 고가용성, 확장성 및 성능이 필요한 다른 응용 프로그램에도 적용된다.

CHAPTER 07 성능 측정

중요 학습내용

1. 컴퓨터 시스템의 성능을 측정하기 위한 가용성에 대해 알 수 있다.
2. 컴퓨터 시스템의 성능을 측정하기 위한 암달의 법칙에 대해 알 수 있다.
3. CPU 실행 시간을 계산할 수 있다.

01 성능 측정의 이해

1 성능 측정 개요

컴퓨터 시스템의 성능을 측정하기 위한 가용성, 암달의 법칙, CPU 실행 시간을 살펴보자.

1. 가용성★★☆

가용성(Availability)은 정보 시스템이 정상적으로 사용 가능한 정도를 의미하며, 무장애 시간(MTTF, Mean Time To Failure)과 평균 복구시간(MTTR, Mean Time To Repair) 지표가 사용된다. 가용성 값이 높을수록 가용성이 높다라고 표현한다. 가용성 수식은 다음과 같다.

$$\text{Availability} = \frac{\text{MTTF}}{\text{MTTF} + \text{MTTR}}$$

2. 암달의 법칙★★☆

암달의 법칙은 컴퓨터 시스템의 일부를 개선할 때 전체 시스템에 미치는 영향과의 관계를 수식으로 나타낸 법칙이다. 예를 들어 CPU의 속도를 2배 늘려도 컴퓨터의 성능이 2배 빨라지지 않는다는 것이다. 전체 작업 중 P%의 부분에서 성능이 S배 향상되었을 때 전체 시스템의 최대 성능 향상 공식은 다음과 같다.

$$\frac{1}{(1-P) + \dfrac{P}{S}}$$

기출플러스➕ ★★☆

시간 순서대로 제시된 다음의 시스템 운영 기록만을 이용하여 시스템의 가용성(availability)을 계산한 결과는?

17 지방직 9급

(단위 : 시간)

가동시간	고장시간	가동시간	고장시간	가동시간	고장시간
8	1	7	2	9	3

① 80% ② 400%
③ 25% ④ 75%

해설 난도중

정답의 이유

가용성 $= \dfrac{\text{MTTF}}{\text{MTTF} + \text{MTTR}} = \dfrac{24}{24+6}$
$= \dfrac{24}{30} = 0.8$ 이다. %로 표현하면 80%가 된다.

정답 ①

기출플러스➕ ★★☆

어떤 컴퓨터에서 프로그램 P를 실행할 때, 실행시간 중 60%의 시간이 연산 A를 실행하는 데 소요된다. 다른 조건의 변화 없이 연산 A만을 n배 빠르게 실행하도록 컴퓨터의 성능을 향상시킨 후 프로그램 P에 대한 실행시간이 50% 감소했다면, n의 값은? (단, 실행시간은 프로그램 P만 실행하여 측정한다) 17 지방직 추가 9급

① 2 ② 4
③ 6 ④ 10

정답의 이유

컴퓨터의 일부 부분 성능 향상이 전체 시스템의 최대 성능 향상은 $\dfrac{1}{(1-P)+\dfrac{P}{S}}$ 이다. 연산 A의 실행 시간이 전체의 60%를 차지하므로 P = 0.60이다. 연산 A만 n배 빠르게 성능을 향상시켰으므로 S=n이 되고, 전체 시스템의 실행 시간이 기존 실행 시간보다 50% 감소했기 때문에 성능이 2배 증가한 것을 알 수 있다. 공식에 적용하면 $\dfrac{1}{(1-0.6)+\dfrac{0.6}{n}}=2$가 된다.

n을 구해보면

$$\dfrac{1}{0.4+\dfrac{0.6}{n}}=2 \ \rightarrow \ 0.5=0.4+\dfrac{0.6}{n} \ \rightarrow$$

$0.1=\dfrac{0.6}{n} \rightarrow n = 6$ 이다.

정답 ③

기출플러스 ➕ ★★☆

클록(clock) 주파수가 2GHz인 중앙처리장치를 사용하는 컴퓨터 A에서 프로그램 P를 실행하는 데 10초가 소요된다. 클록 주파수가 더 높은 중앙처리장치를 사용하는 컴퓨터 B에서 프로그램 P를 실행하면, 소요되는 클록 사이클 수는 컴퓨터 A에 대비하여 1.5배로 증가하나 실행 시간은 6초로 감소한다. 컴퓨터 B에 사용된 중앙처리장치의 클록 주파수는? (단, 실행 시간은 중앙처리장치의 실행 시간만을 고려한 것이며 프로그램 P만 실행하여 측정된다) 18 지방직 9급

① 3GHz　　② 4GHz
③ 5GHz　　④ 6GHz

정답의 이유

CPU 실행시간, 클록 사이클 수, 클록 주파수의 관계식은

CPU 실행 시간 = $\dfrac{\text{CPU 클록 사이클 수}}{\text{클록 주파수}}$

이다. A 컴퓨터 중앙처리장치의 클록 사이클 수를 구해보면 CPU 실행 시간×클록 주파수=10×2×10⁹=20×10⁹ 이다. B 컴퓨터의 중앙처리장치의 클록 사이클 수는 A 컴퓨터 클록 사이클 수의 1.5배이기 때문에 30×10⁹ 이 된다. B 컴퓨터의 중앙처리장치의 클록 주파수는

$\dfrac{\text{CPU 클록 사이클 수}}{\text{CPU 실행 시간}} = \dfrac{30\times10^9}{6}=5\text{GHz}$ 이다.

정답 ③

3. CPU 실행 시간 ★★☆

CPU 실행 시간은 CPU가 순수하게 프로그램을 실행하기 위해 소비한 시간을 의미한다. CPU 클록 사이클 수와 클록 사이클 주기가 주어졌을 때 CPU 실행 시간은 다음과 같다.

> CPU 실행 시간=CPU 클록 사이클 수×클록 사이클 주기

클록 사이클 주기와 클록 주파수는 역수 관계이므로 다음 관계식도 도출된다.

> CPU실행시간 = $\dfrac{\text{CPU 클록 사이클 수}}{\text{클록 주파수}}$

CPU 클록 사이클 수는 명령어 수와 명령어 당 평균 CPU 클록 사이클 수의 곱으로 구할 수 있다.

> CPU 클록 사이클 수=명령어 수×명령어 당 평균 CPU 클록 사이클 수

명령어 당 평균 클록 사이클 수는 CPI(Cycle Per Instruction)라고도 하며, 프로그램의 모든 명령을 실행하는 데 필요한 프로세서 클록 수의 가중 평균을 나타낸다. CPI 값이 낮을수록 전반적인 성능이 향상된다.

4. MIPS

처리량 또는 실행 속도의 척도는 단위 시간당 수행되는 계산량이다. MIPS(Million Instruction Per Second)는 컴퓨터 시스템이 초당 몇 백만 개의 명령을 실행할 수 있는지를 의미하고 공식은 다음과 같다.

> $$\text{MIPS} = \dfrac{n}{t_e \times 10^6}$$

여기서, t_e : n개의 명령어를 실행하는 데 필요한 시간

CPU 클록 사이클 수를 명령어 당 평균 CPU 클록 사이클 수(CPI)로 나누면 명령어 수를 구할 수 있다. 명령어 수를 10^6으로 나누면 MIPS를 구할 수 있다.

PART 01

빈출개념 체크 ○×

CHAPTER 01 컴퓨터의 개요

01 중앙처리장치는 연산 장치, 제어 장치, 기억 장치로 구성된다. (○ / ×)

02 CISC는 RISC에 비해 명령어 수가 많고 주소지정 방식이 단순하고 제한적이다. (○ / ×)

03 로더의 기능 중 프로그램이 적재될 주기억 장소 내의 공간을 확보하는 것을 적재라고 한다. (○ / ×)

04 폰 노이만이 프로그램 내장방식을 주장하였다. (○ / ×)

05 디지털 컴퓨터는 논리회로로 구성되고 아날로그 컴퓨터에 비해 속도가 빠르다. (○ / ×)

06 1Kbyte는 1024byte로 표현할 수 있고, 단위 K는 2^{20}이다. (○ / ×)

CHAPTER 02 중앙처리장치

01 프로그램 카운터(PC)는 명령 포인터 레지스터라고도 하며, 인출할 명령어의 주소를 저장한다. (○ / ×)

02 누산기는 연산 결과를 일시 저장하는 레지스터이다. (○ / ×)

03 0 주소 명령어는 묵시적으로 지정된 누산기(AC)를 사용한다. (○ / ×)

04 간접 주소 지정은 오퍼랜드에 데이터가 저장된 주소를 가리키는 주소를 포함하는 방식이다. (○ / ×)

05 직접 주소 지정은 데이터에 접근하기 위해 주기억장치 최소접근횟수는 2회이다. (○ / ×)

CHAPTER 03 제어 장치

01 제어 장치는 명령어를 해독하고 데이터 흐름을 제어한다. (○ / ×)

02 명령어 사이클은 인출, 해독, 실행 사이클로 구성된다. (○ / ×)

CHAPTER 04 기억 장치

01 상위 계층에 속하는 기억 장치는 하위 계층에 속하는 기억 장치에 비해 속도가 빠르고 용량이 높다. (○ / ×)

02 MAR의 비트 수는 주소 버스 길이 n이고, MBR의 비트 수는 워드 당 비트 수 m일 때 주기억장치 용량은 $2^n \times m$ 로 나타낼 수 있다. (○ / ×)

03 ROM은 읽기 전용 메모리로서 전원이 끊어져도 정보가 지워지지 않는 비휘발성 메모리이다. (○ / ×)

04 SRAM은 플립플롭으로 구성되어 있고 주기적인 재충전이 필요하다. (○ / ×)

05 H : 히트율, T_c : 캐시 액세스 시간, T_m : 주기억 장치 액세스 시간일 때 평균 메모리 접근 시간을 구하는 공식은 $T_a = H \times T_c + (1-H) \times (T_c + T_m)$ 이다. (○ / ×)

06 시간적 지역성은 기억 장치 내 서로 인접하여 저장된 데이터들이 연속적으로 액세스될 확률이 높아지는 특성을 의미한다. (○ / ×)

07 캐시 효율이 가장 높은 사상 방식은 집합 연관 방식이다. (○ / ×)

CHAPTER 05 버스와 I/O 인터페이스

01 시스템 버스의 종류에는 데이터 버스, 주소 버스, 제어 버스가 있다. (○ / ×)

02 DMA는 주기억 장치와 입출력 장치 사이에 데이터 전송을 CPU가 개입하지 않고 메모리 버스를 직접 사용하여 통신하는 기법이다. (○ / ×)

CHAPTER 06

병렬 컴퓨터 구조

01 MISD는 여러 개의 프로세서들로 구성되고 프로세서들의 동작은 모두 하나의 제어 장치에 의해 제어된다. (O / ×)

02 클러스터 컴퓨터는 PC, 워크스테이션, 서버로 구성되고 랙 마운트가 가능하며 상호 연결망으로 연결된다. (O / ×)

CHAPTER 07 **성능 측정**

01 가용성(Availability)은 정보 시스템이 정상적으로 사용 가능한 정도를 의미하며, 수식은 $Availability = \dfrac{MTTF}{MTTF + MTTR}$ 이다.
(O / ×)

02 암달의 법칙에서 전체 작업 중 P%의 부분에서 성능이 S배 향상되었을 때, 전체 시스템의 최대 성능 향상 공식은 $\dfrac{1}{(1-P) + \dfrac{P}{S}}$ 이다.
(O / ×)

03 명령어 당 평균 클록 사이클 수는 CPI(Cycle Per Instruction)라고도 하고, CPI 값이 높을수록 전반적인 성능이 향상된다.
(O / ×)

04 MIPS는 처리량 또는 실행 속도의 척도는 단위 시간당 수행되는 계산량이다. (O / ×)

정답 및 해설

CHAPTER 01 컴퓨터의 개요

01 정답 ○
중앙처리장치는 연산 장치, 제어 장치, 기억 장치로 구성된다.

02 정답 ×
CISC는 RISC에 비해 명령어 수가 많고 주소지정 방식이 단순하고 제한적이다.

03 정답 ×
로더의 기능 중 프로그램이 적재될 주기억 장소 내의 공간을 확보하는 것을 적재라고 한다.

04 정답 ○
폰 노이만이 프로그램 내장방식을 주장하였다.

05 정답 ×
디지털 컴퓨터는 논리회로로 구성되고 아날로그 컴퓨터에 비해 속도가 빠르다.

06 정답 ×
1Kbyte는 1024byte로 표현할 수 있고, 단위 K는 2^{20} 이다.

CHAPTER 02 중앙처리장치

01 정답 ○

프로그램 카운터(PC)는 명령 포인터 레지스터라고도 하며, 인출할 명령어의 주소를 저장한다.

02 정답 ○

누산기는 연산 결과를 일시 저장하는 레지스터이다.

03 정답 ×

0 주소 명령어는 묵시적으로 지정된 누산기(AC)를 사용한다.

04 정답 ○

간접 주소 지정은 오퍼랜드에 데이터가 저장된 주소를 가리키는 주소를 포함하는 방식이다.

05 정답 ×

직접 주소 지정은 데이터에 접근하기 위해 주기억장치 최소접근횟수는 2회이다.

CHAPTER 03 제어 장치

01 정답 ○

제어 장치는 명령어를 해독하고 데이터 흐름을 제어한다.

02 정답 ○

명령어 사이클은 인출, 해독, 실행 사이클로 구성된다.

CHAPTER 04 기억 장치

01 정답 ×

상위 계층에 속하는 기억 장치는 하위 계층에 속하는 기억 장치에 비해 속도가 빠르고 용량이 작다.

02 정답 ○

주기억장치 용량은 $2^n \times m$ 로 구할 수 있다.

03 정답 ○

ROM은 전원이 끊어져도 정보가 지워지지 않는 메모리이다.

04 정답 ×

SRAM은 플립플롭으로 구성되어 있고 주기적인 재충전은 필요 없다. 주기적인 재충전은 DRAM의 특징이다.

05 정답 ○

평균 메모리 접근 시간 공식은 $T_a = H \times T_c + (1-H) \times (T_c + T_m)$ $\simeq H \times T_c + (1-H) \times T_m$ 이다.

06 정답 ×

시간적 지역성은 최근에 액세스된 명령어나 데이터가 가까운 시점에 액세스 될 확률이 높아지는 특성을 의미한다.

07 정답 ×

캐시 효율이 가장 높은 사상 방식은 완전 연관 방식이다.

CHAPTER 05 버스와 I/O 인터페이스

01 정답 ○

버스의 종류에는 데이터 버스, 주소 버스, 제어 버스가 있다.

02 정답 ○

DMA는 주기억 장치와 입출력 장치 사이에 데이터 전송을 메모리 버스를 직접 사용하여 통신하는 기법이다.

CHAPTER 06 병렬 컴퓨터 구조

01 정답 ×

MISD는 여러 개의 제어 장치와 프로세서를 갖는 구조로 각 프로세서들은 서로 다른 명령어들을 실행하지만 처리하는 데이터 스트림은 하나이다.

02 정답 ○

클러스터 컴퓨터는 PC, 워크스테이션, 서버가 서로 연결되어 있는 망이다.

CHAPTER 07 성능 측정

01 정답 ○

무장애 시간(MTTF)과 평균 복구시간(MTTR)이 있을 때 가용성은 $Availability = \dfrac{MTTF}{MTTF + MTTR}$ 이다.

02 정답 ○

암달의 법칙은 컴퓨터 시스템의 일부를 개선할 때 전체 시스템에 미치는 영향과의 관계를 수식으로 나타낸 법칙이다. 전체 시스템의 최대 성능 향상 공식은 $\dfrac{1}{(1-P) + \dfrac{P}{S}}$ 이다.

03 정답 ×

명령어 당 평균 클록 사이클 수는 CPI(Cycle Per Instruction)라고도 하고, CPI 값이 낮을수록 전반적인 성능이 향상된다.

04 정답 ○

MIPS는 컴퓨터 시스템이 초당 몇 백만 개의 명령을 실행할 수 있는지를 의미한다.

PART 01 확인학습문제

★★☆

01 다음은 컴퓨터 언어처리에 관련된 시스템 S/W의 기능을 설명한 것이다. 옳지 않은 것은?　　17 서울시 9급

① 컴파일러 : 고급언어를 이진목적모듈로 변환기능
② 어셈블러 : 객체지향언어를 이진목적모듈로 변환기능
③ 링커 : 여러 목적모듈을 통합하여 실행 가능한 하나의 모듈로 변환기능
④ 로더 : 실행 가능한 모듈을 주기억장치에 탑재기능

해설　난도 중

정답의 이유
어셈블러는 어셈블리어를 이진파일(실행파일)로 변환한다.

> **더 알아보기**
>
> • 컴파일러 : 고급언어(소스코드)를 이진파일(실행파일) 또는 어셈블리어로 변환한다.
> • 링커 : 소스코드를 컴파일 한 이진파일과 미리 컴파일 한 라이브러리 이진 파일을 통합하여 실행 가능한 하나의 파일로 만든다.
> • 로더 : 링커를 통해 만들어진 이진파일(실행파일)을 실행하기 위해 주기억장치에 올린다.

★★★

02 컴퓨터의 주요 장치에 대한 설명으로 옳은 것은?　　12 국가직 9급

① 입력장치는 시스템 버스를 통하여 컴퓨터 내부에서 외부로 데이터를 전송하는 장치이다.
② 기억장치 중 하나인 캐시기억장치는 주기억장치와 동일한 용량을 가져야 한다.
③ 제어장치는 주기억장치에 적재된 프로그램의 명령어를 하나씩 꺼내어 해독하는 기능을 가지고 있다.
④ 연산장치는 산술/논리 연산을 수행하는 장치로 누산기(accumulator), 명령 레지스터, 주소 해독기 등으로 구성된다.

해설　난도 중

정답의 이유
제어장치는 명령어를 해독하고 명령어 실행에 필요한 제어 신호를 발생시킨다.

오답의 이유
① 컴퓨터 내부에서 외부로 데이터를 전송하는 장치는 출력장치이다.
② 캐시기억장치는 주기억장치에 비해 용량이 적다.
④ 산술/논리 연산을 수행하는 장치는 산술 논리 연산 장치(ALU)이며, 연산 과정에서 누산기와 상태 레지스터가 사용된다.

03 CISC(Complex Instruction Set Computer)에 대한 설명으로 가장 옳은 것은?

① 고정 길이의 명령어 형식을 갖는다.

② 명령어의 길이가 짧다.

③ 다양한 어드레싱 모드를 사용한다.

④ 하나의 명령으로 복잡한 명령을 수행할 수 없어 복잡한 하드웨어가 필요하다.

해설 난도 중

정답의 이유

CISC는 주소지정방식이 다양하고 복잡하다.

오답의 이유

①, ②, ④는 RISC에 대한 내용이다.

더 알아보기

CISC, RISC 비교

CISC	RISC
하드웨어 중심	소프트웨어 중심
명령어 크기와 형식이 다양	명령어 크기가 동일하고 형식이 제한적
명령어 형식이 가변적	명령어 형식이 고정적
적은 수의 레지스터	많은 수의 레지스터
주소 지정 방식이 복잡하고 다양	주소 지정 방식이 단순하고 제한적
프로그래밍이 복잡	컴파일러가 복잡
프로그램 길이가 짧고 긴 명령어 사이클	프로그램 길이가 길고 명령어가 한 사이클에 실행
파이프 라인이 어려움	파이프 라인이 쉬움

★★★
04 마이크로프로세서는 명령어의 구성방식에 따라 CISC와 RISC로 구분된다. 두 방식의 일반적인 비교 설명으로 옳은 것을 모두 고른 것은?

12 국가직 9급

> ㄱ. RISC 방식은 CISC 방식보다 처리속도의 향상을 도모할 수 있다.
> ㄴ. CISC 방식의 프로세서는 RISC 방식의 프로세서보다 전력 소모가 적은 편이다.
> ㄷ. RISC 방식의 프로세서는 CISC 방식의 프로세서보다 내부구조가 단순하다.
> ㄹ. CISC 방식은 RISC 방식보다 단순하고 축약된 형태의 명령어를 갖고 있다.

① ㄱ, ㄷ   ② ㄱ, ㄹ

③ ㄴ, ㄷ   ④ ㄴ, ㄹ

해설 난도 상

오답의 이유

ㄴ. CISC 방식은 RISC 방식보다 전력 소모가 많다.

ㄹ. CISC 방식은 RISC 방식보다 명령어의 크기와 형식이 다양하다.

★★☆
05 컴퓨터 구조에 대한 설명으로 옳지 않은 것은?

17 국가직 9급

① 폰노이만이 제안한 프로그램 내장방식은 프로그램 코드와 데이터를 내부기억장치에 저장하는 방식이다.

② 병렬처리방식 중 하나인 SIMD는 하나의 명령어를 처리하기 위해 다수의 처리장치가 동시에 동작하는 다중처리기 방식이다.

③ CISC 구조는 RISC 구조에 비해 명령어의 종류가 적고 고정 명령어 형식을 취한다.

④ 파이프라인 기법은 하나의 작업을 다수의 단계로 분할하여 시간적으로 중첩되게 실행함으로써 처리율을 높인다.

해설 난도 중

정답의 이유

CISC는 RISC에 비해 명령어 수가 많고 가변 명령어 형식을 취한다.

> ### 더 알아보기
>
> **병렬 컴퓨터 구조**
>
> • SISD : 고전적인 순차적 폰 노이만 컴퓨터로 제어 장치와 프로세서를 각각 하나씩 갖는 구조로 명령 스트림과 데이터 스트림을 각각 하나씩 가지며 한 번에 한 가지 작업을 수행하는 단일 프로세서 시스템이다.
> • SIMD : 여러 개의 프로세서들로 구성되고 프로세서들의 동작은 모두 하나의 제어 장치에 의해 제어되며, 대량의 데이터를 처리하는 시스템에 응용된다.
> • MISD : 여러 개의 제어 장치와 프로세서를 갖는 구조로 각 프로세서들은 서로 다른 명령어들을 실행하지만 처리하는 데이터 스트림은 하나이다.
> • MIMD : 병렬 처리 컴퓨터의 궁극적인 목표가 되며, 완전히 독립된 프로세서를 결합하여 커다란 시스템으로 구성하는 것이다.

06 시스템 소프트웨어에 포함되지 않는 것은?

① 스프레드시트(spreadsheet) ② 로더(loader)

③ 링커(linker) ④ 운영체제(operating system)

해설 난도 하

정답의 이유

시스템 소프트웨어에는 운영체제, 인터프리터, 컴파일러, 유틸리티 프로그램, 드라이버, 링커, 로더 등이 있다.

> **더 알아보기**
>
> **소프트웨어**
> - 시스템 소프트웨어 : 하드웨어를 관리하고 응용 소프트웨어를 실행하는데 필요한 프로그램으로, 컴퓨터 시스템의 개별 하드웨어 요소들을 직접 제어, 통합, 관리하는 가장 큰 기능을 수행한다. 운영체제, 장치 드라이버, 프로그래밍 도구(로더, 링커), 컴파일러, 어셈블러, 유틸리티 등을 포함한다.
> - 응용 소프트웨어 : 일반 사용자가 특별한 용도로 활용하기 위해 개발된 프로그램으로, 컴퓨터가 많은 다른 작업을 수행할 수 있도록 하는 소프트웨어이다. 사무용(스프레드시트), 과학계산, 정보시스템, 멀티미디어, 교육용 등이 존재한다.

07 로더의 기능이 아닌 것은?

① 할당(allocation) ② 번역(translation)

③ 링킹(linking) ④ 로딩(loading)

해설 난도 중

정답의 이유

로더의 기능은 할당(allocation), 연결(linking), 재배치(relocation), 적재(loading)가 있다.

> **더 알아보기**
>
> **로더의 기능**
> - 할당(allocation) : 프로그램이 적재될 주기억 장소 내의 공간을 확보하는 것이다.
> - 연결(linking) : 필요한 경우 여러 목적 프로그램 또는 라이브러리 루틴과의 링크 작업을 말한다.
> - 재배치(relocation) : 목적 프로그램을 실제 주기억 장소에 맞게 재배치하는 것으로, 상대 주소를 절대 주소로 변경하게 된다.
> - 적재(loading) : 실제 프로그램과 데이터를 주기억 장소에 적재하는 것을 말한다.

08

프로그램 구현 기법은 컴파일러를 이용한 기법, 인터프리터를 이용한 기법, 하이브리드(hybrid) 기법으로 구분된다. 이에 대한 설명으로 옳지 않은 것은?

17 지방직 9급

① 하이브리드 기법에서는 인터프리터가 중간 언어로 번역된 프로그램을 해석하고 실행한다.

② 인터프리터를 이용한 기법에서는 고급 언어 프로그램을 명령문 단위로 하나씩 해석하여 바로 실행한다.

③ 반복문이 많은 프로그램의 실행에서 컴파일러를 이용한 기법이 인터프리터를 이용한 기법보다 효율적이다.

④ 인터프리터를 이용한 기법은 번역된 프로그램을 저장하기 위한 큰 기억 장소를 요구하는 단점이 있다.

해설 난도 중

정답의 이유

인터프리터는 명령어들을 한 줄 단위로 번역하기 때문에 목적 프로그램이 불필요하고 기억 장소 또한 적게 필요하다. 반면, 컴파일러는 프로그램 단위로 번역을 하고 번역 후에 목적 프로그램을 저장하기 위해 기억 장소가 많이 필요하다.

09

다음 중 집적도가 가장 높은 회로와 가장 큰 저장용량 단위를 나타낸 것은?

17 서울시 9급

> GB, PB, MB, TB
> VLSI, MSI, ULSI, SSI

① ULSI, PB

② VLSI, TB

③ MSI, GB

④ SSI, PB

해설 난도 중

정답의 이유

집적도가 높은 회로부터 순서대로 나열하면 ULSI → VLSI → MSI → SSI이다. 저장용량이 큰 순서부터 나열하면 PB → TB → GB → MB이다.

더 알아보기

회로의 집적도

회로 명칭	집적도
저밀도 집적회로(SSI)	100개 미만
중밀도 집적회로(MSI)	100~1000개
고밀도 집적회로(LSI)	1000~10만개
초고밀도 집적회로(VLSI)	10만~100만개
울트라 고밀도 집적회로(UVLSI)	100만개 이상

기억 용량 단위

단위	명칭	의미
KB	킬로(Kilo) 바이트	$10^3 \simeq 2^{10} = 1{,}024$바이트
MB	메가(Mega) 바이트	$10^6 \simeq 2^{20}$ 바이트
GB	기가(Giga) 바이트	$10^9 \simeq 2^{30}$ 바이트
TB	테라(Tera) 바이트	$10^{12} \simeq 2^{40}$ 바이트
PB	페타(Peta) 바이트	$10^{15} \simeq 2^{50}$ 바이트
EB	엑사(Exa) 바이트	$10^{18} \simeq 2^{60}$ 바이트
ZB	제타(Zetta) 바이트	$10^{21} \simeq 2^{70}$ 바이트
YB	요타(Yotta) 바이트	$10^{24} \simeq 2^{80}$ 바이트

★★☆

10 기억장치의 용량을 나타내는 단위로 틀린 것은?

19 전자계산기

① 1GB(Giga Byte)$= 2^{30}$Byte

② 1TB(Tera Byte)$= 1{,}024$PB(Peta Byte)

③ 1MB(Mega Byte)$= 1{,}024$KB(Kilo Byte)

④ 1MB((Mega Byte)$= 2^{20}$Byte

해설 난도 중

정답의 이유

PB가 TB보다 $2^{10} = 1{,}024$ 큰 용량 단위이다. 따라서 1PB=1,024TB가 된다.

★☆☆

11 현재 사용되는 PC에서와 같이 일반적인 폰-노이만 방식의 중앙처리장치에 대한 설명으로 옳지 않은 것은?

15 서울시 9급

① 중앙처리장치의 중요 구성요소는 산술논리장치(ALU)와 제어부(CU)이다.

② 산술논리장치의 계산 결과는 레지스터에 저장된다.

③ 중앙처리장치에 연결된 어드레스 버스는 단방향 통신을 지원한다.

④ 중앙처리장치와 주기억장치 사이의 통신은 대부분 DMA 방식으로 처리된다.

해설 난도 중

정답의 이유

DMA는 고속 저장 매체 간 데이터 전송 기술을 의미한다.

12 전통적인 폰 노이만(Von Neumann) 구조에 대한 설명으로 옳지 않은 것은?

13 국가직 9급

① 폰 노이만 구조의 최초 컴퓨터는 에니악(ENIAC)이다.

② 내장 프로그램 개념(stored program concept)을 기반으로 한다.

③ 산술논리연산장치는 명령어가 지시하는 연산을 실행한다.

④ 숫자의 형태로 컴퓨터 명령어를 주기억장치에 저장한다.

해설 난도 중

정답의 이유

폰 노이만이 주장한 프로그램 내장 방식을 적용한 최초의 컴퓨터는 에드삭(EDSAC)이다.

CHAPTER 02 중앙처리장치

★★★

01 다음에 실행할 명령의 번지를 기억하고 있는 레지스터는?

14 서울시 9급

① 프로그램 카운터(Program Counter)

② 누산기(Accumulator)

③ 명령어 레지스터(Instruction Register)

④ 메모리 버퍼 레지스터(Memory Buffer Register)

⑤ 인덱스 레지스터(Index Register)

해설 난도 중

오답의 이유

② 산술 논리 연산 장치(ALU) 내부에 위치하며, 연산 시 초기 데이터, 중간 결과, 최종 연산결과를 저장한다.

③ 주기억 장치에서 인출한 명령어를 저장한다.

④ 입·출력 모듈과 프로세서 간에 데이터 교환 시 사용된다.

⑤ 주소를 변경하거나 서브루틴 연결 및 반복 연산 횟수를 파악할 때 사용된다.

★★★

02 중앙처리장치 내의 레지스터 중 PC(program counter), IR(instruction register), MAR(memory address register), AC(accumulator)와 다음 설명이 옳게 짝지어진 것은?

17 국가직 9급

> ㄱ. 명령어 실행 시 필요한 데이터를 일시적으로 보관한다.
> ㄴ. CPU가 메모리에 접근하기 위해 참조하려는 명령어의 주소 혹은 데이터의 주소를 보관한다.
> ㄷ. 다음에 인출할 명령어의 주소를 보관한다.
> ㄹ. 가장 최근에 인출한 명령어를 보관한다.

	PC	IR	MAR	AC			PC	IR	MAR	AC
①	ㄱ	ㄴ	ㄷ	ㄹ		②	ㄴ	ㄹ	ㄷ	ㄱ
③	ㄷ	ㄴ	ㄱ	ㄹ		④	ㄷ	ㄹ	ㄴ	ㄱ

해설 난도 하

정답의 이유

ㄷ. 명령 계수기(PC ; Porgram Counter) : 프로그램의 명령 순서에 따라 명령이 실행될 수 있도록 하기 위해 다음에 실행할 명령의 주소를 기억하는 레지스터로, 프로그램 계수기라고도 한다.

ㄹ. 명령 레지스터(IR ; Instruction Register) : 주기억 장치에서 인출한 명령어를 저장한다. 제어 장치는 IR에서 명령어를 읽어와 해독하여 컴퓨터 각 장치에 제어 신호를 전송한다.

ㄴ. 주소 레지스터(MAR ; Memory Address Register) : 주기억장치에서 선택될 주소를 기억하는 레지스터이다. 명령 어드레스, 기억 어드레스, 장치 어드레스를 나타내는 주소가 각각 따로 되어 있는 경우도 있다.

ㄱ. 누산기(Accumulator) : 연산 결과를 일시적으로 기억하는 레지스터로서 보통 누산기 내의 데이터와 주기억장치 상의 데이터를 연산하여 그 결과를 누산기에 기억한다.

★★★

03 다음 중에서 기억장치로부터 전송된 데이터를 일시적으로 저장하는 레지스터는?

19 전자계산기

① MAR
② MBR
③ ALU
④ 채널

해설 난도 하

정답의 이유

메모리 버퍼 레지스터(MBR)는 메모리 데이터 레지스터(MDR)라고도 하며, 데이터를 메모리에서 읽거나 저장할 때 데이터를 일시적으로 저장한다.

오답의 이유

① 메모리 주소 레지스터(MAR)는 CPU가 읽고 쓰기 위한 데이터의 메모리 주소를 저장한다.
③ 산술 및 논리 연산 장치(ALU)는 산술 연산과 논리 연산을 수행하는 장치이다.
④ 입출력을 제어하기 위한 시스템 구성요소로, 시스템의 프로세서와는 독립적으로 동작한다.

04 다음 중 CPU의 제어장치를 구성하는 레지스터에 관한 설명으로 옳지 않은 것은?　20 컴활1급

① 프로그램 카운터 : 프로그램의 실행된 명령어의 개수를 계산한다.

② 명령 레지스터 : 현재 실행 중인 명령을 기억한다.

③ 부호기 : 해독된 명령에 따라 각 장치로 보낼 제어 신호를 생성한다.

④ 메모리 주소 레지스터 : 기억장치에 입출력되는 데이터의 번지를 기억한다.

해설 　난도 중

정답의 이유

프로그램 카운터는 명령 포인터 레지스터라고도 하며, 인출할 명령어의 주소를 저장한다.

05 0-주소 인스트럭션에 반드시 필요한 것은?　19 전자계산기조직응용

① 스택　　　　　　　　　　　② 베이스 레지스터

③ 큐　　　　　　　　　　　　④ 주소 레지스터

해설 　난도 하

정답의 이유

0-주소 명령어는 연산에 필요한 오퍼랜드와 결과의 저장 장소가 모두 묵시적으로 지정된 경우로 스택 구조에서 사용된다.

> **더 알아보기**
>
> **명령어 형식**
> - 0-주소 명령어 : 연산에 필요한 오퍼랜드와 결과의 저장 장소가 모두 묵시적으로 지정된 경우로 스택 구조에서 사용된다.
> - 1-주소 명령어 : 2개의 연산 대상 중 하나만 표현하고 나머지 하나는 묵시적으로 지정된 누산기(AC)를 사용한다.
> - 2-주소 명령어 : 연산에 필요한 두 오퍼랜드의 저장 장소 중 하나가 연산 결과를 저장하는 장소로 사용한다.
> - 3-주소 명령어 : 연산에 필요한 두 오퍼랜드와 결과 같은 저장하기 위해 하나의 오퍼랜드를 사용한다.

★★☆

06 명령어의 번지 필드가 가리키는 번지에 유효번지가 있는 어드레싱 모드는? 19 전자계산기조직응용

① base register addressing mode

② indexed addressing mode

③ relative addressing mode

④ indirect addressing mode

해설 난도 하

정답의 이유

간접 주소 지정 방식은 오퍼랜드에 데이터가 저장된 주소를 가리키는 주소를 포함하는 방식이다.

더 알아보기

주소 지정 방식

- 즉시 주소 지정 : 오퍼랜드에 데이터가 있는 방식이다. 오퍼랜드를 인출하기 위해 메모리 참조가 필요 없으나 상수 값만 사용할 수 있다.
- 직접 주소 지정 : 오퍼랜드가 데이터가 저장되어 있는 메모리 주소를 직접 가리키는 방식이다.
- 간접 주소 지정 : 오퍼랜드에 데이터가 저장된 주소를 가리키는 주소를 포함하는 방식이다.
- 레지스터 주소 지정 : 직접 주소 지정방식과 개념은 같고 위치가 주기억 장치 대신 레지스터이다.
- 레지스터 간접 주소 지정 : 주기억 장치에 저장된 데이터의 주소를 레지스터 내에서 가리키는 주소 지정 방식이다.
- 인덱스 주소 지정 : 레지스터에 변위를 더해 메모리 주소를 참조하는 방식이다.
- 상대 주소 지정 : 인덱스 레지스터 대신에 PC 레지스터를 사용하는 주소 지정 방식이다.
- 베이스 주소 지정 : 세그먼트 레지스터 중 하나를 베이스 레지스터로 지정하고 변위를 더해 실제 오퍼랜드가 있는 위치를 찾는 주소 지정 방식이다.
- 묵시적 주소 지정 : 오퍼랜드의 출발지나 목적지를 명시하지 않아도 암묵적으로 위치를 알 수 있는 주소 지정 방식이다.

★★☆

07 컴퓨터시스템의 명령어 형식이 다음과 같고, OPERAND 필드(field)가 256M 워드 크기의 메모리 주소를 나타낼 때 OPCODE 필드로 나타낼 수 있는 서로 다른 종류의 명령어가 모두 몇 개인가? (단, OPERAND는 워드 단위의 주소 값을 가지고, 1워드는 32비트이며, 각 명령어의 크기는 1워드이다) 11 지방직 9급

←	32비트	→
OPCODE	OPERAND	

① 16

② 64

③ 256

④ 512

해설 난도 상

정답의 이유

OPERAND 필드의 크기가 256M이기 때문에 256은 $2^{비트수} = 2^8$이 된다. 그리고 단위 K는 1024($=2^{10}$)이고 M는 1024K이기 때문에 2^{20}으로 나타낼 수 있다. 따라서 256M 크기를 다시 정리하면 $2^8 \times 2^{20}$이 되므로 사용된 비트는 28 비트이다. 따라서 OPCODE는 4비트이고 명령어의 개수는 16($=2^4$)개이다.

48 PART 01 컴퓨터구조

★★☆

08 CPU가 명령어를 실행할 때 필요한 피연산자를 얻기 위해 메모리에 접근하는 횟수가 가장 많은 주소지정 방식은? (단, 명령어는 피연산자의 유효 주소를 얻기 위한 정보를 포함하고 있다고 가정한다) 11 국가직 9급

① 직접 주소 지정 방식
② 간접 주소 지정 방식
③ 인덱스 주소 지정 방식
④ 상대 주소 지정 방식

해설 난도 중

정답의 이유
간접 주소 지정 방식은 메모리 접근 횟수가 2회로 주소 지정 방식 중 가장 많다.

오답의 이유
① 직접 주소 지정 방식은 메모리를 1회 접근한다.
③, ④ 특정 레지스터에 저장된 주소에 변위를 더해 실제 오퍼랜드가 저장된 메모리 위치를 지정하는 방식으로 메모리를 1회 접근한다.

★★☆

09 각 명령어가 중앙처리장치(CPU)에 의해 실행될 때, 연산을 수행하는데 필요한 데이터 혹은 데이터 주소를 오퍼랜드(operand)라 한다. 이 오퍼랜드를 지정하는 주소지정 방식(addressing mode)에 대한 설명으로 옳지 않은 것은? 10 지방직 9급

① 묵시적 주소지정 방식은 오퍼랜드가 묵시적으로 정해지는 방식이다.
② 직접 주소지정 방식은 오퍼랜드 내의 주소를 실제 데이터의 주소로 직접 표현하는 방식이다.
③ 레지스터 주소지정 방식은 중앙처리장치 내의 레지스터에 실제 데이터가 기억되는 방식이다.
④ 간접 주소지정 방식은 명령어 주소 부분의 값과 PC(Program Counter)의 값이 더해져서 유효주소가 결정되는 방식이다.

해설 난도 상

정답의 이유
보기의 설명은 변위 주소지정 방식 중 상대 주소지정 방식을 의미하고, 간접 주소지정 방식은 오퍼랜드에 데이터가 저장된 주소를 가리키는 주소를 포함하는 방식이다. 데이터에 접근하기 위해 주기억장치 최소접근횟수는 2회이기 때문에 데이터를 가져오는 데 많은 시간이 걸린다.

★★☆

01 CPU가 명령어를 처리하는 과정의 순서로 옳은 것은?

12 지방직 9급

> ㄱ. IR(Instruction Register)에 적재된 명령어를 해독한 후 그 결과에 따라 연산을 수행한다.
> ㄴ. 주기억장치로부터 명령어를 읽어 MBR(Memory Buffer Register)로 적재한다.
> ㄷ. 프로그램 카운터 값을 MAR(Memory Address Register)로 적재한다.
> ㄹ. 인터럽트 발생유무를 확인한다.
> ㅁ. MBR에 있는 명령어를 IR로 적재한다.

① ㄴ → ㄷ → ㅁ → ㄱ → ㄹ

② ㄷ → ㄱ → ㄴ → ㄹ → ㅁ

③ ㄷ → ㄴ → ㅁ → ㄱ → ㄹ

④ ㄷ → ㄹ → ㄴ → ㅁ → ㄱ

해설 난도 중

정답의 이유

명령어 사이클은 명령어 인출, 해독, 실행 사이클로 수행된다. 명령어 사이클은 다음과 같다.

1. 주기억 장치의 명령어 저장된 위치를 프로그램 카운터(PC)가 메모리 주소 레지스터(MAR)로 보낸다.
2. 주기억 장치의 주소에 저장된 데이터를 메모리 버퍼 레지스터(MBR)에 저장한다.
3. 명령어 길이만큼 PC를 증가시킨다.
4. MBR에 저장된 데이터를 명령 레지스터(IR)로 이동시킨다.
5. IR에서는 opcode만 해독기로 전달하면 해독기에서는 연산과 관련된 명령을 해독한다.
6. 해독된 명령어를 실행한다.
7. 매 명령어 사이클이 끝나면 인터럽트 유무를 확인하여 인터럽트가 있으면 인터럽트 처리루틴을 실행한다.

CHAPTER 04 기억 장치

★★★

01 다음은 PC(Personal Computer)의 전원을 켰을 때 일어나는 과정들을 순서대로 나열한 것이다. ㉠ ~ ㉢이 바르게 짝지어진 것은?

16 국가직 9급

> • (㉠)에 저장된 바이오스(BIOS)가 실행되어 컴퓨터에 장착된 하드웨어 장치들의 상태를 점검한다.
> • (㉡)에 저장되어 있는 운영체제가 (㉢)로/으로 로드(load)된다.
> • 운영체제의 실행이 시작된다.

	㉠	㉡	㉢
①	보조기억장치	ROM	주기억장치
②	보조기억장치	주기억장치	ROM
③	ROM	보조기억장치	주기억장치
④	ROM	주기억장치	보조기억장치

해설 난도 중

정답의 이유

롬에 저장된 바이오스(BIOS)가 컴퓨터의 하드웨어 장치의 상태를 점검한다. 운영체제는 보조기억장치에 저장되어 있으며 실행 시 주기억장치(RAM)로 로드된다.

★★★

02 열거된 메모리들을 처리 속도가 빠른 순서대로 바르게 나열할 것은?

14 국가직 9급

> ㄱ. 가상 메모리
> ㄴ. L1 캐시 메모리
> ㄷ. L2 캐시 메모리
> ㄹ. 임의 접근 메모리(RAM)

① ㄱ - ㄴ - ㄷ - ㄹ

② ㄴ - ㄷ - ㄹ - ㄱ

③ ㄷ - ㄴ - ㄱ - ㄹ

④ ㄹ - ㄱ - ㄴ - ㄹ

해설 난도 중

정답의 이유

L1 캐시 메모리는 L2 캐시 메모리보다 속도가 빠르다. RAM은 캐시 메모리보다는 속도가 늦다. 가상 메모리는 보조기억장치의 일부 공간을 가상의 메모리로 사용하는 것으로 RAM보다 속도가 느리다.

★★★

03 컴퓨터 시스템에서 일반적인 메모리 계층 구조를 설계하는 방식에 대한 설명으로 옳지 않은 것은?

11 국가직 9급

① 상대적으로 빠른 접근 속도의 메모리를 상위 계층에 배치한다.

② 상대적으로 큰 용량의 메모리를 상위 계층에 배치한다.

③ 상대적으로 단위 비트 당 가격이 비싼 메모리를 상위 계층에 배치한다.

④ 하위 계층에는 하드디스크나 플래시(flash) 메모리 등 비휘발성 메모리를 주로 사용한다.

해설 난도 중

정답의 이유

상대적으로 고가, 고속, 높은 CPU 액세스 빈도는 상위 계층에 배치하고, 큰 용량은 하위 계층에 배치한다.

기억 장치 계층 구조

구분	기억 장치	특징	
내부 기억장치	레지스터	비트 당 가격 증가 액세스 속도 증가 CPU 액세스 빈도 증가	↑
	캐시		
	주기억 장치		
외부 기억장치 (보조기억장치)	자기 디스크, CD-ROM, DVD	용량 증가	↓
	자기 테이프		

★★★

04 기억장치계층구조에서 상위계층 기억장치가 가지는 특징으로 옳은 것은?　　　　19 정보처리

① 기억장치 액세스 속도가 느려진다.

② CPU에 의한 액세스 빈도가 높아진다.

③ 기억장치 용량이 증가한다.

④ 기억장치를 구성하는 비트 당 가격이 낮아진다.

해설 난도 중

정답의 이유

상위 계층의 기억장치는 내부 기억장치로 레지스터, 캐시, 주기억 장치가 있다. 해당 장치들은 CPU에 의한 액세스 빈도가 높은 장치들이다.

오답의 이유

①, ③, ④는 보조기억장치에 대한 설명이다.

★★★

05 컴퓨터의 기억 장치에 대한 설명으로 옳지 않은 것은?　　　　10 국가직 9급

① 기억장치의 계층 구조는 중앙처리장치와 I/O 장치의 속도 차이를 효율적으로 해결하도록 구성한다.

② 기억장치의 계층 구조에서 계층이 높을수록 기억장치의 용량은 감소하고 접근 속도는 증가한다.

③ 캐시는 주로 중앙처리장치와 보조기억장치 간의 속도 차이를 극복하기 위해 사용된다.

④ 보조기억장치로는 하드 디스크, CD-ROM, DVD 등이 사용된다.

해설 난도 중

정답의 이유

캐시는 중앙처리장치와 주기억장치 간의 속도 차이를 극복하기 위해 사용되는 기억장치이다.

★★☆
06 다음 중 레지스터에 관한 설명으로 옳은 것은?

① CPU 내부에서 특정한 목적에 사용되는 일시적인 기억 장소이다.

② 메모리 중에서 가장 속도가 느리며, 플립플롭이나 래치 등으로 구성된다.

③ 컴퓨터의 유지 보수를 위한 시스템 정보를 저장한다.

④ 시스템 부팅 시 운영체제가 로딩되는 메모리이다.

해설 난도 중

정답의 이유

레지스터는 내부기억장치로 액세스 속도가 가장 빠르고 비트 당 가격도 가장 높다.

오답의 이유

② 레지스터는 메모리 중에서 가장 속도가 빠르며, 플립플롭이나 래치 등으로 구성된다.

③ 레지스터는 컴퓨터의 유지 보수를 위한 시스템 정보를 저장하지 않는다.

④ 시스템 부팅 시 운영체제가 로딩되는 메모리는 ROM이다.

★★☆
07 다음 중 반도체를 이용한 컴퓨터 보조 기억 장치로 크기가 작고 충격에 강하며, 소음 발생이 없는 대용량 저장 장치는?

① HDD(Hard Disk Drive)   ② DVD(Digital Versatile Disk)

③ SSD(Solid State Drive)   ④ CD-RW(Compact Disc Rewritable)

해설 난도 중

정답의 이유

SSD는 반도체를 이용하여 정보를 저장하는 장치로, 플래시 메모리가 내장되어 있어 비휘발성 특징을 가져 전원이 꺼져 있는 상태에서도 정보를 지속적으로 보유할 수 있다.

★★☆
08 다음 중 컴퓨터 보조 기억장치로 사용되는 SSD(Solid State Drive)에 관한 설명으로 옳은 것은?

① 고속으로 데이터를 입출력할 수 있으며, 배드섹터가 발생하지 않는다.

② HDD와 같이 바로 덮어쓰기를 할 수 있으며, 읽기/쓰기 성능이 비슷하다.

③ 650nm 파장의 적색 레이저를 사용하여 데이터를 기록한다.

④ 소음이 없고 발열이 낮으나 HDD에 비해 외부 충격에 약하다.

해설 난도 중

오답의 이유

② HDD와 동일하게 덮어쓰기를 할 수 있지만, 읽기/쓰기 성능은 더 높다.

③ 650nm 파장의 적색 레이저를 사용하여 데이터를 기록하는 장치는 DVD이다.

④ 소음이 없고 발열이 낮으나 HDD에 비해 외부 충격에 강하다.

★★★
09 어떤 마이크로컴퓨터 시스템의 데이터 버스(data bus)가 16비트, 어드레스 버스(address bus)가 24비트로 구성되었을 때, 이 컴퓨터 시스템 주기억 장치의 최대 용량은? (단, KB＝Kilo Byte, MB＝Mega Byte이다)

19 전자계산기조직응용

① 64 KB

② 256 KB

③ 1 MB

④ 256 MB

해설 난도 중

정답의 이유

주소 버스의 길이가 24bit이고 데이터 버스의 길이가 16bit일 때 주기억 장치의 최대 용량은 $2^{24} \times 16 = 2^4 \times 16 \times 2^{20} = 256MB$이다.

★★★
10 컴퓨터의 메모리 용량이 64K×32bit라 하면 MAR(Memory Address Register)와 MBR(Memory Buffer Register)는 각각 몇 비트인가?

19 정보처리산업

① MAR : 16, MBR : 16

② MAR : 32, MBR : 16

③ MAR : 8, MBR : 16

④ MAR : 16, MBR : 32

해설 난도 상

정답의 이유

MAR의 비트 수는 주소 버스 길이 n이고, MBR의 비트 수는 워드 당 비트 수 m일 때 메모리 용량은 $2^n \times m$ 이다. 즉 2^n 은 64K이고 m은 32이다. 64는 2^6 이고 K는 2^{10} 이다. 따라서 n은 16비트이고 m은 32비트이다.

★★★
11 RAM 칩을 사용하여 8K×64비트 기억장치 모듈을 구성하는 방법으로 옳지 않은 것은?

14 지방직 9급

① 4개의 2K×64비트 RAM 칩 사용

② 32개의 1K×16비트 RAM 칩 사용

③ 8개의 4K×8비트 RAM 칩 사용

④ 4개의 8K×16비트 RAM 칩 사용

해설 난도 상

오답의 이유

① 2K×64비트 RAM 칩의 주소에 4를 곱하면 8K×64비트 기억장치 모듈을 구성할 수 있다.

② 1K×16비트 RAM 칩의 워드 길이를 64비트로 일치시키기 위해 4개의 RAM 칩을 사용하면 1K×64비트 RAM 칩이 된다. 다음으로 주소에 8을 곱하면 8K×64비트 기억장치 모듈을 구성할 수 있다. 해당 기억장치 모듈을 구성하기 위해 필요한 RAM 칩은 4×8＝32개이다.

④ 8K×16비트 RAM 칩의 워드 길이를 64비트로 일치시키기 위해서는 4개의 RAM 칩이 필요하다.

★★★

12 메모리에 대한 설명으로 옳지 않은 것은?

11 지방직 9급

① ROM은 읽기전용 메모리로서 전원이 끊겨져도 정보가 지워지지 않는 비소멸성 메모리이다.
② SRAM은 DRAM보다 속도가 느리다.
③ 플래시 메모리는 읽고 쓸 수 있으며, 비소멸성 메모리지만 동일 영역에 대한 쓰기 반복 횟수에 제한이 있다.
④ EPROM은 데이터를 지우는 것이 가능하다.

해설 난도 상

정답의 이유

SRAM은 DRAM에 비해 속도가 빠르다.

> **더 알아보기**
>
> **데이터 삭제가 가능한 ROM**
> • EPROM : 자외선에 노출하여 데이터 삭제
> • EEPROM : 전기 신호를 이용하여 데이터 삭제

★★☆

13 DRAM(Dynamic Random Access Memory)에 대한 설명 중 가장 거리가 먼 것은?

10 국가직 9급

① DRAM은 정보를 축전기(capacitor)의 충전에 의해 저장한다.
② 저장된 정보는 한 번 저장되면 주기적인 충전이 없어도 영구히 저장된다.
③ 비교적 가격이 싸고 소비 전력이 적다.
④ 동작 속도가 비교적 빠르며 집적도가 높아 대용량의 메모리에 적합하다.

해설 난도 중

정답의 이유

DRAM은 정보 저장을 위해 주기적인 충전(refresh)이 필요하다.

> **더 알아보기**
>
> **SRAM, DRAM 특징 비교**
>
> | | |
> |---|---|
> | SRAM | • 구성 소자 : 플립플롭
• 가격이 고가, 고속, 저용량, 저밀도
• 전력 소모가 많음
• 속도가 빠르기 때문에 CPU 속에 캐시로 사용 |
> | DRAM | • 구성 소자 : 커패시터
• 주기적인 재충전(refresh) 필요
• 가격이 저가, 저속, 고용량, 고밀도
• 전력 소모가 적음
• 주기억 장치로 주로 사용 |

★★☆

14 SRAM과 DRAM의 설명으로 틀린 것은?

19 전자계산기조직응용

① SRAM은 리플래시가 필요 없다.

② DRAM은 휘발성 소자(volatile)이다.

③ DRAM은 집적도가 높아 고용량이 가능하다.

④ SRAM은 캐패시터와 트랜지스터로 구성된다.

해설 난도 중

정답의 이유

DRAM이 캐패시터와 트랜지스터로 구성된다.

★☆☆

15 비휘발성 메모리로서 전원이 끊기더라도 저장된 정보를 그대로 보전할 수 있어서 디지털카메라, 휴대전화, PDA, 게임기, MP3 플레이어 등에 이용되고 있는 메모리는?

10 지방직 9급

① 플래시 메모리

② 캐시 메모리

③ 버퍼 메모리

④ 블루레이 디스크

해설 난도 하

정답의 이유

플래시 메모리는 전원을 끊어도 기억된 내용 유지하고, 이동용 저장 장치로 사용된다. 크기가 작고 속도가 빠르며 전력 소모가 적다. 읽고 쓰기가 가능하지만 동일 영역에 대한 쓰기 반복 횟수에 제한이 있다.

★★★

16 다음 조건에서 메인 메모리와 캐시 메모리로 구성된 메모리 계층의 평균 메모리 접근 시간은? (단, 캐시 실패 손실은 캐시 실패 시 소요되는 총 메모리 접근 시간에서 캐시 적중 시간을 뺀 시간이다)

13 국가직 9급

- 캐시 적중 시간 : 10ns
- 캐시 실패 손실 : 100ns
- 캐시 적중률 : 90%

① 10ns ② 15ns

③ 20ns ④ 25ns

해설 난도 중

정답의 이유

캐시 실패 손실 = 총 메모리 접근 시간 - 캐시 적중 시간이므로 총 메모리 접근 시간은 110ns가 된다. 평균 메모리 접근 시간을 구하면 $0.9 \times 10 + (1 - 0.9)110 = 20$ns가 된다.

★★★
17 캐시(cache) 액세스 시간이 11sec, 주기억장치 액세스 시간이 20sec, 캐시 적중률이 90%일 때 기억장치 평균 엑세스 시간을 구하면?

19 전자계산기조직응용

① 1sec

② 3sec

③ 9sec

④ 13sec

해설 난도 중

정답의 이유

H : 히트율, T_c : 캐시 액세스 시간, T_m : 주기억 장치 액세스 시간일 때 기억장치 평균 엑세스 시간은

$$T_a = H \times T_c + (1-H) \times (T_m + T_c) = 0.9 \times 11 + (1-0.9) \times 31 = 9.9 + 3.1 = 13 \text{sec}$$

★★★
18 캐시 메모리에 대한 설명으로 옳은 것을 모두 고른 것은?

11 지방직 9급

ㄱ. 적중률(hit ratio)이 높을수록 캐시 메모리 성능은 낮다.
ㄴ. 캐시 메모리의 쓰기(write) 기법 중에 write-back 기법은 적중(hit)시 캐시 메모리와 함께 메인 메모리의 내용도 갱신한다.
ㄷ. 메인 메모리보다 용량은 작지만 접근 속도가 빠르다.
ㄹ. 성능 향상을 위해 시간적 지역성(temporal locality), 공간적 지역성(spatial locality)등을 이용한다.

① ㄱ, ㄴ

② ㄱ, ㄷ

③ ㄴ, ㄷ

④ ㄷ, ㄹ

해설 난도 상

오답의 이유

ㄱ. 적중률이 높을수록 캐시 메모리의 성능이 높다.
ㄴ. write-through 기법이 캐시 메모리와 함께 메인 메모리의 내용도 갱신한다.

더 알아보기

• 공간적 지역성 : 기억 장치 내 서로 인접하여 저장된 데이터들이 연속적으로 액세스될 확률이 높아지는 특성을 의미한다.
• 시간적 지역성 : 최근에 액세스된 명령어나 데이터가 가까운 시점에 액세스 될 확률이 높아지는 특성을 의미한다.

★★☆

19 캐시 메모리 시스템을 구성할 때 일반적으로 캐시 블록은 복수의 워드를 가지도록 구성되는데, 이것은 어떤 항목이 참조되면 그 근처에 있는 다른 항목들도 곧바로 참조될 가능성이 높다는 메모리 참조의 특성에 기반을 두고 있다. 이러한 특성으로 옳은 것은?

14 지방직 9급

① 시간적 지역성(temporal locality)
② 캐시 일관성(cache coherence)
③ 공간적 지역성(spatial locality)
④ 영속적 바인딩(persistent binding)

해설 난도 중

정답의 이유
공간적 지역성은 기억 장치 내 서로 인접하여 저장된 데이터들이 연속적으로 액세스될 확률이 높아지는 특성을 의미한다.

오답의 이유
① 최근에 액세스된 명령어나 데이터가 가까운 시점에 액세스 될 확률이 높아지는 특성을 의미한다.
② 캐시 일관성은 공유 메모리 시스템에서 각 클라이언트가 가진 로컬 캐시 간 일관성을 말한다.

★★☆

20 지역성(Locality)에 대한 설명으로 옳지 않은 것은?

19 정보처리

① 프로세서들은 기억장치 내의 정보를 균일하게 접근하는 것이 아니라. 어느 한 순간에 특정부분을 집중적으로 참조한다.
② 시간 지역성의 예로 순환, 부프로그램, 스택 등이 있다.
③ 공간 지역성은 하나의 기억장소가 가까운 장래에도 참조될 가능성이 높음을 의미한다.
④ 공간 지역성의 대표적인 예로 순차적 코드의 실행이 있다.

해설 난도 중

정답의 이유
하나의 기억장소가 가까운 장래에도 참조될 가능성이 높음을 의미하는 것은 시간 지역성이다. 공간 지역성은 기억 장치 내 서로 인접하여 저장된 데이터들이 연속적으로 액세스될 확률이 높아지는 특성을 의미한다.

★★★

21 다음은 캐시 기억장치를 사상(mapping) 방식 기준으로 분류한 것이다. 캐시 블록은 4개 이상이고 사상 방식을 제외한 모든 조건이 동일하다고 가정할 때, 평균적으로 캐시 적중률(hit ratio)이 높은 것에서 낮은 것 순으로 바르게 나열한 것은?

15 국가직 9급

> ㄱ. 직접 사상(direct-mapped)
> ㄴ. 완전 연관(fully-associative)
> ㄷ. 2-way 집합 연관(set-associative)

① ㄱ - ㄴ - ㄷ   ② ㄴ - ㄷ - ㄱ

③ ㄷ - ㄱ - ㄴ   ④ ㄱ - ㄷ - ㄴ

해설 난도 중

정답의 이유

캐시 적중률에 대해 완전 연관은 높고, 집합 연관은 중간, 직접 사상은 낮은 편이다.

더 알아보기

사상 방식의 비교

사상 방식	단순성	태그 연관 검색	캐시 효율	교체 기법
직접	단순	없음	낮음	불필요
완전 연관	복잡	연관	높음	필요
집합 연관	중간	중간	중간	필요

★★★

22 캐시 메모리가 다음과 같을 때, 캐시 메모리의 집합(set) 수는?

13 국가직 9급

> • 캐시 메모리 크기 : 64 Kbytes
> • 캐시 블록의 크기 : 32 bytes
> • 캐시의 연관정도(associativity) : 4-way 집합 연관 사상

① 256   ② 512

③ 1,024   ④ 2,048

해설 난도 상

정답의 이유

전체 캐시 라인, 세트, 세트 라인의 관계식은 다음과 같다.

전체 캐시 라인 = 세트×세트 라인

전체 캐시 라인 = 캐시 메모리 크기/캐시 블록의 크기 = 64K / 32 = 2Kbyte = 2×1,024 = 2,048

세트 = 전체 캐시 라인 / 세트 라인 = 2,048 / 4 = 512

★★★

23 아래와 같은 18비트 주소 형식을 갖는 주기억장치에서 접근 가능한 캐시메모리의 크기를 올바르게 계산한 결과는? (단, 3-way 세트 연관 사상을 고려하고, 태그가 저장되는 공간의 크기는 무시하고, 주소는 바이트 단위로 부여된다고 가정한다) _18 전자계산기_

태그(5bit)	세트(10bit)	워드3(bit)

① 16KB

③ 32KB

② 24KB

④ 48KB

해설 난도 **상**

정답의 이유

3-way이므로 세트당 캐시 라인 k는 3이고, 세트 $v = 2^{set\,field\,bit} = 2^{10}$이다. 따라서 전체 캐시 라인 $m = v \times k = 2^{10} \times 3$이다. 각 캐시 라인은 태그 필드와 워드 필드로 이루어져 있고, 크기는 8bit 이다. 따라서 캐시 메모리 크기는 $2^{10} \times 3 \times 8 = 24 \times 2^{10} = 24$Kbyte 이다.

★☆☆

24 캐시 일관성(cache coherence) 문제를 해결하기 위한 기술과 관련이 없는 것은? _16 국가직 9급_

① 스누핑(snooping) 프로토콜

② MESI 프로토콜

③ 디렉토리 기반(directory-based) 프로토콜

④ 우선순위 상속(priority-inheritance) 프로토콜

해설 난도 **중**

정답의 이유

우선순위 상속은 공유된 자원을 이용할 때 일시적으로 최고 우선순위를 부여하는 행위를 의미하며, 캐시 일관성 문제를 해결하는 것과는 관련이 없다.

CHAPTER 05 ┃ 버스와 I/O 인터페이스

★☆☆

01 컴퓨터 버스에 대한 설명으로 옳지 않은 것은? _15 국가직 9급_

① 주소 정보를 전달하는 주소 버스(address bus), 데이터 전송을 위한 데이터 버스(data bus), 그리고 명령어 전달을 위한 명령어 버스(instruction bus)로 구성된다.

② 3-상태(3-state) 버퍼를 이용하면 데이터를 송신하고 있지 않는 장치의 출력이 버스에 연결된 다른 장치와 간섭하지 않도록 분리시킬 수 있다.

③ 특정 장치를 이용하면 버스를 통해서 입출력 장치와 주기억 장치 간 데이터가 CPU를 거치지 않고 전송될 수 있다.

④ 다양한 장치를 연결하기 위한 별도의 버스가 추가적으로 존재할 수 있다.

난도 중

정답의 이유

버스의 종류에는 데이터 버스, 주소 버스, 제어 버스가 있다. 제어 버스는 CPU와 주변 장치 간에 필요한 제어신호를 전송하는 역할을 수행한다.

★☆☆

02 **I/O 장치(모듈)가 시스템 버스에 직접 접속되지 못하는 이유로 거리가 먼 것은?** 　　　　10 국가직 9급

① I/O 장치는 시스템 버스를 통하여 CPU와 단방향으로 통신하기 때문이다.

② 종류에 따라 제어 방법이 서로 다른 I/O 장치들의 제어 회로들을 CPU 내부에 모두 포함시키는 것이 어려워 CPU가 그들을 직접 제어할 수 없기 때문이다.

③ I/O 장치들의 데이터 전송 속도가 CPU의 데이터 처리 속도에 비하여 훨씬 더 느리기 때문이다.

④ I/O 장치들과 CPU가 사용하는 데이터 형식의 길이가 서로 다른 경우가 많기 때문이다.

해설 **난도 중**

정답의 이유

I/O 장치는 시스템 버스를 통하여 단방향 또는 양방향으로 통신한다.

★☆☆

03 **컴퓨터 인터페이스에 대한 설명으로 옳지 않은 것은?** 　　　　10 지방직 9급

① PCI는 여러 개의 주변 장치를 마더보드(motherboard)에 접속할 수 있도록 하는 버스 규격이다.

② SATA는 고속 전송이 가능하도록 한 직렬버스 형태의 하드디스크 연결용 접속 규격이다.

③ USB는 다양한 주변장치를 접속하는 직렬버스 표준이다.

④ FireWire(IEEE 1394)는 USB version 1.1보다 전송 속도가 느리다.

해설 **난도 중**

정답의 이유

FireWire(IEEE 1394)의 경우 IEEE 1394a의 속도는 400Mb/s이고, IEEE 1394b의 속도는 800Mb/s이다. USB version 1.1의 경우 최대 속도는 12Mb/s이다. 따라서 FireWire(IEEE 1394)는 USB version 1.1보다 전송 속도가 빠르다.

★★☆

04 컴퓨터의 입출력과 관련이 없는 것은?

13 국가직 9급

① 폴링(polling)

② 인터럽트(interrupt)

③ DMA(Direct Memory Access)

④ 세마포어(semaphore)

해설 난도 중

정답의 이유

세마포어는 멀티프로그래밍 환경에서 공유 자원에 대한 접근을 제한하는 방법으로 사용되며, 입출력과는 관련이 없다.

★★☆

05 대용량의 자료 전송을 위해 장치 드라이버가 중앙처리장치의 간섭 없이 직접 메모리와 장치 간에 블록 단위로 데이터를 전송하기 위해 사용하는 기법은?

10 지방직 9급

① DMA(Direct Memory Access)

② 인터럽트(interrupt)

③ 핸드쉐이킹(handshaking)

④ 스풀링(spooling)

해설 난도 하

오답의 이유

② CPU가 프로그램을 처리하는 중 예기치 못한 상황이 발생했을 경우 외부 또는 내부로부터 긴급 서비스 요청에 의해 CPU가 현재 실행중인 일을 중단하고 요청에 합당한 서비스를 하는 기법이다.

③ 데이터를 전송하기 위해 두 장치 간에 동기를 맞추기 위해 신호를 주고받는 과정이다.

④ 주변 장치와 컴퓨터 처리 장치 간의 데이터 전송 시 처리 지연을 보완하기 위한 스풀을 적용하는 것이다.

★★☆

06 컴퓨터 시스템에 예기치 않는 일이 발생하였을 때, CPU가 처리하고 있던 일을 멈추고, 문제점을 신속히 처리한 후 하던 일을 다시 재귀하는 방식은?

18 전자계산기

① 인터페이스

② 제어장치

③ 인터럽트

④ 버퍼

해설 난도 하

정답의 이유

인터럽트는 CPU가 프로그램을 처리하고 있을 때 입출력 장치 또는 예외 상황이 발생하면 CPU가 처리하고 있는 것을 중지하고 발생한 상황을 처리한 후 다시 복귀하는 것을 말한다.

07 네트워크를 통한 데이터 전송에 있어서 스트로브(strobe) 제어 방법에 대한 설명으로 옳지 않은 것은?

10 국가직 9급

① 스트로브는 송신 장치나 수신 장치에 의하여 발생된다.

② 스트로브는 유용한 데이터가 버스(bus)에 있음을 수신 장치에 알린다.

③ 비동기 방식으로 각 전송 시간을 맞추기 위해 단 하나의 제어 라인을 갖는다.

④ 송신장치는 버스(bus)에 놓인 데이터를 수신 장치가 받아들였는지의 여부를 알 수 있다.

해설 난도 중

정답의 이유

송·수신 장치 모두 스트로브 신호를 발생시킬 수 있지만, 신호를 전송한 송신장치는 버스에 놓인 데이터를 수신 장치가 받아들였는지의 여부는 알 수 없다.

CHAPTER 06 병렬 컴퓨터 구조

★ ☆ ☆

01 다음 중 나머지 셋과 역할 기능이 다른 하나는?

16 서울시 9급

① Array processor

② DMA

③ GPU

④ SIMD

해설 난도 중

정답의 이유

DMA는 데이터 전송 기법 중 하나로 주기억 장치와 입출력 장치 사이에 데이터 전송을 CPU가 개입하지 않고 메모리 버스를 직접 사용하여 통신하는 기법이다.

오답의 이유

①, ③, ④은 모두 프로세서의 종류이다.

★☆☆

02 명령어와 데이터 스트림을 처리하기 위한 하드웨어 구조에 따른 Flynn의 분류에 대한 설명으로 옳지 않은 것은?

오답의 이유

② 클러스터 컴퓨터는 다른 이웃 노드와 상호 연결되어 있다.

③ 병렬 방식 중 가장 오래되었고, 여전히 널리 사용되는 방식은 UMA이다.

④ MISD는 여러 개의 제어 장치와 프로세서를 갖는 구조로 각 프로세서들은 서로 다른 명령어들을 실행하지만 처리하는 데이터 스트림은 하나이다.

★☆☆

05 클러스터(cluster) 컴퓨터 시스템에 대한 설명으로 옳지 않은 것은?

14 지방직 9급

① 클러스터 내의 노드들을 연결하기 위해 클러스터 전용 상호 연결망이나 LAN을 사용할 수 있다.

② 노드를 추가함으로써 클러스터의 확장이 가능하다.

③ 일부 노드의 고장 발생 시에도 지속적인 서비스가 가능하도록 높은 가용성을 추구한다.

④ 각 노드의 개별적인 운영체제 없이 모든 노드들은 단일 운영체제의 관리 하에서 동작한다.

해설 난도 중

정답의 이유

각 노드는 개별적인 운영체제를 가지고 있으며 상호 연결망으로 연결되어 사용된다.

CHAPTER 07 성능 측정

★★★

01 시스템의 신뢰성 평가를 위해 사용되는 지표로 평균 무장애시간(mean time to failure, MTTF)과 평균 복구시간(mean time to repair, MTTR)이 있다. 이 두 지표를 이용하여 시스템의 가용성(availability)을 나타낸 것은?

13 국가직 9급

① $\dfrac{\text{MTTF}}{\text{MTTR}}$

② $\dfrac{\text{MTTR}}{\text{MTTF}}$

③ $\dfrac{\text{MTTR}}{\text{MTTF} + \text{MTTR}}$

④ $\dfrac{\text{MTTF}}{\text{MTTF} + \text{MTTR}}$

해설 난도 하

정답의 이유

가용성은 정보 시스템이 정상적으로 사용 가능한 정도를 의미하고, 공식은 $\dfrac{\text{MTTF}}{\text{MTTF} + \text{MTTR}}$ 이다.

★★★

02 암달(Amdahl)의 법칙은 컴퓨터 시스템의 일부를 개선할 때 전체적으로 얼마만큼의 최대 성능 향상을 기대할 수 있는지를 예측하는 데 사용된다. 만약 특정 응용프로그램의 75%가 멀티코어(Multicore)를 이용한 병렬 수행이 가능하고 나머지 25%는 코어의 수가 증가해도 순차 실행만 가능하다는 전제 하에, 컴퓨팅 코어(Core)의 수를 4개로 늘릴 때 기대할 수 있는 최대 성능 향상은 약 몇 배인가?   16 서울시 9급

① 약 1.28배   ② 약 2.28배

③ 약 3.28배   ④ 약 4.28배

해설 난도 상

정답의 이유

코어의 수를 4개로 늘리면 응용프로그램의 75%가 병렬 수행이 가능하고 성능은 4배가 향상된다. 따라서, 암달의 법칙 공식에 적용하면 다음과 같다.

$$\frac{1}{(1-P)+\dfrac{P}{S}} = \frac{1}{(1-0.75)+\dfrac{0.75}{4}} ≒ 2.28배가 \ 된다.$$

★★★

03 다음 조건에서 A 프로그램을 실행하는데 소요되는 CPU 시간은?   13 국가직 9급

- 컴퓨터 CPU 클록(clock) 주파수 : 1GHz
- A 프로그램의 실행 명령어 수 : 15만개
- A 프로그램의 실행 명령어 당 소요되는 평균 CPU 클록 사이클 수 : 5

① 0.75ms   ② 75ms

③ 3μs   ④ 0.3μs

해설 난도 상

정답의 이유

$$CPU \ 실행시간 = \frac{CPU \ 클록 \ 사이클 \ 수}{클록주파수} = \frac{명령어수 \times 명령어당 \ 평균 \ CPU \ 클록 \ 사이클 \ 수}{클록주파수}$$

$$= \frac{150000 \times 5}{10^9} = \frac{75 \times 10^4}{10^9} = 0.75 \times 10^{-3} = 0.75ms$$

★★★

04 400MHz 프로세서에서 어떤 프로그램을 실행할 때 총 2백만 개의 명령어들이 실행되었고, 각 명령어의 유형과 비율은 아래 표와 같이 주어졌다고 가정할 때 평균 CPI와 MIPS(Millions of instructions per second)율은 각각 계산한 결과로 옳은 것은? (단, MIPS율의 경우 소숫점 이하 숫자는 버림한다)

19 전자계산기

명령어 유형	CPI(Cycle per instruction)	명령어 비율
산술 및 논리	1	55%
캐시 적중된 적재 및 저장	3	20%
분기	6	20%
캐시 미스된 기억장치 참조	8	5%

① CPI＝3.2, MIPS율＝130   ② CPI＝2.75, MIPS율＝145

③ CPI＝2.75, MIPS율＝130   ④ CPI＝3.2, MIPS율＝140

해설 난도 상

정답의 이유

평균 CPI를 구하기 위해서는 각 명령어의 CPI 값과 명령어 비율을 곱하여 더하면 된다. 평균 CPI는 $0.55 + 0.6 + 1.2 + 0.4 = 2.75$가 된다. MIPS는 평균 CPU 클록 사이클 수를 평균 CPI로 나눈 후 10^6으로 다시 나누면 $\frac{400 \times 10^6}{2.75 \times 10^6} ≒ 145$가 된다.

9급 공무원 전산직 컴퓨터일반

PART

2 디지털 논리회로

CHAPTER
01
정보의 표현

중요 학습내용
1. 2, 8, 10, 16진수 간 변환에 대해 알 수 있다.
2. 부호-크기 방식, 1의 보수, 2의 보수에 대해 알 수 있다.
3. 부동소수점 수의 표현 방식에 대해 알 수 있다.
4. 그레이 코드와 2진수 간 변환에 대해 알 수 있다.

01 진수와 진수 변환

1 수의 표현

1. 진수 종류

| 진수 종류 |

진수	의미
10진수	0~9까지 10가지 숫자 사용
2진수	0, 1의 2가지 숫자 사용
8진수	0~7까지 8가지 숫자 사용
16진수	0~15까지 16가지 숫자 사용 단, 10=A, 11=B, 12=C, 13=D, 14=E, 15=F로 표현

2. 진수별 표현

각 진수의 자리 올림은 한 자리의 숫자가 진수의 숫자가 될 때 발생된다. 8진수의 경우 0~7까지 숫자를 표현하므로 07 다음에는 10이 된다.

10진수	2진수	8진수	16진수
0	00000	00	0
1	00001	01	1
2	00010	02	2
3	00011	03	3
4	00100	04	4
5	00101	05	5
6	00110	06	6
7	00111	07	7
8	01000	10	8
9	01001	11	9
10	01010	12	A
11	01011	13	B
12	01100	14	C
13	01101	15	D
14	01110	16	E
15	01111	17	F
16	10000	20	10

2 수의 변환★★★

1. 10진수 변환

(1) 10진수 → 2진수 변환

① 정수부 : 정수부를 몫이 2 이하가 될 때까지 2로 나눈 후 나머지를 읽음

② 소수부 : 소수부를 2로 곱한 후 정수부를 읽고, 소수부가 0이 될 때까지 곱함

㉠ 10진수 30을 2진수로 변환

```
                   나머지      읽는 순서
                              ↑
    2 | 30    ──→ 0          |
    2 | 15    ──→ 1          |
    2 | 7     ──→ 1          |
    2 | 3     ──→ 1          |
        1     ──→ 1          |
```

결과 : $30_{(10)} = 11110_{(2)}$

기출플러스➕   ★★★
수식의 결과가 거짓(false)인 것은?

17 국가직 9급

① $20D_{(16)} > 524_{(10)}$

② $0.125_{(10)} = 0.011_{(2)}$

③ $10_{(8)} = 1000_{(2)}$

④ $0.1_{(10)} < 0.1_{(2)}$

해설 난도상

정답의 이유

10진수 0.125를 2진수로 변환하면 0.001
이 되므로 0.011보다 작다.

```
       0.125      0.25       0.5
       ×  2       ×  2       ×  2
       0.25       0.5        1.0
정수     0          0          1
읽는 순서 ─────────────────────→
```

오답의 이유

① 16진수 20D를 10진수로 변환하면
   $2 \times 16^2 + 13 \times 1 = 512 + 13 = 525$
   이므로 10진수 524보다 크다.

③ 8진수 10을 2진수로 변환하면 각 자리
   의 숫자를 2진수 3비트로 만들면 된다.
   따라서 숫자 1은 001이고 0은 0000이
   므로 0010000이 된다. 1 앞의 00은 의
   미 없는 숫자이기 때문에 10000이 되므
   로 오른쪽 2진수 1000과 같다.

④ 2진수 0.1을 10진수로 변환하면 1이
   2^{-1} 자리이므로 $2^{-1} \times 1 = 0.5$가 된
   다. $0.1_{(10)} < 0.5_{(10)}$가 성립한다.

정답 ②

ⓛ 10진수 15.25을 2진수로 변환

• 정수부 처리

```
                    나머지    읽는 순서
        2 | 15  ──→ 1          ↑
        2 | 7   ──→ 1          |
        2 | 3   ──→ 1          |
          1     ──→ 1
```

• 소수부 처리

```
              0.25              0.5
        ×        2        ×        2
            0.50              1.0
    정수       0                 1
    읽는 순서    ─────────→
```

0.25에서 2를 곱하면 결과는 0.5가 되고, 그 중 정수는 0이다. 소수부 0.5에
다시 2를 곱하면 결과는 1.0이 되고, 정수부가 1 소수부는 0이 된다. 따라서,
소수부 처리 결과는 0.01이 된다.
최종적인 결과는 정수부와 소수부를 합한다.

결과 : $15.25_{(10)} = 1111.01_{(2)}$

(2) 10진수 → 8진수 변환

① 정수부 : 정수부를 몫이 8이하가 될 때까지 8로 나눈 후 나머지를 읽음
② 소수부 : 소수부를 8로 곱한 후 정수부를 읽고, 소수부가 0이 될 때까지 곱함

ⓐ 10진수 96.25을 8진수로 변환

• 정수부 처리

```
                    나머지    읽는 순서
        8 | 96  ──→ 0          ↑
        8 | 12  ──→ 4          |
          1     ──→ 1
```

정수부 결과 : 140

• 소수부 처리

```
              0.25
        ×        8
            2.000
    정수       2
```

결과 : $96.25_{(10)} = 140.2_{(8)}$

(3) 10진수 → 16진수 변환

① 정수부 : 정수부를 몫이 16 이하가 될 때까지 16으로 나눈 후 나머지를 읽음

② 소수부 : 소수부를 16으로 곱한 후 정수부를 읽고, 소수부가 0이 될 때까지 곱함

　　㉠ 10진수 300.625를 16진수로 변환

　　　• 정수부 처리

```
                  나머지      읽는 순서
    16 | 300    →   C           ↑
    16 | 18     →   2           |
         1      →   1           |
```

　　　정수부 결과 : 12C

　　　• 소수부 처리

```
           0.625
      ×       16
         10.000
    정수      A
```

　　　결과 : $300.625_{(10)} = 12C.A_{(16)}$

2. 2진수 변환

(1) 2진수 → 10진수 변환

자릿수가 증가할 때마다 2를 곱하며, 2진수의 숫자가 1인 경우 해당 자릿수 값을 곱한다.

① 2진수 $11010_{(2)}$를 10진수로 변환

자릿수	2^4	2^3	2^2	2^1	$2^0 = 1$
2진수	1	1	0	1	0

　　결과 : $11010_{(2)} = 2^4 \times 1 + 2^3 \times 1 + 2^1 \times 1 = 26$

② 2진수 $1011.11_{(2)}$를 10진수로 변환

　　결과 : $1011.11_{(2)} = 2^3 \times 1 + 2^1 \times 1 + 2^0 \times 1 + 2^{-1} \times 1 + 2^{-2} \times 1 =$

$$11 + \frac{1}{2^1} + \frac{1}{2^2}$$

$$= 11 + 0.5 + 0.25 = 11.75$$

(2) 2진수 → 8진수 변환

2진수를 3자리씩 묶고 묶음 별로 2진수 자릿수를 작성한 뒤 2진수의 숫자가 1인 경우 해당 자릿수 값을 곱한다.

① 2진수 $011110101_{(2)}$를 8진수로 변환

0	1	1	1	1	0	1	0	1
2^2	2^1	2^0	2^2	2^1	2^0	2^2	2^1	2^0
3			6			5		

　　결과 : $011110101_{(2)} = 365_{(8)}$

(3) 2진수 → 16진수 변환

2진수를 4자리씩 묶어 자릿수를 곱한다.

① 2진수 011010111100$_{(2)}$를 16진수로 변환

0	1	1	0	1	0	1	1	1	1	0	0
2^3	2^2	2^1	2^0	2^3	2^2	2^1	2^0	2^3	2^2	2^1	2^0
6				11(=B)				12(=C)			

결과 : 011010111100$_{(2)}$=6BC$_{(16)}$

3. 8진수 변환

(1) 8진수 → 10진수 변환

자릿수가 증가할 때마다 8를 곱하며, 8진수의 숫자와 해당 자릿수 값을 곱한다.

① 8진수 42$_{(8)}$을 10진수로 변환

결과 : $42_{(8)} = 4 \times 8^1 \times + 28^0 = 34$

(2) 8진수 → 2진수 변환

8진수 한 자리 숫자를 2진수 3자릿수를 더하여 만든다.

① 8진수 762$_{(8)}$를 2진수로 변환

7			6			2		
2^0	2^0	2^0	2^0	2^0	2^0	2^0	2^0	2^0
1	1	1	1	1	0	0	1	0

결과 : $762_{(8)} = 111110010_{(2)}$

(3) 8진수 → 16진수 변환

8진수를 2진수로 변환 후, 2진수 4자릿수를 묶어 16진수로 변환한다.

① 8진수 527$_{(8)}$를 16진수로 변환

〔1단계〕 8진수를 2진수로 변환

5			2			7		
2^2	2^1	2^0	2^2	2^1	2^0	2^2	2^1	2^0
1	0	1	0	1	0	1	1	1

〔2단계〕 2진수를 16진수로 변환

0	0	0	1	0	1	0	1	0	1	1	1
2^3	2^2	2^1	2^0	2^3	2^2	2^1	2^0	2^3	2^2	2^1	2^0
1				5				7			

결과 : $527_{(8)} = 157_{(16)}$

4. 16진수 변환

(1) 16진수 → 10진수 변환

자릿수가 증가할 때마다 16을 곱하며, 16진수의 숫자와 해당 자릿수 값을 곱한다.

① 16진수 $6A_{(16)}$을 10진수로 변환

　결과 : $6A_{(16)} = 6 \times 16^1 + 10 \times 16^0 = 106$

(2) 16진수 → 2진수 변환

16진수 한 자리 숫자를 2진수 4자릿수로 더하여 만든다.

① 16진수 $C49_{(16)}$를 2진수로 변환

C				4				9			
2^3	2^2	2^1	2^0	2^3	2^2	2^1	2^0	2^3	2^2	2^1	2^0
1	1	0	0	0	1	0	0	1	0	0	1

　결과 : $C49_{(16)} = 110001001001_{(2)}$

(3) 16진수 → 8진수 변환

16진수를 2진수로 변환 후, 2진수 3자릿수를 묶어 8진수로 변환한다.

① 16진수 $71E_{(16)}$를 8진수로 변환

〔1단계〕 16진수를 2진수로 변환

7				1				E			
2^3	2^2	2^1	2^0	2^3	2^2	2^1	2^0	2^3	2^2	2^1	2^0
0	1	1	1	0	0	0	1	1	1	1	0

〔2단계〕 2진수를 8진수로 변환

0	1	1	1	0	0	0	1	1	1	1	0
2^2	2^1	2^0	2^2	2^1	2^0	2^2	2^1	2^0	2^2	2^1	2^0
3			4			3			6		

　결과 : $71E_{(16)} = 3436_{(8)}$

1 2진수 연산

1. 덧셈

2진수는 0, 1 두 숫자를 사용하기 때문에 1+1은 올림수가 발생하여 10이 된다.

```
   0        1        1
 + 1      + 0      + 1
 ───      ───      ────
   1        1       10
```

2. 뺄셈

0에서 1을 뺄 때 내림수가 발생하여 1이 된다.

```
   1        1       10
 - 0      - 1      - 1
 ───      ───      ────
   1        0        1
```

2 음수 표현 방식

1. 부호-크기 방식

전체 비트 중 가장 왼쪽 비트가 0이면 양수, 1이면 음수로 표현

(1) $01011011_{(2)}$를 10진수로 표현

2^7	2^6	2^5	2^4	2^3	2^2	2^1	2^0
0	1	0	1	1	0	1	1

2진수 숫자 하나는 1비트이고, 총 8비트로 이루어져 있다. 가장 왼쪽의 비트가 0이므로 양수이다.

결과 : $01011011_{(2)} = 2^6 + 2^4 + 2^3 + 2^1 + 2^0 = +91$

(2) $10101100_{(2)}$를 10진수로 표현

2^7	2^6	2^5	2^4	2^3	2^2	2^1	2^0
1	0	1	0	1	1	0	0

가장 왼쪽의 비트가 1이므로 음수이다.

결과 : $10101100_{(2)} = 2^5 + 2^3 + 2^2 = -44$

2. 1의 보수

11111111−x의 형태로 저장하는 방식으로 각각의 비트에서 0 → 1, 1 → 0으로 변환하는 것과 같다. 1의 보수도 가장 왼쪽 비트는 부호로 사용되어 0이면 양수, 1이면 음수를 나타낸다.

(1) $101110010_{(2)}$의 1의 보수

결과 : $010001101_{(2)}$

(2) −16의 1의 보수

x=16일 때 2진수는 00010000이 되고, 111111111−00010000=11101111이 된다. 같은 방법으로 16=00010000을 0 → 1, 1 → 0으로 변환하면 11101111을 얻게 된다. 가장 왼쪽의 비트가 1이면 음수, 0이면 양수를 나타낸다.

결과 : $11101111_{(2)}$

3. 2의 보수★★★

디지털 시스템에서 음수를 표현하기 위해 가장 널리 사용되며, 100000000−x의 형태로 저장하는 방식이다. 즉, x의 1의 보수에서 1을 더하면 2의 보수가 된다.

(1) −16의 2의 보수

x=16일 때 2진수는 00010000이므로, 100000000−00010000=11110000이 된다. 다른 방식으로 2의 보수를 구하면 x=16이 00010000이므로 1의 보수는 11101111이 되고 +1을 하면 11110000이 된다.

➕PLUS 참고

1의 보수에 의한 뺄셈
① 감수의 1의 보수를 구한다.
② 피감수와 1의 보수한 값을 더한다.
③ 계산 결과 자리 올림수가 발생하면 자리 올림수를 마지막 자리에 더하고 자리 올림수가 발생하지 않으면 결과 값에 1의 보수를 취하고 '−' 기호를 붙인다.

2의 보수에 의한 뺄셈
① 감수의 2의 보수를 구한다.
② 피감수와 2의 보수한 값을 더한다.
③ 계산 결과 자리 올림수가 발생하면 자리 올림수는 버리고, 자리 올림수가 발생하지 않으면 결과 값에 2의 보수를 취하고 '−' 기호를 붙인다.

기출플러스➕ ★★☆

〈보기〉는 8비트에 부호 있는 2의 보수 표현법으로 작성한 이진수이다. 이에 해당하는 십진 정수는?　19 서울시 9급

| 보기 |
| 1 0 1 1 1 1 0 0 |

① −60 　　② −68
③ 94 　　④ 188

해설 난도 중

정답의 이유
8비트 중 가장 왼쪽은 부호 비트로 0은 + 이고, 1은 −를 의미한다. 부호 비트가 1이 므로 결과 값의 부호는 음수이다. 결과 값은 8비트 데이터에 2의 보수를 취하면 된다. 2의 보수는 1의 보수에서 1을 더한 값이므로 1의 보수를 구하면 01000110이 되고 +1을 하면 01000100이 된다. 2진수를 10진수로 변환하면 68이 되고 부호는 −가 된다.

정답 ②

기출플러스➕ ★★☆

비트열 A를 2의 보수로 표현된 부호 있는 2진 정수로 해석한 값은 −5이다. 비트열 A를 1의 보수로 표현된 부호 있는 2진 정수로 해석한 값은?　18 지방직 9급

① −4 　　② −5
③ −6 　　④ −7

해설 난도 하

정답의 이유
비트열 A는 −5에 2의 보수를 취하면 된다. 5가 0101이므로 1의 보수는 1010이 되고 +1을 하면 10011이 된다. A의 가장 왼쪽 비트가 1이므로 −가 되고 1의 보수를 취하면 01000이 되므로 −4가 된다.

정답 ①

기출플러스➕ ★★☆

다음 수식에서 이진수 Y의 값은? (단, 수식의 모든 수는 8비트 이진수이고 1의 보수로 표현된다)　18 국가직 9급

| $11110100_{(2)} + Y = 11011111_{(2)}$ |

① $11101001_{(2)}$ 　　② $11101010_{(2)}$
③ $11101011_{(2)}$ 　　④ $11101100_{(2)}$

기출플러스⊕ ★★☆

2의 보수로 표현된 n비트의 부호 있는 (signed) 2진 정수가 표현할 수 있는 최댓값과 최솟값의 합은? 17 지방직 추가 9급

① -1 ② 0
③ 1 ④ 2^{n-1}

해설 난도 상

정답의 이유
8비트로 가정했을 때 가장 왼쪽의 비트가 부호를 의미하므로 최대값은 부호 비트가 0(양수)이고 나머지 비트는 1을 가질 때이므로 $01111111(=127)$이다. 최소값은 부호 비트가 1(음수)이고 나머지 비트는 0을 가질 때 이므로 10000000이 되고, 2의 보수로 표현하면 -128이 된다. 최대값과 최소값을 더하면 -1이 된다.

정답 ①

기출플러스⊕ ★☆☆

$0 \sim (64^{10}-1)$에 해당하는 정수를 이진코드로 표현하기 위해 필요한 최소 비트 수는?   19 국가직 9급

① 16비트   ② 60비트
③ 63비트   ④ 64비트

해설 난도 중

정답의 이유
64는 2^6이기 때문에 64^{10}을 2의 승수로 표현하면 2^{60}이 된다. 따라서, 정보를 표현하기 위해 필요한 최소 비트 수는 60비트이다.

정답 ②

03 자료의 구성과 표현방식

1 자료의 구성

정보 단위

정보 단위	개념
비트(bit)	• 정보를 나타내는 가장 기본적인 단위
니블(nibble)	• 4비트 단위 • 1nibble=4bit
바이트(byte)	• 8비트 단위 • 1byte=8bit
워드(word)	• CPU에서 취급하는 명령어나 데이터 길이에 해당하는 비트 수 • 워드의 길이는 보통 8의 정수 배로 표현기종에 따라 8, 16, 32, 64비트 등이 될 수 있다.

2 부동소수점 수의 표현 ★★☆

컴퓨터에서 2진 부동소수점 수의 표현은 과학적인 표기 방식을 사용하며, 매우 작은 값이나 큰 값을 나타낼 수 있다. 부동소수점 수는 IEEE 754 표기 방식을 사용한다. 표현 방법에 따라 단정도 부동소수점 수와 배정도 부동소수점 수가 있다.

1. 구성 요소

(1) 부호(sign)
전체 수가 양수 또는 음수를 표시

(2) 지수(exponent)
2의 지수를 표시

(3) 가수(mantissa)
소수 이하 부분을 표시

2. 단정도 및 배정도 부동소수점 수

| 단정도, 배정도 부동소수점 |

구분	IEEE 754 부동소수점 수의 비트 할당			바이어스
단정도 부동소수점 수	1bit	8bit	23bit	127
	부호	지수	가수	
배정도 부동소수점 수	1bit	11bit	52bit	1,023
	부호	지수	가수	

(1) 부호가 0일 때는 양수, 1일 때는 음수를 나타낸다.

(2) 양의 지수와 음의 지수를 표현하기 위해 바이어스(bias)를 사용하며, 단정도일 때 바이어스는 127이고 배정도일 때는 바이어스가 1,023이다.

(3) 가수 부분은 단정도일 때 23비트, 배정도일 때 52비트로 나타낸다. 가수에 저장될 데이터는 2진수를 정규화하여 나타낸다.

$1001101.1001_{(2)}$ 을 정규화된 2진 부동소수점 수로 나타내면 다음과 같다.

$1001101.1001_{(2)} = 1.00011011001 \times 2^{6}{}_{(2)}$ 이며 1.00011011001 이 가수에 해당된다. 모든 수를 정규화하면 항상 1.xxx 형태로 표현되므로, 1.을 컴퓨터에서는 표현할 필요가 없다. 따라서, 부동소수점수의 가수 앞 1.은 항상 생략되어 표현된다. 컴퓨터 내부에는 23비트 가수가 저장되지만, 표현은 생략된 1비트를 포함하여 24비트로 표현한다.

$1.00011011001 \times 2^{6}{}_{(2)}$ 단정도 부동소수점 수의 컴퓨터 내부 표현은 다음과 같다.

| 부동소수점 수 표현 |

부호	지수(바이어스 127)	가수(1.xxx)
양수	127+6=133	1.을 생략한 가수
0	10000101	0001101100100000000000000

3. 두 실수의 연산

부동소수점 방식으로 표현된 두 실수를 연산할 때 수행순서는 다음과 같다.

(1) 큰 지수에 맞춰 두 수의 지수가 같도록 조정한다.

(2) 두 수의 가수를 더한다.

(3) 정규화를 수행한다.

PLUS 참고   그레이 코드

아날로그-디지털 변환기나 입출력 장치 코드로 주로 사용된다.
2진수와 그레이 코드 간 변환 방법은 다음과 같다.

1. 2진수를 그레이코드로 변환

> 암기전략 : 그레이 코드 '그' 글자에서 'ㄱ'의 형태로 두 자리 2진수를 XOR 연산

(1) 2진수 1001을 그레이 코드로 변환

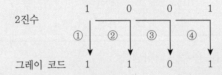

2진수에서 가장 왼쪽 비트는 ① 단계처럼 XOR 연산 없이 결과로 나타내고 ②~④ 단계
는 'ㄱ'형태로 두 자리 2진수를 XOR 연산한다. XOR 연산은 두 자리 숫자 중 1의 개수가
홀수이면 결과는 1, 짝수이면 결과는 0을 나타내는 연산이다.

결과 : $1101_{(G)}$

2. 그레이 코드를 2진수로 변환

> 암기전략 : 숫자 '2'에서 '/' 형태로 두 자리 2진수를 XOR 연산

(1) 그레이 코드 1101을 2진수로 변환

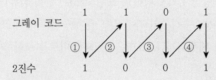

그레이 코드 가장 왼쪽 비트는 ① 단계처럼 XOR 연산 없이 결과로 나타내고 ②~④ 단계
는 '/' 형태로 2진수 결과 한 자리 숫자와 그레이 코드 한 자리 숫자를 XOR 연산한다.

결과 : $1001_{(2)}$

CHAPTER 02 논리회로 기초

중요 학습내용
1. 기본 논리 게이트의 논리 기호, 진리표, 논리식에 대해 알 수 있다.
2. 불대수의 기본 정리와 법칙에 대해 알 수 있다.
3. 드 모르간 법칙에 대해 개념과 변환 과정을 알 수 있다.
4. 카르노 맵을 이용하여 논리식을 간소화할 수 있다.

01 논리게이트

1 기본 논리게이트

1. AND 게이트

AND 게이트는 두 개 이상의 입력에 논리곱을 수행하여 결과를 얻는 게이트이다. 입력이 모두 1일 때만 출력이 1이 되고, 입력 중 하나라도 0이 있을 경우 출력은 0이 된다. AND 게이트의 논리 기호, 진리표, 논리식은 다음과 같다.

| AND 게이트 논리기호, 진리표, 논리식 |

종류	논리기호	진리표			논리식
AND	A—B— Y	A	B	Y	$Y = AB$
		0	0	0	
		0	1	0	
		1	0	0	
		1	1	1	

2. OR 게이트

OR 게이트는 두 개 이상의 입력에 논리합을 수행하여 결과를 얻는 게이트이다. 입력 중 하나라도 1이 있을 경우 출력은 1이 되고, 입력이 모두 0일 때 출력은 0이 된다. OR 게이트의 논리 기호, 진리표, 논리식은 다음과 같다.

종류	논리기호	진리표			논리식
OR		A	B	Y	$Y = A + B$
		0	0	0	
		0	1	1	
		1	0	1	
		1	1	1	

3. NOT 게이트

NOT 게이트는 하나의 입력이 하나의 출력이 나오고 입력에 대한 반전(invert)이 출력 결과로 나오는 게이트이다. 입력이 0일 때 출력은 1이며, 입력이 1이면 출력은 0이다. NOT 게이트의 논리 기호, 진리표, 논리식은 다음과 같다.

| NOT 게이트 논리기호, 진리표, 논리식 |

종류	논리기호	진리표		논리식
NOT		A	Y	$Y = \overline{A} = A'$
		0	1	
		1	0	

2 응용 논리게이트

1. NAND 게이트

NAND 게이트는 AND 게이트에 NOT 게이트를 연결한 게이트로 AND 게이트 출력 결과에 반전 결과가 나온다. 입력이 모두 1일 때 출력은 0이 되고, 입력 중 하나라도 0이 있을 경우 출력은 1이 된다.

NAND 게이트의 논리 기호, 진리표, 논리식은 다음과 같다.

| NAND 게이트 논리기호, 진리표, 논리식 |

종류	논리기호	진리표			논리식
NAND		A	B	Y	$Y = \overline{AB} = \overline{A} + \overline{B}$
		0	0	1	
		0	1	1	
		1	0	1	
		1	1	0	

2. NOR 게이트

NOR 게이트는 OR 게이트에 NOT 게이트를 연결한 게이트로 OR 게이트 출력 결과에 반전 결과가 나온다. 입력이 모두 0일 때 출력은 1이 되고, 입력 중 하나라도 1이 있을 경우 출력은 0이 된다.

NOR 게이트의 논리 기호, 진리표, 논리식은 다음과 같다.

| NOR 게이트 논리기호, 진리표, 논리식 |

종류	논리기호	진리표			논리식
NOR		A	B	Y	$Y = \overline{A+B} = \overline{A}\,\overline{B}$
		0	0	1	
		0	1	0	
		1	0	0	
		1	1	0	

3. XOR 게이트

XOR 게이트는 두 개 입력에 배타적 논리합을 수행하여 결과를 얻는 게이트이다. 입력 값이 서로 다를 때 출력은 1이 되고, 같을 때 출력은 0이 된다.

XOR 게이트의 논리 기호, 진리표, 논리식은 다음과 같다.

| XOR 게이트 논리기호, 진리표, 논리식 |

종류	논리기호	진리표			논리식
XOR		A	B	Y	$Y = A \oplus B = \overline{A}B + A\overline{B}$
		0	0	0	
		0	1	1	
		1	0	1	
		1	1	0	

4. XNOR 게이트

XNOR 게이트는 XOR 게이트에 NOT 게이트를 연결한 게이트로 XOR 게이트 출력 결과에 반전 결과가 나온다. 입력 값이 같을 때 출력은 1이 되고, 값이 다를 때 출력은 0이 된다.

XNOR 게이트의 논리 기호, 진리표, 논리식은 다음과 같다.

| XNOR 게이트 논리기호, 진리표, 논리식 |

종류	논리기호	진리표			논리식
XNOR		A	B	Y	$Y = A \odot B = \overline{A}\,\overline{B} + AB$
		0	0	1	
		0	1	0	
		1	0	0	
		1	1	1	

기출플러스➕　　　　　★★☆

8비트 데이터 A와 B에 대해 다음 비트(bitwise) 연산을 수행하였더니, A의 값에 상관없이 연산 결과의 상위(왼쪽) 4비트는 A의 상위 4비트의 1의 보수이고 연산 결과의 하위(오른쪽) 4비트는 A의 하위 4비트와 같다. B의 값을 이진수로 표현한 것은?　　　14 지방직 9급

| A XOR B |

① $00001111_{(2)}$

② $11110000_{(2)}$

③ $10010000_{(2)}$

④ $00001001_{(2)}$

해설　반도 상

정답의 이유

A 값에 상관없이 연산 결과가 A의 1의 보수가 나오기 위한 경우를 생각해보면 A의 값이 0일 때 XOR 연산 후 결과가 1이 나오려면 B의 값은 1이 되어야 하고, A의 값이 1일 때 XOR 연산 후 결과가 0이 나오려면 B의 값은 1이 되어야 한다. 따라서 B의 상위 4비트 값은 1111이 된다. 연산 결과가 A의 값과 같은 경우를 생각해보면 A의 값이 0일 때 XOR 연산 후 결과가 0이 나오려면 B의 값은 0이 되어야 하고, A의 값이 1일 때 XOR 연산 후 결과가 1이 나오려면 B의 값은 0이 되어야 한다. 따라서 B의 하위 4비트 값은 0000이 된다. B의 8비트 값은 $11110000_{(2)}$이 된다.

정답 ②

기출플러스➕　　　★★★
다음 식과 논리적으로 같은 것은?
19 지방직 9급

$$(x+y \geq z \text{ AND } (x+y \geq z \text{ OR } x-y \leq z)$$
$$\text{AND } x-y > z) \text{ OR } x+y < z$$

① $x+y < z$
② $x-y > z$
③ $x+y \geq z \text{ OR } x-y \leq z$
④ $x+y < z \text{ OR } x-y > z$

해설 `난도 상`
정답의 이유
$x+y \geq z$를 A라고 할 때, $x+y < z$는 $\overline{A}$로 표현할 수 있다. 마찬가지로 $x-y \leq z$를 B라고 하면, $x-y > z$는 $\overline{B}$라고 표현할 수 있다.
전체 논리식은 $(A(A+B)\overline{B}) + \overline{A}$
$= AA\overline{B} + AB\overline{B} + \overline{A} = A\overline{B} + \overline{A}$
$= (\overline{A} + \overline{B})(\overline{A} + A) = \overline{A} + \overline{B}$이다.
즉, $\overline{A}$는 $x+y < z$이고, $\overline{B}$는 $x-y > z$이므로 $x+y < z \text{ OR } x-y > z$가 된다.
정답 ④

기출플러스➕　　　★★☆
다음 진리표를 만족하는 부울 함수로 옳은 것은? (단, ·은 AND, ⊕는 XOR, ⊙는 XNOR 연산을 의미한다) 18 국가직 9급

입력			출력
A	B	C	Y
0	0	0	1
0	0	1	0
0	1	0	0
0	1	1	1
1	0	0	0
1	0	1	1
1	1	0	1
1	1	1	0

① $Y = A \cdot B \oplus C$　② $Y = A \oplus B \odot C$
③ $Y = A \oplus B \oplus C$　④ $Y = A \odot B \odot C$

해설 `난도 중`
정답의 이유
출력이 1일 때 입력에 대해 논리식을 만들면
$Y = A'B'C' + A'BC + AB'C + ABC'$
$= A'(B'C' + BC) + A(B'C + BC')$
$= A'(B \odot C) + A(B \oplus C)$
$B \oplus C$를 D라고 가정하면 $A'D' + AD$
$= A \odot D$가 된다. D에 $B \oplus C$를 대입하면 $A \odot B \oplus C$가 된다. 결합 법칙을 적용하면 $A \oplus B \odot C$으로 표현할 수 있다.
정답 ②

불대수 정리는 논리 변수 간의 기본적인 관계에 대한 규칙이다. 불대수 정리들을 이용하면 논리식을 간소화할 수 있어 논리 회로를 간단하게 구현할 수 있다.

1 불대수 정리

1. 불대수 기본 정리

·는 논리곱(AND 연산)을 의미하며, 두 숫자 모두 1일 때 결과가 1이 되고, 하나라도 0이 있으면 결과는 0이 된다. +는 논리합(OR 연산)을 의미하며, 두 숫자 중 하나라도 1이 있으면 결과는 1이 되고, 두 숫자 모두 0이면 결과는 0이다.
변수 A에 0 또는 1의 값을 넣으면 결과를 확인할 수 있다.

$$A \cdot 0 = 0 \qquad\qquad A \cdot 1 = A$$
$$A + 0 = A \qquad\qquad A + 1 = 1$$
$$A \cdot A = A \qquad\qquad A \cdot \overline{A} = 0$$
$$A + A = A \qquad\qquad A + \overline{A} = 1$$

2. 불대수 기본 법칙

| 불대수 기본 법칙 |

교환 법칙	$A + B = B + A$, $A \cdot B = B \cdot A$
결합 법칙	$A + (B + C) = (A + B) + C$, $A \cdot (B \cdot C) = (A \cdot B) \cdot C$
분배 법칙	$A + (B \cdot C) = (A + B) \cdot (A + C)$, $A \cdot (B + C) = (A \cdot B) + (A \cdot C)$
흡수 법칙	$A + (A \cdot B) = A$, $A \cdot (A + B) = A$
2중 부정	$\overline{\overline{A}} = A$

3. 드 모르간 법칙

논리식에서 논리합의 표현을 논리곱으로, 논리곱의 표현을 논리합으로 상호 교환이 가능하도록 정리한 법칙이다.

$$\overline{A + B} = \overline{A} \cdot \overline{B}, \quad \overline{A \cdot B} = \overline{A} + \overline{B}$$

왼쪽 논리식에서 오른쪽 논리식을 구하는 과정은 다음과 같다.
① 논리식의 전체 보수를 각 논리 변수에 대한 보수로 바꾼다.
　예 $\overline{A}, \overline{B}$
② 논리 상수가 있다면 각 논리 상수에 대해 보수를 취한다. 논리 상수 0은 1로, 1은 0으로 바꾼다.
③ AND 연산은 OR 연산으로 바꾸고, OR 연산은 AND 연산으로 바꾼다.
　예 $\overline{+} \rightarrow \cdot$

변수가 많고 복잡한 논리식을 불대수로 간소화하는 과정은 복잡하고 어려움이 있다. 카르노 맵은 사각형의 표를 이용하여 논리식을 간소화하는 데 편리한 방법이다.

1 카르노 맵 이해

1. 간소화 원칙

(1) 인접한 셀끼리 2, 4, 8, 16개로 묶되, 가능한 크게 묶는다.

(2) 같은 셀이 두 번 이상 묶여도 가능하다.

(3) 셀을 묶을 때는 가로 또는 세로로 묶으며, 대각선으로는 묶지 못한다.

(4) 변수의 개수가 n개일 때, 사각형은 총 2^n개가 필요하다.

2. 2 변수 맵

변수가 A, B로 이루어진 논리식이 있을 때 카르노 맵을 이용하여 간소화하기 위해서는 $2^2 = 4$개의 사각형이 필요하다. 사각형을 구성할 때에는 각 변수마다 0, 1의 값을 작성한다. 0이 위치한 자리는 논리식의 변수가 $\overline{A}$처럼 보수로 취해진 것을 의미하며, 1이 위치한 자리는 A처럼 논리식 변수 자체를 의미한다. 2 변수 카르노 맵은 다음과 같이 구성할 수 있다.

항으로 표현		
A＼B	0	1
0	$\overline{A}\,\overline{B}$	$\overline{A}B$
1	$A\overline{B}$	AB

표시 기호로 표현		
A＼B	0	1
0	m_0	m_1
1	m_2	m_3

(1) 논리식 $Y = \overline{A}\,\overline{B} + A\overline{B} + \overline{A}B$를 간소화하면 다음과 같다.

논리식 묶음		
A＼B	0	1
0	1	1 ①
1	1	

②

- 단계 1 : 논리식 항에 맞는 해당 셀을 1로 표시한다.
- 단계 2 : 가로, 세로, 정사각형 형태로 인접한 1을 묶어줄 수 있으며, 묶어주는 개수는 2, 4개로 묶어준다.
- 단계 3 : 각 묶음에서 한 변수의 값이 0, 1 모두 가지면 해당 변수를 소거하고 0, 0 이거나 1, 1이면 남겨준다. 즉, 변수의 값이 서로 다르면 소거하고 같으면 남겨준다.

기출플러스 ➕ ★★☆

다음 카르노 맵으로 표현된 부울 함수 F(A, B, C, D)를 곱의 합 형태로 최소화한 결과는? (단, X는 무관(don't care) 조건을 나타낸다) 18 지방직 9급

CD＼AB	00	01	11	10
00	0	1	X	1
01	0	X	0	0
11	X	1	0	0
10	0	1	X	1

① $F(A,B,C,D) = AD' + BC'D' + A'BC$

② $F(A,B,C,D) = AB'D' + BC'D' + A'BC$

③ $F(A,B,C,D) = A'B + AD'$

④ $F(A,B,C,D) = A'C + AD'$

해설 난도 중

정답의 이유

카르노 맵을 X를 사용하여 묶어주면 다음과 같다.

CD＼AB	00	01	11	10
00	0	1	X	1
01	0	X	0	0
11	X	1	0	0
10	0	1	X	1

출력 $F = A'B + AD'$가 된다.

정답 ③

①의 묶음에서는 변수 A의 값은 0, 0의 값을 가지고 변수 B의 값은 0, 1의 값을 가지므로 소거하면 간소화된 식은 $\overline{A}$ 가 된다. ②의 묶음에서는 A의 값은 0, 1의 값을 가져 소거하고 B의 값은 0, 0을 가지므로 간소화된 식은 $\overline{B}$ 가 된다. 따라서, 최종적으로 간소화된 식은 ①, ② 결과를 논리 합하면 $Y = \overline{A} + \overline{B}$ 가 된다.

3. 3 변수 맵

변수가 A, B, C로 이루어진 논리식이 있을 때 카르노 맵을 이용하여 간소화하기 위해서는 $2^3 = 8$개의 사각형이 필요하다. 3변수 카르노 맵은 다음과 같이 구성할 수 있다.

항으로 표현				
A＼BC	00	01	11	10
0	$\overline{A}\overline{B}\overline{C}$	$\overline{A}\overline{B}C$	$\overline{A}BC$	$\overline{A}B\overline{C}$
1	$A\overline{B}\overline{C}$	$A\overline{B}C$	ABC	$AB\overline{C}$

표시 기호로 표현				
A＼BC	00	01	11	10
0	m_0	m_1	m_3	m_2
1	m_4	m_5	m_7	m_6

세로 A 변수는 하나이기 때문에 0, 1만 작성을 하고, 가로는 변수가 BC로 두 개이기 때문에 4가지 상태를 작성해준다. 단, 순서는 00, 01, 11, 10으로 작성한다. 가로, 세로, 정사각형 형태로 인접한 1을 묶어줄 수 있다. 묶어주는 개수는 2, 4, 8개로 묶을 수 있으며, 가능하다면 크게 묶어준다.

(1) 논리식 $Y = \overline{A}\,\overline{B}\,\overline{C} + A\overline{B}\,\overline{C} + \overline{A}\,\overline{B}C + A\overline{B}C + ABC + AB\overline{C}$를 간소화하면 다음과 같다.

논리식 묶음				
A＼BC	00	01	11	10
0	1	1		
1	1	1	1	1

①

②

1이 있는 인접한 셀을 묶어줄 때, 가능한 크게 묶어야 하기 때문에 4개로 묶었다. ①의 묶음에서는 변수 B, C는 0, 1을 가지므로 소거하고 A는 모두 1의 값을 가지므로 남긴다. ②의 묶음에서는 변수 A, C는 0, 1을 가지므로 소거하고 변수 B는 0, 0의 값을 가지므로 남긴다. 즉, 간소화된 논리식은 $Y = A + \overline{B}$ 가 된다.

4. 4 변수 맵

변수가 A, B, C, D로 이루어진 논리식이 있을 때 카르노 맵을 이용하여 간소화하기 위해서는 $2^4 = 16$개의 사각형이 필요하다. 4 변수 카르노 맵은 다음과 같이 구성할 수 있다.

	항으로 표현					표시 기호로 표현			
AB \ CD	00	01	11	10		AB \ CD	00	01	11	10
00	$\overline{A}\overline{B}\overline{C}\overline{D}$	$\overline{A}\overline{B}\overline{C}D$	$\overline{A}\overline{B}CD$	$\overline{A}\overline{B}C\overline{D}$		00	m_0	m_1	m_3	m_2
01	$\overline{A}B\overline{C}\overline{D}$	$\overline{A}B\overline{C}D$	$\overline{A}BCD$	$\overline{A}BC\overline{D}$		01	m_4	m_5	m_7	m_6
11	$AB\overline{C}\overline{D}$	$AB\overline{C}D$	$ABCD$	$ABC\overline{D}$		11	m_{12}	m_{13}	m_{15}	m_{14}
10	$A\overline{B}\overline{C}\overline{D}$	$A\overline{B}\overline{C}D$	$A\overline{B}CD$	$A\overline{B}C\overline{D}$		10	m_8	m_9	m_{11}	m_{10}

세로와 가로 모두 2개의 변수이기 때문에 4가지 상태(00, 01, 11, 10)를 작성해준다. 가로, 세로, 정사각형 형태로 인접한 1을 묶어줄 수 있다. 묶어주는 개수는 2, 4, 8, 16개로 묶을 수 있으며, 가능하다면 크게 묶어준다.

(1) $Y = \overline{A}\,\overline{B}\,\overline{C}\,\overline{D} + \overline{A}\,\overline{B}\,\overline{C}D + \overline{A}\,\overline{B}CD + \overline{A}\,\overline{B}C\overline{D} + A\,\overline{B}\,\overline{C}\,\overline{D} + A\,\overline{B}C\overline{D}$ 를 간소화하면 다음과 같다.

| 논리식 묶음 |

①의 묶음에서는 변수 C, D는 0, 1을 가지므로 소거하고 A, B는 모두 0의 값을 가지므로 남긴다. ②는 양 끝을 원통형으로 감으면 인접한 1을 정사각형 4개로 묶을 수 있다. 변수 A, C는 0, 1을 가지므로 소거하고 B, D는 모두 0의 값을 가지므로 남긴다. 즉, 간소화된 논리식은 $Y = \overline{A}\,\overline{B} + \overline{B}\,\overline{D}$ 가 된다.

5. 5변수 맵

변수가 A, B, C, D, E로 이루어진 논리식이 있을 때 카르노 맵을 이용하여 간소화하기 위해서는 $2^5 = 32$개의 사각형이 필요하다. 16개로 이루어진 사각형을 2개 사용하여 표현하고, 5 변수 카르노 맵은 다음과 같이 구성할 수 있다.

	A=0			
BC \ DE	00	01	11	10
00	m_0	m_1	m_3	m_2
01	m_4	m_5	m_7	m_6
11	m_{12}	m_{13}	m_{15}	m_{14}
10	m_8	m_9	m_{11}	m_{10}

	A=1			
BC \ DE	00	01	11	10
00	m_{16}	m_{17}	m_{19}	m_{18}
01	m_{20}	m_{21}	m_{23}	m_{22}
11	m_{28}	m_{29}	m_{31}	m_{30}
10	m_{24}	m_{25}	m_{27}	m_{26}

변수의 묶음은 4개 변수와 동일하며 묶음이 A가 0인 맵이면 논리식에 A'를 붙여주고, A가 1인 맵이면 논리식에 A를 붙여준다.

6. 임의 상태(don't care condition)

어떤 입력에 대해 출력이 무엇이 되든지 상관없는 경우를 임의 상태라고 하며, 카로노 맵에서는 X로 표시한다.

임의 상태 X가 있는 상태에서 논리식을 간소화할 때는 간소화에 도움이 되면 X도 같이 묶어서 처리한다.

CHAPTER 03 조합논리회로

중요 학습내용

1. 조합논리회로의 논리식과 진리표를 작성할 수 있다.
2. 반가산기와 가산기의 진리표, 논리식, 논리회로를 구성할 수 있다.
3. 부호기와 해독기의 진리표, 논리식, 논리회로를 구성할 수 있다.
4. 멀티플렉서와 디멀티플렉서의 진리표, 논리식, 논리회로를 구성할 수 있다.

01 조합논리회로 해석

조합논리회로 해석은 주어진 논리회로에서 논리식을 구한 후, 진리표를 작성하는 것이다. 논리식은 곱의 합(Sum Of Products) 또는 합의 곱(Products Of Sum) 형태로 나타낼 수 있다.

1 논리식

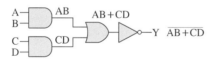

| 조합논리회로 |

위 논리회로의 출력 Y를 곱의 합 형태로 나타내면 $Y = \overline{AB + CD}$ 이다. 곱의 합 형태의 논리식에 드모르간 정리를 적용하여 합의 곱 형태로 나타내면 다음과 같다.

$$Y = \overline{AB + CD} = \overline{AB} \cdot \overline{CD} = (\overline{A} + \overline{B}) \cdot (\overline{C} + \overline{D})$$

2 진리표

입력이 4개 변수이므로 $2^4 = 16$개의 경우의 수가 발생한다. 각 변수에 입력되는 값을 논리식에 대입하여 불대수를 적용하면 출력 Y를 얻을 수 있다. 논리식에 대한 진리표를 작성하면 다음과 같다.

기출플러스 ⊕ ★★☆

다음 논리 회로의 출력과 동일한 것은?

19 국가직 9급

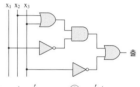

① $x_1 + x_3'$ ② $x_1' + x_3$
③ $x_1' + x_3'$ ④ $x_2' + x_3'$

해설 난도 중

정답의 이유

논리회로의 출력 식을 구하면
$(x_2 + x_3)x_1' + x_3' = x_1'x_2 + x_1'x_3 + x_3'$
가 된다. 카르노 맵을 적용하기 위해 논리식을 다시 정리하면 첫 번째 항의 경우에는 x_3 변수가 없다. 즉, 없는 변수는 0이나 1이 될 수 있다. 따라서, 첫 번째 항에 x_3 변수를 고려하여 다시 작성하면 $x_1'x_2x_3 + x_1'x_2x_3'$ 가 된다. x_1 과 x_2 변수는 그대로 작성하고 x_3 만 0, 1일 때를 함께 작성해 준다. 두 번째, 세 번째 항에도 똑같이 적용하면 전체 논리식은 $(x_1'x_2x_3 + x_1'x_2x_3')$ $+ (x_1'x_2x_3 + x_1'x_2'x_3) + (x_1'x_2'x_3' + x_1'x_2x_3' + x_1x_2'x_3' + x_1x_2x_3')$ 가 된다. 괄호는 각 항의 논리식을 정리한 결과를 의미한다. 해당 논리식을 토대로 카르노 맵을 적용하면 다음과 같다.

①의 묶음에서 간소화된 논리식은 x_1' 가되고, ②의 묶음에서 간소화된 논리식은 x_3' 이 된다. 따라서, 전체 간소화된 논리식은 $x_1' + x_3'$ 가 된다.

정답 ③

기출플러스 ➕ ★★☆

다음은 2진 입력 A, B, C와 2진 출력 X, Y, Z 사이의 관계를 나타낸 것이다. X, Y, Z에 대한 출력 함수를 옳게 짝지은 것은? 17 지방직 추가 9급

- 입력 C=0일 때, 출력 X=0, Y=0, Z=0
- 입력 B=0이고 C=1일 때, 출력 X=0, Y=0, Z=1
- 입력 B=1이고 C=1일 때, 출력 X=A, Y=B, Z=C

① $X = AC, Y = BC, Z = C$

② $X = A'C, Y = B'C, Z = C'$

③ $X = ABC, Y = BC, Z = C$

④ $X = A'B'C, Y = B'C, Z = C'$

해설 난도 중

정답의 이유

보기의 조건에 맞게 진리표를 작성하면 다음과 같다.

입력			출력		
A	B	C	X	Y	Z
0	0	0	0	0	0
0	0	1	0	0	1
0	1	0	0	0	0
0	1	1	0	1	1
1	0	0	0	0	0
1	0	1	0	0	1
1	1	0	0	0	0
1	1	1	1	1	1

각 변수마다 출력이 1일 때, 곱의 합 형태로 논리식을 작성한다. 필요 시 불대수 또는 카르노 맵을 사용하여 논리식을 간소화한다.

출력 X는 입력 A, B, C가 모두 1일 때 1이므로 논리식 $X = ABC$이다. 출력 $Y = A'BC + ABC = BC(A' + A) = BC$ 이다. 출력 Z에 대해 카르노 맵을 작성하면 다음과 같다.

A\BC	00	01	11	10
0		1	1	
1		1	1	

출력 $Z = C$이다.

정답 ③

진리표				
입력				출력
A	B	C	D	Y
0	0	0	0	1
0	0	0	1	1
0	0	1	0	1
0	0	1	1	0
0	1	0	0	1
0	1	0	1	1
0	1	1	0	1
0	1	1	1	0
1	0	0	0	1
1	0	0	1	1
1	0	1	0	1
1	0	1	1	0
1	1	0	0	0
1	1	0	1	0
1	1	1	0	0
1	1	1	1	0

02 가산기

1 반가산기(HA : Half Adder)

반가산기는 1비트로 구성된 2진수 덧셈 연산을 수행할 수 있는 조합논리회로로, 2개 입력에 대해 출력은 합(sum)과 자리 올림(carry)이 나온다.

1. 진리표

두 입력의 덧셈 결과가 합(Sum)이 되고, 자리 올림이 발생할 경우 자리 올림(Carry)가 1이 된다.

반가산기 진리표			
입력		출력	
A	B	S	C
0	0	0	0
0	1	1	0
1	0	1	0
1	1	0	1

2. 논리식

출력 S, C가 1일 때 논리식을 작성하면 다음과 같다.

$$S = \overline{A}B + A\overline{B} = A \oplus B, \quad C = AB$$

3. 논리회로

논리식을 논리회로로 구성하면 다음과 같다.

| 반가산기 논리회로 |

2 전가산기(FA : Full Adder)

전가산기는 1비트 2진수 입력 2개와 하위 자리에서 발생한 자리 올림수 1개를 포함하여 총 3개의 입력을 가진다. 출력은 합(sum)과 자리 올림수(carry)가 발생한다.

1. 진리표

C_i은 하위 자리에서 발생한 자리 올림수이고, C_o은 덧셈 연산 결과 발생한 자리 올림수이다.

| 전가산기 진리표 |

입력			출력	
A	B	C_i	S	C_o
0	0	0	0	0
0	0	1	1	0
0	1	0	1	0
0	1	1	0	1
1	0	0	1	0
1	0	1	0	1
1	1	0	0	1
1	1	1	1	1

2. 논리식

출력 S, C_o이 1일 때 논리식을 작성하면 다음과 같다.

$$S = \overline{A}\,\overline{B}C_i + \overline{A}B\overline{C_i} + A\overline{B}\,\overline{C_i} + ABC_i = (\overline{A}B + A\overline{B})\overline{C_i} + (\overline{A}\,\overline{B} + AB)C_i$$
$$= (A \oplus B)\overline{C_i} + \overline{(A \oplus B)}C_i = (A \oplus B) \oplus C_i$$

$$C_o = \overline{A}BC_i + A\overline{B}C_i + AB\overline{C_i} + ABC_i = \overline{(\overline{A}B + A\overline{B})}C_i + AB(\overline{C_i} + C_i)$$
$$= (A \oplus B)C_i + AB$$

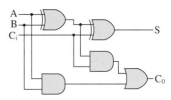

3. 논리회로

논리식을 논리회로로 구성하면 다음과 같다.

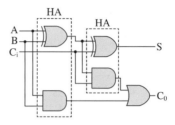

| 전가산기 논리회로 |

전가산기는 2개의 반가산기와 1개의 OR 게이트로 구성되어 있다.

3 병렬 가산기

병렬 가산기는 여러 개의 가산기를 병렬로 연결한 것으로, 2비트 이상의 2진수 덧셈을 수행할 수 있다. 대표적으로 4진 병렬 가산기의 덧셈 연산 과정과 병렬 가산기 블록도는 다음과 같다.

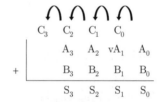

| 4진수 덧셈 과정 |

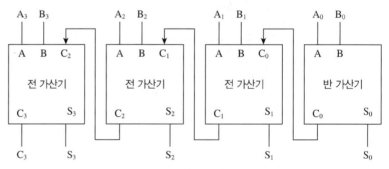

| 4진 병렬 가산기 블록도 |

1 부호기

부호기는 인코더(encoder)라고도 하며, 2^n개를 입력받아 n개를 출력하는 논리회로이다. 2^n개의 입력 중 하나만 1이 되고, 나머지 입력은 모두 0이 된다. 4×2 부호기의 진리표, 논리식, 논리회로는 다음과 같다.

1. 진리표와 논리식

| 4×2 부호기 진리표 |

입력				출력	
D_3	D_2	D_1	D_0	Y_1	Y_0
0	0	0	1	0	0
0	0	1	0	0	1
0	1	0	0	1	0
1	0	0	0	1	1

| 4×2 부호기 논리식 |
$$Y_0 = D_1 + D_3, \quad Y_1 = D_2 + D_3$$

2. 논리회로

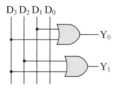

| 4×2 부호기 논리회로 |

2 해독기

해독기는 디코더(decoder)라고도 하며, n개의 입력과 2^n개의 출력을 가진다. 2^n개의 출력 중 하나만 1이 되고, 나머지 입력은 모두 0이 된다. 2×4 해독기의 진리표, 논리식, 논리회로는 다음과 같다.

1. 진리표와 논리식

|2×4 해독기 진리표|

입력		출력			
B	A	Y_3	Y_2	Y_1	Y_0
0	0	0	0	0	1
0	1	0	0	1	0
1	0	0	1	0	0
1	1	1	0	0	0

|2×4 해독기 논리식|

$$Y_0 = \overline{A}\,\overline{B}, \ Y_1 = \overline{A}B, \ Y_2 = A\overline{B}, \ Y_3 = AB$$

2. 논리회로

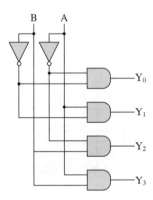

|2×4 해독기 논리회로|

04 멀티플렉서와 디멀티플렉서

1 멀티플렉서

멀티플렉서는 데이터 선택기라고도 하며, 2^n 개의 입력과 하나의 출력 그리고 n개의 데이터 선택선을 가진다. 4×1 멀티플렉서는 4개의 입력과 1개의 출력 그리고 2개의 데이터 선택으로 구성된다. 4×1 멀티플렉서의 진리표, 논리식, 논리회로는 다음과 같다.

1. 진리표와 논리식

| 4×1 멀티플렉서 진리표 |

입력	선택 선		출력
	S_1	S_0	Y
D_0	0	0	$\overline{S_1}\overline{S_0}D_0$
D_1	0	1	$\overline{S_1}S_0D_1$
D_2	1	0	$S_1\overline{S_0}D_2$
D_3	1	1	$S_1S_0D_3$

| 4×1 멀티플렉서 논리식 |

$$Y = \overline{S_1}\,\overline{S_0}D_0 + \overline{S_1}S_0D_1 + S_1\overline{S_0}D_2 + S_1S_0D_3$$

2. 논리 회로

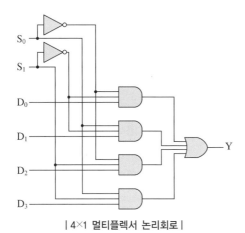

| 4×1 멀티플렉서 논리회로 |

2 디멀티플렉서

디멀티플렉서는 분배기라고도 하며, 1개의 입력과 2^n개의 출력 그리고 n개의 데이터 선택선을 가진다. 1×4 디멀티플렉서는 1개의 입력과 4개의 출력 그리고 2개의 데이터 선택으로 구성된다. 1×4 디멀티플렉서의 진리표, 논리식, 논리회로는 다음과 같다.

1. 진리표와 논리식

|1×4 디멀티플렉서 진리표|

입력	선택 선		출력			
	S_1	S_0	Y_0	Y_1	Y_2	Y_3
	0	0	D	0	0	0
D	0	1	0	D	0	0
	1	0	0	0	D	0
	1	1	0	0	0	D

|1×4 디멀티플렉서 논리식|

$$Y_0 = \overline{S_1}\,\overline{S_0}D, \ Y_1 = \overline{S_1}S_0D, \ Y_2 = S_1\overline{S_0}D, \ Y_3 = S_1S_0D$$

2. 논리 회로

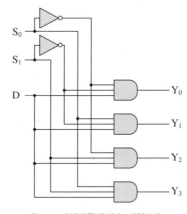

|1×4 디멀티플렉서 논리회로|

CHAPTER 04

순서논리회로

중요 학습내용
1. 순서논리회로의 클록 신호와 에지 트리거의 개념을 알 수 있다.
2. 플립플롭의 종류와 특징에 대해 알 수 있다.
3. 비동기식 계수기의 개념과 종류별 동작 원리에 대해 알 수 있다.
4. 동기식 계수기의 개념과 설계 방법에 대해 알 수 있다.

01 순서논리회로 개요

순서논리회로는 기억 소자를 가지고 있으며, 출력이 현재 회로에 가해진 입력에 의해서만 결정되는 것이 아니고 현재의 입력과 기억 장치에 기억된 이전 상태에 의해 결정된다.

1 클록신호와 에지 트리거

순서논리회로의 구성 요소인 플립플롭은 클록(Clock)이라는 제어 입력(Trigger)를 가지고, 입력 신호가 상태 변환을 일으키기 전까지는 이전의 기억 상태를 유지한다.

1. 클록 신호

0과 1의 신호가 일정한 간격으로 반복되는 펄스 신호를 의미한다.

| 클록 신호 |

(1) 상승 에지 : 클록 신호에서 0에서 1로 변하는 경계 지점
(2) 하강 에지 : 클록 신호에서 1에서 0로 변하는 경계 지점

2. 에지 트리거

클록 신호의 상승 에지나 하강 에지에서 순서논리회로를 동작시키기 위해 발생시키는 순간적으로 짧은 시간의 신호이다.

(1) 상승 에지 트리거 클록 회로

클록 신호의 상승 에지에서 트리거를 발생시켜 플립플롭을 동작시킨다.

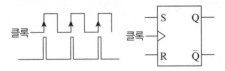

| 상승 에지 트리거와 클록 회로 |

(2) 하강 에지 트리거 클록 회로

클록 신호의 하강 에지에서 트리거를 발생시켜 플립플롭을 동작시킨다.

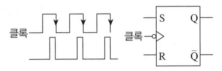

| 하강 에지 트리거와 클록 회로 |

02 플립플롭

플립플롭은 0과 1 중 하나를 기억하는 기억 소자이다.

1 플립플롭 개요

1. 플립플롭 특징

(1) 1비트 정보를 저장할 수 있는 기억 회로이다.
(2) 입력 신호가 상태 변환을 일으키기 전까지 원래의 상태를 유지한다.
(3) 클록이라는 제어 입력(트리거)을 가진다.
(4) 계수기(카운터), 레지스터, 제어 논리 등에 주로 이용된다.
(5) 정상 출력(Q)과 보수화된 출력($\overline{Q}$)을 가진다.

2. 플립플롭 종류

(1) RS 플립플롭

① 동작 원리 : RS에 값이 입력되었을 때 클록 신호가 없으면 출력이 변하지 않고, 클록 신호가 가해지면 출력이 변화된다.

R-S 플립플롭 진리표			
S	R	클록	Q(t+1)
0	0	↑	Q(t)
0	1	↑	0
1	0	↑	1
1	1	↑	금지

| R-S 플립플롭 블록도 |

RS 플립플롭에서 S는 Set, R은 Reset을 의미한다. Q(t)는 현재 상태이고 Q(t+1)은 나중 상태를 의미한다. 출력이 Q(t)라는 것은 현재 상태를 유지한다는 의미이다.

- S=0, R=0인 경우 : 출력은 클록 이전의 출력을 유지한다.
  현재 상태 Q(t)=0인 경우 : Q(t+1)=0
  현재 상태 Q(t)=1인 경우 : Q(t+1)=1
- S=0, R=1인 경우 : 현재 상태 Q(t)의 값과 상관없이 Reset이 1이므로 출력은 0이다.
- S=1, R=0인 경우 : 현재 상태 Q(t)의 값과 상관없이 Set이 1이므로 출력은 1이다.
- S=1, R=1인 경우 : 금지 상태로 사용하지 않는다.

(2) JK 플립플롭

RS 플립플롭에서 R=1, S=1인 경우의 문제점을 보완한 것으로 J는 S(Set), K는 R(Reset)에 해당한다.

J=1, K=1인 경우 출력은 반전(0 → 1, 1 → 0)되는데 이것을 토글(Toggle)이라고 한다.

① 동작 원리

| J-K 플립플롭 블록도 |

J-K 플립플롭 진리표			
J	K	클록	Q(t+1)
0	0	↑	Q(t)
0	1	↑	0
1	0	↑	1
1	1	↑	$\overline{Q}(t)$

- J=0, K=0인 경우 : 출력은 클록 이전의 출력을 유지한다.
  현재 상태 Q(t)=0인 경우 : Q(t+1)=0
  현재 상태 Q(t)=1인 경우 : Q(t+1)=1
- J=0, K=1인 경우 : 현재 상태 Q(t)의 값과 상관없이 Reset이 1이므로 출력은 0이다.
- J=1, K=1인 경우 : 현재 상태 Q(t)의 값과 상관없이 Set이 1이므로 출력은 1이다.
- J=1, K=1인 경우 : 출력은 클록 이전의 출력에서 반전된다.
  현재 상태 Q(t)=0인 경우 : Q(t+1)=1
  현재 상태 Q(t)=1인 경우 : Q(t+1)=0

(3) D 플립플롭

플립플롭의 D는 Delay(지연)를 의미하며, 입력 신호를 지연시켜 출력하는 특성을 가진다.

① 동작 원리

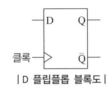

|D 플립플롭 블록도|

|D 플립플롭 진리표|

D	클록	Q(t+1)
0	↑	0
1	↑	1

(4) T 플립플롭

T 신호가 0인 경우 출력은 현재 상태를 유지하고, 1인 경우 현재 상태를 반전시켜 출력된다.

|T 플립플롭 블록도|

|T 플립플롭 진리표|

T	클록	Q(t+1)
0	↑	$Q(t)$
1	↑	$\overline{Q}(t)$

03 비동기식 계수기

순서논리회로에는 클록 신호에 의해 2진 데이터를 단순히 저장하는 레지스터와 클록 신호에 의해 저장된 2진 데이터들의 값을 1씩 증가 또는 감소시키는 회로가 있다. 클록 신호에 의해 2진 데이터를 증감하는 순서논리회로를 계수기(카운터)라고 한다.

1 비동기식 계수기 종류

1. 증가 계수기

(1) 동작 원리

첫 번째 플립플롭은 클록 신호의 하강 에지에서 출력이 반전된다. 첫 번째 플립플롭의 출력 Q_0가 두 번째 플립플롭의 클록 신호가 되므로 Q_0에서 하강 에지가 발생하는 구간에서 출력이 반전된다. 마찬가지로 두 번째 플립플롭의 출력 Q_1이 세 번째 플립플롭의 클록 신호가 되므로 Q_1에서 하강 에지가 발생하는 구간에 출력이 반전된다.

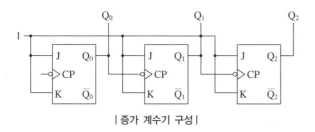

| 증가 계수기 구성 |

Q_0는 클록 펄스(CP)가 하강 에지일 때 출력이 반전된다. Q_1은 Q_0가 하강 에지일 때 출력이 반전되며, Q_2은 Q_1이 하강 에지일 때 출력이 반전된다. 따라서, 같은 구간 3개의 플립플롭에서 출력되는 데이터를 살펴보면 0(000)부터 7(111)까지 1씩 증가하는 것을 알 수 있다.

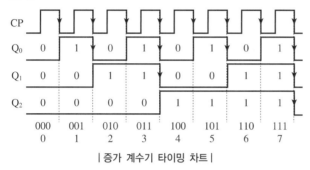

| 증가 계수기 타이밍 차트 |

2. 감소 계수기

(1) 동작 원리

증가 계수기와 동일하게 이전 플립플롭의 출력이 다음 플립플롭의 클록으로 인가된다. 단, 출력으로 반전된 출력이 나오는 것이 차이점이다.

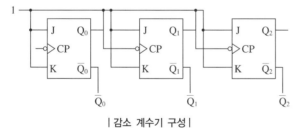

| 감소 계수기 구성 |

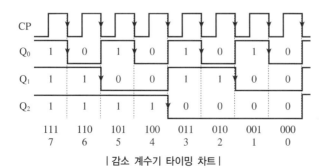

| 감소 계수기 타이밍 차트 |

① 3-to-8 디코더(decoder)
② 전가산기(full adder)
③ 동기식 카운터(synchronous counter)
④ 4-to-1 멀티플렉서(multiplexer)

해설 난도 하
정답의 이유
순서논리회로에는 비동기식 카운터, 동기
식 카운터가 있다.

오답의 이유
①, ②, ④는 조합논리회로에 속한다.
정답 ③

---

04 동기식 계수기

1 동기식 계수기 개요

1. 동기식, 비동기식 계수기 비교

동기식 계수기는 계수기를 구성하는 플립플롭에게 클록 신호를 동시에 인가하여 출력
을 변화시키는 계수기이다. 비동기식 계수기와 동기식 계수기의 차이는 다음과 같다.

> • 비동기식 계수기 : 이전 플립플롭의 출력이 다음 플립플롭의 클록으로 인가되므로 이전 플립
> 플롭의 변화가 다음 플립플롭의 변화를 일으킨다.
> • 동기식 계수기 : 모든 플립플롭이 인가되는 클록 신호에 의해 동시에 변화된다.

2. 동기식 계수기 설계

(1) 설계 과정

① 상태도를 작성하여 계수기의 동작을 확인한다.
② 상태도에 참고하여 상태 천이 여기표를 작성한다.
③ 상태 천이 여기표를 참고하여 플립플롭의 입력마다 카르노 맵을 작성하여 논리식을
간소화한다.
④ 간소화된 논리식을 이용하여 계수기를 구성한다.
⑤ 클록 신호가 인가되었을 때 각 플립플롭의 출력으로 타이밍 차트를 완성시킨다.

(2) 상태도

동기식 계수기의 계수 상태를 나타낸 상태도는 다음과 같다. 000~111까지 1씩 증가하
고, 111이 되었을 때 다시 000으로 상태가 변한다.

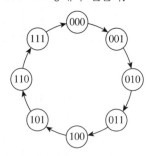

| 동기식 계수기 상태도 |

(3) 상태 천이 여기표

상태도에서 현재 상태와 다음 상태를 참고하여 상태 천이 여기표를 작성한다. 플립플롭
입력은 현재 상태에서 다음 상태가 나타날 수 있는 입력 상태를 작성한다. 예를 들어
현재 상태 $Q_0=0$이고, 다음 상태 $Q_0=1$이 될 때 J_0, K_0입력을 작성하면 된다. $J_0=1$,
$K_0=0$일 때와 $J_0=1$, $K_0=1$일 때 조건이 만족된다. 두 조건에서 $K_0=0$, 1을 가지므로
$K_0=×$로 처리한다. 이와 같이 상태 천이 여기표를 작성하면 다음과 같다.

| 동기식 계수기 상태 천이 여기표 |

현재 상태			다음 상태			플립플롭 입력					
Q_0	Q_1	Q_2	Q_0	Q_1	Q_2	J_0	K_0	J_1	K_1	J_2	K_2
0	0	0	1	0	0	1	×	0	×	0	×
1	0	0	0	1	0	×	1	1	×	0	×
0	1	0	1	1	0	1	×	×	0	0	×
1	1	0	0	0	1	×	1	×	1	1	×
0	0	1	1	0	1	1	×	0	×	×	0
1	0	1	0	1	1	×	1	1	×	×	0
0	1	1	1	1	1	1	×	×	0	×	0
1	1	1	0	0	0	×	1	×	1	×	1

(4) 카르노 맵 작성

| 동기식 계수기 카르노 맵 |

Q_2 \ Q_1Q_0	00	01	11	10
0	1	×	×	1
1	1	×	×	1

$J_0 = 1$

Q_2 \ Q_1Q_0	00	01	11	10
0	×	1	1	×
1	×	1	1	×

$K_0 = 1$

Q_2 \ Q_1Q_0	00	01	11	10
0		1	×	×
1		1	×	×

$J_1 = Q_0$

Q_2 \ Q_1Q_0	00	01	11	10
0	×	×	1	
1	×	×	1	

$K_1 = Q_0$

Q_2 \ Q_1Q_0	00	01	11	10
0			1	
1	×	×	×	×

$J_1 = Q_1 Q_0$

Q_2 \ Q_1Q_0	00	01	11	10
0	×	×	×	×
1			1	

$K_1 = Q_1 Q_0$

(5) 논리회로 구성

카르노 맵에서 플립플롭의 각 J, K 입력의 간소화된 논리식을 참고하여 동기식 계수기를 구성한다.

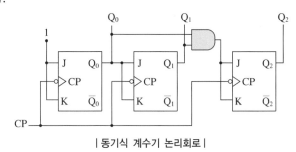

| 동기식 계수기 논리회로 |

(6) 타이밍 차트

모든 플립플롭에 클록 신호가 동시에 인가되고 이전 플립플롭의 출력이 다음 플립플롭의 입력으로 들어간다. 동기식 계수기의 타이밍 차트는 다음과 같이 작성할 수 있다.

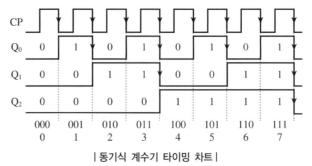

| 동기식 계수기 타이밍 차트 |

PART 02

빈출개념 체크 ○✕

CHAPTER 01 정보의 표현

01 10진수 32를 2진수로 변환하면 00100000이다. (○ / ✕)

02 2진수 $1011.11_{(2)}$를 10진수로 변환하면 11.25이다. (○ / ✕)

03 8진수 $741_{(8)}$을 2진수로 변환하면 111100001이다. (○ / ✕)

04 16진수 $AE_{(16)}$를 8진수로 변환하면 $256_{(8)}$이다. (○ / ✕)

05 부호-크기 방식에서 가장 왼쪽 비트가 0이면 양수, 1이면 음수를 나타낸다. (○ / ✕)

06 1의 보수는 각각의 비트에서 0 → 1, 1 → 0으로 변환하는 것과 같다. (○ / ✕)

07 2의 보수는 1의 보수에서 1을 더한 것과 같다. (○ / ✕)

08 −24의 2의 보수는 111010000이 된다. (○ / ✕)

09 1byte는 4bit로 표현할 수 있다. (○ / ✕)

10 단정도 부동소수점에서 가수는 23비트이다. (○ / ✕)

11 2진수 1010을 그레이코드로 변환하면 01010 된다. (○ / ✕)

12 그레이코드 0110을 2진수로 변환하면 01000이 된다. (○ / ✕)

01 AND 게이트는 두 입력이 모두 1일 때 출력이 1이 된다. (O / ✕)

02 NAND 게이트는 AND 게이트 1개와 NOT 게이트 1개로 구성할 수 있다. (O / ✕)

03 NOR 게이트 논리식 $Y = \overline{A+B}$ 는 $Y = \overline{A} + \overline{B}$ 로 표현 가능하다. (O / ✕)

04 XOR 게이트 논리식은 $Y = A \oplus B = \overline{A}B + A\overline{B}$ 이다. (O / ✕)

05 ·는 논리곱을, +는 논리합을 나타낸다. (O / ✕)

06 드모르간 법칙을 사용하여 $Y = \overline{A+B}$ 는 $Y = \overline{A} \cdot \overline{B}$ 로 표현할 수 있다. (O / ✕)

07 카르노 맵에서 셀을 묶을 때는 가로, 세로, 대각선으로 묶을 수 있다. (O / ✕)

08 2변수 일 때는 4개의 사각형을 만든다. (O / ✕)

09 논리식 중 $\overline{A}\overline{B}C$이 있을 때 카르노 맵에는 A=0, B=0, C=1인 자리에 1을 표시한다. (O / ✕)

10 어떤 입력에 대해 출력이 무엇이 되든지 상관없는 경우를 임의 상태라고 하며, 카르노 맵에서는 X로 표시한다. (O / ✕)

01 논리식은 곱의 합(Sum Of Products) 또는 합의 곱(Products Of Sum) 형태로 나타낼 수 있다. (O / ✕)

02 곱의 합 형태로 된 논리식 $Y = \overline{AB + B\overline{C}}$ 를 합의 곱 형태로 나타내면 $Y = (\overline{A} + \overline{B})(\overline{B} + C)$ 가 된다. (O / ✕)

03 반가산기 논리식은 $S = \overline{A}B + A\overline{B} = A \oplus B$, $C = AB$ 이다. (O / ✕)

04 반가산기는 1개의 XOR 게이트와 1개의 AND 게이트로 구성된다. (O / ✕)

05 전가산기는 2개의 반가산기와 1개의 OR 게이트로 구성된다. (O / ✕)

06 부호기는 인코더(encoder)라고도 하며, 2^n개를 입력받아 n개를 출력하는 논리회로이다. (○ / ×)

07 부호기는 2^n개의 입력 중 하나만 0이 되고, 나머지 입력은 모두 1이 된다. (○ / ×)

08 해독기는 디코더(decoder)라고도 하며, n개의 입력과 2^n개의 출력을 가진다. (○ / ×)

09 멀티플렉서는 2^n개의 입력과 하나의 출력 그리고 n개의 데이터 선택선을 가진다. (○ / ×)

10 8×1 멀티플렉서는 8개의 입력, 1개의 출력, 2개의 데이터 선택선을 가진다. (○ / ×)

11 디멀티플렉서는 분배기라고도 하며, 1개의 입력과 2^n개의 출력 그리고 n개의 데이터 선택선을 가진다. (○ / ×)

CHAPTER 04 순서논리회로

01 상승 에지는 클록 신호에서 0에서 1로 변하는 경계 지점이다. (○ / ×)

02 하강 에지 트리거 클록 회로는 클록 신호의 하강 에지에서 트리거를 발생시켜 플립플롭을 동작시킨다. (○ / ×)

03 플립플롭은 1비트 정보를 저장할 수 있는 기억 회로이다. (○ / ×)

04 정상 출력($\overline{Q}$)과 보수화된 출력(Q)을 가진다. (○ / ×)

05 RS 플립플롭에서 R=S=1일 때 출력은 금지이다. (○ / ×)

06 JK 플립플롭은 RS 플립플롭의 R=S=1일 때 문제점을 보완한 플립플롭이다. (○ / ×)

07 K 플립플롭에서 R=S=1일 때 출력은 현재 상태 유지이다. (○ / ×)

08 클록 신호에 의해 2진 데이터를 증감하는 순서논리회로를 계수기(카운터)라고 한다. (○ / ×)

09 이전 플립플롭의 출력을 다음 플립플롭의 클록으로 인가시켜 증가 또는 감소 계수기를 구현할 수 있다. (○ / ×)

10 동기식 계수기는 모든 플립플롭이 인가되는 클록 신호에 의해 동시에 변화된다. (○ / ×)

11 상태도를 참고하여 상태 천이 여기표를 작성할 수 있다. (○ / ×)

CHAPTER 01 정보의 표현

01 정답 ○

10진수 32를 2진수로 변환하면 001000000이 된다.

02 정답 ×

2진수 $1011.11_{(2)}$를 10진수로 변환하면 $10+2^{-1}+2^{-2}=11.75$이다.

03 정답 ○

8진수 $741_{(8)}$의 한 자리 숫자를 2진수 3개 비트씩 구성하면 111100001 이다.

04 정답 ○

16진수를 8진수로 변환하기 위해 먼저 $AE_{(16)}$를 2진수로 변환하면 101011100이다. 다시 8진수로 변환하기 위해 3비트씩 묶으면 $256_{(8)}$이 된다.

05 정답 ○

부호-크기 방식에서 가장 왼쪽 비트는 부호를 나타낸다. 0이면 양수, 1이면 음수를 나타낸다.

06 정답 ○

1의 보수는 각 비트에서 0 → 1, 1 → 0으로 변환한다.

07 정답 ○

2의 보수는 1의 보수에서 1을 더하면 된다.

08 정답 ○

−24의 2의 보수는 먼저 24를 진수로 표현하면 000110000이 된다. 이에 2의 보수를 취하면 111010000이 된다.

09 정답 ×

1byte는 8bit이다.

10 정답 ○

단정도 부동소수점에서 부호는 1비트, 지수는 8비트, 가수는 23비트이다.

11 정답 ×

2진수 1010을 그레이코드로 변환하면 11110이 된다.

12 정답 ○

그레이코드 0110을 2진수로 변환하면 01000이 된다.

CHAPTER 02 논리회로 기초

01 정답 ○

AND 게이트는 두 입력이 모두 1일 때만 출력이 1이 되고, 입력에 하나라도 0이 있을 경우 출력은 0이 된다.

02 정답 ○

NAND 게이트는 AND 게이트에 NOT 게이트가 연결된 형태이다.

03 정답 ×

드모르간 법칙을 적용했을 때 $Y=\overline{A+B}$는 $Y=\overline{A} \cdot \overline{B}$로 표현할 수 있다.

04 정답 ○

XOR 게이트 논리식은 $Y=A \oplus B=\overline{A}B+A\overline{B}$이다.

05 정답 ○

· 는 논리곱으로 AND 연산을 의미하고, +는 논리합으로 OR 연산을 의미한다.

06 정답 ○

$Y=\overline{A+B}$는 $Y=\overline{A} \cdot \overline{B}$로 표현할 수 있다.

07 정답 ×

카르노 맵에서 셀을 묶을 때는 가로, 세로로 묶을 수 있다.

08 정답 ○

카르노 맵에서 사격형의 개수는 $2^{변수}$이다. 따라서, 2변수일 때는 4개, 3변수일 때 8개, 4변수일 때 16개의 사각형을 만든다.

09 정답 ○

논리식에서 변수에 부정(−)가 있을 경우 0이고, 없을 경우 1로 처리한다. A, B에는 부정이 있기 때문에 0, 0이 되고 C는 1이 된다.

10 정답 ○

임의 상태는 카르노 맵에서 X로 처리한다.

CHAPTER 03 조합논리회로

01 정답 ○

논리식은 곱의 합 또는 합의 곱으로 나타낸다.

02 정답 ○

논리식 $Y=AB+BC$를 합의 곱 형태로 나타낼 때는 전체 부정(−)을 각 변수에 적용한다. 변수에는 부정을 취하고 · 은 +로, +는 · 로 변경한다. 결과는 $Y=(\overline{A}+\overline{B})(\overline{B}+C)$가 된다.

03 정답 ○

반가산기는 XOR 게이트와 AND 게이트로 구성된다.

04 정답 ×

반가산기는 1개의 XOR 게이트와 1개의 OR 게이트로 구성된다.

05 정답 ○

전가산기는 2개의 반가산기와 1개의 OR 게이트로 구성된다.

06 정답 ○

부호기는 2^n개를 입력받아 n개를 출력하는 논리회로로, 인코더라고도 한다.

07 정답 ×

부호기의 입력 중 1은 하나이고, 나머지는 0이다.

08 정답 ○

해독기는 n개의 입력과 2^n개의 출력을 가지는 논리회로로, 디코더라고도 한다.

CHAPTER 04 순서논리회로

01 정답 ○

상승 에지는 클록 신호에서 0에서 1로 변하는 경계 지점이고, 하강 에지는 1에서 0으로 변하는 경계 지점이다.

02 정답 ○

하강 에지 트리거 클록 회로는 하강 에지가 발생했을 때 플립플롭을 동작시킨다.

03 정답 ○

플립플롭은 1비트를 저장하는 회로이다

04 정답 ×

플립플롭은 정상 출력(Q)과 보수화된 출력($\overline{Q}$)을 가진다.

05 정답 ○

RS 플립플롭에서 R=S=1일 때는 사용하지 않는다.

06 정답 ○

RS 플립플롭에서 R=S=1일 때 사용하지 않는 문제점을 보완한 플립플롭이 JK 플립플롭이다.

09 정답 ○

멀티플렉서는 데이터 선택기라도고 하며, 2^n개의 입력과 하나의 출력 그리고 n개의 데이터 선택선을 가진다.

10 정답 ×

8×1 멀티플렉서는 8개의 입력, 1개의 출력, 3개의 데이터 선택선을 가진다.

11 정답 ○

1×4 디멀티플렉서는 1개의 입력과 4개의 출력 그리고 2개의 데이터 선택으로 구성된다.

07 정답 ×

JK 플립플롭에서 R=S=1일 때 출력은 현재 상태의 반전이다.

08 정답 ○

클록 신호에 의해 2진 데이터를 증가 또는 감소시키는 순서논리회로를 계수기(카운터)라고 한다.

09 정답 ○

비동기식 계수기는 이전 플립플롭의 출력을 다음 플립플롭의 클록으로 인가시킨다.

10 정답 ○

동기식 계수기는 비동기식 계수기와는 달리 모든 플립플롭이 클록 신호에 의해 동시에 변화한다.

11 정답 ○

상태 천이 여기표는 상태도를 참고하여 작성된다.

PART 02

확인학습문제

PART 02 디지털 논리회로

CHAPTER 01 정보의 표현

★★☆

01 8진수 $(56.13)_{(8)}$ 을 16진수로 변환한 값은?

14 국가직 9급

① $(2E.0B)_{(16)}$

② $(2E.2C)_{(16)}$

③ $(B2.0B)_{(16)}$

④ $(B2.2C)_{(16)}$

해설 난도 중

정답의 이유

8진수 56.13을 16진수로 변환하기 위해 먼저 2진수로 변환한다. 2진수 3비트로 각 자리의 숫자를 표현하면 101110.001011$_{(2)}$ 가 된다. 2진수를 16진수로 변환하기 위해 4비트씩 묶어 표현하면 2E.2C$_{(16)}$ 가 된다.

★★☆

02 16진수로 표현된 $B9E_{(16)}$ 를 2진수로 표현하면 다음 중 무엇인가?

16 서울시 9급

① 1100 0101 1101

② 0101 0101 1001

③ 1011 1001 1110

④ 1110 0101 1101

해설 난도 중

정답의 이유

16진수 각 자리의 숫자를 2진수 네 자리로 만들면 다음과 같다.

B(=11) : 1011, 9 : 1001, E(=14) : 1110이므로 1011 1001 1110이 된다.

★ ★ ★

03 다음 중 값이 나머지 셋과 다른 것은?

15 서울시 9급

① 10진수 436.625

② 8진수 $(664.5)_{(8)}$

③ 16진수 $(1B4.C)_{(16)}$

④ 10진수 0.436625×10^3

해설 난도 중

정답의 이유

16진수 1B4.C를 10진수로 변환하면

$1 \times 16^2 + 11 \times 16^1 + 4 \times 16^0 + 12 \times 16^{-1} = 512 + 176 + 4 + 0.75 = 692.75$

② 8진수 664.5를 10진수로 변환하면

$\quad 6 \times 8^2 + 6 \times 8^1 + 4 \times 8^0 + 5 \times 8^{-1} = 384 + 48 + 4 + 0.625 = 436.625$

④ 0.436625에 10^3을 곱하면 소수점을 오른쪽으로 3칸 움직이면 되므로 436.625가 된다.

★ ★ ☆

04 다음 2진수 산술 연산의 결과와 값이 다른 것은? (단, 두 2진수는 양수이며, 연산 결과 오버플로(overflow)는 발생하지 않는다고 가정한다)

11 국가직 9급

10101110+11100011

① 2진수 110010001

② 8진수 421

③ 10진수 401

④ 16진수 191

해설 난도 중

정답의 이유

두 2진수를 더하면 1100100010이 된다. 2진수 결과를 다른 진수로 변환하면 다음과 같다.

② 8진수로 변환하기 위해 3자리씩 묶으면 $621_{(8)}$이 된다.

오답의 이유

③ 10진수로 변환하기 위해 1이 있는 각 자릿수를 더하면 다음과 같다.

자릿수	2^8	2^7	2^6	2^5	2^4	2^3	2^2	2^1	$2^0 = 1$
2진수	1	1	0	0	1	0	0	0	1

$\quad 2^8 + 2^7 + 2^4 + 2^0 = 256 + 128 + 16 + 1 = 401$

④ 16진수로 변환하기 위해 4자리씩 묶으면 $191_{(16)}$이 된다.

★★☆

05 10진수 −20을 2의 보수 형식의 8비트 2진수로 나타낸 것은? 16 지방직 9급

① 10010100

② 11101011

③ 11101100

④ 11110100

해설 난도 중

정답의 이유

−20을 2의 보수 형식으로 표현하기 위해 20을 8비트로 표현하면 00010100이 된다. 이 결과 값에 2의 보수를 취하면 11101100이 된다.

★★☆

06 음수를 2의 보수로 표현할 때, 십진수 −66을 8비트 이진수로 변환한 값은? 15 지방직 9급

① $10111101_{(2)}$

② $10111110_{(2)}$

③ $11000010_{(2)}$

④ $01000001_{(2)}$

해설 난도 중

정답의 이유

−66을 2의 보수 형식으로 표현하기 위해 66을 8비트로 표현하면 $01000010_{(2)}$이 된다. 이 결과 값에 2의 보수를 취하면 $10111110_{(2)}$이 된다.

★★☆

07 음수 표현을 위해 2의 보수를 사용하는 경우 다음 4비트 덧셈의 결과를 10진수 값으로 표현한 것은? 14 지방직 9급

$$0011_{(2)} + 1100_{(2)}$$

① 0

② −7

③ 15

④ −1

해설 난도 중

정답의 이유

4비트를 더하면 $1111_{(2)}$이 된다. 부호 비트가 1이므로 결과 값은 음수이고 2의 보수를 취하면 0001이 되므로 정답은 −1이 된다.

★★☆

08 다음은 부호가 없는 4비트 이진수의 뺄셈이다. ㉠에 들어갈 이진수의 2의 보수는? 12 국가직 9급

$$1101_{(2)} - (\ \ ㉠\ \ ) = 0111_{(2)}$$

① $0101_{(2)}$ ② $0110_{(2)}$

③ $1010_{(2)}$ ④ $1011_{(2)}$

해설 난도 중

정답의 이유

$1101_{(2)} - 0111_{(2)} = 0110_{(2)}$ 이 되고, 결과 값에 대해 2의 보수를 취하면 $1010_{(2)}$ 가 된다.

★★☆

09 CPU의 연산을 처리하기 위한 데이터의 기본 단위로서 CPU가 한 번에 처리할 수 있는 데이터 크기를 나타내는 것은? 14 지방직 9급

① 워드(word) ② 바이트(byte)

③ 비트(bit) ④ 니블(nibble)

해설 난도 하

정답의 이유

CPU의 연산을 처리하기 위한 데이터의 기본 단위는 워드(word)이다.

오답의 이유

② 8비트 단위를 의미한다.
③ 정보를 나타내는 가장 기본적인 단위이다.
④ 4비트 단위를 의미한다.

★★☆

10 2진 부동소수점 수를 표현하기 위한 표준 형식의 요소가 아닌 것은? 16 지방직 9급

① 지수(exponent) ② 가수(fraction 또는 mantissa)

③ 기수(base) ④ 부호(sign)

해설 난도 하

정답의 이유

2진 부동소수점 수를 표현하기 위한 요소는 부호, 지수, 가수이다.

★★☆

11 부동소수점(floating-point) 방식으로 표현된 두 실수의 덧셈을 수행하고자 할 때, 수행순서를 올바르게 나열한 것은?

12 국가직 9급

> ㄱ. 정규화를 수행한다.
> ㄴ. 두 수의 가수를 더한다.
> ㄷ. 큰 지수에 맞춰 두 수의 지수가 같도록 조정한다.

① ㄱ → ㄴ → ㄷ   ② ㄱ → ㄷ → ㄴ

③ ㄷ → ㄱ → ㄴ   ④ ㄷ → ㄴ → ㄱ

해설 난도 중

정답의 이유

부동소수점 방식으로 표현된 두 실수의 덧셈을 수행할 때 먼저 큰 지수에 맞춰 두 수의 지수가 같도록 조정한 후 두 수의 가수를 더한다. 마지막으로 정규화를 수행한다.

★★☆

12 컴퓨터 내부에서 실수 데이터를 표현하는 데 사용되는 표준 부동소수점 데이터 형식(IEEE 754)에 대한 설명으로 옳은 것을 모두 고른 것은?

11 지방직 9급

> ㄱ. 단일 정밀도는 64비트로 표현한다.
> ㄴ. 0은 특별한 값으로 별도 정의한다.
> ㄷ. 지수 값을 나타낼 때 바이어스된 표현 방식을 사용한다.
> ㄹ. 단일 정밀도에서 지수는 11비트로 나타낸다.

① ㄱ, ㄴ   ② ㄱ, ㄷ

③ ㄴ, ㄷ   ④ ㄴ, ㄹ

해설 난도 중

정답의 이유

ㄴ. 표준 형식으로 직접적인 0 표현이 불가능하므로 특별히 0은 지수와 가수 모두 0으로 나타낸다.

ㄷ. 지수를 표현하기 위해 바이어스를 사용한다.

오답의 이유

ㄱ. 단일 정밀도는 32비트로 표현한다.

ㄹ. 단일 정밀도에서 지수는 8비트로 나타낸다.

★★☆

01 다음 두 이진수에 대한 NAND 비트 연산 결과는?

13 국가직 9급

$$10111000_{(2)} \text{ NAND } 00110011_{(2)}$$

① $00110000_{(2)}$　　　　　　　② $10111011_{(2)}$

③ $11001111_{(2)}$　　　　　　　④ $01000100_{(2)}$

해설 난도 하

정답의 이유

NAND 연산은 입력이 모두 1일 때 출력이 0이 되고, 입력 중 하나라도 0이 있으면 출력은 1이 된다. 두 이진수에 NAND 연산을 하면 $11001111_{(2)}$이 된다.

★★★

02 나머지 셋과 다른 부울 함수를 표현하는 것은?

16 국가직 9급

① $F = A + A'B$

② $F = A(A+B)$

③ $F = AB' + A$

④ $F = (A+B)(A+B')$

해설 난도 중

정답의 이유

① $F = A + A'B$
   $= (A+A')(A+B) = A+B$

오답의 이유

② $F = A(A+B) = AA + AB$
   $= A + AB = A(1+B) = A$

③ $F = AB' + A = A(B'+1)$
   $= A$

④ $F = (A+B)(A+B') = AA + AB' + AB + BB'$
   $= A + AB' + AB = A(1+B') + AB = A + AB$
   $= A(1+B) = A$

03 단일 종류의 논리 게이트(gate)만을 사용하더라도 모든 조합논리 회로를 구현할 수 있는 게이트로 옳은 것은?

16 국가직 9급

① AND 게이트   ② OR 게이트

③ NOR 게이트   ④ 인버터(inverter)

해설 난도 중
정답의 이유
NOR 게이트로 AND, OR, NOT 게이트 등을 구현할 수 있기 때문에 모든 조합논리 회로를 구현할 수 있다.

★★★

04 다음 논리회로의 부울식으로 옳은 것은?

15 지방직 9급

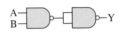

① $Y = AB$ ② $Y = (AB)'$

③ $Y = A'B$ ④ $Y = AB + (AB)'$

해설 난도 중
정답의 이유
왼쪽 AND 게이트의 출력은 $\overline{AB}$이고 다시 오른쪽 AND 게이트의 입력으로 들어가면 출력 Y의 논리식은 다음과 같다.
$$Y = \overline{\overline{AB} \cdot \overline{AB}} = AB + AB = AB$$

★★★

05 다음 부울 함수식 F를 간략화한 결과로 옳은 것은?

11 국가직 9급

$$F = ABC + ABC' + AB'C + AB'C' + A'B'C + A'B'C'$$

① $F = A' + B$ ② $F = A + B'$

③ $F = A'B$ ④ $F = AB'$

해설 난도 중
정답의 이유
보기의 논리식을 카르노 맵으로 구성하면 다음과 같다.

A \ BC	00	01	11	10
0	1	1		
1	1	1	1	1

위 표와 같이 인접한 1을 묶을 수 있다. 간소화된 논리식 $F = A + B'$가 된다.

★★★

06 다음 부울 함수식 F를 간략화한 결과로 옳은 것은?

$$F = ABC + AB'C + A'B'C$$

① $F = AC + B'C$

② $F = AC + BC'$

③ $F = A'B + B'C$

④ $F = A'C + BC$

해설 난도 중

정답의 이유

논리식을 카르노 맵에 적용하면 다음과 같다.

A \ BC	00	01	11	10
0		1		
1		1	1	

간소화된 논리식은 $F = AC + B'C$이다.

★★★

07 다음의 부울함수와 같은 논리식이 아닌 것은?

$$F(x, y z) = \sum m(1, 3, 4, 5, 6)$$

① $\overline{x}\,\overline{y}z + \overline{x}yz + x\overline{y}\,\overline{z} + x\overline{y}z + xy\overline{z}$

② $(x + y + z)(x + \overline{y} + z)\ \overline{x} + \overline{y} + \overline{z}$

③ $\overline{x}z + x\overline{z} + xy$

④ $\overline{x}z + x\overline{z} + \overline{y}z$

해설 난도 상

정답의 이유

표시 기호를 카르노 맵에 적용하면 다음과 같다.

x \ yz	00	01	11	10
0		1	1	
1	1	1		1

③

x \ yz	00	01	11	10
0		1	1	
1	1	1		1

왼쪽과 같이 1을 묶으면 $\overline{x}z + x\overline{z} + xy$가 된다.

① 카르노 맵에 적용된 1을 하나씩 논리식으로 표현한 결과이다.
② 카르노 맵에서 1이 아닌 공간을 합의 곱으로 표현한 결과이다.

④

x \ yz	00	01	11	10
0		1	1	
1	1	1		1

왼쪽과 같이 1을 묶으면 $\overline{x}z + x\overline{z} + \overline{y}z$가 된다.

★★★

08 논리함수 $F(A, B, C, D) = A'D + BC' + AB'D'$에 대한 카르노 맵(Karnaugh map)은 다음과 같다. ㉠ ~ ㉢에 순서대로 들어갈 논리값은?

11 지방직 9급

AB \ CD	00	01	11	10
00	0	1	1	0
01	1	1	1	0
11	1	1	0	0
10	1	(㉠)	(㉡)	(㉢)

	㉠	㉡	㉢
①	0	0	1
②	0	1	0
③	1	0	1
④	1	1	1

해설 난도 중

정답의 이유

㉠, ㉡, ㉢은 A가 1, B가 0인 자리이므로 논리식에 AB'가 포함된 논리식만 고려하면 AB'D'에 해당한다. 변수 C를 고려하여 1, 0으로 나타내면 1000, 1010이 된다. 따라서 ㉠, ㉡의 값은 0이고 ㉢은 1이 된다.

★★★

09 다음 식은 최적화 된 곱의 합 형태이다. 카르노 맵(Karnaugh Map)을 이용하였을 때, 맵에 표시된 함수로 올바른 것은?

14 서울시 9급

$$F(A, B, C, D) = \overline{A}\,\overline{C} + ABD + A\overline{B}C + \overline{A}\,\overline{B}\overline{D}$$

① $F(A, B, C, D) = \sum m(0, 1, 3, 4, 5, 9, 10, 14, 15)$

② $F(A, B, C, D) = \sum m(0, 1, 3, 4, 5, 10, 11, 13, 14)$

③ $F(A, B, C, D) = \sum m(0, 1, 2, 4, 5, 9, 11, 14, 15)$

④ $F(A, B, C, D) = \sum m(0, 1, 2, 4, 5, 10, 11, 13, 15)$

⑤ $F(A, B, C, D) = \sum m(0, 1, 4, 5, 6, 10, 11, 12, 15)$

해설 난도 중

정답의 이유

카르노 맵에 적용하기 위해 각 항에 없는 변수의 상태를 고려하여 작성하면 다음과 같다.
$\overline{A}\,\overline{C}$ –0000, 0001, 0100, 0101, ABD –1101, 1101, $A\overline{B}C$ –1010, 1011, $\overline{A}\,\overline{B}\overline{D}$ – 0000, 00100이다. 각 변수의 상태를 아래 카르노 맵에 적용하면 $\sum m(0, 1, 4, 5, 6, 10, 11, 12, 15)$가 된다.

AB \ CD	00	01	11	10
00	m_0	m_1	m_3	m_2
01	m_4	m_5	m_7	m_6
11	m_{12}	m_{13}	m_{15}	m_{14}
10	m_8	m_9	m_{11}	m_{10}

★★★

10 이진 변수 A, B, C, D, E에 대하여 보기의 논리식으로 간략화될 수 있는 논리식은? (단, 변수 사이의 논리곱 기호는 생략한다)

10 국가직 9급

$$A' + C'D$$

① $A' + B'D + AC'D$
③ $(AB)' + B + C'D$

② $A'BCD' + A'B'CD + A'BC'D$
④ $A'BE + A'B' + C'D + A'BE'$

해설 난도 상

정답의 이유

불대수를 적용하여 논리식 $A'BE + A'B' + C'D + A'BE' = A'B(E + E') + A'B' + C'D = A'(B + B') + C'D = A' + C'D$가 된다.

오답의 이유

① $A' + D(B' + AC')$
② $A'B(CD' + C'D) + A'B'CD$
③ $(AB)' + B + C'D = A' + B' + B + C'D = A' + 1 + C'D = 1 + C'D = 1$

★★☆

01 다음 논리회로에서 A=1010, B=0010일 때, S에 출력되는 값은?

16 서울시 9급

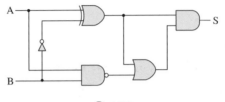

① 1011

② 1101

③ 0111

④ 1110

해설 난도 중

정답의 이유

S는 AND 게이트의 출력이고 AND 게이트의 입력은 XOR 게이트와 OR 게이트의 출력이다.

만약 XOR 게이트의 출력이 0이면 OR 게이트의 출력에 관계없이 AND 게이트의 출력이 0이 되고 XOR 게이트의 출력이 1이면 OR 게이트의 출력이 1이 되므로 AND 게이트의 출력이 1이 된다. 즉, XOR 게이트의 출력에 따라 AND 게이트의 출력이 정해진다. XOR 게이트 입력 중 B는 NOT 게이트가 있으므로 입력이 반전된다. XOR 게이트는 1의 개수가 홀수일 때 1이 출력되고, 짝수일 때 0이 출력된다. 즉, 입력되는 두 수가 같으면 B에서 반전이 되어 XOR 게이트로 입력되므로 출력 결과는 1이 된다. 정리하면 입력되는 두 수가 같으면 XOR 게이트의 출력은 1이 되고, 다르면 XOR 게이트의 출력은 0이 된다. 따라서 정답은 0111이 된다.

★★☆

02 다음 논리회로의 부울식으로 옳은 것은?

15 국가직 9급

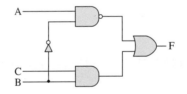

① $F = AC' + BC$

② $F(A, B, C) = \sum m(0, 1, 2, 3, 6, 7)$

③ $F = (AC')'$

④ $F = (A' + B' + C)(A + B' + C')$

해설 난도 상

정답의 이유

논리회로에 대한 출력 F의 논리식을 작성하면

$F = (AC')' + BC = A' + C + BC = A' + C(1 + B) = A' + C$ 이다.

③ $F = (AC')' = A' + C$

오답의 이유

② 카르노 맵에 1을 적용하여 간소화하면 다음과 같다.

A \ BC	00	01	11	10
0	1	1	1	1
1			1	1

$F = A' + AB$

④ $F = (A' + B' + C)(A + B' + C')$

$= A'A + A'B' + A'C' + AB' + B'B' + B'C' + AC + B'C + CC' = A'B' + A'C' + AB' + B'C' + AC + B'C = B'(A' + A) + A'C' + AC$
$+ B'(C' + C) = B' + A'C' + AC + B' = B' + A'C' + AC$

★ ★ ★

03 다음 논리회로도에서 출력 F의 결과는?

10 지방직 9급

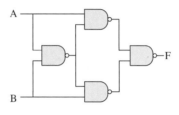

① A + B

② A · B

③ A ⊕ B

④ A · B′

해설 난도 상

정답의 이유

회로도에 대한 논리식 $F = \overline{(A \cdot \overline{AB})} \cdot \overline{(B \cdot \overline{AB})}$ 이다. 이중 부정의 경우 원래의 상태를 유지하므로 다시 논리식을 세우면
$F = (A \cdot \overline{AB}) + (B \cdot \overline{AB}) = A \cdot (\overline{A} + \overline{B}) + B \cdot (\overline{A} + \overline{B}) = A\overline{A} + A\overline{B} + \overline{A}B + B\overline{B} = A\overline{B} + \overline{A}B = A \oplus B$ 이다.

04 전가산기(Full Adder)의 구성은?

① 반가산기 2개, OR 게이트 1개

② 반가산기 2개, OR 게이트 2개

③ 반가산기 2개, AND 게이트 1개

④ 반가산기 2개, AND 게이트 2개

해설 난도 중

정답의 이유

전가산기는 반가산기 2개와 OR 게이트 1개로 구성된다.

> **더 알아보기**
>
> **전가산기**
>
> 반가산기는 XOR 게이트 1개와 AND 게이트 1개로 구성된다.
>
>
> | 전가산기 회로도 |

05 다음 회로도에 아래 표와 같은 입력 신호 값이 주어졌을 때 출력 신호 값으로 옳은 것은?

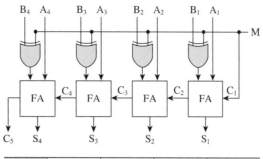

A	A_4	A_3	A_2	A_1
	1	1	0	0
B	B_4	B_3	B_2	B_1
	1	0	0	1
M	1			

①

C_5	S_4	S_3	S_2	S_1
0	0	1	0	1

②

C_5	S_4	S_3	S_2	S_1
1	0	0	1	1

③

C_5	S_4	S_3	S_2	S_1
1	0	1	0	1

④

C_5	S_4	S_3	S_2	S_1
0	0	0	1	1

해설 난도 중

정답의 이유

가장 오른쪽 첫 번째 전가산기 입력을 먼저 살펴보면 B_1과 M이 1이므로 XOR 출력은 0이 된다. A_1의 값은 0이고 M의 값은 1이므로 C_1의 값도 1이 된다. 따라서 첫 번째 전가산기 입력은 0, 0, 1이 되므로 결과 S_1=1, C_2＝0이 된다. 두 번째 전가산기 입력으로 B_2가 0이고 M이 1이므로 XOR 출력은 1이 된다. A_2와 C_2가 0이므로 두 번째 전가산기 입력은 1, 0, 0이 되고, 출력 S_2=1, C_3＝0이 된다. 세 번째 전가산기 입력으로 B_3가 0이고 M이 1이므로 XOR 출력은 1이 된다. A_3은 1이고 C_3는 0이므로 세 번째 전가산기 입력은 1, 1, 0이 되고, 출력 S_3=0, C_4＝1이 된다. 네 번째 전가산기 입력으로 B_4가 1이고 M이 1이므로 XOR 출력은 0이 된다. A_4와 C_4가 1이므로 네 번째 전가산기 입력은 0, 1, 1이 되고, 출력 S_4=0, C_5＝1이 된다.

06 음수를 표현하기 위해 2의 보수를 사용한다고 가정할 때, 다음 회로에서 입력 M의 값이 1일 때 수행하는 동작은?
(단, A=$A_3A_2A_1A_0$의 4비트, B=$B_3B_2B_1B_0$의 4비트, A_3와 B_3는 부호 비트이며, FA는 전가산기를 나타낸다)

10 국가직 9급

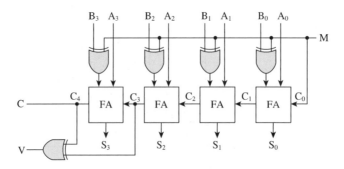

① A − B

② A + B + 1

③ A + B

④ B − A

해설 난도 중

정답의 이유

M이 1이므로 XOR의 출력은 B 값의 반전이 나온다. 즉, B가 0이면 XOR 출력으로 1이 나오고, B가 1이면 XOR 출력으로 0이 나온다. A=1010, B=0110이라고 가정하고 C_n, S_n 의 결과 값은 다음과 같다.

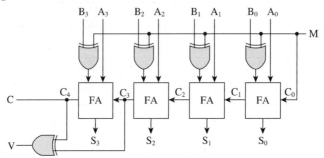

A=1010, B=0110일 때 출력이 0100이 나오는 연산은 A−B이다.

★☆☆

01 다음 중 SR 플립플롭의 부정 상태가 출력으로 나타나지 않도록 개량하여 부정 상태 없이 불변, 0, 1, 토글의 4가지 출력을 가지는 플립플롭은?

19 전자계산기

① D 플립플롭

② T 플립플롭

③ H 플립플롭

④ JK 플립플롭

해설 난도 하

정답의 이유

SR 플립플롭은 S, R의 값이 1일 때 부정이 발생한다. 이와 같은 단점을 보완하기 위한 것이 JK 플립플롭으로 J, K의 값이 1일 때 토글(반전)이 일어난다.

더 알아보기

플립플롭 진리표

S	R	$Q(t+1)$
0	0	$Q(t)$
0	1	0
1	0	1
1	1	금지

| R-S 플립플롭 |

J	K	$Q(t+1)$
0	0	$Q(t)$
0	1	0
1	0	1
1	1	$\overline{Q}(t)$

| J-K 플립플롭 |

D	$Q(t+1)$
0	0
1	1

| D 플립플롭 |

T	$Q(t+1)$
0	$Q(t)$
1	$\overline{Q}(t)$

| T 플립플롭 |

★★★

02 다음 COUNTER는 연속된 Count pulse에 의해 어떠한 상태 변화를 나타내는가? (단, 초기상태 ABC=000 가정)

18 전자계산기

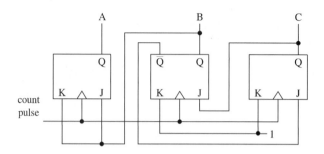

① 000 → 010 → 100 → 101 → 110 → 001 → 000

② 000 → 001 → 010 → 100 → 101 → 110 → 000

③ 000 → 100 → 101 → 110 → 001 → 010 → 000

④ 000 → 101 → 110 → 001 → 010 → 100 → 000

해설 난도 상

정답의 이유

플립플롭으로 구성된 회로를 살펴보면 A 플립플롭의 J, K 값은 Q_B 출력 값이 입력된다. B 플립플롭의 J 값은 Q_C 출력 값이 입력되고 K 값은 1이다. C 플립플롭의 J 값은 $\overline{Q_B}$ 출력 값이 입력되고 K 값은 1이다. 초기 상태 000에 대해 각 플립플롭의 J, K 값과 출력 Q에 대해 진리표를 작성하면 다음과 같다.

순서	J_A	K_A	J_B	K_B	J_C	K_C	Q_A	Q_B	Q_C
1	0	0	0	1	1	1	0	0	1
2	0	0	1	1	1	1	0	1	0
3	1	1	0	1	0	1	1	0	0
4	0	0	0	1	1	1	1	0	0
5	0	0	0	1	1	1	1	0	1
6	0	0	1	1	1	1	1	1	0
7	1	1	0	1	0	1	0	0	0

순서 1에 대한 진리표를 설명하면 초기 상태가 $Q_A Q_B Q_C$(000)이므로 Q_B의 값 0이 J_A, K_A로 입력되므로 0, 0이 된다. J_A, K_A의 값이 0이므로 출력은 이전 상태 0의 불변이므로 Q_A는 0이 된다. Q_C의 0이므로 J_B의 값은 0이 되고 K_B의 값은 1이므로 출력 Q_B는 0이 된다. $\overline{Q_B}$의 값은 1이므로 J_C는 1이 되고 K_C의 값은 1이다. 따라서 출력 Q_C는 이전 출력의 반전이 되므로 1이 된다. 이와 같은 방법으로 출력을 나열하면 000 → 001 → 010 → 100 → 101 → 110 → 0000이 된다.

PART

3 운영체제

CHAPTER 01

운영체제 개요

중요 학습내용

1. 운영체제의 개념과 시스템의 종류에 대해 알 수 있다.
2. 커널과 인터페이스의 개념과 기능에 대해 알 수 있다.
3. 운영체제의 종류와 특징에 대해 알 수 있다.

01 운영체제 소개

1 운영체제의 이해

1. 운영체제 정의

운영체제는 사용자에게 편리한 인터페이스를 제공하고, 컴퓨터 자원을 효율적으로 관리하는 소프트웨어이다.

2. 운영체제 역할

(1) 자원 관리

컴퓨터 자원을 응용 프로그램에게 적절하게 분배하여 사용자가 원활하게 작업할 수 있도록 도움을 제공한다.

(2) 자원 보호

비정상적인 작업으로부터 컴퓨터 자원을 보호하는 역할을 수행한다.

(3) 하드웨어 인터페이스 제공

운영체제는 CPU, 메모리, 키보드 등과 같은 다양한 장치를 사용할 수 있도록 해주는 인터페이스를 제공한다.

(4) 사용자 인터페이스 제공

사용자가 운영체제를 편리하게 사용할 수 있도록 지원한다. 현재는 그래픽 사용자 인터페이스(Graphic User Interface)를 제공하기 때문에 손쉽게 작업을 수행할 수 있다.

02 운영체제 역사

1 시스템 종류★★☆

(1) 일괄 처리 시스템

모든 작업을 한꺼번에 처리하고 프로그램 실행 중간에 사용자가 데이터를 입력하거나 수정하는 것이 불가능한 시스템이다.

(2) 대화형 시스템

프로그램이 진행되는 도중에 사용자로부터 입력을 받을 수 있고 입력 값에 따라 작업의 흐름을 바꾸는 것도 가능한 시스템이다.

(3) 다중프로그래밍 시스템

메모리에 여러 개의 프로그램을 적재시켜 동시에 프로그램이 실행되는 것처럼 처리하는 시스템이다.

(4) 시분할시스템

여러 사용자나 프로그램에 일정한 시간을 차례로 할당하여 CPU를 사용하도록 하는 시스템이다.

(5) 분산 처리 시스템

네트워크상에 분산되어 있는 여러 컴퓨터로 작업을 처리하고 결과를 상호 교환할 수 있도록 구성한 시스템이다.

(6) 실시간 처리 시스템

컴퓨터에서 수신한 데이터를 즉시 처리하여 결과를 출력하는 시스템이다.

＋PLUS 참고 임베디드 시스템

MP3, 내비게이션, PMP 등 CPU 성능이 낮고 메모리 크기도 작은 하드웨어와 소프트웨어로구현된 전자 제어 시스템이다.
- 다른 시스템에 독립적으로 기능을 수행한다.
- 하드웨어와 소프트웨어가 조합된 형태이므로 변경이 어렵다.
- 사용자와 상호작용이 가능하다.

＋PLUS 참고 기업관리 시스템★☆☆

- ERP(Enterprise Resource Planning) : 기업에서 사용되는 모든 인적 및 물적 자원을 효율적으로 관리하기 위한 시스템이다.
- CRM(Customer relationship management) : 고객의 요구와 정보를 DB로 구축하고 이를 분석하여 고객을 관리하는 시스템이다.
- SCM(Supply Chain Management) : 기업에서 생산, 유통 등 각 공급 사슬 단계를 최적화하기 위한 시스템이다.
- EAI(Enterprise Application Integration) : 각종 데이터를 비즈니스 프로세서를 중심으로 상호 연동되도록 통합하여 조정하기 위한 시스템이다.

- MIS(Management Information System) : 기업의 정보를 수집, 저장, 검색, 처리하여 의사 결정과정에 반영함으로써 기업의 목표를 효율적으로 달성하도록 조직된 시스템이다.
- BPR(Business Process Reengineering) : 반복적이고 불필요한 과정들을 제거하기 위해 업무상의 여러 단계들을 통합하여 단순화하여 재설계하는 시스템이다.
- KMS(Knowledge Management System) : 조직 내의 인적 자원들이 축적한 지식들을 체계화하고 공유하여 기업 경쟁력을 향상시키기 위한 기업정보 시스템이다.
- EDI(Electronic Data Interchange) : 독립된 조직 간에 정형화된 문서를 표준화된 자료 표현 양식에 준하여 전자적 통신매체를 이용해 교환하는 방식이다.

03 운영체제 구조

1 운영체제 구분

1. 커널과 인터페이스

(1) 커널

커널은 프로세스 관리, 메모리 관리, 파일 시스템 관리, 입·출력 관리, 프로세스 간 통신 관리와 같은 운영체제의 핵심 기능들을 모아놓은 것이다.

| 커널의 기능 |

기능	설명
프로세스 관리	프로세스에 CPU를 할당하고 작업에 필요한 환경을 제공한다.
메모리 관리	프로세스에 작업 공간을 할당하고 가상공간을 제공한다.
파일 시스템 관리	데이터를 저장하고 접근할 수 있는 환경을 제공한다.
입·출력 관리	필요한 입·출력 서비스를 제공한다.
프로세스 간 통신 관리	공동 작업을 위해 프로세스 간 통신 환경을 지원한다.

(2) 인터페이스

사용자와 응용 프로그램에 인접하여 커널에 명령을 전달하고 실행 결과를 사용자와 응용 프로그램에게 전달하는 역할을 수행한다.

PLUS 참고 드라이버

드라이버는 운영체제와 하드웨어 사이의 인터페이스를 의미한다.
커널이 실행될 때 함께 실행되는 하드웨어의 특성을 반영한 소프트웨어를 디바이스 드라이버라고 부른다. 마우스, 키보드와 같이 복잡하지 않은 디바이스 드라이버는 커널에 포함되어 있어 컴퓨터에 꽂으면 바로 작동이 되고 그래픽 카드, 프린터와 같이 복잡한 디바이스 드라이버는 사용자가 직접 설치해야 한다.

2. 가상머신

가상머신은 운영체제와 응용 프로그램 사이에서 작동하는 프로그램이다.

(1) 가상머신을 설치하면 응용 프로그램을 여러 운영체제에서도 똑같이 실행할 수 있다.

(2) 하나의 컴퓨터에서 두 운영체제를 사용하고 싶을 때 가상머신을 설치하여 사용할 수 있다.

(3) 가상머신은 사용자에게 다른 가상머신의 동작에 간섭을 주지 않는 실행환경을 제공한다.

(4) 가상머신을 사용하면 호환성은 높아지지만 응용 프로그램은 가상머신을 통해 실행되므로 속도가 느리다는 단점이 있다.

04 운영체제 종류

1 유닉스와 리눅스★☆☆

1. 유닉스

(1) 유닉스 특징

① 유닉스는 C언어를 기반으로 개발된 운영체제이다.

② 유닉스의 소스 코드는 공개되었다.

③ 계층적 파일 시스템과 다중 사용자를 지원한다.

④ CPU 이용률을 높일 수 있는 다중 프로그래밍 기법을 사용한다.

⑤ 사용자 프로그램은 시스템 호출을 통해 커널 기능을 사용할 수 있다.

(2) BSD 유닉스

① 캘리포니아 대학교 버클리 캠퍼스에서 유닉스 소스 코드를 수정하여 개발한 것이 BSD 유닉스이다.

② BSD 유닉스는 다중 작업 지원과 네트워킹 소프트웨어를 지원하였고, 네트워킹 프로그램으로 근거리 통신망 구축이 수월해졌으며 각종 연구소와 대학교에서 광범위하게 사용되었다.

③ 선마이크로시스템스는 BSD 기반의 SunOS를 개발하였고, 훗날 솔라리스 운영체제가 되었다.

기출플러스 ➕ ★☆☆
가상머신에 대한 설명으로 옳지 않은 것은? 18 국가직 9급

① 단일 컴퓨터에서 가상화를 사용하여 다수의 게스트 운영체제를 실행할 수 있다.

② 가상 머신은 사용자에게 다른 가상 머신의 동작에 간섭을 주지 않는 격리된 실행환경을 제공한다.

③ 가상 머신 모니터를 사용하여 가상화하는 경우 반드시 호스트 운영체제가 필요하다.

④ 자바 가상 머신은 자바 바이트 코드가 다양한 운영체제 상에서 수행될 수 있도록 한다.

해설 난도중
정답의 이유
가상 머신 모니터는 하드웨어에서 직접 실행되는 타입이 있고, 호스트 운영 체제에서 실행되는 타입이 있다. 따라서, 하드웨어에서 직접 실행되는 타입일 경우 호스트 운영체제는 필요 없다.

정답 ③

기출플러스 ➕ ★☆☆
모바일 기기에 특화된 운영체제에 해당하지 않는 것은? 18 지방직 9급

① iOS ② Android
③ Symbian ④ Solaris

해설 난도하
정답의 이유
Solaris는 선마이크로시스템스에서 개발한 PC 기반 운영체제이다.

오답의 이유
③ 심비안 사가 휴대폰용으로 개발한 실시간 처리의 32비트 멀티태스킹 운영체제이다.

정답 ④

기출플러스 ➕ ★★☆
유닉스 운영체제에 대한 설명으로 옳지 않은 것은? 18 국가직 9급

① 계층적 파일시스템과 다중 사용자를 지원하는 운영체제이다.

② BSD 유닉스의 모든 코드는 어셈블리 언어로 작성되었다.

③ CPU 이용률을 높일 수 있는 다중 프로그래밍 기법을 사용한다.

④ 사용자 프로그램은 시스템 호출을 통해 커널 기능을 사용할 수 있다.

해설 난도중
정답의 이유
BSD 유닉스의 모든 코드는 C언어로 작성되었다.

정답 ②

2. 리눅스

리눅스 토발즈가 PC에서 동작하는 유닉스 호환 커널을 작성하여 GPL로 배포하고 소스
코드도 공개한 운영체제이다.

2 windows 운영체제

1. MS-DOS

마이크로소프트 사에서 만든 16비트 퍼스널 컴퓨터용 디스크 운영 체제이다.

2. Windows

마이크로소프트 사에서 개발한 운영체제로, 그래픽 사용자 인터페이스(GUI)를 지원하
고 멀티태스킹 능력과 사용자 편의성이 탁월하다.

3 모바일 운영체제

1. iOS

애플이 개발한 임베디드 운영체제로 아이폰, 아이팟 터치, 아이패드에 탑재된다.

2. 안드로이드

리눅스 커널을 기반으로 구글에서 개발한 모바일 플랫폼의 운영체제로, 리눅스에 기초
하여 보안, 메모리 관리, 프로세스 관리, 네트워크 관리 등 핵심 서비스가 구현되었다.
리눅스 커널과 자바를 사용하여 호환성이 매우 뛰어나 스마트폰 뿐만 아니라 태블릿
컴퓨터, TV, PC에도 포팅이 가능하다.
누구나 무료로 사용할 수 있고, 수정 및 배포가 가능하며, 안드로이드 애플리케이션의
네 가지 구성요소는 액티비티, 서비스, 방송 수신자, 콘텐츠 제공자이다.

(1) 액티비티

액티비티는 사용자와 상호작용하기 위한 진입점으로, 사용자 인터페이스를 포함한 화면 하나를 나타낸다. UI 컴포넌트를 화면에 표시하고, 시스템이나 사용자의 반응을 처리한다.

(2) 서비스

서비스는 백그라운드에서 실행되는 구성 요소로, 오랫동안 실행되는 작업을 수행하거나 원격 프로세스를 위한 작업을 수행한다. 단, 사용자 인터페이스를 제공하지 않는다. 다른 구성 요소가 서비스를 시작한 다음 실행을 유지하거나 자신에게 바인딩하여 상호작용하도록 할 수 있다.

(3) 방송 수신자

방송 수신자는 시스템이 정기적인 사용자 플로우 밖에서 이벤트를 앱에 전달하도록 지원하는 구성 요소로, 앱이 시스템 전체의 방송 알림에 응답할 수 있게 한다. 방송 수신자도 앱으로 들어갈 수 있는 또 다른 진입점이기 때문에 현재 실행되지 않은 앱에도 시스템이 방송을 전달할 수 있다.

(4) 콘텐츠 제공자

콘텐츠 제공자는 파일 시스템, SQLite 데이터베이스, 웹 상이나 앱이 액세스할 수 있는 다른 모든 영구 저장 위치에 저장 가능한 앱 데이터의 공유형 집합을 관리한다. 다른 앱은 콘텐츠 제공자를 통해 해당 데이터를 쿼리하거나, 콘텐츠 제공자가 허용하는 경우에는 수정도 가능하다.

CHAPTER 02 컴퓨터 성능향상

중요 학습내용
1. 인터럽트의 개념과 특징에 대해 알 수 있다.
2. 병렬 처리 기법의 종류와 특징에 대해 알 수 있다.

01 인터럽트

1 인터럽트 이해

1. 인터럽트 개념

인터럽트는 CPU가 프로그램을 실행하고 있을 때 입·출력 장치 또는 예외 상황이 발생하여 처리가 필요한 경우 CPU에게 알려 처리할 수 있도록 하는 것이다.
CPU가 처리하는 작업과 입·출력 장치의 데이터 이동을 독립적으로 운영함으로써 시스템의 효율을 높일 수 있다.

2. 인터럽트 입·출력 동작 과정

(1) CPU가 입출력 장치에게 입·출력 명령을 보낸다.
(2) 입·출력 장치는 명령받은 데이터를 메모리에 이동시키거나 메모리에 있는 데이터를 저장 장치로 옮긴다.
(3) 데이터 전송이 완료되면 입출력 장치는 완료 신호를 CPU에게 보낸다.

3. 인터럽트 발생 시 작업 수행 과정

(1) 프로그램 카운터에 적재된 명령어의 주소를 스택에 저장한다.
(2) 해당 인터럽트 서비스 루틴을 호출한다.
(3) 인터럽트 서비스를 수행한다.
(4) 스택에 저장된 명령어 주소를 프로그램 카운터에 저장한다.

기출플러스 ★★☆
컴퓨터에서 사건이 발생하면 이를 처리하기 위해 인터럽트 기술을 사용한다. 사건의 발생지에 따라 동기와 비동기 인터럽트로 분류된다. 다음 중 비동기 인터럽트는? 17 서울시 9급

① 프로세스가 실행 중에 0으로 나누기를 할 때 발생하는 인터럽트
② 키보드 혹은 마우스를 사용할 때 발생하는 인터럽트
③ 프로세스 내 명령어 실행 때문에 발생하는 인터럽트
④ 프로세스 내 명령어가 보호 메모리 영역을 참조할 때 발생하는 인터럽트

해설 빈도상
오답의 이유
①, ③, ④는 동기 인터럽트에 속한다.
정답 ②

이론플러스
• 동기 인터럽트 : 사용자 인터럽트라고도 하며, 프로세스가 실행 중인 명령어로 인해 발생한다.
• 비동기 인터럽트 : 하드웨어 인터럽트라고도 하며, 실행 중인 명령어와 무관하게 발생한다.

4. 인터럽트 분류

(1) 비동기

하드웨어 인터럽트라고도 하며, 실행 중인 명령어와 무관하게 발생한다.

예 키보드 이벤트, 마우스 인터럽트 등

(2) 동기

사용자 인터럽트라고도 하며, 프로세스가 실행 중인 명령어로 인해 발생한다.

예 프로그램상의 문제 때문에 발생하는 인터럽트(다른 사용자의 메모리 영역에 접근하는 경우, 오버플로나 언더플로에 의해 발생하는 경우), 컴퓨터 작업자가 의도적으로 프로세스를 중단하기 위해 발생시킨 인터럽트(Ctrl+C), 입·출력장치 같은 주변 장치의 조작에 의한 인터럽트, 산술 연산 중 발생하는 인터럽트(어떤 수를 0으로 나눔)

PLUS 참고 폴링(Polling)

CPU가 직접 입·출력 장치에서 데이터를 가져오거나 내보내는 방식으로, CPU가 입·출력 장치의 상태를 주기적으로 검사하여 일정 조건을 만족할 때 데이터를 처리한다.

---

02 병렬 처리

병렬 처리는 동시에 여러 개의 명령어를 처리하여 작업 능률을 높이는 방식을 의미한다. 여러 개의 명령어를 처리하는 방식은 코어가 여러 개인 CPU는 물론이고 코어가 하나인 CPU에서도 가능하다.

1 명령어 실행 과정

CPU에서 명령어가 실행되는 과정은 4단계로 나뉜다.

1. 명령어 패치(Instruction Fetch)

다음에 실행할 명령어를 명령 레지스터에 저장한다.

2. 명령어 해석(Instruction Decode)

명령어를 해석한다.

3. 실행(EXecution)

해석한 명령어를 실행한다.

4. 쓰기(Write Back)

실행 결과를 메모리에 저장한다.

2 병렬 처리 기법★★☆

1. 파이프라인 기법

CPU의 사용을 극대화하기 위해 명령을 겹쳐서 실행하는 방법으로, 하나의 코어에 여러 개의 스레드를 사용하는 기법이다.

파이프라인 기법에서는 명령어를 여러 개의 단계로 나눈 후, 각 단계를 동시에 처리할 수 있도록 독립적으로 구성한다.

IF	ID	EX	WB			
	IF	ID	EX	WB		
		IF	ID	EX	WB	
			IF	ID	EX	WB

| 파이프라인 동작과정 |

파이프라인 기법의 여러 가지 문제를 파이프라인 위험이라고 하며, 종류는 데이터 해저드, 제어 해저드, 구조적 해저드가 있다.

(1) 데이터 해저드(data hazard)

데이터의 의존성 때문에 문제가 발생한다. 즉, 앞의 명령 결과가 다음 명령 입력으로 사용될 때 문제가 발생하게 된다. 두 번째 명령어는 첫 번째 명령어와 동시에 실행되면 안 된다.

> A=B+C
> D=A*3

데이터 해저드를 해결하는 방법은 레지스터에 결과를 저장하기 전에 ALU 결과를 직접 다음 명령에 전달하는 데이터 포워딩을 사용하거나 버블을 명령어 사이에 넣어 **명령어 실행을 1~2단계 지연시킨다.**

(2) 제어 해저드(control hazard)

if문이나 goto문 같은 분기 명령이 실행될 때 문제가 발생하게 된다. 보통의 경우 명령어들이 순차적으로 실행되지만 분기 명령이 실행되면 현재 동시에 처리되고 있는 명령어들이 쓸모없어지게 되는 현상이 발생한다.

```
goto 5
D=A-1
```

제어 해저드를 해결하는 방법은 지연 슬롯을 넣고 분기 목적지 주소를 계산하는 과정을 파이프라인 속에 넣는 **지연 분기**와 **분기 예측 알고리즘**을 사용한다.

(3) 구조적 해저드(structural hazard)

서로 다른 명령어가 같은 자원에 접근하려고 할 때 문제가 발생하게 된다. 병렬 처리되는 명령어 A와 명령어 B 모두 같은 레지스터를 사용하려고 할 때 서로 충돌하게 된다.

```
ADD RX+1
MOVE RX
```

구조적 해저드 중 인출 과정에서 메모리 충돌을 해결하기 위해서는 메모리를 프로그램 메모리와 데이터 메모리로 분리시킨 **하버드 구조**를 사용하거나 **분리 캐시**를 사용하여 충돌을 피하게 만들어준다.

동일한 장치를 동시에 사용하여 일어나는 충돌을 해결하는 방법은 **장치를 추가하는** 방법이다.

2. 슈퍼스칼라 기법

파이프라인을 처리할 수 있는 코어를 여러 개 구성하여 복수의 명령어가 동시에 수행될 수 있도록 하는 기법이다.

대부분 파이프라인 기법과 유사하지만 구성한 코어의 개수만큼 각 단계에서 동시에 실행되는 명령어가 많아진다.

파이프라인 기법과 마찬가지로 처리되는 명령어가 상호 의존성이 없이 독립적이어야 하고, 처리도 컴파일러에서 이루어져야 한다.

IF	ID	EX	WB				
IF	ID	EX	WB				
		IF	ID	EX	WB		
		IF	ID	EX	WB		
				IF	ID	EX	WB
				IF	ID	EX	WB
						IF	ID	EX	WB
						IF	ID	EX	WB

| 슈퍼스칼라 동작과정 |

3. 슈퍼파이프라인 기법

슈퍼파이프라인 기법은 파이프라인 기법을 강화한 것으로, 한 클록마다 하나의 명령어를 실행한 파이프라인 기법에서 각 단계를 세분화하여 한 클록 내에서 여러 명령어들을 처리할 수 있는 방법이다.

이론플러스➕
• 구조적 해저드 : 서로 다른 명령어가 같은 자원에 접근하려고 할 때 문제가 발생하게 된다.
• 데이터 해저드 : 데이터의 의존성 때문에 문제가 발생한다.
• 제어 해저드 : if문이나 goto문 같은 분기 명령이 실행될 때 문제가 발생하게 된다.

한 클록 내에서 여러 명령어들이 실행되면 다음 명령어들이 빠른 시간 내에 처리될 수 있기 때문에 병렬 처리 능력이 높아진다.

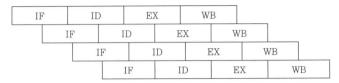

| 슈퍼파이프라인 동작과정 |

4. 슈퍼파이프라인 슈퍼스칼라 기법

슈퍼파이프라인과 슈퍼스칼라 기법의 병렬 처리 기법을 합쳐 놓은 것이다. 슈퍼스칼라 기법이 파이프라인 기법을 여러 개의 코어에서 동시에 수행하는 방식이라면, 슈퍼파이프라인 슈퍼스칼라 기법은 슈퍼스칼라 기법에서 슈퍼파이프라인을 적용한 것이다.

| 슈퍼파이프라인 슈퍼스칼라 동작과정 |

5. VLIW 기법

VLIW(Very Long Instruction Word) 기법은 CPU가 병렬 처리를 지원하지 않을 경우 소프트웨어적으로 병렬 처리를 하는 방법이다.

동시에 수행할 수 있는 명령어들을 컴파일러가 추출한 뒤 하나의 명령어로 압축하여 실행한다.

VLIW 기법은 다른 기법에 비해 동시에 처리하는 명령어의 개수가 적다. 그리고 다른 기법들은 명령어 실행 시 병렬 처리가 이루어지지만 VLIW 기법은 컴파일 시 병렬 처리가 이루어진다.

CHAPTER 03

프로세스와 스레드

중요 학습내용
1. 프로세스의 개념과 상태에 대해 알 수 있다.
2. 프로세스 제어 블록과 문맥 교환의 개념을 파악할 수 있다.
3. 스레드의 개념과 프로세스와의 차이점을 알 수 있다.

01 프로세스 개요

1 프로세스의 개념

프로그램과 프로세스의 의미를 살펴보면 프로그램은 어떤 데이터를 사용하여 어떤 작업을 할지 절차를 작성한 것으로 하드디스크와 같이 저장 장치에 저장되어 있는 정적인 상태를 의미한다. 프로세스는 프로그램으로 작성된 작업 절차를 실제로 실행에 옮기기 위해 메모리에 올라온 동적인 상태를 의미한다. 즉, 작성된 프로그램이 실행되면 프로세스가 된다.

2 프로세스 상태 ★☆☆

1. 활성 상태

(1) 생성 상태(create status)

프로세스가 메모리에 올라와 실행 준비를 완료한 상태로, 사용자 요청 작업이 커널에 등록되어 PCB가 만들어진다. 프로세서를 관리하는 데 필요한 프로세스 제어 블록이 생성된다. 생성된 프로세스는 바로 실행되지 않고 준비 상태에서 프로세스 제어 블록과 같이 자기 순서를 기다리게 된다.

(2) 준비 상태(ready status)

생성된 프로세스가 CPU를 얻을 때까지 기다리는 상태로, 프로세스 제어 블록은 준비 큐에서 기다리며 CPU 스케줄러에 의해 관리된다.

기출플러스⊕ ★★☆

프로세스 상태 전이에서 준비(Ready) 상태로 전이되는 상황만을 모두 고르면? (단, 동일한 우선순위의 프로세스가 준비 상태로 한 개 이상 대기하고 있다)

19 지방직 9급

ㄱ. 실행 상태에 있는 프로세스가 우선순위가 높은 프로세스에 의해 선점되었을 때
ㄴ. 블록된(Blocked) 상태에 있는 프로세스가 요청한 입출력 작업이 완료되었을 때
ㄷ. 실행 상태에 있는 프로세스가 작업을 마치지 못하고 시간 할당량을 다 썼을 때

① ㄱ, ㄴ　　② ㄱ, ㄷ
③ ㄴ, ㄷ　　④ ㄱ, ㄴ, ㄷ

해설 난도중
정답의 이유
ㄱ. 운영체제에서 막 프로세스가 되었거나 CPU를 사용하다가 쫓겨난 프로세스는 준비 상태에서 자기 순서를 기다린다.
ㄴ. 대기 상태(Blocking status)에 있는 프로세스는 처음에 실행 상태에서 왔기 때문에 입출력 작업이 완료되면 실행 상태로 옮겨 가는 것이 맞지만, 현재 실행 상태에서 작업 중인 프로세스가 있기 때문에 준비 상태에서 자기 순서를 기다린다.
ㄷ. 프로세스는 자신에게 주어진 타임 슬라이스 동안 작업을 끝내지 못하면 다시 준비 상태로 돌아가서 기다린다.

정답 ④

프로세스 상태(process state)에 대한 설명으로 옳은 것은?　10 지방직 9급

① 종료상태(terminated state)는 프로세스가 기억장치를 비롯한 모든 필요한 자원을 할당받은 상태에서 프로세서의 할당을 기다리고 있는 상태이다.
② 대기상태(waiting/blocked state)는 프로세스가 원하는 자원을 할당받지 못해서 기다리고 있는 상태이다.
③ 실행상태(running state)는 사용자가 요청한 작업이 커널에 등록되어 커널 공간에 PCB 등이 만들어진 상태이다.
④ 준비상태(ready state)는 프로세스의 수행이 끝난 상태이다.

해설　난도 중
오답의 이유
①은 준비상태에 대한 설명이다.
③은 생성상태에 대한 설명이다.
④는 완료상태에 대한 설명이다.
정답 ②

(3) 실행 상태(running status)

프로세스가 CPU를 할당받아 실제 작업을 수행하는 상태로 'execute status'라고도 한다. 프로세스가 실행 상태에 들어가면 일정 시간 동안 CPU를 사용하게 되고, 주어진 시간 내에 작업을 완료하지 못하면 프로세스는 준비 상태로 돌아와 다음 차례를 기다리게 된다.

(4) 대기 상태(blocking status)

실행 상태에 있는 프로세스가 입·출력을 요청하면 입·출력이 완료될 때까지 기다리는 상태로 'wait status'라고도 한다. 대기 상태는 작업의 효율을 높이기 위해 만들어졌으며, 대기 상태의 프로세스는 입·출력장치별로 만들어진 큐에서 대기한다. 입·출력이 완료되면 인터럽트에 의해 프로세스가 깨어나고 프로세스 제어 블록이 준비 상태로 이동하게 된다.

(5) 완료 상태(terminate status)

프로세스가 종료되는 상태로, 모든 자원들이 회수되고 PCB만 커널에 남게 된다. 코드와 사용했던 데이터를 메모리에서 삭제하고 프로세스 제어 블록을 폐기한다.

2. 휴식 상태(pause status)

프로세스가 작업을 일시적으로 쉬고 있는 상태이다. 프로그램이 종료된 것이 아니라 실행을 잠시 멈춘 것을 의미한다.

3. 보류 상태(suspend status)

프로세스가 메모리에서 일시적으로 쫓겨난 상태로 '일시 정지 상태'라고도 한다. 다음과 같은 경우에 프로세스는 보류 상태가 된다.

| 보류 상태 경우 |

- 메모리가 꽉 차서 일부 프로세스를 메모리 밖으로 내보낼 때
- 프로그램 오류가 있어 실행을 미뤄야 할 때
- 바이러스와 같이 악의적인 공격을 하는 프로세스라고 판단될 때
- 매우 긴 주기로 반복되는 프로세스일 때 메모리 밖으로 내보내도 큰 문제가 없을 때
- 입·출력을 기다리는 프로세스의 입·출력이 계속 지연될 때

메모리에서 쫓겨난 프로세스는 데이터가 임시로 보관되는 스왑 영역에 보관된다.
보류 상태는 대기 상태에서 옮겨졌을 때 보류 대기 상태(block suspend status), 준비 상태에서 옮겨졌을 때 보류 준비 상태(ready suspend status)로 구분된다.
각 상태에서 재시작하면 활성 상태로 들어가지만, 보류 대기 상태에서 입·출력이 완료되면 활성 상태가 아닌 보류 준비 상태로 옮겨간다.

1 프로세스 제어 블록

1. 프로세스 제어 블록 개념

프로세스 제어 블록(PCB)은 프로세스를 실행하는 데 필요한 중요한 정보를 보관하는 자료 구조로 TCB(Task Control Block)라고도 한다. 프로세스 제어 블록은 프로세스가 생성될 때 만들어져 프로세스가 실행을 완료할 때 폐기된다.

2. 프로세스 제어 블록 구성

| 프로세스 제어 블록 구성 |

포인터	프로세스 상태
프로세스 구분자	
프로그램 카운터	
프로세스 우선순위	
각종 레지스터 정보	
메모리 관리 정보	
할당된 자원 정보	
계정 정보	
PPID, CPID	

(1) 포인터

프로세서 제어 블록의 첫 번째 블록에 포인터가 저장되고, 프로세스 제어 블록을 연결하여 준비 상태나 대기 상태의 큐를 구현할 때 포인터를 이용한다.

(2) 프로세스 상태

프로세스가 생성, 준비, 실행, 대기, 보류 준비, 보류 대기 중 현재 어떤 상태에 있는지 나타낸다.

(3) 프로세스 구분자

여러 프로세스를 구분하기 위해 구분자를 저장한다.

(4) 프로그램 카운터

다음에 실행될 명령어의 위치를 가리키는 프로그램 카운터 값을 저장한다.

(5) 프로세스 우선순위

프로세스의 중요도에 따라 매겨지는 우선순위 값을 저장한다.

(6) 각종 레지스터 정보

프로세스가 실행되는 중에 사용하던 레지스터의 값을 저장한다.

(7) 메모리 관리 정보

프로세스가 메모리의 어디에 있는지 나타내는 메모리 위치 정보, 메모리 보호를 위해 사용하는 경계 레지스터 값과 한계 레지스터 값 등이 저장된다.

(8) 할당된 자원 정보

프로세스를 실행하기 위해 사용하는 입·출력 자원이나 오픈 파일 등에 대한 정보를 저장한다.

(9) 계정 정보

계정 번호, CPU 할당 시간, CPU 사용 시간 등을 저장한다.

(10) PPID, CPID

부모 프로세스를 가리키는 PPID와 자식 프로세스를 가리키는 CPID 정보도 저장한다.

2 문맥 교환

문맥 교환(Context Switching)은 CPU를 차지하던 프로세스가 나가고 새로운 프로세스를 받아들이는 작업을 의미한다. 즉, 두 프로세서의 프로세스 제어 블록을 교환하는 작업을 말한다. 실행 상태에서 나가는 프로세스 제어 블록에는 지금까지의 작업 내용을 저장하고, 반대로 실행 상태로 돌아오는 프로세스 제어 블록의 내용으로 CPU가 다시 세팅된다.

문맥 교환은 한 프로세스가 자신에게 주어진 시간을 모두 사용했을 때나 인터럽트가 발생했을 때도 일어난다.

03 　프로세스의 연산

1 프로세스 구조

프로세스는 코드 영역, 데이터 영역, 스택 영역으로 구성된다.

1. 코드 영역

코드 영역은 프로그램 본문이 기술된 부분으로 텍스트 영역이라고도 한다. 프로그래머가 작성한 프로그램은 코드 영역에 탑재되고 탑재된 코드는 읽기 전용으로 처리된다.

2. 데이터 영역

데이터 영역은 프로그램 코드 내에서 사용되는 변수나 파일 등의 각종 데이터를 모아놓은 곳이다. 데이터 영역의 데이터들은 변하는 값이기 때문에 읽기와 쓰기가 가능하다. 상수로 선언된 변수는 읽기 전용이지만 일반적으로 사용하는 변수는 읽기와 쓰기가 가능하다.

3. 스택 영역

스택 영역은 운영체제가 프로세스를 실행하기 위해 부수적으로 필요한 데이터를 모아놓은 곳이다. 프로그램 내에서 함수를 호출하면 함수를 수행하고 다시 되돌아올 위치를 이 영역에 저장한다. 스택 영역은 운영체제가 사용자의 프로세스를 작동하기 위해 유지하는 영역으로 사용자에게는 보이지 않는다.

2 프로세스 생성과 복사

프로세스는 프로그램을 실행할 때 새롭게 생성되고 프로그램을 실행하면 운영체제는 프로그램을 메모리로 가져와 코드 영역에 넣고 프로세스 제어 블록을 생성한다. 그리고 메모리에 데이터 영역과 스택 영역을 확보한 후 프로세스를 실행한다.

프로세스를 새롭게 생성하는 방법도 있지만, fork() 함수를 사용하면 실행 중인 프로세스로부터 새로운 프로세스를 복사할 수 있다. 이는 운영체제의 윈도우 창에서 Ctrl+N을 눌러 새로운 인터넷 탐색창을 새롭게 열거나 폴더가 나열되어 있는 탐색창을 새롭게 여는 것과 같다.

1. fork() 시스템 호출의 개념

fork() 시스템 호출은 실행 중인 프로세스로부터 새로운 프로세스를 복사하는 함수이다. fork() 함수를 호출하면 실행 중인 프로세스와 똑같은 프로세스가 만들어진다. 프로세스를 복사할 때 기존의 프로세스는 부모 프로세스가 되고 새롭게 생성되는 프로세스는 자식 프로세스가 된다.

2. fork() 시스템 호출의 동작 과정

fork() 시스템 호출을 하면 프로세스 제어 블록을 포함한 부모 프로세스 영역의 대부분이 자식 프로세스에 복사되어 똑같은 프로세스가 만들어진다. 단, 프로세스 제어 블록의 내용 중 변경되는 부분은 첫째, 프로세스 구분자(PID)가 바뀐다. 부모와 자식 프로세스로 나뉘므로 이를 구분할 수 있는 번호가 다르다는 의미이다. 둘째, 부모 프로세스와 자식 프로세스가 차지하고 있는 메모리의 위치가 다르므로 메모리 관련 정보가 다르다.

3. fork() 시스템 호출의 예

다음은 C 언어로 작성한 프로세스 복사 프로그램의 예이다.

부모 프로세스

```
#include<stdio.h>
#include<unistd.h>

void main(void)
{
        int pid;
        pid=fork();  //프로세스 복사

        if(pid<0)
        {
                printf("Error");
                exit(-1);
        }
        else if(pid==0)
        {
                printf("child process");
                exit(0);
        }
        else
        {
                printf("parent process");
                exit(0);
        }
}
```

자식 프로세스

```
#include<stdio.h>
#include<unistd.h>

void main(void)
{
        int pid;
        pid=fork();

        if(pid<0)
        {
                printf("Error");
                exit(-1);
        }
        else if(pid==0)
        {
                printf("child process");
                exit(0);
        }
        else
        {
                printf("parent process");
                exit(0);
        }
}
```

프로그램 중 fork() 함수가 호출되면 똑같은 내용을 가진 자식 프로세스가 생성된다. 이때 fork() 문은 부모 프로세스에 0보다 큰 값을 반환하고 자식 프로세스에 0을 반환한다. 만약 0보다 작은 값이 반환되면 자식 프로세스가 생성되지 않은 것을 의미하므로 Error를 출력한다. 위 예제에서 부모 프로세스는 "parent process"를 출력하고 자식 프로세스는 "child process"를 출력한다. 두 문장 모두 출력이 되지만 각 프로세스가 서로 독립적이기 때문에 어느 문장이 먼저 출력되는지는 알 수 없다.

3 프로세스 전환

1. exec() 시스템 호출의 개념

exec() 시스템 호출은 기존의 프로세스를 새로운 프로세스로 전환하는 함수이다. fork() 함수가 새로운 프로세스를 복사하는 시스템 호출이라면 exec() 함수는 프로세스는 그대로 둔 채 내용만 바꾸는 시스템 호출이다. 즉, 현재의 프로세스가 완전히 다른 프로세스로 전환된다.

exec() 시스템 호출을 사용하는 목적은 프로세스의 구조체를 재활용하기 위해서이다. 새로운 프로세스를 생성하기 위해서는 프로세스 제어 블록을 만들고 메모리의 자리를 확보하는 과정이 필요하다. 그리고 프로세스를 종료한 후 사용한 메모리를 청소하기 위해 상위 프로세스와 부모-자식 관계를 만들어야 한다. 이때 exec() 시스템 호출을 사용하면 이미 만들어진 프로세스 제어 블록, 메모리 영역, 부모-자식 관계를 그대로 사용하므로 편리하고 운영체제의 작업이 수월하다.

2. exec() 시스템 호출의 동작 과정

exec() 시스템 호출을 하면 코드 영역에 있는 기존의 내용이 새로운 코드로 대치된다. 또한, 데이터 영역이 새로운 변수로 채워지고 스택 영역이 초기화된다. 프로세스 구분자, 부모 프로세스 구분자, 자식 프로세스 구분자, 메모리 관련 사항 등은 변하지 않지만 프로그램 카운터 값과 각종 레지스터와 사용한 파일 정보가 모두 초기화된다.

3. exec() 시스템 호출의 예

다음은 fork()와 exec() 시스템 호출을 사용하여 프로세스가 실행하는 도중에 'mychild' 코드를 실행한 예이다.

<table>
<tr><th>부모 프로세스</th><th>자식 프로세스</th></tr>
<tr><td>

```
#include<stdio.h>
#include<unistd.h>

void main(void)
{
        int pid;
        pid = fork();

        if(pid<0)
        {
          printf("Error");
          exit(-1);
        }
        else if(pid==0)
        {
          execlp("mychild", "mychild",
NULL);
          exit(0);
        }
        else
        {
          wait(NULL);
          printf("parent process");
          exit(0);
        }
}
```

</td><td>

```
#include<stdio.h>
#include<unistd.h>

void main(void)
{

                :
          mychild 실행 코드
                :

}
```

</td></tr>
</table>

fork() 함수가 호출되면 자식 프로세스가 생성되고 wait() 함수가 호출되면서 자식 프로세스가 끝날 때까지 부모 프로세스는 기다린다. wait() 함수는 자식 프로세스와의 동기화를 위한 코드로, 자식 프로세스가 끝날 때까지 부모 프로세스가 기다리는 것을 의미한다.

fork() 함수로 인해 생성된 자식 프로세스는 부모 프로세스와 코드가 동일하지만 execlp("mychild", "mychild", NULL);가 실행되면 자식 프로세스의 코드 영역이 mychild 코드로 바뀌어 처음부터 다시 실행된다. mychild의 실행이 끝나면 부모 프로세스의 wait()가 있는 곳으로 돌아오고 부모 프로세스는 "parent process"를 출력한다.

04 스레드

1 스레드의 개념

1. 스레드 정의★★☆

프로세스가 생성되면 CPU 스케줄러는 프로세스가 해야 할 일을 CPU에게 전달하고 실제 작업은 CPU가 수행한다. CPU 스케줄러가 CPU에게 전달하는 일 하나가 스레드이다. 즉, CPU가 처리하는 작업의 단위를 스레드라고 볼 수 있으며, 스레드는 프로세스에서 제어를 분리한 실행 단위이다.

2. 프로세스와 스레드의 차이★★★

(1) 프로세스는 여러 개의 스레드로 구성되고, 프로세스끼리는 서로 독립적이다. 서로 독립적인 프로세스는 데이터를 주고받을 때 프로세스 간 통신(IPC)을 이용한다.
(2) 스레드는 프로세스 내부에서 서로 강하게 연결되어 있다. 하나의 스레드는 여러 프로세스에 포함될 수 없고, 같은 프로세스에 속한 다른 스레드와 코드를 공유한다.
(3) 스레드는 프로그램 카운터(PC)를 독립적으로 가진다.
(4) 스레드 간에는 힙(Heap) 메모리의 변수나 파일 등을 공유하고 전역 변수나 함수 호출 등의 방법으로 스레드 간 통신을 한다.

3. 스레드 관련 용어

(1) 멀티스레드

멀티스레드는 프로세스 내의 작업을 여러 개의 스레드로 나눠 작업의 부담을 줄이는 프로세스 운영 기법이다.

(2) 멀티태스킹

멀티태스킹은 운영체제가 CPU에 작업을 줄 때 시간을 잘게 나눠 배분하는 기법이다. 이와 같은 시스템을 시분할 시스템이라고 한다.

(3) 멀티프로세싱

멀티프로세싱은 CPU를 여러 개 사용하여 여러 개의 스레드를 동시에 처리하는 작업 환경을 의미한다. 하나의 컴퓨터에 여러 개의 CPU를 사용하거나 하나의 CPU 내 여러 개의 코어에 스레드를 배정하여 동시에 작동하는 것이다.

(4) CPU 멀티스레드

CPU 멀티스레드는 한 번에 하나씩 처리해야 하는 스레드를 파이프라인 기법을 이용하여 동시에 여러 스레드를 처리하도록 한 병렬 처리 기법이다.

4. 멀티스레드의 장단점

(1) 장점

① 응답성 향상 : 한 스레드가 입·출력으로 인해 작업이 진행되지 않아도 다른 스레드가 작업을 계속할 수 있어 사용자의 작업 요구에 빨리 응답할 수 있다.

② 자원 공유 : 프로세스가 가진 자원을 모든 스레드가 공유하여 작업을 원활하게 진행할 수 있다.

③ 효율성 향상 : 멀티스레드는 불필요한 자원의 중복을 차단하여 시스템의 효율을 향상시킬 수 있다.

④ 다중 CPU 지원 : 2개 이상의 CPU를 가진 컴퓨터가 멀티스레드를 사용하면 CPU 사용량이 증가하고 프로세스 처리 시간이 단축된다.

(2) 단점

멀티스레드의 경우 모든 자원을 공유하기 때문에 하나의 스레드에 문제가 생기면 전체 프로세스에 영향을 미친다.

5. 멀티스레드 모델

(1) 사용자 레벨 스레드

사용자 레벨 스레드는 운영체제가 멀티스레드를 지원하지 않을 때 사용하는 방법으로 초기 스레드 시스템에서 이용된 모델이다.

사용자 레벨에서 관련 라이브러리를 사용하여 구현하고, 라이브러리는 커널이 지원하는 스케줄링이나 동기화 같은 기능을 대신 구현해준다.

① 장점 : 문맥 교환과 같은 부가적인 작업이 줄어들어 속도가 빠르다.

② 단점

ㄱ 여러 개의 스레드가 하나의 커널 스레드와 연결되기 때문에 커널 스레드가 입·출력 작업을 하기 위해 대기 상태에 들어가면 모든 사용자 스레드가 같이 대기 상태로 접어든다.

기출플러스➕ ★★☆

다음은 다중스레드(Multi-Thread)에 관한 설명이다. 옳지 않은 것은?

17 서울시 9급

① 하나의 프로세스에 2개 이상의 스레드들을 생성하여 수행한다.

② 스레드별로 각각의 프로세스를 생성하여 실행하는 것보다 효율적이다.

③ 스레드들 간은 IPC(InterProcess Communication) 방식으로 통신한다.

④ 각각의 스레드는 프로세스에 할당된 자원을 공유한다.

해설 난도 중

정답의 이유

프로세스 간 데이터를 주고받을 때 프로세스 간 통신(IPC)를 사용하고 스레드 간에는 변수나 파일 등을 공유하고 전역 변수나 함수 호출 등의 방법을 사용한다.

정답 ③

ⓛ 한 프로세스의 타임 슬라이스를 여러 스레드가 공유하므로 여러 개의 CPU를 동시에 사용할 수 없다.

　　ⓒ 보안에 취약하다.

(2) 커널 레벨 스레드

커널 레벨 스레드는 커널이 멀티스레드를 지원하는 방식으로 하나의 사용자 스레드가 하나의 커널 스레드와 연결되기 때문에 1 to 1 모델이라고도 부른다.

① 장점

　　ⓐ 커널 레벨에서 모든 작업을 지원하기 때문에 멀티 CPU를 사용할 수 있고, 하나의 스레드가 대기 상태에 있어도 다른 스레드는 작업을 계속할 수 있다.

　　ⓑ 커널의 기능을 사용하므로 보안에 강하고 안정적으로 작동한다.

② 단점 : 문맥 교환을 할 때 오버헤드 때문에 느리게 작동되는 것이 단점이다.

(3) 멀티 레벨 스레드

커널 레벨 스레드 또는 하이브리드 스레드는 사용자 레벨 스레드와 커널 레벨 스레드를 혼합한 것으로 M to N 모델이라고 한다.

① 장점 : 하나의 커널 스레드가 대기 상태에 들어가면 다른 커널 스레드가 대신 작업을 하여 사용자 레벨 스레드보다 유연하게 작업을 처리할 수 있다.

② 단점 : 커널 레벨 스레드를 함께 사용하므로 문맥 교환 시 오버헤드가 있어 사용자 레벨 스레드만큼 빠르지 않다.

CHAPTER 04 CPU 스케줄링

중요 학습내용
1. CPU 스케줄링의 개념에 대해 알 수 있다.
2. CPU 스케줄링의 종류와 특징에 대해 알 수 있다.

01 스케줄링 알고리즘★★★

1 스케줄링 알고리즘 개념

스케줄링 알고리즘은 비선점형 알고리즘과 선점형 알고리즘으로 분류된다.

비선점형 알고리즘은 프로세스가 CPU를 할당받으면 작업이 끝날 때까지 CPU를 반환하지 않는 알고리즘이고, 효율이 떨어져서 지금은 거의 사용하지 않는다.

선점형 알고리즘은 시분할 시스템을 고려하여 만들어진 알고리즘으로, 프로세스가 CPU를 할당받아 실행 중이라도 중간에 CPU를 빼앗아 다른 프로세스에게 CPU를 할당할 수 있다.

스케줄링 알고리즘 종류는 다음과 같다.

| 스케줄링 종류 |

구분	스케줄링 종류
비선점형 알고리즘	FCFS, SJF, HRN
선점형 알고리즘	라운드 로빈, SRT, 다단계 큐, 다단계 피드백 큐
둘 다 가능	우선순위

2 스케줄링 알고리즘 종류

1. FCFS 스케줄링

(1) 동작 방식

FCFS(First Come First Served) 스케줄링은 준비 큐에 도착한 순서대로 CPU를 할당하는 비선점형 방식으로, 선입선출 스케줄링이라고도 한다.

초기 일괄 작업 시스템에서 사용되었으며, 한 프로세스의 작업이 끝나야 다음 프로세스를 실행할 수 있다.

기출플러스➕   ★★★

다음 표는 단일 중앙처리장치에 진입한 프로세스의 도착 시간과 그 프로세스를 처리하는 데 필요한 실행 시간을 나타낸 것이다. 비선점 SJF(Shortest Job First) 스케줄링 알고리즘을 사용한 경우, P1, P2, P3, P4 프로세스 4개의 평균 대기 시간은? (단, 프로세스 간 문맥 교환에 따른 오버헤드는 무시하며, 주어진 4개의 프로세스 외에 처리할 다른 프로세스는 없다고 가정한다)   18 지방직 9급

프로세스	도착 시간(ms)	실행 시간(ms)
P1	0	5
P2	3	6
P3	4	3
P4	6	4

① 3ms   ② 3.5ms
③ 4ms   ④ 4.5ms

해설   난도 상

정답의 이유

SJF 스케줄링은 실행 시간이 짧은 프로세스부터 실행된다. 처음 시작되는 시점에는 P1만 있으므로 P1이 실행되고 P3 → P4 → P2 순으로 실행된다. P3의 작업은 5ms부터 시작되고 도착 시간은 4ms이므로 대기 시간은 5-4=1ms이다. P4의 작업은 8ms부터 시작되고 도착 시간은 6ms이므로 대기 시간은 8-6=2ms이다. P2의 작업은 12ms부터 시작되고 도착 시간은 3ms이므로 대기 시간은 12-3=9ms이다. 총 대기 시간은 0(P1)+1(P3)+2(P4)+9(P2)=12ms이고 전체 평균 대기 시간은 12/4=3ms이다.

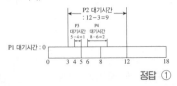

정답 ①

(2) 성능

평균대기 시간은 작업이 시작되기 전까지 전체 프로세스가 대기한 시간의 평균값으로, 모든 프로세스가 작업을 요청한 후 작업을 시작하기 전까지 대기한 시간을 합한 후 프로세스의 수로 나눠 구한다.

평균대기 시간을 알아보기 위해 하나의 예로 프로세스의 도착 시간, 작업 시간을 나타내면 다음과 같다. 프로세스 P1은 0ms, P2는 3ms, P3는 5ms에 도착했고, 각 프로세스의 작업 시간은 P1은 10ms, P2는 6ms, P3는 4ms이다.

| 프로세스 도착 시간과 작업 시간 예 |

프로세스	도착 시간(ms)	작업 시간(ms)
P1	0	10
P2	3	6
P3	5	4

P1은 도착하자마자 실행되므로 대기 시간이 0ms이고, 작업 시간은 10ms이다. P2는 P1의 작업이 완료되면 작업이 시작되므로 작업 시작 시간은 10ms이다. 도착 시간은 3ms이므로 대기 시간은 10-3=7ms이다. P3는 P1, P2의 작업이 완료된 후 작업이 시작되므로 작업 시작 시간은 16ms이다. 도착 시간이 5ms이므로 대기 시간은 16-5=11ms이다. 3개의 프로세스 평균대기 시간은 (0+7+11)/3=6ms이다.

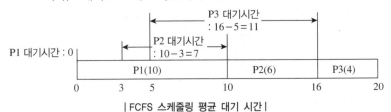

| FCFS 스케줄링 평균 대기 시간 |

(3) 평가

FCFS 스케줄링 알고리즘은 단순하고 공평하다. 단점은 첫째, 작업 시간이 긴 프로세스가 CPU를 할당받았을 때 다른 프로세스는 오랜 시간 기다리는 현상이 생겨 효율성이 떨어지는 문제가 있는데 이를 콘보이 효과(Convoy Effect) 또는 호위 효과라고 한다. 둘째, 현재 작업 중인 프로세스가 입·출력 작업을 요청한다면 CPU가 작업하지 않고 쉬는 시간이 많아져 작업의 효율이 떨어지게 된다.

2. SJF 스케줄링

(1) 동작 방식

SJF(Shortest Job First) 스케줄링은 준비 큐에 있는 프로세스 중 실행 시간이 가장 짧은 작업에 CPU를 할당하는 비선점형 방식으로, 최단 작업 우선 스케줄링이라고도 한다.

시간이 오래 걸리는 작업이 앞에 있고 시간이 짧게 걸리는 작업이 뒤에 있으면 순서를 바꿔 CPU를 할당한다. FCFS 스케줄링의 콘보이 효과를 완화하여 시스템의 효율성을 높일 수 있다.

(2) 성능

프로세스 도착 시간과 작업 시간 예		
프로세스	도착 시간(ms)	작업 시간(ms)
P1	0	10
P2	3	6
P3	5	4

P1은 도착하자마자 실행되므로 대기 시간이 0ms이고, 작업 시간은 10ms이다. P3의
작업 시간이 P2 작업 시간보다 짧기 때문에 P2가 먼저 실행된다. P2의 작업은 P1의
작업이 완료되면 시작되므로 작업 시작 시간은 10ms이다. 도착 시간은 5ms이므로
대기 시간은 10-5=5ms이다. P2는 P1, P3의 작업이 완료된 후 작업이 시작되므로
작업 시작 시간은 14ms이다. 도착 시간이 3ms이므로 대기 시간은 14-3=11ms이다.
3개의 프로세스 평균대기 시간은 (0+5+11)/3≒5.33ms이다.

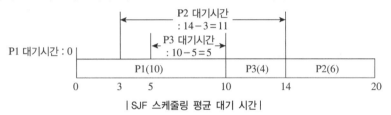

| SJF 스케줄링 평균 대기 시간 |

(3) 평가

작업 시간이 짧은 작업을 긴 작업보다 먼저 실행되기 때문에 FCFS 스케줄링보다 평균
대기 시간이 줄어들어 시스템의 효율성이 높아진다.
SJF 스케줄링의 단점은 첫째, 운영체제가 프로세스의 종료 시간을 정확하게 예측하기
가 어렵다. 현대의 프로세스에서는 사용자와의 상호작용이 빈번히 일어나기 때문에
운영체제가 프로세스의 종료 시간을 정확하게 알기가 어렵다. 해결 방법은 프로세스가
자신의 작업 시간을 운영체제에게 알려줘 해결할 수 있다.
둘째, 공평하지 못하다. SJF 스케줄링은 공평성을 위배하는 문제가 있는데 P3 같은
작업 시간이 짧은 프로세스가 준비 큐에 계속 들어오면 P2 프로세스는 실행되지 못하고
계속 연기되는 상황이 발생하는데 이를 아사(Starvation) 현상 또는 무한 봉쇄(Infinite
Blocking) 현상이라고 한다. 작업 시간이 길다는 이유만으로 계속 연기된다면 공평성
이 떨어지는 것이다. 해결 방법은 에이징(Aging)으로 완화할 수 있다. 에이징은 프로세
스가 양보할 수 있는 상한선을 정하는 방식이다.

3. HRN 스케줄링

(1) 동작 방식

HRN(Highest Response Ratio Next) 스케줄링은 SJF 스케줄링에서 발생할 수 있는
아사 현상을 해결하기 위해 만들어진 비선점형 알고리즘으로, 최고 응답률 우선 스케줄
링이라고 한다.

HRN 스케줄링은 서비스를 받기 위해 기다린 시간과 CPU 사용 시간을 고려하여 스케줄링하는 방식이다. 프로세스의 우선순위를 결정하는 방법은 다음과 같다.

$$우선순위 = \frac{대기\ 시간 + CPU\ 사용\ 시간}{CPU\ 사용\ 시간}$$

(2) 성능

| 프로세스 도착 시간과 작업 시간 예 |

프로세스	도착 시간(ms)	작업 시간(ms)
P1	0	10
P2	3	6
P3	5	4

프로세스 P2와 P3의 우선순위를 구해보면, P2의 대기 시간은 10-3=7ms이다. CPU 사용 시간은 6ms이므로 우선순위는 (7+6)/6≒2.16이다. P3의 대기 시간은 10-5=5ms이고, CPU 사용 시간은 4ms이다. 우선순위는 (5+4)/4=2.25이다. 숫자가 클수록 우선순위가 높기 때문에 P3가 먼저 실행되고 이후 P2가 실행된다.
프로세스의 실행 순서가 SJF 스케줄링과 같으므로 평균대기 시간은 5.33ms이다.

(3) 평가

HRN 스케줄링은 실행 시간이 짧은 프로세스의 우선순위를 높게 설정하면서 대기 시간을 고려하기 때문에 아사 현상을 완화할 수 있다. SJF 스케줄링과 비교했을 때 대기 시간이 긴 프로세스의 우선순위를 높여 CPU를 할당받을 확률을 높이지만, 여전히 공평성이 위배되는 점이 있다.

4. 라운드 로빈 스케줄링

(1) 동작 방식

라운드 로빈(Round Robin) 스케줄링은 한 프로세스가 할당받은 시간만큼 작업을 수행하다가 작업을 완료하지 못하면 준비 큐의 맨 끝으로 가서 자신의 차례를 기다리는 방식이다. 선점형 알고리즘 중 가장 단순하고 대표적인 방식으로, 프로세스 작업이 완료될 때까지 계속 순환된다. FCFS 스케줄링과 유사하지만, 차이점은 각 프로세스마다 CPU 사용 시간이 있다는 것이다.

(2) 성능

| 프로세스 도착 시간과 작업 시간 예 |

프로세스	도착 시간(ms)	작업 시간(ms)
P1	0	10
P2	3	6
P3	5	4

CPU 사용 시간이 5ms일 때 평균 대기 시간을 계산해보면, P1은 대기 시간이 없으므로 5ms동안 작업을 실행한다. P2 작업 시작 시간은 5ms이고, 도착 시간이 3ms이므로 대기 시간은 2ms이다. P3 작업 시작 시간은 10ms이고, 도착 시간이 5ms이므로 대기 시간은 5ms이다. 다시 P1의 작업 시작 시간은 14ms이고, 5ms 이후 대기를 했으므로 대기 시간은 9ms이다. 마지막으로 P2의 작업 시작 시간은 19ms이고, 10ms 이후 대기를 했으므로 대기 시간은 9ms이다. 3개의 프로세스의 총 대기 시간은 0(P1)+2(P2)+5(P3)+9(P1)+9(P2)=25ms이다. 평균대기 시간은 25/3≒8.33ms이다.

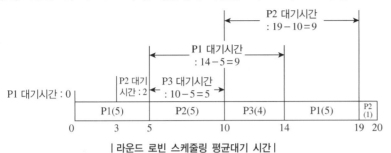

| 라운드 로빈 스케줄링 평균대기 시간 |

5. SRT 스케줄링

(1) 동작 방식

SRT(Shortest Remaining Time) 스케줄링은 SJF 스케줄링과 라운드 로빈 스케줄링을 혼합한 방식으로, 최소 잔류 시간 우선 스케줄링이라고도 한다. 즉, SJF 스케줄링의 선점형 스케줄링이라고 할 수 있다.

SRT 스케줄링은 기본적으로 라운드 로빈 스케줄링을 사용하고, CPU를 할당받을 프로세스를 선택할 때 남아 있는 작업 시간이 가장 적은 프로세스를 선택한다.

(2) 성능

| 프로세스 도착 시간과 작업 시간 예 |

프로세스	도착 시간(ms)	작업 시간(ms)
P1	0	10
P2	3	6
P3	5	4

CPU 사용 시간이 5ms일 때 평균 대기 시간을 계산해보면, P1이 5ms 동안 작업이 실행된다. P2와 P3 중 P3의 작업 시간이 짧으므로 P3가 4ms 동안 작업을 실행한다. P3 작업 후 P1의 남은 작업 시간은 5ms이고, P2는 6ms이므로 9ms 이후 P1이 5ms 동안 작업을 실행한다. 이때, P1의 대기 시간은 9-5=4ms이다. P1의 작업이 완료되면 14ms 이후 P2가 5ms 동안 작업을 실행하고 이때 P2의 대기 시간은 14-3=11ms이다. 이후 P2가 1ms 동안 작업을 실행하면 모든 작업이 완료된다. 3개의 프로세스의 총 대기 시간은 0(P1)+4(P1)+11(P2)=15ms이다. 평균대기 시간은 15/3=5ms이다.

기출플러스➕   ★★★
다음과 같이 3개의 프로세스가 있다고 가정한다. 각 프로세스의 도착 시간과 프로세스의 실행에 필요한 시간은 아래표와 같다. CPU 스케줄링 알고리즘으로 RR(Round Robin)을 사용한다고 가정한다. 3개의 프로세스가 CPU에서 작업을 하고 마치는 순서는? (단, CPU를 사용하는 타임 슬라이스(time slice)는 2이다)

17 서울시 9급

프로세스	도착시간	프로세스의 실행에 필요한 시간
P1	0	5
P2	1	7
P3	3	4

① P2, P1, P3
② P2, P3, P1
③ P1, P2, P3
④ P1, P3, P2

해설 빈도 상
정답의 이유
라운드 로빈 스케줄링은 한 프로세스가 할당받은 시간만큼 작업을 수행하다가 작업을 완료하지 못하면 준비 큐의 맨 끝으로 가서 자신의 차례를 기다리는 방식이다.

0	2	4	6	8	10	11	13	15	16
P1	P2	P1	P3	P2	P1	P3	P2	P2	

도착시간이 가장 빠른 P1(0~2)이 2초 동안 실행되고 다음으로 P2(2~4)가 실행된다. P3는 3초에 큐에 들어오기 때문에 P2(2~4)가 실행될 때 P1은 P2 뒤에 대기하고 있다가 P2가 실행이 끝나고 다시 실행된다. P3가 3초에 큐에 들어오기 때문에 P1(4~6) 실행 후에 P3(6~8)가 실행된다. 가장 처음 작업이 끝나는 프로세스는 P1이 되고, 다음으로 P3, 마지막으로 P2가 작업이 끝난다.

정답 ④

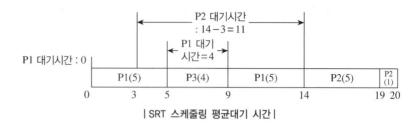

| SRT 스케줄링 평균대기 시간 |

(3) 평가

SJF 스케줄링과 SRT 스케줄링의 평균 대기 시간을 비교해보면 SRT 스케줄링의 평균대기 시간이 짧은 것을 알 수 있다. 그러나 프로세스의 남은 시간을 계산해야 하고, 남은 시간이 더 적은 프로세스와 문맥 교환을 해야 하기 때문에 SJF 스케줄링에는 없는 작업이 추가된다. 그리고 SJF 스케줄링과 마찬가지로 프로세스의 종료 시간을 예측하기 어렵고 아사 현상이 일어나는 단점이 있다.

6. 우선순위 스케줄링

(1) 동작 방식

우선순위 스케줄링의 프로세스는 중요도에 따라 우선순위를 갖고 이를 반영한 것이 우선순위 스케줄링이다. 우선순위는 기준을 어떻게 정하느냐에 따라 다양하게 구현할 수 있다.

(2) 성능

작업 시간이 짧은 프로세스의 우선순위를 높게 설정했다면 다음과 같다.

| 프로세스 우선순위 |

프로세스	도착 시간(ms)	작업 시간(ms)	우선순위
P1	0	10	3
P2	3	6	2
P3	5	4	1

P1의 우선순위가 가장 낮지만 시작 시점에서는 P1뿐이므로 10ms 동안 작업이 실행된다. 10ms 이후 P3의 우선순위가 P2보다 높으므로 P3 작업이 실행된다. P3의 도착 시간은 5ms이므로 대기 시간은 10-5=5ms이다. 14ms 이후 P2 작업이 실행되고 대기 시간은 14-3=11ms이다. 3개의 프로세스 평균대기 시간은 (0+5+11)/3≒5.33ms으로 SJF 스케줄링과 같다.

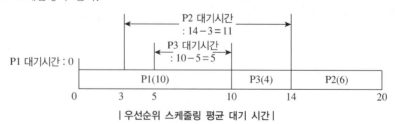

| 우선순위 스케줄링 평균 대기 시간 |

(3) 평가

우선순위 스케줄링은 준비 큐에 있는 프로세스의 순서를 따르지 않고 우선순위가 높은 프로세스에 CPU를 할당하므로 공평성에 위배되고 아사 현상을 일으킨다.

프로세스 우선순위를 매번 바꾸는 것은 오버헤드가 발생하여 시스템의 효율성을 떨어뜨릴 수 있다.

그러나 프로세스의 우선순위는 시스템의 효율성보다 프로세스의 중요도를 기준으로 결정된다.

7. 다단계 큐 스케줄링

(1) 동작 방식

다단계 큐(Multilevel queue) 스케줄링은 우선순위에 따라 준비 큐를 여러 개 사용한다. 프로세스는 운영체제로부터 부여받은 우선순위에 따라 해당 우선순위 큐로 들어간다. 상단에 있는 큐가 우선순위가 높기 때문에 모든 프로세스 작업이 끝나야 다음 우선순위의 큐가 실행된다. 다단계 큐 스케줄링은 우선순위에 따라 다양한 스케줄링이 가능한 선점형 방식이다. 우선순위가 높은 프로세스가 낮은 프로세스보다 먼저 실행될 수 있고, 우선순위에 따라 타임 슬라이스를 조절하여 작업 효율을 높일 수 있다.

다단계 큐 스케줄링은 우선순위가 높은 상위 큐 프로세스의 작업이 끝나야 하위 큐 프로세스가 작업을 할 수 있다. 즉, 우선순위가 높은 프로세스 때문에 우선순위가 낮은 프로세스의 작업이 연기되는 현상이 발생하는데 이를 보완하기 위한 스케줄링 방식이 다단계 피드백 큐 방식이다.

8. 다단계 피드백 큐 스케줄링

(1) 동작 방식

다단계 피드백 큐(Multilevel feedback queue) 스케줄링은 우선순위가 낮은 프로세스의 작업이 연기되는 점을 보완한 방식이다. 다단계 큐 스케줄링과 마찬가지로 우선순위를 가진 여러 개의 큐를 사용한다.

다단계 큐의 경우에는 우선순위의 변화가 없지만, 다단계 피드백 큐의 경우에는 CPU를 사용하고 난 프로세스의 우선순위가 낮아진다. 프로세스가 CPU를 사용하면 원래의 큐로 들어가지 않고 우선순위가 하나 낮은 큐의 끝으로 들어간다.

다단계 피드백 큐 스케줄링의 또 다른 특징은 우선순위에 따라 타임 슬라이스의 크기가 다르다. 우선순위가 낮아질수록 타임 슬라이스 크기가 크다. 마지막 큐에 있는 프로세스는 무한대의 타임 슬라이스를 얻을 수 있는데, 이는 프로세스가 실행되면 CPU를 중간에 빼앗기지 않고 실행된다는 것을 의미한다.

★★☆

프로세스 P가 수행 준비는 되어 있으나 다른 프로세스들이 더 우선적으로 수행되어, 프로세스 P가 계속적으로 CPU 할당을 기다리면서 수행되지 못하는 상태는?

17 지방직 추가 9급

① 교착상태(deadlock)
② 기아상태(starvation)
③ 경쟁상태(race condition)
④ 상호배제(mutual exclusion)

해설 난도 하

정답의 이유
프로세스가 CPU를 할당받을 준비가 되어 있지만 다른 프로세스가 우선적으로 수행되어 계속적으로 CPU를 할당받지 못하는 상태를 기아상태라고 한다.

정답 ②

PLUS 참고

기아상태(Starvation)
프로세스가 수행할 준비는 되어 있지만 다른 프로세스가 우선적으로 수행되어 계속적으로 CPU 할당을 기다리면서 수행되지 못하는 상태를 말한다.

에이징(Aging)
우선순위 스케줄링 알고리즘에서 발생할 수 있는 무한연기 현상을 해결하기 위해 제안된 방법으로, 프로세스에 나이를 부여하고 자원을 할당받지 못하면 나이가 점점 증가하게 된다. 우선순위에 나이를 반영하여 우선순위가 낮았던 프로세스도 나이가 많아지면 자원을 할당받을 수 있다.

CHAPTER 05 프로세스 동기화

중요 학습내용

1. 임계구역의 개념, 해결 조건, 해결 방법에 대해 알 수 있다.
2. 교착상태의 정의, 필요조건, 해결 방법, 예방 방법에 대해 알 수 있다.

01 임계구역

1 임계구역의 이해

1. 임계구역 개념

프로세스가 공동으로 이용하는 변수, 메모리, 파일 등의 공유 자원 접근 순서에 따라 실행 결과가 달라지는 프로그램 영역을 임계구역(Critical Section)이라고 한다.
임계구역에서는 프로세스들이 동시에 작업이 이루어지면 안 되고, 한 프로세스가 임계구역에 들어가면 다른 프로세스는 기다렸다가 임계구역에서 빠져나오면 들어갈 수 있다.

2. 임계구역 해결 조건

(1) 상호 배제(Mutual Exclusion)

한 프로세스가 임계구역에 들어가면 다른 프로세스는 임계구역에 들어갈 수 없다는 것을 의미한다.

(2) 한정 대기(Bounded Waiting)

특정 프로세스가 임계구역에 들어가지 못하는 경우가 발생하면 안 된다는 것을 의미한다.

(3) 진행의 융통성(Progress Flexibility)

한 프로세스가 다른 프로세스의 진행을 방해해서는 안 된다는 것을 의미한다.

3. 임계구역 해결 방법

(1) 피터슨 알고리즘

공유 메모리를 사용하는 방법으로 여러 개의 프로세스가 하나의 자원을 함께 사용할 때 문제가 발생하지 않도록 해주는 알고리즘이다. 피터슨 알고리즘은 임계구역 해결 3가지 조건을 만족하지만 2개의 프로세스만 사용 가능하다는 한계가 있다.

기출플러스➕ ★☆☆

임계지역(critical section) 문제에 대한 해결책이 가져야 하는 성질로 가장 옳지 않은 것은? 18 서울시 9급

① 한 번에 한 프로세스만이 임계지역을 수행하도록 해야 한다.
② 프로세스는 자신이 임계지역을 수행하지 않으면서 다른 프로세스가 임계지역을 수행하는 것을 막으면 안 된다.
③ 프로세스의 임계지역 진입은 유한 시간 내에 이루어져야 한다.
④ 임계지역 문제의 해결책에서는 프로세스의 수행 속도에 대해 적절한 가정을 할 수 있다.

해설 난도 중

정답의 이유
프로세스의 수행 속도에 대한 가정은 임계구역 문제 해결책으로 적합하지 않다.

오답의 이유
①은 상호 배제 조건에 해당한다.
②는 진행의 융통성 조건에 해당한다.
③은 한정 대기 조건에 해당한다.

정답 ④

(2) 데커 알고리즘

피터슨 알고리즘을 제외하고 임계구역 문제를 해결하기 위해서는 검사, 시성 같은 하드웨어의 도움이 필요한데 데커 알고리즘의 경우에는 하드웨어 도움 없이 임계구역 문제를 해결할 수 있다는 것이 특징이다.

(3) 세마포어

세마포어는 프로세스가 임계구역에 진입하기 전에 사용 중이라고 표시[P()]하고, 이후에 도착하는 프로세스는 이전 프로세스가 작업을 마칠 때까지 기다린다. 프로세스가 작업을 마치고 임계구역을 나올 때 비었다고 표시[V()]하면 다음 프로세스가 임계구역에 들어간다. P()는 잠금을 수행하는 코드이고, V()는 잠금 해제와 동기화를 같이 수행하는 코드이다.

(4) 모니터

모니터는 공유 자원을 내부적으로 숨기고 공유 자원에 접근하는 데 필요한 인터페이스만 제공함으로써 자원을 보호하고 프로세스 간에 동기화를 시킨다. 즉, 보호할 자원을 임계구역 안에 숨기고 임계구역에서 작업할 수 있는 인터페이스만 제공하여 자원을 보호한다.

02 교착상태

1 교착상태 개요

1. 교착상태 정의

교착상태(Deadlock)는 2개 이상의 프로세스가 다른 프로세스의 작업이 끝나기만을 기다리며 더 이상 작업을 진행하지 못하는 상태를 의미한다.

2. 교착상태 필요조건★★★

교착상태는 상호 배제, 비선점, 점유와 대기, 원형 대기를 모두 충족해야 발생한다. 이 중 하나라도 충족되지 않으면 교착상태는 발생하지 않는다.

(1) 상호 배제(Mutual Exclusion)

상호 배제는 한 프로세스가 사용하는 자원은 다른 프로세스와 공유할 수 없는 배타적인 자원이어야 한다. 배타적인 자원은 임계구역에 보호되기 때문에 프로세스가 동시에 사용할 수 없다. 즉, 배타적인 자원을 사용할 때 교착상태가 발생한다.

(2) 비선점(Non-preemption)

비선점은 한 프로세스가 사용 중인 자원은 중간에 다른 프로세스가 빼앗을 수 없는 비선점 자원이어야 한다. 자원을 빼앗을 수 없으면 공유할 수 없어 교착상태가 발생한다.

(3) 점유와 대기(Hold and Wait)

점유와 대기는 프로세스가 하나의 자원을 할당받고 다른 자원을 기다리는 상태를 말한다. 교착 상태가 발생하려면 프로세스 간 필요한 자원을 점유하고 있으면서 동시에 다른 자원을 기다리는 상태가 되어야 한다.

(4) 원형 대기(Circular Wait)

원형 대기는 점유와 대기를 하는 프로세스 간의 관계가 원을 이루어야 한다는 것이다. 점유와 대기를 하는 프로세스들이 서로 양보하지 않는 방향이 원을 이루면 교착상태가 발생한다.

3. 교착상태 해결 방법

교착상태를 예방하는 방법은 예방, 회피, 검출, 회복이 있다.

(1) 예방(Prevention)

예방은 교착상태를 유발하는 4가지 조건이 발생하지 않도록 무력화하는 방법이다. 4가지 조건 중 하나라도 막는다면 교착상태는 발생하지 않는다.

(2) 회피(Avoidance)

회피는 자원 할당량을 조절하여 교착 상태를 해결하는 방법이다. 자원을 할당하다가 교착상태가 발생할 가능성이 높으면 자원 할당을 중단하고 지켜본다.

(3) 검출(Detection)

검출은 어떤 제약을 가하지 않고 자원할당 그래프를 모니터링하면서 교착상태가 발생하는지 체크하는 방식이다. 교착상태가 발생할 경우 회복 단계가 진행된다.

(4) 회복(Recovery)

회복은 교착상태가 검출되면 결론적으로 교착 상태를 해결하는 방법을 의미한다.

4. 교착 상태 예방 ★★☆

(1) 상호 배제(Mutual Exclusion) 예방

시스템 내의 독점적으로 사용할 수 있는 배타적인 자원을 모두 없애는 방법이다. 즉, 모든 자원을 공유할 수 있다면 교착상태는 발생하지 않는다.

(2) 비선점(Non-Preemption) 예방

모든 자원을 빼앗을 수 있도록 하는 방법이다. 다른 프로세스가 점유한 자원을 빼앗을 수 있으면 교착상태는 발생하지 않는다.

(3) 점유와 대기(Hold and Wait) 예방

프로세스가 자원을 점유하고 있는 상태에서 다른 자원을 기다리지 못하게 하는 방법이다. 즉, 자원을 전부 할당하거나 할당하지 않는 방식을 말한다.

(4) 원형 대기(Circuar Wait) 예방

점유와 대기를 하는 프로세스가 원형을 이루지 못하도록 하는 방법이다. 모든 자원에 숫자를 부여하고 숫자가 큰 방향으로만 자원을 할당하는 것을 말한다.

CHAPTER 06 메모리 관리

01 메모리 할당

1 메모리 분할 방식

메모리에 여러 개의 프로세스를 배치하는 방법은 가변 분할 방식과 고정 분할 방식이 있다. 가변 분할 방식은 프로세스 크기에 따라 메모리를 나누는 방식이고, 고정 분할 방식은 프로세스 크기에 상관없이 메모리를 같은 크기로 나누는 방식이다.

2 가변 분할 방식 메모리 관리

가상 메모리 시스템에서 가변 분할 방식을 세그먼테이션 기법이라고 한다. 가변 분할 방식은 메모리에 빈 공간이 있어도 공간이 서로 떨어져 있으면 프로세스를 배정하지 못하는 문제가 발생한다. 이와 같은 작은 공간들이 발생하는 현상을 단편화라고 한다.

1. 외부 단편화

메모리에서 프로세스 2, 4가 작업을 마쳐 종료되었다고 하면 해당 자리에 10KB, 13KB의 메모리 공간이 생긴다. 만약 이후 프로세스의 크기가 20KB라고 한다면 메모리 공간을 배정받지 못하는 현상이 발생한다. 이와 같은 현상이 발생할 때 메모리의 작은 빈 공간을 외부 단편화라고 한다.

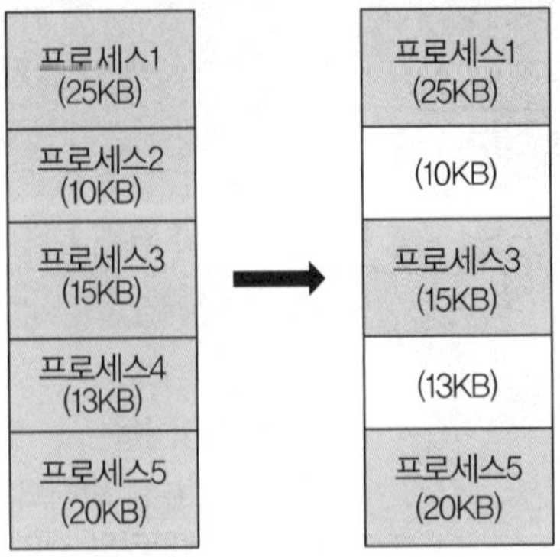
프로세스1 (25KB)
프로세스2 (10KB)
프로세스3 (15KB)
프로세스4 (13KB)
프로세스5 (20KB)
프로세스1 (25KB)
(10KB)
프로세스3 (15KB)
(13KB)
프로세스5 (20KB)

| 가변 분할 방식과 외부 단편화 |

외부 단편화를 해결하기 위한 방법은 메모리 배치 방식과 조각 모음이 있다. 메모리 배치 방식은 작은 빈 공간이 발생하지 않도록 프로세스를 배치하는 방식을 말하며, 조각 모음은 작은 빈 공간들을 모아 하나의 큰 공간으로 만드는 방식을 말한다.

2. 메모리 배치 방식★★☆

메모리 배치 방식은 가변 분할 방식의 외부 단편화 문제를 해결하기 위한 방식으로 최초 배치, 최적 배치, 최악 배치가 있다.

(1) 최초 배치(First fit)

최초 배치는 단편화를 고려하지 않는 방식으로, 메모리의 빈 공간에 프로세스를 배치할 때 적재 가능한 메모리 공간을 순서대로 찾다가 첫 번째로 발견한 공간에 프로세스를 배치한다.

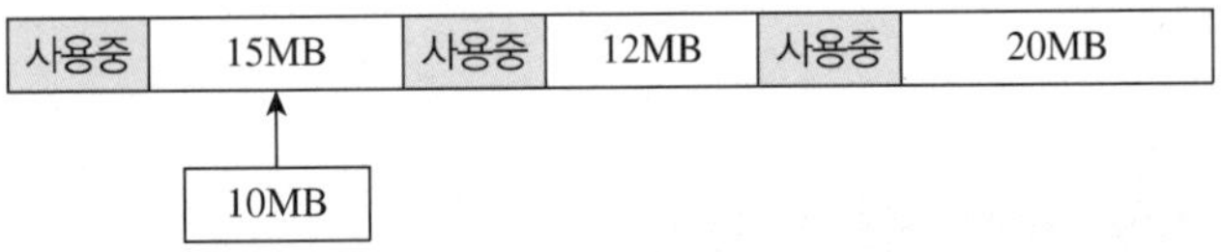
사용중
15MB
사용중
12MB
사용중
20MB
10MB

| 최초 배치 |

(2) 최적 배치(Best fit)

최적 배치는 메모리의 빈 공간을 모두 확인한 후 배치가 가능한 메모리 공간 중 가장 작은 공간에 프로세스를 배치한다.

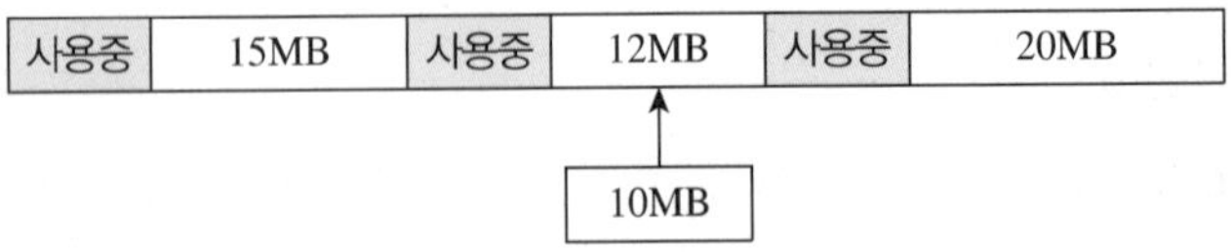
사용중
15MB
사용중
12MB
사용중
20MB
10MB

| 최적 배치 |

기출플러스 ★★☆

다음과 같은 가용 공간을 갖는 주기억장치에 크기가 각각 25KB, 30KB, 15KB, 10KB인 프로세스가 순차적으로 적재 요청된다. 최악적합(worst-fit) 배치전략을 사용할 경우 할당되는 가용 공간 시작주소를 순서대로 나열한 것은?

17 지방직 9급

가용 공간 리스트	
시작주소	크기
w	30KB
x	20KB
y	15KB
z	35KB

① w → x → y → z
② x → y → z → w
③ y → z → w → x
④ z → w → x → y

해설 난도 중

정답의 이유

최악적합 배치는 할당 가능한 메모리 크기 중 가장 큰 공간에 프로세스를 배치하는 방식이다. 프로세스 순서대로 적재되는 공간을 살펴보면 25KB 프로세스는 30KB, 35KB 두 공간에 배치가 가능한데 이 중 큰 공간인 35KB 공간에 배치된다. 즉, 시작주소가 z인 공간에 배치된다. 이와 같은 방법으로 수행하면 30KB → w, 15KB → x, 10KB → y가 된다.

정답 ④

(3) 최악 배치(Worst fit)

최악 배치는 최적 배치와 마찬가지로 메모리의 빈 공간을 모두 확인하지만, 배치는 최적
배치와 정반대로 배치가 가능한 메모리 공간 중 가장 큰 공간에 프로세스를 배치한다.

| 최악 배치 |

3. 조각 모음

조각모음은 서로 떨어져 있는 작은 빈 공간들을 모아서 큰 공간으로 만드는 방식이다.
조각 모음의 순서는 다음과 같다.

(1) 조각 모음을 하기 위해 이동할 프로세스의 동작을 멈춘다.
(2) 프로세서의 위치를 이동시킨다. 원래 위치에서 이동하므로 프로세스의 상대 주소값
　을 변경해준다.
(3) 위의 작업이 끝나면 프로세스를 다시 시작한다.

3 고정 분할 방식 메모리 관리

가상 메모리 시스템에서 고정 분할 방식을 페이징이라고 한다.

1. 내부 단편화

고정 분할 방식에서는 메모리의 크기가 동일하므로 메모리 크기보다 작은 프로세스가
배치되면 작은 빈 공간이 생긴다. 메모리 크기가 15KB라고 하면 프로세스 1-1은 메모리
에 할당되고 프로세스 1-2의 경우에는 공간이 없기 때문에 스왑 영역으로 이동한다.
프로세스 2, 4가 메모리에 할당되면 5KB, 2KB와 같이 작은 빈 공간이 생기는 현상을
내부 단편화라고 한다.

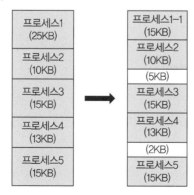

| 고정 분할 방식과 내부 단편화 |

02 가상 메모리 개요

1 가상 메모리 시스템

1. 가상 메모리 개념

물리 메모리의 크기와 관계없이 메모리를 이용할 수 있도록 지원하는 기술이다. 즉, 프로세스는 물리 메모리의 크기를 신경 쓰지 않고 메모리를 사용할 수 있다는 의미이다. 가상 기억 장치를 사용하기 위해서는 가상 주소를 주기억 장치의 실제 주소로 변환하는 주소 매핑(mapping) 필요하다. 프로그램에 표시된 주소를 가상 주소 또는 논리 주소라고 하며, 실제 프로그램이 적재되는 주기억 장치의 주소를 물리 주소라고 한다.

2. 가상 메모리 크기와 주소

실제 가상 메모리의 최대 크기는 물리 메모리의 최대 크기로 한정되고, CPU 비트에 따라 결정된다. 32bit CPU의 경우 32bit로 표현 가능한 개수는 $2^{32} - 1$이고, 최대 메모리 크기는 약 4GB가 된다. 이때 가상 메모리의 크기도 약 4GB이다.

가상 메모리의 최대 크기의 제약이 있지만 실제 사용에 있어서는 크기의 구애를 받지 않고 사용할 수 있다. 만약 그렇다면 2GB 공간을 차지하는 5개의 프로세스를 동시에 실행시키려면 10GB 크기의 메모리가 필요하다. 이때, 가상 메모리 시스템에서는 물리 메모리의 일부를 하드디스크의 일부 공간인 스왑 영역으로 옮긴다.

스왑 영역은 가상 메모리 구성 요소 중 하나로 하드디스크에 존재하지만, 메모리 관리자가 관리하는 영역으로 메모리의 일부이다. 메모리 관리자는 물리 메모리의 부족한 부분을 스왑 영역을 사용하여 보완한다. 물리 메모리가 꽉 찼을 때 프로세스의 일부를 스왑 영역으로 보내고(스왑아웃), 몇 개의 프로세스 작업이 끝나면 스왑 영역에서 다시 메모리로 가져온다(스왑인).

메모리 관리자는 물리 메모리와 스왑 영역의 가상 주소를 실제 메모리의 물리 주소로 변환하는데, 이와 같은 작업을 동적 주소 변환(DAT, Dynamic Address Translation)이라고 한다. 동적 주소 변환을 거치면 프로세스는 데이터를 물리 메모리에 배치할 수 있다.

3. 가상 메모리 분할 방식

가상 메모리 시스템에서 가변 분할 방식을 이용한 메모리 관리 기법은 세그먼테이션이라고 하며, 고정 분할 방식을 이용한 메모리 관리 기법을 페이징이라고 한다.

1 페이징 기법 구현

페이징 기법은 고정 분할 방식을 이용한 가상 메모리 관리 기법으로, 물리 주소 공간을 같은 크기로 나누어 사용한다. 가상 주소의 분할된 영역을 페이지라고 하며, 페이지 번호는 0부터 시작한다. 물리 주소의 분할된 영역은 프레임이라고 부르며, 페이지와 같이 번호를 매겨 관리한다. 페이지와 프레임의 크기는 같다.

페이지 테이블에는 모든 페이지의 위치 정보가 담겨있다. 즉, 가상 주소의 각 페이지가 물리 주소의 어디에 위치하는지 나타낸다. 아래 페이지 테이블에서 페이지 1은 프레임 0에 있다는 것을 의미한다. 페이지 테이블을 참조하여 가상 주소와 물리 주소의 연결을 살펴보면 다음과 같다. 페이지가 물리 메모리에 존재하지 않을 때는 페이지 테이블 프레임에 Invaild라고 표기된다. Invaild는 해당 페이지가 스왑 영역에 있다는 것을 의미한다.

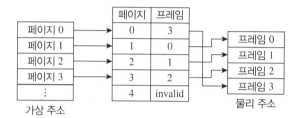

| 페이징 기법 구현 |

2 페이징 기법 주소 변환

1. 주소 변환 과정

만약 가상 주소와 물리 주소의 크기가 10Byte라고 가정하면, 각 페이지와 프레임에는 10개의 주소가 있다. 가상 주소 23번지에 어떤 데이터를 저장하려고 할 때 가상 주소가 물리 주소로 변환되는 과정은 다음과 같다.

(1) 가상 주소 23번지가 어떤 페이지에 있는지 찾는다.

(2) 페이지 2가 프레임 1번에 있다는 것을 확인한다.

(3) 가상 주소 23번지는 페이지의 4번째에 있으므로 프레임 1의 3번 자리에 저장한다.

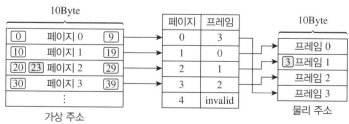

· | 페이징 기법의 주소 변환 |

페이지 크기가 2,000byte인 페이징 시스템에서 페이지테이블이 다음과 같을 때 논리주소에 대한 물리주소가 옳게 짝지어진 것은? (단, 논리주소와 물리주소는 각각 0에서 시작되고, 1byte 단위로 주소가 부여된다) 17 국가직 9급

페이지번호(논리)	프레임번호(물리)
0	7
1	3
2	5
3	0
4	8

	논리주소	물리주소
①	4,300	2,300
②	3,600	4,600
③	2,500	6,500
④	900	7,900

해설 난도 상
정답의 이유
논리주소 2500을 VA=⟨P,D⟩로 변환하면 P는 2500/2000의 몫 1이 되고, D는 2500/2000의 나머지 500이 된다. 즉, 논리주소 2500은 VA=⟨1,500⟩으로 표기되므로 페이지 1의 500번째 위치한 주소임을 알 수 있다. 물리주소 6500도 동일하게 수행하면 PA=⟨3,500⟩이 되며, 프레임 3번의 500번째 주소임을 알 수 있다. 논리주소 2500은 페이지 1에 속해 있으므로 프레임 3의 500번째 주소로 변환되어야 한다. 즉, 프레임 3의 500주소가 6500인 것을 알 수 있다.

오답의 이유
① 논리주소 4300은 VA=⟨2,300⟩이고, 물리주소 2300은 PA=⟨1,300⟩이다. 논리주소 4300은 페이지 2에 속해있으므로 프레임 1이 아닌 프레임 5의 300번째 주소로 변환되어야 한다.
② 논리주소 3600은 VA=⟨1,1600⟩이고, 물리주소 4600은 PA=⟨2,600⟩이다. 논리주소 3600은 페이지 1번에 속해 있으므로 프레임 2가 아닌 프레임 3의 1600번째 주소로 변환되어야 한다.
④ 논리주소 900은 VA=⟨0,900⟩이고, 물리주소 7900은 PA=⟨3,1900⟩이다. 논리주소 900은 페이지 0번에 속해있으므로 프레임 3이 아닌 프레임 7의 900번째 주소로 변환되어야 한다.

정답 ③

2. 정형화된 주소 변환

가상 주소를 정형화된 주소로 표현하면 VA=⟨P,D⟩가 된다. VA는 가상 주소(Virtual Address), P는 페이지(Page), D는 페이지의 첫 번째 주소부터 해당 주소까지의 거리(Distance)를 의미한다. D를 오프셋(Offset)이라고도 한다.

만약, 가상 주소 24를 정형화된 주소로 나타내면 VA=⟨2,4⟩로 작성하며, 이는 페이지 2의 4번째 주소라는 것을 의미한다.

정형화된 주소 변환은 가상 주소 VA=⟨P,D⟩를 물리 주소 PA=⟨F,D⟩로 변환하는 것이다. PA는 물리 주소(Physical Address), F는 프레임(Frame), D는 프레임의 첫 번째 주소부터 해당 주소까지의 거리(Distance)를 의미한다.

VA=⟨2,4⟩이 PA⟨1,4⟩로 변환되었다는 의미는 페이지 2의 4번째 가상 주소(24)가 프레임 1의 4번째 물리 주소로 변환되었다는 것을 의미한다. 가상 주소와 물리 주소의 주소 개수가 같으면 거리 D 값이 동일한 것을 알 수 있다.

3. 실제 컴퓨터 주소 변환

컴퓨터는 2진수를 사용하므로 한 페이지의 크기는 2의 지수승이 된다. 따라서, 한 페이지의 크기는 2^{10}(1024), 2^{11}(2048), 2^{12}(4096) 등으로 될 수 있다. 이와 같이 크기가 다양할 경우 가상 주소를 VA=⟨P,D⟩로 변환하는 공식은 다음과 같다.

> P=가상 주소를 한 페이지의 크기로 나눈 몫
> D=가상 주소를 한 페이지의 크기로 나눈 나머지

페이지 크기가 1,024byte일 때 가상 주소 4000은 P는 4000/1024의 몫인 3, D는 4000/1024의 나머지인 928이 되므로 VA=⟨3,928⟩로 표기된다. 가상 주소 4000은 페이지 3의 928번째 주소라는 것을 알 수 있다.

16bit CPU 컴퓨터에서 한 페이지의 크기가 2^{12}(4,096)byte일 때 페이지 구성은 다음과 같다. 16bit CPU 컴퓨터의 가상 메모리 크기는 2^{16}(65,536)byte가 되고, 한 페이지의 크기가 2^{12}이므로 2^4은 페이지의 개수가 된다. 즉, 해당 시스템은 한 페이지는 4,096개의 번지, 페이지의 개수는 16개로 구성된다.

 PLUS 참고 TLB(Translation Lookaside Buffer)

시스템 내의 프로세스는 하나의 페이지 테이블을 가지고 있다. 페이지 테이블의 크기가 너무 커지면 프로세스가 실제로 사용할 수 있는 메모리 영역이 줄어든다. TBL은 변환 색인 버퍼라고 하며, 페이지 테이블 전체를 스왑 영역에서 관리하고 페이지 테이블의 일부만 물리 메모리로 가져오는 방식인 연관 매핑에서 물리 메모리에 존재하는 일부 페이지의 테이블을 의미한다.

04 세그먼테이션 기법

세그먼테이션 기법은 가변 분할 방식을 이용한 가상 메모리 관리 기법으로, 물리 메모리를 프로세스 크기에 따라 가변적으로 나눠 사용한다.

1 세그먼테이션 기법 구현

세그먼테이션 기법에서 가상 주소가 물리 주소로 변환되는 과정을 살펴보면 세그먼테이션에서도 페이징 기법과 마찬가지로 매핑 테이블을 사용하는데, 세그먼테이션 테이블이라고도 한다.

세그먼테이션 테이블은 세그먼트의 크기를 나타내는 limit와 물리 메모리상의 시작 주소인 address로 구성된다. 세그먼테이션 기법에서는 프로세스 크기에 따라 메모리에 할당되기 때문에 매핑 테이블에 크기 정보를 가지고 있다.

프로세스 D처럼 물리 메모리 공간이 부족하여 할당받지 못할 때 스왑 영역으로 이동하고, 세그먼테이션 테이블에는 Invalid라고 표기된다.

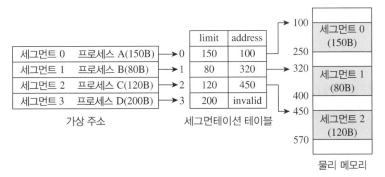

| 세그먼테이션 기법 구현 |

2 주소 변환

세그먼테이션 기법에서는 가상 주소를 VA=⟨S,D⟩라고 표기한다. S는 세그먼트 번호를 의미하고, D는 세그먼트 시작 위치에서 해당 주소까지의 거리를 나타낸다.

프로세스 A의 50번지에 접근할 때 주소 변환 과정은 다음과 같다.

(1) 먼저 가상 주소를 구하면 프로세스 A는 세그먼트 0에 속하므로 S=0이고, D는 50이 된다. 따라서 VA=⟨0,50⟩이 된다.

(2) 세그먼테이션 테이블의 시작 주소 100에서 D의 값 50을 더하여 물리 주소 150을 구한다. 150 주소 값이 세그먼트의 크기를 벗어나는지 확인한다. 만약 크다면 해당 프로세스를 강제 종료시키고, 크지 않다면 물리 주소를 구한다.

캐시 메모리 시스템을 구성할 때 일반적으로 캐시 블록은 복수의 워드를 가지도록 구성되는데, 이것은 어떤 항목이 참조되면 그 근처에 있는 다른 항목들도 곧바로 참조될 가능성이 높다는 메모리 참조의 특성에 기반을 두고 있다. 이러한 특성으로 옳은 것은?   14 지방직 9급

① 시간적 지역성(temporal locality)
② 캐시 일관성(cache coherence)
③ 공간적 지역성(spatial locality)
④ 영속적 바인딩(persistent binding)

해설 난도중

정답의 이유
공간의 지역성은 현재 위치에서 가까운 데이터에 접근할 확률이 멀리 있는 데이터에 접근할 확률보다 높다는 것이다.

오답의 이유
①은 현재 시점을 기준으로 가장 가까운 시간에 접근한 데이터가 먼 시간에 접근한 데이터보다 사용될 확률이 높다는 것이다.
②는 공유 메모리 시스템에서 프로세스가 가진 로컬 캐시 간의 일관성을 말한다.
정답 ③

기술플러스✚ ★★☆

운영체제에서 가상 메모리의 페이지 교체 기법에 대한 설명으로 가장 옳지 않은 것은?   19 서울시 9급

① FIFO 기법에서는 아무리 참조가 많이 된 페이지라도 교체될 수 있다.
② LRU 기법을 위해서는 적재된 페이지들의 참조된 시간 또는 순서에 대한 정보가 필요하다.
③ Second-chance 기법에서는 참조 비트가 0인 페이지는 교체되지 않는다.
④ LFU 기법은 많이 참조된 페이지는 앞으로도 참조될 확률이 높을 것이란 판단에 근거한 기법이다.

해설 난도중

정답의 이유
2차 기회(Second Chance) 페이지 교체 알고리즘은 특정 페이지에 접근하여 페이지 부재가 발생하지 않으면 해당 페이지를 큐의 맨 뒤로 이동시켜 대상 페이지에서 제외한다.
정답 ③

(3) 물리 주소 150번지에 접근하여 데이터를 읽거나 쓴다.

물리 주소가 세그먼트 크기보다 클 때 프로세스를 강제 종료시키는데, 이때 발생하는 오류를 트랩(Trap)이라고 한다. 트랩이 발생하면 운영체제는 사용자에게 세그먼테이션 오류 메시지를 보내게 된다.

✚PLUS 참고 | 지역성

메모리가 꽉 차서 어떤 페이지를 스왑 영역으로 내보낼 때 페이지 교체 알고리즘이 내보낼 페이지를 찾을 때 지역성을 바탕으로 한다.
지역성은 기억장치에 접근하는 패턴이 메모리 전체에 분포하는 것이 아니라 특정 영역에 집중되는 것을 말한다. 지역성은 공간의 지역성, 시간의 지역성, 순차적 지역성으로 나뉜다.
• 공간의 지역성(Spatial locality)
  공간의 지역성은 현재 위치에서 가까운 데이터에 접근할 확률이 멀리 있는 데이터에 접근할 확률보다 높다는 것이다.
• 시간의 지역성(Temporal locality)
  시간의 지역성은 현재 시점을 기준으로 가장 가까운 시간에 접근한 데이터가 먼 시간에 접근한 데이터보다 사용될 확률이 높다는 것이다.
• 순차적 지역성(Sequentail locality)
  순차적 지역성은 여러 작업이 순서대로 진행되는 경향이 있다는 것을 의미한다.

05 페이지 교체 알고리즘

1 페이지 교체 알고리즘 개요

페이지 교체 알고리즘은 스왑 영역으로 내보낼 페이지를 결정하는 알고리즘으로, 메모리에서 앞으로 사용될 확률이 낮은 페이지를 대상 페이지로 선정하여 페이지 부재를 줄이고 시스템 성능을 향상시킨다.

2 페이지 교체 알고리즘 종류★★★

페이지 교체 알고리즘의 종류와 특징은 다음과 같다.

| 페이지 교체 알고리즘의 종류와 특징 |

종류	알고리즘	특징
간단한 알고리즘	무작위	무작위로 대상 페이지를 선정하는 알고리즘
	FIFO	처음 메모리에 올라온 페이지를 선정하는 알고리즘
최적 근접 알고리즘	LRU	시간적으로 가장 멀리 떨어진 페이지를 선정하는 알고리즘
	LFU	최근에 사용 빈도가 적은 페이지를 선정하는 알고리즘
	NUR	최근에 사용한 적이 없는 페이지를 선정하는 알고리즘
	FIFO 변형	FIFO 알고리즘을 변형하여 성능을 높인 알고리즘

앞으로 소개할 페이지 교체 알고리즘은 3개의 페이지 프레임으로 구성된 기억장치에서 페이지 요청이 일어난다고 가정한다. 페이지 부재가 발생할 경우 F라고 표시한다.

1. 무작위 페이지 교체 알고리즘

무작위 페이지 교체 알고리즘은 페이지 교체 알고리즘 중 가장 간단하게 구현할 수 있는 방법이다. 스왑 영역으로 내보낼 페이지를 선정할 때 무작위로 대상 페이지를 선정하는 알고리즘이다.

2. FIFO 페이지 교체 알고리즘

FIFO 페이지 교체 알고리즘은 선입선출 페이지 교체 알고리즘이라고도 하며, 시간적으로 메모리에 가장 빨리 들어온 페이지를 선정하여 스왑 영역으로 내보낸다. 메모리에서 가장 위에 있는 페이지가 가장 오래된 페이지이고 새로운 페이지는 가장 아래로 삽입된다. 메모리가 꽉 차면 가장 위에 있는 페이지가 스왑 영역으로 가고 나머지 페이지들은 한 칸씩 위로 이동하고, 새로운 페이지는 가장 아래에서 삽입된다. 요청된 페이지 번호 순서는 2, 3, 1, 2, 4, 1, 2, 3, 1, 4라고 가정한다.

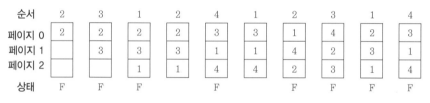

| FIFO 페이지 교체 알고리즘 동작 |

3번째까지 메모리에 일치하는 페이지가 없어 페이지 부재가 일어난다. 4번째 요구 페이지로 2가 들어오는데 메모리에 페이지 2가 존재하기 때문에 페이지 부재가 발생하지 않는다. 총 10번의 페이지 요청에 페이지 부재는 8번 발생하는 것을 확인할 수 있다. FIFO 페이지 교체 알고리즘은 먼저 들어온 페이지를 항상 스왑 영역으로 옮긴다. 그러나 메모리에 먼저 들어왔더라도 자주 사용되는 페이지가 있는데 이와 같은 점을 고려하지 않아 성능이 떨어지는 문제점이 있다.

3. 최적 페이지 교체 알고리즘

최적 페이지 교체 알고리즘은 앞으로 사용하지 않을 페이지를 스왑 영역으로 옮긴다. 메모리가 사용할 페이지를 미리 살펴보고 페이지 교체 시점부터 사용 시점까지 가장 멀리 있는 페이지를 대상 페이지로 선정한다.

3번째까지 메모리에 일치하는 페이지가 없어 페이지 부재가 일어난다. 5번째 순서를 살펴보면 요청 페이지가 4이고 메모리에는 페이지 2, 3, 1이 있다. 이때, 최적 페이지 교체 알고리즘은 해당 페이지들이 앞으로 사용되는 순서를 살펴본다. 2의 경우에는 7번째, 3의 경우에는 8번째, 1의 경우에는 6번째 사용되므로 가장 나중에 사용되는

이론플러스 ➕
페이지 교체 알고리즘 종류와 특징

종류	알고리즘	특징
간단한 알고리즘	무작위	무작위로 대상 페이지를 선정하는 알고리즘
	FIFO	처음 메모리에 올라온 페이지를 선정하는 알고리즘
최적 근접 알고리즘	LRU	시간적으로 가장 멀리 떨어진 페이지를 선정하는 알고리즘
	LFU	최근에 사용 빈도가 적은 페이지를 선정하는 알고리즘
	NUR	최근에 사용한 적이 없는 페이지를 선정하는 알고리즘
	FIFO 변형	FIFO 알고리즘을 변형하여 성능을 높인 알고리즘

FIFO 페이지 교체 알고리즘을 사용하는 가상메모리에서 프로세스 P가 다음과 같은 페이지 번호 순서대로 페이지에 접근할 때, 페이지 부재(page-fault) 발생 횟수는? (단, 프로세스 P가 사용하는 페이지 프레임은 총 4개이고, 빈 상태에서 시작한다)　19 국가직 9급

1 2 3 4 5 2 1 1 6 7 5

① 6회　　② 7회
③ 8회　　④ 9회

해설 난도 상

정답의 이유

FIFO 페이지 교체 알고리즘은 메모리에서 요청된 페이지가 메모리에 존재하지 않을 때 가장 위에 있는 페이지를 스왑 영역으로 옮기고 새로운 페이지는 가장 아래로 삽입한다. 페이지 부재는 총 8번 발생한다.

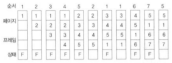

정답 ③

페이지 3을 스왑 영역으로 옮긴다. 이와 같은 방법으로 수행하면 총 10번의 페이지 요청에 페이지 부재는 5번 발생하나.

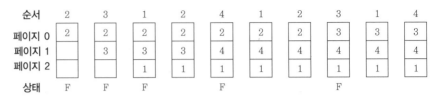

순서	2	3	1	2	4		1	2	3	1	4
페이지 0	2	2	2	2	2		2	2	3	3	3
페이지 1		3	3	3	4		4	4	4	4	4
페이지 2			1	1	1		1	1	1	1	1
상태	F	F	F		F				F		

| 최적 페이지 교체 알고리즘 동작 |

최적 페이지 교체 알고리즘은 앞으로의 메모리 접근 패턴을 보고 대상 페이지를 결정하기 때문에 성능이 좋다. 그러나 앞으로의 메모리 접근 패턴을 실제로 구현하기가 어렵다.

4. LRU 페이지 교체 알고리즘

LRU(Least Recently Used) 페이지 교체 알고리즘은 최근에 최소로 사용된 페이지를 대상 페이지로 선정한다. 즉, 메모리에 올라온 후 가장 오랫동안 사용되지 않은 페이지를 스왑 영역으로 옮긴다.

LRU 페이지 교체 알고리즘의 가장 간단한 형태는 페이지에 접근한 시간을 기록하여 페이지에 접근한 지 가장 오래된 페이지를 교체하는 방법이다. 첫 번째 요청 페이지는 2이므로 2를 작성하고, 첫 번째 순서로 요청되었기 때문에 (1)이라고 표기하였다. 4번째를 보면 페이지 2가 요청되는데 메모리상에 존재하기 때문에 요청 순서만 (1) → (4)로 변경해준다. 5번째에서 요청 페이지가 4인데 메모리상에 존재하지 않기 때문에 현재 시점에서 요청 순서가 가장 오래된 3(2) 페이지를 스왑 영역으로 옮긴다. 이와 같은 방법으로 수행하면 총 10번의 페이지 요청에 페이지 부재는 6번 발생한다.

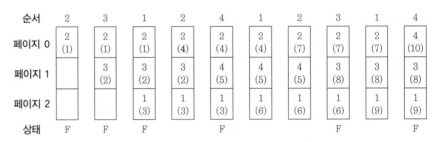

순서	2	3	1	2	4	1	2	3	1	4
페이지 0	2 (1)	2 (1)	2 (1)	2 (4)	2 (4)	2 (4)	2 (7)	2 (7)	2 (7)	4 (10)
페이지 1		3 (2)	3 (2)	3 (2)	4 (5)	4 (5)	4 (5)	3 (8)	3 (8)	3 (8)
페이지 2			1 (3)	1 (3)	1 (3)	1 (6)	1 (6)	1 (6)	1 (9)	1 (9)
상태	F	F	F		F			F		F

| LRU 페이지 교체 알고리즘 동작 |

5. LFU 페이지 교체 알고리즘

LFU(Least Frequently Used) 페이지 교체 알고리즘은 사용 빈도가 가장 적은 페이지를 대상 페이지로 선정한다. 즉, 메모리에 있는 페이지마다 사용된 횟수를 확인하여 횟수가 가장 적은 페이지를 스왑 영역으로 옮긴다. 4번째에서 요청 페이지가 2이고 메모리상에 페이지가 존재하므로 사용 횟수가 1증가하여 2(2)가 된다. 5번째에서는 페이지 3, 1의 사용 빈도가 같은데 메모리상에서 위쪽에 위치한 페이지 3을 스왑 영역으로 옮겼다. 이와 같은 방법으로 수행하면 총 10번의 페이지 요청에 페이지 부재는 6번 발생한다.

순서	2	3	1	2	4	1	2	3	1	4
페이지 0	2(1)	2(1)	2(1)	2(2)	2(2)	2(2)	2(3)	2(3)	2(3)	2(3)
페이지 1		3(1)	3(1)	3(1)	4(1)	4(1)	4(1)	3(1)	3(1)	4(1)
페이지 2			1(1)	1(1)	1(1)	1(2)	1(2)	1(2)	1(3)	1(3)
상태	F	F	F		F			F		F

| LFU 페이지 교체 알고리즘 동작 |

6. NUR 페이지 교체 알고리즘

NUR(Not Used Recently) 페이지 교체 알고리즘은 최근에 사용되지 않은 페이지를 대상 페이지로 선정한다. NUR 페이지 교체 알고리즘은 추가 비트 2개를 사용하여 미래를 추정한다. 하나의 비트는 참조 비트로 페이지에 접근하면 1이 되고, 나머지 하나는 변경 비트로 페이지가 변경되면 1이 된다.

모든 페이지의 초기 상태는 (0,0)이고, 페이지에 읽기 또는 실행 같은 '접근'이 발생하면 (1,0)이 된다. 만약 페이지에 쓰기 또는 추가 같은 '변경'이 일어나면 (0,1)이 되고, 두 가지 연산 모두 발생하면 (1,1)이 된다.

대상 페이지를 (0,0), (0,1), (1,0), (1,1) 중에 하나를 선정하는데, 가장 먼저 (0,0) 페이지를 선정한다. 만약 (0,0) 페이지가 없으면 (0,1) 페이지를 선정하고, (0,1) 페이지가 없으면 (1,0) 페이지를 선정한다. (0,0), (0,1), (1,0) 페이지가 모두 없으면 (1,1) 페이지를 선정한다. 따라서, 우선적으로 고려되어야 할 대상은 참조 비트이다. 참조 비트가 0인 페이지를 먼저 찾고, 없으면 변경 비트가 0인 페이지를 찾는다. 만약 모든 페이지가 (1,1)이라면 모든 페이지 비트를 (0,0)으로 초기화하고 무작위로 대상 페이지를 선정한다.

첫 번째 숫자는 참조 비트이고, 두 번째 숫자는 변경 비트이다. 여기서는 모든 작업은 읽기 연산이라고 가정하고, 만약 같은 비트의 페이지가 여러 개일 때는 가장 위에 있는 페이지를 스왑 영역으로 옮기기로 했다.

4번째에서 페이지 2가 요청되면 페이지 2 비트가 (1,0)이 된다. 5번째에서 페이지 4가 요청되고, 페이지 3, 1의 비트가 같기 때문에 위에 있는 3번 페이지가 스왑 영역으로 옮겨진다. 이와 같은 방법으로 수행하면 총 10번의 페이지 요청에 페이지 부재는 6번 발생한다.

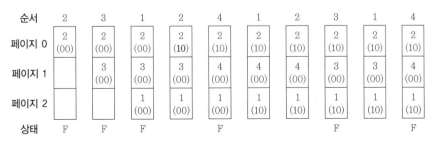

| NUR 페이지 교체 알고리즘 동작 |

7. FIFO 변형 페이지 교체 알고리즘

FIFO 페이지 교체 알고리즘은 메모리에 올라온 순서만 고려하고 자주 사용하는 페이지를 고려하지 않기 때문에 성능이 좋지 않았다. 이와 같은 단점은 보완한 알고리즘으로 2차 기회 페이지 교체 알고리즘과 시계 알고리즘이 있다.

(1) 2차 기회 페이지 교체 알고리즘

2차 기회(Second Chance) 페이지 교체 알고리즘은 특정 페이지에 접근하여 페이지 부재가 발생하지 않으면 해당 페이지를 큐의 맨 뒤로 이동시켜 대상 페이지에서 제외한다. 4번째에서 요구된 페이지 2가 메모리에 존재하므로 페이지 2를 메모리의 가장 아래로 옮긴다. FIFO 페이지 교체 알고리즘에서는 페이지 부재가 8번 발생했는데, 2차 기회 페이지 교체 알고리즘에서는 페이지 부재가 6번 발생한 것을 알 수 있다.

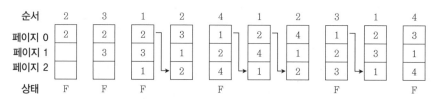

|2차 기회 페이지 교체 알고리즘 동작|

(2) 시계 알고리즘

시계 알고리즘은 2차 기회 페이지 교체 알고리즘과 유사하지만, 2차 기회 페이지 교체 알고리즘은 큐를 사용하지만 시계 알고리즘은 원형 큐를 사용하는 것이 차이점이다. 스왑 영역으로 옮길 대상 페이지를 가리키는 포인터를 사용한다. 포인터가 메모리의 가장 아래로 내려가면 다음번에는 메모리의 가장 위를 가리킨다.

시계 알고리즘에서는 각 페이지에 참조 비트를 하나씩 사용한다. 참조 비트는 0으로 초기화되고, 페이지를 성공적으로 참조하면 1이 된다. 포인터는 스왑 영역으로 옮겨질 페이지를 가리키고 해당 페이지가 옮겨지면 포인터는 한 칸 아래를 가리킨다. 이 때 참조 비트가 1인 페이지는 건너뛰고, 다음 페이지를 가리킨다. 건너뛴 페이지는 다음 대상에서 제외하지 않기 위해 참조 비트를 1에서 0으로 바꾼다.

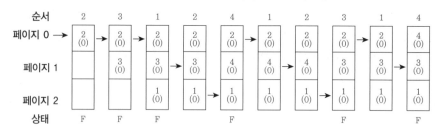

|시계 알고리즘 동작|

3번째 순서까지 포인터는 페이지 2를 대상 페이지로 가리키고 있다. 4번째 요청된 페이지 2가 메모리에 존재하므로 참조 비트가 1이 되는데, 포인터는 참조 비트가 1인 포인터를 건너뛰기 때문에 페이지 3을 가리키게 된다. 그리고 페이지 2의 참조 비트는

0으로 바꾼다. 5번째 요청된 페이지가 4인데 메모리에 페이지가 존재하지 않으므로 페이지 부재가 발생한다. 이때, 포인터가 가리키는 페이지 3이 스왑 영역으로 옮겨진다. 이후 포인터는 한 칸 아래로 내려가 페이지 1을 가리킨다.

06 스레싱

1 스레싱의 이해

1. 스레싱 개념

하드디스크의 입출력이 너무 많아져서 잦은 페이지 부재로 작업이 멈춘 것 같은 상태를 말한다.

2. 물리 메모리의 크기와 스레싱

스레싱은 메모리 크기가 일정할 경우 멀티프로그램의 수와 밀접한 관계가 있다. 동시에 실행되는 프로그램의 수를 멀티프로그래밍 정도(Degree of Multiprogramming)라고 하며, 멀티프로그래밍 정도가 너무 높으면 스레싱이 발생한다.

실행 프로그램 수가 많아져 메모리가 꽉 차면 CPU가 작업하는 시간보다 스왑 영역으로 보내고 새로운 페이지를 메모리에 가져오는 작업이 빈번해져 CPU가 작업할 수 없는 상태에 이르는 시점을 스레싱 발생 시점(threshing point)이라고 한다.

3. 스레싱과 프레임 할당

스레싱은 각 프로세스에 프레임을 할당하는 것과도 관계가 있다. 여러 프로세스에 프레임을 얼마나 할당하느냐에 따라 시스템 성능이 달라진다. 프로세스에게 너무 적은 프레임을 할당하면 페이지 부재가 빈번하게 발생하고, 너무 많은 프레임을 할당하면 페이지 부재는 줄어들지만 메모리가 낭비될 수 있다. 프로세스에 프레임을 할당하는 방식은 정적 할당과 동적 할당이 있다.

2 정적 할당

정적 할당 방식은 프로세스 실행 초기에 프레임을 나눠주고 그 크기를 고정하는 방식으로, 균등 할당 방식과 비례 할당 방식이 있다.

기출플러스➕   ★★☆
스레싱(Thrashing)에 대한 설명으로 옳지 않은 것은?   18 국가직 9급

① 프로세스의 작업 집합(Working Set)이 새로운 작업 집합으로 전이 시 페이지 부재율이 높아질 수 있다.
② 작업 집합 기법과 페이지 부재 빈도(Page Fault Frequency) 기법은 한 프로세스를 중단(Suspend)시킴으로써 다른 프로세스들의 스레싱을 감소시킬 수 있다.
③ 각 프로세스에 설정된 작업 집합 크기와 페이지 프레임 수가 매우 큰 경우 다중 프로그래밍 정도(Degree of Multiprogramming)를 증가시킨다.
④ 페이지 부재 빈도 기법은 프로세스의 할당받은 현재 페이지 프레임 수가 설정한 페이지 부재율의 하한보다 낮아지면 보유한 프레임 수를 감소시킨다.

해설 빈도중
정답의 이유
작업 집합 크기와 페이지 프레임 수가 매우 큰 경우는 멀티프로그래밍 정도를 감소시켜 스레싱이 발생하지 않도록 한다.
정답 ③

1. 균등 할당

균등 할당 방식은 프로세스의 크기에 상관없이 프레임을 모든 프로세스에게 동일하게 할당한다. 크기가 큰 프로세스의 경우 필요한 만큼 프레임을 할당받지 못하기 때문에 페이지 부재가 빈번하게 발생하고, 크기가 작은 프로세스의 경우에는 메모리가 낭비된다.

2. 비례 할당

비례 할당 방식은 프로세스의 크기에 비례하여 프레임을 할당하는 방식이다. 프로세스가 실행 중에 필요로 하는 프레임을 유동적으로 할당하지 못하며, 사용하지 않을 메모리를 처음부터 미리 확보하여 공간을 낭비한다.

3 동적 할당

정적 할당 방식은 프로세스를 실행하는 초기에 프레임을 할당하기 때문에 실행 도중 메모리의 요구를 반영하지 못한다. 다양하게 변하는 요청을 수용하는 방식이 동적 할당이다. 동적 할당 방식에는 작업 집합 모델 방식과 페이지 부재 빈도 방식이 있다.

1. 작업 집합 모델

작업 집합(Woking Set) 모델은 지역성 이론을 바탕으로 하고, 가장 최근에 접근한 프레임이 이후에도 또 참조될 가능성이 높다는 가정에서 출발한다. 최근 일정 시간 동안 참조된 페이지 집합을 만들고, 집합에 있는 페이지들을 물리 메모리에 유지하여 프로세스 실행을 지원한다.

작업 집합에 포함되는 페이지의 범위를 작업 집합 윈도우라고 하고, 현재 시점에 최대 어느 범위까지 페이지를 살펴볼 것인가를 결정하는 역할을 한다.

작업 집합 모델에서는 작업 집합 윈도우의 크기에 따라 프로세스의 실행 성능이 달라진다. 작업 집합 윈도우의 크기를 너무 크게 잡으면 페이지가 메모리에 남아 다른 프로세스에 영향을 미치고, 너무 작게 잡으면 필요한 페이지가 스왑 영역으로 옮겨져서 프로세스 성능이 떨어진다.

프로세스의 작업 집합이 새로운 작업 집합으로 전이 시 페이지 부재율이 높아질 수 있다.

2. 페이지 부재 빈도

작업 집합 모델은 충분한 페이지를 할당하지 않으면 작업 집합에 있는 페이지를 물리 메모리에 유지하기 힘들다. 작업 집합 모델은 어떤 페이지를 물리 메모리에 유지를 해야 하는지는 알지만 얼마나 할당해야 하는지는 알 수 없다. 따라서 작업 집합 모델은 프로세스의 성능을 높이는 방법이지만 스레싱 문제는 해결하지 못한다.

프로세스가 필요로 하는 페이지의 양을 동적으로 결정하는 방법 중 페이지 부재 빈도를 이용하는 방법이 있다. 페이지 부재 횟수를 기록하여 페이지 부재 비율을 계산하는 방식으로 페이지 부재 비율의 상한선과 하한선을 결정한다. 페이지 부재 비율이 상한선을 초과하면 할당 프레임이 적다는 것을 의미하고 프레임을 추가해서 늘린다. 반대로 페이지 부재 비율이 하한선 아래로 내려가면 메모리가 낭비된다는 것을 의미하고 보유한 프레임 수를 감소시킨다.

작업 집합 모델과 페이지 부재 빈도 기법에서는 한 프로세스를 중단시킴으로써 다른 프로세스들의 스레싱을 감소시킬 수 있다.

CHAPTER 07 저장장치 관리

중요 학습내용
1. 디스크 스케줄링 종류와 특징에 대해 알 수 있다.
2. RAID의 개념과 종류별 특징을 알 수 있다.

01 디스크 스케줄링

1 디스크 스케줄링 목적

디스크 스케줄링은 트랙의 이동을 최소화하여 탐색 시간을 줄이는 데 목적이 있다. 각 디스크 스케줄링은 아래와 같은 트랙 순서대로 접근한다고 가정하고, 트랙의 총 이동 거리를 구하도록 한다. 헤드의 위치가 20이라고 가정하고, 트랙 순서와 번호는 다음과 같다.

순서	1	2	3	4	5	6	7
트랙 번호	3	18	13	6	28	10	25

2 디스크 스케줄링 종류

1. FCFS 디스크 스케줄링

FCFS(First Come First Service) 디스크 스케줄링은 가장 간단한 디스크 스케줄링으로, 요청이 들어온 트랙 번호 순서대로 스케줄링한다. 네모 위의 숫자는 이전 트랙에서 해당 트랙까지 헤드가 이동한 거리를 나타낸다. 초기 헤드의 위치가 20이므로 1번 순서인 트랙 3까지의 거리는 17이 된다. 트랙 3에서 2번 순서인 트랙 18까지는 거리가 15가 된다. 이와 같은 방법으로 헤드가 이동한 총 거리를 살펴보면 17+15+5+7+22+18+15=99이다.

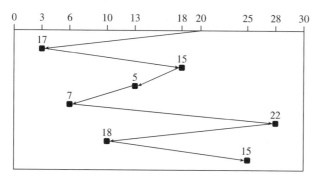

| FCFS 디스크 스케줄링 동작 |

2. SSTF 디스크 스케줄링

SSTF(Shortest Seek Time First) 디스크 스케줄링은 최소 탐색 시간 우선 스케줄링이라고도 하며, 현재 헤드가 있는 위치에서 가장 가까운 트랙부터 시작한다. 만약 트랙의 거리가 같을 경우에는 먼저 요청받은 트랙을 먼저 실시한다. 초기 헤드 위치 20에서 가장 가까운 트랙은 18이고, 거리는 2가 된다. 트랙 18에서 트랙 13은 거리가 5이고, 트랙 25는 거리가 7이므로 짧은 거리인 트랙 13으로 이동한다. 이와 같은 방법으로 헤드가 이동한 총 거리를 살펴보면 2+5+3+4+3+22+3=42이다.

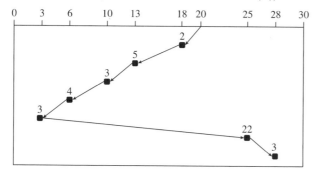

| SSTF 디스크 스케줄링 동작 |

SSTF 디스크 스케줄링은 효율성은 좋지만 아사 현상이 발생할 수 있다. 헤드가 중간에 위치할 경우 가장 왼쪽이나 가장 오른쪽에 위치한 트랙은 서비스를 받을 확률이 낮아진다.

3. SCAN 디스크 스케줄링

SCAN 디스크 스케줄링은 SSTF 디스크 스케줄링의 공정성 위배 문제를 완화하기 위해 만들어진 스케줄링이다. SCAN 디스크 스케줄링에서는 헤드가 마지막 트랙에 도착할 때까지 한쪽 방향으로만 움직이면서 서비스한다. 이와 같은 특징 때문에 엘리베이터 기법이라고도 한다. 여기에서는 초기 헤드 위치에서 트랙 0 방향으로 움직이는 것으로 가정한다.

초기 헤드 20에서 트랙 0 방향으로 이동하면서 요청받은 트랙 18, 13, 10, 6, 3 순으로 서비스한다. 헤드가 0에 도달하면 다시 방향으로 바꿔 트랙 30 방향으로 이동이면서 트랙 25, 28에 서비스한다.

헤드가 이동한 총 거리를 살펴보면 2+5+3+4+3+3+22+3=45이다.

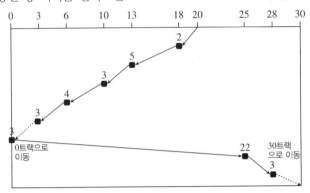

| SCAN 디스크 스케줄링 동작 |

FCFS 디스크 스케줄링보다는 성능이 좋고, SSTF 디스크 스케줄링보다는 성능이 조금 떨어진다. 그러나 SSTF 디스크 스케줄링보다 공평성을 덜 위배하면서도 성능이 좋기 때문에 많이 사용되는 기법 중 하나이다.

＋ PLUS 참고 ─ N-STEP SCAN 디스크 스케줄링

> SCAN 디스크 스케줄링 기법과 동일하지만 요청받은 대기 트랙에 대해 우선적으로 서비스를 하고, 처리 과정 중에 요청이 들어온 트랙들은 바로 처리하지 않고 반대 방향으로 진행할 때 서비스한다.

4. C-SCAN 디스크 스케줄링

SCAN 디스크 스케줄링에서는 헤드가 가장 왼쪽 트랙에서 방향을 바꿔 가자 오른쪽 트랙으로 이동하면서 중간에 있는 트랙들은 두 번씩 거치면서 바깥쪽에 있는 트랙들이 상대적으로 불이익을 받게 되면서 공평성이 위배되는 현상이 발생한다.

C-SCAN 디스크 스케줄링은 SCAN 디스크 스케줄링에서 공평성이 위배되는 것을 해결한 스케줄링으로, 헤드가 한쪽 방향으로 이동할 때는 요청받은 트랙에게 서비스를 하고 트랙의 끝에 도달하면 방향을 바꿔 반대편 트랙의 끝으로 서비스 없이 이동만 한다. 이동 후 처음과 같은 방향으로 남은 트랙에게 서비스를 한다.

초기 헤드 20에서 트랙 0까지 요청받은 트랙의 순서대로 서비스를 실시한다. 트랙 0에 도달했을 때 서비스 없이 반대편 트랙의 끝(트랙 30)으로 이동한 뒤 나머지 트랙 28, 25에 서비스를 한다. 헤드가 이동한 총 거리를 살펴보면 2+5+3+4+3+3+30+2+3=55이다.

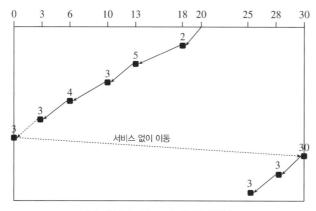

| C-SCAN 디스크 스케줄링 동작 |

C-SCAN 디스크 스케줄링은 모든 트랙의 방문 횟수가 동일하지만 양 끝 트랙 간 이동할 때 서비스 없이 이동만 하는 점은 비효율적이다.

5. LOOK 디스크 스케줄링

LOOK 디스크 스케줄링은 SCAN 디스크 스케줄링에서 불필요한 요소들을 제거하여 효율을 높인 스케줄링이다. SCAN 디스크 스케줄링에서는 트랙의 요청이 없어도 헤드가 트랙의 마지막까지 도달한 후 방향을 바꾼다. 그러나 LOOK 디스크 스케줄링은 더 이상 서비스할 트랙이 없으면 트랙의 마지막까지 이동하지 않고 마지막으로 요청된 트랙에서 방향을 바꾼다. 초기 헤드 위치 20에서 요청받은 트랙 3까지 서비스한 후, 방향을 전환하여 나머지 트랙에 대해 서비스한다. 헤드가 이동한 총 거리를 살펴보면 2+5+3+4+3+22+3=42이다.

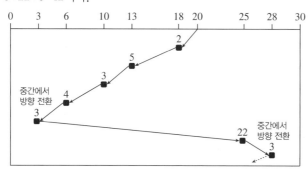

| LOOK 디스크 스케줄링 동작 |

6. C-LOOK 디스크 스케줄링

C-LOOK 디스크 스케줄링은 C-SCAN 디스크 스케줄링의 LOOK 디스크 스케줄링과 같은 방식이다. C-SCAN 디스크 스케줄링처럼 한 쪽 방향으로만 서비스하는 것은 동일하고, 요청받은 마지막 트랙에서 방향을 전환할 수 있다. 헤드가 이동한 총 거리를 살펴보면 2+5+3+4+3+25+3=45이다.

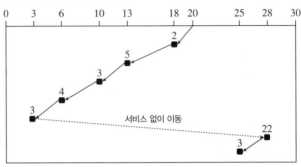

| C-LOOK 디스크 스케줄링 동작 |

7. SLTF 디스크 스케줄링

SLTF 디스크 스케줄링은 최소 지연 우선 기법이라고도 하며, 작업 요청이 들어온 섹터의 순서를 디스크가 회전하는 방향을 고려하여 고정 헤드에서 가까운 순서로 정렬한다.

02 RAID

1 RAID 개요

RAID(Redundant array of Independent Disks)는 자동으로 백업하고 장애 발생 시 복구하는 시스템을 말한다. 동일한 규격의 디스크 여러 개로 구성하며, 장애가 발생했을 때 데이터를 복구하는 데 사용된다.

RAID의 원리는 원본 디스크와 같은 크기의 백업 디스크에 같은 내용을 동시에 저장하여, 하나의 디스크가 고장 났을 때 다른 디스크를 사용하여 데이터를 복구한다. 이와 같은 방식은 2개의 디스크에 거울처럼 똑같은 내용을 저장한다는 의미로 미러링(Mirroring)이라고 한다. 여러 RAID 중 RAID 1이 미러링을 지원한다.

RAID에는 데이터를 여러 디스크에 동시에 저장시켜 데이터의 입·출력 속도를 높이는 방식도 있다. 데이터의 크기가 40MB이고, 속도가 10MB를 저장하는 데 2초가 걸린다고 하자. 하나의 디스크에 40MB 데이터를 저장하려면 8초가 걸린다. 그런데 만약 디스크가 4개가 있고 40MB 데이터를 10MB씩 4개의 데이터로 나눈다면 40MB 데이터가 저장되는데 2초가 걸린다. 데이터를 여러 조각으로 나눠 보내는 방식을 스트라이핑(Striping)이라고 하며, RAID 0이 스트라이핑을 지원한다.

2 RAID 종류★★★

1. RAID 0

RAID 0은 여러 개의 디스크가 병렬로 연결되며 각 디스크에서 데이터를 동시에 입·출력할 수 있다. A1, A2, A3, A4 데이터가 있을 경우 RAID 0에서는 데이터를 나눠 각 디스크에 동시에 저장하는 스트라이핑을 지원한다. 4개의 디스크로 구성된 RAID 0은 1개의 디스크로 구성된 시스템보다 입·출력 속도가 4배가 빠르다. RAID 0은 장애가 발생하면 복구하는 기능이 없기 때문에 데이터를 모두 잃게 된다.

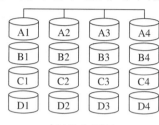

| RAID 0 구조 |

2. RAID 1

RAID 1에서는 데이터를 두 개의 디스크 그룹에 나눠 저장하여 장애가 발생했을 때 복구할 수 있도록 한다. 똑같은 데이터가 두 개의 디스크 그룹에 거울처럼 저장되기 때문에 미러링이라고 한다.

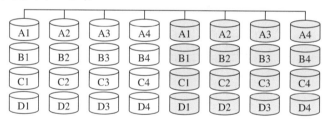

| RAID 1 구조 |

RAID 1은 같은 크기의 디스크가 최소 2개 이상이 되어야 하고 짝수 개의 디스크로 구성된다. 장애 발생 시 다른 디스크 그룹의 데이터를 활용하여 데이터를 복구할 수 있는 장점이 있지만, 데이터를 저장하기 위해 같은 크기의 디스크가 추가로 필요하기 때문에 비용이 증가한다. 그리고 데이터를 저장하는 과정에서 같은 데이터를 두 번 저장하므로 속도가 늦어질 수 있다.

3. RAID 2

RAID 2는 오류 교정 코드(ECC)를 관리하여 오류가 발생하면 이 코드를 사용하여 디스크를 복구한다. 즉, 오류를 발견하고 교정까지 할 수 있는 해밍 코드(Hamming Code)와 같은 오류 교정 코드를 디스크에 보관하고 있다가 장애가 발생하면 해당 코드를 이용하여 데이터를 복구하는 것이다.

RAID 2에서는 데이터를 비트 단위로 분리하여 여러 디스크에 저장한다. 디스크가 4개인 경우 데이터 A의 첫 번째 비트는 1번 디스크, 두 번째 비트는 2번 디스크, 세 번째 비트는 3번 디스크, 네 번째 비트는 4번 디스크에 저장한다.

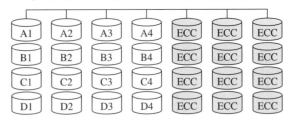

| RAID 2 구조 |

RAID 2는 데이터를 저장하기 위해 n개의 디스크가 필요하고, 오류 교정 코드를 저장하기 위해 n-1개의 디스크가 필요하다. RAID 1보다는 필요한 디스크 수가 적지만 오류 교정 코드를 계산하는 데 많은 시간이 소요된다.

4. RAID 3

RAID 3, 4는 오류 검출 코드인 패리티 비트를 사용하여 데이터를 복구한다. 원래 패리티 비트는 오류를 검출할 수 있지만, 교정하지는 못한다. 그러나 RAID의 경우에 패리티 비트는 오류를 복구할 수 있다.

RAID 3은 여러 개의 디스크에 데이터를 섹터 단위로 나눠 저장한다. 4개의 디스크에 데이터가 섹터 단위로 나눠져 저장된 것을 확인할 수 있다.

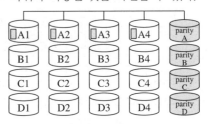

| RAID 3 구조 |

디스크에서 섹터 단위로 데이터를 읽기 때문에 어떤 섹터에 오류가 있는지 확인이 가능하다. 오류 검출에 사용하는 패리티 비트를 섹터끼리 묶어서 구성하면 오류가 없는 섹터로 오류가 있는 섹터의 데이터를 복원할 수 있는데 이를 N-way 패리티 비트 방식이라고 한다.

RAID 3에서는 N-way 패리티 비트를 구성한 후 데이터 디스크가 아닌 별도의 디스크에 보관하여 장애 발생 시 오류를 복구한다. 일반적으로 오류 복구를 위한 추가 디스크는 4개의 디스크 당 1개 정도이다. RAID 3은 추가되는 디스크 양은 적지만, N-way 패리티 비트를 구성하는 데 계산량이 많다.

5. RAID 4

RAID 4는 RAID 3과 같은 방식이지만 데이터가 블록 단위로 되어있다.

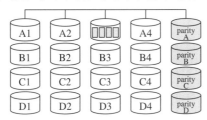

| RAID 4 구조 |

RAID 3의 경우 데이터를 섹터 단위로 나눠 여러 디스크에 저장하기 때문에 데이터를 읽거나 쓸 때 패리티 비트를 구성하기 위해 모든 디스크가 동시에 동작해야 하는 단점이 있다.

RAID 4의 경우에는 데이터를 블록 단위로 하나의 디스크에 저장하고 패리티 비트를 블록과 연결하여 구성하므로 블록이 저장된 디스크만 동작한다는 것이 장점이다.

RAID 4도 RAID 3과 같이 패리티 비트를 구성하는 데 계산량이 많지만 추가되는 디스크 양은 적다.

모든 패리티 비트가 하나의 디스크에 저장되기 때문에 입·출력 시 패리티 비트 디스크에 데이터가 저장되어 병목 현상이 발생한다. 그리고 패리티 피트가 저장된 디스크와 다른 디스크에서 동시에 장애가 발생했을 때 복구가 안 되는 단점이 있다.

6. RAID 5

RAID 5는 RAID 4의 병목 현상을 해결한 방식으로 패리티 비트를 여러 디스크에 분산하여 구성한다.

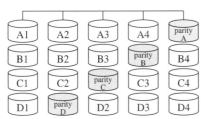

| RAID 5 구성 |

RAID 5는 패리티 비트를 여러 디스크에 분산하여 보관하므로 병목 현상을 해결할 수 있다. 또한 RAID 4에서 패리티 비트가 저장된 디스크에서 장애가 발생하면 복구가 어려운 점도 해결할 수 있다. RAID 5에서는 패리티 비트를 해당 데이터가 없는 디스크에 보관한다. 데이터 A의 경우 5번째에 데이터가 없는데 해당 디스크에 패리티 비트를 보관한다. 따라서 하나의 디스크에 장애가 발생하면 패리티 비트를 이용하여 데이터를 복구할 수 있다.

기출플러스 ★★★
다음에서 설명하는 RAID 레벨은?

18 지방직 9급

- 블록 단위 스트라이핑(striping)을 통해 데이터를 여러 디스크에 분산 저장한다.
- 패리티를 패리티 전용 디스크에 저장한다.

① RAID 레벨 1　② RAID 레벨 2
③ RAID 레벨 4　④ RAID 레벨 5

해설 난도 중
오답의 이유
① RAID 1에서는 데이터를 두 개의 디스크 그룹에 나눠 저장하여 장애가 발생했을 때 복구할 수 있도록 한다.
② RAID 2는 오류 교정 코드(ECC)를 관리하여 오류가 발생하면 이 코드를 사용하여 디스크를 복구한다.
④ RAID 4의 병목 현상을 해결한 방식으로 패리티 비트를 여러 디스크에 분산하여 구성한다.

정답 ③

7. RAID 6

RAID 6은 RAID 5와 같은 방식이지만 패리티 비트가 2개이다.

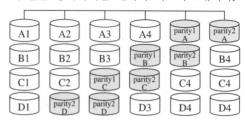

| RAID 6 구성 |

RAID 5의 경우에는 하나의 디스크에 장애가 발생했을 때는 복구가 가능하지만 2개 디스크에 동시에 장애가 발생했을 때는 복구가 불가능하다. 디스크 2개에 동시에 장애가 발생하면 패리티 비트가 사라지게 된다.

RAID 6은 2개의 패리티 비트를 운영하기 때문에 2개 디스크가 동시에 장애가 생겨도 복구가 가능하다. 반면 RAID 6은 2개의 패리티 비트를 운영하기 때문에 RAID 5보다 계산량이 많고 4개의 디스크 당 2개의 디스크가 추가로 필요하다.

8. RAID 10

RAID 시스템은 하드디스크의 가격이 내려가면서 디스크의 추가보다는 빠른 입·출력과 복구에 중점을 두게 되었는데 빠른 입·출력이 장점인 RAID 0과 복구와 미러링 기능을 가진 RAID 1을 결합한 것이 RAID 10이다. RAID 10은 4개의 디스크를 2개씩 묶어 RAID 1을 구성하고, 다시 RAID 1을 RAID 0으로 묶는다.

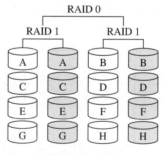

| RAID 10 구조 |

RAID 10은 병렬로 데이터를 처리하기 때문에 입·출력 속도를 높일 수 있으며, 장애 시 일부 디스크만 중단하여 미러링 된 디스크로 복구가 가능하다.

9. RAID 50과 RAID 60

RAID 50과 RAID 60은 RAID 10과 마찬가지로 RAID 0으로 묶어 성능을 높이는 방식이다. RAID 50은 RAID 5로 묶은 두 쌍을 다시 RAID 0으로 묶은 방식이고, RAID 60은 RAID 6으로 묶은 두 쌍을 다시 RAID 0으로 묶은 방식이다. RAID 60은 RAID 50 구조에서 패리티 비트를 1개씩 추가하면 된다.

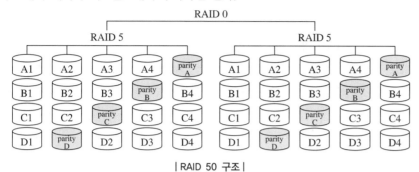

| RAID 50 구조 |

RAID 50과 RAID 60은 RAID 10에 비해 추가되는 디스크의 수는 적지만 입·출력 계산량이 증가한다.

CHAPTER 08 파일 시스템

중요 학습내용
1. 디스크 파일 할당 방식의 종류와 특징을 알 수 있다.
2. 파일 구조의 종류와 특징을 파악할 수 있다.

01 디스크 파일 할당★☆☆

1 연속 할당

일반적으로 하나의 파일은 여러 개의 블록을 사용하는데, 여러 개의 블록을 어떻게 사용하느냐에 따라 연속 할당과 불연속 할당으로 나눌 수 있다.

연속 할당은 파일을 구성하는 데이터를 디스크에 연속적으로 배열하는 방식이다. 연속 할당 방식은 파일의 시작 블록을 알면 디스크에 할당이 가능하다. 그러나 파일을 저장하거나 삭제하다 보면 작은 빈 공간들이 생기는데 디스크에 남은 공간이 파일의 크기보다 작을 때는 연속 할당이 불가능하다. 할당 방법에 따라 고정 크기와 가변 크기로 구분할 수 있다.

2 불연속 할당

불연속 할당은 블록의 데이터를 분산하여 저장하고 이와 관련된 정보를 파일 시스템이 관리하는 방식이다. 대표적인 불연속 할당 방식으로는 연결 리스트를 이용하는 연결 할당과 인덱스를 이용한 인덱스 할당이 있다.

1. 연결 할당

파일에 속한 데이터를 연결 리스트로 관리하는 방식이다. 파일 테이블에서는 시작 블록에 대한 정보를 저장하고, 나머지 데이터는 시작 블록부터 연결하여 저장한다. 파일의 맨 끝 블록에는 널(null) 또는 -1을 삽입한다. 연결 할당 방식은 체인으로 연결한 것과 유사하여 체인 할당이라고도 한다.

연결 할당 방식은 테이블 형태로 관리되는데 파일 제어 테이블에는 파일의 시작 블록이 저장되어 있다. 파일 A의 경우 파일의 시작 블록은 1번 블록이고, 다음은 4번 블록으로 연결된다. 즉, 파일 A의 데이터는 순서대로 1, 4, 9, 15, 6번 블록에 있다.

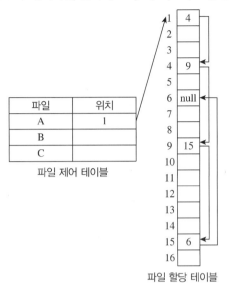

파일	위치
A	1
B	
C	

파일 제어 테이블

파일 할당 테이블

| 파일 테이블을 이용한 불연속 할당 |

2. 인덱스 할당

연결 리스트를 이용한 불연속 할당 방식은 구현이 간단하지만 최대 할당 크기에 제한이 있다. 이 문제를 해결하기 위한 방법이 인덱스 할당 방식이다. 인덱스 할당 방식에서는 테이블의 블록 포인터가 데이터 블록을 연결하는 것이 아니라 데이터의 인덱스를 담고 있는 인덱스 블록을 연결한다. 인덱스 블록은 실제 데이터의 위치에 관한 정보를 순서대로 보관하고 있다.

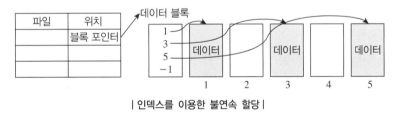

| 인덱스를 이용한 불연속 할당 |

+PLUS 참고 유닉스 파일 시스템

유닉스 운영체제의 파일 시스템은 I-node이다. I-node 테이블은 파일 제어 블록, 블록 포인터, 간접 포인터, 이중 간접 포인터, 삼중 간접 포인터로 구성된다.
- 파일 제어 블록 : 파일 소유자와 각종 속성을 나타낸다. 전체 블록의 수, 블록의 크기, 사용 중인 블록의 수 등 파일 시스템 정보를 가지고 있다. 파일에 대한 모든 권한의 정보를 포함하고 있기 때문에 슈퍼블록이라고도 한다.
- 블록 포인터 : 데이터가 있는 블록의 위치를 직접 연결하는 포인터이다.
- 간접 포인터 : 크기가 작은 파일들은 직접 연결된 블록 포인터로 빠르게 접근할 수 있다. 만약 파일의 크기가 커서 블록 포인터가 모두 차면 인덱스 블록을 생성한 후 간접 포인터를 생성하여 인덱스 블록을 연결한다.

- 이중・삼중 간접 포인터 : 일반적으로 인덱스 블록 하나는 256개의 블록을 저장할 수 있다. 파일 크기가 커서 인덱스 블록 하나로 연결할 수 없는 경우에는 이중 간접 포인터를 사용하고, 이보다 파일의 크기가 더 큰 경우 삼중 간접 포인터를 사용하여 연결한다.
- 디렉터리 : 하위 파일들의 이름과 I-node 포인터를 포함하는 디렉터리 엔트리들로 구성된다.

02 파일 구조

1 파일 구조의 이해

파일은 하나의 데이터 덩어리를 의미하고, 파일 구조는 데이터 덩어리를 어떻게 구성하느냐에 따라 순차 파일 구조, 인덱스 파일 구조, 직접 파일 구조로 나눌 수 있다.

1. 순차 파일 구조

일반 파일들은 순차 파일 구조에 속하며, 순차 파일 구조는 파일의 내용이 하나의 긴 줄로 늘어선 형태로 카세트테이프가 대표적이다. 카세트테이프에 담긴 음악들은 기록된 순서대로 재생이 되며 원하는 곡을 듣기 위해서는 테이프를 감아 원하는 위치로 이동해야 한다. 이와 같은 접근 방식을 순차 접근이라고 한다. 순차 파일 구조로 구성되는 파일에는 히프(heap)가 있고, 히프 파일은 레코드들을 키 순서와 관계없이 저장할 수 있다. 순차 파일 구조의 장・단점은 다음과 같다.

(1) 장점
① 모든 데이터가 순서대로 기록되기 때문에 저장 공간에 낭비되는 부분이 없다.
② 구조가 단순하여 테이프는 물론 플로피디스크나 메모리를 이용한 저장장치에도 적용할 수 있다.
③ 순서대로 데이터를 읽거나 저장할 때 매우 빠르게 처리된다.
④ 일부 레코드들이 키순서와 다르게 저장된 경우, 파일 재구성 과정을 통해 키 순서대로 저장될 수 있다.

(2) 단점
① 파일에 새로운 데이터를 삽입하거나 삭제할 때 시간이 많이 걸린다.
② 특정 데이터로 이동할 때 직접 이동이 불가능하므로 앞에서 순서대로 이동해야 한다.

2. 인덱스 파일 구조

인덱스 파일 구조는 앞에서 순서대로 이동해야 하는 순차 파일 구조의 단점을 해결한 파일 구조로, 순차 파일 구조에 인덱스 테이블을 추가하여 순차 접근과 직접 접근이 가능하다. 파일을 저장할 때는 순차 파일 구조로 저장하고, 파일에 접근할 때는 인덱스 테이블을 보고 원하는 파일에 직접 접근한다. 대표적으로 음악 CD를 생각할 수 있다. CD를 재생하면 순서대로 음악이 흘러나오고 인덱스 파일이 모든 곡의 시작 부분을 저장하고 있기 때문에 원하는 곡을 듣기 위해 직접 접근이 가능하다. 인덱스를 이용한 접근 방식을 인덱스 순차 접근이라고 하며, 이렇게 구성된 파일을 ISAM(Index Sequential Access Method) 파일이라고 한다. 가상기억 장치를 이용하여 정보를 접근하는 방식에는 VSAM(Virtual Storage Access Method)가 있다.

인덱스 파일 구조의 장점은 인덱스 테이블을 여러 개 만들면 다양한 접근이 가능하다는 것이다. 따라서 인덱스 파일 구조는 데이터베이스와 같이 데이터의 빠른 접근이 필요한 시스템에 사용된다. 데이터베이스의 인덱스 구축에는 다양한 알고리즘이 사용되며, 인덱스 구성 방법에 따라 데이터 접근 속도가 달라지는데 일반적으로 B 트리, B+ 트리를 이용한다.

3. 직접 파일 구조

직접 파일 구조는 저장하려는 데이터의 특정 값에 어떤 관계를 정의하고 물리적인 주소로 바로 변환하는 파일 구조이다. 특정 함수를 이용하여 직접 접근이 가능한 파일 구조가 직접 파일 구조이며, 이때 사용하는 함수를 해시 함수라고 한다.

직접 파일 구조의 장점은 해시 함수를 이용하여 주소를 변환하기 때문에 데이터 접근이 매우 빠르다. 반면 단점은 직접 파일 구조를 제대로 작성하려면 해시 함수의 선정이 중요한데, 전체 데이터가 고르게 저장될 수 있는 해시 함수를 찾아야 한다는 것이다.

PART 03 빈출개념 체크 ○×

CHAPTER 01 운영체제 개요

01 운영체제는 사용자에게 편리한 인터페이스를 제공하고, 컴퓨터 자원을 효율적으로 관리하는 소프트웨어이다. (○ / ×)

02 운영체제는 컴퓨터 자원을 응용 프로그램에게 적절하게 분배하여 사용자가 원활하게 작업할 수 있도록 도움을 제공한다. (○ / ×)

03 일괄 처리 시스템은 컴퓨터에서 수신한 데이터를 즉시 처리하여 결과를 출력하는 시스템이다. (○ / ×)

04 임베디드 시스템은 하드웨어와 소프트웨어가 분리되어 있어 변경이 쉽다. (○ / ×)

05 ERP(Enterprise Resource Planning)는 기업에서 사용되는 모든 인적 및 물적 자원을 효율적으로 관리하기 위한 시스템이다. (○ / ×)

06 SCM(Supply Chain Management)은 고객의 요구와 정보를 DB로 구축하고 이를 분석하여 고객을 관리하는 시스템이다. (○ / ×)

07 커널은 프로세스 관리, 메모리 관리, 파일 시스템 관리, 입·출력 관리, 프로세스 간 통신 관리와 같은 운영체제의 핵심 기능들을 모아놓은 것이다. (○ / ×)

08 드라이버는 운영체제와 하드웨어 사이의 인터페이스를 의미한다. (○ / ×)

09 하나의 컴퓨터에서 두 운영체제를 사용하고 싶을 때 가상머신을 설치하여 사용할 수 있다. (○ / ×)

10 유닉스는 C언어를 기반으로 개발된 운영체제이고 소스 코드는 공개되어 있지 않다. (○ / ×)

11 유닉스는 다중 프로그래밍을 지원한다. (○ / ×)

12 Windows는 그래픽 사용자 인터페이스(GUI)은 지원하지만 멀티태스킹은 지원하지 않는다. (○ / ×)

13 안드로이드의 액티비티는 사용자와 상호작용하기 위한 진입점으로, 사용자 인터페이스를 포함한 화면 하나를 나타낸다. (○ / ×)

01 인터럽트는 CPU가 프로그램을 실행하고 있을 때 입·출력 장치 또는 예외 상황이 발생하여 처리가 필요한 경우 CPU에게 알려 처리할 수 있도록 하는 것이다. (○ / ×)

02 프로그램상의 문제 때문에 발생하는 인터럽트는 비동기 인터럽트에 속한다. (○ / ×)

03 폴링(Polling)은 CPU가 직접 입·출력 장치에서 데이터를 가져오거나 내보내는 방식이다. (○ / ×)

04 병렬 처리는 동시에 여러 개의 명령어를 처리하여 작업 능률을 높이는 방식으로 코어가 하나인 CPU에서도 가능하다. (○ / ×)

05 데이터 해저드는 서로 다른 명령어가 같은 자원에 접근하려고 할 때 문제가 발생하게 된다. (○ / ×)

06 하버드 구조를 사용하거나 분리 캐시를 사용하는 방법은 제어 해저드를 해결하기 위한 방법이다. (○ / ×)

07 슈퍼스칼라 기법은 파이프라인을 처리할 수 있는 코어를 여러 개 구성하여 복수의 명령어가 동시에 수행될 수 있도록 하는 기법이다. (○ / ×)

08 VLIW(Very Long Instruction Word) 기법은 CPU가 병렬 처리를 지원하지 않을 경우 하드웨어적으로 병렬 처리를 하는 방법이다. (○ / ×)

01 생성된 프로세스가 CPU를 얻을 때까지 기다리는 상태를 생성 상태라고 한다. (○ / ×)

02 실행 상태에 있는 프로세스가 입·출력을 요청하면 프로세스는 대기 상태로 들어가게 된다. (○ / ×)

03 보류 상태는 프로세스가 메모리에서 일시적으로 쫓겨난 상태를 말한다. (○ / ×)

04 보류 대기 상태에서 입·출력이 완료되면 활성 상태가 아닌 보류 준비 상태로 옮겨간다. (○ / ×)

05 프로세스 제어 블록(PCB)은 프로세스를 실행하는 데 필요한 중요한 정보를 보관하는 자료 구조이다. (○ / ×)

06 프로세서 제어 블록에는 프로세스 상태 정보는 포함되지 않는다. (○ / ×)

07 문맥 교환(Context Switching)은 CPU를 차지하던 프로세스가 나가고 새로운 프로세스를 받아들이는 작업을 의미한다. (○ / ×)

08 데이터 영역은 프로그램 본문이 기술된 부분이다. (○ / ×)

09 스택 영역은 운영체제가 프로세스를 실행하기 위해 부수적으로 필요한 데이터를 모아놓은 곳이다. (○ / ×)

10 fork() 함수를 사용하면 실행 중인 프로세스로부터 새로운 프로세스를 복사할 수 있다. (○ / ×)

11 프로세스를 복사할 때 기존의 프로세스는 자식 프로세스가 되고 새롭게 생성되는 프로세스는 부모 프로세스가 된다. (○ / ×)

12 fork() 문은 부모 프로세스에 0보다 큰 값을 반환하고 자식 프로세스에 0을 반환한다. (○ / ×)

13 exec() 시스템 호출은 기존의 프로세스를 새로운 프로세스로 전환하는 함수이다. (○ / ×)

14 스레드는 여러 개의 프로세스로 구성되고, 프로세스끼리는 서로 독립적이다. (○ / ×)

15 스레드 간에는 힙(Heap) 메모리의 변수나 파일 등을 공유한다. (○ / ×)

16 멀티스레드는 CPU를 여러 개 사용하여 여러 개의 스레드를 동시에 처리하는 작업 환경을 의미한다. (○ / ×)

17 멀티스레드에서 프로세스가 가진 자원은 모든 스레드가 공유할 수 없다. (○ / ×)

CHAPTER 04 CPU 스케줄링

01 선점형 알고리즘은 프로세스가 CPU를 할당받으면 작업이 끝날 때까지 CPU를 반환하지 않는다. (○ / ×)

02 라운드 로빈 스케줄링은 비선점형 알고리즘에 속한다. (○ / ×)

03 FCFS(First Come First Served) 스케줄링은 준비 큐에 도착한 순서대로 CPU를 할당하는 비선점형 방식이다. (○ / ×)

04 SJF(Shortest Job First) 스케줄링은 작업 시간에 따라 순서를 바꿔 CPU를 할당한다. (○ / ×)

05 HRN(Highest Response Ratio Next) 스케줄링은 SJF 스케줄링에서 발생할 수 있는 아사 현상을 해결할 수 없다. (○ / ×)

06 HRN(Highest Response Ratio Next) 스케줄링에서 우선순위를 결정하는 공식은 $우선순위 = \dfrac{대기\ 시간 + CPU\ 사용\ 시간}{CPU\ 사용\ 시간}$ 이다.

(○ / ×)

07 SRT(Shortest Remaining Time) 스케줄링은 비선점형으로, SJF 스케줄링과 라운드 로빈 스케줄링을 혼합한 방식이다. (○ / ×)

08 기아상태는 프로세스가 수행할 준비는 되어 있지만 다른 프로세스가 우선적으로 수행되어 계속적으로 CPU 할당을 기다리면서 수행되지 못하는 상태를 말한다. (○ / ×)

CHAPTER 05

프로세스 동기화

01 임계구역(Critical Section)은 프로세스가 공동으로 이용하는 변수, 메모리, 파일 등의 공유 자원 접근 순서에 따라 실행 결과가 달라지는 프로그램 영역이다. (○ / ×)

02 임계구역 해결 방법으로는 피터슨 알고리즘, 데커 알고리즘, 세마포어, 모니터 등이 있다. (○ / ×)

03 교착상태(Deadlock)는 2개 이상의 프로세스가 다른 프로세스의 작업이 끝나기만을 기다리며 더 이상 작업을 진행하지 못하는 상태를 말한다. (○ / ×)

04 교착상태 필요조건으로는 상호 배제, 선점, 점유와 대기, 원형 대기가 있다. (○ / ×)

05 프로세스가 자원을 점유하고 있는 상태에서 다른 자원을 기다리지 못하게 하는 방법은 상호 배제 예방을 말한다. (○ / ×)

CHAPTER 06

메모리 관리

01 가상 메모리 시스템에서 고정 분할 방식을 세그먼테이션 기법이라고 한다. (○ / ×)

02 메모리 배치 방식에는 최초 배치(Frist fit), 최적 배치(Best fit), 최악 배치(Worst fit)가 있다. (○ / ×)

03 최악 배치(Worst fit)는 메모리의 빈 공간을 모두 확인한 후 배치가 가능한 메모리 공간 중 가장 작은 공간에 프로세스를 배치한다. (○ / ×)

04 가상 메모리 시스템에서 가변 분할 방식을 이용한 메모리 관리 기법은 세그먼테이션이라고 하며, 고정 분할 방식을 이용한 메모리 관리 기법을 페이징이라고 한다. (○ / ×)

05 가상 주소를 주기억 장치의 실제 주소로 변환하는 것을 주소 매핑(mapping)이라고 한다. (○ / ×)

06 프로그램에 표시된 주소를 물리 주소라고 하며, 실제 프로그램이 적재되는 주기억 장치의 주소를 가상 주소라고 한다. (○ / ×)

07 페이징 기법은 고정 분할 방식을 이용한 가상 메모리 관리 기법으로, 페이지와 프레임의 크기는 같다. (○ / ×)

08 가상 주소를 정형화된 주소로 표현하면 VA=⟨P, D⟩가 되고, VA는 가상 주소(Virtual Address), P는 페이지(Page), D는 페이지의 첫 번째 주소부터 해당 주소까지의 거리(Distance)를 의미한다. (○ / ×)

09 VA=⟨2, 4⟩이 PA⟨1, 4⟩로 변환되었다는 의미는 프레임 2의 4번째 가상 주소가 페이지 1의 4번째 물리 주소로 변환되었다는 것을 의미한다. (○ / ×)

10 세그먼테이션 테이블은 세그먼트의 크기를 나타내는 limit와 물리 메모리상의 시작 주소인 address로 구성된다. (○ / ×)

11 공간의 지역성은 현재 위치에서 가까운 데이터에 접근할 확률이 멀리 있는 데이터에 접근할 확률보다 높다는 것이다. (○ / ×)

12 LRU는 최근에 사용 빈도가 적은 페이지를 선정하는 알고리즘이다. (○ / ×)

13 요청된 페이지가 페이지 프레임이 없으면 페이지 부재가 발생한다. (○ / ×)

14 LFU(Least Frequently Used) 페이지 교체 알고리즘은 사용 빈도가 가장 적은 페이지를 대상 페이지로 선정한다. (○ / ×)

15 NUR(Not Used Recently) 페이지 교체 알고리즘은 최근에 최소로 사용된 페이지를 대상 페이지로 선정한다. (○ / ×)

16 스레싱은 하드디스크의 입출력이 너무 많아져서 잦은 페이지 부재로 작업이 멈춘 것 같은 상태를 말한다. (○ / ×)

17 동시에 실행되는 프로그램의 수를 멀티프로그래밍 정도(Degree of Multiprogramming)라고 하며, 멀티프로그래밍 정도가 너무 낮으면 스레싱이 발생한다. (○ / ×)

18 프로세스에게 너무 적은 프레임을 할당하면 페이지 부재가 빈번하게 발생하여 이로 인해 스레싱이 발생한다. (○ / ×)

CHAPTER 07 저장장치 관리

01 FCFS(First Come First Service) 디스크 스케줄링은 가장 간단한 디스크 스케줄링으로, 요청이 들어온 트랙 번호 순서대로 스케줄링한다. (○ / ×)

02 SCAN 디스크 스케줄링에서는 헤드가 마지막 요청 트랙에 도착할 때까지 한쪽 방향으로만 움직이면서 서비스한다. (○ / ×)

03 C-SCAN 디스크 스케줄링에서는 헤드가 한쪽 방향으로 이동할 때는 요청받은 트랙에게 서비스를 하고 트랙의 끝에 도달하면 방향을 바꿔 반대편 트랙의 끝으로 서비스 없이 이동만 한다. 이동 후 처음과 같은 방향으로 남은 트랙에게 서비스를 한다. (○ / ×)

04 C-LOOK 디스크 스케줄링은 더 이상 서비스할 트랙이 없으면 트랙의 마지막까지 이동하지 않고 마지막으로 요청된 트랙에서 방향을 바꾼다. (○ / ×)

05 RAID 0은 미러링을 지원한다. (○ / ×)

06 RAID 0은 데이터를 여러 조각으로 나눠 보내는 방식인 스트라이핑(Striping)을 지원한다. (○ / ×)

07 RAID 3, 4는 오류 검출 코드인 패리티 비트를 사용하여 데이터를 복구한다. (○ / ×)

08 RAID 10은 빠른 입·출력이 장점인 RAID 0과 복구와 미러링 기능을 가진 RAID 1을 결합한 것이다. (○ / ×)

01 불연속 할당 방식으로는 연결 리스트를 이용하는 연결 할당과 인덱스를 이용한 인덱스 할당이 있다. (O / ×)

02 유닉스 운영체제의 파일 시스템인 I-node는 전체 블록의 수, 블록의 크기, 사용 중인 블록의 수 등 파일 시스템 정보를 가지고 있다. (O / ×)

03 인덱스를 이용한 접근 방식을 인덱스 순차 접근이라고 하며, 이렇게 구성된 파일을 ISAM(Index Sequential Access Method) 파일이라고 한다. (O / ×)

04 인덱스 파일 구조는 B트리, B+ 트리를 이용한다. (O / ×)

정답 및 해설

CHAPTER 01 운영체제 개요

01 정답 ○
운영체제는 사용자에게 인터페이스 제공과 자원을 효율적으로 관리하는 소프트웨어이다.

02 정답 ○
운영체제는 컴퓨터 자원을 효율적으로 관리하는 역할을 수행한다.

03 정답 ×
일괄 처리 시스템은 모든 작업을 한꺼번에 처리하고 프로그램 실행 중에 사용자가 데이터를 입력하거나 수정하는 것이 불가능한 시스템이다.

04 정답 ×
임베디드 시스템은 하드웨어와 소프트웨어가 조합된 형태로 변경이 어렵다.

05 정답 ○
ERP는 기업에서 사용되는 인적 및 물적 관리 시스템이다.

06 정답 ×
SCM은 기업에서 생산, 유통 등 각 공급 사슬 단계를 최적화하기 위한 시스템이다.

07 정답 ○
커널의 기능은 프로세스 관리, 메모리 관리, 파일 시스템 관리, 입·출력 관리, 프로세스 간 통신 관리가 있다.

08 정답 ○
드라이버는 운영체제와 하드웨어 사이에서 상호작용을 위한 인터페이스이다.

09 정답 ○
가상머신을 설치하면 하나의 컴퓨터에서 두 운영체제를 운영할 수 있다.

10 정답 ×
유닉스는 C언어를 기반으로 개발된 운영체제이고 소스 코드는 공개되어 있다.

11 정답 ○
유닉스는 CPU 이용률을 높일 수 있는 다중 프로그래밍 기법을 사용한다.

12 정답 ×
Windows는 그래픽 사용자 인터페이스(GUI)와 멀티태스킹을 지원한다.

13 정답 ○
안드로이드의 액티비티는 UI 컴포넌트를 화면에 표시하고, 시스템이나 사용자의 반응을 처리한다.

01 정답 ○

인터럽트는 예기치 못한 상황이 벌어졌을 때 실행되고 있는 프로그램을 중단하고 예외 상황을 처리한다.

02 정답 ×

프로그램상의 문제 때문에 발생하는 인터럽트는 동기 인터럽트에 속한다.

03 정답 ○

폴링(Polling)은 PU가 직접 입·출력 장치에서 데이터를 가져오거나 내보내는 방식으로, CPU가 입·출력 장치의 상태를 주기적으로 검사하여 일정 조건을 만족할 때 데이터를 처리한다.

04 정답 ○

병렬 처리는 동시에 여러 개의 명령어를 처리하여 작업 능률을 높이는 방식을 의미한다.

05 정답 ×

데이터 해저드는 데이터의 의존성 때문에 문제가 발생한다.

06 정답 ×

하버드 구조를 사용하거나 분리 캐시를 사용하는 방법은 구조적 해저드를 해결하기 위한 방법이다.

07 정답 ○

슈퍼스칼라 기법은 코어를 여러 개로 구성하여 복수의 명령어를 동시에 처리하는 기법이다.

08 정답 ×

VLIW(Very Long Instruction Word) 기법은 CPU가 병렬 처리를 지원하지 않을 경우 소프트웨어적으로 병렬 처리를 하는 방법이다.

01 정답 ×

준비 상태는 생성된 프로세스가 CPU를 얻을 때까지 기다리는 상태이다.

02 정답 ○

대기 상태는 실행 상태에 있는 프로세스가 입·출력을 요청하면 입·출력이 완료될 때까지 기다리는 상태로 'wait status'라고도 한다.

03 정답 ○

보류 상태는 프로세스가 메모리에서 일시적으로 쫓겨난 상태로 '일시 정지 상태'라고도 한다.

04 정답 ○

각 상태에서 재시작하면 활성 상태로 들어가지만, 보류 대기 상태에서 입·출력이 완료되면 활성 상태가 아닌 보류 준비 상태로 옮겨간다.

05 정답 ○

프로세스 제어 블록(PCB)은 프로세스를 실행하는 데 필요한 중요한 정보를 보관하는 자료 구조로 TCB(Task Control Block)라고도 한다.

06 정답 ×

프로세스 제어 블록에는 포인터, 프로세스 상태, 프로세스 구분자, 프로그램 카운터 등이 포함된다.

07 정답 ○

문맥 교환은 두 프로세서의 프로세스 제어 블록을 교환하는 작업을 말한다.

08 정답 ×

데이터 영역은 프로그램 코드 내에서 사용되는 변수나 파일 등의 각종 데이터를 모아놓은 곳이다.

09 정답 ○

스택 영역은 프로그램 내에서 함수를 호출하면 함수를 수행하고 다시 되돌아올 위치를 이 영역에 저장한다.

10 정답 ○

fork() 함수를 호출하면 실행 중인 프로세스와 똑같은 프로세스가 만들어진다.

11 정답 ×

프로세스를 복사할 때 기존의 프로세스는 부모 프로세스가 되고 새롭게 생성되는 프로세스는 자식 프로세스가 된다.

12 정답 ○

fork() 함수가 호출되면 부모 프로세스에 0보다 큰 값을 반환하고 자식 프로세스에 0을 반환한다. 만약 0보다 작은 값이 반환되면 자식 프로세스가 생성되지 않은 것을 의미하므로 Error를 출력한다.

13 정답 ○

exec() 함수는 프로세스는 그대로 둔 채 내용만 바꾸는 시스템 호출이다. 즉, 현재의 프로세스가 완전히 다른 프로세스로 전환된다.

14 정답 ×

프로세스는 여러 개의 스레드로 구성되고, 프로세스끼리는 서로 독립적이다.

15 정답 ○

스레드 간에는 힙(Heap) 메모리의 변수나 파일 등을 공유하고 전역 변수나 함수 호출 등의 방법으로 스레드 간 통신을 한다.

16 정답 ×

멀티스레드는 프로세스 내의 작업을 여러 개의 스레드로 나눠 작업의 부담을 줄이는 프로세스 운영 기법이다.

17 정답 ×

멀티스레드에서 프로세스가 가진 자원은 모든 스레드가 공유할 수 있다.

01 정답 ×
선점형 알고리즘은 프로세스가 CPU를 할당받아 실행 중이라도 중간에 CPU를 빼앗아 다른 프로세스에게 CPU를 할당할 수 있다.

02 정답 ×
라운드 로빈 스케줄링은 선점형 알고리즘에 속한다.

03 정답 ○
FCFS 스케줄링은 큐에 도착한 순서대로 CPU를 할당한다.

04 정답 ○
SJF(Shortest Job First) 스케줄링은 준비 큐에 있는 프로세스 중 실행 시간이 가장 짧은 작업에 CPU를 할당하는 비선점형 방식이다.

05 정답 ×
HRN(Highest Response Ratio Next) 스케줄링은 SJF 스케줄링에서 발생할 수 있는 아사 현상을 해결하기 위해 만들어진 비선점형 알고리즘이다.

06 정답 ○
HRN에서 우선순위를 결정하는 방법은

$$우선순위 = \frac{대기\ 시간 + CPU\ 사용\ 시간}{CPU\ 사용\ 시간}$$ 이다.

07 정답 ×
SRT(Shortest Remaining Time) 스케줄링은 SJF 스케줄링과 라운드 로빈 스케줄링을 혼합한 방식으로, 최소 잔류 시간 우선 스케줄링이라고도 한다.

08 정답 ○
기아상태는 수행 준비는 되어 있지만 CPU 할당을 계속 기다리는 상태를 말한다.

01 정답 ○
임계구역은 공유 자원 접근 순서에 따라 실행 결과가 달라지는 영역이다.

02 정답 ○
임계구역 해결 방법으로는 피터슨 알고리즘, 데커 알고리즘, 세마포어, 모니터가 있다.

03 정답 ○
교착상태는 2개 이상의 프로세스가 다른 프로세스의 자원을 요구하여 서로의 작업이 끝나기만을 무한정 기다리는 상태를 말한다.

04 정답 ×
교착상태 필요조건으로는 상호 배제, 비선점, 점유와 대기, 원형 대기가 있다.

05 정답 ×
상호 배제 예방은 시스템 내의 독점적으로 사용할 수 있는 배타적인 자원을 모두 없애는 방법이다.

01 정답 ×
가상 메모리 시스템에서 가변 분할 방식을 세그먼테이션 기법이라고 한다.

02 정답 ○
메모리 배치 방식에는 최초 배치, 최적 배치, 최악 배치가 있다.

03 정답 ×
최적 배치는 메모리의 빈 공간을 모두 확인한 후 배치가 가능한 메모리 공간 중 가장 작은 공간에 프로세스를 배치한다.

04 정답 ○
가변 분할 방식을 이용한 메모리 관리 기법은 세그먼테이션이라고 하며, 고정 분할 방식을 이용한 메모리 관리 기법을 페이징이라고 한다.

05 정답 ○
매핑은 가상 주소를 물리 주소로 변환하는 것을 말한다.

06 정답 ×
프로그램에 표시된 주소를 가상 주소 또는 논리 주소라고 하며, 실제 프로그램이 적재되는 주기억 장치의 주소를 물리 주소라고 한다.

07 정답 ○
페이징 기법은 고정 분할 방식을 이용한 가상 메모리 관리 기법으로, 물리 주소 공간을 같은 크기로 나누어 사용한다.

08 정답 ○
가상 주소에서 P는 페이지를 의미하고, D는 첫 번째 주소부터 해당 주소까지의 거리를 의미한다.

09 정답 ×
VA=⟨2,4⟩이 PA⟨1,4⟩로 변환되었다는 의미는 페이지 2의 4번째 가상 주소가 프레임 1의 4번째 물리 주소로 변환되었다는 것을 의미한다.

10 정답 ○

세그먼테이션 테이블은 세그먼트의 크기를 나타내는 limit와 물리 메모리상의 시작 주소인 address로 구성된다. 세그먼테이션 기법에서는 프로세스 크기에 따라 메모리에 할당되기 때문에 매핑 테이블에 크기 정보를 가지고 있다.

11 정답 ○

지역성은 공간의 지역성, 시간의 지역성, 순차적 지역성으로 구성된다. 그 중 공간의 지역성은 현재 위치에서 가까운 데이터가 멀리 있는 데이터보다 접근할 확률이 높다는 것을 말한다.

12 정답 ✕

LRU는 시간적으로 가장 멀리 떨어진 페이지를 선정하는 알고리즘이다.

13 정답 ○

요청된 페이지가 메모리에 존재하지 않으면 페이지 부재가 발생한다.

14 정답 ○

LFU는 최근에 사용 빈도가 적은 페이지를 선정하는 알고리즘이다.

CHAPTER 07 저장장치 관리

01 정답 ○

FCFS 디스크 스케줄링은 요청이 들어온 트랙의 순서대로 스케줄링하는 방식이다.

02 정답 ✕

SCAN 디스크 스케줄링에서는 헤드가 마지막 요청 트랙에 도착할 때까지 한쪽 방향으로만 움직이면서 서비스한다.

03 정답 ○

C-SCAN 디스크 스케줄링에서는 한쪽 방향으로 요청받은 트랙에게 서비스를 하고 끝에 도달하면 서비스 없이 반대편 트랙의 끝으로 이동하여 나머지 트랙에 대해 서비스를 한다.

04 정답 ✕

C-LOOK 디스크 스케줄링은 C-SCAN 디스크 스케줄링처럼 한 쪽 방향으로만 서비스하는 것은 동일하고, 요청받은 마지막 트랙에서 방향을 전환할 수 있다.

CHAPTER 08 파일 시스템

01 정답 ○

불연속 할당 방식에는 연결 할당과 인덱스 할당이 있다.

02 정답 ○

I-node에는 파일 제어 블록에는 전체 블록의 수, 블록의 크기, 사용 중인 블록의 수 등 파일 시스템 정보를 가지고 있다.

15 정답 ✕

NUR는 최근에 사용한 적이 없는 페이지를 선정하는 알고리즘이다.

16 정답 ○

스레싱은 하드디스크의 잦은 입출력으로 인해 잦은 페이지 부재가 발생하여 작업이 멈춘 것 같은 상태를 말한다.

17 정답 ✕

스레싱은 메모리 크기가 일정할 경우 멀티프로그램의 수와 밀접한 관계가 있다. 동시에 실행되는 프로그램의 수를 멀티프로그래밍 정도(Degree of Multiprogramming)라고 하며, 멀티프로그래밍 정도가 너무 높으면 스레싱이 발생한다.

18 정답 ○

프로세스에게 할당된 페이지가 너무 작으면 잦은 페이지 부재가 발생하고 이로 인해 스레싱이 발생한다.

05 정답 ✕

RAID 1이 미러링을 지원한다.

06 정답 ○

RAID 0에서는 데이터를 나눠 각 디스크에 동시에 저장하는 스트라이핑을 지원한다.

07 정답 ○

RAID 3, 4에서는 데이터 복구에 패리티 비트를 사용한다.

08 정답 ○

RAID 10은 RAID 0과 RAID 1을 결합한 것이다.

03 정답 ○

인덱스 파일 구조는 순차 파일 구조에 인덱스 테이블을 추가하여 순차 접근과 직접 접근이 가능한 구조이고, 접근 방식을 인덱스 순차 접근이라고 하며, 구성 파일을 ISAM 파일이라고 한다.

04 정답 ○

인덱스 구성 방법에 따라 B트리, B+ 트리를 이용한다.

PART 03 확인학습문제

★★★

01 운영체제에 대한 설명으로 옳은 것만을 모두 고르면?

14 국가직 9급

> ㄱ. 운영체제는 중앙처리장치, 주기억장치, 보조기억장치, 주변장치 등의 컴퓨터 자원을 할당 및 관리하는 시스템 소프트웨어이다.
> ㄴ. 스풀링(spooling)은 CPU와 입출력 장치의 속도 차이를 줄이기 주기억장치의 일부분을 버퍼처럼 사용하는 것이다.
> ㄷ. 비선점(non-preemptive) 방식의 CPU 스케줄링 기법은 CPU를 사용하고 있는 현재의 프로세스가 종료된 후 다른 프로세스에 CPU를 할당하는데 대표적으로 RR(Round Robin) 스케줄링 기법이 있다.
> ㄹ. 가상메모리(virtual memory)는 디스크와 같은 보조기억 장치에 가상의 공간을 만들어 주기억장치처럼 활용 하도록 하여 실제 주기억장치의 물리적 공간보다 큰 주소 공간을 제공한다.

① ㄱ, ㄴ

② ㄱ, ㄷ

③ ㄱ, ㄹ

④ ㄷ, ㄹ

해설 난도 상

오답의 이유

ㄴ. CPU와 입출력 장치의 속도 차이를 줄이기 위해 주기억장치의 일부분을 버퍼처럼 사용하는 것을 버퍼링이라고 하고, 보조기억장치의 일부분을 버퍼처럼 사용하는 것을 스풀링이라고 한다.

ㄷ. 라운드 로빈 스케줄링 기법은 선점형 알고리즘에 속한다.

더 알아보기

스케줄링 종류

- 비선점형 알고리즘 : FCFS, SJF, HRN
- 선점형 알고리즘 : 라운드 로빈, SRT, 다단계 큐, 다단계 피드백 큐

02 운영체제의 기능으로 가장 거리가 먼 것은?

① 사용자의 편리한 환경 제공　　　　　② 처리능력 및 신뢰도 향상

③ 컴퓨터 시스템의 성능 최적화　　　　④ 언어번역기능을 통한 실행 가능한 프로그램 생성

해설 난도 중

정답의 이유

언어번역기능을 통한 실행 가능한 프로그램 생성은 언어번역 프로그램의 기능이다.

03 운영체제 종류에 대한 설명으로 옳지 않은 것은?

12 국가직 9급

① 분산 처리 시스템(distributed processing system)은 하나의 시스템에서 두 개 이상의 프로세스를 동시에 수행시켜 작업의 처리능력을 향상시키고자 하는 시스템이다.

② 시분할 시스템(time-sharing system)은 하나의 시스템을 여러 사용자들에게 일정 시간씩 나누어 줌으로써 각 사용자의 작업을 처리하는 시스템이다.

③ 실시간 처리 시스템(real-time processing system)은 요구된 작업에 대하여 지정된 시간 내에 처리함으로써 신속한 응답이나 출력을 보장하는 시스템이다.

④ 다중 프로그래밍 시스템(multi-programming system)은 두 개 이상의 여러 프로그램을 주기억장치에 적재시켜 마치 동시에 실행되는 것처럼 처리한다.

해설 난도 중

정답의 이유

하나의 시스템에서 두 개 이상의 프로세스를 동시에 수행시키는 것은 병행 프로세스 시스템을 의미한다. 분산 처리 시스템은 네트워크상에 분산되어 있는 여러 컴퓨터로 작업을 처리하고 결과를 상호 교환할 수 있도록 구성한 시스템이다.

04 경영 상태를 실시간으로 파악하고 정보를 공유하게 하여 기업의 기간 업무부터 인사 관계까지 기업 활동 전반을 통합적으로 관리함으로써 경영 자원의 활용을 최적화하기 위한 것은?

14 지방직 9급

① EAI(Enterprise Application Integration)　② ERP(Enterprise Resource Planning)

③ BPR(Business Process Reengineering)　　④ KMS(Knowledge Management System)

해설 난도 중

오답의 이유

① 각종 데이터를 비즈니스 프로세서를 중심으로 상호 연동되도록 통합하여 조정하기 위한 시스템이다.

③ 반복적이고 불필요한 과정들을 제거하기 위해 업무 상의 여러 단계들을 통합하여 단순화하여 재설계하는 시스템이다.

④ 조직 내의 인적 자원들이 축적한 지식들을 체계화하고 공유하여 기업 경쟁력을 향상시키기 위한 기업정보 시스템이다.

★★☆

01 다음 중 인터럽트 입출력 제어방식은?

15 서울시 9급

① 입출력을 하기 위해 CPU가 계속 Flag를 검사하고, 자료 전송도 CPU가 직접 처리하는 방식이다.

② 입출력을 하기 위해 CPU가 계속 Flag를 검사할 필요가 없고, 대신 입출력 인터페이스가 CPU에게 데이터 전송 준비가 되었음을 알리고 자료전송은 CPU가 직접 처리하는 방식이다.

③ 입출력 장치가 직접 주기억장치를 접근하여 Data Block을 입출력하는 방식으로, 입출력 전송이 CPU 레지스터를 경유하지 않고 수행된다.

④ CPU의 관여 없이 채널 제어기가 직접 채널 명령어로 작성된 프로그램을 해독하고 실행하여 주기억장치와 입출력 장치 사이에서 자료전송을 처리하는 방식이다.

해설 난도 중

오답의 이유

① 프로그램화된 입·출력을 말한다.

③ DMA에 의한 입·출력을 말한다.

④ 채널에 의한 입·출력을 말한다.

★★☆

02 파이프라이닝(pipelining) 기법이 적용된 프로세서에서 파이프라인 실행이 계속될 수 있는 조건이 충족되지 않아 파이프라인 전체 또는 일부가 정지(stall)될 수 있는 상황이 발생하는데, 이를 파이프라인 해저드(pipeline hazard)라고 한다. 파이프라인 해저드의 유형이 아닌 것은?

14 지방직 9급

① 구조적 해저드(structural hazard)

② 데이터 해저드(data hazard)

③ 제어 해저드(control hazard)

④ 병렬 해저드(parallel hazard)

해설 난도 중

정답의 이유

파이프라인 해저드의 유형에는 구조적 해저드, 데이터 해저드, 제어 해저드가 있다.

더 알아보기

파이프라인 해저드 유형

• 구조적 해저드 : 서로 다른 명령어가 같은 자원에 접근하려고 할 때 문제가 발생하게 된다. 병렬 처리되는 명령어 A와 명령어 B 모두 같은 레지스터를 사용하려고 할 때 서로 충돌하게 된다.

• 데이터 해저드 : 데이터의 의존성 때문에 문제가 발생한다. 즉, 앞의 명령 결과가 다음 명령 입력으로 사용될 때 문제가 발생하게 된다. 두 번째 명령어는 첫 번째 명령어와 동시에 실행되면 안 된다.

• 제어 해저드 : if문이나 goto문 같은 분기 명령이 실행될 때 문제가 발생하게 된다. 보통의 경우 명령어들이 순차적으로 실행되지만 분기 명령이 실행되면 현재 동시에 처리되고 있는 명령어들이 쓸모없어지게 되는 현상이 발생한다.

03 CPU 관련 기술에 대한 설명으로 옳지 않은 것은?

① SIMD(Single Instruction Multiple Data)는 한 번에 하나의 명령어와 하나의 데이터만을 순서대로 실행한다.

② 슈퍼스칼라(Superscalar)는 다수의 명령어 실행 유니트(Instruction Execution Unit)를 이용하여 각 사이클마다 하나 이상의 명령어를 동시에 실행한다.

③ 명령어 파이프라이닝(Pipelining)은 명령어 수행과정을 둘 이상의 단계로 나누어 여러 명령어를 중첩하여 실행한다.

④ VLIW(Very Long Instruction Word)는 하나의 명령어 형식에 다수의 연산코드를 포함시켜 여러 개의 기능 유니트(Function Unit)에서 연산들을 동시에 실행한다.

해설 난도중

정답의 이유

SIMD는 병렬 프로세서의 한 종류로, 하나의 명령어로 여러 개의 값을 동시에 계산하는 방식이다.

CHAPTER 03 프로세스와 스레드

★★☆

01 운영체제의 프로세스에 대한 설명으로 옳지 않은 것은?

① 운영체제 프로세스는 사용자 작업 처리를 위해 시스템 관리 기능을 담당하는 프로세스이다.

② 사용자 프로세스는 사용자 응용프로그램을 수행하는 프로세스이다.

③ 여러 개의 프로세스들이 동시에 수행상태에 있다면 교착상태(deadlock) 프로세스라고 한다.

④ 독립 프로세스는 한 프로세스가 시스템 안에서 다른 프로세스에게 영향을 주지 않거나 또는 다른 프로세스에 의해 영향을 받지 않는 프로세스이다.

해설 난도중

정답의 이유

여러 개의 프로세스들이 동시에 수행 상태에 있는 것을 병행 프로세스라고 하고, 교착 상태는 2개 이상의 프로세스가 다른 프로세스의 작업이 끝나기만을 기다리며 더 이상 작업을 진행하지 못하는 상태를 의미한다.

★★☆

02 프로세스 상태(process state)에 대한 설명으로 옳은 것은?

① 종료상태(terminated state)는 프로세스가 기억장치를 비롯한 모든 필요한 자원을 할당받은 상태에서 프로세서의 할당을 기다리고 있는 상태이다.

② 대기상태(waiting/blocked state)는 프로세스가 원하는 자원을 할당받지 못해서 기다리고 있는 상태이다.

③ 실행상태(running state)는 사용자가 요청한 작업이 커널에 등록되어 커널 공간에 PCB 등이 만들어진 상태이다.

④ 준비상태(ready state)는 프로세스의 수행이 끝난 상태이다.

오답의 이유

① 프로세스가 기억장치를 비롯한 모든 필요한 자원을 할당받은 상태에서 프로세서의 할당을 기다리고 있는 상태는 준비상태이다.

③ 사용자가 요청한 작업이 커널에 등록되어 커널 공간에 PCB 등이 만들어진 상태는 생성상태이다.

④ 프로세스의 수행이 끝난 상태는 완료상태이다.

★★☆

03 PCB(Process Control Block)가 갖고 있는 정보가 아닌 것은?   19 전자계산기조직응용

① 할당되지 않은 주변장치의 상태 정보   ② 프로세스의 현재 상태

③ 프로세스 고유 식별자   ④ 스케줄링 및 프로세스의 우선순위

해설 **난도 중**

정답의 이유

PCB에는 할당되지 않은 주변장치의 상태 정보는 없다.

더 알아보기

프로세스 제어 블록 구성

포인터	프로세스 상태
프로세스 구분자	
프로그램 카운터	
프로세스 우선순위	
각종 레지스터 정보	
메모리 관리 정보	
할당된 자원 정보	
계정 정보	
PPID, CPID	

★★☆

04 현재 CPU를 사용하여 실행되고 있는 프로세스의 상태 정보를 저장하고 제어 권한을 ISR(Interrupt Service Routine)에게 넘기는 작업은?   19 정보처리

① Context Switching   ② Monitor

③ Mutul Exclsion   ④ Semaphore

해설 **난도 하**

정답의 이유

문맥 교환은 CPU를 차지하던 프로세스가 나가고 새로운 프로세스를 받아들이는 작업을 의미한다. 즉, 두 프로세서의 프로세스 제어 블록을 교환하는 작업을 말한다.

안심Touch

★★☆

05 다음 프로그램의 구성 요소들 중 프로세스 내에서 생성한 스레드들 사이에 공유되지 않는 것을 모두 고르면?

16 서울시 9급

> ㄱ. 레지스터(Register)
> ㄴ. 힙(Heap) 메모리
> ㄷ. 전역 변수(Global variables)
> ㄹ. 스택(Stack) 메모리

① ㄱ, ㄴ   ② ㄱ, ㄹ

③ ㄴ, ㄷ   ④ ㄷ, ㄹ

해설 난도 중

정답의 이유

스레드 간에는 힙(Heap) 메모리와 변수 등은 공유된다.

★★★

06 프로세스(process)와 스레드(thread)에 대한 설명으로 거리가 먼 것은?

14 서울시 9급

① 프로세스는 운영체제에서 작업의 기본 단위이다.

② 프로세스는 비동기적인 행위를 일으키는 주체이다.

③ 프로세스는 현재 실행중인 프로그램이라고 정의할 수 있다.

④ 스레드는 프로세스에서 실행의 개념만을 분리한 것이다.

⑤ 하나의 스레드 내에는 여러 개의 프로세스가 존재할 수 있다.

해설 난도 중

정답의 이유

하나의 프로세스에는 여러 개의 스레드가 존재할 수 있다.

더 알아보기

프로세스와 스레드의 차이

• 프로세스는 여러 개의 스레드로 구성되고, 프로세스끼리는 서로 독립적이다. 서로 독립적인 프로세스는 데이터를 주고받을 때 프로세스 간 통신(IPC)을 이용한다.

• 스레드는 프로세스 내부에서 서로 강하게 연결되어 있다. 하나의 스레드는 여러 프로세스에 포함될 수 없고, 같은 프로세스에 속한 다른 스레드와 코드를 공유한다.

• 스레드는 프로그램 카운터(PC)를 독립적으로 가진다.

• 스레드 간에는 힙(Heap) 메모리의 변수나 파일 등을 공유하고 전역 변수나 함수 호출 등의 방법으로 스레드 간 통신을 한다.

★★★
07 스레드(Threads)에 관한 설명으로 옳지 않은 것은?

19 전자계산기조직응용

① 하드웨어, 운영체제의 성능과 응용프로그램의 처리율을 향상시킬 수 있다.

② 스레드는 그들이 속한 프로세스의 자원과 메모리를 공유한다.

③ 다중 프로세스 구조에서 각 스레드는 다른 프로세스에서 병렬로 실행될 수 있다.

④ 스레드는 동일 프로세스 환경에서 서로 다른 독립적인 다중 수행이 불가능하다.

해설 `난도 중`

정답의 이유

스레드는 동일 프로세스 환경에서 서로 다른 독립적인 다중 수행이 가능하다.

CHAPTER 04 CPU 스케줄링

★★★
01 다음 중 비선점(non-preemptive) 스케줄링 기법의 특징으로 옳은 것은?

18 전자계산기

① 프로세서 응답시간의 예측이 용이하여, 일괄처리 방식에 적합하다.

② 우선순위가 높은 프로세서를 빨리 처리할 수 있다.

③ 많은 오버헤드(Overhead)를 초래한다.

④ 주로 빠른 응답시간이 요구되는 대화식 시분할시스템, 온라인 응용에 사용된다.

해설 `난도 중`

정답의 이유

비선점형 알고리즘은 프로세스가 CPU를 할당받으면 작업이 끝날 때까지 CPU를 반환하지 않는 알고리즘이다. 선점형 알고리즘은 시분할 시스템을 고려하여 만들어진 알고리즘으로, 프로세스가 CPU를 할당받아 실행 중이라도 중간에 CPU를 빼앗아 다른 프로세스에게 CPU를 할당할 수 있다.

오답의 이유

②, ③, ④는 선점형 알고리즘에 대한 특징이다.

★★★
02 어떤 프로세스가 일정 크기의 CPU 시간 할당량(time quantum)을 한 번 받은 후에는 강제로 대기 큐의 다른 프로세스에게 CPU를 넘겨주는 방식의 스케줄링 기법은?

16 지방직 9급

① FCFS(First-Come-First-Served)

② RR(Round-Robin)

③ SPN(Shortest Process Next)

④ HRRN(Highest Response Ratio Next)

해설 `난도 중`

정답의 이유

강제로 대기 큐의 다른 프로세스에게 CPU를 넘겨주는 방식은 선점형 알고리즘을 말하며 대표적인 스케줄링 기법으로 라운드로빈(RR : Round-Robin)이 있다.

★★★

03 다음 표는 단일 CPU에 진입한 프로세스의 도착 시간과 처리하는 데 필요한 실행 시간을 나타낸 것이다. 프로세스 간 문맥 교환에 따른 오버헤드는 무시한다고 할 때, SRT(Shortest Remaining Time) 스케줄링 알고리즘을 사용한 경우 네 프로세스의 평균 반환시간(turnaround time)은?

15 국가직 9급

프로세스	도착 시간	실행 시간
P1	0	8
P2	2	4
P3	4	1
P4	6	4

① 4.25

② 7

③ 8.75

④ 10

해설 난도 상

정답의 이유

SRT 스케줄링은 기본적으로 라운드 로빈 스케줄링을 사용하고, CPU를 할당받을 프로세스를 선택할 때 남아 있는 작업 시간이 가장 적은 프로세스를 선택한다.

0	2	4	5	7	11	17
P1	P2	P3	P2	P4		P1

P1이 0~2동안 실행되고 P2가 큐에 들어온다. P2의 실행 시간이 짧기 때문에 P2가 2~4동안 실행된다. 4초에 P3가 큐에 들어오고 실행 시간이 1초로 가장 짧기 때문에 4~5초간 실행된다. 이와 같이 실행 시간이 짧게 남은 프로세스가 실행된다. 프로세스 별로 반환 시간을 구해보면 다음과 같다.

- P1 반환 시간 : 17-0=17
- P2 반환 시간 : 7-2=5
- P3 반환 시간 : 5-4=1
- P4 반환 시간 : 11-6=5
- 평균 반환 시간 : (17+5+1+5)/4=7

04 SJF(Shortest Job First) 스케줄링에서 준비 큐에 도착하는 시간과 CPU 사용시간이 다음 표와 같다. 모든 작업들의 평균대기 시간은 얼마인가?

14 서울시 9급

프로세스 번호	도착시간	CPU 사용시간
1	0	6
2	1	4
3	2	1
4	3	2

① 3   ② 4

③ 5   ④ 6

⑤ 7

해설 난도 상

정답의 이유

SJF(Shortest Job First) 스케줄링은 준비 큐에 있는 프로세스 중 실행 시간이 가장 짧은 작업에 CPU를 할당하는 비선점형 방식이다.

```
0              6   7     9      13
┌──────────────┬────┬─────┬──────┐
│      P1      │ P3 │ P4  │  P2  │
└──────────────┴────┴─────┴──────┘
```

P1이 큐에 들어온 시점에는 P2, P3, P4는 큐에 없으므로 P1이 6초 동안 수행한다. 6초 이내에 P2, P3, P4가 큐에 대기하고 있으므로 사용 시간이 짧은 순서대로 수행하면 P3 → P4 → P2이다. 프로세스 별로 대기 시간은 다음과 같다.
- P1 대기 시간 : 0
- P2 대기 시간 : 9-1=8
- P3 대기 시간 : 6-2=4
- P4 대기 시간 : 7-3=4
- 평균대기 시간 : (0+8+4+4)/4=4

05 CPU 스케줄링 기법 중에서 기아상태(starvation)가 발생할 가능성이 없는 것만을 모두 고르면? 14 지방직 9급

> ㄱ. FCFS(First-Come First-Served)
> ㄴ. 라운드 로빈(RR : Round Robin)
> ㄷ. SJF(Shortest Job First)
> ㄹ. HRRN(Highest Response Ratio Next)

① ㄱ, ㄴ   ② ㄷ, ㄹ

③ ㄱ, ㄴ, ㄷ   ④ ㄱ, ㄴ, ㄹ

해설 난도 중

정답의 이유

기아상태는 프로세스가 수행할 준비가 되어 있지만 다른 프로세스가 우선적으로 수행되어 계속적으로 CPU를 할당받지 못하는 상태를 말한다. 기아상태가 발생할 수 있는 CPU 스케줄링 기법에는 SJF(Shortest Job First)와 우선순위(Priority) 기법이 있다.

★★★

06 SRT(Shortest Remaining Time) 스케줄링 알고리즘에 대한 설명으로 옳은 것은?

① 남은 실행시간이 긴 작업은 기아상태에 빠질 가능성이 없다.
② 현재 실행 중인 작업은 자신의 남은 실행시간보다 짧은 실행 시간을 가진 작업에 의해 선점된다.
③ MLQ(Multi Level Queue) 알고리즘의 변형된 형태이며 우선순위 큐를 사용한다.
④ 라운드 로빈 알고리즘과 같이 반드시 클록(Clock) 인터럽트를 필요로 한다.

12 지방직 9급

해설 난도 중

정답의 이유
SRT 스케줄링은 기본적으로 라운드 로빈 스케줄링을 사용하고, CPU를 할당받을 프로세스를 선택할 때 남아 있는 작업 시간이 가장 적은 프로세스를 선택한다.

오답의 이유
① 남은 실행시간이 긴 작업은 기아상태에 빠질 가능성이 있다.
③ MLQ 알고리즘의 변형된 형태로 우선순위 큐를 사용하는 것은 MFQ(Multi-level Feedback Queue)이다.
④ SRT는 클록 인터럽트가 필요 없다.

★★★

07 프로세스들의 도착 시간과 실행 시간이 다음과 같다. CPU 스케줄링 정책으로 라운드로빈 (round-robin) 알고리즘을 사용할 경우 평균 대기 시간은 얼마인가? (단, 시간 할당량은 10초이다)

프로세스 번호	도착 시간	실행 시간
1	0초	10초
2	6초	18초
3	14초	5초
4	15초	12초
5	19초	1초

① 10.8초
② 12.2초
③ 13.6초
④ 14.4초

해설 난도 상

정답의 이유
라운드 로빈(Round Robin) 스케줄링은 한 프로세스가 할당받은 시간만큼 작업을 수행하다가 작업을 완료하지 못하면 준비 큐의 맨 끝으로 가서 자신의 차례를 기다리는 방식이다.

0	10	20	25	35	36	44	46
P1	P2	P3	P4	P5	P2	P4	

P1이 10초 동안 실행되고 P2가 20초까지 10초간 실행되고 8초가 남는다. 20초 이내에 P3, P4, P5 프로세스 모두 큐에 들어온 상태이므로 순서대로 P3이 5초간(20~25초) 실행되고 P4가 10초간(25~35초) 실행되고 2초가 남는다. 다음으로 P5가 1초간(35~36초) 실행된다. P2가 P4보다 실행 순서가 빠르기 때문에 P2가 8초간(36~44초) 실행되고 마지막 P4가 2초간(44~46초) 실행된다.
각 프로세스 별로 대기 시간을 작성하면 다음과 같다.

- P1 대기 시간 : 0
- P2 대기 시간 : (1) 10-6=4 (2) 36-20=16 → 4+16=20
- P3 대기 시간 : 20-14=6
- P4 대기 시간 : (1) 25-15=10 (2) 44-35=9 → 10+9=19
- P5 대기 시간 : 35-19=16
- 평균대기 시간 : (0+20+6+19+16)/5=12.2

★★★

08 HRN 스케줄링 방식에서 입력된 작업이 다음과 같을 때 우선순위가 가장 높은 것은?

19 전자계산기조작응용

작업	대기 시간	서비스(실행) 시간
A	5	20
B	40	20
C	15	45
D	20	2

① A

② B

③ C

④ D

해설 난도상
정답의 이유

프로세스의 우선순위를 결정하는 공식은 우선순위 $= \dfrac{\text{대기 시간} + \text{CPU 사용 시간}}{\text{CPU 사용 시간}}$ 이다. 각 프로세스의 우선순위를 구하면 다음과 같다.

$A = \dfrac{5+20}{20} = \dfrac{25}{20} = 1.25$, $B = \dfrac{40+20}{20} = \dfrac{60}{20} = 3$, $C = \dfrac{15+45}{45} = \dfrac{60}{45} = 1.33$, $D = \dfrac{20+2}{2} = \dfrac{22}{2} = 11$

값이 높을수록 우선순위가 높으므로 프로세스 D가 가장 높다.

★☆☆

09 우선순위 스케줄링 알고리즘에서 발생할 수 있는 무한연기 현상을 해결하기 위해서 제안된 방법은?

19 전자계산기

① 구역성(locality)

② 에이징(aging) 기법

③ 세마포어(semaphore)

④ 문맥전환(context switching)

해설 난도중
정답의 이유

에이징 기법은 프로세스에 나이를 부여하고 자원을 할당받지 못하면 나이가 점점 증가하게 된다. 우선순위에 나이를 반영하여 우선순위가 낮았던 프로세스도 나이가 많아지면 자원을 할당받을 수 있다.

★★★

01 프로세서들이 서로 작업을 진행하지 못하고 영원히 대기상태로 빠지게 되는 현상을 무엇이라고 하는가?

18 전자계산기

① thrashing

② working set

③ semaphore

④ deadlock

해설 난도 하

정답의 이유

교착상태(Deadlock)는 2개 이상의 프로세스가 다른 프로세스의 작업이 끝나기만을 기다리며 더 이상 작업을 진행하지 못하는 상태를 의미한다.

★★★

02 교착상태(deadlock)를 해결할 수 있는 방법으로 적당하지 않은 것은?

15 서울시 9급

① 프로세스들이 필요로 하는 자원에 대해 배타적인 통제권을 갖게 한다.

② 자원에 선형으로 고유번호를 할당하고, 각 프로세스는 현재 점유한 자원의 고유번호보다 큰 번호 방향으로만 자원을 요구하도록 한다.

③ 한 프로세스가 실행되는 데 필요한 모든 자원을 할당한 후 실행시킨다.

④ 자원을 점유하고 있는 프로세스가 다른 자원을 요구할 때, 점유하고 있는 자원을 반납하고 요구하도록 한다.

해설 난도 중

정답의 이유

프로세스들이 필요로 하는 자원에 배타적인 통제권을 갖게 되면 교착상태가 발생하게 된다. 교착상태 해결 방법 중 비선점 예방은 모든 자원을 프로세스들이 빼앗을 수 있도록 하는 방법이다.

오답의 이유

②는 원형 대기 예방을 의미한다.

③, ④는 점유와 대기 예방을 의미한다.

> **더 알아보기**
>
> • 상호 배제 예방 : 시스템 내의 독점적으로 사용할 수 있는 배타적인 자원을 모두 없애는 방법이다. 즉, 모든 자원을 공유할 수 있다면 교착상태는 발생하지 않는다.
> • 비선점 예방 : 모든 자원을 빼앗을 수 있도록 하는 방법이다. 다른 프로세스가 점유한 자원을 빼앗을 수 있으면 교착상태는 발생하지 않는다.
> • 점유와 대기 예방 : 프로세스가 자원을 점유하고 있는 상태에서 다른 자원을 기다리지 못하게 하는 방법이다. 즉, 자원을 전부 할당하거나 할당하지 않는 방식을 말한다.
> • 원형 대기 예방 : 점유와 대기를 하는 프로세스가 원형을 이루지 못하도록 하는 방법이다. 모든 자원에 숫자를 부여하고 숫자가 큰 방향으로만 자원을 할당하는 것을 말한다.

★★★

03 다음 중 컴퓨터에서 연산 중에 교착상태(deadlock) 발생 조건에 대한 설명으로 틀린 것은? 14 서울시 9급

① 점유 및 대기 – 프로세스가 이미 자원을 점유하고 있으면서 다른 프로세스의 자원이 반납되기를 기다리는 경우를 말한다.

② 상호배제 – 프로세스가 자원을 사용 중일 때는 다른 프로세스가 자원을 사용하지 못하고 대기한다.

③ 효율성 – 프로세스에 할당된 자원은 사용이 끝나기 전에 다른 프로세스에 양보되어 효율성을 높인다.

④ 환형 대기 – 프로세스와 자원들이 원형을 이루며 각 프로세스는 자신에게 할당된 자원을 가지고 있으면서 상대방의 자원을 상호 요청하는 경우이다.

⑤ 비선점(non-preemption) – 자원들은 그들을 점유한 프로세스로부터 벗어나지 못한다.

해설 난도 중
정답의 이유
교착 상태 발생 조건으로 점유 및 대기, 상호배제, 환형 대기, 비선점이 있다. 효율성은 교착상태 발생 조건에 해당되지 않는다.

★★★

04 운영체제에서 교착상태(deadlock)가 발생하기 위한 필요조건에 해당되지 않는 것은? 14 지방직 9급

① 상호배제(mutual exclusion)　　　② 점유와 대기(hold and wait)

③ 선점(preemption)　　　④ 순환 대기(circular wait)

해설 난도 하
정답의 이유
교착상태가 발생하기 위한 필요조건은 선점이 아닌 비선점이다.

★★★

05 교착사태가 존재하기 위한 4가지 필요조건으로 옳지 않은 것은? 19 정보처리산업

① 프로세스들이 필요로 하는 자원에 대해 배타적인 통제권을 요구한다.

② 프로세스가 다른 자원을 기다리면서 이미 할당된 자원을 갖고 있다.

③ 자원은 사용이 끝날 때까지 이들이 갖고 있는 프로세스로부터 제거할 수 없다.

④ 프로세스가 자원을 선점하기 위한 우선순위를 결정한다.

해설 난도 중
정답의 이유
교착 상태가 존재하기 위해서 자원은 비선점 자원이어야 한다.

오답의 이유
① 상호 배제 조건을 설명한 것이다.
② 점유와 대기 조건을 설명한 것이다.
③ 비선점 조건을 설명한 것이다.

★★★

06 다음은 교착상태 발생조건 중 어떤 조건을 제거하기 위한 것인가?

- 프로세스가 수행되기 전에 필요한 모든 자원을 할당시켜 준다.
- 자원이 점유되지 않은 상태에서만 자원을 요구하도록 한다.

① Mutual Exclusion

② Hold and Wait

③ Non-Preemption

④ Circuar Wait

해설 난도 중

정답의 이유

점유와 대기(Hold and Wait) 예방은 프로세스가 자원을 점유하고 있는 상태에서 다른 자원을 기다리지 못하게 하는 방법이다. 즉, 자원을 전부 할당하거나 할당하지 않는 방식을 말한다.

오답의 이유

① 상호 배제(Mutual Exclusion) 예방은 시스템 내의 독점적으로 사용할 수 있는 배타적인 자원을 모두 없애는 방법이다. 즉, 모든 자원을 공유할 수 있다면 교착상태는 발생하지 않는다.

③ 비선점(Non-Preemption) 예방은 모든 자원을 빼앗을 수 있도록 하는 방법이다. 다른 프로세스가 점유한 자원을 빼앗을 수 있으면 교착상태는 발생하지 않는다.

④ 원형 대기(Circuar Wait) 예방은 점유와 대기를 하는 프로세스가 원형을 이루지 못하도록 하는 방법이다. 모든 자원에 숫자를 부여하고 숫자가 큰 방향으로만 자원을 할당하는 것을 말한다.

CHAPTER 06 메모리 관리

★★☆

01 크기가 각각 12KB, 30KB, 20KB인 프로세스가 다음과 같은 메모리 공간에 순차적으로 적재 요청될 때, 모든 프로세스를 적재할 수 있는 알고리즘만을 모두 고른 것은?

16 지방직 9급

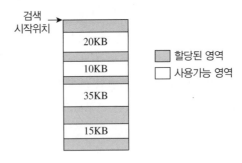

ㄱ. 최초 적합(first-fit)
ㄴ. 최적 적합(best-fit)
ㄷ. 최악 적합(worst-fit)

① ㄱ

② ㄴ

③ ㄱ, ㄴ

④ ㄴ, ㄷ

해설 난도 중

정답의 이유

최적 적합은 메모리의 빈 공간을 모두 확인한 후 배치가 가능한 메모리 공간 중 가장 작은 공간에 프로세스를 배치한다. 따라서, 12KB는 메모리의 15KB, 30KB는 메모리의 35KB, 20KB는 메모리의 20KB에 적재된다.

오답의 이유

ㄱ. 최초 적합은 메모리의 빈 공간에 프로세스를 배치할 때 적재 가능한 메모리 공간을 순서대로 찾다가 첫 번째로 발견한 공간에 프로세스를 배치하는 방식으로 12KB는 메모리의 20KB에 적재되지만 30KB는 메모리에 10KB에 적재되지 못한다.

ㄷ. 최적 배치와 마찬가지로 메모리의 빈 공간을 모두 확인하지만, 배치는 최적 배치와 정반대로 배치가 가능한 메모리 공간 중 가장 큰 공간에 프로세스를 배치한다. 따라서 12KB는 메모리의 35KB에 적재되면 30KB는 적재할 공간이 없어진다.

★★☆

02 기억장치 관리 전략에서 배치 전략의 종류 중 다음 설명에 해당하는 것은?   18 전자계산기

> 프로그램이나 데이터가 들어갈 수 있는 크기의 빈 영역 중에서 단편화가 가장 많이 발생하는 분할 영역에 배치시킨다.

① Worst Fit   ② Best Fit
③ First Fit   ④ Last Fit

해설 난도 하

정답의 이유

최악 배치(Worst fit)는 최적 배치와 마찬가지로 메모리의 빈 공간을 모두 확인하지만, 배치는 최적 배치와 정반대로 배치가 가능한 메모리 공간 중 가장 큰 공간에 프로세스를 배치한다.

★★☆

03 빈 기억공간의 크기가 20K, 16K, 8K, 40K일 때 기억장치 배치 전략으로 "Worst Fit"을 사용하여 17K의 프로그램을 적재할 경우 내부 단편화의 크기는?   19 전자계산기조직응용

① 3K   ② 23K
③ 44K   ④ 67K

해설 난도 하

정답의 이유

Worst Fit의 경우 빈 기억공간 중 크기가 가장 큰 공간에 배치된다. 따라서 17K 프로그램은 40K 기억장치 공간에 배치되므로 내부 단편화의 크기는 적재된 후 빈 공간 23K이 된다.

★★☆

04 150K의 작업요구 시 first fit과 best fit 전략을 각각 적용할 경우, 할당 영역의 연결이 옳은 것은?

할당영역	운영체제
1	50K
	사중 중
2	400K
	사용 중
3	200K

① first fit:2, best fit:3

② first fit:3, best fit:2

③ first fit:1, best fit:2

④ first fit:3, best fit:1

해설 난도 중

정답의 이유

first fit의 경우에는 할당 영역의 크기와는 무관하게 150K 작업이 할당될 수 있는 영역이 있다면 바로 할당되기 때문에 2번 영역에 할당된다. best fit의 경우에는 가장 적합한 영역에 할당되기 때문에 3번 영역에 할당된다.

★☆☆

05 가상기억장치(virtual memory)에 대한 설명으로 가장 옳은 것은?

15 서울시 9급

① 가상기억장치를 사용하면 메모리 단편화가 발생하지 않는다.

② 가상기억장치는 실기억장치로의 주소변환 기법이 필요하다.

③ 가상기억장치의 참조는 실기억장치의 참조보다 빠르다.

④ 페이징 기법은 가변적 크기의 페이지 공간을 사용한다.

해설 난도 중

정답의 이유

가상 기억 장치를 사용하기 위해서는 가상 주소를 주기억 장치의 실제 주소로 변환하는 주소 매핑(mapping)이 필요하다.

오답의 이유

① 가상기억장치에서도 메모리 단편화가 발생한다.

③ 가상기억장치의 참조는 실기억장치의 참조보다 느리다.

④ 페이징 기법은 동일한 크기의 페이지 공간을 사용한다.

06 보조기억장치에 저장되어 있는 프로그램과 데이터 중에서 프로그램 수행에 필요한 부분을 주기억장치로 옮길 때 부족한 주기억장치의 용량을 확장하기 위해 보조기억장치의 일부를 마치 주기억장치의 일부로 사용하는 것은?

18 전자계산기

① cache memory ② virtual memory
③ auxiliary memory ④ associative memory

해설 난도 하
정답의 이유
보조기억장치의 일부 공간을 주기억장치처럼 사용하는 것을 가상 메모리라고 한다.

07 메모리 크기가 200KB인 시스템에서 요구 페이징으로 가상 메모리를 구현한다고 하자. 페이지 크기가 2KB이고 페이지 테이블의 각 항목이 3바이트라고 하면, 25KB 크기의 프로세스를 위한 최소 페이지 테이블의 크기는 어떻게 되는가?

16 서울시 9급

① 25바이트 ② 39바이트
③ 60바이트 ④ 75바이트

해설 난도 중
정답의 이유
한 페이지의 크기가 2KB이고 프로세스의 크기가 25KB이므로 요구되는 페이지는 총 13개이다. 페이지 테이블의 크기=페이지 수×페이지 테이블 각 항목의 크기=13×3바이트=39바이트이다.

08 주기억장치의 용량이 512KB인 컴퓨터에서 32비트의 가상 주소를 사용하는데, 페이지의 크기가 1K워드이고 1워드가 4바이트라면 주기억장치의 페이지 수는?

19 정보처리산업

① 32개 ② 64개
③ 128개 ④ 512개

해설 난도 중
정답의 이유
페이지 크기 1K 워드에서 K는 2^{10}이므로 1,024워드가 된다. 가상 주소의 크기가 32비트인데 워드로 변환하면 32/4=8워드가 된다. 즉, 한 페이지 당 크기는 8워드가 된다. 따라서 전체 페이지 크기를 한 페이지 당 크기로 나누면 페이지 수를 구할 수 있다. 페이지 수는 1,024/8=128이다.

★★☆

09 페이징(paging) 기법에서 페이지 크기에 대한 설명으로 옳지 않은 것은? 12 국가직 9급

① 페이지 크기가 작아지면 페이지 테이블의 크기도 줄어든다.

② 주기억장치는 페이지와 같은 크기의 블록으로 나누어 사용된다.

③ 페이지 크기가 커지면 내부 단편화(internal fragmentation)되는 공간이 커진다.

④ 페이지 크기가 커지면 참조되지 않는 불필요한 데이터들이 주기억장치에 적재될 확률이 높아진다.

해설 `난도 중`

정답의 이유

페이지 크기가 작아져도 페이지 테이블의 크기는 일정하다. 만약, 페이지 수가 줄어들면 페이지 테이블의 크기도 줄어든다.

★☆☆

10 가상메모리(Virtual Memory)를 효과적으로 제공하기 위해 Core i7과 같은 프로세서 내부에 있는 장치는 무엇인가? 16 국가직 9급

① TLB(Translation Lookaside Buffer)

② 캐시(Cache)

③ 페이지 테이블(Page Table)

④ 스왑 스페이스(Swap Space)

해설 `난도 중`

정답의 이유

TBL은 변환 색인 버퍼라고 하며, 페이지 테이블 전체를 스왑 영역에서 관리하고 페이지 테이블의 일부만 물리 메모리로 가져오는 방식인 연관 매핑에서 물리 메모리에 존재하는 일부 페이지의 테이블을 의미한다.

★☆☆

11 다음과 같은 세그먼트 테이블이 있을때, 실제 주소를 구하면? (단, 가상주소 S=(2, 100)이다) 19 정보처리

세그먼트 번호	크기	시작주소
0	1200	4000
1	800	5700
2	1000	2000
3	200	3200

① 1500

② 1600

③ 2000

④ 2100

정답의 이유

가상주소 S=(2, 100)에서 2는 세그먼트 번호이고 100은 세그먼트 시작 위치에서 해당 주소까지의 거리 값이다. 실제주소는 시작주소에서 세그먼트 시작 위치에서 해당 주소까지의 거리 값을 더하면 된다. 따라서 세그먼트 2의 시작주소가 2000이기 때문에 100을 더하면 실제 주소는 2100이 된다.

★ ★ ★

12 3개의 page를 수용할 수 있는 메모리가 있으며, 현재 완전히 비어 있다. 어느 프로그램이 〈보기〉와 같이 page 번호를 요청했을 때, LRU(Least-Recently-Used)를 사용할 경우 몇 번의 page-fault가 발생하는가?

16 지방직 9급

───────────────┤ 보기 ├───────────────

요청하는 번호순서 : 2 3 2 1 5 2 4 5

① 6번 　　　　　　　　　　　② 5번
③ 4번 　　　　　　　　　　　④ 3번

정답의 이유

LRU(Least Recently Used) 페이지 교체 알고리즘은 최근에 최소로 사용된 페이지를 대상 페이지로 선정한다. 즉, 메모리에 올라온 후 가장 오랫동안 사용되지 않은 페이지를 스왑 영역으로 옮긴다.

순서	2	3	2	1	5	2	4	5
페이지 0	2 (1)	2 (1)	2 (3)	2 (3)	2 (3)	2 (6)	2 (6)	2 (6)
페이지 1		3 (2)	3 (2)	3 (2)	5 (5)	5 (5)	5 (5)	5 (8)
페이지 2				1 (4)	1 (4)	1 (4)	4 (7)	4 (7)
상태	F	F		F	F		F	

첫 번째 요청 페이지 2는 페이지 0에 작성되고, 두 번째 요청 페이지 3은 페이지 1에 작성된다. 요청 페이지 2, 3은 메모리에 존재하지 않으므로 페이지 부재가 발생한다. 세 번째 요청 페이지 2는 페이지 0에 존재하므로 순서만 (3)으로 변경된다. 네 번째 요청 페이지 1은 페이지 2에 작성된다. 다섯 번째 요청 페이지 5는 메모리에 없는 요청 페이지이므로 메모리에 작성된 시간이 가장 오래된 3번 페이지가 스왑 영역으로 옮겨진다. 여섯 번째 요청 페이지 2는 메모리상에 존재하기 때문에 순서만 (6)으로 바뀌고 일곱 번째 요청 페이지 4는 메모리에 없기 때문에 1번 페이지가 스왑 영역으로 옮겨진다. 마지막 요청 페이지 5는 메모리에 존재하기 때문에 순서만 (8)로 바뀐다. 이와 같은 방법으로 페이지 상태를 작성해보면 페이지 부재는 5번 발생한다.

13 다음은 가상 메모리의 페이지 교체 정책 중 최적(optimal) 알고리즘을 적용하여 페이지를 할당한 예이다. 참조열 순으로 페이지가 참조될 때, 페이지 부재(page fault)가 6회 발생하였다. 동일한 조건 하에서 LRU(Least Recently Used) 알고리즘을 적용할 경우 페이지 부재가 몇 회 발생하는가?

16 지방직 9급

참조열	1	2	0	3	0	5	2	3	7	5	3
페이지 프레임	1	1	1	3	3	3	3	3	3	3	3
		2	2	2	2	2	2	2	7	7	7
			0	0	0	5	5	5	5	5	5
상태	F	F	F	F		F			F		

① 6   ② 7
③ 8   ④ 9

해설 난도 상

정답의 이유

LRU(Least Recently Used) 페이지 교체 알고리즘은 최근에 최소로 사용된 페이지를 대상 페이지로 선정한다. 즉, 메모리에 올라온 후 가장 오랫동안 사용되지 않은 페이지를 스왑 영역으로 옮긴다. LRU 알고리즘을 적용하여 페이지 상태를 작성해보면 다음과 같다.

참조열	1	2	0	3	0	5	2	3	7	5	3
페이지 프레임	1 (1)	1 (1)	1 (1)	3 (4)	3 (4)	3 (4)	2 (7)	2 (7)	2 (7)	5 (10)	5 (10)
		2 (2)	2 (2)	2 (2)	2 (2)	5 (6)	5 (6)	5 (6)	7 (9)	7 (9)	7 (9)
			0 (3)	0 (3)	0 (5)	0 (5)	0 (5)	3 (8)	3 (8)	3 (8)	3 (11)
상태	F	F	F	F		F	F	F	F	F	F

페이지 부재는 총 9번 발생한다.

14 3개의 페이지 프레임으로 구성된 기억장치에서 다음과 같은 순서대로 페이지 요청이 일어날 때, 페이지 교체 알고리즘으로 LFU(Least Frequently Used)를 사용한다면 몇 번의 페이지 부재가 발생하는가? (단, 초기 페이지 프레임은 비어있다고 가정한다)

14 국가직 9급

> 요청된 페이지 번호의 순서 : 2, 3, 1, 2, 1, 2, 4, 2, 1, 3, 2

① 4번   ② 5번
③ 6번   ④ 7번

해설 난도 상

정답의 이유

LFU(Least Frequently Used) 페이지 교체 알고리즘은 사용 빈도가 가장 적은 페이지를 대상 페이지로 선정한다. 즉, 메모리에 있는 페이지마다 사용된 횟수를 확인하여 횟수가 가장 적은 페이지를 스왑 영역으로 옮긴다.

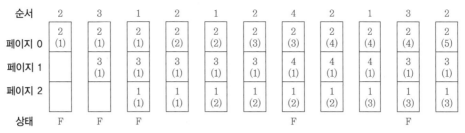

순서	2	3	1	2	1	2	4	2	1	3	2
페이지 0	2 (1)	2 (1)	2 (1)	2 (2)	2 (2)	2 (3)	2 (3)	2 (4)	2 (4)	2 (4)	2 (5)
페이지 1		3 (1)	3 (1)	3 (1)	3 (1)	3 (1)	4 (1)	4 (1)	4 (1)	3 (1)	3 (1)
페이지 2			1 (1)	1 (1)	1 (2)	1 (2)	1 (2)	1 (2)	1 (3)	1 (3)	1 (3)
상태	F	F	F				F			F	

세 번째 요청 페이지까지는 메모리가 비어있기 때문에 그대로 작성되고 네 번째 요청 페이지 2는 메모리에 존재하기 때문에 횟수를 (2)로 수정한다. 요청 페이지가 메모리에 존재하지 않을 때는 사용 빈도가 가장 적은 페이지를 스왑 영역으로 보낸다. 페이지 부재는 총 5회 발생한다.

CHAPTER 07 저장장치 관리

★★★
01 운영체제의 디스크 스케줄링 기법에 대한 설명으로 옳은 것은? 14 국가직 9급

① FCFS(First-Come-First-Served)는 현재의 판독/기록 헤드 위치에서 대기 큐 내 요구들 중 탐색 시간이 가장 짧은 것을 선택하여 처리하는 기법이다.

② N-Step-SCAN은 대기 큐 내에서 디스크 암(disk arm)이 외부 실린더에서 내부 실린더로 움직이는 방향에 있는 요구들만을 처리하는 기법이다.

③ C-LOOK은 디스크 암(disk arm)이 내부 혹은 외부 트랙으로 이동할 때, 움직이는 방향에 더 이상 처리할 요구가 없는 경우 마지막 트랙까지 이동하지 않는 기법이다.

④ SSTF(Shortest-Seek-Time-First)는 각 요구 처리에 대한 응답 시간을 항상 공평하게 하는 기법이다.

해설 난도 상

오답의 이유
① FCFS 디스크 스케줄링은 가장 간단한 디스크 스케줄링으로, 요청이 들어온 트랙 번호 순서대로 스케줄링한다.
② SCAN 디스크 스케줄링 기법과 동일하지만 요청받은 대기 트랙에 대해 우선적으로 서비스를 하고, 처리 과정 중에 요청이 들어온 트랙들은 바로 처리하지 않고 반대 방향으로 진행할 때 서비스한다.
④ SSTF 디스크 스케줄링은 최소 탐색 시간 우선 스케줄링이라고도 하며, 현재 헤드가 있는 위치에서 가장 가까운 트랙부터 시작한다.

★★★

02 디스크의 서비스 요청 대기 큐에 도착한 요청이 다음과 같을 때 C-LOOK 스케줄링 알고리즘에 의한 헤드의 총 이동거리는 얼마인가? (단, 현재 헤드의 위치는 50에 있고, 헤드의 이동방향은 0에서 199방향이다)

14 서울시 9급

> **요청대기열의 순서**
> 65, 112, 40, 16, 90, 170, 165, 35, 180

① 388 ② 318
③ 362 ④ 347
⑤ 412

해설 난도 상

정답의 이유

C-LOOK 스케줄링 알고리즘은 한쪽 방향으로만 서비스를 하고, 요청받은 마지막 트랙에서 방향을 전환할 수 있다. 현재 헤드의 위치가 50이고 첫 번째 헤드가 65이므로 오른쪽 방향으로 이동한다. 헤드의 이동과 거리는 다음과 같다.

헤드	50	→	65	→	90	→	112	→	165	→	170	→	180	→	16	→	35	→	40
거리		15		25		22		53		5		10		164		19		5	

헤드 이동 간 거리를 더하면 15+25+22+53+5+10+164+19+5=318이 된다.

★★★

03 운영체제의 디스크 스케줄링에 대한 설명으로 옳지 않은 것은?

11 국가직 9급

① FCFS 스케줄링은 공평성이 유지되며 스케줄링 방법 중 가장 성능이 좋은 기법이다.
② SSTF 스케줄링은 디스크 요청들을 처리하기 위해서 현재 헤드 위치에서 가장 가까운 요청을 우선적으로 처리하는 기법이다.
③ C-SCAN 스케줄링은 양쪽 방향으로 요청을 처리하는 SCAN 스케줄링 기법과 달리 한쪽 방향으로 헤드를 이동해 갈 때만 요청을 처리하는 기법이다.
④ 섹터 큐잉(sector queuing)은 고정 헤드 장치에 사용되는 기법으로 디스크 회전 지연 시간을 고려한 기법이다.

해설 난도 중

정답의 이유

FCFS 스케줄링은 가장 간단한 디스크 스케줄링으로, 요청이 들어온 트랙 번호 순서대로 스케줄링한다. 스케줄링 방법 중 가장 성능이 떨어지는 기법이다.

★★★
04

트랙 번호가 0부터 199인 200개의 트랙을 가진 디스크가 있다. 디스크 스케줄링 기법 중 C-SCAN을 사용하여 다음과 같은 작업대기 큐(디스크 큐)의 작업을 처리하고자 하는 경우, 처리되는 트랙의 순서를 바르게 나열한 것은? (단, 현재 디스크 헤드는 트랙 35에서 트랙 47로 이동해 왔다고 가정한다)

10 국가직 9급

> 작업대기 큐 : 139, 22, 175, 86, 13, 158
> 헤드 시작 위치 : 47

① 47 → 86 → 139 → 158 → 175 → 22 → 13
② 47 → 86 → 139 → 158 → 175 → 199 → 0 → 13 → 22
③ 47 → 22 → 13 → 86 → 139 → 158 → 175
④ 47 → 86 → 139 → 158 → 175 → 199 → 22 → 13

해설 `난도 상`
정답의 이유
C-SCAN 디스크 스케줄링은 헤드가 한쪽 방향으로 이동할 때는 요청받은 트랙에게 서비스를 하고 트랙의 끝에 도달하면 방향을 바꿔 반대편 트랙의 끝으로 서비스 없이 이동만 한다. 이동 후 처음과 같은 방향으로 남은 트랙에게 서비스를 한다. 현재 디스크 헤드가 트랙 35에서 47로 이동했으므로 오른쪽으로 이동하는 것을 알 수 있다. 요청받은 트랙 중 47보다 큰 트랙에게 서비스한 후 199 트랙에서 0으로 서비스 없이 이동하고 나머지 요청받은 트랙에 대해 서비스를 한다. 이와 같은 방법으로 서비스되는 트랙의 순서를 나열하면 47 → 86 → 139 → 158 → 175 → 199 → 0 → 13 → 22가 된다.

★★★
05

디스크 대기 큐에 다음과 같은 순서(왼쪽부터 먼저 도착한 순서임)로 트랙의 액세스 요청이 대기 중이다. 모든 트랙을 서비스하기 위하여 FCFS 스케줄링 기법이 사용되었을 때, 모두 몇 트랙의 헤드 이동이 생기는가? (단, 현재 헤드의 위치는 50 트랙이다)

19 정보처리산업

> 디스크 대기 큐 : 10, 40, 55, 35

① 50   ② 85
③ 105   ④ 110

해설 `난도 중`
정답의 이유
FCFS(First Come First Service) 디스크 스케줄링은 가장 간단한 디스크 스케줄링으로, 요청이 들어온 트랙 번호 순서대로 스케줄링한다. 스케줄링 순서를 작성하면 다음과 같다.

헤드	50	→	10	→	40	→	55	→	35
거리		40		30		15		20	

총 트랙의 헤드 이동은 40+30+15+20=105이다.

06 RAID에 대한 설명으로 옳은 것은?

① RAID 레벨 1은 패리티를 이용한다.

② RAID 레벨 0은 디스크 미러링을 이용한다.

③ RAID 레벨 0과 RAID 레벨 1을 조합해서 사용할 수 없다.

④ RAID 레벨 5는 패리티를 모든 디스크에 분산시킨다.

해설 난도 중

오답의 이유

① RAID 레벨 3, 4, 5, 6에서 패리티를 이용한다.

② RAID 레벨 1에서 디스크 미러링을 이용한다.

③ 빠른 입・출력이 장점인 RAID 0과 복구와 미러링 기능을 가진 RAID 1을 결합한 것이 RAID 10이다.

07 RAID 레벨 0에서 성능 향상을 위해 채택한 기법은?

① 미러링(mirroring) 기법

② 패리티(parity) 정보저장 기법

③ 스트라이핑(striping) 기법

④ 쉐도잉(shadowing) 기법

해설 난도 하

정답의 이유

RAID 0에서는 여러 데이터가 있을 경우, 데이터를 나눠 각 디스크에 동시에 저장하는 스트라이핑 기법을 지원한다.

08 RAID에 대한 설명으로 옳은 것은?

① RAID 0은 모든 데이터를 복사하여 별도의 디스크에 저장하며, 하나의 디스크에 오류가 발생하더라도 실시간으로 모든 데이터의 복구가 가능하다는 장점이 있다.

② RAID 1은 데이터를 여러 개의 디스크에 분산하여 저장하며, 데이터 전송이 병렬로 이루어져 읽기와 쓰기 성능이 개선되지만 디스크 오류 시 데이터 복구가 어렵다.

③ RAID 2는 데이터를 여러 개의 디스크에 분산하여 저장하며, 해밍코드를 사용하는 패리티를 항상 하나의 패리티 디스크에만 저장한다.

④ RAID 5는 별도의 패리티 디스크를 사용하지 않고 데이터를 저장하는 디스크에 패리티를 라운드 로빈 방식으로 분산하여 저장한다.

해설 난도 중

오답의 이유

① RAID 10l 모든 데이터를 복사하여 별도의 디스크에 저장하며, 하나의 디스크에 오류가 발생하더라도 실시간으로 모든 데이터의 복구가 가능하다는 장점이 있다.

② RAID 0은 데이터를 여러 개의 디스크에 분산하여 저장하며, 데이터 전송이 병렬로 이루어져 읽기와 쓰기 성능이 개선되지만 디스크 오류 시 데이터 복구가 어렵다.

③ RAID 3는 데이터를 여러 개의 디스크에 분산하여 저장하며, 해밍코드를 사용하는 패리티를 항상 하나의 패리티 디스크에만 저장한다.

CHAPTER 08 파일 시스템

★★☆

01 디스크 할당(disk allocation)에 대한 설명으로 옳지 않은 것은?
11 지방직 9급

① 연속영역(contiguous portion)은 할당 방법에 따라 고정크기와 가변크기로 구분된다.

② 블록의 할당 방법에는 연속할당(contiguous allocation), 인덱스할당(indexed allocation) 등이 있다.

③ 블록의 연속할당(contiguous allocation) 방법에서는 단편화(fragmentation) 문제가 발생하지 않는다.

④ 새로 포맷한 초기 상태의 하드 디스크에는 단편화가 없다.

해설 난도 중

정답의 이유

파일을 저장하거나 삭제하다 보면 작은 빈 공간들이 생기는데 디스크에 남은 공간이 파일의 크기보다 작을 때는 연속 할당이 불가능하다. 즉, 단편화가 생겨 연속 할당이 불가능하다.

★★☆

02 UNIX에서 각 파일에 대한 정보를 기억하고 있는 자료구조로서 파일 소유자의 식별번호, 파일 크기, 파일의 최종 수정시간, 파일 링크 수 등의 내용을 가지고 있는 것은?
19 정보처리

① Super block

② I-node

③ Directory

④ File system mounting

해설 난도 하

정답의 이유

유닉스 운영체제의 파일 시스템은 I-node라고 한다. I-node는 전체 블록의 수, 블록의 크기, 사용 중인 블록의 수 등 파일 시스템 정보를 가지고 있다.

PART

4

데이터 통신과 네트워크

CHAPTER 01 네트워크 모델

중요 학습내용

1. TCP/IP의 계층별 특징과 프로토콜에 대해 알 수 있다.
2. OSI 7 계층의 계층별 특징에 대해 알 수 있다.

기출플러스⊕ ★★★

네트워크 프로토콜에 대한 설명으로 옳지 않은 것은? 17 지방직 9급

① TCP와 UDP는 전송 계층에 속하는 프로토콜로서 데이터 전송의 신뢰성을 보장한다.
② IP는 네트워크 호스트의 주소 지정과 경로 설정을 담당하는 네트워크 계층 프로토콜이다.
③ SMTP는 전자메일 전송을 위한 응용 계층 프로토콜이다.
④ IPv4에서 예상되는 IP 주소의 고갈 문제 해결을 주요 목적으로 IPv6가 제안되었다.

해설 난도 중
정답의 이유
TCP와 UDP는 전송 계층에 속하는 프로토콜이지만, UDP의 경우 데이터 전송의 신뢰성을 보장하지 못한다.

정답 ①

기출플러스⊕ ★★★

〈보기〉는 TCP/IP 프로토콜에 대한 설명이다. ㉠~㉡에 들어갈 내용으로 가장 옳은 것은? 18 서울시 9급

┌─── 보기 ───┐
• (㉠)는 사용자가 입력한 IP 주소를 이용해 물리적 네트워크 주소(MAC Address)를 제공한다.
• (㉡)는 데이터 전송 과정에서 오류가 발생하면 오류 메시지를 전송한다.

	㉠	㉡
①	ICMP	RARP
②	RARP	ICMP
③	ARP	ICMP
④	ICMP	ARP

---

01 TCP/IP

1 TCP/IP 계층의 이해

TCP/IP 계층은 물리계층, 데이터 링크 계층, 네트워크계층, 전송계층, 응용계층으로 나뉜다. 도서에 따라서는 물리 계층과 데이터 링크 계층을 합쳐 네트워크 액세스 계층, 네트워크 계층을 인터넷 계층으로 표기하여 4개 계층으로 구성하기도 한다. 각 계층별 프로토콜은 다음과 같다.

| TCP/IP 계층과 프로토콜 |

계층	계층 이름	프로토콜
5	응용 계층	HTTP, TELNET, DNS, SNMP, FTP, TFTP, SMTP, IMAP, POP3, MIME, DHCP
4	전송 계층	TCP, UDP
3	네트워크 계층	ICMP, IGMP, IP, ARP, RARP
2	데이터링크 계층	Ethernet, HDLC, FDDI, SLIP, PPP
1	물리 계층	–

1. 물리 계층

물리 계층에서는 물리적 매체를 통해 비트 흐름을 전송하기 위해 필요한 기능을 조정한다. 인터페이스의 기계적·전기적 규격, 전송매체 등을 다룬다.

2. 데이터링크 계층

물리 계층을 신뢰성 있는 링크로 변환시켜주고, 노드 대 노드 전달을 책임진다.

---

3. 네트워크 계층

패킷을 발신지로부터 여러 네트워크를 통해 목적지까지 전달하는 역할을 수행한다.

(1) 프로토콜★★★

① ICMP : 오류에 대한 알림과 보고 메시지를 보내는 기능을 한다.

② IGMP : 수신자 그룹에게 메시지를 동시에 전송하는 기능을 한다.

③ IP : TCP로 받은 세그먼트를 패킷 형태로 분할하는 비연결 프로토콜이며, 패킷이 정확하게 전달되었는지는 확인하지 않는다.

④ ARP : 주소 변환 프로토콜로 IP 주소를 물리 주소로 변환하는 기능을 한다. 즉, IP 주소를 이용하여 물리 주소를 알아낼 때 사용된다.

⑤ RARP : 역 주소 변환 프로토콜로 물리 주소를 IP 주소로 변환하는 기능을 한다.

4. 전송 계층

전체 메시지의 프로세스 대 프로세스 전달을 책임진다. 오류제어와 흐름제어를 발신지 대 목적지 수준에서 감독하면서 전체 메시지가 순서대로 도착하는 것을 보장해준다.

(1) 프로토콜★★★

① TCP

㉠ 연결 지향이고 신뢰성 있는 전송 프로토콜이다.

㉡ 호스트들 사이에 가상 경로를 설정한 후 세그먼트(segment)를 전송한다.

㉢ 전이중 서비스를 제공하여 데이터를 동시에 양방향으로 전송이 가능하다.

㉣ 연결을 설정하기 위해서 3-way 핸드셰이크 방식을 사용한다.

㉤ 흐름제어로 슬라이딩 윈도우 프로토콜을 사용한다.

㉥ 오류제어는 체크섬, 확인 응답, 시간 종료를 이용하여 오류를 검출한다.

㉦ 혼잡제어를 제공한다.

② UDP

㉠ 비연결형이고 신뢰성 없는 전송 프로토콜이다.

㉡ 블록 단위로 데이터를 전송하며 신뢰성이 없는 데이터 전송이 가능하다.

㉢ UDP 패킷의 헤드에는 발신지 포트 번호와 목적지 포트 번호를 포함하며, 오류 검출 시 사용되는 체크섬이 있다.

㉣ 흐름 및 오류제어를 하지 않는 간단한 요청 및 응답 통신을 요구하는 프로세스에 적당하다.

---

(2) 잘 알려진(well-known) 포트 번호

UDP가 사용하는 잘 알려진 포트 번호		TCP가 사용하는 잘 알려진 포트 번호	
포트 번호	프로토콜	포트 번호	프로토콜
7	Echo	7	Echo
9	Discard	9	Discard
11	Users	11	Users
13	Daytime	13	Daytime
17	Quote	17	Quote
19	Chargen	19	Chargen
53	Nameserver	20	FTP, Data
67	Bootps	21	FTP, Control
68	Bootpc	23	TELNET
69	TFTP	25	SMTP
111	RPC	53	DNS
123	NTP	67	BOOTP
161	SNMP	79	Finger
162	SNMP(trap)	80	HTTP
		111	RPC

➕ PLUS 참고   RTP

멀티캐스트나 유니캐스트 통신서비스를 통하여 비디어와 오디오 스트림 또는 시뮬레이션 같은
실시간 특성을 가지는 데이터의 종단간 전송을 제공해주는 UDP 기반의 프로토콜이다.

5. 응용 계층

사용자에게 서비스를 제공하는 책임을 진다. 사용자 인터페이스를 제공하며, 전자우편,
원격 파일 접근과 전송, 웹 접속 등과 같은 여러 종류의 서비스를 제공한다.

(1) 프로토콜★★★

① HTTP : 인터넷상에서 웹 서버와 웹 브라우저 간의 하이퍼텍스트 문서를 전송하기
위해 사용되는 프로토콜
② TELNET : 인터넷을 통해 원격지의 호스트 컴퓨터에 접속할 때 사용되는 인터넷
표준 프로토콜
③ DNS : 도메인 네임을 IP 주소로 변환해주는 프로토콜
④ SNMP : 네트워크상에서 연결된 장치들을 관리하는 네트워크 관리 프로토콜
⑤ FTP : 인터넷상에서 컴퓨터 간 파일 전송을 지원하는 프로토콜
⑥ TFTP : FTP처럼 파일을 전송하기 위한 프로토콜이지만, FTP보다 단순하게 파일을
전송한다. 전송 과정에서 데이터가 손실될 수 있는 단점이 있다.

⑦ SMTP : 인터넷상에서 전자 우편을 전송할 때 사용하는 프로토콜, 부팅(Booting) 파일을 다운로드하는 용도로 사용한다.

⑧ IMAP : 인터넷 메일 서버에서 메일을 관리하고 읽어올 때 사용되는 프로토콜

⑨ POP3 : 전자 우편을 받을 때만 사용되고, 사용자가 자신의 PC에 메일을 다운로드 받아서 보여주는 것을 정의한 프로토콜

⑩ MIME : 전자 메일에서 사용되는 텍스트, 이미지, 오디오, 비디오 등의 데이터를 표현하기 위한 형식 표준

⑪ DHCP : IP 주소를 동적으로 설정하기 위해 사용되는 프로토콜

02 OSI 7 계층

1 OSI 7 계층의 이해★★★

OSI 7 계층은 물리 계층, 데이터링크 계층, 네트워크 계층, 전송 계층, 세션 계층, 표현 계층, 응용 계층으로 나뉜다. 물리 계층, 데이터링크 계층, 네트워크 계층을 하위 계층이라고 하며, 전송 계층, 세션 계층, 표현 계층, 응용 계층을 상위 계층이라고 한다.

| OSI 7 계층 구조, 기능, 데이터 단위, 네트워크 장치 |

계층	계층 이름	계층별 기능	데이터 단위	네트워크 장치
7	응용 계층	사용자 인터페이스 제공	메시지	게이트웨이
6	표현 계층	변환, 암호화, 압축		
5	세션 계층	동기화, 세션 관리 및 종료		
4	전송 계층	포트 주소 지정, 분할 및 재조립, 연결제어, 흐름제어, 오류제어		
3	네트워크 계층	논리 주소 지정, 라우팅	패킷	라우터
2	데이터링크 계층	흐름제어, 오류제어	프레임	브리지, 스위치
1	물리 계층	신호 변환 및 전송	비트	리피터, 허브

1. 물리 계층

데이터링크 계층에서 받은 데이터를 통신 링크를 따라 전송될 수 있도록 전기신호 또는 광신호로 변환하여 전송한다. 데이터 단위는 비트를 사용하며, 네트워크 장치에는 리피터, 허브 등이 있다.

(1) 기능

① 인터페이스와 매체의 물리적인 특성 : 장치와 전송매체 간의 인터페이스 특성을 규정한다.

② 비트의 표현 : 데이터는 비트(bit)의 스트림으로 구성된다. 비트 전송을 위해 전기적인 또는 광학적인 신호로 부호화해야 한다.

③ 데이터 속도 : 데이터의 전송 속도를 규정한다.

④ 비트의 동기화 : 송신자와 수신자는 같은 클록을 사용해야 한다.

2. 데이터링크 계층

같은 네트워크상에 있는 노드 간의 데이터 전송을 책임진다. 데이터 단위는 프레임을 사용하며, 네트워크 장치에는 브리지, 스위치 등이 있다.

(1) 기능

① 프레임 구성 : 네트워크 계층으로부터 받은 비트 스트림을 프레임(frame)이라는 데이터 단위로 나눈다.

② 물리주소 지정 : 프레임의 송신자와 수신자의 물리주소를 나타내는 정보를 프레임 헤더에 추가한다.

③ 흐름제어 : 수신되는 데이터 전송률이 송신하는 데이터 전송률보다 낮을 경우, 수신 능력이 초과되는 것을 막기 위해 흐름제어 매커니즘을 적용한다.

④ 오류제어 : 손상되거나 잃어버린 프레임을 발견하고 재전송하기 위한 매커니즘을 추가한다. 오류제어는 보통 프레임의 끝에 추가된 트레일러를 통해 이루어진다.

⑤ 접근제어 : 둘 이상의 장치가 같은 링크에 연결되어 있을 때, 주어진 순간에 링크를 사용하는 장치를 결정한다.

3. 네트워크 계층

패킷이 발신지에서 목적지까지 전달될 수 있도록 경로를 설정하고 주소 변환을 한다. 데이터 단위는 패킷을 사용하며, 네트워크 장치에는 라우터 등이 있다.

(1) 기능

① 논리주소 지정 : 상위 계층에서 받은 패킷에 발신지와 목적지의 논리주소를 헤더에 추가한다.

② 라우팅 : 패킷이 최종 목적지까지 전달될 수 있도록 경로를 지정하거나 교환 기능을 제공한다.

4. 전송 계층

발신자와 목적지 간 오류제어와 흐름제어를 수행하여 신뢰성 있는 데이터 전송을 보장한다.

(1) 기능

① **포트 주소 지정** : 프로세스 간 메시지를 전달하기 위해서는 전송 계층 헤더는 포트 주소라는 주소 유형을 포함해야 한다.

② **분할과 재조립** : 메시지를 전송할 수 있는 세그먼트로 나누고, 각 세그먼트에 순서번호를 부여한다. 순서 번호는 목적지에서 재조립하거나 손실된 패킷을 발견하고 대체하는 데 사용된다.

③ **연결제어** : 비연결과 연결 지향을 지원한다. 비연결은 각 세그먼트를 독립된 패킷으로 다루고, 목적지 시스템의 전송 층에 전달한다. 연결 지향은 패킷을 전달하기 전에 목적지 시스템의 전송 층과 연결을 설정한다.

④ **흐름제어** : 전송 계층의 흐름제어는 단일 링크가 아닌 종단 대 종단에 대해 수행된다.

⑤ **오류제어** : 종단 대 종단에 대해 오류제어를 수행하며, 오류 교정은 항상 재전송을 통해 이루어진다.

5. 세션 계층

발신자와 목적지 사이에서 응용 프로세스 간 통신을 위한 세션을 연결하고 유지하며 해제하는 기능을 수행한다.

(1) 기능

① **대화 제어** : 두 시스템간의 대화를 허용한다. 즉, 반이중 또는 전이중 상태에서 일어나는 2개의 프로세스 간의 통신을 허용한다는 의미이다.

② **동기화** : 데이터 흐름에 동기점을 추가하는 프로세스를 허용한다.

6. 표현 계층

송수신 컴퓨터의 응용 프로그램 간 송수신되는 데이터의 구문과 의미에 관한 기능으로 변환, 암호화, 압축을 수행한다.

(1) 기능

① **변환** : 서로 다른 부호화 방법간의 호환성을 제공한다. 송신측은 독립적인 표현 형식에서 공통 형식으로 변환하고, 수신측은 공통 형식을 수신자의 고유한 표현 형식으로 변경한다.

② **암호화** : 원래의 정보를 다른 형태로 변환하여 비밀성을 보장한다.

③ **압축** : 정보에 들어있는 비트의 수를 줄이는 것을 의미한다.

전자메일의 송신 또는 수신을 목적으로 하는 응용 계층 프로토콜에 해당하지 않는 것은? 18 지방직 9급

① IMAP ② POP3
③ SMTP ④ SNMP

해설 난도중

정답의 이유
SNMP는 네트워크상에서 연결된 장치들을 관리하는 네트워크 관리 프로토콜이다.

오답의 이유
전자메일의 송·수신과 관련된 프로토콜에는 IMAP, POP3, SMTP가 있다.

정답 ④

이론플러스➕

전자메일 관련 프로토콜
• SMTP : 인터넷 상에서 전자 우편을 전송할 때 사용하는 프로토콜
• IMAP : 인터넷 메일 서버에서 메일을 관리하고 읽어올 때 사용되는 프로토콜
• POP3 : 전자 우편을 받을 때만 사용되고, 사용자가 자신의 PC에 메일을 다운로드 받아서 보여주는 것을 정의한 프로토콜

7. 응용 계층

사용자 인터페이스를 제공하며, 각종 서비스를 제공한다.

(1) 기능

① 네트워크 가상 터미널 : 사용자가 원격 호스트에 로그온하여 사용할 수 있다.
② 파일 접근, 전송 및 관리 : 원격 호스트에 있는 파일에 대한 접근, 파일 검색, 파일 관리 및 제어 등을 할 수 있다.
③ 메일 서비스 : 기본적으로 전자 우편을 위한 전달과 저장을 제공한다.
④ 디렉토리 서비스 : 분산 데이터베이스 소스를 제공하고 다양한 객체와 서비스에 대한 전역 정보에 대한 접근을 제공한다.

➕PLUS 참고 통신 프로토콜

통신 프로토콜은 송수신자 간에 언제, 어떻게, 무엇을 통신할 것인지를 서로 약속한 표준화된 규약을 의미한다. 통신 프로토콜의 기본 요소는 구문(syntax), 의미(semantics), 순서(timing)이다.
• 구문 : 전송하고자 하는 데이터의 형식, 부호화, 신호 크기 등을 규정한 것이다.
• 의미 : 두 기기 간의 효율적이고 정확한 정보 전송을 위해 전송 제어와 오류 제어를 규정한 것이다.
• 순서 : 두 기기 간의 통신 속도, 순서 제어 등을 규정한 것이다.

CHAPTER 02 신호

중요 학습내용
1. 아날로그 신호와 디지털 신호를 구분할 수 있다.
2. 데이터 전송률을 계산할 수 있다.
3. 펄스 코드 변조 과정과 특징을 알 수 있다.
4. 전송 방식의 종류와 특징에 대해 알 수 있다.

01 아날로그 신호와 디지털 신호

1 아날로그 신호

1. 정현파

정현파는 주기가 있는 아날로그 신호의 가장 기본적인 형태이다.

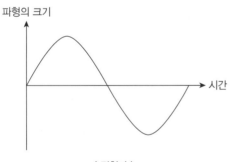

| 정현파 |

정현파를 다음과 같이 식으로 나타낼 수 있다.

$$s(t) = A\sin(2\pi ft + \theta)$$

여기서 s는 파형의 순간 크기이고, A는 최대 진폭, f는 주파수, θ는 위상을 나타낸다. 예를 들어 $s(t) = 10\sin(120\pi t)$로 표현할 수 있는 정현파가 있다면, 정현파 진폭의 최대값은 10이다. 주파수 f를 구해보면 기본 정현파 식에서 sin과 t 사이는 $2\pi f$이다. 예를 든 정현파에서는 120π가 된다. 즉, $2\pi f$의 값이 120π라는 것이고 수식을 작성해 보면 $2\pi f = 120\pi$이므로 주파수 $f = 60[\text{Hz}]$이다.

2. 주기와 주파수

주기는 T라고 나타내고 신호가 한 사이클을 완성하는 데 걸리는 시간을 의미한다. 단위는 초(sec)를 사용한다. 주파수 f 라고 나타내고 1초 동안 신호가 반복되는 횟수를 의미한다. 단위는 헤르츠(Hz)를 사용한다. 주기와 주파수의 관계식은 다음과 같다.

$$f = \frac{1}{T} \qquad T = \frac{1}{f}$$

주파수와 주기는 서로의 역 관계를 가진다.

2 디지털 신호

디지털 신호는 1, 0으로 나타내며 1일 때 양전압으로 나타내고, 0일 때 0전압으로 나타낸다.

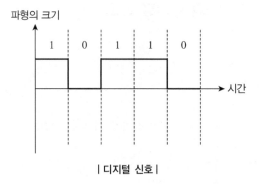

| 디지털 신호 |

1. 비트 간격과 비트율

디지털 신호는 비 주기이기 때문에 주기나 주파수를 사용할 수 없다. 주기 대신 비트 간격, 주파수 대신 비트율을 사용한다. 비트 간격은 하나의 단일 비트를 전송하는 데 걸리는 시간을 말하고, 비트율은 시간당 비트 간격의 개수를 의미한다.

3 데이터 전송률

1. 무잡음 채널

나이퀴스트 전송률
잡음이 없는 채널의 경우에는 나이퀴스트 전송률을 정의한다.

$$전송률 = 2 \times 대역폭 \times \log_2 L$$

수식에서 대역폭은 채널의 대역폭이고 L은 데이터를 나타내는데 사용한 신호 준위의 개수이며 전송률은 초당 비트 수를 의미한다.

예를 들어 대역폭이 3,000Hz이고 신호 준위가 8개인 신호가 있을 때 전송률을 구하면 다음과 같다. 전송률 $= 2 \times$ 대역폭 $\times \log_2 L = 2 \times 3,000 \times \log_2 8 = 18,000$bps 이다. 여기서 신호 준위 8개는 3비트를 의미한다.

2. 잡음 채널

(1) 섀논 용량★☆☆

잡음이 있는 채널의 경우에는 섀논 용량을 정의한다.

$$\text{용량} = \text{대역폭} \times \log_2(1 + \text{SNR}) = \text{대역폭} \times \log_2\left(1 + \frac{S}{N}\right)$$

수식에서 대역폭은 채널의 대역폭이고 SNR은 신호에 대한 잡음 비율이며 $\frac{S}{N}$ 으로도 표현할 수 있다. S는 신호의 크기이고 N은 잡음의 크기이다. 용량은 bps 단위의 채널 용량을 말한다.

02 펄스 코드 변조(PCM)

아날로그 신호를 디지털 신호로 변환하기 위해서는 펄스 코드 변조를 사용해야 한다. PCM은 송신 측에서 표본화, 양자화, 부호화 과정을 거쳐 아날로그 신호를 디지털 신호로 변환한다. 수신 측에서는 복호화 과정을 거쳐 디지털 신호를 원래의 아날로그 신호로 재현한다.

1 PCM 과정★★☆

1. 표본화

아날로그 신호를 일정한 간격마다 신호의 진폭을 측정하고 그 결과에 근거하여 일련의 펄스를 만드는 과정이다.

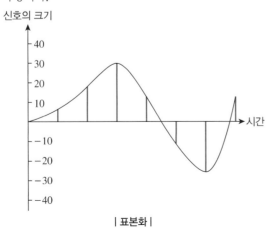

| 표본화 |

2. 양자화

양자화는 측정된 진폭의 크기에 양자화 레벨의 근사값을 할당하는 과정이다.

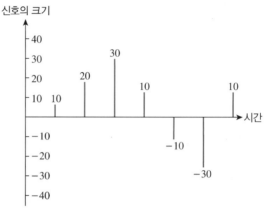

| 양자화 |

10간격으로 된 세로축을 양자화 레벨이라고 하며, 신호의 크기로 양자화 레벨에 가까운 값을 할당한다. 예를 들어 첫 번째 신호의 크기는 7정도 되지만 0과 10 레벨 중에서 10에 가깝기 때문에 10을 할당한다.

3. 부호화

양자화된 값을 디지털 부호로 변환하는 과정이다. 10을 8비트로 표현하면 00001010이고 8번째 비트는 부호 비트이다. 0이면 양수, 1이면 음수를 나타낸다.

| 부호화 |

| +10 | 00001010 | +30 | 00011110 | −10 | 10001010 | +10 | 00001010 |
| +20 | 00010100 | +10 | 00001010 | −30 | 10011110 | | |

4. 복호화

수신측에서 디지털 부호를 원래의 아날로그 신호를 재현하는 과정이다.

 표본채집률

신호의 표본(진폭)을 채집할 때 원래의 아날로그 신호를 정확하게 재현하기 위해서는 표본채집률이 최소한 원래 신호의 최고 주파수의 두 배가 되어야 한다. 예를 들어 최고 주파수가 3,000Hz인 신호를 채집하려면 매초 6,000번 표본채집률이 필요하다.

03 전송 방식

2진 데이터 전송은 병렬 방식과 직렬 방식이 있다. 직렬 방식에는 동기식과 비동기식 두 가지 방법이 있다.

1 전송 방식의 종류

1. 병렬 전송

병렬 전송은 여러 개의 비트들을 클록 펄스에 맞춰 동시에 보낸다. n개의 데이터를 동시에 보내기 위해 n개의 회선을 사용한다.

병렬 전송의 장점은 n개의 회선을 사용하여 동시에 데이터를 전송하기 때문에 속도가 빠르다. 반면, 전송에 있어 n개의 회선이 필요하기 때문에 가격이 비싸다. 비용이 많이 들기 때문에 일반적으로 짧은 거리 전송에 사용된다.

2. 직렬 전송

직렬 전송은 하나의 비트를 하나의 회선을 통해 보낸다. 병렬 전송에 비해 회선의 비용이 적다. 따라서 장거리 전송에 사용된다. 반면, 장치 내에서의 통신은 병렬이므로 장치의 인터페이스에서 변환 장치가 필요하다.

(1) 비동기 전송

비동기 전송은 각 바이트의 시작 부분에 바이트의 시작을 알리는 0인 시작 비트(start bit)를 추가하고, 끝 부분에는 바이트의 끝을 알리는 1인 정지 비트(stop bit)를 추가한다. 각 바이트는 10비트 정도의 크기를 가지고 전송 도중 각 바이트 사이에는 불규칙한 간격이 생긴다. 간격은 휴지 채널로 나타내거나 정지 비트의 흐름으로 간주한다.

수신측에서 시작 비트를 발견하면 정보 비트를 헤아리고, n개의 비트가 들어오면 정지 비트를 찾는다. 정지 비트가 발견되면 다음 시작 비트가 발견되기 전까지 모든 펄스는 무시한다.

비동기 전송은 시작 비트, 정지 비트, 바이트 사이 간격 때문에 속도가 느리다. 따라서 저속 통신에 사용될 수 있다.

(2) 동기 전송

동기 전송의 비트 흐름은 더 긴 프레임으로 구성되며 각 바이트는 전송 링크에 간격 없이 들어온다. 송신측에서 연속된 데이터를 보내면 수신 측에서는 데이터가 도착하는 대로 비트들을 계산하고 8비트 단위의 그룹으로 나눈다.

동기 전송에서는 간격, 시작 비트, 정지 비트를 사용하지 않기 때문에 비트의 동기화를 맞추는 타이밍이 매우 중요하다.

동기 전송은 비동기 전송에 비해 속도가 빨라 데이터의 고속 전송에 유리하다.

기출플러스➕   ★☆☆

데이터 전송 방식 중에서 한 번에 한 문자 데이터를 전송하며 시작 비트(start-bit) 와 정지 비트(stop-bit)를 사용하는 전 송방식은?   14 국가직 9급

① 비동기식 전송 방식
   (asynchronous transmission)
② 동기식 전송 방식
   (synchronous transmission)
③ 아날로그 전송 방식
   (analog transmission)
④ 병렬 전송 방식
   (parallel transmission)

해설 반도중

정답의 이유
시작 비트와 정지 비트를 사용하는 전송 방식은 비동기식 전송 방식이다.

오답의 이유
② 동기 전송의 비트 흐름은 더 긴 프레임 으로 구성되며 각 바이트는 전송 링크 에 간격 없이 들어온다. 간격, 시작 비 트, 정지 비트를 사용하지 않기 때문에 비트의 동기화를 맞추는 타이밍이 매 우 중요하다.
④ 병렬 전송은 여러 개의 비트들을 클록 펄스에 맞춰 동시에 보낸다. n개의 데 이터를 동시에 보내기 위해 n개의 회 선을 사용한다.

정답 ①

CHAPTER
03

오류 검출과 오류 정정

중요 학습내용
1. 오류 검출의 종류와 특징에 대해 알 수 있다.
2. 오류 정정의 종류와 특징에 대해 알 수 있다.

01 오류 검출

1 오류 검출 종류

1. 패리티 검사 ★☆☆

패리티 비트(parity bit)라 불리는 중복비트는 데이터 단위에 덧붙여져 패리티 비트를 포함한 데이터 단위 내에 1의 전체 개수가 짝수 또는 홀수가 되도록 한다.

만약 짝수 패리티 비트를 사용한다고 했을 때, 데이터가 1001001이라면 1의 개수가 홀수이기 때문에 패리티 비트를 1로 설정하여 1의 개수를 짝수로 만든 후 8비트를 전송한다. 수신 측에서는 데이터가 도착하면 1의 개수가 짝수이면 통과시키고, 홀수이면 오류가 발생했다는 의미로 데이터를 폐기시키고 재전송을 요청한다.

홀수 패리티는 짝수 패리티와 작동 원리는 동일하고 1의 개수를 홀수로 만드는 것만 차이가 있다.

2. 순환중복검사 ★☆☆

순환중복검사(CRC, Cyclic Redundancy Check)는 중복 검사 기법 중 매우 효과적인 오류 검출 방법으로 폭주(burst) 오류 검출에 적합하다. 2진 나눗셈(모듈로-2)을 기반으로 한다. CRC 동작 과정은 다음과 같다.

① n개의 열이 데이터 단위의 끝에 추가된다. 숫자 n은 n+1 비트로 된 미리 정의된 제수의 비트 수보다 1이 작은 값이다.

② 연장된 데이터 단위는 2진 나눗셈이라 불리는 과정을 통해 제수로 나눠진다. 이 때 나눗셈으로부터 얻어지는 나머지가 CRC이다. 제수는 다항식으로 자주 표현된다.

③ n 비트의 CRC는 데이터 단위의 끝에 덧붙여진다.

④ 데이터 열이 오류 없이 수신측에 도착했다면 CRC 검사기는 나머지로 0을 산출하고 데이터는 통과된다. 전송 중 데이터 열이 변경되었다면 0이 아닌 나머지를 산출하게 되고 데이터는 통과되지 못한다.

3. 검사합

검사합(checksum)은 상위 계층 프로토콜에서 사용되는 오류 검출 방법이다. 검사합에서는 1의 보수 연산을 이용하며 동작 과정은 다음과 같다.

① 데이터 단위를 n개의 비트로 이루어진 세그먼트로 나눈다.

② 각 세그먼트는 1의 보수 연산을 사용하여 서로 더해진다.

③ 전체 합은 보수화되어 검사합이 되고 데이터에 덧붙여서 전송된다.

④ 수신 측에서는 데이터 단위를 나누고 모든 세그먼트들을 더하고 결과를 보수화한다.

⑤ 데이터에 오류가 없다면 세그먼트와 검사합을 더하면 0이 된다.

02 | 오류 정정

오류 정정은 오류가 발견되었을 때 수신기가 자동적으로 오류를 정정하는 오류 정정 코드를 사용하는 방법과 전체 데이터를 재전송하는 방법이 있다.

1 전향 오류 정정

전향 오류 정정(FEC, Forward Error Correction)에서는 수신자가 오류를 정정할 수 있는 오류 정정 코드를 사용한다. 오류 정정 코드는 오류 검출 코드보다 훨씬 복잡하고 더 많은 중복 비트를 요구한다. 대표적인 오류 정정 코드에는 중복 비트를 이용한 단일 비트 오류 정정 방법인 해밍 코드가 있다.

2 재전송에 의한 오류 정정★★☆

오류가 발생했을 때 재전송하는 방법으로 정지-대기 ARQ, n 프레임 후퇴 ARQ, 선택적 반복 ARQ가 있다.

1. 정지-대기 ARQ

정지-대기(stop and wait) ARQ는 송신 측에서 프레임을 전송한 후 수신 측의 확인 응답을 기다리는 방식이다. 정지-대기 ARQ 특징은 다음과 같다.

① 송신측은 최근에 전송된 프레임의 복사본을 프레임에 대한 확인 응답을 받을 때까지 유지한다.

② 프레임이 손상되거나 손실된 경우 같은 것으로 취급하여 해당 프레임을 버린다.

③ 송신자는 송신과 동시에 타이머를 동작시키고 확인 응답이 할당 시간 내에 도착하지 않으면 프레임이 손실된 것으로 간주하고 다시 보낸다.

2. n 프레임 후퇴 ARQ

정지-대기 ARQ에서는 현재 전송되어 확인 응답을 기다리는 중인 프레임이 하나이다. 전송 효율 면에서는 좋지 않은 방식인데 전송 효율을 높이기 위해서는 확인 응답을 기다리는 동안 여러 개의 프레임이 전송되어야 한다. 한 개 이상의 프레임 전송이 가능한 방식으로는 N 프레임 후퇴(Go-Back N) ARQ와 선택적 반복(Selective Repeat) ARQ가 있다.

(1) N 프레임 후퇴(Go-Back N) ARQ

N 프레임 후퇴 ARQ는 n개의 프레임을 보내고 확인 응답이 올 때까지 사본을 보관한다. 송신 측에서는 확인 응답을 받기 전까지 진행 중인 프레임을 유지하기 위해 sliding window를 사용한다. 프레임이 손상되면 송신 측에서는 손상된 프레임부터 시작하여 마지막으로 전송했던 프레임까지 재전송한다. 예를 들어 5번째 프레임까지 전송한 후 3번째 프레임이 손상된 것을 알았을 때 3, 4, 5번 프레임을 다시 재전송하게 된다.

(2) 선택적 반복(Selective Repeat) ARQ

선택적 반복 ARQ는 전송한 프레임 중 손상된 프레임만 재전송하는 방식이다. 잡음이 심한 링크에서는 프레임이 손상될 확률이 높아 비효율적이다. 수신 측에서는 타이머가 다하기 전에 손상된 프레임이 발견되었을 경우 부정확인 응답(NAK)을 사용한다.

CHAPTER 04 다중접속

중요 학습내용

1. 매체접근제어 방식의 종류와 특징에 대해 알 수 있다.
2. 다중접속방식의 종류와 특징에 대해 알 수 있다.

01 매체접근제어

노드가 공통 링크를 사용하거나 연결되어 있을 때는 링크에 대한 접속을 조절할 수 있게 하는 다중 접속 프로토콜이 필요하다. 그중 임의 접속 방법에는 CSMA/CD와 CSMA/CA 방식이 있다.

1 매체접근제어 방식의 종류

1. CSMA/CD★★☆

CSMA/CD는 이더넷 접근 방식으로 버스형 토폴로지에서 많이 사용되며 통신 회선의 사용 여부를 확인한 후 네트워크가 사용 중이 아니면 바로 프레임을 전송한다. 프레임을 전송하는 도중에 충돌이 발생하면 프레임 재전송을 요구한다. 두 번째 전송에서는 충돌의 확률을 줄이기 위해 지수적인 백오프 $0 \sim 2^N \times$ 최대전송시간 사이의 시간만큼 기다린다. 여기서, N은 전송을 시도하는 숫자이고, 최대전송시간은 네트워크의 끝에 비트가 전송되는데 필요한 시간을 의미한다.
CSMA/CD 특징은 다음과 같다.

① 충돌 검출을 위해 전송 프레임의 길이를 일정 크기 이상으로 유지해야 한다.
② 전송 도중 충돌이 발생하면 임의의 시간 동안 대기하기 때문에 지연 시간을 예측하기 어렵다.
③ 여러 노드로부터 전송 요구량이 증가하면 회선의 유효 전송률은 단일 노드에서 전송할 때의 유효 전송률보다 낮아지게 된다.

2. CSMA/CA★☆☆

CSMA/CA는 충돌을 감지하는 CSMA/CD 방식과는 달리 충돌을 회피하는 방식으로 IEEE 802.11 무선 랜에서 사용된다. 회선이 사용 중이 아니면 IFG(InterFrame Gap)

시간만큼 기다린다. 그리고 다시 임의의 시간만큼 기다린 후 프레임을 전송하고 타이머를 설정한다. 수신측이 오류 없이 프레임을 수신하면 확인 응답으로 ACK 프레임을 송신측으로 보낸다. 타이머 시간 내에 응답을 받지 못하면 오류가 난 것으로 판단하고 송신측은 백오프 파라미터 값을 증가시키고 백오프 시간을 기다린 후 회선을 다시 감지한다.

02 다중접속방식

서로 다른 노드들 사이에 사용 가능한 링크의 대역폭을 시간, 주파수, 코드를 통해서 공유할 수 있도록 하는 다중접속 방법이다. 종류로는 FDMA, TDMA, CDMA 방식이 있다.

1 다중접속방식의 종류

1. 주파수분할 다중접속(FDMA)

FDMA에서 사용 가능한 대역폭은 작은 주파수 영역인 채널로 분할되고, 각각의 노드들은 할당된 대역을 사용해 데이터를 전송한다.

2. 시간분할 다중접속(TDMA)

TDMA는 전체 대역폭을 여러 개의 시간 슬롯으로 나눈다. 각각의 노드들은 시간 슬롯을 할당받아 정해진 시간만큼 데이터를 전송한다.

3. 코드분할 다중접속(CDMA)

CDMA는 대역확산기술을 사용하여 하나의 채널로 동시에 데이터를 전송할 수 있다. 동일한 주파수 대역에서 모든 노드가 동시에 접속할 수 있도록 코드화한 신호를 대역확산하여 전송한다.

중요 학습내용
1. IP의 특징에 대해 알 수 있다.
2. IPv4의 표기법, 주소 범위, 주소의 개수, 서브넷마스크, 네트워크 주소를 알 수 있다.
3. 클래스 별 서브넷팅 과정을 이해하고 적용할 수 있다.
4. IPv6의 특징, 주소 표기, 주소 분류에 대해 알 수 있다.

01 IP

1 IP의 이해★☆☆

IP는 네트워크 계층에서 동작하는 프로토콜이고 호스트의 주소 지정과 패킷 전달을 책임진다. 종단 간 정보의 안정성이나 흐름 제어에 대해서는 관여하지 않는다. IP의 특징은 다음과 같다.

1. 비신뢰성

패킷을 단지 목적지까지 전달만 하고 정확하게 전달되었는지는 확인하지 않는다. 신뢰적인 패킷 전송은 TCP 계층에서 제공한다.

2. 비연결형

호스트 간 연결 설정 없이 패킷을 전송한다. 따라서 패킷들은 서로 다른 경로를 통해 전송될 수 있으며 목적지에 도착하는 순서도 다를 수 있다.

3. 주소 지정

네트워크 내의 노드를 유일하게 지정하기 위해 IP 주소 체계를 사용한다. 패킷의 전달은 IP 주소를 기반으로 목적지까지 전송된다.

➕ PLUS 참고 단편화(fragmentation)★☆☆

네트워크를 통과할 수 있도록 데이터그램을 쪼개는 것을 단편화라고 한다. 단편화된 데이터그램이 전송 도중 더 작은 MTU(최대전송단위)를 가진 네트워크를 만나면 해당 데이터그램은 다시 단편화된다. 단편화와 관련된 필드는 식별자, 플래그, 단편화 옵셋 필드이다.

기출플러스➕ ★★☆

IPv4가 제공하는 기능만을 모두 고른 것은? 18 국가직 9급

ㄱ. 혼잡제어
ㄴ. 인터넷 주소지정과 라우팅
ㄷ. 신뢰성 있는 전달 서비스
ㄹ. 패킷 단편화와 재조립

① ㄱ, ㄴ   ② ㄴ, ㄷ
③ ㄴ, ㄹ   ④ ㄷ, ㄹ

해설 빈도 중

오답의 이유
IPv4의 기능은 IP의 기능을 살펴보면 된다. IP는 호스트의 주소 지정과 패킷 전달을 책임진다. 정보의 안정성이나 흐름 제어에 대해서는 관여하지 않는다. 따라서 신뢰성 있는 패킷의 전달을 보장할 수 없다.
정답 ③

기출플러스➕ ★☆☆

IPv4에서 데이터 크기가 6,000 바이트인 데이터그램이 3개로 단편화(fragmentation)될 때, 단편화 오프셋(offset) 값으로 가능한 것만을 모두 고르면? 19 국가직 9급

ㄱ. 0   ㄴ. 500
ㄷ. 800   ㄹ. 2,000

① ㄱ, ㄴ   ② ㄷ, ㄹ
③ ㄱ, ㄴ, ㄷ ④ ㄴ, ㄷ, ㄹ

정답의 이유

6,000바이트의 데이터그램을 3개로 단편화한다면 첫 번째 단편은 0~1,999바이트까지이고, 데이터그램 옵셋은 0/8=0이다. 두 번째 단편은 2,000~3,999바이트까지이고, 데이터그램 옵셋은 2,000/8=250이다. 세 번째 단편은 4,000~5,999바이트까지이고, 데이터그램 옵셋은 4,000/8=500이다.

정답 ①

• 식별자(identification) : 발신지 호스트로부터 생성된 데이터그램을 식별할 수 있도록 한다. 데이터그램이 나눠질 때 식별자 필드 값은 모든 단편에 복사된다. 식별번호는 목적지에서 데이터그램을 조립할 때 사용된다. 동일한 식별번호를 가진 모든 단편들은 하나의 데이터그램으로 조립된다.
• 플래그(flags) : 플래그 필드는 3비트로 구성된다. 첫 번째 비트는 예비이고, 두 번째 비트는 데이터그램을 단편화시키지 말라는 의미이다. 해당 비트가 1이면 데이터그램을 단편화하지 말아야 하고 0이면 단편화할 수 있다. 세 번째 비트는 추가적인 단편으로 값이 1이면 데이터그램이 마지막 단편이 아니라는 것을 의미하고, 0이면 마지막 단편임을 의미한다.
• 단편화 옵셋(fragmentation offset) : 13비트로 구성된 이 필드는 전체 데이터그램에서의 단편의 상대 위치를 나타낸다. 단편화 옵셋은 원래 데이터그램에서 8바이트 단위로 계산한 데이터 옵셋이다. 3600바이트의 데이터그램을 3개로 단편화한다면 첫 번째 단편은 0~1,199바이트까지이고, 데이터그램 옵셋은 0/8=0이다. 두 번째 단편은 1,200~2,399바이트까지이고, 데이터그램 옵셋은 1,200/8=150이다. 세 번째 단편은 2,400~3,599바이트까지이고, 데이터그램 옵셋은 2,400/8=300이다.

02 IPv4★★★

1 IP 주소 표기법

IP 주소는 총 32bit로 구성되어 있으며 각 자리의 숫자(10진수)는 2진수 8bit로 이루어진다. 표기는 2진, 10진 표기법이 있지만, 일반적으로 10진 표기법을 사용하고 10진수 4개의 숫자를 사용한다. IP 주소 200.40.32.1를 표기하면 다음과 같다.

| IP 주소 표기법 |

진수 \ 비트	1 8	16	24	32
2진수	11001000	00101000	00100000	00000001
10진수	200	40	32	1

2 클래스 구성

A~E 클래스로 이루어져 있으며 D 클래스는 멀티캐스트용, E 클래스는 연구용으로 사용한다. 시험에서는 A, B, C 클래스 내에서 출제되고 있다. 각 클래스는 네트워크 ID와 호스트 ID로 구성되어 있다. 네트워크 ID는 네트워크 번호를 나타내고, 호스트 ID는 네트워크에 속한 호스트 번호를 의미한다. 호스트 ID가 모두 0인 경우는 해당 주소가 네트워크 주소이고 호스트 ID가 모두 1인 경우에는 브로드캐스트 주소이다.

비트 클래스	1			8	16	24	32
A	0	네트워크 ID			호스트ID		
B	1	0	네트워크 ID			호스트ID	
C	1	1	0	네트워크 ID			호스트ID
D	1	1	1	0	멀티캐스트 주소		
E	1	1	1	1	연구용		

| 클래스 구성 |

어느 PC의 IP 주소가 2진수 10110001.01101111.01001111.00100101로 주어질 때 IP 주소의 첫 번째 8bit가 10으로 시작하기 때문에 B클래스에 속하는 것을 알 수 있다.

3 주소 분류

1. 유니캐스트

유니캐스트 주소는 하나의 컴퓨터를 정의한다. 유니캐스트로 전송된 패킷은 특정 컴퓨터에게만 전송된다

2. 멀티캐스트

멀티캐스트 주소는 물리적 네트워크로 연결되어 있을 수도 있고 아닐 수도 있는 컴퓨터들의 그룹이다. 멀티캐스트 주소로 전송된 패킷은 그룹의 각 소속원들 모두에게 전송된다.

3. 브로드캐스트

브로드캐스트 주소로 전송된 패킷은 같은 네트워크에 있는 모든 호스트에게 전송된다.

4 주소 범위

클래스 별로 주소 범위를 가지며 시작 주소를 구할 때는 위 표에서 네트워크 ID, 호스트 ID에 0을 대입하며 마지막 주소를 구할 때는 네트워크 ID, 호스트 ID에 1을 대입한다. 시작 주소를 구할 때 호스트 ID에 0을 대입했기 때문에 시작 주소가 네트워크 주소임을 알 수 있다. 마찬가지로 마지막 주소를 구할 때도 호스트 ID에 1을 대입했기 때문에 마지막 주소가 브로드캐스트 주소임을 알 수 있다. 네트워크 주소는 네트워크 자체를 나타내는 주소이며, 브로드캐스트 주소는 라우터가 모든 호스트로 패킷을 보낼 때 사용되는 주소이다. 0.0.0.0 주소는 유효하지 않거나 알 수 없는 대상을 지정할 때 사용하고 127로 시작하는 주소는 루프백 주소로 소프트웨어 테스트를 위해 주로 사용한다.

클래스	주소 범위		
	네트워크 주소		브로드캐스트 주소
A	1.0.0.0	~	126.255.255.255
B	128.0.0.0	~	191.255.255.255
C	192.0.0.0	~	223.255.255.255
D	224.0.0.0	~	239.255.255.255
E	240.0.0.0	~	255.255.255.255

IP 주소가 223.50.42.1이라면 IP 주소의 가장 앞자리 숫자가 223이기 때문에 C클래스에 속한다는 것을 의미한다.

5 네트워크 개수, 호스트 개수

호스트 개수를 구할 때 네트워크 주소와 브로드캐스트 주소는 호스트 주소로 사용할수 없기 때문에 두 개의 주소는 제외시킨다.

| 클래스 별 네트워크와 호스트 개수 |

클래스	네트워크 ID	호스트ID	네트워크 개수 ($2^{\text{네트워크 ID}}$)	호스트 개수 ($2^{\text{호스트 ID}} - 2$)
A	8bit	24bit	$2^8 = 256$	$2^{24} - 2$
B	16bit	16bit	2^{16}	$2^{16} - 2$
C	24bit	8bit	2^{24}	$2^8 - 2 = 254$

6 서브넷마스크

서브넷마스크(subnet mask)는 네트워크 ID와 호스트 ID를 구분하는 역할을 한다. 기본 서브넷마스크를 구할 때는 네트워크 ID에 해당하는 부분에는 1을 대입하고 호스트 ID에 해당하는 부분에는 0을 대입한다. 네트워크 ID 비트 수 표현은 네트워크 ID 비트의 개수를 '/' 다음에 기입한다.

| 서브넷마스크 |

클래스	서브넷마스크 (10진수)	2진수 표현	네트워크 ID 비트 수 표현
A	255.0.0.0	11111111.00000000.00000000.00000000	/8
B	255.255.0.0	11111111.11111111.00000000.00000000	/16
C	255.255.255.0	11111111.11111111.11111111.00000000	/24

기출플러스⊕ ★★☆
서브넷 마스크(subnet mask)가 255.255.255.192인 서브넷의 IP 주소에서 호스트 식별자(hostid)의 비트 수는?

17 지방직 9급

① 5　　　　② 6
③ 7　　　　④ 8

해설 난도 중
정답의 이유
서브넷마스크는 네트워크 ID에 1을 대입하면 구할 수 있다. 4번째 자리가 192이므로 8비트로 표현하면 11000000이 된다. 8비트 중 2비트만 네트워크 ID이고, 나머지 6비트는 호스트 ID이다.

정답 ②

일반적으로 서브넷마스크는 10진수 또는 네트워크 ID 비트 수로 표현한다. 예를 들어, IP 주소 192.48.32.1은 C 클래스에 속하기 때문에 서브넷마스크는 255.255.255.0 또는 192.48.32.1/24로 표현한다.

7 네트워크 주소

IP 주소와 서브넷마스크가 주어질 때 네트워크 주소를 구할 수 있다. IP 주소와 서브넷마스크를 논리적 AND 연산을 수행하면 네트워크 주소를 구할 수 있다. 논리적 AND 연산은 비교되는 각 비트가 모두 1일 때 결과가 1이 되며 하나라도 0이 있으면 결과는 0이 된다.

| 네트워크 주소 구하는 방법 |

IP 주소	200	48	32	1
	11001000	00110000	00100000	00000001
서브넷마스크	255	255	255	0
	11111111	11111111	11111111	00000000
네트워크 주소	11001000	00110000	00100000	00000000
	200	48	32	0

네트워크 장비 A의 IP 주소가 200.48.32.1일 때 C 클래스에 속하기 때문에 기본 서브넷마스크는 255.255.255.0이다. IP 주소와 서브넷마스크를 2진수로 변환하여 각 1비트씩 AND 연산을 수행하면 네트워크 주소 11001000.00110000.00100000.00000000이 되고 2진수를 10진수로 변환하면 200.48.32.0이 된다. 네트워크 주소를 살펴보면 서브넷마스크가 255인 자리에는 IP 주소 값이 그대로 결과 값으로 나타나는 것을 확인할 수 있다.

8 서브넷팅

C 클래스의 호스트 ID는 8bit이기 때문에 호스트 개수는 $2^8 - 2 = 254$이다. 이는 하나의 네트워크에서 최대 254개의 주소를 호스트에 할당할 수 있다는 것을 의미한다. 그러나 하나의 네트워크에서 필요한 호스트 주소가 10개라면 244개의 IP 주소가 사용되지 못하고 낭비될 수 있다. 이와 같이 IP 주소가 낭비되는 것을 해결하기 위해 호스트 ID를 다시 네트워크 ID, 호스트 ID로 나누는 것을 서브넷팅이라고 한다. 예를 들어, C 클래스의 경우 네트워크 ID 24bit, 호스트 ID 8bit로 이루어져 있는데 네트워크 ID는 그대로 두고 호스트 ID 8bit를 다시 네트워크 ID, 호스트 ID로 나누는 것을 의미한다.

1. 단계별 서브넷팅 과정

|단계별 서브넷팅 과정|

단계	서브넷팅 과정
1	주어진 IP 주소가 어떤 클래스에 속하는지 파악 후 호스트 ID가 몇 비트가 구성되어 있는지 확인한다.
2	호스트 ID를 네트워크 ID, 호스트 ID로 구분하고 각각 몇 비트씩 나눌 것인지 조건을 확인한다.
3	호스트 개수, 네트워크 ID 비트수로 구하는 공식 등을 활용하여 네트워크 ID, 호스트 ID를 구분한다. • 호스트 개수 : $2^{\text{호스트 ID}} - 2$ • 네트워크 ID 비트수 : IP주소/네트워크 ID 비트수

단계 4의 설명:

네트워크 구성을 위해 네트워크 ID 비트(2진수)로 0~네트워크 개수-1(10진수) 숫자를 만든다. 예를 들어 C클래스이고 네트워크 ID 3bit, 호스트 ID 5bit로 서브넷팅 했을 때 네트워크 ID가 3bit이기 때문에 네트워크 개수는 8개이다. 따라서, 네트워크 ID 3bit로 0~7까지 숫자를 만들어준다. 만약, 네트워크 ID가 2bit이면 네트워크 개수는 4개이므로 0~3까지 숫자를 만들어준다.

네트워크 개수	네트워크 ID (3bit)	호스트 ID (5bit)	IP 주소 범위	
			시작주소 (호스트 ID=0)	마지막 주소 (호스트 ID=1)
0	000		~	
1	001		~	
2	010		~	
3	011		~	
4	100		~	
5	101		~	
6	110		~	
7	111		~	

단계	서브넷팅 과정
5	IP 주소 범위를 구한다. 시작 주소 일 때 호스트 ID=0, 마지막 주소일 때 호스트 ID=1 대입한다. IP 주소 범위에서 시작 주소는 네트워크 주소를 의미하고, 마지막 주소는 브로드캐스트 주소를 의미한다.
6	실제 사용 가능한 IP 주소 범위는 호스트에 할당할 수 있는 주소의 범위로 네트워크 주소와 브로드캐스트 주소를 제외한 범위를 의미한다.
7	서브넷마스크를 구한다. (네트워크 ID=1, 호스트 ID=0 대입)

2. 호스트 개수 기반 서브넷팅

(1) C 클래스 서브넷팅

네트워크 주소가 220.32.16.0/24이고 호스트 개수가 최대 28개가 되도록 서브넷팅하면 다음과 같다.

단계	서브넷팅 과정
1	네트워크 주소가 220.32.16.0/24이므로 C 클래스에 속하고 호스트 ID는 8bit이다.
2	호스트 ID를 네트워크 ID, 호스트 ID로 구분하고 각각 몇 비트씩 나눌 것인지 조건을 확인한다. 호스트 개수가 최대 28개가 되기 위해서는 $2^{\text{호스트 ID}} - 2 \geq 28$이 되어야 한다.

단계 3:

호스트 ID가 5bit일 때 조건이 성립되고 네트워크 ID는 3bit가 된다. 전체 네트워크 ID와 호스트 ID의 구성은 다음과 같다.

네트워크 ID(24bit)			호스트 ID(8bit)	
			네트워크 ID	호스트 ID
8bit	8bit	8bit	3bit	5bit

단계 4:

네트워크 ID가 3bit이기 때문에 네트워크 개수는 8개이다. 따라서 네트워크 ID 3bit로 0~7까지 숫자를 만들어준다.

네트워크 개수	네트워크 ID (3bit)	호스트 ID (5bit)	IP 주소 범위	
			시작 주소 (호스트 ID=0)	마지막 주소 (호스트 ID=1)
0	000		~	
1	001		~	
2	010		~	
3	011		~	
4	100		~	
5	101		~	
6	110		~	
7	111		~	

단계 5:

위 표에서 IP 주소 범위를 구하기 위해 시작 주소일 때 호스트 ID=0, 마지막 주소일 때 호스트 ID=1을 대입한다. 네트워크 ID 3bit, 호스트 ID 5bit 총 8bit를 10진수로 변환한다.

네트워크 (서브넷)	IP 주소 범위		
	시작 주소(네트워크 주소)		마지막 주소(브로드캐스트 주소)
1	220.32.16.0	~	220.32.16.31
2	220.32.16.32	~	220.32.16.63
3	220.32.16.64	~	220.32.16.95
4	220.32.16.96	~	220.32.16.127
5	220.32.16.128	~	220.32.16.159
6	220.32.16.160	~	220.32.16.191
7	220.32.16.192	~	220.32.16.223
8	220.32.16.224	~	220.32.16.255

실제 사용 가능한 IP 주소 범위를 구하기 위해 네트워크 주소와 브로드캐스트 주소를 제외시킨다. 즉, 시작 주소는 네트워크 주소 마지막 자리 숫자에서 +1을 하면 되고 마지막 주소는 브로드캐스트 주소 마지막 자리 숫자에서 -1을 하면 된다.

네트워크 (서브넷)	실제 IP 주소 범위		
	시작 주소		마지막 주소
1	220.32.16.1	~	220.32.16.30
2	220.32.16.33	~	220.32.16.62
3	220.32.16.65	~	220.32.16.94
4	220.32.16.97	~	220.32.16.126
5	220.32.16.129	~	220.32.16.158
6	220.32.16.161	~	220.32.16.190
7	220.32.16.193	~	220.32.16.222
8	220.32.16.225	~	220.32.16.254

(위 표의 단계 번호: 6)

7 | 서브넷마스크를 구하기 위해 네트워크 ID=1, 호스트 ID=0을 대입하면 255.255.255.11100000이므로 255.255.255.224가 된다.

(2) B 클래스 서브넷팅

네트워크 주소가 128.10.0.0/16이고 호스트 개수가 최대 1022개가 되도록 서브넷팅하면 다음과 같다.

| B 클래스 서브넷팅 과정 |

단계	서브넷팅 과정
1	네트워크 주소가 128.10.0.0/16이므로 B 클래스에 속하고 호스트 ID는 16bit이다.
2	호스트 ID를 네트워크 ID, 호스트 ID로 구분하고 각각 몇 비트씩 나눌 것인지 조건을 확인한다. 호스트 개수가 최대 1022개가 되기 위해서는 $2^{호스트 ID} - 2 \geq 1022$이 되어야 한다.

3 | 호스트 ID가 10bit일 때 1024이므로 조건이 성립되고 네트워크 ID는 6bit가 된다. 전체 네트워크 ID와 호스트 ID의 구성은 다음과 같다.

네트워크 ID(16bit)		호스트 ID(16bit)		
		네트워크 ID	호스트 ID	호스트 ID
8bit	8bit	6bit	2bit	8bit

4 | 네트워크 ID가 6bit이기 때문에 네트워크 개수는 64개이다. 따라서, 네트워크 ID 6bit로 0~63까지 숫자를 만들어준다.

네트워크 개수	네트워크 ID (6bit)	호스트 ID (2bit)	호스트 ID (8bit)	IP 주소 범위	
				시작 주소 (호스트 ID=0)	마지막 주소 (호스트 ID=1)
0	000000			~	
1	000001			~	

2	000010			~
3	000011			~
4	000100			~
:				~

위 표에서 IP 주소 범위를 구하기 위해 시작 주소일 때 호스트 ID = 0, 마지막 주소일 때 호스트 ID = 1을 대입한다. 네트워크 ID 6bit, 호스트 ID 10bit 총 16bit를 10진수로 변환한다. 단, IP 주소의 각 자리 숫자는 8bit로 구성되기 때문에 네트워크 ID 6bit, 호스트 ID 2bit가 IP 주소 3번째 자리 숫자가 되고 나머지 호스트 ID 8bit가 4번째 자리 숫자가 된다.

네트워크	IP 주소 범위		
(서브넷)	시작 주소(네트워크 주소)		마지막 주소(브로드캐스트 주소)
1	128.10.0.0	~	128.10.3.255
2	128.10.4.0	~	128.10.7.255
3	128.10.8.0	~	128.10.11.255
4	128.10.12.0	~	128.10.15.255
5	128.10.16.0	~	128.10.19.255
:			

실제 사용 가능한 IP 주소 범위를 구하기 위해 네트워크 주소와 브로드캐스트 주소를 제외시킨다. 즉, 시작주소는 네트워크 주소 마지막 자리 숫자에서 +1을 하면 되고 마지막 주소는 브로드캐스트 주소 마지막 자리 숫자에서 -1을 하면 된다.

네트워크	실제 IP 주소 범위		
(서브넷)	시작 주소		마지막 주소
1	128.10.0.1	~	128.10.3.254
2	128.10.4.1	~	128.10.7.254
3	128.10.8.1	~	128.10.11.254
4	128.10.12.1	~	128.10.15.254
5	128.10.16.1	~	128.10.19.254
:			

7

서브넷마스크를 구하기 위해 네트워크 ID=1, 호스트 ID=0을 대입하면 255.255.11111100. 00000000이므로 255.255.252.0가 된다.

안심Touch

3. 네트워크 ID 비트수 기반 서브넷팅

(1) C 클래스 서브넷팅

주어진 네트워크 주소가 192.64.32.0/28일 때 서브넷팅 과정을 설명하면 다음과 같다.

| C 클래스 서브넷팅 과정 |

단계	서브넷팅 과정
1	네트워크 주소가 192.64.32.0/28이므로 C 클래스에 속하고 호스트 ID는 8bit이다.
2	호스트 ID를 네트워크 ID, 호스트 ID로 구분하고 각각 몇 비트씩 나눌 것인지 조건을 확인한다. '/' 다음 숫자는 네트워크 ID 비트수를 의미한다.

단계 3:

주어진 문제에서는 /28이므로 호스트 ID 8bit 중 네트워크 ID 4bit, 호스트 ID 4bit가 된다. 전체 네트워크 ID와 호스트 ID의 구성은 다음과 같다.

네트워크 ID(24bit)			호스트 ID(8bit)	
			네트워크 ID	호스트 ID
8bit	8bit	8bit	4bit	4bit

단계 4:

네트워크 ID가 4bit이기 때문에 네트워크 개수는 16개이다. 따라서, 네트워크 ID 4bit로 0~15까지 숫자를 만들어준다.

네트워크 개수	네트워크 ID (4bit)	호스트 ID (4bit)	IP 주소 범위	
			시작 주소 (호스트 ID=0)	마지막 주소 (호스트 ID=1)
0	0000		~	
1	0001		~	
2	0010		~	
3	0011		~	
4	0100		~	
:	:			

단계 5:

위 표에서 IP 주소 범위를 구하기 위해 시작 주소일 때 호스트 ID=0, 마지막 주소일 때 호스트 ID=1을 대입한다. 네트워크 ID 4bit, 호스트 ID 4bit 총 8bit를 10진수로 변환한다.

네트워크 (서브넷)	IP 주소 범위		
	시작 주소(네트워크 주소)		마지막 주소(브로드캐스트 주소)
1	192.64.32.0	~	192.64.32.15
2	192.64.32.16	~	192.64.32.31
3	192.64.32.32	~	192.64.32.47
4	192.64.32.48	~	192.64.32.63
5	192.64.32.64	~	192.64.32.79
:		~	

| 6 | 실제 사용 가능한 IP 주소 범위를 구하기 위해 네트워크 주소와 브로드캐스트 주소를 제외시킨다. 즉, 시작주소는 네트워크 주소 마지막 자리 숫자에서 +1을 하면 되고 마지막 주소는 브로드캐스트 주소 마지막 자리 숫자에서 -1을 하면 된다. |

네트워크 (서브넷)	실제 IP 주소 범위		
	시작 주소		마지막 주소
1	192.64.32.1	~	192.64.32.14
2	192.64.32.17	~	192.64.32.30
3	192.64.32.33	~	192.64.32.46
4	192.64.32.49	~	192.64.32.62
5	192.64.32.65	~	192.64.32.78
:		~	

| 7 | 서브넷마스크를 구하기 위해 네트워크 ID=1, 호스트 ID=0을 대입하면 255.255.255. 11110000이므로 255.255.255.240이 된다. |

(2) A 클래스 서브넷팅

주어진 네트워크 주소가 120.32.0.0/13일 때 서브넷팅 과정을 설명하면 다음과 같다.

| A 클래스 서브넷팅 과정 |

단계	서브넷팅 과정
1	네트워크 주소가 120.32.0.0/13이므로 A 클래스에 속하고 호스트 ID는 24bit이다.
2	호스트 ID를 네트워크 ID, 호스트 ID로 구분하고 각각 몇 비트씩 나눌 것인지 조건을 확인한다. '/' 다음 숫자는 네트워크 ID 비트수를 의미한다.
3	주어진 문제에서는 /13이므로 호스트 ID 24bit 중 네트워크 ID 5bit, 호스트 ID 19bit가 된다. 전체 네트워크 ID와 호스트 ID의 구성은 다음과 같다. | 네트워크 ID(8bit)	호스트 ID(24bit)			
---	---	---	---	---
네트워크 ID	네트워크 ID	호스트 ID	호스트 ID	호스트 ID
8bit	5bit	3bit	8bit	8bit	

네트워크 ID가 5bit이기 때문에 네트워크 개수는 32개이다. 따라서, 네트워크 ID 5bit로 0~31까지 숫자를 만들어준다.

네트워크 개수	네트워크 ID (5bit)	호스트 ID (3bit)	호스트 ID (8bit)	호스트 ID (8bit)	IP 주소 범위	
					시작 주소 (호스트 ID=0)	마지막 주소 (호스트 ID=1)
0	00000					~
1	00001					~
2	00010					~
3	00011					~
4	00100					~
:						~

(위 표의 단계는 4)

위 표에서 IP 주소 범위를 구하기 위해 시작 주소일 때 호스트 ID=0, 마지막 주소일 때 호스트 ID=1 대입한다. 네트워크 ID 5bit, 호스트 ID 19bit 총 24bit를 10진수로 변환한다. 단, IP 주소의 각 자리 숫자는 8bit로 구성되기 때문에 네트워크 ID 5bit, 호스트 ID 3bit가 IP 주소 2번째 자리 숫자가 되고 나머지 호스트 ID 16bit(8bit, 8bit)는 3, 4번째 자리 숫자가 된다.

네트워크 (서브넷)	IP 주소 범위		
	시작 주소(네트워크 주소)		마지막 주소(브로드캐스트 주소)
1	120.0.0.0	~	120.7.255.255
2	120.8.0.0	~	120.15.255.255
3	120.16.0.0	~	120.23.255.255
4	120.24.0.0	~	120.31.255.255
5	120.32.0.0	~	120.39.255.255
:		~	

(5)

실제 사용 가능한 IP 주소 범위를 구하기 위해 네트워크 주소와 브로드캐스트 주소를 제외시킨다. 즉, 시작주소는 네트워크 주소 마지막 자리 숫자에서 +1을 하면 되고 마지막 주소는 브로드캐스트 주소 마지막 자리 숫자에서 -1을 하면 된다.

네트워크 (서브넷)	실제 IP 주소 범위		
	시작 주소		마지막 주소
1	120.0.0.1	~	120.7.255.254
2	120.8.0.1	~	120.15.255.254
3	120.16.0.1	~	120.23.255.254
4	120.24.0.1	~	120.31.255.254
5	120.32.0.1	~	120.39.255.254
:		~	

(6)

(7) 서브넷마스크를 구하기 위해 네트워크 ID=1, 호스트 ID=0을 대입하면 255.11111000. 00000000.00000000이므로 255.248.0.0이 된다.

+PLUS 참고 CIDR

CIDR은 클래스가 없는 도메인 간 라우팅 기법으로, 최신의 IP 주소 할당 방법이다. CIDR은 기존 8비트 단위로 네트워크 ID, 호스트 ID로 구분하지 않는다. 표기는 IP 주소 뒤에 / 접두어 길이가 붙는다. 예를 들어, 120.32.48.1/24로 표기한다. 접두어 길이는 주소의 왼쪽부터 세어서 공유하는 초기 비트의 수를 말한다.
CIDR의 장점은 부족해지는 IPv4 주소를 보다 효율적으로 사용할 수 있도록 해주고, 접두어를 이용한 주소 지정 방식을 가지는 계층적 구조는 인터넷 광역 라우팅의 부담을 줄여준다.

03 IPv6

IPv4의 주소 공간이 인터넷 사용자의 급증과 유무선 통신 기술의 발달로 거의 고갈 상태에 도달했기 때문에 큰 주소 공간이 필요하게 되어 개발된 것이 IPv6이다.

1 IPv6 개요

1. IPv6 특징★☆☆

(1) 확장된 주소 공간

주소 공간의 크기를 128비트를 사용한다.

(2) 헤더 포맷의 단순화

헤더 필드 부분을 단순화하여 헤더의 크기는 기본적으로 40바이트로 고정하였다. 헤더 길이의 단순화는 IP 데이터그램을 빨리 처리할 수 있으므로 라우터의 부하를 감소시킬 수 있기 때문에 속도가 빨라진다.

(3) 자동 주소 설정

IP 주소, 서브넷마스크, 게이트웨이 등 네트워크 설정 과정을 자동으로 생성해준다.

(4) 보안 기능 향상

IPSec(Internet Protocol Security)를 자체 지원하여 인증, 데이터 무결성, 기밀 유지가 가능하다.

(5) 향상된 서비스

화상이나 음성같이 지연에 민감한 서비스의 QoS(Quality Of Service)를 보장해준다.

2. 주소 표기★☆☆

IPv6는 주소를 16진수로 표기하고 128비트는 16비트씩 8부분으로 나누어진다. 각 16비트는 4개의 16진수로 표기된다. 주소 앞에 있는 0들은 생략이 가능하다. 예를 들어 0032의 경우 32로 생략하여 사용할 수 있다. 주소가 연속적인 0으로 구성되었다면 0을 제거하고 더블콜론(: :)으로 대체할 수 있다.

```
32FC : 0030 : 3274 : 0000 : 0000 : 0000 : FFFF : AB12
                          ↓
        32FC : 30 : 3274 : : FFFF : AB12
```

| 주소 표기 예 |

3. 주소 분류

IPv6는 유니캐스트, 애니캐스트, 멀티캐스트 세 유형의 주소를 정의한다.

(1) 유니캐스트

유니캐스트 주소는 하나의 컴퓨터를 정의한다. 유니캐스트로 전송된 패킷은 특정 컴퓨터에게만 전송된다.

(2) 애니캐스트

애니캐스트 주소는 한 그룹의 컴퓨터를 정의한다. 애니캐스트로 전송된 패킷은 그룹 멤버 중 하나에게 전송된다.

(3) 멀티캐스트

멀티캐스트 주소는 물리적 네트워크로 연결되어 있을 수도 있고 아닐 수도 있는 컴퓨터들의 그룹이다. 멀티캐스트 주소로 전송된 패킷은 그룹의 각 소속원들 모두에게 전달된다.

➕PLUS 참고   IP 주소 고갈 문제 해결 방안

- NAT
  사설 IP 주소를 공인 IP 주소로 변환해주는 주소 변환기이다. NAT를 사용하면 공인 IP 주소를 절약할 수 있고 사설망을 침입자로부터 보호할 수 있다.
- DHCP
  IP 주소를 동적으로 설정하기 위해 사용되는 표준 네트워크 프로토콜이다. DHCP는 네트워크 관리자가 중앙에서 IP 주소를 효율적으로 관리하고 자동으로 새로운 IP 주소를 할당한다. 결론적으로 효율적 관리로 인해 IP 주소가 낭비되는 현상을 예방할 수 있다.

CHAPTER 06 네트워크

중요 학습내용
1. 계층별 네트워크 장비의 종류와 특징에 대해 알 수 있다.
2. 토폴로지의 종류와 특징에 대해 알 수 있다.
3. 라우팅 프로토콜의 종류와 특징에 대해 알 수 있다.
4. 무선 LAN과 관련된 다양한 기술을 이해할 수 있다.

01 네트워크 장비

1 계층별 장비

1. 1계층 장비

물리 계층은 네트워크 장비 간의 전기적인 전송을 담당하고 물리 계층 표준에 따라 전압, 전류, 전송 거리 등을 다룬다.

(1) 트랜시버

트랜시버는 전송기와 수신기를 하나로 합친 장비이다. 이더넷에서는 트랜시버를 MAU(Media Access Unit)이라고 한다.

(2) DSU/CSU

DSU는 컴퓨터 또는 단말 장치로부터 전송되는 디지털 신호를 디지털 회선에 적합한 디지털 신호로 변환하는 과정과 그 반대의 과정을 수행하는 장비이다.

(3) 리피터★☆☆

리피터는 약해진 신호를 다시 증폭해주는 장치이다. 같은 종류, 같은 규격의 전송 케이블에만 접속할 수 있다.

(4) 허브

멀티포트 리피터라고도 하고 기존 리피터보다 더 많은 포트가 있다. 비트 단위의 전기적인 전송만을 담당한다. 허브의 종류는 수동 허브, 지능형 허브, 스위칭 허브가 있다.
① 수동 허브 : 데이터가 지나가는 관 역할을 하여 데이터가 하나 이상의 장치나 세그먼트에서 다른 장치나 세그먼트로 갈 수 있다.

기출플러스➕ ★★☆

네트워킹 장비에 대한 설명으로 가장 옳지 않은 것은? 19 서울시 9급

① 라우터(router)는 데이터 전송을 위한 최선의 경로를 결정한다.
② 허브(hub)는 전달받은 신호를 그와 케이블로 연결된 모든 노드들에 전달한다.
③ 스위치(switch)는 보안(security) 및 트래픽(traffic) 관리 기능도 제공할 수 있다.
④ 브리지(bridge)는 한 네트워크 세그먼트에서 들어온 데이터를 그의 물리적 주소에 관계없이 무조건 다른 세그먼트로 전달한다.

해설 난도중

정답의 이유
브리지는 두 개 이상의 네트워크 세그먼트를 연결하거나 패킷을 전송한다. 브리지의 동작 원리는 물리 주소를 기반으로 패킷을 분석하여 폐기 또는 전송한다.

정답 ④

② 지능형 허브 : 수동 허브의 기본적인 기능을 제공하고 네트워크 관리자가 허브를 통과하는 트래픽을 모니터링하고 허브의 각 포트에 대해 설정 작업을 할 수 있다. 지능형 허브를 관리 허브라고도 한다.

③ 스위칭 허브 : 각 패킷의 목적지 주소를 기반으로 해당 패킷을 정확한 포트로 전송한다. 로드 밸런싱을 지원하여 트래픽 양상에 따라 동적으로 포트들을 다른 랜 세그먼트로 할당하기도 한다.

2. 2계층 장비

데이터링크 계층의 장비는 MAC 주소를 이용하여 데이터링크 계층을 필터링한다.

(1) 브리지★★☆

브리지는 두 개 혹은 그 이상의 네트워크 세그먼트를 연결하거나 패킷을 전송할 때 사용한다. 브리지의 동작 원리는 MAC 주소를 기반으로 패킷을 분석하여 폐기 또는 전송한다. 필터링 기능을 통해 불필요한 트래픽을 줄일 수 있고 충돌 영역의 크기를 줄여 네트워크의 성능을 향상시킬 수 있다.

(2) 스위치

스위치는 멀티포트 브리지라고도 하며, 기능은 브리지와 동일하다. 서로 다른 데이터링크 계층 프로토콜의 네트워크를 연결할 때에는 사용할 수 없다.

3. 3계층 장비

네트워크 계층 장비의 주요 기능은 라우팅이다. 라우팅은 데이터를 목적지까지 전송하는데 최적의 경로를 찾는 데 있다.

(1) 라우터★★☆

라우터는 전용 회선을 통해 LAN에 연결된 컴퓨터들이 동시에 네트워크를 사용할 수 있도록 해주는 장비이다. 데이터를 목적지까지 전달하기 위해 최적의 경로를 설정하여 전송하며 2개 이상의 서로 다른 네트워크를 연결하여 데이터를 주고받을 수 있게 한다.

(2) L3 스위치

L3 스위치는 네트워크 계층을 지원하는 스위치이다. 일반적으로 이더넷 인터페이스만 지원하는 라우터와 동일하다.

02 네트워크 구성 형태

1 토폴로지 종류★★★

1. 스타형

| 스타형 |

스타형(star topology)은 성형이라고도 하며 중앙 허브를 중심으로 주변에 분산된 단말기를 연결시킨 형태로 중앙의 허브가 통신을 제어한다.

스타형은 제어가 간편하고 네트워크 구현이 용이하다. 그리고 고장 발견과 수리가 비교적 쉽고 데이터베이스 관리가 용이하다. 반면, 컴퓨터와 단말 장치 사이에 통신 회선이 많이 필요하고 중앙 허브가 고장나면 전체 시스템이 마비된다.

2. 버스형

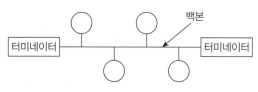

| 버스형 |

버스형(bus topology)은 하나의 버스(백본)에 여러 개의 노드들이 연결되어 있는 형태로 모든 노드들은 하나의 전송 매체를 공유해서 사용한다. 백본의 양 끝에는 터미네이터 (Terminator)가 붙는다. 양방향으로 데이터 전송이 이루어지며 전송되는 데이터는 모든 노드에서 수신이 가능하므로 각 노드가 데이터 확인 및 통신에 대한 책임이 있다. 구축 비용이 저렴하고 새로운 노드를 추가하기 쉽다. 그러나 연결된 노드가 많거나 트래픽이 증가하면 네트워크 성능이 크게 저하된다.

3. 그물형

| 그물형 |

해설 난도 중

정답의 이유

고리처럼 순환형으로 구성된 형태는 링형
이다.

정답 ③

기출플러스➕   ★★☆

**네트워크 토폴로지(Topology) 중 버스
(Bus) 방식에 대한 설명으로 옳지 않은
것은?**   17 서울시 9급

① 버스 방식은 네트워크 구성이 간단하
   고 작은 네트워크에 유용하며 사용이
   용이하다.

② 버스 방식은 네트워크 트래픽이 많을
   경우 네트워크 효율이 떨어진다.

③ 버스 방식은 통신 채널이 단 한 개이
   므로 버스 고장이 발생하면 네트워크
   전체가 동작하지 않으므로 여분의 채
   널이 필요하다.

④ 버스 방식은 노드의 추가·삭제가 어
   렵다.

해설 난도 중

정답의 이유

버스형은 노드의 추가하거나 삭제가 쉽다.

정답 ④

기출플러스➕   ★☆☆

**가상 사설 네트워크(VPN : Virtual
Private Network)에 대한 설명으로 옳
지 않은 것은?**   17 지방직 9급

① 터널링(tunneling) 기술을 사용한다.

② 전용회선 기반 사설 네트워크보다 구
   축 및 유지비용이 높다.

③ 암호화 기술을 사용한다.

④ VPN 기능은 방화벽이나 라우터에 내
   장될 수 있다.

해설 난도 중

정답의 이유

가상 사설 네트워크를 사용하면 전용회선
기반 네트워크보다 구축 및 유지비용을
줄일 수 있다.

정답 ②

그물형(mesh topology)은 여러 노드들이 통신 회선을 통하여 상호 연결된 형태로 망형
구조이다. 통신 회선에 장애가 발생하면 다른 경로로 데이터 전송이 가능하기 때문에
신뢰성이 가장 높은 구성 형태이다. 회선의 비용이 많이 들어 백본망으로 구성하며
네트워크 확장이 어렵다.

4. 링형

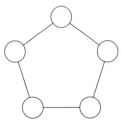

| 링형 |

링형(ring topology)은 고리형 또는 환형이라고도 하며 서로 이웃하는 노드들을 연결하
여 고리 모양으로 만든 형태이다. 각 노드 사이의 연결을 최소화할 수 있고 단말기가
증가해도 버스형에 비해 속도 감소가 심하지 않으므로 비교적 큰 네트워크에 사용된다.
광섬유의 특성에도 잘 부합되어 주로 FDDI에 사용된다. 반면, 단말기나 통신 회선이
고장이 나면 전체 네트워크에 영향을 미치며 우회 기능과 통신 회선의 이중화가 필요하다.

5. 트리형

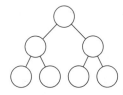

| 트리형 |

트리형(tree topology)은 중앙 컴퓨터에서 일정 거리의 컴퓨터까지는 하나의 통신 회선
으로 연결되고 해당 컴퓨터에 여러 대의 단말기가 연결되는 형태이다. 데이터는 양방향
으로 모든 노드에게 전송된다. 통신 회선이 절약되고 분산 처리 시스템을 구성할 수
있다. 반면, 상위 노드에 고장이 발생하면 하위 노드에 영향을 미친다.

➕**PLUS 참고**

VPN(Virtual Private Network)
인터넷 망과 같은 공중망을 사설망처럼 이용하여 회선 비용을 크게 절감할 수 있는 기업 통신
서비스를 의미한다. VPN 구현 기술 중 터널링은 패킷이 공중망을 통과할 때 터널이 뚫린 것처
럼 통로를 마련하고, 이 통로를 통해 데이터를 전송한다. 암호화는 기밀성을 위해 대칭키 암호
를 사용한다. VPN 기능은 방화벽이나 라우터에 내장될 수 있다.

> **클라이언트/서버 구조**
>
> 클라이언트/서버 구조는 분산 환경에서 정보 시스템 구축의 핵심 기술로 사용되고 있다. 클라이언트는 사용자에게 친숙한 인터페이스를 제공하고, 서버는 클라이언트를 위한 공유 서비스의 집합을 제공한다. 즉, 클라이언트는 원하는 정보를 서버에게 요청하고, 서버는 요청된 정보를 클라이언트에게 제공하는 역할을 수행한다. 클라이언트와 서버의 플랫폼과 운영체제가 달라도 클라이언트/서버 구조를 구축할 수 있다.

03 라우팅 프로토콜

자율 시스템(AS, Autonomous System)은 단일 관리 권한 하의 네트워크들과 라우터들의 그룹이다. 자율 시스템 내의 라우팅을 내부 라우팅이라고 하며, 자율 시스템 사이에 존재하는 라우팅을 외부 라우팅이라고 한다. 내부 라우팅에 속하는 라우팅 프로토콜에는 RIP, OSPF가 있으며, 외부 라우팅에 속하는 라우팅 프로토콜에는 BGP가 있다.

1 RIP★☆☆

RIP(Routing Information Protocol)는 자율 시스템 내에서 사용되는 내부 라우팅 프로토콜이다. 해당 프로토콜은 거리 벡터 라우팅에 기초를 둔 아주 단순한 프로토콜이며 라우팅 테이블을 계산하기 위해 Bellman-Ford 알고리즘을 사용한다. 최적의 경로는 홉의 개수(hop count)가 적은 경로를 설정한다. 라우터와 이웃하는 라우터 사이를 1홉이라고 하고 최대 홉 수는 15이다. 홉 수가 16 이상이 되면 통신을 할 수 없다.

1. 거리 벡터 라우팅

거리 벡터 라우팅에서 각 라우터는 주기적으로 전체 인터넷에 대한 정보를 이웃 라우터들과 공유한다. 거리 벡터 라우팅의 세 가지 요소는 다음과 같다.

(1) 전체 자율 시스템에 관한 정보 공유

각 라우터는 전체 자율 시스템에 대한 정보를 이웃 라우터와 공유한다.

(2) 오직 이웃 라우터들과의 공유

각 라우터는 자신이 가진 정보를 오직 이웃 라우터에게만 보낸다.

(3) 주기적인 공유

각 라우터는 고정된 시간 간격으로 이웃한 라우터들에게 자신이 가지고 있는 정보를 보낸다.

2. 라우팅 테이블

모든 라우터들은 자기가 알고 있는 각각의 목적지 네트워크에 대해 하나의 항목을 가지고 있는 라우팅 테이블을 관리한다. 각 항목은 목적지 네트워크 주소, 홉 수로 나타난 목적지에 도달하기 위한 가장 짧은 거리, 패킷을 전달할 다음 라우터로 구성된다.

2 OSPF ★☆☆

OSPF(Open Shortest Path First)는 내부 라우팅 프로토콜이다. RIP의 단점을 보완하기 위해 개발되었고, 최적의 경로를 설정하기 위해 Dijkstra 알고리즘을 사용한다. 링크의 비용을 메트릭으로 사용하여 최적의 경로를 결정한다. 자율 시스템 경계 라우터라 불리는 라우터들은 다른 자율 시스템에 관한 정보를 현재 시스템으로 분산시키는 역할을 한다. 효율적인 라우팅을 위해 OSPF는 하나의 자율 시스템을 여러 지역으로 나눈다.

1. 지역

한 지역은 네트워크, 호스트, 라우터들의 집합으로 모두 자율 시스템에 포함된 것들이다. 자율 시스템은 많은 다른 지역으로 분할될 수 있으며, 하나의 지역 안의 모든 네트워크들은 서로 연결되어 있어야 한다.

한 지역 안의 라우터들은 그 지역 내에 있는 모든 라우터들에게 라우팅 정보를 보내는 플러딩(flooding)을 한다. 지역 경계 라우터는 지역에 관한 정보를 요약하고 다른 지역으로 송신한다. 자율 시스템 내에 있는 지역들은 백본(backbone)이라는 특별한 지역에 모두 연결되어야 한다.

2. 매트릭

OSPF 프로토콜은 관리자가 각 경로에 대한 비용을 지정하고, 이 비용을 매트릭(Matric)이라고 한다. 매트릭은 서비스 유형(최소 지연, 최대 처리량 등)에 따라 달라진다.

3. 링크 상태 라우팅

OSPF는 한 지역 안에서 라우팅 테이블을 갱신하기 위해 링크 상태 라우팅을 이용한다. 링크 상태 라우팅 동작 요소는 다음과 같다.

(1) 이웃에 대한 정보 공유
각 라우터들은 지역에 있는 모든 라우터들에게 이웃 라우터의 상태를 전송한다.

(2) 모든 라우터들과의 공유

한 라우터가 자신이 가진 정보를 모든 이웃 라우터들에게 보내는 과정이다.

(3) 변경이 있을 때의 정보 공유

각 라우터는 오직 변경이 발생할 때에만 이웃 라우터의 상태 정보를 공유한다.

3 BGP

BGP(Border Gateway Protocol)는 자율 시스템 간 라우팅 프로토콜이고 경로 벡터 라우팅이라고 하는 라우팅 방법에 기반을 두고 있다. 경로 벡터 라우팅에서 라우팅 테이블의 각 항목은 목적지 네트워크, 다음 라우터, 목적지에 이르는 경로가 포함된다. 경로는 패킷이 목적지에 도달하기 위해 이동해야만 하는 자율 시스템들의 순서화된 목록으로 정의된다.

04 무선 LAN

1 IEEE 802.11★★☆

IEEE에서는 IEEE 802.11이라 불리는 무선 LAN에 대한 명세 사항을 정의하였고, 물리 계층과 데이터링크 계층을 포함하는 것이다. 표준안에서는 기본 서비스 세트(BSS, Basic Service Set)와 확장 서비스 세트(ESS, Extended Service Set)이다.

1. 기본 서비스 세트

IEEE 802.11은 무선 LAN의 기본요소 블록으로써 기본 서비스 세트를 정의하고 있다. 기본 서비스 세트는 고정 또는 이동하는 무선국과 접근점(AP, Access Point)이라는 중앙 기지국으로 구성된다. AP가 없는 BSS는 단독 네트워크이며 다른 BSS로 데이터를 송신할 수 없다. 이것을 애드 혹(ad hoc)구조라고 한다. 애드 혹 구조에서 지국은 AP 없이 네트워크를 형성할 수 있고 각 지국들은 서로를 찾아낼 수 있으며, 한 BSS의 일부가 되도록 서로를 승인할 수 있다.

2. 확장 서비스 세트

확장 서비스 세트는 AP를 가진 2개 이상의 BSS로 구성된다. 각 BSS들은 보통 유선 LAN인 분산 시스템을 통해 연결된다. 이 분산 시스템은 BSS의 AP들을 연결한다. 확장 서비스 세트는 이동 또는 고정 두 가지 형태의 지국을 사용하고 있고 이동국은 BSS 안의 통상적인 지국이다. 고정국은 유선 LAN의 한 부분인 AP 지국이다.

이동 애드혹 네트워크(MANET)에 대한 설명으로 옳지 않은 것은?

18 국가직 9급

① 전송 거리와 전송 대역폭에 제약을 받는다.
② 노드는 호스트 기능과 라우팅 기능을 동시에 가진다.
③ 보안 및 라우팅 지원이 여러 노드 간의 협력에 의해 분산 운영된다.
④ 동적인 네트워크 토폴로지를 효율적으로 구성하기 위해 액세스 포인트(AP)와 같은 중재자를 필요로 한다.

해설 반도출

정답의 이유
이동 애드혹 네트워크는 고정된 기반 망의 도움 없이 이동 노드들 간에 자율적으로 구성되는 망으로, 액세스 포인트(AP)와 같은 중재자가 없어도 네트워크를 구성할 수 있다.

정답 ④

＋PLUS 참고 이동 애드혹 네트워크(MANET)

이동 애드혹 네트워크는 고정된 기반 망의 도움 없이 이동 노드들 간에 자율적으로 구성되는 망으로 네트워크에 자율성과 융통성을 부여한 네트워크이다. 액세스 포인트(AP)와 같은 중재자가 없어도 네트워크를 구성할 수 있으며, 노드는 호스트 기능과 라우팅 기능을 동시에 가진다. 보안과 라우팅 지원은 여러 노드 간의 협력에 의해 분산 운영되며, 전송 거리와 전송 대역폭에 제약이 있다.

3. 무선 주파수 영역

(1) IEEE 802.11 FHSS

IEEE 802.11 FHSS는 2.4GHz ISM 영역에서 신호 생성을 위한 주파수 도약 확산 스펙트럼(FHSS, Frequency Hopping Spread Spectrum) 방법을 기술하고 있다.

(2) IEEE 802.11 DSSS

IEEE 802.11 DSSS는 2.4GHz ISM 대역에서 신호 생성을 위해 직접 순서 확산 스펙트럼(DSSS, Direct Sequence Spread Spectrum) 방법을 기술하고 있다.

(3) IEEE 802.11a OFDM

IEEE 802.11a OFDM은 5GHz ISM 대역에서 신호 생성을 위해 직교 주파수분할 다중화(OFDM, Orthogonal Frequency Division Multiplexing) 방법을 기술하고 있다.

(4) IEEE 802.11b HR-DSSS

IEEE 802.11 HR-DSSS는 2.4GHz ISM 대역에서 신호 생성을 위해 고속의 DSSS(HR-DSSS, High Rate DSSS) 방법을 기술하고 있다.

(5) IEEE 802.11g OFDM

IEEE 802.11g 은 2.4GHz ISM 대역에서 OFDM을 이용한 새로운 명세는 54Mbps 데이터율을 얻기 위해 복잡한 변조 기술을 사용한다.

(6) IEEE 802.11n

IEEE 802.11n은 다중 입력, 다중 출력(MIMO) 안테나 기술을 사용한다.

2 5G★★★

5G(Fifth-generation)는 26, 28, 38, 60GHz 등에서 작동하는 밀리미터파 주파수를 이용하는 무선 네트워크 기술이다. 5G 네트워크 연결이 끊어지지 않도록 약 250~300m 거리에 셀을 구성하여 소규모로 네트워크를 구축한다.

5G 주요 기술 중 하나인 빔 포밍(Beamforming)은 데이터 속도 향상과 MIMO 안테나를 사용하여 대역폭을 높일 수 있는 타겟 빔 및 고급 신호 처리를 통해 데이터를 전송하므로 실제로 많은 데이터가 필요한 장소에 집중적으로 무선 신호를 전송하는 기술이다.

3 블루투스 ★☆☆

블루투스(Bluetooth)는 전화기, 노트북, 컴퓨터, 카메라 등과 같이 서로 다른 기능을 가진 장치를 연결하기 위해 설계된 무선 LAN 기술이다. 블루투스 LAN은 네트워크가 자발적으로 형성되는 애드 혹(ad hoc) 네트워크이다. 장치들은 서로를 발견하면 피코넷(piconet)이라는 네트워크를 만든다. 현재 블루투스 기술은 IEEE 802.15.1 표준안으로 정의되어 있고, 방이나 거실 규모의 공간에서 동작하는 무선 개인 영역 네트워크(PAN : Personal Area Network)로 정의하고 있다.

블루투스는 피코넷(piconet)과 스캐터넷(scatternet) 두 가지 네트워크 유형을 정의하고 있다.

1. 피코넷

피코넷은 8개까지 지국을 가질 수 있고 그 중 하나는 마스터(master)라고 하며, 나머지는 슬레이브(slave)라고 부른다. 모든 슬레이브 지국은 클록과 도약 주파수를 마스터와 동기시킨다. 마스터와 슬레이브의 통신은 일 대 일 또는 일 대 다로 이루어질 수 있다.

2. 스캐터넷

피코넷은 스캐터넷이라는 것을 형성하기 위해 합쳐질 수 있다. 한 피코넷 안에 있는 슬레이브 지국은 다른 피코넷에서 마스터가 될 수 있다. 한 피코넷에서는 슬레이브로 마스터의 메시지를 받을 수 있으며, 다른 피코넷에서는 마스터로 슬레이브에게 메시지를 전달할 수 있다.

4 LTE ★★☆

LTE(Long Term Evolution)은 3세대 이동 통신과 4세대 이동 통신 중간에 해당하는 기술로 3.9세대 무선 통신 규격으로 불린다. 핵심기술로는 직교 주파수 분할 다중 방식(OFDM)과 다중 입력 다중출력(MIMO) 안테나 기술을 사용한다. 음성 및 데이터 네트워크를 통합한 All-IP 네트워크 구조이다. 채널 대역폭은 1.25MHz~20MHz이며, 20MHz 대역폭을 기준으로 하향 링크의 최대 전송 속도는 100Mbps, 상향 링크의 최대 전송 속도는 50Mbps이다. 다운스트림에 주파수 분할 멀티플렉싱과 시간 분할 멀티플렉싱을 결합한 방식을 사용한다.

5 와이파이★☆☆

와이파이(Wi-Fi)는 IEEE 802.11 표준에 기반을 둔 무선 통신 기술로, 많은 전자기기들이 무선 LAN에 연결할 수 있도록 해준다. 주로 2.4GHz UHF 및 5GHz SHF SIM 무선 대역을 사용한다. 와이파이 기술을 사용하는 장치에는 스마트폰, 컴퓨터, 태블릿 컴퓨터 등 전자기기가 포함된다. 와이파이 호환 장치들은 WLAN 네트워크와 무선 액세스 포인트(AP)를 통해 인터넷에 접속할 수 있다.

액세스 포인트는 실내에서는 20미터 대역이고, 실외에서는 더 큰 대역을 가지는데, 여러 액세스 포인트를 겹쳐 사용함으로써 수 제곱 킬로미터까지 확대할 수 있기 때문에 통신 범위는 셀룰러 통신망에 비해 넓다.

6 NFC★☆☆

NFC(Near Field Communication)는 13.56MHz 대역을 가지며, 약 10cm 정도의 아주 가까운 거리에서 무선 통신을 하기 위한 기술이다. 데이터 통신 속도는 초당 424 킬로비트이며 교통, 티켓, 지불 등 여러 서비스에서 사용되고 있다.

모드로는 카드, read/write, P2P가 있다. 카드 모드에서는 NFC를 탑재한 기기가 기존의 비접촉식 카드와 같이 동작하고, Read/Write 모드에서는 NFC를 탑재한 기기가 RFID 태그 리더기로 동작한다. P2P 모드에서는 NFC 기기 간 데이터를 송수신할 수 있다.

7 WiBro★☆☆

와이브로(WiBro : Wireless Broadband)는 국내에서 개발한 무선 인터넷 서비스로서 2.3GHz 주파수를 사용한다. 기지국을 중심으로 무선 통신이 이루어지고 기지국 주변 1~5km에 위치한 단말에 약 1[Mbps] 전송 속도를 제공할 수 있다. 더불어 이동 환경에서도 사용할 수 있기 때문에 끊김없이 서비스를 이용할 수 있는 장점이 있다.

8 ZigBee★☆☆

ZigBee는 IEEE 802.15.4 기반 PAN 기술로 낮은 전력을 소모하면서 저가의 센서 네트워크 구현에 최적의 방안을 제공하는 기술이다. ZigBee는 산업용 제어, 임베디드 센서, 의학자료 수집, 화재 및 도난, 빌딩 자동화 등의 다방면의 분야에 사용되고 있다.

9 RFID★☆☆

RFID(Radio Frequency Identification)는 무선 주파수를 이용하여 접촉하지 않아도 인식이 가능한 기술이다. RFID는 RFID 태그와 RFID 판독기가 필요하다. RFID 태그는 안테나와 집적 회로로 이루어지고 집적 회로 안에 정보를 기록하고 안테나를 통해 판독기에게 정보를 송신한다. RFID 판독기는 안테나를 통해 태그와 교신하여 태그 칩 내에 저장된 정보를 읽는다. RFID는 사용하는 동력으로 분류가 되는데, 수동형(Passive) RFID는 판독기의 동력만으로 칩의 정보를 읽고 통신한다. 반수동형(Semi-passive) RFID는 태그에 건전지가 내장되어 있어 칩의 정보를 읽는 데 이 동력을 사용한다. 능동형(Active) RFID는 칩의 정보를 읽는 것과 통신하는 것 모두 태그의 동력을 사용한다.

CHAPTER

07 인터넷

중요 학습내용
1. 인터넷 기술에 대해 알 수 있다.
2. 인터넷 언어의 종류와 특징에 대해 알 수 있다.

기출플러스⊕ ★☆☆

인터넷 서비스 관련 용어들에 대한 설명으로 가장 옳지 않은 것은?

19 서울시 9급

① ASP는 동적 맞춤형 웹페이지의 구현을 위해 사용된다.
② URL은 인터넷상에서 문서나 파일의 위치를 나타낸다.
③ HTML은 웹문서의 전달을 위한 통신 규약이다.
④ SSL은 안전한 웹통신을 위한 암호화를 위해 사용된다.

해설 난도중

정답의 이유
HTML은 웹 페이지를 제작하는 데 사용되는 마크업 언어이다. 웹 문서의 전달을 위한 통신 규약은 HTTP이다.

정답 ③

---

01 인터넷 기술

1 인터넷 기술의 이해

1. VoIP

인터넷 망을 이용하여 음성과 데이터를 전송하는 기술이다. 음성의 아날로그 신호를 디지털 신호로 압축하고 IP 패킷으로 변환하여 인터넷을 통해 음성, 데이터, 비디오 서비스를 제공하여 인터넷 음성 통신을 가능하게 한다. 관련 프로토콜로는 ITU H.323과 IETF SIP(Session Initiation Protocol)이 있다.

2. IPTV

IPTV는 초고속 인터넷 망을 이용해 이용자의 요청에 따라 실시간 방송 콘텐츠, 주문형 비디오, 인터넷, T-커머스 등 다양한 멀티미디어 콘텐츠를 제공하는 양방향 서비스이다. 인터넷 망과 TV 단말기를 융합하여 인터넷과 TV 기능을 넘어서는 다양한 멀티미디어 콘텐츠를 제공할 수 있어 확장성이 크다.

3. 웹 캐시

웹 캐시(Web Cache)는 서버 지연을 줄이기 위해 웹 페이지, 이미지, 기타 웹 멀티미디어 등의 웹 문서들을 임시 저장하기 위한 정보기술이다. 웹 캐시 시스템은 통과하는 문서들의 사본을 저장하며 이후 요청들은 특정 조건을 충족하는 경우 캐시화가 가능하다. 동일한 서버에 다시 접근할 때에는 프록시 서버의 웹 캐시에 저장된 정보를 불러오므로 더 빠른 접근이 가능하다.

4. RSS

RSS(Rich Site Summary)는 뉴스, 채용정보, 블로그 같은 웹 사이트들에서 자주 갱신되는 콘텐츠 정보를 웹 사이트 간 교환하기 위한 XML 기반의 기술로, 웹 사이트 관리자는 RSS 형식으로 웹 사이트 내용을 보여주고 정보를 받는 사람은 다른 형식으로 이용 가능하다.

5. CGI

CGI(Common Gateway Interface)는 웹 서버 상에서 사용자 프로그램을 실행시키기 위한 기술로, 웹 서버와 외부 프로그램 사이에서 정보를 주고 받을 수 있는 방법이나 규약을 의미한다. 일반적으로 대화형 웹페이지를 작성할 때 이용된다.

6. SSL

SSL(Secure Sockets Layer)는 TLS(Transport Layer Security)로 명칭이 변경되었으며 컴퓨터 네트워크에서 통신 보안을 제공하기 위해 설계된 암호 규약이다. TCP/IP 네트워크를 사용하는 통신에 적용되고 통신 과정에서 전송 계층 종단 간 보안과 데이터 무결성을 보장해준다. 웹 브라우징, 전자 메일, VoIP 등에 적용되고 있다.

02 인터넷 언어

1 인터넷 언어의 종류

1. HTML

HTML(Hypertext Markup Language)은 SGML 언어의 한 응용으로, 웹에서 하이퍼텍스트 문서를 만들기 위해 사용하는 마크업 언어이다. 간단한 태그만으로 정보를 원하는 대로 쉽게 표현할 수 있기 때문에 인터넷에 자신이 가지고 있는 정보를 쉽게 제공할 수 있다.

2. HTML5★☆☆

HTML의 최신 규격으로 액티브 X 등 별도의 프로그램을 설치하지 않아도 인터넷상에서 그래픽 효과를 구현하며 음악과 동영상 재생이 가능하다. 쌍방향 통신을 제공하여 실시간 채팅이나 온라인 게임을 만들 수 있고, 스마트 폰의 일반 응용프로그램으로 HTML5를 사용해 개발이 가능하다.

기출플러스➕   ★☆☆

HTML5의 특징에 대한 설명으로 옳지 않은 것은?   17 국가직 9급

① 플러그인의 도움 없이 음악과 동영상 재생이 가능하다.
② 쌍방향 통신을 제공하여 실시간 채팅이나 온라인 게임을 만들 수 있다.
③ 디바이스에 접근할 수 없어서 개인정보 보호 및 보안을 철저히 유지할 수 있다.
④ 스마트폰의 일반 응용프로그램도 HTML5를 사용해 개발할 수 있다.

해설 난도중

정답의 이유
HTML5는 디바이스에 접근할 수 있기 때문에 개인정보 보호 및 보안을 철저히 유지해야 한다.

정답 ③

3. XML ★☆☆

XML(eXtensible Markup Language)은 HTML보다 구조화된 웹 문서 생성이 가능하도록 W3C에서 제정한 확장된 언어로, 정보 검색이나 데이터를 쉽게 처리할 수 있다. 체계적인 관리가 필요한 자료는 데이터베이스 형태로도 처리가 가능하다. 전자도서관이나 전자출판과 같이 문서 교환이 필요한 분야에서 많이 활용되고 있다.

4. SGML

SGML(Standard Generalized Markup Language)은 문서의 논리적 구조를 기술하는 마크업 언어를 정의하기 위한 언어의 표준으로, 구조적 마크업을 생성하는 기법을 제공하며 문서의 내용이나 구조를 정의하기 위한 언어이다. SGML은 그 자체가 마크업 언어가 아니고 마크업 언어를 정의하는 메타언어로, 처리 방법에 대해 논리적인 정보만을 제공하므로 포맷 정보를 제공하지 않는다.

CHAPTER 08 보안

중요 학습내용
1. 정보 보호의 목적에 대해 파악할 수 있다.
2. 암호화 기법의 종류와 특징을 알 수 있다.
3. 해킹의 공격 기법과 악성 코드에 대해 알 수 있다.

01 보안의 개요

1 정보 보호의 목적

정보 보호의 목표는 국제표준화기구(ISO)에서 규정하고 있는 정보 보호를 통하여 달성하려고 하는 목표로 기밀성, 무결성, 가용성이 있어야 한다.

1. 기밀성(비밀성)

기밀성은 인가되지 않은 사람이 접근하거나 지능적인 접근으로부터 중요 정보를 보호하는 것으로 허가되지 않는 사람이 시스템을 사용하거나 해당 정보를 알거나 수정하지 못하도록 하는 것이다. 보안 강화를 위해 암호 방식을 채택하여 전송하는 메시지를 중간에서 누군가가 침입하여 훔쳐볼 수 없도록 비밀을 유지한다.

2. 무결성

무결성은 메시지의 내용이 전송 중에 수정되거나 변질되지 않고 전달되는 것을 의미한다. 정보가 완전한 상태로 보존되어 전달되는 것으로 정확성과 일관성을 유지하는 것이다.

3. 가용성

가용성은 정보 사용을 인가받은 사람이 정보를 사용하려고 할 때 언제든지 사용을 할 수 있도록 보장하는 것이다.

기출플러스➕ ★☆☆

컴퓨터와 네트워크 보안에 대한 설명으로 옳지 않은 것은? 11 국가직 9급

① 인증(authentication)이란 호스트나 서비스가 사용자의 식별자를 검증하는 것을 의미한다.
② 기밀성(confidentiality)이란 인증된 집단만 데이터를 읽는 것이 가능한 것을 의미한다.
③ 무결성(integrity)이란 모든 집단이 데이터를 수정할 수 있도록 허가한다는 것을 의미한다.
④ 가용성(availability)이란 인증된 집단이 컴퓨터 시스템의 자산들을 사용할 수 있다는 것을 의미한다.

해설 난도중

정답의 이유
무결성은 메시지의 내용이 전송 중에 수정되거나 변질되지 않고 전달되는 것을 의미한다.

정답 ③

02 암호화 기법

암호는 암호문, 평문, 암호화 알고리즘, 암호화키로 구성된다.
암호문은 암호화 키를 가진 당사자끼리만 알 수 있도록 약속한 기호이고, 평문은 암호문과 반대되는 것으로 누구나 알 수 있게 쓴 일반적인 글을 말한다. 암호화는 권한이 없는 제3자가 알아볼 수 없는 형태의 암호문으로 재구성하는 과정을 말하며, 반대로 암호문을 평문으로 복원하는 과정을 복호화라고 한다. 암호화키는 암호화할 때 사용되는 키를 말하며, 사용하는 용도나 특성에 따라 공개키, 비밀키 등 다양한 용어로 표현된다. 현대 암호화 방식은 키의 종류에 따라 대칭키 암호화 방식과 비대칭키 암호화 방식으로 구분된다.

1 대칭키 암호화 방식

송신자와 수신자 사이에서 암호화와 복호화 과정에서 사용되는 키를 같은 키로 사용하는 방식으로 공통키 암호 또는 키를 공개하지 않으므로 비공개키 암호라고 부른다. 대칭키 암호화 방식에서는 공통된 키를 사용하므로 제3자에게는 비밀로 해야 한다. 대칭키 암호화 방식은 비대칭키 암호화 방식에 비해 처리 속도가 빠르고, 암호 키의 길이가 상대적으로 짧아 일반 정보의 기밀 보장용으로만 사용된다.

1. DES 암호

DES 암호는 대칭키 암호화 방식의 대표적인 암호화 방식으로 64비트 평문을 하나의 단위로 모아 암호화하는 블록 암호 알고리즘이다. 암호화와 복호화에 사용되는 DES키는 56비트이고, DES에 의한 암호문은 단시간에 해독이 가능하므로 과거의 암호문을 복호화하는 데만 DES를 사용해야 한다.

2. AES 암호

AES 암호는 기본 DES 암호의 문제점을 보완하기위해 미국표준화기구(ISO)에 의해 제정된 고급 암호화 표준이다. 입력 평문 블록 길이를 128비트로 고정시키고, 암호화키의 비트를 128비트, 192비트, 256비트 중 선택하는 방식이다.

블록 암호 알고리즘에 대한 모든 공격 방법에 대해 안전하도록 설계되었고, 하드웨어나 소프트웨어 구현 시 속도나 코드 압축성 면에서 효율적이다.

2 비대칭키 암호화 방식

암호화키와 복호화키가 동일한 대칭키 암호화 방식의 문제점을 보완한 암호화 방식이다. 비대칭키 암호화 방식은 암호화키와 복호화키가 서로 다른 암호화 방식으로, 암호화키는 제3자에게 공개를 해도 상관없는 공개키이고, 복호화 키는 개인키에 해당한다. 암호화키를 공개하므로 공개키 암호화라고도 한다. 비대칭키 암호화 방식은 평문에서 암호문을 계산하는 데 많은 시간이 필요하여 짧은 메시지에 효율적이다.

1. RSA 암호

대표적인 비대칭키 암호화 방식인 RSA 암호는 큰 수의 소인수 분해가 어렵다는 수학적 이론을 기반으로 하여 개인키로 암호화하거나 공개키로 암호화하는 것 모두 안전하다고 증명하였다. 따라서, RSA 암호는 기밀성을 제공해주며, 전자 서명을 할 수 있다.

3 대칭 암호화 방식과 비대칭 암호화 방식 비교 ★☆☆

| 대칭 암호화 방식과 비대칭 암호화 방식 비교 |

내용 \ 암호화 방식	대칭키 암호화 방식	비대칭키 암호화 방식
키 관계	암호화키=복호화키	암호화키≠복호화키
암호화키 공개	비밀	공개
복호화키 공개	비밀	비밀
비밀키 전송	필요	불필요
암호 알고리즘	비밀 또는 공개	공개
키 길이	56비트, 128비트	1024비트
암호화 · 복호화 속도	빠름	느림
부인 방지	불가능(제3자 필요)	가능(전자 서명)
암호	DES, AES	RSA

기출플러스 ➕ ★★☆

공개키 암호화 방법을 사용하여 철수가 영희에게 메시지를 보내는 것에 대한 설명으로 옳지 않은 것은? 17 국가직 9급

① 공개키는 누구에게나 공개된다.
② 공개키의 위조 방지를 위해 인증기관은 인증서를 발급한다.
③ 철수는 자신의 공개키를 사용하여 평문을 암호화한다.
④ 영희는 자신의 개인키를 사용하여 암호문을 복호화한다.

해설 난도중

정답의 이유
철수는 영희의 공개키를 획득하여 평문을 암호화한다.

더 알아보기

암호화 기법
• 대칭키 암호화 방식 : 송신자와 수신자 사이에서 암호화와 복호화 과정에서 사용되는 키를 같은 키로 사용하는 방식으로 공통키 암호라고 부른다.
• 비대칭키 암호화 방식 : 암호화키와 복호화키가 동일한 대칭키 암호화 방식의 문제점을 보완한 암호화 방식이다. 비대칭키 암호화 방식은 암호화키와 복호화키가 서로 다른 암호화 방식으로, 암호화키는 제3자에게 공개를 해도 상관없는 공개키이고, 복호화키는 개인키에 해당한다.

정답 ③

> 공격자는 여러 대의 좀비 컴퓨터를 분산 배치하여 가상의 접속자를 만든 후 처리할 수 없을 정도로 매우 많은 양의 패킷을 동시에 발생시켜 시스템을 공격한다. 공격받은 컴퓨터는 사용자가 정상적으로 접속할 수 없다.

① 키로거(Key Logger)
② DDoS(Distributed Denial of Service)
③ XSS(Cross Site Scripting)
④ 스파이웨어(Spyware)

해설 [난도중]
오답의 이유
① 키보드를 통해 입력되는 정보를 기록하는 장치를 말한다.
③ 웹상에서 가장 취약한 부문을 공격하는 방법의 일종으로, 공격하려는 사이트에 스크립트를 넣는 기법을 말한다.
④ 자신이 설치된 시스템 정보를 원격지의 특정한 서버에 주기적으로 보내는 프로그램을 말한다.

정답 ②

> 공격자는 사용자의 합법적 도메인을 탈취하거나 도메인 네임 시스템(DNS) 또는 프락시 서버의 주소를 변조하여, 사용자가 진짜 사이트로 오인하여 접속하도록 유도한 후 개인정보를 훔친다.

① 스니핑(Sniffing)
② 파밍(Pharming)
③ 트로이 목마(Trojan Horse)
④ 하이재킹(Hijacking)

해설 [난도중]
오답의 이유
① 스니핑은 네트워크상의 정보 흐름을 도청하는 공격으로 네트워크상의 상대방 패킷 교환을 엿듣는 것을 의미한다.
③ 트로이 목마는 사용자가 의도하지 않은 코드를 정상적인 프로그램에 삽입한 형태를 취하고 있으며, 보통 관리자가 아닌 해커에 의해 인증 절차를 무시하고 원격에서 시스템 내부에 접근한다.
④ 하이재킹 공격은 서버와 클라이언트 사이의 로그인 상태를 가로채는 것을 말한다.

정답 ②

03 해킹과 악성 코드

1 해킹의 공격 기법★★☆

1. 서비스 거부 공격

서비스 거부(DoS) 공격은 네트워크상에 과부하를 유발시켜 시스템의 중요 자원을 점거하고 사용 불가능한 상태로 만드는 공격 기법을 말한다.

분산 서비스 거부(DDoS) 공격은 공격자가 한 지점에서 실행하는 서비스 거부 공격과는 달리 광범위한 네트워크를 이용하여 다수의 공격 지점에서 한 곳을 공격하는 기법을 말하고, 최근 분산 서비스 거부 공격은 악성 코드와 결합하는 형태로 이루어진다. 분산 서비스 거부 공격에 사용되는 악성 코드를 봇이라고 하며, 악성 코드에 감염된 PC를 좀비 PC라고 한다. 좀비 PC끼리 형성한 네트워크를 봇넷이라고 하고, 전파되는 과정에서는 잠복해 있다가 명령을 내리거나 공격 스케줄에 의해 좀비 PC들이 공격을 수행하면 대규모 분산 서비스 거부 공격이 이루어진다.

2. 스니핑 공격

스니핑(Sniffing)은 네트워크상의 정보 흐름을 도청하는 공격으로 네트워크상의 상대방 패킷 교환을 엿듣는 것을 의미한다. 스니핑을 할 수 있는 도구를 스니퍼라고 한다.

3. 스푸핑 공격

스푸핑(Spooping) 공격은 패킷을 정당한 사용자에게 보낸 것처럼 자신의 정보를 속여 다른 대상 시스템을 공격하는 기법이다. IP 주소, DNS 이름, MAC 주소 등의 식별 정보를 위조함으로써 역추적을 어렵게 만든다.

4. 파밍

파밍(Pharming) 공격은 사용자의 합법적인 도메인을 탈취하거나 도메인 네임 시스템(DNS) 또는 프록시 서버의 주소를 변조하여 사용자가 진짜 사이트로 오인하여 접속하도록 유도한 후 개인정보를 훔친다.

5. 하이재킹

하이재킹(Hijacking) 공격은 서버와 클라이언트 사이의 로그인 상태를 가로채는 것을 말한다. 서버와 클라이언트 사이에 인증 과정을 모니터링하다가 합법적인 절차를 통해 인증 받은 사용자의 세션을 탈취하는 공격이다.

하이재킹 공격은 능동적 스푸핑에 해당하지만, 공격자와 공격 대상자 서버만 필요한 스푸핑 공격과는 달리 하이재킹 공격은 공격자, 공격 대상자 서버 그리고 사용자가 있어야 한다.

6. Side jacking

Side jacking은 Session Hijacking이라는 웹 해킹 기법과 비슷하나, 사용자의 권한을 탈취 하는 공격이 아니라 사용자가 확인한 패킷의 내용만을 훔쳐보는 기법이다.

7. 피싱

피싱(Phishing)은 불특정 다수에게 메일을 발송해 위장된 홈페이지로 접속하도록 한 뒤 이용자들의 금융정보 등을 빼내는 신종사기 수법이다.

8. 스미싱

스미싱(Smishing)은 SMS(문자메시지)와 Phising(피싱)의 합성어로, 문자메시지를 이용한 피싱을 말한다. 즉, 문자메시지를 이용하여 개인비밀정보를 요구하거나 휴대폰 소액 결제를 유도하는 사기 수법을 말한다.

9. APT

지능적 지속 위협 공격으로 지능적이고 지속적으로 위협을 가해 피해를 주는 공격을 의미한다.

2 악성 코드

악성 코드는 또는 말웨어는 악의적 목적에서 시스템에 의도적으로 포함시키거나 삽입하는 소프트웨어를 말한다. 악성 코드의 종류에는 바이러스, 웜, 트로이 목마, 백도어, 스파이웨어 등이 있다.

1. 바이러스

자기 복제 능력을 갖고 정당한 사용자 몰래 프로그램에 자신 또는 자신의 변형을 감염시켜 기생하는 악성 코드를 말한다.

종류	정의 및 특징
원시형 바이러스	• 가장 원시적인 형태의 바이러스 • 단순한 자기 복제 기능과 데이터 파괴 기능 • 부트 바이러스와 파일 바이러스가 있음
암호형 바이러스	• 바이러스 코드를 쉽게 파악하고 제거할 수 없도록 암호화한 바이러스
은폐형 바이러스	• 감염된 파일들이 일정 기간 잠복기를 갖도록 만들어진 바이러스 • 실제로 동작하기 전까지는 존재를 파악하기가 어려움
다형성 바이러스	• 바이러스 안의 특정한 식별자를 갖고 바이러스 감염 여부를 확인하기 어렵게 하기 위해 코드 조합을 다양하게 할 수 있는 조합 프로그램
매크로 바이러스	• 엑셀 또는 워드 같은 응용 프로그램과 사무용 프로그램의 매크로 기능을 이용하여 감염되는 바이러스
전자 메일 바이러스	• 전자 메일에 첨부된 파일이나 전자 메일 자체를 열었을 때 바이러스가 감염되고, 감염된 호스트가 알고 있는 전자 메일 주소로 바이러스가 전파됨

2. 웜

웜은 자신을 복제하여 네트워크 연결을 통해 컴퓨터에서 다른 컴퓨터로 전파되는 프로그램을 말한다. 사용자의 어떤 행위도 요구하지 않고 스스로 전파되는 성질은 바이러스와 구별된다.

3. 트로이 목마(Trojan)와 백도어

트로이 목마는 사용자가 의도하지 않은 코드를 정상적인 프로그램에 삽입한 형태를 취하고 있으며, 보통 관리자가 아닌 해커에 의해 인증 절차를 무시하고 원격에서 시스템 내부에 접근한다.

백도어는 운영 체제나 프로그램을 생성할 때 정상적인 인증 절차를 거치지 않고 운영 체제나 프로그램 등에 접근할 수 있도록 만든 일종의 통로(트랩 도어)이다.

최근에는 백도어와 트로이 목마를 구분하지 않고 백도어로 통칭하는 경우가 많다.

4. 스파이웨어

스파이웨어는 자신이 설치된 시스템 정보를 원격지의 특정한 서버에 주기적으로 보내는 프로그램을 말한다. 방문 사이트, 검색어 등 취향 정보와 패스워드 등과 같은 특정 정보를 보내는 스파이웨어도 있다.

신 플러딩(SYN Flooding)
존재하지 않는 클라이언트가 서버별로 한정되어 있는 접속 가능한 공간에 접속한 것처럼 속여 다른 사용자가 서버의 서비스를 받지 못하게 하는 공격이다.

스머프(Smurf)
인터넷 제어 메시지 프로토콜(ICMP)과 네트워크에 존재하는 임의의 시스템을 이용하여 공격 목표 시스템에 극도의 트래픽을 유도하는 공격이다.

botnet
스팸메일이나 악성코드 등을 전파하도록 하고 해커가 마음대로 제어할 수 있는 좀비 PC들로 구성된 네트워크이다.

CHAPTER

09 멀티미디어

중요 학습내용
1. 정보의 표현 방식에 대해 알 수 있다.
2. 정지 영상과 동영상 압축 표준에 대해 알 수 있다.

01 정보의 표현

1 문자 정보의 표현

1. 폰트

(1) 비트맵 폰트

비트맵 폰트는 모눈종이에 칸을 메워 글자를 구성하는 것과 같은 방식이다. 글자가 차지하는 부분의 픽셀은 1, 그 밖의 부분은 0으로 하여 2진화된 정보를 저장한다. 이진수 0과 1은 픽셀의 밝기가 흰색인지 검은색인지 나타낸다.

(2) 벡터 폰트

벡터 폰트는 글자의 특징을 찾아 특징들을 선으로 이어 표현한다. 선으로 문자를 표현하기 때문에 확대하거나 축소해도 부드럽고 자연스러운 글자 모양이 유지된다.

2. 파일 형식

문자 데이터 크기는 저장된 문자 수에 의해 결정되므로 문자 데이터 한 페이지의 크기는 다음 식으로 표현할 수 있다.

> 문자 데이터 페이지 크기=줄당 문자 수×페이지 당 줄 수

2 그래픽 및 이미지 정보의 표현★☆☆

1. 표현 방식

(1) 비트맵 방식

그래픽이 컬러이면 한 개의 픽셀 당 24비트를 할당하고, 흑백인 경우에는 1비트를 할당하여 나타낸다. 화면의 한 픽셀에 대한 정보는 비트들의 그룹으로 표현되고, 전체 그래픽은 그룹들의 배열로 표현된다. 비트맵은 픽셀의 집합이므로 그래픽에 대한 회전, 확대, 축소 등의 독립적인 조작이 불가능하다.

사진이나 비디오 정지 화면을 캡쳐(capture)한 경우는 벡터 방식으로 표현하기 어려우며, 주로 비트맵 방식으로 표현된다.

이미지에 필요한 저장 공간은 이미지의 해상도와 픽셀 깊이에 의해 결정된다.

(2) 벡터 방식

주로 그래픽 편집기 프로그램을 이용하여 작성되고 벡터 방식에 사용되는 명령어들은 선의 종류, 도형의 종류, 위치, 특성 등을 구분하여 정의한다. 벡터 방식은 크기 조절, 회전, 선의 굵기, 색상 등의 특성을 변경시킬 수 있는 연산 등을 수행할 수 있다.

2. 파일 형식

이미지의 크기가 800×600이고, 하나의 픽셀이 8비트일 때 필요한 저장 공간은 다음과 같다.

$$\text{메모리(byte)} = \frac{\text{화면의 크기} \times \text{픽셀당 비트수}}{8\text{비트}} = \frac{800 \times 600 \times 8}{8} = 480000\text{byte} = 480\text{KB}$$이다.

3 동영상 정보의 표현

동영상을 나타내기 위해서는 서로 조금씩 다른 정지 영상을 1초당 30장 내외로 연속적으로 내보내야 한다. 정지 영상이 빠른 속도로 바뀌면 눈의 잔상 효과에 의해 정지 영상이 움직이는 영상처럼 보이게 된다.

프레임률이 초당 30장이고, 1 프레임 용량이 800KB인 2분 크기의 동영상을 저장하는 데 필요한 저장 공간은 다음과 같다.

$$\text{메모리(byte)} = \text{프레임 용량} \times \text{프레임률} \times \text{시간} = 800[\text{KB}] \times 30 \times 120 = 2,880[\text{MB}] \fallingdotseq 2.9[\text{GB}]$$

---

1 정지 영상의 압축 표준★★☆

1. JPEG

JPEG(Joint Photographic Experts Group)는 흑백 및 컬러 정지 화상을 위한 국제 표준안으로 이미지의 압축 및 복원 방식에 관한 표준이다.

2. GIF

GIF(Graphics Interchange Format)는 RLE 기법을 사용하는데 수평 줄에 같은 색을 가진 픽셀이 몇 번 나오는지의 빈도수를 통해 압축하는 방법이다. 렘펠지브웰치(LZW) 방법을 사용하면 원래 크기의 40%까지 줄일 수 있다. JPEG 압축 방식에 비해 압축률은 떨어지지만 전송 속도가 빠르고, 이미지 손상이 적다. 또한 이미지 정보와 문자 정보를 함께 저장할 수 있고, 여러 장의 이미지를 한 개 파일에 담을 수 있다. 반면, 이미지의 색상이 256개로 제한되어 있어 다양한 색상을 필요로 하는 이미지 저장 형식으로는 알맞지 않다.

3. PNG

PNG(Portable Network Graphics)는 손실 압축 기법을 사용하는 JPEG와는 달리 비손실 압축 기법을 사용하는 그래픽 파일 형식이다. 특허 문제가 복잡한 GIF 형식의 문제를 해결하기 위해 고안된 파일 형식으로 2003년 ISO/IEC와 W3C의 표준으로 확정되었다.

4. TIFF

TIFF(Tagged Image File Format)는 앨더스사와 마이크로소프트사가 공동으로 개발하였고, 무손실 압축과 태그를 지원하는 최초의 이미지 포맷이다. 흑백 이미지 중 1,000dpi 이상의 고해상도 비트맵 이미지는 주로 TIFF를 사용한다. 사용자가 고쳐서 쓸 수 있는 유연함이 특징이다.

> ➕**PLUS 참고**
>
> **RLE(Run-Length Encoding)**
> RLE는 매우 간단한 비손실 압축 방법으로, 데이터에서 같은 값이 연속해서 나타나는 것을 그 개수와 반복되는 값만으로 표현하는 방법이다.
>
> **BMP**
> 비트맵 디지털 그림을 저장하는 데 쓰이는 그림 파일 형식이다. 많은 그래픽 사용자 인터페이스(GUI)는 자체 내장 그래픽 하부 시스템에서 비트맵을 사용한다. 기본적으로 1~24비트의 색을 표현할 수 있고, 일반적으로 데이터를 압축하지 않고 사용되지만, RLE 압축 방식도 지원

기출플러스➕ 　　　　★☆☆

다음과 같은 압축되지 않은 비트맵 형식의 이미지를 RLE(Run Length Encoding) 방식을 이용하여 압축했을 때 압축률이 가장 작은 것은? (단, 모든 이미지의 가로와 세로의 길이는 동일하고, 가로 방향 우선으로 픽셀을 읽어 처리한다)

　　　　　　　　　　19 서울시 9급

① 　②

③ 　④

해설 　빈도 상

정답의 이유

RLE는 데이터에서 같은 값이 연속적으로 나타나는 것을 개수와 반복되는 값만으로 표현하는 매우 간단한 비손실 압축 방법이다. 문제에서 가로 방향 우선으로 픽셀을 읽어 처리한다고 했으므로 이미지가 가로 방향으로 같은 색이 연속적으로 많을 때 압축 효과가 높아진다. ④은 다른 그림에 비해 연속적으로 같은 색이 있는 비율이 적다.

　　　　　　　　　　정답 ④

한다.

PSD, AI, EPS

PSD 형식은 어도비사 포토샵에서 사용되며, AI 형식은 벡터 방식으로 일러스트레이터에서 사용되고, EPS 형식은 포스트스크립트 언어를 사용하여 주로 출판사에서 고품질의 인쇄를 목적으로 사용된다.

2 동영상의 압축 표준

1. MPEG

MPEG(Moving Picture Experts Group)는 동영상 압축을 위한 표준으로 MPEG-1, MPEG-2, MPEG-4, MPEG-7, MPEG-21 등이 제정되어 있다.

| MPEG 종류 |

MPEG-1	동영상을 압축하여 CD-ROM에 저장한 뒤 1.5[Mbps] 속도로 전송할 때 화질의 저하를 최대한 줄이는 목표로 제정되었다.
MPEG-2	약 2~45[Mbps] 속도로 전송할 때 디지털 TV나 DVD 수준의 영상을 유지할 목적으로 제정되었다.
MPEG-4	전화선이나 무선 인터넷 망에서 비디오 전화나 화상 회의 시스템 등 대화형 멀티미디어를 가능하게 하기 위한 비디오 및 오디오 데이터의 압축에 관한 표준이다.
MPEG-7	멀티미디어 정보 검색을 효율적으로 수행하기 위해 내용 기반 정보 검색의 요소 기술에 관하여 제안에 표준이다.
MPEG-21	전자상거래 환경에서 멀티미디어 콘텐츠를 전송, 이용, 결제하기 위해 필요한 요소 기술과 관련된 표준을 담고 있다.

2. MOV

사운드, 텍스트, 애니메이션, 비디오 데이터 등을 하나의 파일로 통합시킨 것으로 영상 정보를 추출하고 압축 및 재생할 수 있다.

3. AVI

AVI(Audio Video Interleave)는 비디오와 오디오 정보를 압축 및 재생할 수 있어 많이 사용된다.

PLUS 참고

저작권 보호 기술
- 컴퓨터 프로그램 저작물, 음악 저작물, 사진 저작물, 어문 저작물은 저작권 보호를 받는다.
- 초·중등학교에서 교육을 목적으로 타인의 저작물을 사용할 경우 저작권에 상관없이 사용할 수 있다.
- 디지털 핑거프린팅, 디지털 워터마크 기술 등을 통해 디지털 저작물의 저작권을 보호할 수 있다.

기출플러스 ★☆☆

사진이나 동영상 등의 디지털 콘텐츠에 저작권자나 판매자 정보를 삽입하여 원본의 출처 정보를 제공하는 기술은?

19 국가직 9급

① 디지털 사이니지
② 디지털 워터마킹
③ 디지털 핑거프린팅
④ 콘텐츠 필터링

해설 **반도하**

정답의 이유

디지털 워터마킹은 사진이나 동영상 등의 디지털 콘텐츠에 저작권자나 판매자 정보를 삽입하여 원본의 출처 정보를 제공하는 기술이다.

오답의 이유

① 공공장소나 상업적인 장소에서 문자, 영상 등의 다양한 정보를 디스플레이 화면에 보여주는 서비스를 말한다.

③ 디지털 콘텐츠에 정보를 삽입하는 것은 디지털 워터마킹과 동일하나, 콘텐츠를 구매한 사용자의 정보를 삽입하는 것이 디지털 워터마킹과 차이점이다.

④ 많은 양의 데이터를 처리하고 특정 기준에 해당하는 콘텐츠에 대해 조치를 취하기 위해 마련된 자동시스템이다.

정답 ②

디지털 핑거프린팅

디지털 콘텐츠에 정보를 삽입하는 것은 디지털 워터마킹과 동일하나, 콘텐츠를 구매한 사용자의 정보를 삽입하는 것이 디지털 워터마킹과 차이점이다.

디지털 워터마킹

사진이나 동영상 등의 디지털 콘텐츠에 저작권자나 판매자 정보를 삽입하여 원본의 출처 정보를 제공하는 기술이다.

CHAPTER 10 신기술

01 정보기술

1 정보기술의 이해

1. 광대역 통합망(BcN)

광대역 통합망은 인터넷망, 유선 통신망, 이동 통신망 등을 하나로 통합한 차세대 통합 네트워크이다. 기존 광·동축 혼합망이나 초고속 인터넷망을 그대로 이용하면서 교환 장치, 전송 장치, 단말 장치를 업그레이드하여 100Mbps 속도로 인터넷과 통신, 방송망을 융합한 서비스를 할 수 있다.

(1) 특징

① 음성, 데이터, 유선과 무선, 통신과 방송을 융합한 통신망이다.
② 다양한 서비스 제공이 가능하게 하고, 개방향 플랫폼 기반의 통신망이다.
③ 보안, 품질 보장(QoS), IPv6가 지원되는 통신망이다.
④ 네트워크나 단말기에 구애받지 않고 유비쿼터스를 지원하는 통신망이다.

2. 차세대 통신망(NGN)

차세대 통신망은 기존의 일반 전화, 무선 전화 및 인터넷 망을 하나의 패킷 구조로 통합한 통신망이다. 개방 모듈형 표준 프로토콜과 개방 인터페이스로 되어있어 이동 사무실, 회사, 이동 통신 이용자들의 욕구 충족에 적합하며 유연성, 가변성, 저렴성 등이 장점이다.

3. USN★★☆

USN은 다양한 위치에 설치된 전자 태그(RFID)와 U-센서를 광대역 통합망과 연계하여 사람, 사물, 환경 정보를 인식하고 그 정보를 무선으로 수집하여 언제 어디서나 자유롭게 이용할 수 있도록 구성된 네트워크를 말한다.

기출플러스➕ ★☆☆

네트워크 기술에 대한 설명으로 옳지 않은 것은? 18 국가직 9급

① IPv6는 인터넷 주소 크기가 128비트이고 호스트 자동 설정기능을 제공한다.
② 광대역통합망은 응용 서비스별로 약속된 서비스 레벨 보증 (Service Level Agreement) 품질 수준을 보장해줄 수 있다.
③ 모바일 와이맥스(WiMAX)는 휴대형 단말기를 이용해 고속 인터넷 접속 서비스를 제공하는 무선망 기술이다.
④ SMTP(Simple Mail Transfer Protocol)는 사용자 인터페이스 구성방법을 지정하는 전송 계층 프로토콜이다.

해설 난도중

정답의 이유
SMTP는 인터넷상에서 전자 우편을 전송할 때 사용하는 프로토콜이다.
정답 ④

기출플러스➕ ★☆☆

다음 시나리오에서 괄호 안에 들어갈 가장 적합한 정보 서비스 유형은? 17 지방직 추가 9급

회사원 갑이 출장지로 자동차를 운전하여 가던 중, 휘발유가 부족한 것을 알았다. 그래서 (   ) 유형의 앱을 실행하여 주변 주유소를 검색하고 가장 가까운 주유소를 선택하였다.

① 빅데이터 서비스
② 클라우드 서비스
③ 가상현실 서비스
④ 위치기반 서비스

<table>
<tr><td>

해설 난도 하

정답의 이유

위치기반 서비스(LBS : Location Based Service)는 이동통신망이나 위성항법장치 (GPS) 등을 통해 얻은 위치 정보를 이용하여 사용자에게 여러 가지 서비스를 제공하는 시스템을 말한다.

오답의 이유

① 수집·저장된 대량의 정형 또는 비정형 데이터 집합으로부터 가치를 추출하고 결과를 분석하는 기술이다.

② 클라우드 컴퓨팅 인터넷 기술을 활용하여 가상화된 정보 기술 자원을 서비스한다. 클라우드는 컴퓨터의 네트워크상에 있는 구조나 인터넷을 뜻하고, 컴퓨팅은 컴퓨터 기술을 의미한다.

③ 컴퓨터 등을 이용하여 인공적인 기술로 만들어낸 실제와 유사하지만 실제가 아닌 어떤 특정한 환경이나 상황 혹은 그 기술 자체를 의미한다.

정답 ④

기출플러스⊕ ★☆☆

다음에서 설명하는 기술은?

17 지방직 9급

• 자동차를 기반으로 각종 정보를 주고받을 수 있는 자동차용 원격정보 서비스 기술
• 교통정보, 차량안전 및 보안, 차량진단, 생활정보 등의 서비스를 제공

---

① 텔레매틱스(Telematics)
② USN(Ubiquitous Sensor Network)
③ 증강현실(Augmented Reality)
④ 와이브로(WiBro)

해설 난도 중

오답의 이유

② 다양한 위치에 설치된 전자 태그 (RFID)와 U-센서를 광대역 통합망과 연계하여 사람, 사물, 환경 정보를 인식하고 그 정보를 무선으로 수집하여 언제 어디서나 자유롭게 이용할 수 있도록 구성된 네트워크를 말한다.

③ 가상현실(VR)의 한 분야로 실제로 존재하는 환경에 가상의 사물이나 정보를 합성하여 마치 원래의 환경에 존재하는 사물처럼 보이도록 하는 컴퓨터 그래픽 기법이다.

④ 국내에서 개발한 무선 인터넷 서비스로서 2.3GHz 주파수를 사용한다.

정답 ①

</td><td>

4. 사물 인터넷★★☆

사물 인터넷은 인간, 사물, 서비스의 세 가지 분산된 환경 요소에 대해 인간의 개입 없이 사물끼리 상호 협력적으로 센싱, 네트워킹, 정보 처리 등 지능적 관계를 형성하는 사물 공간 연결망을 의미한다.

5. 증강현실★★☆

증강현실(AR, Augmented Reality)은 가상현실(VR)의 한 분야로 실제로 존재하는 환경에 가상의 사물이나 정보를 합성하여 마치 원래의 환경에 존재하는 사물처럼 보이도록 하는 컴퓨터 그래픽 기법이다.

6. 가상현실★★☆

가상현실(VR, Virtual Reality)은 컴퓨터 등을 이용하여 인공적인 기술로 만들어낸 실제와 유사하지만 실제가 아닌 어떤 특정한 환경이나 상황 혹은 그 기술 자체를 의미한다.

7. 홈 네트워크★☆☆

다양한 유무선 기술을 적용하여 가정 내의 컴퓨터, 가전기기, 제어기기 등은 물론 휴대 전화, 개인 휴대 정보 단말기(PDA) 등을 통합한 네트워크이다.

8. 텔레매틱스

텔레매틱스는 자동차를 기반으로 각종 정보를 주고받을 수 있는 자동차용 원격정보 서비스 기술로, 교통정보, 차량안전 및 보안, 차량 진단, 생활 정보 등의 서비스를 제공한다.

9. 모바일 와이맥스

모바일 와이맥스는 휴대형 단말기를 이용해 고속 인터넷 접속 서비스를 제공하는 무선 망 기술이다.

</td></tr>
</table>

1 유비쿼터스

유비쿼터스는 "도처에 널려 있다", "언제 어디서나 동시에 존재한다."라는 의미로 사용자가 통신망이나 컴퓨터의 존재 여부를 의식하지 않고 언제, 어디서나, 어떤 사람이나, 어떤 사물과도 상호 작용이 가능한 최첨단 환경을 말한다.

1. 컴퓨팅 기술

|유비쿼터스 컴퓨팅 종류|

엑조틱 컴퓨팅 (Exotic Computing)	스스로 생각하여 현실세계와 가상세계를 연계해주는 컴퓨터 기술이다.
노매딕 컴퓨팅 (Nomadic Computing)	장소에 상관없이 다양한 정보기기기가 편재되어 있어 사용자가 정보기기를 휴대할 필요가 없는 컴퓨팅 기술이다.
웨어러블 컴퓨팅 (Wearable Computing)	컴퓨터를 옷이나 안경처럼 착용할 수 있게 해줌으로써 컴퓨터를 인간의 몸의 일부로 여길 수 있도록 하는 컴퓨팅 기술이다.
퍼베이시브 컴퓨팅 (Pervasive Computing)	컴퓨터가 도처에 편재되도록 하는 컴퓨팅 기술이다.
감지 컴퓨팅 (Sentient Computing)	컴퓨터가 센서 등을 이용하여 사용자의 행위 또는 주변 환경을 인식하여 필요 정보를 제공하는 기술이다.
디스포절 컴퓨팅 (Disposable Computing)	1회용 컴퓨팅은 컴퓨터가 1회용품처럼 가격이 매우 저렴화 될 수 있는 것을 실현하는 기술이다.

2 클라우드 컴퓨팅

클라우드 컴퓨팅 인터넷 기술을 활용하여 가상화된 정보기술 자원을 서비스한다. 클라우드는 컴퓨터의 네트워크상에 있는 구조나 인터넷을 뜻하고, 컴퓨팅은 컴퓨터 기술을 의미한다.

클라우드 컴퓨팅은 이용자가 공통적으로 필요로 하는 서버, 스토리지, 소프트웨어 등 IT 자원을 빌려서 사용하는 개념이다. 인터넷 서버에서 컴퓨터 또는 휴대폰을 사용하여 정보를 불러와 사용하는 웹 기반 소프트웨어 서비스이며, 가상화된 형태로 서비스를 제공한다.

1. 그리드 컴퓨팅 환경

그리드 컴퓨팅은 이기종 컴퓨터들을 묶어 대용량 컴퓨터 환경을 구성하고 원격지로 연결하여 대용량 연산을 수행하는 컴퓨팅 환경이다. 대용량 데이터 연산을 소규모 연산으로 나눠 여러 대의 컴퓨터에서 분산하여 수행한다는 점은 분산 시스템이라고도 할

기출플러스 ★★★

유비쿼터스를 응용한 컴퓨팅 기술에 대한 설명으로 옳지 않은 것은?

19 지방직 9급

① 엑조틱 컴퓨팅(Exotic Computing)은 스스로 생각하여 현실세계와 가상세계를 연계해 주는 컴퓨팅 기술이다.
② 노매딕 컴퓨팅(Nomadic Computing)은 장소에 상관없이 다양한 정보기기가 편재되어 있어 사용자가 정보기기를 휴대할 필요가 없는 컴퓨팅 기술이다.
③ 디스포절 컴퓨팅(Disposable Computing)은 컴퓨터가 센서 등을 통해 사용자의 상황을 인식하여 사용자가 필요로 하는 정보를 제공해 주는 컴퓨팅 기술이다.
④ 웨어러블 컴퓨팅(Wearable Computing)은 컴퓨터를 옷이나 안경처럼 착용할 수 있게 해줌으로써 컴퓨터를 인간의 몸의 일부로 여길 수 있도록 하는 컴퓨팅 기술이다.

해설 난도 중

정답의 이유
센서 등을 통해 정보를 획득하고 처리하는 컴퓨팅 기술은 감지(sentient) 컴퓨팅이다.

정답 ③

기출플러스 ★★★

이메일, ERP, CRM 등 다양한 응용 프로그램을 서비스 형태로 제공하는 클라우드 서비스는?

19 국가직 9급

① IaaS(Infrastructure as a Service)
② NaaS(Network as a Service)
③ PaaS(Platform as a Service)
④ SaaS(Software as a Service)

해설 난도 중

정답의 이유
SaaS는 응용소프트웨어 및 관련 데이터는 클라우드에 호스팅되고 사용자는 웹 브라우저 등의 클라이언트를 통해 접속하여 응용소프트웨어를 사용할 수 있다.

오답의 이유
① 가장 기본적인 클라우드 서비스 모델로, 가상 머신과 기타 자원들을 사용자에 대한 서비스로 제공하는 모델이다.
③ 응용소프트웨어 개발에 필요한 개발 요소들과 실행 환경을 제공하는 서비스 모델이다.

정답 ④

사용자가 인터넷 등을 통해 하드웨어, 소프트웨어 등의 컴퓨팅 자원을 원격으로 필요한 만큼 빌려서 사용하는 방식의 서비스 기술은?　18 지방직 9급

① 클라우드 컴퓨팅
② 유비쿼터스 센서 네트워크
③ 웨어러블 컴퓨터
④ 소셜 네트워크

해설 ‹난도하›

정답의 이유
② 장소에 구애받지 않고 언제 어디서나 컴퓨팅 환경에 접속할 수 있도록 센서를 네트워크로 구성한 것을 말한다.
③ 컴퓨터를 옷이나 안경처럼 착용할 수 있게 해줌으로써 컴퓨터를 인간의 몸의 일부로 여길 수 있도록 하는 컴퓨팅 기술이다.
④ 사용자 간의 자유로운 의사소통과 정보 공유 등이 이루어질 수 있도록 네트워크를 구성한 것을 말한다.

정답 ①

수 있다. 그리고 컴퓨팅 환경을 구성하기 위해서는 CPU 관리, 저장소 관리, 보안 조항, 데이터 이동, 모니터링 등에 대한 규약이 필요하다. 그리드는 계산 그리드, 데이터 그리드, 액세스 그리드로 나뉜다.

(1) 계산 그리드
날씨 계산이나 지진 예측과 같이 많은 양의 연산을 필요로 하는 컴퓨팅 환경에서 사용하는 그리드이다.

(2) 데이터 그리드
바이오 분야와 같은 대용량 데이터를 처리하기 위해 고안된 그리드이다.

(3) 액세스 그리드
다수의 사용자가 협업을 할 수 있도록 고안된 그리드이다.

2. 서비스 모델

| 클라우드 서비스 모델 종류 |

IaaS (Infrastructure as a Service)	가장 기본적인 클라우드 서비스 모델로, 가상 머신과 기타 자원들을 사용자에 대한 서비스로 제공하는 모델이다. 사용자 필요에 따라 가상화된 서버, 스토리지, 네트워크 등의 인프라 자원을 제공한다.
PasS (Platform as a Service)	응용소프트웨어 개발에 필요한 개발 요소들과 실행 환경을 제공하는 서비스 모델로서, 사용자는 원하는 응용 소프트웨어를 개발할 수 있으나 운영체제나 하드웨어에 대한 제어는 서비스 제공자에 의해 제한된다. 클라우드 제공자는 일반적으로 운영체제, 프로그래밍 언어 실행 환경, 데이터베이스, 웹 서버를 포함한 컴퓨팅 플랫폼을 제공한다. 응용 프로그램 개발자는 하드웨어 및 소프트웨어 계층을 구매하고 관리하는 비용이나 복잡성 없이도 소프트웨어 솔루션을 클라우드 플랫폼에서 개발할 수 있다.
SaaS (Software as a Service)	응용소프트웨어 및 관련 데이터는 클라우드에 호스팅되고 사용자는 웹브라우저 등의 클라이언트를 통해 접속하여 응용소프트웨어를 사용할 수 있다. 이메일, ERP, CRM 등 다양한 응용 프로그램을 제공한다.

3. 배치 모델

| 배치 모델의 종류 |

폐쇄형 클라우드(private cloud)	하나의 단체를 위해서만 운영되는 클라우드 인프라구조의 하나로, 내부적으로나 서드 파티에 의해 관리를 받거나 내외부적으로 호스팅된다.
공개형 클라우드(public cloud)	공개적 이용을 위해 열린 네트워크를 통해 렌더링되는 클라우드로, 서비스들은 유료 또는 무료일 수 있다.
혼합형 클라우드(hybrid cloud)	뚜렷한 실체는 유지하지만 둘 이상의 클라우드의 조합으로, 여러 개의 배치 모델들의 이점을 제공한다.

3 빅데이터

빅데이터는 수집·저장된 대량의 정형 또는 비정형 데이터 집합으로부터 가치를 추출하고 결과를 분석하는 기술이다. 빅데이터 처리 과정은 데이터소스 → 수집 → 저장 → 처리 → 분석 → 표현의 순서대로 수행된다. 빅데이터의 공통적 특징은 3V로 설명할 수 있다.

1. 특징

| 빅데이터 특징 |

규모(Volume)	일반적으로 수십 테라바이트(TB) 혹은 수십 페타바이트(PB) 이상이 빅데이터의 범위에 해당한다. 빅데이터는 기존 파일 시스템에 저장하기 어려울 뿐만 아니라 데이터 분석을 위한 솔루션에서도 소화하기 어려울 정도로 급격하게 데이터 양이 증가하고 있으므로 이를 극복하려면 확장 가능한 방식으로 데이터를 저장하고 분산하는 분산 컴퓨팅 방식으로 접근해야 한다.
속도(Velocity)	빅데이터의 속도적인 특징은 실시간 처리와 장기적인 접근으로 나눌 수 있다. 디지털 데이터는 매우 빠른 속도로 생성되기 때문에 데이터 수집, 저장, 분석 등이 실시간으로 처리되어야 한다. 수집된 대량의 데이터를 다양한 분석 기법과 표현 기술로 분석해야 하는데, 이는 장기적이고 전략적인 차원에서 접근할 필요가 있다. 분석 기법에는 데이터 마이닝, 기계 학습, 자연어 처리, 패턴 인식 등이 있다.
다양성(Variety)	데이터는 정형화 정도에 따라 정형(Structured), 반정형(Semi-structured), 비정형(Unstructured)으로 구분한다. 정형 데이터는 고정된 필드에 저장되는 데이터를 의미하며, 일정한 형식을 갖추고 있다. 반정형 데이터는 고정된 필드로 저장되지 않지만 XML이나 HTML 같이 메타 데이터나 스키마 등을 포함하고 있다. 비정형 데이터는 고정된 필드에 저장되지 않는 데이터를 의미하고 사진, 동영상, SNS로 주고 받은 내용, 통화 내용 등이 해당된다.

2. 하둡

하둡(Hadoop)은 빅데이터를 구현하기 위한 자바 기반의 오픈소스 프레임워크이며, 하둡의 필수 핵심 구성 요소는 맵리듀스(MapReduce)와 하둡 분산 파일 시스템(Hadoop Distributed File System)이다. 하둡은 하둡 분산 파일 시스템에 데이터를 저장하고 맵리듀스를 통해 데이터를 처리한다.

하둡은 데이터의 복제본을 저장하기 때문에 데이터에 장애가 발생했을 때도 데이터 복구가 가능하고 여러 대의 서버에 데이터를 저장하고 데이터가 저장된 각 서버에서 동시에 데이터를 처리하는 방식이다.

3. NoSQL

NoSQL은 관계형 데이터 모델과 SQL 문을 사용하지 않는 데이터베이스 시스템을 말한다. 기본 RDBMS가 분산 환경에 적합하지 않기 때문에 이를 극복하기 위해 NoSQL이 고안되었다. 데이터베이스는 단순히 키와 값의 쌍으로만 이루어져 있고, 인덱스와 데이터가 별도로 분리되어 운영된다. 샤딩(Sharding)이라는 기능을 이용하여 데이터를 분할해서 다른 서버에 나눠 저장한다. NoSQL 솔루션에는 MongoDB, HBase, CouchDB 등이 있다.

PLUS 참고 　데이터 마이닝

대량의 데이터 안에서 일정한 패턴을 찾아내고, 이로부터 가치 있는 정보를 추출해내는 기술이다. 데이터 마이닝 기법으로는 통계학에서 발전한 탐색적 자료분석, 방법론과 데이터베이스에서 발전한 온라인 분석 처리(OLAP : On-Line Analytic Processing), 인공지능에서 발전한 SOM, 신경망, 전문가 시스템 등이 있다. 데이터 마이닝의 적용 분야는 다음과 같다.

- 분류(Classfication) : 일정 집단에 대해 특정 정의를 통해 분류 및 구분을 추론한다.
- 군집화(Clustering) : 구체적인 특성을 공유하는 군집을 찾는다. 미리 정의된 특성에 대한 정보를 가지지 않는다는 점에서 분류와 다르다.
- 연관성(Association) : 동시에 발생한 사건 간의 관계를 정의한다.
- 연속성(Sequencing) : 특정 기간에 걸쳐 발생하는 관계를 규명한다.
- 예측(Forecasting) : 대용량 데이터 집합 내의 패턴을 기반으로 미래를 예측한다.

4 인공지능

인공지능은 인간의 지능이 수행하는 것과 유사한 기능을 갖춘 컴퓨터 시스템이다. 인공지능 분야에는 기계 학습, 인공 신경망, 딥 러닝, 인지 컴퓨팅, 뉴로모픽 컴퓨팅 기술이 있다. 기계 학습은 기본적인 규칙만 주어진 상태에서 입력받은 정보를 활용하여 스스로 학습하는 것이다. 인공 신경망은 인간의 뉴런 구조를 본떠 만든 기계 학습 모델이다. 딥 러닝은 입력과 출력 사이에 있는 인공 뉴런들을 여러 개 층층이 쌓고 연결한 인공 신경망을 기법을 다루는 연구이다. 인지 컴퓨팅은 기계학습을 이용하여 특정한 인지적 과제를 해결할 수 있는 프로그램을 말하며, 뉴로모픽 컴퓨팅은 인공 신경망을 하드웨어적으로 구현한 것이다.

기출플러스 ➕ 　　　　　★★★

빅데이터에 대한 설명으로 옳은 것은?

17 서울시 9급

① 빅데이터는 정형데이터로만 구성되며, 소셜 미디어 데이터는 해당되지 않는다.

② 빅데이터를 구현하기 위한 대표적인 프레임워크는 하둡이 있으며, 하둡의 필수 핵심 구성 요소는 맵리듀스(MapReduce)와 하둡분산파일시스템(Hadoop Distributed File System)이다.

③ 빅데이터 처리과정은 크게 수집 → 저장 → 처리 → 시각화(표현) → 분석 순서대로 수행된다.

④ NoSQL은 관계 데이터 모델을 사용하는 RDBMS 중 하나이다.

해설 　난도 **상**

정답의 이유

① 데이터는 정형화 정도에 따라 정형, 반정형, 비정형으로 구분되며 소셜 미디어 데이터도 해당된다.

③ 빅데이터 처리 과정은 데이터소스 → 수집 → 저장 → 처리 → 분석 → 표현의 순서대로 수행된다.

④ NoSQL은 관계형 데이터 모델과 SQL 문을 사용하지 않는 데이터베이스 시스템을 말한다.

정답 ②

기출플러스 ➕ 　　　　　★★★

빅데이터에 대한 설명으로 옳지 않은 것은?

17 지방직 9급

① 빅데이터의 특성을 나타내는 3V는 규모(Volume), 속도(Velocity), 가상화(Virtualization)를 의미한다.

② 빅데이터는 그림, 영상 등의 비정형 데이터를 포함한다.

③ 자연어 처리는 빅데이터 분석기술 중의 하나이다.

④ 시각화(visualization)는 데이터 분석 결과를 쉽게 이해할 수 있도록 표현하는 기술이다.

해설 　난도 **상**

정답의 이유

빅데이터 특성을 나타내는 3V는 규모(Volume), 속도(Velocity), 다양성(Variety)이다.

정답 ①

1. 분류

(1) 강인공지능(Strong AI)

강인공지능은 인간의 지성을 컴퓨터의 정보처리능력으로 구현한 시스템이다. 즉, 인간을 완벽하게 모방한 인공지능이라고 볼 수 있다.

(2) 약인공지능(Weak AI)

약한 인공지능은 사진에서 물체를 찾거나 소리를 듣고 상황을 파악하는 것과 같이 기존에 인간은 쉽게 해결할 수 있으나 컴퓨터로 처리하기에는 어려웠던 각종 문제를 컴퓨터로 수행하게 만드는 데 중점을 두고 있다. 즉, 유용한 도구로써 설계된 인공지능이라고 볼 수 있다.

2. 기계 학습

기계 학습은 학습 종류에 따라 지도 학습, 비지도 학습으로 분류할 수 있으며, 알고리즘은 학습 알고리즘, 회귀기법, 확률 기반, 기하 기반, 앙상블 기반이 있다.

(1) 분류

① 지도 학습 : 사람이 교사로서 각각의 입력(x)에 대해 레이블(y)를 달아놓은 데이터를 컴퓨터에 제공하면 컴퓨터가 학습하는 것이다.

② 비지도 학습 : 사람 없이 컴퓨터가 스스로 레이블 되어 있지 않은 데이터에 대해 학습하는 것으로, 즉 y없이 x만 이용해서 학습하는 것이다.

3. 인공 신경망

(1) 종류

① 퍼셉트론(Perceptron) : 뉴런의 수학적 모델을 일컫는 용어이기도 하고, 최초로 제안된 신경망 프로그램 알고리즘이기도 하다. 이 알고리즘은 하나의 뉴런을 사용하며 학습 데이터를 가장 잘 설명할 수 있는 최적의 파라미터(w, b)값을 찾는다. 학습은 학습 데이터를 넣은 후 결과가 원하던 결과보다 크면 결과가 작아지게 파라미터를 조정하고 원하던 결과보다 작으면 커지게 파라미터를 조정하는 것을 반복한다. 입력 층과 출력 층만 있는 퍼셉트론으로는 XOR 문제도 해결할 수 없다. 이에 대한 대책으로 다층 신경망(MPP)가 나오게 된다.

② 다층 신경망(Multi Layer Perceptron) : 여러 개의 perceptron을 연결시켜 층으로 만들고 이 층들을 중첩시켜 다층으로 만든 것이다. 다층 신경망은 입력 층, 출력 층, 은닉 층들로 구성된다.

PART 04 빈출개념 체크 ○✕

CHAPTER 01 | 네트워크 모델

01 TCP, UDP는 네트워크 계층에 속한다. (○ / ✕)

02 물리 계층에서는 물리적 매체를 통해 비트 흐름을 전송하기 위해 필요한 기능을 조정한다. (○ / ✕)

03 ARP는 주소 변환 프로토콜로 물리 주소를 IP 주소로 변환하는 기능을 한다. (○ / ✕)

04 TCP는 연결 지향이고 신뢰성 있는 전송 프로토콜이다. (○ / ✕)

05 SMTP는 인터넷상에서 전자 우편을 전송할 때 사용하는 프로토콜이다. (○ / ✕)

06 OSI 7 계층은 물리 계층, 데이터링크 계층, 네트워크 계층, 전송 계층, 세션 계층, 표현 계층, 응용 계층으로 나뉜다. (○ / ✕)

07 네트워크 계층의 데이터 단위는 패킷이다. (○ / ✕)

08 세션 계층은 암호화, 압축을 담당한다. (○ / ✕)

09 데이터링크 계층은 같은 네트워크상에 있는 노드 간의 데이터 전송을 책임진다. (○ / ✕)

10 통신 프로토콜의 기본 요소는 구문, 의미, 순서이다. (○ / ✕)

CHAPTER 02 | 신호

01 섀논 용량은 대역폭$\times \log_2(1+\text{SNR}) =$ 대역폭$\times \log_2\left(1+\dfrac{\text{S}}{\text{N}}\right)$이다. (○ / ✕)

02 대역폭이 10Hz, 신호 전력은 45W, 잡음 전력은 3W일 때 용량은 40이다. (○ / ✕)

03 PCM 과정은 표본화 → 양자화 → 복호화 → 부호화이다. (○ / ×)

04 표본화는 아날로그 신호를 일정한 간격마다 신호의 진폭을 측정하고 그 결과에 근거하여 일련의 펄스를 만드는 과정이다. (○ / ×)

05 직렬 전송은 여러 개의 비트들을 클록 펄스에 맞춰 동시에 보낸다. (○ / ×)

06 동기 전송은 비동기 전송에 비해 속도가 빨라 데이터의 고속 전송에 유리하다. (○ / ×)

CHAPTER 03 │ 오류 검출과 오류 정정

01 순환중복검사(CRC, Cyclic Redundancy Check)는 2진 나눗셈(모듈로-2)을 기반으로 한다. (○ / ×)

02 패리티 비트는 데이터 단위 내에 1의 개수가 짝수 또는 홀수가 되도록 한다. (○ / ×)

03 정지-대기(stop and wait) ARQ는 전송한 프레임 중 손상된 프레임만 재전송하는 방식이다. (○ / ×)

04 N 프레임 후퇴(Go-Back N) ARQ는 진행 중인 프레임을 유지하기 위해 sliding window를 사용한다. (○ / ×)

05 선택적 반복(Selective Repeat) ARQ는 잡음이 심한 링크에 효율적이다. (○ / ×)

CHAPTER 04 │ 다중접속

01 CSMA/CD는 이더넷 접근 방식으로 버스형 토폴로지에서 많이 사용되며 통신 회선의 사용 여부를 확인한 후 네트워크가 사용 중이 아니면 바로 프레임을 전송한다. (○ / ×)

02 CSMA/CA는 충돌을 감지하는 CSMA/CD 방식과는 달리 충돌을 회피하는 방식으로 IEEE 802.5 무선 랜에서 사용된다.(○ / ×)

03 TDMA는 전체 대역폭을 여러 개의 시간 슬롯으로 나누고 각각의 노드들은 시간 슬롯을 할당받아 정해진 시간만큼 데이터를 전송한다. (○ / ×)

04 CDMA는 대역확산기술을 사용한다. (○ / ×)

안심Touch

CHAPTER 05 | IP 주소

01 IP는 비신뢰성, 비연결형 특징을 가진다. (O / ×)

02 IP 주소는 총 32bit로 구성되어 있다. (O / ×)

03 C 클래스는 네트워크 ID 8bit, 호스트 ID 24bit로 구성된다. (O / ×)

04 IPv4는 유니캐스트, 멀티캐스트, 애니캐스트 주소를 가진다. (O / ×)

05 호스트 개수는 $2^{호스트\,ID} - 2$로 구할 수 있다. (O / ×)

06 서브넷마스크(subnet mask)는 네트워크 ID와 호스트 ID를 구분하는 역할을 한다. 기본 서브넷마스크를 구할 때는 네트워크 ID에 해당하는 부분에는 1을 대입하고 호스트 ID에 해당하는 부분에는 0을 대입한다. (O / ×)

07 서브넷팅은 호스트 ID를 다시 네트워크 ID와 호스트 ID로 구분하는 과정을 말한다. (O / ×)

08 IPv6는 128비트를 사용하고 10진수로 주소를 표기한다. (O / ×)

09 IPv6의 주소는 콜론(:)으로 구분되고 주소 앞에 있는 0은 생략 가능하다. (O / ×)

10 NAT는 사설 IP 주소를 공인 IP 주소로 변환해주는 주소 변환기이다. (O / ×)

CHAPTER 06 | 네트워크

01 리피터는 약해진 신호를 다시 증폭해주는 장치이다. (O / ×)

02 스위치는 MAC 주소를 기반으로 패킷을 분석하여 폐기 또는 전송한다. (O / ×)

03 라우터는 데이터를 목적지까지 전달하기 위해 최적의 경로를 설정하는 역할을 한다. (O / ×)

04 스타형(star topology)은 성형이라고도 하며, 중앙 허브를 중심으로 분산된 단말기를 연결시킨 형태이다. (O / ×)

05 그물형(mesh topology)은 통신 회선에 장애가 발생하면 다른 경로로 데이터를 전송할 수 있다. (O / ×)

06 링형(ring topology)은 통신 회선이 절약되고 분산 처리 시스템을 구성할 수 있다. (O / ×)

07 RIP(Routing Information Protocol)는 내부 라우팅 프로토콜로 홉의 개수가 많은 경로를 최적의 경로로 설정한다.　　(○ / ×)

08 라우팅 테이블에는 목적지 네트워크 주소, 홉 수로 나타난 목적지에 도달하기 위한 가장 짧은 거리, 패킷을 전달할 다음 라우터 등의 정보가 포함되어 있다.　　(○ / ×)

09 OSPF(Open Shortest Path First)는 링크의 비용을 메트릭으로 사용하여 최적의 경로를 결정한다.　　(○ / ×)

10 무선 LAN의 세부 사항은 IEEE 802.11에 정의되어 있다.　　(○ / ×)

11 기본 서비스 세트는 고정 또는 이동하는 무선국과 접근점(AP, Access Point)이라는 중앙 기지국으로 구성된다.　　(○ / ×)

12 이동 애드혹 네트워크(MANET)는 고정된 기반 망의 도움으로 이동 노드들 간에 자율적으로 구성되는 망이다.　　(○ / ×)

13 5G(Fifth-generation)는 26, 28, 38, 60GHz 등에서 작동하는 밀리미터파 주파수를 이용하는 무선 네트워크 기술이다.　　(○ / ×)

CHAPTER 07　인터넷

01 웹 캐시(Web Cache)는 서버 지연을 줄이기 위해 웹 페이지, 이미지, 기타 웹 멀티미디어 등의 웹 문서들을 임시 저장하기 위한 정보 기술이다.　　(○ / ×)

02 VoIP는 인터넷 망을 이용하여 음성과 데이터를 전송하는 기술이다.　　(○ / ×)

03 HTML5는 HTML의 최신 규격으로 액티브 X 등 별도의 프로그램을 설치하지 않아도 인터넷상에서 그래픽 효과를 구현하며 음악과 동영상 재생이 가능하다.　　(○ / ×)

04 XML(eXtensible Markup Language)은 HTML보다 구조화된 웹 문서 생성이 가능하도록 W3C에서 제정한 확장된 언어이다.　　(○ / ×)

CHAPTER 08　보안

01 무결성은 인가되지 않은 사람이 접근하거나 지능적인 접근으로부터 중요 정보를 보호하는 것으로 허가되지 않는 사람이 시스템을 사용하거나 해당 정보를 알거나 수정하지 못하도록 하는 것이다.　　(○ / ×)

02 DES 암호는 비대칭키 암호화 방식의 대표적인 암호화 방식으로 64비트 평문을 하나의 단위로 모아 암호화하는 블록 암호 알고리즘 이다.　　(○ / ×)

03 비대칭키 암호화 방식은 암호화키와 복호화키가 동일한 대칭키 암호화 방식의 문제점을 보완한 암호화 방식이다.　　(○ / ×)

04 비대칭키 암호화 방식에서 암호화키는 제3자에게 공개를 해도 상관없는 개인키이고, 복호화 키는 공개키에 해당한다.　(○ / ×)

05 서비스 거부(DoS) 공격은 네트워크상에 과부화를 유발시켜 시스템의 중요 자원을 점거하고 사용 불가능한 상태로 만드는 공격 기법을 말한다.　(○ / ×)

06 스푸핑(Spooping) 공격은 네트워크상의 정보 흐름을 도청하는 공격으로 네트워크상의 상대방 패킷 교환을 엿듣는 것을 의미한다.　(○ / ×)

07 파밍(Pharming) 공격은 불특정 다수에게 메일을 발송해 위장된 홈페이지로 접속하도록 한 뒤 이용자들의 금융정보 등을 빼내는 신종 사기 수법이다.　(○ / ×)

08 백도어는 운영 체제나 프로그램을 생성할 때 정상적인 인증 절차를 거치지 않고 운영 체제나 프로그램 등에 접근할 수 있도록 만든 일종의 통로(트랩 도어)이다.　(○ / ×)

CHAPTER 09 멀티미디어

01 비트맵은 픽셀의 집합이므로 그래픽에 대한 회전, 확대, 축소 등의 독립적인 조작이 불가능하다.　(○ / ×)

02 JPEG(Joint Photographic Experts Group)는 흑백 및 컬러 정지 화상을 위한 국제 표준안으로 이미지의 압축 및 복원 방식에 관한 표준이다.　(○ / ×)

03 PNG는 RLE 기법을 사용하는데 수평 줄에 같은 색을 가진 픽셀이 몇 번 나오는지의 빈도 수를 통해 압축하는 방법이다.　(○ / ×)

04 MPEG(Moving Picture Experts Group)는 동영상 압축을 위한 표준이다.　(○ / ×)

05 디지털 워터마킹은 디지털 콘텐츠에 콘텐츠를 구매한 사용자의 정보를 삽입한다.　(○ / ×)

CHAPTER 10 신기술

01 증강현실(AR, Augmented Reality)은 컴퓨터 등을 이용하여 인공적인 기술로 만들어낸 실제와 유사하지만 실제가 아닌 어떤 특정한 환경이나 상황 혹은 그 기술 자체를 의미한다.　(○ / ×)

02 사물 인터넷은 인간, 사물, 서비스의 세 가지 분산된 환경 요소에 대해 인간의 개입 없이 사물끼리 상호 협력적으로 센싱, 네트워킹, 정보 처리 등 지능적 관계를 형성하는 사물 공간 연결망을 의미한다.　(○ / ×)

03 퍼베이시브 컴퓨팅(Pervasive Computing)은 컴퓨터가 센서 등을 이용하여 사용자의 행위 또는 주변 환경을 인식하여 필요 정보를 제공하는 기술이다.　(○ / ×)

04 클라우드 컴퓨팅은 클라우드 컴퓨팅 인터넷 기술을 활용하여 가상화된 정보기술 자원을 서비스한다. (O / X)

05 PaaS(Platform as a Service)는 가장 기본적인 클라우드 서비스 모델로, 가상 머신과 기타 자원들을 사용자에 대한 서비스로 제공하는 모델이다. (O / X)

06 공개형 클라우드(public cloud)는 공개적 이용을 위해 열린 네트워크를 통해 렌더링되는 클라우드로, 서비스들은 유료 또는 무료일 수 있다. (O / X)

07 빅데이터 처리 과정은 데이터소스 → 수집 → 저장 → 처리 → 분석 → 표현의 순서대로 수행된다. (O / X)

08 빅데이터의 공통적 특징인 3V는 규모, 속도, 다양성을 의미한다. (O / X)

09 하둡(Hadoop)은 빅데이터를 구현하기 위한 자바 기반의 오픈소스 프레임워크이며, 하둡의 필수 핵심 구성 요소는 맵리듀스(MapReduce)와 하둡분산파일시스템(Hadoop Distributed File System)이다. (O / X)

10 강인공지능(Strong AI)은 존에 인간은 쉽게 해결할 수 있으나 컴퓨터로 처리하기에는 어려웠던 각종 문제를 컴퓨터로 수행하게 만드는 데 중점을 두고 있다. (O / X)

11 퍼셉트론(Perceptron)은 뉴런의 수학적 모델을 일컫는 용어이기도 하고, 최초로 제안된 신경망 프로그램 알고리즘이기도 하다. (O / X)

정답 및 해설

CHAPTER 01 네트워크 모델

01 정답 X
TCP, UDP는 전송 계층에 속한다.

02 정답 O
물리 계층에서는 인터페이스의 기계적·전기적 규격, 전송매체 등을 다룬다.

03 정답 X
ARP는 IP 주소를 물리 주소로 변환하는 기능을 한다.

04 정답 O
TCP는 전송 계층의 프로토콜로 연결 지향이고, 신뢰성 있는 전송을 책임진다.

05 정답 O
SMTP는 응용 계층 프로토콜로, 인터넷상에서 전자 우편을 전송할 때 사용한다.

06 정답 O
OSI 7 계층은 물리 계층, 데이터링크 계층, 네트워크 계층, 전송 계층, 세션 계층, 표현 계층, 응용 계층으로 구성된다.

07 정답 O
각 계층의 데이터 단위는 물리 계층-비트, 데이터링크 계층-프레임, 네트워크 계층-패킷, 전송 계층 이상-메시지이다.

08 정답 X
세션 계층은 동기화, 세션 관리 및 종료를 수행한다. 암호화와 압축을 담당하는 계층은 표현 계층이다.

09 정답 O
전송 계층은 발신자와 목적지 간 데이터 전송을 책임지고, 데이터링크 계층은 같은 네트워크상에 있는 노드 간의 데이터 전송을 책임진다.

10 정답 O
프로토콜의 기본 요소는 구문, 의미, 순서이다.

CHAPTER 02 신호

01 정답 ○

섀논 용량은 대역폭 $\times \log_2(1+\text{SNR}) = \times \log_2\left(1+\dfrac{S}{N}\right)$이다.

02 정답 ○

대역폭$\times \log_2\left(1+\dfrac{S}{N}\right) = 10 \times \log_2\left(1+\dfrac{45}{3}\right) = 10 \times \log_2 16 = 40$

03 정답 ×

PCM 과정은 표본화 → 양자화 → 부호화 → 복호화이다.

04 정답 ○

표본화는 아날로그 신호의 진폭을 측정하고 펄스를 만드는 과정을 말한다.

05 정답 ×

병렬 전송은 여러 개의 비트들을 클록 펄스에 맞춰 동시에 보낸다.

06 정답 ○

동기 전송은 비동기 전송에 비해 데이터 전송 속도가 빠르다.

CHAPTER 03 오류 검출과 오류 정정

01 정답 ○

순환중복검사(CRC)는 2진 나눗셈(모듈로-2)을 사용한다.

02 정답 ○

패리티 비트는 데이터 단위 내 1의 개수로 오류를 검출한다.

03 정답 ×

정지-대기(stop and wait) ARQ는 송신 측에서 프레임을 전송한 후 수신 측의 확인 응답을 기다리는 방식이다.

04 정답 ○

N 프레임 후퇴(Go-Back N) ARQ는 프레임이 손상되면 송신 측에서는 손상된 프레임부터 시작하여 마지막으로 전송했던 프레임까지 재전송한다.

05 정답 ×

선택적 반복(Selective Repeat) ARQ는 전송한 프레임 중 손상된 프레임만 재전송하는 방식이다. 잡음이 심한 링크에서는 프레임이 손상될 확률이 높아 비효율적이다.

CHAPTER 04 다중접속

01 정답 ○

CSMA/CD는 프레임을 전송하는 도중에 충돌이 발생하면 프레임 재전송을 요구한다. 두 번째 전송에서는 충돌의 확률을 줄이기 위해 지수적인 백오프 0~ $2^N \times$ 최대전송시간 사이의 시간만큼 기다린다.

02 정답 ×

CSMA/CA는 충돌을 감지하는 CSMA/CD 방식과는 달리 충돌을 회피하는 방식으로 IEEE 802.11 무선 랜에서 사용된다.

03 정답 ○

TDMA는 시간분할 다중접속방식으로 전체 대역폭을 여러 개의 시간으로 나누고 각각의 노드들은 시간 슬롯을 할당받아 정해진 시간만큼 데이터를 전송한다.

04 정답 ○

CDMA는 코드분할 다중접속방식으로 대역확산기술을 사용하여 하나의 채널로 동시에 데이터를 전송할 수 있다.

CHAPTER 05 IP 주소

01 정답 ○

IP는 네트워크 계층에서 동작하는 프로토콜이고 호스트의 주소 지정과 패킷 전달을 책임진다. 종단 간 정보의 안정성이나 흐름 제어에 대해서는 관여하지 않는다.

02 정답 ○

IPv4는 총 32bit로 구성된다.

03 정답 ×

C 클래스는 네트워크 ID 24bit, 호스트 ID 8bit로 구성된다.

04 정답 ×

IPv4는 유니캐스트, 멀티캐스트, 브로드캐스트 주소를 가진다.

05 정답 ○

호스트 개수는 $2^{\text{호스트 ID}} - 2$로 구하며, -2는 네트워크 주소와 브로드캐스트 주소를 제외한다.

06 정답 ○

서브넷마스크(subnet mask)는 네트워크 ID와 호스트 ID를 구분하는 역할을 한다.

07 정답 ○

서브넷팅은 IP 주소를 효율적으로 사용하기 위한 방법으로, 호스트 ID를 다시 네트워크 ID와 호스트 ID로 구분하는 과정을 말한다.

08 정답 ×

IPv6는 128비트를 사용하고 16진수로 주소를 표기한다.

09 정답 ○

IPv6의 주소는 콜론(:)으로 구분하고, 주소 앞에 있는 0은 생략이 가능하다.

10 정답 ○

NAT는 IP 주소 고갈 문제를 해결하기 위한 방안으로, 사설 IP 주소를 공인 IP 주소로 변환해주는 주소 변환기이다.

CHAPTER 06 네트워크

01 정답 ○

리피터는 1계층 장비로, 약해진 신호를 다시 증폭해주는 장치이다.

02 정답 ×

브리지는 MAC 주소를 기반으로 패킷을 분석하여 폐기 또는 전송한다.

03 정답 ○

라우터는 최적의 경로를 설정하여 데이터를 전송한다.

04 정답 ○

성형은 중앙에 전체를 관리하는 시스템이 있고, 단말기들이 분산되어 연결된 형태이다.

05 정답 ○

그물형은 통신 회선 장애 시 다른 경로를 통해 데이터를 전송할 수 있다.

06 정답 ×

트리형은 통신 회선이 절약되고 분산 처리 시스템을 구성할 수 있다.

07 정답 ×

RIP(Routing Information Protocol)는 내부 라우팅 프로토콜로 홉의 개수가 적은 경로를 최적의 경로로 설정한다.

08 정답 ○

모든 라우터들은 자기가 알고 있는 각각의 목적지 네트워크에 대해 하나의 항목을 가지고 있는 라우팅 테이블을 관리한다. 각 항목은 목적지 네트워크 주소, 홉 수로 나타난 목적지에 도달하기 위한 가장 짧은 거리, 패킷을 전달할 다음 라우터로 구성된다.

09 정답 ○

OSPF 프로토콜은 관리자가 각 경로에 대한 비용을 지정하고, 이 비용을 메트릭(Matric)이라고 한다. 매트릭은 서비스 유형(최소 지연, 최대 처리량 등)에 따라 달라진다.

10 정답 ○

무선 LAN의 표준 규격은 IEEE 802.11이다.

11 정답 ○

기본 서비스 세트는 무선국과 중앙 기지국으로 구성된다.

12 정답 ×

이동 애드혹 네트워크는 고정된 기반 망의 도움 없이 이동 노드들 간에 자율적으로 구성되는 망으로 네트워크에 자율성과 융통성을 부여한 네트워크이다.

13 정답 ○

5G는 밀리미터파 주파수를 이용하는 무선 네트워크 기술이다.

CHAPTER 07 인터넷

01 정답 ○

웹 캐시 시스템은 통과하는 문서들의 사본을 저장하며 이후 요청들은 특정 조건을 충족하는 경우 캐시화가 가능하다. 동일한 서버에 다시 접근할 때에는 프록시 서버의 웹 캐시에 저장된 정보를 불러오므로 더 빠른 접근이 가능하다.

02 정답 ○

VoIP는 음성의 아날로그 신호를 디지털 신호로 압축하고 IP 패킷으로 변환하여 인터넷을 통해 음성, 데이터, 비디오 서비스를 제공하여 인터넷 음성 통신을 가능하게 한다.

03 정답 ○

HTML5은 별도의 프로그램을 설치하지 않아도 인터넷상에서 그래픽 효과를 구현하며 음악과 동영상 재생이 가능하다.

04 정답 ○

XML은 구조화된 웹 문서를 생성할 수 있는 언어로, 정보 검색이나 데이터를 쉽게 처리할 수 있다.

CHAPTER 08 보안

01 정답 ×

무결성은 메시지의 내용이 전송 중에 수정되거나 변질되지 않고 전달되는 것을 의미한다. 정보가 완전한 상태로 보존되어 전달되는 것으로 정확성과 일관성을 유지하는 것이다.

02 정답 ×

DES 암호는 대칭키 암호화 방식의 대표적인 암호화 방식으로 64비트 평문을 하나의 단위로 모아 암호화하는 블록 암호 알고리즘이다.

03 정답 ○

비대칭키 암호화 방식은 암호화키와 복호화키가 서로 다른 암호화 방식이다.

04 정답 ×

비대칭키 암호화 방식에서 암호화키는 제3자에게 공개를 해도 상관없는 공개키이고, 복호화 키는 개인키에 해당한다.

05 정답 ○

산 서비스 거부(DDoS) 공격은 공격자가 한 지점에서 실행하는 서비스 거부 공격과는 달리 광범위한 네트워크를 이용하여 다수의 공격 지점에서 한 곳을 공격하는 기법을 말한다.

06 정답 ×

스푸핑(Spooping) 공격은 패킷을 정당한 사용자에게 보낸 것처럼 자신의 정보를 속여 다른 대상 시스템을 공격하는 기법이다.

07 정답 ✕

파밍(Pharming) 공격은 사용자의 합법적인 도메인을 탈취하거나 도메인 네임 시스템(DNS) 또는 프록시 서버의 주소를 변조하여 사용자가 진짜 사이트로 오인하여 접속하도록 유도한 후 개인정보를 훔치는 방법이다.

08 정답 ○

백도어는 정상적인 인증 절차를 거치지 않고 운영 체제나 프로그램 등에 접근할 수 있도록 만든 통로이다.

CHAPTER 09 멀티미디어

01 정답 ○

화면의 한 픽셀에 대한 정보는 비트들의 그룹으로 표현되고, 전체 그래픽은 그룹들의 배열로 표현된다. 비트맵은 독립적인 조작은 불가능하다.

02 정답 ○

JPEG(Joint Photographic Experts Group)는 흑백 및 컬러 정지 화상을 위한 국제 표준안이다.

03 정답 ✕

GIF(Graphics Interchange Format)는 RLE 기법을 사용하는데 수평 줄에 같은 색을 가진 픽셀이 몇 번 나오는지의 빈도수를 통해 압축하는 방법이다.

04 정답 ○

MPEG(Moving Picture Experts Group)는 동영상 압축을 위한 표준으로 MPEG-1, MPEG-2, MPEG-4, MPEG-7, MPEG-21 등이 제정되어 있다.

05 정답 ✕

사진이나 동영상 등의 디지털 콘텐츠에 저작권자나 판매자 정보를 삽입하여 원본의 출처 정보를 제공하는 기술이다.

CHAPTER 10 신기술

01 정답 ✕

가상현실(VR, Virtual Reality)은 컴퓨터 등을 이용하여 인공적인 기술로 만들어낸 실제와 유사하지만 실제가 아닌 어떤 특정한 환경이나 상황 혹은 그 기술 자체를 의미한다.

02 정답 ○

사물 인터넷은 네트워크를 이용하여 사물끼리 상호 협력적으로 지능적 관계를 형성하는 것을 의미한다.

03 정답 ✕

퍼베이시브 컴퓨팅(Pervasive Computing)은 컴퓨터가 도처에 편재되도록 하는 컴퓨팅 기술이다.

04 정답 ○

클라우드는 컴퓨터의 네트워크상에 있는 구조나 인터넷을 뜻하고, 컴퓨팅은 컴퓨터 기술을 의미한다. 클라우드 컴퓨팅 인터넷 기술을 활용하여 가상화된 정보기술 자원을 서비스한다.

05 정답 ✕

IaaS(Infrastructure as a Service)는 가장 기본적인 클라우드 서비스 모델로, 가상 머신과 기타 자원들을 사용자에 대한 서비스로 제공하는 모델이다.

06 정답 ○

공개형 클라우드 서비스는 유료 또는 무료일 수 있다.

07 정답 ○

빅데이터 수집 및 처리 과정은 데이터소스 → 수집 → 저장 → 처리 → 분석 → 표현이다.

08 정답 ○

데이터의 공통적 특징인 3V는 규모, 속도, 다양성을 의미한다.

09 정답 ○

하둡은 자바 기반의 오픈소스 프레임워크로, 하둡분산파일시스템에 데이터를 저장하고 맵리듀스를 통해 데이터를 처리한다.

10 정답 ✕

강인공지능은 인간의 지성을 컴퓨터의 정보처리능력으로 구현한 시스템이다. 즉, 인간을 완벽하게 모방한 인공지능이라고 볼 수 있다.

11 정답 ○

퍼셉트론(Perceptron)은 신경망 프로그램 알고리즘으로, 하나의 뉴런을 사용하며 학습 데이터를 가장 잘 설명할 수 있는 최적의 파라미터(w, b) 값을 찾는 방법이다.

PART 04 확인학습문제

CHAPTER 01 네트워크 모델

★★★

01 TCP/IP 프로토콜의 계층과 그 관련 요소의 연결이 옳지 않은 것은?

13 국가직 9급

① 데이터 링크 계층(data link layer) : IEEE 802, Ethernet, HDLC

② 네트워크 계층(network layer) : IP, ICMP, IGMP, ARP

③ 전송 계층(transport layer) : TCP, UDP, FTP, SMTP

④ 응용 계층(application layer) : POP3, DNS, HTTP, TELNET

해설 난도 중

정답의 이유

전송 계층에 속하는 프로토콜은 TCP와 UDP이다. FTP와 SMTP는 응용 계층에 속하는 프로토콜이다.

더 알아보기

TCP/IP 프로토콜

계층	계층 이름	프로토콜
5	응용 계층	HTTP, TELNET, DNS, SNMP, FTP, TFTP, SMTP, IMAP, POP3, MIME, DHCP
4	전송 계층	TCP, UDP
3	네트워크 계층	ICMP, IGMP, IP, ARP, RARP
2	데이터링크 계층	Ethernet, HDLC, FDDI, SLIP, PPP
1	물리 계층	–

★★★

02 TCP/IP 프로토콜에서 TCP 및 UDP에 대한 설명으로 옳지 <u>않은</u> 것은? 16 국가직 9급

① TCP와 UDP는 전송 계층(transport layer)의 프로토콜이다.

② UDP는 중복 전달 및 전송 오류를 허용한다.

③ TELNET, SNMP, TFTP는 TCP 서비스를 이용하는 응용 계층(application layer) 프로토콜이다.

④ TCP는 신뢰성 있는 통신을 제공하기 위한 연결형 프로토콜이다.

해설 난도 중

정답의 이유

TELNET은 TCP 서비스를 사용하지만 SNMP, TFTP는 UDP 서비스를 사용한다.

★★☆

03 다음 내용이 설명하고 있는 프로토콜은? 19 정보처리

> 멀티캐스트나 유니캐스트 통신서비스를 통하여 비디오와 오디오 스트림 또는 시뮬레이션 같은 실시간 특성을 가지는 데이터의 종단간 전송을 제공해주는 UDP 기반의 프로토콜이다.

① IP ② TCP

③ RTP ④ FTP

해설 난도 하

정답의 이유

RTP는 실시간으로 음성이나 통화를 송수신하기 위한 전송 계층 프로토콜이다.

★★☆

04 브라우저가 웹 서버로부터 정보를 읽어 오기 위해 사용하는 응용 계층 프로토콜은? 16 지방직 9급

① SMTP ② HTTP

③ IMAP ④ RTP

해설 난도 하

오답의 이유

① 인터넷상에서 전자 우편을 전송할 때 사용하는 프로토콜이다.

③ 인터넷 메일 서버에서 메일을 관리하고 읽어올 때 사용되는 프로토콜이다.

④ 실시간으로 음성이나 통화를 송수신하기 위한 전송 계층 프로토콜이다.

05 주소 변환을 위한 ARP(Address Resolution Protocol)에 대한 설명으로 옳지 않은 것은? 16 지방직 9급

① ARP는 같은 네트워크상에 있는 상대 호스트나 라우터의 논리 주소인 IP 주소를 획득하기 위해 사용된다.

② ARP 요청은 해당 네트워크상의 모든 호스트와 라우터에게 브로드캐스트된다.

③ ARP 응답은 ARP 요청을 전송한 요청자에게 유니캐스트된다.

④ ARP 요청과 응답을 통해 획득한 주소 값을 ARP 캐시 테이블에 저장하여 통신 효율성을 높일 수 있다.

해설 난도 중

정답의 이유

ARP는 주소 변환 프로토콜로 IP 주소를 물리 주소로 변환하는 기능을 한다. 즉, IP 주소를 이용하여 물리 주소를 알아낼 때 사용된다. RARP가 물리 주소를 IP 주소로 변환하는 기능을 한다.

06 통신 프로토콜에 대한 설명으로 옳은 것은? 16 지방직 9급

① MIME(Multipurpose Internet Mail Extensions)는 인터넷상에서 디지털 오디오 및 비디오 신호를 실시간으로 전달하기 위한 전송 계층 프로토콜이다.

② TFTP(Trivial File Transfer Protocol)는 안전한 파일 전송을 위해 인증과 TCP를 필수 구성 요소로 한다.

③ TELNET는 가상 터미널 연결을 위한 응용 계층 프로토콜로 텍스트 기반 양방향 통신 기능을 제공한다.

④ DHCP(Dynamic Host Configuration Protocol)는 호스트의 인터넷 도메인 명을 IP 주소로 변환시켜 주는 것이다.

해설 난도 중

오답의 이유

① 인터넷상에서 디지털 오디오 및 비디오 신호를 실시간으로 전달하기 위한 전송 계층 프로토콜은 RTP이다. MIME는 전자 메일에서 사용되는 텍스트, 이미지, 오디오, 비디오 등의 데이터를 표현하기 위한 형식 표준이다.

② FTP처럼 파일을 전송하기 위한 프로토콜이지만, FTP보다 단순하게 파일을 전송한다. 파일 전송과 관련해서는 UDP를 사용한다.

④ 호스트의 인터넷 도메인 명을 IP 주소로 변환시켜 주는 것은 DNS이다. DHCP는 IP 주소를 동적으로 설정하기 위해 사용되는 프로토콜이다.

07 프로토콜에 대한 설명으로 옳지 않은 것은? 15 국가직 9급

① ARP는 데이터 링크 계층의 프로토콜로 MAC 주소에 대해 해당 IP 주소를 반환해 준다.

② UDP를 사용하면 일부 데이터의 손실이 발생할 수 있지만 TCP에 비해 전송 오버헤드가 적다.

③ MIME는 텍스트, 이미지, 오디오, 비디오 등의 멀티미디어 전자우편을 위한 규약이다.

④ DHCP는 한정된 개수의 IP 주소를 여러 사용자가 공유할 수 있도록 동적으로 가용한 주소를 호스트에 할당해준다.

해설 난도 중

정답의 이유

ARP는 네트워크 계층의 프로토콜로 IP 주소를 MAC 주소로 반환하는 기능을 한다.

★★☆

08 인터넷상에 있는 원격지의 컴퓨터에 접속하여 자신의 컴퓨터처럼 사용할 수 있도록 해주는 인터넷 서비스는?

14 서울시 9급

① FTP ② SMTP
③ USENET ④ HTTP
⑤ TELNET

해설 난도 하

오답의 이유
① 인터넷상에서 컴퓨터 간 파일 전송을 지원하는 프로토콜이다.
② 인터넷상에서 전자 우편을 전송할 때 사용하는 프로토콜이다.
③ 인터넷을 통해 이야기를 나눌 수 있는 토론공간이다.
④ 인터넷상에서 웹 서버와 웹브라우저 간의 하이퍼텍스트 문서를 전송하기 위해 사용되는 프로토콜이다.

★★★

09 TCP/IP 프로토콜 계층 구조가 아닌 것은?

11 지방직 9급

① 응용 계층(application layer)
② 전송 계층(transport layer)
③ 네트워크/인터넷 계층(network/internet layer)
④ 세션 계층(session layer)

해설 난도 중

정답의 이유
TCP/IP 계층은 물리계층, 데이터링크 계층, 네트워크 계층, 전송 계층, 응용 계층으로 구성된다.

★★★

10 인터넷에서 사용되는 프로토콜 중 사용 계층이 다른 하나는?

11 지방직 9급

① HTTP(Hyper Text Transfer Protocol)
② SMTP(Simple Mail Transfer Protocol)
③ IMAP(Internet Mail Access Protocol)
④ ICMP(Internet Control Message Protocol)

해설 난도 중

정답의 이유
ICMP는 네트워크 계층에 속하는 프로토콜이고, HTTP, SMTP, IMAP는 응용 계층에 속하는 프로토콜이다.

11 멀티캐스트를 지원하는 라우터가 멀티캐스트 그룹에 가입한 네트워크 내의 호스트를 관리하기 위한 프로토콜은?

15년 네트워크관리사

① SMTP

② ICMP

③ SCTP

④ IGMP

해설 난도 하

정답의 이유

IGMP는 수신자 그룹에게 메시지를 동시에 전송하는 기능을 한다.

오답의 이유

③ 스트림 제어 전송 프로토콜로, 132번 프로토콜 번호를 사용하며 전송 계층에 속한다. TCP와 UDP의 동일한 서비스 기능들 중 일부를 지원하며 TCP와 같이 연결 지향적이고 혼잡 제어를 통해 신뢰성 있는 순차적 메시지 전송을 보장한다.

12 TCP/IP에 대한 설명으로 옳지 않은 것은?

10 지방직 9급

① TCP는 연결지향형 프로토콜로 데이터 송수신을 시작하기 전 3-way 핸드쉐이킹을 사용한다.

② IPv4는 64비트로 주소를 표현한다.

③ TCP는 일반적으로 슬라이딩 윈도우(sliding window) 기법을 사용한다.

④ TCP는 일정 시간동안 수신지로부터 확인응답(ACK)이 오지 않으면 해당 패킷을 재전송한다.

해설 난도 중

정답의 이유

IPv4는 32비트로 주소를 표현한다.

> **더 알아보기**
>
> **TCP**
>
> 연결 지향이고 신뢰성 있는 전송 프로토콜로, 호스트들 사이에 가상 경로를 설정한 후 세그먼트를 전송한다. 연결 설정을 위해서는 3-way 핸드셰이크 방식을 사용하고 전이중 서비스를 제공하여 데이터를 동시에 양방향으로 전송이 가능하다.

13 OSI 7계층 중 브리지(bridge)가 복수의 LAN을 결합하기 위해 동작하는 계층은?

15 국가직 9급

① 물리 계층

② 데이터 링크 계층

③ 네트워크 계층

④ 전송 계층

해설 난도 중

정답의 이유

브리지가 동작하는 계층은 데이터링크 계층이다.

안심Touch

OSI 7계층과 네트워크 장치
- 물리 계층 : 리피터, 허브
- 데이터링크 계층 : 브리지, 스위치
- 네트워크 계층 : 라우터
- 전송~응용 계층 : 게이트웨이

★★★

14 라우터(Router)는 OSI 7 Layer 중 어느 계층에서 동작하는가?

19 네트워크관리사1급

① Physical Layer ② DataLink Layer
③ Network Layer ④ TCP/IP Layer

해설 난도하

정답의 이유

라우터는 네트워크 계층에 속하는 장비이다.

★★☆

15 다른 컴퓨터 시스템들과의 통신이 개방된 시스템 간의 연결을 다루는 OSI 모델에서 〈보기〉가 설명하는 계층은?

15 서울시 9급

─────────────── 보기 ───────────────

물리적 전송 오류를 감지하는 기능을 제공하여 송·수신 호스트가 오류를 인지할 수 있게 해주며, 컴퓨터 네트워크에서의 오류 제어(error control)는 송신자가 송신한 데이터를 재전송(retransmission)하는 방법으로 처리한다.

① 데이터 링크 계층 ② 물리 계층
③ 전송 계층 ④ 표현 계층

해설 난도중

정답의 이유

물리적 전송 오류를 감지하고 데이터를 재전송하는 방법으로 오류를 제어하는 계층은 데이터 링크 계층이다.

★★★
16 데이터 통신의 표준참조모델인 OSI모델의 각 계층에 대한 설명으로 옳지 않은 것은? 15 지방직 9급

① 물리 계층은 송수신 시스템의 연결에서 전송 매체의 종류, 송수신되는 신호의 전압 레벨 등을 정의한다.

② 네트워크 계층은 송수신 컴퓨터의 응용프로그램 간 송수신되는 데이터의 구문과 의미에 관련된 기능으로 변환, 암호화, 압축을 수행한다.

③ 전송 계층은 연결된 네트워크의 기능이나 특성에 영향을 받지 않고 오류제어와 흐름제어 기능을 수행하여 신뢰성 있는 데이터 전송을 보장하는 것으로, 프로토콜은 TCP, UDP 등이 있다.

④ 응용 계층은 최상위 계층으로 프로토콜은 FTP, HTTP 등이 있다.

해설　난도 중

정답의 이유
송수신 컴퓨터의 응용프로그램 간 송수신되는 데이터의 구문과 의미에 관련된 기능으로 변환, 암호화, 압축을 수행하는 계층은 표현 계층이다. 네트워크 계층은 패킷이 발신지에서 목적지까지 전달될 수 있도록 경로를 설정하고 주소 변환을 한다.

더 알아보기

OSI 7 계층
- 물리 계층 : 데이터링크 계층에서 받은 데이터를 통신 링크를 따라 전송될 수 있도록 전기신호 또는 광신호로 변환하여 전송한다. 데이터 단위는 비트를 사용하며, 네트워크 장치에는 리피터, 허브 등이 있다.
- 데이터링크 계층 : 같은 네트워크상에 있는 노드 간의 데이터 전송을 책임진다. 데이터 단위는 프레임을 사용하며, 네트워크 장치에는 브리지, 스위치 등이 있다.
- 네트워크 계층 : 패킷이 발신지에서 목적지까지 전달될 수 있도록 경로를 설정하고 주소 변환을 한다. 데이터 단위는 패킷을 사용하며, 네트워크 장치에는 라우터 등이 있다.
- 전송 계층 : 발신자와 목적지 간 오류제어와 흐름제어를 수행하여 신뢰성 있는 데이터 전송을 보장한다.
- 세션 계층 : 발신자와 목적지 사이에서 응용 프로세스 간 통신을 위한 세션을 연결하고 유지하며 해제하는 기능을 수행한다.
- 표현 계층 : 송수신 컴퓨터의 응용 프로그램 간 송수신되는 데이터의 구문과 의미에 관한 기능으로 변환, 암호화, 압축을 수행한다.
- 응용 계층 : 사용자 인터페이스를 제공하며, 각종 서비스를 제공한다.

★★★
17 OSI 7계층 중 종점 호스트 사이의 데이터 전송을 다루는 계층으로서 종점 간의 연결 관리, 오류 제어와 흐름 제어 등을 수행하는 계층은? 14 국가직 9급

① 전송 계층(transport layer)

② 링크 계층(link layer)

③ 네트워크 계층(network layer)

④ 세션 계층(session layer)

해설　난도 중

정답의 이유
종점 간의 연결 관리, 오류 제어, 흐름 제어 등을 수행하는 계층은 전송 계층이다.

안심Touch

★★★
18 OSI모델의 각 계층별 기능이 옳지 않은 것은?

① 데이터 링크 계층(Data link layer) – Physical addressing, Flow Control

② 네트워크 계층(Network layer) – Logical addressing, Routing

③ 전송 계층(Transport layer) – Connection Control, Flow Control

④ 세션 계층(Session layer) –Dialog Control, Synchronization

⑤ 표현 계층(Presentation layer) –Network virtual terminal, File transfer

해설 난도 중

정답의 이유

⑤ Network virtual terminal, File transfer는 응용 계층의 기능이다. 표현 계층 기능으로는 변환(translation), 암호화(encryption), 압축(compression)이다.

★★☆
19 OSI-7계층 중 프로세스간의 대화 제어(dialogue control) 및 동기점(synchronization point)을 이용한 효율적인 데이터 복구를 제공하는 계층은?

① Data Link layer   ② Network layer

③ Transport layer   ④ Session layer

해설 난도 중

정답의 이유

OSI 7 계층 중 대화 제어 및 동기점 부여와 관련된 계층은 세션 계층이다.

★★☆
20 프로토콜의 기본 구성 요소가 아닌 것은?

① entity   ② syntax

③ semantic   ④ timing

해설 난도 하

정답의 이유

프로토콜의 기본 구성 요소에는 구문(syntax), 의미(semantics), 순서(timing)가 있다.

★★☆

01 통신 채널의 주파수 대역폭 B, 신호전력 S, 잡음 전력이 N인 경우, 채널의 통신 용량은? 19 정보처리

① $B\log_{10}(1+S/N)$

② $2B\log_{10}(1+S/N)$

③ $B\log_2(1+S/N)$

④ $2B\log_2(1+S/N)$

해설 난도 **하**

정답의 이유

채널의 통신 용량은 대역폭$\times\log_2\left(1+\dfrac{S}{N}\right)$이므로 $B\log_2(1+S/N)$가 된다.

★★☆

02 통신 속도가 2400[baud]이고, 4상 위상변조를 하는 경우 데이터의 전송속도[bps]는? 19 전자계산기

① 2,400

② 4,800

③ 9,600

④ 19,200

해설 난도 **하**

정답의 이유

데이터의 전송속도=통신 속도×비트 수이다. 4상은 $2^{bit}=4$이므로 위상변조를 하는 데 2비트가 사용된다는 의미를 가진다. 따라서 전송속도는 2,400×2=4,800bps이다.

★★☆

03 16상 위상변조의 변조속도가 1200baud인 경우 데이터 전송 속도(bps)는? 18 전자계산기

① 1200

② 2400

③ 4800

④ 9600

해설 난도 **하**

정답의 이유

16상 위상변조를 위해 필요한 비트 수는 4비트이다. 따라서 데이터 전송 속도는 1200×4=4800bps이다.

★★☆

04 PCM(Pulse Code Modulation)방식의 구성 절차로 옳은 것은?

19 정보처리산업

① 양자화 → 부호화 → 표본화 → 복호화

② 표본화 → 양자화 → 부호화 → 복호화

③ 표본화 → 부호화 → 양자화 → 복호화

④ 양자화 → 표본화 → 복호화 → 부호화

해설 난도 중

정답의 이유

PCM의 송신측 과정은 표본화 → 양자화 → 부호화이고, 수신측에서는 복호화 과정이 일어난다.

CHAPTER 03	오류 검출과 오류 정정

★★☆

01 네트워크의 전송 데이터 오류 검출에 대한 설명으로 옳지 않은 것은?

15 지방직 9급

① 체크섬(checksum)은 1의 보수 방법을 사용한다.

② 순환중복검사(CRC)는 모듈로-2 연산을 주로 사용한다.

③ 전송할 데이터에 대한 중복 정보를 활용하여 오류를 검출한다.

④ 단일 패리티 비트를 사용하는 패리티 검사는 홀수 개의 비트에 오류가 발생하면 오류를 발견할 수 없다.

해설 난도 중

정답의 이유

단일 패리티 비트를 사용하는 홀수 패리티 검사는 홀수 개의 비트에 오류가 발생하면 오류를 발견할 수 있다. 짝수 패리티 검사는 짝수 개의 비트에 오류가 발생하면 오류를 발견할 수 있다.

> **더 알아보기**
>
> **오류 검출 종류**
> - 패리티 검사 : 패리티 비트(parity bit)라 불리는 중복비트는 데이터 단위에 덧붙여져 패리티 비트를 포함한 데이터 단위 내에 1의 전체 개수가 짝수 또는 홀수가 되도록 한다.
> - 순환중복검사 : 중복 검사 기법 중 매우 효과적인 오류 검출 방법으로 폭주(burst) 오류 검출에 적합하다. 2진 나눗셈(모듈로-2)을 기반으로 한다.
> - 검사합 : 상위 계층 프로토콜에서 사용되는 오류 검출 방법이다. 검사합에서는 1의 보수 연산을 이용한다.

★★☆

02 데이터 전송 중에 발생하는 에러를 검출하는 방식으로 옳지 않은 것은?

14 국가직 9급

① 패리티(parity) 검사 방식
② 검사합(checksum) 방식
③ CRC 방식
④ BCD 부호 방식

해설 난도 중

정답의 이유

BCD 부호는 숫자, 영문자, 특수 기호를 나타내기 위해 6비트로 이루어진 코드를 말한다. 에러 검출과는 관계가 없는 부호이다.

★★★

03 다음의 데이터 링크 계층 오류제어 기법들을 프레임 전송 효율이 좋은 것부터 나쁜 순으로 바르게 나열한 것은? (단, 여러 개의 프레임을 전송할 때 평균적으로 요구되는 전송 및 대기 시간만을 고려하되, 송신 및 수신단에 요구되는 구현의 복잡도나 운용에 따른 비용은 무시한다)

16 지방직 9급

ㄱ. 정지 후 대기(stop-and-wait) ARQ
ㄴ. N 복귀(go-back-N) ARQ
ㄷ. 선택적 반복(selective-repeat) ARQ

① ㄱ → ㄴ → ㄷ
② ㄴ → ㄷ → ㄱ
③ ㄷ → ㄱ → ㄴ
④ ㄷ → ㄴ → ㄱ

해설 난도 중

정답의 이유

정지 후 대기 ARQ는 전송되어 확인 응답을 기다리는 프레임이 하나이기 때문에 ARQ 방식 중 전송 효율이 가장 좋지 않다. N 복귀 ARQ는 이미 전송된 프레임이라도 이전 프레임이 오류가 났다면 오류가 난 프레임부터 다시 전송되기 때문에 선택적 반복 ARQ보다 전송 효율이 좋지 않다. 선택적 반복 ARQ는 전송된 프레임 중 오류가 난 프레임만 재전송하기 때문에 가장 전송 효율이 좋다.

더 알아보기

재전송에 의한 오류 정정

• 정지-대기 ARQ : 송신측에서 프레임을 전송한 후 수신측의 확인 응답을 기다리는 방식이다.
• N 프레임 후퇴 ARQ : 프레임이 손상되면 송신측에서는 손상된 프레임부터 시작하여 마지막으로 전송했던 프레임까지 재전송한다.
• 선택적 반복 ARQ : 전송한 프레임 중 손상된 프레임만 재전송하는 방식이다.

★★☆

04 데이터 통신 시스템에서 발생하는 에러를 제어하는 방식으로 송신측이 오류를 검출할 수 있을 정도의 부가적인 정보를 프레임에 첨가하여 전송하고 수신측이 오류 검출 시 재전송을 요구하는 방식은? <small>14 국가직 9급</small>

① ARQ(Automatic Repeat reQuest)

② FEC(Forward Error Correction)

③ 순회 부호(cyclic code)

④ 해밍 부호(Hamming code)

해설 난도 중
정답의 이유
ARQ 방식은 오류가 발생하면 재전송에 의해 오류를 정정한다.

★★★

05 전송한 프레임의 순서에 관계없이 단지 손실된 프레임만을 재전송하는 방식은? <small>19 네트워크관리사1급</small>

① Selective-repeat ARQ

② Stop-and-wait ARQ

③ Go-back-N ARQ

④ Adaptive ARQ

해설 난도 하
정답의 이유
Selective-repeat ARQ는 전송한 프레임 중 손상된 프레임만 재전송하는 방식이다.

★★★

06 송신 스테이션이 데이터 프레임을 연속적으로 전송해 나가다가 NAK를 수신하게 되면 에러가 발생한 프레임을 포함하여 그 이후에 전송된 모든 데이터 프레임을 재전송하는 방식은? <small>19 전자계산기</small>

① Stop-and-wait ARQ

② Go-back-N ARQ

③ Selective-Repeat ARQ

④ Non Selective-Repeat ARQ

해설 난도 하
정답의 이유
프레임을 연속적으로 전송하다가 수신측으로부터 NAK 응답을 받으면 해당 프레임부터 이후 전송된 프레임까지 다시 재전송하는 방식을 Go-back-N ARQ이라고 한다.

★★☆

01 이더넷(Ethernet)의 매체 접근 제어(MAC) 방식인 CSMA/CD에 대한 설명으로 옳지 않은 것은? 15 국가직 9급

① CSMA/CD 방식은 CSMA 방식에 충돌 검출 기법을 추가한 것으로 IEEE 802.11b의 MAC방식으로 사용된다.

② 충돌 검출을 위해 전송 프레임의 길이를 일정 크기 이상으로 유지해야 한다.

③ 전송 도중 충돌이 발생하면 임의의 시간 동안 대기하기 때문에 지연시간을 예측하기 어렵다.

④ 여러 스테이션으로부터의 전송 요구량이 증가하면 회선의 유효 전송률은 단일 스테이션에서 전송할 때 얻을 수 있는 유효 전송률보다 낮아지게 된다.

해설 난도 중

정답의 이유

IEEE 802.11에 사용되는 매체접근제어 방식은 CSMA/CA이다.

> **더 알아보기**
>
> **매체접근제어 방식**
> • CSMA/CD : 이더넷 접근 방식으로 버스형 토폴로지에서 많이 사용되며 통신 회선의 사용여부를 확인한 후 네트워크가 사용 중이 아니면 바로 프레임을 전송한다. 프레임을 전송하는 도중에 충돌이 발생하면 프레임 재전송을 요구한다.
> • CSMA/CA : 충돌을 감지하는 CSMA/CD 방식과는 달리 충돌을 회피하는 방식으로 IEEE 802.11 무선 랜에서 사용된다.

★★☆

02 다음 내용에 적합한 매체 접근 제어(MAC) 방식은? 15 지방직 9급

> • IEEE 802.11 무선 랜에서 널리 사용된다.
> • 채널이 사용되지 않는 상태임을 감지하더라도 스테이션은 임의의 백오프 값을 선택하여 전송을 지연시킨다.
> • 수신 노드는 오류 없이 프레임을 수신하면 수신 확인 ACK 프레임을 전송한다.

① GSM　　　　　　　② CSMA/CA

③ CSMA/CD　　　　　④ LTE

해설 난도 중

오답의 이유

① 개인 휴대 통신 시스템으로 TDMA 기반의 통신 기술이다.

③ 회선의 사용 여부를 확인한 후 사용 중이 아니면 프레임을 전송하고 전송 도중에 충돌이 감지되면 일정 시간 동안 대기한 후 다시 프레임을 전송하는 방식이다.

④ HSDPA 보다 한층 진화된 휴대전화 고속 무선 데이터 패킷 통신 규격이다.

03 다음의 조건을 모두 만족하는 다중 접근방식은?

- 임의접근(Random Access) 방식 중의 하나임
- 회선사용 상태를 감지하는 캐리어를 사용하고 충돌이 발생하면 임의시간 대기 후 전송함
- 이더넷의 접근방식으로 사용됨

① FDMA
② ALOHA
③ Token Ring
④ CSMA/CD

해설 난도 중

정답의 이유
CSMA/CD는 통신 회선의 사용 여부를 확인한 후 네트워크가 사용 중이 아니면 바로 프레임을 전송한다. 프레임을 전송하는 도중에 충돌이 발생하면 프레임 재전송을 요구한다.

04 다중접속(multiple access) 방식에 대한 설명으로 옳지 않은 것은?

① 코드분할 다중접속(CDMA)은 디지털 방식의 데이터 송수신 기술이다.
② 시분할 다중접속(TDMA)은 대역확산 기법을 사용한다.
③ 주파수분할 다중접속(FDMA)은 할당된 유효 주파수 대역폭을 작은 주파수 영역인 채널로 분할한다.
④ 시분할 다중접속(TDMA)은 할당된 주파수를 시간상에서 여러 개의 조각인 슬롯으로 나누어 하나의 조각을 한 명의 사용자가 사용하는 방식이다.

해설 난도 중

정답의 이유
대역확산 기법을 사용하는 다중접속 방식은 CDMA이다.

★★☆

01 IP 주소에 대한 설명으로 옳지 않은 것은?

10 국가직 9급

① IP 주소는 컴퓨터에 부여된 유일한 주소로서 컴퓨터를 이동하여 다른 네트워크에 접속하여도 항상 이전과 동일한 IP 주소를 사용한다.

② CIDR은 IP 주소 할당 방법의 하나로, 기존 8비트 단위로 통신망부와 호스트부를 구획하지 않는다.

③ IP 버전에 따라 사용되는 주소 표현 형식이 다르다.

④ 자동 주소 설정 시에 사용될 수 있는 프로토콜은 DHCP(dynamic host configuration protocol)이다.

해설 난도 중

정답의 이유

네트워크마다 서로 다른 IP 주소를 사용하므로 컴퓨터를 이동하면 해당 네트워크의 IP 주소를 부여해야 한다.

★★☆

02 다음 IPv4에 대한 설명 중 올바른 것은?

15 서울시 9급

① 주소는 6바이트 크기로 되어 있다.

② 하나의 패킷에는 출발지주소와 목적지주소가 포함되어 있다.

③ 주소 공간은 3바이트 네트워크 주소 부분과 3바이트 호스트 주소 부분으로 나누어진다.

④ 스위치는 IPv4 주소를 사용하여 해당 패킷이 어느 포트로 이동해야 할지 결정한다.

해설 난도 중

오답의 이유

① IPv4의 주소는 4바이트(32비트) 크기를 가진다.

③ 주소는 네트워크 주소와 호스트 주소로 구성되는데 크기는 클래스마다 다르다.

④ 라우터가 IPv4 주소를 사용하여 패킷이 어디로 이동해야 할지 결정한다.

★★☆

03 서브넷 마스크(subnet mask)를 255.255.255.224로 하여 한 개의 C클래스 주소 영역을 동일한 크기의 8개 하위 네트워크로 나누었다. 분할된 네트워크에서 브로드캐스트를 위한 IP 주소의 오른쪽 8비트에 해당하는 값으로 옳은 것은?

15 국가직 9급

① 0   ② 64

③ 159   ④ 207

해설 `난도 상`

정답의 이유

마지막 8비트는 네트워크 ID 3비트, 호스트 ID 5비트로 나눠졌다. 네트워크 ID는 000 ~ 111까지 8개의 네트워크를 가진다. 호스트 ID 5비트에 0을 대입하면 시작주소, 1을 대입하면 마지막 주소를 구할 수 있다. 각 브로드캐스트 주소의 마지막 숫자는 31, 63, 95, 127, 159, 191, 223, 255가 된다.

네트워크 개수	네트워크 ID (3bit)	호스트 ID (5bit)	IP 주소 범위	
			시작주소 (네트워크 주소)	마지막 주소 (브로드캐스트 주소)
0	000		x.x.x.0 ~ x.x.x.31	
1	001		x.x.x.32 ~ x.x.x.63	
2	010		x.x.x.64 ~ x.x.x.95	
3	011		x.x.x.96 ~ x.x.x.127	
4	100		x.x.x.128 ~ x.x.x.159	
5	101		x.x.x.160 ~ x.x.x.191	
6	110		x.x.x.192 ~ x.x.x.223	
7	111		x.x.x.224 ~ x.x.x.255	

★★☆

04 어떤 회사의 한 부서가 155.16.32.*, 155.16.33.*, 155.16.34.*, 155.16.35.*로 이루어진 IP 주소들만으로 서브넷(subnet)을 구성할 때, 서브넷마스크(mask)로 옳은 것은? (단, IP 주소는 IPv4 주소 체계의 비클래스형(classless) 주소 지정이 적용된 것이고, IP 주소의 *는 0~255를 의미한다)

14 지방직 9급

① 255.255.252.0   ② 255.255.253.0

③ 255.255.254.0   ④ 255.255.255.0

해설 `난도 중`

정답의 이유

부서의 IP 주소가 155로 시작하므로 B 클래스에 속하고, B 클래스의 기본 서브넷마스크는 255.255.0.0이다. 155.16.32로 구성된 IP 주소가 256(0~255)개 있고, 마찬가지로 155.16.33으로 구성된 IP 주소도 256개 이다. 즉, 256개의 IP 주소가 4묶음 있다는 의미이다. 총 주소의 개수는 256×4=1,024이다. 이는 호스트 ID가 10비트라는 의미를 지닌다. 부서의 IP 주소에 대해 네트워크 ID, 호스트 ID 구성을 살펴보면 다음과 같다.

네트워크 ID(16bit)		호스트 ID(16bit)		
		네트워크 ID	호스트 ID	호스트 ID
8bit	8bit	6bit	2bit	8bit

서브넷마스크는 네트워크 ID에 1, 호스트 ID에 0을 대입하면 된다. 따라서 서브넷마스크는 255.255.252.0이 된다.

★★☆

05 A 회사에게 인터넷 클래스 B 주소가 할당되었다. 만약 A 회사 조직이 64개의 서브넷을 가지고 있다면 각 서브넷에서 사용할 수 있는 주소의 개수는? (단, 특수주소를 포함한다)

10 지방직 9급

① 256   ② 512

③ 1,024   ④ 2,048

해설 난도 중

정답의 이유

서브넷 개수를 구하는 방법은 $2^{네트워크 ID} = 64$이고, 네트워크 ID는 6bit가 된다. 네트워크 ID와 호스트 ID 구성을 정리하면 다음과 같다.

네트워크 ID(16bit)		호스트 ID(16bit)		
		네트워크 ID	호스트 ID	호스트 ID
8bit	8bit	6bit	2bit	8bit

호스트 ID가 10비트이므로 총 주소의 개수는 $2^{10} = 1024$개다.

★★★

06 네트워크 ID 210.182.73.0을 6개의 서브넷으로 나누고, 각 서브넷마다 적어도 30개 이상의 Host ID를 필요로 한다. 적절한 서브넷 마스크 값은?

20 네트워크관리사1급

① 255.255.255.224   ② 255.255.255.192

③ 255.255.255.128   ④ 255.255.255.0

해설 난도 중

정답의 이유

IP 주소가 210으로 시작하기 때문에 C 클래스이고 기본 서브넷마스크는 255.255.255.0이다. 6개의 서브넷을 가진다는 의미는 서브넷팅을 했다는 것이고, 이는 C 클래스의 마지막 호스트 ID 8bit를 다시 네트워크 ID와 호스트 ID로 나눠야 한다는 의미를 가진다. 서브넷 개수를 구하는 방법은 $2^{네트워크 ID}$이다. 6개의 서브넷을 가지기 위해서는 네트워크 ID는 3bit가 되어야 한다. 따라서 호스트 ID는 5bit가 된다. 서브넷팅 후 네트워크 ID는 27bit가 되고 호스트 ID는 5bit가 된다. 서브넷마스크는 네트워크 ID에 1을 대입하고 호스트 ID에 0을 대입하면 되므로 그 결과는 255.255.255.224가 된다.

★★★

07 사내망에서 192.168.1.1/28 주소를 사용하고 있는 PC가 있다. 회사의 정책상 default-gateway는 해당 subnet의 할당 가능한 영역 중에서 마지막 IP address 를 사용하도록 되어 있다면 PC의 default-gateway는 어떠한 IP assress로 설정하여야 하는가?

19 전자계산기조직응용

① 192.168.5.255

② 192.167.6.13

③ 192.168.1.14

④ 192.168.1.255

해설 난도 중

정답의 이유

IP 주소가 192로 시작하기 때문에 C 클래스에 속하고 네트워크 ID의 개수가 28이므로 C 클래스의 마지막 호스트 ID 8비트는 네트워크 ID 4bit, 호스트 ID 4bit로 서브넷팅 된 것을 알 수 있다. 네트워크 ID가 4bit이기 때문에 서브넷의 개수는 $2^4 = 16$이다. 첫 번째 서브넷의 범위를 구하기 위해 네트워크 ID에 0을 대입한 뒤 호스트 ID에 0을 대입하면 시작 주소를 구할 수 있고, 호스트 ID에 1을 대입하면 마지막 주소를 구할 수 있다. 따라서 첫 번째 주소 범위는 192.168.1.0 ~ 192.168.1.15가 된다. PC의 IP 주소는 첫 번째 서브넷에 속하는 것을 알 수 있다. 할당 가능한 IP 주소 범위를 구하기 위해 시작 주소(네트워크 주소)와 마지막 주소(브로드캐스트 주소)를 제외하면 192.168.1.1~192.168.1.14이 된다. 마지막 주소를 IP 주소로 할당하면 192.168.1.14이 된다.

★★☆

08 다음은 IPv6에 대한 설명이다. 옳지 않은 것은?

16 서울시 9급

① 기존의 IP 주소 공간이 빠른 속도로 고갈되어 왔기 때문에 고안되었다.

② IPv6는 IP 주소 크기를 기존의 4바이트에서 6바이트로 확장했다.

③ IPv6는 유니캐스트, 멀티캐스트 주소뿐만 아니라 새로운 주소 형태인 애니캐스트 주소가 도입되었다.

④ 네트워크 프로토콜을 바꾼다는 것은 매우 어렵기 때문에 IPv6로의 전환을 위해 여러 방법들이 고안되었다.

해설 난도 중

정답의 이유

IPv6에서 주소의 크기는 128비트이기 때문에 16바이트가 된다.

★☆☆

09 IPv6 주소 체계의 종류로 옳지 않은 것은?

19 네트워크관리사1급

① Unicast 주소   ② Anycast 주소

③ Multicast 주소   ④ Broadcast 주소

해설 난도 중

정답의 이유

IPv6 주소 체계는 Unicast, Anycast, Multicast이다. Broadcast는 IPv4 주소 체계에 속한다.

★★☆

10 다음 중 IPv6 주소에 관한 설명으로 옳지 않은 것은?

20 컴활1급

① 16비트씩 8부분으로 총 128비트로 구성된다.

② 각 부분은 10진수로 표현되며, 세미콜론(;)으로 구분한다.

③ 주소체계는 유니캐스트, 멀티캐스트, 애니캐스트로 나누어진다.

④ 실시간 흐름 제어로 향상된 멀티미디어 기능을 지원한다.

해설 난도 중

정답의 이유

IPv6는 16진수로 표현하며 구분은 콜론(:)으로 구분한다.

★★☆

11 IoT(Internet of Things)기기의 확산 등으로 예상되는 인터넷 주소의 고갈 문제를 해결하기 위한 것은?

15 지방직 9급

① HTTPS   ② IPv4

③ IPv6   ④ Common Gateway Interface

해설 난도 중

정답의 이유

IP 주소의 고갈 문제를 해결하기 위한 방법 중 하나가 IPv6이다.

★★☆

12 인터넷 접속 장비가 급격히 늘어남에 따라 신규로 할당할 수 있는 IP 주소의 고갈이 예상된다. 다음 중 IP 주소 고갈 문제에 대한 해결 방안과 연관이 있는 것을 모두 고른 것은?
11 국가직 9급

> ㄱ. NAT(network address translation)
> ㄴ. IPv6
> ㄷ. DHCP(dynamic host configuration protocol)
> ㄹ. ARP(address resolution protocol)

① ㄱ, ㄹ
② ㄴ, ㄷ
③ ㄱ, ㄴ, ㄷ
④ ㄴ, ㄷ, ㄹ

해설 난도 중

정답의 이유

ㄱ. 사설 IP 주소를 공인 IP 주소로 변환해주는 주소 변환기이다. NAT를 사용하면 공인 IP주소를 절약할 수 있다.

ㄴ. IPv4 주소의 고갈에 대한 대책으로 128비트를 가진 IPv6가 개발되었다.

ㄷ. IP 주소를 동적으로 설정하기 위해 사용되는 표준 네트워크 프로토콜로, DHCP는 네트워크 관리자가 중앙에서 IP 주소를 효율적으로 관리함으로써 IP 주소가 낭비되는 현상을 막을 수 있다.

오답의 이유

ㄹ. IP 주소를 물리 주소로 변환할 때 사용되는 프로토콜이다.

CHAPTER 06 네트워크

★★★

01 통신 연결 장치와 그 장치가 동작하는 OSI(Open Systems Interconnection) 계층이 바르게 짝지어진 것은?
16 국가직 9급

> ㄱ. 네트워크 계층(network layer)
> ㄴ. 데이터 링크 계층(data link layer)
> ㄷ. 물리 계층(physical layer)

	라우터(router)	브리지(bridge)	리피터(repeater)
①	ㄱ	ㄴ	ㄷ
②	ㄴ	ㄱ	ㄷ
③	ㄴ	ㄷ	ㄱ
④	ㄷ	ㄴ	ㄱ

해설 난도 중

정답의 이유

라우터는 3계층(네트워크 계층) 장비이고, 브리지는 2계층(데이터링크 계층) 장비이다. 마지막으로 리피터는 1계층(물리 계층) 장비이다.

★★★

02 네트워크 장비에 대한 설명으로 옳은 것은?

① 리피터는 약한 신호를 원래대로 재생하는 장비로서 데이터링크 계층에서 동작한다.

② 수동허브는 단말기들을 네트워크에 연결하는 다중포트 스위치이며 전송계층에서 동작한다.

③ 브리지는 프레임의 목적지 주소를 검사하여 그 프레임을 계속 전달해야 할 지 아니면 버려야 할지를 결정하며 데이터링크 계층에서 동작한다.

④ 라우터는 라우팅 프로토콜을 이용하여 최적 경로를 결정해주는 역할을 하며 전송계층에서 동작한다.

해설 난도 중

오답의 이유

① 리피터는 약한 신호를 원래대로 재생하는 장비로서 물리 계층에서 동작한다.

② 수동허브는 단말기들을 네트워크에 연결하는 다중포트 스위치이며 물리 계층에서 동작한다.

④ 라우터는 라우팅 프로토콜을 이용하여 최적 경로를 결정해주는 역할을 하며 네트워크 계층에서 동작한다.

★★★

03 네트워크 통신 장치들에 대한 설명으로 옳지 않은 것은?

① 리피터(Repeater)는 네트워크 각 단말기를 연결시키는 접선 장치로 일종의 분배기 역할을 한다.

② 브리지(Bridge)는 데이터링크 계층에서 망을 연결하며 패킷을 적절히 중계하고 필터링하는 장치이다.

③ 라우터(Router)는 네트워크 계층에서 망을 연결하고 라우팅 알고리즘을 이용하여 최적의 경로를 선택하여 패킷을 전송한다.

④ 게이트웨이(Gateway)는 두 개의 서로 다른 형태의 네트워크를 상호 연결시켜 주는 관문 역할을 하는 장치이다.

해설 난도 중

정답의 이유

리피터는 약해진 신호를 다시 재생해주는 장치이다.

★★★

04 네트워크의 구성 유형에서 중앙에 컴퓨터가 있고 이를 중심으로 단말기를 연결시킨 중앙 집중식 네트워크 구성 유형은?

14 서울시 9급

① 스타(star) 형

② 트리(tree) 형

③ 버스(bus) 형

④ 링(ring) 형

⑤ 그물(mesh) 형

해설 난도 중

정답의 이유

스타형(star topology)은 성형이라고도 하며 중앙 허브를 중심으로 주변에 분산된 단말기를 연결시킨 형태로 중앙의 허브가 통신을 제어한다.

오답의 이유

② 트리형(tree topology)은 중앙 컴퓨터에서 일정 거리의 컴퓨터까지는 하나의 통신 회선으로 연결되고 해당 컴퓨터에 여러 대의 단말기가 연결되는 형태이다.

③ 버스형(bus topology)은 하나의 버스(백본)에 여러 개의 노드들이 연결되어 있는 형태로 모든 노드들은 하나의 전송 매체를 공유해서 사용한다.

④ 링형(ring topology)은 고리형 또는 환형이라고도 하며 서로 이웃하는 노드들을 연결하여 고리 모양으로 만든 형태이다.

⑤ 그물형(mesh topology)은 여러 노드들이 통신 회선을 통하여 상호 연결된 형태로 망형 구조이다.

★★★

05 네트워크 토폴로지(topology)의 연결 형태에 대한 설명으로 옳지 않은 것은?

12 국가직 9급

① 버스(bus) 토폴로지는 각 노드의 고장이 전체 네트워크에 영향을 거의 주지 않는다.

② 스타(star) 토폴로지는 중앙 노드에서 문제가 발생하면 전체 네트워크의 통신이 곤란해진다.

③ 링(ring) 토폴로지는 데이터가 한 방향으로 전송되기 때문에 충돌(collision) 위험이 없다.

④ 메쉬(mesh) 토폴로지는 다른 토폴로지에 비해 많은 통신 회선이 필요하지만, 메시지 전송의 신뢰성은 높지 않다.

해설 난도 중

정답의 이유

메쉬 토폴로지는 다른 토폴로지에 비해 많은 통신 회선이 필요하지만 메시지 전송의 신뢰성은 가장 높다.

★★☆

06 라우팅 알고리즘은 라우터에 패킷이 도착했을 때 포워딩 테이블을 검색하고 패킷이 전달될 인터페이스를 결정하는 알고리즘이다. 다음 중 라우팅 알고리즘이 아닌 것은?

16 서울시 9급

① RIP(Routing Information Protocol)

② OSPF(Open Shortest Path First)

③ CDMA(Code Division Multiple Access)

④ BGP(Border Gateway Protocol)

해설 난도 하
정답의 이유

CDMA는 다중접속방식 중 하나로 대역확산기술을 사용하여 하나의 채널로 동시에 데이터를 전송할 수 있다. 동일한 주파수 대역에서 모든 노드가 동시에 접속할 수 있도록 코드화한 신호를 대역 확산하여 전송한다.

더 알아보기

라우팅 프로토콜
- RIP : 자율 시스템 내에서 사용되는 내부 라우팅 프로토콜이다. 해당 프로토콜은 거리 벡터 라우팅에 기초를 둔 아주 단순한 프로토콜이며, 최적의 경로는 홉의 개수(hop count)가 적은 경로를 설정한다.
- OSPF : 내부 라우팅 프로토콜이다. RIP의 단점을 보완하기 위해 개발되었고, 최적의 경로를 설정하기 위해 Dijkstra 알고리즘을 사용한다. 링크의 비용을 메트릭으로 사용하여 최적의 경로를 결정한다.
- BGP : 자율 시스템 간 라우팅 프로토콜이고 경로 벡터 라우팅이라고 하는 라우팅 방법에 기반을 두고 있다.

★★☆

07 RIP에 대한 설명으로 옳지 않은 것은?

20 네트워크관리사1급

① 독립적인 네트워크 내에서 라우팅 정보 관리를 위해 광범위하게 사용된 프로토콜이다.
② 자신이 속해 있는 네트워크에 매 30초마다 라우팅 정보를 브로드캐스팅(Broadcasting)한다.
③ 네트워크 거리를 결정하는 방법으로 홉의 총계를 사용한다.
④ 대규모 네트워크에서 최적의 해결방안이다.

해설 난도 중
정답의 이유

RIP는 소규모 네트워크에 적합한 라우팅 프로토콜이다.

★★☆

08 외부라우팅 프로토콜이며 거리벡터인 프로토콜로 상이한 시스템에 있는 라우터 간에 라우팅 정보를 교환하는 데 사용하는 프로토콜은?

19 전자계산기

① RIP
② OSPF
③ EXP
④ BGP

해설 난도 하
정답의 이유

BGP(Border Gateway Protocol)는 자율 시스템 간 라우팅 프로토콜이고 경로 벡터 라우팅이라고 하는 라우팅 방법에 기반을 두고 있다.

---

09 다양한 장치들이 서로 통신할 수 있게 하는 PAN(Personal Area Network)을 위한 통신 규격으로, IEEE 802.15.1 표준으로 채택된 통신 방법은? 14 지방직 9급

① 블루투스(Bluetooth)
② Wi-Fi(Wireless-Fidelity)
③ RFID(Radio Frequency IDentification)
④ USB(Universal Serial Bus)

해설 난도 중

정답의 이유

블루투스 기술은 IEEE 802.15.1 표준안으로 정의되어 있고, 방이나 거실 규모의 공간에서 동작하는 무선 개인 영역 네트워크(PAN, Personal Area Network)로 정의하고 있다.

오답의 이유

② IEEE 802.11 표준에 기반을 둔 무선 통신 기술로, 많은 전자기기들이 무선 LAN에 연결할 수 있도록 해준다. 주로 2.4GHz UHF 및 5GHz SHF SIM 무선 대역을 사용한다.
③ 무선 주파수를 이용하여 접촉하지 않아도 인식이 가능한 기술이다.
④ 범용 직렬 버스로 컴퓨터와 주변기기를 연결하기 위해 사용되는 입출력 표준 중 하나이다.

10 무선 통신 기술에 대한 설명으로 옳은 것은? 12 국가직 9급

① Wi-Fi의 통신 범위는 셀룰러 통신망에 비해 넓다.
② Wi-Fi는 IEEE 802.3 표준에 기반을 둔 무선 통신 기술이다.
③ WiBro는 국내에서 개발한 무선 인터넷 서비스로서 2.5G에 해당하는 기술이다.
④ 무선 단말기의 이동성의 한계를 극복하기 위해 IMT-2000 표준 기술이 사용되고 있다.

해설 난도 중

오답의 이유

① Wi-Fi의 통신 범위는 셀룰러 통신망에 비해 좁다.
② Wi-Fi는 IEEE 802.11 표준에 기반을 둔 무선 통신 기술이다.
③ WiBro는 국내에서 개발한 무선 인터넷 서비스로서 2.3GHz에 해당하는 기술이다.

11 RFID 시스템에 대한 설명으로 옳지 않은 것은? 12 지방직 9급

① 무선 주파수(Radio Frequency)를 이용하는 기술이다.
② 접촉하지 않아도 인식이 가능한 기술이다.
③ RFID 리더는 안테나를 통해 태그와 교신하여 태그 칩 내에 저장된 정보를 읽는다.
④ RFID 태그는 종류에 관계없이 항상 전지를 통한 직접적인 전원 공급을 필요로 한다.

해설 난도 중

정답의 이유

수동형(Passive) RFID는 판독기의 동력만으로 칩의 정보를 읽고 통신한다. 반수동형(Semi-passive) RFID는 태그에 건전지가 내장되어 있어 칩의 정보를 읽는 데 이 동력을 사용한다. 능동형(Active) RFID는 칩의 정보를 읽는 것과 통신하는 것 모두 태그의 동력을 사용한다.

★☆☆

12 RFID에 대한 설명으로 옳지 않은 것은?   10 국가직 9급

① IC 칩과 무선을 통해 식품, 동물, 사물 등 다양한 개체의 정보를 관리할 수 있는 차세대 인식 기술이다.

② 충돌 방지 기능이 있어 동시에 여러 개의 제품의 데이터를 읽을 수 있다.

③ RFID는 판독 및 해독 기능을 하는 판독기(reader)와 정보를 제공하는 태그(tag)로 구성된다.

④ RFID는 접촉식 식별 기술이다.

해설 난도 중

정답의 이유

RFID는 비접촉식 식별 기술이다.

CHAPTER 07 인터넷

★☆☆

01 다음 웹 캐시에 대한 설명 중 옳은 것은?   15 서울시 9급

① 웹에서 사용자의 상태 정보를 보관하기 위한 것이다.

② 캐시 정보를 찾기 위한 방법으로 iterative와 recursive 방법이 있다.

③ 웹 사용자에게 데이터를 더 빠르게 전달할 수 있다.

④ 인터넷을 이용한 전자상거래에서 쇼핑카트나 추천 등에 사용할 수 있다.

해설 난도 중

오답의 이유

① 서버 지연을 줄이기 위해 웹 페이지, 이미지, 기타 웹 멀티미디어 등의 웹 문서들을 임시 저장하기 위한 정보기술이다.

② DNS 쿼리의 종류에 iterative(반복)와 recursive(재귀)가 있다.

④ 동일한 서버에 다시 접근할 때 웹 캐시에 저장된 정보를 불러오므로 빠른 접근이 가능하다.

02 인터넷 관련 용어에 대한 설명으로 옳지 않은 것은? 14 국가직 9급

① POP3, IMAP, SMTP는 전자 우편 관련 프로토콜이다.

② RSS는 웹사이트 간의 콘텐츠를 교환하기 위한 XML 기반의 기술이다.

③ CGI(Common Gateway Interface)는 웹서버 상에서 다른 프로그램을 실행시키기 위한 기술이다.

④ 웹 캐시(web cache)는 웹 서버가 사용자의 컴퓨터에 저장하는 방문 기록과 같은 작은 임시 파일로 이를 이용하여 웹 서버는 사용자를 식별, 인증하고 사용자별 맞춤 정보를 제공할 수도 있지만 개인 정보 침해의 소지가 있다.

해설 난도 중

정답의 이유

웹 캐시는 서버 지연을 줄이기 위해 웹 페이지, 이미지, 기타 웹 멀티미디어 등의 웹 문서들을 임시 저장하기 위한 정보기술이다.
④는 쿠키(cookie)에 대한 설명이다.

★★☆

03 인터넷에 연결된 호스트의 도메인 이름을 IP 주소로 변환하기 위한 것은? 14 지방직 9급

① NAT
② ARP
③ DHCP
④ DNS

해설 난도 하

오답의 이유

① IP 패킷의 포트 숫자와 소스 및 목적지의 IP 주소 등을 기록하면서 라우터를 통해 네트워크 트래픽을 주고 받는 기술로, 사설 네트워크에 속한 여러 개의 호스트가 하나의 공인된 IP 주소를 사용하여 인터넷을 접속할 수 있다.

② 주소 변환 프로토콜로 IP 주소를 물리 주소로 변환하는 기능을 한다.

③ 동적으로 정보를 제공하기 위해 설계된 프로토콜로 동적으로 호스트에게 주소를 할당하기 위해 사용한다.

★☆☆

04 구조화된 웹 문서의 작성을 위해 W3C에서 제정한 확장 가능한 마크업 언어는? 14 지방직 9급

① HTML
② CSS
③ XML
④ SGML

해설 난도 하

정답의 이유

HTML보다 구조화된 웹 문서 생성이 가능하도록 W3C에서 제정한 확장된 언어로, 정보 검색이나 데이터를 쉽게 처리할 수 있다. 체계적인 관리가 필요한 자료는 데이터베이스 형태로도 처리가 가능하다. 전자도서관이나 전자출판과 같이 문서 교환이 필요한 분야에서 많이 활용되고 있다.

오답의 이유

① SGML 언어의 한 응용으로, 웹에서 하이퍼텍스트 문서를 만들기 위해 사용하는 마크업 언어이다.

② 마크업 언어로 작성된 문서가 웹 사이트에 표현되는 방법을 정해주는 언어이다.

④ 문서의 논리적 구조를 기술하는 마크업 언어를 정의하기 위한 언어의 표준이다.

★★☆

01 악성코드에 대한 설명으로 옳지 않은 것은?

13 국가직 9급

① 파일 감염 바이러스는 대부분 메모리에 상주하며 프로그램 파일을 감염시킨다.

② 웜(worm)은 자신의 명령어를 다른 프로그램 파일의 일부분에 복사하여 컴퓨터를 오동작하게 하는 종속형 컴퓨터 악성코드이다.

③ 트로이 목마는 겉으로 보기에 정상적인 프로그램인 것 같으나 악성코드를 숨겨두어 시스템을 공격한다.

④ 매크로 바이러스는 프로그램에서 어떤 작업을 자동화하기 위해 정의한 내부 프로그래밍 언어를 사용하여 데이터 파일을 감염시킨다.

해설 난도 중

정답의 이유

웜은 자신을 복제하여 네트워크 연결을 통해 컴퓨터에서 다른 컴퓨터로 전파되는 프로그램을 말한다.

★★☆

02 인터넷 환경에서 다른 사용자들이 송수신하는 네트워크상의 데이터를 도청하여 패스워드나 중요한 정보를 알아내는 형태의 공격은?

11 국가직 9급

① 서비스 거부(DoS : denial of service) 공격

② ICMP 스머프(smurf) 공격

③ 스니핑(sniffing)

④ 트로이 목마(Trojan horse)

해설 난도 중

오답의 이유

① 네트워크상에 과부하를 유발시켜 시스템의 중요 자원을 점거하고 사용 불가능한 상태로 만드는 공격 기법을 말한다.

② 인터넷 제어 메시지 프로토콜(ICMP)과 네트워크에 존재하는 임의의 시스템을 이용하여 공격 목표 시스템에 극도의 트래픽을 유도하는 공격이다.

④ 사용자가 의도하지 않은 코드를 정상적인 프로그램에 삽입한 형태를 취하고 있으며, 보통 관리자가 아닌 해커에 의해 인증 절차를 무시하고 원격에서 시스템 내부에 접근한다.

03 스푸핑(spoofing)의 예로 가장 적절한 것은?

① 네트워크상에서 상대방의 패킷 정보를 엿듣는 것
② 해커 컴퓨터의 IP 주소를 다른 컴퓨터의 IP 주소로 속여 공격하는 것
③ IP를 이용하여 상대방 컴퓨터를 원격 제어하는 것
④ 네트워크상의 서버 컴퓨터에 대량의 패킷을 지속적으로 보내어 공격하는 것

해설 난도 중

정답의 이유
스푸핑(Spooping) 공격은 패킷을 정당한 사용자에게 보낸 것처럼 자신의 정보를 속여 다른 대상 시스템을 공격하는 기법이다. IP 주소, DNS 이름, MAC 주소 등의 식별 정보를 위조함으로써 역추적을 어렵게 만든다.

★★☆

04 침해사고 유형에 대한 설명으로 옳지 않은 것은?

① botnet : 스팸메일이나 악성코드 등을 전파하도록 하고 해커가 마음대로 제어할 수 있는 좀비 PC들로 구성된 네트워크를 말한다.
② Trojan : 정상기능의 프로그램으로 가장하여 프로그램 내에 숨어있는 코드로 의도하지 않은 기능을 수행하는 프로그램 또는 실행코드를 말한다.
③ 이메일 스캠 : 불특정 다수에게 메일을 발송해 위장된 홈페이지로 접속하도록 한 뒤 이용자들의 금융정보 등을 빼내는 신종사기 수법을 의미한다.
④ APT : 지능적 지속 위협 공격으로 지능적이고 지속적으로 위협을 가해 피해를 주는 공격을 의미한다.

해설 난도 중

정답의 이유
설명의 내용은 피싱(phishing)에 대한 내용이다. 이메일 스캠은 이메일을 이용한 사기 범죄를 말한다.

★★☆

05 Session Hijacking이라는 웹 해킹 기법과 비슷하나, 사용자의 권한을 탈취하는 공격 아니라 사용자가 확인한 패킷의 내용만을 훔쳐보는 기법은?

① Spoofing
② Side jacking
③ Sniffing
④ Strip attack

해설 난도 중

오답의 이유

① 패킷을 정당한 사용자에게 보낸 것처럼 자신의 정보를 속여 다른 대상 시스템을 공격하는 기법이다.

③ 네트워크상의 정보 흐름을 도청하는 공격으로 네트워크상의 상대방 패킷 교환을 엿듣는 것을 의미한다.

④ 클라이언트가 서버에게 SSL 연결을 요청하는 단계에서 발생하는 것으로, 클라이언트가 서버 연결 요청 시 전송하는 메시지를 해커가 가로채어 클라이언트로 인식되어 서버에 접속하는 기법을 말한다.

★★☆

06 공격자 혼자 공격하는 것이 아닌 좀비PC를 이용하는 등의 방법으로 다수의 Host가 한 대의 Server 등을 공격하여 컴퓨터 및 네트워크가 정상적인 서비스를 하지 못하게 만드는 공격은 무엇인가?　　19 네트워크관리사1급

① Phishing　　　　　　　② Pharming

③ Smishing　　　　　　　④ DDos

해설 난도 중

정답의 이유

분산 서비스 거부(DDoS) 공격은 공격자가 한 지점에서 실행하는 서비스 거부 공격과는 달리 광범위한 네트워크를 이용하여 다수의 공격 지점에서 한 곳을 공격하는 기법을 말한다.

오답의 이유

① 불특정 다수에게 메일을 발송해 위장된 홈페이지로 접속하도록 한 뒤 이용자들의 금융정보등을 빼내는 신종사기 수법이다.

② 사용자의 합법적인 도메인을 탈취하거나 도메인 네임 시스템(DNS) 또는 프록시 서버의 주소를 변조하여 사용자가 진짜 사이트로 오인하여 접속하도록 유도한 후 개인정보를 훔친다.

③ 스미싱(Smishing)은 SMS(문자메시지)와 Phising(피싱)의 합성어로, 문자메시지를 이용한 피싱을 말한다.

★★☆

07 시스템의 침투 형태 중 네트워크의 한 호스트에서 실행되어 다른 호스트들의 패킷 교환을 엿듣는 해킹 유형은?　　19 네트워크관리사1급

① Sniffing　　　　　　　② IP Spoofing

③ Domain Spoofing　　　④ Repudiation

해설 난도 중

정답의 이유

스니핑(Sniffing)은 네트워크상의 정보 흐름을 도청하는 공격으로 네트워크상의 상대방 패킷 교환을 엿듣는 것을 의미한다. 스니핑을 할 수 있는 도구를 스니퍼라고 한다.

★☆☆

01 다음에서 설명하는 이미지 파일 형식(format)으로 옳은 것은?

16 국가직 9급

> • 컴퓨서브사에서 이미지 파일 전송 시간을 줄이기 위해 개발한 이미지 파일 압축 형식이다.
> • RLE(Run Length Encoding) 방식을 응용한 압축 방법을 사용한다.
> • 사용 가능한 색이 256색으로 제한된다.

① JPEG　　　　　　　　　　　　　② MPEG

③ TIFF　　　　　　　　　　　　　④ GIF

해설 난도 중

오답의 이유

② MPEG는 동영상 압축을 위한 표준이다.

③ TIFF는 앨더스사와 마이크로소프트사가 공동으로 개발하였고, 무손실 압축과 태그를 지원하는 최초의 이미지 포맷이다.

★★☆

02 멀티미디어 기술에 대한 설명으로 옳지 않은 것은?

14 국가직 9급

① 멀티미디어는 소리, 음악, 그래픽, 정지화상, 동영상과 같은 여러 형태의 정보를 컴퓨터를 이용하여 생성, 처리, 통합, 제어 및 표현하는 개념이다.

② RLE(Run-Length Encoding)는 손실 압축 기법으로 압축되는 데이터에 동일한 값이 연속하여 나타나는 긴 열이 있을 경우 자주 사용한다.

③ RTP(Real-time Transport Protocol)는 인터넷상에서 실시간 트래픽을 처리하기 위해 설계된 프로토콜로 UDP와 애플리케이션 프로그램 사이에 위치한다.

④ JPEG은 컬러 사진의 압축에 유효한 표준이다.

해설 난도 중

정답의 이유

RLE는 매우 간단한 비손실 압축 방법으로, 데이터에서 같은 값이 연속해서 나타나는 것을 그 개수와 반복되는 값만으로 표현하는 방법이다.

03 다음 중 컴퓨터에서 사용하는 그림 파일 형식에 대한 설명으로 옳지 않은 것은? 14 서울시 9급

① GIF : 컬러 사용에 제한이 없고 파일의 크기가 작은 그래픽 파일

② BMP : Windows 운영체제에서 기본적으로 지원하는 비트맵 방식의 그래픽 파일

③ WMF : 벡터방식을 지원하기 위한 공통적인 형식

④ JPG : 불필요하게 복잡한 부분을 생략하여 압축하는 형식

⑤ PSD : 포토샵의 기본적인 파일 형식

해설 난도 중

정답의 이유

GIF는 이미지의 색상이 256개로 제한되어 있어 다양한 색상을 필요로 하는 이미지 저장 형식으로는 알맞지 않다.

CHAPTER 10 신기술

★★★

01 IT 기술에 관한 설명으로 옳지 않은 것은? 16 지방직 9급

① IoT(Internet of Things)는 각종 사물에 센서와 통신 기능을 내장하여 인터넷에 연결하는 기술이다.

② 공용 클라우드(public cloud)는 한 기업의 정보 보안을 위해 내부 데이터 센터의 기능을 강화한 형태이다.

③ 빅데이터는 수집·저장된 대량의 정형 또는 비정형 데이터 집합으로부터 가치를 추출하고 결과를 분석하는 기술이다.

④ 가상현실은 가상의 공간과 사물을 컴퓨터에서 만들어, 인간 오감을 활용한 작용으로 현실세계에서는 경험하지 못하는 상황을 간접적으로 체험할 수 있도록 해준다.

해설 난도 중

정답의 이유

한 기업의 정보 보안을 위해 내부 데이터 센터의 기능을 강화한 형태는 폐쇄형 클라우드(private cloud)를 말한다. 공용 클라우드(public cloud)는 공개적 이용을 위해 열린 네트워크를 통해 렌더링되는 클라우드로, 서비스들은 유료 또는 무료일 수 있다.

★★★

02 유비쿼터스 컴퓨팅에 대한 설명으로 옳지 않은 것은?   16 국가직 9급

① 감지 컴퓨팅은 컴퓨터가 센서 등을 이용하여 사용자의 행위 또는 주변 환경을 인식하여 필요 정보를 제공하는 기술이다.

② 노매딕(nomadic) 컴퓨팅은 현실 세계와 가상 화면을 결합하여 보여주는 기술이다.

③ 퍼베이시브(pervasive) 컴퓨팅은 컴퓨터가 도처에 편재되도록 하는 기술이다.

④ 웨어러블(wearable) 컴퓨팅은 컴퓨터 착용을 통해 컴퓨터를 인간 몸의 일부로 여길 수 있도록 하는 기술이다.

해설 난도 중

정답의 이유

노매딕 컴퓨팅은 장소에 상관없이 다양한 정보기기가 편재되어 있어 사용자가 정보기기를 휴대할 필요가 없는 컴퓨팅 기술이다.
②는 증강현실에 대한 설명이다.

★★★

03 〈보기〉 중 우리가 흔히 인터넷을 통해 비용을 지불하거나 혹은 무료로 사용하는, 클라우드 저장 서버에 대한 분류로 옳은 것을 모두 고르면?   16 서울시 9급

| 보기 |

ㄱ. Public cloud
ㄴ. Private cloud
ㄷ. Software as a service(Saas)
ㄹ. Platform as a service(Paas)
ㅁ. Infrastructure as a service(Iaas)

① ㄱ, ㄷ   ② ㄱ, ㅁ
③ ㄴ, ㄷ   ④ ㄴ, ㄹ

해설 난도 중

정답의 이유

Public cloud는 유료 또는 무료로 사용할 수 있고 IaaS는 서버, 스토리지, 네트워크 등의 인프라 자원을 제공한다.

더 알아보기

배치 모델

폐쇄형 클라우드(private cloud)	하나의 단체를 위해서만 운영되는 클라우드 인프라구조의 하나로, 내부적으로나 서드 파티에 의해 관리를 받거나 내외부적으로 호스팅된다.
공개형 클라우드(public cloud)	공개적 이용을 위해 열린 네트워크를 통해 렌더링되는 클라우드로, 서비스들은 유료 또는 무료일 수 있다.
혼합형 클라우드(hybrid cloud)	뚜렷한 실체는 유지하지만 둘 이상의 클라우드의 조합으로, 여러 개의 배치 모델들의 이점을 제공한다.

★★★
04 클라우드 컴퓨팅 서비스 모델과 이에 대한 설명이 바르게 짝지어진 것은?

15 국가직 9급

> ㄱ. 응용소프트웨어 개발에 필요한 개발 요소들과 실행 환경을 제공하는 서비스 모델로서, 사용자는 원하는 응용 소프트웨어를 개발할 수 있으나 운영체제나 하드웨어에 대한 제어는 서비스 제공자에 의해 제한된다.
> ㄴ. 응용소프트웨어 및 관련 데이터는 클라우드에 호스팅되고 사용자는 웹 브라우저 등의 클라이언트를 통해 접속하여 응용소프트웨어를 사용할 수 있다.
> ㄷ. 사용자 필요에 따라 가상화된 서버, 스토리지, 네트워크 등의 인프라 자원을 제공한다.

	IaaS	PaaS	SaaS
①	ㄷ	ㄴ	ㄱ
②	ㄴ	ㄱ	ㄷ
③	ㄷ	ㄱ	ㄴ
④	ㄱ	ㄷ	ㄴ

해설 난도 중

정답의 이유

IaaS(Infrastructure as a Service)는 가장 기본적인 클라우드 서비스 모델로, 가상 머신과 기타 자원들을 사용자에 대한 서비스로 제공하는 모델이다. PasS(Platform as a Service)는 응용소프트웨어 개발에 필요한 개발 요소들과 실행 환경을 제공하는 서비스 모델로서, 사용자는 원하는 응용소프트웨어를 개발할 수 있으나 운영체제나 하드웨어에 대한 제어는 서비스 제공자에 의해 제한된다. SaaS(Software as a Service) 응용소프트웨어 및 관련 데이터는 클라우드에 호스팅되고 사용자는 웹브라우저 등의 클라이언트를 통해 접속하여 응용소프트웨어를 사용할 수 있다.

★★★
05 최신 컴퓨팅 기술 중 하나인 클라우드 컴퓨팅에 대한 설명으로 옳지 않은 것은?

12 국가직 9급

① 인터넷상에 고성능/고용량 서버 컴퓨터들이 연결되어 있으며, 사용자는 필요할 때마다 접속하여 원하는 서비스를 제공받을 수 있다.
② 사용자는 자신이 이용하는 하드웨어만 유지보수하면 된다.
③ 클라우드에서는 하드웨어뿐만 아니라 소프트웨어도 서비스 가능하다.
④ 스마트폰을 활용하여 무선으로도 클라우드 서비스 이용이 가능하다.

해설 난도 중

정답의 이유

클라우드 서비스를 제공하기 위해 서비스를 제공하는 자는 하드웨어와 소프트웨어에 대한 지속적인 유지보수가 필요하고 사용자는 해당 서비스를 이용하면 된다.

★ ★ ★

06 다음 중 대량의 데이터 안에서 일정한 패턴을 찾아내고, 이로부터 가치 있는 정보를 추출해내는 기술을 의미하는 것은?

20 컴활1급

① 데이터 웨어하우스(Data Warehouse)
② 데이터 마이닝(Data Mining)
③ 데이터 마이그레이션(Data Migration)
④ 메타데이터(Metadata)

해설 난도 중

정답의 이유
데이터 마이닝은 대규모 데이터 안에서 체계적이고 자동적으로 일정 규칙이나 패턴을 찾아내는 기술이다.

오답의 이유
① 사용자의 의사 결정에 도움을 주기 위해 기간 시스템의 데이터베이스에 축적된 데이터를 공통의 형식으로 변환해서 관리하는 데이터베이스를 의미한다.
③ 데이터를 선택, 준비, 추출, 변환하여 하나의 컴퓨터 저장 시스템에서 다른 컴퓨터 저장 시스템으로 영구적으로 전송하는 프로세스이다.
④ 데이터에 대한 데이터로, 일정 목적으로 가지고 만들어진 데이터를 의미한다.

★ ★ ★

07 다음 중 사물인터넷(IoT)에 대한 설명으로 옳지 않은 것은?

19 컴활1급

① 모든 사물을 네트워크로 연결하여 소통하는 정보통신환경을 의미한다.
② 스마트 센싱 기술과 무선통신 기술을 융합하여 실시간으로 데이터를 주고받는다.
③ 전기의 생산부터 소비까지의 전 과정에 정보통신 기술을 접목하여 에너지 효율성을 높인다.
④ 개방형 정보 공유에 대한 부작용을 최소화하기 위해 정보보안 기술의 적용이 필요하다.

해설 난도 중

정답의 이유
전기의 생산부터 소비까지의 전 과정에 정보통신 기술을 접목하여 에너지 효율성을 높이는 기술은 스마트 그리드이다.

08 다음 내용이 설명하고 있는 기술은?

19 정보처리

- 일반 컴퓨터로 가상화된 대형 스토리지 형성
- 그 안에 보관된 거대한 데이터 세트를 병렬로 처리할 수 있도록 빅데이터 분산처리를 돕는 자바 소프트웨어 오픈 소스 프레임워크

① Hadoop   ② SQLite

③ XSQL   ④ HMID

해설 난도 하

정답의 이유

하둡(Hadoop)은 빅데이터를 구현하기 위한 자바 기반의 오픈소스 프레임워크이며, 하둡의 필수 핵심 구성 요소는 맵리듀스(MapReduce)와 하둡분산파일시스템(Hadoop Distributed File System)이다. 하둡은 하둡분산파일시스템에 데이터를 저장하고 맵리듀스를 통해 데이터를 처리한다.

오답의 이유

② 데이터베이스 관리 시스템이지만 서버는 아니고 응용 프로그램에 넣어 사용하는 가벼운 데이터베이스이다.

③ XML과 SQL의 기능을 결합하여 SQL 쿼리와 결과를 저장하고 검색하기 위한 언어이다.

★ ★ ☆

09 다음 중 스마트폰을 모뎀처럼 활용하는 방법으로, 컴퓨터나 노트북 등의 IT 기기를 스마트폰에 연결하여 무선 인터넷을 사용할 수 있게 하는 기능은?

19 컴활1급

① 와이파이(WiFi)   ② 블루투스(Bluetooth)

③ 테더링(Tethering)   ④ 와이브로(WiBro)

해설 난도 하

정답의 이유

테더링은 스마트폰으로 IT 기기를 연결하여 무선 인터넷을 사용할 수 있도록 하는 기술이다.

★★☆

10 다음 중 유비쿼터스 컴퓨팅 기반 기술에 대한 설명으로 옳지 않은 것은? 18 컴활1급

① 유비쿼터스 컴퓨팅이 가능하기 위한 고속의 네트워크 전송기술

② 휴대성을 위한 초소형, 초경량의 하드웨어 제조기술

③ 개인별 최적화된 소프트웨어의 제작, 유통기술

④ 기본적으로 사람이 정보를 수집하는 작업이 요구되는 기술

해설 난도 중

정답의 이유

유비쿼터스 컴퓨팅 기반에서는 정보는 사람이 직접 수집하지 않고 사물과 네트워크에 의해 수집된다.

★★★

11 다음 중 사물 인터넷에 대한 설명으로 옳지 않은 것은? 17 컴활1급

① IoT(Internet of Things)라고도 하며 개인 맞춤형 스마트 서비스를 지향한다.

② 사람을 제외한 사물과 공간, 데이터 등을 이더넷으로 서로 연결시켜주는 무선통신기술을 의미한다.

③ 스마트 센싱기술과 무선통신기술을 융합하여 실시간으로 데이터를 주고받는 기술이다.

④ 사물 인터넷 기반 서비스는 개방형 아키텍처를 필요로 하기 때문에 정보 공유에 대한 부작용을 최소화하기 위한 정보보안기술의 적용이 중요하다.

해설 난도 중

정답의 이유

사람을 제외한 사물과 공간, 데이터 등을 무선 네트워크로 연결시켜주는 기술이다.

PART

5 프로그래밍

CHAPTER 01 프로그래밍 개요

중요 학습내용
1. 프로그램 순서를 알 수 있다.
2. 프로그래밍 언어의 종류와 특징에 대해 알 수 있다.
3. 알고리즘의 표현과 문법에 대해 이해할 수 있다.

01 프로그램 순서

| 프로그램 순서 |

단계	순서	설명
1	원시 프로그램	프로그래밍 언어로 처리할 명령문들을 나열한 파일이다.
2	컴파일	작성한 코드에 오류가 있는지 검사한 후 목적 파일을 생성한다.
3	목적프로그램	소스 파일을 번역하여 생성된 파일로 확장자는 .obj이다.
4	링커	목적 파일과 라이브러리 파일이 결합되어 실행 파일이 생성되고 확장자는 .exe이다.
5	실행 프로그램	사용자가 직접 실행하는 프로그램이다.

02 프로그래밍 언어의 종류

1 프로그래밍 언어 비교

프로그래밍 언어는 크게 저급언어와 고급언어로 나눌 수 있다. 두 언어의 특징은 다음과 같다.

| 저급 언어와 고급 언어 비교 |

저급 언어	고급 언어
컴퓨터 중심 언어	사용자 중심 언어
프로그램 작성이 어렵다.	프로그램 작성이 쉽다.
번역이 간단하므로 수행 시간이 빠르다.	기계어로 번역하는 과정이 필요하다.
컴퓨터 기종 간 호환성이 낮다.	호환성이 높다.

2 프로그래밍 언어의 종류와 특징★☆☆

저급언어와 고급언어에 속하는 프로그래밍 언어와 특징은 다음과 같다.

| 프로그래밍 언어 구분 |

종류	프로그래밍 언어	특징	프로그래밍 구분
저급	기계어	• 0과 1의 2진수만 사용하여 명령어와 데이터를 표현 • 번역할 필요 없이 직접 실행할 수 있기 때문에 처리속도가 빠름	–
	어셈블리어	• 기초적인 수준의 작업을 명령문으로 요약하여 만든 언어 • 연상 기호(mnemonic) 사용	
고급	FORTRAN	• 과학 기술용 수치 계산 언어 • 수학적인 계산을 위한 프로그램 작성에 많이 이용	절차지향
	LISP	• 수학 표기법을 나타내기 위한 목적으로 개발	
	PASCAL	• 알골 언어보다 작고 간결하며, 효율적으로 구성된 언어	
	COBOL	• 상업적 사무 처리용 언어 • 일반 자료 처리에 적합	
	C	• 시스템 소프트웨어 개발을 목적으로 만들어진 언어 • 저급 언어와 고급 언어의 장점을 취해 개발	
	C++	• 다형성, 오버로딩, 예외 처리와 같은 객체지향 프로그래밍의 특징을 가진 언어	객체지향
	C#	• .NET 프레임워크(framework)에서 동작하는 소프트웨어 개발을 지원하는 언어	
	JAVA	• 가전제품을 위한 소프트웨어 개발을 목적으로 개발 • 플랫폼에 독립적인 언어 • 웹 및 인터넷을 위한 객체지향 언어 • 모바일 코드가 웹 브라우저상에서 실행될 수 있음 • 컴파일된 프로그램이 JVM상에서 인터프리터 방식으로 실행	
	Python	• 인터프리터식, 객체지향적 언어 • 실행시점에 데이터 타입을 결정하는 동적 타이핑 기능 • 플랫폼에 독립적	
	Kotlin	• JVM에서 동작하는 프로그래밍 언어 • 파일 확장자는 .kt, .kts 사용 • 구글 안드로이드 앱 개발에서 사용되는 언어 • JAVA와의 상호 운용이 100% 지원	

기출플러스➕   ★★☆

저급언어에 해당하는 프로그래밍 언어는?   19 지방직 9급

① 어셈블리어(Assembly Language)
② 자바(Java)
③ 코볼(COBOL)
④ 포트란(Fortran)

해설 난도 하

정답의 이유
어셈블리어는 저급 언어에 속하는 언어이다.

오답의 이유
②, ③, ④ 모두 고급 언어에 속한다.

정답 ①

이론플러스➕

• 저급 언어 : 기계어, 어셈블리어
• 고급 언어 : 베이직, 코볼, 포트란, 파스칼, C, C++, 자바

➕PLUS 참고

절차지향

프로그램 코드가 순서대로 처리되면서 실행되는 프로그래밍 기법이다. 컴퓨터의 작업처리방식과 유사하기 때문에 객체지향보다 처리 속도가 빠르다. 대표적인 절차지향 프로그래밍 언어로는 FORTRAN, PASCAL, COBOL, C 등이 있다.

기출플러스➕ ★★☆

〈보기〉의 배열 A에 n개의 원소가 있다고 가정하자. 다음 의사코드에 대한 설명으로 가장 옳지 않은 것은? 19 서울시 9급

── 보기 ──

```
Function(A[ ], n)
{
for last ← n downto 2 //last를 n에서 2
까지 1씩 감소
for I ←1 to last-1
if  (A[i]>A[i+1])  then  A[i]↔A[i+1];
//A[i]와 A[i+1]를 교환
}
```

① 제일 큰 원소를 끝자리로 옮기는 작업을 반복한다.
② 선택 정렬을 설명하는 의사코드이다.
③ $O(n^2)$의 수행 시간을 가진다.
④ 두 번째 for 루프의 역할은 가장 큰 원소를 맨 오른쪽으로 보내는 것이다.

해설 난도 상

정답의 이유

보기의 프로그램을 다음과 같이 예로 구현할 수 있다.

	[1]	[2]	[3]	[4]	[5]	[6]	[7]
A	7	3	6	5	9	1	8

프로그램 코드를 위의 예로 설명하면 배열의 1번 인덱스 데이터 7과 2번 인덱스 데이터 3을 비교하여 1번 인덱스 데이터가 크면 데이터를 서로 교환한다는 의미를 가진다. 교환이 끝나면 다시 2번 인덱스 데이터 7과 3번 인덱스 데이터 6을 비교하여 2번 인덱스 데이터가 크면 서로 데이터를 교환하게 된다. 2번째 for문이 마지막까지 실행되면 7번 인덱스에는 배열의 데이터 중 가장 큰 숫자가 저장된다. 나란히 있는 두 개의 데이터를 비교하여 교환하는 방법은 버블 정렬이다. 버블 정렬의 평균 수행 시간은 $O(n^2)$이다.

정답 ②

이론플러스➕

• 선택 정렬 : 전체 데이터 중에서 기준을 선택해 데이터를 교환하는 방식이다.

---

03 알고리즘 표현과 문법

1 의사코드 ★★☆

의사코드는 슈도(pseudo)코드라고 하며, 프로그램을 작성할 때 각 모듈이 작동하는 논리를 표현하기 위한 알고리즘 코드를 말한다. 의사코드는 실제 프로그래밍 언어로 작성된 코드가 아니기 때문에 컴퓨터에서는 실행되지 않고, 프로그램을 작성하기 전 알고리즘을 모델링하는 데 사용된다.

서로 다른 두 정수의 크기를 비교하여 큰 숫자를 출력하는 것을 의사코드로 나타내면 다음과 같다.

| 의사코드 예 |

```
function(a, b)
{
        if(a>b)
                then print a
        else
                then print b
}
```

2 순서도

알고리즘 설계 단계에서 주로 사용되고 문제를 분석하여 처리하는 과정을 논리적인 흐름에 따라 시각적인 기호로 표현한 것이다.

1. 순서도 작성 방법

① 처리 순서는 위에서 아래로, 왼쪽에서 오른쪽을 원칙으로 하며, 화살표를 사용하여 표시
② 흐름선을 이용하여 논리적인 작업 순서를 표현
③ 흐름선은 여러 개로 갈라질 수 없고, 여러 개가 모여 하나로 합쳐질 수 있음

2. 순서도 기호

| 순서도 기호 |

기호	이름	의미
▭	처리	각종 연산이나 데이터 이동 등 처리
◯	연결자	흐름이 다른 곳과 연결되는 입구와 출구
⟶	흐름선	처리의 흐름, 기호를 연결하는 기호
▱	입·출력	데이터의 입력과 출력
⬡	준비	작업의 준비 과정
⬭	터미널	순서도의 시작과 끝
▣	정의된 처리	미리 정의된 처리를 옮길 때 사용
▢	서류	서류를 매체로 하는 입출력
▱	수동 입력	콘솔에 의한 입력
◇	조건	여러 개의 경로 중 하나의 경로 선택

3 나시-슈나이더만 차트

구조적 프로그램의 순차, 선택, 반복 구조에 대해 사각형으로 도식화하여 알고리즘을 표현한 기법이다.

1. 표현 형태

(1) 순차 실행

처리 문장 A
처리 문장 B

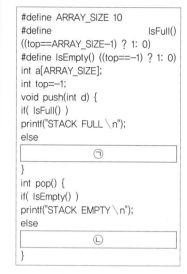

정답의 이유

while 구조는 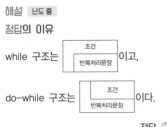 이고,

do-while 구조는 이다.

정답 ③

(2) 선택 실행(if-else)

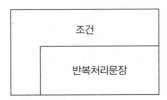

조건	
참	거짓
처리 문장 A	처리 문장 B

(3) 다중 선택 실행(switch)

선택문			
값1	값2	값3	값4
처리 문장	처리 문장	처리 문장	처리 문장

(4) 반복(while)

조건
반복처리문장

(5) 반복(do-while)

반복처리문장
조건

➕ PLUS 참고

형식 문법(formal grammar)

형식 문법은 형식 언어를 정의하는 방법으로, 일정 규칙을 통해 어떤 문자열이 특정 언어에 포함되는지를 판단하거나, 그 문법으로부터 어떤 문자열을 생성해 낼지를 정한다.
S → abS, S → bc 문법이 있을 때 S로부터 시작하여 이 문법으로부터 생성되는 문자열은 bc, abbc, ababbc 등이 있다. 예를 들어 ababbc는 S → abS → ababS → ababbc와 같은 방법을 통해 생성할 수 있다.

BNF(Backus-Naur Form)

BNF는 문맥 무관 문법을 나타내기 위해 존 베커스와 페테르 나우르에 의해 만들어진 표기법이다. BNF는 기본적으로 〈기호〉::=〈표현식〉 형식의 문법을 사용한다.
기호는 말단 기호가 될 수 없고, 표현식은 다른 기호의 조합 또는 여러 가지의 표현식 중 하나를 사용한다는 의미로 |을 사용한다. 다음은 〈기호〉::=〈표현식〉 형식 문법의 예이다.
〈id〉::=〈letter〉|〈id〉〈letter〉|〈id〉〈digit〉
〈letter〉::='a'|'b'|'c'
〈digit〉::='1'|'2'|'3'
문법을 살펴보면 id의 시작 글자는 letter 중 하나로 시작해야 하고 숫자로 시작할 수 없다는 것을 알 수 있다. 첫 글자 이후에는 숫자를 사용할 수 있다. 생성할 수 있는 id는 a, abc, b123 등이 있다.

유한 오토마타

컴퓨터 프로그램과 논리 회로를 설계하는 데 쓰이는 수학적 모델이다. 즉, 시스템이 변화할 수 있는 상태가 유한개인 것이다. 시스템은 한 번에 하나의 상태만을 가지며, 현재 상태란 임의의 시간의 상태를 말한다. 시스템은 이벤트(event)에 의해 한 상태에서 다른 상태로 변환

수 있는데 이를 전이라고 한다. 유한 오토마타는 결정적 유한 오토마타와 비결정적 유한 오토마타로 나눌 수 있다.

결정적 유한 오토마타는 모든 상태는 각각의 가능한 입력에 대해 정확히 하나의 변환된 상태를 가질 수 있다. 즉, 하나의 입력에 대해 오직 하나의 다음 상태가 결정된다. 비결정적 유한 오토마타보다 프로그램을 구현했을 때 효율이 좋다.

비결정적 유한 오토마타는 한 상태에서 전이 시 다음 상태를 선택할 수 있으며 입력 심볼을 읽지 않고 상태 전이를 할 수 있다. 어떤 비결정적 유한 오토마타라도 같은 언어를 인식하는 결정적 유한 오토마타로 변환이 가능하다. 언어의 구조를 쉽게 표현할 수 있지만 결정적 유한 오토마타에 비해 프로그램 구현이 어렵다.

CHAPTER

02

C언어

중요 학습내용

1. C언어의 기본 구조와 변수에 대해 알 수 있다.
2. C언어의 다양한 연산자의 종류와 기능을 파악할 수 있다.
3. 조건문과 반복문의 종류와 기능을 적용할 수 있다.
4. 함수의 기본 개념을 이해하고 활용할 수 있다.
5. 변수의 범위를 이해하고 프로그램 코드를 이해할 수 있다.
6. 배열의 기본 개념을 이해하고 적용할 수 있다.
7. 포인터의 개념을 이해하고 다양하게 적용된 프로그램을 이해할 수 있다.
8. 구조체의 기본 구조를 이해하고 적용된 예를 이해할 수 있다.

01 C언어의 기본 구조

C언어로 작성된 모든 프로그램은 main() 함수를 포함시켜야 한다. 즉, 프로그램이
실행되면 main() 함수 내의 프로그램 코드가 순차적으로 실행된다. 다음은 화면에
"Hello World" 라는 메시지를 출력하는 프로그램이다.

| C언어 기본 구조 |

```
#include<stdio.h>
int main()
{
        printf("Hello World");
        return 0;
}
```

main은 함수의 이름이고 int는 함수가 끝났을 때 정수형을 반환한다는 의미를 가진다.
() 안에는 매개 변수가 위치하는데 현재에는 아무런 변수가 없기 때문에 비워놓거나,
void를 적어도 된다. 함수의 시작은 { 이고, 끝은 } 이며, 반드시 쌍으로 이루어져야
한다. 함수의 시작과 끝 사이에 프로그램 코드를 작성한다. 해당 프로그램은 Hello
World를 출력하기 때문에 문자열을 출력하는 함수 printf()를 사용하였다. 각 문장의
끝에는 반드시 세미콜론(;)을 붙여준다. printf() 함수는 stdio.h 파일에 정의되어 있으
므로 main() 함수 전에 해당 파일을 추가시켰다. main() 함수는 정수형을 반환하기
때문에 마지막으로 return 0;을 작성하였다. 여기서 0은 정상적인 종료 상황에서 사용
되는 값이다.

02 변수

변수는 값을 저장할 수 있는 메모리 공간의 이름을 뜻한다. 변수를 선언하면 메모리상에 값을 저장할 수 있는 공간이 생기고, 해당 공간에 값을 저장하거나 변경할 수 있다.

1 변수의 이해

1. 변수의 선언

|변수의 선언과 값 저장|

```
#include<stdio.h>
int main()
{
        int number;
        number=10;
}
```

int number에서 int는 정수형 자료형을 의미한다. 즉, 선언된 변수에는 정수 값을 저장할 수 있다는 것이다. number는 변수의 이름이다. number=10은 number 변수에 10을 저장한다는 의미인데, 여기서 =는 같다는 의미가 아니고 오른쪽에 있는 값을 왼쪽에 저장하겠다는 의미이다.

2. 변수 이름 작성 시 규칙

변수 이름을 작성할 때 몇 가지 규칙이 있다.
① 변수의 이름은 알파벳, 숫자, 언더바(_)로 구성된다.
② 대소문자를 구분한다.
③ 변수의 이름은 숫자로 시작할 수 없고, 키워드도 변수의 이름으로 사용할 수 없다.
④ 변수 이름 사이에 공백이 있을 수 없다.

+ PLUS 참고 키워드

C언어에서 기능적 의미가 미리 정해진 단어들을 키워드라고 한다. 키워드들은 변수나 함수의 이름으로 사용할 수 없다.
C언어의 키워드는 break, case, char, continue, default, float, if 등이 있다.

2 데이터 입력

데이터를 사용자로부터 입력받기 위해서는 scanf() 함수를 사용해야 한다. scanf() 함수의 사용 방법은 printf() 함수 사용 방법과 유사하다.

| 데이터 입력 프로그램 |

```
#include⟨stdio.h⟩
int main()
{
        int input;
        scanf("%d",&input);
        printf("%d",input);
        return 0;
}
```

scanf() 함수에서 %d는 서식문자로, 10진수 정수를 입력으로 받는다는 의미이다. 입력받은 숫자는 &input에 저장된다. &는 주소 연산자로 input 변수의 주소를 찾아 해당 공간에 입력받은 숫자를 저장한다는 의미이다. 따라서 input 변수에는 입력받은 숫자가 저장되어 있고 printf() 함수를 통해 input 변수의 값을 출력한다.

03 연산자

1 연산자의 종류★★☆

1. 대입 연산자와 산술 연산자

| 대입 연산자와 산술 연산자 |

연산자	기능
=	연산자의 오른쪽에 있는 값을 왼쪽에 있는 변수에 저장한다. 예 a=30;
+	연산자의 오른쪽에 있는 값들을 서로 더한다. 예 a=10+2;
−	연산자의 오른쪽에 있는 값들을 서로 뺀다. 예 a=10−2;
*	연산자의 오른쪽에 있는 값들을 서로 곱한다. 예 a=10*2;
/	연산자의 오른쪽에 있는 값들을 서로 나눈다. 예 a=10/2;
%	연산자의 오른쪽에 있는 값 중 왼쪽에 있는 값을 오른쪽에 있는 값으로 나눈 나머지를 반환한다. 예 a=10%2;

2. 복합 대입 연산자

다른 연산자와 대입 연산자가 합쳐진 형태의 연산자이기 때문에 복합 대입 연산자라고 한다.

| 복합 대입 연산자 |

연산자	기능	동일 연산
+=	연산자의 오른쪽에 있는 값들을 서로 더하고 결과 값을 왼쪽 변수에 저장한다. 예 a+=b;	a=a+b
-=	연산자의 오른쪽에 있는 값들을 서로 빼고 결과 값을 왼쪽 변수에 저장한다. 예 a-=b;	a=a-b
*=	연산자의 오른쪽에 있는 값들을 서로 곱하고 결과 값을 왼쪽 변수에 저장한다. 예 a*=b;	a=a*b
/=	연산자의 오른쪽에 있는 값들을 서로 나누고 결과 값을 왼쪽 변수에 저장한다. 예 a/=b;	a=a/b
%=	연산자의 오른쪽에 있는 값 중 왼쪽에 있는 값을 오른쪽에 있는 값으로 나눈 나머지를 왼쪽 변수에 저장한다. 예 a %=b;	a=a%b

3. 증가, 감소 연산자

변수의 값을 1 증가시키거나 감소시키는 경우 사용되는 연산자이다.

| 증가, 감소 연산자 |

연산자	기능
++a	a의 값을 1 증가 후 a가 속한 나머지 문장 실행 예 b=++a;
a++	a가 속한 나머지 문장 실행 후 a의 값을 1 증가 예 b=a++;
--a	a의 값을 1 감소 후 a가 속한 나머지 문장 실행 예 b=--a;
a--	a가 속한 나머지 문장 실행 후 a의 값을 1 감소 예 b=a--;

기출플러스➕ ★★☆

〈보기〉 C 프로그램의 실행 결과는?

18 서울시 9급

┤ 보기 ├

```
#include <stdio.h>
int main( )
{
    int a=0, b=1;
    switch(a)
    {
        case 0 : printf("%d \n", b++);
; break;
        case 1 : printf("%d \n", ++b);
; break;
        default : printf("0 \n", b); ;
break;
    }
    return 0;
}
```

① 0   ② 1
③ 2   ④ 3

해설 난도중

정답의 이유

switch(a)는 a값을 가진 case문을 실행시 킨다는 의미이다. 따라서 case 0에 있는 문장이 실행된다. %d는 정수형 값을 의미 하고 해당 정수형 값은 b++의 결과 값이다. ++가 변수 뒤에 붙어있으므로 b의 현재 값 (1)을 출력하고 b의 값을 1 증가시킨다.

정답 ②

기출플러스➕ ★★☆

〈보기〉 C 프로그램의 출력은?

18 서울시 9급

┤ 보기 ├

```
#include <stdio.h>
int main()
{
    int a=5, b=5;
    a*=3+b++;
    printf("%d %d", a, b) ;
    return 0;
}
```

① 40 5   ② 40 6
③ 45 5   ④ 45 6

해설 난도중

정답의 이유

a *=3+b++에서 3+b++의 결과 값은 8이 고, a *=8은 a=a*8로 표현할 수 있기 때 문에 a의 값은 40이 된다. a에 40 값이 대 입된 후 b의 값은 1 증가한다. 따라서 출 력은 40 6이 된다.

정답 ②

4. 비교 연산자

관계 연산자라고도 하며 두 개의 값을 비교하여 대소와 동등 관계를 따지는 연산자이다.

| 비교 연산자 |

연산자	기능
<	a가 b보다 작은가? 예 a<b
>	a가 b보다 큰가? 예 a>b
==	a와 b가 같은가? 예 a==b
!=	a와 b가 같지 않은가? 예 a!=b
<=	a가 b보다 작거나 같은가? 예 a<=b
>=	a가 b보다 크거나 같은가? 예 a>=b

비교 연산자는 조건이 맞을 경우 1을 반환하고, 틀릴 경우 0을 반환한다. 여기서 1은 true를 의미하고, 0은 false를 의미한다.

5. 논리 연산자

논리곱(AND), 논리합(OR), 부정(NOT)을 표현하는 연산자이다.

| 논리 연산자 |

연산자	기능	논리 연산
&&	a와 b가 모두 참(1)일 때 연산 결과로 참(1)을 반환한다. 하나라도 참이 아니면 연결 결과로 거짓(0)을 반환한다. 예 a&&b	AND
||	a와 b 중 하나라도 참(1)이면, 연산 결과로 참(1)을 반환한다. 둘다 거짓(0)이면 연결 결과로 거짓(0)을 반환한다. 예 a||b	OR
!	a가 참(1)이면 거짓(0)을 반환하고, 거짓(0)이면 참(1)을 반환한다. 예 !a	NOT

04 자료형

자료형은 데이터를 표현하는 기준으로 변수, 함수 등을 선언할 때 사용된다. 자료형은 크게 정수형과 실수형으로 구분할 수 있다. 정수형의 값을 변수에 저장하기 위해서는 변수 선언 시 자료형이 정수형이 되어야 하고, 실수형의 값을 변수에 저장하기 위해서는 변수 선언 시 자료형이 실수형이 되어야 한다. 자료형의 종류는 다음과 같다.

| 자료형의 종류 |

자료형		크기	표현 범위
정수형	char	1byte	$-128 \sim 127$
	short	2byte	$-32,768 \sim 32,767$
	int	4byte	$-2,147,483,648 \sim 2,147,483,647$
	long	4byte	$-2,147,483,648 \sim 2,147,483,647$
실수형	float	4byte	$-3.4E+38 \sim 3.4E+38$
	double	8byte	$-1.7E+308 \sim 1.7E+308$
	long double	8byte 이상	double 이상의 표현 범위

| 자료형과 변수 선언 |

```
int main(void)
{
        int a=10;
        float b=3.14;
}
```

05 조건문

조건문은 조건에 따라 프로그램의 흐름을 원하는 대로 제어를 할 수 있다. 조건문은 크게 if-else문과 switch-case문이 있다.

1 if-else문★★☆

1. if문

if-else문은 조건문으로 if에 조건이 오고, 조건이 참인 경우에는 if 내의 문장이 실행되고 거짓인 경우에는 else문이 실행된다. if는 else 없이 단독으로 사용할 수 있다. 먼저 if만 사용했을 때 프로그램을 살펴보면 다음과 같다.

```
#include 〈stdio.h〉
int main()
{
        int input1, input2;
        scanf("%d %d",&input1, &input2);
        if(input1>input2)
        {
                printf("input1이 input2보다 큽니다.");
        }
        return 0;
}
```

2. if-else문

정수형 input1, input2 변수를 선언한 후 scanf() 함수를 통해 두 정수를 입력받는다. if의 조건으로 input1>input2를 사용했는데 input1이 input2보다 클 경우 { } 안의 내용이 실행된다. 즉, "input1이 input2보다 크다는 메시지가 출력된다." if의 조건이 참일 때 실행될 문장이 1줄일 때는 { }를 생략할 수 있다. 위 프로그램에서는 input2가 input1보다 큰 경우를 제시하지 않았다. 이때 필요한 키워드가 else이다. else를 추가하여 프로그램을 작성하면 다음과 같다.

| if-else문 프로그램 |

```
#include 〈stdio.h〉
int main()
{
        int input1, input2;
        scanf("%d %d",&input1, &input2);
        if(input1 > input2)
        {
                printf("input1이 input2보다 큽니다.");
        }
        else
        {
                printf("input2가 input1보다 크거나 같습니다.");
        }
        return 0;
}
```

3. if-else if문

else는 if의 조건이 거짓일 때 실행된다. 즉, input2가 input1보다 크거나 같을 때 실행된다. input2의 값이 input1보다 크거나 같으면 "input2가 input1보다 크거나 같습니다." 메시지가 출력된다. 위 프로그램에서는 input2가 input1보다 크거나 같을 때를 같이 처리했다. 클 경우와 같을 경우를 따로 나눈다면 조건이 추가로 필요하다. 이와 같이 조건이 여러 개 사용될 때 if와 else 사이에 else if를 사용하고 조건을 추가해 준다. 다음은 else if를 사용한 프로그램 예이다.

| else if를 추가한 프로그램 |

```
#include 〈stdio.h〉
int main()
{
        int input1, input2;
        scanf("%d %d",&input1, &input2);
        if(input1>input2)
        {
                printf("input1이 input2보다 큽니다.");
        }
        else if(input1<input2)
        {
                printf("input2가 input1보다 큽니다.");
        }
        else
        {
                printf("input1과 input2는 같습니다.");
        }
        return 0;
}
```

else if를 사용하여 조건으로 input1<input2를 작성하였다. 즉, input2가 input1보다 클 때 else if문이 실행된다. 그리고 마지막 else는 그 밖의 조건일 때 실행되므로 input1과 input2가 같을 때 실행된다. 위 프로그램과 같이 조건이 여러 개가 될 때 else if를 사용하여 조건을 추가해주면 된다.

2 switch-case문★☆☆

switch-case문에서는 switch 다음에 정수형 변수가 온다. 정수형 변수의 값에 따라
해당 case 문이 실행된다. 다음은 switch-case문을 사용하여 4칙 연산 메시지를 출력
하는 프로그램이다.

| switch-case문 프로그램 |

```c
#include <stdio.h>
int main()
{
        int input;
        printf("연산 선택 : ");
        scanf("%d",&input);
        switch(input)
        {
        case 1 :
                printf("+ 연산입니다.");
                break;
        case 2 :
                printf("- 연산입니다.");
                break;
        case 3 :
                printf("* 연산입니다.");
                break;
        case 4 :
                printf("/ 연산입니다.");
                break;
        default :
                printf("잘못 선택했습니다.");
        }
        return 0;
}
```

input 변수를 선언하여 scanf() 함수를 사용하여 1~4 사이의 정수를 입력받는다. input
변수는 switch문의 조건으로 사용된다. 입력받은 숫자가 3일 경우 case 3이 실행되므로
"* 연산입니다" 메시지가 출력된다. case문의 마지막에 있는 break는 위 문장을 실행하
고 switch-case문을 빠져나가겠다는 의미이다. 즉, case 3의 문장만 실행하겠다는
의미를 지닌다. 만약 case 3에 break를 사용하지 않으면 빠져나가는 명령어가 없기
때문에 자동으로 case 4의 문장이 실행되고, break를 만나 switch-case문을 빠져나가
게 된다. default는 입력받은 숫자가 1~4 외의 숫자일 때 실행된다. 즉, switch문에
있는 정수가 case에 있는 정수 외의 숫자일 때 실행되는 것이다.

06 반복문

반복문은 어떤 명령을 반복적으로 수행할 때 사용한다. hello라는 문장을 5번 출력하는 프로그램을 작성하기 위해서는 현재까지 학습한 내용으로는 printf() 함수를 5번 사용해야 한다. 같은 코드를 5번 반복해서 사용한다는 것은 프로그래밍에서는 비효율적인 방법이다. 이와 같은 경우에 반복문을 사용하여 쉽게 해결할 수 있다. 반복문은 초기값, 조건식, 증감값으로 구성되고, 종류로는 for문, while문, do-while문이 있다.

1 반복문의 이해

1. for문★★☆

for문 안에 초기값, 조건식, 증감값이 함께 포함되어 있는 반복문이다. for문의 형식은 for(초기값; 조건식; 증감값)이다. for문 안에는 조건이 참일 때 반복되어야 할 코드를 작성하면 된다. hello를 5번 출력하는 프로그램은 다음과 같다.

| for문을 사용한 프로그램 |

```
#include <stdio.h>
int main()
{
        int i;
        for(i=0;i<5;i++)
        {
                printf("hello\n");
        }
        return 0;
}
```

변수 i를 선언한 후 for문에서 0으로 초기화시켰다. i의 값은 0이고 두 번째 조건식과 비교를 했을 때 5보다 작기 때문에 참이므로 for문 안에 문장이 실행되고, hello가 출력된다. for문의 끝을 나타내는 }을 만나면 증가 연산자가 실행되면서 i의 값이 1 증가한다. i의 값은 1이 되고 다시 조건식과 비교를 하고 참이면 for문 내의 문장이 실행된다. 반복은 조건식이 거짓이 될 때(i의 값이 5가 될 때) 끝나게 된다. printf() 함수 안 \n은 newline으로 문장을 출력하고 줄을 바꾼다는 의미이다.

2. while문 ★★☆

while문은 while문 전에 변수에 대해 초기값을 저장하고, while문에서는 조건식을 작성한다. 조건식이 참일 때 실행되는 문장에 증감값을 포함시킨다. while문을 사용하여 hello를 5번 출력하면 다음과 같다.

| while문을 사용한 프로그램 |

```
#include <stdio.h>
int main()
{
        int i=0;
        while(i<5)
        {
                printf("hello\n");
                i++;
        }
        return 0;
}
```

while문 전에 i에 0을 저장한다. while문에서는 조건식을 작성하는데 i의 값이 5보다 작고, 조건이 참이 되므로 while문 내의 문장이 실행된다. hello가 출력되고 i의 값은 1증가한다. 다시 조건식으로 가서 크기를 비교하여 참이면 다시 while문 내의 문장이 실행된다. 조건식이 거짓이 될 때까지 반복하게 된다.

3. do-while문

do-while문은 동작 원리는 while과 유사하나 차이점은 조건 전에 반복되어야 할 문장이 먼저 실행된다는 것이다. 즉, 프로그램이 실행된 후 바로 조건이 거짓이라도 do-while문 내의 문장이 한 번은 실행된다는 것이다. 그리고 while문 옆 조건식 다음에는 세미콜론(;)을 작성해야 한다. do-while문을 사용하여 hello를 5번 출력하면 다음과 같다.

| do-while문을 사용한 프로그램 |

```
#include <stdio.h>
int main()
{
        int i=0;
        do
        {
                printf("hello\n");
                i++;
        }while(i<5);
        return 0;
}
```

조건식을 만나기 전에 먼저 do안의 문장들이 실행된다. 따라서 hello가 출력이 되고 i의 값이 1 증가된다. 반복은 조건식이 거짓이 될 때까지 수행된다.

2 break와 continue ★☆☆

1. break

일반적으로 break는 반복문 내에서 사용된다. 반복문 내에서 break를 만나게 되면 반복문을 빠져나오는 기능을 수행한다. 1부터 10까지 값을 누적하여 더하면서 누적된 값이 30 이상이 될 때 누적된 값을 출력하는 프로그램을 작성하면 다음과 같다.

| break문을 사용한 프로그램 |

```
#include <stdio.h>
int main()
{
        int i;
        int sum=0;
        for(i=1;i<=10;i++)
        {
                sum+=i;
                if(sum>=30)
                        break;
        }
        printf("%d",sum);
        return 0;
}
```

변수 i는 반복을 하기 위한 변수이고, sum은 1부터 10까지의 값을 누적하여 더한 값을 저장하기 위한 변수이다. 반복문은 총 10회 반복되고 반복문 내에서 실행되는 문장으로는 값을 누적하여 더하는 코드와 누적된 값이 30이 될 때 for문을 빠져나오는 코드가 있어야 한다. sum+=i는 현재 sum 값과 i의 값을 더한 후 다시 sum에 저장하는 코드이다. if문에서 sum값이 30이상이 되면 break가 실행되면서 for문을 빠져나온다. 그리고 printf() 함수에서는 현재 sum 값을 출력한다. 출력되는 값은 36이 된다.

2. continue

continue는 break와 마찬가지로 반복문에서 사용된다. 실행되는 문장에서 continue를 만나면 이후 문장들은 실행되지 않고 반복문의 조건식으로 이동한다. 1에서 10까지 홀수만 누적하여 더한 값을 출력하는 프로그램은 다음과 같다.

| continue문을 사용한 프로그램 |

```
#include <stdio.h>
int main()
{
        int i;
        int sum = 0;
        for(i=1;i<=10;i++)
        {
                if(i%2==0)
                        continue;
                sum+=i;
        }
        printf("%d",sum);
        return 0;
}
```

다음 Java 프로그램의 출력 결과는?

```
public class Foo
{
    public static void main(String[]
args)
    {
        int i, j, k;
        for (i=1, j=1, k=0; i<5; i++ )
        {
            if ((i % 2)==0)
            continue;
            k+=i * j++;
        }
        System.out.println(k);
    }
}
```

① 5　　　　　　② 7
③ 11　　　　　　④ 15

해설 난도 중

정답의 이유

for문은 i변수를 기준으로 총 4회 반복된다. 그리고 반복문 안 문장을 살펴보면 i의 값이 짝수일 때(2, 4)는 continue가 실행되므로 k+=i*j++;이 실행되지 않는다. 따라서, i의 값이 홀수일 때(1, 3)만 k, j 값을 파악하면 된다. i가 1일 때 k+=i*j++;가 실행되므로 i*j++의 결과 값은 1이 되므로 k+=1과 같다. k의 값이 0이기 때문에 k는 1이 된다. 해당 연산이 끝나면 j의 값은 1 증가되어 2가 된다. i가 3이 될 때 j의 값은 2이므로 i*j++의 결과 값은 6이 되고, k+=6과 같다. 현재 k의 값은 1이므로 연산 결과는 7이 된다. 반복문이 끝나면 System.out.println() 함수를 사용하여 k 값이 출력되므로 화면에는 7이 출력된다.

정답 ②

반복이 총 10회 이루어지는데 1에서 10 사이 숫자 중 홀수만 누적하여 더하기 위해서는 i의 값이 짝수일 때는 더하지 않아야 한다. 즉, continue를 사용하여 바로 반복문의 조건식으로 이동하도록 한다. 짝수는 2로 나눴을 때 나머지가 0인 숫자이므로 i%2==0이 된다. 조건이 참(i가 짝수)일 때 continue를 사용하면 sum+=i가 실행되지 않고 조건식으로 이동한다. 반복이 끝난 후 sum을 출력하면 1부터 10 사이의 홀수의 누적된 합의 값을 알 수 있다. 결과값은 25가 된다.

07 함수

프로그램을 main() 함수 내에서 작성을 해도 되지만, 프로그램 내에서 기능별로 분류하여 각 기능들을 함수로 구현하면 프로그램 관리 면에서 효과적이다. 프로그램상에서 기능상의 문제가 발생했을 때 해당 함수 내에서 프로그램 코드를 수정하면 되기 때문에 효율적이다.

1 함수의 이해★★☆

1. 함수의 구조

함수의 구조는 반환 값, 함수명, 전달인자로 이루어진다. main() 함수의 정의를 살펴보면 다음과 같다.

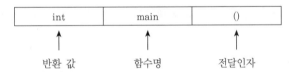

반환 값은 함수가 끝났을 때 반환되는 값의 자료형을 작성하고, 함수명은 함수의 기능에 맞는 이름을 부여해준다. 전달인자는 함수 내에서 외부 변수를 사용한다면 int a와 같이 자료형 변수명 형태로 ( )안에 작성해준다. 외부 변수를 사용하지 않는다면 ( ) 또는 (void)로 처리한다.

2. 함수의 유형

반환 값과 전달인자의 유무에 따라 4가지 형태의 함수 유형이 있다.

|4가지 함수 유형|

함수 유형	함수 형태

(1) 반환 값과 전달인자가 모두 없는 함수	```void menu()
	{
	  printf("1. 더하기\n");
	  printf("2. 빼기\n");
	  printf("3. 곱하기\n");
	  printf("4. 나누기\n");
	}```

(2) 반환 값은 없고 전달인자가 있는 함수	```void add(int number1, int number2)
	{
	  int sum;
	  sum=number1+number2;
	  printf("합계 : %d",sum);
	}```

(3) 반환 값은 있고 전달인자가 없는 함수	```int inputNumber()
	{
	  int number;
	  printf("숫자 입력 : ");
	  scanf("%d",&number);
	  return number;
	}```

(4) 반환 값과 전달인자가 모두 있는 함수	```int addResult(int number1, int number2)
	{
	  int sum;
	  sum=number1+number2;
	  return sum;
	}```

(1)은 반환 값과 전달인자가 모두 없는 함수로 함수 내에서 printf() 함수로 내용을 출력한다.

(2)는 전달인자로 int형 변수가 두 개 있고, 함수 내에서 두 변수의 합을 출력하는 함수이다.

(3)은 함수 내에서 int형 변수를 선언하여 숫자를 입력받고 해당 숫자를 반환하는 함수이다.

(4)는 전달인자로 int형 변수를 두 개 받아 합을 구하고, 합을 반환하는 함수이다.

3. 함수의 선언과 정의

함수의 선언은 함수의 형태를 작성한 것이고, 함수의 정의에는 실질적으로 처리되는
내용이 포함된다. 다음은 함수의 정의만 사용해서 프로그램을 구현한 예이다.

| 함수 정의 프로그램 |

```
#include <stdio.h>
void add(int n1, int n2)
{
    int sum;
    sum=n1+n2;
    printf("합계 : %d",sum);
}
int main()
{

        int num1, num2;
        printf("두 수 입력 : ");
        scanf("%d %d",&num1,&num2);
        add(num1,num2);
        return 0;

}
```

```
#include <stdio.h>
int main()
{

        int num1, num2;
        printf("두 수 입력 : ");
        scanf("%d %d",&num1,&num2);
        add(num1,num2);
        return 0;

}
void add(int n1, int n2)
{
    int sum;
    sum=n1+n2;
    printf("합계 : %d",sum);
}
```

왼쪽 프로그램은 main() 함수에서 호출되기 전에 add() 함수가 정의되어 있다. 컴파일
러 입장에서는 add() 함수에 대해 미리 알고 있는 상태에서 해당 함수를 호출하는 것은
문제가 되지 않는다. 그러나 오른쪽 프로그램을 살펴보면 add() 함수가 main() 함수
뒤에 위치하고 있어 main()에서 호출하면 컴파일러는 add() 함수에 대한 정보를 가지고
있지 않아 에러가 발생하게 된다. 오른쪽 프로그램에서 에러가 발생하지 않게 하려면
main() 함수 위에서 함수의 형태를 선언해주면 된다. 다음 프로그램은 오른쪽 프로그램
에서 함수를 선언한 예이다.

| 함수의 선언과 정의 프로그램 |

```
#include <stdio.h>
void add(int n1, int n2);
int main()
{

        int num1, num2;
        printf("두 수 입력 : ");
        scanf("%d %d",&num1,&num2);
         add(num1,num2);
         return 0;

}
void add(int n1, int n2)
{
    int sum;
    sum=n1+n2;
    printf("합계 : %d",sum);
}
```

main() 함수 위에서 add() 함수에 대해 선언해주면 프로그램은 정상적으로 동작한다. 함수의 선언 방법은 두 가지가 있다. 한 가지 방법은 함수의 정의와 똑같이 작성하고 마지막에 ;을 붙여준다. 나머지 방법은 전달인자에 변수명은 생략하고 자료형만 작성한다. void add(int, int);와 같이 작성해도 에러가 발생하지 않는다.

위 함수는 main() 함수에서 정수형으로 두 개의 변수를 선언하고 두 수를 입력받는다. add() 함수를 호출할 때 두 변수를 전달인자로 사용한다. add() 함수가 호출되면 num1의 값은 n1로 저장되고, num2의 값은 n2로 저장된다. n1과 n2의 값을 더하여 sum 변수에 저장한 후 sum에 저장된 값을 출력한다.

4. 재귀 함수★★☆

재귀 함수는 함수 내에서 자신을 다시 호출하는 함수를 의미한다. 즉, 함수가 정의된 코드에 함수를 호출하는 코드가 포함되어 있다는 것이다. 그리고 재귀 함수 내에서는 함수를 빠져나오는 코드를 반드시 작성해야 한다. 다음은 재귀 함수 관련 프로그램 예이다.

| 재귀 함수 프로그램 |

```
#include <stdio.h>
int recursive(int num) {
        if (num==1)
                return 1;
        else
                return num * func(num-1);
}
int main() {
        result=recursive(3);
        printf("결과 값 : %d",result);
        return 0;
}
```

main() 함수에서 recursive() 함수의 매개 변수로 3을 작성하면 recursive() 함수의 else가 실행된다. 첫 번째, recursive(3)일 때 반환 값은 3*recursive(2)가 되고, 두 번째 recursive(2) 함수로 호출된다. recursive(2) 함수에서 반환 값은 2*recursive(1)이 되고, 세 번째 recursive(1) 호출에서 반환 값은 1이다. 따라서, recursive(2) 함수에서 반환 값은 2*recursive(1)=2*1=2이 된다. 그리고 recursive(3)일 때 반환 값은 3*recursive(2)=3*2=6이 된다. 결론적으로 출력되는 값은 6이 된다. 위 예제는 팩토리얼을 재귀 함수로 구현한 프로그램이다.

1 지역 변수★☆☆

지역 변수는 중괄호 내에서 선언되고, 사용 범위도 중괄호 내로 국한된다. 중괄호가 끝나면 자동으로 소멸되는 변수이다. 다음은 지역 변수를 설명하는 프로그램이다.

| 지역 변수 프로그램 |

```c
#include<stdio.h>
int add(int a, int b);
int main()
{
        int num1, num2;
        int sum=0;
        scanf("%d %d",&num1, &num2);
        sum=add(num1, num2);
        printf("%d", sum);
        return 0;
}
int add(int a, int b)
{
        int sum;
        sum=a+b;
        return sum;
}
```

main() 함수를 살펴보면 지역 변수로 num1, num2, sum이 있다. 해당 변수들은 main() 함수 내에서만 사용이 가능하다. 만약 add() 함수에서 사용한다면 에러가 발생한다. 그런데 add() 함수를 살펴보면 같은 이름의 sum 변수가 있다. main()에 있는 sum 변수와 이름은 같지만 선언한 지역이 다르기 때문에 다른 변수이다. 즉, 선언 지역이 다르면 변수의 이름이 같아도 된다. add() 함수의 매개 변수인 a, b도 add() 함수 내에서만 사용이 가능하고, 함수가 끝나면 a, b 변수도 소멸된다. 반복문이나 조건문도 마찬가지로 중괄호 내에서 선언된 변수의 사용도 중괄호 내에서만 가능하다.

기출플러스✛ ★★☆

다음 메모리 영역 중 전역 변수가 저장되는 영역은? 19 서울시 9급

① 데이터(Data)
② 스택(Stack)
③ 텍스트(Text)
④ 힙(Heap)

해설 난도 하

정답의 이유
데이터는 프로그램 내에서 사용하는 변수나 파일 등의 각종 데이터를 저장하는 영역이다.

오답의 이유
② 스택은 프로그램 실행 시 부수적으로 필요한 데이터를 저장하는 영역이다.
③ 텍스트는 프로그램의 본문이 기술된 영역이다.
④ 힙은 동적으로 할당되는 변수 영역이다.

정답 ①

기출플러스✛ ★★☆

다음 C 프로그램의 출력 값은? 18 국가직 9급

```c
#include <stdio.h>
int a=10;
int b=20;
int c=30;
void func(void)
{
    static int a=100;
    int b=200;
    a++;
    b++;
    c=a;
}
int main(void)
{
    func();
    func();
    printf("a=%d, b=%d, c=%d\n",
a, b, c);
    return 0;
}
```

① a=10, b=20, c=30
② a=10, b=20, c=102
③ a=101, b=201, c=101
④ a=102, b=202, c=102

2 전역 변수★☆☆

전역 변수는 중괄호 내에서 선언되지 않고 main() 함수 밖에서 선언된다. 전역 변수는 메모리의 데이터 영역에 저장되며, 프로그램이 종료될 때 소멸되고 프로그램 전체 영역에서 접근이 가능하다. 변수를 초기화 없이 선언만 할 경우 자동적으로 0으로 초기화된다. 다음은 전역 변수를 설명하는 프로그램이다.

| 전역 변수 프로그램 |

```c
#include<stdio.h>
void add();
int num;
int main()
{
        printf("%d, ", num);
        num+=2;
        printf("%d, ", num);
        add();
        return 0;
}
void add()
{
        num++;
        printf("%d",num);
}
```

위 프로그램의 결과는 0, 2, 3이다. main() 함수 위에서 전역 변수 num을 선언하고 main() 함수에서 바로 num의 값을 출력했을 때 0이 나온다. 다음으로 num+=2에 의해 num 값은 2가 되고, add() 함수 내에서 num++에 의해 num 값은 3이 된다. 즉, 전역 변수는 프로그램 전 영역에서 사용 가능하다는 것을 알 수 있다.

➕PLUS참고 메모리 영역

- 스택(Stack) : 프로그램 실행 시 부수적으로 필요한 데이터를 저장하는 영역이다.
- 텍스트 : 프로그램의 본문이 기술된 영역이다.
- 힙(Heap) : 동적으로 할당되는 변수 영역이다.

해설 난도중

정답의 이유

main() 함수에서 func() 함수를 두 번 호출한다. func() 함수 내 변수 a는 static으로 선언되었고, 변수 b는 지역 변수이며, c는 전역 변수이다. func() 함수가 처음 호출되었을 때 각 변수의 값을 살펴보면 a=101, b=201, c=101이 된다. 두 번째 호출될 때 변수 a는 static 변수이기 때문에 새롭게 초기화되지 않고 값이 누적된다. 따라서, a와 c는 102 값을 가진다. b는 지역 변수이기 때문에 함수가 새롭게 호출되면 초기화되므로 201 값을 가진다. 출력은 main() 함수에서 이루어진다. 먼저 변수 a는 func() 함수 내에서만 사용 가능하므로 main() 함수에서는 전역 변수 a의 값이 적용되어 10이 출력된다. b도 마찬가지로 지역 변수 b의 값이 적용되어 20이 출력된다. 전역 변수 c는 func() 함수 내에서 a의 값을 저장한다. 따라서, func() 함수 결과 102의 값을 가지고 main() 함수에서 해당 값이 출력된다.

정답 ②

기출플러스➕ ★★☆

다음 C 프로그램의 출력 값은?

17 국가직 9급

```c
#include <stdio.h>
void funCount();
int main(void) {
int num;
for(num=0; num<2; num++)
funCount();
return 0;
}
void funCount() {
int num=0;
static int count;
printf("num=%d, count=%d \n", ++num,
count++);
}
```

① num=0, count=0
　num=0, count=1
② num=0, count=0
　num=1, count=1
③ num=1, count=0
　num=1, count=0
④ num=1, count=0
　num=1, count=1

정답의 이유

main() 함수에서 for문이 2회 반복되면서 funCount() 함수를 두 번 호출한다. funCount() 함수 내 num은 지역 변수이고 count는 static 변수이다. num 변수는 funCount() 함수가 종료되면 사라지고 count 변수는 프로그램이 종료될 때 사라지므로 중간에 값이 바뀌면 바뀐 값을 저장한다. funCount() 함수가 처음 호출되면 num에는 전위 연산자가 있기 때문에 1을 증가시키고 값을 출력하기 때문에 1이 출력되고 count에는 후위 연산자가 있기 때문에 0을 출력시키고 값을 1 증가시킨다. 두 번째 호출되면 num은 다시 0으로 초기화되고 1이 출력된다. count는 1을 저장하고 있어서 1을 출력한 뒤 1 증가하여 2가 된다.

정답 ④

3 static 변수 ★★☆

지역 변수에 static을 붙여 선언하면 지역 변수와 동일한 사용 범위를 가진다. 즉, 중괄호 내에서만 변수를 사용할 수 있다는 것이다. 그런데 전역 변수처럼 프로그램이 종료될 때 소멸이 된다. 프로그램이 종료될 때 소멸되므로 중간에 값이 바뀌면 바뀐 값을 적용한다. 다음은 지역 변수, 전역 변수, static 변수가 모두 포함된 프로그램이다.

| 지역, 전역, static 변수 프로그램 |

```
#include<stdio.h>
void add();
int a=1;
int b=2;
int main()
{
        add();
        add();
        printf("a=%d, b=%d",a,b);
        return 0;
}
void add()
{
        static int a=10;
        int b=20;
        a++;
        b++;
        printf("a=%d, b=%d\n",a,b);
}
```

프로그램이 실행되면 main() 함수에서 add() 함수를 두 번 호출한다. add() 함수 내에서 변수 a는 static으로 선언되었고, b는 지역 변수로 선언되었다. add() 함수가 처음 호출되면 a가 11이 되고, b는 21이 된 후 출력된다. add() 함수가 두 번째 호출되었을 때 프로그램 결과는 a=12, b=21이 된다. a는 static으로 선언되었기 때문에 프로그램이 끝날 때까지 메모리 공간을 차지하고 있고, 함수가 호출될 때마다 초기화되지 않고 값만 변경된다. 즉, 첫 번째 호출에서 11의 값을 가지고, 두 번째 호출에서 12의 값을 가지는 것이다. 그러나 변수 b는 지역 변수이기 때문에 add() 함수가 끝나면 소멸된다. 따라서 add() 함수가 호출될 때마다 메모리 공간을 새롭게 할당받으면서 20으로 초기화되는 것이다. add() 함수 내의 변수 a, b는 add() 함수 내에서만 사용할 수 있기 때문에 main() 함수에서 a, b 값을 출력할 때는 전역 변수가 적용되는 것이다. 따라서 프로그램 결과는 a=1, b=2가 된다.

4 register 변수

지역 변수에 register라고 선언할 수 있다. register로 선언된 변수는 CPU 내의 레지스터 내에 저장 공간을 할당받을 수 있는 확률이 높아진다. 레지스터는 연산 속도가 매우 빠른 저장 공간이다. 따라서 빠른 연산이 필요한 경우 register로 변수를 선언할 수 있는데 레지스터에 할당하는 것은 컴파일러가 판단한다. 컴파일러가 판단하여 선언된 변수가 적합하다고 판단하면 레지스터에 공간을 할당하고 그렇지 않다면 공간을 할당하지 않는다.

09 배열★★★

배열은 같은 기능을 수행하는 변수들의 집합이다. 예를 들어 10개의 정수를 입력받는다고 했을 때 지금까지 학습한 내용을 바탕으로 프로그램을 작성하면 int형의 변수를 10개 선언하여 각각의 변수에 정수를 입력받아야 한다. 변수 10개가 사용되면 프로그램 코드가 길어지고 복잡해진다. 그리고 변수를 관리하는 면에서도 불편함이 따른다. 배열을 선언하면 하나의 배열명으로 크기 10을 가진 배열을 선언하면 데이터 및 프로그램 관리가 편리해진다.

1 1차원 배열

1. 배열의 선언과 접근

10개의 정수를 입력받기 위한 배열을 선언해보면 다음과 같다.

```
int input[10];
```

int는 배열의 자료형을 나타내고, input은 배열의 이름을 의미한다. 마지막으로 대괄호([ ]) 안에는 배열의 크기를 작성하는 데 저장 공간이 10개 필요하므로 10을 작성해준다. 위와 같이 선언하면 메모리상에는 정수형 값을 저장할 수 있는 10개의 공간이 할당된다.

| 크기가 10인 input 배열 |

첨자	[0]	[1]	[2]	[3]	[4]	[5]	[6]	[7]	[8]	[9]
input	int	int	int	int	int	int	int	int	int	int

input이라는 이름으로 공간이 10개 할당되면 각각의 공간에 데이터를 저장하거나 접근을 하기 위해서는 번호가 있어야 한다. 그 번호를 첨자 또는 인덱스(index)라고 한다. 첨자의 시작은 0부터 시작하고 배열의 크기가 10일 때 첨자의 마지막은 9가 된다. 배열의 이름과 첨자를 사용하여 각 공간에 접근할 수 있다. 첨자에는 바로 숫자를 작성해도 되고, 변수를 사용해도 된다. 만약, 첫 번째 공간에 12를 저장할 때 숫자로 작성하면 input[0]=12;와 같이 프로그램을 작성하면 된다. i의 값이 0일 때 변수를 사용한다면 input[i]=12;로 작성할 수 있다. 변수를 사용하는 방법은 일반적으로 변수의 값이 일정한 규칙으로 증가하거나 감소할 때 반복문 내에서 사용할 수 있다. 크기가 3인 int형 배열에 정수를 저장하고, 3개의 정수를 더한 결과 값을 출력하는 프로그램은 다음과 같다.

```
#include <stdio.h>
int main(void)
{
        int num[3];
        int sum=0, i;
        num[0]=10;
        num[1]=3;
        num[2]=5;
        for(i=0;i<3;i++)
        {
                sum+=num[i];
        }
        printf("%d",sum);
        return 0;
}
```

크기 3인 배열을 선언하고 각 공간에 정수를 저장해준다. 배열 공간의 접근을 위한 첨자는 0, 1, 2이다. 첨자는 1씩 증가하므로 변수 i를 for문에서 사용하여 1씩 증가시켜준다. 그리고 배열의 공간을 접근할 때 i를 사용해준다. i가 1씩 증가하면서 배열 공간에 접근하고 해당 공간의 값을 sum에 더한다. for문에서는 10, 3, 5 값이 sum에 더해지고 for문이 끝나면 18이 출력된다.

2. 배열의 초기화

배열은 선언과 동시에 초기화할 수 있다. 첫 번째 초기화 방법은 배열의 크기를 명시하고 크기에 맞게 값을 초기화시켜 주는 방법이다.

int num[5]={1, 2, 3, 4, 5};

배열의 각 공간에는 다음과 같이 정수값이 저장된다.

| 크기가 5인 배열의 초기화 |

첨자	[0]	[1]	[2]	[3]	[4]
num	1	2	3	4	5

두 번째 방법은 배열의 크기를 명시하지 않고 값을 초기화시켜 주는 방법이다.

int num[]={1, 2, 3, 4, 5};

배열의 크기를 명시하지 않으면 초기화되는 값의 개수만큼 배열의 크기가 할당된다. 초기화 값이 5개이므로 자동적으로 num 배열의 크기는 5가 된다.

세 번째 방법은 배열의 크기는 명시하고 초기화 값의 개수가 배열의 크기와 일치하지 않을 때이다.

int num[5] = {1, 2, 3};

배열 크기는 5인데 초기화되는 값은 3개이다. 배열의 4, 5번째 공간에는 자동적으로 0이 저장된다.

| 0이 포함된 배열의 초기화 |

첨자	[0]	[1]	[2]	[3]	[4]
num	1	2	3	0	0

3. 문자열 저장 배열

배열에는 숫자뿐만 아니라 문자열 또한 저장할 수 있다. 문자열을 저장하기 위해 다음과 같이 배열을 선언하고 초기화할 수 있다.

  char greeting[6]="hello"; //배열의 선언과 초기화 1
  char greeting[]="hello"; //배열의 선언과 초기화 2

배열의 선언과 초기화는 1, 2처럼 할 수 있고, 크기 6을 가진 greeting 배열에는 hello 문자열이 다음과 같이 저장된다.

| 배열에 hello 문자열 저장 |

첨자	[0]	[1]	[2]	[3]	[4]	[5]
greeting	h	e	l	l	o	\0

마지막에 \0 문자는 널(null)이라고 부르며, 문자열의 마지막을 나타낸다.
다음은 문자열을 입력받고 출력하는 프로그램이다.

| 문자열 입력과 출력 프로그램 |

```
#include <stdio.h>
int main(void)
{
        char greeting[6];
        scanf("%s",greeting);
        printf("%s",greeting);
        return 0;
}
```

크기 6을 가진 greeting 배열을 선언하고 scanf() 함수를 사용하여 문자열을 입력받는다. scanf() 함수에서 변수에 입력받을 때는 변수 앞에 &기호를 붙여야 하지만, 배열에서는 배열명만 작성한다. 이유는 포인터에서 학습하도록 하겠다. 문자열을 입력하면 printf() 함수를 통해 해당 문자열을 출력한다. scanf(), printf() 함수에서 문자열을 입력 또는 출력 받을 때는 %s를 사용한다. hello를 입력했다면 출력으로 hello가 출력된다. 만약 문자열을 입력할 때 6글자를 입력하면 에러가 발생한다. 문자열의 마지막에 \0를 고려한다면 5글자까지 입력이 가능하다. scanf() 함수는 공백을 기준으로 데이터를 구분 짓기 때문에 입력된 문자열에 공백이 포함되어 있다면 공백 전까지 입력한 문자열이 저장된다.

기출플러스 ★★☆

다음 C 프로그램의 출력 결과는?

19 국가직 9급

```
#include <stdio.h>
int main()
{
    char msg[50] = "Hello World!!
Good Luck!";
    int i=2, number=0;
    while (msg[i] !='!')
    {
    if (msg[i]=='a' || msg[i]=='e' ||
msg[i]=='i'     ||     msg[i]=='o'     ||
msg[i]=='u')
    number++;
    i++;
    }
    printf("%d", number);
    return 0;
}
```

① 2   ② 3
③ 5   ④ 6

해설 난도 중

정답의 이유

프로그램을 전체적으로 살펴보면 msg 배열에는 문자열이 저장되어 있고 i가 2이므로 처음 접근하는 문자는 Hello에서 첫 번째 l이다. 문자열에서 !가 있을 때 반복문이 끝나고, 문자열에서 a, e, i, o, u 문자가 있으면 number를 1 증가시킨다. 다시 정리하면 l에서 반복을 시작하여 World 다음 !에서 반복문이 끝난다. l과 ! 사이에 a, e, i, o, u 문자는 2개 있으므로 결과는 2이다.

정답 ①

2 2차원 배열

1. 배열의 선언과 접근

건물로 배열을 설명하면 1차원 배열은 1층 건물에 방이 여러 개 있는 구조이다. int hotel[5];으로 선언하면 1층 건물에 방이 5개 있는 구조가 된다. 2차원 배열은 건물에 여러 개의 층이 있고 각 층에는 여러 개의 방이 있는 구조이다. 2차원 배열을 int hotel[3][5];로 선언하면 3층 건물에 방이 5개 있는 구조가 된다. 각 방의 구조와 첨자는 다음과 같다.

| 2차원 배열 구조 |

	1열	2열	3열	4열	5열
1행	[0][0]	[0][1]	[0][2]	[0][3]	[0][4]
2행	[1][0]	[1][1]	[1][2]	[1][3]	[1][4]
3행	[2][0]	[2][1]	[2][2]	[2][3]	[2][4]

2. 배열의 초기화

| 2차원 배열의 초기화 |

```
int hotel[2][3]={
    {1, 2, 3},
    {4, 5, 6}
};
```

hotel 배열은 2행 3열 구조를 가진다. 배열의 초기화도 해당 구조에 맞게 각 행마다 3개의 데이터를 초기화시킨다. 각 행은 중괄호({ })로 구분한다. 초기화되었을 때 배열에 저장된 값은 다음과 같다.

| 2차원 배열 데이터 저장 구조 |

	1열	2열	3열
1행	1	2	3
2행	4	5	6

10 포인터★★★

1 포인터의 이해

1. 포인터 변수의 이해

만약 1바이트 크기의 메모리 공간이 있다고 하자. main() 함수에서 변수를 선언하면 변수의 자료형의 크기만큼 메모리 공간이 할당된다. 변수를 다음과 같이 초기화했을 때 각 변수의 메모리에 할당은 다음과 같다.

| 변수 선언과 초기화 |

```
int main()
{
        char a='A';
        int num=1;
}
```

| 변수의 메모리 할당 |

0xaffa51	0xaffa52	0xaffa53	0xaffa54	0xaffa55	0xaffa56
	A	1			

변수 a는 char형이기 때문에 1바이트 크기로 메모리에 할당되고, num은 int형이므로 4바이트 크기로 메모리에 할당된다. 변수 a의 주소는 0xaffa52이고, 연속적으로 메모리에 할당받았다면 변수 num의 주소는 0xaffa53 ~ 0xaffa56까지 할당된다. int가 4바이트이기 때문에 시작 주소만 안다면 마지막 주소를 알 수 있다.

포인터 변수는 메모리상의 주소 값을 저장하는 변수이다.

2. 포인터 변수 선언과 주소 저장

변수의 주소를 저장하기 위해서는 포인터 변수를 선언해야 한다. 다음은 포인터 변수를 선언하고 변수의 주소 값을 저장하는 프로그램이다.

| 포인터 변수의 선언과 주조 저장 프로그램 |

```
int main()
{
        int num=1;
        int *p;
        p = &num;
}
```

int*p;가 포인터 변수를 선언한 예이다. int *는 int형 변수의 주소를 저장한다는 포인터 변수의 의미이고, p는 포인터 변수의 이름이다. &연산자는 주소 연산자로 num 변수의 주소를 반환한다. 반환되는 주소를 포인터 변수 p가 저장한다. num의 시작 주소가 0xaffa53라면 p는 0xaffa53를 저장한다. 변수의 자료형과 포인터 변수의 자료형은 일치해야 한다. 일치하지 않는다면 에러는 발생하지 않지만 포인터 연산에 있어 문제가 발생한다.

3. * 연산자

* 연산자는 포인터 변수가 가리키는 메모리 공간에 접근할 때 사용하는 연산자이다. 다음은 * 연산자를 사용하여 메모리 공간에 접근하는 프로그램이다.

|* 연산자 프로그램 1|

```
#include 〈stdio.h〉
int main()
{
        int num=1;
        int *p;
        p = &num;
        *p=10;
        printf("%d", *p);
        return 0;
}
```

포인터 변수 p는 num의 주소를 저장한다. *p는 포인터 변수에 저장된 메모리 공간에 접근하여 10을 저장하라는 의미이다. 즉, *p는 num과 같다고 볼 수 있다. *p=10;은 num=10;과 동일하다. 따라서 출력은 10이 된다.

다음은 포인터 변수를 2개 선언한 프로그램이다.

|* 연산자 프로그램 2|

```
#include 〈stdio.h〉
int main()
{
        int num=1;
        int *p1, *p2;
        p1=&num;
        p2=p1;
        (*p1)++;
        (*p2)++;
        printf("%d", num);
        return 0;
}
```

프로그램을 살펴보면 p1이 num의 주소 값을 저장한다. p2=p1은 p1이 저장한 주소 값을 p2도 저장한다는 의미이다. 즉, p1과 p2 모두 num의 주소 값을 가지고 저장한다. (*p1)++은 p1에 저장된 메모리 주소로 접근하여 값을 1증가시킨다는 의미이고, num++과 같다. (*p2)++도 num++과 같은 의미로 최종적으로 출력되는 num 값은 3이 된다.

2 포인터와 배열

1. 포인터와 배열의 관계

포인터와 배열의 관계를 파악하기 위해 배열의 주소 값을 알아보면 다음과 같다.

| 배열의 주소 구조 프로그램 |

```c
#include <stdio.h>
int main()
{
        int arr[2]={1, 2};
        printf("배열 이름 : %p\n",arr);
        printf("첫 번째 요소 : %p\n",&arr[0]);
        printf("두 번째 요소 : %p\n",&arr[1]);
        return 0;
}
```

| 프로그램 결과 |

```
배열 이름 : 00F4F868
첫 번째 요소 : 00F4F868
두 번째 요소 : 00F4F86C
```

프로그램 결과를 살펴보면 배열의 이름과 첫 번째 요소의 주소 값이 같다는 것을 알 수 있다. 즉, 배열의 이름은 배열의 시작 주소 값을 가지고 있다는 것을 의미한다. 추가적으로 배열의 이름이 배열의 시작 주소 값을 가지고 있다면 배열의 이름도 포인터이고, * 연산자를 적용할 수 있다는 것이다. 배열 요소 간에는 int형의 크기(4byte)만큼 차이가 나는 것을 알 수 있다.

배열의 이름과 포인터 변수의 차이를 살펴보면 배열의 이름은 배열의 첫 번째 주소를 저장하고 있고, 주소를 변경할 수 없다. 그러나 포인터 변수는 어떤 변수의 주소를 저장하다가 다른 변수의 주소를 저장할 수 있다.

2. 배열의 포인터 표현

배열의 이름이 배열의 첫 번째 주소 값을 저장하고 있다면 포인터 형으로도 표현이 가능하다. 다음은 배열의 이름은 포인터로 접근한 프로그램이다.

| 배열의 포인터 표현 프로그램 |

```c
#include <stdio.h>
int main()
{
        int arr[3]={10, 20, 30};
        printf("%d\n", *arr);
        (*arr)++;
        printf("%d", *arr);
        return 0;
}
```

기출플러스 ⊕   ★★★
〈보기〉의 C 프로그램을 실행했을 때, 화면에 출력되는 값은? (단, 프로그램의 첫 번째 열의 숫자는 행 번호이고 프로그램의 일부는 아님)   19 서울시 9급

| 보기 |

```
1  #include <stdio.h>
2  #include <stdlib.h>
3  #define N 3
4  int main(void){
5    int (*in)[N], *out, sum=0;
6
7    in=(int(*)[N])malloc(N*N*sizeof(int));
8    out=(int*)in;
9
10   for (int i=0; i <N*N; i++)
11     out[i]=i;
12
13   for (int i=0; i <N; i++)
14     sum+=in[i][i];
15
16   printf("%d", sum);
17   return 0;
18 }
```

① 0   ② 3
③ 6   ④ 12

해설 난도 상

정답의 이유

7번 라인은 int형 사이즈를 가진 공간을 총 9개를 메모리상에 할당하고 크기 3을 가진 배열을 in이 참조한다는 의미이다. 해당 내용을 표로 나타내면 다음과 같다.

	[0]	[1]	[2]
in[0]			
in[1]			
in[2]			

8번 라인은 in을 out이 참고한다는 의미이고 10~11 라인은 out 배열에 0~8까지 숫자를 저장한다는 의미인데 out은 in을 참조하므로 위 배열 공간에 숫자를 저장하는 것과 같은 의미를 가진다. 따라서 10~11 라인을 실행한 결과는 다음과 같다.

	[0]	[1]	[2]
in[0]	0	1	2
in[1]	3	4	5
in[2]	6	7	8

13~14라인에서 N 값이 3이므로 i는 0~2까지 루프가 돌아간다. i 값이 1씩 증가하면서 in[0][0], in[1][1], in[2][2] 배열에 있는 데이터를 sum에 더하는 코드이다.
루프를 돌면서 데이터 0, 4, 8이 sum에 더해지므로 최종적인 sum의 값은 12이다.

정답 ④

배열의 이름인 arr가 배열의 첫 번째 주소를 가지고 있는 포인터이기 때문에 *arr는 첫 번째 주소로 접근한다는 의미를 가지고, arr[0]와 동일하다. 따라서 첫 번째 배열의 요소 값(10)을 출력한다. 다음으로 (*arr)++는 배열의 첫 번째 요소의 값을 1 증가시킨다는 의미를 가지기 때문에 11이 출력된다.

3. 포인터를 배열로 표현

배열의 이름과 포인터 변수는 둘 다 포인터이기 때문에 포인터 변수도 배열 형태로 사용할 수 있다. 다음은 포인터 변수를 배열 형태로 사용한 프로그램이다.

| 포인터를 배열로 표현 프로그램 |

```
#include <stdio.h>
int main()
{
        int arr[3]={10, 20, 30};
        int *p=arr;
        printf("%d\n",p[0]);
        printf("%d\n",p[1]);
        printf("%d\n",p[2]);
        return 0;
}
```

배열의 이름인 arr가 배열의 시작 주소를 가지고 있으므로, 포인터 변수 p도 배열의 시작 주소를 가진다. 배열의 이름과 포인터 변수 모두 포인터이기 때문에 포인터 변수를 배열 형태로 사용하는 것도 가능하다. 따라서, p[0]은 배열의 첫 번째 요소를 의미하기 때문에 10이 출력되고, 나머지도 20, 30이 출력된다.

4. 포인터 연산

포인터 변수를 배열 형태로 표현하지 않고 포인터 연산을 사용하여 각 배열의 요소를 접근하려고 한다. 다음은 포인터 변수에 포인터 연산을 사용한 프로그램이다.

| 포인터 연산 프로그램 |

```
#include <stdio.h>
int main()
{
        int arr[3]={10, 20, 30};
        int *p=arr;
        printf("%p %p\n", p, &arr[0]);
        p++;
        printf("%p %p\n", p, &arr[1]);
        p++;
        printf("%p %p\n", p, &arr[2]);
        return 0;
}
```

기출플러스➕

★★★

다음의 C프로그램을 실행한 결과로 옳은 것은?　　　17 서울시 9급

```
#include <stdio.h>
void main()
{
    int num[4]={1, 2, 3, 4};
    int *pt = num;
    pt++;
    *pt++=5;
    *pt ++=10;
    pt--;
    *pt +++=20;
    printf("%d %d %d %d",num[0],
num[1], num[2], num[3]);
}
```

① 1 5 10 20　　② 1 5 20 4
③ 1 5 30 4　　　④ 에러 발생

해설 난도 상

정답의 이유
포인터 변수 pt가 num 배열의 첫 번째 주소를 저장한다. pt++ 이후 pt는 배열의 두 번째 주소를 저장한다. *pt++=5; 는 현재 pt가 가리키고 있는 두 번째 배열의 요소에 5를 대입한 후 세 번째 주소를 저장한다는 의미이다. 따라서 배열 요소의 값은 1, 5, 3, 4가 된다. *pt ++=10;에서 *pt와 ++ 사이에 공백은 있지만 이전의 명령어와 동일하다. 현재 pt가 가리키고 있는 세 번째 배열의 요소에 10을 대입한 후 네 번째 주소를 저장한다는 의미이다. 배열 요소의 값은 1, 5, 10, 4가 된다. pt--기 때문에 pt는 배열의 3번째 주소를 저장한다. 마지막 *pt +++= 20; 현재 pt가 가리키고 있는 세 번째 배열 요소의 값에 20을 더한 후 네 번째 주소를 저장한다는 의미이다. 따라서, 배열 요소의 값은 1, 5, 30, 4가 된다.

정답 ③

```
00AFFAC4 00AFFAC4
00AFFAC8 00AFFAC8
00AFFACC 00AFFACC
```

포인터 변수 p가 arr 배열의 첫 번째 주소를 가리킨다. 포인터 변수 p와 배열의 첫 번째 주소는 00AFFAC4가 출력된다. 다음으로 포인터 변수를 1 증가시킨 후 출력은 00AFFAC8이다. 첫 번째 출력과 두 번째 출력을 비교해보면 4byte 차이가 난다는 것을 알 수 있다. 즉, 포인터 변수를 1 증가시킨다는 것은 포인터 변수가 가리키는 자료형의 크기만큼 떨어진 주소를 가리킨다는 것을 알 수 있다. int형이 4byte이기 때문에 포인터 변수를 1 증가시키면 4byte 떨어진 주소를 가리키게 된다. p++는 p가 현재 가리키는 주소를 자료형의 크기만큼 떨어진 주소를 새롭게 가리킨다는 의미를 가지고, (*p)++는 p가 현재 가리키는 주소에 있는 값을 1 증가시킨다는 의미이다. 포인터 변수와 배열 이름으로 배열 요소 값을 출력하는 프로그램은 다음과 같다.

| 배열 요소 접근 프로그램 |

```
#include <stdio.h>
int main()
{
        int arr[3]={10, 20, 30};
        int *p = arr;
        printf("%d %d %d\n", *(p+0), *(p+1),*(p+2));
        printf("%d %d %d\n", p[0], p[1], p[2]);
        printf("%d %d %d\n", *(arr+0), *(arr+1),*(arr+2));
        printf("%d %d %d\n", arr[0], arr[1], arr[2]);
        return 0;
}
```

포인터 변수와 배열의 이름 모두 포인터 형태나 배열의 형태로 표현이 가능하다. *(p+i) 형태는 i자료형의 크기의 주소에 접근한다는 것이다. 즉, *(p+1)은 두 번째 배열 요소의 주소로 접근한다는 의미를 가진다. 4개의 printf() 함수 결과는 10, 20, 30이다. 결론적으로 하나의 식이 도출될 수 있는데 arr[i]==*(arr+i)와 같다.

3 포인터와 문자열

문자열을 사용할 때는 배열을 기반으로 방법과 포인터를 기반으로 하는 방법이 있다. 다음은 배열을 기반으로 문자열을 초기화한 방법이다.

```
char greeting[]="hello";
```

문자열의 크기만큼 배열의 크기가 할당되고 프로그램 내에서 문자열의 변경이 가능하다. 다음은 포인터를 기반으로 하는 방법이다.

```
char*greeting="hi";
```

기출플러스✚ ★★★
다음 C프로그램의 실행 결과는?
17 서울시 9급

```
#include <stdio.h>
void change(int *px, int *py, int pc,
int pd);
void main(void)
{
    nt a=10, b=20, c=30, d=40;
    change(&a, &b, c, d);
    printf( a=%d b=%d c=%d d=%d
, a, b, c, d);
}
void change(int *px, int *py, int pc,
int pd)
{
    *px=*py+pd;*py=pc+pd;
    pc=*px+pd; pd=*px+*py;
}
```

① a=60 b=70 c=50 d=30
② a=60 b=70 c=30 d=40
③ a=10 b=20 c=50 d=30
④ a=10 b=20 c=30 d=40

해설 난도상
정답의 이유
change() 함수의 매개 변수를 살펴보면 a, b는 변수의 주소 값을 전달하여 포인터 변수로 주소를 가리키도록 하고 c, d는 변수의 값을 전달한다. 다시 말해, change 함수 내에서 변수의 값이 바뀔 때 포인터 변수는 바뀐 값으로 변경이 되지만 일반 변수는 값이 변경되어도 함수가 끝나면 그냥 사라진다. 즉, 포인터 변수인 px, py 값이 바뀌면 a, b 값도 그에 맞게 바뀌고 pc, pd는 지역 변수이기 때문에 값이 바뀌어도 change() 함수가 끝나면 사라진다. 따라서 c, d의 값은 바뀌지 않는다. 결론적으로 출력되는 값은 a=60 b=70 c=30 d=40이다.

정답 ②

기출플러스✚ ★★★
다음 C 프로그램의 실행 결과는?
17 지방직 추가 9급

```
#include <stdio.h>
int main(void)
{
    int i;
    char buf[]="12345678901234567
89012345";
    char *str, ch;
    str = buf;
    for(i=0; i<=20; i+=4)
    {
        printf("%c ", *str++);
        ch=*++str;
    }
return 0;
}
```

① 1 3 5 7 9 1 ② 1 5 9 3 7 1
③ 2 4 6 8 0 2 ④ 2 6 0 4 8 2

str 포인터 변수가 buf 배열의 주소를 가리키고 있고 for문 안에서 str이 가리키고 있는 배열의 원소를 출력한다. 후위 연산자가 있기 때문에 가장 처음에 1을 출력하고 1 증가하여 배열의 두 번째 원소의 주소를 가리킨다. ch=*++str;에서는 ch에 저장되는 값은 의미가 없고 선위 연산자가 있기 때문에 1 증가하여 배열의 세 번째 원소의 주소를 가리킨다. 2회 반복 시에는 str 변수가 배열의 세 번째 원소 3을 출력한다. 이와 같은 방법으로 출력되는 원소는 1 3 5 7 9 10이다.

정답 ①

메모리 공간에 hi라는 문자열이 저장되고, greeting에는 메모리 공간의 첫 주소, 즉 h의 주소가 저장된다. 포인터를 기반으로 하는 방법은 문자열 수정은 불가능하다. 다시 정리해보면 배열을 기반 방법은 문자열의 변경은 가능하지만 주소의 변경은 불가능하다. 반면 포인터 기반 방법은 문자열의 변경은 불가능하고 주소의 변경은 가능하다.

4 포인터 배열

1. 포인터 배열의 이해

포인터 변수로 이뤄진 배열을 포인터 배열이라고 한다. 배열의 선언 방식은 다음과 같다.

```
int *arr[3];
```

길이가 3인 int형 포인터 배열 arr를 의미한다. 포인터 배열을 사용한 프로그램은 다음과 같다.

| 포인터 배열 프로그램 1 |

```
#include <stdio.h>
int main()
{
        int num1=10;
        int num2=20;
        int *arr[2]={&num1, &num2};
        printf("%d\n",*arr[0]);
        printf("%d\n",*arr[1]);
        return 0;
}
```

arr[0]은 num1의 주소, arr[1]은 num2의 주소를 저장한다. *arr[0]은 num1 주소에 저장된 값을 출력하므로 10이 출력되고, *arr[1]은 num2 주소에 저장된 값을 출력하므로 20이 출력된다.

2. 문자열 포인터 배열

문자열을 포인터 변수로 초기화할 때 살펴봤지만 포인터 변수가 문자열의 첫 번째 주소를 저장하였다. 포인터 배열도 마찬가지로 포인터 배열의 이름을 통해 배열 요소를 접근할 수 있다. 다음은 문자열을 저장한 포인터 배열 프로그램이다.

| 포인터 배열 프로그램 2 |

```
#include <stdio.h>
int main()
{
        int *greeting[2]={"hi", "hello"};
        printf("%s\n",greeting[0]);
        printf("%s\n",greeting[1]);
        return 0;
}
```

greeting[0]은 hi 문자열의 첫 번째 주소, greeting[1]은 hello 문자열의 첫 번째 주소를 저장한다. greeting[0] 출력은 hi이고, greeting[1] 출력은 hello가 된다.

5 포인터와 함수

1. 배열을 함수의 전달인자로 전달하는 방식

포인터 변수로 배열의 주소를 저장했을 때 *p=arr; 형태로 저장하였다. 마찬가지로 함수 호출 시 배열을 함수의 전달인자로 전달할 때는 배열의 주소를 작성하면 된다. 그리고 정의된 함수에서는 포인터 변수로 배열의 주소를 저장하면 된다. 다음은 배열을 함수의 전달인자로 전달하는 프로그램이다.

| 배열을 함수의 전달인자로 전달하는 프로그램 |

```
#include 〈stdio.h〉
void func(int *p);
int main()
{
        int arr[3]={10, 20, 30};
        func(arr);
        return 0;
}
void func(int *p)
{
        int i;
        for(i=0;i<3;i++)
        {
                printf("%d\n",p[i]);
        }
}
```

int형의 arr 함수를 선언하고 10, 20, 30을 저장한다. func() 함수를 호출할 때 배열의 첫 번째 주소를 전달하기 위해 배열의 이름을 작성한다. func() 함수 정의에서 전달인자는 포인터 변수를 선언하여 배열의 첫 번째 주소를 저장한다. 전달인자로 int *p 대신 int p[]로 작성해도 된다. 배열의 크기만큼 반복문을 실행시켜 배열 요소의 값을 출력한다. p[i] 대신 *(p+i)로 작성해도 똑같은 결과를 얻을 수 있다. 출력되는 값은 10, 20, 30이다.

다음 C 프로그램의 출력 결과는?

18 지방직 9급

```c
#include <stdio.h>
#define SIZE 3
void func(int *m, int *a, int b);
int main(void)
{
    int num[SIZE]={ 1, 3, 6 };
    int a=10, b=30;
    func(num, &a, b);
    printf("a=%d, b=%d \n", a, b);
    return 0;
}
void func(int*m, int*x, int y)
{
    int i=0, n=0;
    y=*x;
    n=*(m+1)+(*m+2);
    *x=++n;
}
```

① a=7, b=10   ② a=7, b=30
③ a=10, b=10   ④ a=10, b=30

해설 난도 상

정답의 이유

main() 함수 내에서 func() 함수 호출 시 전달인자를 살펴보면 num 배열의 주소, a 변수의 주소, b 변수의 값이 전달된다. func() 함수를 살펴보면 y=*x;에서 *x의 값이 10이므로 y는 10이 된다. *(m+1)에서 m이 num 배열의 첫 번째 주소를 저장하고 있으므로 m+1은 num 배열의 두 번째 주소를 저장하는 것이고 *(m+1)은 num 배열의 두 번째 주소에 있는 값을 의미하므로 3이 된다. (*m+2)에서 *m의 값은 num 배열의 첫 번째 주소에 있는 값이므로 1이 되고, 2를 더하면 3이 된다. 따라서 n의 값은 6이 되고, 마지막 줄에서 1을 증가하므로 n의 값은 7이 된다. 7을 *x, 즉 x가 가리키는 주소의 값을 7로 변경한다는 의미를 지니므로 a의 값이 7이 된다. func() 함수의 전달인자인 y는 call by value이므로 func() 함수 내에서 값이 바뀌어도 함수가 종료될 때 소멸되므로 b의 값이 변경되지 않는다. 따라서, main() 함수에서 출력되는 값은 a=7, b=30이다.

정답 ②

6 Call by value와 Call by reference

함수를 호출할 때 값을 전달하는 것을 Call by value라고 하고, 주소 값을 전달하는 것을 Call by reference라고 한다. 다음은 Call by value의 프로그램이다.

1. Call by value

| Call by value 프로그램 |

```c
#include <stdio.h>
void func(int n1, int n2);
int main()
{
        int num1=10;
        int num2=20;
        func(num1, num2);
        printf("%d %d",num1, num2);
        return 0;
}
void func(int n1, int n2)
{
        n1+=10;
        n2+=20;
        printf("%d %d\n", n1, n2);
}
```

int형 변수 num1과 num2를 선언하고 초기화한 뒤 func() 함수 호출 시 전달인자로 사용하였다. 함수가 호출되면 num1, num2의 값은 n1, n2에 저장된다. func() 함수 내에서 n1의 값에 10을 더했고, n2의 값에는 20을 더했다. func() 함수 내에서 n1, n2 출력은 20, 40이 된다. main() 함수에서 num1, num2의 출력은 10, 20이 된다. 즉, func() 함수에서 n1, n2에 바뀐 값이 num1, num2에 반영이 안되는 것을 알 수 있다. 이전에 학습한 지역 변수를 떠올려보면 n1과 n2는 func() 함수 내에서만 존재하는 지역 변수이다. 따라서 함수가 끝나게 되면 두 변수도 함께 소멸한다. 그래서 num1과 num2에는 변경된 값이 반영되지 않는다.

2. Call by reference

위와 동일한 기능을 수행하는 프로그램인데 func() 함수 호출 시 전달인자로 변수의 주소를 전달한다.

| Call by reference 프로그램 |

```
#include <stdio.h>
void func(int *n1, int *n2);
int main()
{
        int num1=10;
        int num2=20;
        func(&num1, &num2);
        printf("%d %d",num1, num2);
        return 0;
}
void func(int *n1, int *n2)
{
        *n1+=10;
        *n2+=20;
        printf("%d %d\n", *n1, *n2);
}
```

Call by value 프로그램과 동일한 기능을 수행하지만 func() 함수 호출 시 num1, num2 의 주소 값을 전달한다. func() 함수에서는 포인터 변수로 각 변수의 주소 값을 저장한 다. *n1+=10;은 n1이 가리키는 주소로 접근하여 값을 10 증가시킨다는 의미이다. func() 함수에서의 출력 결과는 20, 40이 된다. 그리고 main() 함수에서도 출력 결과가 20, 40이 된다. 즉, call by reference는 메모리 공간의 값이 프로그램 도중에 변경되면 변경된 값이 반영된다는 것을 알 수 있다.

11 구조체

구조체(structure)는 하나 이상의 변수를 묶어서 표현한 새로운 자료형을 의미한다. 예를 들어 학생과 관련된 정보를 생각해보면 학번, 이름, 나이, 성별, 전화번호 등이 있다. 이와 같이 학생과 관련된 정보들을 묶는다면 데이터의 표현과 관리 면에서 편리할 수 있다. 구조체가 관련 정보들을 묶어 관리할 수 있다.

1 구조체의 선언과 정의

구조체 변수 선언의 기본 구조는 struct [구조체 이름] [구조체 변수 이름]이다.

struct student stu1;

struct는 구조체를 나타내고, student는 구조체의 이름을 의미한다. stu1은 구조체 변수 이름이 된다. 다음은 구조체 변수 선언과 정의를 나타낸 프로그램이다.

```
#include<stdio.h>
struct student
{
        char id[9];
        char name[20];
        int age;
};
int main()
{
        struct student stu1;
        printf("학번 입력 : ");
        scanf("%s",stu1.id);
        printf("이름 입력 : ");
        scanf("%s",stu1.name);
        printf("나이 입력 : ");
        scanf("%d",&stu1.age);

        printf("학번 : %s\n",stu1.id);
        printf("이름 : %s\n",stu1.name);
        printf("나이 : %d\n",stu1.age);
        return 0;
}
```

| 프로그램 결과 |

```
학번 입력 : 20200001
이름 입력 : 전산직
나이 입력 : 20
학번 : 20200001
이름 : 전산직
나이 : 20
```

student 구조체 내 학번, 이름, 나이 변수들을 구조체 멤버 변수라고 부른다. main()
함수에서 stu1 구조체 변수를 선언한다. 구조체 멤버 변수는 구조체 변수, 멤버 변수로
접근할 수 있다. 멤버 변수들을 입력받지 않고 구조체 변수를 선언과 동시에 초기화하면
다음과 같이 작성할 수 있다. struct student stu1={"20200001", "전산직", 20};

2 구조체와 배열 및 포인터★☆☆

1. 구조체 배열의 선언과 초기화

학생 수가 20명이라고 한다면 구조체 변수를 20개 선언하는 것보다 크기가 20인 구조체
배열을 선언하면 관리하기가 수월해진다. student형 구조체 배열을 다음과 같이 선언
할 수 있다.

```
struct student arr[20];
```

다음은 구조체 배열을 선언과 동시에 초기화하고 저장된 정보를 출력하는 프로그램이다.

| 구조체 변수 선언과 정의 프로그램 |

```c
#include<stdio.h>
struct student
{
        char id[9];
        char name[20];
        int age;
};
int main()
{
        int i;
        struct student arr[3]={
                {"20200001", "전산직", 20},
                {"20200002", "공무원", 21},
                {"20200003", "시대고시", 22}
        };

        for(i=0;i<3;i++)
        {
                printf("학번 : %s 이름 : %s 나이 : %d\n",arr[i].id, arr[i].name, arr[i].age);
        }
        return 0;
```

| 프로그램 결과 |

```
학번 : 20200001 이름 : 전산직 나이 : 20
학번 : 20200002 이름 : 공무원 나이 : 21
학번 : 20200003 이름 : 시대고시 나이 : 22
```

student형 구조체 배열을 초기화할 때는 배열 요소마다 멤버 변수가 3개씩 있으므로, 각 멤버 변수에 대해 초기화를 시켜준다.

2. 구조체 변수와 포인터

구조체의 포인터 변수의 선언, 접근도 이전에 학습한 포인터 변수의 선언, 접근과 동일하다. student형 구조체 포인터 변수는 다음과 같이 선언하고 초기화할 수 있다.

```
struct student stu1={"20200001", "전산직", 20};
struct student *p=&stu1;
```

student형 구조체 변수 stu1의 주소를 student형 구조체 포인터 변수 p가 저장한다. student형 구조체 포인터 변수 p로 구조체 멤버를 접근하는 방법은 다음과 같다.

```
(*p).age=21;
p → age=21;
```

*연산과 .연산 대신 → 연산을 사용해도 된다. 다음은 *, .연산과 → 연산의 관계를 설명하는 프로그램이다.

기출플러스➕   ★★☆

다음 C 프로그램의 실행 결과는?
16 서울시 9급

```c
#include<stdio.h>
struct student
{
    char name[20]; // 이름
    int money; // 돈
    struct student* link; // 자기 참
조 구조체 포인터 변수
};
int main(void)
{
    struct student stu1={"Kim", 90,
NULL};
    struct student stu2={"Lee", 80,
NULL};
    struct student stu3={"Goo",
60, NULL};
    stu1.link=&stu2;
    stu2.link=&stu3;
    printf("%s  %d   n", stu1.link
->link->name, stu1.link->money);
    return 0;
}
```

① Goo 80   ② Lee 60
③ Goo 60   ④ Lee 80

해설 　난도중

정답의 이유

stu1 구조체 변수의 link 포인터 변수는 stu2 구조체 변수의 주소를 저장하고, stu2 구조체 변수의 link 포인터 변수는 stu3 구조체 변수의 주소를 저장한다. stu1.link → link → name에서 stu1.link는 stu2의 주소를 저장하기 때문에 stu2.link → name이라고 표현할 수 있다. stu2.link 는 stu3의 주소를 저장하기 때문에 stu3.name과 같다. 따라서 Goo가 출력된다. stu1.link → money는 stu2 → money 와 동일하기 때문에 80이 출력된다.

정답 ①

```c
#include<stdio.h>
struct student
{
        char id[9];
        char name[20];
        int age;
};
int main()
{
        struct student stu1={"20200001", "전산직", 20};
        struct student *p=&stu1;
        (*p).age=21;
        printf("%d",p → age);
        return 0;
}
```

구조체 변수 stu1의 주소를 구조체 포인터 변수 p가 저장하고, *, .연산을 사용하여 구조체 변수 stu1에 접근하여 멤버 변수 age에 21을 대입한다. 출력할 때는 → 연산을 사용하여 멤버 변수 age의 값을 출력한다. 출력 결과는 21이다.

3. 포인터 변수를 구조체 멤버 변수로 선언하기

구조체 멤버 변수로 포인터 변수를 선언할 수 있다. 다음은 멤버 변수로 포인터 변수를 선언한 프로그램이다.

| 멤버 변수로 포인터 변수가 포함된 프로그램 |

```c
#include<stdio.h>
struct student
{
        char id[9];
        char name[20];
        int age;
        struct student *p;
};
int main()
{
        struct student stu1={"20200001", "전산직", 20};
        struct student stu2={"20200002", "공무원", 21};
        struct student stu3={"20200003", "시대고시", 22};
        stu1.p=&stu2;
        stu2.p=&stu3;
        printf("%d %d",stu1.p → age, stu1.p → p → age);
        return 0;
}
```

구조체의 멤버 변수로 student형 구조체 포인터 변수를 선언하였다. main() 함수에서는 구조체 변수에 대해 초기화를 해준다. stu1.p=&stu2;는 stu2 구조체 변수의 주소를 stu1.p 구조체 포인터 변수가 저장한다는 의미이다. printf() 함수에서 stu1.p → age는 stu1.p는 stu2의 주소를 저장하고 있다. 즉, stu2의 멤버 변수 age 값을 출력한다는 의미이다. stu1.p → p → age는 stu1.p와 stu2는 동일하기 때문에 stu2.p → age로 표기할 수 있다. stu2.p는 stu3의 주소를 저장하고 있다. 즉, stu3의 멤버 변수 age 값을 출력한다. 따라서, 전체 출력 결과는 21 22가 된다.

CHAPTER 03 JAVA

중요 학습내용

1. 객체지향 프로그래밍의 특징에 대해 파악할 수 있다.
2. 클래스와 객체를 이해하고 적용할 수 있다.
3. 생성자를 이해하고 사용 방법을 파악할 수 있다.
4. 접근 제어 지시자의 종류와 특징을 이해할 수 있다.
5. 오버로딩의 개념을 이해하고 적용된 프로그램 코드를 이해할 수 있다.
6. 상속의 개념을 이해할 수 있다.
7. 오버라이딩의 개념과 오버로딩과의 차이점을 알 수 있다.
8. 컬렉션 프레임워크의 개념과 특징을 이해할 수 있다.

기출플러스 ➕ ★★★

다음에서 설명하는 객체지향 프로그래밍의 특징은?　19 지방직 9급

┤ 보기 ├

• 객체를 구성하는 속성과 메서드가 하나로 묶여 있다.
• 객체의 외부와 내부를 분리하여 외부 모습은 추상적인 내용으로 보여준다.
• 객체 내의 정보를 외부로부터 숨길 수도 있고, 외부에 보이게 할 수도 있다.
• 객체 내부의 세부 동작을 모르더라도 객체의 메서드를 통해 객체의 기능을 활용할 수 있다.

① 구조성　　② 다형성
③ 상속성　　④ 캡슐화

해설 난도 중

정답의 이유
캡슐화는 사용자들에게 해당 객체의 기능과 사용법만 제공하고 내부의 데이터와 메서드는 감추는 것을 뜻한다.

오답의 이유
② 다형성은 여러 개의 형태를 갖는다는 뜻으로 이름이 같은 메서드가 사용하는 객체에 따라 다르게 동작하는 것을 의미한다.
③ 상속은 상위 클래스의 모든 것을 하위 클래스에서 물려받아 사용한다는 것을 의미한다.

정답 ④

---

01 JAVA 개요

1 객체지향 프로그래밍 ★★★

객체지향 프로그래밍에서는 데이터와 메소드를 가지고 있는 객체를 생성하여 객체들 간에 메시지를 통하여 정보를 교환함으로써 프로그래밍이 이루어진다.

1. 객체(object)

객체는 정보를 효율적으로 관리하기 위하여 의미를 부여하고 분류하는 논리적 단위를 말한다. 실생활에서는 사람, 동물, 자동차 등 유무형의 존재들이 하나의 객체가 될 수 있다.

객체는 데이터와 기능으로 구성된다. 데이터는 객체의 속성을 나타내는 것으로 변수를 통해서 표현된다. 기능은 데이터를 조작 처리하는 절차 즉, 행동을 기술하고 있으며 메소드를 통해서 표현된다.

2. 클래스(class)

클래스는 여러 개의 객체를 생성하기 위한 틀이라고 볼 수 있다. 클래스에는 객체 구성에 필요한 변수와 메소드로 포함된다. 학생이라는 클래스가 있다면 이름, 성별, 학과, 학번 등 학생의 속성이 변수가 되고, 수강신청, 시험보기, 공부하기 등 학생의 행동이 메소드가 된다. 객체를 생성하기 위해서는 반드시 클래스가 있어야 하고, 클래스로부터 생성된 객체를 인스턴스(instance)라고 부른다.

3. 상속(inheritance)

상속은 기존 클래스로부터 모든 변수와 메소드를 상속받고, 더 필요한 변수와 메소드를 추가하여 새로운 클래스를 생성하는 것이다. 하나의 클래스로부터 상속받는 것을 단일 상속이라고 하며, 여러 개의 클래스로부터 상속받아 새로운 클래스를 생성하는 것을 다중 상속이라고 한다.

4. 캡슐화(encapsulation)

객체는 데이터과 메소드를 가지고 있다. 객체를 사용하는 입장에서는 객체 내부의 세부 동작을 모르더라도 객체의 메소드를 통해 기능을 사용할 수 있다. 객체가 실제로 데이터를 어떻게 처리하는지는 몰라도 된다는 의미다. 이와 같은 개념이 캡슐화이다.

클래스를 작성할 때 객체 내의 정보를 외부로부터 숨길 수도 있고, 외부에 공개할 수도 있다. 객체의 외부와 내부를 분리하여 외부 모습은 추상적인 내용으로만 보여준다.

5. 메시지(message)

메시지는 객체에게 일을 시키는 행위를 의미한다. 생성된 객체들은 메시지를 주고받으면서 일을 수행한다. 일반적으로 메시지에는 메시지를 받을 객체의 이름, 메소드 이름, 메소드 수행에 필요한 전달을 포함한다.

6. 다형성(polymorphism)

상속 관계에 있는 클래스에서 상위 클래스에 정의된 메소드가 하위 클래스의 객체가 할당될 때마다 다양한 형태로 변할 수 있다는 것을 의미한다. 상위 클래스에서 그리기() 라는 메소드가 있을 때 하위 클래스에서는 다양한 형태로 삼각형 그리기(), 사각형 그리기(), 오각형 그리기() 메소드가 있다는 것이다. 이때 상위 클래스를 추상 (abstract) 클래스라고 하고, 메소드를 추상 메소드라고 한다. 추상 메소드는 선언 부분만 있고 구현 부분이 없는 메소드로, 구현은 하위 클래스에서 구현되어 사용된다.

+PLUS 참고　　정보 은닉(information hiding)

- 필요하지 않은 정보는 접근을 제한하는 것이다.
- 모듈 사이의 독립성을 유지시킨다.
- 설계 전략을 지역화하여 전략의 변경에 따른 영향을 최소화한다.
- 모듈 사이의 결합도는 낮추고 응집도를 높여 모듈의 독립성을 향상시킨다.

기출플러스 ★★★

객체지향 프로그래밍에 대한 설명으로 옳지 않은 것은?　17 지방직 9급

① 다형성(polymorphism)을 이용할 수 있다.
② 추상 클래스(abstract class)로부터 객체를 직접 생성할 수 없다.
③ 객체 간에는 메시지(message)를 통해 명령을 전달한다.
④ 상속(inheritance)이란 기존의 여러 클래스들을 조합하여 새로운 클래스를 만드는 기법이다.

해설 난도중

정답의 이유
상속은 기존 클래스로부터 모든 변수와 메소드를 상속받고, 더 필요한 변수와 메소드를 추가하여 새로운 클래스를 생성하는 것이다.

정답 ④

이론플러스

추상 클래스는 상속 관계를 형성하기 위한 상위 클래스로 인스턴스화 시키기 위해서 정의된 클래스는 아니다. 따라서 추상 클래스에서는 객체 생성이 불가능하다.

기출플러스 ★★☆

정보은닉(information hiding)에 대한 설명으로 옳지 않은 것은?　17 서울시 9급

① 필요하지 않은 정보는 접근을 제한하는 것이다.
② 모듈 사이의 독립성을 유지시킨다.
③ 설계전략을 지역화하여 전략의 변경에 따른 영향을 최소화한다.
④ 모듈 사이의 결합도를 높여 신뢰성을 향상시킨다.

해설 난도중

정답의 이유
모듈 사이의 결합도는 낮추고 응집도를 높여 모듈의 독립성을 향상시킨다.

정답 ④

1 클래스 정의

객체를 생성하기 위해서는 변수와 메소드가 포함된 틀을 만들어야 한다. 학생의 성적과 관련된 클래스를 생성한다면 필요한 변수는 학번, 이름, 과목 점수 등이 된다. 메소드는 총점 계산, 평균 계산, 성적 출력 등이 될 수 있다. 변수와 메소드가 포함된 클래스를 정의하면 다음과 같다.

| 클래스의 정의 |

```
class GradeInfo{
        String id;
        String name;
        int kor;
        int math;
        int eng;
        int sum;
        double average;

        public void Total()
        {
                sum=kor+math+eng;
        }
}
```

클래스를 생성할 때는 class 클래스 명 형태로 작성해야 한다. GradeInfo는 클래스의 이름이다. 클래스의 시작과 끝은 중괄호({ })로 나타내고, 클래스 안에는 변수와 메소드가 포함된다. 변수로는 학생의 학번(id), 이름(name), 과목 점수(kor, math, eng), 총점(sum), 평균(average)이 있다. 메소드는 총점을 계산하기 위해 Total() 메소드를 생성하였고, 메소드에서는 국어, 영어, 수학 점수를 총점인 sum 변수에 더한다.

2 객체 생성

클래스의 변수와 메소드를 사용하기 위해서는 객체를 선언해야 한다. 객체를 생성하는 방법은 다음과 같다.

```
클래스 명 객체 이름=new 클래스 명();
```

GradeInfo 클래스를 사용하여 다음과 같이 객체를 생성할 수 있다.

```
GradeInfo stu1=new GradeInfo();
```

대입 연산자 오른편을 살펴보면 new는 객체를 생성할 때 사용하는 명령어이다. 즉, new GradeInfo();는 GradeInfo 객체를 생성한다는 의미를 가진다. 객체가 생성되면 메모리 공간에 할당이 이루어진다. 객체를 구성하는 변수는 그 크기대로 메모리 공간에 할당되고, 메소드도 호출이 가능한 형태로 메모리 공간에 존재한다.

GradeInfo stu1는 변수의 선언과 동일하다. 변수를 선언할 때 int num과 같이 자료형 변수명 형태를 가지듯이 GradeInfo stu1는 GradeInfo형이고 변수명이 stu1이라는 뜻이다.

객체 생성과 관련하여 전체 문장을 다시 정리하면 new GradeInfo();를 통해 GradeInfo 객체가 생성되고, stu1이라는 변수로 객체를 참조한다는 의미를 가진다.

3 객체의 접근 방법

객체가 생성되었다면 참조 변수를 통해 객체 내의 변수와 메소드를 접근할 수 있다. 객체의 변수 id에 값을 저장하는 방법은 다음과 같다.

```
stu1.id="20200001";
```

객체 변수 id에 20200001 문자열을 저장하겠다는 의미이다.

객체의 메소드를 호출할 때는 다음과 같이 작성한다.

```
stu1.Total();
```

객체의 변수와 메소드를 접근할 때는 참조 변수에 . 연산자를 사용한다.

클래스 정의, 객체 생성, 객체 접근 방법을 사용하여 프로그램을 작성하면 다음과 같다.

| 성적 산출 프로그램 |

```
class GradeInfo{
        String id;
        String name;
        int kor;
        int math;
        int eng;
        int sum;
        double average;

        public void Total()
        {
                sum=kor+math+eng;
        }
}
public class Student {
        public static void main(String[] args) {
                GradeInfo stu1=new GradeInfo();
                stu1.id="20200001";
                stu1.name="전산직";
                stu1.kor=82;
                stu1.math=90;
                stu1.eng=85;
                stu1.Total();
                System.out.println("학번 : "+stu1.id);
                System.out.println("이름 : "+stu1.name);
                System.out.println("총점 : "+stu1.sum);

        }
}
```

```
학번 : 20200001
이름 : 전산직
종점 : 257
```

main() 함수 내에서 GradeInfo 객체를 생성하고 참조 변수는 stu1으로 선언하였다. 참조 변수와 .연산자를 사용하여 객체 내의 변수에 초기화를 시켜준다. stu1.Total();에서 Total() 메소드가 호출되고 메소드 내에서는 국어, 영어, 수학 점수를 더하여 sum 변수에 저장한다. 출력을 하기 위해서는 System.out.print() 함수를 사용한다. 문장 출력이 끝난 후 줄바꿈이 일어나도록 하려면 println()을 사용한다. 출력하고자 하는 문장을 큰 따옴표(")로 묶어주고 객체 변수의 값을 출력할 때는 앞에 +를 적어준다.

1 생성자의 이해

생성자는 객체 생성 시 자동으로 호출되는 메소드로, 객체의 변수를 초기화하는 목적으로 사용된다. 생성자가 되기 위해서는 메소드의 이름이 클래스 이름과 동일해야 하고, 메소드는 반환하지 않기 때문에 선언 시 반환형을 작성하지 않는다. 메소드들의 전달인자는 다양한 형태로 얼마든지 정의가 가능하다. 만약 생성자를 정의하지 않으면 디폴트 생성자를 자동으로 생성한다

2 생성자의 정의

생성자는 객체의 변수를 초기화하는 목적으로 사용되기 때문에 국어, 영어, 수학 점수의 초기화를 생성자를 통해 이루어질 수 있도록 프로그램을 구현해보면 다음과 같다.

| 생성자 정의 프로그램 |

```java
class GradeInfo{
        int kor;
        int math;
        int eng;
        int sum;
        public GradeInfo()
        {
                kor=82;
                math=90;
                eng=85;
        }

        public void Total()
        {
                sum=kor+math+eng;
        }
}
public class Student {
        public static void main(String[] args) {
                GradeInfo stu1=new GradeInfo();
                System.out.println("국어 점수 : "+stu1.kor);
                System.out.println("수학 점수 : "+stu1.math);
                System.out.println("영어 점수 : "+stu1.eng);
        }
}
```

public GradeInfo()와 같이 클래스 이름과 동일한 이름으로 메소드를 생성한다. 정의된 메소드를 살펴보면 반환형이 없다는 것을 알 수 있다. main() 함수에서 객체를 생성하면 생성자는 자동으로 호출된다. 생성자 내에서는 국어, 수학, 영어 점수를 초기화한다. main() 함수에서 국어, 수학, 영어 점수를 출력해보면 82, 90, 85가 출력된다. 점수가 출력되었다는 것은 객체를 생성할 때 생성자가 호출되었다는 의미를 가진다.

접근 제어 지시자는 접근의 허용 범위를 제한하는 용도로 사용된다. 종류로는 private, public, default, protected가 있다. 다음은 접근 제어 지시자가 포함된 프로그램이다.

1 접근 제어 지시자 프로그램

| 접근 제어 지시자 포함 프로그램 |

```java
class GradeInfo{
        int kor;
        int math;
        int eng;
        private int sum;
        public GradeInfo()
        {
                kor=82;
                math=90;
                eng=85;
        }

        public void Total()
        {
                sum=kor+math+eng;
        }
}
public class Student {
        public static void main(String[] args) {
                GradeInfo stu1=new GradeInfo();
                stu1.Total();
                System.out.println("총점 : "+stu1.sum);
        }
}
```

2 접근 제어 지시자 종류

1. private

private로 선언된 객체 내의 변수와 메소드는 선언된 클래스 내부에서만 접근이 가능하다. 만약 다른 클래스에서 해당 변수와 메소드를 접근할 경우 에러가 발생한다.
sum 변수가 private로 선언되었다. 따라서, sum 변수는 GradeInfo 클래스 내에서만 사용이 가능하다. 그런데 Student 클래스에서 총점을 출력하기 위해 stu1.sum을 사용한다. 다른 클래스에서 sum 변수를 사용하는 경우이므로 에러가 발생한다.

2. public

public으로 선언된 객체의 변수와 메소드는 어디서든 접근이 가능하다. 다른 클래스에서도 객체의 변수와 메소드 접근이 가능하다. 위 프로그램을 살펴보면 Total() 함수가

public으로 정의되었다. Total() 함수는 GradeInfo 클래스 내에서도 사용이 가능하고 Student 클래스에서도 사용할 수 있다. main() 함수에서 stu1.Total();을 사용하여 함수를 호출했는데 해당 라인에서는 에러가 발생하지 않는다.

3. default

default는 객체 내의 변수나 메소드에 아무런 접근 제어 지시자가 없는 경우를 말하며, 이를 디폴트 선언이라고 한다. 위 프로그램에서는 kor, math, eng 변수가 해당된다. default로 선언된 객체의 변수와 메소드는 동일 패키지 내에서 접근을 허용한다.

4. protected

protected으로 선언된 객체의 변수와 메소드는 상속 관계에 있는 클래스 간 접근이 가능하다. 상속은 상위 클래스에 포함된 변수와 메소드를 그대로 하위 클래스에서 물려받고 필요한 경우 변수와 메소드를 추가할 수 있다. 상위 클래스에서 어떤 변수가 protected라고 선언되면 상속받은 하위 클래스에서 해당 변수를 사용할 수 있다는 의미이다.

05 오버로딩(overloading)★☆☆

1 오버로딩의 개념

자바에서는 동일한 이름의 메소드를 정의할 수 있다. 다만, 전달인자의 형이 다르거나 개수가 달라야 메소드를 정의할 수 있는데 이를 메소드 오버로딩이라고 한다. 다음은 메소드 오버로딩의 예이다.

| 메소드 오버로딩 |

```
class AAA {
        void func(int n) { ‥}
        void func(int n1, int n2) { ‥}
        void func(int n1, double n2) { ‥}
}
```

AAA 클래스 내에는 func() 함수가 3개 존재한다. 다만, 반환형은 동일하고 전달인자의 형과 개수가 다르다는 것을 알 수 있다. 만약 두 번째 func() 함수의 반환형이 int라고 한다면 메소드 오버로딩은 성립되지 않는다. main() 함수에서 참조 변수로 메소드를 호출하는 방법은 다음과 같다.

```
AAA obj=new AAA();
        obj.func(10);
        obj.func(10, 20);
        obj.func(10, 3.14);
```

정의된 func() 함수의 전달인자의 형과 개수에 맞게 함수를 호출하면 문제가 발생하지 않는다.

2 생성자 오버로딩

생성자도 메소드와 마찬가지로 오버로딩 할 수 있다. 다음은 생성자를 오버로딩한 프로그램이다.

| 생성자 오버로딩 프로그램 |

```
class GradeInfo{
        int kor;
        int math;
        int eng;

        public GradeInfo(int k)
        {
                kor=k;
        }
        public GradeInfo(int k, int m)
        {
                kor=k;
                math=m;
        }
        public GradeInfo(int k, int m, int e)
        {
                kor=k;
                math=m;
                eng=e;
        }

}
public class Student {
        public static void main(String[] args) {
                GradeInfo stu1=new GradeInfo(86);
                GradeInfo stu2=new GradeInfo(86, 96);
                GradeInfo stu3=new GradeInfo(86, 87, 92);
        }
}
```

전달인자의 개수가 다른 GradeInfo 생성자를 생성하였다. main() 함수에서 객체를 생성할 때 생성자 전달인자의 형과 개수에 맞게 전달인자를 사용하면 해당 생성자가 호출된다.

1 상속의 이해★★☆

1. 상속의 기본 구조

상속은 기존에 정의된 클래스에 변수와 메소드를 추가하여 새로운 클래스를 정의하는 것을 말한다. 기존에 Person 클래스가 존재하고 Student 클래스가 Person 클래스를 상속받는다고 하면 다음과 같이 프로그램을 구현할 수 있다.

| 상속 기본 구조 프로그램 |

```java
class Person{
        String name;

        public void printName()
        {
                System.out.println("이름 : "+name);
        }
}
class Student extends Person{
        String id;
        public void studentInfo()
        {
                System.out.println("학번 : "+id);
                printName();
        }
}
public class StudentMain{
        public static void main(String[] args) {
                Student stu1=new Student();
        }
}
```

Person 클래스에는 name 변수와 printName() 메소드가 있다. Student 클래스에서 Person 클래스를 상속받는다. 상속받을 때는 extends 키워드와 상속받을 클래스 명을 작성한다. Student 클래스에는 id 변수와 studentInfo() 메소드가 있다. main() 함수에서 Student 객체를 생성하면 Person 클래스의 변수와 메소드도 함께 포함된다. 그래서 Student 메소드인 studentInfo() 내에서 printName() 메소드 호출이 가능하다. 여기서 Person 클래스와 같이 상속의 대상이 되는 클래스를 상위 클래스라고 하고, Student 클래스와 같이 상속을 받는 클래스를 하위 클래스라고 한다.

2. 생성자와 super

상속 관계에 있는 클래스 내에 포함된 변수들을 초기화하기 위해 생성자를 생성한다. 하위 클래스의 객체를 생성하고 클래스의 변수들을 생성자를 통해 초기화할 때 super라는 키워드를 사용한 프로그램이다.

기출플러스⊕

다음 Java 프로그램의 출력 값은?

18 국가직 9급

```java
class Super {
    Super() {
    System.out.print('A');
    }
    Super(char x) {
    System.out.print(x);
    }
}
class Sub extends Super {
    Sub() {
    super();
    System.out.print('B');
    }
    Sub(char x) {
    this();
    System.out.print(x);
    }
}
public class Test {
    public static void main(String[]
args) {
    Super s1 = new Super('C');
    Super s2 = new Sub('D');
    }
}
```

① ABCD   ② ACBD

③ CABD   ④ CBAD

해설 `난도 중`

정답의 이유

main() 함수에서 첫 번째 줄은 Super 클래스 객체를 생성하고 Super형 참조 변수 s1을 선언하였다. 생성자 호출 시 전달인자가 'C'이므로 Super 클래스의 생성자 Super(char x)가 호출된다. x의 값이 'C'이므로 화면에 C가 출력된다.

main() 함수의 두 번째 줄은 Sub 클래스 객체를 생성하고 Super형 참조 변수 s2를 선언하였다. 생성자 호출 시 전달인자가 'D'이므로 Sub 클래스의 Sub(char x) 생성자가 호출된다. 생성자의 첫 줄에는 this();가 있으므로 Sub() 생성자가 호출되고, 생성자 첫 줄에 super();가 있으므로 Super 클래스의 Super() 생성자가 호출되면서 A가 출력된다. A 출력이 끝나면 Sub() 생성자의 B가 출력되고, 마지막으로 Sub(char x) 생성자에서 전달인자 값 D가 출력된다.

해당 호출 순서를 다시 정리하면 다음과 같다.

Sub(char x) 실행 후 this() 호출 → Sub() 실행 후 super() 호출 → Super() 실행 후 A 출력 → Sub()로 돌아와 B 출력 → Sub(char x)로 돌아와 전달인자 D 출력

정답 ③

```java
class Person{
    private String name;

    public Person(String name) {
        this.name =name;
    }

    public void printName()
    {
        System.out.println("이름 : "+name);
    }
}
class Student extends Person{
    private String id;

    public Student(String name, String id)
    {
        super(name);
        this.id=id;
    }
    public void studentInfo()
    {
        printName();
        System.out.println("학번 : "+id);
    }
}
public class StudentMain{
    public static void main(String[] args) {
        Student stu1=new Student("전산직","20200001");
        stu1.studentInfo();
    }
}
```

main() 함수에서 Student 객체를 생성하면서 생성자의 전달인자로 이름과 학번을 전달한다. 다음으로 Student 생성자가 호출되는데 name 변수의 경우에는 상위 클래스에서 private로 선언되어 있다. 즉, 하위 클래스에서 상속은 받았지만 name 변수를 직접 접근할 수 없기 때문에 상위 클래스의 생성자에서 name을 초기화시키기 위해 super(name)을 사용한다. super는 상위 클래스의 생성자를 호출할 때 사용하는 키워드이다. 상위 클래스의 생성자가 호출되면서 전달인자 name으로 현재 객체의 name 변수를 초기화한다. 초기화가 끝나면 다시 Student 생성자로 돌아와 id 변수가 초기화된다. 두 변수의 초기화가 끝나면 main() 함수에서 studentInfo() 메소드를 호출한다. studentInfo() 메소드 내에서 printName() 메소드를 호출하면 이름이 출력된다. printName() 메소드의 경우 public으로 선언되었기 때문에 어디에서는 접근이 가능하다. 마지막으로 학번이 출력된다.

07 오버라이딩(overriding)★★★

1 오버라이딩 개념

오버라이딩은 상위 클래스에서 정의된 메소드의 이름, 반환형, 전달인자가 동일한 메소드를 하위 클래스에서 다시 정의하는 것을 의미한다. 다음은 studentInfo() 메소드가 오버라이딩 된 프로그램이다.

| 오버라이딩 프로그램 |

```
class Person{
        private String name;

        public void studentInfo()
        {
                System.out.println("이름 : "+name);
        }

        public void setName(String name)
        {
                this.name=name;
        }
}
class Student extends Person{
        private String id;

        public void studentInfo()
        {
                super.studentInfo();
                System.out.println("학번 : "+id);
        }

        public void setId(String id)
        {
                this.id=id;
        }
}
public class StudentMain{
        public static void main(String[] args) {
                Student stu1 = new Student();
                stu1.setId("20200001");
                stu1.setName("전산직");
                stu1.studentInfo();
        }
}
```

| 프로그램 결과 |

```
이름 : 전산직
학번 : 20200001
```

기출플러스⊕ ★★★

〈보기〉의 Java 프로그램의 실행 결과는? 19 서울시 9급

| 보기 |

```
class A {
public void f() { System.out.print("1");
}
public static void g() { System.out.
print("2"); }
}
class B extends A {
public void f() { System.out.print("3");
}
class C extends B {
public static void g() { System.out.
print("4"); }
}
public class D {
public static void main(String args[])
{
A obj=new C();
obj.f();
obj.g();
}
}
```

① 3 2 ② 3 4
③ 1 2 ④ 1 4

해설 난도 상

정답의 이유

먼저 클래스를 살펴보면 B 클래스는 A 클래스를 상속하고 C 클래스는 B 클래스를 상속한다. A, B 클래스에 있는 f() 함수는 함수의 형태가 동일하므로 오버라이딩 되었다. g() 함수는 static으로 정의되었기 때문에 해당 클래스 참조 변수로 호출된다. main() 함수에서 A obj=new C();는 C 클래스 인스턴스를 생성하여 A 클래스 참조 변수 obj로 참조하라는 의미를 가진다. obj.f();는 f() 함수를 호출하는 명령어인데 오버라이딩 된 경우 하위 클래스의 함수가 호출되므로 B 클래스의 함수가 호출되면서 3을 출력한다. obj.g();에서 g() 함수는 static으로 정의되어 있고 obj가 A 클래스 참조 변수이기 때문에 A 클래스 안의 g() 함수가 호출되어 2가 출력된다.

정답 ①

Person, Student 클래스의 studentInfo() 메소드를 살펴보면 반환형, 메소드 이름, 전달인자 모두 같다는 것을 알 수 있다. 즉, 메소드가 오버라이딩 된 경우이다. Student 객체를 생성한 후 setId(), setName() 메소드를 호출하여 id, name 변수를 초기화시켰다. 마지막으로 studentInfo() 메소드를 호출하면 상위 클래스의 studentInfo() 메소드는 가려지고 하위 클래스의 studentInfo() 메소드가 호출된다. 상위 클래스의 studentInfo() 메소드를 호출하기 위해서는 super 키워드를 사용해야 한다.

2 상위 클래스 참조 변수 선언

Person, Student 클래스의 관계를 살펴보면 "학생은 사람이다"라고 한다면 문장이 성립된다. 문장을 토대로 객체를 생성해보면 다음과 같다.

```
Person p=new Student();
```

학생 객체를 생성하고 사람의 변수 p가 학생 객체를 참조한다. 위 프로그램을 다음과 같이 작성할 때 에러가 나는 부분을 살펴보자.

|참조 변수의 접근 범위|

```
Person p=new Student();
p.setId("20200001");
p.setName("전산직");
p.studentInfo();
```

에러가 나는 부분은 p.setId("20200001");이다. p가 Student 객체를 참조하지만, Person형 참조 변수이므로 Student 객체의 메소드를 접근할 수 없다. p가 접근할 수 있는 메소드는 Person에 포함된 메소드이다. 다시 정리하면 하위 클래스 객체를 상위 클래스의 참조 변수로 참조가 가능하다. 다만, 상위 클래스의 참조 변수는 하위 클래스의 메소드에는 접근하지 못한다.

세 개의 클래스가 있고 상속 관계는 다음과 같을 때 참조 변수 선언에 대해 살펴보자.

```
class AAA {··}
class BBB extends AAA {··}
class CCC extends BBB {··}
```

AAA가 최상위 클래스로 BBB, CCC 클래스는 하위 클래스이다. BBB 클래스는 AAA
클래스의 하위 클래스이고, CCC 클래스의 상위 클래스이다. CCC 클래스는 AAA, BBB
클래스의 하위 클래스이다. 이와 같은 관계를 토대로 참조 변수는 다음과 같이 선언할
수 있다.

| 참조 변수 선언 예 |

```
AAA obj1=new BBB();
AAA obj2=new CCC();
BBB obj3=new CCC();
```

다음은 에러가 발생하는 경우이다.

| 에러 발생 예 1 |

```
BBB obj1=new AAA();
CCC obj2=new AAA();
CCC obj3=new BBB();
```

| 에러 발생 예 2 |

```
AAA obj1=new CCC();
BBB obj2=obj1;
CCC obj3=obj1;
```

참조 변수를 선언할 때 참조 변수의 형은 생성되는 객체가 속한 클래스보다 항상 상위
클래스여야 한다.

다음 Java 프로그램의 출력 결과는?

19 국가직 9급

```java
class ClassP {
    int func1(int a, int b) {
    return (a+b);
    }
    int func2(int a, int b) {
    return (a-b);
    }
    int func3(int a, int b) {
    return (a*b);
    }
}
public class ClassA extends ClassP {
    int func1(int a, int b) {
    return (a%b);
    }
    double func2(double a, double b)
{
    return (a*b);
    }
    int func3(int a, int b) {
    return (a/b);
    }
    public static void main(String[]
args) {
    ClassP P = new ClassA();
    System.out.print(P.func1(5,  2)+",
 "+P.func2(5, 2)+",  "+P.func3(5, 2));
    }
}
```

① 1, 3, 2 ② 1, 3, 2.5
③ 1, 10.0, 2.5 ④ 7, 3, 10

해설 ﹝난도상﹞

정답의 이유

main()을 살펴보면 상위 클래스 ClassP의 참조 변수 P를 선언하고 ClassA 객체를 참조한다. 참조 변수 P로 각 메소드를 호출하는 형태의 프로그램이다.

func1() 함수는 메소드 이름, 반환형, 전달 인자가 모두 동일하기 때문에 메소드 오버라이딩이다. 오버라이딩의 경우에는 상위 클래스의 메소드는 가려지기 때문에 하위 클래스의 메소드가 호출된다. ClassA의 func1() 함수가 호출되면 반환 값이 a%b이다. %는 나머지 연산자이므로 5%2=1이 된다.

func2() 함수는 반환형이 다르므로 오버로딩도 아니고 서로 다른 함수이다. 참조 변수 P가 ClassP 형이기 때문에 ClassP의 func() 함수가 호출된다. func() 함수의 반환 값은 a-b=5-2=3이 된다.

func3() 함수는 메소드 이름, 반환형, 전달 인자가 모두 동일하기 때문에 메소드 오버라이딩이다. ClassA의 func3() 함수가 호출되면 반환 값은 a/b=5/2=2이다.

정답 ①

3 오버라이딩, 오버로딩 호출

상위 클래스의 참조 변수가 선언되고 오버라이딩, 오버로딩된 메소드를 호출했을 때 결과를 살펴보자.

| 오버라이딩, 오버로딩 프로그램 |

```java
class AAA
{
        public void Overriding()
        {
                System.out.println("AAA");
        }
        public void Overloading()
        {
                System.out.println("number : 0");
        }
}
class BBB extends AAA
{
        public void Overriding()
        {
                System.out.println("BBB");
        }
        public void Overloading(int n)
        {
                System.out.println("number : "+n);
        }
}
class CCC extends BBB
{
        public void Overriding()
        {
                System.out.println("CCC");
        }
        public void Overloading(double n)
        {
                System.out.println("number : "+n);
        }
}
public class Test {
        public static void main(String[] args) {
                AAA obj1=new CCC();
                BBB obj2=new CCC();
                CCC obj3=new CCC();

                obj1.Overriding();
                obj2.Overriding();
                obj3.Overriding();

                obj1.Overloading();
                obj2.Overloading(10);
                obj3.Overloading(3.14);
        }
}
```

| 프로그램 결과 |

```
CCC
CCC
CCC
number : 0
number : 10
number : 3.14
```

클래스 BBB는 클래스 AAA를 상속하고, 클래스 CCC는 클래스 BBB를 상속한다. Overriding() 메소드는 오버라이딩 되었고, Overloading() 메소드는 전달인자를 달리하여 오버로딩 되었다. main() 함수에서 3개의 참조 변수를 선언한다. 먼저 3개의 참조 변수에서 Overriding() 메소드를 호출한다. 결과를 살펴보면 모두 CCC가 출력된다. 앞서 오버라이딩에서 살펴봤지만 상위 클래스의 메소드는 가려지고 가장 하위 클래스의 메소드가 호출된다. Overloading() 메소드는 오버로딩 관계이기 때문에 전달인자의 형과 개수에 맞는 메소드가 호출되는 것을 알 수 있다.

➕PLUS 참고 　컬렉션 프레임워크★☆☆

컬렉션 프레임워크는 다수의 데이터를 쉽게 처리할 수 있도록 표준화된 방법을 제공하는 클래스들의 모임이라고 할 수 있다.

• 인터페이스 구조

| 컬렉션 프레임워크 인터페이스 구조 |

Collection⟨E⟩ 인터페이스를 구현하는 제네릭 클래스들은 모두 인스턴스를 저장한다. 단, 저장 방식에 있어 중복 저장 허용, 저장 시 정렬 등의 차이가 있을 뿐이다. 어떤 인터페이스를 구현하느냐에 따라 데이터를 저장하는 방식에 차이가 있기 때문에, 구현하는 인터페이스 종류만 알아도 컬렉션 클래스의 데이터 저장방식을 알 수 있다.

• 인터페이스 특징

인터페이스	특징
List	순서가 있는 데이터의 집합, 데이터의 중복을 허용한다. 예 대기자 명단
	구현 클래스 : ArrayList, LinkedList, Stack, Vector 등
Set	순서를 유지하지 않는 데이터의 집합, 데이터의 중복을 허용하지 않는다. 예 양의 정수 집합, 소수 집합
	구현 클래스 : HashSet, TreeSet 등
Map	키(key)와 값(value)의 쌍으로 이루어진 데이터의 집합 순서는 유지되지 않고, 키는 중복을 허용하지 않고, 값은 중복을 허용한다. 예 우편번호, 지역번호(전화번호)
	구현 클래스 : HashMap, TreeMap, Hashtable, Properties 등

★☆☆

다음 Java 프로그램이 실행될 수 있도록
㉠~㉢을 옳게 짝지은 것은?

17 지방직 추가

```
import java.util.Stack;
public class StackDemo1 {
    public static void main(String[]
args) {
        Stack〈 ㉠ 〉stack= ㉡
Stack〈〉();
        stack.push("java");
        stack.push("stack");
        stack.push("demo");
        ㉢ popResult=stack.pop();
        System.out.println(popResult);
        popResult=stack.pop();
        System.out.println(popResult);
        popResult=stack.pop();
        System.out.println(popResult);
    }
}
```

	㉠	㉡	㉢
①	String	create	String
②	Object	create	String
③	Object	new	char
④	String	new	Object

해설 난도 중

정답의 이유

㉠은 Stack의 인스턴스 자료형이 들어가
야 한다. push() 메소드의 매개 변수로 문
자열이 사용되므로 알맞은 자료형은
String이 된다. ㉡ 인스턴스를 생성할 때
알맞은 명령어는 new이다. push() 메소드
의 형태는 push(Object item)이다. 즉, 객
체가 매개 변수로 사용된다. pop() 메소드
의 형태는 Object pop()이다. 즉, 객체를
반환한다. 따라서 ㉢의 popResult의 경우
에는 Object가 된다.

정답 ④

• Stack과 Queue 메소드

| Stack 메소드 |

메소드	설명
boolean empty()	Stack이 비어있는지 알려준다.
Object peek()	Stack의 맨 위에 저장된 객체를 반환한다. 단, Stack에서 꺼내지는 않는다. Stack이 비어 있을 때는 null을 반환한다.
Object pop()	Stack의 맨 위에 저장된 객체를 반환한다.
Object push(Object item)	Stack에 객체 item을 저장한다.
int search(Object o)	Stack에서 매개 변수인 객체 o를 찾아 위치를 반환한다.

| Queue 메소드 |

메소드	설명
Object element()	삭제 없이 저장된 요소를 읽어온다. Queue가 비어 있을 때 Exception을 발생시킨다.
boolean offer(Object o)	Queue에 객체를 저장한다. 저장을 성공하면 true, 실패하면 false를 반환한다.
Object peek()	삭제 없이 저장된 요소를 읽어온다. Queue가 비어 있을 때 null을 반환한다.
Object poll()	Queue에서 객체를 꺼내고, Queue가 비어 있을 때 null을 반환한다.
Object remove()	Queue에서 객체를 꺼내고, Queue가 비어 있을 때 예외를 발생시킨다.

PART 05

빈출개념 체크 ○×

CHAPTER 01 프로그래밍 개요

01 프로그램 순서는 목적 프로그램 → 원시 프로그램 → 실행 프로그램이다. (○ / ×)

02 컴파일은 작성한 코드에 오류가 있는지 검사한 후 목적 파일을 생성한다. (○ / ×)

03 저급언어에는 기계어, 어셈블리어가 있다. (○ / ×)

04 C언어는 객체지향 언어이다. (○ / ×)

05 Kotlin은 JVM에서 동작하는 프로그래밍 언어이다. (○ / ×)

06 객체지향은 객체들을 생성하고 객체들 간에 메시지를 통하여 정보를 교환하는 프로그래밍 기법이다. (○ / ×)

07 의사코드는 슈도(pseudo)코드라고 하며, 프로그램을 작성할 때 각 모듈이 작동하는 논리를 표현하기 위한 알고리즘 코드를 말한다.
(○ / ×)

08 순서도 작성에서 처리 순서는 위에서 아래로, 오른쪽에서 왼쪽을 원칙으로 하며, 화살표를 사용하여 표시한다. (○ / ×)

09 나시-슈나이더만 차트는 구조적 프로그램의 순차, 선택, 반복 구조에 대해 사각형으로 도식화하여 알고리즘을 표현한 기법이다.
(○ / ×)

10 BNF는 기본적으로 〈기호〉::=〈표현식〉 형식의 문법을 사용한다. (○ / ×)

01 C언어로 작성된 모든 프로그램은 반드시 main() 함수를 포함시켜야 한다. (○ / ×)

02 함수의 시작과 끝은 {, }로 표시한다. (○ / ×)

03 각 문장의 끝에는 반드시 콜론(:)을 붙여준다. (○ / ×)

04 변수의 이름은 숫자로 시작할 수 있고, 키워드도 변수의 이름으로 사용할 수 없다. (○ / ×)

05 데이터를 사용자로부터 입력받기 위해서는 printf() 함수를 사용해야 한다. (○ / ×)

06 =은 왼쪽 변수와 오른쪽 변수의 값이 같다는 의미이다. (○ / ×)

07 %는 연산자의 오른쪽에 있는 값 중 왼쪽에 있는 값을 오른쪽에 있는 값으로 나눈 나머지를 반환한다. (○ / ×)

08 ++a는 a가 속한 나머지 문장 실행 후 a의 값을 1 증가시킨다. (○ / ×)

09 a && b는 a와 b 중 하나라도 참(1)이면, 연산 결과로 참(1)을 반환한다. 둘 다 거짓(0)이면 연결 결과로 거짓(0)을 반환한다.
(○ / ×)

10 char는 1byte 크기를 가지고 있으며 정수형에 속한다. (○ / ×)

11 실수형에는 float, double, long double 자료형이 있다. (○ / ×)

12 if에 조건을 작성하고 마지막에 세미콜론(;)을 붙인다. (○ / ×)

13 조건을 2개 이상 사용하기 위해서는 else if를 사용한다. (○ / ×)

14 switch-case문에서는 switch 다음에 정수형 변수가 온다. (○ / ×)

15 반복문은 어떤 명령을 반복적으로 수행할 때 사용한다. (○ / ×)

16 for문의 형식은 for(조건식, 초기값, 증감값)이다. (○ / ×)

17 반복문에는 for, while, do-while이 있다. (○ / ×)

18 반복문 내에서 break를 만나게 되면 이후 문장들은 실행되지 않고 반복문의 조건식으로 이동한다. (O / X)

19 함수의 구조는 반환 값, 함수명, 전달인자로 이루어진다. (O / X)

20 함수를 선언할 때에는 마지막에 세미콜론(;)을 붙인다. (O / X)

21 함수에서 반환 값이 없을 때는 void로 작성한다. (O / X)

22 재귀 함수는 함수 내에서 자신을 다시 호출하는 함수를 의미한다. (O / X)

23 전역 변수는 main() 함수 안에서 선언된다. (O / X)

24 지역 변수는 중괄호 내에서 선언되고, 사용 범위도 중괄호 내로 국한된다. (O / X)

25 static 변수는 중괄호 내에서 사용할 수 있고 전역 변수처럼 프로그램이 종료될 때 소멸이 된다. (O / X)

26 5개의 정수를 입력받기 위한 배열은 int input[5];와 같이 선언할 수 있다. (O / X)

27 배열의 첨자는 1부터 시작한다. (O / X)

28 배열은 선언과 동시에 초기화할 수 있다. (O / X)

29 문자열을 저장하는 배열의 마지막에는 \0 문자가 저장된다. (O / X)

30 포인터 변수는 메모리상의 주소 값을 저장하는 변수이다. (O / X)

31 포인터 변수를 선언할 때는 * 기호를 사용한다. (O / X)

32 포인터 변수가 p1일 때 p1++는 p1에 저장된 메모리 주소로 접근하여 값을 1 증가시킨다는 의미이다. (O / X)

33 포인터 변수가 배열의 이름을 참조하면 배열의 첫 번째 주소를 가리킨다. (O / X)

34 call by reference는 메모리 공간의 값이 프로그램 도중에 변경되면 변경된 값이 반영된다는 것을 알 수 있다. (O / X)

35 구조체(structure)는 하나 이상의 변수를 묶어서 표현한 새로운 자료형을 의미한다. (O / X)

36 구조체 변수 선언의 기본 구조는 struct [구조체 이름] [구조체 변수 이름]이다. (O / X)

01 객체는 정보를 효율적으로 관리하기 위하여 의미를 부여하고 분류하는 논리적 단위를 말한다. (O / ×)

02 객체를 생성하기 위해서는 반드시 클래스가 있어야 하고, 클래스로부터 생성된 객체를 인스턴스(instance)라고 부른다. (O / ×)

03 클래스에는 일반적으로 변수와 메소드가 포함된다. (O / ×)

04 객체를 생성하는 방법은 클래스 명 객체 이름 = new 클래스 명();이다. (O / ×)

05 객체의 변수와 메소드를 접근할 때에는 → 연산자를 사용한다. (O / ×)

06 생성자는 객체 생성 시 자동으로 호출되는 메소드이다. (O / ×)

07 생성자는 객체의 변수를 초기화하는 목적으로 사용된다. (O / ×)

08 protected으로 선언된 객체의 변수와 메소드는 어디서든 접근이 가능하다. (O / ×)

09 private로 선언된 객체 내의 변수와 메소드는 선언된 클래스 내부에서만 접근이 가능하다. (O / ×)

10 전달인자의 형이 다르거나 개수가 다른 메소드를 정의하는 것을 메소드 오버라이딩(overriding)이라고 한다. (O / ×)

11 생성자도 메소드와 마찬가지로 오버로딩 할 수 있다. (O / ×)

12 상속은 기존에 정의된 클래스에 변수와 메소드를 추가하여 새로운 클래스를 정의하는 것을 말한다. (O / ×)

13 상속의 대상이 되는 클래스를 상위 클래스라고 하고, 상속을 받는 클래스를 하위 클래스라고 한다. (O / ×)

14 오버라이딩은 상위 클래스에서 정의된 메소드의 이름, 반환형, 전달인자가 동일한 메소드를 하위 클래스에서 다시 정의하는 것을 의미한다. (O / ×)

15 오버라이딩 관계에서 상위 클래스의 메소드를 호출하기 위해서는 this 키워드를 사용해야 한다. (O / ×)

16 참조 변수를 선언할 때 참조 변수의 형은 생성되는 객체가 속한 클래스보다 항상 하위 클래스여야 한다. (O / ×)

CHAPTER 01 프로그래밍 개요

01 정답 ×
프로그램 순서는 원시 프로그램 → 목적 프로그램 → 실행 프로그램이다.

02 정답 ○
컴파일은 작성 코드에 오류가 있는지 검사하고, 오류가 없으면 목적 파일을 생성한다.

03 정답 ○
기계어, 어셈블리어는 저급언어에 속한다.

04 정답 ×
C언어는 절차지향 언어이다.

05 정답 ○
Kotlin은 JVM에서 동작하는 프로그래밍 언어로, 구글 안드로이드 앱 개발에서 사용된다.

06 정답 ○
객체지향은 각각의 객체들은 자신이 가지는 고유의 데이터와 데이터를 처리할 수 있는 메소드를 가지고 있다.

07 정답 ○
의사코드는 실제 프로그래밍 코드는 아니고, 모듈이 작동하는 논리를 표현하는 알고리즘 코드이다.

08 정답 ×
순서도 작성에서 처리 순서는 위에서 아래로, 왼쪽에서 오른쪽을 원칙으로 하며, 화살표를 사용하여 표시한다.

09 정답 ○
나시-슈나이더만 차트는 순차, 선택, 다중 선택, 반복을 사각형으로 도식화한 알고리즘이다.

10 정답 ○
BNF는 문맥 무관 문법을 나타내기 위해 존 베커스와 페테르 나우르에 의해 만들어진 표기법으로 〈기호〉::=〈표현식〉 형식의 문법을 사용한다.

CHAPTER 02 C언어

01 정답 ○
C언어에서 모든 프로그램은 main() 함수 내에서 작성된다.

02 정답 ○
함수의 시작은 { 이고, 끝은 } 이다.

03 정답 ×
각 문장의 끝에는 반드시 세미 콜론(;)을 붙여준다

04 정답 ×
변수의 이름은 숫자로 시작할 수 없다.

05 정답 ×
printf() 함수는 출력 함수이다.

06 정답 ×
=은 오른쪽 값을 왼쪽에 저장한다는 의미이다.

07 정답 ○
%는 나눈 나머지 값을 반환하는 연산자이다.

08 정답 ×
++a는 a의 값을 1 증가시킨 후 a를 실행한다.

09 정답 ×
a && b는 a와 b가 모두 참(1)일 때, 연산 결과로 참(1)을 반환한다. 하나라도 거짓(0)이면 연결 결과로 거짓(0)을 반환한다.

10 정답 ○
char는 1byte 크기의 정수형이다.

11 정답 ○
float, double, long double은 실수형에 속한다.

12 정답 ×
if 조건의 마지막에는 세미콜론(;)을 붙이지 않는다.

13 정답 ○
조건이 2개 이상일 경우에는 else if를 사용한다.

14 정답 ○
switch-case문의 조건으로는 정수형이 온다.

15 정답 ○
반복문에 포함된 내용은 반복적으로 수행된다.

16 정답 ×
for문의 형식은 for(초기값; 조건식; 증감값)이다.

17 정답 ○
for, while, do-while은 반복문이다.

18 정답 ×
반복문 내에서 continue를 만나게 되면 이후 문장들은 실행되지 않고 반복문의 조건식으로 이동한다. break는 반복문을 빠져나온다.

19 정답 ○
함수를 생성할 때에는 반환 값, 함수명, 전달인자를 작성한다.

20 정답 ○
함수 선언 시에는 마지막에 세미콜론(;)을 붙인다.

21 정답 ○
void는 반환 값이 없다는 것을 의미한다.

22 정답 ○
재귀 함수는 함수 내에서 다시 자신의 함수를 호출하는 함수를 말한다.

23 정답 ×
전역 변수는 main() 함수 밖에서 선언된다.

24 정답 ○
지역 변수는 중괄호 내에서 선언되고, 선언된 중괄호 내에서 사용할 수 있다.

25 정답 ○
static의 사용 범위는 중괄호 내에서 사용 가능하고, 기능은 전역 변수처럼 프로그램 종료 시 소멸된다.

26 정답 ○
배열 선언 시 구조는 자료형 배열[배열 크기]; 이다.

27 정답 ×
배열의 첨자는 0부터 시작한다.

CHAPTER 03 JAVA

01 정답 ○
객체는 의미를 부여한 논리적 단위이다.

02 정답 ○
클래스를 통해 객체를 생성할 수 있고, 생성된 객체는 인스턴스라고 한다.

03 정답 ○
클래스에는 변수와 메소드가 포함되어 있다.

04 정답 ○
객체를 생성할 때는 클래스 명 객체 이름=new 클래스 명(); 형태로 작성한다.

05 정답 ×
객체의 변수와 메소드를 접근할 때에는 .연산자를 사용한다.

06 정답 ○
생성자는 객체 생성 시 자동으로 호출된다.

07 정답 ○
일반적으로 생성자 내에서 변수의 값을 초기화한다.

28 정답 ○
배열은 선언과 동시에 초기화할 수 있다.

29 정답 ○
문자열의 마지막에는 널(\0) 문자가 저장된다.

30 정답 ○
포인터 변수는 메모리상의 주소를 가리키는 변수이다.

31 정답 ○
포인터 변수 선언할 때는 자료형*변수명;으로 작성한다.

32 정답 ×
p1++는 현재 주소에서 자료형의 크기만큼 다음 주소를 가리킨다는 의미이다.

33 정답 ○
배열의 이름은 배열의 첫 번째 주소를 의미한다.

34 정답 ○
call by reference는 도중에 변수의 값이 바뀌면 변경된 값이 반영된다.

35 정답 ○
구조체는 관련된 하나 이상의 변수를 묶어서 표현한 자료형이다.

36 정답 ○
구조체 선언 시 기본 구조는 struct [구조체 이름] [구조체 변수 이름]이다.

08 정답 ×
protected으로 선언된 객체의 변수와 메소드는 상속 관계에 있는 클래스 간 접근이 가능하다.

09 정답 ○
private로 선언된 객체 내의 변수와 메소드는 선언된 클래스 내부에서만 접근이 가능하다. 만약 다른 클래스에서 해당 변수와 메소드를 접근할 경우 에러가 발생한다.

10 정답 ×
전달인자의 형이 다르거나 개수가 다른 메소드를 정의하는 것을 메소드 오버로딩(overroading)이라고 한다.

11 정답 ○
생성자도 오버로딩이 가능하다.

12 정답 ○
상속은 자식 클래스에서 부모 클래스에서 변수와 메소드를 추가하여 정의하는 것을 말한다.

13 정답 ○

상속 대상은 상위(부모) 클래스라고 하고, 상속을 받는 클래스는 하위 (자식) 클래스라고 한다.

14 정답 ○

오버라이딩은 상위 클래스에서 정의된 메소드의 이름, 반환형, 전달인 자가 동일한 메소드를 하위 클래스에서 다시 정의하고 메소드 내 내용 은 다르게 사용한다.

15 정답 ✕

오버라이딩 관계에서 상위 클래스의 메소드를 호출하기 위해서는 super 키워드를 사용해야 한다.

16 정답 ✕

참조 변수를 선언할 때 참조 변수의 형은 생성되는 객체가 속한 클래스 보다 항상 상위 클래스여야 한다.

PART 05

확인학습문제

CHAPTER 01 프로그래밍 개요

★★☆

01 객체지향 기법을 지원하지 않는 프로그래밍 언어는?   15 국가직 9급

① LISP

② Java

③ Python

④ C#

해설 난도 하

정답의 이유

LISP는 포트란에 이어 두 번째로 오래된 고급 프로그래밍 언어로 절차지향 기법의 프로그래밍 언어이다.

> **더 알아보기**
>
> • 절차지향 언어 : FORTRAN, LISP, PASCAL, COBOL, C 등
> • 객체지향 언어 : C++, C#, JAVA, Python 등

★★☆

02 프로그래밍 언어에 대한 설명으로 옳지 않은 것은?   14 지방직 9급

① C#은 .NET 프레임워크(framework)에서 동작하는 소프트웨어의 개발을 지원하는 언어이다.

② Java는 C++의 특징인 클래스에서의 다중 상속과 포인터를 지원하는 간결한 언어이다.

③ JavaScript, PHP 및 Ruby는 스크립트 언어이다.

④ C++는 다형성, 오버로딩, 예외 처리와 같은 객체지향(object-oriented) 프로그래밍의 특징을 가진 언어이다.

해설 난도 상

정답의 이유

Java는 C++의 특징인 클래스에서의 다중 상속과 포인터를 지원하지 않는다.

03

다음과 같은 코드로 동작하는 원형 큐의 front와 rear의 값이 각각 7과 2일 때, 이 원형 큐(queue)가 가지고 있는 데이터(item)의 개수는? (단, MAX_QUEUE_SIZE는 12이고, front와 rear의 초깃값은 0이다)

16 지방직 9급

```
int queue[MAX_QUEUE_SIZE];
int front, rear;
void enqueue(int item) {
        if( (rear+1) % MAX_QUEUE_SIZE==front ) {
        printf("queue is full\n");
        return;
        }
        rear=(rear+1) % MAX_QUEUE_SIZE;
        queue[rear]=item;
}
int dequeue() {
        if( front==rear ) {
        printf("queue is empty\n");
        return −1;
        }
        front=(front+1) % MAX_QUEUE_SIZE;
        return queue[front];
}
```

① 5 ② 6

③ 7 ④ 8

해설 난도 상

정답의 이유

원형 큐를 쉽게 이해하기 위해 시작 부분과 마지막 부분의 연결을 끊었다고 가정하자. 큐의 총 크기는 12이고, 초기에 12개 공간에는 데이터가 저장되어 있다. 그리고 현재 front와 rear의 값이 각각 7과 2일 때 큐에 저장된 데이터의 개수를 표현해보면 다음과 같다.

주소	1	2	3	4	5	6	7	8	9	10	11	12
	30	7						42	10	17	23	71

(rear는 1번 주소 위, front는 7번 주소 위)

enqueue() 함수는 큐에 데이터를 입력하는 함수로 rear 변수가 1씩 증가하면서 해당 주소에 데이터를 입력한다. dequeue() 함수는 큐에서 데이터를 출력하는 함수로 front 변수가 1씩 증가하면서 해당 주소에 있는 데이터를 출력한다. 즉, front 변수는 큐에서 데이터를 출력할 때 사용되고, rear 변수는 큐에 데이터를 입력할 때 사용된다. front 변수의 현재 위치가 7이라는 것은 1번부터 7번 주소까지 데이터를 출력했다는 의미이고, rear 변수의 현재 위치가 2이므로 1, 2번 주소에 데이터를 입력했다는 의미이다. 즉, 12 크기를 가진 큐 공간에서 데이터가 없는 공간이 5개이므로 현재 데이터는 7개가 저장되어 있다.

04 ★★☆

다음 그림과 같은 원형 큐에 한 객체를 입력하는 알고리즘에 대해 의사코드(pseudo code)를 순서대로 바르게 나열한 것은? (단, 객체는 rear 쪽에 입력되고 front 쪽에서 출력되며, M은 큐의 크기를 나타내는 정수이다)

15 지방직 9급

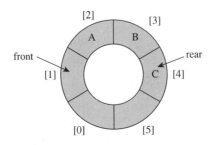

ㄱ. 큐가 공백 상태인지 검사 : (front==rear)
ㄴ. front 값을 1 증가 : front=(front+1)%M
ㄷ. 큐가 포화 상태인지 검사 : (front==rear)
ㄹ. 객체를 rear 위치에 입력
ㅁ. rear 값을 1 증가 : rear=(rear+1)%M

① ㄱ − ㄴ − ㄹ
② ㄴ − ㄹ − ㄷ
③ ㄹ − ㅁ − ㄱ
④ ㅁ − ㄷ − ㄹ

해설 난도 중

정답의 이유

입력과 관련된 변수는 rear이고, 입력 시 rear 변수의 값을 1 증가시킨다. rear의 값을 1 증가시켰을 때 front와 같은 값을 가지는지 체크함으로써 큐가 포화 상태인지 확인한다. 큐가 포화 상태가 아니면 rear가 가리키는 큐의 위치에 객체를 입력한다.

05 ★☆☆

문법 G가 다음과 같을 때 S1으로부터 생성할 수 없는 것은?

15 지방직 9급

$G : S_1 \rightarrow 0S_2$ $S_1 \rightarrow 0$
$S_2 \rightarrow 0S_2$ $S_2 \rightarrow 1$

① 0
② 00
③ 01
④ 001

정답의 이유

$S_1 \rightarrow 0S_2$ 다음으로 사용할 수 있는 문법은 $S_2 \rightarrow 0S_2$인데 0 다음으로 다시 S_2와 관련된 문법을 선택해야 한다. 따라서 00은 생성할 수 없다.

오답의 이유

① $S_1 \rightarrow 0$로 0을 생성할 수 있다.

③ $S_1 \rightarrow 0S_2$, $S_2 \rightarrow 1$로 01을 생성할 수 있다.

④ $S_1 \rightarrow 0S_2$, $S_2 \rightarrow 0S_2$, $S_2 \rightarrow 1$로 001을 생성할 수 있다.

★☆☆

06 NS차트(Nassi-Schneiderman chart)에 대한 설명으로 가장 옳지 않은 것은?   19 정보처리

① 논리의 기술에 중점을 두고 도형을 이용한 표현 방법이다.

② 이해하기 쉽고 코드 변환이 용이하다.

③ 화살표나 GOTO를 사용하여 이해하기 쉽다.

④ 연속, 선택, 반복 등의 제어 논리 구조를 표현한다.

해설 난도 중

정답의 이유

NS차트는 화살표나 GOTO를 사용하지 않고 구조적 프로그램의 순차, 선택, 반복 구조에 대해 사각형으로 도식화하여 알고리즘을 표현한 기법이다.

CHAPTER 02 C언어

★☆☆

01 다음 중 C 프로그래밍 언어의 식별자로 사용할 수 없는 것은?   16 서울시 9급

① 3id   ② My_ID

③ __yes   ④ K

해설 난도 하

정답의 이유

변수의 이름은 숫자로 시작할 수 없다.

오답의 이유

②, ③ 변수 이름에 _를 사용할 수 있다.

④ 변수 이름이 대문자도 가능하다.

★★☆

02 입력 안내에 따라 두 사람의 나이를 입력받고 그 합을 구하는 C 프로그램을 작성하려고 한다. 프로그램이 정상적으로 동작하도록 다음의 코드 조각을 올바른 순서로 나열한 것은?

16 지방직 9급

> ㄱ. scanf("%d%d", &age1, &age2);
> ㄴ. result=age1+age2;
> ㄷ. int age1, age2, result;
> ㄹ. printf("나이의 합은 %d살입니다.\n", result);
> ㅁ. printf("철수와 영희의 나이를 입력하세요 :");

① ㄷ → ㅁ → ㄱ → ㄴ → ㄹ
② ㄷ → ㄱ → ㄴ → ㅁ → ㄹ
③ ㅁ → ㄱ → ㄷ → ㄹ → ㄴ
④ ㄷ → ㄱ → ㅁ → ㄴ → ㄹ

해설 난도 중

정답의 이유

두 사람의 나이를 입력받기 위해서는 먼저 변수를 선언해야 한다(ㄷ). 다음으로 사용자에게 "철수와 영희의 나이를 입력하세요"라는 메시지를 출력(ㅁ)하면 사용자는 두 변수를 사용하여 나이를 입력한다(ㄱ). 입력이 완료되면 두 변수를 더해 result 변수에 저장(ㄴ)한 뒤 result 변수를 출력한다(ㄹ).

★★☆

03 다음 C 프로그램 실행 결과로 출력되는 sum 값으로 옳은 것은?

13 국가직 9급

```c
#include <stdio.h>
int foo(void) {
int var1=1;
static int var2=1;
return (var1++) + (var2++);
}
void main() {
int i=0, sum=0;
while(i<3) {
sum=sum+foo();
i++;
}
printf("sum=%d\n", sum);
}
```

① 8
② 9
③ 10
④ 11

정답의 이유

foo() 함수 내에서 var1 변수는 지역 변수로 foo() 함수가 종료되면 사라지고, var2 변수는 static 변수로 var1 변수처럼 foo() 함수 내에서만 사용할 수 있지만 프로그램이 종료될 때 사라진다. 따라서 중간에 값이 바뀌면 바뀐 값을 적용하게 된다. i값이 1씩 증가하면서 foo() 함수를 호출한다. foo() 함수 내에서 리턴되는 부분을 살펴보면 var1, var2 모두 후위 연산자를 사용하기 때문에 먼저 두 변수를 더한 뒤 각 변수의 값이 1 증가한다. 즉, 두 변수의 더한 값이 리턴된 후 각 변수의 값이 1증가 한다. 함수에서 리턴되는 값을 sum 값과 더한 후 다시 결과 값을 sum에 저장하는 프로그램이다. i, var1, var2, sum 값을 정리하면 다음과 같다.

i	var1	var2	sum
0	1	2	2
1	1	3	5
2	1	4	9

★★☆

04 다음 C 프로그램의 실행 결과는?

10 국가직 9급

```
#include <stdio.h>
void main() {
int a, b;
a=2;
while (a-->0)
printf("a=%d\n", a);
for (b=0; b<2; b++)
printf("a=%d\n", a++);
}
```

① a=1
　a=0
　a=−1
　a=0

② a=1
　a=0
　a=0
　a=1

③ a=2
　a=1
　a=0
　a=1

④ a=2
　a=1
　a=1
　a=2

정답의 이유

a의 값이 2이므로 while문 조건에 만족되고 1 감소되어 a 값은 1이 된다. 처음으로 a 값으로 1이 출력되고 다시 while문 조건에 만족되고 a의 값은 1 감소되어 0이 된다. 그리고 a 값으로 0이 출력된 후 while문 조건에 만족되지 않기 때문에 루프를 빠져나오는데 a의 값은 1 감소되어 −1이 된다. for문에서는 2번 반복되면서 a의 값을 출력하는데 a에 후위 연산자가 있기 때문에 먼저 a의 값을 출력하고 1을 증가시킨다. 따라서 for문에서는 −1, 0이 출력된다.

05 다음 C 언어로 작성된 프로그램의 실행 결과에서 세 번째 줄에 출력되는 것은?

15 국가직 9급

```c
#include <stdio.h>
int func(int num) {
        if (num==1)
                return 1;
        else
                return num*func(num-1);
}
int main() {
        int i;
        for (i=5; i >=0; i--) {
                if (i % 2==1)
                        printf("func(%d) : %d\n", i, func(i));
        }
        return 0;
}
```

① func(3) : 6   ② func(2) : 2
③ func(1) : 1   ④ func(0) : 0

해설 난도 상

정답의 이유

main() 함수를 살펴보면 I의 값이 홀수일 때 func() 함수가 호출된다. i가 5일 때 return num*func(num-1);이 실행되고, func() 함수가 호출을 반복하는 형태이다. 반복이 끝난 후 리턴되는 값은 5×4×3×2×1=120이므로, func(5) : 120이 된다. 즉, func() 함수는 팩토리얼(factorial)을 구하는 함수이다. i가 3일 때는 func(3) : 60이 되고, i가 1일 때는 func(1) : 10이 된다. 세 번째 출력되는 것은 func(1) : 10이 된다.

06 다음 C 프로그램의 출력 값은?

15 지방직 9급

```c
#include <stdio.h>
int recur(int a, int b)
{
if (a<=1)
return a*b;
else
return a*recur(a-1, b+1)+recur(a-1, b);
}
int main()
{
int a=3, b=2;
printf("%d\n", recur(a, b));
}
```

① 24   ② 30

③ 41   ④ 52

해설 난도 상

정답의 이유

recur(3, 2)로 호출이 되면 a가 3이기 때문에 return 3*recur(2, 3)+recur(2, 2);가 되면서 다시 recur() 함수를 호출한다. recur(2, 3)을 먼저 정리해보면 다시 recur() 함수를 호출하게 되고 a가 2이므로 return 2*recur(1, 4)+recur(1, 3);이 되고 a의 값이 1이므로 recur(1, 4)에서 리턴되는 값은 4이고 recur(1, 3)에서 리턴되는 값은 3이므로 recur(2, 3)의 결과는 return 2*4+3=11이 된다. 같은 방법으로 recur(2, 2)의 결과는 return 2*3+2=8이 된다. recur(3, 2)의 결과는 3*11+8=41이 된다.

★★★

07 다음 C 프로그램의 출력 값은? 16 국가직 9급

```
#include <stdio.h>
int func(int n);
int main(void){
int num;
printf("%d\n", func(5));
return 0;
}
int func(int n){
if (n<2)
return n;
else {
int i, tmp, current=1, last=0;
for(i=2; i<=n; i++){
tmp=current;
current+=last;
last=tmp;
}
return current;
}
}
```

① 5   ② 6

③ 8   ④ 9

해설 난도 상

정답의 이유

main() 함수에서 매개 변수 5로 func() 함수를 호출하면 2보다 크기 때문에 for문이 실행된다. for문은 i가 5가 될 때까지 반복한다. 반복을 할 때마다 tmp, current, last 변수의 값을 정리하면 다음과 같다.

i=2	i=3	i=4	i=5
tmp=1	tmp=1	tmp=2	tmp=3
current=1	current=2	current=3	current=5
last=1	last=1	last=2	last=3

for문이 끝나면 func() 함수는 current 값 5를 반환하고 main() 함수에서는 5를 출력한다.

★★☆

08 다음 C언어 프로그램의 실행 후 출력 결과로 옳은 것은?

12 지방직 9급

```
#include 〈stdio.h〉
void swap(int a, int b)
{
int temp;
temp=a;
a=b;
b=temp;
}
int main()
{
int k, j;
k=3;
j=2;
swap(k, j);
printf("k=%d, j=%d", k, j);
return 0;
}
```

① k=3, j=2

② k=2, j=3

③ k=2, j=2

④ k=3, j=3

해설 난도 중

정답의 이유

main() 함수에서 swap() 함수의 매개 변수로 3, 2가 사용되고 해당 숫자를 변수 a, b에 저장한다. 변수 a, b는 지역 변수이므로 swap() 함수 내에서만 존재하고 사라진다. 따라서 swap() 함수 내에서 a, b의 값이 바뀌어도 swap() 함수가 종료되면 사라지므로 k, j의 값에는 변화가 없다. 따라서, main() 함수 내에서 k=3, j=2이므로 3, 2가 출력된다.

```
int main(void)
{
        int i;
        char ch;
        char str[7]="nation";
        for(i=0; i<4; i++)
        {
                ch=str[5-i];
                str[5-i]=str[i];
                str[i]=ch;
        }
        printf("%s  n", str);
        return 0 ;
}
```

① nanoit   ② nation

③ noitan   ④ notian

해설 난도 중

정답의 이유

str 배열에는 nation 문장이 다음과 같이 초기화된다.

배열 이름	[0]	[1]	[2]	[3]	[4]	[5]	[6]
str	n	a	t	i	o	n	\0

for문은 i가 0에서 3까지 총 4번 반복을 실행한다. i가 0에서 3일 때 ch, str[5-i], str[i] 값을 정리하면 다음과 같다.

i=0	i=1	i=2	i=3
ch=n	ch=o	ch=i	ch=i
str[5]=n	str[4]=a	str[3]=t	str[2]=t
str[0]=n	str[1]=o	str[2]=i	str[3]=i

for문이 종료되고 srt 배열에 저장된 문자열은 다음과 같다.

배열 이름	[0]	[1]	[2]	[3]	[4]	[5]	[6]
str	n	o	t	i	a	n	\0

★★☆

10 다음 C 프로그램의 출력 값은?

16 국가직 9급

```
#include <stdio.h>
int main()
{
        int a[]={1, 2, 4, 8};
        int*p=a;
        p[1]=3;
        a[1]=4;
        p[2]=5;
        printf("%d, %d\n", a[1]+p[1], a[2]+p[2]);
        return 0;
}
```

① 5, 9
③ 7, 9

② 6, 9
④ 8, 10

해설 `난도 중`

정답의 이유

포인터 변수 p가 a 배열의 첫 번째 주소를 저장한다. p[1], a[1]은 같은 의미로 배열의 두 번째 요소의 값을 변경한다는 것이다. a[1]의 명령어가 p[1]보다 뒤에 나오므로 배열의 두 번째 요소의 값은 4가 된다. p[2]를 통해 배열의 세 번째 요소의 값은 5가 된다. 배열 요소의 값을 정리해보면 1, 4, 5, 8이 된다. a[1]+p[1]은 8이 되고, a[2]+p[2]는 10이 된다.

★★★

11 다음 C 프로그램의 실행 결과는?

16 서울시 9급

```
#include<stdio.h>
int main()
{
        char* array1[2]={"Good morning", "C language"};
        printf("%s \n", array1[0]+5);
        printf("%c \n", *(array1[1]+6));
        return 0;
}
```

① Good morning
   C-language

② morning
   a

③ morning
   g

④ morning
   u

정답의 이유

문자형 포인터 배열을 선언하고 두 문자열로 초기화하였다. array1[0]의 경우에는 Good morning 문자열의 첫 번째 주소를 저장하고, array1[1]의 경우에는 C language 문자열의 첫 번째 주소를 저장한다. array1[0]+5에서 array1[0]가 가리키는 문자열의 첫 번째 주소에서 5만큼 주소를 이동하여 가리킨다는 의미이다. char형은 1byte이기 때문에 5byte 떨어진 주소는 문자 m의 주소이다. 해당 주소부터 문자열을 출력하면 morning이 출력된다. *(array1[1]+6)는 첫 번째 주소에서 6byte 떨어진 주소의 문자를 출력한다는 의미이다. 따라서 u가 출력된다.

★ ★ ★

12

다음은 C언어로 내림차순 버블정렬 알고리즘을 구현한 함수이다. ㉠에 들어갈 if문의 조건으로 올바른 것은?
(단, size는 1차원 배열인 value의 크기이다)

15 국가직 9급

```
void BubbleSorting(int*value, int size) {
    int x, y, temp;
    for(x=0; x<size; x++) {
        for(y=0; y<size-x-1; y++) {
            if(   ㉠   ) {
                temp=value[y];
                value[y]=value[y+1];
                value[y+1]=temp;
            }
        }
    }
}
```

① value[x] > value[y+1]

② value[x] < value[y+1]

③ value[y] > value[y+1]

④ value[y] < value[y+1]

정답의 이유

내림차순으로 버블 정렬을 하기 때문에 배열의 현재 위치 값이 다음 위치 값보다 작으면 값을 서로 교환해서 저장한다. if문 안에 있는 내용은 배열의 값을 서로 바꾸는 문장이다. 따라서 if의 조건에는 현재 위치 값이 다음 위치 값보다 작다는 조건이 들어가야 하므로 value[y]<value[y+1]가 된다.

★★★

13 다음의 C프로그램을 실행한 결과로 옳은 것은? (단, 아래의 scanf() 함수의 입력으로 90을 타이핑했다고 가정)

15 서울시 9급

```
int main( )
{
        int i=10 ;
        int j=20 ;
        int * k=&i ;
        scanf( %d , k);
        printf( %d, %d, %d \n , i, j, * k);
        return 0 ;
}
```

① 10, 20, 10

② 10, 20, 90

③ 90, 20, 10

④ 90, 20, 90

해설 난도 중

정답의 이유

포인터 변수 k가 i의 주소 값을 가리키고 있고 k를 통해 90을 입력받는다. 입력을 받게 되면 k가 가리키고 있는 변수도 함께 값이 변하므로 i의 값도 90이 된다. 따라서 출력은 90, 20, 90이 된다.

★★★

14 다음 C 프로그램의 출력 값은?

15 지방직 9급

```
#include ⟨stdio.h⟩
int main()
{
        int darr[3][3]={{1, 2, 3}, {4, 5, 6}, {7, 8, 9}};
        int sum1, sum2;
        sum1=*(*darr+1)+*(*darr+2);
        sum2=*darr[1]+*darr[2];
        printf("%d, %d", sum1, sum2);
}
```

① 3, 5

② 5, 5

③ 5, 11

④ 11, 5

해설 난도 상

정답의 이유

*darr은 배열의 첫 번째 주소의 요소 값 1을 의미하고 1을 더하면 2가 된다. *darr+2은 배열의 두 번째 주소의 요소 값 2를 의미하고 1을 더하면 3이 된다. 따라서 sum1은 5가 된다. *darr[1]은 배열의 2행의 첫 번째 요소 값 4를 의미하고 *darr[2]는 배열의 3행의 첫 번째 요소 값 7를 의미하므로 sum2 값은 11이 된다.

다음 C 프로그램의 출력 결과로 옳은 것은?

```
#include<stdio.h>
void func(int *a, int b, int *c)
{
        int x;
        x=*a;
        *a=x++;
        x=b;
        b=++x;
        --(*c);
}
int main()
{
        int a, b, c[1];
        a=20;
        b=20;
        c[0]=20;
        func(&a, b, c);
        printf("a=%d b=%d c=%d\n", a, b, *c);
        return 0;
}
```

① a=20, b=20, c=19

② a=20, b=21, c=19

③ a=21, b=20, c=19

④ a=21, b=21, c=20

해설 난도 상

정답의 이유

func() 함수에서 매개 변수로 a는 주소, b는 값, c는 주소를 전달한다. 즉, a, c는 주소를 전달하기 때문에 함수 내에서 값이 변경되면 변경된 값이 저장된다. x의 값을 *a에 저장시키는데 x에는 후위 연산자가 있기 때문에 x의 값 20의 주소 값을 a가 가리킨다. b는 지역 변수이기 때문에 함수 내에서 값이 변경되어도 변경된 값이 저장되지 않는다. --(*c);는 *c가 20이므로 1이 감소되면 19가 된다. 따라서 main() 함수에서 출력되는 a, b, *c의 값은 20, 20, 19가 된다.

16 다음의 C프로그램을 실행한 결과로 옳은 것은?

14 서울시 9급

```
void main()
{
        int a[4]=1, 2, 3 ;
        int*p=a;
        p++;
        *p++=10;
        *p+=10;
        printf("%d %d %d  n", a[0], a[1], a[2]);
}
```

① 1 2 3   ② 1 2 10
③ 3 10 10   ④ 1 2 13
⑤ 1 10 13

해설 난도 중

정답의 이유

포인터 변수 p가 a 배열의 첫 번째 주소를 가리키고 있고 p++;의 결과로 a 배열의 두 번째 주소를 가리키게 된다. *p++=10;는 현재 p가 가리키고 있는 배열의 원소(2)에 10을 저장하고 p는 a 배열의 세 번째 주소를 가리키게 된다. *p+=10;은 p가 가리키고 있는 주소의 배열의 값 3에 10을 더하고 다시 결과값을 저장한다는 의미가 된다. a 배열에 저장된 값을 정리하면 다음과 같다.

배열 이름	[0]	[1]	[2]
a	1	10	13

17 다음 C 프로그램의 출력 값은?

14 지방직 9급

```
#include <stdio.h>
int main(void) {
        int i;
        int a[ ]={10, 20, 30, 40, 50, 60, 70, 80, 90, 100};
        int*ptr=a+3;
        for (i=0; i<5; ++i) {
                printf("%d ", *(ptr+i) - 3);
        }
}
```

① 27 37 47 57 67   ② 37 47 57 67 77
③ 47 57 67 77 87   ④ 43 53 63 73 83

해설 난도 중

정답의 이유

int*ptr=a+3;에서 ptr은 배열의 네 번째 주소를 가리킨다. for문 내에서는 *(ptr+i)-3을 출력하므로 i가 0일 때는 *ptr-3이 되므로 40-3=37이
된다. i가 1일 때는 *(ptr+1)-3이 되므로 ptr은 다섯 번째 주소를 가리키게 되고 배열의 값 50-3=47이 된다. 이와 같은 방법으로 출력되는 순서를
나열하면 37 47 57 67 77이 된다.

★ ★ ★

18 다음 C 프로그램의 실행 결과로 옳은 것은?

11 국가직 9급

```
#include 〈stdio.h〉
void main()
{
int nums[5]={11, 22, 33, 44, 55};
int*ptr=nums+1;
int i;
for (i=0; i<4; i++)
printf("%d ", *ptr++);
}
```

① 11 12 13 14

② 11 22 33 44

③ 22 23 24 25

④ 22 33 44 55

해설 난도 중

정답의 이유

int*ptr=nums+1;에서 포인터 변수 ptr은 nums 배열의 두 번째 주소를 가리킨다. for문은 i가 0부터 3까지 총 4번 반복되고 ptr은 현재 가리키고
있는 배열 주소의 요소 값을 출력하고 배열의 다음 주소를 가리킨다. 따라서 출력되는 값은 22 33 44 55이다.

★★★

19 다음 C 프로그램의 실행 결과는?

```
#include <stdio.h>
int f(int *i, int j) {
    *i+=5;
    return(2 * *i + ++j);
}
int main(void) {
    int x=10, y=20;
    printf("%d ", f(&x, y));
    printf("%d %d\n", x, y);
}
```

① 51 15 21   ② 51 10 20

③ 51 15 20   ④ 50 15 21

해설 난도 중

정답의 이유

main() 함수에서 f() 함수의 매개 변수로 x의 주소와 y의 값을 전달한다. *i += 5;에 의해 i=x=15가 되고 2 * *i + ++j에서 *i는 15이고 j에는 전위 연산자로 1증가 후 더해지므로 전체 결과는 2*15+21=51이 된다. x의 값은 15이고 y의 값은 그대로 20이 출력된다.

★★★

20 C 프로그램의 출력 값은?

```
#include <stdio.h>
void main() {
        int A=10, B;
        int*C=&B;
        B=A--;
        B+=20;
        printf("%d ", *C);
}
```

① 28   ② 29

③ 30   ④ 31

해설 난도 중

정답의 이유

포인터 변수 C는 변수 B의 주소를 가리킨다. B=A--;에 의해 B에는 10이 저장되고, B+= 20;에 의해 B는 30이 저장된다. *C는 C가 가리키고 있는 주소의 값 30이 출력된다.

21 다음 프로그램에서 출력되는 결과는?

19 전자계산기조직응용

```
#include<stdio.h>
main ( )
{
        char *str = "zjavb" ;
        int i ;
        For(i = 4 ; i>=0 ;. i --)
                Putchar (*(str+i)) ;
}
```

① avbzj   ② zjavb

③ vbzja   ④ bvajz

해설 난도 중

정답의 이유

포인터 변수 str은 문자열의 첫 번째 주소를 가리킨다. 즉, z의 주소를 가리킨다. 반복문 내 i는 4부터 0까지 1씩 감소한다. *(str+i)는 str은 첫 번째 주소를 가리키고 있기 때문에 i 값이 4이면 4만큼 떨어진 다섯 번째 주소를 가리키고 주소의 값을 putchar() 함수를 통해 출력한다. 즉, b가 출력된다. i는 1씩 감소하기 때문에 bvajz 순서로 출력된다.

22 다음 C언어로 작성된 프로그램을 실행하였을 때 출력 결과로 옳은 것은?

19 전자계산기조직응용

```
struct KRY {
        int a ;
        int b ;
} ;
void main ( )
{
        struct KRY y ;
        struct KRY *p ;
        p = &y;
        y·a = 100 ;
        y·b = 200 ;
        printf ("%d" , p->a) ;
}
```

① 100   ② 200

③ 10000   ④ 20000

해설 난도 중

정답의 이유

구조체 포인터 변수 p가 구조체 변수 y의 주소를 가리킨다. y 변수를 사용하여 a, b 변수의 값을 100과 200으로 초기화시킨다. 포인터 변수 p로 a의 값을 출력하면 100이 출력된다.

★★★

01 객체지향 프로그래밍의 특징 중 상속 관계에서 상위 클래스에 정의된 메소드(method) 호출에 대해 각 하위 클래스가 가지고 있는 고유한 방법으로 응답할 수 있도록 유연성을 제공하는 것은? 　15 국가직 9급

① 재사용성(reusability) ② 추상화(abstraction)

③ 다형성(polymorphism) ④ 캡슐화(encapsulation)

해설 난도 하

오답의 이유

① 상속에서 새로운 클래스는 기존 클래스로부터 모든 요소를 상속받고 추가되는 데이터와 메소드만 지정하면 되기 때문에 코드의 재사용성을 높일 수 있다.

④ 캡슐화는 사용자의 입장에서는 객체의 메소드가 어떻게 동작하는지 몰라도 메소드의 기능만 알면 객체를 사용할 수 있다는 개념이다.

★★★

02 객체지향 개념 중 객체들 간의 관계를 구축하는 방법으로 기존 클래스로부터 속성과 동작을 물려받는 개념은?

19 전자계산기조직응용

① class ② method

③ inheritance ④ abstraction

해설 난도 하

정답의 이유

상속은 기존 클래스로부터 모든 변수와 메소드를 상속받고, 더 필요한 변수와 메소드를 추가하여 새로운 클래스를 생성하는 것이다.

★★★

03 객체지향에서 객체가 메시지를 받아 실행해야 할 객체의 구체적인 연산을 정의한 것은? 　18 전자계산기조직응용

① 패키지 ② 메소드

③ 클래스 ④ 모듈

해설 난도 하

정답의 이유

메소드는 클래스 내에서 객체가 수행하는 행동을 정의한 것이다.

오답의 이유

① 비슷한 종류의 클래스나 인터페이스들을 하나의 집단으로 묶어 놓은 것을 말한다.

④ 전체 시스템 체계 중 독립된 하나의 구성 요소를 의미한다.

04 객체 지향 프로그래밍에 대한 설명으로 옳지 않은 것은? 13 국가직 9급

① 하나의 클래스를 사용하여 여러 객체를 생성하는데, 각각의 객체를 클래스의 인스턴스(instance) 라고 한다.

② 객체는 속성(attributes)과 행동(behaviors)으로 구성된다.

③ 한 클래스가 다른 클래스의 속성과 행동을 상속(inheritance) 받을 수 있다.

④ 다형성(polymorphism)은 몇 개의 클래스 객체들을 묶어서 하나의 객체처럼 다루는 프로그래밍 기법이다.

해설 난도 중

정답의 이유

다형성은 상속 관계에 있는 클래스에서 상위 클래스에 정의된 메소드가 하위 클래스의 객체가 할당될 때마다 다양한 형태로 변할 수 있다는 것을 의미한다. 예를 들어 상위 클래스에서 그리기() 라는 메소드가 있을 때 하위 클래스에서는 다양한 형태로 삼각형 그리기(), 사각형 그리기(), 오각형 그리기() 메소드가 있다는 것이다.

05 객체지향 소프트웨어에 대한 설명으로 옳지 않은 것은? 13 지방직 9급

① 동일한 클래스의 객체들은 서로 다른 클래스 변수 값을 가진다.

② 클래스의 객체에 대한 연산을 정의하는 부프로그램을 메소드라 한다.

③ 클래스가 하나의 부모 클래스를 갖는 것을 단일상속이라 한다.

④ UML(Unified Modeling Language)은 객체지향 소프트웨어의 정적모델과 동적모델을 표현할 수 있다.

해설 난도 중

정답의 이유

동일한 클래스의 객체들은 동일한 클래스 변수 값을 가진다.

06 자바언어에서 생성자가 갖는 특징으로 옳지 않은 것은? 10 지방직 9급

① 메소드의 이름은 클래스 이름과 동일하다.

② 객체가 만들어질 때 자동으로 호출된다.

③ 리턴 타입은 void이다.

④ 객체 생성자를 정의하지 않으면, 디폴트 생성자를 자동으로 생성한다.

해설 난도 중

정답의 이유

생성자는 리턴 타입이 없다.

생성자

생성자는 객체 생성 시 자동으로 호출되는 메소드로, 객체의 변수를 초기화하는 목적으로 사용된다. 생성자가 되기 위해서는 메소드의 이름이 클래스 이름과 동일해야 하고, 메소드는 반환하지 않기 때문에 선언 시 반환형을 작성하지 않는다. 메소들의 전달인자는 다양한 형태로 얼마든지 정의가 가능하다. 만약 생성자를 정의하지 않으면 디폴트 생성자를 자동으로 생성한다.

★ ★ ★

07 다음 자바 코드를 컴파일할 때, 문법 오류가 발생하는 부분은?

16 지방직 9급

```
class Person {
        private String name;
        public int age;
        public void setAge(int age) {
        this.age=age;
        }

        public String toString() {
        return("name: "+this.name+", age : "+this.age);
        }
}
        public class PersonTest {
        public static void main(String[] args) {
        Person a=new Person(); // ㉠
        a.setAge(27); // ㉡
        a.name="Gildong"; // ㉢
        System.out.println(a); // ㉣
        }
}
```

① ㉠   ② ㉡

③ ㉢   ④ ㉣

해설 난도 중

정답의 이유

㉢은 name 변수를 Gildong으로 초기화하는 명령어이다. name 변수는 Person 클래스에서 private로 선언되어 있다. 따라서 name 변수는 Person 클래스 내에서만 사용이 가능하기 때문에 PersonTest에서 접근하면 에러가 발생한다.

오답의 이유

①은 객체를 생성하는 명령어로 구조에 맞게 잘 작성되었다.
②는 setAge() 함수를 호출하는 명령어이다. setAge() 함수는 public으로 선언되어 있어 PersonTest 클래스 내에서 접근이 가능하다. 전달인자로 int형 변수를 전달받기 때문에 27을 전달인자로 사용한 것은 잘못된 점이 없다.
④는 객체의 참조 변수를 출력하는 명령어이다. 참조 변수를 출력하면 객체의 변수 값이 출력된다.

★ ★ ★

08 객체 지향 언어에서 클래스 A와 클래스 B는 상속관계에 있다. A는 부모 클래스, B는 자식 클래스라고 할 때 클래스 A에서 정의된 메소드(method)와 원형이 동일한 메소드를 클래스 B에서 기능을 추가하거나 변경하여 다시 정의하는 것을 무엇이라고 하는가?

14 국가직 9급

① 추상 클래스(abstract class)

② 인터페이스(interface)

③ 오버로딩(overloading)

④ 오버라이딩(overriding)

해설 난도 하

정답의 이유

상위 클래스의 메소드 원형과 동일한 메소드를 하위 클래스에서 기능을 추가하거나 변경하여 정의하는 것을 오버라이딩이라고 한다.

오답의 이유

① 구조가 완전하지 않은 클래스로, 인스턴스의 생성이 불가능한 클래스이다.

② 추상 클래스처럼 추상 메소드를 갖지만 추상 클래스보다 추상화 정도가 높아 추상 클래스와 달리 몸통을 갖춘 일반 메소드 또는 변수를 구성원으로 가질 수 없다.

③ 동일한 이름의 메소드를 정의하는데, 전달인자의 형이 다르거나 개수가 다른 메소드를 정의하는 것을 의미한다.

PART

6 자료구조

CHAPTER 01

자료구조 개요

중요 학습내용

1. 자료구조를 분류하고 특징에 대해 설명할 수 있다.

기출플러스 ⊕ ★★☆

자료구조에 대한 설명으로 옳지 않은 것은?
18 국가직 9급

① 데크는 삽입과 삭제를 한쪽 끝에서만 수행한다.
② 연결리스트로 구현된 스택은 그 크기가 가변적이다.
③ 배열로 구현된 스택은 구현이 간단하지만 그 크기가 고정적이다.
④ 원형연결리스트는 한 노드에서 다른 모든 노드로 접근이 가능하다.

해설 난도 중
정답의 이유
데크는 두 개의 큐를 좌우로 붙인 형태로 삽입과 삭제가 양쪽 끝에서 수행된다.
정답 ①

기출플러스 ⊕ ★★☆

선형 자료구조에 해당하지 않는 것은?
18 지방직 9급

① 큐
② 스택
③ 이진 트리
④ 단순 연결 리스트

해설 난도 하
정답의 이유
이진 트리는 비선형 구조에 속한다.
정답 ③

이론플러스 ⊕

자료 구조 분류
• 선형 구조 : 순차 리스트, 연결 리스트, 스택, 큐, 데크
• 비선형 구조 : 트리, 그래프
• 파일 구조 : 순차 파일, 색인 파일, 직접 파일

01 자료구조의 이해

자료구조는 자료를 효율적으로 표현, 처리, 저장할 수 있도록 정리하는 것이다. 자료구조는 단순 구조, 선형 구조, 비선형 구조, 파일 구조로 분류할 수 있다.

1 자료구조 분류 ★☆☆

| 자료구조 분류 |

1. 단순 구조

자료값을 사용하기 위한 기본 형태로 프로그래밍 언어의 데이터 타입에 해당한다.

2. 선형 구조

(1) 순차 리스트

자료의 논리적 순서와 기억 공간에 저장되는 물리적 순서가 일치하는 구조이다.

(2) 연결 리스트

물리적 순서와 상관없이 포인터를 사용하여 논리적 순서대로 연결하는 구조이다.

① 단순 연결 리스트 : 노드의 링크 필드가 하나이며, 링크 필드가 다음 노드와 연결되는 구조이다.

② 이중 연결 리스트 : 연결 리스트의 링크를 양쪽 방향으로 순회할 수 있도록 연결되는 구조이다.

③ 원형 연결 리스트 : 연결 리스트의 마지막 노드가 첫 번째 노드를 가리키게 하여 원형으로 연결되는 구조이다.

(3) 스택

데이터가 삽입되고 삭제되는 통로가 하나로 먼저 삽입된 데이터가 나중에 삭제되는 구조이다.

(4) 큐

데이터가 삽입되고 삭제되는 통로가 따로 분류되어 있어 먼저 삽입된 데이터는 먼저 삭제되는 구조이다.

(5) 데크

두 개의 큐를 좌우로 붙인 경우로, 큐의 양쪽 끝에서 삽입과 삭제가 수행되는 구조이다.

3. 비선형 구조

(1) 트리

데이터가 1:n 관계로 계층 구조를 이루는 비선형 자료구조이다.

① 일반 트리 : 차수의 개수가 정해져 있지 않은 자료구조이다.

② 이진 트리 : 전체 트리의 차수가 2 이하가 되도록 정의한 자료구조이다.

(2) 방향 그래프

① 방향 그래프 : 두 정점을 연결하는 간선에 방향이 있는 그래프로, 다이그래프라고도 한다.

② 무방향 그래프 : 두 정점을 연결하는 간선에 방향이 없는 그래프이다.

기출플러스 ★★☆

〈보기〉의 각 설명과 일치하는 데이터 구조로 바르게 짝지어진 것은?

19 서울시 9급

┌─────── 보기 ───────┐
(가) 먼저 추가된 항목이 먼저 제거된다.
(나) 먼저 추가된 항목이 나중에 제거된다.
(다) 항목이 추가된 순서에 상관없이 제거된다.
└──────────────────┘

	(가)	(나)	(다)
①	큐	연결 리스트	스택
②	스택	연결 리스트	큐
③	스택	큐	연결 리스트
④	큐	스택	연결 리스트

해설 난도 중

정답의 이유

• 큐 : 먼저 입력된 항목이 먼저 출력되는 선입선출(FIFO) 구조를 가진다.

• 스택 : 먼저 입력된 항목이 나중에 출력되는 선입후출(FILO) 구조를 가진다.

• 연결 리스크 : 원소 값을 저장하는 데이터 필드와 다음노드의 주소를 저장하는 링크 필드로 구성되며 항목이 추가된 순서에 상관없이 제거할 수 있다.

정답 ④

4. 파일 구조

(1) 순차 파일

파일 내의 자료들을 논리적 순서에 따라 물리적 순서에 따라 기록한다.

(2) 색인 파일

순차적으로 정렬된 데이터와 데이터 레코드 중 키 항목만을 모아 기록하는 인덱스로 구성된다.

(3) 직접 파일

데이터 레코드 처리 시 해싱 함수를 통해 레코드 주소를 계산하여 직접 찾아간다.

CHAPTER 02

순차 자료구조와 선형 리스트

01 순차 자료구조와 선형 리스트 이해

1 순차 자료구조

1. 순차 자료구조 개념

순차 자료구조는 구현할 자료들을 논리적 순서대로 메모리에 연속적으로 저장하는 방식이다. 따라서 순차 자료구조는 논리적 순서와 물리적 순서가 항상 일치한다. C 언어에서 배열은 대표적인 순차 자료구조이다.

2. 순차 자료구조 특징

① 논리적 순서와 물리적 순서가 같기 때문에 원소의 위치에 액세스하기가 쉽다.
② 삽입·삭제 연산 시 연속적인 물리적 위치를 유지하기 위해 원소를 옮기는 작업을 해야 한다.
③ 원소들을 옮기는 작업으로 인해 생기는 오버헤드는 원소의 개수가 많고, 삽입·삭제 연산이 많은 경우 더 많이 생긴다.
④ 배열을 이용하여 구현하기 때문에 배열이 갖고 있는 메모리 사용의 비효율성 문제를 가지고 있다.

2 선형 리스트

자료의 원소들을 순서대로 나열한 리스트를 선형 리스트 또는 순서 리스트라고 한다. 다음은 선형 리스트의 예이다.

| 선형 리스트 예 |

순서	학생 이름
1	철수
2	영희
3	미영
4	민철

리스트를 표현할 때 원소(철수, 영희, …)들은 나열된 순서대로 작성한다. 리스트 표현 형식은 다음과 같다.

> 리스트 이름={원소 1, 원소 2, 원소 3, …}

선형 리스트 예로 리스트를 표현하면 다음과 같다.

> 학생 이름={철수, 영희, 미영, 민철}

선형 리스트는 메모리에 저장하는 방식에 따라 순차 방식으로 구현하는 선형 순차 리스트와 연결 방식으로 구현하는 선형 연결 리스트로 구분된다. 선형 순차 리스트를 선형 리스트라고 하고, 선형 연결 리스트를 연결 리스트라고 한다.

CHAPTER 03

연결 자료구조와 연결 리스트

중요 학습내용
1. 연결 자료구조의 개념과 특징을 이해할 수 있다.
2. 단순 연결 리스트의 개념, 각종 연산에 대해 이해할 수 있다.
3. 원형 연결 리스트의 개념, 각종 연산에 대해 이해할 수 있다.
4. 이중 연결 리스트의 개념, 각종 연산에 대해 이해할 수 있다.

01 연결 자료구조와 연결 리스트 이해

1 연결 자료구조

1. 연결 자료구조 개념

순차 자료구조의 연산 시간과 저장 공간의 문제를 개선한 것이 연결 자료구조이다. 연결 자료구조는 원소의 논리적 순서와 물리적 순서가 일치하지 않아도 된다. 원소의 순서는 각 원소에 저장되어 있는 다음 원소의 주소에 의해 순서가 결정된다. 따라서 물리적인 순서를 맞추기 위한 오버헤드가 발생하지 않는다.

2. 연결 자료구조의 논리적 구조

연결 자료구조의 원소를 노드라고 하며, 노드는 원소값을 저장하는 데이터 필드와 다음 노드의 주소를 저장하는 링크 필드로 구성된다. 데이터 필드는 원소의 형태에 따라 한 개 이상으로 구성할 수 있으며, 링크 필드는 포인터 변수를 사용하여 주소값을 저장한다.

| 노드의 논리적 구조 |

data field	link field
원소값	다음 노드 주소값

3. 순차 자료구조와 연결 자료구조의 비교

| 순차 자료구조와 연결 자료구조 비교 |

구분	순차 자료구조	연결 자료구조
메모리 저장 방식	자료의 논리적 순서에 따라 메모리에 연속적으로 저장된다.	메모리의 물리적 순서와 관계없이 링크에 의해 논리적 순서를 표현한다.
연산 특징	메모리에 빈 공간이 없어 삽입·삭제 연산 시 자료가 순서대로 저장된다.	삽입·삭제 연산으로 인해 논리적 순서가 변경될 시 링크 정보만 변경되고 물리적 순서는 변경되지 않는다.
구현 기법	배열을 이용한 구현	포인터를 이용한 구현

02 단순 연결 리스트★☆☆

1 단순 연결 리스트 개념

단순 연결 리스트는 노드의 링크가 하나이고, 링크 필드는 다음 노드를 가리키는 구조이다. 단순 연결 리스트를 선형 연결 리스트, 단순 연결 선형 리스트라고도 한다. 노드의 링크에는 다음 노드의 번지 값이 저장되어 있고, 마지막 노드의 링크는 다음 노드가 없다는 의미로 NULL로 표시한다.

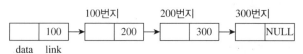

| 단순 연결 리스트 구조 |

2 삽입 연산

다음 단순 연결 리스트 구조에서 150번지에 새로운 노드를 삽입하고 데이터는 '다'를 저장한다고 가정한다. 삽입 연산 과정과 해당 알고리즘은 다음과 같다.

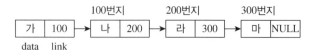

| 삽입을 위한 단순 연결 리스트 구조 |

1. 삽입할 노드 생성

삽입할 새 노드를 메모리에서 할당받고, 포인터 변수 newNode가 새 노드를 가리키도록 한다.

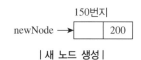

| 새 노드 생성 |

(1) 알고리즘

노드의 크기만큼 메모리 할당을 받고, point 포인터 변수가 새 노드를 가리킨다.

| 새 노드 생성 알고리즘 |

Node *newNode=(Node *)malloc(sizeof(Node));

2. 데이터 필드 값 저장

새 노드의 데이터 필드에 '다'를 저장한다.

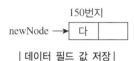

| 데이터 필드 값 저장 |

(1) 알고리즘

data 배열에 '다'를 저장한다.

| 데이터 필드에 값 저장 알고리즘 |

newNode.data='다';

3. 링크 필드 값 저장

새 노드의 링크 필드에 다음 노드의 번지값을 저장한다.

150번지

newNode → | 다 | 200 |

| 새 노드의 링크 필드에 왼쪽 노드의 링크 필드값 저장 |

(1) 알고리즘

새 노드의 링크 필드(newNode → link)에 왼쪽 노드가 가리키는 노드의 번지값
(preNode → link)을 저장한다.

| 새 노드의 링크 필드에 왼쪽 노드의 링크 필드값 저장 알고리즘 |

newNode → link=preNode → link;

4. 왼쪽 노드에서 새로운 노드 연결

100번지에 있는 노드가 새로운 노드를 가리키도록 한다.

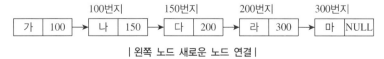

| 왼쪽 노드 새로운 노드 연결 |

왼쪽 노드의 링크 필드(preNode → link)가 새로운 노드(newNode)를 가리키도록 한다.

| 왼쪽 노드 새로운 노드 연결 알고리즘 |

preNode → link=newNode;

3 삭제 연산

새롭게 추가한 노드(150번지)를 다시 삭제한다고 가정한다. 삭제 연산 과정은 다음과 같다.

1. 삭제할 노드의 왼쪽 노드를 찾음

150번지에 있는 노드를 삭제하므로 왼쪽 노드는 100번지에 있는 노드가 된다.

2. 링크 필드 값 저장

왼쪽 노드의 링크 필드에 삭제할 노드의 링크 필드값을 저장한다.

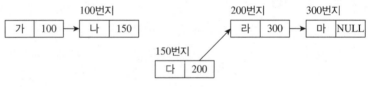

| 삭제할 노드의 링크 필드값 저장 |

(1) 알고리즘

왼쪽 노드의 링크 필드(preNode → link)에 삭제할 노드의 링크 필드(newNode → link)가 가리키고 있는 값을 저장한다.

| 삭제할 노드의 링크 필드값 저장 알고리즘 |

preNode → link=newNode → link;

3. 삭제 노드의 앞, 뒤 노드를 연결

삭제한 노드의 앞, 뒤 노드를 연결한다.

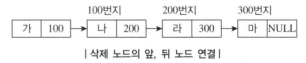

| 삭제 노드의 앞, 뒤 노드 연결 |

03 원형 연결 리스트

1 원형 연결 리스트 이해

1. 원형 연결 리스트 개념

원형 연결 리스트는 단순 연결 리스트의 마지막 노드가 첫 번째 노드를 가리키게 하여 리스트 구조를 원형으로 만든 리스트이다. 단순 연결 리스트는 마지막 노드에서 순회가 끝나는 반면, 원형 연결 리스트는 링크를 따라 계속 순회할 수 있다.

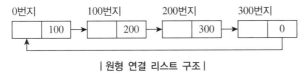

| 원형 연결 리스트 구조 |

2. 원형 연결 리스트 알고리즘

원형 연결 리스트에서 삽입과 삭제 연산은 마지막 노드의 링크를 첫 번째 노드로 연결하는 부분만 다르고 나머지는 단순 연결 리스트와 동일하다. 원형 연결 리스트에서는 리스트의 마지막에 노드를 삽입하는 것은 리스트의 첫 번째 삽입하는 것과 같다.

04 이중 연결 리스트★☆☆

1 이중 연결 리스트 개념

단순 연결 리스트는 이전 노드로 접근이 불가능하여 이를 개선한 것이 원형 연결 리스트이다. 그러나 원형 연결 리스트 또한 이전 노드로 접근은 가능하지만 한 바퀴를 순회해야 하는 문제점이 있다. 링크의 방향을 반대 방향으로도 순회할 수 있도록 구현한 것이 이중 연결 리스트이다.

이중 연결 리스트의 구조는 두 개의 링크 필드와 하나의 데이터 필드로 이루어져 있다.

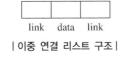

| 이중 연결 리스트 구조 |

노드 A, B, C를 가지는 이중 연결 리스트에서 노드 B를 삭제하기 위한 의사코드(pseudo code)로 옳지 않은 것은? (단, 노드 B의 메모리는 해제하지 않는다)

17 국가직 9급

① A → next=C;
　C → prev=A;
② A → next=B → next;
　C → prev=B → prev;
③ B → prev → next=B → next;
　B → next → pre=B → prev;
④ A → next=A → next → next;
　A → next → next → prev=B → prev;

해설　난도 중

정답의 이유

노드 B를 삭제하면 노드 A와 노드 C를 연결하는 과정이 필요하다. 연결하는 과정에서 노드 A.next는 노드 C를 가리키고, 노드 C.prev는 노드 A를 가리키게 된다.
A → next=A → next → next;에서 A → next → next를 풀이하면 A → next는 노드 B이기 때문에 B → next라고 표현할 수 있다. B → next는 C가 된다. 즉, A → next=C와 같은 의미를 가진다.
A → next가 노드 C이므로 A → next → next → prev는 C → next → prev라고 표현할 수 있다. 그런데 C → next는 노드 C의 다음 노드를 뜻하는데 C 다음에는 노드가 존재하지 않기 때문에 에러가 발생하게 된다.
①, ②, ③은 노드 A와 노드 C를 연결하는 데 적합한 코드이다.

정답 ④

이중 연결 리스트 구조를 다음과 같이 구조체로 표현할 수 있다.

| 이중 연결 리스트의 구조체 정의 |

```
struct Dlist
{
    struct Dlist *pre;
    char data[3];
    struct Dlist *next;
};
```

pre 필드는 왼쪽 노드를 연결하는 포인터이고, next 필드는 오른쪽 노드를 연결하는 포인터이다. data 배열은 데이터를 저장하기 위한 배열이다.

노드가 서로 연결된 이중 연결 리스트는 다음과 같다.

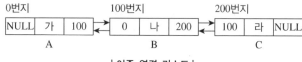

| 이중 연결 리스트 |

B 노드의 pre 즉, B.pre는 A 노드가 된다. B.pre → next는 A 노드의 오른쪽 링크 필드가 되고, 오른쪽 링크 필드가 가리키는 곳은 B 노드이다. B.next는 C 노드가 되고, B.next → pre는 B 노드가 된다.

2 삽입 연산

400번지에 새로운 노드가 가리키도록 하고 데이터 필드에는 '다'를 저장하려고 한다. 새로운 노드는 B와 노드 C 사이에 삽입된다. 삽입 연산 과정과 해당 알고리즘은 다음과 같다.

1. 삽입할 노드 생성

삽입할 새 노드를 메모리에서 할당받고, 포인터 변수 newNode가 새 노드를 가리키도록 한다.

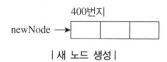

| 새 노드 생성 |

(1) 알고리즘

| 새 노드 생성 알고리즘 |

```
Node *newNode=(Node *)malloc(sizeof(Node));
```

2. 데이터 필드 값 저장

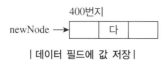

| 데이터 필드에 값 저장 |

(1) 알고리즘

| 데이터 필드에 값 저장 알고리즘 |

newNode.data='다';

3. 오른쪽 링크 필드값 저장

새 노드의 오른쪽 링크 필드(newNode → next)에 왼쪽 노드의 오른쪽 링크 필드 (preNode → next)의 값(200)을 저장한다.

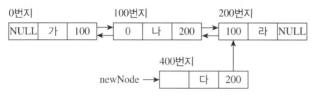

| 새 노드의 오른쪽 링크 필드값 저장 |

(1) 알고리즘

새로운 노드의 오른쪽 링크 필드(newNode → next)가 왼쪽 노드의 오른쪽 링크 필드 (preNode → next)가 가리키고 있는 주소를 가리키도록 한다.

| 새 노드의 오른쪽 링크 필드값 저장 알고리즘 |

newNode → next=preNode → next;

4. 왼쪽 노드의 오른쪽 링크 필드값 저장

왼쪽 노드의 오른쪽 링크 필드에 새 노드의 주소를 저장한다.

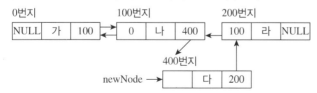

| 왼쪽 노드의 오른쪽 링크 필드에 새 노드 주소 저장 |

(1) 알고리즘

왼쪽 노드의 오른쪽 링크 필드(preNode → next)가 가리키고 있는 주소를 새로운 노드 (newNode)를 가리키도록 한다.

| 왼쪽 노드의 오른쪽 링크 필드에 새 노드 주소 저장 알고리즘 |

> preNode → next=newNode;

5. 오른쪽 노드의 왼쪽 링크 필드값 저장

새 노드의 왼쪽 링크 필드에 오른쪽 노드의 왼쪽 링크 필드가 가리키고 있는 주소를 저장한다.

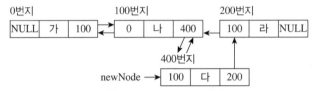

| 오른쪽 노드의 왼쪽 링크 필드값을 새 노드 왼쪽 링크 필드에 저장 |

(1) 알고리즘

새 노드의 왼쪽 링크 필드(newNode → pre)가 오른쪽 노드의 왼쪽 링크 필드 (nextNode → pre)가 가리키고 있는 주소를 가리키도록 한다.

| 오른쪽 노드의 왼쪽 링크 필드값을 새 노드 왼쪽 링크 필드에 저장 알고리즘 |

> newNode → pre=nextNode → pre;

6. 오른쪽 노드의 왼쪽 링크 필드값 저장

오른쪽 노드의 왼쪽 링크 필드에 새 노드의 주소를 저장한다.

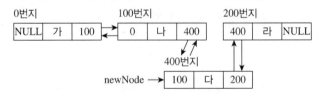

| 오른쪽 노드의 왼쪽 링크 필드에 새 노드 주소 저장 |

(1) 알고리즘

오른쪽 노드의 왼쪽 링크 필드(nextNode → pre)가 새 노드(newNode)의 주소를 가리키도록 한다.

| 오른쪽 노드의 왼쪽 링크 필드에 새 노드 주소 저장 알고리즘 |

> nextNode → pre=newNode;

1. 왼쪽 노드의 오른쪽 링크 필드값 저장

왼쪽 노드의 오른쪽 링크 필드에 삭제할 노드의 오른쪽 링크의 필드값을 저장한다.

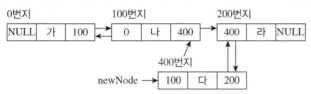

| 왼쪽 노드의 오른쪽 필드에 삭제할 노드의 오른쪽 링크 필드값을 저장 |

(1) 알고리즘

왼쪽 노드의 오른쪽 링크 필드(preNode → next)가 삭제할 노드의 오른쪽 링크 (newNode → next)가 가리키는 주소를 가리키도록 한다.

| 왼쪽 노드의 오른쪽 필드에 삭제할 노드의 오른쪽 링크 필드값을 저장 알고리즘 |

preNode → next=newNode → next;

2. 오른쪽 노드의 왼쪽 링크 필드값 저장

오른쪽 노드의 왼쪽 링크 필드에 삭제할 노드의 왼쪽 링크의 필드값을 저장한다.

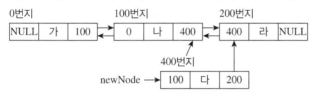

| 오른쪽 노드의 왼쪽 필드에 삭제할 노드의 왼쪽 링크 필드값 저장 |

(1) 알고리즘

오른쪽 노드의 왼쪽 링크 필드(nextNode → pre)가 삭제할 노드의 왼쪽 링크(newNode → pre)가 가리키는 주소를 가리키도록 한다.

| 오른쪽 노드의 왼쪽 필드에 삭제할 노드의 왼쪽 링크 필드값 저장 알고리즘 |

nextNode → pre=newNode → pre;

CHAPTER
04
스택

기출플러스➕   ★☆☆

스택(stack)에 대한 설명으로 옳지 않은 것은?   17 지방직 추가 9급

① 임의의 위치에서 데이터의 삽입과 삭제가 가능하다.

② 연결 리스트(linked list)를 사용하여 구현할 수 있다.

③ 푸시(push) 연산에 의해 데이터를 삽입한다.

④ 가장 나중에 삽입된 데이터가 가장 먼저 삭제된다.

해설   난도 중

정답의 이유

스택에서는 데이터의 삽입과 삭제가 임의의 위치가 아니고 top 부분에서 발생한다.

오답의 이유

② 데이터를 삽입할 때 순차적으로 리스트를 생성하고 삭제할 때 순차적으로 리스트를 삭제할 수 있다.

③ 데이터를 삽입할 때는 푸시(push)라고 하고, 데이터를 삭제할 때는 팝(pop)이라고 한다.

④ 스택은 가장 나중에 삽입된 데이터가 가장 먼저 삭제되므로 LIFO(Last-In First-Out)이라고 한다.

           정답 ①

01   스택의 이해

1   스택의 개념★★☆

스택은 한 방향으로 데이터를 삽입, 삭제하는 구조를 가진다. 데이터를 삽입하는 것을 푸시(push)라고 하고, 삭제하는 것을 팝(pop)이라고 한다. 스택의 가장 위쪽을 top이라고 하고, 가장 아래쪽을 bottom이라고 한다. 데이터의 삽입과 삭제는 top을 통해 이루어지고, 데이터가 삽입되면 bottom에서부터 차곡차곡 쌓이게 된다. 데이터 삭제도 top을 통해서 이루어지기 때문에 가장 나중에 쌓인 데이터가 먼저 삭제가 된다. 따라서, 스택은 먼저 삽입된 데이터가 나중에 삭제되므로 선입후출(FILO : First-In Last-Out)이라고 한다. 다른 표현으로 가장 마지막에 삽입된 데이터가 가장 처음 삭제되므로 후입선출(LIFO : Last-In First-Out)도 같은 의미이다.

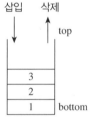

| 스택의 구조 |

스택의 구조를 살펴볼 때 데이터 삽입 순서는 1 → 2 → 3이다. 데이터를 삭제할 때 순서는 3 → 2 → 1이다.

컴퓨터 시스템에서 스택이 이용되는 경우는 부프로그램을 처리할 때 레지스터들의 내용 및 복귀주소를 저장할 때, 순환적 프로그램(recursive program)을 처리할 때, 그래프를 컴퓨터 내부에 나타낼 때, 후위 표기방식으로 표현된 수식을 계산할 때 등이 있다.

1 수식의 표기법 변환 이해

연산자와 피연산자로 구성된 수식을 표기하는 방법은 전위 표기법, 중위 표기법, 후위 표기법으로 구성된다.

1. 표기법 종류★★★

(1) 전위 표기법(Prefix Notation)

전위 표기법은 연산자와 피연산자로 구성된 수식에서 연산자를 피연산자 앞에 표기하는 방법으로 +AB 형식으로 표기할 수 있다.

① 변환 과정 : A/B+C*D 수식이 있을 때 전위 표기법으로 나타내면 다음과 같다.
  ㉠ 수식에서 각 연산자의 우선순위에 따라 괄호를 표시한다.
    ((A/B)+(C*D))
  ㉡ 각 연산자를 괄호 앞으로 이동시킨다.
    +(/(AB)*(CD))
  ㉢ 수식에 포함된 괄호를 제거한다.
    +/AB*CD

(2) 중위 표기법(Infix Notation)

중위 표기법은 연산자와 피연산자로 구성된 수식에서 연산자를 피연산자 사이에 표기하는 방법으로 A+B 형식으로 표기할 수 있다.

① 변환 과정 : 전위 표기 수식인 +/AB*CD를 중위 표기법으로 나타내면 다음과 같다.
  ㉠ 피연산자에 괄호를 표시하고 연산자 사이에 추가로 괄호를 표시한다.
    +(/(AB)*(CD))
  ㉡ 수식을 피연산자 사이에 넣어준다.
    ((A/B)+(C*D))
  ㉢ 괄호를 제거한다.
    A/B+C*D

(3) 후위 표기법(Postfix Notation)

후위 표기법은 연산자와 피연산자로 구성된 수식에서 연산자를 피연산자 뒤에 표기하는 방법으로 AB+ 형식으로 표기할 수 있다.

① 변환 과정 : A/B+C*D 수식이 있을 때 후위 표기법으로 나타내면 다음과 같다.
  ㉠ 수식에서 각 연산자의 우선순위에 따라 괄호를 표시한다.
    ((A/B)+(C*D))
  ㉡ 각 연산자를 괄호 뒤로 이동시킨다.
    ((AB)/(CD)*)+

기출플러스➕   ★★★

다음 전위(prefix) 표기식의 계산 결과는? 19 국가직 9급

| + − 5 4 × 4 7 |

① −19   ② 7
③ 28   ④ 29

해설 난도 중

정답의 이유

피연산자에 괄호를 표시하고 연산자 사이에 추가로 괄호를 표시하면 +(−(5 4)×(4 7))이다. 다음으로 연산자를 괄호 사이에 넣어주면 ((5−4)+(4×7))가 된다. 수식 계산을 하면 1+28=29가 된다.

정답 ④

기출플러스➕   ★★★

중위 표기법으로 표현된 〈보기〉의 수식을 후위 표기법으로 옳게 표현한 것은? 18 서울시 9급

| 보기 |
| a+(b*c−d)*(e−f*g)−h |

① ab*cd+efg*−*−h−
② abc*d+ef*g−*−h−
③ abcd*−efg*+*−h−
④ abc*d−efg*−*+h−

해설 난도 상

정답의 이유

연산자 우선순위에 따라 괄호를 표시하면 a+(((b*c)−d)*(e−(f*g)))−h이다. 가장 안쪽에 있는 괄호의 연산자를 괄호 뒤로 이동시키면 a+(((bc)*d)−(e(fg)*)−)*−h이고, 다시 정리를 하면 a+(bc*d−efg*−*)−h이다. (bc*d−efg*−*)를 D라고 가정하면 ((a+D)−h)라고 표기할 수 있다. 연산자를 괄호 밖으로 이동시키면 aD+h−가 된다. D 대신 (bc*d−efg*−*)를 작성하면 abc*d−efg*−*+h−가 된다.

정답 ④

ⓒ 수식에 포함된 괄호를 제거한다.

　　AB/CD*+

2 스택을 이용한 수식의 후위 표기법 변환★☆☆

1. 변환 과정

① 왼쪽 괄호는 무시하고 다음 문자로 넘어간다.

② 피연산자는 출력한다.

③ 연산자를 만나면 스택에 삽입(push)한다.

④ 오른쪽 괄호를 만나면 스택에서 삭제(pop)한다.

⑤ 수식이 끝나면 스택이 빈 공간이 될 때까지 pop한다.

2. 수식 변환

A/B+C*D 수식이 있을 때 후위 표기법으로 변환하는 과정은 다음과 같다.

① 왼쪽 괄호는 무시하고 피연산자 A를 출력한다.

수식	스택 상태	출력 상태
((A/B)+(C*D))		A

② 연산자 /는 스택에 push하고, 피연산자 B는 출력한다.

수식	스택 상태	출력 상태
((A/B)+(C*D))	/	AB

③ 오른쪽 괄호에서는 스택에 있는 연산자 /를 pop한다. 그리고 새로운 연산자 +는 push한다.

수식	스택 상태	출력 상태
((A/B)+(C*D))	+	AB/

④ 왼쪽 괄호는 무시하고 피연산자 C는 출력한다.

수식	스택 상태	출력 상태
((A/B)+(<u>C</u>*D))	 +	AB/C

⑤ 연산자 *는 스택에 push하고, 피연산자 D는 출력한다.

수식	스택 상태	출력 상태
((A/B)+(C*<u>D</u>))	 * +	AB/CD

⑥ 오른쪽 괄호는 스택에 있는 연산자 *, +를 pop한다.

수식	스택 상태	출력 상태
((A/B)+(C*D<u>)</u>)		AB/CD*+

3 스택을 이용한 후위 표기법 수식의 연산★★☆

1. 연산 과정

① 피연산자를 만나면 스택에 push한다.
② 연산자를 만나면 필요한 만큼 피연산자를 스택에서 pop하여 연산한 후, 연산 결과를 스택에 push한다.
③ 수식이 끝나면 스택에 있는 피연산자를 pop한다.

2. 수식 연산

후위 표기법 수식이 AB/CD*+일 때 연산 과정은 다음과 같다.

① 피연산자 A, B를 스택에 push한다.

수식	연산 전 스택 상태	연산	연산 후 스택 상태
<u>AB</u>/CD*+	B A	–	–

기출플러스➕   ★★★

다음은 후위(postfix) 표기 수식을 스택을 이용하여 계산하는 과정 중에 처리되지 않고 남아 있는 수식과 스택의 상태를 나타낸 것이다. 수식 계산을 완료했을 때의 최종 결과 값은? (단, 수식에서 연산자는 +, *이다) 　17 지방직 추가 9급

- 남아 있는 수식 : *4*5+6+

- 스택의 상태 :

	3
	2

① 35 　　　　② 68
③ 126 　　　④ 466

해설 _{빈도상}

정답의 이유

먼저 스택에 있는 3, 2를 pop하여 *를 실시하면 6이 되고, 다시 push 한다. 다음 수식은 4이므로 push를 하면 스택에는 6, 4가 있다. * 연산을 위해 6, 4를 pop한 후 *를 실시하면 24가 되고 다시 결과를 push하고 다음 숫자 5도 push한다. + 연산을 위해 24, 5를 pop한 후 +를 실시하면 결과는 29가 되고 다시 push한다. 다음 숫자 6도 push한 후 +연산을 위해 29와 6을 pop한 후 + 연산을 실시하면 결과는 35가 된다.

정답 ①

② 연산자 /일 때 스택에서 피연산자 B, A를 pop하여 연산 후, 연산 결과를 다시 스택에 push한다.

수식	연산 전 스택 상태	연산	연산 후 스택 상태
AB/CD*+	B / A	A/B	A/B

③ 피연산자 C, D를 스택에 push한다.

수식	연산 전 스택 상태	연산	연산 후 스택 상태
AB/CD*+	A/B	–	D / C / A/B

④ 연산자 *일 때 스택에서 피연산자 D, C를 pop하여 연산 후, 연산 결과를 다시 스택에 push한다.

수식	연산 전 스택 상태	연산	연산 후 스택 상태
AB/CD*+	D / C / A/B	C*D	C*D / A/B

⑤ 연산자 +일 때 스택에서 피연산자 C*D, A/B를 pop하여 연산 후, 연산 결과를 다시 스택에 push한다.

수식	연산 전 스택 상태	연산	연산 후 스택 상태
AB/CD*+	C*D / A/B	A/B+C*D	A/B+C*D

CHAPTER 05 큐

중요 학습내용

1. 큐의 개념과 구조를 이해할 수 있다.
2. 순차 큐의 개념과 연산에 대해 알 수 있다.
3. 원형 큐의 개념과 연산에 대해 알 수 있다.

01 큐의 개념과 구조

1 큐의 개념 ★☆☆

스택의 경우에는 데이터의 삽입과 삭제가 top을 통해서 이루어졌다. 큐의 경우에는 데이터가 삽입되는 부분과 삭제되는 부분이 다르다. 한쪽 끝에서는 데이터 삽입이 이루어지고, 반대쪽 끝에서는 데이터 삭제가 이루어진다. 따라서, 큐는 먼저 삽입된 데이터가 먼저 삭제되므로 선입선출(FIFO : First-In First-Out)이라고 한다.

2 큐의 구조

큐에서 데이터가 삽입되는 부분을 rear라고 하고, 데이터가 삭제되는 부분을 front라고 한다. 즉, 데이터는 rear를 통해서 삽입되고, front를 통해서 삭제된다. rear는 큐에서 가장 뒤에 있는 원소를 가리키고 front는 큐에서 가장 앞에 있는 원소를 가리키게 된다.

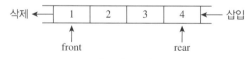

| 큐의 구조 |

큐에서 데이터를 rear를 통해 삽입하는 것을 enQueue라고 하고, 데이터를 front를 통해 삭제하는 것을 deQueue라고 한다.

기출플러스 ➕ ★☆☆

다음 중 큐가 컴퓨터 시스템에서 이용되는 경우는? 14 서울시 9급

① 부프로그램을 처리할 때 레지스터들의 내용 및 복귀주소를 저장할 때
② 순환적 프로그램(recursive program)을 처리할 때
③ 다중 프로그래밍의 운영체제가 대기하고 있는 프로그램들에게 처리기를 할당할 때
④ 그래프를 컴퓨터 내부에 나타낼 때
⑤ 후위 표기방식으로 표현된 수식을 계산할 때

해설 반도충

정답의 이유
다중 프로그래밍에서 프로그램이 대기한 순서대로 처리를 할 때 큐가 적용된다.

오답의 이유
①, ②, ④, ⑤ 모두 스택이 이용되는 경우이다.

정답 ③

---

1 순차 큐

순차 큐는 1차원 배열을 이용하여 구현할 수 있다. 1차원 배열의 이름이 Queue이고 배열의 크기가 n일 때 Queue[n]으로 나타낼 수 있다. front 변수는 큐의 첫 번째 원소를 가리키고, rear는 큐의 마지막 원소를 가리킨다. 배열의 첨자는 0부터 시작하므로 큐가 비어있는 상태를 나타내기 위해 front와 rear가 −1의 값을 가진다. front와 rear의 값이 같을 때도 큐가 비어있는 상태가 된다.

1. 원소 삽입

① 원소는 rear를 통해 삽입되므로 rear 값을 1 증가시켜 준다.

큐의 상태	알고리즘
삭제 ← [0] [1] [2] [3] ← 삽입 (front, rear)	rear=rear+1;

② rear가 가리키는 배열의 공간에 value를 저장한다.

큐의 상태	알고리즘
삭제 ← [0] value [1] [2] [3] ← 삽입 (front, rear)	Queue[rear]=value;

2. 원소 삭제

① 원소는 front를 통해 삭제되므로 front 값을 1 증가시켜 준다.

큐의 상태	알고리즘
삭제 ← [0] value [1] [2] [3] ← 삽입 (rear, front)	front=front+1;

② front가 가리키고 있는 배열의 원소를 반환한다.

큐의 상태	알고리즘
삭제 ← [0] [1] [2] [3] ← 삽입 (rear, front)	return Queue[front];

2 원형 큐

원형 큐는 순차 큐와 동일한 1차원 배열이지만 배열의 처음과 끝이 서로 연결되어 있는 원형 구조를 이루고 있다. 원형 큐에서는 큐가 비어있을 때 front와 rear를 0으로 초기화한다. 순차 큐와 마찬가지로 front와 rear의 값이 같을 때도 큐가 비어있는 상태를 의미한다.

원소가 삽입될 때는 rear의 값을 1 증가시키고, 삭제될 때는 front의 값을 1 증가시키는데 배열의 처음과 끝이 서로 연결되어 있다. 배열의 첨자가 n-1일 때 다음 배열의 첨자는 0이 되어야 하므로 나머지 연산자 mod를 사용하여 첨자를 조정한다. 배열의 크기가 10이라고 하면 배열의 첨자 9의 다음 첨자는 0이 되어야 한다. rear의 값이 계속 증가하다가 10이 되었을 때 배열의 크기(10)로 나눈 나머지를 구하면 0이기 때문에 mod 연산자를 사용한다.

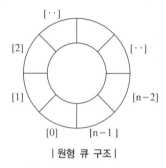

| 원형 큐 구조 |

1. 원소 삽입

① 원소는 rear를 통해 삽입되므로 rear 값을 1 증가시키고, 나머지 연산자(mod)를 사용하여 배열의 크기로 나눠준다.

큐의 상태	알고리즘
rear → [1] ... [2] [··] [··] [n-2] [0] [n-1] front	rear=(rear+1) mod n;

② rear가 가리키는 배열의 공간에 value를 저장한다.

큐의 상태	알고리즘
[··] [2] [··] value rear → [1] [n−2] [0] [n−1] ↑ front	Queue[rear]=value;

2. 원소 삭제

① 원소는 front를 통해 삭제되므로 front 값을 1 증가시키고, 나머지 연산자(mod)를 사용하여 배열의 크기로 나눠준다.

큐의 상태	알고리즘
[··] [2] [··] value rear → [1] front [n−2] [0] [n−1]	front=(front+1) mod n;

② front가 가리키고 있는 배열의 원소를 반환한다.

큐의 상태	알고리즘
[··] [2] [··] rear → [1] front [n−2] [0] [n−1]	return Queue[front];

CHAPTER 06 트리

중요 학습내용

1. 트리의 개념과 구조를 파악할 수 있다.
2. 이진 트리의 개념, 구조, 순회 방법을 알 수 있다.
3. 이진 탐색 트리의 개념, 구조, 연산을 알 수 있다.
4. AVL 트리의 개념과 특징을 이해할 수 있다.
5. 히프 트리의 개념과 구조에 대해 알 수 있다.

01 트리의 이해

1 트리의 개념과 구조

1. 트리의 개념

트리는 리스트, 스택, 큐 등과 같이 1:1 관계의 선형 구조가 아니고 1:n 관계의 비선형 구조이다. 그리고 계층 관계로 구성된 계층형 자료구조이다.

2. 트리의 구조

트리의 구조는 다음과 같이 나타낼 수 있다.

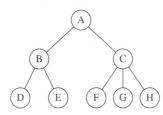

| 트리의 구조 |

트리를 구성하는 원소를 노드라고 하고, 노드 간 연결하는 선을 간선이라고 한다. 노드는 부모 노드와 자식 노드로 연결되는데, A는 부모 노드이고 B, C는 자식 노드가 된다. 또한 A는 트리의 시작 노드이기 때문에 루트 노드가 된다. B, C는 같은 부모 노드를 가지므로 서로는 형제 노드가 된다. 어떤 노드에서 루트 노드까지 이르는 경로에 있는 노드를 조상 노드라고 한다. E 노드의 조상 노드는 B, A 노드가 된다.

자식 노드 수를 해당 노드의 차수라고 한다. A 노드의 차수는 2, B 노드의 차수는 2, C 노드의 차수는 3이 된다. 차수가 0인 노드를 단말 노드 또는 리프 노드라고 하고 D, E, F, G, H 노드가 해당된다. 차수가 1 이상인 노드를 내부 노드라고 한다.

노드와 노드 사이를 레벨이라고 한다. A는 0레벨, B와 C는 1레벨, D, E, F, G, H는 2레벨을 가진다. 레벨을 높이라고 표현해도 같은 의미를 지닌다.

1   이진 트리의 개념과 구조

이진 트리는 전체 트리의 차수가 2 이하인 트리를 의미한다. 2진 트리는 3가지 형태로 구성될 수 있다. (a)는 왼쪽, 오른쪽에 자식 노드가 존재하는 경우이다. (b)는 왼쪽에만 자식 노드가 존재하는 경우이다. (c)는 오른쪽에만 자식 노드가 존재하는 경우이다.

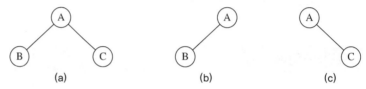

2   이진 트리의 종류

이진 트리는 레벨과 노드 수의 관계에 따라 포화 이진 트리, 완전 이진 트리, 편향 이진 트리로 구분된다.

1. 포화 이진 트리

포화 이진 트리는 모든 레벨에 노드가 꽉 차있어 노드를 추가할 수 없는 포화 상태의 이진 트리를 말한다. 포화 이진 트리의 높이가 h라고 하면 노드의 개수는 $2^{h+1} - 1$ 개가 된다. 노드에 번호를 부여할 때는 하위 레벨로 내려가면서 왼쪽에서 오른쪽으로 차례대로 번호를 붙인다. 다음은 높이가 2인 포화 이진 트리이고 번호는 1부터 7까지 표기되어 있다.

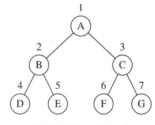

| 포화 이진 트리 구조 |

2. 완전 이진 트리

완전 이진 트리는 높이가 h이고 포화 이진 트리의 노드 개수($2^{h+1} - 1$)보다는 노드의 개수가 작은 n개를 가질 때, 포화 이진 트리와 노드의 순서가 1부터 n번까지 일치하는 이진 트리를 의미한다. n+1부터 $2^{h+1} - 1$번까지는 공백 노드가 된다. 다음 완전 이진 트리는 높이가 2이고, 노드의 번호는 1부터 4까지 표기되어 있다. 포화 이진 트리와 1번부터 4번까지는 순서가 동일하고 5번 이후부터는 공백 노드가 된다.

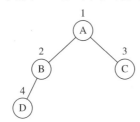

| 완전 이진 트리 구조 |

3. 편향 이진 트리

편향 이진 트리는 높이가 h일 때 h+1개의 노드를 가지면서 자식 노드가 왼쪽 또는 오른쪽 중 한 방향으로만 연결된 구조를 가지고 있다.

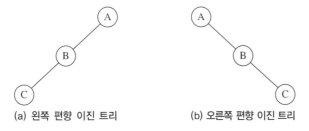

(a) 왼쪽 편향 이진 트리   (b) 오른쪽 편향 이진 트리

3 이진 트리 순회★★★

순회는 모든 원소를 빠뜨리거나 중복하지 않고 처리하는 것을 말한다. 순회 방법에 따라 전위 순회, 중위 순회, 후위 순회로 나눌 수 있다. 이진 트리 구조가 다음과 같을 때 전위 순회, 중위 순회, 후위 순회 방법을 알아보도록 하자.

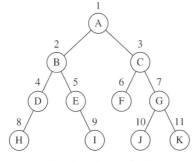

| 이진 트리 구조 예시 |

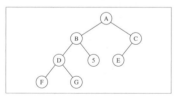
1. 전위 순회(Pre-order)

전위 순회의 노드 처리 순서는 현재 노드 → 왼쪽 노드 → 오른쪽 노드이다. 현재 노드에서 왼쪽 노드가 존재하면 왼쪽 노드가 없을 때까지 해당 노드를 처리한다. 왼쪽 노드가 없으면 오른쪽 노드를 처리한다. 전체 전위 순회 경로는 A−B−D−H−E−I−C−F−G−J−K가 된다.

(1) 순회 경로

① A 노드를 기준으로 왼쪽으로 B, D, H 노드가 존재하므로 해당 노드를 처리한다.

② D 노드에서 오른쪽 노드가 없으므로 B 노드의 오른쪽 노드를 처리한다.

③ E 노드의 왼쪽 노드가 없으므로 I 노드를 처리한다.

④ A 노드를 기준으로 왼쪽 노드 처리가 끝나면 오른쪽 노드를 처리한다.

⑤ C 노드를 처리하고 왼쪽 노드가 F이므로 이동하여 처리한다.

⑥ F 노드 처리가 끝나면 G가 처리되고 G의 왼쪽 노드 J, 오른쪽 노드 K가 처리된다.

2. 중위 순회(In-order)

중위 순회의 노드 처리 순서는 왼쪽 노드 → 현재 노드 → 오른쪽 노드이다. 왼쪽 트리의 마지막까지 이동하여 해당 노드를 처리하고 부모 노드를 처리한다. 부모 노드에서 오른쪽 노드가 있으면 오른쪽 노드를 처리한다. 전체 중위 순회 경로는 H−D−B−E−I−A−F−C−J−G−K가 된다.

(1) 순회 경로

① A 노드를 기준으로 왼쪽의 가장 마지막 노드가 H이므로 해당 노드까지 이동하고 처리한다.

② D 노드 처리 후 오른쪽 노드가 없으므로 B 노드가 처리된다.

③ E 노드의 왼쪽 노드가 없으므로 I, E, A노드가 순차적으로 처리된다.

④ C 노드로 이동하면 왼쪽 노드가 있으므로 F가 처리되고 C 노드를 처리한다.

⑤ C 노드의 오른쪽 G 노드로 이동하고 왼쪽 J 노드를 처리한다.

⑥ G 노드 처리 후 K 노드를 처리한다.

3. 후위 순회(Post-order)

후위 순회의 노드 처리 순서는 왼쪽 노드 → 오른쪽 노드 → 현재 노드이다. 왼쪽 트리의 마지막까지 이동하여 해당 노드를 처리하고 오른쪽 형제 노드가 있으면 해당 노드를 처리하고 마지막으로 부모 노드를 처리한다. 전체 후위 순회 경로는 H−D−I−E−B−F−J−K−G−C−A가 된다.

(1) 순회 경로

① A 노드를 기준으로 왼쪽의 가장 마지막 노드가 H이므로 해당 노드까지 이동하고 처리한다.

② D 노드의 오른쪽 노드가 없으므로 D 노드를 처리한다.

③ E 노드로 이동한 후 왼쪽 노드가 없으므로 오른쪽 I 노드를 처리 후 E, B 노드를 처리한다.

④ C 노드로 이동한 후 왼쪽 노드 F 처리 후 G 노드로 이동한다.

⑤ G 노드의 왼쪽 노드 J 처리 후 K, G, C, A 순서로 처리한다.

해설 난도중
정답의 이유
중위 순회는 현재 노드에서 왼쪽 노드를 처리하고 현재 노드를 처리한 후, 오른쪽 노드를 처리하게 된다. 중위 순회 경로를 살펴보면 왼쪽의 가장 마지막 노드인 F가 먼저 처리된다. 다음으로 노드 D, G가 처리된 후 노드 B, A가 처리된다. A 노드의 오른쪽 노드에서 왼쪽 노드 E가 처리된 후 C가 처리된다. 전체 순회 경로를 정리하면 F-D-G-B-A-E-C이다. 4, 5, 6번째 방문 노드는 B, A, E가 된다.
정답 ②

4 내부 경로 길이와 외부 경로 길이 ★☆☆

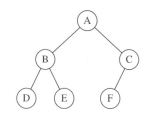

| 이진 트리 구조 예 |

1. 내부 경로 길이

이진 트리에서 내부 경로 길이를 구하는 방법은 다음 레벨로 가는 경로×레벨이다. 루트 노드가 0레벨이므로 1레벨로 가는 경로는 2이고, 2레벨로 가는 경로는 3이다. 내부 경로 길이를 구하면 $1×2+2×3=8$이 된다.

2. 외부 경로 길이

외부 경로 길이는 부모 노드에서 각 노드까지 외부 노드 길이의 합으로 길이 $E=I+2n$ 식이 성립된다. I는 내부 경로 길이이고, n은 노드의 개수를 의미한다. 외부 경로 길이가 8이고, 노드의 개수는 6이므로 외부 경로 길이는 20이 된다.

기출플러스 ✚   ★★☆
〈보기〉 이진 트리의 내부 경로 길이 (length)와 외부 경로 길이로 옳은 것은?
18 서울시 9급

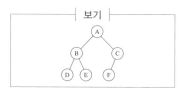

| 보기 |

① 7, 20   ② 7, 23
③ 8, 20   ④ 8, 23

해설 난도중
정답의 이유
내부 경로 길이를 구하는 방법은 현재 노드에서 다음 레벨로 가는 경로×레벨이다. 루트 노드가 레벨 0이기 때문에 레벨 1로 가는 경로는 2이고, 레벨 2로 가는 경로는 3이다. 따라서, 내부 경로 길이는 $1×2+2×3=8$이다. 외부 경로 길이 공식은 $E=I+2n$이다. I는 내부 경로 길이를 의미하고, n은 노드의 개수이다. 따라서, $E=8+2×6=20$이다.
정답 ③

1 이진 탐색 트리의 이해★☆☆

1. 이진 탐색 트리 정의

이진 탐색 트리는 이진 트리를 탐색하기 위한 자료 구조로 원소의 크기에 따라 노드의 위치를 정의한 것이다. 탐색을 위해서는 찾을 자료를 식별할 수 있는 유일한 값이 필요한데 이를 키(key)라고 한다. 이진 탐색 트리는 다음과 같이 정의할 수 있다.

① 모든 원소는 서로 다른 유일한 키를 가지고 있다.
② 왼쪽 서브 트리에 원소들의 키는 루트의 키보다 작다.
③ 오른쪽 서브 트리에 원소들의 키는 루트의 키보다 크다.

2. 이진 탐색 트리 구조

이진 탐색 트리는 다음과 같은 구조를 가진다. 루트를 기준으로 왼쪽 서브 트리는 루트의 키보다 작은 수를 가지고 오른쪽 서브 트리는 루트의 키보다 큰 수를 가지고 있다.

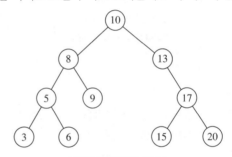

| 이진 탐색 트리 구조 |

3. 이진 탐색 트리 탐색 연산

이진 탐색 트리의 탐색은 찾고자하는 키가 k라면 먼저 루트의 키 값과 비교를 한다. 비교 결과에 따라 탐색 방법이 3가지로 분류된다.

① k가 루트의 키 값보다 작을 때(k<root_key) : 루트 노드의 왼쪽 트리로 탐색 수행
② k가 루트의 키 값과 일치할 때(k=root_key) : 원하는 키 값을 찾았으므로 연산 종료
③ k가 루트의 키 값보다 클 때(k>oot_key) : 루트 노드의 오른쪽 트리로 탐색 수행

4. 이진 탐색 트리의 삽입 연산

이진 탐색 트리에 원소를 삽입하려면 먼저 이진 탐색 트리에 같은 원소가 없어야 한다. 원소를 삽입하는 과정은 다음과 같다.

(1) 삽입하는 원소가 현재 노드의 원소보다 작을 때

현재 노드의 왼쪽 서브 트리로 탐색 수행

(2) 삽입하는 원소가 현재 노드의 원소보다 클 때

현재 노드의 오른쪽 서브 트리로 탐색 수행

(3) 현재 노드의 자식 노드가 없을 때

삽입하는 원소가 현재 노드의 원소보다 크면 오른쪽 자식 노드 자리에 삽입하고 작으면
왼쪽 자식 노드 자리에 삽입한다.

5. 이진 탐색 트리의 삭제 연산

이진 탐색 트리에서 노드를 삭제할 경우 먼저 삭제할 노드의 위치를 탐색하는 작업을
먼저 수행한다. 삭제할 노드는 자식 수에 따라 삭제할 노드가 단말 노드인 경우, 삭제할
노드가 자식 노드를 한 개 가진 경우, 삭제할 노드가 자식 노드를 두 개 가진 경우가
된다.

(1) 삭제할 노드가 단말 노드(차수=0)인 경우 삭제 연산

이진 탐색 트리 구조에서 단말 노드 6을 삭제하려면 삭제할 노드를 탐색하여 위치를
찾고, 노드를 삭제한 후 부모 노드 5의 오른쪽 자식 노드 링크 필드를 NULL로 설정한다.

(2) 삭제할 노드가 자식 노드를 한 개 가진 경우(차수=1) 삭제 연산

삭제할 노드가 자식 노드를 한 개 가진 경우에는 삭제할 노드의 자식 노드를 삭제 노드로
이동시킨다. 위 이진 탐색 트리 구조에서 노드 13을 삭제하려면 13을 삭제하고 자식
노드인 17이 삭제한 노드 자리로 이동한다.

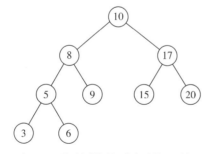

| 노드 13을 삭제한 후 이진 탐색 트리 |

(3) 삭제할 노드가 자식 노드를 두 개 가진 경우(차수=2) 삭제 연산

자식 노드를 두 개 가진 경우에도 삭제 노드 자리를 자식 노드가 이동하게 되는데 이
때에는 전체 자손 노드 중에서 대상 노드를 찾는다. 즉, 노드가 삭제되고 자손 노드가
이동했을 때도 이진 탐색 트리가 유지되어야 한다. 이동하는 자손 노드의 키 값은 왼쪽
서브 트리에 있는 노드들의 키 값보다 커야 하고, 오른쪽 서브 트리에 있는 노드들의
키 값보다 작아야 한다. 따라서 삭제할 노드의 왼쪽 서브 트리에서 가장 큰 자손 노드를
선택하거나, 오른쪽 서브 트리에서 가장 작은 자손 노드를 선택할 수 있다.

위 이진 탐색 트리 구조에서 노드 10을 삭제한다고 하면 왼쪽 서브 트리 중 가장 오른쪽에 있는 노드인 9와 오른쪽 서브 트리 중 가장 왼쪽에 있는 노드인 13을 선택할 수 있다.

① 노드 10 삭제 시 자손 노드 9를 선택할 경우 : 노드 10 삭제 시 자손 노드 9를 노드 10 위치로 이동한 후 이진 탐색 트리는 다음과 같다.

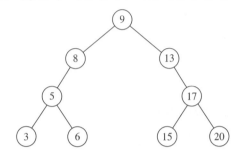

| 노드 10 삭제 시 자손 노드 9를 선택했을 때 이진 탐색 트리 |

② 노드 10 삭제 시 자손 노드 13을 선택할 경우 : 노드 10 삭제 시 자손 노드 13을 노드 10 위치로 이동한 후 이진 탐색 트리는 다음과 같다.

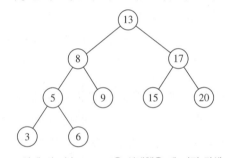

| 노드 10 삭제 시 자손 노드 13을 선택했을 때 이진 탐색 트리 |

04 AVL 트리

1 AVL 트리의 개념과 특징★☆☆

AVL 트리는 대표적인 균형 이진 탐색 트리로 각 노드의 왼쪽 서브 트리의 높이(lh)와 오른쪽 서브 트리의 높이(rh)의 차이가 1 이하인 특징을 가지고 있다. AVL 트리는 트리 구조가 최악의 경우일 때 트리 종류 중 가장 탐색 성능이 좋다.

트리의 크기는 오른쪽 서브 트리 → 부모 노드 → 왼쪽 서브 트리이다.

각 노드의 왼쪽 서브 트리 높이와 오른쪽 서브 트리 높이의 차이(lh-rh)를 노드의 균형 인수(BF : Balance Factor)라고 한다. 각 노드의 균형 인수는 {-1, 0, +1} 값만 가지도록 하여 왼쪽 서브 트리와 오른쪽 서브 트리의 균형을 유지한다. 노드 13의 균형 인수 값은 -2이므로 균형이 깨진 상태를 의미하고 균형을 맞추기 위해 회전 연산이 이루어져야 한다.

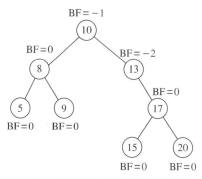

| 각 노드의 균형 인수 구하기 예 |

단말 노드인 5, 9, 15, 20은 서브 트리가 없으므로 균형 인수는 0이 된다. 노드 8, 17은 왼쪽 서브 트리의 높이가 1, 오른쪽 서브 트리의 높이가 1이므로 균형 인수는 0이 된다. 노드 13은 왼쪽 서브 트리의 높이가 0, 오른쪽 서브 트리의 높이가 2이므로 균형 인수는 -2이다. 노드 10은 왼쪽 서브 트리의 높이가 2, 오른쪽 서브 트리의 높이가 3이므로 균형 인수는 -1이 된다

2 트리의 유형

1. LL 유형

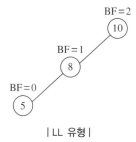

| LL 유형 |

노드 10의 균형 인수가 2로 균형이 깨진 노드인데 부호가 +이므로 왼쪽 서브 트리에 문제가 있는 경우이다. 노드 10이 불균형을 이루게 된 이유는 왼쪽 서브 노드 8이 또 왼쪽 서브 노드 5를 가지기 때문이다. 이와 같은 유형을 LL 유형이라고 한다.

2. RR 유형

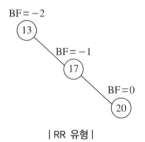

| RR 유형 |

노드 13의 균형 인수가 −2로 균형이 깨진 노드인데 부호가 −이므로 오른쪽 서브 트리에 문제가 있는 경우이다. 노드 13이 불균형을 이루게 된 이유는 오른쪽 서브 노드 17이 또 오른쪽 서브 노드 20을 가지기 때문이다. 이와 같은 유형을 RR 유형이라고 한다.

3. LR 유형

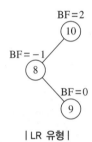

| LR 유형 |

노드 10의 균형 인수가 2로 균형이 깨진 노드인데 부호가 +이므로 왼쪽 서브 트리에 문제가 있는 경우이다. 노드 10이 불균형을 이루게 된 이유는 왼쪽 서브 노드 8이 오른쪽 서브 노드 9를 가지기 때문이다. 이와 같은 유형을 LR 유형이라고 한다.

4. RL 유형

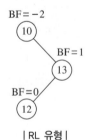

| RL 유형 |

노드 10의 균형 인수가 −2로 균형이 깨진 노드인데 부호가 −이므로 오른쪽 서브 트리에 문제가 있는 경우이다. 노드 10이 불균형을 이루게 된 이유는 오른쪽 서브 노드 13이 왼쪽 서브 노드 12를 가지기 때문이다. 이와 같은 유형을 RL 유형이라고 한다.

3 회전 연산★☆☆

AVL 트리에서는 삽입과 삭제 후 균형 인수를 확인하여 균형을 맞추는 과정이 필요하다. 균형을 맞추기 위해 회전 연산을 수행한다. 유형별 불균형 해결 방법은 다음과 같다.

| 유형별 불균형 해결 방법 |

유형	해결 방법
LL 유형	LL 회전 : 문제 구간에서 상위 구간을 오른쪽으로 회전
RR 유형	RR 회전 : 문제 구간에서 상위 구간을 왼쪽으로 회전
LR 유형	LR 회전 : 문제 구간에서 하위 구간을 왼쪽으로 1차 회전하고 LL 유형으로 만든 후 LL 회전을 적용
RL 유형	RL 회전 : 문제 구간에서 하위 구간을 오른쪽으로 1차 회전하고 RR 유형으로 만든 후 RR 회전을 적용

LL, RR 회전과 같이 한 번 회전하는 것을 단순 회전이라고 하고, LR, RL 회전과 같이 두 번 회전하는 것을 이중 회전이라고 한다.

1. LL 회전 연산

삽입이나 삭제 연산 후에 AVL 트리에 LL 유형의 불균형이 발생했을 때 적용한다. 문제 구간에서 상위 노드(10)를 오른쪽으로 회전시킨다.

| LL 유형과 회전 |

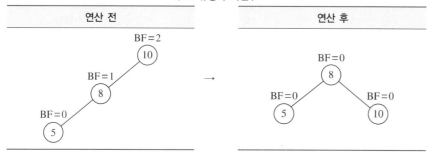

2. RR 회전 연산

삽입이나 삭제 연산 후에 AVL 트리에 RR 유형의 불균형이 발생했을 때 적용한다. 문제 구간에서 상위 노드(13)를 왼쪽으로 회전시킨다.

| RR 유형과 회전 |

3. LR 회전 연산

삽입이나 삭제 연산 후에 AVL 트리에 LR 유형의 불균형이 발생했을 때 적용한다. 문제 구간에서 1차 회전은 노드 10의 자식 노드 8과 오른쪽 노드 9를 왼쪽으로 회전시킨다. 2차 회전은 노드 10과 자식 노드 9를 오른쪽으로 회전시킨다.

| LR 유형과 회전 |

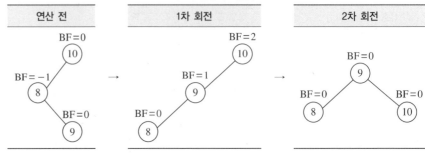

4. RL 회전 연산

삽입이나 삭제 연산 후에 AVL 트리에 RL 유형의 불균형이 발생했을 때 적용한다. 문제 구간에서 1차 회전은 노드 10의 자식 노드 13과 왼쪽 노드 12를 오른쪽으로 회전시킨다. 2차 회전은 노드 10과 자식 노드 12를 왼쪽으로 회전시킨다.

| RL 유형과 회전 |

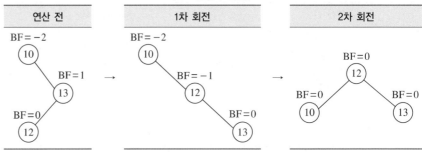

05 히프 트리

1 히프 트리의 개념 ★☆☆

히프(Heap) 트리는 완전 이진 트리의 노드 중 키 값이 가장 큰 노드나 가장 작은 노드를 찾기 위한 자료구조이다. 키 값이 가장 큰 노드를 찾기 위한 히프를 최대 히프라고 하고, 가장 작은 노드를 찾기 위한 히프를 최소 히프라고 한다.

최대 히프는 부모 노드의 키 값이 자식 노드의 키 값보다 항상 크거나 같은 관계를 가지는 완전 이진 트리이다. 따라서, 최대 히프에서 키 값이 가장 큰 노드는 루트 노드가 된다.

최소 히프는 부모 노드의 키 값이 자식 노드의 키 값보다 항상 작거나 같은 관계를 가지는 완전 이진 트리이다. 따라서, 최소 히프에서 키 값이 가장 작은 노드는 루트 노드가 된다. 히프는 같은 키 값의 노드를 중복해서 가질 수 있다.

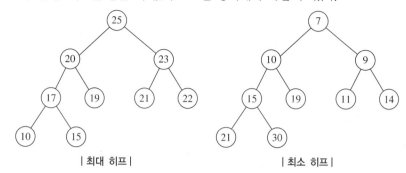

| 최대 히프 | | 최소 히프 |

다음은 히프가 되지 않는 상황을 나타낸 예이다. (a)의 경우 완전 이진 트리가 아니기 때문에(노드 9의 왼쪽 자식 노드가 없어 히프가 아님) 히프가 되지 않고, (b)의 경우 부모 노드의 키 값과 자식 노드의 키 값의 관계가 성립되지 않아(노드 19가 자식 노드보다 키 값이 커서 최소 히프가 아님) 히프가 될 수 없다.

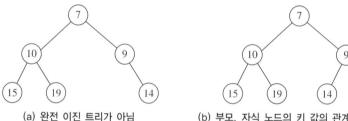

(a) 완전 이진 트리가 아님   (b) 부모, 자식 노드의 키 값의 관계가 미성립

기출플러스➕   ★☆☆
최대 히프 트리(Heap Tree)로 옳은 것은?   19 지방직 9급

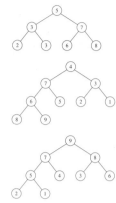

해설   반도출

정답의 이유

키 값이 가장 큰 노드를 찾기 위한 히프를 최대 히프라고 한다. 최대 히프의 조건은 부모 노드의 키 값이 자식 노드의 키 값보다 항상 크거나 같은 크기의 관계를 가지는 완전 이진 트리이어야 한다. 최대 히프에서는 키값이 가장 큰 노드가 루트 노드가 되어야 한다. 따라서, ①, ②은 키 값이 가장 크지 않기 때문에 정답이 아니고 ④는 완전 이진 트리가 아니기 때문에 정답이 될 수 없다.

정답 ③

CHAPTER 07 그래프

01 그래프의 구조

1 그래프의 이해

1. 그래프의 개념

그래프는 연결되어 있는 원소 사이의 관계를 표현하는 자료구조이다. 그래프는 객체를 나타내는 정점(V : Vertex)과 객체를 연결하는 간선(E : Edge)의 집합으로 구성된다. 그래프 G=(V, E)로 정의하는데, V는 그래프에 있는 정점들의 집합을 의미하고, E는 객체를 연결하는 간선들의 집합이다.

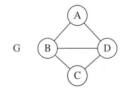

| 그래프 예 |

2. 그래프의 표현

정점 V_i와 정점 V_j를 연결하는 간선을 (V_i, V_j)로 표현한다. 정점의 집합 V(G)={A, B, C, D}, 간선의 집합 E(G)={(A, B), (A, C), (B, C), (B, D), (C, D)}로 표현할 수 있다.

그래프 G에서 정점 A와 인접한 정점은 B, D이고, 정점 A에 부속되어 있는 간선은 (A, B), (A, D)이다. 정점에 부속되어 있는 간선의 수를 차수라고 한다. 정점 A의 차수는 2이고, 정점 B의 차수는 3이다.

정점 V_i에서 정점 V_j까지 간선을 따라갈 수 있는 길을 순서대로 나열한 것을 경로라고 한다. 정점 A에서 정점 C까지는 A-B-C, A-D-C, A-B-D-C, A-D-B-C 4가지 경로가 있다. A-B-D-C 경로에는 간선이 (A, B), (B, D), (D, C) 세 개로 이루어져 있고, 경로를 구성하는 간선 수를 경로 길이라고 한다.

02 그래프의 순회

1 그래프 순회의 개념과 종류

1. 그래프 순회의 개념

한 정점에서 시작하여 그래프에 있는 모든 정점을 방문하는 것을 그래프 순회 또는 그래프 탐색이라고 한다. 그래프를 순회하는 방법에는 깊이 우선 탐색과 너비 우선 탐색이 있다.

2. 그래프 순회의 종류★☆☆

(1) 깊이 우선 탐색

깊이 우선 탐색(DFS : Depth First Search)은 시작 정점에서 한 방향으로 갈 수 있는 경로가 있는 곳까지 탐색하다가 더 이상 갈 곳이 없으면, 가장 마지막에 만났던 갈림길 간선이 있는 정점으로 돌아와 다른 방향의 간선으로 탐색을 계속하는 순회 방법이다. 가장 마지막에 만났던 갈림길 간선이 있는 정점으로 되돌아가기 위해서 후입선출 구조인 스택을 사용한다.

깊이 우선 탐색의 수행 순서는 다음과 같다.

> ① 시작 정점 v를 결정하여 이동한다.
> ② 정점 v에 인접한 정점 중에서 ②-(a) 방문하지 않은 정점 x가 있으면 정점 v를 스택에 push하고 x를 방문한다. 그리고 x를 v로 하여 다시 ②를 반복한다. ②-(b) 방문하지 않은 정점이 없으면 스택을 pop하여 가장 마지막에 방문한 정점을 v로 설정한 뒤 다시 ②를 수행한다.
> ③ 스택이 공백이 될 때까지 ②를 반복한다.

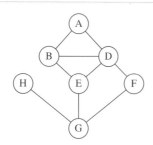

| 깊이 우선 탐색 예 |

기출플러스➕ ★☆☆

다음은 그래프 순회에서 깊이 우선 탐색 방법에 대한 수행 순서를 설명한 것이다. (ㄱ)~(ㄹ)에 알맞은 내용으로 짝지어진 것은? 17 서울시 9급

> (1) 시작 정점 v를 결정하고 방문한다.
> (2) 정점 v에 인접한 정점 중에서
> (2-1) 방문하지 않은 정점 w가 있으면 정점 v를 (ㄱ)에 (ㄴ)하고 w를 방문한다. 그리고 w를 v로 하여 (2)를 수행한다.
> (2-2) 방문하지 않은 정점이 없으면 (ㄱ)을/를 (ㄷ)하여 받은 가장 마지막 방문 정점을 v로 설정한 뒤 다시 (2)를 수행한다.
> (3) (ㄹ)이/가 공백이 될 때까지 (2)를 반복한다.

	(ㄱ)	(ㄴ)	(ㄷ)	(ㄹ)
①	Stack	push	pop	Stack
②	Stack	pop	push	Queue
③	Queue	enQueue	deQueue	Queue
④	Queue	enQueue	deQueue	Stack

해설 반도중

정답의 이유

깊이 우선 탐색 방법은 stack을 이용하기 때문에 정답 보기에서 큐와 관련된 용어 Queue, enQueue, deQueue가 있으면 모두 오답이 된다.

깊이 우선 탐색 방법에서 방문하지 않은 정점 w가 있으면 정점 v를 Stack(ㄱ)에 push(ㄴ)하고 w를 방문한다. 방문하지 않은 정점이 없으면 Stack을 pop(ㄷ)한다. 이와 같은 과정은 Stack(ㄹ)이 공백이 될 때까지 반복한다.

정답 ①

① 시작 정점으로 A를 결정한 후 이동한다.

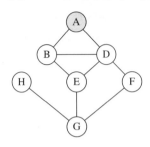

스택

② 정점 A에서 방문하지 않은 정점 B, D가 있으므로 A를 스택에 push하고, 오름차순에
   따라 정점 B를 탐색한다.

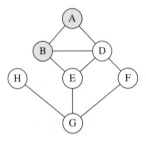

스택

③ 정점 B에서 방문하지 않은 정점 D, E가 있으므로 B를 스택에 push하고, 오름차순에
   따라 정점 D를 탐색한다.

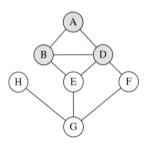
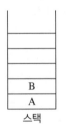

스택

④ 정점 D에서 방문하지 않은 정점 E, F가 있으므로 D를 스택에 push하고, 오름차순에
   따라 정점 E를 탐색한다.

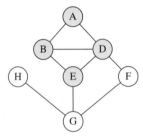
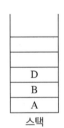

스택

⑤ 정점 E에서 방문하지 않은 정점 G가 있으므로 E를 스택에 push하고, 정점 G를 탐색한다.

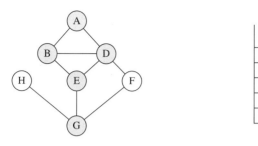

⑥ 정점 G에서 방문하지 않은 정점 F, H가 있으므로 G를 스택에 push하고, 오름차순에 따라 정점 F를 탐색한다.

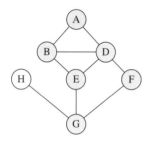
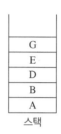

⑦ 정점 F에서는 방문하지 않은 정점이 없으므로 스택에서 pop하고 G로 이동한 후 방문하지 않은 정점이 있는지 확인한다. 방문하지 않은 정점 H가 존재하므로 G를 다시 스택에 push한 후 정점 H를 탐색한다.

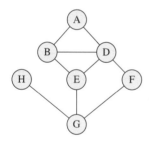

⑧ 스택에서 정점을 하나씩 pop하면서 방문하지 않은 정점이 있는지 확인한다. 방문을 하지 않은 정점이 없다면 스택이 빈 공간이 될 때까지 pop을 수행한다. 스택이 공백이 되면 깊이 우선 탐색을 종료한다.

⑨ 그래프를 깊이 우선 탐색으로 순회한 경로는 A-B-D-E─G-F-H이다.

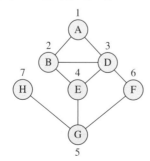

| 깊이 우선 탐색 순회 경로 |

(2) 너비 우선 탐색

너비 우선 탐색(BFS : Breadth First Search)은 시작 정점에 인접한 정점을 모두 방문한 후 방문했던 정점을 시작으로 다시 인접한 정점을 차례로 방문하는 탐색 방식이다. 가까운 정점을 먼저 방문하고 멀리 있는 정점을 나중에 방문하는 순회 방법이다. 인접한 정점에 대해 너비 우선 탐색을 반복하므로 선입선출의 구조를 갖는 큐를 사용한다.

> ① 시작 정점 v를 결정한 후 방문한다.
> ② 정점 v에 인접한 정점 중 방문하지 않은 정점들을 차례로 방문하면서 큐에 enQueue한다.
> ③ 방문하지 않은 인접한 정점이 없으면, 방문했던 정점에서 인접한 정점을 다시 방문하기 위해 큐에서 deQueue하고 정점을 v로 설정하고 ②를 반복한다.
> ④ 큐가 공백이 될 때까지 ②~③을 반복한다.

너비 우선 탐색의 수행 순서는 다음과 같다.

① 시작 정점으로 A를 결정한 후 이동하고 방문하지 않은 인접 정점 B, D를 큐에 enQueue한다.

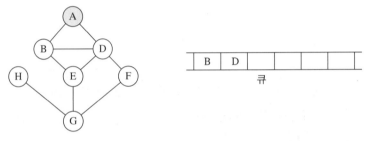

② 큐를 deQueue하여 정점 B로 이동하고 방문하지 않은 정점 E를 큐에 enQueue한다.

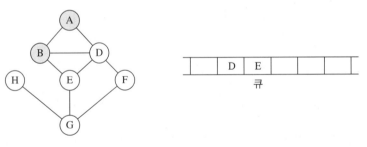

③ 큐를 deQueue하여 정점 D로 이동하고 방문하지 않은 정점 F를 큐에 enQueue한다.

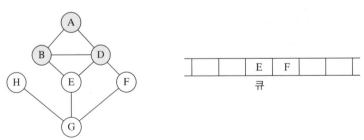

④ 큐를 deQueue하여 정점 E로 이동하고 방문하지 않은 정점 G를 큐에 enQueue한다.

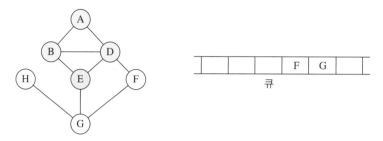

⑤ 큐를 deQueue하여 정점 F로 이동하고 정점 D는 방문하였고 정점 G는 큐에 있으므로 따로 enQueue하지 않는다.

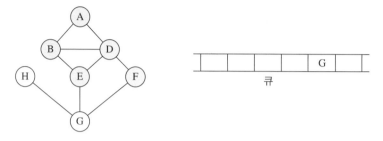

⑥ 큐를 deQueue하여 정점 G로 이동하고 방문하지 않은 정점 H를 큐에 enQueue한다.

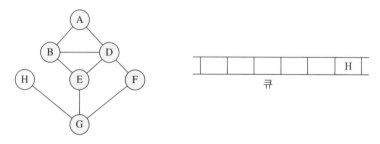

⑦ 큐를 deQueue하여 정점 H로 이동했을 때 큐가 빈 공간이 되므로 너비 우선 탐색을 종료한다.

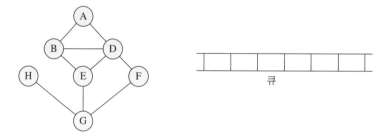

03 신장 트리와 최소 비용 신장 트리

1 신장 트리

트리는 사이클이 없는 연결 그래프로 정점이 n개이고, 간선이 n-1개인 트리 형태의 부분 그래프를 신장 트리라고 한다. 그래프에서 순회를 하면 n-1개의 간선을 이동하고 n개의 모든 정점을 방문하므로 순회 경로는 신장 트리가 된다. 깊이 우선 탐색을 이용하여 생성된 신장 트리를 깊이 우선 신장 트리라고 하고, 너비 우선 탐색을 이용하여 생성된 신장 트리를 너비 우선 신장 트리라고 한다.

2 최소 비용 신장 트리

가중치 그래프에서 간선에 주어지는 가중치는 비용, 거리, 시간을 의미하는 값이 될 수 있다. 무방향 가중치 그래프에서 신장 트리 비용은 신장 트리를 구성하는 간선 n-1개의 가중치를 합한 값이 된다. 이때, 가중치 합이 최소인 신장 트리를 최소 비용 신장 트리라고 한다. 최소 비용 신장 트리를 만드는 방법으로는 크루스칼(Kruskal) 알고리즘과 프림(Prime) 알고리즘이 있다.

1. 크루스칼 알고리즘 I ★★☆

크루스칼 알고리즘 I는 가중치가 높은 간선을 제거하면서 최소 비용 신장 트리를 생성한다. 크루스칼 알고리즘 I의 순서는 다음과 같다.

> ① 그래프의 모든 간선을 가중치에 따라 내림차순으로 정렬한다.
> ② 가중치가 가장 높은 간선을 제거한다. 단, 가중치가 높은 간선을 제거했을 때 정점이 그래프에서 분리되면 안되므로 이런 경우에는 그 다음으로 가중치가 높은 간선을 제거한다.
> ③ 간선이 n-1개가 남을 때까지 ②를 반복한다.
> ④ 간선이 n-1개가 남으면 최소 비용 신장 트리가 완성된다.

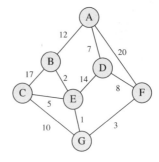

| 그래프 예 |

그래프에서 정점이 7개이므로 최소 비용 신장 트리의 간선은 6개이다.

(1) 간선을 가중치에 따라 내림차순으로 정렬한다.

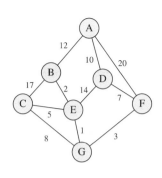

가중치	간선
20	(A, F)
17	(B, C)
14	(D, E)
12	(A, B)
10	(A, D)
8	(C, G)
7	(D, F)
5	(C, E)
3	(F, G)
2	(B, E)
1	(E, G)

(2) 가중치가 가장 높은 간선 (A, F)를 제거한다.

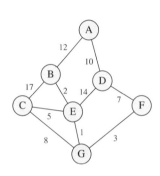

가중치	간선
~~20~~	~~(A, F)~~
17	(B, C)
14	(D, E)
12	(A, B)
10	(A, D)
8	(C, G)
7	(D, F)
5	(C, E)
3	(F, G)
2	(B, E)
1	(E, G)

(3) 다음으로 가중치가 높은 간선 (B, C)를 제거한다.

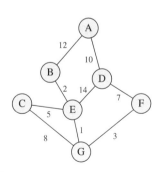

가중치	간선
~~20~~	~~(A, F)~~
~~17~~	~~(B, C)~~
14	(D, E)
12	(A, B)
10	(A, D)
8	(C, G)
7	(D, F)
5	(C, E)
3	(F, G)
2	(B, E)
1	(E, G)

(4) 다음으로 가중치가 높은 간선 (D, E)를 제거한다.

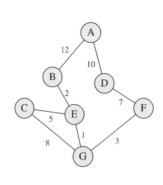

가중치	간선
~~20~~	~~(A, F)~~
~~17~~	~~(B, C)~~
~~14~~	~~(D, E)~~
12	(A, B)
10	(A, D)
8	(C, G)
7	(D, F)
5	(C, E)
3	(F, G)
2	(B, E)
1	(E, G)

(5) 다음으로 가중치가 높은 간선 (A, B)를 제거한다.

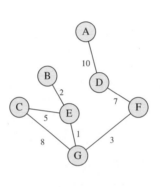

가중치	간선
~~20~~	~~(A, F)~~
~~17~~	~~(B, C)~~
~~14~~	~~(D, E)~~
~~12~~	~~(A, B)~~
10	(A, D)
8	(C, G)
7	(D, F)
5	(C, E)
3	(F, G)
2	(B, E)
1	(E, G)

(6) 다음으로 가중치가 높은 간선 (A, D)를 제거하면 정점 A가 그래프에서 분리되므로 제거할 수 없다. 따라서, 다음으로 가중치가 높은 간선 (C, G)를 제거한다. 간선이 6개이므로 알고리즘 수행을 종료한다.

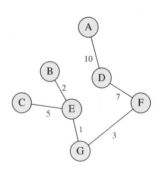

가중치	간선
~~20~~	~~(A, F)~~
~~17~~	~~(B, C)~~
~~14~~	~~(D, E)~~
~~12~~	~~(A, B)~~
10	(A, D)
~~8~~	~~(C, G)~~
7	(D, F)
5	(C, E)
3	(F, G)
2	(B, E)
1	(E, G)

2. 크루스칼 알고리즘 Ⅱ

크루스칼 알고리즘 Ⅱ는 가중치가 낮은 간선은 삽입하면서 최소 비용 신장 트리를 생성한다.

크루스칼 알고리즘 Ⅱ의 순서는 다음과 같다.

① 그래프의 모든 간선을 가중치에 따라 오름차순으로 정렬한다.
② 가중치가 가장 낮은 간선을 삽입한다. 단, 가중치가 낮은 간선을 삽입했을 때 정점이 사이클을 형성하면 안되므로 이런 경우에는 그 다음으로 가중치가 낮은 간선을 삽입한다.
③ 간선이 n-1개가 될 때까지 ②를 반복한다.
④ 간선이 n-1개가 되면 최소 비용 신장 트리가 완성된다.

(1) 가중치가 가장 낮은 간선 (E, G)를 삽입한다.

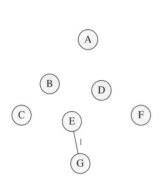

가중치	간선
~~1~~	~~(E, G)~~
2	(B, E)
3	(F, G)
5	(C, E)
7	(D, F)
8	(C, G)
10	(A, D)
12	(A, B)
14	(D, E)
17	(B, C)
20	(A, F)

(2) 다음으로 가중치가 가장 낮은 간선 (B, E)를 삽입한다.

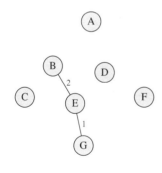

가중치	간선
~~1~~	~~(E, G)~~
~~2~~	~~(B, E)~~
3	(F, G)
5	(C, E)
7	(D, F)
8	(C, G)
10	(A, D)
12	(A, B)
14	(D, E)
17	(B, C)
20	(A, F)

(3) 다음으로 가중치가 가장 낮은 간선 (F, G)를 삽입한다.

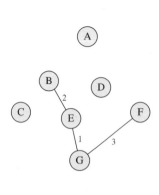

가중치	간선
~~1~~	~~(E, G)~~
~~2~~	~~(B, E)~~
~~3~~	~~(F, G)~~
5	(C, E)
7	(D, F)
8	(C, G)
10	(A, D)
12	(A, B)
14	(D, E)
17	(B, C)
20	(A, F)

(4) 다음으로 가중치가 가장 낮은 간선 (C, E)를 삽입한다.

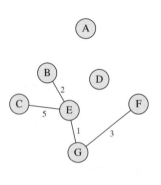

가중치	간선
~~1~~	~~(E, G)~~
~~2~~	~~(B, E)~~
~~3~~	~~(F, G)~~
~~5~~	~~(C, E)~~
7	(D, F)
8	(C, G)
10	(A, D)
12	(A, B)
14	(D, E)
17	(B, C)
20	(A, F)

(5) 다음으로 가중치가 가장 낮은 간선 (D, F)를 삽입한다.

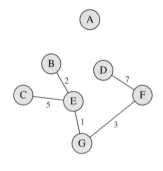

가중치	간선
~~1~~	~~(E, G)~~
~~2~~	~~(B, E)~~
~~3~~	~~(F, G)~~
~~5~~	~~(C, E)~~
~~7~~	~~(D, F)~~
8	(C, G)
10	(A, D)
12	(A, B)
14	(D, E)
17	(B, C)
20	(A, F)

(6) 다음으로 가중치가 낮은 간선 (C, G)를 삽입하면 사이클이 생성되므로 삽입할 수 없다. 따라서, 다음으로 가중치가 낮은 간선 (A, D)를 삽입한다. 간선이 6개이므로 알고리즘 수행을 종료한다.

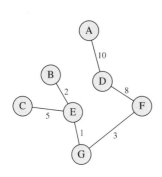

가중치	간선
~~1~~	~~(E, G)~~
~~2~~	~~(B, E)~~
~~3~~	~~(F, G)~~
~~5~~	~~(C, E)~~
~~7~~	~~(D, F)~~
8	(C, G)
~~10~~	~~(A, D)~~
12	(A, B)
14	(D, E)
17	(B, C)
20	(A, F)

3. 프림 알고리즘★★☆

프림 알고리즘은 미리 간선을 정렬하지 않고, 하나의 정점에서 시작하여 트리를 확장해 나가는 방법이다. 프림 알고리즘의 순서는 다음과 같다.

① 그래프에서 시작 정점을 선택한다.
② 선택한 정점의 간선 중에서 가중치가 가장 낮은 간선을 연결한다.
③ 이전에 선택한 정점과 현재 선택한 정점의 간선 중 가중치가 가장 낮은 간선을 삽입한다.
　단, 사이클이 형성되면 안 되므로 그 다음으로 가중치가 낮은 간선을 선택한다.
④ 그래프의 간선이 n-1개가 삽입될 때까지 ③을 반복한다.
⑤ 그래프 간선이 n-1개가 되면 최소 비용 신장 트리가 완성된다.

(1) 그래프의 정점 중 시작 정점으로 A를 선택한다.

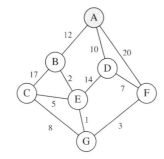

(2) 정점 A에 부속된 간선 중 가중치가 가장 낮은 간선 (A, D)를 삽입한다.

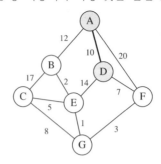

(3) 정점 A, D에 부속된 간선 중 가중치가 가장 낮은 간선 (D, F)를 삽입한다.

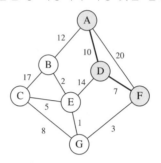

(4) 정점 A, D, F에 부속된 간선 중 가중치가 가장 낮은 간선 (F, G)를 삽입한다.

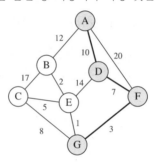

(5) 정점 A, D, F, G에 부속된 간선 중 가중치가 가장 낮은 간선 (E, G)를 삽입한다.

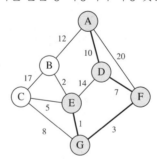

(6) 정점 A, D, F, G, E에 부속된 간선 중 가중치가 가장 낮은 간선 (B, E)를 삽입한다.

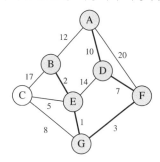

(7) 정점 A, D, F, G, E, B에 부속된 간선 중 가중치가 가장 낮은 간선 (C, E)를 삽입한다.

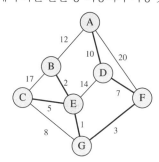

CHAPTER

08 정렬

중요 학습내용
1. 정렬의 종류와 특징에 대해 알 수 있다.

01 정렬의 종류★★★

정렬은 순서 없이 배열된 자료를 오름차순 또는 내림차순으로 재배열하는 것을 의미한다. 정렬의 종류에는 선택 정렬, 버블 정렬, 퀵 정렬, 삽입 정렬, 셸 정렬, 합병 정렬, 기수 정렬, 히프 정렬이 있다.

1 선택 정렬

선택 정렬은 전체 원소 중 기준 위치에 맞는 원소를 선택한 후 자리를 교환하는 방식으로 정렬한다. 전체 원소 중에서 가장 작은 원소를 찾은 다음 첫째 원소와 자리를 교환한다. 다음으로 두 번째로 작은 원소를 찾은 다음 둘째 원소와 자리를 교환한다. 이와 같은 방식으로 전체 원소를 오름차순으로 정렬한다.

1. 선택 정렬 과정

정렬하지 않은 원소가 {13, 7, 42, 30, 20, 3}일 때 선택 정렬 과정은 다음과 같다.

13	7	42	30	20	3

① 가장 작은 원소 3을 첫 번째 자리의 원소 13과 자리를 교환한다.

3	7	42	30	20	13

② 두 번째로 작은 원소 7이 두 번째 자리에 있으므로 자리 교체는 없다.

3	7	42	30	20	13

③ 세 번째로 작은 원소 13을 세 번째 자리의 원소 42와 자리를 교환한다.

3	7	13	30	20	42

④ 네 번째로 작은 원소 20을 네 번째 자리의 원소 30과 자리를 교환한다.

| 3 | 7 | 13 | 20 | 30 | 42 |

⑤ 다섯 번째와 여섯 번째 원소는 오름차순으로 정렬되어 있기 때문에 자리 교환은 없고, 모든 원소가 정렬이 완료되면 실행을 종료한다.

| 3 | 7 | 13 | 20 | 30 | 42 |

2. 선택 정렬 알고리즘

선택 정렬은 원소 n개에 대한 메모리 역시 n개를 사용하므로 공간 복잡도는 n이 된다. 비교 횟수를 구해보면 1단계에서는 n개 원소를 비교하고, 2단계에서는 둘째 원소를 기준으로 n-1개 원소를 비교, 3단계에서는 셋째 원소를 기준으로 n-2개 원소를 비교하게 되므로, i단계에서는 i번째 원소를 기준으로 n-i개 원소를 비교하게 된다. 원소 n개를 정렬하기 위해 선택 정렬을 n-1번 수행하는 동안 전체 비교 횟수는 $\frac{n(n-1)}{2}$ 이고, 시간 복잡도는 $O(n^2)$이 된다.

2 버블 정렬

버블 정렬은 인접한 원소 두 개를 비교하여 자리를 교환하는 방법이다. 처음 원소부터 끝까지 원소 두 개를 비교하면 마지막 원소에 가장 큰 값이 위치한다.

1. 버블 정렬 과정

정렬하지 않은 원소가 {13, 7, 42, 30, 20, 3}일 때 버블 정렬 과정은 다음과 같다.

| 13 | 7 | 42 | 30 | 20 | 3 |

① 첫 번째 원소부터 마지막 원소까지 인접한 두 원소를 비교하여 작은 원소가 왼쪽에 위치하고 큰 원소가 오른쪽에 위치한다. 자리를 교환하는 작업을 반복하면 가장 큰 원소 42가 마지막 자리에 위치하게 된다.

① | 7 | 13 | 42 | 30 | 20 | 3 | (자리 교환 ○)

② | 7 | 13 | 42 | 30 | 20 | 3 | (자리 교환 ×)

③ | 7 | 13 | 42 | 30 | 20 | 3 | (자리 교환 ○)

④ | 7 | 13 | 30 | 42 | 20 | 3 | (자리 교환 ○)

⑤ | 7 | 13 | 30 | 20 | 42 | 3 | (자리 교환 ○)

⑥ | 7 | 13 | 30 | 20 | 3 | 42 |

② 정렬되지 않은 원소에 대해 버블 정렬을 수행하면, 원소 30이 마지막에서 두 번째 자리로 정렬된다.

| ㉠ | 7 | 13 | 30 | 20 | 3 | 42 | (자리 교환 ×) |

| ㉡ | 7 | 13 | 30 | 20 | 3 | 42 | (자리 교환 ×) |

| ㉢ | 7 | 13 | 30 | 20 | 3 | 42 | (자리 교환 ○) |

| ㉣ | 7 | 13 | 20 | 30 | 3 | 42 | (자리 교환 ○) |

| ㉤ | 7 | 13 | 20 | 3 | 30 | 42 |

③ 정렬되지 않은 원소에 대해 버블 정렬을 수행하면, 원소 20이 마지막에서 세 번째 자리로 정렬된다.

| ㉠ | 7 | 13 | 20 | 3 | 30 | 42 | (자리 교환 ×) |

| ㉡ | 7 | 13 | 20 | 3 | 30 | 42 | (자리 교환 ×) |

| ㉢ | 7 | 13 | 20 | 3 | 30 | 42 | (자리 교환 ○) |

| ㉣ | 7 | 13 | 3 | 20 | 30 | 42 |

④ 정렬되지 않은 원소에 대해 버블 정렬을 수행하면, 원소 13이 마지막에서 네 번째 자리로 정렬된다.

| ㉠ | 7 | 13 | 3 | 20 | 30 | 42 | (자리 교환 ×) |

| ㉡ | 7 | 13 | 3 | 20 | 30 | 42 | (자리 교환 ○) |

| ㉢ | 7 | 3 | 13 | 20 | 30 | 42 |

⑤ 정렬되지 않은 원소에 대해 버블 정렬을 수행하면, 원소 7이 마지막에서 다섯 번째 자리로 정렬된다.

| ㉠ | 7 | 3 | 13 | 20 | 30 | 42 | (자리 교환 ○) |

| ㉡ | 3 | 7 | 13 | 20 | 30 | 42 |

2. 버블 정렬 알고리즘

버블 정렬에서 정렬할 원소의 개수는 n개이고, 자료들이 이미 정렬이 되어 있을 때 연산 시간이 가장 짧은 최선의 경우로 전체 비교 횟수는 $\dfrac{n(n-1)}{2}$ 이고 교환 횟수는 0이며, 시간 복잡도는 $O(n^2)$이다. 자료들이 역순으로 정렬되어 있을 때 연산 시간이 가장 긴 최악의 경우로 전체 비교 횟수는 $\dfrac{n(n-1)}{2}$ 이고 교환 횟수는 $\dfrac{n(n-1)}{2}$ 이며, 시간 복잡도는 $O(n^2)$이다.

3 퀵 정렬

퀵 정렬은 전체 원소에 대해 정렬을 수행하지 않고 기준값을 중심으로 왼쪽 부분 집합과 오른쪽 부분 집합으로 분할한다. 왼쪽 부분 집합에는 기준값보다 작은 원소들을 옮기고 오른쪽 부분 집합에는 기준값보다 큰 원소들을 옮긴다. 이때 사용하는 기준값을 피봇 (Pivot)이라고 한다.

1. 퀵 정렬 과정

정렬하지 않은 원소가 {13, 7, 42, 30, 20, 3}일 때 퀵 정렬 과정은 다음과 같다.

L			피봇		R
13	7	42	30	20	3

① L은 왼쪽 끝에서 오른쪽으로 움직이면서 피봇보다 크거나 같은 원소를 찾고, R은 오른쪽 끝에서 왼쪽으로 움직이면서 피봇보다 작은 원소를 찾는다.

㉠ L이 원소 42에 있을 때 피봇보다 크고, R은 3에 있을 때 피봇보다 작다.

		L	피봇		R
13	7	42	30	20	3

㉡ 이 때 L이 위치한 원소 42와 R이 위치한 원소 3의 자리를 변경한다.

		L	피봇		R
13	7	3	30	20	42

㉢ L은 오른쪽으로 이동하면서 피봇보다 크거나 같은 원소를 찾고, R은 피봇보다 작은 값 20을 찾는다. L과 R이 만나면 더 이상 진행할 수 없다.

			피봇	L, R	
13	7	3	30	20	42

㉣ 피봇 원소와 L, R이 위치한 원소의 자리를 교환한다.

13	7	3	20	30	42

② ㉠ 위치가 확정된 피봇 30을 기준으로 오른쪽 부분 집합은 원소가 1개이므로 퀵 정렬을 수행하지 않고 왼쪽 부분 집합에서 퀵 정렬을 수행한다. 원소 3을 피봇으로 선택한다. L은 오른쪽으로 이동하면서 피봇보다 크거나 같은 원소를 찾고, R은 왼쪽으로 이동하면서 피봇보다 작은 원소를 찾는다.

L		피봇	R		
13	7	3	20	30	42

㉡ L은 13을 찾았고 R은 피봇보다 작은 원소를 찾지 못해 L과 만나게 된다.

L, R		피봇			
13	7	3	20	30	42

㉢ L, R이 위치한 원소와 피봇의 위치를 교환한다.

13	7	3	20	30	42

기출플러스 ➕   ★★☆

퀵 정렬에 대한 설명으로 가장 옳지 않은 것은? 18 서울시 9급

① 퀵 정렬은 분할 정복(divide and conquer) 방식으로 동작한다.
② 퀵 정렬의 구현은 흔히 재귀 함수 호출을 포함한다.
③ n개의 데이터에 대한 퀵 정렬의 평균 수행 시간은 $O(\log n)$이다.
④ C.A.R. Hoare가 고안한 정렬 방식이다.

해설 난도 중

정답의 이유
퀵 정렬의 평균 수행 시간은 $O(n \log n)$이다.

오답의 이유
① 퀵 정렬은 정렬할 자료들을 기준 값을 중심으로 두 개로 나눠 부분 집합을 만드는 분할과 부분 집합 안에서 기준 값의 정렬 위치를 정하는 정복을 이루어진다.
② 두 개의 부분 집합으로 나누고, 각 부분 집합에 대해 퀵 정렬을 재귀호출로 수행한다.

정답 ③

③ ㉠ 위치가 확정된 피봇 3을 기준으로 13을 새로운 피봇으로 선택한다. L은 오른쪽으로 이동하면서 피봇보다 크거나 같은 원소를 찾고, R은 왼쪽으로 이동하면서 피봇보다 작은 원소를 찾는다.

	L	피봇	R		
3	7	13	20	30	42

㉡ L이 원소 13을 찾고 R은 L과 만나게 된다.

		피봇 L,R			
3	7	13	20	30	42

㉢ R과 L이 위치한 원소를 피봇과 위치를 교환해야 하는데 해당 자리가 피봇 자리이므로 피봇 원소 13을 확정한다.

3	7	13	20	30	42

④ 모든 부분의 집합의 크기가 1 이하이므로 전체 퀵 정렬을 종료한다.

3	7	13	20	30	42

2. 퀵 정렬 알고리즘

퀵 정렬 알고리즘의 실행 성능이 가장 좋은 경우는 피봇에 의해 원소들이 왼쪽 부분 집합과 오른쪽 부분 집합으로 정확히 n/2개씩 2등분 되는 경우이다. 반대로, 실행 성능이 가장 좋지 않은 경우는 피봇에 의해 원소들을 분할했을 때 한 개와 n−1개로 한쪽으로 치우쳐 분할되는 경우가 반복되어 수행 단계수가 최대가 될 때이다. 퀵 정렬의 평균 시간 복잡도는 $O(n\log_2 n)$이다.

4 삽입 정렬

삽입 정렬은 정렬되어 있는 부분 집합에 정렬할 새로운 원소의 위치를 찾아 삽입하는 정렬 방식이다. 정렬된 부분 집합을 S라고 하고, 정렬하지 않은 부분 집합을 U라고 하면 정렬되지 않은 부분 집합 U의 원소를 하나씩 꺼내서 이미 정렬한 부분 집합 S의 마지막 원소부터 비교하여 위치를 찾아 삽입하는 방식이다.

1. 삽입 정렬 과정

정렬하지 않은 원소가 {13, 7, 42, 30, 20, 3}일 때 삽입 정렬 과정은 다음과 같다.

S			U		
13	7	42	30	20	3

① 첫째 원소 13은 정렬되어 있는 부분 집합 S이고, 나머지 원소들은 정렬되지 않은 부분 집합 U이다.

S		U			
13	7	42	30	20	3

S={13}
U={7, 42, 30, 20, 3}

② U의 첫째 원소 7과 S의 마지막 원소 13과 비교했을 때 7<13이므로 원소 13 앞자리에 삽입된다.

S		U			
7	13	42	30	20	3

S={7, 13}
U={42, 30, 20, 3}

③ U의 첫째 원소 42와 S의 마지막 원소 13과 비교했을 때 7<42이므로 원소 13 뒷자리에 삽입된다.

S			U		
7	13	42	30	20	3

S={7, 13, 42}
U={30, 20, 3}

④ U의 첫째 원소 30과 S의 마지막 원소 42와 비교했을 때 30<42이므로 원소 42 앞자리로 이동하고 다시 13과 비교한다. 13<30이므로 원소 30은 13과 42 사이에 삽입된다.

S			U		
7	13	30	42	20	3

S={7, 13, 30, 42}
U={20, 3}

⑤ U의 첫째 원소 20과 S의 마지막 원소 42와 비교했을 때 20<42이므로 원소 42 앞자리로 이동하고 다시 30과 비교한다. 20<30이므로 원소 30 앞자리로 이동하고 다시 13과 비교한다. 13<20이므로 원소 13과 30 사이에 삽입된다.

S				U	
7	13	20	30	42	3

S={7, 13, 20, 30, 42}
U={3}

⑥ U의 첫째 원소 3을 S의 마지막 원소 42부터 비교를 하면 가장 작은 원소이므로 가장 앞부분에 삽입되는 것을 알 수 있다.

S					
3	7	13	20	30	42

S={3, 7, 13, 20, 30, 42}
U={ }

2. 삽입 정렬 알고리즘

삽입 정렬 알고리즘에서 원소가 이미 정렬되어 있다면 바로 앞자리 원소와 비교하는 연산만 필요하기 때문에 전체 실행 연산 횟수는 n-1이 되어 시간 복잡도가 $O(n)$이 된다. 반면, 모든 원소가 역순으로 정렬되어 있다면 1단계에서 (n-1)단계까지 비교 연산 후 삽입을 위한 자리 이동 연산이 수행되므로 시간 복잡도는 $O(n^2)$이다.

5 셸 정렬

셸 정렬은 일정한 간격으로 떨어져 있는 자료들끼리 부분 집합을 구성하고 비교하여 작은 원소가 왼쪽에 위치하고 큰 원소가 오른쪽에 위치한다. 부분 집합의 간격을 만드는 기준 h는 원소의 개수를 2로 나누면 된다. 예를 들어 원소가 6개일 때 2로 나누면 3이므로 먼저 3개 간격으로 떨어져 있는 원소끼리 비교한다. 비교가 끝나면 2개 간격으로 비교하고 마지막으로 1개 간격으로 비교하고 셸 정렬을 수행한다.

1. 셸 정렬 과정

정렬하지 않은 원소가 {13, 7, 42, 30, 20, 3}일 때 셸 정렬 과정은 다음과 같다.

① 원소가 6개이므로 먼저 3개 간격으로 정렬을 수행한다. 정렬이 끝나면 2개 간격으로 정렬을 수행하고, 마지막으로 1개 간격으로 정렬한다.

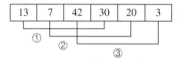

   ㉠ 13과 30을 비교하면 13<30이므로 교환은 발생하지 않는다.

   ㉡ 7과 20을 비교하면 7<20이므로 교환은 발생하지 않는다.

   ㉢ 42와 3을 비교하면 3<42이므로 서로 교환한다.

13	7	42	30	20	3

② 2개 간격으로 부분 집합을 만들면 다음과 같다.

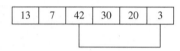

   ㉠ 원소 13과 원소 3을 비교하면 3<13이므로 교환이 발생하고, 원소 13과 원소 20을 비교했을 때 13<20이므로 교환이 발생하지 않는다.

3	7	13	20	30	42

   ㉡ 원소 7, 30, 42는 오름차순으로 정렬이 되어 있으므로 교환이 발생하지 않는다.

3	7	13	30	20	42

③ 1개 간격으로 부분 집합을 만들면 다음과 같다.

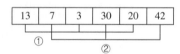

각 원소를 비교 후 셸 정렬을 수행한 결과는 다음과 같다.

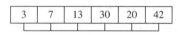

2. 셸 정렬 알고리즘

셸 정렬은 n개의 자료에 대한 메모리 공간과 매개변수를 저장할 공간을 사용한다. 비교 횟수는 원소 상태와 상관없이 매개변수 h의 영향을 받는다. 셸 정렬의 시간 복잡도는 $O(n^{1.25})$이다.

6 합병 정렬

합병 정렬은 여러 개의 정렬된 자료 집합을 병합하여 하나의 정렬된 집합을 만드는 정렬 방법이다. 전체 원소들을 두 개의 부분 집합으로 분할하고, 각 부분 집합에 있는 원소들을 정렬하는 정복 과정을 수행한다. 정렬된 부분 집합들을 하나의 집합으로 정렬하여 결합하는 결합 과정을 수행한다.

1. 합병 정렬 과정

정렬하지 않은 원소가 {60, 13, 7, 42, 15, 30, 20, 3}일 때 합병 정렬 과정은 다음과 같다.

(1) 분할

전체 원소가 최소 원소가 될 때까지 분할 작업을 반복하여 한 개의 원소를 가진 부분 집합 8개를 만든다.

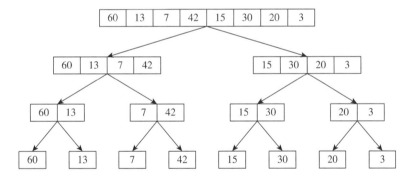

기출플러스➕ ★★★

〈보기〉는 데이터가 정렬되는 단계를 일부 보여준 것이다. 어떤 정렬 알고리즘을 사용하면 이와 같은 데이터의 자리 교환이 일어나겠는가? (단, 제일 위의 행이 주어진 데이터이고, 아래로 내려갈수록 정렬이 진행되는 것이다) 19 서울시 9급

보기	
초기 데이터	8 9 4 3 7 1 5 2
	8 9 3 4 1 7 2 5
	3 4 8 9 1 2 5 7
정렬 데이터	1 2 3 4 5 7 8 9

① 삽입 정렬   ② 선택 정렬
③ 합병 정렬   ④ 퀵 정렬

해설 난도중

정답의 이유

병합 정렬은 전체 자료들을 최소 원소의 부분집합이 될 때까지 두 개의 부분집합으로 분할한다. 그리고 두 부분 집합을 정렬하고 하나의 집합으로 결합한다.
초기 데이터를 부분 집합으로 나누면 {8,9}, {4,3}, {7,1}, {5,2}가 된다. 집합 내에서 정렬하면 두 번째 데이터가 되고 다시 결합하여 정렬하면 세 번째 데이터가 된다.

오답의 이유

① 삽입 정렬은 정렬되어 있는 부분집합에 정렬한 새로운 원소의 위치를 찾아 삽입하여 정렬한다.
② 선택 정렬은 기준 위치에 맞는 원소를 선택해서 자리를 교환하여 정렬한다.
④ 퀵 정렬은 전체 원소에 대해 정렬을 수행하지 않고 기준 값을 중심으로 왼쪽과 오른쪽 부분 집합으로 분할한 후 정렬한다.

정답 ③

(2) 정복과 결합

부분 집합 두 개를 정렬하여 하나로 결합한다. 전체 원소가 집합 하나로 묶일 때까지 반복한다.

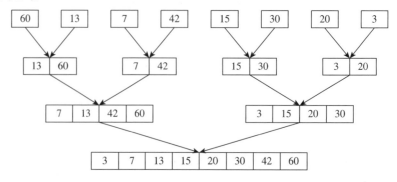

2. 합병 정렬 알고리즘

합병 정렬은 각 단계에서 새로 합병하여 만든 부분 집합을 저장할 공간이 추가로 필요하기 때문에 정렬할 원소 n개에 대해서 2×n개의 메모리 공간을 사용한다. n개 원소를 두 개로 분할하기 위해 $\log_2 n$ 번 단계를 수행하고, 부분 집합의 원소를 비교하면서 병합하는 단계에서 최대 n번의 비교 연산을 수행하므로 전체 합병 정렬의 시간 복잡도는 $O(n\log_2 n)$이다.

7 기수 정렬

기수 정렬은 분배 방식의 정렬 방식으로 정렬할 원소를 버킷(bucket)에 원소를 분배했다가 버킷의 순서대로 원소를 꺼내는 방법을 반복한다. 기수 정렬은 원소의 키를 표현하는 값의 기수만큼 버킷이 필요하고, 키 값의 자릿수만큼 기수 정렬을 반복한다. 10진수로 표현된 키 값을 가지는 원소들을 정렬할 때는 0~9까지 버킷을 사용한다. 먼저 키 값의 1의 자리에 대해 기수 정렬을 수행하고, 다음 단계에서는 10의 자리, 그 다음 단계에서는 100의 자리에 대해 기수 정렬을 수행한다.

1. 기수 정렬 과정

정렬하지 않은 원소가 {13, 7, 42, 30, 20, 3}일 때 기수 정렬 과정은 다음과 같다.
① 키 값의 1의 자리에 대해서 기수 정렬을 수행한다. 키 값의 1의 자리에 맞게 버킷에 분배한다.

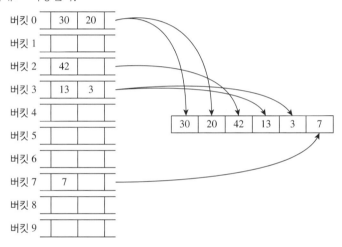

② 버킷에 분배되어 있는 원소들을 버킷 0부터 버킷 9까지 순서대로 꺼내고, 꺼낸
순서대로 저장한다.

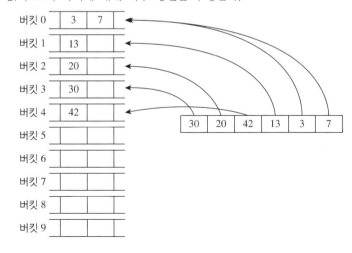

③ 키 값의 10의 자리에 대해 기수 정렬을 수행한다.

④ 버킷에 분배되어 있는 원소들을 버킷 0부터 버킷 9까지 순서대로 꺼내고, 꺼낸 순서대로 저장한다.

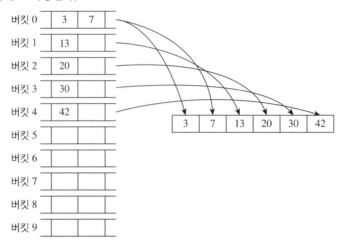

2. 기수 정렬 알고리즘

기수 정렬은 n개의 원소에 대한 n개의 메모리 이외에 버킷 큐에 대한 메모리 공간이 추가로 필요하다. 기수 정렬의 수행 시간은 원소의 수 n, 키 값의 자릿수 d, 버킷 수를 결정하는 기수 r에 따라 달라진다. 정렬할 원소 n개를 r개의 버킷에 분배하는 작업이 n+r이고, 해당 작업을 자릿수 d만큼 반복해야 하므로 수행할 작업은 d(n+r)이 된다. 따라서 기수 정렬 알고리즘 시간 복잡도는 $O(d(n+r))$이다.

8 히프 정렬

히프 정렬은 항상 가장 큰 원소가 루트 노드가 되고, 삭제 연산을 하면 루트 노드의 원소를 삭제하여 반환한다. 따라서, 최대 히프에 대해 원소 개수만큼 삭제 연산을 수행하면 내림차순으로 정렬된 원소를 얻을 수 있고, 최소 히프에 대해서 원소 개수만큼 삭제 연산을 수행하면 오름차순으로 정렬된 원소를 얻을 수 있다.

1. 히프 정렬 과정

정렬하지 않은 원소가 {13, 7, 42, 30, 20, 3, 15}일 때 기수 정렬 과정은 다음과 같다.
① 원소들에 대해 삽입 연산을 이용해 최대 히프를 구성한다.

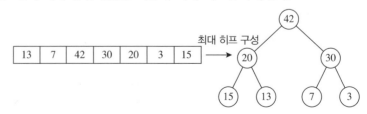

② 루트 노드의 원소 42를 배열의 마지막 자리에 저장하고, 나머지 히프를 최대 히프로 재구성한다.

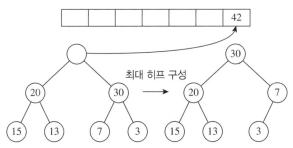

③ 루트 노드의 원소 30을 배열의 비어 있는 마지막 자리에 저장하고, 나머지 히프를 최대 히프로 재구성한다.

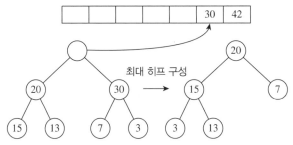

④ 루트 노드의 원소 20을 배열의 비어 있는 마지막 자리에 저장하고, 나머지 히프를 최대 히프로 재구성한다.

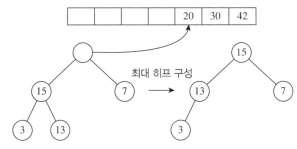

⑤ 루트 노드의 원소 15를 배열의 비어 있는 마지막 자리에 저장하고, 나머지 히프를 최대 히프로 재구성한다.

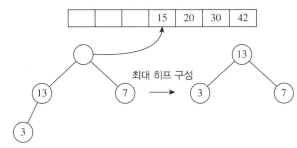

⑥ 루트 노드의 원소 13을 배열의 비어 있는 마지막 자리에 저장하고, 나머지 히프를 최대 히프로 재구성한다.

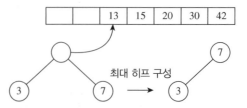

⑦ 루트 노드의 원소 7을 배열의 비어 있는 마지막 자리에 저장하고, 나머지 히프를 최대 히프로 재구성한다.

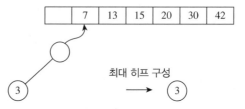

⑧ 마지막 노드 원소 3을 배열의 비어 있는 마지막 자리에 저장한다.

CHAPTER
09 탐색

중요 학습내용
1. 탐색의 개념과 종류별 특징에 대해 알 수 있다.

01 탐색의 이해

1 탐색의 개념

탐색이란 정렬처럼 자료 구조를 활용하여 어떤 항목을 찾는 것이다. 자료는 해당 자료를 구별하여 인식할 수 있는 키를 가지고 있는데 이를 탐색키라고 한다. 자료 중에서 원하는 항목을 찾게 되면 탐색을 성공한 것이고, 찾지 못하면 탐색을 실패한 것이다.

탐색 연산은 삽입 연산과 삭제 연산을 할 때에도 필요하다. 원소를 삽입하거나 삭제할 때는 먼저 해당 위치를 찾아야 하기 때문이다. 탐색 방법의 효율성은 사용하는 자료 구조와 자료의 배열 상태에 따라 달라지므로 문제와 상황에 따라 최적의 검색 방법을 사용해야 한다.

탐색은 탐색 방법에 따라 순차 탐색, 이진 탐색, 트리 탐색, 해싱이 있다.

02 순차 탐색

순차 탐색은 가장 쉽고 단순한 탐색 방법으로, 항목을 순서대로 비교하면서 탐색하는 기본 순차 탐색과 검색의 효율을 높이기 위해 인덱스 테이블을 사용하는 색인 순차 탐색이 있다.

1 순차 탐색의 이해

1. 순차 탐색의 개념

순차 탐색은 일렬로 나열된 자료를 처음부터 끝까지 순서대로 탐색하는 방법으로 기본 순차 탐색 또는 선형 탐색이라고도 한다. 배열이나 연결 리스트로 구현된 선형 자료 구조에서 순서대로 비교하며 항목을 찾는다. 순차 탐색은 자료의 양에 따라 효율이 달라지는데 자료의 양이 많을 경우 효율이 떨어지지만 알고리즘이 단순하여 구현이 쉽다.

2. 순차 탐색 방법★☆☆

순차 탐색은 첫째 원소부터 마지막 원소까지 순서대로 키 값이 일치하는 원소가 있는지 비교하며 찾는다. 키 값이 일치하는 원소를 찾으면 해당 원소가 몇 번째 원소인지 반환한다. 일치하는 원소를 찾지 못하면 탐색은 실패가 된다.

n개 자료에 대한 순차 탐색을 위해 필요한 메모리 공간은 n이고, 순차 탐색의 시간 복잡도는 비교 연산 횟수로 결정된다. 평균 비교 횟수는 $\frac{n+1}{2}$이 되므로 순차 탐색의 평균 시간 복잡도는 O(n)이 된다.

(1) 원소들이 정렬되어 있지 않을 때 탐색 방법

8	20	15	35	10	3

원소들이 정렬되어 있지 않은 상태에서 탐색은 처음부터 마지막까지 원소의 키 값을 비교한다. 10을 찾는다고 가정하면 처음부터 4번째 원소까지는 키 값이 일치하지 않기 때문에 다음 원소의 키 값을 비교하게 된다. 5번째 일치하는 키 값을 찾게 되면 탐색이 성공적으로 종료된다.

(2) 원소들이 정렬되어 있을 때 탐색 방법

3	8	10	15	20	35

원소들이 정렬되어 있을 때 일치하는 원소의 키 값을 찾을 경우에는 정렬되어 있지 않을 때와 탐색 횟수가 동일하다. 일치하는 키 값을 찾지 못했을 경우에는 정렬되어 있지 않을 때는 마지막까지 탐색을 하지만 정렬되어 있을 경우에는 찾고자 하는 키 값보다 초과가 되면 더 이상 탐색하지 않고 종료한다. 예를 들어 13을 찾는다고 가정하면 15까지는 비교를 하고 이후 원소들의 키 값은 13을 초과하기 때문에 더 이상 탐색하지 않는다.

3. 색인 순차 탐색

색인 순차 탐색 또는 인덱스 순차 탐색은 인덱스 테이블을 사용하여 탐색의 범위를 줄임으로써 검색 효율을 높인 방법이다. 인덱스 테이블은 일정한 간격으로 떨어져 있는 원소들을 가지고 있다. 색인 순차 탐색은 정렬된 자료일 때만 사용한다.

자료가 저장되어 있는 배열의 크기가 n이고, 인덱스 테이블의 크기가 m일 때 배열에서 n/m 간격으로 떨어져 있는 원소와 원소의 인덱스를 인덱스 테이블에 저장한다. 정렬되어 있는 원소가 {1, 5, 8, 12, 15, 19, 25}일 때 배열의 크기는 7이 되고 인덱스 테이블의 크기는 3일 때 원소와 원소 사이 간격은 2가 된다. 찾고자 하는 키 값이 10일 경우 검색 범위는 1과 12 사이가 된다. 따라서 배열의 인덱스 0부터 2번까지 검색 범위로 정하고 순차 탐색을 수행한다.

인덱스 테이블		
	인덱스	키 값
[0]	0	1
[1]	3	12
[2]	6	25

원소가 저장된 배열						
[0]	[1]	[2]	[3]	[4]	[5]	[6]
1	5	8	12	15	19	25

n개의 자료에 대한 색인 순차 탐색에서 메모리 사용량은 m행 2열의 인덱스 테이블 공간 2m이 추가되어 n+2m이 된다. 색인 순차 탐색의 실행 시간 성능은 인덱스 테이블의 크기 m에 따라 달라진다. 색인 순차 탐색에서 시간 복잡도는 인덱스 테이블에서의 검색 연산과 배열의 범위 안에서의 검색 연산의 합이 되므로 평균 시간 복잡도는 $O\left(m + \dfrac{n}{m}\right)$이 된다.

03 이진 탐색

1 이진 탐색의 이해

1. 이진 탐색 개념

이진 탐색은 자료 가운데 있는 항목을 키 값과 비교하여 키 값이 크면 오른쪽으로 탐색하고 작으면 왼쪽을 탐색하는 방법이다. 가운데 있는 키 값을 기준으로 탐색을 하기 때문에 이분 탐색 또는 보간 탐색이라고 한다. 키 값을 찾을 때까지 이진 탐색을 순환적으로 반복하여 수행함으로써 검색 범위를 반으로 줄여 가면서 탐색한다. 이진 탐색도 정렬되어 있는 원소를 탐색할 때만 사용할 수 있다.

기출플러스⊕ ★★☆

다음의 정렬된 데이터에서 2진 탐색을 수행하여 C를 찾으려고 한다. 몇 번의 비교를 거쳐야 C를 찾을 수 있는가? (단, 비교는 '크다', '작다', '같다' 중의 하나로 수행되고, '같다'가 도출될 때까지 반복된다) 19 서울시 9급

A	B	C	D	E	F	G	H	I	J	K	L	M	N	O

① 1번 　　　　② 2번
③ 3번 　　　　④ 4번

해설 난도중

정답의 이유
2진 탐색은 정렬된 전체 데이터에서 찾고자 하는 데이터를 중간 지점의 데이터와 비교했을 때 작을 경우 왼쪽으로 탐색하고 클 경우 오른쪽으로 탐색하는 방법이다. 먼저 찾고자 하는 데이터 C가 중간 지점의 데이터 H보다 작기 때문에 왼쪽을 탐색한다. H를 기준으로 왼쪽 부분의 중간 지점 데이터는 D이다. C가 D보다 작으므로 다시 왼쪽으로 탐색한다. D를 기준으로 왼쪽 부분의 중간 지점 데이터는 B이다. C는 B보다 크므로 오른쪽을 탐색한다. 오른쪽 데이터는 C이므로 찾고자 하는 데이터와 일치한다.

정답 ④

기출플러스⊕ ★★☆

초기에 빈 Binary Search Tree를 생성하고, 입력되는 수는 다음과 같은 순서로 된다고 가정한다. 입력되는 값을 이용하여 Binary Search Tree를 만들고 난 후 Inorder Traversal을 했을 때의 방문하는 순서는? 17 서울시 9급

> 7, 5, 1, 8, 3, 6, 0, 2

① 01235678 　　② 02316587
③ 75103268 　　④ 86230157

해설 난도중

정답의 이유
입력되는 수로 Binary Search Tree를 생성하면 다음과 같다.

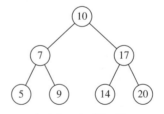

2. 이진 탐색 방법 ★☆☆

찾고자 하는 키 값이 20일 때 이진 탐색 과정은 다음과 같다.

3	8	10	15	20	35	42

① 가운데 키 값은 15가 되고 찾고자 하는 키 값이 15보다 크므로 15를 기준으로 오른쪽으로 탐색한다.

3	8	10	15	20	35	42

② 오른쪽 부분에서 가운데 키 값은 35가 되고 찾고자 하는 키 값이 35보다 작으므로 왼쪽을 탐색한다.

3	8	10	15	20	35	42

③ 35 왼쪽의 키 값이 찾고자하는 키 값과 일치하므로 탐색을 성공하게 된다.

3. 이진 탐색 방법 알고리즘

n개의 자료에 대한 이진 탐색의 메모리 사용량은 n이 된다. 이진 탐색에서 검색 범위를 반으로 분할하면서 비교하는 연산에 대한 시간 복잡도는 $O(\log_2 n)$이다.

04 | 이진 트리 탐색

1 | 이진 트리 탐색의 이해

1. 이진 트리 탐색의 개념

이진 트리 탐색은 이진 탐색 트리를 사용하여 검색하는 방법이다. 이진 탐색 트리는 루트 노드를 기준으로 왼쪽 서브 트리는 루트 노드보다 키 값이 작은 원소로 구성하고 오른쪽 서브 트리는 루트 노드보다 키 값이 큰 원소로 구성한다.

| 이진 트리 탐색 예 |

2. 이진 트리 탐색 방법 ★☆☆

찾고자 하는 키 값이 14일 때 루트 노드의 키 값보다 크므로 오른쪽을 탐색한다. 17 노드보다는 찾고자 하는 키 값이 작으므로 왼쪽을 탐색한다. 왼쪽으로 이동하면 찾고자 하는 키 값과 일치하여 탐색에 성공하게 된다.

05 해싱

1 해싱의 이해

1. 해싱의 개념★☆☆

해싱은 키 값을 비교하여 찾는 탐색 방법이 아니라 산술적인 연산을 이용하여 키가 있는 위치를 계산하여 바로 찾아가는 계산 탐색 방식이다. 키 값을 원소 위치로 변환하는 함수를 해시 함수라고 한다. 해시 함수에 의해 계산된 주소 위치에 항목을 저장한 표를 해시 테이블이라고 한다.

해싱 탐색은 키 값에 대해서 해시 함수를 계산하여 주소를 구하고, 구한 주소에 해당하는 해시 테이블로 이동하여 찾고자 하는 항목이 있으면 검색 성공이 되고 없으면 검색 실패가 된다.

해시 테이블은 버킷 n개와 슬롯 m개로 구성되고 해시 함수에 의해 계산된 주소가 버킷 주소가 된다. 이때 사용하는 해시 함수는 0과 n−1 사이의 버킷 주소만 만들어야 한다.

2. 해싱 관련 용어

(1) 동거자

키 값 중에서는 많이 사용되는 키 값이 있을 수 있고 반대의 경우도 있다. 따라서 키 값의 수만큼 버킷을 많이 생성하면 메모리 공간이 낭비된다. 그래서 해시 테이블에서는 버킷 수를 줄이고 같은 버킷 안에 슬롯을 여러 개 생성하여 해시 함수로 만든 주소가 같은 키 값들을 같은 버킷에 저장한다. 이때 서로 다른 키 값을 가지지만 해시 함수에 의해 같은 버킷에 저장된 키 값들을 동거자라고 한다.

(2) 충돌

키 값이 서로 다름에도 불구하고 해시 함수에 의해 주어진 버킷 주소가 같은 경우 충돌이 발생한다. 충돌이 발생하면 비어 있는 슬롯에 동거자 관계로 키 값을 저장하면 되지만, 비어 있는 슬롯이 없으면 문제가 발생한다. 버킷에 비어 있는 슬롯이 없는 상태를 포화 버킷 상태라고 하고, 포화 버킷 상태에서 또 버킷을 지정받은 키 값이 있어서 다시 충돌이 발생하면 오버플로가 된다.

(3) 키 값 밀도와 적재 밀도

키 값 밀도는 사용 가능한 키 값 중에서 현재 해시 테이블에 저장되어 실제 사용하고 있는 키 값의 개수를 나타낸다. 적재 밀도는 해시 테이블에 저장 가능한 키 값의 개수 중에서 현재 해시 테이블에 저장되어 실제 사용되고 있는 키 값의 개수 정도를 나타낸다.
① 키 값 밀도=실제 사용 중인 키 값의 개수/사용 가능한 키 값의 개수
② 적재 밀도=실제 사용 중인 키 값의 개수/해시 테이블에 저장 가능한 전체 키 값의 개수
= 실제 사용 중인 키 값의 개수/(버킷 개수×슬롯 개수)

중위 순회(Inorder Traversal) 순서는 왼쪽 노드-현재 노드-오른쪽 노드이다. 이와 같은 기준으로 순회 순서를 나열하면 0 → 1 → 2 → 3 → 5 → 6 → 7 → 8이다.

정답 ①

기출플러스➕　　　★★☆

해싱(Hashing)에 대한 설명으로 옳지 않은 것은? 18 국가직 9급

① 서로 다른 탐색키가 해시 함수를 통해 동일한 해시 주소로 사상될 수 있다.
② 충돌(Collision)이 발생하지 않는 해시 함수를 사용한다면 해싱의 탐색 시간 복잡도는 O(1)이다.
③ 선형 조사법(Linear Probing)은 연결리스트(Linked List)를 사용하여 오버플로우 문제를 해결한다.
④ 폴딩함수(Folding Function)는 탐색키를 여러 부분으로 나누어 이들을 더하거나 배타적 논리합을 하여 해시 주소를 얻는다.

해설 반도중

정답의 이유
체이닝이 연결리스트를 사용하여 오버플로우 문제를 해결한다.

오답의 이유
① 키 값이 서로 다른데 해시 함수를 통해 동일한 해시 주소로 사상되는 것을 충돌이라고 한다.

정답 ③

기출플러스➕　　　★★☆

전화번호의 마지막 네 자리를 3으로 나눈 나머지를 해싱(hashing)하여 데이터 베이스에 저장하고자 한다. 나머지 셋과 다른 저장 장소에 저장되는 것은?
19 서울시 9급

① 010-4021-6718
② 010-9615-4815
③ 010-7290-6027
④ 010-2851-5232

해설 반도중

정답의 이유
전화번호의 마지막 네 자리를 3으로 나눈 나머지가 다른 하나를 찾으면 된다. ②, ③, ④는 3으로 나눈 나머지가 0이 되고, ①은 나머지가 1이 되므로 다른 저장 장소에 저장된다.

정답 ①

3. 해시 함수 ★★☆

해싱 탐색에서 가장 중요한 것은 키 값의 위치를 계산하는 해시 함수이다. 좋은 해시 함수는 다음 조건을 만족해야 한다.

- 해시 함수는 계산이 쉬워야 한다.
- 해시 함수는 충돌이 적어야 한다.
- 해시 테이블에 고르게 분포할 수 있도록 주소를 만들어야 한다.

충돌이 발생하지 않는 해시 함수를 사용한다면 해싱의 탐색 시간 복잡도는 $O(1)$이다. 해시 함수 종류에는 중간 제곱 함수, 제산 함수, 승산 함수, 접지 함수, 숫자 분석 함수, 진법 변환 함수, 비트 추출 함수 등이 있다.

(1) 중간 제곱 함수

중간 제곱 함수는 키 값을 제곱한 결과 값에서 중간에 있는 적당한 비트를 주소로 사용한다. 제곱한 값의 중간 비트들은 대개 키의 모든 값과 관련이 있기 때문에 서로 다른 키 값은 서로 다른 중간 제곱 함수 값을 갖는다.

(2) 제산 함수

제산 함수는 나머지 연산자 mod를 사용하는 방법으로 키 값 k를 해시 테이블 크기인 M으로 나눈 나머지를 해시 주소로 사용한다. M으로 나눈 나머지 값의 범위는 0~(M-1)이 되므로 해시 테이블의 인덱스로 사용할 수 있다. 해시 주소는 충돌이 발생하지 않고 고르게 분포하도록 생성되어야 하므로 키 값을 나누는 해시 테이블 크기 M은 적당한 크기의 소수를 사용한다.

(3) 승산 함수

승산 함수는 곱하기 연산을 사용하는 방법이다. 키 값 k와 정해진 실수 α를 곱한 결과에서 소수점 이하 부분만을 테이블 크기 M과 곱하여 해당 정수 값을 주소로 사용한다.

(4) 접지 함수

접지 함수는 키의 비트 수가 해시 테이블 인덱스의 비트 수보다 클 때 사용한다. 키 값 k가 있을 때 해시 테이블 인덱스의 비트 수와 같은 크기로 분할한 후 분할된 부분을 모두 더하여 해시 주소로 만든다.

(5) 숫자 분석 함수

숫자 분석 함수는 키 값을 이루고 있는 각 자릿수의 분포를 분석하여 해시 주소로 사용한다. 각 키 값을 적절히 선택한 진수로 변환한 후 각 자릿수의 분포를 분석하여 가장 편중된 분산을 가진 자릿수는 생략하고 가장 고르게 분포된 자릿수부터 해시 테이블 주소의 자릿수만큼 차례로 뽑아서 만든 수를 역순으로 바꾸어 주소로 사용한다.

(6) 진법 변환 함수

진법 변환 함수는 키 값이 10진수가 아닌 다른 진수일 때 10진수로 변환하고, 해시 테이블 주소로 필요한 자릿수만큼만 하위 자리의 수를 사용한다.

(7) 비트 추출 함수

비트 추출 함수는 해시 테이블의 크기가 2^k일 때 키 값을 이진 비트로 놓고 임의의 위치에 있는 비트들을 추출하여 주소로 사용한다. 해당 방법에서는 충돌이 발생할 가능성이 많으므로 테이블 일부에 주소가 편중되지 않도록 키 값의 비트를 미리 분석하여 사용해야 한다.

(8) 폴딩 함수

폴딩 함수는 키 값을 여러 부분으로 나누어 이들을 더하거나 배타적 논리합을 하여 해시 주소를 얻는다.

4. 해싱에서 오버플로를 처리하는 방법★☆☆

해시 테이블과 해시 함수를 잘 선택하여 오버플로가 발생하지 않으면 최선의 방법이지만, 오버플로가 발생하더라도 문제를 효율적으로 해결해야 한다. 오버플로는 해결하는 방법에는 충돌이 일어난 키 값을 비어 있는 버킷을 찾아 저장하는 선형 개방 주소법과 여러 항목을 저장할 수 있도록 해시 테이블의 구조를 변경하는 체이닝 방법이 있다.

(1) 선형 개방 주소법

선형 개방 주소법은 선형 조사법이라고도 하며, 해시 함수로 구한 버킷에 빈 슬롯이 없어 오버플로가 발생하면 그 다음 버킷에 빈 슬롯이 있는지 조사한다. 빈 슬롯이 있으면 키 값을 저장하고 빈 슬롯이 없으면 다시 다음 버킷을 조사한다. 해당 과정을 되풀이하면서 오버플로 문제를 해결한다.

(2) 체이닝

체이닝은 해시 테이블의 구조를 변경하여 각 버킷에 하나 이상의 키 값을 저장할 수 있도록 하는 방법이다. 버킷에 슬롯을 동적으로 삽입하고 삭제하기 위해 연결 리스트를 사용한다. 각 버킷의 헤드 노드는 1차원 배열이고, 슬롯은 헤드 노드에 연결된 연결 리스트 형태를 이룬다. 버킷 내에서 원하는 슬롯을 탐색하려면 버킷의 연결 리스트를 선형 탐색한다.

PART 06

빈출개념 체크 ○×

CHAPTER 01 자료구조 개요

01 트리는 선형 구조에 속한다. (○ / ×)

02 큐는 데이터가 삽입되고 삭제되는 통로가 따로 분류되어 있어 먼저 삽입된 데이터는 먼저 삭제되는 구조이다. (○ / ×)

03 이진 트리는 전체 트리의 차수가 2 이하가 되도록 정의한 자료구조이다. (○ / ×)

CHAPTER 02 순차 자료구조와 선형 리스트

01 순차 자료구조는 구현할 자료들을 논리적 순서대로 메모리에 연속적으로 저장하는 방식이다. (○ / ×)

02 순차 자료구조는 논리적 순서와 물리적 순서가 항상 일치한다. (○ / ×)

CHAPTER 03 연결 자료구조와 연결 리스트

01 연결 자료구조의 원소를 노드라고 하며, 노드는 원소 값을 저장하는 데이터 필드와 다음 노드의 주소를 저장하는 링크 필드로 구성된다.
(○ / ×)

02 연결 자료 구조는 배열을 이용하여 구현된다. (○ / ×)

03 삽입 연산에서는 이전 노드에서 새로운 노드를 먼저 연결한 후 새 노드의 링크 필드에 다음 노드의 번지 값을 저장한다. (○ / ×)

04 단순 연결 리스트는 마지막 노드에서 순회가 끝나는 반면, 원형 연결 리스트는 링크를 따라 계속 순회할 수 있다. (○ / ×)

05 이중 연결 리스트의 구조는 한 개의 링크 필드와 하나의 데이터 필드로 이루어져 있다. (○ / ×)

06 왼쪽 링크 필드는 이전 노드의 오른쪽 링크 필드값을 저장한다. (○ / ×)

CHAPTER 04 스택

01 스택은 양방향으로 데이터를 삽입, 삭제하는 구조를 가진다. 데이터를 삽입하는 것을 푸시(push)라고 하고, 삭제하는 것을 팝(pop)이라고 한다. (○ / ×)

02 스택은 처음 삽입된 데이터가 가장 처음 삭제되므로 선입선출(FIFO : First-In First-Out)도 같은 의미이다. (○ / ×)

03 전위 표기법은 연산자와 피연산자로 구성된 수식에서 연산자를 피연산자 앞에 표기하는 방법이다. (○ / ×)

04 +/AB*CD를 중위 표기법으로 나타내면 A/B+C*D이다. (○ / ×)

05 스택을 이용한 수식의 후위 표기법 변환에서 연산자를 만나면 스택에서 삭제(pop)한다. (○ / ×)

06 스택을 이용한 후위 표기법 수식의 연산에서 피연산자를 만나면 스택에 push한다. (○ / ×)

CHAPTER 05 큐

01 큐는 한쪽 끝에서는 데이터 삽입이 이루어지고, 반대쪽 끝에서는 데이터 삭제가 이루어진다. (○ / ×)

02 큐는 먼저 삽입된 데이터가 먼저 삭제되므로 선입선출(FIFO : First-In First-Out)이라고 한다. (○ / ×)

03 순차큐에서 큐가 비어있는 상태는 front와 rear의 값이 같을 때이다. (○ / ×)

04 순차큐에서 원소를 삭제했을 때는 front 값을 1 증가시켜 준다. (○ / ×)

05 원형큐에서는 원소가 삽입될 때는 rear의 값을 1 증가시키고, 삭제될 때는 front의 값을 1 증가시킨다. (○ / ×)

CHAPTER 06 트리

01 트리는 리스트, 스택, 큐 등과 같이 1:1 관계의 선형 구조이다. (○ / ×)

02 자식 노드 수를 해당 노드의 차수라고 한다. (○ / ×)

03 이진 트리는 전체 트리의 차수가 2 이하인 트리를 의미한다. (○ / ×)

04 전위 순회의 노드 처리 순서는 왼쪽 노드 → 현재 노드 → 오른쪽 노드이다. (○ / ×)

05 후위 순회의 노드 처리 순서는 왼쪽 노드 → 오른쪽 노드 → 현재 노드이다. (○ / ×)

06 탐색을 위해서는 찾을 자료를 식별할 수 있는 유일한 값이 필요한데 이를 키(key)라고 한다. (○ / ×)

07 이진 탐색 트리는 루트를 기준으로 왼쪽 서브 트리는 루트의 키보다 큰 수를 가지고 오른쪽 서브 트리는 루트의 키보다 작은 수를 가지고 있다. (○ / ×)

08 AVL 트리는 트리 구조가 최악의 경우일 때 트리 종류 중 가장 탐색 성능이 좋다. (○ / ×)

09 AVL 트리의 크기는 왼쪽 서브 트리 > 부모 노드 > 오른쪽 서브 트리이다. (○ / ×)

10 LR 유형일 때 문제 구간에서 하위 구간을 왼쪽으로 1차 회전하고 RR 유형으로 만든 후 RR 회전을 적용한다. (○ / ×)

11 히프(Heap) 트리는 완전 이진 트리의 노드 중 키 값이 가장 큰 노드나 가장 작은 노드를 찾기 위한 자료구조이다. (○ / ×)

12 최소 히프는 부모 노드의 키 값이 자식 노드의 키 값보다 항상 작거나 같은 관계를 가지는 완전 이진 트리이다. (○ / ×)

CHAPTER 07 그래프

01 그래프는 객체를 나타내는 정점(V : Vertex)과 객체를 연결하는 간선(E : Edge)의 집합으로 구성된다. (○ / ×)

02 정점에 부속되어 있는 간선의 수를 차수라고 한다. (○ / ×)

03 너비 우선 탐색(BFS : Breadth First Search)은 시작 정점에서 한 방향으로 갈 수 있는 경로가 있는 곳까지 탐색하다가 더 이상 갈 곳이 없으면, 가장 마지막에 만났던 갈림길 간선이 있는 정점으로 돌아와 다른 방향의 간선으로 탐색을 계속하는 순회 방법이다. (○ / ×)

04 깊이 우선 탐색에서는 가장 마지막에 만났던 갈림길 간선이 있는 정점으로 되돌아가기 위해서 후입선출 구조인 큐를 사용한다. (○ / ×)

05 트리는 사이클이 없는 연결 그래프로 정점이 n개이고, 간선이 n-1개인 트리 형태의 부분 그래프를 신장 트리라고 한다. (○ / ×)

06 깊이 우선 탐색을 이용하여 생성된 신장 트리를 너비 우선 신장 트리라고 하고, 너비 우선 탐색을 이용하여 생성된 신장 트리를 깊이 우선 신장 트리라고 한다. (○ / ×)

07 프림 알고리즘은 가중치가 높은 간선을 제거하면서 최소 비용 신장 트리를 생성한다. (○ / ×)

08 크루스칼 알고리즘 II는 가중치가 낮은 간선은 삽입하면서 최소 비용 신장 트리를 생성한다. (○ / ×)

01　버블 정렬은 전체 원소 중 기준 위치에 맞는 원소를 선택한 후 자리를 교환하는 방식으로 정렬한다.　　　　　(○ / ×)

02　선택 정렬의 시간 복잡도는 $O(n\log_2 n)$이다.　　　　　(○ / ×)

03　버블 정렬은 인접한 원소 두 개를 비교하여 자리를 교환하는 방법이다.　　　　　(○ / ×)

04　퀵 정렬의 시간 복잡도는 $O(n\log_2 n)$이다.　　　　　(○ / ×)

05　시간 복잡도가 $O(n^2)$ 정렬에는 선택 정렬, 버블 정렬, 삽입 정렬이 있다.　　　　　(○ / ×)

06　기수 정렬은 분배 방식의 정렬 방식으로 정렬할 원소를 버킷(bucket)에 원소를 분배했다가 버킷의 순서대로 원소를 꺼내는 방법을 반복한다.　　　　　(○ / ×)

07　시간 복잡도 $O(d(n+r))$를 가지는 알고리즘은 히프 정렬 알고리즘이다.　　　　　(○ / ×)

01　탐색 연산은 삽입 연산과 삭제 연산을 할 때에도 필요하다.　　　　　(○ / ×)

02　탐색은 탐색 방법에 따라 순차 탐색, 이진 탐색, 트리 탐색, 해싱이 있다.　　　　　(○ / ×)

03　순차 탐색은 일렬로 나열된 자료를 처음부터 끝까지 순서대로 탐색하는 방법이다.　　　　　(○ / ×)

04　순차 탐색은 첫째 원소부터 마지막 원소까지 순서대로 키 값이 일치하는 원소가 있는지 비교하며 찾는 방법으로 평균 시간 복잡도는 $O(n^2)$이다.　　　　　(○ / ×)

05　색인 순차 탐색은 인덱스 테이블을 사용하여 탐색의 범위를 줄임으로써 검색 효율을 높인 방법이다.　　　　　(○ / ×)

06　이진 탐색은 자료 가운데 있는 항목을 키 값과 비교하여 키 값이 크면 오른쪽을 탐색하고 작으면 왼쪽을 탐색하는 방법이다.　　　　　(○ / ×)

07　원소가 정렬되어 있지 않아도 이진 탐색을 사용할 수 있다.　　　　　(○ / ×)

08　이진 탐색 트리는 루트 노드를 기준으로 왼쪽 서브 트리는 루트 노드보다 키 값이 작은 원소로 구성하고 오른쪽 서브 트리는 루트 노드보다 키 값이 큰 원소로 구성한다.　　　　　(○ / ×)

09 해싱은 키 값을 비교하여 찾는 탐색 방법이 아니라 산술적인 연산을 이용하여 키가 있는 위치를 계산하여 바로 찾아가는 계산 탐색 방식이다. (○ / ×)

10 키 값이 서로 다름에도 불구하고 해시 함수에 의해 주어진 버킷 주소가 같은 경우 충돌이 발생했다고 한다. (○ / ×)

11 해시 함수에는 중간 제곱 함수, 제산 함수, 승산 함수, 접지 함수, 숫자 분석 함수 등이 있다. (○ / ×)

12 승산 함수는 키 값을 여러 부분으로 나누어 이들을 더하거나 배타적 논리합을 하여 해시 주소를 얻는다. (○ / ×)

정답 및 해설

CHAPTER 01 자료구조 개요

01 정답 ×
트리는 비선형 구조에 속한다.

02 정답 ○
큐는 삽입과 삭제되는 통로가 따로 분류되어 있다. 먼저 들어온 데이터가 먼저 처리되는 FIFO(First In First Out) 구조이다.

03 정답 ○
이진 트리는 전체 트리의 차수가 2 이하인 자료구조이다.

CHAPTER 02 순차 자료구조와 선형 리스트

01 정답 ○
순차 자료구조는 자료를 순차적으로 저장하는 방식이다.

02 정답 ○
순차 자료구조는 구현할 자료들을 논리적 순서대로 메모리에 연속적으로 저장하는 방식이기 때문에 논리적 순서와 물리적 순서가 항상 일치한다.

CHAPTER 03 연결 자료구조와 연결 리스트

01 정답 ○
노드는 데이터 필드와 링크 필드로 구성된다.

02 정답 ×
연결 자료구조는 포인터를 이용하여 구현된다.

03 정답 ×
삽입 연산에서는 새 노드의 링크 필드에 다음 노드의 번지값을 먼저 저장한 후 이전 노드에서 새로운 노드를 연결한다.

04 정답 ○
단순 연결 리스트는 마지막 노드에서 순회가 끝나고, 원형 연결 리스트는 마지막 노드가 첫 번째 노드와 연결되기 때문에 계속 순회할 수 있다.

05 정답 ×
이중 연결 리스트의 구조는 한 개의 링크 필드와 하나의 데이터 필드로 이루어져 있다.

06 정답 ○
현재 노드의 왼쪽 링크 필드는 이전 노드의 오른쪽 링크 필드 값을 저장한다.

CHAPTER 04 스택

01 정답 ×
스택은 한 방향으로 데이터를 삽입, 삭제하는 구조를 가진다. 데이터를 삽입하는 것을 푸시(push)라고 하고, 삭제하는 것을 팝(pop)이라고 한다.

02 정답 ×
스택은 처음 삽입된 데이터가 가장 나중에 삭제되므로 선입후출(FIFO : First-In Last-Out)과 같은 의미이다.

03 정답 ○
전위 표기법은 연산자를 피연산자 앞에 표기하는 방법이다.

04 정답 ○
중위 표기법은 연산자와 피연산자로 구성된 수식에서 연산자를 피연산자 사이에 표기하는 방법이다.

05 정답 ×
스택을 이용한 수식의 후위 표기법 변환에서 연산자를 만나면 스택에서 삽입(push)한다.

06 정답 ○
스택을 이용한 후위 표기법 수식의 연산에서 피연산자를 만나면 스택에 pop한다.

01 정답 ○

큐는 데이터 삽입과 삭제가 다른 통로를 통해 이루어진다.

02 정답 ○

큐는 먼저 삽입된 데이터가 먼저 삭제된다.

03 정답 ○

순차큐에서 front와 rear의 값이 같을 때 큐가 비어있는 상태이다.

04 정답 ✕

순차큐에서 원소를 삽입했을 때는 rear 값을 1 증가시켜 준다.

05 정답 ○

원형큐에서 원소 삽입 시 rear 값을 1 증가, 삭제 시 front 값을 1 증가시킨다.

CHAPTER 06 트리

01 정답 ✕

트리는 리스트, 스택, 큐 등과 같이 1:n 관계의 선형 구조이다.

02 정답 ○

자식 노드의 수를 차수라고 한다.

03 정답 ○

이진 트리는 전체 트리의 차수가 2 이하이다.

04 정답 ✕

전위 순회의 노드 처리 순서는 현재 노드 → 왼쪽 노드 → 오른쪽 노드이다.

05 정답 ○

후위 순회의 노드 처리 순서는 왼쪽 노드→오른쪽 노드→현재 노드이다.

06 정답 ○

탐색을 위해 찾고자 하는 값을 키라고 한다.

07 정답 ✕

이진 탐색 트리는 루트를 기준으로 왼쪽 서브 트리는 루트의 키보다 작은 수를 가지고 오른쪽 서브 트리는 루트의 키보다 큰 수를 가지고 있다.

08 정답 ○

AVL 트리는 최악의 트리 구조일 때 가장 탐색 성능이 좋다.

09 정답 ✕

트리의 크기는 오른쪽 서브 트리 > 부모 노드 > 왼쪽 서브 트리이다.

10 정답 ✕

문제 구간에서 하위 구간을 왼쪽으로 1차 회전하고 LL 유형으로 만든 후 LL 회전을 적용한다.

11 정답 ○

키 값이 가장 큰 노드를 찾기 위한 히프를 최대 히프라고 하고, 가장 작은 노드를 찾기 위한 히프를 최소 히프라고 한다.

12 정답 ○

최소 히프에서 키 값이 가장 작은 노드는 루트 노드가 된다.

CHAPTER 07 그래프

01 정답 ○

그래프에서 객체를 나타내는 것을 정점이라고 하고, 객체를 연결하는 것을 간선이라고 한다.

02 정답 ○

정점에 직접 연결된 간선의 수를 차수라고 한다.

03 정답 ✕

깊이 우선 탐색(DFS : Depth First Search)은 시작 정점에서 한 방향으로 갈 수 있는 경로가 있는 곳까지 탐색하다가 더 이상 갈 곳이 없으면, 가장 마지막에 만났던 갈림길 간선이 있는 정점으로 돌아와 다른 방향의 간선으로 탐색을 계속하는 순회 방법이다.

04 정답 ✕

깊이 우선 탐색에서는 가장 마지막에 만났던 갈림길 간선이 있는 정점으로 되돌아가기 위해서 후입선출 구조인 스택을 사용한다.

05 정답 ○

그래프에서 순회를 하면 n−1개의 간선을 이동하고 n개의 모든 정점을 방문하므로 순회 경로는 신장 트리가 된다.

06 정답 ○

깊이 우선 탐색을 이용하여 생성된 신장 트리를 깊이 우선 신장 트리라고 하고, 너비 우선 탐색을 이용하여 생성된 신장 트리를 너비 우선 신장 트리라고 한다.

07 정답 ✕

크루스칼 알고리즘 Ⅰ는 가중치가 높은 간선을 제거하면서 최소 비용 신장 트리를 생성한다.

08 정답 ○

크루스칼 알고리즘 Ⅱ는 가중치가 낮은 간선을 삽입하여 최소 비용 신장 트리를 생성한다.

CHAPTER 08 정렬

01 정답 ✕
선택 정렬은 전체 원소 중 기준 위치에 맞는 원소를 선택한 후 자리를
교환하는 방식으로 정렬한다.

02 정답 ✕
선택 정렬의 시간 복잡도는 $O(n^2)$이다.

03 정답 ○
버블 정렬은 인접한 원소 두 개를 비교하여 자리를 교환한다.

04 정답 ○
퀵 정렬의 시간 복잡도는 $O(nlog_2n)$이다.

05 정답 ○
선택 정렬, 버블 정렬, 삽입 정렬의 시간 복잡도는 $O(n^2)$이다.

06 정답 ○
기수 정렬은 원소를 버킷에 분배했다가 순서대로 원소를 꺼내는 방법으
로 정렬한다.

07 정답 ✕
기수 정렬 알고리즘의 시간 복잡도가 $O(d(n+r))$이다.

CHAPTER 09 탐색

01 정답 ○
탐색 연산은 삽입, 삭제 연산 시 필요하다.

02 정답 ○
탐색 방법으로는 순차 탐색, 이진 탐색, 트리 탐색, 해싱이 있다.

03 정답 ○
순차 탐색은 나열된 자료를 순차적으로 탐색하는 방법이다.

04 정답 ✕
순차 탐색의 시간 복잡도는 $O(n)$이다.

05 정답 ○
색인 순차 탐색은 인덱스 테이블은 사용하여 탐색하는 방법이다.

06 정답 ○
이진 탐색은 찾고자 하는 키 값이 현재의 키 값보다 크면 오른쪽, 작으
면 왼쪽을 탐색하는 방법이다.

07 정답 ✕
이진 탐색은 기본적으로 원소가 정렬되어 있는 상태에서 실시된다.

08 정답 ○
이진 탐색 트리에서 루트 노드를 기준으로 왼쪽 서브 트리는 루트 노드
보다 키 값이 작고, 오른쪽 서브 트리는 키 값이 크다.

09 정답 ○
해싱 탐색은 키 값에 대해서 해시 함수를 계산하여 주소를 구하고, 구한
주소에 해당하는 해시 테이블로 이동하여 찾고자 하는 항목이 있으면
검색 성공이 되고 없으면 검색 실패가 된다.

10 정답 ○
키 값이 달라도 버킷 주소가 같은 경우에는 충돌이 발생한다.

11 정답 ○
해시 함수 종류에는 중간 제곱 함수, 제산 함수, 승산 함수, 접지 함수,
숫자 분석 함수, 진법 변환 함수, 비트 추출 함수 등이 있다.

12 정답 ✕
폴딩 함수는 키 값을 여러 부분으로 나누어 이들을 더하거나 배타적 논
리합을 하여 해시 주소를 얻는다.

PART 06 확인학습문제

CHAPTER 01 자료구조 개요

★★☆
01 자료 구조에 대한 설명으로 옳지 않은 것은?
16 국가직 9급

① 큐(queue)는 선입 선출의 특성을 가지며 삽입과 삭제가 서로 다른 끝 쪽에서 일어난다.

② 연결 그래프(connected graph)에서는 그래프 내의 모든 노드 간에 갈 수 있는 경로가 존재한다.

③ AVL 트리는 삽입 또는 삭제가 일어나 트리의 균형이 깨지는 경우 트리 모습을 변형시킴으로써 균형을 복원시킨다.

④ 기수 정렬(radix sort)은 키(key) 값이 가장 큰 것과 가장 오른쪽 것의 위치 교환을 반복적으로 수행한다.

해설 난도중
정답의 이유
기수 정렬은 분배 방식의 정렬 방식으로 정렬할 원소를 버킷(bucket)에 원소를 분배했다가 버킷의 순서대로 원소를 꺼내는 방법을 반복한다.

★★☆

01 연결리스트(linked list)의 'preNode' 노드와 그 다음 노드 사이에 새로운 'newNode' 노드를 삽입하기 위해
빈 칸 ㉠에 들어갈 명령문으로 옳은 것은?

15 국가직 9급

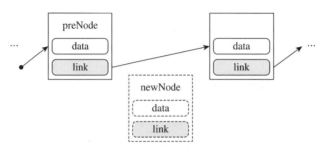

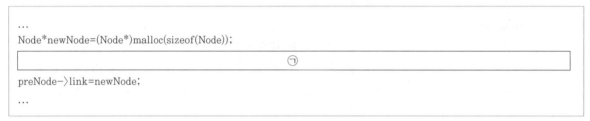

```
...
Node*newNode=(Node*)malloc(sizeof(Node));
```

㉠

```
preNode->link=newNode;
...
```

① newNode → link=preNode;

② newNode → link=preNode → link;

③ newNode → link → link=preNode;

④ newNode=preNode → link;

해설 난도 중

정답의 이유

㉠ 아래 명령어는 이전 노드의 링크가 새로운 노드를 연결하는 내용이다. 따라서 ㉠에는 새로운 노드의 링크가 이전 노드가 가리키는 노드를
가리키면 된다. 이를 명령어로 나타내면 newNode → link=preNode → link;가 된다.

★★☆

01 다음 중 큐가 컴퓨터 시스템에서 이용되는 경우는?

14 서울시 9급

① 부프로그램을 처리할 때 레지스터들의 내용 및 복귀주소를 저장할 때

② 순환적 프로그램(recursive program)을 처리할 때

③ 다중 프로그래밍의 운영체제가 대기하고 있는 프로그램들에게 처리기를 할당할 때

④ 그래프를 컴퓨터 내부에 나타낼 때

⑤ 후위 표기방식으로 표현된 수식을 계산할 때

해설 난도 중

오답의 이유

①, ②, ④, ⑤는 스택이 이용되는 경우를 말한다.

★★☆

02 자료 저장 구조인 스택에 A, B, C, D가 차례로 삽입(push) 되며 삽입의 중간에 꺼냄(pop)이 임의의 순서로 일어날 수 있고 꺼낸 데이터는 바로 출력된다면 다음 출력 순서 중 가능하지 않은 것은?

14 서울시 9급

① D, C, B, A

② A, D, C, B

③ D, A, B, C

④ A, B, C, D

⑤ A, B, D, C

해설 난도 중

오답의 이유

① 스택에 A, B, C, D를 차례로 push한 후 하나씩 pop을 했을 때 출력 순서가 D, C, B, A가 된다.

② 스택에 A를 push한 후 바로 pop을 하고 B, C, D를 차례로 push한 후 하나씩 pop을 하면 출력 순서가 D, C, B가 된다.

④ 스택에 하나를 push한 후 바로 pop을 하면 A, B ,C, D가 된다.

⑤ A, B는 스택에 push한 후 바로 pop을 하면 출력 순서가 A, B가 되고 C, D는 모두 push한 후 pop을 하면 D, C가 된다.

03 스택 S에서 B, A, D, C를 순서대로 입력시킬 때, 출력을 A, B, C, D 순으로 하기 위한 push와 pop의 횟수는?

① push:4, pop:4
② push:3, pop:5
③ push:2, pop:6
④ push:5, pop:3

해설 난도 중

정답의 이유

push와 pop의 횟수는 4개의 데이터를 입력하고 출력했기 때문에 입력할 때 push가 4회이고, 출력할 때 pop이 4회이다. push와 pop이 일어나는 순서는 다음과 같다.

스택 상태	B	A B	B		D	C D	D	
명령	push	push	pop	pop	push	push	pop	pop
출력 데이터			A	B			C	D

04 후입선출(LIFO : Last-In First-Out) 형태로서 자료의 삽입과 삭제가 한쪽 끝에서 이루어지는 자료구조는?

① 스택(stack)
② 큐(queue)
③ 트리(tree)
④ 그래프(graph)

해설 난도 하

정답의 이유

자료의 삽입과 삭제가 같은 곳에서 이루어지는 후입선출 형태는 스택이다. 큐는 선입선출(FIFO : First-In First-Out) 형태로 자료의 삽입과 삭제가 서로 다른 곳에서 이루어진다.

★ ★ ★

05 다음 전위(prefix) 표기 수식을 중위(infix) 표기 수식으로 바꾼 것으로 옳은 것은? (단, 수식에서 연산자는 +, *, /이며 피연산자는 A, B, C, D이다)

14 국가직 9급

+ * A B / C D

① A+B*C/D

② A+B/C*D

③ A*B+C/D

④ A*B/C+D

해설 난도 중

정답의 이유

먼저 피연산자에 괄호를 표시하고 연산자 사이에 추가로 괄호를 표시하면 +(*(A B)/(C D))가 된다. 수식을 피연산자 사이에 넣으면 ((A*B)+(C/D))가 된다. 괄호를 제거하면 A*B+C/D가 된다.

★ ★ ★

06 다음 산술식을 Pre-fix로 옳게 표현한 것은?

19 전자계산기조직응용

a*(b+c)*d

① **a+bcd

② *+a*bcd

③ abc*+d*

④ abc+*d*

해설 난도 중

정답의 이유

산술식에 괄호를 넣으면 (a*(b+c)*d)가 된다. 수식을 괄호 밖으로 꺼내면 **a+bcd가 된다.

07 다음의 중위(infix) 표기식을 후위(postfix) 표기식으로 〈조건〉을 참고하여 변환하고자 한다. 스택을 이용한 변환 과정 중 토큰 'd'가 처리될 순간에 스택에 저장되어 있는 연산자를 올바르게 나타낸 것은? 12 국가직 9급

---

a*((b+c)/d)*e

| 조건 |

- 입력된 표기식에서 연산자 우선순위는 첫 번째는 '(', ')'이고, 다음은 '*', '/'이며, 그 다음은 '+', '−'이다.
- 동일한 우선순위의 연산자가 여러 개 있을 경우, 가장 왼쪽의 연산자부터 처리한다.

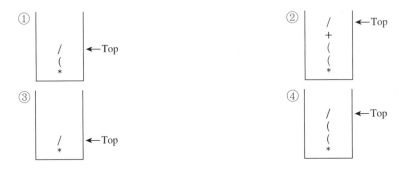

①
```
/
(    ←Top
*
```

②
```
/    ←Top
+
(
(
*
```

③
```
/    ←Top
*
```

④
```
/    ←Top
(
(
*
```

해설　**난도 상**

정답의 이유

스택을 이용하여 중위 표기식을 후위 표기식으로 변환하는 방법은 다음과 같다.

- 왼쪽 괄호를 만나서 push 한다.
- 피연산자를 만나면 출력한다.
- 연산자를 만나면 push 한다.
- 오른쪽 괄호를 만나면 왼쪽 괄호가 나올 때까지 pop하고, 출력은 하지 않는다.

단계	설명	스택 상태	출력
1	a는 바로 출력하고 *는 push 한다.	`*`	a
2	왼쪽 괄호는 push하고 b는 출력한다.	`( ( *`	ab
3	+는 push하고 c는 출력한다.	`+ ( ( *`	abc
4	오른쪽 괄호일 때는 왼쪽 괄호가 나올 때까지 pop한다. pop된 왼쪽 괄호는 출력하지 않는다.	`( *`	abc+

5	/는 push하고 d는 출력한다.	 / (*	abc+d
6	오른쪽 괄호일 때는 왼쪽 괄호가 나올 때까지 pop한다. pop된 왼쪽 괄호는 출력하지 않는다.	*	abc+d/
7	우선순위가 높은 연산자 *는 pop한 다음 해당 연산자 *를 push하고, e는 바로 출력한다.	*	abc+d/*e
8	스택이 공백이 될 때까지 pop한다.		abc+d/*e*

정답은 단계 5에 해당한다.

★ ★ ★

08 다음 전위표기(prefix) 방식의 수식을 후위표기(postfix) 방식으로 나타낸 것은? (단, B↑C는 B의 C제곱을 나타낸다)

10 지방직 9급

$$+*/A↑BCDE$$

① ABC↑/D*E+ ② AB↑C/D*E+
③ A↑BC/D*E+ ④ ABCD↑/*E+

해설 난도 상

정답의 이유

전위표기 방식의 수식을 후위표기 방식으로 변환하기 위해서는 연산자-피연산자-피연산자 형태를 피연산자-피연산자-연산자로 바꿔줍니다. 변환 후 밑줄은 비연산자를 뜻한다. +*/A(↑BC)DE → +*(/ABC↑)DE → +(*ABC↑/D)E → ABC↑/D*E+

09 다음 수식을 후위 표기법(postfix)으로 옳게 표시한 것은?

> (A+B)*C+(D+E)

① AB+CDE*++
③ +AB*C+DE+

② AB+C*DE++
④ +*+ABC+DE

해설 난도 중

정답의 이유
후위 표기법으로 표시하기 위해 수식에 괄호를 취하면 (((A+B)*C)+(D+E))이다. 연산 기호를 괄호 밖으로 빼내면 AB+C*DE++가 된다.

CHAPTER 06 **트리**

★★★

01 다음 이진 트리(binary tree)의 노드들을 후위 순회(post-order traversal)한 경로를 나타낸 것은?

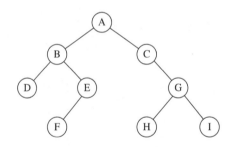

① F → H → I → D → E → G → B → C → A
② D → F → E → B → H → I → G → C → A
③ D → B → F → E → A → C → H → G → I
④ I → H → G → C → F → E → D → B → A

해설 난도 중

정답의 이유
후위 순회 경로는 왼쪽 노드 → 오른쪽 노드 → 현재 노드이다. A 노드를 기준으로 왼쪽 노드 그룹(B, D, E, F)을 순회한다. 왼쪽 노드 그룹 중 B를 기준으로 했을 때 D가 왼쪽 노드이고 자식 노드가 없기 때문에 가장 먼저 순회한다. 그리고 오른쪽 노드 E에서 왼쪽 노드인 F를 순회하고 E를 순회한다. B까지 순회 후 오른쪽 노드 그룹(C, G, H, I)을 순회하게 된다. 이와 같은 방법으로 순회하면 H, I, G, C가 되고 마지막으로 A를 순회한다.

★★☆

02 다음과 같은 수식을 이진트리(binary tree)로 표현하였을 때 완성된 이진트리의 깊이(depth)는 얼마인가? (단, 근 노드(root node)만 존재하는 이진트리의 깊이는 1이다)

14 서울시 9급

> ((a+b)+c)+d

① 1

② 2

③ 3

④ 4

⑤ 5

해설 난도 상

정답의 이유

a+b가 가장 먼저 실행되고 그 결과가 c와 덧셈이 되고, 다시 결과가 d와 덧셈이 되는 형태이다. 이 점을 토대로 이진트리를 완성해보면 다음과 같다.

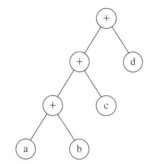

근 노드의 깊이는 1이므로 a, b 노드의 깊이는 4가 된다.

★★★

03 다음 이진트리를 중위 순회(inorder traversal)하는 경우 노드 방문 순서는?

11 지방직 9급

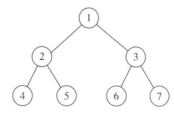

① 1 → 2 → 3 → 4 → 5 → 6 → 7

② 1 → 3 → 2 → 5 → 4 → 7 → 6

③ 4 → 2 → 5 → 1 → 6 → 3 → 7

④ 4 → 5 → 2 → 6 → 7 → 3 → 1

해설 난도 중

정답의 이유

중위 순회 경로는 왼쪽 노드 → 현재 노드 → 오른쪽 노드이다. 노드 1을 기준으로 왼쪽 노드를 순회하고 노드 2를 기준으로 왼쪽 노드인 4를 먼저 순회하고 2, 5 순서로 순회한다. 왼쪽 노드 순회가 끝났기 때문에 현재 노드 1을 순회하고 오른쪽 노드에서 왼쪽 노드 6을 순회 후 3, 7 노드를 순회한다.

04 다음 트리를 "Pre-order"로 운행한 결과는?

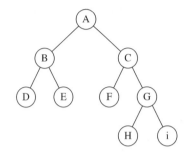

① A B D E C F G H i

② D B E F C H G i A

③ A B C D E F G H i

④ D E B F H i G C A

해설 난도 중

정답의 이유

전위 순회의 노드 처리 순서는 현재 노드 → 왼쪽 노드 → 오른쪽 노드이다. 순회의 시작은 A이고 순회 후 왼쪽 노드 B로 순회한다. B가 현재 노드가 되므로 왼쪽 노드인 D 순회 후 오른쪽 노드인 E를 순회하게 된다. A의 왼쪽 노드 순회가 끝나면 C를 순회하고 왼쪽 노드인 F, 오른쪽 노드인 G를 순회하고 마지막으로 G의 왼쪽 노드인 H와 오른쪽 노드인 i를 순회한다.

05 다음 트리를 후위 순회(Post-order) 방법으로 운행한 결과는?

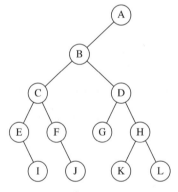

① A B C E I F J D G H K L

② I E J F C G K L H D B A

③ A B C D E F G H I J K L

④ E I C F J B G D K H L A

해설 난도 중

정답의 이유

후위 순회의 노드 처리 순서는 왼쪽 노드 → 오른쪽 노드 → 현재 노드이다. 왼쪽 노드부터 순회를 하기 때문에 E까지 이동한다. 왼쪽 노드가 없으므로 오른쪽 노드 I 순회 후 현재 노드 E를 순회한다. 현재 노드가 C이기 때문에 오른쪽 노드 F를 이동하고 F의 오른쪽 노드 J 순회 후 F, C를 순회한다. B의 오른쪽 노드 중 D의 왼쪽 노드인 G를 순회 후 K를 순회한다. 다음으로 L, H, D, B, A 순으로 순회하게 된다.

06 다음 트리에 대한 운행 결과의 순서가 "D → B → A → G → E → H → C → F"일 경우, 적용된 운행 기법은?

19 정보처리산업

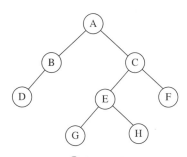

① Post-order   ② In-order

③ Pre-order   ④ Last-order

해설 난도 중

정답의 이유

트리에 대한 운행 순서를 보면 왼쪽 노드 → 현재 노드 → 오른쪽 노드이다. 이 순서로 탐색하는 방법은 중위 순회이다.

07 'A', 'B', 'L', 'E' 순서로 문자들을 이진 탐색 트리(Binary Search Tree)에 추가했을 때 결과 트리의 깊이(depth)는? (단, 트리의 깊이는 트리에 속한 노드의 최대 레벨을 의미하며, 루트 노드의 레벨은 1로 정의한다)

15 서울시 9급

① 3   ② 4

③ 2   ④ 1

해설 난도 중

정답의 이유

이진 탐색 트리는 루트(A)를 기준으로 키 값이 크면 오른쪽, 작으면 왼쪽으로 구성된다. 이와 같은 기준으로 이진 탐색 트리를 구현하면 다음과 같다.

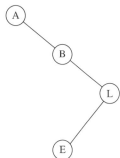

루트 노드의 레벨이 1일 때 E 노드는 레벨이 4가 된다. 따라서 트리의 깊이는 4이다.

08 자료 구조 중 최악의 경우를 기준으로 했을 때 탐색(search) 성능이 가장 좋은 것은? ★★☆

★★☆

08 자료 구조 중 최악의 경우를 기준으로 했을 때 탐색(search) 성능이 가장 좋은 것은?　11 국가직 9급

① 정렬되지 않은 배열　　　　　　　② 체인법을 이용하는 해쉬 테이블
③ 이진 탐색 트리　　　　　　　　　④ AVL 트리

해설　난도 중

정답의 이유
AVL 트리는 회전 연산을 통해 트리의 균형을 맞추기 때문에 트리 구조가 최악의 경우일 때 트리 종류 중 가장 탐색 성능이 좋다.

CHAPTER 07 그래프

★☆☆

01 다음의 인접리스트는 어떤 그래프를 표현한 것이다. 이 그래프를 정점 A에서부터 깊이 우선 탐색(depth first search)할 때, 정점이 방문되는 순서로 옳은 것은?　16 지방직 9급

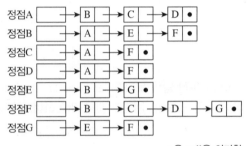

●은 null을 의미함

① A → B → C → D → F → G → E　　② A → D → C → B → F → E → G
③ A → B → C → D → E → F → G　　④ A → B → E → G → F → C → D

해설　난도 상

정답의 이유
깊이 우선 탐색(DFS : Depth First Search)은 시작 정점에서 한 방향으로 갈 수 있는 경로가 있는 곳까지 탐색하다가 더 이상 갈 곳이 없으면, 가장 마지막에 만났던 갈림길 간선이 있는 정점으로 돌아와 다른 방향의 간선으로 탐색을 계속하는 순회 방법이다.
정점 A~G 정보를 그래프로 표현하면 다음과 같다.

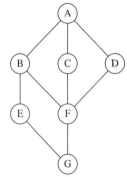

깊이 우선 탐색 순서는 A → B → E → G → F → C → D가 된다.

518 PART 06 자료구조

02 다음 그래프에서 정점 A를 선택하여 깊이우선탐색(DFS)으로 운행한 결과는?

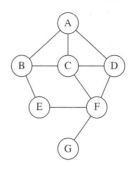

① ABECDFG   ② ABECFDG

③ ABCDEFG   ④ ABEFGCD

해설 난도 상

정답의 이유

깊이우선탐색은 시작 정점에서 깊이 우선으로 한 방향으로 갈 수 있는 경로가 있는 곳까지 탐색하다가 더 이상 갈 곳이 없으면, 가장 마지막에 만났던 갈림길 간선이 있는 정점으로 돌아와 다른 방향의 간선으로 탐색을 계속하는 순회 방법이다. A에서 3개의 간선 중 오름차순 순서로 B를 탐색한다. 깊이 우선이기 때문에 C, E 중 E를 탐색하고 F, G를 탐색한다. G에서는 더 이상 탐색할 수 있는 간선이 없기 때문에 F로 돌아와 C, D 중 오름차순 순서인 C를 탐색 후 마지막으로 D를 탐색한다.

03 프림(Prim) 알고리즘을 이용하여 최소 비용 신장 트리를 구하고자 한다. 다음 그림의 노드 0에서 출발할 경우 가장 마지막에 선택되는 간선으로 옳은 것은? (단, 간선 옆의 수는 간선의 비용을 나타낸다)

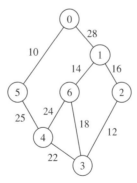

① (1, 2)   ② (1, 6)

③ (4, 5)   ④ (4, 6)

정답의 이유

정점이 7개이므로 간선이 6개 생성될 때까지 프림 알고리즘을 수행한다.

1. 정점 0의 간선 중 가중치가 낮은 간선 (0, 5)를 삽입한다.
2. 정점 0, 5의 간선 중 가중치가 낮은 간선 (4, 5)를 삽입한다.
3. 정점 0, 5, 4의 간선 중 가중치가 낮은 간선 (3, 4)를 삽입한다.
4. 정점 0, 5, 4, 3의 간선 중 가중치가 낮은 간선 (2, 3)를 삽입한다.
5. 정점 0, 5, 4, 3, 2의 간선 중 가중치가 낮은 간선 (1, 2)를 삽입한다.
6. 정점 0, 5, 4, 3, 2, 1의 간선 중 가중치가 낮은 간선 (1, 6)를 삽입한다. 마지막으로 선택되는 간선은 (1, 6)이다.

★☆☆

04 다음 그래프에서 최소 비용의 신장 트리 값은 얼마인가?

16 서울시 9급

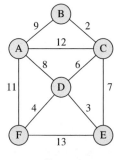

① 16
② 20
③ 23
④ 26

정답의 이유

그래프의 최소 비용 신장 트리 값을 구하기 위해서는 크루스칼 알고리즘 Ⅰ와 프림 알고리즘 중 하나를 적용하면 된다. 크루스칼 알고리즘 Ⅰ을 적용하면 가중치가 가장 높은 간선을 제거하는데 정점이 6개이므로 5개의 간선이 남을 때까지 반복한다. 단, 제거 시 정점이 그래프에서 이탈되는 경우가 발생하면 다음 가중치가 높은 간선을 제거한다.

1. 간선 (E, F)를 제거한다.
2. 간선 (A, C)를 제거한다.
3. 간선 (A, F)를 제거한다.
4. 간선 (A, B)를 제거한다.
5. 다음으로 제거될 간선은 (A, D)인데 정점 A가 그래프에서 이탈되기 때문에 간선 (C, E)를 제거한다. 최소 비용 신장 트리는 다음과 같고, 간선의 가중치를 모두 더한 최소 비용 신장 트리 값은 23이 된다.

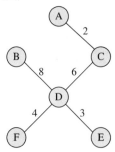

★ ☆ ☆

05 다음 그림은 가중치 그래프이다. Kruskal 알고리즘을 이용하여 주어진 그래프의 최소비용 신장트리를 찾는 경우에 대한 설명으로 옳지 않은 것은?

12 지방직 9급

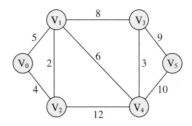

① 최소비용 신장트리의 비용은 24이다.

② 최소비용 신장트리에 네 번째로 추가되는 간선은 V_1과 V_4를 연결한 것이다.

③ 그래프에서 간선의 수가 n개일 때 알고리즘 시간 복잡도는 $O(n^2)$이다.

④ 새로운 간선을 추가할 때마다 사이클이 형성되는지 확인한다.

해설 난도 상

정답의 이유

Kruskal 알고리즘은 연결 구조에 따라 시간 복잡도가 달라지기 때문에 따로 측정하지 않는다.

오답의 이유

① 최소비용 신장트리의 비용은 4+2+6+6+9=24이다.

② 첫 번째로 추가되는 간선은 V_1-V_2, 두 번째는 V_3-V_4, 세 번째는 V_0-V_2, 네 번째는 V_1-V_4이다.

④ 최소 비용 신장 트리에서는 사이클을 이루지 않는 최소 비용 간선을 선택한다.

CHAPTER 08 정렬

★ ★ ★

01 다음 정렬 알고리즘 중 최악의 경우에 시간복잡도가 가장 낮은 것은?

16 서울시 9급

① 버블 정렬(Bubble sort) ② 삽입 정렬(Insertion sort)

③ 퀵 정렬(Quick sort) ④ 힙 정렬(Heap sort)

해설 난도 중

정답의 이유

힙 정렬의 최악의 경우 시간 복잡도는 O(n log n)이다.

오답의 이유

①, ②, ③ 최악의 경우 시간 복잡도는 $O(n^2)$이다.

★★★
02 입력값으로 5, 2, 3, 1, 8이 주어졌을 때 버블 정렬(bubble sort)의 1회전(pass) 결과는?

15 서울시 9급

① 1, 2, 3, 5, 8

② 2, 3, 1, 5, 8

③ 2, 5, 3, 1, 8

④ 8, 5, 3, 2, 1

해설 난도 중

정답의 이유

버블 정렬은 인접한 두 원소를 비교하여 작은 원소가 왼쪽에 위치하고 큰 원소가 오른쪽에 위치한다. 마지막 자리에 가장 큰 원소가 위치할 때까지 비교를 반복한다.

1. 2<5이므로 자리 교환이 발생하고 2, 5, 3, 1, 8이 된다.

2. 3<5이므로 자리 교환이 발생하고 2, 3, 5, 1, 8이 된다.

3. 1<5이므로 자리 교환이 발생하고 2, 3, 1, 5, 8이 된다.

4. 5<8이므로 자리 교환이 발생하지 않는다.

1회전 결과는 2, 3, 1, 5, 8이 된다.

★★★
03 정렬 알고리즘 중에서 시간 복잡도가 나머지 셋과 다른 것은?

14 국가직 9급

① 버블 정렬(bubble sort)

② 선택 정렬(selection sort)

③ 기수 정렬(radix sort)

④ 삽입 정렬(insertion sort)

해설 난도 중

오답의 이유

①, ②, ④의 시간 복잡도는 n^2이고, 기수 정렬의 시간 복잡도는 $O(d(n+r))$이다.

★★★
04 다음의 정렬 알고리즘들 중 N개의 데이터를 정렬하는 데 최악의 경우에 비교 횟수가 O(N log N)인 알고리즘으로 옳은 것은?

14 서울시 9급

① 병합 정렬(Merge Sort)

② 퀵 정렬(Quick Sort)

③ 선택 정렬(Selection Sort)

④ 버블 정렬(Bubble Sort)

⑤ 삽입 정렬(Insertion Sort)

해설 난도 중

오답의 이유

② 시간 복잡도는 $O(n\log_2 n)$이다.

③, ④, ⑤ 시간 복잡도는 $O(n^2)$이다.

★ ★ ★

05 다음 자료를 버블 정렬(bubble sort) 알고리즘을 적용하여 오름차순으로 정렬할 때, 세 번째 패스(pass)까지 실행한 정렬 결과로 옳은 것은?

> 5, 2, 3, 8, 1

① 2, 1, 3, 5, 8   ② 1, 2, 3, 5, 8

③ 2, 3, 1, 5, 8   ④ 2, 3, 5, 1, 8

해설 난도 중

정답의 이유

버블 정렬은 인접한 원소 두 개를 비교하여 자리를 교환하는 방법이다. 처음 원소부터 끝까지 원소 두 개를 비교하면 마지막 원소에 가장 큰 값이 위치한다. 첫 번째 정렬을 실시하면 2, 3, 5, 1, 8이 된다. 두 번째 정렬을 실시하면 2, 3, 1, 5, 8이 되고, 세 번째 정렬을 실시하면 2, 1, 3, 5, 8이 된다.

★ ★ ★

06 정렬 알고리즘에 대한 설명으로 옳지 않은 것은?

① 합병 정렬은 히프 정렬에 비해서 더 많은 기억 장소가 필요하다.

② 퀵 정렬 알고리즘의 수행시간은 최악의 경우 $O(n^2)$이다.

③ 히프 정렬 알고리즘의 수행시간은 최악의 경우 $O(\log n)$이다.

④ 삽입 정렬은 정렬할 자료가 이미 어느 정도 정렬되어 있는 경우 효과적이다.

해설 난도 상

정답의 이유

히프 정렬 알고리즘의 수행시간은 최악의 경우 $O(N \log N)$이다.

★★★

07 주어진 파일에서 인접한 2개의 레코드 키 값을 비교하여 그 크기에 따라 레코드 위치를 서로 교환하는 정렬 방식은?

19 전자계산기조직응용

① 선택 정렬

② 삽입 정렬

③ 퀵 정렬

④ 버블 정렬

해설 난도 하

정답의 이유

버블 정렬은 인접한 원소 두 개를 비교하여 자리를 교환하는 방법이다. 처음 원소부터 끝까지 원소 두 개를 비교하면 마지막 원소에 가장 큰 값이 위치한다.

오답의 이유

① 전체 원소 중 기준 위치에 맞는 원소를 선택한 후 자리를 교환하는 방식으로 정렬한다. 전체 원소 중에서 가장 작은 원소를 찾은 다음 첫째 원소와 자리를 교환한다. 다음으로 두 번째로 작은 원소를 찾은 다음 둘째 원소와 자리를 교환한다. 이와 같은 방식으로 전체 원소를 오름차순으로 정렬한다.

② 정렬되어 있는 부분 집합에 정렬할 새로운 원소의 위치를 찾아 삽입하는 정렬 방식이다. 정렬된 부분 집합을 S라고 하고, 정렬하지 않은 부분 집합을 U라고 하면 정렬되지 않은 부분 집합 U의 원소를 하나씩 꺼내서 이미 정렬한 부분 집합 S의 마지막 원소부터 비교하여 위치를 찾아 삽입하는 방식이다.

③ 전체 원소에 대해 정렬을 수행하지 않고 기준값을 중심으로 왼쪽 부분 집합과 오른쪽 부분 집합으로 분할한다. 왼쪽 부분 집합에는 기준값보다 작은 원소들을 옮기고 오른쪽 부분 집합에는 기준값보다 큰 원소들을 옮긴다.

★★★

08 다음 자료에 대하여 선택(Selection)정렬을 사용하여 오름차순으로 정렬하고자 할 경우 1회전 후의 결과로 옳은 것은?

19 정보처리산업

"8, 3, 4, 9, 7"

① 3, 4, 8, 7, 9

② 3, 8, 4, 9, 7

③ 3, 4, 9, 7, 8

④ 7, 9, 4, 3, 8

해설 난도 중

정답의 이유

선택 정렬은 전체 원소 중 기준 위치에 맞는 원소를 선택한 후 자리를 교환하는 방식으로 정렬한다. 전체 원소 중에서 가장 작은 원소를 찾은 다음 첫째 원소와 자리를 교환한다. 다음으로 두 번째로 작은 원소를 찾은 다음 둘째 원소와 자리를 교환한다. 이와 같은 방식으로 전체 원소를 오름차순으로 정렬한다. 따라서 가장 작은 숫자인 3과 첫 번째 자리 숫자인 8을 비교했을 때 3이 작으므로 서로 자리를 교환한다. 1회전 후의 결과는 3, 8, 4, 9, 7이 된다.

★★☆

01 해싱(hashing)에 대한 설명으로 옳지 않은 것은?

15 서울시 9급

① 검색 속도가 빠르며 삽입, 삭제의 빈도가 높을 때 유리한 방식이다.

② 해싱기법에는 숫자 분석법(digit analysis), 제산법(division), 제곱법(mid-square), 접지법(folding) 등이 있다.

③ 충돌 시 오버플로(overflow) 해결의 부담이 과중되나, 충돌해결에 필요한 기억공간이 필요하지는 않다.

④ 오버플로(overflow)가 발생했을 때 해결기법으로 개방 주소법(open addressing)과 폐쇄주소법(close addressing)이 있다.

해설 난도중

정답의 이유

충돌이 발생했을 때 비어 있는 슬롯이 없으면 문제가 발생한다. 버킷에 비어 있는 슬롯이 없는 상태를 포화 버킷 상태라고 하고, 포화 버킷 상태에서 또 버킷을 지정받은 키 값이 있어서 다시 충돌이 발생하면 오버플로가 된다. 충돌 해결에는 기억공간이 필요하다.

★★☆

02 해싱에서 서로 다른 두 개의 키 값이 같은 해시(hash) 주소를 갖는 현상을 무엇이라고 하는가?

19 전자계산기조직응용

① Mis square

② Chaining

③ Parsing

④ Collision

해설 난도하

정답의 이유

키 값이 서로 다름에도 불구하고 해시 함수에 의해 주어진 버킷 주소가 같은 경우 충돌(collision)이 발생한다.

★★☆

03 해싱함수(Hashing Function)에 해당되지 않는 것은?

① 제곱법(mid-square) ② 숫자분석법(digit analysis)

③ 체인법(chain) ④ 제산법(division)

해설 난도 중

정답의 이유

해싱 함수에는 제곱 함수, 제산 함수, 승산 함수, 접지 함수, 숫자 분석 함수, 진법 변환 함수, 비트 추출 함수, 폴딩 함수가 있다.

★★☆

04 해싱함수 중 주어진 키를 여러 부분으로 나누고, 각 부분의 값을 더하거나 배타적 논리합(XOR : Exclusive OR) 연산을 통하여 나온 결과로 주소를 취하는 방법은?

① 중간 제곱 방법(Mid-square method)

② 제산 방법(Division method)

③ 폴딩 방법(Folding method)

④ 기수 변환법(Radix conversion method)

해설 난도 하

정답의 이유

폴딩 함수는 키 값을 여러 부분으로 나누어 이들을 더하거나 배타적 논리합을 하여 해시 주소를 얻는다.

오답의 이유

① 중간 제곱 함수는 키 값을 제곱한 결과값에서 중간에 있는 적당한 비트를 주소로 사용한다.

② 제산 함수는 나머지 연산자 mod를 사용하는 방법으로 키 값 k를 해시 테이블 크기인 M으로 나눈 나머지를 해시 주소로 사용한다.

④ 기수 변환법은 키 값이 10진수가 아닌 다른 진수일 때 10진수로 변환하고, 해시 테이블 주소로 필요한 자릿수만큼만 하위 자리의 수를 사용한다.

PART

7 데이터베이스

CHAPTER 01

데이터베이스 기초

중요 학습내용
1. 데이터베이스 관리 시스템의 개념과 기능에 대해 알 수 있다.
2. 데이터베이스 구조를 파악할 수 있다.
3. 데이터 언어의 종류와 특징을 파악할 수 있다.

01 데이터와 데이터베이스

1 데이터

1. 데이터의 이해

데이터는 현실 세계에서 단순히 관찰하거나 측정하여 수집한 사실이나 값으로, 자료라고도 한다. 데이터를 수집하기 위해서는 데이터의 유형을 먼저 파악해야 한다. 그리고 데이터의 유형에 맞게 저장 및 처리 기술을 적합하게 선택해야 한다. 데이터는 형태에 따라 정형 데이터, 반정형 데이터, 비정형 데이터로 분류할 수 있다.

2. 데이터의 종류

(1) 정형 데이터

정형 데이터는 구조화된 데이터, 즉 미리 정해진 구조에 따라 저장된 데이터다. 행과 열에 의해 정해진 칸에 데이터를 저장하는 스프레드시트, 관계 데이터베이스의 테이블이 정형 데이터의 대표적인 예이다.

(2) 반정형 데이터

반정형 데이터는 구조에 따라 저장된 데이터이지만 정형 데이터와 달리 데이터 내용 안에 구조에 대한 설명이 함께 존재한다. 따라서 데이터 내용에 대한 설명, 즉 구조를 파악하는 파싱(parsing) 과정이 필요하고, 일반적으로 파일 형태로 저장된다. 반정형 데이터의 대표적인 예는 웹에서 데이터를 교환하기 위해 작성하는 HTML, XML, JSON 문서나 웹 로그, 센서 데이터 등이다.

(3) 비정형 데이터

비정형 데이터는 정해진 구조 없이 저장된 데이터이다. 대표적인 예로는 소셜 데이터의 텍스트, 영상, 이미지, 워드나 PDF 문서와 같은 멀티미디어 데이터들이다. 최근에 스마트 기기의 활성화로 인해 SNS 이용자가 늘면서 많은 양의 비정형 데이터가 실시간으로 생산되고 있다.

02 데이터베이스 관리 시스템

1 데이터베이스 관리 시스템의 이해

1. 데이터베이스 관리 시스템의 개념

데이터베이스 관리 시스템(DBMS : DataBase Management System)은 저장된 데이터를 관리하고 모든 응용 프로그램이 공통으로 요구하는 데이터에 대한 기본 처리를 담당하면서 동시 공유, 보안, 회복 등의 기능을 제공해주는 소프트웨어이다. 즉, 데이터를 삽입·삭제·수정·검색하고, 모든 응용 프로그램이 데이터베이스를 공유할 수 있도록 한다.

데이터베이스를 생성하고 접근하며 관리하는 일은 데이터베이스 관리 시스템이 담당한다. 사용자는 응용 프로그램을 통해 필요한 데이터와 처리를 데이터베이스 관리 시스템에 요청하면 데이터베이스 관리 시스템은 데이터를 처리한 후 결과를 응용 프로그램을 통해 사용자에게 전달한다. 사용자나 응용 프로그램은 데이터베이스의 물리적 구조나 데이터 접근 방법 등을 몰라도 된다. 즉, 데이터베이스 구조나 접근 방법 등이 변경되어도 사용자가 미리 알거나 응용 프로그램을 변경할 필요가 없어 데이터 독립성이 유지된다.

2. 데이터베이스 관리 시스템 주요 기능

(1) 정의 기능

데이터베이스 관리 시스템은 데이터를 저장하기 적합한 데이터베이스 구조를 정의하거나 이미 정의된 구조를 수정할 수 있다.

(2) 조작 기능

데이터베이스 관리 시스템은 데이터베이스에 저장된 데이터에 접근하여 사용할 수 있는 기능을 제공한다. 즉, 사용자 요구에 따라 데이터를 삽입·삭제·수정·검색 연산을 처리한다.

(3) 제어 기능

데이터베이스 관리 시스템은 데이터를 여러 사용자가 공유해도 항상 정확하고 안전하게 유지하는 기능을 제공한다. 데이터를 삽입·삭제·수정·검색 연산 후에도 내용이 일관되면서 무결성을 유지하게 하고, 장애가 발생해도 회복이 가능하도록 제어한다. 보안과 관련해서는 권한이 있는 사용자에게만 데이터를 접근을 허용한다. 그리고 여러 사용자가 데이터베이스에 동시에 접근하여 데이터를 처리할 수 있도록 제어한다.

＋PLUS 참고 | 파일 구조

데이터베이스에서 저장된 레코드들에 대한 접근 방법에 따라 순차 방법, 인덱스 방법, 해싱 방법으로 나뉜다.
- 순차 방법 : 레코드들의 물리적 순서와 논리적 순서를 같게 하여 순차적으로 저장하는 방법이다. 대표적인 파일에는 히프(heap) 파일이 있다. 히프 파일은 레코드들을 키순서와 관계없이 저장할 수 있다.
- 인덱스 방법 : 레코드의 해당 인덱스를 찾아 인덱스가 가리키는 주소에 원하는 레코드를 접근할 수 있도록 하는 방법이다. B 트리, B+ 트리 구조를 많이 사용하며, 대표적인 파일에는 VSAM, ISAM이 있다. VSAM은 파일 레코드를 삽입된 순서대로 만들고 엑세스할 수 있다. 키를 이용하여 각 레코드들을 검색하거나 저장할 수 있다. ISAM은 하나 이상의 키로 레코드를 순차적 또는 무작위로 검색할 수 있고 키 필드의 인덱스는 인덱스 파일에서 필요한 파일 레코드를 빠르게 검색할 수 있도록 하는 역할을 한다.
- 해싱 방법 : 산술적인 연산을 이용하여 키가 있는 위치를 계산하여 바로 키를 찾아가는 계산 검색 방식이다.

2 데이터베이스 관리 시스템의 장단점 ★★☆

1. 데이터베이스 관리 시스템의 장점

(1) 데이터 중복을 통제할 수 있다.

데이터베이스 관리 시스템은 데이터베이스에 데이터를 통합하여 관리하므로 데이터 중복 문제를 해결할 수 있다. 그리고 효율성 때문에 데이터 중복을 허용하는 경우에도 통제가 가능하도록 중복을 최소화하여 데이터 일관성을 유지할 수 있다.

(2) 데이터 독립성이 확보된다.

데이터베이스 관리 시스템은 응용 프로그램을 대신하여 데이터베이스에 접근하고 관리하는 책임을 지기 때문에 데이터베이스 구조가 변경되어도 응용 프로그램이 영향을 받지 않는다. 즉, 응용 프로그램과 데이터베이스 사이에 독립성이 확보된다.

(3) 데이터를 동시 공유할 수 있다.

데이터베이스 관리 시스템은 데이터를 여러 응용 프로그램이 공유하여 같은 데이터에 동시 접근할 수 있도록 지원한다.

기출플러스➕ ★☆☆

파일구조에 대한 설명으로 옳지 않은 것은? 18 국가직 9급

① VSAM은 B+ 트리 인덱스 구조를 사용한다.
② 히프 파일은 레코드들을 키 순서와 관계없이 저장할 수 있다.
③ ISAM은 레코드 삽입을 위한 별도의 오버플로우 영역을 필요로 하지 않는다.
④ 순차 파일에서 일부 레코드들이 키 순서와 다르게 저장된 경우, 파일 재구성 과정을 통해 키 순서대로 저장될 수 있다.

해설 난도 중

정답의 이유
ISAM은 하나 이상의 키로 레코드를 순차적 또는 무작위로 검색할 수 있고 키 필드의 인덱스는 인덱스 파일에서 필요한 파일 레코드를 빠르게 검색할 수 있도록 하는 역할을 한다. 레코드를 삽입과 관련하여 별도의 오버플로우 영역을 마련해야 한다.

정답 ③

기출플러스➕ ★★☆

파일 처리 시스템(File Process System)과 비교한 데이터베이스 관리 시스템(DBMS)에 대한 설명으로 가장 옳지 않은 것은? 18 서울시 9급

① 응용 프로그램과 데이터 간의 상호 의존성이 크다.
② 데이터 중복을 최소화한다.
③ 응용 프로그램의 요청을 수행한다.
④ 데이터 공유를 수월하게 한다.

해설 난도 중

정답의 이유
데이터를 데이터베이스에서 관리하므로 응용 프로그램과 데이터 간의 상호 의존성은 낮다.

정답 ①

(4) 데이터 보안이 향상된다.

데이터베이스 관리 시스템은 데이터베이스를 이용해 데이터를 중앙 집중식으로 관리하므로 데이터에 대한 효율적인 접근 제어가 가능하다. 권한이 없는 사용자의 접근, 허용되지 않은 데이터와 연산에 대한 요청을 사전에 차단할 수 있어 철저한 보안을 제공한다.

(5) 데이터 무결성을 유지할 수 있다.

데이터 무결성은 저장된 데이터의 정확성을 의미한다. 데이터베이스 관리 시스템은 데이터에 대한 관리를 집중적으로 수행하면서 데이터에 대한 연산이 수행될 때마다 유효성을 검사하여 데이터 무결성을 유지할 수 있도록 한다.

(6) 표준화할 수 있다.

데이터베이스 관리 시스템은 데이터에 대한 모든 접근을 관리하기 때문에 데이터에 접근하는 방법, 데이터 형식과 구조 등을 표준화할 수 있다.

(7) 장애 발생 시 회복이 가능하다.

데이터베이스 관리 시스템은 장애가 발생해도 데이터 일관성과 무결성을 유지하면서 데이터 장애가 발생하기 이전 상태로 복구하는 회복 기능을 지원한다.

(8) 응용 프로그램 개발 비용이 줄어든다.

데이터베이스 관리 시스템이 데이터에 대한 모든 관리를 응용 프로그램 대신 담당하기 때문에 응용 프로그램 개발 비용이 적게 든다. 데이터베이스 구조가 변경되어도 응용 프로그램은 변경할 필요가 없기 때문에 유지 보수비용이 줄어든다.

2. 데이터베이스 관리 시스템의 단점

(1) 비용이 많이 든다.

데이터베이스 관리 시스템은 따로 설치해야 하므로 구매 비용이 많이 든다. 그리고 복잡하고 다양한 기능을 제공하기 위해 컴퓨터 자원을 많이 사용한다.

(2) 백업과 회복 방법이 복잡하다.

데이터베이스를 데이터 양이 많고 복잡하여 장애 발생 전에 데이터를 미리 백업해놓고 장애 발생 후 데이터를 원래의 일관된 상태로 회복하는 방법이 복잡하다.

(3) 중앙 집중 관리로 인한 취약점이 존재한다.

데이터베이스 관리 시스템에서 모든 데이터를 관리하고 책임을 지고 있기 때문에, 데이터베이스나 데이터베이스 관리 시스템에 장애가 발생하면 전체 시스템의 업무 처리가 중단된다. 특히 데이터베이스에 의존도가 높은 시스템일수록 가용성과 신뢰성에 치명적인 영향을 받을 수 있다.

이론플러스 ➕

데이터베이스 관리 시스템 장단점

장점	단점
• 데이터 중복을 최소화할 수 있다.	• 설치와 컴퓨터 자원 비용이 많이 든다.
• 데이터 독립성이 확보된다.	• 백업과 회복 방법이 복잡하다.
• 데이터를 동시 공유할 수 있다.	• 중앙 집중 관리로 인한 취약점이 존재한다.
• 데이터 보안이 향상된다.	
• 데이터 무결성을 유지할 수 있다.	
• 표준화할 수 있다.	
• 장애 발생 시 회복이 가능하다.	
• 응용 프로그램 개발 비용이 줄어든다.	

안심Touch

03 데이터베이스 구조

1 스키마

스키마(Schema)는 데이터베이스에 저장되는 데이터의 구조와 제약조건을 정의한 것이다. 학생과 관련된 데이터를 저장한다고 했을 때 학번은 정수로, 이름은 문자열로, 성별은 문자열로, 주소는 최대 30자의 문자열만 허용하기로 했다면 정해진 모든 것이 스키마이다. 정의된 스키마에 따라 데이터베이스에 실제로 저장된 값을 인스턴스(Instance)라고 한다. 일반적으로 스키마는 한번 정의되면 거의 변경되지 않지만, 인스턴스는 계속 변하는 특성이 있다.

2 3단계 데이터베이스 구조★★☆

1. 데이터베이스 구조의 개념

데이터베이스 구조는 개별 사용자 관점에서 바라보는 외부 단계, 조직 전체의 관점에서 바라보는 개념 단계, 물리적인 저장 장치의 관점에서 바라보는 내부 단계로 나뉜다. 데이터베이스를 세 단계로 나누고, 각 단계별로 다른 추상화를 제공하면 데이터베이스를 효과적으로 관리할 수 있다. 일반적으로 내부 단계에서 외부 단계로 갈수록 추상화 레벨이 높아진다.

2. 외부 단계

외부 단계에서는 개별 사용자 관점에서 데이터베이스를 이해하고 표현한다. 외부 단계에서 사용자에게 필요한 데이터베이스를 정의한 것을 외부 스키마라고 한다. 즉, 외부 스키마는 각 사용자가 생각하는 데이터베이스의 모습을 표현한 논리적인 구조이다. 데이터베이스에는 여러 개의 외부 스키마가 존재할 수 있고, 외부 스키마 하나를 사용 목적이 같은 사용자들이 공유할 수 있다.

3. 개념 단계

개념 단계에서는 데이터베이스를 이용하는 사용자들의 관점을 통합하여, 데이터베이스를 조직 전체의 관점에서 이해하고 표현한다. 개념 단계에서는 데이터베이스 관리 시스템이나 관리자의 관점에서 모든 사용자에게 필요한 데이터를 통합하여 전체 데이터베이스의 논리적인 구조를 정의하는데 이를 개념 스키마라고 한다.

개념 스키마는 조직 전체의 관점에서 생각하는 데이터베이스의 모습이며, 모든 개별 사용자가 생각하는 데이터베이스의 모습을 하나로 합친 형태이다. 개념 스키마는 데이터베이스에 어떤 데이터가 저장되고, 데이터들 간에 어떤 관계가 존재하고 어떤 제약조건이 있는지에 대해 정의한다. 그리고 데이터에 대한 보안 정책이나 접근 권한에 대한 정의도 포함한다.

데이터베이스에는 개념 스키마가 하나만 존재하고, 각 사용자는 개념 스키마의 일부분을 사용한다. 즉, 외부 스키마는 개념 스키마를 기초로 하여 사용자의 이용 목적에 맞게 만들어진다.

4. 내부 단계

내부 단계에서는 데이터베이스를 저장 장치의 관점에서 이해하고 표현한다. 내부 단계에서는 데이터베이스가 저장 장치에 실제로 저장되는 방법을 정의하며 이를 내부 스키마라고 한다.

데이터베이스는 저장 장치에 파일 형태로 저장되고, 내부 스키마는 파일에 데이터를 저장하는 레코드 구조, 레코드를 구성하는 필드의 크기, 인덱스를 이용한 레코드 접근 경로 등을 정의한다. 내부 스키마는 데이터베이스의 개념 스키마에 대한 물리적인 저장 구조를 표현하므로 하나의 데이터베이스에 하나만 존재한다.

3 데이터 독립성

하나의 데이터베이스에는 세 가지 유형의 스키마가 존재하지만, 각각의 스키마는 데이터베이스를 바라보는 관점이 다를 뿐 모두 같은 데이터베이스를 표현한다. 실제 데이터는 물리적 저장 장치에 저장된 데이터베이스만 존재하므로 사용자가 외부 스키마를 통해 원하는 데이터를 얻기 위해서는 내부 스키마에 따라 저장된 데이터베이스에 접근해야 한다. 따라서 스키마 사이에는 유기적인 대응 관계가 성립해야 한다.

스키마 사이의 대응 관계를 사상 또는 매핑(mapping)이라고 한다. 외부 스키마와 개념 스키마는 외부/개념 사상에 의해 대응되고, 개념 스키마와 내부 스키마는 개념/내부 사상에 의해 대응된다. 데이터베이스 관리 시스템은 미리 정의된 외부/개념 사상과 개념/내부 사상 정보를 이용하여 사용자가 원하는 데이터에 접근할 수 있다.

데이터베이스를 3단계 구조로 나누고, 단계별로 스키마를 유지하고 스키마 사이에 대응 관계를 정의하는 목적은 데이터 독립성을 확보하기 위해서이다. 데이터 독립성은 하위 스키마를 변경하더라도 상위 스키마가 영향을 받지 않는 특성을 가진다. 3단계 데이터베이스 구조에는 논리적 데이터 독립성과 물리적 데이터 독립성이 존재한다.

1. 논리적 데이터 독립성

논리적 데이터 독립성은 개념 스키마가 변경되어도 외부 스키마가 영향을 받지 않는 것을 의미한다. 전체 데이터베이스의 논리적 구조가 변경되어도 관련된 외부/개념 사상 정보만 적절히 수정하면 직접 관련이 없는 사용자를 위한 외부 스키마는 변경할 필요가 없다.

외부/개념 사상은 외부 스키마와 개념 스키마의 대응 관계를 정의한 것으로, 응용 인터페이스라고도 한다. 개념 스키마가 변경되어도 외부 스키마가 영향을 받지 않는다는 것은 외부 스키마의 사용자가 전체 데이터베이스 논리적 구조가 변경된 것을 알 필요가 없다는 것을 의미한다.

2. 물리적 데이터 독립성

물리적 데이터 독립성은 내부 스키마가 변경되어도 개념 스키마가 영향을 받지 않는 것을 의미한다. 따라서 외부 스키마도 영향을 받지 않는다.

물리적 데이터 독립성이 실현되면 데이터베이스의 저장 구조가 변경되어도 관련 개념/내부 사상 정보만 적절히 수정하면 직접적으로 관련 없는 데이터베이스의 논리적 구조는 영향을 받지 않는다. 개념/내부 사상은 개념 스키마와 내부 스키마의 대응 관계를 정의한 것으로 저장 인터페이스라고도 한다.

데이터베이스를 구축하고 활용 및 관리하는 데이터베이스 관리 시스템에 요청할 때
사용하는 언어를 데이터 언어라고 한다. 데이터 언어의 종류는 데이터 정의어, 데이터
조작어, 데이터 제어어가 있다.

1 데이터 언어의 종류

1. 데이터 정의어

데이터 정의어(DDL : Data Definition Language)는 새로운 데이터베이스를 구축하기
위해 스키마를 정의하거나 기존 스키마의 정의를 삭제 또는 수정하기 위해 사용하는
데이터 언어이다. 새롭게 생성하려는 데이터베이스의 스키마를 설명하거나 이미 정의
된 스키마의 구조나 제약 조건 등을 변경 또는 삭제하고 싶을 때 데이터베이스 관리
시스템에 알리는 용도로 사용된다.

2. 데이터 조작어

데이터 조작어(DML : Data Manipulation Language)는 사용자가 데이터의 삽입·삭
제·수정·검색 등의 처리를 데이터베이스 관리 시스템에 요구하기 위해 사용하는
데이터 언어이다. 데이터 정의어를 이용하여 스키마를 정의하면 스키마에 따라 조직에
필요한 실제 데이터 값이 저장되는데, 사용자가 실제 데이터 값을 활용하기 위해 사용하
는 데이터 언어가 데이터 조작어이다.

3. 데이터 제어어

데이터 제어어(DCL : Data Control Language)는 데이터베이스에 저장된 데이터를
여러 사용자가 무결성과 일관성을 유지하며 문제없이 공유할 수 있도록 내부적으로
필요한 규칙이나 기법을 정의하는 데 사용하는 데이터 언어이다.

CHAPTER

02

데이터 모델링

중요 학습내용
1. 데이터 모델의 종류와 특징에 대해 알 수 있다.
2. 관계 데이터 모델의 개념과 특징을 이해할 수 있다.
3. 관계 대수의 개념을 이해하고 적용된 사례를 이해할 수 있다.

01 데이터 모델

현실 세계의 데이터를 데이터베이스로 옮기는 변환 과정을 데이터 모델링이라고 한다. 데이터 모델링은 개념적 데이터 모델링과 논리적 데이터 모델링으로 구성된다. 데이터 모델링을 쉽게 할 수 있도록 도와주는 도구가 데이터 모델이라고 한다. 개념적 데이터 모델 중 개체-관계(E-R) 모델이 대표적인 모델이며, 논리적 데이터 모델에는 관계 데이터 모델, 계층 데이터 모델, 네트워크 데이터 모델이 있다.

1 개념적 데이터 모델★☆☆

1. 개체-관계 모델

개체-관계 모델은 피터 첸이 제안한 것으로 개체와 개체 간의 관계를 개념적으로 표현하는 방법이다. 개체-관계 모델을 이용해 개념적으로 모델링하여 그림으로 표현한 것을 개체-관계 다이어그램 또는 E-R 다이어그램이라고 한다.

(1) 개체

개체는 현실 세계에서 조직을 운영하는 데 꼭 필요한 사람이나 사물과 같이 구별되는 모든 것을 의미한다. 즉, 개체는 저장할 만한 가치가 있는 중요 데이터를 가지고 있는 사람이나 사물을 뜻하고, 개념적 모델링을 하는 데 가장 중요한 요소이다.
개체는 다른 개체와 구별되는 이름을 가지고, 각 개체만의 고유한 특성이나 상태, 즉 속성을 하나 이상 가진다. 개체를 고유의 이름과 속성들로 정의한 것을 개체 타입이라고 한다. 개체를 구성하고 있는 속성이 실제 값을 가짐으로써 실체화된 개체를 개체 인스턴스라고 한다. 다음은 고객 개체의 개체 타입과 개체 인스턴스를 표현한 예이다.

| 개체 타입 |

고객(아이디, 이름, 주소, 연락처)

| 개체 인스턴스 |

⟨sidaegosi1, 김준형, 남, 서울시 마포구, 02-111-1111⟩
⟨sidaegosi2, 박미영, 여, 서울시 강남구, 02-222-2222⟩

개체 타입에서 고객은 개체이고 아이디, 이름, 주소, 연락처는 속성이다.

E-R 다이어그램에서는 개체를 사각형으로 표현하고 사각형 안에 개체의 이름을 표기한다. 고객 개체를 E-R 다이어그램으로 표현하면 다음과 같다.

| 개체의 E-R 다이어그램 표현 |

(2) 속성

속성은 개체가 가지고 있는 고유의 특성으로 데이터의 가장 작은 논리적 단위이다. 속성 자체적으로는 의미가 없지만 관련 있는 속성들을 모아 개체를 구성하면 하나의 중요한 의미로 표현된다. E-R 다이어그램에서는 속성을 타원으로 표현하고 타원 안에 속성의 이름을 표기한다. 학생 개체의 학번, 이름을 E-R 다이어그램으로 표현하면 다음과 같다.

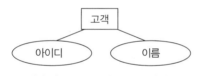

| 속성의 E-R 다이어그램 표현 |

(3) 관계

관계는 개체와 개체가 맺고 있는 의미 있는 연관성으로, 개체-관계 모델의 중요한 요소이다. 관계는 개체 집합들 사이의 대응 관계, 즉 매핑을 의미한다. 관계는 개체 사이에서 관련되는 내용을 동사로 표현하는데, 예를 들어 "고객이 상품을 구입한다."라는 문장이 있을 때 고객과 상품이라는 개체 사이에 구입이 고객과 상품 사이의 관계가 될 수 있다.

E-R 다이어그램에서는 관계를 마름모로 표현하고 다음은 고객과 상품 개체 사이에 정의되는 구매 관계를 E-R 다이어그램으로 표현한 예이다.

| 관계의 E-R 다이어그램 표현 |

(4) E-R 다이어그램

E-R 다이어그램은 개체–관계 모델을 이용해 현실 세계를 개념적으로 모델링한 결과물을 그림으로 표현한 것이다. E-R 다이어그램은 기본적으로 개체를 표현하는 사각형, 개체 간의 관계를 표현하는 마름모, 개체나 관계의 속성을 표현하는 타원, 각 요소를 연결하는 연결선으로 구성된다.

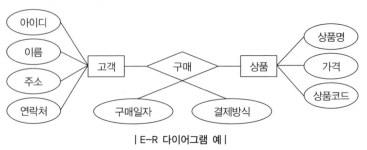

| E-R 다이어그램 예 |

기출플러스➕ ★★☆

논리적 데이터 모델에 대한 설명으로 옳지 않은 것은? 17 국가직 9급

① 개체관계 모델은 개체와 개체 사이의 관계성을 이용하여 데이터를 모델링한다.
② 관계형 모델은 논리적 데이터 모델에 해당한다.
③ SQL은 관계형 모델을 따르는 DBMS의 표준 데이터 언어이다.
④ 네트워크 모델, 계층 모델은 레거시 데이터 모델로도 불린다.

해설 빈도 중

정답의 이유
개체 관계 모델은 개념적 데이터 모델에 속한다.

정답 ①

2 논리적 데이터 모델★★☆

1. 계층 데이터 모델

계층 데이터 모델은 데이터베이스의 논리적 구조가 트리 형태다. 개체는 사각형으로 나타내고 개체들 간의 관계는 링크(연결선)로 나타내는데, 링크는 일대다 관계만 표현할 수 있다. 계층 데이터 모델은 두 개체 사이에 관계를 하나만 정의할 수 있어 관계에 이름을 붙여 구별할 필요가 없다.

| 계층 데이터 모델 예 |

계층 데이터 모델에서는 다대다 관계를 직접 표현할 수 없어 별도의 개체를 추가로 생성하여 표현한다. 계층 데이터 모델은 트리 구조로 표현되기 때문에 상품 개체처럼 루트 역할을 하는 개체가 존재하고 사이클이 존재하지 않는다. 상위에 있는 개체를 부모 개체, 하위에 있는 개체를 자식 개체라고 하며, 이들 사이의 관계를 부모 자식 관계라고 한다.

계층 데이터 모델은 개체 사이의 관계를 정의할 때 여러 제약이 존재하기 때문에 개념적 구조를 논리적 구조로 자연스럽게 모델링하기 어려워 구조가 복잡해질 수 있다. 데이터의 삽입·삭제·수정 등의 연산이나, 원하는 데이터를 검색하기가 어려운 단점이 있다.

2. 네트워크 데이터 모델

네트워크 데이터 모델은 데이터베이스의 논리적 구조가 그래프 또는 네트워크 형태이다. 개체는 사각형으로 나타내고 개체들 간의 관계는 화살표로 나타내는데, 화살표는 일대다 관계만 표현할 수 있다. 네트워크 데이터 모델은 두 개체 간의 관계를 여러 개 정의할 수 있어 관계를 이름으로 구별한다.

| 네트워크 데이터 모델 |

네트워크 데이터 모델에서도 일대다 관계만 직접 표현할 수 있고, 일대다 관계들을 이용하여 다대다 관계를 표현한다. 네트워크 데이터 모델은 같은 개체들 사이의 관계를 두 개 이상 표현할 수 있어 계층 데이터 모델보다 개념적 구조를 논리적 구조로 좀 더 자연스럽게 모델링할 수 있다. 그러나 계층 데이터 모델보다 구조가 훨씬 복잡해질 수 있고, 데이터의 삽입·삭제·수정 같은 연산과 데이터 검색이 계층 데이터 모델보다 어려워진다.

➕PLUS 참고

객체관계 데이터 모델
객체관계 데이터 모델은 객체 지향 개념과 관계 개념을 통합한 모델이다.

객체지향 데이터 모델
데이터와 연산을 일체화환 객체를 기본 구성요소로 사용하는 모델이다.

02 관계 데이터 모델

1 관계 데이터 모델의 개념

1. 관계 데이터 모델의 용어★★☆

관계 데이터 모델에서는 하나의 개체에 관한 데이터를 릴레이션에 담아 데이터베이스에 저장한다. 다음은 인터넷 쇼핑몰을 위한 데이터베이스에서 고객 개체를 표현한 고객 릴레이션의 예이다.

열(속성, 애트리뷰트)

아이디 CHAR(20)	이름 CHAR(10)	나이 INT	등급 CHAR(3)
yellow	최영광	32	B
red	김영지	23	C
green	김지운	26	A

행(투플)

기출플러스 ⊕
★★☆

다음은 속성(attribute) A, B, C, D와 4개의 투플(tuple)로 구성되고 두 개의 함수 종속 AB → C, A → D를 만족하는 릴레이션을 나타낸다. ㉠과 ㉡에 들어갈 수 있는 속성 값이 옳게 짝지어진 것은? (단, A 속성의 도메인은 {a1, a2, a3, a4}이고, D 속성의 도메인은 {d1, d2, d3, d4, d5}이다)

17 지방직 9급

A	B	C	D
a1	b1	c1	d1
a1	b2	c2	㉠
㉡	b1	c1	d3
a4	b1	c4	d4

	㉠	㉡
①	d1	a1
②	d1	a2 또는 a3
③	d5	a2 또는 a4
④	d4	a4

해설 난도상

정답의 이유
함수 종속 관계 AB → C는 A와 B의 속성이 C 속성을 결정하고, A → D는 A 속성이 D 속성을 결정한다는 의미를 가진다. ㉠은 D 속성이므로 A 속성의 값이 D 속성의 값을 결정하므로 d1이 된다. A 속성의 값은 C와 D 속성의 값을 결정하므로 D 속성의 값이 d3이므로 A 속성의 값으로 a3이 포함되어야 한다. C 속성의 값은 B의 속성의 값이 결정했으므로 A 속성의 값은 다른 값을 가질 수 있다.

정답 ②

(1) 속성
릴레이션의 열을 속성 또는 애트리뷰트(attribute)라고 한다. 고객 릴레이션에서는 아이디, 이름, 나이, 등급 속성이 있다. 릴레이션은 파일 관리 시스템에서 파일, 속성은 해당 파일의 필드에 대응하는 개념이다.

(2) 투플
릴레이션의 행을 투플 또는 카디널리티(Cardinality)라고 한다. 고객 릴레이션에서 각 투플은 고객 한명에 대한 속성 값 4개를 모아놓은 것으로, 고객 개체의 인스턴스이다. 투플은 파일 관리 시스템에서 해당 파일의 레코드에 대응하는 개념이다.

(3) 도메인
속성 하나가 가질 수 있는 모든 값의 집합을 도메인이라고 한다. 도메인을 특정 속성이 가질 수 있는 모든 원자 값의 모임이라고도 정의한다. 고객 릴레이션에서 등급 속성의 값으로 A, B, C 중 하나만 허용된다면, 세 가지 값을 모아놓은 것이 등급 속성의 도메인이 된다. 도메인을 정의하면 속성 값을 입력하거나 수정할 때 데이터베이스 시스템이 적합성을 판단하여 세 가지 이외의 값은 허용하지 않음으로써 항상 올바른 값만 유지할 수 있다는 장점이 있다.

아이디, 이름, 나이와 같이 모메인을 정확하게 정의하기가 어려운 속성에 대해서는 데이터 타입으로 정의한다. 아이디 도메인은 CHAR(20), 즉 문자 20개로 구성된 문자열 타입으로 정의하고, 나이 도메인은 INT, 즉 정수 타입으로 정의한다.

(4) 널 값
릴레이션에 있는 특정 투플의 속성 값을 모르거나, 적당한 값이 없을 때 널(null)이라는 값을 사용한다. 널 값은 속성의 해당되는 값이 없음을 나타내므로 0 이나 공백하고는 의미가 다르다.

(5) 차수
하나의 릴레이션에서 속성의 전체 개수를 릴레이션의 차수라고 한다. 고객 릴레이션의 차수는 4이다. 모든 릴레이션은 최소 1 이상의 차수를 유지한다. 릴레이션의 차수는 일반적으로 자주 변하지 않는다.

(6) 카디널리티

릴레이션에서 투플의 전체 개수를 릴레이션의 카디널리티라고 한다. 고객 릴레이션의 카디널리티는 3이다. 투플은 계속 삽입되거나 삭제될 수 있으므로 릴레이션의 카디널리티는 일반적으로 자주 변한다.

2. 릴레이션과 데이터베이스의 구성

(1) 릴레이션 스키마

릴레이션 스키마는 릴레이션의 이름과 릴레이션에 포함된 모든 속성의 이름으로 정의하는 릴레이션의 논리적 구조이다. 릴레이션 스키마는 다음과 같은 형태로 표현한다.

| 릴레이션 스키마 표현 |

릴레이션이름(속성 1, 속성 2, … 속성 n)

고객 릴레이션에서 릴레이션 스키마는 고객(아이디, 이름, 나이, 등급)이다. 릴레이션 스키마를 보면 전체 구조를 쉽게 파악할 수 있다. 릴레이션 스키마는 릴레이션 내포라고도 한다. 릴레이션 스키마는 논리적인 구조를 정의하며, 자주 변하지 않는 정적인 특징이 있다.

(2) 릴레이션 인스턴스

릴레이션 인스턴스는 어느 한 시점의 릴레이션에 존재하는 투플들의 집합이다. 고객 릴레이션에서 릴레이션 인스턴스는 3개의 투플로 구성되어 있다. 릴레이션 인스턴스는 릴레이션이라고 부르기도 하고, 릴레이션 외연이라고도 한다. 릴레이션 인스턴스는 투플의 삽입·삭제·수정이 자주 발생하는 동적인 특징이 있다.

3. 릴레이션의 특성

(1) 투플의 유일성

투플의 유일성은 하나의 릴레이션에는 동일한 투플이 존재할 수 없다는 의미를 가진다. 릴레이션을 투플의 모임인 집합의 개념으로 생각한다면, 하나의 집합에 동일한 원소가 존재할 수 없다는 것과 같은 뜻이다. 고객 릴레이션에서는 아이디로 모든 고객의 투플을 구별하여 같은 고객이 중복 가입하는 것을 방지한다.

(2) 투플의 무순서

투플의 무순서는 하나의 릴레이션에서 투플 사이의 순서는 무의미하다는 의미를 가진다. 고객 릴레이션에서 최영광 고객 투플이 김영지 고객 투플보다 먼저 표현되어 있지만 순서가 바뀌어도 상관없다는 뜻이다.

(3) 속성의 무순서

속성의 무순서는 하나의 릴레이션에서 속성 사이의 순서는 무의미하다. 고객 릴레이션에서 아이디, 이름, 나이, 등급 순서로 나열되어 있지만 순서가 바뀌어도 상관없다.

(4) 속성의 원자성

속성의 원자성은 속성 값으로 원자 값만 사용할 수 있다는 의미이다. 모든 속성 값은 더 이상 분해할 수 없는 하나의 값, 즉 원자 값만 가질 수 있다. 다시 말해 하나의 속성은 여러 개의 값을 가질 수 없다는 것이다.

4. 키의 종류★★☆

투플을 유일하게 구별하기 위해서는 모든 속성을 이용하는 것보다 일부 속성만 이용하는 것이 효율적이다. 투플들을 유일하게 구별하는 역할은 속성 또는 속성들의 집합인 키(key)가 담당한다. 키는 관계 데이터 모델에서 중요한 제약 조건을 정의한다. 관계 데이터 모델에서는 키를 슈퍼키, 후보키, 기본키, 대체키, 외래키로 구분할 수 있다.

(1) 슈퍼키

슈퍼키는 유일성의 특성을 만족하는 속성 또는 속성들의 집합이다. 유일성은 키가 갖추어야 하는 기본적인 특성으로, 하나의 릴레이션에서 키로 지정된 속성 값은 투플마다 달라져야 한다는 것을 의미한다. 즉, 키 값이 같은 투플은 존재할 수 없다. 고객 릴레이션에서 아이디 속성은 모든 고객 투플마다 값이 달라져야 하고 다른 투플과 유일하게 구별할 수 있으므로 슈퍼키가 될 수 있다. 이름 속성은 같은 고객마다 같은 이름이 존재할 수 있으므로 슈퍼키가 될 수 없다. 그러나 (아이디, 이름)으로 구성된 속성 집합을 살펴보면 아이디 속성만으로 모든 투플을 구별할 수 있으므로 아이디와 이름 속성 값의 조합도 유일성을 만족한다. 즉, 아이디를 포함하는 속성 집합은 모두 슈퍼키가 될 수 있다.

(2) 후보키

후보키는 유일성과 최소성을 만족하는 속성 또는 속성들의 집합이다. 최소성은 꼭 필요한 최소한의 속성들로만 키를 구성한다. 후보키는 투플을 유일하게 구별하기 위해 꼭 필요한 최소한의 속성들로 이루어지기 때문에 슈퍼키 중에서 최소성을 만족하는 것이 후보키가 된다. 고객 릴레이션에서 아이디 속성은 투플을 유일하게 구별할 수 있으므로 후보키가 되지만, (아이디, 이름) 속성 집합은 이름 속성이 없어도 아이디 속성만으로 유일성이 만족되므로 후보키가 될 수 없다. 만약 주소 속성이 추가된다면 (이름, 주소) 속성 집합도 후보키가 될 수 있다. 같이 사는 가족의 주소는 같을 수 있지만 이름은 같지 않기 때문이다.

(3) 기본키

기본키는 여러 후보키 중에서 기본적으로 사용할 키를 말한다. 고객 릴레이션에서 아이디 속성만 후보키이기 때문에 아이디 속성이 기본키가 되고, 기본키 표현은 속성 이름에 밑줄을 긋는다. 기본키를 선택할 때 고려사항은 다음과 같다.

① 널 값을 가질 수 있는 속성이 포함된 후보키는 기본키로 부적합하다.

② 값이 자주 변경될 수 있는 속성이 포함된 후보키는 기본키로 부적합하다.

③ 단순한 후보키를 기본키로 선택한다.

(4) 대체키

대체키는 기본키로 선택되지 못한 후보키들이다. (이름, 주소) 속성의 집합이 후보키가 될 수 있다.

(5) 외래키

외래키는 어떤 릴레이션에 소속된 속성 또는 속성 집합이 다른 릴레이션의 기본키가 되는 키다. 즉 다른 릴레이션의 기본키를 그대로 참조하는 속성의 집합이 외래키다. 고객 릴레이션과 주문 릴레이션 스키마가 다음과 같을 때 주문 릴레이션의 주문 고객 속성이 고객 릴레이션의 아이디를 참조하면 주문 고객 속성을 외래키라고 한다.

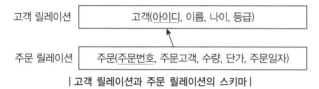

| **고객 릴레이션과 주문 릴레이션의 스키마** |

하나의 릴레이션에는 여러 개의 외래키가 존재할 수 있고, 외래키를 기본키로 사용할 수도 있고 외래키를 포함하여 기본키를 구성할 수도 있다.

일반적으로 외래키는 다른 릴레이션의 기본키를 참조하지만 반드시 다른 릴레이션을 참조할 필요는 없다. 참조하는 릴레이션과 참조되는 릴레이션이 같을 수도 있다. 즉, 외래키 자신이 속한 릴레이션의 기본키를 참조하도록 외래키를 정의할 수도 있다.

2 관계 데이터 모델의 제약★☆☆

관계 데이터 모델에서 정의하고 있는 기본 제약 사항은 키와 관련된 무결성 제약조건이다. 무결성은 데이터가 결함이 없는 상태를 의미한다. 즉, 데이터가 정확하고 유효하게 유지되는 상태를 말한다. 무결성 제약조건의 목적은 데이터베이스에 저장된 데이터의 무결성을 보장하고, 데이터베이스의 상태를 일관되게 유지하는 것이다. 데이터베이스가 삽입·삭제·수정 연산으로 상태가 변해도 무결성 제약조건은 반드시 지켜져야 한다. 무결성 제약조건에는 개체 무결성 제약조건과 참조 무결성 제약조건이 있다.

1. 개체 무결성 제약조건

개체 무결성 제약조건은 기본키를 구성하는 모든 속성은 널 값을 가지면 안 된다는 것을 말한다. 관계 데이터 모델에서는 릴레이션에 포함된 튜플들을 유일하게 구별해주고 각 튜플에 쉽게 접근할 수 있도록 릴레이션마다 기본키를 정의한다. 만약 기본키를 구성하는 속성의 전체나 일부가 널 값이 되면 투플의 유일성을 판단하기가 어렵기 때문에 기본키의 목적을 상실하게 된다.

개체 무결성 제약조건을 만족시키기 위해서는 새로운 투플이 삽입되는 연산과 기존 투플의 기본키 속성 값이 변경될 때 기본키에 널 값이 포함되는 상황에서는 연산의 수행을 거부한다.

2. 참조 무결성 제약조건

참조 무결성 제약조건은 외래키에 대한 규칙으로 연관된 릴레이션들에 적용된다. 참조 무결성 제약조건은 외래키는 참조할 수 없는 값을 가질 수 없다는 것을 의미한다. 외래키가 자신이 참조하는 릴레이션의 기본키와 상관없는 값을 가지면 두 릴레이션을 연관시킬 수 없기 때문에 외래키의 목적이 사라진다. 다시말해, 외래키는 자신이 참조하는 릴레이션에 기본키 값으로 존재하는 값, 즉 참조 가능한 값만 가져야 한다.

데이터베이스의 상태가 변하더라도 참조 무결성 제약조건은 만족되어야 한다. 데이터베이스 상태가 빈번하게 변하면 참조 무결성 제약조건을 만족시키기가 쉽지 않은데 이와 같은 작업은 데이터베이스 관리 시스템이 자동으로 수행한다. 사용자는 새로운 릴레이션을 생성하면 어떤 속성이 외래키이고 어떤 릴레이션의 기본키를 참조하면 되는지 데이터베이스 관리 시스템에 알려주면 된다.

03 관계 데이터 연산

1 관계 대수의 개념과 연산자

1. 관계 대수의 개념

관계 대수는 원하는 결과를 얻기 위해 릴레이션을 처리하는 과정을 기술하는 언어이다. 관계 대수에서 피연산자는 릴레이션이고, 릴레이션에 연산자를 적용해 얻은 결과도 릴레이션이 된다.

2. 관계 대수의 연산자

관계 대수에 속하는 대표적인 연산자는 일반 집합 연산자와 순수 관계 연산자로 나눌 수 있다.

| 관계 대수 연산자 종류 |

관계 대수 연산자	일반 집합 연산자	합집합 : ∪
		교집합 : ∩
		차집합 : −
		카티션 프로덕트 : ×
	순수 관계 연산자	셀렉트 : σ
		프로젝트 : Π
		조인 : ⋈
		디비전 : ÷

일반 집합 연산자는 릴레이션이 투플의 집합이라는 개념을 이용한다. 이는 수학의 집합 관련 연산자를 차용한 것이다. 다음은 일반 집합 연산자의 표현과 의미를 나타낸 것이다.

| 일반 집합 연산자의 표현과 의미 |

연산자	기호	표현	의미
합집합	∪	A∪B	릴레이션 A와 B의 합집합을 반환
교집합	∩	A∩B	릴레이션 A와 B의 교집합을 반환
차집합	−	A−B	릴레이션 A와 B의 차집합을 반환
카티션 프로덕트	×	A×B	릴레이션 A의 각 투플과 릴레이션 B의 각 투플을 모두 연결하여 만들어진 새로운 투플을 반환

순수 관계 연산자는 릴레이션의 구조와 특성을 이용하는 것으로 관계 데이터 모델에서 새로 제시된 연산자이다. 다음은 순수 집합 연산자의 표현과 의미를 나타낸 것이다.

기출플러스➕ ★★☆

질의 최적화를 위한 질의문의 내부 형태 변화에 대한 규칙으로 가장 옳지 않은 것은? 　18 서울시 9급

① 실렉트(select) 연산은 교환적이다. : $\sigma_{c1}(\sigma_{c2}(R)) \equiv \sigma_{c2}(\sigma_{c1}(R))$

② 연속적인 프로젝트(project) 연산은 첫 번째 것을 실행하면 된다. : $\Pi_{\text{List1}}(\Pi_{\text{List2}}(\cdots(\Pi_{\text{Listn}}(R))\cdots))$

$\equiv \Pi_{Listn}(R)$

③ 합집합(∪)과 관련된 프로젝트(project) 연산은 다음과 같이 변환된다. : $\Pi(A∪B) \equiv \Pi(A)∪\Pi(B)$

④ 실렉트의 조건 c가 프로젝트 속성만 포함하고 있다면 교환적이다. : $\sigma_c(\Pi(R)) \equiv \Pi(\sigma_c(R))$

해설 난도 상

정답의 이유

연속적인 프로젝트 연산은 마지막 것만 실행하면 된다.

오답의 이유

① 셀렉트 연산은 $\sigma_{c1}(\sigma_{c2}(R)) \equiv \sigma_{c2}(\sigma_{c1}(R))$와 같이 교환적 특징이 있다.

③ 릴레이션 A, B의 합집합에서 프로젝트 연산을 수행하는 것과 각 릴레이션을 프로젝트 연산하여 합집합하는 결과는 같다.

④ 실렉트 조건 c가 프로젝트 속성만 포함하면 교환이 성립한다.

정답 ②

연산자	기호	표현	의미	
셀렉트	σ	$\sigma_{조건}(A)$	릴레이션 A에서 조건을 만족하는 투플들을 반환	
프로젝트	π	$\pi_{속성리스트}(A)$	릴레이션 A에서 주어진 속성들의 값으로만 구성된 투플들을 반환	
조인	$\bowtie$	$A \bowtie B$	공통 속성을 이용해 릴레이션 A와 B의 투플들을 연결하여 만들어진 새로운 투플들을 반환	
디비전	$\div$	$A \div B$	릴레이션 B의 모든 투플과 관련있는 릴레이션 A의 투플들을 반환	

2 일반 집합 연산자★☆☆

일반 집합 연산자는 연산을 위해 피연산자가 2개 필요하고 합집합, 교집합, 차집합은 피연자인 2개의 릴레이션이 합병 가능해야 한다. 2개의 릴레이션 합병 조건은 첫째, 두 릴레이션의 차수가 같아야 한다. 즉, 두 릴레이션의 속성 개수가 같다는 의미이다. 둘째, 2개의 릴레이션에서 서로 대응되는 속성의 도메인이 같아야 한다. 단, 속성이 이름은 달라도 된다.

1. 합집합

합병이 가능한 두 릴레이션 A와 B의 합집합은 A∪B로 표현한다. A∪B는 릴레이션 A에 속하거나 릴레이션 B에 속하는 모든 투플로 결과 릴레이션을 구성한다.

A

번호	이름
1	김소희
2	이창열
3	김고운

B

번호	이름
1	김소희
4	장택규
5	최국진

| 합집합 연산 결과 |

A∪B

번호	이름
1	김소희
2	이창열
3	김고운
4	장택규
5	최국진

(1, 김소희) 투플은 릴레이션 A와 B에 모두 존재하지만 합집합 연산의 결과 릴레이션에서는 중복되지 않고 한 번만 나타난다.

2. 교집합

합병이 가능한 두 릴레이션 A와 B의 교집합 A∩B로 표현한다. A∩B는 릴레이션 A와 B에 공통으로 속하는 투플로 결과 릴레이션을 구성한다.

| 릴레이션 A, B |

A

번호	이름
1	김소희
2	이창열
3	김고운

B

번호	이름
1	김소희
4	장택규
5	최국진

| 교집합 연산 결과 |

A∩B

번호	이름
1	김소희

교집합 연산을 한 후 얻게 되는 결과 릴레이션의 차수는 피연자인 릴레이션 A와 B의 차수와 같다. 카디널리티는 릴레이션 A와 B의 카디널리티보다 같거나 작다.

3. 차집합

합병이 가능한 두 릴레이션 A와 B의 차집합 A-B로 표현한다. A-B는 릴레이션 A에는 존재하지만 B에는 존재하지 않는 투플들로 결과 릴레이션을 구성한다.

| 릴레이션 A, B |

A

번호	이름
1	김소희
2	이창열
3	김고운

B

번호	이름
1	김소희
4	장택규
5	최국진

| 차집합 연산 결과 |

A-B

번호	이름
2	이창열
3	김고운

B-A

번호	이름
4	장택규
5	최국진

차집합 연산을 한 후 결과 릴레이션의 차수는 피연산자인 릴레이션 A와 B의 차수와 같다. 카디널리티는 릴레이션 A나 B의 카디널리티와 같거나 작다. 즉, A-B는 릴레이션의 A의 카디널리티와 같거나 적고, B-A는 릴레이션 B의 카디널리티와 같거나 적다.

4. 카티션 프로덕트

두 릴레이션 A와 B의 카티션 프로덕트는 A×B로 표현한다. A×B는 릴레이션 A에 속한 투플과 릴레이션 B에 속한 투플을 모두 연결하여 만들어진 새로운 투플로 결과 릴레이션을 구성한다. 릴레이션 A에 속한 투플 $(a_1, a_2, \cdots, a_n)$, 릴레이션 B에 속한 투플 $(b_1, b_2, \cdots, b_m)$을 연결하여 생성되는 투플$(a_1, a_2, \cdots, a_n, b_1, b_2, \cdots, b_m)$을 모아 결과 릴레이션을 구성한다.

| 릴레이션 A, B |

A

번호 INT	이름 CHAR(20)
1	김소희
2	이창열
3	김고운

B

번호 INT	나이 INT
1	21
4	26
5	32

[카티션 프로덕트 연산 결과]

A×B

A.번호	이름	B.번호	나이
1	김소희	1	21
1	김소희	4	26
1	김소희	5	32
2	이창열	1	21
2	이창열	4	26
2	이창열	5	32
3	김고운	1	21
3	김고운	4	26
3	김고운	5	32

카티션 프로덕트 연산에 참여하는 릴레이션 A와 B는 차수가 같지만 릴레이션 A에 속하는 이름 속성과 릴레이션 B의 나이 속성은 도메인이 다르다. 두 릴레이션이 합병 불가능한 경우에도 카티션 프로덕트 연산을 가능하다.

카티션 프로덕트 연산 후 결과 릴레이션의 차수는 피연산자인 릴레이션 A와 B의 차수를 더한 것과 같다. 카디널리티는 릴레이션 A와 B의 카디널리티를 곱한 것과 같다.

3 순수 관계 연산자★☆☆

1. 셀렉트

셀렉트 연산은 릴레이션에서 주어진 조건에 만족하는 투플만 선택하여 결과 릴레이션을 표현한다. 결과는 릴레이션에서 수평적 부분집합을 생성한 것과 같고 기호는 시그마(σ)를 사용한다. 셀렉트 연산은 다음과 같이 표현한다.

[셀렉트 연산 표현]

$$\sigma_{조건식}(릴레이션)$$

셀렉트 연산은 하나의 릴레이션을 대상으로 수행하고, 조건식은 비교 연산자($>$, $<$, $\geq$, $\leq$, $=$, $\neq$)를 이용한다. 조건식은 비교식 또는 프레디케이트(predicate)라고 한다. 조건식을 속성과 상수의 비교나 다른 속성들 간의 비교로 표현할 수 있다. 조건식을 속성과 상수의 비교로 구성할 때는 상수의 데이터 타입이 속성의 도메인과 일치해야 한다. 조건이 여러 개이고 조건을 모두 만족해야 하는 경우는 $\wedge_{and}$, 여러 조건 중 하나만 만족해도 되는 경우는 $\vee_{or}$, 조건을 만족하지 않는 투플만 검색할 때는 $\neg_{not}$를 사용한다.

셀렉트 연산은 where 문을 사용하여 데이터 언어의 형식으로도 표현할 수 있다.

릴레이션 where 조건식

고객 릴레이션에 셀렉트 연산을 적용하면 다음과 같다.

[셀렉트 연산을 위한 고객 릴레이션 예]

아이디	이름	나이	등급	적립금
red	김소희	21	A	2500
green	이창열	26	B	1000
blue	김고운	16	A	3500
brown	나승연	32	C	2000

(1) 고객 릴레이션에서 등급이 A인 투플 검색

[셀렉트 수식]

$\sigma_{등급 = 'A'}$ (고객) 또는 where 등급='A'

| 셀렉트 연산 결과 |

아이디	이름	나이	등급	적립금
red	김소희	21	A	2500
blue	김고운	16	A	3500

(2) 고객 릴레이션에서 등급이 A이고, 적립금이 3000 이하인 투플 검색

| 셀렉트 수식 |

$\sigma_{등급 = 'A' \wedge 적립금 \leq 3000}$ (고객) 또는 where 등급='A' and 적립금 $\leq$ 3000

| 셀렉트 연산 결과 |

아이디	이름	나이	등급	적립금
red	김소희	21	A	2500

2. 프로젝트

프로젝트 연산은 릴레이션에서 선택한 속성에 해당되는 값으로 결과 릴레이션을 구성한다. 결과 릴레이션이 주어진 릴레이션의 일부 열로만 구성되고 해당 릴레이션에서 수직적 부분집합을 생성하는 것과 같다. 프로젝트 연산은 파이(Π)를 사용하고 다음과 같이 표현한다.

[프로젝트 연산 표현]

$\Pi_{속성리스트}$(릴레이션)

데이터 언어의 형식으로도 표현하면 다음과 같다.

| 데이터 언어 형식으로 표현 |

> 릴레이션[속성 리스트]

고객 릴레이션에 프로젝트 연산을 적용하면 다음과 같다.

[프로젝트 연산을 위한 고객 릴레이션 예]

아이디	이름	나이	등급	적립금
red	김소희	21	A	2500
green	이창열	26	B	1000
blue	김고운	16	A	3500
brown	나승연	32	C	2000

(1) 고객 릴레이션에서 아이디, 이름, 등급 검색

[프로젝트 수식]

> $\Pi_{아이디, 이름, 등급}$(고객) 또는 where 고객[아이디, 이름, 등급]

[프로젝트 연산 결과]

아이디	이름	등급
red	김소희	A
green	이창열	B
blue	김고운	A
brown	나승연	C

3. 조인

조인 연산은 릴레이션 하나로 원하는 데이터를 얻을 수 없을 때 여러 릴레이션을 함께 사용하여 연산한다. 조인 연산은 조인 속성을 이용해 두 릴레이션을 조합하여 하나의 결과 릴레이션을 구성한다. 조인 속성은 두 릴레이션이 공통으로 가지고 있는 속성으로 두 릴레이션이 관계가 있음을 나타낸다. 조인 연산한 결과 릴레이션은 피연산자 릴레이션에서 조인 속성 값이 같은 투플만 연결하여 새로운 투플을 포함한다.

조인 연산의 기호는 $\bowtie$이며, 다음과 같이 표현한다.

| 조인 연산 표현 |

> 릴레이션1$\bowtie$릴레이션2

고객 릴레이션, 주문 릴레이션에 조인 연산을 적용하면 다음과 같다.

| 조인 연산을 위한 고객 릴레이션, 주문 릴레이션 예 |

고객릴레이션

아이디	이름	나이	등급
red	김소희	21	A
green	이창열	26	B
blue	김고운	16	A
brown	나승연	32	C

주문릴레이션

주문번호	주문고객	주문제품	수량
001	red	정직사과	1
002	green	달콤과자	10
003	blue	신선우유	5

주문 릴레이션에서 주문고객 속성은 고객 릴레이션의 아이디를 참조한다. 주문 릴레이션의 주문고객 속성과 고객 릴레이션의 아이디 속성은 두 릴레이션에 공통으로 존재하는 조인 속성이다. 고객 릴레이션과 주문 릴레이션에 대한 조인 연산은 다음과 같다.

| 조인 연산 표현 |

고객⋈주문

| 조인 연산 결과 |

고객⋈주문

아이디	이름	나이	등급	주문번호	주문제품	수량
red	김소희	21	A	001	정직사과	1
green	이창열	26	B	002	달콤과자	10
blue	김고운	16	A	003	신선우유	5

4. 디비전

두 릴레이션 A, B의 디비전 연산은 A÷B로 표현한다. A÷B는 릴레이션 B의 모든 투플과 관련 있는 릴레이션 A의 투플로 결과 릴레이션을 구성한다. 단, 릴레이션 A가 릴레이션 B의 모든 속성을 포함하고 있어야 A÷B 연산이 가능하다.

디비전 연산의 기호는 ÷이며, 다음과 같이 표현한다.

| 디비전 연산 표현 |

릴레이션1÷릴레이션2

고객 릴레이션, 우수 등급 릴레이션에 디비전 연산을 적용하면 다음과 같다.

| 고객 릴레이션과 우수 등급 릴레이션 |

고객 릴레이션

아이디	이름	나이	등급	적립금
red	김소희	21	A	2500
green	이창열	26	B	1000
blue	김고운	16	A	3500
brown	나승연	32	C	2000

우수 등급 릴레이션

등급
A

| 디비전 연산 결과 |

고객÷우수 등급

아이디	이름	나이	적립금
red	김소희	21	2500
blue	김고운	16	3500

4 관계 대수를 이용한 질의 표현

사용자의 질의에 여러 연산자가 포함되어 복잡하게 표현되는 경우가 있다. 복잡한 질의에 대해 여러 개의 관계 대수 연산자를 사용해 표현할 수 있다. 고객 릴레이션, 주문 릴레이션에 조인 연산을 적용하면 다음과 같다. 주문 릴레이션의 주문고객은 고객 릴레이션의 아이디를 참조하는 외래키이다.

| 고객 릴레이션, 주문 릴레이션 |

고객릴레이션

아이디	이름	나이	등급
red	김소희	21	A
green	이창열	26	B
blue	김고운	16	A
brown	나승연	32	C

주문릴레이션

주문번호	주문고객	주문제품	수량
001	red	정직사과	1
002	green	달콤과자	10
003	blue	신선우유	5

1. 등급이 B인 고객의 아이디와 이름을 검색

| 관계 대수 연산자 수식 |

$$\Pi_{\text{아이디, 이름}}\left(\sigma_{\text{등급} = \text{'B'}}(\text{고객})\right)$$

| 관계 대수 연산 결과 |

아이디	이름
green	이창열

2. 고객 이름이 김고운인 고객의 아이디와, 김고운 고객이 주문한 주문 제품과 수량을 검색

| 관계 대수 연산자 수식 |

$$\Pi_{\text{아이디, 주문제품, 수량}}(\sigma_{\text{고객이름}='\text{김고운}'}(\text{고객} \bowtie \text{주문}))$$

| 관계 대수 연산 결과 |

아이디	주문제품	수량
blue	신선우유	5

중요 학습내용

1. SQL을 이용한 데이터 정의에 대해 알 수 있다.
2. SQL을 이용한 데이터 조작에 대해 알 수 있다.
3. 뷰의 개념과 특징을 이해할 수 있다.

01 SQL을 이용한 데이터 정의

1 테이블 생성

테이블을 생성하는 SQL 명령어는 CREATE TABLE이다. CREATE TABLE 문은 생성할 테이블을 구성하는 속성들의 이름, 데이터 타입 및 제약 사항에 대한 정의, 기본키·대체키·외래키 정의, 데이터 무결성을 위한 제약조건의 정의 등을 포함한다.

| CREATE TABLE 문의 기본 형식 |

```
CREATE 테이블 이름(
    ① 속성 이름데이터 타입   [NOT NULL]   [DEFAULT 기본값]
    ② [PRIMARY KEY (속성 리스트)]
    ③ [UNIQUE (속성 리스트)]
    ④ [FOREIGN KEY (속성 리스트) REFERENCES 테이블 이름 (속성 리스트)]
    [ON DELETE 옵션] [ON UPDATE 옵션]
    ⑤ [CONSTRAINT 이름] [CHECK(조건)]
);
```

① : 테이블을 구성하는 속성 이름, 데이터 타입, 기본적인 제약 사항을 정의한다.
② : 기본키로 테이블에 하나만 존재한다.
③ : 대체키로 테이블에 여러 개 존재할 수 있다.
④ : 외래키로 테이블에 여러 개 존재할 수 있다.
⑤ : 데이터 무결성을 위한 제약 조건으로 테이블에 여러 개 존재할 수 있다.

1. 속성의 정의

테이블을 구성하는 각 속성의 데이터 타입을 선택한 후 속성의 널 값 허용 여부와 기본 값 필요 여부를 결정한다. CREATE TABLE 문으로 생성되는 테이블을 구성하는 속성은 기본적으로 널 값이 허용된다. 널 값을 허용하지 않으려면 데이터 타입 다음에 NOT NULL 키워드를 포함해야 한다.

기출플러스➕ ★★☆

고객, 제품, 주문, 배송업체 테이블을 가진 판매 데이터베이스를 SQL을 이용해 구축하고자 한다. 각 테이블이 〈보기〉와 같은 속성을 가진다고 가정할 때, 다음 중 가장 옳지 않은 SQL문은? (단, 밑줄은 기본키를 의미한다) 19 서울시 9급

| 보기 |

- 고객(고객아이디, 고객이름, 나이, 등급, 직업, 적립금)
- 제품(제품번호, 제품명, 재고량, 단가, 제조업체)
- 주문(주문번호, 주문제품, 주문고객, 수량, 배송지, 주문일자)
- 배송업체(업체번호, 업체명, 주소, 전화번호)

① 고객 테이블에 가입 날짜를 추가한다. → "ALTER TABLE 고객 ADD 가입 날짜 DATE;"
② 주문 테이블에서 배송지를 삭제한다. → "ALTER TABLE 주문 DROP COLUMN 배송지;"
③ 고객 테이블에 18세 이상의 고객만 가입 가능하다는 무결성 제약 조건을 추가한다. → "ALTER TABLE 고객 ADD CONSTRAINT CHK_AGE CHECK (나이>=18);"
④ 배송업체 테이블을 삭제한다. → "ALTER TABLE 배송업체 DROP;"

해설 난도중

정답의 이유

CREATE TABLE 문으로 생성한 테이블은 DROP TABLE 명령어로 삭제할 수 있다. 배송업체 테이블을 삭제하기 위한 SQL문은 DROP TABLE 배송업체;이다.

정답 ④

안심Touch

2. 키의 정의

CREATE TABLE 문으로 테이블을 정의할 때는 기본키, 대체키, 외래키를 지정할 수 있다. 기본키는 PRIMARY KEY 키워드를 사용하고 반드시 하나만 지정할 수 있고, 여러 개의 속성으로 구성할 수도 있다.

예 PRIMARY KEY(아이디) : 아이디 속성을 기본키로 설정

대체키는 UNIQUE 키워드를 사용한다. 대체키는 기본키와 같이 각 투플을 유일하게 식별하는 특성이 있다. 대체키로 지정된 속성 값은 테이블에서 중복되면 안 되고 유일성을 가져야 한다. 대체키는 기본키와는 달리 널 값을 가질 수 있고, 한 테이블에서 여러 개 지정할 수 있다.

외래키는 FOREIGN KEY 키워드를 사용하고, 외래키를 지정할 때에는 출처를 밝혀야 한다. REFERENCES 키워드 다음에 어떤 테이블의 무슨 속성을 참조하는지 제시한다.

(1) 참조되는 테이블의 투플이 삭제될 때 처리 방법은 4가지가 있다.

① ON DELETE NO ACTION : 투플을 삭제하지 못하게 한다.

② ON DELETE CASCADE : 관련 투플을 함께 삭제한다.

③ ON DELETE SET NULL : 관련 투플의 외래키 값을 NULL로 변경한다.

④ ON DELETE SET DEFAULT : 관련 투플의 외래키 값을 미리 지정한 기본 값으로 변경한다.

(2) 참조되는 테이블의 투플이 변경될 때도 4가지 처리 방법이 있다.

① ON UPDATE NO ACTION : 투플을 변경하지 못하게 한다.

② ON UPDATE CASCADE : 관련 투플에서 외래키 값을 함께 변경한다.

③ ON UPDATE SET NULL : 관련 투플의 외래키 값을 NULL로 변경한다.

④ ON UPDATE SET DEFAULT : 관련 투플의 외래키 값을 미리 지정한 기본 값으로 변경한다.

3. 데이터 무결성 제약조건의 정의

CHECK 키워드는 특정 속성에 대한 제약 조건을 지정할 수 있다. 그러면 테이블에는 CHECK 키워드로 지정한 제약조건을 만족하는 투플만 존재한다. 테이블에 새로운 투플을 삽입하거나 기존 투플을 수정할 때에도 이 제약조건을 반드시 지켜야 한다. 데이터 무결성을 위한 제약조건을 표현하는 방법은 다음과 같다.

예 CHECK(적립금〉=0 AND 적립금〈=100000)

: 적립금은 0 이상, 100000 이하로 유지되어야 한다는 데이터 무결성 제약조건

CHECK 키워드를 사용해 지정한 제약조건에 CONSTRAINT 키워드와 함께 고유의 이름을 부여할 수도 있다.

예 CONSTRAINT ABC CHECK(제품분류='음료')

: 모든 제품의 제품분류로 음료만 허용된다는 데이터 무결성 제약조건에 ABC라는 고유의 이름을 부여함

2 테이블의 변경

테이블은 ALTER TABLE 문으로 변경할 수 있다. ALTER TABLE 문을 이용해 새로운 속성 추가, 기존 속성 삭제, 새로운 제약조건 추가, 기존 제약조건 삭제 등이 가능하다.

1. 새로운 속성의 추가

테이블에 새로운 속성을 추가하는 ALTER TABLE 문의 기본 형식은 다음과 같다.

```
ALTER TABLE 테이블 이름 ADD 속성 이름 데이터 타입 [NOT NULL] [DEFAULT 기본값];
```

2. 기존 속성의 삭제

테이블의 기존 속성을 삭제하는 ALTER TABLE 문의 기본 형식은 다음과 같다.

```
ALTER TABLE 테이블 이름 DROP COLUMN 속성 이름;
```

3. 새로운 제약조건의 추가

테이블에 새로운 제약조건을 추가하는 ALTER TABLE 문의 기본 형식은 다음과 같다.

```
ALTER TABLE 테이블 이름 ADD CONSTRAINT 제약조건 이름 제약조건 내용
```

4. 기존 제약조건의 삭제

테이블의 기존 제약조건을 삭제하는 ALTER TABLE 문의 기본 형식은 다음과 같다.

```
ALTER TABLE 테이블 이름 DROP CONSTRAINT 제약조건 이름;
```

3 테이블의 삭제

테이블을 삭제할 때는 DROP TABLE 명령어를 사용한다. DROP TABLE 문의 기본 형식은 다음과 같다.

> DROP TABLE 테이블 이름;

02 SQL을 이용한 데이터 조작

1 데이터의 검색★★☆

데이터를 검색할 때 사용되는 SQL 문은 SELECT이다.

1. 기본 검색

기본 검색을 위한 SELECT 문의 기본 형식은 다음과 같다.

> SELECT [ALL | DISTINCT] 속성리스트 FROM 테이블 리스트;

SELECT 키워드와 함께 검색하고 싶은 속성의 이름을 콤마(,)로 구분하여 나열한다. FROM 키워드에는 검색하고 싶은 속성이 있는 테이블의 이름을 콤마(,)로 구분하여 나열한다. ALL 키워드는 결과 테이블이 중복을 허용할 때 사용하며, DISTINCT 키워드는 중복을 제거하고 한 번씩만 출력하고자 할 때 사용한다. AS 키워드를 변경할 이름과 함께 작성하면 결과 테이블에 출력되는 속성의 이름을 다른 이름으로 바꾸어 출력할 수 있다.

예 SELECT 아이디, 이름, 등급 FROM 고객;
: 고객 테이블에서 아이디, 이름, 등급을 검색

2. 조건 검색

조건을 만족하는 데이터만 검색하는 SELECT 문의 기본 형식은 다음과 같다.

> SELECT [ALL | DISTINCT] 속성리스트 FROM 테이블 리스트 [WHERE 조건];

WHERE 키워드와 함께 비교 연산자와 논리 연산자를 이용하여 검색 조건을 작성한다.
예 SELECT 주문제품, 수량 FROM 주문 WHERE 주문고객='blue' AND 수량>=10;
: 주문 테이블에서 blue 고객이 10개 이상 주문한 주문제품, 수량 검색

3. LIKE를 이용한 검색

검색 조건을 부분적으로만 알고 있을 때 LIKE 키워드를 사용하여 검색할 수 있다. 검색 조건을 정확하게 안다면 =연산자를 사용하면 되고, 부분적으로만 알고 있다면 LIKE 키워드를 사용한다. 단, LIKE 키워드는 문자열을 이용하는 조건에만 사용할 수 있다.

| LIKE 키워드와 함께 사용할 수 있는 기호 |

기호	설명
%	0개 이상의 문자
_	1개의 문자

예 SELECT 아이디, 이름, 등급 FROM 고객 WHERE 고객이름 LIKE '김%';
: 고객 테이블에서 고객이름이 김 씨인 고객의 아이디, 이름, 등급 검색

4. 정렬 검색

결과 테이블의 내용을 사용자가 원하는 순서로 출력하려면 ORDER BY를 사용한다. 결과 테이블의 내용을 정렬하여 출력하는 SELECT 문의 기본 형식은 다음과 같다.

> SELECT [ALL | DISTINCT] 속성리스트 FROM 테이블 리스트 [WHERE 조건]
> [ORDER BY 속성 리스트 [ASC | DESC]];

ORDER BY 키워드와 함께 정렬 기준이 되는 속성을 지정하고 오름차순 정렬이면 ASC, 내림차순 정렬이면 DESC로 표현한다. 지정하지 않으면 오름차순으로 정렬한다.

예 SELECT 아이디, 이름, 나이 FROM 고객 ORDER BY 나이 ASC
: 고객 테이블에서 아이디, 이름, 나이를 검색하되, 나이를 기준으로 오름차순으로 정렬

5. 집계 함수를 이용한 검색

특정 속성 값을 통계적으로 계산한 결과를 검색하기 위해 집계 함수를 이용할 수 있다. 집계 함수는 개수, 합계, 평균, 최대값, 최소값의 계산 기능을 제공한다. SUM과 AVG 함수는 숫자 데이터 타입 속성에만 사용할 수 있고, 나머지 함수는 숫자뿐만 아니라 문자와 날짜 데이터 타입의 속성에도 적용할 수 있다. COUNT 함수는 다른 함수와 달리 테이블의 모든 속성에 적용하여 개수를 계산할 수 있다.

| 집계 함수 |

함수	의미	사용 가능 속성 타입
COUNT	속성 값의 개수	모든 데이터
MAX	속성 값의 최대값	
MIN	속성 값의 최소값	
SUM	속성 값의 합계	숫자 데이터
AVG	속성 값의 평균	

직원 테이블 emp의 모든 레코드를 근무연수 wyear에 대해서는 내림차순으로, 동일 근무연수에 대해서는 나이 age의 오름차순으로 정렬한 결과를 얻기 위한 SQL 질의문은? 18 지방직 9급

① SELECT*FROM emp ORDER BY age, wyear DESC;
② SELECT*FROM emp ORDER BY age ASC, wyear;
③ SELECT*FROM emp ORDER BY wyear DESC, age;
④ SELECT*FROM emp ORDER BY wyear, age ASC;

해설 난도 중

정답의 이유

정렬을 하기 위해서는 정렬을 하고 싶은 속성 뒤에 정렬 키워드(ASC, DESC)를 사용한다. 정렬에 대한 키워드를 사용하지 않으면 기본적으로 오름차순 정렬이다. 따라서 근무연수 wyear에 대해서는 DESC 키워드를 사용해야 한다.

정답 ③

집계 함수는 널인 속성 값은 제외하고 계산하고, WHERE 절에서는 사용할 수 없으며, SELECT 절이나 HAVING 절에서만 사용할 수 있다.

예 SELECT SUM(단가) FROM 제품;
: 제품 테이블에서 모든 제품의 단가 합계 검색

6. 그룹별 검색

테이블에서 속성 값이 같은 투플을 모아 그룹을 만들고, 그룹별로 검색을 할 때에는 GROUP BY 키워드를 사용한다. 그룹별 검색에서 조건을 추가할 때에는 HAVING 키워드를 함께 사용한다.

그룹별로 검색할 때는 그룹을 나누는 기준이 되는 속성을 어떤 그룹에 대한 검색 결과인지를 결과 테이블에서 확인하기 위해 SELECT 절에도 작성하는 것이 좋다.

```
SELECT [ALL | DISTINCT] 속성리스트 FROM 테이블 리스트 [WHERE 조건]
[GROUP BY 속성 리스트 [HAVING 조건]]
[ORDER BY 속성 리스트 [ASC | DESC]];
```

예 SELECT 주문제품, SUM(수량) AS 총 주문수량 FROM 주문 GROUP BY 주문제품;
: 주문 테이블에서 주문제품별 수량의 합계를 검색

예 SELECT 등급, COUNT(*) AS 고객 수, SUM(적립금) AS 합계적립금 FROM 고객
GROUP BY 등급 HAVING SUM(적립금)>=2000;
: 고객 테이블에서 적립금 총액에 2,000원 이상인 등급에 대해 등급별 고객수와
적립금 합계 검색

그룹별로 검색할 때는 집계 함수나 GROUP BY 절에 있는 속성 외의 속성은 SELECT 절에 사용할 수 없다. 예를 들어 각 주문고객이 주문한 총 주문수량을 주문제품별로 검색하기 위해 SELECT 문을 다음과 같이 작성하면 GROUP BY 절에 없는 주문고객 속성을 SELECT 절에 사용했기 때문에 오류가 발생한다.

예 SELECT 주문제품, 주문고객, SUM(수량) AS 총 주문수량 FROM 주문 GROUP
BY 주문제품;

오류가 발생하지 않도록 작성하면 다음과 같다.

예 SELECT 주문제품, 주문고객, SUM(수량) AS 총 주문수량 FROM 주문 GROUP
BY 주문제품, 주문고객;

7. 조인 검색

여러 개의 테이블을 연결하여 데이터를 검색하는 것을 조인 검색이라고 한다. 조인 검색을 하기 위해서는 테이블을 연결해주는 속성이 필요하고 이 속성을 조인 속성이라고 한다. 조인 속성의 이름은 달라도 되지만 도메인은 반드시 같아야 한다. 일반적으로 테이블의 외래키를 조인 속성으로 이용한다.

주문 테이블				제품 테이블			
주문번호	**고객아이디**	**주문제품**		**제품번호**	**제품명**	**제조업체**	**단가**
O01	red	P01		P01	징직사과	정직농산	600
O02	green	P03		P02	달콤과자	대한제과	1000
O03	blue	P02		P04	신선우유	신선푸드	1980
O04	yellow	P05		P05	청정미역	청정수산	850

주문 테이블에서 고객아이디와 주문제품이 외래키일 때 blue 고객이 주문한 제품의 제품명을 검색하기 위해서는 주문과 제품 테이블이 필요하다. 제품 테이블과 주문 테이블을 연결하기 위해서는 두 테이블이 공통으로 가지고 있는 조인 속성이 필요하다. 주문 테이블의 주문제품 속성은 제품 테이블의 제품번호 속성을 참조하는 외래키이므로 조인 속성으로 사용하기 적합하다.

여러 테이블을 이용하는 조인 검색은 이름이 같은 속성이 서로 다른 테이블에 존재할 수 있으므로 속성의 이름 앞에 속성이 소속된 테이블의 이름을 표시한다. 테이블의 이름과 속성의 이름은 . 기호로 연결한다. 주문 테이블의 주문제품 속성을 표시할 때는 '주문.주문 제품'으로 작성할 수 있다.

예 SELECT 제품.제품명 FROM 제품, 주문 WHERE 주문.고객 아이디='blue' AND 제품.제품 번호=주문.주문 제품;

: blue 고객이 주문한 제품의 이름을 검색

8. 부속 질의문을 이용한 검색

부속 질의문은 SELECT 문 안에 또 다른 SELECT 문을 포함하는 것을 말한다. 다른 SELECT 문을 포함하는 SELECT 문을 상위 질의문 또는 주 질의문이라고 한다. 부속 질의문은 괄호를 묶어 작성하고 ORDER BY 절을 사용할 수 없으며, 상위 질의문보다 먼저 수행된다.

부속 질의문은 하나의 행을 결과로 반환하는 단일 행 부속 질의문과 하나 이상의 행을 결과로 반환하는 다중 행 부속 질의문으로 분류한다. 단일 행 부속 질의문은 일반 비교 연산자를 사용할 수 있지만, 다중 행 부속 질의문은 일반 비교 연산자를 사용할 수 없다.

예 SELECT 제품명, 단가 FROM 제품 WHERE 제조업체=(SELECT 제조업체 FROM 제품 WHERE 제품명='달콤과자');

: 달콤과자를 생산한 제조업체가 만든 제품들의 제품명과 단가를 검색

2 데이터의 삽입★☆☆

테이블에 새로운 투플을 삽입할 때에는 INSERT 키워드를 사용한다. 투플을 삽입하는 방법은 두 가지가 있는데 첫째는 투플을 직접 삽입하는 방법이고, 둘째는 부속 질의문을 이용하여 투플을 삽입하는 방법이다.

1. 데이터 직접 삽입

테이블에 투플을 직접 삽입하는 INSERT 문의 기본 형식은 다음과 같다.

> INSERT INTO 테이블 이름[(속성 리스트)] VALUES (속성값 리스트);

INTO 키워드 다음에 투플을 삽입할 테이블의 이름을 제시하고 속성 리스트를 나열한다. VALUES 다음에는 속성에 대한 값을 속성에 맞게 작성한다. VALUES 절에 나열되는 속성 값은 문자나 날짜 타입의 데이터인 경우에는 작은따옴표로 묶어야 한다.

예) INSERT INTO 고객(아이디, 이름, 나이, 등급, 적립금)

　　VALUES ('orange', '최서영', 27, 'B', 200);

　　: 고객 테이블에 아이디가 orange, 이름이 최서영, 나이가 27, 등급이 B, 적립금이 200인 새로운 고객 삽입

2. 부속 질의문을 이용한 데이터 삽입

부속 질의문인 SELECT 문을 이용해 다른 테이블에서 검색한 데이터를 투플로 삽입하는 INSERT 문의 기본 형식은 다음과 같다.

> INSERT INTO 테이블 이름[(속성 리스트)] SELECT 문;

예) INSERT INTO 시대제품(제품명, 재고량, 단가) SELECT 제품명, 재고량, 단가 FROM 제품 WHERE 제조업체='시대고시';

　　: 시대고시에서 제조한 제품의 제품명, 재고량, 단가를 제품 테이블에서 검색하여 시대제품 테이블에 삽입

3 데이터의 수정★☆☆

테이블에 저장된 데이터를 수정할 때는 UPDATE 키워드를 사용한다. UPDATE 문의 기본 형식은 다음과 같다.

> UPDATE 테이블 이름 SET 속성 이름1 = 값1, 속성 이름2=값2, …
> [WHERE 조건];

UPDATE 문은 테이블에 저장된 투플에서 특정 속성의 값을 수정한다. 값 수정 사항은 SET 다음에 지정한다. WHERE 절에 제시된 조건을 만족하는 투플만 속성 값을 수정하는데, WHERE 절을 생략하면 테이블에 존재하는 모든 투플을 대상으로 SET 절에서 지정한 대로 속성 값을 수정한다.

예 UPDATE 제품 SET 제품명='신선우유' WHERE 제품번호='P001';
　 : 제품 테이블에서 제품번호가 P001인 제품의 제품명을 신선우유로 수정

4 데이터의 삭제 ★☆☆

테이블에 저장된 데이터를 수정할 때는 DELETE 키워드를 사용한다. DELETE 문의 기본 형식은 다음과 같다.

```
DELETE FROM 테이블 이름 [WHERE 조건];
```

DELETE 문은 WHERE 절의 조건에 만족하는 투플만 삭제한다. WHERE 절을 생략하면 테이블에 존재하는 모든 투플을 삭제한다.

예 DELETE FROM 주문 WHERE 주문번호='O001';
　 : 주문 테이블에서 주문번호가 O001인 투플을 삭제

03 뷰

1 뷰의 이해 ★☆☆

1. 뷰의 개념

뷰(view)는 다른 테이블을 기반으로 만들어진 가상 테이블이다. 뷰는 데이터를 실제로 저장하고 있지 않기 때문에 가상 테이블이라고 한다. 뷰를 만드는 데 기반이 되는 물리적인 테이블을 기본 테이블이라고 하며, CREATE TABLE 문으로 정의한 테이블이 기본 테이블로 사용된다. 뷰는 기본 테이블을 기반으로 만들어지지만 다른 뷰를 기반으로 새로운 뷰를 만들 수 있다.

2. 뷰의 생성

뷰를 생성하기 위해서는 CREATE VIEW SQL 명령어를 사용한다. CREATE VIEW 문의 기본 형식은 다음과 같다.

```
CREATE VIEW 뷰 이름[(속성 리스트)] AS SELECT 문 [WITH CHECK OPTION];
```

기출플러스⊕　　　　　　　★☆☆
데이터베이스에서 뷰(View)에 대한 설명으로 옳은 것은?　17 서울시 9급

① 뷰는 테이블을 기반으로 만들어지는 가상 테이블이며, 뷰를 기반으로 새로운 뷰를 생성할 수 없다.
② 뷰 삭제는 SQL 명령어 중 DELETE 구문을 사용하며, 뷰 생성에 기반이 된 기존 테이블들은 영향을 미치지 않는다.
③ 뷰 생성에 사용된 테이블의 기본키를 구성하는 속성이 포함되어 있지 않은 뷰도 데이터의 변경이 가능하다.
④ 뷰 생성 시 사용되는 SELECT문에서 GROUP BY 구문은 사용 가능하지만, ORDER BY 구문은 사용할 수 없다.

해설　난도중
오답의 이유
① 뷰는 기본 테이블을 기반으로 만들어지는 가상 테이블이며, 뷰를 기반으로 새로운 뷰를 생성할 수 있다.
② 뷰를 삭제할 때 SQL 명령어는 DROP 이다.
③ 기본 테이블의 기본키를 구성하는 속성이 포함되어 있지 않은 뷰는 변경할 수 없다.

정답 ④

CREATE VIEW 명령어 다음으로 뷰의 이름을 설정하고, 뷰를 구성하는 속성의 이름을 나열한다. AS 키워드와 함께 기본 테이블에 대한 SELECT 문을 제시한다. SELECT 문은 생성하고자 하는 뷰의 정의를 담고 있다. WITH CHECK OPTION은 생성한 뷰에 삽입이나 수정 연산을 할 때 SELECT 문에서 제시한 뷰의 정의 조건을 위반하면 수행되지 않도록 하는 제약조건을 말한다.

3. 뷰의 활용

생성된 뷰에서도 일반 테이블처럼 원하는 데이터를 검색할 수 있다. 뷰에 대한 SELECT 문이 내부적으로 기본 테이블에 대한 SELECT 문으로 변환되어 수행되기 때문에 가능하다.

INSERT, UPDATE, DELETE 문도 뷰를 대상으로 수행할 수 있다. 뷰에 대한 삽입·수정·삭제 연산도 기본 테이블에 수행되기 때문에 결과적으로는 기본 테이블이 변한다. 기본 테이블의 변화는 제한적으로 이루어져야 하기 때문에 모든 뷰에서 삽입·수정·삭제 연산이 허용되는 것은 아니다. 단, 검색 연산은 모든 뷰에서 수행할 수 있다. 삽입·수정·삭제 연산이 허용되지 않을 때는 기본 테이블에서 어떤 투플을 어떻게 변경해야 할지 명확히 제시하지 못할 때이다. 허용되지 않는 뷰의 중요한 특징은 다음과 같다.

• 기본 테이블의 기본키를 구성하는 속성이 포함되어 있지 않은 뷰
• 기본 테이블에 있던 내용이 아니라 집계 함수로 새로 계산된 내용을 포함하고 있는 뷰
• DISTINCT 키워드를 포함하여 정의한 뷰
• GROUP BY 절을 포함하여 정의한 뷰
• 여러 개의 테이블을 조인하여 정의한 뷰

(1) 뷰의 장점

① 질의문을 쉽게 작성할 수 있다 : 특정 조건을 만족하는 투플들로 뷰를 미리 생성해놓으면, 사용자가 WHERE 절 없이 뷰를 검색해도 특정 조건을 만족하는 데이터를 검색할 수 있다.

② 데이터 보안 유지에 도움이 된다 : 여러 사용자의 요구에 맞는 뷰를 생성해놓고 사용자가 자신에게 제공된 뷰를 통해서만 데이터 접근이 가능하도 록 권한을 설정하면, 뷰에 포함되지 않은 데이터를 사용자로부터 보호할 수 있다.

③ 데이터를 편리하게 관리할 수 있다 : 제공된 뷰에 포함되어 있지 않은 기본 테이블의 다른 부분은 사용자가 신경 쓸 필요가 없어진다. 그리고 제공된 뷰와 관련 없는 다른 테이블의 변화에도 영향을 받지 않는다.

4. 뷰의 삭제

뷰를 삭제하기 위해서는 DROP VIEW 명령어를 사용한다. DROP VIEW 문의 기본 형식은 다음과 같다.

> DROP VIEW 뷰 이름

뷰를 삭제하더라도 기본 테이블은 영향을 받지 않는다. 만약 삭제할 뷰를 참조하는 제약조건이 존재한다면 삭제가 수행되지 않는다. 이때에는 삭제하고자 하는 뷰를 참조하는 제약조건을 먼저 삭제한다.

CHAPTER 04 데이터베이스 설계

01 데이터베이스 설계 단계

1 데이터베이스 설계의 이해 ★☆☆

데이터베이스를 구축하기 위해서는 먼저, 사용자들의 요구 사항을 분석하고, 분석한 결과를 바탕으로 데이터베이스의 논리적, 물리적 구조를 설계해야 한다. 데이터베이스 설계 단계는 다음과 같다.

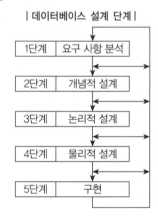

| 데이터베이스 설계 단계 |

1. 1단계

(1) 요구 사항 분석

요구 사항 분석 단계에서는 조직의 구성원들에게 필요한 데이터의 종류와 처리 방법 같은 다양한 요구 사항을 수집한다. 수집된 요구 사항을 분석하여 그 결과를 요구 사항 명세서로 작성하는 것이 요구 사항 분석 단계에서 수행하는 주요 작업이다.

사용자의 요구 사항은 설계 단계에서 중요하게 사용되고, 구축된 데이터베이스의 품질을 결정짓는 중요한 기준이 된다.

2. 2단계

(1) 개념적 설계

개념적 설계 단계에서는 요구 사항 분석 단계에서 파악한 사용자의 요구 사항을 개념적 데이터 모델을 이용해 표현한다. 개념적 데이터 모델은 개발에 사용할 DBMS의 종류에 독립적이면서, 중요한 데이터 요소와 데이터 요소 간의 관계를 표현할 때 사용한다. 일반적으로 E-R 모델을 많이 사용하는데, E-R 모델은 중요한 데이터 요소와 데이터 요소 간의 관계를 E-R 다이어그램으로 표현한다. 그러므로 E-R 모델을 사용한다면 사용자의 요구 사항을 분석한 결과를 E-R 다이어그램으로 표현하는 것이 개념적 설계 단계에서 중요한 작업이다.

개념적 설계 단계에서 요구 사항 분석 단계의 결과물인 요구 사항 명세서를 개념적 데이터 모델로 변환하는 것을 개념적 모델링이라고 한다.

3. 3단계

(1) 논리적 설계

논리적 설계 단계에서는 개발에 사용한 DBMS에 적합한 논리적 데이터 모델을 이용해 개념적 설계단계에서 생성한 개념적 구조를 기반으로 논리적 구조를 설계한다. 관계 데이터 모델을 사용한다면 개념적 설계 단계에서 생성한 E-R 다이어그램을 릴레이션 스키마로 변환하여 DBMS가 처리할 수 있도록 하는 것이 논리적 설계 단계에서 수행하는 주요 작업이다.

논리적 설계 단계에서 E-R 다이어그램을 릴레이션 스키마로 변환하는 작업을 논리적 모델링 또는 데이터 모델링이라고 한다. 논리적 데이터 모델로 표현된 결과물을 논리적 구조 또는 논리적 스키마라고 한다.

4. 4단계

(1) 물리적 설계

물리적 설계 단계에서는 논리적 설계 단계에서 생성된 논리적 구조를 기반으로 물리적 구조를 설계한다. 데이터베이스의 물리적 구조는 데이터베이스를 저장 장치에 실제로 저장하기 위한 내부 저장 구조와 접근 경로 등을 의미한다. 물리적 설계 단계에서는 저장 장치에 적합한 저장 레코드와 인덱스의 구조 등을 설계하고, 저장된 데이터와 인덱스에 빠르게 접근할 수 있는 탐색 기법 등을 정의한다.

물리적 설계 단계에서는 응답 시간을 최소화하고 저장 공간을 효율적으로 활용하면서 데이터베이스 시스템의 처리 능력을 향상시킬 수 있도록 물리적 구조를 설계해야 한다. 물리적 설계의 결과물인 물리적 구조를 내부 스키마 또는 물리적 스키마라고 한다.

5. 5단계

(1) 구현

구현 단계에서는 이전 설계 단계의 결과물을 기반으로 DBMS에서 SQL로 작성한 명령문을 실행하여 데이터베이스를 실제로 생성한다. 이때 사용되는 SQL 문은 테이블이나 인덱스 등을 생성할 때 사용되는 데이터 정의어(DDL)이다.

중요 학습내용
1. 정규화의 개념을 이해할 수 있다.
2. 정규형의 종류와 특징을 구분할 수 있다.

01 정규화의 개요

1 정규화의 이해

1. 정규화의 개념

정규화는 이상 현상을 제거하면서 데이터베이스를 올바르게 설계해나가는 과정을 말한다. 또한 데이터베이스를 설계한 후 설계 결과물을 검증하기 위해 사용하기도 한다. 정규화를 거치면 데이터 중복을 감소시켜 저장 공간의 효율성을 향상시킬 수 있다.

2. 이상 현상의 종류

이상 현상에는 삽입 이상, 갱신 이상, 삭제 이상이 있다.

| 이상 현상의 종류 |

삽입 이상	새 데이터를 삽입하기 위해 불필요한 데이터도 함께 삽입해야 하는 문제
갱신 이상	중복 투플 중 일부만 변경하여 데이터가 불일치하게 되는 모순의 문제
삭제 이상	투플을 삭제하면 꼭 필요한 데이터까지 함께 삭제되는 데이터 손실의 문제

3. 정규화의 필요성

이상 현상이 발생하지 않도록 하려면, 관련 있는 속성들로만 릴레이션을 구성해야 하는데 이를 위해 필요한 것이 정규화이다. 즉, 정규화는 이상 현상이 발생하지 않도록 릴레이션을 관련 있는 속성들로만 구성하기 위해 릴레이션을 분해하는 과정이다. 정규화를 통해 릴레이션 설계를 올바르게 완성할 수 있다.

정규화를 수행하기 위해서는 릴레이션을 구성하는 속성들 간의 관련성을 파악해야 한다. 정규화 과정에서 고려해야 하는 속성들 간의 관련성을 함수적 종속성이라고 한다. 일반적으로 릴레이션에 함수적 종속성이 하나 존재하도록 정규화를 통해 릴레이션을 분해한다.

2 함수 종속

하나의 릴레이션을 구성하는 속성들의 부분 집합을 X와 Y라고 할 때, 어느 시점에서든 릴레이션 내의 모든 투플에서 하나의 X 값에 대한 Y 값이 항상 하나면 "X가 Y를 함수적으로 결정한다." 또는 "Y가 X에 함수적으로 종속되어 있다."라고 한다. 함수 종속 관계는 X → Y로 표현하고 X를 결정자, Y를 종속자라고 한다.

고객 릴레이션 속성 간의 함수 종속 관계는 다음과 같다.

| 고객 릴레이션 속성 간 함수 종속 관계 |

고객 릴레이션

아이디	이름	등급
red	김소희	A
green	이창열	B
blue	김고운	A
brown	나승연	C

고객 릴레이션에서 각 아이디 속성 값에 대응되는 이름과 등급 속성 값이 단 하나이므로, 아이디가 이름과 등급을 결정한다고 볼 수 있다. 예를 들어 아이디가 blue인 고객은 이름이 김고운, 등급이 A인 한 사람밖에 없다. 따라서 고객 릴레이션에서 이름과 등급 속성은 아이디 속성에 함수적으로 종속되어 있으며, 아이디는 결정자가 되고 이름과 등급은 종속자가 된다.

고객 릴레이션에 존재하는 함수 종속 관계는 다음과 같이 기호로 표현할 수 있다.

| 고객 릴레이션에 존재하는 함수 종속 관계 |

아이디 → 이름
아이디 → 등급

또는

아이디 → (이름, 등급)

02 정규형 종류★★☆

1 제1정규형(1NF : First Normal Form)

릴레이션이 제1정규형에 속하려면 릴레이션에 속한 모든 속성이 더는 분해되지 않는 원자 값만 가져야 한다. 이벤트참여 릴레이션을 살펴보면 하나의 아이디에 이벤트번호와 당첨여부 속성의 값이 여러 개이다. 다중 값을 가지는 속성을 포함한 이벤트참여 릴레이션은 제1정규형 제약조건을 만족하지 못하므로 제1정규형에 속하지 않는다.

다중 값 속성을 포함하는 이벤트참여 릴레이션				
아이디	**이벤트번호**	**당첨여부**	**등급**	**할인율**
red	N002, N003, N007	N, Y, Y	A	10%
green	N001, N010	Y, N	B	5%
blue	N004, N005	Y, Y	A	10%
brown	N008	N	C	2%

이벤트참여 릴레이션이 제1정규형에 속하게 하려면 투플마다 이벤트번호와 당첨여부를 하나씩만 가지도록 분해하여, 모든 속성이 원자 값을 가질 수 있도록 한다. 이벤트참여 릴레이션이 제1정규형에 속하도록 정규화를 수행한 결과는 다음과 같다.

제1정규형에 속하는 이벤트참여 릴레이션				
아이디	**이벤트번호**	**당첨여부**	**등급**	**할인율**
red	N002	N	A	10%
red	N003	Y	A	10%
red	N007	Y	A	10%
green	N001	Y	B	5%
green	N010	N	B	5%
blue	N004	Y	A	10%
blue	N005	Y	A	10%
brown	N008	N	C	2%

이벤트참여 릴레이션의 함수 종속 관계를 살펴보면, 이벤트참여 릴레이션은 5개의 속성으로 구성되어 있고 {아이디, 이벤트번호} 속성 집합이 기본키 역할을 담당한다. 아이디가 등급과 할인율을 유일하게 결정하고, 등급에 따라 할인율이 결정된다. {아이디, 이벤트번호} 속성 집합은 당첨여부 속성을 유일하게 결정한다. 이벤트참여 릴레이션에 포함된 함수 종속 관계는 다음과 같이 표현할 수 있다.

이벤트참여 릴레이션에 존재하는 함수 종속 관계
아이디 → 등급 아이디 → 할인율 등급 → 할인율 {아이디, 이벤트번호} → 당첨여부

2 제2정규형(2NF : Second Normal Form)

릴레이션이 제1정규형에 속하고, 기본키가 아닌 모든 속성이 기본키에 완전 함수 종속되면 제2정규형에 속하게 된다. 이벤트참여 릴레이션은 제1정규형에 속하지만 기본키인 {아이디, 이벤트번호}에 완전 함수 종속되지 않는 등급, 할인율 속성이 존재하므로 제2정규형에 속하지 않는다. 등급, 할인율 속성이 관련 없는 이벤트번호, 당첨여부 속성과 같은 릴레이션에 존재하지 않도록 2개의 릴레이션으로 분해하면, 분해된 고객 릴레이션과 이벤트참여 릴레이션은 모두 제2정규형에 속하게 된다.

기출플러스 ⊕   ★★☆

릴레이션 R = {A, B, C, D, E}이 함수적 종속성들의 집합 FD = {A → C, {A, B} → D, D → E, {A, B} → E}를 만족할 때, R이 속할 수 있는 가장 높은 차수의 정규형으로 옳은 것은? (단, 기본키는 복합속성 {A, B}이고, 릴레이션 R의 속성 값은 더 이상 분해될 수 없는 원자 값으로만 구성된다)   19 지방직 9급

① 제1정규형
② 제2정규형
③ 제3정규형
④ 보이스/코드 정규형

해설 난도 중

정답의 이유
R의 속성 값이 원자 값으로만 구성되어 있기 때문에 제1정규형에 속한다.

오답의 이유
② 제2정규형은 릴레이션이 제1정규형에 속하고 기본키가 아닌 모든 속성이 기본키에 완전 함수 종속되는 경우이다.
③ 제3정규형은 릴레이션이 제2정규형에 속하고 기본키가 아닌 모든 속성이 기본키에 이행적 함수 종속이 되지 않을 경우이다.
④ 보이스/코드 정규형은 릴레이션의 함수 종속 관계에서 모든 결정자가 후보키일 때이다.

정답 ①

릴레이션 분해 과정을 통해 고객 릴레이션에는 기본키인 아이디와 기본키에 완전 종속된 등급, 할인율 속성만 존재한다. 이벤트참여 릴레이션에도 기본키인 {아이디, 이벤트번호}와 기본키에 완전 함수 종속된 당첨여부 속성만 존재한다. 따라서, 고객 릴레이션과 이벤트참여 릴레이션은 모두 제2정규형에 속하게 된다.

| 분해 전 이벤트참여 릴레이션 |

아이디	이벤트번호	당첨여부	등급	할인율
red	N002	N	A	10%
red	N003	Y	A	10%
red	N007	Y	A	10%
green	N001	Y	B	5%
green	N010	N	B	5%
blue	N004	Y	A	10%
blue	N005	Y	A	10%
brown	N008	N	C	2%

| 고객 릴레이션 |

아이디	등급	할인율
red	A	10%
green	B	5%
blue	A	10%
brown	C	2%

| 이벤트참여 릴레이션 |

아이디	이벤트번호	당첨여부
red	N002	N
red	N003	Y
red	N007	Y
green	N001	Y
green	N010	N
blue	N004	Y
blue	N005	Y
brown	N008	N

3 제3정규형(3NF : Third Normal Form)

릴레이션이 제2정규형에 속하고, 기본키가 아닌 모든 속성이 기본키에 이행적 함수 종속이 되지 않으면 제3정규형에 속한다. 이행적 함수 종속에 대해 살펴보면 릴레이션을 구성하는 3개의 속성 집합 X, Y, Z가 존재할 때 함수 종속 관계 $X \rightarrow Y$, $Y \rightarrow Z$가 존재하면 $X \rightarrow Z$가 성립한다. 이때 속성 집합 Z가 속성 집합 X에 이행적으로 함수 종속되었다고 한다.

제2정규형이 만족되더라도 하나의 릴레이션에 함수 종속 관계가 여러 개 존재하고, 이행적 함수 종속 관계가 유도되면 이상 현상이 발생할 수 있다. 릴레이션에서 이행적 함수 종속 관계를 제거해서, 모든 속성이 기본키에 이행적 함수 종속되지 않도록 릴레이션을 분해하면 제3정규형을 만족하게 된다.

고객 릴레이션은 아이디가 키본키이므로 등급, 할인율 속성이 아이디에 함수적으로 종속된다. 아이디가 등급을 결정하고 등급이 할인율을 결정하는 함수 종속 관계로 아이디가 등급을 통해 할인율을 결정하는 이행적 함수 종속 관계도 존재한다. 이행적 함수 종속 관계가 존재하는 이유는 하나의 릴레이션에 함수 종속 관계가 여러 개 존재하기 때문이다. 고객 릴레이션에 이상 현상이 발생하지 않도록 하기 위해서는 이행적 함수 종속 관계가 발생하지 않도록 2개의 릴레이션으로 분해해야 한다.

고객 릴레이션을 아이디 → 등급, 등급 → 할인율의 함수 종속 관계를 유지할 수 있도록 2개의 릴레이션으로 분해하면, 새롭게 분해된 고객 릴레이션과 고객등급 릴레이션은 모두 제3정규형에 속하게 된다.

| 분해 전 고객 릴레이션 |

아이디	등급	할인율
red	A	10%
green	B	5%
blue	A	10%
brown	C	2%

| 고객 릴레이션 |

아이디	등급
red	A
green	B
blue	A
brown	C

| 고객등급 릴레이션 |

아이디	할인율
red	10%
green	5%
blue	10%
brown	2%

4 보이스/코드 정규형(BCNF : Boyce/Codd Normal Form)

릴레이션의 함수 종속 관계에서 모든 결정자가 후보키이면 보이스/코드 정규형에 속한다. 하나의 릴레이션에 여러 개의 후보키가 존재할 경우 제3정규형까지 만족하더라도 이상 현상이 발생할 수 있다. 후보키를 여러 개 가지고 있는 릴레이션에 발생할 수 있는 이상 현상을 해결하기 위해 엄격한 제약조건을 제시한 것이 보이스/코드 정규형이다. {아이디, 이벤트번호} → 당첨여부의 함수 종속 관계를 포함하고 있는 이벤트참여 릴레이션은 {아이디, 이벤트번호}가 유일한 후보키이자 기본키이면서 함수 종속 관계에서도 유일한 결정자다. 따라서 제3정규형에 속하는 이벤트참여 릴레이션은 보이스/코드 정규형에도 속한다. 아이디 → 등급 함수 종속 관계를 포함하고 있는 분해된 고객 릴레이션도 제3정규형에 속하면서 기본키인 아이디가 함수 종속 관계에서 유일한 결정자이므로 보이스/코드 정규형에도 속한다. 등급 → 할인율 함수 종속 관계를 포함하고 있는 고객등급 릴레이션도 제3정규형에 속하면서 기본키인 등급이 함수 종속 관계에서 유일한 결정자이므로 보이스/코드 정규형에도 속한다.

다음은 제3정규형에는 속하지만 보이스/코드 정규형에는 속하지 않는 릴레이션이다. 강좌신청 릴레이션에서는 한 고객이 인터넷강좌를 여러 개 신청할 수 있지만 동일한 인터넷강좌를 여러 번 신청할 수 없다. 강사 한 명은 인터넷강좌를 하나만 담당할 수 있고, 하나의 인터넷강좌에는 여러 강사가 담당할 수 있다. 투플을 구별할 수 있는 후보키는 {아이디, 인터넷강좌}와 {아이디, 강사번호}가 있고, 이 중 {아이디, 인터넷강좌}는 기본키이다.

| 강좌신청 릴레이션 |

아이디	인터넷강좌	강사번호
red	정보보호론	T01
red	컴퓨터일반	T02
green	컴퓨터일반	T02
green	정보보호론	T01
blue	정보보호론	T04
blue	컴퓨터일반	T03
brown	컴퓨터일반	T03

강좌신청 릴레이션은 모든 속성이 원자 값으로 구성되어 있으므로 제1정규형에 속하고, 기본키가 아닌 속성인 강사번호가 기본키에 완전 함수 종속되며, 이행적 함수 종속을 포함하고 있지 않으므로 제2정규형과 제3정규형에도 속한다. 그러나 강사번호 속성이 후보키가 아님에도 인터넷강좌 속성을 결정하므로 보이스/코드 정규형에는 속하지 않는다.

고객담당강사 릴레이션은 함수 종속 관계가 성립하지 않는 동등한 아이디, 강사번호 속성으로 구성하고, {아이디, 강사번호}가 기본키의 역할을 담당한다. 따라서, 후보키가 아닌 결정자가 존재하지 않아 보이스/코드 정규형에 속한다. 강좌담당 릴레이션은 강사번호 → 인터넷강좌의 함수 종속 관계를 포함하고 있고 강사번호가 유일한 후보키이자 기본키이다. 그러므로 후보키가 아닌 결정자가 존재하지 않아 보이스/코드 정규형에 속한다.

| 고객담당강사 릴레이션 |

아이디	강사번호
red	T01
red	T02
green	T02
green	T01
blue	T04
blue	T03
brown	T03

| 강좌담당 릴레이션 |

강사번호	인터넷강좌
T01	정보보호론
T02	컴퓨터일반
T03	컴퓨터일반
T04	정보보호론

5 제4정규형과 제5정규형

제4정규형은 고급 정규형으로 릴레이션이 보이스/코드 정규형을 만족하면서, 함수 종속이 아닌 다치 종속을 제거해야 만족할 수 있다. 제5정규형은 릴레이션이 제4정규형을 만족하면서 후보키를 통하지 않는 조인 종속을 제거해야 만족할 수 있다.

일반적으로 제5정규형을 만족할 때까지 분해하면 비효율적이고 바람직하지 않은 경우가 많으므로 모든 릴레이션이 무조건 제5정규형에 속하도록 분해해야 하는 것은 아니다. 보통 제3정규형이나 보이스/코드 정규형에 속하도록 릴레이션을 분해하여 데이터 중복을 줄이고 이상 현상이 발생하는 문제를 해결할 수 있다.

6 정규화 정리

제1정규형부터 보이스/코드 정규형까지 정규화 과정을 정리하면 다음과 같다.

| 정규화 과정 |

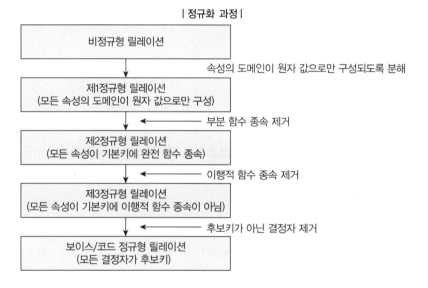

CHAPTER

06 데이터베이스 관리

01 트랜잭션

1 트랜잭션의 이해

1. 트랜잭션의 개념

트랜잭션은 하나의 작업을 수행하는 데 필요한 데이터베이스의 연산들을 모아놓은 것으로, 데이터베이스에서 논리적인 작업의 단위가 된다. 트랜잭션은 데이터베이스에 장애가 발생했을 때 데이터를 복구하는 작업의 단위도 된다. 일반적으로 데이터베이스 연산은 SQL 문으로 표현되므로 트랜잭션을 작업 수행에 필요한 SQL 문들의 집합으로도 볼 수 있다.

2. 트랜잭션의 특징★★☆

트랜잭션이 성공적으로 처리되어 데이터베이스의 무결성과 일관성이 보장되려면 원자성, 일관성, 격리성, 지속성 특성을 만족해야 한다.

(1) 원자성

원자성(Atomicity)은 트랜잭션을 구성하는 연산들이 모두 정상적으로 실행되거나 하나도 실행되지 않아야 한다는 all-or-nothing 방식을 의미한다. 트랜잭션을 수행하다가 장애가 발생되어 작업을 완료하지 못했다면, 지금까지 실행한 연산을 모두 취소하고 데이터베이스를 트랜잭션 작업 전의 상태로 되돌려 트랜잭션의 원자성을 보장해야 한다. 트랜잭션의 원자성을 보장하면 트랜잭션을 구성하는 연산 중 일부만 처리한 결과를 데이터베이스에 반영하는 일이 없게 된다.

기출플러스➕ ★★☆
트랜잭션이 정상적으로 완료(commit)되거나, 중단(abort)되었을 때 롤백(rollback)되어야 하는 트랜잭션의 성질은?

17 국가직 9급

① 원자성(atomicity)
② 일관성(consistency)
③ 격리성(isolation)
④ 영속성(durability)

해설 난도 중

오답의 이유
② 트랜잭션이 성공적으로 수행된 후에도 데이터베이스가 일관된 상태를 유지해야 함을 의미한다.
③ 고립성이라고도 하고, 현재 수행 중인 트랜잭션이 완료될 때까지 트랜잭션이 생성한 중간 연산 결과에 다른 트랜잭션들이 접근할 수 없음을 의미한다.
④ 영속성이라고도 하는데 트랜잭션이 성공적으로 완료된 후 데이터베이스에 반영한 수행 결과는 어떠한 경우에도 손실되지 않고 영구적이어야 함을 의미한다.

정답 ①

(2) 일관성

일관성(Consistency)은 트랜잭션이 성공적으로 수행된 후에도 데이터베이스가 일관된 상태를 유지해야 함을 의미한다. 즉, 트랜잭션이 수행되기 전에 데이터베이스가 일관된 상태였다면 트랜잭션의 수행이 완료된 후 결과를 반영한 데이터베이스도 또 다른 일관된 상태가 되어야 한다는 것이다. 트랜잭션이 수행되는 과정에서는 데이터베이스가 일시적으로 일관된 상태가 아닐수 있지만 트랜잭션의 수행이 완료된 후에는 데이터베이스가 일관된 상태가 되어야 한다.

(3) 격리성

격리성(Isolation)은 고립성이라고도 하고, 현재 수행 중인 트랜잭션이 완료될 때까지 트랜잭션이 생성한 중간 연산 결과에 다른 트랜잭션들이 접근할 수 없음을 의미한다. 일반적으로 데이터베이스 시스템에서는 여러 트랜잭션이 동시에 수행되지만 각 트랜잭션이 독립적으로 수행될 수 있도록 다른 트랜잭션의 중간 연산 결과에 서로 접근하지 못하게 한다.

(4) 지속성

지속성(Durability)은 영속성이라고도 하는데 트랜잭션이 성공적으로 완료된 후 데이터베이스에 반영한 수행 결과는 어떠한 경우에도 손실되지 않고 영구적이어야 함을 의미한다. 즉, 시스템 장애가 발생해도 트랜잭션 작업 결과는 없어지지 않고 데이터베이스에 그대로 남아 있어야 한다는 것이다. 트랜잭션의 지속성을 보장하려면 시스템에 장애가 발생했을 때 데이터베이스를 원래 상태로 복구하는 회복 기능이 필요하다.

3. 트랜잭션의 연산

트랜잭션의 수행과 관련하여 사용되는 연산에는 commit 연산과 rollback 연산이 있다

(1) commit 연산

commit연산은 트랜잭션이 성공적으로 수행되었음을 선언하는 것으로 작업 완료를 의미한다. commit 연산이 실행된 후에야 트랜잭션의 수행 결과가 데이터베이스에 반영되어 데이터베이스가 일관된 상태를 지속적으로 유지하게 된다.

(2) rollback 연산

rollback연산은 트랜잭션을 수행하는 데 실패했음을 선언하는 것으로 작업 취소를 의미한다. rollback 연산이 실행되면 트랜잭션이 지금까지 실행한 연산의 결과가 취소되고 트랜잭션이 수행되기 전의 상태로 돌아간다.

4. 트랜잭션의 상태

트랜잭션은 다섯 가지 상태 중 하나의 상태를 가진다. 트랜잭션이 수행되기 시작하면 활동 상태가 되고, 활동 상태의 트랜잭션이 마지막 연산을 처리하고 나면 부분 완료

상태가 되며, 부분 완료 상태의 트랜잭션이 commit 연산을 실행하면 완료 상태가 된다. 활동 상태나 부분 완료 상태에서 여러 원인으로 인해 더는 정상적인 수행이 불가능하게 되면 트랜잭션은 실패 상태가 된다. 실패 상태의 트랜잭션은 rollback 연산의 실행으로 철회 상태가 된다. 트랜잭션이 완료 상태이거나 철회 상태가 되면 트랜잭션이 종료된 것으로 판단한다.

02 회복과 병행 제어

1 장애와 회복

1. 장애의 유형

시스템이 제대로 동작하지 않는 상태를 장애라고 한다. 데이터베이스 시스템에서 발생할 수 있는 장애에는 트랜잭션 장애, 시스템 장애, 미디어 장애가 있다.

(1) 트랜잭션 장애

트랜잭션 수행 중 오류가 발생하여 정상적으로 수행을 계속할 수 없는 상태로, 트랜잭션의 논리적 오류, 잘못된 데이터 입력, 시스템 자원의 과다 사용 요구, 처리 대상 데이터 부재 등으로 발생한다.

(2) 시스템 장애

하드웨어 결함으로 정상적으로 수행을 계속할 수 없는 상태로, 하드웨어 이상으로 메인 메모리에 저장된 정보가 손실되거나 교착 상태가 발생한 경우 등으로 발생한다.

(3) 미디어 장애

디스크 장치의 결함으로 디스크에 저장된 데이터베이스의 일부 혹은 전체가 손상된 상태로, 디스크 헤드의 손상이나 고장 등으로 발생한다.

2. 회복 기법★☆☆

회복은 데이터베이스에 장애가 발생했을 때 장애가 발생하기 전의 모순이 없고 일관된 상태로 복구시키는 것으로, 데이터베이스 관리 시스템에 있는 회복 관리자가 담당한다. 회복 관리자는 장애 발생을 탐지하고, 장애가 탐지되면 데이터베이스 복구 기능을 제공한다.

(1) 회복을 위한 연산

데이터베이스 회복의 핵심 원리는 데이터 중복이다. 데이터를 별도의 장소에 미리 복사해두고, 장애가 발생했을 때 복사본을 이용해 원래의 상태로 복원하는 것이다. 복사본을 만드는 방법은 덤프, 로그 방법이 있다.

① 덤프(dump) : 데이터베이스 전체를 다른 저장 장치에 주기적으로 복사하는 방법
② 로그(log) : 데이터베이스에서 변경 연산이 실행될 때마다 데이터를 변경하기 이전 값과 변경한 이후의 값을 별도의 파일에 기록하는 방법

장애가 발생했을 때, 덤프나 로그 방법으로 중복 저장한 데이터를 이용해 데이터베이스를 복구하는 가장 기본적인 방법은 redo나 undo 연산을 실행하는 것이다. redo 연산은 로그에 기록된 변경 연산 후의 값을 이용하여 변경 연산을 재실행하는 방법으로 데이터베이스를 복구한다. undo 연산은 로그에 기록된 변경 연산 이전의 값을 이용하여 변경 연산을 취소하는 방법으로 데이터베이스를 복구한다.

redo나 undo 연산을 실행하는 데는 로그가 중요하게 사용된다. 로그를 저장한 파일을 로그 파일이라고 하고, 로그 파일은 레코드 단위로 기록된다. 일반적으로 로그 파일을 구성하는 레코드는 네 종류로 분류된다.

| 로그 레코드의 종류 |

로그 레코드	설명	
$\langle T_i,\ \text{start} \rangle$	의미	트랜잭션 T_i 가 수행을 시작했음을 기록
	예	$\langle T_1,\ \text{start} \rangle$
$\langle T_i,\ X,\ \text{old\_value},$ $\text{new\_value} \rangle$	의미	트랜잭션 T_i 가 데이터 X를 이전 값(old_value)에서 새로운 값(new_value)으로 변경하는 연산을 실행했음을 기록
	예	$\langle T_1,\ X,\ 100,\ 10 \rangle$
$\langle T_i,\ \text{commit} \rangle$	의미	트랜잭션 T_i 가 성공적으로 완료되었음을 기록
	예	$\langle T_1,\ \text{commit} \rangle$
$\langle T_i,\ \text{abort} \rangle$	의미	트랜잭션 T_i 가 철회되었음을 기록
	예	$\langle T_1,\ \text{abort} \rangle$

계좌이체 트랜잭션이 T_1 일 때, 계좌 잔액이 50,000원인 영희가 계좌 잔액이 0원인 철수에게 10,000원을 이체할 때, 계좌이체 트랜잭션의 수행 시작부터 완료까지 기록한 로그는 다음과 같다.

| 로그 파일에 기록된 로그 레코드 |

$\langle T_1,\ \text{start} \rangle$
$\langle T_1,\ X,\ 50000,\ 40000 \rangle$
$\langle T_1,\ Y,\ 0,\ 10000 \rangle$
$\langle T_1,\ \text{commit} \rangle$

장애가 발생하는 시점과 유형이 다양하고, 데이터베이스를 빠른 시간 내에 복구해야 하므로 실제로 데이터베이스 관리 시스템은 좀 더 복잡하고 효율적인 회복 기법들을 사용한다. 데이터베이스 회복 기법에는 로그 회복 기법, 검사 시점 회복 기법, 미디어 회복 기법이 있으며, 로그 회복 기법에는 다시 즉시 갱신 회복 기법과 지연 갱신 회복 기법이 있다.

(2) 로그 회복 기법

로그를 이용한 회복 기법은 데이터를 변경한 연산 결과를 데이터베이스에 반영하는 시점에 따라 즉시 갱신 회복 기법과 지연 갱신 회복 기법으로 나눈다.

① **즉시 갱신 회복 기법** : 즉시 갱신 회복 기법은 트랜잭션 수행 중 데이터를 변경한 연산 결과를 데이터베이스에 즉시 반영한다. 그리고 장애 발생에 대비하기 위해 데이터 변경에 대한 내용을 로그 파일에도 기록한다. 즉시 갱신 회복 기법은 장애가 발생하면 로그 파일에 기록된 내용을 참조하여, 장애 발생 시점에 따라 redo나 undo 연산을 실행하여 데이터베이스를 복구한다. 로그 파일에 $\langle T_i, \text{start} \rangle$ 로그 레코드와 $\langle T_i, \text{commit} \rangle$ 로그 레코드가 모두 존재할 때, 즉 트랜잭션이 완료된 후 장애가 발생한 경우에는 redo 연산을 수행한다. 로그 파일에 $\langle T_i, \text{start} \rangle$ 로그 레코드는 존재하지만 $\langle T_i, \text{commit} \rangle$ 로그 레코드가 존재하지 않을 때, 즉 트랜잭션이 완료되기 전에 장애가 발생한 경우에는 undo 연산을 수행한다.

A계좌에서 B계좌로 2000원을 이체하는 계좌이체 트랜잭션을 T_1이라고 하고, C계좌에서 D계좌로 4000원을 이체하는 계좌이체 트랜잭션을 T_2라고 하자. 로그 파일에 기록된 로그 레코드는 다음과 같다.

| 순차적으로 수행되는 두 트랜잭션의 로그 파일 내용 |

```
1 : ⟨T₁, start⟩
2 : ⟨T₁, A, 10000, 8000⟩
3 : ⟨T₁, B, 0, 2000⟩
4 : ⟨T₁, commit⟩
5 : ⟨T₂, start⟩
6 : ⟨T₂, C, 5000, 1000⟩
7 : ⟨T₂, D, 0, 4000⟩
8 : ⟨T₂, commit⟩
```

㉠ 2, 3번 과정 사이에서 장애가 발생 : T_1 트랜잭션의 수행이 아직 완료되기 전이므로 로그 파일에 $\langle T_1, \text{start} \rangle$ 로그 레코드만 존재하고 $\langle T_1, \text{commit} \rangle$ 로그 레코드는 존재하지 않는다. 따라서 T_1 트랜잭션에 undo 연산을 실행하여 로그 내용을 이용하여 지금까지 변경한 데이터의 값을 변경 연산 이전의 값으로 되돌려야 한다.

㉡ 6, 7번 과정 사이에서 장애가 발생 : T_1 트랜잭션의 수행이 이미 완료되었으므로 로그 파일에 $\langle T_1, \text{start} \rangle$ 로그 레코드와 $\langle T_1, \text{commit} \rangle$가 존재한다. T_2 트랜잭션의 수행이 아직 완료되기 전이므로 로그 파일에 $\langle T_2, \text{start} \rangle$ 로그 레코드만 존재하고 $\langle T_2, \text{commit} \rangle$ 로그 레코드는 존재하지 않는다. 따라서, T_1 트랜잭션에 대해서는 redo 연산을, T_2 트랜잭션에 대해서는 undo 연산을 실행해야 한다.

② **지연 갱신 회복 기법** : 지연 갱신 회복 기법은 트랜잭션이 수행되는 동안에는 데이터 변경 연산의 결과를 데이터베이스에 즉시 반영하지 않고 로그 파일에만 기록해두었다가, 트랜잭션이 부분 완료된 후에 로그에 기록된 내용을 이용해 데이터베이스에 한 번에 반영한다. 트랜잭션이 수행되는 동안 장애가 발생하면, 로그에 기록된 내용을 버리기만 하면 데이터베이스가 원래 상태를 그대로 유지하게 된다. 지연 갱신 회복 기법에서는 undo 연산은 필요 없고 redo 연산만 필요하므로 로그 레코드에 변경 이전 값을 기록할 필요가 없다. 변경 연산 실행에 대한 로그 레코드는 $\langle T_i,$ $X,\ new\_value \rangle$ 형식으로 기록된다.

| 순차적으로 수행되는 두 트랜잭션의 로그 파일 내용 |

```
1 : ⟨T₁, start⟩
2 : ⟨T₁, A, 10000, 8000⟩
3 : ⟨T₁, B, 0, 2000⟩
4 : ⟨T₁, commit⟩
5 : ⟨T₂, start⟩
6 : ⟨T₂, C, 5000, 1000⟩
7 : ⟨T₂, D, 0, 4000⟩
8 : ⟨T₂, commit⟩
```

㉠ 2, 3번 과정 사이에서 장애가 발생 : T_1 트랜잭션의 수행이 아직 완료되기 전이므로 로그 파일에 $\langle T_1,\ start \rangle$ 로그 레코드만 존재하고 $\langle T_1,\ commit \rangle$ 로그 레코드는 존재하지 않는다. 트랜잭션이 실행한 데이터 변경 연산의 결과를 아직 데이터베이스에 반영하기 전이므로 로그에 기록된 내용만 버리면 다른 회복 조치를 하지 않아도 된다.

㉡ 6, 7번 과정 사이에서 장애가 발생 : T_1 트랜잭션의 수행이 이미 완료되었으므로 로그 파일에 $\langle T_1,\ start \rangle$ 로그 레코드와 $\langle T_1,\ commit \rangle$가 존재한다. T_2 트랜잭션의 수행이 아직 완료되기 전이므로 로그 파일에 $\langle T_2,\ start \rangle$ 로그 레코드만 존재하고 $\langle T_2,\ commit \rangle$ 로그 레코드는 존재하지 않는다. 아직 완료되지 않은 T_2 트랜잭션에 대한 로그 레코드를 무시하고 T_2 트랜잭션에는 별다른 회복 조치를 하지 않아도 된다. 수행이 완료된 T_1 트랜잭션에는 redo 연산을 실행한다.

③ **검사 시점 회복 기법** : 로그를 이용한 회복 기법은 로그 전체를 분석하여 로그에 기록된 모든 트랜잭션을 대상으로 redo나 undo 중에서 적용할 회복 연산을 결정해야 한다. 그런데 로그 전체를 대상으로 회복 기법을 적용하면 데이터베이스 회복에 많은 시간이 걸리고 redo 연산을 수행할 필요가 없는 트랜잭션에도 redo 연산을 실행하는 일이 벌어지기도 한다.

검사 시점 회복 기법은 이와 같은 비효율성을 보완한 기법으로 로그 회복 기법과 같은 방법으로 로그 기록을 이용하되, 일정 시간 간격으로 검사 시점을 만든다. 장애가 발생하면 가장 최근 검사 시점 이전의 트랜잭션에는 회복 작업을 수행하지 않고, 이후의 트랜잭션에만 회복 작업을 수행한다. 검사 시점 회복 기법을 이용하면 회복 작업의 범위가 검사 시점으로 정해지므로 불필요한 회복 작업을 수행하지 않아 데이터베이스 회복 시간이 단축된다는 장점이 있다.

④ 미디어 회복 기법 : 데이터베이스는 비휘발성 저장 장치인 디스크에 저장된다. 디스크는 휘발성 저장 장치인 메인 메모리보다 장애가 드물게 발생하지만 디스크 헤더의 고장과 같은 원인으로 장애가 발생할 수 있다. 디스크에 발생할 수 있는 장애에 대비한 회복 기법은 미디어 회복 기법이다.

미디어 회복 기법은 전체 데이터베이스의 내용을 일정 주기마다 다른 안전한 저장 장치에 복사해두는 덤프를 이용하고 디스크 장애가 발생하면 가장 최근에 복사해 둔 덤프를 이용해 장애 발생 이전의 일관된 데이터베이스 상태로 복구된다.

전체 데이터베이스를 다른 저장 장치에 복사하는 것은 비용이 많이 들고 복사하는 동안 트랜잭션 수행을 중단해야 하므로 미디어 회복 기법은 CPU가 낭비된다는 단점이 있다.

2 병행 제어

1. 병행 수행과 병행 제어

데이터베이스 관리 시스템은 여러 사용자가 동시에 데이터베이스를 공유할 수 있도록 여러 개의 트랜잭션이 동시에 수행되는 병행 수행을 지원한다. 병행 수행은 실제로 여러 트랜잭션이 차례로 번갈아 수행되는 인터리빙 방식으로 진행된다.

여러 개의 트랜잭션이 병행 수행되면서 같은 데이터에 접근하여 연산을 실행하더라도, 문제가 발생하지 않고 정확한 수행 결과를 얻을 수 있도록 트랜잭션의 수행을 제어하는 것을 병행 제어 또는 동시성 제어라고 한다.

2. 병행 제어 기법

(1) 로킹 기법

로킹 기법은 병행 수행되는 트랜잭션들이 동일한 데이터에 동시에 접근하지 못하도록 lock과 unlock이라는 2개의 연산을 이용해 제어한다. 로킹 기법의 기본 원리는 한 트랜잭션이 먼저 접근한 데이터에 대한 연산을 모두 마칠 때까지, 해당 데이터에 다른 트랜잭션이 접근하지 못하도록 상호 배제하여 직렬 가능성을 보장한다.

로킹 기법에서 lock 연산은 트랜잭션이 사용할 데이터에 대한 독점권을 가지기 위해 사용한다. unlock 연산은 트랜잭션이 데이터에 대한 독점권을 반납하기 위해 사용한다. 로킹 기법을 사용해 트랜잭션이 데이터베이스에 있는 데이터에 접근하는 연산을 실행하려면 먼저 해당 데이터에 lock 연산을 실행하여 독점권을 획득해야 한다. 일반적으로 데이터베이스에 있는 데이터에 접근이 필요한 연산은 데이터를 읽어오는 read와 데이터를 기록하는 write다. 따라서 트랜잭션이 데이터에 read 또는 write 연산을 실행하기 전에 반드시 lock 연산을 실행해야 한다. 다른 트랜잭션이 lock 연산을 실행한 데이터에는 다시 lock 연산이 실행될 수 없다. lock 연산을 통해 독점권을 획득한 데이터에 대해 모든 연산이 끝나면 unlock 연산을 실행해서 독점권을 반납해야 한다. 독점권이 반납되면 다른 트랜잭션이 해당 데이터에 접근할 수 있다.

(2) 2단계 로킹 규약★☆☆

기본 로킹 규약의 문제를 해결하고 트랜잭션의 직렬 가능성을 보장하기 위해 lock과 unlock 연산의 수행 시점에 대한 새로운 규약을 추가한 것이 2단계 로킹 규약이다. 2단계 로킹 규약을 따르려면 모든 트랜잭션이 lock과 unlock 연산을 다음과 같이 2단계로 나누어 실행해야 한다. 확장 단계는 트랜잭션이 lock 연산만 실행할 수 있고, unlock 연산은 실행할 수 없는 단계이고, 축소 단계는 트랜잭션이 unlock 연산만 실행할 수 있고, lock 연산은 실행할 수 없는 단계를 말한다.

트랜잭션이 처음 수행되면 확장 단계로 접어들게 되고 lock 연산만 실행할 수 있다. 도중에 unlock 연산을 실행하면 축소 단계로 들어가 그때부터는 unlock 연산만 실행할 수 있다. 2단계 로킹 규약을 준수하는 트랜잭션은 첫 번째 unlock 연산을 실행하기 전에 필요한 모든 lock 연산을 실행해야 한다.

교착 상태는 트랜잭션들이 상대가 독점하고 있는 데이터에 unlock 연산이 실행되기를 서로 기다리면서 트랜잭션의 수행을 중단하고 있는 상태를 말한다. 교착 상태에 빠지면 트랜잭션들은 더 이상 수행을 계속하지 못하고 상대 트랜잭션이 먼저 unlock 연산을 실행해주기를 한없이 기다리게 된다.

기출플러스✚　　　★☆☆

데이터베이스의 동시성 제어에 대한 설명으로 옳지 않은 것은? (단, T1, T2, T3는 트랜잭션이고, A는 데이터 항목이다)

18 국가직 9급

① 다중버전 동시성 제어 기법은 한 데이터 항목이 변경될 때 그 항목의 이전 값을 보존한다.
② T1이 A에 배타 로크를 요청할 때, 현재 T2가 A에 대한 공유 로크를 보유하고 있고 T3가 A에 공유 로크를 동시에 요청한다면, 트랜잭션 기아 회피기법이 없는 경우 A에 대한 로크를 T3가 T1보다 먼저 보유한다.
③ 로크 전환이 가능한 상태에서 T1이 A에 대한 배타 로크를 요청할 때, 현재 T1이 A에 대한 공유 로크를 보유하고 있는 유일한 트랜잭션인 경우 T1은 A에 대한 로크를 배타 로크로 상승할 수 있다.
④ 2단계 로킹 프로토콜에서 각 트랜잭션이 정상적으로 커밋될 때까지 자신이 가진 모든 배타적 로크들을 해제하지 않는다면 모든 교착상태를 방지할 수 있다.

해설　반도상

정답의 이유
2단계 로킹 프로토콜에서 각 트랜잭션이 정상적으로 커밋될 때까지 자신이 가진 모든 배타적 로크들을 해제하지 않는다면 교착 상태에 빠져들게 된다.

정답 ④

CHAPTER 07 데이터베이스 응용 기술

중요 학습내용
1. 데이터베이스의 종류와 특징에 대해 알 수 있다.

01 데이터베이스 종류

1 객체지향 데이터베이스

1. 객체지향 데이터 모델

객체지향 데이터 모델은 객체와 객체 식별자, 속성과 메서드, 클래스, 클래스 계층 및 상속, 복합 객체 등을 지원하는 객체지향 개념에 기반을 둔 데이터 모델이다.

(1) 객체와 객체 식별자

객체는 현실 세계에 존재하는 개체를 추상적으로 표현한 것으로, 각 객체는 시스템 전체에서 유일하게 식별될 수 있는 객체 식별자를 가지고, 객체 식별자를 특정 객체에 접근하기 위한 수단으로 사용한다.

(2) 속성과 메서드

객체지향 데이터 모델의 속성은 관계 데이터 모델의 속성과 같은 의미로 볼 수 있다. 객체지향 데이터 모델의 속성은 값을 여러 개 가질 수 있으며, 사용자가 정의한 클래스 뿐 아니라 해당 클래스의 하위 클래스도 도메인으로 정의할 수 있다.
객체지향 데이터 모델의 메서드는 객체에 수행할 수 있는 연산이다. 객체의 속성 값을 검색하거나 추가·삭제·수정하는 데 주로 사용한다.

(3) 클래스

클래스는 속성과 메서드를 공유하는 유사한 성질의 객체들을 하나로 그룹화한 것이다. 객체는 클래스의 구성원으로, 클래스 인스턴스 또는 객체 인스턴스라고 한다. 클래스 내부에는 해당 클래스의 객체를 위한 데이터 구조와 메서드 구현에 관한 세부 사항을 기술한다.

(4) 클래스 계층과 상속

클래스를 단계적으로 세분화하면 클래스 간의 계층 관계가 발생하여 결과적으로 클래스 계층이 형성된다. 클래스 계층에서 상위에 있는 클래스를 상위클래스라 하고, 하위에 있는 클래스를 하위클래스라고 한다.

클래스 계층 개념은 상속이라는 객체지향 개념을 지원한다. 상속은 상위클래스의 속성과 메서드를 자신의 모든 하위클래스에 물려주는 의미를 가진다. 하위클래스가 단 하나의 상위클래스로부터 속성과 메서드를 상속받는 것을 단일 상속이라고 하고, 여러 개의 상위클래스로부터 속성과 메서드를 상속받는 것을 다중 상속이라고 한다.

2 객체관계 데이터베이스

객체관계 데이터 모델은 객체지향 개념과 관계 데이터 모델의 개념을 통합한 것으로, 릴레이션, 객체, 메서드, 클래스, 상속, 캡슐화 등을 모두 지원한다. 객체관계 데이터베이스를 위한 SQL은 관계 데이터베이스에서 제공하는 기본 질의어의 기능은 물론 사용자 정의 타입, 객체, 객체 식별자, 메서드 등과 같은 객체지향 특성도 함께 가지고 있다.

객체관계 데이터베이스는 관계 데이터베이스에 기반을 두고 사용자가 더 풍부한 데이터 타입을 추가할 수 있도록 하는 데 목적을 두고 있다.

3 분산 데이터베이스 시스템★☆☆

물리적으로 분산된 데이터베이스 시스템을 네트워크로 연결해, 사용자가 논리적으로는 하나의 중앙 집중식 데이터베이스 시스템처럼 활용할 수 있도록 한 것을 분산 데이터베이스 시스템이라 한다.

1. 분산 데이터베이스 시스템의 구성

분산 데이터베이스 시스템은 분산 처리기, 분산 데이터베이스, 통신 네트워크로 구성된다.

(1) 분산 처리기

분산 데이터베이스 시스템은 물리적으로 분산되어 지역별로 필요한 데이터를 처리할 수 있는 지역 컴퓨터인 분산 처리기가 필요하다.

(2) 분산 데이터베이스

분산 데이터베이스는 물리적으로 분산된 지역 데이터베이스다. 분산 데이터베이스는 해당 지역의 분산 처리기와 함께 지역의 데이터 처리를 지원한다. 분산 데이터베이스는 일반적으로 해당 지역에서 가장 많이 사용하는 데이터를 저장한다.

기출플러스➕   ★☆☆
분산 데이터베이스에 대한 설명으로 옳지 않은 것은?   12 지방직 9급

① 데이터 분산기술을 이용하여 트랜잭션 처리성능을 향상시킬 수 있다.
② 지역 사이트에 있는 모든 DBMS가 동일해야 한다.
③ 데이터 중복기술을 이용하여 가용성을 높일 수 있다.
④ 트랜잭션의 원자성을 보장하기 위해 2단계 완료 규약(Two-Phase Commit Protocol)을 사용할 수 있다.

해설   반도흥

정답의 이유
분산 데이터베이스에서는 지역 사이트에 있는 DBMS는 동일하지 않아도 된다.

정답 ②

(3) 통신 네트워크

지역의 분산 처리기는 네트워크를 통해 자원을 공유하기 때문에 논리적으로는 하나의 시스템과 같은 기능을 제공한다. 통신 네트워크에 있는 모든 분산 처리기는 특정 통신 규약에 따라 데이터를 전송하고 수신한다.

2. 분산 데이터베이스 시스템의 구조

분산 데이터베이스의 구조는 전역 개념 스키마, 단편화 스키마, 할당 스키마, 지역 스키마로 구성된다.

(1) 전역 개념 스키마

전역 개념 스키마는 분산 데이터베이스에 저장할 모든 데이터 구조와 제약조건을 정의한다. 전역 개념 스키마는 관계데이터 모델의 관점에서 보면 데이터베이스 안에 존재하는 모든 릴레이션 스키마의 집합이다.

(2) 단편화 스키마

분산 데이터베이스에서는 분산을 위해 전체 데이터 구조도 여러 조각으로 분할해야 한다. 단편화 스키마는 전역 개념 스키마를 분할하는 방법인 단편화를 정의한다.

(3) 할당 스키마

단편화는 전역 개념 스키마를 논리적으로 분할한 것이고 분할된 각 조각 스키마의 인스턴스는 실제로 하나 이상의 지역에 물리적으로 저장된다. 할당 스키마는 각 조각 스키마의 인스턴스를 물리적으로 저장해야 되는 지역을 정의한다.

(4) 지역 스키마

지역 스키마는 지역별로 저장하고 있는 데이터 구조와 제약조건을 정의한다.

3. 분산 데이터베이스 시스템의 장단점

(1) 분산 데이터베이스 시스템의 장점
① 신뢰성과 가용성 증대

중앙 집중식 데이터베이스 시스템에서는 장애가 발생하면 전체 시스템이 작업을 중지하지만, 분산 데이터베이스 시스템에서는 장애가 발생하지 않은 지역은 작업을 계속 수행할 수 있다. 즉, 분산 데이터베이스를 이용하면 시스템의 신뢰성과 가용성을 높일 수 있다.

② 지역 자치성과 효율성 증대

분산 데이터베이스 시스템에서는 데이터베이스를 지역별로 독립적으로 관리할 수 있다. 특히 가장 많이 사용하는 지역에 해당 데이터를 분산시켜 저장하면 데이터 요청에 대한 응답 시간을 줄이고 통신비용도 줄일 수 있다.

③ 확장성 증대

분산 데이터베이스 시스템에서는 새로운 지역에 데이터베이스를 설치하여 운영하
면 되기 때문에 확장이 쉽다.

(2) 분산 데이터베이스 시스템의 단점

분산 데이터베이스 시스템은 데이터의 분산, 단편화, 중복 등 중앙 집중식 데이터베이
스 시스템에 비해 추가로 고려할 사항이 많아 설계 및 구축비용이 많이 든다. 물리적으
로 분산된 여러 지역을 모두 관리해야 하기 때문에 관리가 복잡하고, 관리 비용도 많이
든다.

4 멀티미디어 데이터베이스 시스템

멀티미디어 데이터를 이용하는 다양한 응용 분야가 나타나면서 멀티미디어 데이터를
관리하고 질의를 효율적으로 처리하는 멀티미디어 데이터베이스 시스템의 필요성이
증가하고 있다.

1. 멀티미디어 데이터의 특성

일반적으로 그래픽, 오디오, 이미지, 비디오 등 다양한 타입의 데이터가 존재하는데,
데이터의 각 타입을 미디어라고 하고, 여러 미디어의 조합으로 이루어진 데이터를 멀티
미디어 데이터라고 한다. 멀티미디어 데이터 특성은 다음과 같다.

(1) 대용량 데이터

멀티미디어 데이터는 일반적으로 크기가 수 킬로바이트에서 수십 메가바이트 이상이다.

(2) 검색 방법이 복잡한 데이터

멀티미디어 데이터는 일반 데이터와 달리 검색 방법이 복잡하다. 검색 방법에는 설명
기반 검색과 내용 기반 검색이 있다.

① 설명 기반 검색 : 초기의 멀티미디어 검색 시스템에서 많이 사용한 방법으로, 멀티미
디어 데이터의 특성을 나타내는 키워드나 자세한 설명을 멀티미디어 데이터와 함께
저장해 두었다가 이를 검색에 이용한다.
② 내용 기반 검색 : 멀티미디어 데이터의 실제 내용을 이용하여 검색하는 방법으로,
특정 객체를 포함한 멀티미디어 데이터를 검색한다.

(3) 구조가 복잡한 데이터

멀티미디어 데이터는 원시 데이터, 등록 데이터, 서술 데이터 등으로 구성된다. 원시
데이터는 텍스트, 그래픽, 이미지, 오디오 등 기본 타입의 데이터이고, 등록 데이터는
멀티미디어 데이터의 특성과 필요한 정보를 별도로 추출한 데이터이다. 서술 데이터는

멀티미디어 데이터를 검색할 때 사용되는 것으로 멀티미디어 데이터에 지정된 키워드나 자세한 설명 등이 이에 해당한다.

2. 멀티미디어 데이터 질의

멀티미디어 데이터베이스에서는 데이터 자체에 대한 질의보다는 데이터에 포함된 특정 객체, 데이터에 대한 설명이나 키워드를 이용한 질의를 주로 사용한다.

(1) 멀티미디어 데이터의 질의 유형
① 텍스트 질의 : 사용자가 제시한 키워드를 포함하는 문서를 검색하는 질의가 대부분이다.
② 이미지 질의 : 사용자가 제시한 키워드와 관련 있는 이미지를 검색하는 내용 검색이나, 사용자가 제시한 이미지와 유사한 이미지를 검색하는 유사도 검색 질의가 많다.
③ 비디오 질의 : 비디오는 장면이라는 여러 정지 화면으로 구성되므로, 장면을 대상으로 하는 검색 질의가 많다.
④ 공간 질의 : 주어진 범위 조건에 맞는 특정 위치를 검색하는 질의가 많다.

(2) 멀티미디어 데이터의 질의 처리
① 매칭 기법 : 저장된 데이터와 질의 조건으로 주어진 데이터 간의 유사도를 수학 함수로 계산하여, 유사도가 높은 데이터를 검색한다.
② 랭킹 기법 : 검색 결과를 질의 조건과의 관련 정도에 따라 정렬하여, 관련성이 높은 결과부터 제공한다.
③ 필터링 기법 : 질의 조건과 관련성이 적은 데이터를 단계적으로 제거하여 검색 범위를 줄여가면서 검색한다.
④ 인덱스 기법 : 인덱스 구조를 이용해 질의 조건에 적합한 데이터를 검색한다.

5 웹 데이터베이스

웹 데이터베이스는 웹 서비스의 특성과 데이터베이스 시스템의 데이터 관리 기능을 통합한 것으로 다양한 웹 서비스 분야에서 활용할 수 있다. 웹 데이터베이스를 올바르게 수행하려면 웹 서비스와 데이터베이스 시스템을 연결해주는 미들웨어가 필요하다. 웹 서비스는 미들웨어를 통해 데이터베이스 시스템의 기능을 제공받는다.

6 데이터 웨어하우스

데이터베이스에 저장된 수많은 데이터 중에서 의사 결정에 도움이 되는 데이터를 빠르고 정확히 추출할 수 있는 여러 가지 방법 중 하나가 데이터 웨어하우스이다. 데이터 웨어하우스는 데이터베이스 시스템에서 의사 결정에 필요한 데이터를 미리 추출하여, 이를 원하는 형태로 변환하고 통합한 읽기 전용의 데이터 저장소이다. 데이터 웨어하우스는 의사 결정을 위한 정보의 집합으로, 검색 위주의 의사 결정 업무를 위한 것이다. 그리고 올바른 의사 결정을 위해 현재의 데이터와 과거의 데이터를 함께 유지하는 경우가 많다.

PART 07

빈출개념 체크 ○×

01 정형 데이터는 구조에 따라 저장된 데이터이고, 정형 데이터와 달리 데이터 내용 안에 구조에 대한 설명이 함께 존재한다.
(○ / ×)

02 반정형 데이터의 대표적인 예는 웹에서 데이터를 교환하기 위해 작성하는 HTML, XML, JSON 문서나 웹 로그, 센서 데이터 등이다.
(○ / ×)

03 소셜 데이터의 텍스트, 영상, 이미지, 워드나 PDF 문서와 같은 멀티미디어 데이터들은 비정형 데이터에 속한다.   (○ / ×)

04 데이터베이스 관리 시스템(DBMS : DataBase Management System)은 저장된 데이터를 관리하고 모든 응용 프로그램이 공통으로 요구하는 데이터에 대한 기본 처리를 담당하면서 동시 공유, 보안, 회복 등의 기능을 제공해주는 소프트웨어이다.   (○ / ×)

05 사용자는 데이터베이스 관리 시스템에 직접 접근할 수 있다.   (○ / ×)

06 데이터베이스 구조나 접근 방법 등이 변경되어도 사용자가 미리 알거나 응용 프로그램을 변경할 필요가 없어 데이터 독립성이 유지된다.
(○ / ×)

07 사용자 요구에 따라 데이터를 삽입·삭제·수정·검색 연산을 처리하는 것은 데이터베이스 관리 시스템의 정의 기능에 해당한다.
(○ / ×)

08 데이터베이스 관리 시스템은 데이터 중복을 최대화하여 데이터 일관성을 유지한다.   (○ / ×)

09 데이터베이스 관리자(DBA : DateBase Administrator)는 조직 내에서 데이터베이스를 구성, 설치, 업그레이드, 관리 등의 역할을 수행하는 사람을 말한다.
(○ / ×)

10 데이터베이스 내부 단계에서는 데이터베이스를 저장 장치의 관점에서 이해하고 표현한다.   (○ / ×)

11 개념 스키마는 데이터베이스 관리 시스템이나 관리자의 관점에서 모든 사용자에게 필요한 데이터를 통합하여 전체 데이터베이스의 논리적인 구조를 정의한다.
(○ / ×)

12 내부 스키마는 각 사용자가 생각하는 데이터베이스의 모습을 표현한 논리적인 구조이다.   (○ / ×)

13 물리적 데이터 독립성은 개념 스키마가 변경되어도 외부 스키마가 영향을 받지 않는 것을 의미한다. (○ / ×)

14 데이터 정의어(DDL : Data Definition Language)는 새로운 데이터베이스를 구축하기 위해 스키마를 정의하거나 기존 스키마의 정의를 삭제 또는 수정하기 위해 사용하는 데이터 언어이다. (○ / ×)

15 데이터의 삽입・삭제・수정・검색 등의 처리를 데이터베이스 관리 시스템에 요구하기 위해 사용하는 데이터 언어는 데이터 제어어이다. (○ / ×)

CHAPTER 02 데이터 모델링

01 개념적 데이터 모델의 대표적인 모델은 개체-관계(E-R) 모델이다. (○ / ×)

02 계층 데이터 모델에서는 다 대 다 관계를 직접 표현할 수 있어 별도의 개체를 추가로 생성할 필요가 없다. (○ / ×)

03 네트워크 데이터 모델은 데이터베이스의 논리적 구조가 그래프 또는 네트워크 형태이다. (○ / ×)

04 릴레이션의 열을 속성 또는 애트리뷰트(attribute)라고 한다. (○ / ×)

05 릴레이션의 행을 투플 또는 카디널리티(Cardinality)이라고 한다. (○ / ×)

06 널(null) 값은 속성의 해당되는 값이 0이나 공백을 의미한다. (○ / ×)

07 후보키는 유일성과 최소성을 만족하는 속성 또는 속성들의 집합이다. (○ / ×)

08 기본키는 여러 후보키 중에서 기본적으로 사용할 키를 말한다. (○ / ×)

09 슈퍼키는 어떤 릴레이션에 소속된 속성 또는 속성 집합이 다른 릴레이션의 기본키가 되는 키다. (○ / ×)

10 개체 무결성 제약조건은 기본키를 구성하는 모든 속성은 널 값을 가지면 안 된다는 것을 말한다. (○ / ×)

11 참조 무결성 제약조건은 외래키는 참조할 수 없는 값을 가질 수 없다는 것을 의미한다. (○ / ×)

12 $\sigma_{조건}(A)$는 릴레이션 A에서 주어진 속성들의 값으로만 구성된 투플들을 반환한다는 의미이다. (○ / ×)

13 A⋈B는 공통 속성을 이용해 릴레이션 A와 B의 투플들을 연결하여 만들어진 새로운 투플들을 반환한다는 의미이다. (○ / ×)

14 A×B는 릴레이션 B의 모든 투플과 관련 있는 릴레이션 A의 투플들을 반환한다는 의미이다. (○ / ×)

01 테이블을 생성하는 SQL 명령어는 INSERT TABLE이다. (O / ×)

02 기본키는 PRIMARY KEY 키워드를 사용하고 반드시 하나만 지정할 수 있다. (O / ×)

03 참조되는 테이블의 투플이 삭제될 때 ON DELETE CASCADE는 관련 투플을 함께 삭제한다는 의미이다. (O / ×)

04 테이블을 변경할 때에는 ALTER TABLE 문으로 변경할 수 있다. (O / ×)

05 데이터를 검색할 때 사용되는 SQL 문은 SELECT이다. (O / ×)

06 검색 조건을 부분적으로만 알고 있을 때 LIKE 키워드를 사용하여 검색할 수 있다. (O / ×)

07 ORDER BY 키워드와 함께 정렬 기준이 되는 속성을 지정하고 오름차순 정렬이면 ASC, 내림차순 정렬이면 DESC로 표현한다.
(O / ×)

08 집계 함수는 널인 속성 값은 제외하고 계산하고, WHERE 절에서는 사용할 수 없으며, SELECT 절이나 HAVING 절에서만 사용할 수 있다. (O / ×)

09 테이블에서 속성 값이 같은 투플을 모아 그룹을 만들고, 그룹별로 검색을 할 때에는 WHERE 키워드를 사용한다. (O / ×)

10 INSERT문의 기본 형식은 INSERT INTO 테이블 이름[(속성 리스트)] VALUES (속성값 리스트);이다. (O / ×)

11 뷰(view)는 다른 테이블을 기반으로 만들어진 가상 테이블로 데이터를 실제로 저장하고 있다. (O / ×)

12 뷰를 생성하기 위해서는 CREATE VIEW SQL 명령어를 사용한다. (O / ×)

13 뷰를 사용하면 데이터를 편리하게 관리할 수 있고 보안 유지에 도움이 된다. (O / ×)

14 뷰를 삭제하기 위해서는 DROP VIEW 명령어를 사용한다. (O / ×)

CHAPTER 04 데이터베이스 설계

01 데이터베이스를 구축 단계는 요구 사항 분석 → 물리적 설계 → 논리적 설계 → 개념적 설계이다. (O / ×)

02 개념적 설계 단계에서는 요구 사항 분석 단계에서 파악한 사용자의 요구 사항을 개념적 데이터 모델을 이용해 표현한다. (O / ×)

03 논리적 설계 단계에서 E-R 다이어그램을 릴레이션 스키마로 변환하는 작업을 논리적 모델링 또는 데이터 모델링이라고 한다. (O / ×)

CHAPTER 05 정규화

01 릴레이션이 제1정규형에 속하려면 릴레이션에 속한 모든 속성이 더는 분해되지 않는 원자값만 가져야 한다. (O / ×)

02 기본키가 아닌 모든 속성이 기본키에 완전 함수 종속되면 제3정규형에 속하게 된다. (O / ×)

03 기본키가 아닌 모든 속성이 기본키에 이행적 함수 종속이 되지 않으면 제3정규형에 속한다. (O / ×)

CHAPTER 06 데이터베이스 관리

01 트랜잭션의 요소에는 원자성, 일관성, 격리성, 지속성이 있다. (O / ×)

02 원자성(Atomicity)은 트랜잭션이 성공적으로 수행된 후에도 데이터베이스가 일관된 상태를 유지해야 함을 의미한다. (O / ×)

03 commit는 트랜잭션이 성공적으로 수행되었음을 선언하는 것으로 작업 완료를 의미한다. (O / ×)

04 장애가 발생했을 때, 덤프나 로그 방법으로 중복 저장한 데이터를 이용해 데이터베이스를 복구하는 가장 기본적인 방법은 redo나 undo 연산을 실행하는 것이다. (O / ×)

05 검사 시점 회복 기법에는 다시 즉시 갱신 회복 기법과 지연 갱신 회복 기법이 있다. (O / ×)

06 로킹 기법은 병행 수행되는 트랜잭션들이 동일한 데이터에 동시에 접근하지 못하도록 lock과 unlock이라는 2개의 연산을 이용해 제어한다. (O / ×)

CHAPTER 07 데이터베이스 응용 기술

01 객체관계 데이터 모델은 객체지향 개념과 관계 데이터 모델의 개념을 통합한 것으로, 릴레이션, 객체, 메서드, 클래스, 상속, 캡슐화 등을 모두 지원한다. (O / X)

02 물리적으로 분산된 데이터베이스 시스템을 네트워크로 연결해, 사용자가 논리적으로는 하나의 중앙 집중식 데이터베이스 시스템처럼 활용할 수 있도록 한 것을 분산 데이터베이스 시스템이라 한다. (O / X)

03 분산 데이터베이스 시스템은 신뢰성과 가용성이 증대되고, 관리가 간편하고 관리 비용도 적게 든다. (O / X)

04 데이터베이스에 저장된 수많은 데이터 중에서 의사 결정에 도움이 되는 데이터를 빠르고 정확히 추출할 수 있는 여러 가지 방법 중 하나가 데이터 웨어하우스이다. (O / X)

정답 및 해설

CHAPTER 01 데이터베이스 기초

01 정답 X
반정형 데이터는 구조에 따라 저장된 데이터이지만 정형 데이터와 달리 데이터 내용 안에 구조에 대한 설명이 함께 존재한다.

02 정답 O
반정형 데이터에는 HTML, XML, JSON 문서나 웹 로그, 센서 데이터 등이 속한다.

03 정답 O
비정형 데이터에는 소셜 데이터의 텍스트, 영상, 이미지 등과 같은 멀티미디어 데이터가 속한다.

04 정답 O
데이터베이스 관리 시스템은 데이터를 삽입·삭제·수정·검색하고, 모든 응용 프로그램이 데이터베이스를 공유할 수 있도록 한다.

05 정답 X
사용자는 응용 프로그램을 통해 필요한 데이터와 처리를 데이터베이스 관리 시스템에 요청하면 데이터베이스 관리 시스템은 데이터를 처리한 후 결과를 응용 프로그램을 통해 사용자에게 전달한다.

06 정답 O
사용자나 응용 프로그램은 데이터베이스의 물리적 구조나 데이터 접근 방법 등을 몰라도 된다.

07 정답 X
사용자 요구에 따라 데이터를 삽입·삭제·수정·검색 연산을 처리하는 것은 데이터베이스 관리 시스템의 제어 기능에 해당한다.

08 정답 X
데이터베이스 관리 시스템은 데이터 중복을 최소화하여 데이터 일관성을 유지한다.

09 정답 O
데이터베이스 관리자는 데이터베이스에 스키마 정의, 자료의 보안성, 무결성 유지, 백업 및 회복 전략 정의 등의 역할을 수행한다.

10 정답 O
데이터베이스 내부 단계에서는 데이터베이스가 저장 장치에 실제로 저장되는 방법을 정의하며 이를 내부 스키마라고 한다.

11 정답 O
개념 스키마는 데이터베이스에 어떤 데이터가 저장되고, 데이터들 간에 어떤 관계가 존재하고 어떤 제약조건이 있는지에 대해 정의한다. 그리고 데이터에 대한 보안 정책이나 접근 권한에 대한 정의도 포함한다.

12 정답 X
내부 스키마는 파일에 데이터를 저장하는 레코드 구조, 레코드를 구성하는 필드의 크기, 인덱스를 이용한 레코드 접근 경로 등을 정의한다.

13 정답 X
물리적 데이터 독립성은 내부 스키마가 변경되어도 개념 스키마가 영향을 받지 않는 것을 의미한다. 따라서, 외부 스키마도 영향을 받지 않는다.

14 정답 O
데이터 정의어는 새롭게 생성하려는 데이터베이스의 스키마를 설명하거나 이미 정의된 스키마의 구조나 제약 조건 등을 변경 또는 삭제하고 싶을 때 데이터베이스 관리 시스템에 알리는 용도로 사용된다.

15 정답 X
데이터의 삽입·삭제·수정·검색 등의 처리를 데이터베이스 관리 시스템에 요구하기 위해 사용하는 데이터 언어는 데이터 조작어이다.

01 정답 ○

개념적 데이터 모델의 대표적인 모델은 개체-관계(E-R) 모델이며, 개체-관계 모델을 이용해 개념적으로 모델링하여 그림으로 표현한 것이다.

02 정답 ✕

계층 데이터 모델에서는 다 대 다 관계를 직접 표현할 수 없어 별도의 개체를 추가로 생성하여 표현한다.

03 정답 ○

네트워크 데이터 모델은 데이터베이스의 논리적 구조가 그래프 또는 네트워크 형태로, 개체는 사각형으로 나타내고 개체들 간의 관계는 화살표로 나타내는데 화살표는 일 대 다 관계만 표현할 수 있다.

04 정답 ○

릴레이션의 열을 속성 또는 애트리뷰트라고 한다.

05 정답 ○

릴레이션의 행을 투플 또는 카디널리티라고 한다.

06 정답 ✕

릴레이션에 있는 특정 투플의 속성 값을 모르거나, 적당한 값이 없을 때 널(null)이라는 값을 사용한다. 널 값은 속성의 해당되는 값이 없음을 나타내므로 0이나 공백하고는 의미가 다르다.

07 정답 ○

후보키는 투플을 유일하게 구별하기 위해 꼭 필요한 최소한의 속성들로 이루어지기 때문에 슈퍼키 중에서 최소성을 만족하는 것이 후보키가 된다.

08 정답 ○

기본키는 여러 후보키 중에서 기본적으로 사용할 키를 말하며, 기본키 표현은 속성 이름에 밑줄을 긋는다.

01 정답 ✕

테이블을 생성하는 SQL 명령어는 CREATE TABLE이다.

02 정답 ○

기본키는 PRIMARY KEY 키워드를 사용하고 반드시 하나만 지정할 수 있다.

03 정답 ○

ON DELETE CASCADE는 관련 투플을 함께 삭제한다는 의미를 가진다.

04 정답 ○

테이블 변경 명령어는 ALTER TABLE이다.

05 정답 ○

데이터를 검색할 때는 SELECT문을 사용한다.

09 정답 ✕

어떤 릴레이션에 소속된 속성 또는 속성 집합이 다른 릴레이션의 기본키가 되는 키는 외래키이다.

10 정답 ○

관계 데이터 모델에서는 릴레이션에 포함된 투플들을 유일하게 구별해주고 각 투플에 쉽게 접근할 수 있도록 릴레이션마다 기본키를 정의한다. 만약 기본키를 구성하는 속성의 전체나 일부가 널 값이 되면 투플의 유일성을 판단하기가 어렵기 때문에 기본키의 목적을 상실하게 된다.

11 정답 ○

참조 무결성 제약조건은 외래키에 대한 규칙으로 연관된 릴레이션들에 적용된다. 외래키가 자신이 참조하는 릴레이션의 기본키와 상관없는 값을 가지면 두 릴레이션을 연관시킬 수 없기 때문에 외래키의 목적이 사라진다.

12 정답 ✕

$\sigma_{조건}(A)$는 릴레이션 A에서 조건을 만족하는 투플들을 반환한다는 의미이다.

13 정답 ○

A⋈B는 A와 B를 조인한다는 의미로, 공통 속성을 이용해 릴레이션 A와 B의 투플들을 연결하여 만들어진 새로운 투플들을 반환한다.

14 정답 ✕

A×B는 카티션 프로덕트로, 릴레이션 A의 각 투플과 릴레이션 B의 각 투플을 모두 연결하여 만들어진 새로운 투플을 반환하는 의미를 가진다.

06 정답 ○

검색 조건을 부분적으로만 알고 있을 때 LIKE 키워드를 사용하여 검색할 수 있다. 검색 조건을 정확하게 안다면 = 연산자를 사용하면 되고, 부분적으로만 알고 있다면 LIKE 키워드를 사용한다.

07 정답 ○

ORDER BY와 함께 정렬 시 오름차순일 때 ASC, 내림차순일 때 DESC를 사용한다.

08 정답 ○

집계 함수는 WHERE 절에서는 사용할 수 없으며, SELECT 절이나 HAVING 절에서만 사용할 수 있다.

09 정답 ✕

테이블에서 속성 값이 같은 투플을 모아 그룹을 만들고, 그룹별로 검색을 할 때에는 GROUP BY 키워드를 사용한다.

10 정답 ○

테이블에 새로운 투플을 삽입할 때에는 INSERT 키워드를 사용하며, INSERT INTO 테이블 이름[(속성 리스트)] VALUES (속성값 리스트); 형식을 사용한다.

11 정답 ×

뷰(view)는 다른 테이블을 기반으로 만들어진 가상 테이블이다. 뷰는 데이터를 실제로 저장하고 있지 않기 때문에 가상 테이블이라고 한다.

CHAPTER 04 데이터베이스 설계

01 정답 ×

데이터베이스를 구축 단계는 요구 사항 분석 → 개념적 설계 → 논리적 설계 → 물리적 설계이다.

02 정답 ○

개념적 설계 단계에서는 요구 사항 분석 단계에서 파악한 사용자의 요구 사항을 개념적 데이터 모델을 이용해 표현한다. 개념적 데이터 모델

CHAPTER 05 정규화

01 정답 ○

제1정규형의 조건은 릴레이션에 속한 모든 속성이 더는 분해되지 않는 원자값만 가지는 것이다.

02 정답 ×

릴레이션이 제1정규형에 속하고, 기본키가 아닌 모든 속성이 기본키에 완전 함수 종속되면 제2정규형에 속하게 된다.

CHAPTER 06 데이터베이스 관리

01 정답 ○

트랜잭션의 4가지 요소에는 원자성, 일관성, 격리성, 지속성이 있다.

02 정답 ×

일관성(Consistency)은 트랜잭션이 성공적으로 수행된 후에도 데이터베이스가 일관된 상태를 유지해야 함을 의미한다.

03 정답 ○

commit는 트랜잭션이 성공적으로 수행되었음을 선언하는 것으로 작업 완료를 의미한다. commit 연산이 실행된 후에야 트랜잭션의 수행 결과가 데이터베이스에 반영되어 데이터베이스가 일관된 상태를 지속적으로 유지하게 된다.

CHAPTER 07 데이터베이스 응용 기술

01 정답 ○

객체관계 데이터베이스를 위한 SQL은 관계 데이터베이스에서 제공하는 기본 질의어의 기능은 물론 사용자 정의 타입, 객체, 객체 식별자, 메서드 등과 같은 객체지향 특성도 함께 가지고 있다.

02 정답 ○

물리적으로 분산된 데이터베이스 시스템을 네트워크로 연결하여 시스템을 구현한 것을 분산 데이터베이스 시스템이라고 한다.

12 정답 ○

뷰 생성 시 사용하는 SQL 명령어는 CREATE VIEW이다.

13 정답 ○

뷰의 장점은 질의문을 쉽게 작성할 수 있고, 데이터 보안을 유지하고 관리를 편리하게 할 수 있다.

14 정답 ○

뷰 삭제 시 DROP VIEW 명령어를 사용한다.

은 개발에 사용할 DBMS의 종류에 독립적이면서, 중요한 데이터 요소와 데이터 요소 간의 관계를 표현할 때 사용한다.

03 정답 ○

관계 데이터 모델을 사용한다면 개념적 설계 단계에서 생성한 E-R 다이어그램을 릴레이션 스키마로 변환하여 DBMS가 처리할 수 있도록 하는 것이 논리적 설계 단계에서 수행하는 주요 작업이다.

03 정답 ○

릴레이션이 제2정규형에 속하고, 기본키가 아닌 모든 속성이 기본키에 이행적 함수 종속이 되지 않으면 제3정규형에 속한다.

04 정답 ○

redo 연산은 로그에 기록된 변경 연산 후의 값을 이용하여 변경 연산을 재실행하는 방법으로 데이터베이스를 복구한다. undo 연산은 로그에 기록된 변경 연산 이전의 값을 이용하여 변경 연산을 취소하는 방법으로 데이터베이스를 복구한다.

05 정답 ×

검사 시점 회복 기법은 로그 회복 기법과 같은 방법으로 로그 기록을 이용하되, 일정 시간 간격으로 검사 시점을 만든다.

06 정답 ○

로킹 기법은 병행 수행되는 트랜잭션들이 동일한 데이터에 동시에 접근하지 못하도록 lock과 unlock이라는 2개의 연산을 이용해 제어한다.

03 정답 ×

분산 데이터베이스 시스템은 신뢰성과 가용성이 증대되지만, 관리가 복잡하고 관리 비용도 많이 든다.

04 정답 ○

데이터 웨어하우스는 데이터베이스 시스템에서 의사 결정에 필요한 데이터를 미리 추출하여, 이를 원하는 형태로 변환하고 통합한 읽기 전용의 데이터 저장소이다.

PART 07

확인학습문제

CHAPTER 01 데이터베이스 기초

★★☆

01 데이터베이스 관리 시스템(database management system)을 구축함으로써 생기는 이점만을 모두 고른 것은?

16 국가직 9급

> ㄱ. 응용 소프트웨어가 데이터베이스에 관한 세부 사항에 자세히 관련할 필요가 없어져서 응용 소프트웨어 설계가 단순화될 수 있다.
> ㄴ. 데이터베이스에 대한 접근 제어가 용이해진다.
> ㄷ. 데이터 독립성을 제거할 수 있다.
> ㄹ. 응용 소프트웨어가 데이터베이스를 직접 조작하게 된다.

① ㄱ, ㄴ
② ㄱ, ㄷ
③ ㄴ, ㄹ
④ ㄷ, ㄹ

해설 난도 중

오답의 이유

ㄷ, ㄹ 데이터베이스 관리 시스템이 응용 프로그램을 대신하여 데이터베이스의 접근과 관리에 모든 책임을 지기 때문에 응용 프로그램과 데이터베이스 사이에 독립성이 확보된다.

★★★

02 다음 중 DBMS를 구성할 때 고려해야 할 사항으로 옳지 않은 것은?

14 서울시 9급

① 데이터의 중복성을 최소화해야 한다.
② 최신의 데이터를 유지해야 한다.
③ 데이터의 일관성을 유지해야 한다.
④ 사용자가 모든 데이터를 자유로이 탐색할 수 있어야 한다.
⑤ 데이터들은 상호간에 긴밀히 연결되어 있어야 한다.

해설 난도 중

정답의 이유

사용자는 응용 프로그램을 통해 필요한 데이터와 처리를 데이터베이스 관리 시스템에 요청하면 데이터베이스 관리 시스템은 데이터를 처리한 후 결과를 응용 프로그램을 통해 사용자에게 전달한다. 사용자가 모든 데이터에 직접 접근할 수 없다.

03 데이터베이스 관리 시스템(DataBase Management System)에 대한 설명으로 옳지 않은 것은? 14 서울시 9급

① 응용프로그램에 대한 데이터의 독립성이 보장된다.

② 데이터가 중복 저장되는 것을 방지하여 데이터의 일관성을 유지한다.

③ 데이터베이스의 구성과 저장, 접근 방법, 유지 및 관리를 위한 시스템 소프트웨어이다.

④ 고속/고용량의 메모리나 CPU 등이 요구되지 않으므로 시스템 운영비를 감소시킬 수 있다.

해설 난도 중

정답의 이유

효율적인 데이터베이스를 관리하기 위해서는 고속/고용량의 메모리나 CPU가 필요하다.

04 다음 데이터베이스에 관한 설명 중 옳은 것은? 15 서울시 9급

① 개념스키마는 개체 간의 관계와 제약 조건을 정의한다.

② 데이터베이스는 응용프로그램의 네트워크 종속성을 해결한다.

③ 데이터의 논리적 구조가 변경되어도 응용프로그램은 변경되지 않는 속성을 물리적 데이터 독립성이라고 한다.

④ 외부스키마는 물리적 저장장치와 밀접한 계층이다.

해설 난도 중

오답의 이유

② 데이터베이스는 데이터베이스 관리 시스템이 관리하고 모든 책임을 진다. 응용 프로그램의 네트워크 종속성은 데이터베이스와 직접적으로 연관이 있지 않고 응용 프로그램과 네트워크 간 관계를 가진다.

③ 물리적 데이터 독립성은 내부 스키마가 변경되어도 개념 스키마가 영향을 받지 않는다는 것이다.

④ 물리적 저장 장치와 밀접한 계층은 내부 스키마이다.

05 범 기관적 입장에서 데이터베이스를 정의한 것으로서 데이터베이스에 저장될 데이터의 종류와 데이터 간의 관계를 기술하며 데이터 보안 및 무결성 규칙에 대한 명세를 포함하는 것은?

13 국가직 9급

① 외부스키마 ② 내부스키마

③ 개념스키마 ④ 물리스키마

해설 난도 중

오답의 이유

① 외부 단계에서 사용자에게 필요한 데이터베이스를 정의한 것이다.

② 내부 단계에서 데이터베이스가 저장 장치에 실제로 저장되는 방법을 정의한 것이다.

★★☆

06 데이터베이스 스키마(schema)에 대한 설명으로 옳지 않은 것은? 11 국가직 9급

① 스키마(schema)는 데이터베이스의 논리적 정의인 데이터의 구조와 제약 조건에 대한 명세를 기술한 것이다.

② 외부 스키마(external schema)는 데이터베이스의 개별 사용자나 응용 프로그래머가 접근하는 데이터베이스를 정의한 것이다.

③ 내부 스키마(internal schema)는 여러 개의 외부 스키마를 통합하는 관점에서 논리적인 데이터베이스를 기술한 것이다.

④ 개념 스키마(conceptual schema)는 모든 응용 시스템들이나 사용자들이 필요로 하는 데이터를 통합한 조직 전체의 데이터베이스를 기술한 것으로 하나의 데이터베이스 시스템에는 하나의 개념 스키마만 존재한다.

해설 난도 중

정답의 이유

내부 스키마는 내부 단계에서는 데이터베이스가 저장 장치에 실제로 저장되는 방법을 정의한 것이다.

★★☆

07 스키마의 3계층 중 다음 설명에 해당하는 것은? 19 전자계산기조직응용

- 데이터베이스의 물리적 구조이다.
- 데이터의 실제 저장 방법을 기술한다.
- 물리적인 저장 장치와 밀접한 계층이다.

① 외부 스키마   ② 개념 스키마
③ 내부 스키마   ④ 관계 스키마

해설 난도 하

정답의 이유

내부 단계에서는 데이터베이스를 저장 장치의 관점에서 이해하고 표현한다. 내부 단계에서는 데이터베이스가 저장 장치에 실제로 저장되는 방법을 정의하며 이를 내부 스키마라고 한다.

★★☆

08 데이터베이스의 3단계 스키마에 해당하지 않는 것은? 19 전자계산기조직응용

① 내부 스키마   ② 외부 스키마
③ 개념 스키마   ④ 계층 스키마

해설 난도 하

정답의 이유

데이터베이스의 3단계는 외부 단계, 개념 단계, 내부 단계로 구성된다. 각 단계의 스키마는 외부 스키마, 개념 스키마, 내부 스키마이다.

★☆☆

01 데이터베이스 데이터 모델에 대한 설명으로 옳지 않은 것은? 16 국가직 9급

① 계층 데이터 모델은 트리 형태의 데이터 구조를 가진다.
② 관계 데이터 모델은 테이블로 데이터베이스를 나타낸다.
③ 네트워크 데이터 모델은 그래프 형태로 데이터베이스 구조를 표현한다.
④ 계층 데이터 모델, 관계 데이터 모델, 네트워크 데이터 모델은 개념적 데이터 모델이다.

해설 난도 중

정답의 이유

계층 데이터 모델, 관계 데이터 모델, 네트워크 데이터 모델은 논리적 데이터 모델이다. 개체–관계 모델이 개념적 데이터 모델이다.

★☆☆

02 데이터베이스에 대한 설명으로 옳지 않은 것은? 12 지방직 9급

① 객체관계형 데이터베이스는 객체지향 개념과 관계 개념을 통합한 것이다.
② 객체지향형 데이터베이스는 데이터와 연산을 일체화한 객체를 기본 구성요소로 사용한다.
③ 관계형 데이터베이스는 레코드들을 그래프 구조로 연결한다.
④ 계층형 데이터베이스는 레코드들을 트리 구조로 연결한다.

해설 난도 중

정답의 이유

관계형 데이터베이스는 레코드들을 테이블 구조로 연결하며, 망형 데이터베이스는 레코드들을 그래프 구조로 연결한다.

★☆☆

03 데이터베이스관리자(DBA)의 역할로 거리가 먼 것은? 19 정보처리산업

① 데이터베이스에 스키마 정의   ② 사용자 통제 및 감시
③ 자료의 보안성, 무결성 유지   ④ 백업 및 회복 전략 정의

해설 난도 중

정답의 이유

데이터베이스관리자는 데이터베이스에 대한 통제 및 감시를 수행한다.

★☆☆

04 개념 관계 모델(Entity–Relationship model)을 그래프 방식으로 표현한 E–R다이어그램에서 마름모 모양으로 표현되는 것은?

14 서울시 9급

① 개체 타입(entity type)   ② 관계 타입(relationship type)

③ 속성(attribute)   ④ 키 속성(key attribute)

⑤ 링크(link)

해설 난도 하

정답의 이유

E–R 다이어그램은 기본적으로 개체를 표현하는 사각형, 개체 간의 관계를 표현하는 마름모, 개체나 관계의 속성을 표현하는 타원, 각 요소를 연결하는 연결선으로 구성된다. 다음은 E–R 다이어그램의 예이다.

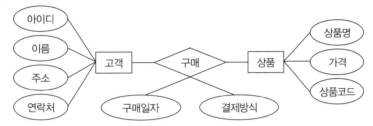

★★★

05 관계형 모델(relational model)의 릴레이션(relation)에 대한 설명으로 옳지 않은 것은?

15 국가직 9급

① 릴레이션의 한 행(row)을 투플(tuple)이라고 한다.

② 속성(attribute)은 릴레이션의 열(column)을 의미한다.

③ 한 릴레이션에 존재하는 모든 투플들은 상이해야 한다.

④ 한 릴레이션의 속성들은 고정된 순서를 갖는다.

해설 난도 중

정답의 이유

한 릴레이션의 속성들은 고정된 순서를 갖지 않는다.

관계 데이터 모델

	열(속성, 애트리뷰트)		
아이디 CHAR(20)	**이름** CHAR(10)	**나이** INT	**등급** CHAR(3)
yellow	최영광	32	B
red	김영지	23	C
green	김지운	26	A

행(투플)

★★☆

06 속성(attribute)에 대한 설명으로 틀린 것은?

① 속성은 개체의 특성을 기술한다.

② 속성은 데이터베이스를 구성하는 가장 작은 논리적 단위이다.

③ 속성은 파일 구조상 데이터 항목 또는 데이터 필드에 해당된다.

④ 속성의 수를 "cardinality" 라고 한다.

해설 난도 중

정답의 이유

릴레이션의 열을 속성 또는 애트리뷰트(attribute)라고 하고, 릴레이션의 행을 투플 또는 카디널리티(Cardinality)이라고 한다.

★★★

07 다음 데이터베이스 스키마에 대한 설명으로 옳지 않은 것은? (단, 밑줄이 있는 속성은 그 릴레이션의 기본키를, 화살표는 외래키 관계를 의미한다)

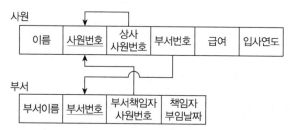

① 외래키는 동일한 릴레이션을 참조할 수 있다.

② 사원 릴레이션의 부서번호는 부서 릴레이션의 부서번호 값 중 하나 혹은 널이어야 한다는 제약조건은 참조무결성을 의미한다.

③ 신입사원을 사원 릴레이션에 추가할 때 그 사원의 사원번호는 반드시 기존 사원의 사원번호와 같지 않아야 한다는 제약조건은 제1정규형의 원자성과 관계있다.

④ 부서 릴레이션의 책임자부임날짜는 반드시 그 부서책임자의 입사연도 이후이어야 한다는 제약조건을 위해 트리거 (trigger)와 주장(assertion)을 사용할 수 있다.

해설 난도 상

정답의 이유

제1정규형은 모든 속성이 하나의 원자값만 가져야 한다는 것을 의미한다. 새롭게 추가되는 사원의 사원번호가 기존 사원의 사원번호와 같지 않아야 한다는 제약조건은 제1정규형의 원자성과 관계가 없고 개체 무결성 제약조건을 말한다. 개체 무결성 제약조건은 기본키는 NULL 값을 가지면 안 되고 릴레이션 내에 오직 하나의 값만 존재해야 한다는 조건을 말한다.

08 속성 A, B, C로 정의된 릴레이션의 인스턴스가 아래와 같을 때, 후보키의 조건을 충족하는 것은? 16 지방직 9급

A	B	C
1	12	7
20	12	7
1	12	3
1	1	4
1	2	6

① (A)

② (A, C)

③ (B, C)

④ (A, B, C)

해설 난도 중

정답의 이유

A, C 속성을 조합하면 중복되는 값이 존재하지 않으므로 유일성이 만족되고, 속성 A, B, C 각자는 중복된 값이 있기 때문에 유일성을 만족하지 못한다. 따라서 (A, C) 두 개의 속성을 조합하면 최소성을 만족하므로 후보키가 될 수 있다.

오답의 이유

① 중복된 값 1이 있으므로 후보키에 부적합하다.

③ B, C의 조합은 1, 2번째 투플의 값이 12, 7로 중복되어 유일성이 만족되지 않는다.

④ (A, C)가 최소성을 만족하므로 (A, B, C)는 후보키가 될 수 없다.

더 알아보기

후보키

후보키가 되기 위해서는 속성이 유일성과 최소성을 만족해야 한다.

• 유일성 : 키 값이 같은 투플이 존재하지 않는다는 것을 말한다.

• 최소성 : 꼭 필요한 최소한의 속성들로만 키를 구성하는 것을 말한다.

09 데이터베이스 키(key)에 대한 다음의 설명에 해당하는 키는?

14 서울시 9급

> 릴레이션에 있는 모든 투플들을 유일하게 식별할 수 있는 애트리뷰트의 부분집합으로 유일성과 최소성을 만족함

① 기본키(primary key) ② 후보키(candidate key)

③ 대체키(alternate key) ④ 슈퍼키(super key)

⑤ 외래키(foreign key)

해설 난도 하

오답의 이유

① 기본키는 여러 후보키 중에서 기본적으로 사용할 키를 말한다. 기본키 표현은 속성 이름에 밑줄을 긋는다.

③ 대체키는 기본키로 선택되지 못한 후보키들이다.

④ 슈퍼키는 유일성의 특성을 만족하는 속성 또는 속성들의 집합이다. 유일성은 키가 갖추어야 하는 기본적인 특성으로, 하나의 릴레이션에서 키로 지정된 속성 값은 투플마다 달라져야 한다는 것을 의미한다.

⑤ 외래키는 어떤 릴레이션에 소속된 속성 또는 속성 집합이 다른 릴레이션의 기본키가 되는 키다. 즉 다른 릴레이션의 기본키를 그대로 참조하는 속성의 집합이 외래키이다.

10 관계형 데이터베이스의 키(key)에 대한 설명으로 옳지 않은 것은?

14 지방직 9급

① 슈퍼키(superkey)는 릴레이션을 구성하는 속성(attribute)들 중에서 각 투플(tuple)을 유일하게 식별할 수 있도록 하는 속성 또는 속성들의 집합이다.

② 후보키(candidate key)는 유일성(uniqueness)과 최소성(minimality)을 만족시킨다.

③ 기본키(primary key)는 후보키 중에서 투플을 식별하는 기준으로 선택된 특별한 키이다.

④ 두 개 이상의 후보키 중에서 기본키로 선택되지 않은 나머지 후보키를 외래키(foreign key)라고 한다.

해설 난도 중

정답의 이유

두 개 이상의 후보키 중에서 기본키로 선택되지 않은 나머지 후보키를 대체키라고 한다. 외래키는 어떤 릴레이션에 소속된 속성 또는 속성 집합이 다른 릴레이션의 기본키가 되는 키이다.

★★★
11 다음은 어느 기관의 데이터베이스 테이블을 나타낸 것이다.

직원

직원 번호	이름	부서
10	김	B20
20	이	A10
30	박	A10
40	최	C30

부서

부서 번호	부서명
A10	기획과
B20	인사과
C30	총무과

정책

정책 번호	정책명	제안자
100	인력양성	40
200	주택자금	20
300	친절교육	10
400	성과금	10
500	신규고용	20

다음 관계대수식을 적용한 결과의 카디널리티(cardinality)로 옳은 것은?

$$\Pi_{이름, 부서명, 정책명}(부서 \bowtie_{부서번호 = 부서} (\Pi_{이름, 부서명, 정책명}(정책 \bowtie_{제안자 = 직원번호} 직원)))$$

① 3 ② 4
③ 5 ④ 6

해설 난도 상
정답의 이유
가장 먼저 실행되는 '정책⋈제안자=직원번호 직원'을 살펴보면 ⋈은 조인(join)으로 공통 속성을 이용해 릴레이션 A와 B의 투플들을 연결하여 만들어진 새로운 투플들을 반환하는 것으로 결과는 다음과 같다.

| 정책⋈제안자=직원번호 직원 결과 테이블 |

정책 번호	정책명	제안자	이름	부서
100	인력양성	40	최	C30
200	주택자금	20	이	A10
300	친절교육	10	김	B20
400	성과금	10	김	B20
500	신규고용	20	이	A10

'Π이름, 부서명, 정책명(정책⋈제안자=직원번호 직원)'에서 Π는 프로젝트로 정책⋈제안자=직원번호 직원 결과 테이블에서 이름, 부서명, 정책명으로 구성된 투플들을 반환하는 것으로 결과는 다음과 같다.

| Π이름, 부서명, 정책명(정책⋈제안자=직원번호 직원) 결과 테이블 |

정책명	이름	부서
인력양성	최	C30
주택자금	이	A10
친절교육	김	B20
성과금	김	B20
신규고용	이	A10

'부서⋈부서번호=부서(Π이름, 부서명, 정책명(정책⋈제안자=직원번호 직원))'에서 Π이름, 부서명, 정책명(정책⋈제안자=직원번호 직원) 결과 테이블을 부서와 조인한 결과는 다음과 같다.

| 부서⋈부서번호=부서(Π이름, 부서명, 정책명(정책⋈제안자=직원번호 직원)) 결과 테이블 |

정책명	이름	부서	부서명
인력양성	최	C30	총무과
주택자금	이	A10	기획과
친절교육	김	B20	인사과
성과금	김	B20	인사과
신규고용	이	A10	기획과

'Π이름, 부서명, 정책명(부서⋈부서번호=부서(Π이름, 부서명, 정책명(정책⋈제안자=직원번호 직원)))'에서 부서⋈부서번호=부서(Π이름, 부서명, 정책명(정책⋈제안자=직원번호 직원)) 결과 테이블을 프로젝트 한 결과는 다음과 같다.

| 부서⋈부서번호=부서(Π이름, 부서명, 정책명(정책⋈제안자=직원번호 직원)) 결과 테이블 |

정책명	이름	부서
인력양성	최	C30
주택자금	이	A10
친절교육	김	B20
성과금	김	B20
신규고용	이	A10

카디널리티는 투플의 개수로 총 5개이다.

★ ★ ★

12 다음의 관계 대수식을 SQL 질의로 옳게 표현 한 것은?

19 정보처리

$$\pi_A(\sigma_p(r1| \times |r2))$$

① select P from r1, r2 where A;

② select A from r1, r2 where P;

③ select r1, r2 from A where P;

④ select A from r1, r2

해설 난도 중

정답의 이유

×는 카티션 프로덕트로 릴레이션 r1, r2의 각 투플을 모두 연결한다. σ는 셀렉트로 p의 조건을 만족하는 투플들을 반환한다. 마지막으로 π는 프로젝트로 속성 A로 구성된 투플들을 반환한다. 해당 내용들을 SQL 질의로 표현하면 select A from r1, r2 where P;가 된다. SQL 질의문을 해석하면 r1, r2 릴레이션에서 조건이 P를 만족하는 속성 A를 검색한다는 의미를 가진다.

★☆☆

13 다음 중 관계형 데이터베이스의 조인(JOIN)에 대한 설명으로 옳지 않은 것은?

20 컴활1급

① 쿼리에 여러 테이블을 포함할 때는 조인을 사용하여 원하는 결과를 얻을 수 있다.

② 내부 조인은 조인되는 두 테이블에서 조인하는 필드가 일치하는 행만을 반환하려는 경우에 사용한다.

③ 외부 조인은 조인되는 두 테이블에서 공통 값이 없는 데이터를 포함할지 여부를 지정할 수 있다.

④ 조인에 사용되는 기준 필드의 데이터 형식은 다르거나 호환되지 않아도 가능하다.

해설 난도 **중**

정답의 이유

조인에 사용되는 기준 필드의 데이터 형식은 같아야 한다.

CHAPTER 03 **데이터베이스 언어** SQL

★★☆

01 관계형 데이터베이스의 표준 질의어인 SQL(Structured Query Language)에서 CREATE TABLE문에 대한 설명으로 옳지 않은 것은?

14 국가직 9급

① CREATE TABLE문은 테이블 이름을 기술하며 해당 테이블에 속하는 칼럼에 대해서 칼럼이름과 데이터타입을 명시한다.

② PRIMARY KEY절에서는 기본키 속성을 지정한다.

③ FOREIGN KEY절에서는 참조하고 있는 행이 삭제되거나 변경될 때의 옵션으로 NO ACTION, CASCADE, SET NULL, SET DEFAULT 등을 사용할 수 있다.

④ CHECK절은 무결성 제약 조건으로 반드시 UPDATE 키워드와 함께 사용한다.

해설 난도 **중**

정답의 이유

CHECK절은 무결성 제약 조건으로 CONSTRAINT 키워드와 함께 고유의 이름을 부여할 수도 있다.

02 다음 중 유효한 SQL 문장이 아닌 것은?

16 서울시 9급

① SELECT * FROM Lawyers WHERE firmName LIKE '% and %';

② SELECT firmLoc, COUNT(*) FROM Firms WHERE employees<100;

③ SELECT COUNT(*) FROM Firms WHERE employees<100;

④ SELECT firmLoc, SUM(employees) FROM Firms GROUP BY firmLoc WHERE SUM(employees)<100;

해설 `난도 상`

정답의 이유

그룹별 검색에서 조건을 추가할 때에는 WHERE이 아니고 HAVING 키워드를 함께 사용한다.

오답의 이유

① 검색 조건을 부분적으로만 알고 있을 때 LIKE 키워드를 사용하여 검색할 수 있다. 기본 형식은 SELECT 속성리스트 FROM 테이블 리스트 [WHERE 조건] [LIKE 조건];이다.

② 계산 결과를 검색하기 위해 집계 함수를 이용할 수 있다. COUNT()는 속성 값의 개수를 구하는 함수이다.

★☆☆

03 다음 중 선택 쿼리에서 사용자가 지정한 패턴과 일치하는 데이터를 찾고자 할 때 사용되는 연산자는?

20 컴활1급

① Match

② Some

③ Like

④ Any

해설 `난도 하`

정답의 이유

검색 조건을 부분적으로만 알고 있을 때 LIKE 키워드를 사용하여 검색할 수 있다. 검색 조건을 정확하게 안다면 = 연산자를 사용하면 되고, 부분적으로만 알고 있다면 LIKE 키워드를 사용한다.

04 다음의 성적 테이블에서 학생별 점수평균을 구하기 위한 SQL문으로 옳은 것은?

성명	과목	점수
홍길동	국어	80
홍길동	영어	68
홍길동	수학	97
강감찬	국어	58
강감찬	영어	97
강감찬	수학	65

① SELECT 성명, (AVG)점수 FROM 성적 ORDER BY 성명;

② SELECT 성명, AVG(점수) FROM 성적 ORDER BY 성명;

③ SELECT 성명, (AVG)점수 FROM 성적 GROUP BY 성명;

④ SELECT 성명, AVG(점수) FROM 성적 GROUP BY 성명;

해설 난도 중

정답의 이유

학생별로 점수 평균을 구해야하기 때문에 성명으로 그룹화하여 검색해야 한다. 따라서 그룹 검색 시 사용되는 GROUP BY를 사용해야 한다. ORDER BY는 정렬을 할 때 사용하는 명령어이다.

★★☆

05 학생 테이블에서 학번에 300인 학생의 학년을 3으로 수정하기 위한 SQL 질의어는?

① UPDATE 학년=3 FROM 학생 WHERE 학번=300;

② UPDATE 학생 SET 학년=3 WHERE 학번=300;

③ UPDATE FROM 학생 SET 학년=3 WHERE 학번=300;

④ UPDATE 학년=3 SET 학생 WHEN 학번=300;

해설 난도 중

정답의 이유

UPDATE 다음에는 테이블 명이 오고, SET 다음에는 변경하고자 하는 내용을 작성한다. WHERE에는 조건이 온다.

★★★

06 다음 중 SQL 질의에 대한 설명으로 옳지 않은 것은?

20 컴활1급

① ORDER BY절 사용 시 정렬방식을 별도로 지정하지 않으면 기본값은 'DESC'로 적용된다.

② GROUP BY절은 특정 필드를 기준으로 그룹화 하여 검색할 때 사용한다.

③ FROM절에는 테이블 또는 쿼리 이름을 지정하며, WHERE절에는 조건을 지정한다.

④ SELECT DISTINCT문을 사용하면 중복 레코드를 제거할 수 있다.

해설 난도 중

정답의 이유

ORDER BY는 정렬을 할 때 사용하는 명령어로 별도로 지정하지 않으면 오름차순(ASC)로 적용된다.

★★★

07 테이블에서 '평균' 필드 값이 90 이상인 학생들을 검색하여 '학년' 필드를 기준으로 내림차순, '반' 필드를 기준으로 오름차순 정렬하여 표시하고자 한다. 다음 중 아래 SQL문의 각 괄호 안에 넣을 예약어로 옳은 것은?

19 컴활2급

```
SELECT 학년, 반, 이름
FROM 평균성적
WHERE 평균 > = 90
( ㉠ ) 학년 ( ㉡ ) 반 ( ㉢ );
```

	㉠	㉡	㉢
①	GROUP BY	DESC	ASC
②	GROUP BY	ASC	DESC
③	ORDER BY	DESC	ASC
④	ORDER BY	ASC	DESC

해설 난도 중

정답의 이유

정렬을 하기 위해서는 ORDER BY 예약어를 사용해야 한다. 학년에 대해서는 내림차순 정렬이 되어야 하므로 DESC를 사용해야 하며, 반에 대해서는 오름차순 정렬이 되어야 하므로 ASC를 사용해야 한다.

★☆☆

08 데이터베이스에서 뷰(view)의 특징으로 옳지 않은 것은?

10 지방직 9급

① 뷰는 기본 테이블에서 유도되는 가상 테이블로서 물리적으로 존재하지 않는다.

② 필요한 데이터만을 뷰로 정의해서 처리할 수 있기 때문에 관리가 용이하다.

③ 뷰를 통해서 데이터에 접근이 가능하기 때문에 데이터를 안전하게 보호할 수 있다.

④ 뷰를 정의하기 위해서 'CREATE'문을 사용하고, 뷰를 제거하기 위해서 'DELETE'문을 사용한다.

해설 난도 중

정답의 이유

뷰를 정의하기 위해서 'CREATE'문을 사용하고, 뷰를 제거하기 위해서 'DROP'문을 사용한다.

★★☆

09 SQL의 분류 중 DDL에 해당하지 않는 것은?

19 정보처리

① UPDATE

② ALTER

③ DROP

④ CREATE

해설 난도 하

정답의 이유

UPDATE는 데이터 조작어(DCL)에 속하는 명령어이다.

> **더 알아보기**
>
> **SQL 분류**
> - 데이터 정의어(DDL) : CREATE, ALTER, DROP
> - 데이터 조작어(DCL) : INSERT, DELETE, UPDATE, SELECT

★★☆

10 SQL에서 DELETE 명령에 대한 설명으로 옳지 않은 것은?   19 정보처리기사

① 테이블의 행을 삭제할 때 사용한다.

② WHERE 조건절이 없는 DELETE 명령을 수행하면 DROP TABLE 명령을 수행했을 때와 같은 효과를 얻을 수 있다.

③ SQL을 사용용도에 따라 분류할 경우 DML에 해당한다.

④ 기본 사용 형식은 "DELETE FROM 테이블 [WHERE 조건]"이다.

해설 난도 중

정답의 이유

DELETE 명령은 테이블의 행을 삭제할 때 사용하는 명령어이고, DROP은 테이블을 삭제할 때 사용하는 명령어이다.

★☆☆

11 VIEW의 삭제 시 사용되는 SQL 명령은?   19 정보처리산업

① NULL VIEW~   ② KILL VIEW~

③ DELETE VIEW~   ④ DROP VIEW~

해설 난도 하

정답의 이유

뷰를 삭제할 때 명령어는 DROP VIEW 뷰 이름이다.

CHAPTER 04 | **데이터베이스 설계**

★★☆

01 데이터베이스 설계 과정에서 목표 DBMS의 구현 데이터 모델로 표현된 데이터베이스 스키마가 도출되는 단계는?

15 국가직 9급

① 요구사항 분석 단계   ② 개념적 설계 단계

③ 논리적 설계 단계   ④ 물리적 설계 단계

해설 난도 중

오답의 이유

① 수집된 요구 사항을 분석하여 그 결과를 요구 사항 명세서로 작성하는 것이 요구 사항 분석 단계에서 수행하는 주요 작업이다.

② 사용자의 요구 사항을 분석한 결과를 E-R 다이어그램으로 표현하는 것이 개념적 설계 단계에서 중요한 작업이다.

④ 물리적 설계 단계에서는 저장 장치에 적합한 저장 레코드와 인덱스의 구조 등을 설계하고, 저장된 데이터와 인덱스에 빠르게 접근할 수 있는 탐색 기법 등을 정의한다.

02 데이터베이스 설계 단계에서 목표 DBMS에 맞는 스키마 설계와 트랜잭션 인터페이스 설계에 대한 것은 어떤 단계에서 이루어지는가?

14 서울시 9급

① 요구 조건 분석 단계
② 개념적 설계 단계
③ 논리적 설계 단계
④ 물리적 설계 단계
⑤ 구현 단계

해설 난도 중

정답의 이유
개념적 설계 단계에서 생성한 E-R 다이어그램을 릴레이션 스키마로 변환하여 DBMS가 처리할 수 있도록 하는 것이 논리적 설계 단계에서 수행하는 주요 작업이다.

더 알아보기

데이터베이스 설계 단계
- 1단계(요구 조건 분석) : 요구 사항 분석 단계에서는 조직의 구성원들에게 필요한 데이터의 종류와 처리 방법 같은 다양한 요구 사항을 수집한다. 수집된 요구 사항을 분석하여 그 결과를 요구 사항 명세서로 작성한다.
- 2단계(개념적 설계) : 사용자의 요구 사항을 분석한 결과를 E-R 다이어그램으로 표현하는 것이 개념적 설계 단계에서 중요한 작업이다.
- 3단계(논리적 설계) : 개념적 설계 단계에서 생성한 E-R 다이어그램을 릴레이션 스키마로 변환하여 DBMS가 처리할 수 있도록 하는 것이 논리적 설계 단계에서 수행하는 주요 작업이다.
- 4단계(물리적 설계) : 물리적 설계 단계에서는 저장 장치에 적합한 저장 레코드와 인덱스의 구조 등을 설계하고, 저장된 데이터와 인덱스에 빠르게 접근할 수 있는 탐색 기법 등을 정의한다.
- 5단계(구현) : 구현 단계에서는 이전 설계 단계의 결과물을 기반으로 DBMS에서 SQL로 작성한 명령문을 실행하여 데이터베이스를 실제로 생성한다.

03 데이터베이스 설계 시 논리적 설계 단계에 대한 설명으로 옳지 않은 것은?

19 정보처리

① 사용자의 요구에 대한 트랜잭션을 모델링한다.
② 트랜잭션 인터페이스를 설계한다.
③ 관계형 데이터베이스에서는 테이블을 설계하는 단계이다.
④ DBMS에 맞는 논리적 스키마를 설계한다.

해설 난도 중

정답의 이유
사용자의 요구에 대한 트랜잭션을 모델링하는 단계는 개념적 설계 단계이다.

★★★

01 관계형 데이터베이스 설계에서의 정규화에 대한 설명으로 옳지 않은 것은? 16 지방직 9급

① 질의처리 성능 향상을 위해 비효율적인 릴레이션들을 병합하는 과정이다.
② 데이터 중복을 감소시켜 저장 공간의 효율성을 향상시킨다.
③ 삽입, 삭제, 수정 시 발생할 수 있는 이상(anomaly) 현상을 제거한다.
④ 정규형에는 1NF, 2NF, 3NF, BCNF, 4NF, 5NF 등이 있다.

해설 난도 중
정답의 이유
정규화는 함수 종속성을 이용하여, 릴레이션을 연관성이 속성들로만 구성되도록 분해해 이상 현상이 발생하지 않는 바람직한 릴레이션으로 만들어나가는 과정이다.

★★☆

02 스키마 R(A, B, C, D)와 함수적 종속 {A → B, A → C}을 가질 때 다음 중 BCNF 정규형은? 15 서울시 9급

① S(A, B, C, D)
② S(A, B)와 T(A, C, D)
③ S(A, C)와 T(A, B, D)
④ S(A, B, C)와 T(A, D)

해설 난도 중
정답의 이유
A가 B와 C를 결정하므로 이행적 함수 종속이 되지 않아 제3정규형에 속하게 된다. A가 결정자이자 후보키이므로 BCNF 정규형까지 만족한다. 따라서 S 릴레이션에 A, B, C를 구성하고, D는 종속되지 않기 때문에 B, C와는 분리하여 다른 릴레이션에 기본키 A와 함께 구성한다.

★★★

03 정규화 과정 중 1NF에서 2NF가 되기 위한 조건은? 19 정보처리

① 1NF를 만족하고 모든 도메인이 원자값이어야 한다.
② 1NF를 만족하고 키가 아닌 모든 애트리뷰트가 기본키에 대해 이행적으로 함수 종속되지 않아야 한다.
③ 1NF를 만족하고 키가 다치 종속이 제거되어야 한다.
④ 1NF를 만족하고 키가 아닌 모든 속성이 기본키에 대하여 완전 함수적 종속 관계를 만족해야 한다.

해설 난도 중
정답의 이유
릴레이션이 제1정규형에 속하고, 기본키가 아닌 모든 속성이 기본키에 완전 함수 종속되면 제2정규형에 속하게 된다.

★★☆

04 이행적 함수 종속 관계를 의미하는 것은?

19 정보처리

① A → B이고 B → C일 때, A → C를 만족하는 관계

② A → B이고 B → C일 때, B → A를 만족하는 관계

③ A → B이고 B → C일 때, B → A를 만족하는 관계

④ A → B이고 B → C일 때, C → B를 만족하는 관계

해설　난도 하

정답의 이유

이행적 함수 종속에 대해 살펴보면 릴레이션을 구성하는 3개의 속성 집합 A, B, C가 존재할 때 함수 종속 관계 A → B, B → C가 존재하면 A → C가 성립한다. 이때 속성 집합 C가 속성 집합 A에 이행적으로 함수 종속되었다고 한다.

CHAPTER 06　데이터베이스 관리

★★☆

01 데이터베이스에서 트랜잭션(transaction)이 가져야 할 ACID 특성으로 옳지 않은 것은?

14 국가직 9급

① 원자성(atomicity)　　　　　　　② 고립성(isolation)

③ 지속성(durability)　　　　　　　④ 병행성(concurrency)

해설　난도 하

정답의 이유

트랜잭션의 특성으로는 원자성, 일관성, 고립성(지속성), 지속성(영속성)이 있다.

더 알아보기

트랜잭션 특성

- 원자성 : 트랜잭션을 구성하는 연산들이 모두 정상적으로 실행되거나 하나도 실행되지 않아야 한다는 all-or-nothing 방식을 의미한다.
- 일관성 : 트랜잭션이 성공적으로 수행된 후에도 데이터베이스가 일관된 상태를 유지해야 함을 의미한다.
- 고립성 : 격리성이라고도 하고, 현재 수행 중인 트랜잭션이 완료될 때까지 트랜잭션이 생성한 중간 연산 결과에 다른 트랜잭션들이 접근할 수 없음을 의미한다.
- 지속성 : 영속성이라고도 하는데 트랜잭션이 성공적으로 완료된 후 데이터베이스에 반영한 수행 결과는 어떠한 경우에도 손실되지 않고 영구적이어야 함을 의미한다.

정답　01 ①　02 ④　03 ④　04 ①　/　01 ④

확인학습문제　**617**

PART

8

소프트웨어 공학

CHAPTER

01

소프트웨어 공학 소개

중요 학습내용
1. 소프트웨어 개발의 생명주기에 대해 알 수 있다.
2. CASE의 개념과 특징에 대해 알 수 있다.

기출플러스 ➕   ★★★
소프트웨어 개발 생명 주기(Software
Development Life Cycle)의 순서로 옳
은 것은?   17 서울시 9급
① 계획 → 분석 → 설계 → 구현 → 테
  스트 → 유지보수
② 분석 → 계획 → 설계 → 구현 → 테
  스트 → 유지보수
③ 분석 → 계획 → 설계 → 테스트→
  구현 → 유지보수
④ 계획 → 설계 → 분석 → 구현 → 테
  스트 → 유지보수

해설 난도중
정답의 이유
소프트웨어 개발 생명 주기는 총 6단계로,
계획 → 분석 → 설계 → 구현 → 테스트
→ 유지보수 단계로 이루어져 있다.
정답 ①

01 소프트웨어 공학의 이해

1 소프트웨어 개발 생명주기★★☆

소프트웨어 개발 생명주기는 하나의 소프트웨어를 개발하기 위해 계획 단계에서 유지 보수 단계에 이르기까지 일어나는 일련의 과정을 의미한다. 소프트웨어 개발 생명주기 는 계획, 분석, 설계, 구현, 테스트, 유지보수 단계로 이루어진다.

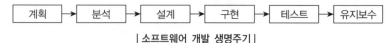

| 소프트웨어 개발 생명주기 |

1. 1단계 : 계획

소프트웨어 개발의 계획 단계에서는 비용, 기간 등 프로젝트 수행에 필요한 것에 대해 계획한다. 계획 단계에서 개발 비용을 산정하는 대표적인 방법으로 COCOMO 모델과 기능 점수 모델이 있다. 일정 계획과 관련해서는 프로젝트를 작은 단위로 나눠 작업할 수 있도록 하는 작업 분할 구조도 방법, 작업의 순서와 시간을 중심으로 작업 일정을 나타내는 네트워크 차트인 CPM, 작업의 진척 상황을 도표 형태로 표현한 간트 차트가 있다.

2. 2단계 : 분석

분석 단계에서는 기존 시스템의 문제점을 파악하고, 사용자 인터뷰를 통해 새로운 요구 사항을 도출하고 수집한다. 요구 사항을 최적화된 상태로 정리한 후 특정 표현 도구를 사용하여 다이어그램 등으로 나타낸다.

요구 사항을 표현하는 도구로는 자료 흐름도, 자료 사전, 소단위 명세서, 개체-관계 다이어그램, UML 표기법이 있다. UML 표기법은 다양한 다이어그램으로 구성되어 있는데 요구 사항은 유스케이스 다이어그램을 사용해 표현한다.

분석 단계에서는 최종 산출물로 요구 분석 명세서를 작성한다.

3. 3단계 : 설계

설계 단계에서는 분석 단계에서 표현한 유스케이스 다이어그램과 클래스 다이어그램을 가지고 코딩할 수 있는 수준으로 환경에 밀접하게 구체화한다.

4. 4단계 : 구현

구현 단계에서는 프로그램을 작성한다. 여러 사람이 함께 구현 작업을 하기 때문에 따라야 할 규칙이 존재한다.

5. 5단계 : 테스트

코딩이 완료되면 제품을 출시하기 전 여러 테스트 기법을 사용하여 오류를 찾아내는데 다음과 같은 프로세스로 수행된다.
① 테스트 계획
② 테스트 케이스 설계
③ 테스트 실행 및 측정
④ 결과 분석 및 평가
⑤ 오류 추적 및 수정

6. 6단계 : 유지보수

전반적인 소프트웨어에 대해 점검하고 보완하는 과정을 말한다. 소프트웨어 유지보수에는 수정, 적응, 기능 보강, 예방 유지보수가 있다. 소프트웨어 개발 생명주기에서 가장 비용이 많이 소요되는 단계이다.

2 CASE ★☆☆

CASE(Computer-Aided Software Engineering)은 컴퓨터 지원 소프트웨어 공학으로 시스템 개발의 자동화를 지원하는 소프트웨어 도구이다. CASE 도구들은 차트와 다이어그램을 자동으로 생성하는 그래픽 기능, 화면과 리포트 생성기, 데이터 사전, 분석과 검사 도구, 코드 생성기 등의 기능을 제공한다.

1. CASE의 장점

① 소프트웨어 품질을 효율적으로 제어할 수 있다.
② 소프트웨어 유지보수 비용을 절감할 수 있다.
③ 프로토타입(prototype)이나 프로그램 개발 및 유지가 용이하다.
④ 소프트웨어의 재활용성을 재고시켜 준다.
⑤ 모든 것이 그림으로 표현되기 때문에 개발자들 간에 정보시스템의 공유가 쉽다.

기출플러스 ✚   ★☆☆
CASE(Computer-Aided Software Engineering)에 대한 설명으로 옳지 않은 것은?   17 지방직 추가 9급
① 소프트웨어 품질을 효율적으로 제어할 수 있다.
② 소프트웨어 유지보수 비용을 절감할 수 있다.
③ 통합 CASE 도구는 소프트웨어 개발 주기의 전체 과정을 지원한다.
④ 하위 CASE 도구는 프로젝트 계획 수립 및 요구 분석 과정을 지원한다.

해설 난도 중
정답의 이유
하위 CASE 도구는 소프트웨어 개발 주기의 코드 작성(구현), 테스트, 문서화 과정을 지원한다.
정답 ④

이론플러스 ✚
CASE 분류
• 하위 CASE
소프트웨어 개발 주기의 코드 작성(구현), 테스트, 문서화 과정을 지원한다.
• 상위 CASE
소프트웨어 개발 주기의 분석, 설계 과정을 지원한다.
• 통합 CASE
소프트웨어 개발 주기의 전체 과정을 지원한다.

2. CASE의 분류

(1) 하위 CASE

소프트웨어 개발 주기의 코드 작성(구현), 테스트, 문서화 과정을 지원한다.

(2) 상위 CASE

소프트웨어 개발 주기의 분석, 설계 과정을 지원한다.

(3) 통합 CASE

소프트웨어 개발 주기의 전체 과정을 지원한다.

PLUS 참고 소프트웨어 분류

- 프리웨어(Freeware) : 대가를 바라지 않고 무료로 배포되는 소프트웨어이지만, 영리 목적 기관에서 사용하기 위해서는 일부 제한이 있을 수 있다.
- 라이트웨어(Liteware) : 상용 소프트웨어에서 일부 기능을 제거한 채 무료로 배포되는 소프트웨어를 말한다.
- 오픈소스 소프트웨어(Open Source Software) : 소스 코드가 공개되어 있어 누구나 특별한 제한 없이 해당 코드를 보고 사용할 수 있다.
- 셰어웨어(Shareware) : 시범적으로 사용자에게 무료로 제공한 후 일정 기간이 지나면, 유용성에 따라서 구매하도록 하는 소프트웨어이다.

CHAPTER 02 소프트웨어 개발 프로세스

01 소프트웨어 개발 프로세스 모델

1 주먹구구식 모델

주먹구구식 모델은 즉흥적 소프트웨어 개발 또는 코딩과 수정 모델이라고도 한다. 공식적인 가이드라인이나 프로세스가 없는 개발 방식으로, 요구 분석 명세서나 설계 단계 없이 간단한 기능만을 정리하여 개발하는 형태를 의미한다.

주먹구구식 모델은 정해진 개발 순서나 각 단계별로 문서화된 산출물이 없어 관리 및 유지보수가 매우 어렵다. 또한 프로젝트 전체 범위를 알 수 없고 좋은 아키텍처를 만들 수도 없으며, 개발자가 일을 효과적으로 나눠 개발할 수도 없다.

2 폭포수 모델 ★★★

폭포수 모델은 소프트웨어 개발 절차가 폭포에서 물이 떨어지듯이 다음 단계로 넘어가는 모델로, 고전적 생명 주기라고도 한다. 폭포수 모델은 소프트웨어 프로세스의 초기에 개발된 전통적인 모델로, 1950년대 항공 방위 소프트웨어 시스템 개발경험을 토대로 처음 개발되어 1970년대부터 널리 알려졌다. 소프트웨어 개발의 표준적인 프로세스를 정하여 소프트웨어를 순차적으로 개발한다.

1. 폭포수 모델의 개발 절차

폭포수 모델에서는 계획, 분석, 설계, 구현, 테스트, 유지보수의 각 단계가 하향식으로 진행되며, 병행되거나 거슬러 반복되지 않는다. 폭포수 모델을 적용한 개발 절차에서는 요구 사항 분석 단계가 끝나면 요구 분석 명세서가 산출된다. 각 단계에서 생성되는 산출물에 대해 확인 절차를 거침으로써 서로간의 책임 소재를 분명히 할 수 있다. 폭포수 모델의 개발 각 단계에서 하는 일은 다음과 같다.

기출플러스 ➕ ★★★

소프트웨어 개발 프로세스 모델에 대한 설명으로 가장 옳지 않은 것은?

18 서울시 9급

① 폭포수(Waterfall) 모델은 단계별 정형화된 접근 방법 및 체계적인 문서화가 용이하다.
② RAD(Rapid Application Development) 모델은 CASE(Computer Aided Software Engineering) 도구를 활용하여 빠른 개발을 지향한다.
③ 나선형(Spiral) 모델은 폭포수(Waterfall) 모델과 원형(Prototype) 모델의 장점을 결합한 모델이다.
④ 원형(Prototype) 모델은 고객의 요구를 완전히 이해하여 개발을 진행하는 것으로 시스템 이해도가 높은 관리자가 있는 경우 유용하다.

해설 난도중

정답의 이유

원형(Prototype) 모델은 고객의 요구는 완전히 이해하여 개발하는 것이 아니고 결과물에 대한 고객의 새로운 요구를 적용하여 개발하고 다시 피드백을 받는 방식이다.

원형(Prototype) 모델은 사용자의 요구를 받아 모형을 만들면 사용자는 추가 및 수정 요구를 한다. 개발자는 이와 같은 요구 사항을 적용한 프로토타입을 개발한다. 이와 같은 과정은 n번 반복하여 사용자의 추가 및 수정 요구 사항이 없으면 최종 프로토타입이 완성된다.

정답 ④

다음은 폭포수 모델에서 제시하는 소프트웨어 개발 단계들 중 일부에 대한 설명이다. 제시된 소프트웨어 개발 단계를 순서대로 바르게 나열한 것은?

17 지방직 9급

> ㄱ. 시스템 구조, 프로그램, 인터페이스를 설계한다.
> ㄴ. 소프트웨어를 이용하면서 문제점을 수정하거나 새로운 기능을 추가한다.
> ㄷ. 요구대로 소프트웨어가 적합하게 작동하는지 확인한다.
> ㄹ. 사용자의 요구사항을 파악한다.

① ㄱ → ㄴ → ㄷ → ㄹ
② ㄱ → ㄹ → ㄴ → ㄷ
③ ㄹ → ㄱ → ㄷ → ㄴ
④ ㄹ → ㄷ → ㄴ → ㄱ

해설 난도 중

정답의 이유
폭포수 모델의 개발 단계는 계획-요구 분석-설계-구현-테스트-유지보수로 구성된다. ㄹ은 요구 분석 단계이고, ㄱ은 설계 단계이다. ㄷ은 테스트 단계이고, ㄴ은 유지보수 단계이다.

정답 ③

(1) 계획 단계

① 문제를 정의한 후 프로젝트 영역을 결정한다.
② 작업 분할 구조도를 이용하여 세부 작업을 결정한다.
③ CPM을 이용해 작업 순서를 결정한다.
④ 간트 차트를 이용해 일정표를 작성한다.
⑤ 기능 점수 등을 이용해 프로젝트에 소요되는 비용을 산정한다.
⑥ 계획 단계의 최종 산출물인 개발 계획서를 작성한다.

(2) 요구 분석 단계

① 기존 시스템을 분석하고, 인터뷰 등을 통해 사용자의 요구 사항을 파악한다.
② 사용자가 요구하는 기능적 요구 사항과 비기능적 요구 사항을 파악한다.
③ 각 방법론에 따른 표기법을 이용해 정리된 요구 사항을 표현한다.
④ 객체지향 방법론에서는 유스케이스 다이어그램을 작성한다.
⑤ 최종 산출물로 요구 분석 명세서를 작성한다.

(3) 설계 단계

설계 단계는 전체적인 시스템을 구성을 나타내는 상위 설계(아키텍처 설계)와 각 모듈의 세부 내용을 설계하는 하위 설계(컴포넌트, 자료구조, 알고리즘)로 나뉜다.
① 상위 설계
ㄱ 개발하려는 소프트웨어의 전체 구조를 볼 수 있는 아키텍처를 설계한다.
ㄴ 아키텍처의 품질 속성을 결정한다.
ㄷ 아키텍처의 스타일을 결정한다.
ㄹ 설계 패턴을 결정한다.
② 하위 설계
ㄱ 모듈 간의 결합도와 모듈 내의 응집력을 고려하여 각 모듈의 세부 내용을 설계한다.
ㄴ 객체지향 방법론에 따라 설계를 한다면 설계 원리, 클래스 간 관계, 클래스 설계 원칙을 고려한다.

(4) 구현 단계

구현은 코딩을 하는 단계이다. 코딩을 할 때에는 가능한 표준 코딩 스타일을 지키는 것이 좋다. 보안과 관련해서는 시큐어 코딩 방법도 고려하여 보안에 취약하지 않도록 코딩한다.

(5) 테스트 단계

테스트 방법은 다양한 방법으로 분류할 수 있으므로 프로젝트 성격에 맞는 방법을 선택한다.
① 개발자 또는 사용자 시각에 따른 분류
② 사용되는 목적에 따른 분류
③ 프로그램 실행 요구 여부에 따른 분류

④ 품질 특성에 따른 분류

⑤ 소프트웨어 개발 단계에 따른 분류

(6) 유지보수 단계

소프트웨어를 사용하다보면 추가 요구 사항, 수정 사항 등이 많이 발생하는데 유지
보수 단계는 사용 중인 소프트웨어를 문제 없이 잘 유지하고, 문제가 있는 곳은 보수하
면서 사용하는 단계이다. 유지보수는 다음과 같이 분류할 수 있다.

① 수정 유지보수

② 적응 유지보수

③ 기능 보강 유지보수

④ 예방 유지보수

2. 폭포수 모델의 장점과 단점

(1) 장점

① 관리가 용이하다.

② 체계적으로 문서화할 수 있다.

③ 요구 사항의 변화가 적은 프로젝트에 적합하다.

④ 각 단계는 앞 단계가 완료되어야 수행할 수 있다.

⑤ 각 단계마다 작성된 결과물이 완벽한 수준으로 작성되어야 다음 단계에 오류를
넘겨주지 않는다.

(2) 단점

① 사용자가 중간에 가시적인 결과를 볼 수 없다.

3 V 모델★☆☆

V 모델은 폭포수 모델의 변형으로, 테스트 단계를 추가 확장하여 테스트 단계가 분석
및 설계와 어떻게 관련이 있는지 보여주는 모델이다. 폭포수 모델이 산출물 중심이라면
V 모델은 각 개발 단계를 검증하는 데 초점을 두기 때문에 오류를 줄일 수 있다.

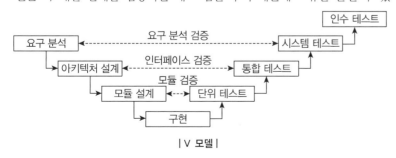

| V 모델 |

테스트 명	목표	내용
단위 테스트	개별 모듈 검증	모듈 테스트라고도 하며, 시스템을 구성하는 모듈(함수, 서브루틴, 컴포넌트 등)이 기능을 올바르게 수행하는지 판별한다.
통합 테스트	모듈 간의 인터페이스 검증	단위 테스트를 마친 각 모듈을 통합하는 과정에서 발생할 수 있는 오류를 찾는다. 주로 모듈 사이에 인터페이스 오류가 없는지, 모듈 사이의 상호작용이 적절하게 수행되는지, 모듈이 올바르게 연계되어 동작되고 있는지 확인한다.
시스템 테스트	모듈이 모두 통합된 후 사용자의 요구 사항들을 만족하는지 확인	시스템 전체가 정상적으로 작동하는지 테스트한다.
인수 테스트	시스템이 예상대로 동작하고 요구 사항에 부합하는지 확인	시스템을 사용자에게 인수하기 전 사용자가 요구 분석 명세서에 명시된 사항을 모두 충족하는지 테스트한다.

4 프로토타입 모델★★★

프로토타입(prototype)은 정식 절차에 따라 완전한 소프트웨어를 만들기 전 사용자의 요구를 받아 모형을 만들고 이 모형을 사용자와 의사소통하는 도구로 활용한다.

프로토타입을 만드는 것을 프로토타이핑이라고 한다. 개발자는 사용자의 초기 요구 사항을 반영하여 1차 프로토타입을 만든 후 사용자에게 보여준다. 사용자는 1차 프로토타입을 보고 추가 요구나 수정 요구를 하고 개발자는 이와 같은 요구 사항을 받아들여 2차 프로토타입을 만든다. 사용자가 만족할 때까지 여러 번 반복하여 사용자의 최종 요구를 반영한 완성품을 만드는 개발 방식이 프로토타입 방식이다.

프로토타입 모델은 폭포수 모델을 기반으로 개발하면서 사용자의 요구를 충분히 반영하기 위해 프로토타입을 추가한 모델로, 사용자의 요구가 불투명하고 요구 사항의 변화가 많이 발생하는 경우에 적합하다. 프로토타입 모델은 최종 프로토타입을 어떻게 활용하느냐에 따라 두 가지 형태로 나눌 수 있다. 최종 프로토타입을 버리고 처음부터 새로 소프트웨어를 개발하는 실험적 프로토타입 모델과 최종 프로토타입을 버리지 않고 지속적으로 발전시켜 개발해 가는 진화적 프로토타입 모델이 있다.

1. 프로토타입 모델의 종류

(1) 실험적 프로토타입 모델

일반적으로 말하는 프로토타입 모델로, 사용자의 요구 사항을 반복적으로 반영하여 최종 프로토타입을 만드는 데 목적이 있다. 즉, 사용자의 요구를 충분히 알아내기 위해 사용자와 대화하는 도구로 프로토타입을 사용한다. 최종 프로토타입을 통해 결정된 사용자의 요구를 가지고 다시 처음부터 본격적으로 제품을 만든다.

(2) 진화적 프로토타입 모델

진화적 프로토타입 모델에서는 사용자의 요구를 충분히 반영하여 구현된 프로토타입을 버리지 않고 지속적으로 개선하고 보완하여 최종 시스템으로 완성시킨다. 대표적인 유형이 나선형 모델이다.

2. 프로토타입 모델의 개발 절차

프로토타입 모델의 개발 절차는 다음과 같다.

| 프로토타입 개발 절차 |

단계	개발 절차	내용
1	요구 사항 정의 및 분석	사용자의 요구를 파악하고 정리하여 요구 사항을 정의한 후 분석한다. 1차로 개략적인 요구 사항을 정의한 후 2차, 3차, …, n차를 반복하면서 프로토타입의 완성도를 높여 최종 프로토타입을 개발한다.
2	프로토타입 설계	완성된 요구 분석 결과를 가지고 완전한 설계를 하는 것이 아니라 사용자와 대화할 수 있는 수준으로 설계한다. 따라서 동작이 가능하도록 최종 코딩을 할 수 있는 설계가 아니라, 입력 화면과 출력 화면을 통해 사용자가 만들어질 시스템이 어떻게 수행되는지 파악할 수 있도록 사용자 인터페이스를 중심으로 설계한다.
3	프로토타입 개발	완전히 동작하는 완제품을 개발하는 것이 아니라, 입력 화면을 통해 사용자가 요구하는 항목이 빠지지 않고 입력되는지 확인하고, 출력 결과가 사용자가 원하는 것인지 보여주는 데 목적이 있다. 프로토타입 개발은 가상 수행을 전제로 한 실행을 보여주는 것이 우선이므로 RAD(Rapid Application Development) 같은 도구를 이용해 빠르게 실행한다.
4	프로토타입 평가	사용자는 1차로 개발된 프로토타입을 보고 요구 사항이 충실히 반영되었는지 확인한다. 확인이 끝나면 추가 및 수정 요구 사항을 전달하고, 개발자는 이와 같은 사항을 반영하여 2차 프로토타입을 개발한다. 개발 후에는 다시 사용자의 확인을 거쳐 추가 및 수정 요구 사항을 파악한다. 이 같은 과정을 n번 반복하여 사용자의 요구 사항이 없을 때 최종 프로토타입이 만들어진다.
5	구현	개발된 프로토타입에 대해 수차례 사용자 평가를 거쳐 사용자의 요구 사항이 충분히 반영된 최종 프로토타입이 만들어진다. 완성된 프로토타입을 어떻게 사용하는가에 따라 실험적 프로토타입 모델 또는 진화적 프로토타입으로 결정한다.

3. 프로토타입 모델의 장점과 단점

(1) 장점

① 가시적인 결과인 프로토타입이 개발자와 사용자 간의 의사소통 도구로 사용되어 구체적이고 원활한 대화를 할 수 있다.

② 사용자의 요구 사항을 충분히 반영된 요구 분석 명세서를 만들 수 있다.

③ 사용자는 초기 프로토타입을 통해 새로운 요구 사항들을 발견할 수 있다.

④ 사용자의 요구가 충분히 반영되어 최종 제품이 나오므로 유지보수에 필요한 노력과 시간을 줄일 수 있다.

(2) 단점

① 반복적인 소프트웨어 개발 단계로 인해 필요한 투입 인력과 비용 산정이 어렵다.
② 개발자 입장에서 프로토타이핑 과정을 관리 및 통제하기 어렵다.
③ 개발 범위가 명확하지 않아 개발 종료나 개발될 소프트웨어의 목표가 불명확해질 수 있고, 프로토타입에 따른 추가 비용이 발생할 수 있다.

5 나선형 모델★★★

나선형 모델은 개발 과정이 나선형으로 돌면서 점점 완성도가 높은 제품이 만들어진다. 나선형 모델의 개발 방식은 프로토타입 모델에서 최종 프로토타입을 버리지 않고, 계속 개발하여 최종 완성시키는 진화적 프로토타입 모델 절차를 따른다.

나선형 모델은 요구 분석 후 프로토타입 개발 이전에 위험 분석 단계를 거친다. 위험 분석 단계에서 위험 요소는 소프트웨어 개발 과정이 순조롭게 진행되는 데 방해되는 모든 것을 말한다. 나선형 모델에는 위험 요소를 최소화하기 위한 방법으로 개발 단계에 위험을 분석할 수 있는 과정이 존재한다. 따라서 소프트웨어 개발 과정 초기에 잠재하는 실패 요인과 위험 요소를 찾고 관리하여 위험을 최소화하려고 한다. 결국 나선형 모델은 위험 분석 단계를 추가하여 위험에 대한 문제를 식별하고 해결 방법을 강조한 반복적 개발 모델이다.

1. 나선형 모델의 개발 절차

| 나선형 모델개발 절차 |

단계	개발 절차	내용
1	계획 및 요구 분석	사용자의 개발 의도를 파악하여 해당 프로젝트의 목표를 명확히 하고, 여러 제약 조건의 대안을 고려한 계획을 수립한다.
2	위험 분석	프로젝트 수행에 방해가 되는 위험 요소를 찾아 목록을 작성하고 위험에 대한 예방 대책을 논의한다. 위험 요소를 평가하여 개발에 얼마나 영향을 주는지, 대안은 없는지 등을 분석하여 심각한 위험이 존재하는 경우에는 프로젝트를 계속 진행해도 되는지 결정한다. 소프트웨어 개발 시 위험 요소에는 개발자의 이직, 요구 사항 변경, 발주사의 재정적 어려움, 예상을 빗나간 투입 인력, 개발 기간의 부족, 개발비의 초과 등이 있다.
3	개발	프로토타입을 개발하는 단계로, 다른 소프트웨어 개발 프로세스의 설계와 구현에 해당한다.
4	사용자 평가	사용자 평가는 진화적 프로토타입 모델에서 매우 핵심적이고 중요하다. 개발된 프로토타입을 사용자가 확인하고 추가 및 수정될 사항이 있으면 이를 반영한 프로토타입을 개발하도록 한다. 이와 같은 과정을 n번 반복하여 더 이상의 추가 및 수정 요구가 없으면 최종 제품을 만든다.

2. 나선형 모델의 장점과 단점

(1) 장점

① 위험 분석 단계가 존재하여 처음부터 위험에 대해 고려를 하기 때문에 갑자기 발생하는 위험으로 인해 프로젝트가 중단되는 확률이 적다.

② 소프트웨어 개발 중 일어나는 변경에 대해 유연하게 대응할 수 있다.

③ 사용자의 요구를 충분히 반영한다.

(2) 단점

① 프로젝트 기간이 길어질 수 있고, 반복 횟수가 많아질수록 프로젝트 관리가 어렵다.

② 위험 관리가 중요한 만큼 위험 관리 전문가를 필요로 한다.

6 통합 프로세스 모델 ★☆☆

통합 프로세스(UP : Unified Process) 모델은 OMG(Object Management Group)가 공개한 UML(Unified Modeling Language)과 함께 제안되어 통합된 프로세스이다.

1. 통합 프로세스 모델의 절차

통합 프로세스 모델의 개발 과정은 4단계(도입, 구체화, 구축, 전이)로 나뉘고 각 단계도 여러 개의 작은 단위로 나뉘어 각 반복 구간을 하나씩 정복해 나간다. 반복 주기를 시작하기 전에는 기준선 계획을 세우고, 반복 주기가 끝난 수행 결과에는 실행 가능한 산출물이 도출되며, 이것은 위험 요소의 제거 여부를 판단하는 데 사용된다.

각 단계를 수행할 때 9개의 개발 영역(비즈니스 모델링, 요구 사항 정의, 분석 및 설계, 구현, 테스트, 배치, 형상 관리, 프로젝트 관리, 환경 점검)이 동시에 수행된다.

| 통합 프로세스 모델 개발 절차 |

단계	개발 절차	내용
1	도입	준비 단계, 인지 단계, 시작 단계, 발견 단계와 같이 다양한 이름으로 불리며, 비즈니스 모델링과 요구 사항 정의 관련 작업이 가장 많이 이루어진다.
2	구체화	상세 단계, 정련 단계로도 불리고 보통 2~4개 반복 단위로 구성된다. 구체화 단계에서는 비즈니스 모델링과 요구 사항 정의 작업은 줄어들고, 분석 및 설계 작업이 가장 활발하게 이루어진다. 그리고 설계 결과에 따른 구현 작업이 이루어지기 시작하고, 구현에 대한 단위 테스트도 조금씩 시작한다.
3	구축	구현 작업이 가장 많이 이루어지고 비즈니스 모델링과 요구 사항 정의 작업은 많이 줄어들고, 분석 및 설계 작업도 구체화 단계보다 줄어든다. 구현 결과에 따른 테스트 작업도 점차적으로 늘어나고 일부 완성된 것을 배치하는 양도 늘어난다.
4	전이	이행 단계라고도 하며, 사용자를 위한 제품을 완성하는 단계이다. 완성된 제품을 사용자에게 넘겨주는 과정에서 수행해야 할 일을 한다. 대부분의 작업이 끝나가는 단계로 배치 작업이 주를 이룬다.

(1) 도입·구체화·구축·전이 단계의 공통 작업

모든 단계에서 공통적으로 이루어지는 작업은 다음과 같다.

① 분석, 설계, 구현, 테스트 작업을 공통으로 수행하되, 각 단계별로 수행되는 정도는 차이가 있다.

② 각 작업을 반복 수행한다. 구체화와 전이 단계는 2회, 구축 단계는 3회 반복한다.

③ 형상 및 변화 관리, 프로젝트 관리, 환경 점검 등은 지속적으로 수행한다.

7 애자일 프로세스 모델 ★★☆

애자일 프로세스 모델은 고객의 요구에 민첩하게 대응하고 그때그때 주어지는 문제를 풀어나가는 방법론이다. 애자일 프로세스 방법론에는 익스트림 프로그래밍, 스크럼, 크리스털, 적응형 소프트웨어 개발 방법론, 린 소프트웨어 개발 방법론, 기능 주도 개발 방법론, 동적 시스템 개발 방법론, 애자일 UP이 있다.

1. 애자일의 기본 가치

① 프로세스와 도구 중심이 아닌, 개개인과의 상호 소통을 중시한다.
② 문서 중심이 아닌, 실행 가능한 소프트웨어를 중시한다.
③ 계약과 협상 중심이 아닌, 고객과의 협력을 중시한다.
④ 계획 중심이 아닌, 변화에 대한 민첩한 대응을 중시한다.

2. 애자일의 개발 방법

애자일 개발 방법은 반복적인 개발을 통한 잦은 출시를 목표로 한다. 실행 가능한 프로토타입을 만들어 사용자에게 확인받고, 좀 더 빠른 시간 안에 일부 소프트웨어를 사용할 수 있게 하는 것을 중요하게 생각한다.

3. 스크럼

스크럼 개발 프로세스는 소프트웨어 개발보다 팀의 개선과 프로젝트 관리를 위한 애자일 방법론으로, 경험적 관리 기법 중 하나로 구체적인 프로세스를 명확하게 제시하지 않는다.

(1) 스크럼 방식의 진행 과정

| 스크럼 방식의 진행 절차 |

단계	개발 절차	내용
1	제품 기능 목록 작성	요구 사항 목록에 우선순위를 매겨 제품 기능 목록을 작성한다.
2	스프린트 계획 회의	스프린트 구현 목록을 작성하고 개발 시간을 추정한다.
3	스프린트 수행	스프린트를 개발하고 일일 스크럽 회의를 실시한다. 스프린트 현황판을 변경하고 소멸 차트를 표시한다.
4	스프린트 개발 완료	실행 가능한 최종 제품을 생산한다.
5	스프린트 완료 후	스프린트 검토 회의와 스프린트 회고를 실시하고, 두 번째 스프린트 계획을 회의한다.

(2) 스크럼 방식의 장점과 단점

① 장점

㉠ 반복 주기마다 생산되는 실행 가능한 제품을 통해 사용자와 충분히 의견을 나눌 수 있다.

㉡ 일일 회의를 함으로써 팀원들 간에 신속한 협조와 조율이 가능하다.

㉢ 일일 회의 시 직접 자신의 일정을 발표함으로써 업무에 집중할 수 있는 환경이 조성된다.

㉣ 다른 개발 방법론들에 비해 단순하고 실천 지향적이다.

㉤ 스크럼 마스터는 개발 팀원들이 목표 달성에 집중할 수 있도록 팀의 문제를 해결한다.

㉥ 프로젝트의 진행 현황을 볼 수 있어, 신속하게 목표와 결과 추정이 가능하고 목표에 맞게 변화를 시도할 수 있다.

② 단점

㉠ 반복 주기가 끝날 때마다 실행 가능하거나 테스트할 수 있는 제품을 만들어야 한다. 이 작업이 많아지면 그만큼 작업 시간이 더 필요하다.

㉡ 일일 스크럼 회의는 15분 안에 마쳐야 하지만 때로는 회의가 길어져 작업 시작 시간이 늦어지고 그로 인해 작업하는 데 상당히 방해를 받을 수 있다.

㉢ 투입 공수를 측정하지 않기 때문에 얼마나 효율적으로 수행되었는지 알기 힘들다.

㉣ 스프린트 수행 후 검토 회의를 하지만 프로세스 품질을 평가하지 않기 때문에 품질 관련 활동이 미약하고 따라서 품질의 정도를 알 수 없다.

+ PLUS 참고 익스트림 프로그래밍(XP : eXtreme Programming)

애자일 방법론의 하나로 소프트웨어 개발 프로세스가 문서화되는 데 지나치게 많은 시간과 노력이 소모되는 단점을 보완하기 위해 개발되었다.
의사소통, 단순함, 피드백, 용기, 존중의 5가지 가치에 기초하여 '고객에게 최고의 가치를 가장 빨리' 전달하도록 하는 방법론으로 켄트 벡이 고안하였다.

기출플러스 ✚ ★★☆

다음에서 설명하는 소프트웨어 개발 방법론은? 17 국가직 9급

- 애자일 방법론의 하나로 소프트웨어 개발 프로세스가 문서화하는 데 지나치게 많은 시간과 노력이 소모되는 단점을 보완하기 위해 개발되었다.
- 의사소통, 단순함, 피드백, 용기, 존중의 5가지 가치에 기초하여 '고객에게 최고의 가치를 가장 빨리' 전달하도록 하는 방법론으로 켄트 벡이 고안하였다.

① 통합 프로세스(UP)
② 익스트림 프로그래밍
③ 스크럼
④ 나선형 모델

해설 빈도중

오답의 이유
① 4단계(도입, 구체화, 구축, 전이)로 나뉘고 각 단계도 여러 개의 작은 단위로 나뉘어 각 반복 구간을 하나씩 정복해 나간다.
③ 소프트웨어 개발보다 팀의 개선과 프로젝트 관리를 위한 애자일 방법론이다.
④ 나선형 모델에는 위험 요소를 최소화하기 위한 방법으로 개발 단계에 위험을 분석할 수 있는 과정이 존재한다.

정답 ②

CHAPTER 03

계획

01 비용 산정 기법

1 하향식 산정 기법

하향식 산정 기법은 과거의 유사한 경험을 토대로 회의를 통해 산정하는 비과학적 기법이다.

1. 전문가 판단 기법

전문가 판단 기법은 경험이 많은 여러 전문가가 프로젝트를 수행하는 데 비용이 어느 정도 들어가는지 평가한 금액을 개발 비용으로 산정한다. 이 방법은 경험이 많은 전문가가 판단을 내린 만큼 신뢰성이 있고 편리하다는 장점이 있다. 짧은 시간에 개발비를 산정하거나 입찰에 응해야 하는 경우 많이 사용한다.

그러나 수학적 계산에 의해 산정하지 않고 경험에만 의존할 경우 부정확할 수 있다. 이와 같은 단점을 보완한 것이 델파이 기법이다.

2. 델파이 기법

전문가의 경험을 중요시하여 비용을 산정하는 것은 전문가 판단 기법과 같다. 그러나 델파이 기법은 전문가들의 편견이나 분위기에 영향을 받지 않도록 조정자를 둔다. 우선 여러 전문가가 모여 각자의 의견대로 비용을 산정하고, 그 결과를 서로 공유하여 의견을 조율한다. 조율 과정을 반복해 최종적으로 일치되는 결과 값이 나오면 개발 비용으로 산정한다.

② 상향식 산정 기법

상향식 산정 기법은 프로젝트의 세부 작업 단위별로 비용을 산정한 후 전체 비용을 합산하여 산정하는 방법이다. 각 기능의 원시 코드 라인 수의 비관치(가장 많은 라인 수), 낙관치(가장 적은 라인 수), 중간치(기대치, 평균 라인 수)를 측정하여 예측치를 구해 비용을 산정하는 원시 코드 라인 수(LOC : Line Of Code) 기법과 생명주기의 각 단계별로 노력을 산정하는 개발 단계별 노력 기법이 있다.

1. 원시 코드 라인 수(LOC) 기법

소프트웨어 각 기능의 원시 코드 라인 수의 비관치, 낙관치, 중간치를 측정하여 예측치를 구하여 이를 이용해 노력, 개발 비용, 개발 기간 등의 비용을 산정하는 기법이다.

| 추정 LOC 공식 |

> 낙관치 : 한 모듈의 라인 수를 가장 적게 생각할 때의 예상 라인 수(가중치 1)
> 비관치 : 한 모듈의 라인 수를 가장 많이 생각할 때의 예상 라인 수(가중치 1)
> 중간치 : 한 모듈의 라인 수를 보통이라고 생각할 때의 예상 라인 수(가중치 4)
> 추정 LOC : (낙관치+(4×중간치)+비관치)/6

한 모듈의 라인 수를 추정할 때 낙관치가 400LOC, 비관치가 800LOC, 중간치가 600LOC라고 할 때 추정 LOC는 (400+(4×600)+800)/6=600LOC가 된다.

| LOC 기법의 비용 산정 공식 |

> 노력(인/월수M/M)=(참여 인원/월)×개발 기간=추정 LOC / 1인당 월 평균 생산 코드 라인 수
> 개발 비용=(M/M)×단위 비용(1인당 월 평균 인건비)
> 개발 기간=(M/M)/참여 인원
> 생산성=LOC/(M/M)

① 소프트웨어 개발 기간은 1년(12개월)이고, 5명의 개발자가 10개월 동안, 7명의 개발자가 7개월 동안 참여한다면 이 소프트웨어 개발의 노력$^{M/M}$은 얼마인가?

　풀이 : (5명×10개월)+(7명×7개월)=50M/M+49M/M=99M/M

② LOC 기법에 의해 예측한 총 라인이 45,000라인이고, 개발자가 10명 참여한다. 개발자들이 월 평균 450라인을 코딩한다면 개발 기간은 얼마나 되는가?

　풀이 : 노력$^{M/M}$=원시 코드 라인 수/(1인당 월 평균 생산 코드 라인 수)

　=45,000라인/450라인=100M/M

　개발 기간=(M/M)/참여 인원=100(M/M)/10명=10개월

2. 개발 단계별 노력M/M 기법

LOC 기법은 개발하려는 소프트웨어의 총 코드 라인 수를 예측하여 M/M을 산정하였다. 실제 소프트웨어 개발에는 코딩뿐 아니라 요구 분석, 설계 등의 단계에서도 인력과 자원이 많이 필요하다.

개발 단계별 노력$^{M/M}$ 기법은 각 기능을 구현하는 데 필요한 M/M을 소프트웨어 개발

생명주기의 각 단계에 적용하여 단계별로 산정한다.

3 수학적 산정 기법

수학적 산정 기법은 상향식 비용 산정 기법으로 개발할 소프트웨어의 규모를 예측한 후 소프트웨어 종류에 따라 각 비용 산정 공식에 대입하여 비용을 산정하는 COCOMO 방법과 소프트웨어 생명주기의 전 과정에 사용될 노력의 분포를 가정해주는 putnam 방법, 기능 점수를 구한 후 이를 이용해 비용을 산정하는 기능 점수 방법이 있다.

1. COCOMO 방법

COCOMO(COnstructive COst MOdel) 방법은 보헴(Boehm)이 제안한 것으로 소프트웨어 개발 비용을 산정할 때 원시 코드의 크기, 즉 라인 수에 중심을 두었다. 원시 코드의 라인 수가 많으면 개발 비용이 많이 든다는 것이다. COCOMO 방법은 먼저 완성될 소프트웨어의 크기(라인 수)를 추정하고 이를 준비된 식에 대입하여 개발에 필요한 M/M을 예측한다. 산정 결과는 프로젝트를 완성하는데 필요한 man-month로 나타나고 비용견적의 유연성이 높아 소프트웨어 개발비 견적에 널리 통용되고 있다.

2. COCOMO II 방법

COCOMO II 방법은 개발 초기 단계에서 원시 코드의 라인 수를 정확히 예측하기 어렵다는 점을 고려하여, 단계별로 나름의 방법으로 값을 예측한 후 이를 바탕으로 필요한 인건비를 예측하는 방식이다.

3. 기능 점수 산정 방법

COCOMO 방법에서는 원시 코드의 라인 수를 기반으로 공수를 계산하였다. 원시 코드를 작성하지 않은 상태에서 라인 수를 정확히 예측하는 것은 매우 어려운 일이다. 일반적으로 규모가 큰 소프트웨어는 입·출력의 개수도 많고, 조회나 검색 기능도 많다. 또 기능 간의 인터페이스나 데이터베이스의 테이블도 많아진다. 기능 점수 방법은 입·출력, 데이터베이스 테이블, 인터페이스, 조회 등의 수를 판단 근거로 삼는다. 즉, 라인 수와 무관하게 기능이 많으면 규모도 크고 복잡도도 높다고 판단하는 것이다. 기능 점수의 기준이 되는 소프트웨어 기능은 크게 데이터 기능과 트랜잭션 기능으로 구분된다.

| 소프트웨어 기능 분류 |

(1) 기능 점수 산정 방법의 장점

① 사용자의 요구 사항만으로 기능을 추출하여 측정한다.

② 객관적인 요구 사항만으로 측정한다.

③ 모든 개발 단계에서 사용한다.

(2) 기능 점수 산정 방법의 단점

① 높은 분석 능력이 필요하다.

② 기능 점수 전문가가 필요하다.

③ 내부 로직 위주의 소프트웨어에는 다소 부적합하다.

④ 개발 규모 측정에 적합하다.

CHAPTER 04

요구 분석

중요 학습내용
1. 모델링의 개념을 알 수 있다.
2. 모델링 언어의 종류와 특징에 대해 알 수 있다.

01 요구 사항의 표현

1 모델링

모델은 어떤 복잡한 대상의 핵심 특징만 선별하여 일정한 관점으로 단순화시켜 기호나 그림 등을 사용해 체계적으로 표현한 것이다. 모델링은 모델을 제작하는 과정 또는 작업이다.

소프트웨어 개발에서 모델링은 UML 다이어그램을 이용하여 표현한다. 요구 사항을 표현할 때에는 UML의 유스케이스 다이어그램을 사용한다. 이와 같은 과정을 통해 개발할 소프트웨어를 가시적으로 볼 수 있고, 가시화된 다이어그램을 명세함으로써 개발될 소프트웨어에 대한 문서화가 이루어진다. 모델링의 종류로는 기능 모델링, 동적 모델링, 정보 모델링이 있다.

1. 기능(구조적) 모델링

시스템을 기능적인 관점에서 바라보고 시스템에서 요구하는 정보의 흐름과 변환을 나타내주는 것으로, 관련 도구로는 자료흐름도가 있다. (→ 2 모델링 언어 1. 자료흐름도 참조)

2. 동적 모델링

동적 관점은 실시간 시스템의 특징인 우선순위에 대한 자원 할당 및 접근과 제어를 나타낸 것으로, 관련 도구로는 사건 추적도, 상태 변화도, 페트리넷, 유한 상태기계 등이 있다.

(1) 사건 추적도

사건이 발생하는 시나리오를 작성하여 사건을 추적한다. 사건의 순서와 사건을 주고받는 객체를 표현하며, 사건의 흐름은 화살표로 표시한다.

(2) 상태 변화도

시스템의 상태와 사건과의 관계를 다루며, 상태는 사건에 의해 변형된다. 그리고 사건은 상태에 의해 제시된다. 상태는 시스템이 가지고 있는 값을 표시하는 것을 말하고, 사건은 상태에 가해지는 외부적인 이벤트이다. 상태 변화도는 상태와 사건에 의해 시스템 제어를 나타내는 유한 오토마타를 확장하여 도시적으로 표현한 것이다.

(3) 페트리넷

페트리넷은 프로세스 마이닝의 가장 기본이 되는 모델로, 가장 간단한 형태로 프로세스를 나타낼 수 있다. 구성 요소로는 token, place, transition, arc가 있다. token은 검은색 원으로 표시되고, 페트리넷 안을 화살표를 따라 움직이면서 프로세스를 진행시키는 역할을 한다. place는 원으로 표시되고 token을 가질 수 있다. transition은 사각형으로 표시되고 주로 이벤트 로그에서 활동(activity)를 뜻한다. arc는 화살표로 표시되고 transition과 place를 연결하는 역할을 한다.

(4) 유한상태기계

유한상태기계는 실시간 시스템을 나타내기 위한 것으로 제어, 기능, 자료의 3가지 요소가 사용되고 있다. 제어는 기능이 발생하는 순서를 나타내며, 기능은 자료 변환을 위해 사용되고, 자료는 기능의 입·출력을 나타낸다.

3. 정보 모델링

정보 모델링은 시스템에서 가용되는 정보 데이터를 중심으로 시스템의 정적인 정보 구조를 나타내는 데 사용된다. 시스템에 필요한 객체들을 정의하고 객체 사이의 연관성을 규명한다. 대표적인 도구로는 E-R 다이어그램이 있다. (→ 2 모델링 언어 2. E-R 다이어그램 참조)

2 모델링 언어

소프트웨어 개발에서 모델링 언어는 요구 사항 정의 및 분석·설계의 결과물을 다양한 다이어그램으로 표현하는 표기법이다. 약속된 표현법인 모델링 언어를 사용하면 애매 모호한 표현이 없고 일관되어 모델링하는 데 매우 유용하다. 또한 다양한 다이어그램을 사용함으로 시스템을 여러 시각으로 볼 수 있고 사용자의 요구 사항을 검증하는 도구로도 사용할 수 있다. 다음은 개발 방법론에 따른 모델링 언어의 종류이다.

1. 자료흐름도(DFD : Data Flow Diagram)

구조적 방법론에서는 요구 사항을 추출하여 정리할 때 DFD를 사용해 표현한다. 자료 흐름 그래프 또는 버플(Bubble)차트라고도 하며, 자료 흐름과 기능을 자세히 표현하기 위해 단계적으로 세분화된다. 사각형 박스( )는 터미네이터라 하고 출원지, 목적지를 나타낸다. 화살표(→)는 데이터 흐름을 나타낸다. 화살표에는 입력되는 데이터명을 적어준다. 두 줄짜리 직선(=)은 자료 저장소로서 데이터베이스를 나타낸다. DFD에서 가장 핵심인 원(●)은 처리를 말하며, 이 처리에 해당하는 알고리즘은 처리 명세서에 기술한다.

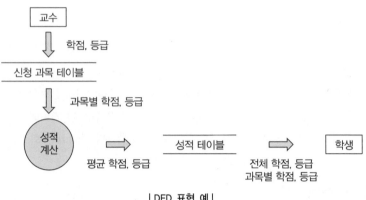

| DFD 표현 예 |

2. E-R 다이어그램

E-R 다이어그램은 정보공학 방법론의 핵심으로 데이터베이스에 저장할 데이터를 개체와 관계를 중심으로 작성한다.

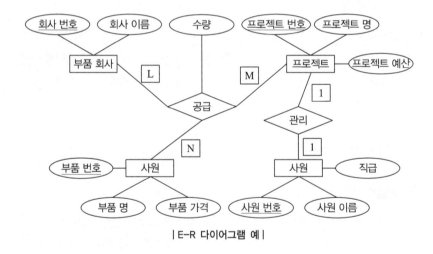

| E-R 다이어그램 예 |

3. UML ★★☆

UML(Unified Modeling Language)은 1997년 OMG(Object Management Group)에서 표준으로 채택한 통합 모델링 언어이다. 객체지향 소프트웨어를 모델링하는 표준 그래픽 언어로, 심벌과 그림을 사용해 객체지향 개념을 나타낼 수 있다. 소프트웨어의 구성요소와 그것들의 관계 및 상호작용을 시각화하여 표현하며, 소프트웨어 개발의 중요한 작업인 분석, 설계, 구현의 정확하고 완벽한 모델을 제공한다.

(1) 클래스 다이어그램

UML은 7개의 구조 다이어그램과 7개의 행위 다이어그램으로 구성되어 있다. 구조 다이어그램은 시스템의 개념, 관계 등의 측면에서 요소들을 나타내고 각 요소들의 정적인 면을 보기 위한 것이고, 행위 다이어그램은 각 요소들 또는 요소들 간의 변화나 흐름, 주고받는 데이터 등의 동작을 보기 위한 것이다. 구조 다이어그램에는 class diagram, component diagram, object diagram, profile diagram, composite structure diagram, deployment diagram, package이 있고, 행위 다이어그램에는 activity diagram, use case diagram, interaction diagram, sequence diagram, communication diagram, interaction overview diagram, timing diagram이 있다.

(2) 유스케이스 다이어그램

객체지향 방법론에서는 UML의 유스케이스 다이어그램으로 표현한다.

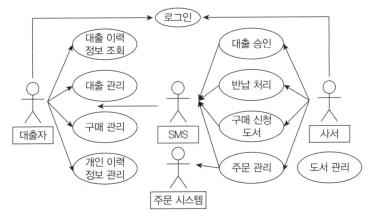

| 유스케이스 다이어그램 예 |

① 유스케이스 : 유스케이스는 사용자의 요구를 나타내는 기능으로, 실제로 코딩할 수 있을 만큼의 가장 작은 단위의 기능이다. 유스케이스는 타원으로 표시한다. 예를 들어, 학사 관리 프로그램에서 수강 관리(등록, 수정, 삭제, 조회), 수업 관리, 성적 관리(성적 등록, 조회, 수정, 삭제) 등이 각각 유스케이스 하나가 된다. 개발하려는 시스템을 작은 단위의 유스케이스로 나타내고, 이들이 모여 하나의 서브시스템을 이루고, 서브시스템이 보여 개발하려는 전체 시스템이 된다.

② 액터 : 액터는 개발하려는 시스템의 기능을 사용하는 사람 또는 해당 시스템과 연동되는 다른 시스템을 말한다. 시스템을 사용하는 사람의 역할을 사용자 액터라고 하고, 연동되는 시스템을 시스템 액터라고 한다.

　㉠ 사용자 액터 : 사용자 액터는 시스템을 사용하는 사람의 역할을 의미한다. 예를 들어 도서 관리 시스템유스케이스에서 대출자, 사서 등과 같이 사람 모양으로 표현한다.

　㉡ 시스템 액터 : 시스템 액터는 해당 프로젝트의 개발 범위에 속하지 않고 이미 다른 프로젝트에서 개발되어 사용하고 있으며, 본 시스템과는 데이터를 주고받는 등 서로 연동되는 또 다른 시스템을 의미한다.

'인터넷 서점'에 대한 유스케이스 다이어 그램에서 '회원등록' 유스케이스를 수행하기 위해서는 '실명확인' 유스케이스가 반드시 선행되어야 한다면 이들의 관계는? 　　　　　　17 국가직 9급

① 일반화(generalization) 관계
② 확장(extend) 관계
③ 포함(include) 관계
④ 연관(association) 관계

해설 | 빈도 중

정답의 이유
포함 관계는 하나의 유스케이스가 다른 유스케이스의 실행을 전제로 할 때 형성되는 관계이다.

오답의 이유
① 유사한 유스케이스 또는 액터를 모아 추상화한 유스케이스 또는 액터와 연결시켜 그룹을 만들어 이해도를 높이기 위한 관계이다.
② 확장 기능 유스케이스와 확장 대상 유스케이스 사이에 형성되는 관계이다. 확장 대상 유스케이스를 수행할 때 특정 조건에 따라 확장 기능 유스케이스를 수행하는 경우에 적용한다.
④ 유스케이스와 액터간의 상호작용이 있음을 표현하고, 유스케이스와 액터를 실선으로 연결한다.

정답 ③

③ 관계 : 액터와 유스케이스 사이의 관계를 나타내는 것으로, 종류로는 연관, 일반화, 포함, 확장 관계가 있다.

　㉠ 연관(association) 관계 : 유스케이스와 액터 간의 상호작용이 있음을 표현하고, 유스케이스와 액터를 실선으로 연결한다.

| 연관 관계 |

　㉡ 포함(include) 관계 : 하나의 유스케이스가 다른 유스케이스의 실행을 전제로 할 때 형성되는 관계이다. 포함되는 유스케이스는 포함하는 유스케이스를 실행하기 위해 반드시 실행되어야 하는 경우에 적용하며, 포함하는 유스케이스에서 포함되는 유스케이스 방향으로 화살표를 점선으로 연결하고 《〈include〉》라고 표기한다.

| 포함 관계 |

　㉢ 확장(extend) 관계 : 확장 기능 유스케이스와 확장 대상 유스케이스 사이에 형성되는 관계이다. 확장 대상 유스케이스를 수행할 때 특정 조건에 따라 확장 기능 유스케이스를 수행하는 경우에 적용하며, 확장 기능 유스케이스에서 확장 대상 유스케이스 방향으로 화살표를 점선으로 연결하고 《〈extend〉》라고 표기한다.

| 확장 관계 |

　㉣ 일반화(generalization) 관계 : 유사한 유스케이스 또는 액터를 모아 추상화한 유스케이스 또는 액터와 연결시켜 그룹을 만들어 이해도를 높이기 위한 관계이다. 구체적인 유스케이스에서 추상적인 유스케이스 방향으로 끝부분이 삼각형으로 표현된 화살표를 실선으로 연결하여 표현한다.

| 일반화 관계 |

CHAPTER 05 설계

01 설계의 이해

1 설계의 종류 ★☆☆

소프트웨어 설계는 요구 분석 명세서와 설계 원리, 제약 조건에 따라 상위 설계와 하위 설계로 나눌 수 있다.

1. 상위 설계

상위 설계는 예비 설계라고도 하며, 전체 골조를 세우는 것과 유사하다. 상위 설계에서는 다음과 같은 내용을 설계한다.

(1) 아키텍처(구조) 설계

시스템의 전체적인 구조를 나타낸다.

(2) 데이터 설계

시스템에 필요한 정보를 자료구조와 데이터베이스 설계에 반영한다.

(3) 시스템 분할

전체 시스템을 여러 개의 서브시스템으로 나눈다.

(4) 인터페이스 정의

시스템의 구조와 서브시스템들 사이의 인터페이스가 명확히 정의된다.

(5) 사용자 인터페이스 설계

사용자가 익숙하고 편리하게 사용할 수 있도록 사용자 인터페이스를 설계한다.

2. 하위 설계

하위 설계는 내부 구조를 상세히 나타내는 것과 유사하고, 다음과 같은 내용을 설계한다.

① 각 모듈의 실제적인 내부를 알고리즘 형태로 표현한다.

② 인터페이스에 대한 설명, 자료구조, 변수 등에 대한 상세한 정보를 작성한다.

2 설계의 원리

1. 분할과 정복

규모가 큰 소프트웨어 하나를 개발할 때 여러 개의 서브시스템으로 나누고, 서브시스템을 다시 아주 작은 시스템으로 나눈 후 하나씩 개발해 나간다. 가장 세분화된 작은 시스템을 개발하고, 하나씩 위로 올라가면서 완성시키는 방법으로 개발하는 것을 '분할과 정복의 원리'라고 한다. 이 원리는 하나의 일을 수행할 때 작은 단위로 나누고 작은 단위를 하나씩 처리하여 전체 일을 끝낸다는 의미를 가진다.

2. 추상화

추상화는 주어진 문제에서 현재의 관심사에 초점을 맞추기 위해 특정한 목적과 관련된 필수 정보만 강조하고 관련 없는 세부 사항을 생략함으로써 본질적인 문제에 집중할 수 있도록 하는 작업이다. 추상화는 복잡한 세부 사항을 모두 다루는 것이 거의 불가능하고 필요도 없으므로 복잡한 현상을 이해하는 과정에서 인간의 이해력을 도와주는 강력한 도구로 사용된다. 추상화는 상세 설계로 갈수록 추상화 수준은 낮아진다.

3. 단계적 분해

단계적 분해는 하향식 설계에서 사용되는데, 기능을 작은 단위로 나눠 점차적으로 구체화하는 방법이다. 자료흐름도(DFD : Data Flow Diagram)은 단계적 분해를 설명하기 위해 구조적 분석 방법에서 사용된다.

자료흐름도는 문제를 처음에 원 하나로 나타낸 후 단계가 낮아질수록 분해하여 작은 단위로 구체화한다. 단계적 분해를 통해 큰 문제를 작게 구체화하여 실제 프로그램을 작성할 수 있다.

4. 모듈화

소프트웨어 개발 시 가장 먼저 하는 작업이 실제로 개발할 수 있는 작은 단위로 나누는 작업이다. 이렇게 작은 단위로 나누는 것을 모듈화라고 한다. 모듈은 소프트웨어 구조를 이루는 기본적인 단위라고 볼 수 있으며, 하나 또는 몇 개의 논리적인 기능을 수행하기 위한 명령어들의 집합이라고도 할 수 있다. 모듈의 특징은 다음과 같다.

① 다른 것들과 구별될 수 있는 독립적인 기능을 갖는 단위이다.
② 유일한 이름을 가진다.
③ 독립적으로 컴파일이 가능하다.
④ 모듈에서 또 다른 모듈을 호출할 수 있다.
⑤ 다른 프로그램에서도 모듈을 호출할 수 있다.

디자인 패턴

1 디자인 패턴의 이해

디자인 패턴은 자주 사용하는 설계 형태를 정형화해서 유형별로 설계 템플릿을 만들어 둔 것을 말한다. 디자인 패턴을 사용하면 효율성과 재사용성을 높일 수 있다. 디자인 패턴은 알고리즘처럼 프로그램 코드로 변환하여 사용할 수 있는 것은 아니지만 유사한 상황에서 구조적인 문제를 해결할 수 있는 방안을 제시해준다.

2 GoF 디자인 패턴

GoF(Gang of Four)는 에릭 감마, 리처드 헬름, 랄프 존슨, 존 블리시데스가 제안한 디자인 패턴으로, 객체지향 개념에 따른 설계 중 재사용할 경우 유용한 설계를 디자인 패턴으로 정립한 것이다. 디자인 패턴이란 여러 가지 문제에 대한 설계 사례를 분석하여 서로 비슷한 문제를 해결하기 위한 설계들을 분류하고, 각 문제 유형별로 가장 적합한 설계를 일반화해 패턴으로 정립한 것을 의미한다.

GoF의 디자인 패턴의 분류는 다음과 같다.

생성 패턴	기능	객체를 생성하는 것과 관련된 패턴으로, 객체의 생성과 변경이 전체 시스템에 미치는 영향을 최소화하도록 만들어주어 유연성을 높일 수 있고 코드를 유지하기 쉬운 편이다.
	종류	• factory method • singleton • prototype • builder • abstract factory

	기능	프로그램 내의 자료구조나 인터페이스 구조 등 프로그램의 구조를 설계하는 데 많이 활용될 수 있는 패턴이다. 클래스나 객체들의 구성을 통해서 더 큰 구조로 만들 수 있게 해준다. 많은 클래스로 구성되어 복잡한 구조를 갖는 규모가 큰 시스템을 개발하기 쉽게 만들어주는 패턴이다.
구조 패턴	종류	• adapter • composite • bridge • decorator • facade • flyweight • proxy
행위 패턴	기능	반복적으로 사용되는 객체들의 상호작용을 패턴화한 것으로, 클래스나 객체들이 상호작용하는 방법과 책임을 분산하는 방법을 정의한다. 여러 가지 행위 관련 패턴을 사용하여 독립적으로 일을 처리하고자 할 때 사용한다.
	종류	• template method • interpreter • iterator • observer • strategy • visitor • chain of responsibility • command • mediator • state • memento

기출플러스⊕   ★☆☆

개발자가 사용해야 하는 서브시스템의 가장 앞쪽에 위치하면서 서브시스템에 있는 객체들을 사용할 수 있도록 인터페이스 역할을 하는 디자인 패턴은?

18 국가직 9급

① Facade 패턴
② Strategy 패턴
③ Adapter 패턴
④ Singleton 패턴

해설 난도 중

오답의 이유
② strategy 패턴은 알고리즘 군을 정의하고 같은 알고리즘을 각각 하나의 클래스로 캡슐화한 다음, 필요할 때 서로 교환해서 사용할 수 있게 한다.
③ adapter 패턴은 기존 클래스를 재사용할 수 있도록 중간에서 맞춰주는 역할을 한다.
④ singleton 패턴은 객체의 생성과 관련된 패턴으로서 특정 클래스의 객체가 오직 한 개만 존재하도록 보장한다.

정답 ①

3 디자인 패턴의 종류★☆☆

디자인 패턴 종류	내용
factory method	factory method 패턴은 상위 클래스에서 객체를 생성하는 인터페이스를 정의하고, 하위 클래스에서 인스턴스를 생성하도록 하는 방식이다. 즉, 상위 클래스에서는 인스턴스를 만드는 방법만 결정하고, 구체적인 클래스 이름은 미룬다. 따라서 객체를 생성하는 인터페이스와 실제 객체를 생성하는 클래스를 분리할 수 있다. factory method 패턴은 객체를 생성하는 시점은 알지만 어떤 객체를 생성해야 할지 알 수 없을 때, 객체 생성을 하위 클래스에 위임하여 해결한다.
singleton	singleton 패턴은 객체의 생성과 관련된 패턴으로서 특정 클래스의 객체가 오직 한 개만 존재하도록 보장한다. 즉, 클래스의 객체를 하나로 제한한다. 동일한 자원이나 데이터를 처리하는 객체가 불필요하게 여러 개 만들어질 필요가 없는 경우에 주로 사용한다.
prototype	prototype 패턴은 인스턴스를 복제하여 사용하는 구조이다. 생성할 객체의 원형을 제공하는 프로토타입 인스턴스로부터 생성할 객체들의 타입이 결정되도록 한다. 이 패턴은 객체를 생성할 때 갖추어야 할 기본 형태가 있을 때 사용한다.
builder	builder 패턴은 복잡한 인스턴스를 조립하여 만드는 구조로, 복합 객체를 생성할 때 객체를 생성하는 방법과 객체를 구현하는 방법을 분리한다. 따라서 동일한 생성 절차에서 서로 다른 표현 결과를 만들 수 있다.

abstract factory	abstract factory 패턴은 사용자에게 인터페이스를 제공하고, 인터페이스만 사용해서 부품을 조립하게 만든다. 즉, 추상적인 부품을 조합해서 추상적인 제품을 만든다.
composite	composite 패턴은 부분-전체 상속 구조인 트리 구조를 가진다. composite 패턴은 사용자가 단일 객체와 복합 객체 모두 동일하게 다루도록 한 재귀적인 구조이다. 즉, composite 패턴은 디렉토리와 파일을 동일시해서 재귀적인 구조를 만들기 위한 설계 패턴이다.
adapter	adapter 패턴은 기존 클래스를 재사용할 수 있도록 중간에서 맞춰주는 역할을 한다. 즉, 호환성이 없는 기존 클래스의 인터페이스를 변환해 재사용할 수 있도록 해준다.
bridge	bridge 패턴은 기능의 클래스 계층과 구현의 클래스 계층을 연결하고, 구현부에서는 추상 계층을 분리하여 각자 독립적으로 변형할 수 있게 해준다. 즉, 구현과 인터페이스를 분리할 수 있고, 추상화된 부분과 실제 구현 부분을 독립적으로 확장할 수 있다.
decorator	decorator 패턴은 기존에 구현되어 있는 클래스에 필요한 기능을 추가해나가는 설계 패턴이다. 기능의 확장이 필요할 때 상속의 대안으로 사용한다.
facade	facade 패턴을 이용하면 서브시스템 내부에서 작동하고 있는 많은 클래스들의 관계나 사용법을 의식하지 않고 facade에서 제공하는 단순화된 하나의 인터페이스만 사용하므로, 클래스 간의 의존 관계가 줄어들고 복잡성 또는 낮아지는 효과를 볼 수 있다. 클라이언트 클래스와 서브시스템 클라이언트 사이에 facade라는 객체를 세워놓아 복잡한 관계를 구조화한 것이다. facade 객체는 클라이언트의 요청이 발생했을 때, 서브시스템 내의 특정 객체에 요청을 전달하는 역할을 한다. facade 객체는 서브시스템의 클래스들에 어떤 기능이 있는지 알고 있어야 한다.
flyweight	flyweight 패턴은 메모리 사용량을 줄이기 위한 방법으로, 인스턴스를 필요한 대로 다 만들어 쓰지 말고, 동일한 것은 가능한 공유해서 객체 생성을 줄이자는 목적이다.
iterator	iterator 패턴은 반복이 필요한 자료구조를 모두 동일한 인터페이스를 통해 접근할 수 있도록 iterator 객체 속에 넣은 다음, iterator 객체의 메서드를 이용해 자료구조를 활용할 수 있도록 한다. 데이터들의 집합체를 모두 동일한 인터페이스를 사용하여 조작할 수 있도록 하여 데이터들의 집합체를 쉽게 사용할 수 있도록 한다.
observe	observer 패턴은 어떤 클래스에 변화가 일어났을 때, 이를 감지하여 다른 클래스에 통보해주는 것이다. 즉, 어떤 일이 생기면 미리 등록한 객체들에게 상태 변화를 알려주는 역할을 한다.
strategy	strategy 패턴은 알고리즘 군을 정의하고 같은 알고리즘을 각각 하나의 클래스로 캡슐화한 다음, 필요할 때 서로 교환해서 사용할 수 있게 한다. 클라이언트와 무관하게 독립적으로 알고리즘을 변경할 수 있고, 클라이언트는 독립적으로 원하는 알고리즘을 사용할 수 있다.
template method	상위 클래스에서는 추상적으로 표현하고 구체적인 내용은 하위 클래스에서 결정하는 상속의 개념이 있는 상위 클래스와 하위 클래스 구조에서 표현할 수 있다.
visitor	각 클래스의 데이터 구조로부터 처리 기능을 분리하여 별도의 visitor 클래스로 만들어놓고 해당 클래스의 메서드가 각 클래스를 돌아다니며 특정 작업을 수행하도록 하는 것이다. 객체의 구조는 변경하지 않으면서 기능만 따로 추가하거나 확장할 때 많이 사용한다. 클래스의 데이터 구조 변경 없이 기존 작업 외에 다른 작업을 추가하기가 수월하다는 장점이 있다.
chain of responsibility	동작과 관련하여 요청이 들어왔을 때 요청을 처리할 수 있는 메서드로 동적으로 연결되는 것을 의미한다.

command	하나의 추상 클래스에 메서드를 생성하고 각 명령어 호출되면 그에 맞는 서브 클래스가 선택되어 실행되는 것을 의미하며, 함수 오버로딩과 같은 추상화 개념을 사용한 것이다.
mediator	객체지향 설계에서는 많은 객체가 존재하고 이들이 서로 관계를 맺으며 상호작용하는데 원활한 상호작용을 위해 통제하고 지시할 수 있는 중재자를 둔다. 중재자에게 모든 것을 요구하여 통신의 빈도수를 줄여 객체지향의 목표를 달성하게 해주는 것이다.
state	동일한 동작을 객체 상태에 따라 다르게 처리해야 할 때 사용한다. 객체 상태를 캡슐화하여 클래스화 함으로써 그것을 참조하게 하는 방식으로 상태에 따라 다르게 처리할 수 있도록 한다.
memento	클래스 설계 관점에서 객체의 정보를 저장할 필요가 있을 때 적용할 수 있다.
interpreter	인터프리터 방식은 코드를 한 줄씩 해석하여 해당 작업을 바로 수행하는 방식으로 전체 코드를 해석하고 수행한다. interpreter 패턴도 간단한 언어의 문법을 정의하고 해석하는 데 사용한다.

03 모듈 설계★★☆

1 응집도

응집도는 모듈 내부에 존재하는 구성 요소들 사이의 밀접한 정도를 나타낸다. 응집도가 높을수록 구성 요소들이 꼭 필요한 것들로만 모여 있고, 응집도가 낮을수록 서로 관련성이 적은 요소들이 모여 있다. 응집도가 가장 높은 것은 모듈 하나가 단일 기능으로 구성된 경우이며, 응집도가 가장 낮은 것은 기능들이 필요에 의해 모듈 하나에 존재하는 것이 아니라 우연에 의해 함께 묶이게 되는 경우이다.

다음은 모듈 내 구성 요소 간의 응집도를 나타낸 것이다.

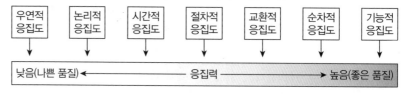

| 모듈 내 구성 요소 간 응집도 |

1. 기능적 응집

기능적 응집은 함수적 응집이라고도 하고, 응집도가 가장 높은 경우이며 단일 기능의 요소로 하나의 모듈을 구성한다.

2. 순차적 응집

순차적 응집은 한 요소의 출력을 다른 요소의 입력으로 사용하므로 두 요소가 하나의 모듈을 구성한 경우이다. 한 모듈의 결과를 다른 모듈이 입력으로 사용하기 때문에 두 개의 요소를 하나의 모듈로 묶어 놓은 형태이다.

3. 교환적 응집

교환적 응집은 정보적 응집이라고도 하며, 같은 입력을 사용하는 구성 요소들을 하나의 모듈로 구성한다. 구성 요소들이 동일한 출력을 만들어낼 때도 교환적 응집이 된다. 교환적 응집은 순차적 응집보다 묶인 이유가 약해, 순차적 응집보다 응집력이 약하다.

4. 절차적 응집

절차적 응집은 순서가 정해진 몇 개의 구성 요소를 하나의 모듈로 구성한 경우이다. 순차적 응집과 다른 점은 어떤 구성 요소의 출력이 다음 구성 요소의 입력으로 사용되지 않고, 순서에 따라 수행만 된다. 한 요소의 출력이 다음 요소의 입력으로 사용되지 않으므로 순차적 응집보다는 묶인 이유가 약하다.

5. 시간적 응집

시간적 응집에 의한 모듈은 모듈 내 구성 요소들의 기능이 각기 다르다. 한 요소의 출력을 입력으로 사용하는 것도 아니고 요소들 간에 순서도 정해져 있지 않지만 그 구성 요소들이 같은 시간대에 실행된다는 이유로 하나의 모듈로 구성한다.

6. 논리적 응집

논리적 응집에 의한 모듈은 여러 요소를 하나의 모듈로 만든 이유가 순서와 무관하고, 한 모듈의 출력을 다른 모듈의 입력으로 사용하여 묶어놓은 것도 아니다. 요소들 간에 공통점이 있거나 관련된 임무가 존재하거나 기능이 비슷하다는 이유로 하나의 모듈로 구성한 경우이다.

7. 우연적 응집

우연적 응집은 구성 요소들이 말 그대로 우연히 모여 구성된다. 특별한 이유는 없고, 크기가 커서 몇 개의 모듈로 나누는 과정에서 우연히 같이 묶인 형태이다.

2 결합도

응집도가 하나의 모듈 내에서 구성 요소들 간의 연결 강도를 나타내는 기준이었다면, 결합도는 모듈과 모듈 사이의 관계에서 관련 정도를 의미한다. 모듈 간의 관련이 적을수록 상호 의존성이 줄어들어 모듈의 독립성이 높아지고, 독립성이 높으면 모듈 간에 영향이 적어 좋은 설계가 된다.

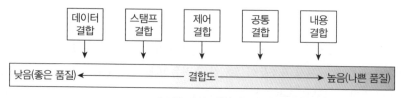

| 모듈 간의 결합도 |

1. 데이터 결합

데이터 결합은 가장 좋은 모듈 간 결합으로, 모듈들이 매개변수를 통해 데이터만 주고받음으로써 서로 간섭을 최소화한다. 따라서 모듈 간의 독립성이 보장되고, 관계가 단순해 하나의 모듈을 변경했을 때 다른 모듈에 미치는 영향이 아주 적다. 그리고 유지보수도 매우 쉽다.

2. 스탬프 결합

스탬프 결합은 두 모듈 간 정보를 교환할 때 필요한 데이터만 주고받을 수 없고 스탬프처럼 필요 없는 데이터까지 전체를 주고받아야 한다. 여기서 스탬프에 해당하는 것은 레코드나 배열 같은 데이터 구조이다. 데이터 하나가 변경되면 관련된 모듈에 있는 데이터 구조를 모두 바꿔야 하므로 데이터 결합보다 모듈 간의 관련성이 더 높다.

3. 제어 결합

데이터 결합이 데이터를 매개변수로 정보를 교환했다면, 제어 결합은 제어 플래그를 매개변수로 사용한다. 그리고 호출하는 모듈이 호출되는 모듈의 내부 구조를 잘 알고 논리적 흐름을 변경하는 관계로 묶이는데, 이와 같은 결합을 제어 결합이라고 한다. 제어 결합은 정보은닉을 크게 위배하는 결합으로, 다른 모듈의 내부에 관여하여 관계를 복잡하게 만든다. 따라서 유지보수도 매우 어려워진다. 이와 같은 특성으로 인해 제어 결합은 스탬프 결합보다 모듈 간의 결합도가 더 높고, 모듈의 독립성은 더 낮다.

4. 공통 결합

공통 결합에서는 모듈들이 공통 변수를 같이 사용한다. 따라서 모듈들이 전역변수를 사용할 때 이와 같은 관계가 성립한다. 공통 결합의 문제는 변수 값이 변하면 모든 모듈이 함께 영향을 받는다. 그러므로 공통 영역에서 문제가 발생하거나 데이터가 변경되면 관련 모듈을 모두 검토해야 하므로 유지보수가 어렵다. 이러한 문제를 해결하기 위한 방법은 꼭 필요한 경우에만 데이터를 공유함으로써 공통 기억장소를 최소화하여 독립성을 보장하는 것이다.

5. 내용 결합

내용 결합은 모듈 간에 인터페이스를 사용하지 않고 직접 접근하는 경우이다. 상대 모듈의 데이터를 직접 변경할 수 있어 서로 간섭을 가장 많이 하는 관계로, 가장 바람직하지 못하고 모듈들이 서로 종속되어 독립적으로 설계하거나 변경할 수 없다.
내용 결합은 한 모듈이 다른 모듈 내부의 데이터를 직접 참조함으로써 모듈의 독립성이 보장되지 않으므로 유지보수가 매우 어렵다.

3 모듈 평가 기준

모듈 간에는 꼭 필요한 데이터만 주고받는 것이 좋다. 즉, 약한 결합을 유지하는 것이 바람직하고 인터페이스의 수가 적고 복잡하지 않아야 한다. 매개변수는 제어 플래그를 사용하는 것보다 데이터를 사용해야 유지보수 용이성을 높일 수 있다.
설계를 할 때 가장 좋은 형태는 모듈 간의 결합도는 낮게, 응집도는 높게 하는 것이다.

CHAPTER 06 테스트

01 정적 테스트

1 정적 테스트의 이해

정적 테스트는 프로그램 코드를 실행하지 않고 여러 참여자가 모여 소프트웨어 개발 중에 생성되는 모든 명세나 코드를 검토해서 결함을 찾아내는 방법이다. 정적 테스트 방법에는 개별 검토, 동료 검토, 검토 회의, 소프트웨어 검사, 감사 등이 있다.

1. 개별 검토

개별 검토는 체크리스트를 가지고 본인이 개발한 코드와 산출물 등을 검토하는 것이다. 가장 간단한 방법이지만 상대적으로 객관성이 떨어진다.

2. 동료 검토

동료 검토는 동료에게 개발한 원시 코드나 여러 가지 산출물에 대한 검토를 의뢰하여 오류를 찾는 방법이다. 정해진 형식도 없고 별도의 격식을 차린 회의를 수행할 필요가 없어 비공식 검토에 속한다.

동료 검토의 이점은 동적 테스트에서 발견하기 어려운 산출물에서 발생할 수 있는 누락과 같은 결함을 조기에 발견할 수 있다.

3. 검토 회의

검토 회의는 일반적으로 개발자가 소집한 전문가들에 의해 개발자의 작업이 검토된다. 3~5명의 전문가들이 미리 제공된 검토 자료들을 정해진 절차에 따라 평가한다. 주로 설계 문서들이 고객의 요구 사항을 정확히 명시하고 있는지 여부를 확인하고, 작업 진척 상황도 확인한다.

4. 소프트웨어 검사

소프트웨어 검사에서는 발견된 문제점들을 어떻게 수정해야 할지 지침까지 제공한다. 또 개발자가 수정을 잘하고 있는지 추후에 조사하기도 한다. 소프트웨어 개발 전 과정에 걸쳐 요구 분석 명세서, 설계 사양서, 원시 코드 뿐 아니라 각 단계 산출물의 문서 등을 포함하여 분석하고 품질을 평가한다. 또한 개발자의 작업 결과가 표준 지침을 따르는지, 정해진 기준에 따라 수행하였는지 등을 개발자와 독립적으로 검사해서 조기에 작업 산출물의 결함을 효율적으로 제거하여 같은 실수가 반복되지 않도록 한다.

02 동적 테스트

1 명세 기반 테스트

명세 기반 테스트는 블랙박스 테스트라고도 한다. 블랙박스 테스트는 프로그램의 오류를 찾는 것이 아니라 입력 값에 대한 예상 출력 값을 정해놓고 그대로 결과가 나오는지 확인함으로써 오류를 찾는다. 즉, 프로그램 내부의 구조나 알고리즘은 보지 않고, 요구 분석 명세서나 설계서에서 테스트 케이스를 추출하여 테스트한다. 이 방법은 프로그램이 기능을 어떻게 수행하는가보다는 사용자가 원하는 기능을 수행하는가에 대해 테스트한다.

명세 기반 테스트의 대표적인 방법으로 신택스 기법, 동등 분할 기법, 경계 값 분석 기법, 원인-결과 그래프 기법, 의사결정 테이블 기법 등이 있다.

1. 신택스 기법

신택스 기법은 가장 단순한 방법으로, 문법에 기반을 둔 테스트이다. 신택스 기법은 문법을 정해놓고 적합/부적합 입력 값에 따른 예상 결과가 제대로 나오는지 테스트한다. 즉, 문법에 적합한 값을 입력했을 때 결과가 정상인지, 문법에 맞지 않은 부정확한 값을 입력했을 때 오류 메시지가 뜨는지 등을 테스트한다.

2. 동등 분할 기법

동등 분할 기법은 각 영역에 해당하는 입력 값을 넣고 예상되는 출력 값이 나오는지 실제 값과 비교한다. 즉, 입력 값에 대한 예상 결과 값을 미리 정해놓고, 각 영역에서 임의 값을 하나 정해 입력 값으로 사용하여 실제 결과가 예상 값과 같은지 확인한다. 이 방법은 단순하고 이해하기 쉬우며 사용자가 작성 가능하다는 장점이 있다.

3. 경계 값 분석 기법

경계 값 분석 기법은 경계에 있는 값을 테스트 데이터로 생성하여 테스트하는 방법이다. 즉, 경계 값과 경계 이전 값, 경계 이후 값을 가지고 테스트한다. 경계 값 분석 기법은 동등 분할 기법과 비슷하지만, 영역내의 임의 값을 테스트 데이터로 사용하는 것이 아니라 경계 값을 테스트 데이터로 사용한다는 점이 다르다.

4. 원인–결과 그래프 기법

동등 분할 기법과 경계 값 분석 기법은 입력 환경의 복잡성을 완벽하게 고려하지 못한다는 단점이 있다. 원인–결과 그래프 기법은 여러 입력 조건을 결합하여 결과를 하나 이상 얻을 수 있으므로 이 단점을 극복할 수 있다. 원인–결과 그래프는 원인에 해당하는 입력 조건과 그 원인으로부터 발생되는 출력 결과를 가지고 만든다. 이 그래프를 기초로 하여 의사결정 테이블을 만든다. 또 의사결정 테이블을 기초로 하여 테스트 케이스를 위한 데이터를 생성한다. 원인–결과 그래프로부터 테스트 케이스를 만드는 과정은 다음과 같다.
① 프로그램을 적당한 크기로 분할한다.
② 원인과 결과를 찾는다.
③ 원인–결과 그래프를 작성한다.
④ 그래프에 제한 조건을 표시한다.
⑤ 의사결정 테이블로 변환한다.
⑥ 테스트 케이스를 작성한다.

2 구현 기반 테스트★☆☆

구현 기반 테스트는 화이트박스 테스트라고도 하고, 프로그램 내부에서 사용되는 변수나 서브루틴 등의 오류를 찾기 위해 프로그램 코드의 내부 구조를 테스트 설계의 기반으로 사용하기 때문에 코드 기반 테스트라고도 한다. 입력 데이터를 가지고 실행 상태를 추적함으로써 오류를 찾아내기 때문에 동적 테스트 부류에 속한다. 화이트박스 테스트 방법에는 문장 검증 기준, 분기 검증 기준, 조건 검증 기준, 분기/조건 검증 기준, 다중 조건 검증 기준, 기본 경로 테스트가 있다.

1. 문장 검증 기준

문장 검증 기준은 원시 코드 내의 모든 문장이 최소한 한 번은 실행될 수 있는 테스트 데이터를 갖는 테스트 케이스를 선정한다. 문장 검증 기준의 수행 과정은 다음과 같다.
① 원시 코드를 제어 흐름 그래프 형태로 표현한다.
② 가능한 모든 경로를 구한다.

③ 모든 경로 중 문장 검증 기준을 만족하는 경로를 선택한다.

④ 선택한 경로에 해당하는 테스트 데이터를 가지고 실행한다.

2. 분기 검증 기준

분기 검증 기준은 결정 검증 기준이라고도 하며, 문장 검증 기준의 문제점을 해결할 수 있다. 테스트 케이스를 선정하는 기준은 원시 코드에 존재하는 조건문에 대해 T와 F가 되는 경우를 최소한 한 번은 실행되는 입력 데이터를 테스트 케이스로 사용한다. 즉, 조건문을 만족하는 경우와 만족하지 않은 경우로 나눠 테스트한다. 분기 검증 기준을 사용하면 분기 시점에서 조건과 관련된 오류를 찾을 수 있고, 분기가 합류하는 위치에서 오류를 발견할 가능성이 높다. 분기 검증 기준의 수행 과정은 다음과 같다.

① 원시 코드를 제어 흐름 그래프 형태로 표현한다.

② 가능한 모든 경로를 구한다.

③ 모든 경로 중 분기 검증 기준을 만족하는 경로를 선택한다.

3. 조건 검증 기준

분기 검증 기준은 조건문의 결과만을 고려하기 때문에 개별 조건식 중 어느 하나에 오류가 발생해도 발견하지 못하는 문제점이 있다. 이와 같은 문제를 해결할 수 있는 방법이 조건 검증 기준이다. 분기 검증 기준은 개별 조건식은 무시하고, 조건문만 고려하여 테스트 케이스를 선정했다면, 조건 검증 기준은 반대로 전체 조건식은 무시하고, 개별 조건식들에 대해서만 T와 F에 대해 최소한 한 번은 수행할 수 있도록 테스트 케이스를 선정하기 때문에 분기 검증 기준에서 발견하지 못한 오류를 발견할 수 있는 더 강력한 테스트가 된다.

4. 분기/조건 검증 기준

분기/조건 검증 기준은 개별 조건식을 모두 만족하면서 전체 조건식도 만족하는 테스트 케이스를 말한다. 두 조건이 AND로 연결되어 있고 첫 번째 조건이 F이면 전체가 F이므로 두 번째 조건이 수행되지 않는다. 만약 두 번째 조건이 오류가 있으면 발견할 수 없게 된다. 두 조건이 OR로 연결되어 있을 때 첫 번째 조건이 T이면 전체가 T이므로 두 번째 조건이 수행되지 않는다. 마찬가지로 두 번째 조건이 오류가 있으면 발견할 수 없다. 이처럼 어떤 개별 조건식이 다른 개별 조건식의 결과와 상관없이 이미 결정되어지는 것을 마스크라고 한다.

5. 다중 조건 검증 기준

다중 조건 검증 기준은 분기/조건 검증 기준에서 발생하는 마스크 문제를 해결할 수 있도록 한 것이다.

(1) AND로 연결된 개별 조건식에서 마스크 문제 해결 방법

AND로 연결된 개별 조건식은 두 식 중 하나가 F인 경우 나머지 식이 F나 T이든 상관없이 결과가 F이다. 이를 해결하기 위해 나머지 식은 T인 경우와 F인 경우를 각각 하나씩 추구하여 이를 만족하는 테스트 케이스를 만들어 테스트한다.

(2) OR로 연결된 개별 조건식에서 마스크 문제 해결 방법

OR로 연결된 개별 조건식에서는 두 식 중 하나가 T인 경우 나머지 식은 F나 T이든 상관없이 결과가 T이다. 이를 해결하기 위해 나머지 식은 T인 경우와 F인 경우를 각각 하나씩 만들어 테스트한다. T와 F 모두를 만족하는 테스트 케이스를 추가함으로써 마스크 문제를 해결할 수 있다.

이와 같이 마스크 문제까지 해결한 테스트 케이스에 해당하는 테스트 데이터를 생성하는 기준을 다중 조건 검증 기준이라고 한다.

6. 기본 경로 테스트

기본 경로 테스트는 매케이브(McCabe)가 개발한 것으로, 원시 코드의 독립적인 경로가 최소한 한 번은 실행되는 테스트 케이스를 찾아 테스트를 수행한다. 즉, 원시 코드의 독립적인 경로를 모두 수행하는 것을 목적으로 한다. 기본 경로 테스트 절차는 다음과 같다.

① 순서도를 작성한다.
② 흐름 그래프를 작성한다.
③ 순환 복잡도를 계산한다.
④ 독립적인 경로를 정의한다.
⑤ 테스트 케이스를 작성한다.

---

03   소프트웨어 개발 단계에 따른 테스트

1   소프트웨어 테스트 종류★☆☆

1. 단위 테스트

단위 테스트는 프로그램의 기본 단위인 모듈을 테스트하여 모듈 테스트라고도 한다. 각 모듈의 개발이 완료되면 개발자가 명세서의 내용대로 정확하게 구현되었는지 테스트한다. 일반적으로 모듈 내부의 구조를 구체적으로 볼 수 있는 화이트박스 테스트 같은 구조적 테스트를 주로 수행한다.

하나의 모듈을 테스트하기 위해서는 해당 모듈과 직접 관련된 상위 모듈과 모듈이 존재해야 정확하게 테스트할 수 있다. 만약 상위 또는 하위 모듈이 개발되지 않았을 경우에는 가상의 상위 또는 하위 모듈을 만들어 사용해야 한다. 상위 모듈의 역할을 하는 가상의 모듈을 테스트 드라이버라고 하며, 테스트 할 모듈을 호출하는 역할을 수행한다. 반대로 하위 모듈의 역할을 하는 가상의 모듈을 스텁(stub)이라고 하며, 테스트할 모듈이 호출할 때 인자를 통해 받은 값을 가지고 수행한 후 그 결과를 테스트할 모듈에게 넘겨주는 역할을 한다.

2. 통합 테스트

단위 테스트가 끝난 후 모듈을 통합하는 과정에서 발생하는 오류를 찾는 테스트가 통합 테스트이다. 통합 테스트는 주로 모듈 간의 상호작용을 중점적으로 확인한다. 즉, 모듈 사이의 인터페이스 오류와 모듈이 올바르게 연계되어 작동되는지를 체크한다.

통합 테스트를 수행하는 방법에는 모듈 통합을 한꺼번에 하는 방법과 점진적으로 하는 방법이 있다. 모듈 통합을 한꺼번에 하는 방법으로는 빅뱅 테스트를 들 수 있다. 빅뱅 테스트는 단위 테스트가 끝난 모듈을 한꺼번에 결합하여 수행하는 방식이다. 소규모 프로그램이나 프로그램의 일부를 대상으로 하는 경우가 많기 때문에 절차가 간단하고 쉽다. 그러나 오류가 발생했을 때 어떤 모듈에서 오류가 존재하고 원인이 무엇인지 찾기가 어렵다.

모듈 통합을 점진적으로 하는 방법은 완성된 모듈을 기존에 테스트된 모듈과 하나씩 통합하면서 테스트한다. 문제가 발생하면 바로 직전에 통합한 테스트 모듈에서 오류가 발생한 것을 짐작할 수 있으므로 오류 찾기가 쉽다. 점진적 통합 방식은 가장 상위에 있는 모듈부터 테스트하는지, 가장 하위에 있는 모듈부터 테스트하는지에 따라 하향식 기법과 상향식 기법으로 나뉜다.

(1) 하향식 기법

하향식 기법은 시스템을 구성하는 모듈의 계층 구조에서 맨 상위의 모듈부터 시작하여 점차 하위 모듈 방향으로 통합하는 방법이다. 같은 행에서는 옆으로 가며 통합 테스트를 수행하는 방식을 넓이 우선 방식이라고 하며, 하위 방향으로 내려가면서 통합하지만 같은 행에서는 옆이 우선이 아니라 아래 모듈을 먼저 통합하는 방식을 깊이 우선 방식이라고 한다.

하향식 방식에서는 상위 모듈부터 테스트를 수행하기 때문에 스텁 모듈이 필요하다. 일반적으로 모듈의 종속 관계에서 상위 모듈은 시스템 전체의 흐름을 관장하고, 하위 모듈은 각 기능을 구현하는 형태로 구성되어 있기 때문에 프로그램 전체에 영향을 줄 수 있는 오류를 일찍 발견하기 쉽다. 그러나 하위 모듈이 스텁 모듈로 이루어져 있어 결과가 완전하지 않을 수도 있고 스텁 모듈 수가 많으면 스텁을 만드는 데 시간과 노력이 많이 소요된다. 일반적으로 모듈 간의 인터페이스와 시스템 동작이 정상적으로 잘되고 있는지를 빨리 파악하고자 할 때 하향식 기법을 사용한다.

(2) 상향식 기법

상향식 기법은 가장 말단에 있는 최하위 모듈부터 테스트를 수행한다. 상향식 기법에서는 상위 모듈의 역할을 수행하는 테스트 드라이버가 필요하다. 이 드라이버는 하위 모듈을 순서에 맞게 호출하고, 호출할 때 필요한 매개 변수를 제공하며, 반환 값을 전달하는 역할을 한다.

최하위 모듈들을 개별적으로 병행하여 테스트할 수 있기 때문에 하위에 있는 모듈들을 충분히 테스트할 수 있다. 그리고 정밀한 계산이나 데이터 처리가 요구되는 시스템 같은 경우 사용하면 좋다. 그러나 상위 모듈에 오류가 발견되면 그 모듈과 관련된 하위의 모듈을 다시 테스트해야 하는 번거로움이 발생할 수 있다.

3. 시스템 테스트

통합 테스트까지 완료되면 시스템 전체가 정상적으로 동작하는지 체크하는 시스템 테스트를 실시해야 한다. 시스템 테스트는 모듈이 모두 통합된 후 사용자의 요구 사항들을 만족하는지 테스트하는 것이다. 시스템 테스트는 실제 사용 환경과 유사하게 테스트 환경을 마련하여 요구 분석 명세서에 명시한 기능적 요구 사항과 비기능적 요구 사항을 충족하는지 테스트한다.

기능적 요구 사항 테스트는 사용자가 요구하는 기능이 다 있는지, 필요 없는 기능이 포함되지 않았는지 등을 테스트한다. 비기능적 요구 사항 테스트는 신뢰성, 사용자 편의성, 보안성, 안전성, 유지보수 용이성 등을 테스트한다.

4. 인수 테스트

인수 테스트는 시스템이 예상대로 동작하는지 확인하고, 요구 사항에 맞는지 확신하기 위해 하는 테스트이다. 시스템을 인수하기 전 요구 분석 명세서에 명시된 대로 모두 충족시키는지 사용자가 테스트한다. 인수 테스트가 끝나면 사용자는 인수를 승낙하고, 시스템이 사용자에게 정상적으로 인수되면 프로젝트는 종료된다.

인수 테스트는 사용자 주도로 이루어지고, 오류 발견보다는 제품의 출시 여부를 판단하는 것이 주 목적이다. 인수 테스트 결과에 따라 시스템을 출시할지, 출시시기를 늦추더라도 보완할지를 결정한다.

5. 회귀 테스트

원시 코드의 결함을 수정한 후 제대로 수정되었는지 확인하는 테스트를 확정 테스트라고 한다. 확정 테스트가 끝나면 회귀 테스트를 실시하는데, 회귀 테스트는 한 모듈의 수정이 다른 부분에 영향을 줄 수 있는 점을 고려하여 수정된 모듈뿐만 아니라 관련 모듈까지 문제가 없는지 테스트하는 것이다. 따라서 회귀 테스트는 한 모듈의 수정이 다른 부분에 미치는 영향을 최소화하기 위해 필요하다. 회귀 테스트의 종류에는 두 가지가 있다.

(1) 수정을 위한 회귀 테스트

수정을 위한 회귀 테스트는 모든 테스트를 완료하여 사용자에게 전달하기 전 테스트 과정에서 미처 발견하지 못한 오류를 찾아 수정한 후 다시 테스트하는 것이다.

(2) 점진적 회귀 테스트

점진적 회귀 테스트는 사용 중에 일부 기능을 추가하여 새로운 버전을 만들고, 새 버전을 다시 테스트하는 것이다.

CHAPTER

07 품질

중요 학습내용
1. 프로세스 능력 평가 모델의 종류를 알 수 있다.
2. 프로세스 능력 평가 모델의 특징을 파악할 수 있다.

---

01 프로세스 능력 평가 모델

1 프로세스 능력 평가 모델의 이해

1. CMMI 모델★☆☆

CMMI 모델은 조직의 프로세스에 대한 가이드이자 기준이며 능력과 성숙도로 조직의 프로세스를 평가하는 모델의 통합 버전인 프로세스 개선 성숙도 모델이라고 할 수 있다. 프로세스 표준화의 기준과 방향을 제시하므로 조직 프로세스에 대한 측정뿐만 아니라 평가 지표로도 활용할 수 있다. 이때 능력을 평가하거나 성숙도를 평가할 수 있다.

(1) CMMI의 구성

CMMI는 소프트웨어 프로세스 성숙도를 5단계로 나눈 후, 각 단계별 목표를 달성하기 위해 4개의 범주로 구분된 22개의 프로세스 영역으로 구성하고 있다.

| CMMI 5단계 |

단계	프로세스	내용
1단계 : 초기 단계	프로세스 없음	예측과 통제 불가능
2단계 : 관리 단계	규칙화된 프로세스	기본적인 프로젝트 관리 체계 수립
3단계 : 정의 단계	표준화된 프로세스	조직 차원의 표준 프로세스를 통한 프로젝트 지원
4단계 : 정량적 관리 단계	예측 가능한 프로세스	정량적으로 프로세스가 측정, 통제됨
5단계 : 최적화 단계	지속적 개선 프로세스	프로세스 개선 활동

기출플러스➕ ★☆☆

CMMI(Capability Maturity Model Integration)의 성숙도 모델에서 표준화된 프로젝트 프로세스가 존재하나 프로젝트 목표 및 활동이 정량적으로 측정되지 못하는 단계는? 16 국가직 9급

① 관리(managed) 단계
② 정의(defined) 단계
③ 초기(initial) 단계
④ 최적화(optimizing) 단계

해설 난도중

오답의 이유
① 규칙화(프로젝트별)된 프로세스가 존재하는 단계이다.
③ 프로세스가 존재하지 않는 단계이다.
④ 프로세스를 지속적으로 개선하는 단계이다.

정답 ②

범주	프로세스 영역
프로젝트 관리	프로젝트 계획, 감시, 제어와 관련된 프로젝트 관리를 다루는 프로세스 영역으로 구성됨 ① 프로젝트 계획 ② 프로젝트 감시 및 통제 ③ 협력 업체 관리 ④ 통합된 프로젝트 관리 ⑤ 위험 관리 ⑥ 정량적 프로젝트 관리
공학	여러 공학 분야에 걸쳐 공유되는 개발과 유지보수와 관련된 활동들을 다루는 프로세스 영역들로 구성됨 ⑦ 요구 사항 관리 ⑧ 요구 사항 개발 ⑨ 기술적 솔루션 ⑩ 제품 통합 ⑪ 확인 ⑫ 검증
프로세스 관리	프로세스 정의, 계획, 배치, 구현, 감시, 제어, 평가, 측정, 개선과 관련된 여러 프로젝트에 걸친 활동들을 포함하는 프로세스 영역들로 구성됨 ⑬ 조직 차원의 프로세스 개선 ⑭ 조직 차원의 프로세스 정의 ⑮ 조직 차원의 교육 훈련 ⑯ 조직 차원의 프로세스 성과 관리 ⑰ 조직 차원의 혁신 활동 전개
지원	제품 개발과 유지보수를 지원하는 활동들을 다루는 내용으로, 프로젝트를 목적으로 한 프로세스 영역과 조직에 적용하는 것을 목적으로 하는 프로세스 영역들로 구성됨 ⑱ 형상 관리 ⑲ 프로세스/제품 품질 보증 ⑳ 측정 및 분석 ㉑ 의사결정 분석 및 해결 ㉒ 근본 원인 분석 및 해결

(2) CMMI 평가 방법

CMMI 평가는 단계적 표현 방법의 성숙 단계와 연속적 표현 방법의 능력 단계로 나누어진다.

① **단계적 표현 방법의 성숙 단계** : 성숙 단계는 조직에서 해당 업무를 얼마나 체계적으로 수행하고 있는지를 나타내며, 지표로 5단계로 구분하여 사용하고 있다. CMMI 성숙 단계는 단계별로 충족되어야 할 프로세스 영역이 정의되어 있고, 각 단계의 프로세스 영역을 모두 만족하면 다음 단계로 넘어간다.

| 성숙도 단계별 프로세스 영역 |

단계	프로세스	프로세스 영역
1단계 : 초기 단계	프로세스 없음	
2단계 : 관리 단계	프로젝트별로 프로세스 존재	• 요구 사항 관리 • 프로젝트 계획 수립 • 프로젝트 감시 및 통제 • 협력 업체 관리 • 측정 및 분석 • 프로세스/제품 품질 보증 • 형상 관리
3단계 : 정의 단계	조직 차원의 프로세스 존재 (표준화된 프로세스)	• 요구 사항 개발 • 기술적 솔루션 • 제품 통합 • 검증, 확인 • 조직 차원의 프로세스 개선 • 조직 차원의 프로세스 정의 • 조직 차원의 교육 훈련 • 통합된 프로젝트 관리 • 위험 관리 • 의사결정 분석 및 해결
4단계 : 정량적 관리 단계	측정 가능한 정량적 프로세스 존재	• 조직 차원의 프로세스 성과 관리 • 정량적 프로젝트 관리
5단계 : 최적화 단계	프로세스를 지속적으로 개선	• 조직 차원의 혁신 활동 전개 • 근본 원인 분석 및 해결

② **연속적 표현 방법의 능력 단계** : 능력 단계는 프로세스 영역 능력 수준을 측정하는 연속적 표현 모델로, 해당 조직의 각 프로세스 영역에 대한 능력이 얼마나 되는지 나타낸다. 프로세스 영역별 능력 수준을 점검하면 어떤 프로세스 영역이 다른 프로세스 영역에 비해 떨어지는지 알 수 있으므로 그 영역만 집중적으로 관리할 수 있다. 그리고 중요하다고 생각하는 프로세스 영역에 대해서는 그 수준을 높이기 위해 더 많은 자원을 투입하여 능력 수준을 높일 수 있다.

2. SPICE(ISO 15504) 모델

SPICE는 5개의 범주로 구분된 40개의 참조 프로세스로 구성되어 있으며, 프로세스의 수행 능력을 6단계로 구분하였다. SPICE을 통한 평가는 이 프로세스와 수행 능력 수준 단계를 기준으로 하여 2차원으로 이루어진다. 즉, 5개 프로세스 범주의 40개 프로세스에 대해 기본 지침의 실행 여부와 산출물 유무로 판정하는 것이다.

| SPICE 모델의 프로세스 |

범주	내용
고객-공급 프로세스	인수, 공급, 요구, 도출, 운영 : 소프트웨어를 개발하여 고객에게 전달하는 것을 지원, 소프트웨어를 정확하게 운용하고 사용하도록 하기 위한 프로세스로 구성(프로세스 10개)
공학 프로세스	개발, 소프트웨어 유지보수 : 시스템과 소프트웨어 제품의 명세화, 구현, 유지 보수하는 프로세스로 구성(프로세스 9개)
지원 프로세스	문서화, 형상, 품질 보증, 검증, 확인, 리뷰, 감사, 품질 문제 해결 : 소프트웨어 생명주기에서 다른 프로세스에 의해 이용되는 프로세스로 구성(프로세스 4개)
관리 프로세스	관리, 프로젝트 관리, 품질/위험 관리 : 소프트웨어 생명주기에서 프로젝트 관리자에 의해 사용되는 프로세스들로 구성(프로세스 4개)
조직 프로세스	조직 배치, 개선 활동 프로세스, 인력 관리, 기반 관리, 측정 도구, 재사용 : 조직의 업무 목적을 수립하고, 조직이 업무 목표를 달성하는 데 도움을 주는 프로세스로 구성(프로세스 9개)

| SPICE 모델의 프로세스 수행 능력 단계 |

단계	프로세스	내용
1단계 : 불완전 단계	미구현 또는 미달성	• 프로세스가 구현되지 않음 • 프로세스가 목적을 달성하지 못함
2단계 : 수행 단계	프로세스 수행 및 목적 달성	• 프로세스를 수행하고 목적을 달성함 • 프로세스가 정의된 산출물을 생산함
3단계 : 관리 단계	프로세스 수행 계획 및 관리	• 정의된 자원의 한도 내에서 그 프로세스가 작업 산출물을 인도함
4단계 : 확립 단계	정의된 표준 프로세스 사용	• 소프트웨어 공학 원칙을 기반으로 정의된 프로세스를 수행함
5단계 : 예측 단계	프로세스의 정량적 이해 및 통제	• 프로세스가 목적 달성을 위해 통제됨 • 프로세스가 양적 측정을 통해 일관되게 수행됨
6단계 : 최적화 단계	프로세스를 지속적으로 개선	• 프로세스 수행을 최적화함 • 지속적 개선을 통해 업무 목적을 만족시킴

CHAPTER 08

프로젝트 관리

중요 학습내용
1. 프로젝트 관리 지식체계의 개념과 특징을 이해할 수 있다.
2. 형상 관리의 개념과 특징에 대해 알 수 있다.
3. 유지보수의 종류와 특징을 파악할 수 있다.

01 프로젝트 관리의 이해

프로젝트는 여러 사람이 참여하고 기간과 비용도 정해져 있다. 프로젝트 기간이 끝나면 최종 제품을 만들어 사용자에게 전달해줘야 한다. 전반적인 프로젝트 과정에서 관리의 어려움이 발생할 수 있는데, 예를 들어 소프트웨어는 형태가 없어 프로젝트 관리자가 프로젝트 진척사항을 분석하는 데 어려움, 소프트웨어 개발 프로세스는 조직에 따라 가변적이므로 관리에 어려움이 있을 수 있고, 컴퓨터와 통신에서의 빠른 기술적 변화로 인해 관리자의 경험이 새로운 프로젝트에 전달되지 않을 수 있다. 따라서 프로젝트를 완성하기 위해서는 철저한 관리가 필요하다. 프로젝트관리지식체계(PMBOK : Project Management Body Of Knowledge)는 프로젝트와 관련된 대표적인 문서로 프로젝트와 관련된 작업의 표준이 되고 있다.

1 PMBOK의 이해

1. PMBOK의 프로세스 그룹

(1) 시작 그룹

핵심 프로세스는 범위 관리의 착수로, 프로젝트 또는 프로젝트를 구성하는 단계를 정의하고 승인한다.

(2) 기획 그룹

프로젝트의 목표를 설정하고 프로젝트 목표 달성을 위한 활동 계획과 예산, 인력, 자원 등의 계획을 수립한다.

기출플러스⊕   ★☆☆
소프트웨어 프로젝트 관리가 어려운 이유로 옳지 않은 것은? 16 서울시 9급

① 소프트웨어는 형태가 없어 프로젝트 관리자는 프로젝트 진척사항을 분석하는 데 어려움이 있다.
② 소프트웨어 개발 프로세스는 조직에 따라 가변적이므로 관리에 어려움이 있다.
③ 컴퓨터와 통신에서의 빠른 기술적 변화로 인해 관리자의 경험이 새로운 프로젝트에 전달되지 않을 수 있다.
④ 대규모 소프트웨어 프로젝트는 일회성(one-off) 프로젝트가 전혀 없어서, 경험이 충분한 관리자가 문제를 예측할 수 없다.

해설 난도 중
정답의 이유
대규모 소프트웨어 프로젝트는 대개 일회성 프로세스에 해당하므로 경험이 충분한 관리자가 문제를 예측하기 힘들다.
정답 ④

(3) 실행 그룹

핵심 프로세스는 프로젝트 계획 실행으로 계획을 세운 대로 실제 프로젝트를 수행한다. 품질 보증, 팀 개발, 정보 배포, 제안, 공급자 선정, 계약 관리와 같은 보조 프로세스들이 있다.

(4) 통제 그룹

프로젝트 통제는 계획 대비 목표의 진척 상황을 주기적으로 감시하고 성과를 측정함으로써 목표를 달성할 수 있도록 하는 프로세스이다.

(5) 종료 그룹

종료 프로세스는 지금까지 진행해온 프로젝트를 공식적으로 종결하는 프로세스들로 구성된다. 종결을 위해 프로젝트가 사용자의 요구 사항을 만족하는지 검증한다. 사용자에게 인정을 받아야 종료된다.

2. PMBOK의 프로젝트 관리 영역★☆☆

(1) 프로젝트 통합 관리

프로젝트 통합 관리는 프로젝트의 여러 요소를 적절하게 통합하기 위한 프로세스들로 구성된다. 프로젝트 통합 관리에 속하는 프로세스는 3가지가 있다.

① **프로젝트 계획 개발** : 프로젝트 계획 개발에서는 프로젝트 수행과 통제를 가이드하기 위한 프로젝트 계획서를 작성한다. 프로젝트 계획서는 프로젝트 실행을 위한 공식적으로 승인된 문서이다. 그리고 프로젝트에 새로운 정보가 추가될 경우에는 변경될 수 있다.

② **프로젝트 계획 실행** : 계획된 프로젝트를 예정대로 구현하는 프로세스이다. 프로젝트를 완료하기 위해 수행한 활동들의 성과로서 작업 결과물이 산출된다.

③ **통합된 변경 통제** : 통합된 변경 통제에서는 변경 통제 시스템이나 형상 관리 등의 변경 관리를 통해 수정된 내용으로 새로운 프로젝트 기준을 만든다. 통합된 변경 통제의 결과로 프로젝트 계획이 갱신되고, 변경에 대한 근거를 문서화하여 수행 조직뿐 아니라 유사 프로젝트의 자료로 활용한다.

(2) 프로젝트 범위 관리

프로젝트 범위 관리는 프로젝트를 성공적으로 완료하기 위해 필요한 모든 작업을 프로젝트에 포함시키기 위해 요구되는 프로세스들로 구성된다. 프로젝트 범위 관리는 제품에 포함될 특징과 기능을 의미하는 제품 범위와 반드시 수행해야 할 작업을 의미하는 프로젝트 범위로 구성된다. 프로젝트 범위 관리에 속하는 프로세스는 5가지가 있다.

---

① 착수 : 새로운 프로젝트가 시작됨을 공식적으로 승인하는 프로세스이다. 출력 자료는 프로젝트를 공식적으로 인정하는 프로젝트 헌장이 만들어진다.

② 범위 기획 : 프로젝트 제품을 만들기 위해 프로젝트 작업을 문서화하고 순차적으로 완성해 나가는 프로세스이다. 범위 기획을 위한 입력 자료는 제품 설명서, 프로젝트 헌장, 제약과 가정 사항이 있고, 출력 자료는 범위 기술서, 범위 관리 계획, 보조 세부 자료 등이 있다.

③ 범위 정의 : 주요 프로젝트 인도물을 작고 관리 가능한 구성 요소로 나누는 작업을 말한다. 작업 분할 구조도를 도구로 사용하고, 결과로 작업 분할 구조도 체계에 따른 계층 구조와 최하위 항목인 작업 패키지가 산출되며, 범위 기술서가 갱신된다.

④ 범위 검증 : 이해 관계자들에 의해 프로젝트 범위 승인을 획득하는 프로세스이다. 모든 인도물과 작업 결과물이 정확하고 만족스럽게 완료되었는지 검토한다. 프로세스 결과로 공식 승인이 이루어진다.

⑤ 범위 변경 통제 : 프로젝트 범위 변경에 관한 절차를 정의하는 것으로, 범위 변경이 발생했다는 것을 인정하고 실질적인 변경을 관리한다.

(3) 프로젝트 일정 관리

프로젝트 일정 관리는 프로젝트를 주어진 기간 내에 완료하기 위해 요구되는 프로세스들로 구성된다. 프로젝트 일정 관리에 속하는 프로세스는 5가지가 있다.

① 작업 정의 : 프로젝트 목적에 부합하는 활동을 정의하고, 작업 분할 구조도 내에 있는 인도물을 만들어내기 위한 특정 활동을 식별하고 문서화한다.

② 작업 순서 : 활동 간의 논리적 상호 관계를 문서화한다. 결과물로 프로젝트 활동과 활동들의 관계를 도식적으로 표현한 프로젝트 네트워크 다이어그램이 만들어진다.

③ 작업 기간 산정 : 프로젝트를 수행하는 데 필요한 개발 기간이 얼마나 되는지 산정하는 프로세스이다.

④ 일정 개발 : 프로젝트 범위, 참여 인력, 개발 기간이 산정되면 프로젝트의 시작일과 종료일을 결정하는 프로세스이다.

⑤ 일정 통제 : 프로젝트의 일정을 조정해야 하는 불가피한 상황이 발생했을 때 일정에 대한 변경을 결정하고, 변경이 발생했을 때 변경 관리를 하게 된다.

(4) 프로젝트 비용 관리

프로젝트 비용 관리는 주어진 예산 범위 내에서 프로젝트를 완료하기 위해 필요한 프로세스들로 구성된다. 프로젝트 비용 관리에 속하는 프로세스는 4가지가 있다.

① 자원 기획 : 프로젝트를 수행하는 데 필요한 자원이 무엇이고, 언제 필요한지, 얼마나 필요한지에 대해 결정하는 프로세스이다.

② 비용 산정 : 프로젝트를 수행하기 위한 필요한 자원에 대해 어느 정도의 비용이 발생하는지 계산해보는 프로세스이다.

③ 비용 예산 수립 : 수립은 개별 활동 또는 작업 패키지별로 산정된 프로젝트 비용을 합산하여 승인된 비용 기준선을 설정하는 프로세스이다.

④ 비용 통제 : 프로젝트 상태를 모니터링하면서 프로젝트 예산을 갱신하고, 비용 기준선에 따라 부적절하거나 승인되지 않은 변경을 방지하는 프로세스이다.

(5) 프로젝트 품질 관리

프로젝트 품질 관리는 사용자의 품질 요구를 만족시키기 위해 요구되는 프로세스들로 구성된다. 프로젝트 품질 관리에 속하는 프로세스는 3가지가 있다.

① 품질 기획 : 프로젝트에 적합한 품질 요구 사항과 품질 표준을 식별하고 이를 프로젝트에서 어떻게 달성할 것인지 계획하는 프로세스이다.

② 품질 보증 : 품질 요구 사항과 통제 측정치를 감시하면서 해당하는 품질 표준을 사용하고 있는지 확인하는 프로세스이다.

③ 품질 통제 : 프로젝트 결과물에 대한 모니터링을 통해 관련 품질 표준을 만족하였는지 결정하고 부적합이 발생할 경우 원인을 찾아 해결하는 프로세스이다.

(6) 프로젝트 인적 자원 관리

프로젝트 인적 자원 관리는 프로젝트 참여 인력을 어떻게 관리해야 프로젝트를 성공시킬 수 있는가에 대한 프로세스들로 구성된다. 프로젝트 인적 자원 관리에 속하는 프로세스는 3가지가 있다.

① 조직 기획 : 프로젝트 조직을 관리하기 위해 프로젝트의 역할, 책임 사항, 필요 역량, 보고 관계를 식별하여 문서화하고 직원 관리 계획서를 작성한다.

② 팀 확보 : 가용 인적 자원을 확인하여 프로젝트 수행에 필요한 인력을 확보해서 팀을 구성한다.

③ 팀 개발 : 프로젝트 성과를 향상시키기 위해 팀원들의 역량과 팀원 간 협력, 팀 분위기를 개선하는 프로세스이다.

(7) 프로젝트 의사소통 관리

프로젝트 의사소통 관리는 이해 관계자들 간에 메시지를 누구에게, 언제, 어떻게 보낼 것인가를 결정하고 관리하는 프로세스이다. 프로젝트 의사소통 관리에 속하는 프로세스는 3가지가 있다.

① 의사소통 기획 : 이해 관계자들이 원하는 요구 사항을 식별해서 프로젝트가 진행됨에 따라 발생하는 정보들을 적시에 적합한 형태로 제공할 수 있도록 계획을 세운다.

② 정보 배포 : 이해 관계자들이 원하는 정보를 제공한다.

③ 성과 보고 : 프로젝트에 대한 결과 정보를 생성해서 배포해야 한다.

(8) 프로젝트 위험 관리

프로젝트 위험 관리는 프로젝트의 위험을 식별, 분석, 대응하기 위한 프로세스들로 구성된다. 프로젝트 위험 관리에 속하는 프로세스는 6가지가 있다.

① **위험 관리 기획** : 위험들을 언제, 어떤 방법으로, 어떻게 관리할 것인가를 계획하는 프로세스이다.

② **위험 식별** : 위험을 파악하고 찾아내는 프로세스이다.

③ **정성적 위험 분석** : 도출된 위험들이 미치는 영향이 얼마나 큰지, 얼마나 자주 발생하는지 등을 분석하는 프로세스이다.

④ **정량적 위험 분석** : 도출된 위험들에 대해 빈도수는 어떤지, 위험의 크기는 어느 정도인지 등을 수치화하는 프로세스이다.

⑤ **위험 대응 기획** : 위위험 대응 전략을 세우고 추가적인 위험과 이차적인 위험, 위험 대응을 위해 필요한 시간과 비용, 위험에 대한 비상 계획, 예비 계획 등을 세운다.

⑥ **위험 모니터링 및 통제** : 식별된 위험에 대해 추적, 감시하고 새롭게 발견되는 위험을 식별하는 프로세스이다.

(9) 프로젝트 조달 관리

프로젝트 조달 관리는 조직의 외부에서 물품과 서비스를 조달하기 위한 프로세스들로 구성된다. 프로젝트 조달 관리에 속하는 프로세스는 6가지가 있다.

① **조달 기획** : 무엇을, 어떻게, 언제, 얼마나 조달할 것인지 고려한다. 입력 자료는 범위 기술서, 제품 설명서, 조달 자원, 시장 상황, 기타 기획의 출력물 등이 있고, 결과 자료는 조달 관리 계획과 작업 기술서가 있다.

② **권유 기획** : 판매자들이 무엇을 준비해야 하는지 알 수 있도록 지원에 필요한 문서를 만든다. 입력 자료는 조달 관리 계획, 작업 기술서 등이 있고, 결과 자료는 조달 문서, 평가 기준, 갱신된 작업 기술서 등이 있다.

③ **권유** : 입찰자들이 작성하는 제안서가 된다.

④ **공급자 선정** : 입찰 과정을 거쳐 많은 업체로부터 제안서가 들어오면 이들 중 하나의 업체를 선정한다.

⑤ **계약 관리** : 하나의 업체가 선정되면 해당 업체와 계약을 맺고, 계약과 관련된 필요 작업을 수행한다.

⑥ **계약 종료** : 업체가 선정되고 납품이 완료되면 처음의 요구 사항에 일치하는지 검수하고, 문제가 없으면 최종 산출물 관련 자료들을 받는 것으로 끝을 내는 데 필요한 프로세스이다.

02 형상 관리

1 형상 관리의 이해

1. 형상 관리의 개념과 절차

(1) 형상 관리의 개념

하드웨어에서부터 출발한 형상 관리의 개념은 특정 항목의 변화에 대해 관리하면서 시스템의 통합과 일치를 보장하는 것을 말한다.

소프트웨어에서의 형상 관리는 개발 중 발생하는 모든 산출물들이 변경됨으로써 점차 변해가는 소프트웨어 형상을 체계적으로 관리하고 유지하는 기법이다. 즉, 소프트웨어 개발 생명주기 전반에 걸쳐 생성되는 모든 산출물의 종합 및 변경 과정을 체계적으로 관리하고 유지하는 일련의 개발 관리 활동이라고 말할 수 있다.

(2) 형상 관리의 절차★☆☆

형상 관리의 절차는 형상 식별, 형상 통제, 형상 상태 보고, 형상 감사로 이루어진다.

① **형상 식별** : 형상 관리의 가장 기초가 되는 활동으로, 프로젝트를 계획할 때 형상 관리 계획을 근거로 형상 관리 대상이 무엇인지 식별하는 과정이다. 형상 식별은 형상 항목 선정, 형상 식별자 규칙 선정, 베이스라인 기준 선정으로 세분화할 수 있다.

ㄱ 형상 항목 선정 : 제품 개발 초기 단계에 관리 방법이나 변경에 대한 통제 여부에 따라 산출물을 구분하고, 이 중 변경에 대한 통제가 필요한 산출물을 선정한다.

ㄴ 형상 식별자 규칙 선정 : 형상 식별자는 어떤 프로젝트에서 사용되는 파일인지, 어떤 내용의 문서인지, 버전이 어떻게 되는지 등 같은 작업을 하는 소속 팀원들끼리 한눈에 알아볼 수 있도록 이름을 명명하는 규칙이다.

ㄷ 베이스라인 기준 선정 : 베이스라인은 소프트웨어 개발 과정 중 특정 시점에 만들어진 산출물의 집합을 말한다. 예를 들어 한 회사에서 2020년에 출시를 목표로 프로그램을 개발하였고 출시 당시 각 개발 팀에서 사용된 파일이 V1.2, V1.4, V1.3이라는 버전일 때, 특정 시점은 2020년이 되고 V1.2, V1.4, V1.3은 베이스라인이 된다.

② **형상 통제** : 형상 목록의 변경 요구를 검토 및 승인하여 현재의 소프트웨어 기준선에 반영될 수 있도록 통제하는 과정을 형상 통제라고 한다. 형상 통제에는 변경 요청, 변경 심사, 변경 확인 등이 있다.

ㄱ 변경 요청 : 고객이나 개발자는 변경 사항이 생겼을 때 변경 요청서를 작성하여 변경 관리 담당자에게 제출한다.

ⓛ 변경 심사 : 고객 또는 개발자가 작성한 변경 요청서가 들어오면 형상통제위원회는 이것을 검토하여 변경 요청을 받아들일지, 거절할지 결정한다. 변경이 수락으로 결정되면 변경 실시를 수행하고, 변경이 거절되면 자세한 이유와 함께 변경 요청자에게 통보해준다.

ⓒ 변경 실시 : 변경을 수락했으면 변경 작업을 수행한다. 변경을 위해 저장소에 보관 중인 해당 항목을 가져온다(체크아웃). 체크아웃된 형상 항목을 변경한다.

ⓔ 변경 확인 : 변경이 완료되면 개정 이력들과 함께 새로운 버전 번호가 부여되고 형상통제위원회는 변경된 내역을 확인 및 승인 후 체크인한다.

③ 형상 상태 보고 : 형상 항목의 개발 상태에 대한 가시성을 통해 형상을 효율적으로 관리하기 위해 베이스라인으로 설정된 형상 항목의 구조와 변경 상태를 기록하고, 관련된 사람들에게 보고하는 것을 형상 상태 보고라고 한다.

④ 형상 감사 : 형상 관리 계획서대로 형상 관리가 진행되고 있는지, 형상 항목의 변경이 요구 사항에 맞도록 제대로 이루어졌는지 등을 살펴보는 활동이다. 형상 감사는 형상 담당자에 의해 실시되며 형상 감사 수행 전에 형상 관리 계획서 상에 형상 감사를 위한 계획이 수립되어야 한다.

03 유지보수

1 유지보수의 이해★☆☆

유지보수는 변경된 환경과 적절하게 조화를 이루도록 소프트웨어를 변경시키는 것을 의미한다. 유지보수에 대한 요청은 공식적인 절차를 밟아 표준화된 방법으로 유지보수 요청서에 의해 이루어진다.

1. 유지보수의 종류

소프트웨어의 유지보수는 수정 유지보수, 적응 유지보수, 기능 보강 유지보수, 예방 유지보수로 분류할 수 있다.

(1) 수정 유지보수

수정 유지보수는 개발된 소프트웨어를 사용자가 인도받은 후 사용하면서 발견되는 오류들을 바르게 고치는 것을 말한다. 소프트웨어 개발 과정에서 테스트를 실시하지만 발견되지 않은 오류가 있을 수 있다. 이와 같은 오류들을 실제로 사용하면서 발견하는 경우가 많은데 수정 유지보수는 개발 과정에서 미처 바로잡지 못한 오류들을 유지보수 단계에서 해결하는 것을 의미한다.

(2) 적응 유지보수

적응 유지보수는 개발된 소프트웨어가 처음 설치된 곳에서 문제없이 사용하다가 환경이 바뀌면 그에 맞게 수정·보완하는 것이다. 환경 변화 요인에는 운영체제, 주변 장치, 네트워크 환경 등이 있다.

(3) 기능 보강 유지보수

기능 보강 유지보수는 기존에 없던 새로운 기능이 요구되거나, 기존 기능을 더 편리하게 바꾸기를 원하는 이유 등으로 변경이 필요할 때 하게 되는 것을 말한다.

(4) 예방 유지보수

예방 유지보수는 어떤 문제가 발생했을 때 처리하는 것이 아니라 미리 예상되거나 예측되는 오류를 찾아 수정하는 것이다.

기출플러스 ➕ ★☆☆

시스템의 유지보수에 대한 설명으로 옳지 않은 것은? 10 지방직 9급

① 변경된 환경과 적절하게 조화를 이루도록 소프트웨어를 변경시키는 것은 유지보수 활동에 속한다.
② 원시코드를 이용하여 원시코드 이상의 추상화된 표현으로 나타내고 코드를 분석하는 과정을 역공학이라 하며, 역공학을 통해 시스템을 재구성하여 변경이 용이한 시스템을 만들거나 보다 나은 기능을 추가할 수 있다.
③ 유지보수에 대한 요청은 공식적인 절차를 밟아 표준화된 방법으로 이루어져야 하며 요지보수 요청서에 의해 이루어진다.
④ 소프트웨어 유지보수 과정에서 발생하는 결과물에 대한 계획, 개발, 운용 등을 종합하여 시스템의 형상을 만들고, 이에 대한 변경을 체계적으로 관리하기 위한 활동을 소프트웨어 형상관리라 한다.

해설 난도 중
정답의 이유
시스템을 재구성하여 변경이 용이한 시스템을 만들거나 보다 나은 기능을 추가하는 것은 재공학이라고 한다.

정답 ②

이론플러스 ➕
• **재공학**
기존 소프트웨어의 기능을 개선시키거나 새로운 소프트웨어로 재활용하는 등 소프트웨어 재사용 공법을 의미한다. 재공학의 종류로는 분석, 재구성, 역공학, 이관, 재사용이 있다.
• **역공학**
원시 코드로부터 설계 정보 추출 및 절차 설계를 표현하고, 프로그램과 데이터 구조 정보를 추출하는 것을 말한다.

PART 08

빈출개념 체크 ○×

CHAPTER 01 소프트웨어 공학 소개

01 소프트웨어 개발 생명주기는 계획, 분석, 설계, 구현, 테스트, 유지보수 단계로 이루어진다. (○ / ×)

02 계획 단계에서 일정 계획과 관련해서는 작업 분할 구조도 방법, 작업의 순서와 시간을 중심으로 작업 일정을 나타내는 네트워크 차트인 CPM, 작업의 진척 상황을 도표 형태로 표현한 간트 차트가 있다. (○ / ×)

03 유지보수 단계는 소프트웨어 개발 생명주기에서 가장 비용이 많이 소요되는 단계이다. (○ / ×)

04 CASE(Computer-Aided Software Engineering)은 컴퓨터 지원 소프트웨어 공학으로 시스템 개발의 자동화를 지원하는 소프트웨어 도구이다. (○ / ×)

CHAPTER 02 소프트웨어 개발 프로세스

01 폭포수 모델은 소프트웨어 프로세스의 초기에 개발된 전통적인 모델로, 각 단계는 앞 단계가 완료되어야 수행할 수 있다. (○ / ×)

02 프로토타입(prototype)은 개발 도중 사용자의 요구 사항을 적용하기 힘들다. (○ / ×)

03 나선형 모델은 요구 분석 후 프로토타입 개발 이전에 위험 분석 단계를 거친다. (○ / ×)

04 애자일 프로세스 모델은 고객의 요구에 민첩하게 대응하고 그때그때 주어지는 문제를 풀어나가는 방법론이다. (○ / ×)

01 델파이 기법은 우선 여러 전문가가 모여 각자의 의견대로 비용을 산정하고, 그 결과를 서로 공유하여 의견을 조율한다.   (O / ×)

02 LOC 기법은 각 기능을 구현하는 데 필요한 M/M을 소프트웨어 개발 생명주기의 각 단계에 적용하여 단계별로 산정한다.

(O / ×)

03 COCOMO(COnstructive COst MOdel) 방법은 먼저 완성될 소프트웨어의 크기(라인 수)를 추정하고 이를 준비된 식에 대입하여 개발에 필요한 M/M을 예측한다.   (O / ×)

04 기능 점수 산정 방법에서 기능이 많으면 규모도 크고 복잡도도 높다고 판단한다.   (O / ×)

01 모델링의 종류로는 기능 모델링, 동적 모델링, 정보 모델링이 있다.   (O / ×)

02 동적 모델링과 관련된 도구로는 자료흐름도가 있다.   (O / ×)

03 상태 변화도는 사건이 발생하는 시나리오를 작성하여 사건을 추적한다.   (O / ×)

04 자료흐름도에서는 출원지와 목적지를 사각형 박스로 표현한다.   (O / ×)

05 UML은 객체지향 소프트웨어를 모델링하는 표준 그래픽 언어로, 심벌과 그림을 사용해 객체지향 개념을 나타낼 수 있다.

(O / ×)

06 유스케이스 다이어그램에서 관계는 개발하려는 시스템의 기능을 사용하는 사람 또는 해당 시스템과 연동되는 다른 시스템을 말한다.

(O / ×)

07 유스케이스 다이어그램에서 포함 관계는 포함하는 유스케이스에서 포함되는 유스케이스 방향으로 화살표를 점선으로 연결하고 ⟨⟨include⟩⟩라고 표기한다.   (O / ×)

01 하위 설계는 예비 설계라고도 하며, 전체 골조를 세우는 것과 유사하다. (O / ✕)

02 모듈화는 소프트웨어 개발 시 가장 먼저 하는 작업이 실제로 개발할 수 있는 작은 단위로 나누는 작업이다. (O / ✕)

03 구조 패턴은 프로그램 내의 자료구조나 인터페이스 구조 등 프로그램의 구조를 설계하는 데 많이 활용될 수 있는 패턴으로, 종류로는 bridge, adapter, facade 등이 있다. (O / ✕)

04 생성 패턴은 반복적으로 사용되는 객체들의 상호작용을 패턴화한 것이다. (O / ✕)

05 prototype은 생성 패턴에 속한다. (O / ✕)

06 응집도는 모듈 내부에 존재하는 구성 요소들 사이의 밀접한 정도를 나타낸다. (O / ✕)

07 가장 높은 응집도는 순차적 응집도이다. (O / ✕)

08 응집도가 높은 것은 구성 요소들이 꼭 필요한 것들로만 모여 있다는 것을 의미한다. (O / ✕)

09 결합도는 모듈과 모듈 사이의 관계에서 관련 정도를 의미한다. (O / ✕)

10 모듈 간의 관련이 높을수록 상호 의존성이 줄어들어 모듈의 독립성이 높아지고, 독립성이 높으면 모듈 간에 영향이 적어 좋은 설계가 된다. (O / ✕)

11 가장 높은 결합도는 내용 결합이다. (O / ✕)

CHAPTER 06 | 테스트

01 명세 기반 테스트는 화이트박스 테스트라고도 한다. (O / ✕)

02 명세 기반 테스트는 입력 값에 대한 예상 출력 값을 정해놓고 그대로 결과가 나오는지 확인함으로써 오류를 찾는다. (O / ✕)

03 화이트박스 테스트는 프로그램 내부에서 사용되는 변수나 서브루틴 등의 오류를 찾기 위해 프로그램 코드의 내부 구조를 테스트 설계의 기반으로 사용하기 때문에 코드 기반 테스트라고도 한다. (O / ✕)

04 단위 테스트는 프로그램의 기본 단위인 모듈을 테스트하여 모듈 테스트라고도 한다. (○ / ×)

05 통합 테스트를 수행하는 방법에는 모듈 통합을 한꺼번에 하는 방법과 점진적으로 하는 방법이 있다. (○ / ×)

06 상향식 방식에서는 상위 모듈부터 테스트를 수행하기 때문에 스텁 모듈이 필요하다. (○ / ×)

07 회귀 테스트는 한 모듈의 수정이 다른 부분에 영향을 줄 수 있는 점을 고려하여 수정된 모듈뿐만 아니라 관련 모듈까지 문제가 없는지 테스트하는 것이다. (○ / ×)

CHAPTER 07 품질

01 CMMI 모델은 조직의 프로세스에 대한 가이드이자 기준이며 능력과 성숙도로 조직의 프로세스를 평가하는 모델의 통합 버전인 프로세스 개선 성숙도 모델이라고 할 수 있다. (○ / ×)

02 CMMI 프로세스 성숙도 단계는 초기 단계 – 정의 단계 – 관리 단계 – 정량적 관리 단계 – 최적화 단계로 이루어져 있다. (○ / ×)

03 CMMI 관리 단계는 프로젝트별로 프로세스가 존재하고, 관련 프로세스 영역에는 요구 사항 개발, 제품 통합 등이 있다. (○ / ×)

CHAPTER 08 프로젝트 관리

01 PMBOK의 프로세스 그룹 중 기획 그룹에서는 프로젝트의 목표를 설정하고 프로젝트 목표 달성을 위한 활동 계획과 예산, 인력, 자원 등의 계획을 수립한다. (○ / ×)

02 PMBOK의 프로젝트 통합 관리는 프로젝트의 여러 요소를 적절하게 통합하기 위한 프로세스들로 구성되고, 프로젝트 통합 관리에 속하는 프로세스는 프로젝트 계획 개발, 프로젝트 계획 실행, 통합된 변경 통제가 있다. (○ / ×)

03 형상 관리는 특정 항목의 변화에 대해 관리하면서 시스템의 통합과 일치를 보장하는 것을 말한다. (○ / ×)

04 형상 관리의 절차는 형상 식별, 형상 통제, 형상 상태 보고, 형상 감사로 이루어진다. (○ / ×)

05 유지보수는 변경된 환경과 적절하게 조화를 이루도록 소프트웨어를 변경시키는 것을 의미한다. (○ / ×)

06 기능 보강 유지보수는 개발된 소프트웨어가 처음 설치된 곳에서 문제없이 사용하다가 환경이 바뀌면 그에 맞게 수정·보완하는 것이다. (○ / ×)

CHAPTER 01 소프트웨어 공학 소개

01 정답 ○

소프트웨어 개발 생명주기는 계획, 분석, 설계, 구현, 테스트, 유지보수 단계로 구성된다.

02 정답 ○

계획 단계에서 개발 비용을 산정하는 대표적인 방법으로 COCOMO 모델과 기능 점수 모델이 있고, 일정 계획과 관련해서는 CPM, 간트 차트가 있다.

03 정답 ○

유지보수 단계는 전반적인 소프트웨어에 대해 점검하고 보완하는 과정으로 소프트웨어 개발 생명주기에서 가장 비용이 많이 소요되는 단계이다.

04 정답 ○

CASE 도구들은 차트와 다이어그램을 자동으로 생성하는 그래픽 기능, 화면과 리포트 생성기, 데이터 사전, 분석과 검사 도구, 코드 생성기 등의 기능을 제공한다.

CHAPTER 02 소프트웨어 개발 프로세스

01 정답 ○

폭포수 모델은 소프트웨어 개발 절차가 폭포에서 물이 떨어지듯이 다음 단계로 넘어가는 모델로, 고전적 생명 주기라고도 한다. 폭포수 모델에서는 계획, 분석, 설계, 구현, 테스트, 유지보수의 각 단계가 하향식으로 진행되며, 병행되거나 거슬러 반복되지 않는다.

02 정답 ×

프로토타입(prototype)은 사용자가 만족할 때까지 여러 번 반복하여 사용자의 최종 요구를 반영한 완성품을 만드는 개발 방식이다.

03 정답 ○

나선형 모델의 개발 절차는 계획 및 요구 분석 - 위험 분석 - 개발 - 사용자 평가이다.

04 정답 ○

애자일 프로세스는 고객의 요구에 맞게 문제를 풀어나가는 방법론이다.

CHAPTER 03 계획

01 정답 ○

델파이 기법은 전문가 의견을 바탕으로 비용 산정, 의견 조율이 이루어지고 조율 과정을 반복해 최종적으로 일치되는 결과 값이 나오면 개발 비용으로 산정한다.

02 정답 ×

LOC 기법은 소프트웨어 각 기능의 원시 코드 라인 수의 비관치, 낙관치, 중간치를 측정하여 예측치를 구하여 이를 이용해 노력, 개발 비용, 개발 기간 등의 비용을 산정하는 기법이다.

03 정답 ○

COCOMO(COnstructive COst MOdel) 방법은 보헴(Boehm)이 제안한 것으로 소프트웨어 개발 비용을 산정할 때 원시 코드의 크기, 즉, 라인 수에 중심을 두었다.

04 정답 ○

기능 점수 산정 방법에서는 라인 수와 무관하게 기능이 많으면 규모도 크고 복잡도도 높다고 판단한다.

CHAPTER 04 요구 분석

01 정답 ○

모델링의 종류에는 기능(구조적) 모델링, 동적 모델링, 정보 모델링이 있다.

02 정답 ×

동적 모델링의 관련 도구로는 사건 추적도, 상태 변화도, 페트리넷, 유한 상태기계 등이 있다. 자료흐름도는 기능 모델링의 도구이다.

03 정답 ×

상태 변화도는 시스템의 상태와 사건과의 관계를 다룬다. 사건이 발생하는 시나리오를 작성하여 사건을 추적하는 것은 사건 추적도에 대한 설명이다.

04 정답 ○

자료흐름도에서는 출원지와 목적지를 사각형 박스, 데이터 흐름은 화살표로 나타낸다.

05 정답 ○

UML(Unified Modeling Language)은 1997년 OMG(Object Management Group)에서 표준으로 채택한 통합 모델링 언어이다. 객체지향 소프트웨어를 모델링하는 표준 그래픽 언어로, 심벌과 그림을 사용해 객체지향 개념을 나타낼 수 있다.

06 정답 ×

유스케이스 다이어그램에서 관계는 액터와 유스케이스 사이의 관계를 나타내는 것으로, 종류로는 연관, 일반화, 포함, 확장 관계가 있다.

07 정답 ○

포함 관계는 하나의 유스케이스가 다른 유스케이스의 실행을 전제로 할 때 형성되는 관계이다. 표기는 포함하는 유스케이스에서 포함되는 유스케이스 방향으로 화살표를 점선으로 연결하고 《include》라고 표기한다.

CHAPTER 05 설계

01 정답 ×
상위 설계는 예비 설계라고도 하며, 전체 골조를 세우는 것과 유사하다.

02 정답 ○
모듈은 소프트웨어 구조를 이루는 기본적인 단위라고 볼 수 있으며, 하나 또는 몇 개의 논리적인 기능을 수행하기 위한 명령어들의 집합이라고도 할 수 있다.

03 정답 ○
구조 패턴은 많은 클래스로 구성되어 복잡한 구조를 갖는 규모가 큰 시스템을 개발하기 쉽게 만들어주는 패턴으로, 종류로는 adapter, composite, bridge, decorator, facade, flyweight, proxy가 있다.

04 정답 ×
행위 패턴은 반복적으로 사용되는 객체들의 상호작용을 패턴화한 것이다. 생성 패턴은 객체를 생성하는 것과 관련된 패턴이다.

05 정답 ○
생성 패턴의 종류로는 factory method, singleton, prototype, builder, abstract factory가 있다.

06 정답 ○
응집도는 모듈 내부에 존재하는 구성 요소들 사이의 밀접한 정도로, 응집도가 높을수록 좋은 품질을 의미한다.

07 정답 ×
가장 높은 응집도는 기능적 응집도이다.

08 정답 ○
응집도가 높을수록 구성 요소들이 꼭 필요한 것들로만 모여 있고, 응집도가 낮을수록 서로 관련성이 적은 요소들이 모여 있다는 것을 의미한다.

09 정답 ○
결합도는 모듈 간 관련 정도를 의미한다.

10 정답 ×
모듈 간의 관련이 적을수록 상호 의존성이 줄어들어 모듈의 독립성이 높아지고, 독립성이 높으면 모듈 간에 영향이 적어 좋은 설계가 된다.

11 정답 ○
결합도를 낮은 수준에서 높은 수준으로 순서대로 나열하면 데이터 결합 → 스탬프 결합 → 제어 결합 → 공통 결합 → 내용 결합 순서이다.

CHAPTER 06 테스트

01 정답 ×
명세 기반 테스트는 블랙박스 테스트라고도 한다.

02 정답 ○
명세 기반 테스트는 프로그램의 오류를 찾는 것이 아니라 입력 값에 대한 예상 출력 값을 정해놓고 그대로 결과가 나오는지 확인함으로써 오류를 찾는다.

03 정답 ○
구현 기반 테스트는 화이트박스 테스트라고도 하고, 프로그램 코드의 내부 구조를 테스트 설계의 기반으로 한다.

04 정답 ○
단위 테스트는 프로그램의 기본 단위인 모듈을 테스트하여 모듈 테스트라고도 한다. 각 모듈의 개발이 완료되면 개발자가 명세서의 내용대로 정확하게 구현되었는지 테스트한다.

05 정답 ○
통합 테스트는 모듈을 통합하는 과정에서 발생하는 오류를 찾는 테스트로, 모듈 통합을 한꺼번에 하는 방법과 점진적으로 하는 방법이 있다.

06 정답 ×
상향식 기법은 가장 말단에 있는 최하위 모듈부터 테스트를 수행한다.

07 정답 ○
회귀 테스트는 확정 테스트 후 수행되는 테스트로, 한 모듈의 수정이 다른 부분에 영향을 줄 수 있는 점을 고려하여 수정된 모듈뿐만 아니라 관련 모듈까지 문제가 없는지 테스트하는 것이다.

CHAPTER 07 품질

01 정답 ○
CMMI 모델은 프로세스 표준화의 기준과 방향을 제시하므로 조직 프로세스에 대한 측정뿐만 아니라 평가 지표로도 활용할 수 있다.

02 정답 ×
CMMI 프로세스 성숙도 단계는 초기 단계 – 관리 단계 – 정의 단계 – 정량적 관리 단계 – 최적화 단계로 이루어져 있다.

03 정답 ×
프로젝트 관리는 프로젝트 계획, 감시, 제어와 관련된 프로젝트 관리를 다루는 프로세스 영역으로 구성되고, 프로젝트 계획, 프로젝트 감시 및 통제, 협력 업체 관리 등의 프로세스 영역이 있다.

01 정답 ○

PMBOK의 프로세스 그룹에서 기획 그룹은 프로젝트의 목표를 설정하고 프로젝트 목표 달성을 위한 활동 계획과 예산, 인력, 자원 등의 계획을 수립한다.

02 정답 ○

프로젝트 통합 관리에는 프로젝트 계획 개발, 프로젝트 계획 실행, 통합된 변경 통제가 있다.

03 정답 ○

하드웨어에서부터 출발한 형상 관리의 개념은 특정 항목의 변화에 대해 관리하면서 시스템의 통합과 일치를 보장하는 것을 말한다.

04 정답 ○

형상 관리 절차는 형상 식별, 형상 통제, 형상 상태 보고, 형상 감사로 이루어진다.

05 정답 ○

유지보수는 변경된 환경과 적절하게 조화를 이루도록 소프트웨어를 변경시키는 것을 의미한다. 유지보수에 대한 요청은 공식적인 절차를 밟아 표준화된 방법으로 유지보수 요청서에 의해 이루어진다.

06 정답 ×

기능 보강 유지보수는 기존에 없던 새로운 기능이 요구되거나, 기존 기능을 더 편리하게 바꾸기를 원하는 이유 등으로 변경이 필요할 때 하게 되는 것을 말한다.

PART 08 확인학습문제

★★★

01 객체 지향 소프트웨어 개발 모형의 개발 단계로 옳은 것은?　　　　　　14 서울시 9급

㉠ 설계	㉡ 구현
㉢ 계획	㉣ 분석
㉤ 테스트 및 검증	

① ㉢-㉠-㉣-㉡-㉤

② ㉢-㉡-㉣-㉠-㉤

③ ㉢-㉣-㉠-㉡-㉤

④ ㉢-㉡-㉠-㉣-㉤

⑤ ㉢-㉠-㉤-㉡-㉣

해설 난도 중

정답의 이유

객체 지향 소프트웨어 개발 모형의 개발 단계는 계획 - 분석 - 설계 - 구현 - 테스트 및 검증이다.

★★☆

02 소프트웨어 생명 주기에서 가장 많은 비용이 소요되는 단계는?　　　　　　19 정보처리

① 계획단계　　　　　　　　　　② 유지보수 단계

③ 분석단계　　　　　　　　　　④ 구현단계

해설 난도 중

정답의 이유

유지보수 단계는 전반적인 소프트웨어에 대해 점검하고 보완하는 과정을 말한다. 소프트웨어 개발 생명주기에서 가장 비용이 많이 소요되는 단계이다.

★ ★ ★

03 소프트웨어공학에 대한 설명으로 거리가 먼 것은?

12 국가직 9급

① 소프트웨어 공학의 목표는 양질의 소프트웨어를 생산하는 것이다.

② 소프트웨어의 품질을 평가하는 기준으로는 정확성, 유지보수성, 무결성, 사용성 등이 있다.

③ 소프트웨어 프로세스 모형으로는 폭포수 모형, 프로토타입 모형, 나선형 프로세스 모형이 있고, 이러한 방법을 혼합한 방법은 사용하지 않는다.

④ 소프트웨어를 개발하는 동안 여러 작업들을 자동화 하도록 도와주는 도구를 CASE(Computer Aided Software Engineering) 라고 한다.

해설 난도 중

정답의 이유

소프트웨어 프로세스 모형으로는 폭포수 모형, 프로토타입 모형, 나선형 프로세스 모형 등이 있고 각 모형들의 장점들을 적용한 혼합 방법을 사용한다.

★ ★ ★

04 소프트웨어 프로젝트의 계획 단계에서 사용되는 방법이나 도구를 모두 고른 것은?

11 지방직 9급

> ㄱ. 간트 도표(Gantt Chart)
> ㄴ. CPM(Critical Path Method) 네트워크
> ㄷ. 나씨−슈나이더만(Nassi−Shneiderman) 도표
> ㄹ. 기능 점수(Function Point)

① ㄱ, ㄷ
② ㄷ, ㄹ
③ ㄱ, ㄴ, ㄹ
④ ㄱ, ㄴ, ㄷ, ㄹ

해설 난도 중

정답의 이유

소프트웨어 프로젝트 계획 단계에서는 개발 비용을 산정하는 대표적인 방법으로 COCOMO 모델과 기능 점수 모델이 있다. 일정 계획과 관련해서는 프로젝트를 작은 단위로 나눠 작업할 수 있도록 하는 작업 분할 구조도 방법, 작업의 순서와 시간을 중심으로 작업 일정을 나타내는 네트워크 차트인 CPM, 작업의 진척 상황을 도표 형태로 표현한 간트 차트가 있다.

더 알아보기

나씨−슈나이더만(Nassi−Shneiderman) 도표

구조적 프로그램의 순차, 선택, 반복 구조에 대해 사각형으로 도식화하여 알고리즘을 표현한 기법이다.

05 일정 계획과 가장 관계가 없는 것은?

① 프로그램 – 명세서

② 작업 분해

③ CPM 네트워크

④ 간트 차트(Cant Chart)

해설　난도 **중**

정답의 이유

일정 계획과 관련해서는 프로젝트를 작은 단위로 나눠 작업할 수 있도록 하는 작업 분할 구조도 방법, 작업의 순서와 시간을 중심으로 작업 일정을 나타내는 네트워크 차트인 CPM, 작업의 진척 상황을 도표 형태로 표현한 간트 차트가 있다.

★★☆

06 소프트웨어 개발 과정에서 사용되는 요구분석, 설계, 구현, 검사 및 디버깅 과정 전체 또는 일부를 컴퓨터와 전용의 소프트웨어 도구를 사용하여 자동화하는 것은?

① CAD(Computer Aided Design)

② CAI(Computer Aided Instruction)

③ CAT(Computer Aided Testing)

④ CASE(Computer Aided Software Engineering)

해설　난도 **하**

정답의 이유

CASE는 컴퓨터 지원 소프트웨어 공학으로 시스템 개발의 자동화를 지원하는 소프트웨어 도구이다. CASE 도구들은 차트와 다이어그램을 자동으로 생성하는 그래픽 기능, 화면과 리포트 생성기, 데이터 사전, 분석과 검사 도구, 코드 생성기 등의 기능을 제공한다.

CHAPTER 02　**소프트웨어 개발 프로세스**

★★★

01 소프트웨어 프로토타이핑(prototyping)에 대한 설명으로 옳지 않은 것은?

① 개발자가 구축할 소프트웨어의 모델을 사전에 만드는 공정으로서 요구사항을 효과적으로 유도, 수집한다.

② 프로토타이핑에 의해 만들어진 프로토타입은 폐기될 수 있고, 재사용될 수도 있다.

③ 프로토타입은 기능적으로 제품의 하위 기능을 담당하는 작동 가능한 모형이다.

④ 적용사례가 많고, 가장 오래됐으며 널리 사용되는 방법으로 결과물이 명확하므로 가시성이 매우 좋다.

해설　난도 **중**

정답의 이유

가장 오래된 소프트웨어 개발 프로세스 모델은 폭포수 모델이다.

02 소프트웨어 개발 프로세스 모델 중 하나인 나선형 모델(spiral model)에 대한 설명으로 옳지 않은 것은?

① 폭포수(waterfall) 모델과 원형(prototype) 모델의 장점을 결합한 모델이다.
② 점증적으로 개발을 진행하여 소프트웨어 품질을 지속적으로 개선할 수 있다.
③ 위험을 분석하고 최소화하기 위한 단계가 포함되어 있다.
④ 관리가 복잡하여 대규모 시스템의 소프트웨어 개발에는 적합하지 않다.

해설 난도 중
정답의 이유
나선형 모델은 위험 분석 단계가 존재하여 처음부터 위험에 대해 고려를 하기 때문에 갑자기 발생하는 위험으로 인해 프로젝트가 중단되는 확률이 적다. 다른 모델에 비해 위험 관리를 추가적으로 해야하지만 관리가 복잡하지는 않으며, 프로젝트 중단 확률이 적기 때문에 대규모 시스템 소프트웨어 개발에 적합한 방법이다.

03 UP(Unified Process)의 네 단계 중 아키텍처 결정을 위한 설계 작업과 분석 작업의 비중이 크고, 시스템 구성에 관련된 위험 요소를 식별하고 이를 완화하는 데 중점을 두는 단계는?

① 도입(inception)   ② 상세(elaboration)
③ 구축(construction)   ④ 이행(transition)

해설 난도 중
정답의 이유
상세 단계는 구체화 단계, 정련 단계라고도 하며, 비즈니스 모델링과 요구 사항 정의 작업은 줄어들고 분석 및 설계 작업이 가장 활발하게 이루어진다.

> **더 알아보기**
>
> **UP 4단계**
> • 1단계(도입) : 준비 단계, 인지 단계, 시작 단계, 발견 단계와 같이 다양한 이름으로 불리며, 비즈니스 모델링과 요구 사항 정의 관련 작업이 가장 많이 이루어진다.
> • 2단계(구체화) : 상세 단계, 정련 단계로도 불리고 보통 2~4개 반복 단위로 구성된다. 구체화 단계에서는 비즈니스 모델링과 요구 사항 정의 작업은 줄어들고, 분석 및 설계 작업이 가장 활발하게 이루어진다.
> • 3단계(구축) : 구현 작업이 가장 많이 이루어지고 비즈니스 모델링과 요구 사항 정의 작업은 많이 줄어들고, 분석 및 설계 작업도 구체화 단계보다 줄어든다.
> • 4단계(전이) : 이행 단계라고도 하며, 사용자를 위한 제품을 완성하는 단계이다. 완성된 제품을 사용자에게 넘겨주는 과정에서 수행해야 할 일을 한다.

★★★

04 소프트웨어 개발 프로세스 모형에 대한 설명으로 옳은 것은?   13 국가직 9급

① 폭포수(waterfall) 모델은 개발 초기 단계에 시범 소프트웨어를 만들어 사용자에게 경험하게 함으로써 사용자 피드백을 신속하게 제공할 수 있다.

② 프로토타입(prototyping) 모델은 개발이 완료되고 사용단계에 들어서야 사용자 의견을 반영할 수 있다.

③ 익스트림 프로그래밍(extreme programming)은 1950년대 항공 방위 소프트웨어 시스템 개발경험을 토대로 처음 개발되어 1970년대부터 널리 알려졌다.

④ 나선형(spiral) 모델은 위험 분석을 해나가면서 시스템을 개발한다.

해설 난도 중

정답의 이유
나선형 모델은 요구 분석 후 프로토타입 개발 이전에 위험 분석 단계를 거친다. 위험 분석 단계에서 위험 요소는 소프트웨어 개발 과정이 순조롭게 진행되는 데 방해되는 모든 것을 말한다. 나선형 모델에는 위험 요소를 최소화하기 위한 방법으로 개발 단계에 위험을 분석할 수 있는 과정이 존재한다.

오답의 이유
① 개발 초기 단계에 시범 소프트웨어를 만들어 사용자에게 경험하게 함으로써 사용자 피드백을 신속하게 제공하는 것은 프로토타입 모델의 특징이다.
②, ③ 폭포수 모델에 대한 특징이다.

★★★

05 소프트웨어 프로세스 모델에 대한 설명으로 옳지 않은 것은?   12 지방직 9급

① 폭포수(Waterfall) 모델은 요구사항이 잘 이해되고 시스템 개발 중 급격한 변경이 없는 경우에 효과적이다.

② 컴포넌트 기반(Component-based) 모델은 개발될 소프트웨어의 양을 줄일 수 있다.

③ 나선형(Spiral) 모델은 프로토타이핑(Prototyping) 모델의 반복성을 포함하지 않는다.

④ V 모델은 폭포수 모델에 시스템 테스트와 검증 작업을 강조한 것이다.

해설 난도 중

정답의 이유
나선형 모델은 개발 과정이 나선형으로 돌면서 점점 완성도가 높은 제품이 만들어진다. 나선형 모델의 개발 방식은 프로토타입 모델에서 최종 프로토타입을 버리지 않고, 계속 개발하여 최종 완성시키는 진화적 프로토타입 모델 절차를 따른다.

★★★

06 프로토타입 모형에 대한 설명으로 가장 옳지 않은 것은?

19 정보처리

① 개발 단계 안에서 유지보수가 이루어지는 것으로 볼 수 있다.

② 최종 결과물이 만들어지는 소프트웨어 개발 완료시점에 최초로 오류 발견이 가능하다.

③ 발주자나 개발자 모두에게 공동의 참조모델을 제공한다.

④ 사용자나 요구사항을 충실히 반영할 수 있다.

해설 난도 중

정답의 이유

프로토타입 모형은 사용자의 초기 요구 사항을 반영하여 프로토타입을 만든 후 사용자에게 검토를 받는 과정이 있기 때문에 초기에 오류 발견이 가능하다.

★★★

07 소프트웨어 개발주기 모델 중 폭포수형의 특징으로 옳지 않은 것은?

14 정보처리

① 개발 과정 중에 발생하는 새로운 요구나 경험을 반영하기 용이하다.

② 단계별 정의가 분명하고, 각 단계별 산출물이 명확하다.

③ 두 개 이상의 과정이 병행하여 수행되지 않는다.

④ 소프트웨어 개발 과정의 앞 단계가 끝나야만 다음 단계로 넘어갈 수 있다.

해설 난도 중

정답의 이유

개발 과정 중에 발생하는 새로운 요구나 경험을 반영하기 용이한 것은 프로토타입 모델이다. 폭포수모형은 초기에 요구 분석을 실시하고 이후 발생하는 새로운 요구 사항에 대해서는 반영하기가 어렵다.

CHAPTER 03 계획

★★☆

01 소프트웨어 비용 산정 기법 중 산정 요원과 조정자에 의해 산정하는 방법은?

19 정보처리

① 기능 점수 기법 ② LOC 기법

③ COCOMO 기법 ④ 델파이 기법

해설 난도 중

정답의 이유

델파이 기법은 비용을 산정하는 것에는 전문가의 경험을 중요시하여 전문가 판단 기법과 같다. 그러나 전문가들의 편견이나 분위기에 영향을 받지 않도록 조정자를 둔다.

비용 산정 기법

- 전문가 판단 기법 : 경험이 많은 여러 전문가가 프로젝트를 수행하는 데 비용이 어느 정도 들어가는지 평가한 금액을 개발 비용으로 산정한다.
- 델파이 기법 : 전문가의 경험을 중요시하여 비용을 산정하는 것은 전문가 판단 기법과 같다. 그러나 델파이 기법은 전문가들의 편견이나 분위기에 영향을 받지 않도록 조정자를 둔다.
- 원시 코드 라인 수(LOC) 기법 : 소프트웨어 각 기능의 원시 코드 라인 수의 비관치, 낙관치, 중간치를 측정하여 예측치를 구하여 이를 이용해 노력, 개발 비용, 개발 기간 등의 비용을 산정하는 기법이다.
- 개발 단계별 노력$^{M/M}$ 기법 : 각 기능을 구현하는 데 필요한 M/M을 소프트웨어 개발 생명주기의 각 단계에 적용하여 단계별로 산정한다.
- COCOMO(COnstructive COst MOdel) 방법 : 소프트웨어 개발 비용을 산정할 때 원시 코드의 크기, 즉, 라인 수에 중심을 둔다.
- 기능 점수 방법 : 입·출력, 데이터베이스 테이블, 인터페이스, 조회 등의 수를 판단 근거로 삼는다. 즉, 라인 수와 무관하게 기능이 많으면 규모도 크고 복잡도도 높다고 판단하는 것이다.

★★☆
02 COCOMO(Constructive Cost Model) 모형에 대한 설명으로 옳지 않은 것은? 19 정보처리

① 산정 결과는 프로젝트를 완성하는데 필요한 man-month로 나타난다.
② 보헴(Boehm)이 제안한 것으로 원시코드 라인 수에 의한 비용 산정 기법이다.
③ 비용견적의 유연성이 높아 소프트웨어 개발비 견적에 널리 통용되고 있다.
④ 프로젝트 개발유형에 따라 object, dynamic, function의 3가지 모드로 구분한다.

해설 난도 중

정답의 이유

COCOMO 모형은 프로젝트 개발 유형에 따라 organic, semi-detached, embedded 프로젝트로 구분된다.

프로젝트 개발 유형

- organic(유기형) : 5만 라인 이하 규모
- semi-detached(반분리형) : 30만 라인 이하 규모
- embedded(내장형) : 30만 라인 이상 규모

★★☆

01 다음 중 Use case diagram에서 사용하는 기본 요소가 아닌 것은?

16 서울시 9급

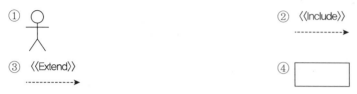

① (액터 그림)

② 《Include》
-------------→

③ 《Extend》
-------------→

④ (사각형 박스)

해설 난도 중

정답의 이유

사각형 박스는 터미네이터라고 하고 DFD에서 출원지, 목적지를 나타낼 때 사용한다.

오답의 이유

① 액터를 나타낸 그림이다.
② 확장 관계를 의미한다.
③ 포함 관계를 의미한다.

★★☆

02 Rumbaugh의 모델링에서 상태도와 자료흐름도는 각각 어떤 모델링과 가장 관련이 있는가?

19 정보처리

① 상태도-동적 모델링, 자료 흐름도-기능 모델링
② 상태도-기능 모델링, 자료 흐름도-동적 모델링
③ 상태도-객체 모델링, 자료 흐름도-기능 모델링
④ 상태도-객체 모델링, 자료 흐름도-동적 모델링

해설 난도 중

정답의 이유

상태도는 시스템의 상태와 사건과의 관계를 다루며, 상태는 사건에 의해 변형되는 것으로 동적 모델링에 속하고, 자료 흐름도는 구조적 방법론에서는 요구 사항을 추출하여 정리할 때 사용되며 기능 모델링에 속한다.

03 DFD(Data Flow Diagram)에 대한 설명으로 거리가 먼 것은?

① 단말(Terminator)은 원으로 표기한다

② 구조적 분석 기법에 이용된다.

③ 자료 흐름과 기능을 자세히 표현하기 위해 단계적으로 세분화된다.

④ 자료 흐름 그래프 또는 버블(Bubble)차트라고도 한다.

해설 난도 중

정답의 이유

단말은 사각형 박스(___)로 표현한다.

04 객체 지향 방법론 중에서 Rumbaugh의 OMT 방법론과 Booch의 Booch 방법론, Jacobson의 OOSE 방법론을 통합하여 만든 모델링 개념의 공통 집합으로 객체지향 분석 및 설계 방법론의 표준 지정을 목표로 제안된 모델링 언어는?

① OOD(Object Oriented Design)

② OMG(Object Management Group)

③ OMT(Object Modeling Technique)

④ UML(Unified Modeling Language)

해설 난도 중

정답의 이유

UML(Unified Modeling Language)은 1997년 OMG(Object Management Group)에서 표준으로 채택한 통합 모델링 언어이다. 객체지향 소프트웨어를 모델링하는 표준 그래픽 언어로, 심벌과 그림을 사용해 객체지향 개념을 나타낼 수 있다.

05 럼바우의 객체 지향 분석에서 분석 활동의 모델링과 가장 관계없는 것은?

① 객체(object) 모델링

② 절차(procedure) 모델링

③ 동적(dynamic) 모델링

④ 기능(functional) 모델링

해설 난도 중

정답의 이유

럼바우의 분석 활동 모델링의 종류에는 객체, 동적, 기능 모델링이 있다.

★☆☆

01 **소프트웨어 설계의 원칙으로 옳지 않은 것은?**   15 서울시 9급

① 상세설계로 갈수록 추상화 수준은 증가한다.

② 계층적 조직이 제시되며, 모듈적이어야 한다.

③ 설계는 분석 모델까지 추적이 가능하도록 한다.

④ 요구사항 분석에서 얻은 정보를 이용하여 반복적 방법을 통해 이루어져야 한다.

해설 난도중

정답의 이유

상위 설계에서 하위 설계(상세 설계)로 갈수록 추상화 수준은 낮아진다.

★☆☆

02 **디자인 패턴에 대한 설명으로 옳지 않은 것은?**   15 지방직 9급

① 일반적으로 디자인 패턴을 이용하면 좋은 설계나 아키텍처를 재사용하기 쉬워진다.

② 패턴은 사용 목적에 따라서 생성 패턴, 구조 패턴, 행위 패턴으로 분류할 수 있다.

③ 생성 패턴은 빌더(builder), 추상 팩토리(abstract factory) 등을 포함한다.

④ 행위 패턴은 가교(bridge), 적응자(adapter), 복합체(composite) 등을 포함한다.

해설 난도중

정답의 이유

가교(bridge), 적응자(adapter), 복합체(composite) 등은 구조 패턴에 속한다.

> **더 알아보기**
>
> **디자인 패턴**
> • 생성 패턴 : 객체를 생성하는 것과 관련된 패턴으로, 객체의 생성과 변경이 전체 시스템에 미치는 영향을 최소화하도록 만들어주어 유연성을 높일 수 있고 코드를 유지하기 쉬운 편이다. 종류로는 factory method, singleton, prototype, builder, abstract factory 등이 있다.
> • 구조 패턴 : 프로그램 내의 자료구조나 인터페이스 구조 등 프로그램의 구조를 설계하는 데 많이 활용될 수 있는 패턴이다. 클래스나 객체들의 구성을 통해서 더 큰 구조로 만들 수 있게 해준다. 종류로는 adapter, composite, bridge, decorator, facade, flyweight, proxy 등이 있다.
> • 행위 패턴 : 반복적으로 사용되는 객체들의 상호작용을 패턴화한 것으로, 클래스나 객체들이 상호작용하는 방법과 책임을 분산하는 방법을 정의한다. 종류로는 template method, interpreter, iterator, observer, strategy, visitor, chain of responsibility 등이 있다.

★★☆

03 모듈의 결합도(coupling)와 응집력(cohesion)에 대한 설명으로 옳은 것은?

11 국가직 9급

① 결합도란 모듈 간에 상호 의존하는 정도를 의미한다.

② 결합도는 높을수록 좋고 응집력은 낮을수록 좋다.

③ 여러 모듈이 공동 자료 영역을 사용하는 경우 자료 결합(data coupling)이라 한다.

④ 가장 이상적인 응집은 논리적 응집(logical cohesion)이다.

해설 난도 중

오답의 이유

② 결합도는 낮을수록 응집력은 높을수록 좋은 품질을 가진다.

③ 여러 모듈이 공동 자료 영역을 사용하는 경우를 공통 결합이라고 한다.

④ 가장 이상적인 응집은 기능적 응집이다.

★★☆

04 시스템에서 모듈 사이의 결합도(Coupling)에 대한 설명으로 옳은 것은?

19 정보처리

① 한 모듈 내에 있는 처리요소들 사이의 기능적인 연관 정도를 나타낸다.

② 결합도가 높으면 시스템 구현 및 유지보수 작업이 어렵다.

③ 모듈간의 결합도를 약하게 하면 모듈 독립성이 향상된다.

④ 자료결합도는 내용결합도 보다 결합도가 높다.

해설 난도 중

오답의 이유

① 한 모듈 내에 있는 처리요소들 사이의 기능적인 연관 정도는 응집도이다. 결합도는 모듈과 모듈 사이의 관계에서 관련 정도를 의미한다.

② 결합도가 높으면 시스템 구현 및 유지보수 작업이 쉽다.

④ 자료결합도는 내용결합도 보다 결합도가 낮다.

★★☆

05 소프트웨어의 응집력이란 모듈 내부의 요소들이 서로 관련되어 있는 정도를 말한다. 응집의 종류에 대한 설명으로 옳은 것은?

10 국가직 9급

① 기능적 응집(functional cohesion)은 모듈 내 한 구성 요소의 출력이 다른 구성 요소의 입력이 되는 경우이다.

② 교환적 응집(communicational cohesion)은 모듈이 여러 가지 기능을 수행하며 모듈 내 구성 요소들이 같은 입력 자료를 이용하거나 동일 출력 데이터를 만들어 내는 경우이다.

③ 논리적 응집(logical cohesion)은 응집도 스펙트럼에서 가장 높은 곳에 위치하며, 응집력이 가장 강하다.

④ 순차적 응집(sequential cohesion)은 모듈 내 구성 요소들이 연관성이 있고, 특정 순서에 의해 수행되어야 하는 경우이다.

정답의 이유

교환적 응집은 정보적 응집이라고도 하며, 같은 입력을 사용하는 구성 요소들을 하나의 모듈로 구성한다. 구성 요소들이 동일한 출력을 만들어낼 때도 교환적 응집이 된다. 교환적 응집은 순차적 응집보다 묶인 이유가 약해, 순차적 응집보다 응집력이 약하다.

> **더 알아보기**
>
> • 기능적 응집 : 함수적 응집이라고도 하고, 응집도가 가장 높은 경우이며 단일 기능의 요소로 하나의 모듈을 구성한다.
> • 순차적 응집 : 순차적 응집은 한 요소의 출력을 다른 요소의 입력으로 사용하므로 두 요소가 하나의 모듈을 구성한 경우이다. 한 모듈의 결과를 다른 모듈이 입력으로 사용하기 때문에 두 개의 요소를 하나의 모듈로 묶어 놓은 형태이다.
> • 절차적 응집 : 순서가 정해진 몇 개의 구성 요소를 하나의 모듈로 구성한 경우이다. 순차적 응집과 다른 점은 어떤 구성 요소의 출력이 다음 구성 요소의 입력으로 사용되지 않고, 순서에 따라 수행만 된다.
> • 시간적 응집 : 시간적 응집에 의한 모듈은 모듈 내 구성 요소들의 기능이 각기 다르다. 한 요소의 출력을 입력으로 사용하는 것도 아니고 요소들 간에 순서도 정해져 있지 않지만 그 구성 요소들이 같은 시간대에 실행된다는 이유로 하나의 모듈로 구성한다.
> • 논리적 응집 : 논리적 응집에 의한 모듈은 여러 요소를 하나의 모듈로 만든 이유가 순서와 무관하고, 한 모듈의 출력을 다른 모듈의 입력으로 사용하여 묶어놓은 것도 아니다. 요소들 간에 공통점이 있거나 관련된 임무가 존재하거나 기능이 비슷하다는 이유로 하나의 모듈로 구성한 경우이다.
> • 우연적 응집 : 구성 요소들이 말 그대로 우연히 모여 구성된다. 특별한 이유는 없고, 크기가 커서 몇 개의 모듈로 나누는 과정에서 우연히 같이 묶인 형태이다.

★★☆

06 다음 중 가장 높은 응집도(Cohesion)에 해당하는 것은?

19 정보처리

① 순차적 응집도(Sequential Cohesion)
② 시간적 응집도(Temporal Cohesion)
③ 논리적 응집도(Logical Cohesion)
④ 절차적 응집도(Procedural Cohesion)

해설 난도 하

정답의 이유

응집도가 낮은 단계에서 높은 단계까지 순서대로 나열하면 우연적 응집도 → 논리적 응집도 → 시간적 응집도 → 절차적 응집도 → 교환적 응집도 → 순차적 응집도 → 기능적 응집도이다.

★ ☆ ☆

01 프로그램의 내부구조나 알고리즘을 보지 않고, 요구사항 명세서에 기술되어 있는 소프트웨어 기능을 토대로 실시하는 테스트는?

14 국가직 9급

① 화이트 박스 테스트
② 블랙 박스 테스트
③ 구조 테스트
④ 경로 테스트

해설 난도 하

정답의 이유

명세 기반 테스트는 블랙박스 테스트라고도 한다. 블랙박스 테스트는 프로그램의 오류를 찾는 것이 아니라 입력 값에 대한 예상 출력 값을 정해놓고 그대로 결과가 나오는지 확인함으로써 오류를 찾는다.

오답의 이유

① 구현 기반 테스트는 화이트박스 테스트라고도 하고, 프로그램 내부에서 사용되는 변수나 서브루틴 등의 오류를 찾기 위해 프로그램 코드의 내부 구조를 테스트 설계의 기반으로 사용하기 때문에 코드 기반 테스트라고도 한다.
③ 화이트 박스 테스트를 구조 테스트라고도 한다.
④ 경로 테스트는 매케이브(McCabe)가 개발한 것으로, 원시 코드의 독립적인 경로가 최소한 한 번은 실행되는 테스트 케이스를 찾아 테스트를 수행한다.

★ ☆ ☆

02 화이트박스 검사로 찾기 힘든 오류는?

19 정보처리

① 논리흐름도
② 자료구조
③ 루프구조
④ 순환복잡도

해설 난도 중

정답의 이유

화이트박스 검사는 프로그램 내부에서 사용되는 변수나 서브루틴 등의 오류를 찾기 위해 프로그램 코드의 내부 구조를 테스트 설계의 기반으로 사용한다. 자료구조는 프로그램 전체의 구조를 의미하므로 화이트박스 검사에 적합하지 않다.

03 소프트웨어 테스트에 대한 설명으로 옳지 않은 것은?

① 단위(unit) 테스트는 개별적인 모듈에 대한 테스트이며 테스트 드라이버(driver)와 테스트 스텁(stub)을 사용할 수 있다.

② 통합(integration) 테스트는 모듈을 통합하는 방식에 따라 빅뱅(big-bang) 기법, 하향식(top-down) 기법, 상향식(bottom-up) 기법을 사용한다.

③ 시스템(system) 테스트는 모듈들이 통합된 후 넓이 우선 방식 또는 깊이 우선 방식을 사용하여 테스트한다.

④ 인수(acceptance) 테스트는 인수 전에 사용자의 요구 사항이 만족되었는지 테스트한다.

해설 난도 중

정답의 이유
넓이 우선 방식과 깊이 우선 방식은 통합 테스트의 하향식 기법에서 사용하는 방식이다.

> **더 알아보기**
>
> **시스템 테스트**
> 모듈이 모두 통합된 후 사용자의 요구 사항들을 만족하는지 테스트하는 것이다. 기능적 요구 사항과 비기능적 요구 사항을 충족하는지 테스트한다.
> • 기능적 요구 사항 : 사용자가 요구하는 기능이 다 있는지, 필요 없는 기능이 포함되지 않았는지 등
> • 비기능적 요구 사항 : 신뢰성, 사용자 편의성, 보안성, 안전성, 유지보수 용이성 등

두꺼운 이론서 대신 핵심만 모아 담았다!

핵심플러스 ✚

공무원 시험을 준비하기 위한 최적의 교재!

9급 공무원 기본서 시리즈

① 국어 ② 영어 ③ 한국사 ④ 사회복지학개론

시대에듀
유료 동영상 강의
www.sdedu.co.kr

핵심이론 + 최신기출문제 + 단원별문제 + 최종모의고사

▶ 공무원 시험의 출제경향을 분석한 핵심이론 수록
▶ 시험 경향을 파악할 수 있는 최신기출문제 수록
▶ 이론을 최종 점검할 수 있는 단원별문제와 최종모의고사 수록
▶ 최신기출 무료특강 제공

MY TURN

MY TURN

면접 시리즈
NO.1

MY TURN

면 접
시리즈

해양경찰공무원 면접 대비
MY TURN
해양경찰 면접

경찰공무원 면접 대비
MY TURN
경찰 면접

국가직 전 직렬
면접 대비
MY TURN
국가직 공무원 면접

◀◀◀ 2022 해양경찰 면접 시험 대비 ▶▶▶   2022 최신판

해양경찰 면접 합격,
이번엔 내 차례!

my TURN

해양경찰 면접학원의   실전면접 트레이닝 비법 수록

해양경찰   **면접**

[아카다스피치학원 편저]

(주)시대고시기획

※ 도서의 이미지는 변경될 수 있습니다.

지방직 전 직렬
면접 대비
MY TURN
지방직 공무원 면접

도서 구입 및 내용 문의
1600-3600

기술직
공무원

9급 컴퓨터일반

기술직
공무원

9급 컴퓨터일반

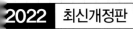

전산직 · 계리직 공무원 채용 대비

최근 12년의 기출문제를 분석하여 이론에 완벽 반영한 기본서!

기술직 공무원

김홍덕 편저

2021.4.17. / 2021.6.5 국가직 · 지방직(서울시) 9급 최신 기출문제 수록

2020~2013년 8개년 과년도 기출문제 수록

9급 컴퓨터일반

최신 · 과년도 기출문제

(주)시대고시기획

목차

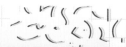

PART

1 최신 기출문제

CHAPTER

01

04.17.

2021 국가직 9급 컴퓨터일반

★☆☆

01 컴퓨팅 사고(Computational Thinking)에서 주어진 문제의 중요한 특징만으로 문제를 간결하게 재정의함으로써 문제 해결을 쉽게 하는 과정은?

① 분해
② 알고리즘
③ 추상화
④ 패턴 인식

해설 **난도 중**

정답의 이유

추상화는 복잡한 문제를 핵심만 추려 단순화 과정을 통해 문제를 해결하는 방법을 말한다.

★☆☆

02 소프트웨어에 대한 설명으로 옳지 <u>않은</u> 것은?

① 하드웨어에 대응하는 개념으로 우리가 원하는 대로 컴퓨터를 작동하게 만드는 논리적인 바탕을 제공한다.
② 운영체제 등 컴퓨터 시스템을 가동시키는 데 사용되는 소프트웨어를 시스템 소프트웨어라 한다.
③ 문서 작성이나 게임 등 특정 분야의 업무를 처리하는 데 사용되는 소프트웨어를 응용 소프트웨어라 한다.
④ 고급 언어로 작성된 프로그램을 한꺼번에 번역한 후 실행하는 것이 인터프리터 방식이다.

해설 **난도 중**

정답의 이유

고급 언어로 작성된 프로그램을 한꺼번에 번역하여 실행하는 것은 컴파일러 방식이다. 인터프리터 방식은 프로그램을 한 줄씩 기계어로 번역하여 실행한다.

★★★

03 4GHz의 클록 속도를 갖는 CPU에서 CPI(Cycle Per Instruction)가 4.0이고 총 1010개의 명령어로 구성된 프로그램을 수행하려고 할 때, 이 프로그램의 실행 완료를 위해 필요한 시간은?

① 1초
② 10초
③ 100초
④ 1,000초

해설 **난도 중**

정답의 이유

CPU 실행 시간을 구하는 공식은 'CPU 실행 시간 = CPT 클록 사이클 수 / 클록 주파수'이다. 공식 중 CPU 클록 사이클 수를 구하기 위해 공식에 대입하면 'CPU 클록 사이클 수 = 명령어 수 × 명령어 당 평균 CPU 클록 사이클 수 = 1010 × 4'이다. 최종적으로 'CPU 실행 시간 = 4×10^{10} / 4×10^9 = 10초'가 된다.

★★☆

04 −35를 2의 보수(2's Complement)로 변환하면?

① 11011100
② 11011101
③ 11101100
④ 11101101

해설 **난도 하**

정답의 이유

1의 보수는 11111111−x의 형태로 저장하는 방식으로 각각의 비트에서 0 → 1, 1 → 0으로 변환하는 것과 같다. 따라서 35에 대해 1의 보수를 취하면 −35의 값을 얻을 수 있다. 35를 2진수로 나타내면 00100011이 되고, 1의 보수를 취하면 11011100이 된다. 2의 보수는 1의 보수에 1을 더한 값이기 때문에 1의 보수 결과 값에 1을 더하면 11011101이 된다.

★★★

05 OSI 7계층에서 계층별로 사용하는 프로토콜의 데이터 단위는 다음 표와 같다. ㉠~㉢에 들어갈 내용을 바르게 연결한 것은?

계층	데이터 단위
트랜스포트(Transport) 계층	(㉠)
네트워크(Network) 계층	(㉡)
데이터링크(Datalink) 계층	(㉢)
물리(Physical) 계층	비트

	㉠	㉡	㉢
①	세그먼트	프레임	패킷
②	패킷	세그먼트	프레임
③	세그먼트	패킷	프레임
④	패킷	프레임	세그먼트

해설 난도 중

정답의 이유

OSI 7계층에서 계층별 데이터 단위는 물리 계층 – 비트, 데이터링크 계층 – 프레임, 네트워크 계층 – 패킷, 트랜스포트(전송) 계층 – 세그먼트 이다.

➕ **이론플러스** OSI 7계층 구조, 기능, 네트워크 장치

계층	계층 이름	계층별 기능	네트워크 장치
7	응용 계층	사용자 인터페이스 제공	게이트 웨이
6	표현 계층	변환, 암호화, 압축	
5	세션 계층	동기화, 세션 관리 및 종료	
4	트랜스포트 (전송) 계층	포트 주소 지정, 분할 및 재조립, 연결제어, 흐름제어, 오류제어	
3	네트워크 계층	논리 주소 지정, 라우팅	라우터
2	데이터링크 계층	흐름제어, 오류제어	브리지, 스위치
1	물리 계층	신호 변환 및 전송	리피터, 허브

★★☆

06 300개의 노드로 이진 트리를 생성하고자 할 때, 생성 가능한 이진 트리의 최대 높이와 최소 높이로 모두 옳은 것은?(단, 1개의 노드로 생성된 이진 트리의 높이는 1이다)

	최대 높이	최소 높이
①	299	8
②	299	9
③	300	8
④	300	9

해설 난도 중

정답의 이유

이진 트리는 전체 트리의 차수(자식 노드)가 2 이하인 트리를 말한다. 이진 트리가 최대 높이를 가질 때는 왼쪽 또는 오른쪽으로 편향되어 트리를 구성한 형태이다.

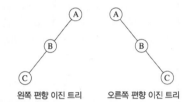

왼쪽 편향 이진 트리   오른쪽 편향 이진 트리

1개 노드로 생성된 이진 트리의 높이가 1이므로, 이진 트리가 편향 이진 트리를 구성했다면 300의 높이를 가진다. 이진 트리가 최소 높이가 되기 위해서는 자식 노드가 2인 트리인 포화 이진 트리를 구성하게 된다. 포화 이진 트리를 구성할 때 각 높이의 노드 수는 2의 배수 값을 가지게 된다.

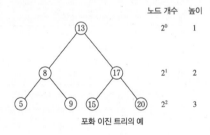

	노드 개수	높이
	2^0	1
	2^1	2
	2^2	3

포화 이진 트리의 예

높이가 8일 때까지의 노드 개수를 구하면 1 + 2 + 4 + 8 + 16 + 32 + 64 + 128 = 255이다. 나머지 남은 45개는 높이 8의 자식 노드로 연결되고 높이 9에 위치하게 된다.

• 이진 트리 높이 공식 : 노드의 개수가 n일 때 최대 높이는 n이고, 최소 높이는 $\log_2(1+n)$이다.

★☆☆

07 아래와 같은 순서대로 회의실 사용 요청이 있을 때, 다음 중 가장 많은 회의실 사용 시간을 확보할 수 있는 스케줄링 방법은?(단, 회의실은 하나이고, 사용 요청은 (시작 시각, 종료 시각)으로 구성된다. 회의실에 특정 회의가 할당되면 이 회의 시간과 겹치는 회의 요청에 대해서는 회의실 배정을 할 수 없다)

(11:50, 12:30),	(9:00, 12:00),	(13:00, 14:30),
(14:40, 15:00),	(14:50, 16:00),	(15:40, 16:20),
(16:10, 18:00)		

① 시작 시각이 빠른 요청부터 회의실 사용이 가능하면 확정한다.
② 종료 시각이 빠른 요청부터 회의실 사용이 가능하면 확정한다.
③ 사용 요청 순서대로 회의실 사용이 가능하면 확정한다.
④ 회의 시간이 긴 요청부터 회의실 사용이 가능하면 확정한다.

해설 난도 중
정답의 이유
①~④ 모두 회의 시간이 겹치는 회의 요청을 제외하면 4회 배정이 가능하다. 배정되는 횟수가 모두 같은 경우 가장 많은 회의실 사용 시간을 확보하는 방법은 회의 시간이 긴 요청부터 배정하는 것이다. 회의 시간이 긴 요청부터 배정하면 회의실 사용 시간은 3시간 + 1시간 50분 + 1시간 30분 + 1시간 10분 = 7시간 30분이다.

배정순서	1	2	3	4
요청시간	(9:00, 12:00)	(16:10, 18:00)	(13:00, 14:30)	(14:50, 16:00)

★★☆

08 제품 테이블에 대하여 SQL 명령을 실행한 결과가 다음과 같을 때, ㉠과 ㉡에 들어갈 내용을 바르게 연결한 것은?

〈제품 테이블〉

제품ID	제품이름	단가	제조업체
P001	나사못	100	A
P010	망치	1,000	B
P011	드라이버	3,000	B
P020	망치	1,500	C
P021	장갑	800	C
P022	너트	200	C
P030	드라이버	4,000	D
P031	절연테이프	500	D

〈SQL 명령〉

```
SELECT 제조업체, MAX(단가) AS 최고단가
FROM 제품
GROUP BY ( ㉠ )
HAVING COUNT(*) 〉 ( ㉡ ) ;
```

〈실행 결과〉

제조업체	최고단가
B	3,000
C	1,500
D	4,000

	㉠	㉡
①	제조업체	1
②	제조업체	2
③	단가	1
④	단가	2

해설 난도 중
정답의 이유
GROUP BY는 그룹으로 분류하기 위한 명령어이고, HAVING은 그룹으로 분류한 후 조건을 제시하는 명령어이며, COUNT(*)는 투플(행)의 수를 세어주는 함수이다. 위 보기는 제조업체별로 최고단가를 검색하는 명령어이기 때문에 제조업체를 그룹으로 분류해야 한다. 실행 결과에 A 제조업체 최고단가는 없으므로 투플의 수가 1을 초과하는 것을 알 수 있다.

★★☆
09 스택의 입력으로 4개의 문자 D, C, B, A가 순서대로 들어올 때, 스택 연산 PUSH와 POP에 의해서 출력될 수 없는 결과는?

① ABCD
② BDCA
③ CDBA
④ DCBA

해설 [난도 중]

정답의 이유
B가 가장 먼저 출력되기 위해서는 D, C, B 순서로 push가 되어 있는 상태이다. B를 pop하면 다음 pop 순서는 D가 아니고 C가 된다.

오답의 이유
① D(push) → C(push) → B(push) → A(push) → A(pop) → B(pop) → C(pop) → D(pop) 순서로 push, pop이 이루어지면 출력이 ABCD가 된다.
③ D(push) → C(push) → C(pop) → D(pop) → B(push) → B(pop) → A(push) → A(pop) 순서로 push, pop이 이루어지면 출력이 CDBA가 된다.
④ D(push) → D(pop) → C(push) → C(pop) → B(push) → B(pop) → A(push) → A(pop) 순서로 push, pop이 이루어지면 출력이 DCBA가 된다.

★★☆
10 임계구역에 대한 설명으로 옳은 것은?

① 임계구역에 진입하고자 하는 프로세스가 무한대기에 빠지지 않도록 하는 조건을 진행의 융통성(Progress Flexibility)이라 한다.
② 자원을 공유하는 프로세스들 사이에서 공유자원에 대해 동시에 접근하여 변경할 수 있는 프로그램 코드 부분을 임계영역(Critical Section)이라 한다.
③ 한 프로세스가 다른 프로세스의 진행을 방해하지 않도록 하는 조건을 한정 대기(Bounded Waiting)라 한다.
④ 한 프로세스가 임계구역에 들어가면 다른 프로세스는 임계구역에 들어갈 수 없도록 하는 조건을 상호 배제(Mutual Exclusion)라 한다.

해설 [난도 중]

오답의 이유
① 임계구역에 진입하고자 하는 프로세스가 무한대기에 빠지지 않도록 하는 조건을 한정 대기라고 한다.
② 임계 영역에서는 프로세스들이 동시에 작업이 이루어지면 안 되고, 한 프로세스가 임계구역에 들어가면 다른 프로세스는 기다렸다가 임계구역에서 빠져나오면 들어갈 수 있다.
③ 한 프로세스가 다른 프로세스의 진행을 방해하지 않도록 하는 조건을 진행의 융통성이라고 한다.

11 통합 테스팅 방법에 대한 설명으로 옳지 <u>않은</u> 것은?

① 연쇄식(Threads) 통합은 초기에 시스템 골격을 파악하기 어렵다.

② 빅뱅(Big-bang) 통합은 모든 모듈을 동시에 통합하여 테스팅한다.

③ 상향식(Bottom-up) 통합은 가장 하부 모듈부터 통합하여 테스팅한다.

④ 하향식(Top-down) 통합은 프로그램 제어 구조에서 상위 모듈부터 통합하는 것을 말한다.

해설 난도 중

정답의 이유

연쇄식 통합은 완성된 모듈을 기존에 테스트된 모듈과 하나씩 통합하면서 테스트하기 때문에 시스템 골격을 파악하기 쉽다.

12 다음 중 파이썬 프로그래밍 언어에 대한 설명으로 옳은 것만을 모두 고르면?

> ㄱ. 변수 선언 시 변수명 앞에 데이터형을 지정해야 한다.
> ㄴ. 플랫폼에 독립적인 대화식 언어이다.
> ㄷ. 클래스를 정의하여 객체 인스턴스를 생성할 수 있다.

① ㄴ

② ㄱ, ㄷ

③ ㄴ, ㄷ

④ ㄱ, ㄴ, ㄷ

해설 난도 중

정답의 이유

ㄴ. 파이썬은 플랫폼에 독립적이고 동적 타이핑 대화형 언어이다.

ㄷ. 파이썬은 인터프리터식 객체지향 언어이다.

오답의 이유

ㄱ. 파이썬은 변수 선언 시 변수명 앞에 데이터형을 지정하지 않고, 실행 시점에 데이터 타입을 결정한다.

13 해시(Hash)에 대한 설명으로 옳지 <u>않은</u> 것은?

① 연결리스트는 체이닝(Chaining) 구현에 적합하다.

② 충돌이 전혀 없다면 해시 탐색의 시간 복잡도는 O(1)이다.

③ 최악의 경우에도 이진 탐색보다 빠른 성능을 보인다.

④ 해시 함수는 임의의 길이의 데이터를 입력받을 수 있다.

해설 난도 중

정답의 이유

최악의 경우에는 이진 탐색보다 성능이 느리다.

• 해시 : 키값을 비교하여 찾는 탐색 방법이 아니라 산술적인 연산을 이용하여 키가 있는 위치를 계산하여 바로 찾아가는 계산 탐색 방식이다. 키값을 원소 위치로 변환하는 함수를 해시 함수라고 하며, 해시 함수에 의해 계산된 주소 위치에 항목을 저장한 표를 해시 테이블이라고 한다.

해시 탐색은 키값에 대해서 해시 함수를 계산하여 주소를 구하고, 구한 주소에 해당하는 해시 테이블로 이동하여 찾고자 하는 항목이 있으면 검색 성공이 되고 없으면 검색 실패가 된다.

14 프로세스의 메모리는 세그먼테이션에 의해 그 역할이 할당되어 있다. 표준 C언어로 작성된 프로그램이 컴파일 후 실행파일로 변환되어 메모리를 할당받았을 때, 이 프로그램에 할당된 세그먼트에 대한 설명으로 옳은 것은?

① 데이터 세그먼트는 모든 서브루틴의 지역변수와 서브루틴 종료 후 돌아갈 명령어의 주소값을 저장한다.

② 스택은 현재 실행 중인 서브루틴의 매개변수와 프로그램의 전역변수를 저장한다.

③ 코드 세그먼트는 CPU가 실행할 명령어와 메인 서브루틴의 지역변수를 저장한다.

④ 힙(Heap)은 동적 메모리 할당을 위해 사용되는 공간이고, 주소값이 커지는 방향으로 증가한다.

해설 난도 중

정답의 이유

힙은 동적으로 할당하여 사용하는 영역이다.

오답의 이유

① 데이터 세그먼트는 전역변수, 정적변수를 저장하는 메모리 영역이다.

② 스택은 실행 중인 서브루틴의 지역변수, 매개변수 등을 저장하는 영역이다.

③ 코드 세그먼트는 프로그램 명령어를 기계어 형태로 저장하는 영역이다.

15 다음은 프로세스 상태 전이도이다. 각 상태 전이에 대한 예로 적절하지 <u>않은</u> 것은?

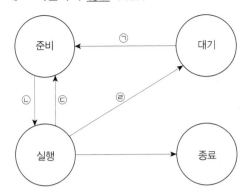

① ㉠ - 프로세스에 자신이 기다리고 있던 이벤트가 발생하였다.

② ㉡ - 실행할 프로세스를 선택할 때가 되면, 운영체제는 프로세스들 중 하나를 선택한다.

③ ㉢ - 실행 중인 프로세스가 자신에게 할당된 처리기의 시간을 모두 사용하였다.

④ ㉣ - 실행 중인 프로세스가 작업을 완료하거나 실행이 중단되었다.

해설 난도 중

정답의 이유

대기 상태는 실행 상태에 있는 프로세스가 입·출력을 요청하면 입·출력이 완료될 때까지 기다리는 상태를 말한다. 입·출력이 완료되면 인터럽트에 의해 프로세스가 깨어나고 프로세스 제어 블록이 준비 상태로 이동하게 된다.

---

16 -30.25×2^{-8}의 값을 갖는 IEEE 754 단정도(Single Precision) 부동소수점(Floating-point) 수를 16진수로 변환하면?

① 5DF30000

② 9ED40000

③ BDF20000

④ C8F40000

해설 난도 중

정답의 이유

IEEE 754 단정도 부동소수점 비트 할당은 다음과 같다.

1bit	8bit	23bit
부호	지수	가수

부호부는 1bit로 양수(+)일 때 0, 음수(−)일 때 1의 값을 가진다. 지수부는 8bit로 2의 승수와 바이어스 127을 더하여 표현한다. 가수부는 23bit로 소수점 왼쪽의 1은 생략하고 표현하며 나머지 가수부 비트는 0을 입력한다.

-30.25를 2진수로 표현하면 -11110.01×2^{-8}이 된다. 정규화 형태로 표현하면 -1.111001×2^{-4}이다. 지수부는 $-4 + 127 = 123$이고, 2진수로 표현하면 01111011이 된다. 따라서 부호부, 지수부, 가수부를 다음과 같이 작성할 수 있다.

1	01111011	11100100000000000000000
부호	지수	가수

4bit씩 묶어 16진수로 표현하면 BDF200000이 된다.

---

17 다음은 어느 학생이 C 언어로 작성한 학점 계산 프로그램이다. 출력 결과는?

```
#include <stdio.h>
int main()
{
  int score = 85;
  char grade;
  if (score >= 90) grade='A';
  if (score >= 80) grade='B';
  if (score >= 70) grade='C';
  if (score < 70)  grade='F';
  printf("학점 : %c\n", grade);
  return 0;
}
```

① 학점 : A
② 학점 : B
③ 학점 : C
④ 학점 : F

해설 난도 중
정답의 이유
main() 함수가 실행되면 score 변수를 선언하고 85로 초기화한다. 제어문을 살펴보면 if문으로만 구성되어 있고, 중괄호({ })가 없다. 따라서 if문의 조건이 참이면 아래 한 줄이 실행되고 다음 if문이 실행되는 형태를 가진다. 2번째 if문의 조건이 참이므로 grade 변수에 B가 저장된다. 3번째 if문 조건 또한 참이므로 grade 변수에 C가 저장되며, 마지막 if문의 조건은 거짓이므로 실행되지 않는다. grade 변수에는 C가 저장되어 있으므로 출력 결과는 학점 : C가 된다.

18 파이프라인 해저드(Pipeline Hazard)에 대한 다음 설명에서 ⊙과 ⓛ에 들어갈 내용을 바르게 연결한 것은?

• 하드웨어 자원의 부족 때문에 명령어를 적절한 클록 사이클에 실행할 수 있도록 지원하지 못할 때 (⊙) 해저드가 발생한다.
• 실행할 명령어를 적절한 클록 사이클에 가져오지 못할 때 (ⓛ) 해저드가 발생한다.

	⊙	ⓛ
①	구조적	제어
②	구조적	데이터
③	데이터	구조적
④	데이터	제어

해설 난도 중
정답의 이유
⊙ 하드웨어 자원의 부족 때문에 명령어를 적절한 클록 사이클에 실행할 수 있도록 지원하지 못할 때 구조적 해저드가 발생한다. 다른 의미로 구조적 해저드는 서로 다른 명령어가 같은 자원에 접근하려고 할 때 문제가 발생하게 된다.
ⓛ 실행할 명령어를 적절한 클록 사이클에 가져오지 못할 때 제어 해저드가 발생한다. 다른 의미로 if문이나 goto문 같은 분기 명령이 실행될 때 문제가 발생하게 된다.
• 데이터 해저드 : 데이터의 의존성 때문에 문제가 발생한다. 즉, 앞의 명령 결과가 다음 명령 입력으로 사용될 때 문제가 발생하게 된다.

19 합성곱 신경망(CNN, Convolutional Neural Network) 처리 시 다음과 같은 입력과 필터가 주어졌을 때, 합성곱에 의해 생성된 특징 맵(Feature Map)의 ㉠에 들어갈 값은?

1	1	0	0
1	1	1	1
0	1	0	0
1	1	0	1

입력

1	0	0
0	1	1
1	1	1

필터

(㉠)

특징 맵

① 3
② 4
③ 5
④ 6

해설 난도 중

정답의 이유

필터의 크기가 3, 3으로 9개의 원소를 가지므로 입력 또한 3, 3 크기로 합성곱을 수행한다. 합성곱을 위해 입력을 3, 3 크기로 만들면 왼쪽 위 모서리 → 오른쪽 한 칸 이동 → 왼쪽 아래 모서리 → 오른쪽 한 칸 이동이 된다.

왼쪽 위 모서리　오른쪽 한 칸 이동　왼쪽 아래 모서리　오른쪽 한 칸 이동

합성곱은 입력과 필터의 각 원소를 곱한 후 더한 결과 값을 특성 맵에 작성한다. 특성 맵의 (㉠)은 입력의 왼쪽 위 모서리와 필터를 합성곱한 결과이다. (㉠)에 들어갈 합성곱의 결과는 다음과 같다.

1	1	0
1	1	1
0	1	0

×

1	0	0
0	1	1
1	1	1

$= 1 \times 1 + 1 \times 0 + 0 \times 0 + 1 \times 0 + 1 \times 1 + 1 \times 1 + 0 \times 1 + 1 \times 1 +$
$0 \times 1 = 4$

★☆☆

20 해밍코드에 대한 패리티 비트 생성 규칙과 인코딩 예가 다음과 같다. 이에 대한 설명으로 옳은 것은?

〈패리티 비트 생성 규칙〉

원본 데이터	d4	d3	d2	d1			
인코딩된 데이터	d4	d3	d2	p4	d1	p2	p1

p1 = (d1 + d2 + d4) mod 2
p2 = (d1 + d3 + d4) mod 2
p4 = (d2 + d3 + d4) mod 2

〈인코딩 예〉

원본 데이터	0	0	1	1			
인코딩된 데이터	0	0	1	1	1	1	0

① 이 방법은 홀수 패리티를 사용하고 있다.
② 원본 데이터가 0100이면 0101110으로 인코딩된다.
③ 리티 비트에 오류가 발생하면 복구는 불가능하다.
④ 수신측이 0010001을 수신하면 한 개의 비트 오류를 수정한 후 최종적으로 0010으로 복호한다.

해설 난도 중

정답의 이유

수신측이 0010001을 수신하였다면 원본 데이터는 0010이다. 짝수 패리티 방법을 사용하고 있기 때문에 패리티 비트 p4 = 0, p2 = 0, p1 = 1 중 하나의 비트 오류를 수정한다.

CHAPTER 02

06.05.

2021 지방직 9급 컴퓨터일반

★☆☆
01 가상화폐와 관련이 가장 적은 것은?

① 채굴(mining)
② 소켓(socket)
③ 비트코인(bitcoin)
④ 거래(transaction)

해설 [난도 하]
정답의 이유
소켓(socket)은 데이터를 송수신할 수 있도록 네트워크 망을 연결하는 도구로, 가상화폐와는 관련이 없다.

★★☆
02 다음 설명에 해당하는 기술은?

> 실제 환경에 가상 사물을 합성해 원래 존재하는 사물처럼 보이도록 하는 기술이다.

① MPEG(Moving Picture Experts Group)
② AI(Artificial Intelligence)
③ AR(Augmented Reality)
④ VOD(Video On Demand)

해설 [난도 하]
정답의 이유
AR을 증강현실이라고 하며, 실제 환경을 바탕으로 가상의 사물 등을 합성하여 표현하는 기법이다.

오답의 이유
① MPEG는 동영상 압축을 위한 표준으로 MPEG-1, MPEG-2, MPEG-4, MPEG-7, MPEG-21 등이 제정되어 있다.

② AI는 인공지능이라고 하며, 인간의 지능이 할 수 있는 학습, 추론, 지각, 사고 등을 컴퓨터 프로그램을 통해 구현한 기술이다.
④ VOD는 사용자가 원하는 영상을 제공하는 맞춤형 영상 서비스라고 할 수 있다.

★☆☆
03 일반적인 컴퓨터 시스템에서 정확한 값으로 표현하기 가장 어려운 것은?

① $\sqrt{2}$
② $1\frac{3}{4}$
③ 2.5
④ -0.25×2^{-5}

해설 [난도 하]
정답의 이유
컴퓨터는 유리수를 정확한 값으로 표현할 수 있다. $\sqrt{2}$는 무리수이기 때문에 정확한 값으로 표현하기가 어렵다.

★☆☆
04 노드(node)가 11개 있는 트리의 간선(edge) 개수는?

① 10
② 11
③ 12
④ 13

해설 [난도 하]
정답의 이유
트리에서 간선은 노드 간 연결하는 선을 의미한다. 노드의 개수 n = 11일 때, 간선의 개수는 n − 1이므로 10개가 된다.

★☆☆

05 CPU에서 명령어를 처리하는 단계 중 가장 첫 번째에 위치하는 것은?

① 실행(execution)
② 메모리 접근(memory access)
③ 명령어 인출(instruction fetch)
④ 명령어 해독(instruction decode)

해설 [난도 하]

정답의 이유
CPU에서 명령어를 처리하는 단계는 '명령어 인출 → 명령어 해독 → 실행 → 메모리 접근'이다.

★★☆

06 캐시(cache)에 대한 설명으로 옳지 않은 것은?

① CPU와 인접한 곳에 위치하거나 CPU 내부에 포함되기도 한다.
② CPU와 상대적으로 느린 메인(main) 메모리 사이의 속도 차이를 줄이기 위해 사용된다.
③ 다중프로세서 시스템에서는 write-through 정책을 사용하더라도 데이터 불일치 문제가 발생할 수 있다.
④ 캐시에 쓰기 동작을 수행할 때 메인 메모리에도 동시에 쓰기 동작이 이루어지는 방식을 write-back 정책이라고 한다.

해설 [난도 중]

정답의 이유
캐시에 쓰기 동작을 수행할 때 메인 메모리에도 동시에 쓰기 동작이 이루어지는 방식을 write-through 정책이라고 한다.

➕ 이론플러스   **쓰기 정책**

• write-through
모든 쓰기 동작들은 캐시와 주기억 장치에 동시에 수행되기 때문에 주기억 장치의 내용들을 항상 유효하지만 쓰기 동작에 걸리는 시간이 길어진다. 쓰기 버퍼(write buffer)를 사용하면 쓰기 동작에 오랜 시간이 걸리는 문제를 개선할 수 있다.

• write-back
캐시에서 데이터가 변경되면 주기억 장치는 갱신하지 않는다. 캐시에서 데이터가 수정되면 UPDATE 비트가 세트되고 나중에 해당 블록이 교체될 때 주기억 장치에 갱신된다. 쓰기 동작이 캐시에서만 이루어지기 때문에 쓰기 시간이 짧아지고, 주기억 장치에 쓰기 동작 횟수는 최소화된다. 데이터가 수정되었을 때 UPDATE 비트를 세트하고 블록 상태를 확인하며, 갱신하는 동작을 지원하는 캐시 제어 회로가 복잡해지는 단점이 있다.

★☆☆

07 가상 기계(virtual machine)에 대한 설명으로 옳지 않은 것은?

① 가상 기계 모니터 또는 하이퍼바이저(hypervisor)는 가상 기계를 지원하는 소프트웨어이다.
② 가상 기계 모니터는 호스트 운영체제 위에서만 실행된다.
③ 데스크톱 환경에서 Windows나 Linux와 같은 운영체제를 여러 개 실행하기 위해 사용되기도 한다.
④ 가상 기계가 호스트 운영체제 위에서 동작할 때, 이 기계 위에서 동작하는 응용 프로그램은 처리 속도가 느려질 수 있다.

해설 [난도 중]

정답의 이유
가상 기계 모니터는 순수 하드웨어 또는 호스트 운영 체제 위에서 실행할 수 있다.

★★☆

08 프로세스(process)에 대한 설명으로 옳지 않은 것은?

① 실행 중인 프로그램이다.
② 프로그램 코드 외에도 현재의 활동 상태를 갖는다.
③ 준비(ready) 상태는 입출력 완료 또는 신호의 수신 같은 사건(event)이 일어나기를 기다리는 상태이다.
④ 호출한 함수의 반환 주소, 매개변수 등을 저장하기 위해 스택을 사용한다.

해설 [난도 중]

정답의 이유

준비 상태는 생성된 프로세스가 CPU를 얻을 때까지 기다리는 상태로, 프로세스 제어 블록은 준비 큐에서 기다리며 CPU 스케줄러에 의해 관리된다.

╋ 이론플러스   프로세스 상태

• 생성 상태(create status)
프로세스가 메모리에 올라와 실행 준비를 완료한 상태로, 사용자 요청 작업이 커널에 등록되어 PCB가 만들어진다.
• 준비 상태(ready status)
생성된 프로세스가 CPU를 얻을 때까지 기다리는 상태로, 프로세스 제어 블록은 준비 큐에서 기다리며 CPU 스케줄러에 의해 관리된다.
• 실행 상태(running status)
프로세스가 CPU를 할당받아 실제 작업을 수행하는 상태로 'execute status'라고도 한다.
• 대기 상태(blocking status)
실행 상태에 있는 프로세스가 입·출력을 요청하면 입·출력이 완료 될 때까지 기다리는 상태로 'wait status'라고도 한다.
• 완료 상태(terminate status)
프로세스가 종료되는 상태로, 모든 자원들이 회수되고 PCB만 커널에 남게 된다.
• 휴식 상태(pause status)
프로세스가 작업을 일시적으로 쉬고 있는 상태이다. 프로그램이 종료 된 것이 아니라 실행을 잠시 멈춘 것을 의미한다.
• 보류 상태(suspend status)
프로세스가 메모리에서 일시적으로 쫓겨난 상태로 '일시 정지 상태'라 고도 한다.

★★☆

09 자바 프로그래밍 언어에 대한 설명으로 옳은 것은?

① 클래스에서 상속을 금지하는 키워드는 this이다.
② 인터페이스(interface)는 추상 메소드를 포함할 수 없다.
③ 메소드 오버라이딩(overriding)은 상위 클래스에 정의 된 메소드와 하위 클래스에서 재정의되는 메소드의 매개 변수 개수와 자료형 등이 서로 다른 것을 의미한다.
④ 메소드 오버로딩(overloading)은 한 클래스 내에 동일한 이름의 메소드가 여러 개 있고 그 메소드들의 매개변수 개수 또는 자료형 등이 서로 다른 것을 의미한다.

해설 [난도 중]

오답의 이유

① 클래스 앞에 final 키워드를 사용하면 상속을 할 수 없다.
② 인터페이스는 추상 메소드를 포함할 수 있다.
③ 오버라이딩은 상위 클래스에서 정의된 메소드의 이름, 반환형, 전달 인자가 동일한 메소드를 하위 클래스에서 다시 정의하는 것을 의미 한다.

★★☆

10 다음 C++ 프로그램의 실행 결과로 옳은 것은?

```cpp
#include <iostream>
using namespace std;

class Student {
public:
        Student():Student(0) {};
        Student():_id(0) {};
        Student(int id):_id(id) {
                if (_id > 0) _cnt++;
        };
        static void print() { cout << _cnt;};
        void printID() { cout << ++_id;};

private:
        int _id;
        static int _cnt;
};

int Student::_cnt = 0;

int main() {
        Student A(2);
        Student B;
        Student C(4);
        Student D(-5);
        Student E;
        Student::print();
        E.printID();
        return 0;
}
```

① 21

② 22

③ 30

④ 31

해설 난도 상

정답의 이유

출력 함수를 살펴보면 print() 함수와 printID()이다. 먼저 print() 함수를 살펴보면 _id가 0보다 클 경우 _cnt 값을 1 증가시킨다는 의미를 가진다. _cnt는 정적 변수로 프로그램이 종료될 때까지 사용할 수 있고 클래스의 객체들은 해당 변수를 공유해서 사용한다. 프로그램 내에서 먼저 _cnt 를 0으로 초기화하였다. Student A(2);를 통해 Student(int id):_id(id)가 호출된다. 2가 id 변수에 저장되고, id 값은 다시 _id를 초기화한다. _id 값이 2이므로 조건은 참이 되고 _cnt는 1 증가한다. Student C(4);인

경우에도 _id 값이 4를 가지므로 _cnt는 1 증가하여 2를 가진다. Student D(-5);일 때는 if의 조건이 거짓이 되므로 _cnt는 2의 값을 유지하고 최종적으로 Student::print();에서 2를 출력한다. printID() 함수는 E 객체에 의해 호출된다. 먼저 Student E;가 실행되면 Student():_id(0)가 실행되면서 _id가 0으로 초기화된다. E.printID();가 실행되면 _id값을 1 증가 시키는데 연산자가 변수 앞에 오기 때문에 먼저 _id값을 1 증가시키고 출력하므로, 1이 출력된다. 따라서 실행 결과는 21이다.

★★☆

11 다음 C 프로그램의 실행 결과로 옳은 것은?

```c
#include <stdio.h>
int main()
{
        int count, sum = 0;

        for ( count = 1; count <= 10; count++) {
            if ((count % 2) == 0)
                continue;
            else
                sum + = count;
        }
        printf("%d\n", sum);
}
```

① 10

② 25

③ 30

④ 55

해설 난도 하

정답의 이유

for문을 살펴보면 count 값이 1부터 10까지 1씩 증가하는 구조로, 총 10회 반복문이 실행된다. for문 안의 if 조건문을 살펴보면 (count % 2) == 0이다. % 연산자는 나머지 연산자로 count 값을 2로 나눴을 때 나머지를 출력하는 연산자이다. 즉, count 값이 짝수이면 continue 가 실행되어 다음 문장을 실행하지 않고 바로 count++ 문장으로 분기한다. 홀수이면 해당 숫자를 sum 변수에 더하게 되고 반복문이 끝나면 sum 값을 출력한다. sum에는 count 값이 홀수일 때 해당 값을 더하므로 1, 3, 5, 7, 9가 더해지고 결과 값은 25가 된다.

정답 08 ③ 09 ④ 10 ① 11 ②

CHAPTER 02 2021 지방직 9급 컴퓨터일반 **13**

12 클래스기반 주소지정에서 IPv4 주소 131.23.120.5가 속하는 클래스는?

① Class A
② Class B
③ Class C
④ Class D

해설 [난도 하]

정답의 이유

클래스 별로 주소 범위를 가지며 시작 주소를 구할 때는 네트워크 ID, 호스트 ID에 0을 대입하며 마지막 주소를 구할 때는 네트워크 ID, 호스트 ID에 1을 대입한다. 0.0.0.0 주소는 유효하지 않거나 알 수 없는 대상을 지정할 때 사용하고 127로 시작하는 주소는 루프백 주소로 소프트웨어 테스트를 위해 주로 사용한다. 클래스 별 주소 범위는 다음과 같다.

클래스	주소 범위	
	네트워크 주소	브로드캐스트 주소
A	1.0.0.0 ~	126.255.255.255
B	128.0.0.0 ~	191.255.255.255
C	192.0.0.0 ~	223.255.255.255
D	224.0.0.0 ~	239.255.255.255
E	240.0.0.0 ~	255.255.255.255

보기의 IP 주소가 131로 시작하므로 B 클래스에 속하는 것을 알 수 있다.

➕ 이론플러스 │ 클래스 구성

A~E 클래스로 이루어져 있으며 D 클래스는 멀티캐스트용, E 클래스는 연구용으로 사용한다. 각 클래스는 네트워크 ID와 호스트 ID로 구성되어 있다. 네트워크 ID는 네트워크 번호를 나타내고, 호스트 ID는 네트워크에 속한 호스트 번호를 의미한다. 호스트 ID가 모두 0인 경우는 해당 주소가 네트워크 주소이고 호스트 ID가 모두 1인 경우에는 브로드캐스트 주소이다.

클래스 \ 비트	1	8	16	24	32
A	0	네트워크 ID		호스트 ID	
B	1	0	네트워크 ID		호스트 ID
C	1	1	0	네트워크 ID	호스트 ID
D	1	1	1	0 멀티캐스트 주소	
E	1	1	1	1 연구용	

13 IPv4 CIDR 표기법에서 네트워크 접두사(prefix)의 길이가 25일 때, 이에 해당하는 서브넷 마스크(subnet mask)는?

① 255.255.255.0
② 255.255.255.128
③ 255.255.255.192
④ 255.255.255.224

해설 [난도 하]

정답의 이유

서브넷 마스크(subnet mask)는 네트워크 ID와 호스트 ID를 구분하는 역할을 한다. 기본 서브넷 마스크를 구할 때는 네트워크 ID에 해당하는 부분에는 1을 대입하고 호스트 ID에 해당하는 부분에는 0을 대입한다. 네트워크 ID 비트 수 표현은 네트워크 ID 비트의 개수를 '/' 다음에 기입한다. 예를 들어 IP 주소 192.48.32.1은 C 클래스에 속하기 때문에 서브넷 마스크는 255.255.255.0 또는 192.48.32.1/24로 표현한다. IP 주소/25는 서브넷 마스크의 마지막 8비트 중 최상위 비트가 1이 되므로, 서브넷 마스크는 255.255.255.128이 된다.

➕ 이론플러스 │ 서브넷 마스크

클래스	서브넷 마스크(10진수)	2진수 표현	네트워크 ID 비트 수 표현
A	255.0.0.0	11111111.00000000.00000000.00000000	/8
B	255.255.0.0	11111111.11111111.00000000.00000000	/16
C	255.255.255.0	11111111.11111111.11111111.00000000	/24

★☆☆

14 다음 설명에 해당하는 기술은?

- 클라이언트의 요구에 대한 응답 시간을 줄일 수 있다.
- 외부 인터넷과 연결된 트래픽을 줄일 수 있다.
- 최근 호출된 객체의 사본을 저장한다.

① DNS
② NAT
③ Router
④ Proxy server

해설 [난도 하]

정답의 이유

프록시 서버(Proxy server)는 클라이언트와 서버 사이에서 데이터를 중계하는 역할을 하는 서버로, 클라이언트에 의해 요청된 데이터를 디스크에 저장했다가 반복 요청 시 디스크에 저장된 데이터를 제공한다.

★★★

15 노드 7, 13, 61, 38, 45, 26, 14를 차례대로 삽입하여 최대 히프(heap)를 구성한 뒤 이 트리를 중위 순회할 때, 첫 번째로 방문하는 노드는?

① 7
② 14
③ 45
④ 61

해설 [난도 상]

정답의 이유

최대 히프는 부모 노드의 키 값이 자식 노드의 키 값보다 항상 크거나 같은 관계를 가지는 완전 이진 트리이다. 따라서 최대 히프에서 키 값이 가장 큰 노드는 루트 노드가 된다. 삽입되는 노드의 순서대로 이진 트리를 구성하되, 삽입되는 노드가 이전 노드보다 값이 크면 자리를 바꾼다. 삽입되는 노드 순서대로 최대 히프를 구성하면 다음과 같다.

삽입 노드	7	13
트리 구성	⑦	⑬-⑦
자리 변경	–	7 ⇆ 13

삽입 노드	61	38
트리 구성	61 / 7 \ 13	61 / 38 \ 13, 7
자리 변경	13 ⇆ 61	7 ⇆ 38

삽입 노드	45	26
트리 구성	61 / 45 \ 13, 7, 38	61 / 45 \ 26, 7, 38, 13
자리 변경	38 ⇆ 45	13 ⇆ 26

삽입 노드	14
트리 구성	61 / 45 \ 26, 7, 38, 13, 14
자리 변경	–

트리를 중위 순회하면 노드 처리 순서는 '왼쪽 노드 → 현재 노드 → 오른쪽 노드'이다. 왼쪽 트리의 마지막까지 이동하여 해당 노드를 처리하고 부모 노드를 처리한다. 부모 노드에서 오른쪽 노드가 있으면 오른쪽 노드를 처리한다. 따라서 첫 번째로 방문하는 노드는 7이다.

정답 12 ② 13 ② 14 ④ 15 ①
CHAPTER 02 2021 지방직 9급 컴퓨터일반 15

★★☆
16 다음 그림은 스마트폰 수리와 관련된 E-R 다이어그램의 일부이다. 이에 대한 설명으로 옳지 <u>않은</u> 것은?

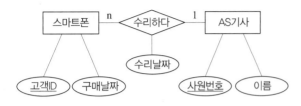

① '수리하다' 관계는 속성을 가지고 있다.
② 'AS기사'와 '스마트폰'은 일대다 관계이다.
③ '스마트폰'은 다중값 속성을 가지고 있다.
④ '사원번호'는 키 속성이다.

해설 난도 중

정답의 이유
스마트폰의 속성인 고객ID, 구매날짜는 하나의 값이기 때문에 단일값 속성을 가진다.

★★☆
17 UML(Unified Modeling Language) 버전 2.0에 대한 설명으로 옳지 <u>않은</u> 것은?

① 액터(actor)는 사람이 아닌 경우도 있다.
② 클래스(class) 다이어그램은 시스템의 클래스들과 그들 간의 연관을 보여준다.
③ 유스케이스(usecase) 다이어그램은 사용자와 시스템 간의 상호 작용을 보여준다.
④ 시퀀스(sequence) 다이어그램은 시스템이 내부 또는 외부 이벤트에 대해 어떻게 반응하는지 보여준다.

해설 난도 중

정답의 이유
시퀀스 다이어그램은 특정 유스케이스의 일부분이나 상세한 흐름을 보여준다.

★★☆
18 같은 값을 옳게 나열한 것은?

① $(264)_8$, $(181)_{10}$
② $(263)_8$, $(AC)_{16}$
③ $(10100100)_2$, $(265)_8$
④ $(10101101)_2$, $(AD)_{16}$

해설 난도 하

정답의 이유
2진수 10101101을 16진수로 변환하기 위해 4비트씩 묶으면 1010(A), 1101(D)가 된다.

★★☆
19 관계형 데이터베이스에 대한 설명으로 옳은 것만을 모두 고르면?

> ㄱ. 관계형 데이터베이스 스키마(schema)는 릴레이션 스키마의 집합과 무결성 제약조건(integrity constraint)으로 구성된다.
> ㄴ. 개체(entity) 무결성 제약조건은 기본 키(primary key)를 구성하는 모든 속성은 널(null) 값을 가지면 안된다는 규칙이다.
> ㄷ. 참조(referential) 무결성 제약조건이란 외래 키(foreign key)는 참조할 수 없는 값을 가질 수 없다는 규칙이다.
> ㄹ. 후보 키(candidate key)가 되기 위해서는 유일성(uniqueness)과 효율성(efficiency)을 항상 만족해야 한다.

① ㄱ, ㄴ, ㄷ
② ㄱ, ㄴ, ㄹ
③ ㄱ, ㄷ, ㄹ
④ ㄴ, ㄷ, ㄹ

해설 난도 중

정답의 이유
ㄱ. 스키마는 데이터베이스에 저장되는 데이터의 구조(스키마)와 제약 조건을 정의한 것이다.
ㄴ. 개체 무결성 제약조건은 기본키를 구성하는 모든 속성은 널 값을 가지면 안 된다는 것을 말한다.
ㄷ. 참조 무결성 제약조건은 외래키에 대한 규칙으로 연관된 릴레이션 들에 적용된다. 참조 무결성 제약조건은 외래키는 참조할 수 없는 값을 가질 수 없다는 것을 의미한다.

오답의 이유
ㄹ. 후보키는 유일성과 최소성을 만족하는 속성 또는 속성들의 집합이다.

20 IT 기술에 대한 설명으로 옳지 <u>않은</u> 것은?

① IoT는 각종 물체에 센서와 통신 기능을 내장해 인터넷에 연결하는 기술이다.

② ITS는 기존 교통체계의 구성 요소에 첨단 기술들을 적용시켜 보다 안전하고 편리한 통행과 전체 교통체계의 효율성을 높이는 시스템이다.

③ IPTV는 인터넷을 이용하여 방송 및 기타 콘텐츠를 TV로 제공하는 서비스 방식이다.

④ GIS는 라디오 주파수를 이용한 비접촉 인식 장치로 태그와 리더기로 구성된 자동 인식 데이터 수집용 무선 통신 시스템이다.

해설 난도 중

정답의 이유

GIS(Geographic Information System)는 지리 정보 체계라고 하며, 수집한 각종 지리 정보를 컴퓨터에 입력하고 처리하여 사용자 요구에 따라 분석, 종합하여 제공하는 시스템을 말한다. 라디오 주파수를 이용한 비접촉 인식 장치로 태그와 리더기로 구성된 자동 인식 데이터 수집용 무선 통신 시스템은 RFID(Radio Frequency Identification)이다.

PART

2 과년도 기출문제

CHAPTER 01

07.11.

2020 국가직 9급 컴퓨터일반

★★★
01 아날로그 신호를 디지털 신호로 변조하기 위한 펄스부호변조(PCM) 과정으로 옳지 <u>않은</u> 것은?

① 분절화(Segmentation)
② 표본화(Sampling)
③ 부호화(Encoding)
④ 양자화(Quantization)

해설 [난도 하]
정답의 이유
PCM은 송신 측에서 표본화, 양자화, 부호화 과정을 거쳐 아날로그 신호를 디지털 신호로 변환한다. 수신 측에서는 복호화 과정을 거쳐 디지털 신호를 원래의 아날로그 신호로 재현한다.

+ 이론플러스

1. DBMS 장점
• 데이터 중복을 통제할 수 있다.
• 데이터 독립성이 확보된다.
• 데이터를 동시 공유할 수 있다.
• 데이터 보안이 향상된다.
• 데이터 무결성을 유지할 수 있다.
• 표준화할 수 있다.
• 장애 발생 시 회복이 가능하다.
• 응용 프로그램 개발 비용이 줄어든다.

2. DBMS 단점
• 비용이 많이 든다.
• 백업과 회복 방법이 복잡하다.
• 중앙 집중 관리로 인한 취약점이 존재한다.

★★★
02 DBMS를 사용하는 이점으로 옳지 <u>않은</u> 것은?

① 데이터를 프로그램과 분리함으로써 데이터 독립성이 향상된다.
② 데이터의 공유와 동시 접근이 가능하다.
③ 데이터의 중복을 허용하여 데이터의 일관성을 유지한다.
④ 데이터의 무결성과 보안성을 유지한다.

해설 [난도 중]
정답의 이유
DBMS에서는 중복을 최소화하여 데이터의 일관성을 유지한다.

★★★
03 CPU 내의 레지스터에 대한 설명으로 옳지 <u>않은</u> 것은?

① Accumulator(AC) : 연산 과정의 데이터를 일시적으로 저장하는 레지스터
② Program Counter(PC) : 다음에 인출될 명령어의 주소를 보관하는 레지스터
③ Memory Address Register(MAR) : 가장 최근에 인출한 명령어를 보관하는 레지스터
④ Memory Buffer Register(MBR) : 기억장치에 저장될 데이터 혹은 기억장치로부터 읽힌 데이터가 일시적으로 저장되는 버퍼 레지스터

해설 [난도 중]
정답의 이유
가장 최근에 인출한 명령어를 저장하는 레지스터는 명령 레지스터(IR)이다. 메모리 주소 레지스터(MAR)는 메모리에 CPU가 데이터를 저장하거나 읽을 때 필요한 메모리 주소를 저장한다.

- 메모리 버퍼 레지스터(MBR) : 메모리 데이터 레지스터(MDR)라고도 하며, 데이터를 메모리에서 읽거나 저장할 때 데이터를 일시적으로 저장한다.
- 프로그램 카운터(PC) : 명령 포인터 레지스터라고도 하며, 인출할 명령어의 주소를 저장한다.
- 명령 레지스터(IR) : 주기억 장치에서 인출한 명령어를 저장한다.
- 누산기(AC) : 산술 논리 연산 장치(ALU) 내부에 위치하며, 연산 시 초기 데이터, 중간 결과, 최종 연산 결과를 저장한다.
- 플래그 레지스터(FR) : 상태 레지스터(SR), 프로그램 상태 워드(PSW)라고도 하며, 연산 결과 발생하는 상태를 저장한다.
- 데이터 레지스터(DR) : 주변 장치로부터 송수신되는 데이터를 일시적으로 저장한다.

★★★
04 소프트웨어 개발 프로세스 중 원형(Prototyping) 모델의 단계별 진행 과정을 올바르게 나열한 것은?

① 요구 사항 분석 → 시제품 설계 → 고객의 시제품 평가 → 시제품 개발 → 시제품 정제 → 완제품 생산
② 요구 사항 분석 → 시제품 설계 → 시제품 개발 → 고객의 시제품 평가 → 시제품 정제 → 완제품 생산
③ 요구 사항 분석 → 고객의 시제품 평가 → 시제품 개발 → 시제품 설계 → 시제품 정제 → 완제품 생산
④ 요구 사항 분석 → 시제품 개발 → 시제품 설계 → 고객의 시제품 평가 → 시제품 정제 → 완제품 생산

해설 [난도 중]
정답의 이유
1단계 : 요구 사항 분석 - 사용자의 요구를 파악하고 정리하여 요구 사항을 정의한 후 분석한다.
2단계 : 시제품 설계 - 완성된 요구 분석 결과를 가지고 완전한 설계를 하는 것이 아니라 사용자와 대화할 수 있도록 사용자 인터페이스를 중심으로 설계한다.
3단계 : 시제품 개발 - 완전히 동작하는 완제품을 개발하는 것이 아니라, 입력 화면을 통해 사용자가 요구하는 항목이 빠지지 않고 입력되는지 확인하고, 출력 결과가 사용자가 원하는 것인지 보여주는 데 목적이 있다.
4단계 : 시제품 평가 - 사용자는 1차로 개발된 프로토타입을 보고 요구 사항이 충실히 반영되었는지 확인한다.
5단계 : 시제품 정제 - 개발된 프로토타입에 대해 수차례 사용자 평가를 거쳐 사용자의 요구 사항이 충분히 반영된 최종 프로토타입이 만들어진다.
6단계 : 완제품 생산

★★★
05 네트워크 토폴로지에 대한 설명으로 옳지 않은 것은?

① 버스(bus)형 토폴로지는 설치가 간단하고 비용이 저렴하다.
② 링(ring)형 토폴로지는 통신 회선에 컴퓨터를 추가하거나 삭제하는 등 네트워크 재구성이 용이하다.
③ 트리(tree)형 토폴로지는 허브(hub)에 문제가 발생해도 전체 네트워크에 영향을 주지 않는다.
④ 성(star)형 토폴로지는 중앙 집중적인 구조이므로 고장 발견과 유지보수가 쉽다.

해설 [난도 중]
정답의 이유
트리형 토폴로지는 허브(상위 노드)에 문제가 발생하면 전체 네트워크(하위 노드)에 영향을 미친다.

★★★
06 RAID(Redundant Array of Independent Disks) 레벨에 대한 설명으로 옳지 않은 것은?

① RAID 1 구조는 데이터를 두 개 이상의 디스크에 패리티 없이 중복 저장한다.
② RAID 2 구조는 데이터를 각 디스크에 비트 단위로 분산 저장하고 여러 개의 해밍 코드 검사디스크를 사용한다.
③ RAID 4 구조는 각 디스크에 데이터를 블록 단위로 분산 저장하고 하나의 패리티 검사디스크를 사용한다.
④ RAID 5 구조는 각 디스크에 데이터와 함께 이중 분산 패리티 정보를 블록 단위로 분산 저장한다.

해설 [난도 중]
정답의 이유
RAID 5 구조는 패리티 비트를 여러 디스크에 분산하여 보관한다. 그래야 RAID 4의 병목 현상을 해결할 수 있다.

07 다중 스레드(Multi Thread) 프로그래밍의 이점에 대한 설명으로 옳지 <u>않은</u> 것은?

① 다중 스레드는 사용자의 응답성을 증가시킨다.
② 스레드는 그들이 속한 프로세스의 자원들과 메모리를 공유한다.
③ 프로세스를 생성하는 것보다 스레드를 생성하여 문맥을 교환하면 오버헤드가 줄어든다.
④ 다중 스레드는 한 스레드에 문제가 생기더라도 전체 프로세스에 영향을 미치지 않는다.

해설 [난도 중]

정답의 이유
다중 스레드의 경우 모든 자원을 공유하기 때문에 하나의 스레드에 문제가 생기면 전체 프로세스에 영향을 미친다.

➕이론플러스

1. 다중 스레드 장점
- **응답성 향상** : 한 스레드가 입·출력으로 인해 작업이 진행되지 않아도 다른 스레드가 작업을 계속할 수 있어 사용자의 작업 요구에 빨리 응답할 수 있다.
- **자원 공유** : 프로세스가 가진 자원을 모든 스레드가 공유하여 작업을 원활하게 진행할 수 있다.
- **효율성 향상** : 다중 스레드는 불필요한 자원의 중복을 차단하여 시스템의 효율을 향상시킬 수 있다.
- **다중 CPU 지원** : 2개 이상의 CPU를 가진 컴퓨터가 다중 스레드를 사용하면 CPU 사용량이 증가하고 프로세스 처리 시간이 단축된다.

2. 다중 스레드 단점
- 다중 스레드의 경우 모든 자원을 공유하기 때문에 하나의 스레드에 문제가 생기면 전체 프로세스에 영향을 미친다.

08 OSI(Open Systems Interconnect) 모델에 대한 설명으로 옳지 <u>않은</u> 것은?

① 네트워크 계층은 데이터 전송에 관한 서비스를 제공하는 계층으로 송신 측과 수신 측 사이의 실제적인 연결 설정 및 유지, 오류 복구와 흐름 제어 등을 수행한다.
② 데이터링크 계층은 네트워크 계층에서 받은 데이터를 프레임(frame)이라는 논리적인 단위로 구성하고 전송에 필요한 정보를 덧붙여 물리 계층으로 전달한다.
③ 세션 계층은 전송하는 두 종단 프로세스 간의 접속(session)을 설정하고, 유지하고 종료하는 역할을 한다.
④ 표현 계층은 전송하는 데이터의 표현 방식을 관리하고 암호화하거나 데이터를 압축하는 역할을 한다.

해설 [난도 중]

정답의 이유
송신 측과 수신 측 사이의 실제적인 연결 설정 및 유지, 오류 복구와 흐름 제어 등을 수행하는 계층은 전송 계층이다. 네트워크 계층은 패킷이 발신지에서 목적지까지 전달될 수 있도록 경로를 설정하고 주소 변환을 한다.

➕이론플러스 OSI 7 계층

- **물리 계층** : 데이터링크 계층에서 받은 데이터를 통신 링크를 따라 전송될 수 있도록 전기신호 또는 광신호로 변환하여 전송한다. 데이터 단위는 비트를 사용하며, 네트워크 장치에는 리피터, 허브 등이 있다.
- **데이터링크 계층** : 같은 네트워크상에 있는 노드 간의 흐름 제어와 오류 제어를 통해 데이터 전송을 책임진다. 데이터 단위는 프레임을 사용하며, 네트워크 장치에는 브리지, 스위치 등이 있다.
- **네트워크 계층** : 패킷이 발신지에서 목적지까지 전달될 수 있도록 경로를 설정하고 주소 변환을 한다. 데이터 단위는 패킷을 사용하며, 네트워크 장치에는 라우터 등이 있다.
- **전송 계층** : 발신자와 목적지 간 오류제어와 흐름제어를 수행하여 신뢰성 있는 데이터 전송을 보장한다.
- **세션 계층** : 발신자와 목적지 사이에서 응용 프로세스 간 통신을 위한 세션을 연결하고 유지하며 해제하는 기능을 수행한다.
- **표현 계층** : 송수신 컴퓨터의 응용 프로그램 간 송수신되는 데이터의 구문과 의미에 관한 기능으로 변환, 암호화, 압축을 수행한다.
- **응용 계층** : 사용자 인터페이스를 제공하며, 각종 서비스를 제공한다.

★★★
09 캐시기억장치 교체 알고리즘에 대한 설명으로 옳지 않은 것은?

① LRU는 최근에 가장 오랫동안 사용되지 않았던 블록을 교체하는 방법이다.
② FIFO는 캐시에 적재된 지 가장 오래된 블록을 먼저 교체하는 방법이다.
③ LFU는 캐시 블록마다 참조 횟수를 기록함으로써 가장 많이 참조된 블록을 교체하는 방법이다.
④ Random은 사용 횟수와 무관하게 임의로 블록을 교체하는 방법이다.

해설 난도 중

정답의 이유
LFU는 최근에 사용 빈도가 적은 페이지를 교체하는 알고리즘이다.

➕이론플러스 **페이지 교체 알고리즘**

- FIFO : 선입선출 페이지 교체 알고리즘이라고도 하며, 시간적으로 메모리에 가장 빨리 들어온 페이지를 선정하여 스왑 영역으로 내보낸다.
- 최적 : 앞으로 사용하지 않을 페이지를 스왑 영역으로 옮긴다. 메모리가 사용할 페이지를 미리 살펴보고 페이지 교체 시점부터 사용 시점까지 가장 멀리 있는 페이지를 대상 페이지로 선정한다.
- LRU : 최근에 최소로 사용된 페이지를 대상 페이지로 선정한다. 즉, 메모리에 올라온 후 가장 오랫동안 사용되지 않은 페이지를 스왑 영역으로 옮긴다.
- LFU(Least Frequently Used) : 사용 빈도가 가장 적은 페이지를 대상 페이지로 선정한다. 즉, 메모리에 있는 페이지마다 사용된 횟수를 확인하여 횟수가 가장 적은 페이지를 스왑 영역으로 옮긴다.
- NUR(Not Used Recently) : 최근에 사용되지 않은 페이지를 대상 페이지로 선정한다.
- 2차 기회(Second Chance) : 특정 페이지에 접근하여 페이지 부재가 발생하지 않으면 해당 페이지를 큐의 맨 뒤로 이동시켜 대상 페이지에서 제외한다.
- 시계 : 2차 기회 페이지 교체 알고리즘과 유사하지만, 2차 기회 페이지 교체 알고리즘은 큐를 사용하지만 시계 알고리즘은 원형 큐를 사용하는 것이 차이점이다.

★★☆
10 8진수 123.321을 16진수로 변환한 것은?

① 53.35
② 53.321
③ 53.681
④ 53.688

해설 난도 중

정답의 이유
8진수 123.321을 16진수로 변환하기 위해서는 먼저 2진수로 변환해야 한다. 8진수의 한 자리 숫자는 2진수 3개의 비트로 표현이 가능하다. 따라서 8진수를 2진수로 변환하면 001010011.011010001이 된다. 2진수를 16진수로 변환하기 위해 4비트를 묶어 16진수 하나의 숫자를 표현한다. 단, 4비트를 묶을 때는 소수점에서 가까운 쪽에서부터 묶는다. 2진수를 16진수로 변환하면 다음과 같다. 가장 최상위 비트 0은 의미가 없으므로 작성하지 않고, 소수점 이하 가장 최하위 비트 1을 4비트로 묶기 위해 000을 추가로 붙여준다.

2^3	2^2	2^1	2^0	2^3	2^2	2^1	2^0		2^3	2^2	2^1	2^0	2^3	2^2	2^1	2^0	2^3	2^2	2^1	2^0
0	1	0	1	0	0	1	1	.	0	1	1	0	1	0	0	0	1	0	0	0
	5				3					6				8				8		

11 암호화 기술에 대한 설명으로 옳은 것은?

① 공개키 암호화는 암호화하거나 복호화하는 데 동일한 키를 사용한다.

② 공개키 암호화는 비공개키 암호화에 비해 암호화 알고리즘이 복잡하여 처리속도가 느리다.

③ 공개키 암호화의 대표적인 알고리즘에는 데이터 암호화 표준(Data Encryption Standard)이 있다.

④ 비밀키 암호화는 암호화와 복호화 과정에서 서로 다른 키를 사용하는 비대칭 암호화(asymmetric encryption)다.

해설 [난도 중]

정답의 이유

공개키 암호화는 비대칭키 암호화 방식이라고도 하고, 비공개키 암호화는 대칭키 암호화 방식이라고 한다. 공개키 암호화는 비공개키 암호화에 비해 암호화와 복호화 속도가 느리다.

오답의 이유

① 공개키 암호화는 암호화할 때 공개키를 사용하고 복호화할 때 개인키를 사용하기 때문에 서로 다른 키를 사용한다.

③ 공개키 암호화의 대표적인 알고리즘에는 RSA가 있고, 비공개키 암호화의 대표적인 알고리즘에는 DES, AES가 있다.

④ 비밀키 암호화는 암호화와 복호화 과정에서 서로 같은 키를 사용하는 대칭키 암호화이다.

➕ 이론플러스 ┃ 대칭키 암호화 방식과 비대칭키 암호화 방식 비교

내용 \ 암호화 방식	대칭키 암호화 방식	비대칭키 암호화 방식
키 관계	암호화키 = 복호화키	암호화키 ≠ 복호화키
암호화키 공개	비밀	공개
복호화키 공개	비밀	비밀
비밀키 전송	필요	불필요
암호 알고리즘	비밀 또는 공개	공개
키 길이	56비트, 128비트	1,024비트
암호화·복호화 속도	빠름	느림
부인 방지	불가능 (제3자 필요)	가능(전자 서명)
암호	DES, AES	RSA

12 CPU를 다른 프로세스로 교환하려면 이전 프로세스의 상태를 보관하고 새로운 프로세스의 보관된 상태로 복구하는 작업이 필요하다. 이 작업으로 옳은 것은?

① 세마포어(Semaphore)

② 모니터(Monitor)

③ 상호배제(Mutual Exclusion)

④ 문맥교환(Context Switching)

해설 [난도 하]

정답의 이유

문맥교환(Context Switching)은 CPU를 차지하던 프로세스가 나가고 새로운 프로세스를 받아들이는 작업을 의미한다. 즉, 두 프로세서의 프로세스 제어 블록을 교환하는 작업을 말한다.

오답의 이유

①, ② 임계구역을 해결하기 위한 방법이다.

③ 한 프로세스가 임계구역에 들어가면 다른 프로세스는 임계구역에 들어갈 수 없다는 것을 의미한다.

13 응용프로그램 제작에 필요한 개발환경, SDK 등 플랫폼 자체를 서비스 형태로 제공하는 클라우드 컴퓨팅 서비스 모델은?

① DNS

② PaaS

③ SaaS

④ IaaS

해설 [난도 상]

정답의 이유

PasS(Platform as a Service)는 응용소프트웨어 개발에 필요한 개발 요소들과 실행 환경을 제공하는 서비스 모델로서, 사용자는 원하는 응용 소프트웨어를 개발할 수 있으나 운영체제나 하드웨어에 대한 제어는 서비스 제공자에 의해 제한된다.

오답의 이유

① DNS(Domain Name System)는 도메인 주소를 IP 주소와 매핑하는 시스템을 말한다.

③ SaaS(Software as a Service)는 응용소프트웨어 및 관련 데이터는 클라우드에 호스팅되고 사용자는 웹 브라우저 등의 클라이언트를 통해 접속하여 응용소프트웨어를 사용할 수 있다.

④ IaaS(Infrastructure as a Service)는 가장 기본적인 클라우드 서비스 모델로, 가상 머신과 기타 자원들을 사용자에 대한 서비스로 제공하는 모델이다.

★★★

14 다음 프로그램의 실행 결과로 옳은 것은?

```
#include <stdio.h>
int main(void)
{
    int array[] = {100, 200, 300, 400, 500};
    int*ptr;
    ptr = array;
    printf("%d \n",*(ptr + 3) + 100);
}
```

① 200

② 300

③ 400

④ 500

해설 [난도 중]

정답의 이유

int array[] = {100, 200, 300, 400, 500}가 실행되면 다음과 같이 배열에 저장된다.

	[0]	[1]	[2]	[3]	[4]
array	100	200	300	400	500

ptr = array가 실행되면 포인터 변수 ptr은 array 배열의 첫 번째 주소를 가리킨다. ptr이 첫 번째 주소를 가리키고 있기 때문에 ptr + 3은 현재 주소에서 3만큼 떨어진 주소인 4번째 주소를 가리킨다는 의미이다. 그리고 *는 해당 주소의 데이터를 말한다. 따라서 *(ptr + 3)은 4번째 주소의 데이터인 400을 말한다. 출력되는 데이터는 400 + 100이므로 500이 출력된다.

★★☆

15 다음 프로그램은 연결 리스트를 만들기 위한 코드의 일부분이다.

```
struct node {
    int number;
    struct node*link;
};
struct node first;
struct node second;
struct node tmp;
```

아래 그림과 같이 두 개의 노드 first, second가 연결되었다고 가정하고, 위의 코드를 참조하여 노드 tmp를 노드 first와 노드 second 사이에 삽입하고자 할 때, 프로그램 코드로 옳은 것은?

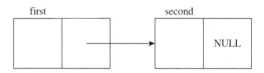

① tmp.link = &first;

    first.link = &tmp;

② tmp.link = first.link;

    first.link = &tmp;

③ tmp.link = &second;

    first.link = second.link;

④ tmp.link = NULL;

    second.link = &tmp;

해설 [난도 중]

정답의 이유

first, second 노드에 사이에 tmp 노드를 삽입할 때는 먼저, first 노드가 가리키고 있는 주소를 tmp 노드가 가리키도록 한다(tmp.link = first.link). 이후 first 노드가 tmp 노드를 가리키게 한다(first.link = &tmp).

★★☆
16 다음 C 프로그램의 결과로 옳은 것은?

```
#include 〈stdio.h〉
int main()
{
    int a, b;
    a = b = 1;

    if (a = 2)
        b = a + 1;
    else if (a = = 1)
        b = b + 1;
    else
        b = 10;

    printf("%d, %d \n", a, b);
}
```

① 2, 3   ② 2, 2
③ 1, 2   ④ 2, 10

해설 난도 하
정답의 이유
a, b를 초기화한 후 if의 조건으로 a = 2가 사용되었다. =는 대입연산자로 a에 2를 대입하겠다는 의미를 가진다. 일반적으로 if의 조건으로 대입연산자를 사용하지 않지만 a = 2 조건이 거짓이 아니므로 if절이 실행된다. 따라서 a에 2가 저장되고, b = a + 1가 실행되어 b는 3이 된다. 출력은 a, b 값을 순서대로 출력하므로 2, 3이 출력된다.

★★☆
17 다음 이진 트리에 대하여 후위 순회를 하는 경우 다섯 번째 방문하는 노드는?

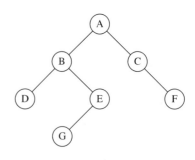

① A   ② C
③ D   ④ F

해설 난도 중
정답의 이유
후위 순회의 노드 처리 순서는 왼쪽 노드 → 오른쪽 노드 → 현재 노드이다. 방문하는 노드를 순서대로 나열하면 D – G – E – B – F – C – A이다. 따라서 다섯 번째 방문하는 노드는 F이다.

★★★
18 프로세스 스케줄링에 대한 설명으로 옳지 않은 것은?

① FCFS(First Come First Served) 스케줄링은 비선점 방식으로 대화식 시스템에 적합하다.
② SJF(Shortest Job First) 스케줄링은 실행 시간이 가장 짧은 작업(프로세스)을 신속하게 실행하므로 평균 대기 시간이 FCFS 스케줄링보다 짧다.
③ Round-Robin 스케줄링은 우선순위가 적용되지 않은 단순한 선점형 방식이다.
④ 다단계 큐(Multilevel Queue) 스케줄링은 우선순위에 따라 준비 큐를 여러 개 사용하는 방식이다.

해설 [난도 중]
정답의 이유
FCFS 스케줄링은 비선점형 알고리즘은 맞지만 대화식 시스템에는 적합하지 못하다.

이론플러스 프로세스 스케줄링

- FCFS(First Come First Served) : 준비 큐에 도착한 순서대로 CPU를 할당하는 비선점형 방식으로, 선입선출 스케줄링이라고도 한다.
- SJF(Shortest Job First) : 준비 큐에 있는 프로세스 중 실행 시간이 가장 짧은 작업에 CPU를 할당하는 비선점형 방식으로, 최단 작업 우선 스케줄링이라고도 한다.
- HRN(Highest Response Ratio Next) : SJF 스케줄링에서 발생할 수 있는 아사 현상을 해결하기 위해 만들어진 비선점형 알고리즘으로, 최고 응답률 우선 스케줄링이라고 한다. 서비스를 받기 위해 기다린 시간과 CPU 사용 시간을 고려하여 스케줄링하는 방식이다.
- 라운드 로빈(Round Robin) : 선점형 알고리즘 중 가장 단순하고 대표적인 방식으로 한 프로세스가 할당받은 시간만큼 작업을 수행하다가 작업을 완료하지 못하면 준비 큐의 맨 끝으로 가서 자신의 차례를 기다리는 방식이다.
- SRT(Shortest Remaining Time) : SJF 스케줄링과 라운드 로빈 스케줄링을 혼합한 방식으로, 최소 잔류 시간 우선 스케줄링이라고도 한다.
- 우선순위 : 프로세스는 중요도에 따라 우선순위를 갖고 이를 반영한 것이 우선순위 스케줄링이다.
- 다단계 큐(Multilevel queue) : 우선순위에 따라 준비 큐를 여러 개 사용한다. 프로세스는 운영체제로부터 부여받은 우선순위에 따라 해당 우선순위 큐로 들어간다. 상단에 있는 큐가 우선순위가 높기 때문에 모든 프로세스 작업이 끝나야 다음 우선순위의 큐가 실행된다.

★★★
19 TCP/IP 프로토콜 스택에 대한 설명으로 옳은 것은?

① 데이터링크(datalink) 계층, 전송(transport) 계층, 세션(session) 계층 및 응용(application) 계층으로 구성된다.
② ICMP는 데이터링크 계층에서 사용 가능한 프로토콜이다.
③ UDP는 전송 계층에서 사용되는 비연결형 프로토콜이다.
④ 응용 계층은 데이터가 목적지까지 찾아갈 경로를 설정하기 위해 라우팅(routing) 프로토콜을 운영한다.

해설 [난도 중]
오답의 이유
① 데이터링크 계층, 네트워크 계층, 전송 계층, 응용 계층으로 구성된다.
② ICMP는 네트워크(인터넷) 계층에 속하는 프로토콜이다.
④ 응용 계층은 사용자 인터페이스를 제공하며, 데이터를 목적지까지 찾아갈 경로를 설정하기 위해 라우팅 프로토콜을 운영하는 계층은 네트워크(인터넷) 계층이다.

20 다음 테이블 인스턴스(Instance)들에 대하여 오류 없이 동작하는 SQL(Structured Query Language) 문장은?

STUDENT

칼럼 이름	데이터 타입	키 타입	설명
studno	숫자	기본키	학번
name	문자열		이름
grade	숫자		학년
height	숫자		키
deptno	숫자		학과 번호

PROFESSOR

칼럼 이름	데이터 타입	키 타입	0설명
profno	숫자	기본키	0번호
name	문자열		0이름
position	문자열		0직급
salary	숫자		0급여
0deptno	0숫자	0	0학과 번호

① SELECT deptno, position, AVG(salary)
　FROM PROFESSOR
　GROUP BY deptno;
② (SELECT studno, name
　FROM STUDENT
　WHERE deptno = 101)
　UNION
　(SELECT profno, name
　FROM PROFESSOR
　WHERE deptno = 101);
③ SELECT grade, COUNT(*), AVG(height)
　FROM STUDENT
　WHERE COUNT(*) > 2
　GROUP BY grade;
④ SELECT name, grade, height
　FROM STUDENT
　WHERE height > (SELECT height, grade
　FROM STUDENT
　WHERE name = '홍길동');

해설 [난도 상]

오답의 이유

① 그룹별로 검색할 때는 집계 함수나 GROUP BY 절에 있는 속성 외의 속성은 SELECT 절에 사용할 수 없다. 즉, SELECT 절에는 GROUP BY 절에 있는 속성 deptno와 집계 함수인 AVG(salary)를 사용할 수 있다. 그 외 속성인 position을 사용했기 때문에 오류가 발생한다.

③ 그룹에 대한 조건을 작성할 때는 WHERE 절이 아닌 HAVING 절에 작성해야 한다. 그리고 COUNT, AVG 집계 함수는 WHERE 절에는 사용할 수 없다.

④ WHERE의 조건으로 height이므로 (SELECT height, grade FROM STUDENT WHERE name = 홍길동);의 결과가 height가 되어야 한다.

CHAPTER

02

06.13.

2020 지방직(서울시) 9급 컴퓨터일반

★★☆

01 인터프리터(Interpreter) 방식의 언어로 옳지 않은 것은?

① JavaScript
② C
③ Basic
④ LISP

해설 난도 중

정답의 이유
C언어는 컴파일러 방식의 언어이다.

이론플러스 언어 번역 프로그램

• 인터프리터 : 소스 프로그램을 한 줄씩 기계어로 번역하기 때문에 실행 속도가 컴파일러보다 늦다. 스크립트 언어에서 대부분 사용하며 목적 프로그램을 생성하지 않는다.
예 LISP, 베이직(Basic), 자바스크립트(javascript), HTML, SQL, 파이썬
• 컴파일러 : 원시 프로그램, 고급 언어로 작성된 문장을 처리하여 컴퓨터가 이해할 수 있는 코드로 번역해주는 프로그램으로, 전체 소스 프로그램을 한 번에 기계어로 번역하기 때문에 실행 속도가 인터프리터보다 빠르다.
예 C, C++

★★★

02 CPU 스케줄링 기법 중 라운드 로빈(Round Robin) 방식에 대한 설명으로 옳지 않은 것은?

① 선점 스케줄링 기법이다.
② 여러 프로세스에 일정한 시간을 할당한다.
③ 시간할당량이 작으면 문맥 교환수와 오버헤드가 증가한다.
④ FIFO(First-In-First-Out) 방식 대비 높은 처리량을 제공한다.

해설 난도 중

정답의 이유
FIFO는 큐의 선입선출 방식으로 CPU 스케줄링 기법이 아니다.

이론플러스 CPU 스케줄링 기법

• FCFS(First Come First Served) : 준비 큐에 도착한 순서대로 CPU를 할당하는 비선점형 방식으로, 선입선출 스케줄링이라고도 한다.
• SJF(Shortest Job First) : 준비 큐에 있는 프로세스 중 실행 시간이 가장 짧은 작업에 CPU를 할당하는 비선점형 방식으로, 최단 작업 우선 스케줄링이라고도 한다.
• HRN(Highest Response Ratio Next) : SJF 스케줄링에서 발생할 수 있는 아사 현상을 해결하기 위해 만들어진 비선점형 알고리즘으로, 최고 응답률 우선 스케줄링이라고 한다.
• 라운드 로빈(Round Robin) 스케줄링 : 한 프로세스가 할당받은 시간만큼 작업을 수행하다가 작업을 완료하지 못하면 준비 큐의 맨 끝으로 가서 자신의 차례를 기다리는 방식이다. 알고리즘 중 가장 단순하고 대표적인 방식으로, 프로세스 작업이 완료될 때까지 계속 순환된다.
• SRT(Shortest Remaining Time) : SJF 스케줄링과 라운드 로빈 스케줄링을 혼합한 방식으로, 최소 잔류 시간 우선 스케줄링이라고도 한다. 즉, SJF 스케줄링의 선점형 스케줄링이라고 할 수 있다.
• 우선순위 스케줄링 : 중요도에 따라 우선순위를 갖고 이를 반영한 것이 우선순위 스케줄링이다. 우선순위는 기준을 어떻게 정하느냐에 따라 다양하게 구현할 수 있다.
• 다단계 큐(Multilevel queue) : 우선순위에 따라 준비 큐를 여러 개 사용한다. 프로세스는 운영체제로부터 부여받은 우선순위에 따라 해당 우선순위 큐로 들어간다. 상단에 있는 큐가 우선순위가 높기 때문에 모든 프로세스 작업이 끝나야 다음 우선순위의 큐가 실행된다.
• 다단계 피드백 큐(Multilevel feedback queue) : 우선순위가 낮은 프로세스의 작업이 연기되는 점을 보완한 방식이다. 다단계 큐 스케줄링과 마찬가지로 우선순위를 가진 여러 개의 큐를 사용한다.

★★★
03 프로세서의 수를 늘려도 속도를 개선하는 데 한계가 있다는 주장으로서, 병렬처리 프로세서의 성능 향상의 한계를 지적한 법칙은?

① 무어의 법칙(Moore's Law)
② 암달의 법칙(Amdahl's Law)
③ 구스타프슨의 법칙(Gustafson's Law)
④ 폰노이만 아키텍처(Von Neumann Architecture)

해설 [난도 하]

정답의 이유
암달의 법칙은 컴퓨터 시스템의 일부를 개선할 때 전체 시스템에 미치는 영향과의 관계를 수식으로 나타낸 법칙이다. 예를 들어 CPU의 속도를 2배 늘려도 컴퓨터의 성능이 2배 빨라지지 않는다는 것이다.

오답의 이유
① 마이크로칩 기술의 발전 속도와 관련된 것으로 마이크로칩에 저장할 수 있는 데이터 양이 24개월마다 2배로 늘어난다는 것과 관련된 법칙이다.
③ 컴퓨터 과학에서 대용량 처리를 효과적으로 병렬화 할 수 있다는 것과 관련된 법칙이다.
④ 기억장치와 중앙처리장치가 버스로 연결되어 있고, 순차적으로 연산을 수행하는 전통적인컴퓨터 설계 기법이다.

★★★
04 교착상태 발생의 조건에 대한 설명으로 옳지 <u>않은</u> 것은?

① 상호 배제 조건 : 최소한 하나의 자원이 비공유 모드로 점유되며, 비공유 모드에서는 한 번에 한 프로세스만 해당 자원을 사용할 수 있다.
② 점유와 대기 조건 : 프로세스는 최소한 하나의 자원을 점유한 채, 현재 다른 프로세스에 의해 점유된 자원을 추가로 얻기 위해 반드시 대기해야 한다.
③ 비선점 조건 : 프로세스에 할당된 자원은 사용이 끝날 때까지 다른 프로세스가 강제로 빼앗을 수 없다.
④ 순환 대기 조건 : 대기 체인 내 프로세스들의 집합에서 이전 프로세스는 다음 프로세스가 점유한 자원을 대기하고, 마지막 프로세스는 자원을 대기하지 않아야 한다.

해설 [난도 중]

정답의 이유
교착상태 발생 조건은 상호 배제, 점유와 대기, 비선점, 원형 대기이다. 원형 대기 조건은 점유와 대기를 하는 프로세스 간의 관계가 원을 이루어야 한다는 것이다. 점유와 대기를 하는 프로세스들이 서로 양보하지 않는 방향이 원을 이루면 교착상태가 발생한다.

★★☆
05 CPU(중앙처리장치)의 성능 향상을 위해 한 명령어 사이클 동안 여러 개의 명령어를 동시에 처리할 수 있도록 설계한 CPU구조는?

① 슈퍼스칼라(Superscalar)
② 분기 예측(Branch Prediction)
③ VLIW(Very Long Instruction Word)
④ SIMD(Single Instruction Multiple Data)

해설 [난도 중]
오답의 이유
② CPU 고속화 기술의 하나로, 명령에 따라 발생하는 분기를 미리 예측하여 계산에 필요한 주소나 명령을 대기하는 것이다.
③ CPU가 병렬 처리를 지원하지 않을 경우 소프트웨어적으로 병렬 처리를 하는 방법이다.
④ 여러 개의 프로세서들로 구성되고 프로세서들의 동작은 모두 하나의 제어 장치에 의해 제어되며, 대량의 데이터를 처리하는 시스템에 응용된다.

➕ 이론플러스 | 병렬 처리 기법

- 파이프라인 기법 : CPU의 사용을 극대화하기 위해 명령을 겹쳐서 실행하는 방법으로, 하나의 코어에 여러 개의 스레드를 사용하는 기법이다. 파이프라인 기법에서는 명령어를 여러 개의 단계로 나눈 후, 각 단계를 동시에 처리할 수 있도록 독립적으로 구성한다.
- 슈퍼스칼라 기법 : 파이프라인을 처리할 수 있는 코어를 여러 개 구성하여 복수의 명령어가 동시에 수행될 수 있도록 하는 기법이다. 대부분 파이프라인 기법과 유사하지만 구성한 코어의 개수만큼 각 단계에서 동시에 실행되는 명령어가 많아진다. 파이프라인 기법과 마찬가지로 처리되는 명령어가 상호 의존성이 없이 독립적이어야 하고, 처리도 컴파일러에서 이루어져야 한다.
- 슈퍼파이프라인 기법 : 슈퍼파이프라인 기법은 파이프라인 기법을 강화한 것으로, 한 클록마다 하나의 명령어를 실행한 파이프라인 기법에서 각 단계를 세분화하여 한 클록 내에서 여러 명령어들을 처리할 수 있는 방법이다. 한 클록 내에서 여러 명령어들이 실행되면 다음 명령어들이 빠른 시간 내에 처리될 수 있기 때문에 병렬 처리 능력이 높아진다.
- 슈퍼파이프라인 슈퍼스칼라 기법 : 슈퍼파이프라인과 슈퍼스칼라 기법의 병렬 처리 기법을 합쳐 놓은 것이다. 슈퍼스칼라 기법이 파이프라인 기법을 여러 개의 코어에서 동시에 수행하는 방식이라면, 슈퍼파이프라인 슈퍼스칼라 기법은 슈퍼스칼라 기법에서 슈퍼파이프라인을 적용한 것이다.
- VLIW 기법 : CPU가 병렬 처리를 지원하지 않을 경우 소프트웨어적으로 병렬 처리를 하는 방법이다. 동시에 수행할 수 있는 명령어들을 컴파일러가 추출한 뒤 하나의 명령어로 압축하여 실행한다. VLIW 기법은 다른 기법에 비해 동시에 처리하는 명령어의 개수가 적다. 그리고 다른 기법들은 명령어 실행 시 병렬 처리가 이루어지지만 VLIW 기법은 컴파일 시 병렬 처리가 이루어진다.

★★★
06 캐시기억장치 접근시간이 20ns, 주기억장치 접근시간이 150ns, 캐시기억장치 적중률이 80%인 경우에 평균 기억장치 접근시간은?(단, 기억장치는 캐시와 주기억장치로만 구성된다)

① 32ns
② 46ns
③ 124ns
④ 170ns

해설 [난도 중]
정답의 이유
평균 메모리 접근 시간의 공식은
$$T_a = H \times T_c + (1-H) \times T_m = 0.8 \times 20 + (1-0.8) \times 150$$
$$= 16 + 0.2 \times 150 = 46\text{ns} \text{ 이다.}$$
H : 히트율, T_c : 캐시 액세스 시간, T_m : 주기억 장치 액세스 시간이다.

★☆☆
07 아날로그 컴퓨터에 대한 설명으로 옳지 않은 것은?

① 입력형식은 부호, 코드화된 숫자, 문자, 기호이다.
② 출력형식은 곡선, 그래프 등이다.
③ 미적분 연산방식을 가지며, 정보처리속도가 빠르다.
④ 증폭회로 등으로 회로 구성을 한다.

해설 [난도 하]
정답의 이유
부호, 코드화된 숫자, 문자, 기호는 디지털 컴퓨터의 입력형식이다.

➕ 이론플러스 | 데이터 형태에 따른 컴퓨터 분류

- 아날로그 컴퓨터 : 연속적인 변량(전압, 전류, 온도, 압력 등)이 입력되어 그래프나 곡선으로 출력된다. 산술 계산, 미적분 연산 방식을 가지며, 회로는 증폭회로로 구성되어 있다. 신속한 입력과 상태에 따라 즉각적인 반응을 얻을 수 있으므로 프로세스 제어에 적합하다.
- 디지털 컴퓨터 : 숫자나 문자를 코드화하여 필요한 정밀도까지의 결과를 얻을 수 있다. 사칙연산, 논리연산 방식을 가지며, 회로는 논리회로로 구성된다. 아날로그 컴퓨터에 비해 정밀도가 높지만 속도가 느리고 가격이 비싸다.
- 하이브리드 컴퓨터 : 아날로그 컴퓨터와 디지털 컴퓨터의 장점들을 조합하여 특수 목적용으로 만든 컴퓨터로 모든 유형의 데이터를 처리할 수 있다. 처리 결과는 필요에 따라 A/D 변환기, D/A 변환기에 의해 데이터를 아날로그 또는 디지털 형태로 얻을 수 있다. 아날로그나 디지털 신호를 모두 처리 또는 변환할 수 있다.

★★★
08 RAID(Redundant Array of Inexpensive Disks)에 대한 설명으로 옳지 않은 것은?

① RAID-0은 디스크 스트라이핑(Disk Striping) 방식으로 중복 저장과 오류 검출 및 교정이 없는 방식이다.
② RAID-1은 디스크 미러링(Disk Mirroring) 방식으로 높은 신뢰도를 갖는다.
③ RAID-4는 데이터를 비트(bit) 단위로 여러 디스크에 분할하여 저장하는 방식이며, 별도의 패리티(parity) 디스크를 사용한다.
④ RAID-5는 별도의 패리티 디스크 대신 모든 디스크에 패리티 정보를 나누어 기록하는 방식이다.

해설 난도 중

정답의 이유
RAID-3, 4 모두 별도의 패리티 디스크를 사용하고 여러 디스크에 분할하여 저장하는 것은 동일하다. 다만 RAID-3은 데이터가 비트 단위이고, RAID-4는 데이터가 블록 단위이다.

➕ 이론플러스　　RAID

- RAID-0 : 여러 개의 디스크가 병렬로 연결되며 각 디스크에서 데이터를 동시에 입·출력할 수 있다. A1, A2, A3, A4 데이터가 있을 경우 RAID 0에서는 데이터를 나눠 각 디스크에 동시에 저장하는 스트라이핑을 지원한다.
- RAID-1 : 데이터를 두 개의 디스크 그룹에 나눠 저장하여 장애가 발생했을 때 복구할 수 있도록 한다. 똑같은 데이터가 두 개의 디스크 그룹에 거울처럼 저장되기 때문에 미러링이라고 한다.
- RAID-2 : 오류 교정 코드(ECC)를 관리하여 오류가 발생하면 이 코드를 사용하여 디스크를 복구한다. 즉, 오류를 발견하고 교정까지 할 수 있는 해밍 코드(Hamming Code)와 같은 오류 교정 코드를 디스크에 보관하고 있다가 장애가 발생하면 해당 코드를 이용하여 데이터를 복구하는 것이다.
- RAID-3 : 오류 검출 코드인 패리티 비트를 사용하여 데이터를 복구한다. 원래 패리티 비트는 오류를 검출할 수 있지만, 교정하지는 못한다. 그러나 RAID의 경우에 패리티 비트는 오류를 복구할 수 있다.
- RAID-4 : RAID 3과 같은 방식이지만 데이터가 블록 단위로 되어있다. 데이터를 블록 단위로 하나의 디스크에 저장하고 패리티 비트를 블록과 연결하여 구성하므로 블록이 저장된 디스크만 동작한다는 것이 장점이다.
- RAID-5 : RAID 4의 병목 현상을 해결한 방식으로 패리티 비트를 여러 디스크에 분산하여 구성한다. 패리티 비트를 여러 디스크에 분산하여 보관하므로 병목 현상을 해결할 수 있다.
- RAID-6 : RAID 5와 같은 방식이지만 패리티 비트가 2개이다. 2개의 패리티 비트를 운영하기 때문에 2개 디스크가 동시에 장애가 생겨도 복구가 가능하다.

★★★
09 다음 재귀 함수를 동일한 기능의 반복 함수로 바꿀 때, ㉠과 ㉡에 들어갈 내용을 바르게 연결한 것은?

```
int func (int n) {           //재귀 함수
    if (n == 0)
            return 1;
    else
            return n*func (n-1);
}
int iter_func (int n) {          //반복 함수
    int f = 1;
    while (    ㉠    )
          ㉡
    return f;
}
```

	㉠	㉡
①	n < 0	f = f*n--;
②	n < 0	f = f*n++;
③	n > 0	f = f*n--;
④	n > 0	f = f*n++;

해설 난도 상

정답의 이유
func() 함수는 함수 내에서 다시 자신의 함수를 호출하는 재귀 함수이다. func() 함수 안을 살펴보면 매개 변수인 n을 1을 감소시켜 func() 함수의 매개 변수로 사용되면서 func() 함수를 호출한다. n이 3이면 3, 2, 1을 곱한 결과 값을 반환하게 된다. 즉, n의 팩토리얼을 구하는 함수이다. 이 기능을 iter_func() 함수에서 구현한다면 while의 조건에서는 n이 양수일 때 반복이 계속 이루어져야 하므로 n>0이 된다. f의 값이 1이므로 n의 값을 1씩 감소하면서 f의 값과 곱하고 다시 결과값을 f에 저장한다 (f = f*n--;). 반복문이 끝나면 f의 값을 반환하게 된다.

★☆☆
10 데이터의 종류 및 처리에 대한 설명으로 옳지 <u>않은</u> 것은?

① 크롤링(Crawling)을 통해 얻은 웹문서의 텍스트 데이터는 대표적인 정형 데이터(Structured Data)이다.
② XML로 작성된 IoT 센서 데이터는 반정형 데이터(Semi-structured Data)로 분류할 수 있다.
③ 반정형 데이터는 데이터 구조에 대한 메타 데이터(Meta-data)를 포함한다.
④ NoSQL과 Hadoop은 대규모 비정형 데이터(Unstructured Data) 처리에 적합하다.

해설 난도 중
정답의 이유
웹문서의 텍스트 데이터는 반정형 데이터에 속한다.

➕ **이론플러스** | 데이터 종류

- 정형 데이터 : 구조화된 데이터, 즉 미리 정해진 구조에 따라 저장된 데이터다. 정형 데이터의 대표적인 예는 스프레드시트, 관계 데이터베이스의 테이블 등이 있다.
- 반정형 데이터 : 구조에 따라 저장된 데이터이지만 정형 데이터와 달리 데이터 내용 안에 구조에 대한 설명이 함께 존재한다. 반정형 데이터의 대표적인 예는 웹에서 데이터를 교환하기 위해 작성하는 HTML, XML, JSON 문서나 웹 로그, 센서 데이터 등이다.
- 비정형 데이터 : 정해진 구조 없이 저장된 데이터이다. 비정형 데이터의 대표적인 예로는 소셜 데이터의 텍스트, 영상, 이미지, 워드나 PDF 문서와 같은 멀티미디어 데이터들이다.

★★☆
11 페이지 부재율(Page Fault Ratio)과 스래싱(Trashing)에 대한 설명으로 옳은 것은?

① 페이지 부재율이 크면 스래싱이 적게 일어난다.
② 페이지 부재율과 스래싱은 전혀 관계가 없다.
③ 스래싱이 많이 발생하면 페이지 부재율이 감소한다.
④ 다중 프로그램의 정도가 높을수록 스래싱이 증가한다.

해설 난도 중
정답의 이유
메모리에 요구된 페이지가 존재하면 페이지 부재가 발생하지 않고, 존재하지 않으면 페이지 부재가 발생한다. 스래싱은 많은 입출력으로 인해 잦은 페이지 부재가 발생하고, 그 결과로 작업이 멈춘 것 같은 상태를 말한다.

오답의 이유
① 페이지 부재율이 크면 스래싱이 많이 발생한다.
② 페이지 부재율과 스래싱은 밀접하게 관련되어 있다.
③ 스래싱이 많이 발생했다는 의미는 페이지 부재율이 증가했다는 것과 같다.

★★☆
12 전자상거래 관련 기술 중 고객의 요구에 맞춰 자재조달에서부터 생산, 판매, 유통에 이르기까지 공급사슬 전체의 기능통합과 최적화를 지향하는 정보시스템은?

① ERP(Enterprise Resource Planning)
② EDI(Electronic Data Interchange)
③ SCM(Supply Chain Management)
④ KMS(Knowledge Management System)

해설 난도 중
정답의 이유
SCM은 기업에서 생산, 유통 등 각 공급 사슬 단계를 최적화하기 위한 시스템이다.

오답의 이유
① 기업에서 사용되는 모든 인적 및 물적 자원을 효율적으로 관리하기 위한 시스템이다.
② 독립된 조직 간에 정형화된 문서를 표준화된 자료 표현 양식에 준하여 전자적 통신매체를 이용해 교환하는 방식이다.
④ 조직 내의 인적 자원들이 축적한 지식들을 체계화하고 공유하여 기업 경쟁력을 향상시키기 위한 기업정보 시스템이다.

- CRM(Customer relationship management) : 고객의 요구와 정보를 DB로 구축하고 이를 분석하여 고객을 관리하는 시스템이다.
- EAI(Enterprise Application Integration) : 각종 데이터를 비즈니스 프로세서를 중심으로 상호 연동되도록 통합하여 조정하기 위한 시스템이다.
- MIS(Management Information System) : 기업의 정보를 수집, 저장, 검색, 처리하여 의사결정 과정에 반영함으로써 기업의 목표를 효율적으로 달성하도록 조직된 시스템이다.
- BPR(Business Process Reengineering) : 반복적이고 불필요한 과정들을 제거하기 위해 업무상의 여러 단계들을 통합하여 단순화하여 재설계하는 시스템이다.

★★★

13 프로토콜과 이에 대응하는 TCP/IP 프로토콜 계층 사이의 연결이 옳지 <u>않은</u> 것은?

① HTTP – 응용 계층
② SMTP – 데이터링크 계층
③ IP – 네트워크 계층
④ UDP – 전송 계층

해설   난도 중

정답의 이유
SMTP는 인터넷상에서 전자 우편을 전송할 때 사용하는 프로토콜로, 응용 계층에 속하는 프로토콜이다.

이론플러스   **TCP/IP 프로토콜**

계층	계층 이름	프로토콜
5	응용 계층	HTTP, TELNET, DNS, SNMP, FTP, TFTP, SMTP, IMAP, POP3, MIME, DHCP
4	전송 계층	TCP, UDP
3	네트워크 계층	ICMP, IGMP, IP, ARP, RARP
2	데이터링크 계층	Ethernet, HDLC, FDDI, SLIP, PPP
1	물리 계층	–

★★★

14 관계 데이터베이스 스키마 STUDENT(SNO, NAME, AGE)에 대하여 다음과 같은 SQL 질의 문장을 사용한다고 할 때, 이 SQL 문장과 동일한 의미의 관계대수식은?(단, STUDENT 스키마에서 밑줄 친 속성은 기본키 속성을, 관계 대수식에서 사용하는 관계대수 연산자 기호 π는 프로젝트 연산자를, σ는 셀렉트 연산자를 나타낸다)

— SQL 질의문 —

```
SELECT SNO, NAME
FROM STUDENT
WHERE AGE > 20;
```

① $\sigma_{SNO,NAME}(\pi_{AGE>20}(STUDENT))$

② $\pi_{SNO,NAME}(\sigma_{AGE>20}(STUDENT))$

③ $\sigma_{AGE>20}(\pi_{SNO,NAME}(STUDENT))$

④ $\pi_{AGE>20}(\sigma_{SNO,NAME}(STUDENT))$

해설   난도 중

정답의 이유
SQL 질의문을 해석하면 STUDENT 테이블에서 AGE가 20을 초과하는 데이터 중 SNO, NAME을 출력한다는 의미이다. σ셀렉트는 릴레이션 A에서 조건을 만족하는 투플들을 반환하는 것이고, π프로젝트는 릴레이션 A에서 주어진 속성들의 값으로만 구성된 투플들을 반환하는 것이다. 따라서, AGE>20 조건은 셀렉트를 사용해야 하고($\sigma_{AGE>20}$ (STUDENT)), 그 결과에서 SNO, NAME을 반환하는 것은 프로젝트를 사용해야 한다($\pi_{SNO,NAME}(\sigma_{AGE>20}(STUDENT))$).

15 두 프로토콜 개체 사이에서 흐름제어와 오류제어 및 메시지 전달 등의 기능을 수행하며, 연결성과 비연결성의 두 가지 운용모드를 제공하는 OSI 참조 모델 계층은?

① 데이터링크 계층(Datalink Layer)
② 네트워크 계층(Network Layer)
③ 전송 계층(Transport Layer)
④ 응용 계층(Application Layer)

해설 [난도 중]

정답의 이유

흐름제어와 오류제어를 담당하는 계층은 데이터링크 계층과 전송 계층이다. 데이터링크 계층은 같은 네트워크에 속하는 노드 간의 제어를 담당하고, 전송 계층은 프로세스(프로토콜) 간 제어를 담당한다. 그리고 데이터 단위 중 메시지는 전송 계층과 관련이 있고, 프레임은 데이터링크 계층과 관련이 있다.

이론플러스 OSI 7 계층

• 물리 계층 : 데이터링크 계층에서 받은 데이터를 통신 링크를 따라 전송될 수 있도록 전기신호 또는 광신호로 변환하여 전송한다. 데이터 단위는 비트를 사용하며, 네트워크 장치에는 리피터, 허브 등이 있다.
• 데이터링크 계층 : 같은 네트워크상에 있는 노드 간의 데이터 전송을 책임진다. 데이터 단위는 프레임을 사용하며, 네트워크 장치에는 브리지, 스위치 등이 있다.
• 네트워크 계층 : 패킷이 발신지에서 목적지까지 전달될 수 있도록 경로를 설정하고 주소 변환을 한다. 데이터 단위는 패킷을 사용하며, 네트워크 장치에는 라우터 등이 있다.
• 전송 계층 : 발신자와 목적지 간 오류제어와 흐름제어를 수행하여 신뢰성 있는 데이터 전송을 보장한다.
• 세션 계층 : 발신자와 목적지 사이에서 응용 프로세스 간 통신을 위한 세션을 연결하고 유지하며 해제하는 기능을 수행한다.
• 표현 계층 : 송수신 컴퓨터의 응용 프로그램 간 송수신되는 데이터의 구문과 의미에 관한 기능으로 변환, 암호화, 압축을 수행한다.
• 응용 계층 : 사용자 인터페이스를 제공하며, 각종 서비스를 제공한다.

16 소프트웨어 개발 언어에 대한 설명으로 옳지 않은 것은?

① C#은 마이크로소프트 닷넷 프레임워크를 지원하는 객체지향 언어이다.
② Python은 인터프리터 방식의 객체지향 언어로서 실행시점에 데이터 타입을 결정하는 동적 타이핑 기능을 갖는다.
③ Kotlin은 그래픽 요소를 강화한 게임 개발 전용 언어이다.
④ Java는 컴파일된 프로그램이 JVM상에서 인터프리터 방식으로 실행되는 플랫폼 독립적 프로그래밍 언어이다.

해설 [난도 중]

정답의 이유

Kotlin은 JVM에서 동작하는 프로그래밍 언어로, 구글 안드로이드 앱 개발에서 사용된다. JAVA와의 상호 운용이 100% 지원되고 파일 확장자는 .kt, .kts이다.

17 소프트웨어 시스템은 기능 관점, 동적 관점 및 정보 관점으로 분류할 수 있다. 동적 관점에서 시스템을 기술할 때 사용할 수 있는 도구로 옳지 않은 것은?

① 사건 추적도(Event Trace Diagram)
② 자료 흐름도(Data Flow Diagram)
③ 상태 변화도(State Transition Diagram)
④ 페트리넷(Petri Net)

해설 [난도 중]

정답의 이유

동적 관점은 실시간 시스템의 특징인 우선순위에 대한 자원 할당 및 접근과 제어를 나타낸 것으로, 관련 도구로는 사건 추적도, 상태 변화도, 페트리넷 등이 있다. 자료 흐름도는 기능 관점에 속하는 도구이다.

18 다음에서 설명하는 네트워크 데이터 오류 검출 방법은? ★★☆

> 송신 측 : 첫 번째 비트가 1로 시작하는 임의의 $n+1$비트의 제수를 결정한다. 그리고 전송하고자 하는 데이터 끝에 n비트의 0을 추가한 후 제수로 모듈로-2 연산을 한다. 그러면 n비트의 나머지가 구해지는데 이 나머지가 중복 정보가 된다.
>
> 수신 측 : 계산된 중복 정보를 데이터와 함께 전송하면 수신 측에서는 전송받은 정보를 동일한 $n+1$제수로 모듈로-2 연산을 한다. 나머지가 0이면 오류가 없는 것으로 판단하고, 나머지가 0이 아니면 오류로 간주한다.

① 수직 중복 검사(Vertical Redundancy Check)
② 세로 중복 검사(Longitudinal Redundancy Check)
③ 순환 중복 검사(Cyclic Redundancy Check)
④ 체크섬(Checksum)

해설 난도 중

정답의 이유
순환 중복 검사(CRC, Cyclic Redundancy Check)는 $n+1$ 비트의 제수를 사용하고 2진 나눗셈(모듈로-2)을 기반으로 한다.

＋ 이론플러스　오류 검출 종류

- 패리티(parity) 검사 : 패리티 비트라 불리는 중복비트는 데이터 단위에 덧붙여져 패리티 비트를 포함한 데이터 단위 내에 1의 전체 개수가 짝수 또는 홀수가 되도록 한다.
- 검사합(checksum) : 상위 계층 프로토콜에서 사용되는 오류 검출 방법이다. 검사합에서는 1의 보수 연산을 이용한다.
- 순환 중복 검사(CRC, Cyclic Redundancy Check) : 중복 검사 기법 중 매우 효과적인 오류 검출 방법으로 폭주(burst) 오류 검출에 적합하다. 2진 나눗셈(모듈로-2)을 기반으로 한다.

19 다음 이진검색트리에서 28을 삭제한 후, 28의 오른쪽 서브트리에 있는 가장 작은 원소로 28을 대치하여 만들어지는 이진검색트리에서 41의 왼쪽 자식 노드는? ★★★

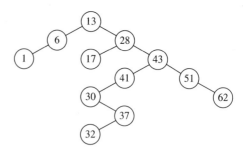

① 13
② 17
③ 32
④ 37

해설 난도 상

정답의 이유
28의 단말 노드가 20이므로 대체할 노드로 왼쪽 서브트리에서 가장 큰 노드 17을 선택하거나 오른쪽 서브트리에서 가장 작은 30을 선택할 수 있다. 17을 선택했을 때 41의 왼쪽 자식 노드는 30인데 보기에 없으므로 노드 30을 노드 28 위치로 이동시킨 후 이진 검색트리는 다음과 같다.

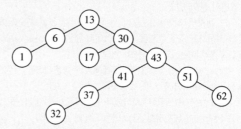

완성된 이진 트리를 살펴보면 41의 왼쪽 자식 노드는 37이 된다.

★★☆

20 다음은 리눅스 환경에서 fork() 시스템 호출을 이용하여 자식 프로세스를 생성하는 C프로그램이다. 출력 결과로 옳은 것은?(단, "pid = fork();" 문장의 수행 결과 자식 프로세스의 생성을 성공하였다고 가정한다)

```c
#include<stdio.h>
#include<stdlib.h>
#include<unistd.h>
#include<sys/types.h>
#include<errno.h>
#include<sys/wait.h>

int main(void) {
    int i = 0, v = 1, n = 5;
    pid_t pid;

    pid = fork();

    if( pid<0 ) {
        for(i = 0; i<n; i++) v+ = (i + 1);
        printf("c = %d ", v);
    } else if( pid = = 0 ) {
        for(i = 0; i<n; i++) v* = (i + 1);
        printf("b = %d ", v);
    } else {
        wait(NULL);
        for(i = 0; i<n; i++) v+ = 1;
        printf("a = %d ", v);
    }
    return 0;
}
```

① b=120, a=6

② c=16, b=120

③ b=120, c=16

④ a=6, c=16

해설 난도 상

정답의 이유

fork() 함수는 프로세스를 생성하는 함수로, fork() 함수를 호출하는 프로세스는 부모 프로세스가 되고 새롭게 생성되는 프로세스는 자식 프로세스가 된다. 새롭게 생성된 자식 프로세스는 부모 프로세스와 동일한 주소 공간의 복사본을 가지고 fork() 함수 호출 이후 각자 동일한 코드를 각자 메모리에서 실행한다. 즉, 위 프로그램 코드를 부모 프로세스와 자식 프로세스에서 한 번씩 실행한다는 의미이다. fork() 함수 성공 시 부모 프로세스에서는 자식 프로세스의 PID 값을 반환(pid>0)받고, 자식 프로세스에서는 0 값을 반환받는다. 부모 프로세스가 실행될 else 문에는 wait(NULL);이 있으므로 자식 프로세스의 실행이 끝날 때까지 부모 프로세스는 대기를 하게 된다. 자식 프로세스가 실행될 때 pid 값은 0이므로 else if(pid = = 0) 안의 문장이 실행된다. n이 5이고 i 값이 0~4의 값을 가질 때까지 총 5회 반복한다. 반복시 v의 값과 I의 값에 1을 더한 결과 값을 곱한 후 다시 v에 저장한다. i 값에 따라 연산 결과 v 값을 정리하면 다음과 같다.

i	v
0	1
1	2
2	6
3	24
4	120

반복 후 출력되는 값은 b = 120이다.

부모 프로세스의 값은 pid>0이므로 else 안의 문장이 실행된다. 5회 반복하면서 v의 값을 1증가시키는 문장이다. v의 초기 값은 1이므로 5회 반복하면 최종적인 v의 값은 6이 된다. 따라서, 출력은 a = 6이 된다.

CHAPTER 03

04.06.

2019 국가직 9급 컴퓨터일반

★★☆

01 CPU 내부 레지스터로 옳지 않은 것은?

① 누산기(accumulator)

② 캐시 메모리(cache memory)

③ 프로그램 카운터(program counter)

④ 메모리 버퍼 레지스터(memory buffer register)

해설 [난도 중]

정답의 이유

캐시 메모리는 CPU와 주기억 장치 사이에 위치하여 두 장치 간 속도 차이를 보완하는 역할을 한다.

➕ 이론플러스

• 누산기 : 산술 논리 연산 장치(ALU) 내부에 위치하며, 연산 시 초기 데이터, 중간 결과, 최종 연산 결과를 저장한다. 최종 연산 결과는 목적지 레지스터나 MBR을 이용하여 주기억 장치로 전송된다.

• 프로그램 카운터 : 명령 포인터 레지스터라고도 하며, 인출할 명령어의 주소를 저장한다. 명령어가 인출되면 PC 값이 증가하고 다음 인출될 명령어의 주소를 저장한다.

• 메모리 버퍼 레지스터 : 메모리 데이터 레지스터(MDR)라고도 하며, 데이터를 메모리에서 읽거나 저장할 때 데이터를 일시적으로 저장한다.

★★★

02 다음 전위(prefix) 표기식의 계산 결과는?

$$+ - 5\ 4 \times 4\ 7$$

① -19

② 7

③ 28

④ 29

해설 [난도 중]

정답의 이유

피연산자에 괄호를 표시하고 연산자 사이에 추가로 괄호를 표시하면 $+(-(5\ 4) \times (4\ 7)$이다. 다음으로 연산자를 괄호 사이에 넣어주면 $((5-4)+(4\times7))$가 된다. 수식 계산을 하면 $1+28=29$가 된다.

★★☆

03 사진이나 동영상 등의 디지털 콘텐츠에 저작권자나 판매자 정보를 삽입하여 원본의 출처 정보를 제공하는 기술은?

① 디지털 사이니지

② 디지털 워터마킹

③ 디지털 핑거프린팅

④ 콘텐츠 필터링

해설 [난도 중]

정답의 이유

디지털 워터마킹은 사진이나 동영상 등의 디지털 콘텐츠에 저작권자나 판매자 정보를 삽입하여 원본의 출처 정보를 제공하는 기술이다.

오답의 이유

① 공공장소나 상업적인 장소에서 문자, 영상 등의 다양한 정보를 디스플레이 화면에 보여주는 서비스를 말한다.

③ 디지털 콘텐츠에 정보를 삽입하는 것은 디지털 워터마킹과 동일하나, 콘텐츠를 구매한 사용자의 정보를 삽입하는 것이 디지털 워터마킹과 차이점이다.

④ 많은 양의 데이터를 처리하고 특정 기준에 해당하는 콘텐츠에 대해 조치를 취하기 위해 마련된 자동시스템이다.

★★★

04 1K×4bit RAM 칩을 사용하여 8K×16bit 기억장치 모듈을 설계할 때 필요한 RAM 칩의 개소 개수는?

① 4개

② 8개

③ 16개

④ 32개

해설 [난도 상]

정답의 이유

기존 RAM 칩에서 설계할 기억장치 모듈의 워드 길이를 일치시키기 위해서 4개의 RAM 칩을 사용하면 1K×16bit RAM을 구성할 수 있다. 주소 선을 일치시키기 위해서는 1K×16bit RAM 칩이 8개 필요하다. 따라서 기억장치 모듈을 설계하기 위해서는 워드 길이를 일치시키기 위한 4개의 RAM 칩과 주소 선을 일치시키기 위한 8개의 RAM 칩 수를 곱하면 32개의 RAM 칩이 필요하다.

★★★

05 프로세스와 스레드(thread)에 대한 설명으로 옳지 않은 것은?

① 하나의 스레드는 여러 프로세스에 포함될 수 있다.
② 스레드는 프로세스에서 제어를 분리한 실행단위이다.
③ 스레드는 같은 프로세스에 속한 다른 스레드와 코드를 공유한다.
④ 스레드는 프로그램 카운터를 독립적으로 가진다.

해설 [난도 중]

정답의 이유
하나의 스레드는 여러 프로세스에 포함될 수 없다.

★★☆

06 보이스 코드 정규형(BCNF : Boyce—Codd Normal Form)을 만족하기 위한 조건에 해당하지 <u>않는</u> 것은?

① 조인(join) 종속성이 없어야 한다.
② 모든 속성 값이 원자 값(atomic value)을 가져야 한다.
③ 이행적 함수 종속성이 없어야 한다.
④ 기본 키가 아닌 속성이 기본 키에 완전 함수 종속적이어야 한다.

해설 [난도 중]

정답의 이유
보이스 코드 정규형을 만족하기 위해서는 기본적으로 제1정규형에서 제3정규형까지 조건을 만족해야 한다. ②는 제1정규형의 조건이고, ④는 제2정규형의 조건이며, ③은 제3정규형의 조건이다.

★★☆

07 UDP(User Datagram Protocol)에 대한 설명으로 옳은 것만을 모두 고르면?

> ㄱ. 연결 설정이 없다.
> ㄴ. 오류검사에 체크섬을 사용한다.
> ㄷ. 출발지 포트 번호와 목적지 포트 번호를 포함한다.
> ㄹ. 혼잡제어 메커니즘을 이용하여 링크가 과도하게 혼잡해지는 것을 방지한다.

① ㄱ, ㄴ   ② ㄱ, ㄷ
③ ㄱ, ㄴ, ㄷ   ④ ㄴ, ㄷ, ㄹ

해설 [난도 중]

오답의 이유
ㄹ. UDP는 혼잡제어 메커니즘을 제공하지 않고, TCP가 혼잡제어를 제공한다.

➕이론플러스 언어 번역 프로그램

• UDP : 비연결형이고 신뢰성 없는 전송 프로토콜이며, 블록 단위로 데이터를 전송하며 신뢰성이 없는 데이터 전송이 가능하다. UDP 패킷의 헤드에는 발신지 포트 번호와 목적지 포트 번호를 포함하며, 오류 검출 시 사용되는 체크섬이 있다. 흐름 및 오류제어를 하지 않는 간단한 요청 및 응답 통신을 요구하는 프로세스에 적당하다.

• TCP : 연결 지향이고 신뢰성 있는 전송 프로토콜로, 호스트들 사이에 가상 경로를 설정한 후 세그먼트를 전송한다. 연결 설정을 위해서는 3-way 핸드셰이크 방식을 사용하고 전이중 서비스를 제공하여 데이터를 동시에 양방향으로 전송이 가능하다.

★★★

08 다음 논리 회로의 출력과 동일한 것은?

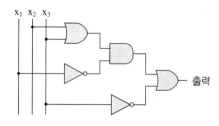

① $x_1 + x_3'$ ② $x_1' + x_3$

③ $x_1' + x_3'$ ④ $x_2' + x_3'$

해설 [난도 상]

정답의 이유

논리 회로의 출력식을 구하면

$(x_2 + x_3)x_1' + x_3' = x_1'x_2 + x_1'x_3 + x_3'$가 된다. 카르노 맵을 적용하기 위해 논리식을 다시 정리하면 첫 번째 항의 경우에는 x_3변수가 없다. 즉, 없는 변수는 0이나 1이 될 수 있다. 따라서, 첫 번째 항에 x_3변수를 고려하여 다시 작성하면 $x_1'x_2x_3 + x_1'x_2x_3'$가 된다. x_1과 x_2 변수는 그대로 작성하고 x_3만 0, 1일 때를 함께 작성해준다. 두 번째, 세 번째 항에도 똑같이 적용하면 전체 논리식은

$(x_1'x_2x_3 + x_1'x_2x_3') + (x_1'x_2x_3 + x_1'x_2'x_3) + (x_1'x_2'x_3' + x_1'x_2x_3' + x_1x_2'x_3' + x_1x_2x_3')$가 된다. 괄호는 각 항의 논리식을 정리한 결과를 의미한다. 해당 논리식을 토대로 카르노 맵을 적용하면 다음과 같다.

x_1 \ x_2x_3	00	01	11	10
0	1	1	1	1
1	1			1

②

①의 묶음에서 간소화된 논리식은 x_1'가 되고, ②의 묶음에서 간소화된 논리식은 x_3'이 된다. 따라서, 전체 간소화된 논리식은 $x_1' + x_3'$가 된다.

★★★

09 다음 Java 프로그램의 출력 결과는?

```java
class ClassP {
    int func1(int a, int b) {
    return (a+b);
    }
    int func2(int a, int b) {
    return (a-b);
    }
    int func3(int a, int b) {
    return (a*b);
    }
}
public class ClassA extends ClassP {
    int func1(int a, int b) {
    return (a%b);
    }
    double func2(double a, double b) {
    return (a*b);
    }
    int func3(int a, int b) {
    return (a/b);
    }
    public static void main(String[] args) {
    ClassP P = new ClassA();
    System.out.print(P.func1(5, 2)+", "+P.func2(5, 2)+", "+P.func3(5, 2));
    }
}
```

① 1, 3, 2   ② 1, 3, 2.5

③ 1, 10.0, 2.5   ④ 7, 3, 10

해설 [난도 상]

정답의 이유

main()을 살펴보면 상위 클래스 ClassP의 참조 변수 P를 선언하고 ClassA 객체를 참조한다. 참조 변수 P로 각 메소드를 호출하는 형태의 프로그램이다.

func1() 함수는 메소드 이름, 반환형, 전달인자가 모두 동일하기 때문에 메소드 오버라이딩이다. 오버라이딩의 경우에는 상위 클래스의 메소드는 가려지기 때문에 하위 클래스의 메소드가 호출된다. ClassA의 func1() 함수가 호출되면 반환 값이 a%b이다. %는 나머지 연산자이므로 5%2 = 1이 된다.

func2() 함수는 반환형이 다르므로 오버로딩도 아니고 서로 다른 함수이다. 참조 변수 P가 ClassP 형이기 때문에 ClassP의 func() 함수가 호출된다. func() 함수의 반환 값은 a-b = 5-2 = 3이 된다.

func3() 함수는 메소드 이름, 반환형, 전달인자가 모두 동일하기 때문에 메소드 오버라이딩이다. ClassA의 func3() 함수가 호출되면 반환 값은 a/b = 5/2 = 2이다.

★☆☆

10 IPv4에서 데이터 크기가 6,000 바이트인 데이터그램이 3개로 단편화(fragmentation)될 때, 단편화 오프셋(offset) 값으로 가능한 것만을 모두 고르면?

ㄱ. 0	ㄴ. 500
ㄷ. 800	ㄹ. 2,000

① ㄱ, ㄴ
② ㄷ, ㄹ
③ ㄱ, ㄴ, ㄷ
④ ㄴ, ㄷ, ㄹ

해설 난도 상

정답의 이유
6000바이트의 데이터그램을 3개로 단편화한다면 첫 번째 단편은 0~1,999바이트까지이고, 데이터그램 옵셋은 0/8 = 0이다. 두 번째 단편은 2,000~3,999바이트까지이고, 데이터그램 옵셋은 2,000/8 = 250이다. 세 번째 단편은 4,000~5,999바이트까지이고, 데이터그램 옵셋은 4,000/8 = 500이다.

★★★

11 Go-Back-N 프로토콜에서 6번째 프레임까지 전송한 후 4번째 프레임에서 오류가 있음을 알았을 때, 재전송 대상이 되는 프레임의 개수는?

① 1개
② 2개
③ 3개
④ 6개

해설 난도 중

정답의 이유
Go-Back-N ARQ는 오류가 난 프레임부터 전송한 프레임까지 재전송하므로 4, 5, 6프레임을 재전송하게 된다.

★★☆

12 $0 \sim (64^{10}-1)$에 해당하는 정수를 이진코드로 표현하기 위해 필요한 최소 비트 수는?

① 16비트
② 60비트
③ 63비트
④ 64비트

해설 난도 중

정답의 이유
64는 2^6이기 때문에 64^{10}을 2의 승수로 표현하면 2^{60}이 된다. 따라서, 정보를 표현하기 위해 필요한 최소 비트수는 60비트이다.

★☆☆

13 의료용 심장 모니터링 시스템과 같이 정해진 짧은 시간 내에 응답해야 하는 시스템은?

① 다중프로그래밍 시스템
② 시분할 시스템
③ 실시간 시스템
④ 일괄 처리 시스템

해설 난도 중

정답의 이유
의료용 심장 모니터링 시스템은 수신한 데이터를 즉시 처리하여 결과를 출력해야 하므로 실시간 시스템이다.

오답의 이유
① 메모리에 여러 개의 프로그램을 적재시켜 동시에 프로그램이 실행되는 것처럼 처리하는 시스템이다.
② 여러 사용자나 프로그램에 일정한 시간을 차례대로 할당하여 CPU를 사용하도록 하는 시스템이다.
④ 모든 작업을 한꺼번에 처리하고 프로그램 실행 중간에 사용자가 데이터를 입력하거나 수정하는 것이 불가능한 시스템이다.

★★★

14 FIFO 페이지 교체 알고리즘을 사용하는 가상메모리에서 프로세스 P가 다음과 같은 페이지 번호 순서대로 페이지에 접근할 때, 페이지 부재(page-fault) 발생 횟수는?(단, 프로세스 P가 사용하는 페이지 프레임은 총 4개이고, 빈 상태에서 시작한다)

| 1 2 3 4 5 2 1 1 6 7 5 |

① 6회 　　　　　② 7회
③ 8회 　　　　　④ 9회

해설 〔난도 상〕

정답의 이유

FIFO 페이지 교체 알고리즘은 메모리에서 요청된 페이지가 메모리에 존재하지 않을 때 가장 위에 있는 페이지를 스왑 영역으로 옮기고 새로운 페이지는 가장 아래로 삽입한다. 페이지 부재는 총 8번 발생한다.

순서	1	2	3	4	5	2	1	1	6	7	5
페이지	1	1	1	1	2	2	3	3	4	5	5
		2	2	2	3	3	4	4	5	1	1
프레임			3	3	4	4	5	5	1	6	6
				4	5	5	1	1	6	7	7
상태	F	F	F	F	F		F		F	F	

★★☆

15 재배치 가능한 형태의 기계어로 된 오브젝트 코드나 라이브러리 등을 입력받아 이를 묶어 실행 가능한 로드 모듈로 만드는 번역기는?

① 링커(linker)
② 어셈블러(assembler)
③ 컴파일러(compiler)
④ 프리프로세서(preprocessor)

해설 〔난도 중〕

정답의 이유

링커는 목적 프로그램 또는 라이브러리를 실행 가능한 하나의 프로그램으로 연결하는 프로그램이다.

오답의 이유

② 어셈블러는 어셈블리러로 작성된 프로그램을 번역하는 언어 번역 프로그램이다.
③ 소스 프로그램을 기계어로 번역하는 언어 번역 프로그램이다.
④ 컴퓨터에서 작업 처리 시 핵심이 되는 처리를 하는 프로그램의 조건을 맞추기 위해 수행되는 사전 처리 프로그램이다.

★★★

16 이메일, ERP, CRM 등 다양한 응용 프로그램을 서비스 형태로 제공하는 클라우드 서비스는?

① IaaS(Infrastructure as a Service)
② NaaS(Network as a Service)
③ PaaS(Platform as a Service)
④ SaaS(Software as a Service)

해설 〔난도 중〕

정답의 이유

SaaS는 응용소프트웨어 및 관련 데이터는 클라우드에 호스팅되고 사용자는 웹 브라우저 등의 클라이언트를 통해 접속하여 응용소프트웨어를 사용할 수 있다.

오답의 이유

① 가장 기본적인 클라우드 서비스 모델로, 가상 머신과 기타 자원들을 사용자에 대한 서비스로 제공하는 모델이다.
③ 응용소프트웨어 개발에 필요한 개발 요소들과 실행 환경을 제공하는 서비스 모델이다.

★★☆

17 다음 C 프로그램의 출력 결과는?

```
#include <stdio.h>
int main()
{
    char msg[50] = "Hello World!! Good Luck!";
    int i = 2, number = 0;
    while (msg[i] ! = '!')
    {
    if (msg[i]=='a' || msg[i]=='e' || msg[i]=='i' ||
msg[i]=='o' || msg[i]=='u')
    number++;
    i++;
    }
    printf("%d", number);
    return 0;
}
```

① 2 　　　　　② 3
③ 5 　　　　　④ 6

19 소프트웨어 규모를 예측하기 위한 기능점수(function point)를 산정할 때 고려하지 <u>않는</u> 것은?

① 내부논리파일(Internal Logical File)

② 외부입력(External Input)

③ 외부조회(External inQuiry)

④ 원시 코드 라인 수(Line Of Code)

해설 [난도 중]

정답의 이유

COCOMO 방법에서 원시 코드 라인 수를 기반으로 공수를 계산한다.

해설 [난도 중]

정답의 이유

프로그램을 전체적으로 살펴보면 msg 배열에는 문자열이 저장되어 있고 i가 20이므로 처음 접근하는 문자는 Hello에서 첫 번째 l이다. 문자열에서 !가 있을 때 반복문이 끝나고, 문자열에서 a, e, i, o, u 문자가 있으면 number를 1 증가시킨다. 다시 정리하면 l에서 반복을 시작하여 World 다음 !에서 반복문이 끝난다. l과 ! 사이에 a, e, i, o, u 문자는 2개 있으므로 결과는 20이다.

18 마이크로프로세서에 관한 설명으로 옳은 것만을 모두 고르면?

> ㄱ. 모든 명령어의 실행 시간은 클럭 주기(clock period)보다 작다.
> ㄴ. 클럭 속도는 에너지 절약이나 성능상의 이유로 일시적으로 변경할 수 있다.
> ㄷ. 일반적으로 RISC는 CISC에 비해 명령어 수가 적고, 명령어 형식이 단순하다.

① ㄷ

② ㄱ, ㄴ

③ ㄱ, ㄷ

④ ㄴ, ㄷ

해설 [난도 상]

정답의 이유

CPU의 클럭 속도는 상황에 따라 변경이 가능하며, RISC는 CISC에 비해 명령어 수가 적고 명령어 형식이 단순하다.

20 LTE(Long-Term Evolution) 표준에 대한 설명으로 옳은 것만을 모두 고르면?

> ㄱ. 다중입력 다중출력(MIMO) 안테나 기술을 사용한다.
> ㄴ. 4G 무선기술로서 IEEE 802.16 표준으로도 불린다.
> ㄷ. 음성 및 데이터 네트워크를 통합한 All-IP 네트워크 구조이다.
> ㄹ. 다운스트림에 주파수 분할 멀티플렉싱과 시간 분할 멀티플렉싱을 결합한 방식을 사용한다.

① ㄱ, ㄷ

② ㄴ, ㄹ

③ ㄱ, ㄴ, ㄷ

④ ㄱ, ㄷ, ㄹ

해설 [난도 중]

오답의 이유

ㄴ. LTE는 3세대 이동 통신과 4세대 이동 통신 중간에 해당하는 기술로 3.9세대 무선 통신 규격으로 불린다.

CHAPTER 04

06.15.

2019 지방직 9급 컴퓨터일반

★★☆
01 저급 언어에 해당하는 프로그래밍 언어는?

① 어셈블리어(Assembly Language)
② 자바(Java)
③ 코볼(COBOL)
④ 포트란(Fortran)

해설 [난도 하]

정답의 이유
어셈블리어는 저급 언어에 속하는 언어이다.

오답의 이유
②, ③, ④ 모두 고급 언어에 속한다.

+ 이론플러스 _____

• 저급 언어 : 기계어, 어셈블리어
• 고급 언어 : 베이직, 코볼, 포트란, 파스칼, C, C++, 자바

★★☆
02 중앙처리장치(CPU)의 구성 요소로만 묶은 것은?

보기
ㄱ. ALU	ㄴ. DRAM
ㄷ. PCI	ㄹ. 레지스터
ㅁ. 메인보드	ㅂ. 제어장치

① ㄱ, ㄴ, ㄹ
② ㄱ, ㄹ, ㅂ
③ ㄹ, ㅁ, ㅂ
④ ㄱ, ㄷ, ㄹ, ㅂ

해설 [난도 중]

정답의 이유
중앙처리장치의 구성 요소는 연산 장치, 기억 장치(레지스터), 제어 장치이다. ALU는 산술 논리 연산 장치를 뜻한다.

+ 이론플러스 _____

• PCI : 중앙처리장치와 주변 장치를 연결하는 로컬 버스 규격
• DRAM : 주기억 장치 중 RAM의 한 종류로 전원이 차단되면 자료가 소멸되는 특징을 가짐
• 메인보드 : PC의 기본적인 부품들을 장착한 기판

★★★
03 다음에서 설명하는 네트워크 구조는?

보기
• 구축 비용이 저렴하고 새로운 노드를 추가하기 쉽다. • 네트워크의 시작과 끝에는 터미네이터(Terminator)가 붙는다. • 연결된 노드가 많거나 트래픽이 증가하면 네트워크 성능이 크게 저하된다.

① 링(Ring)형
② 망(Mesh)형
③ 버스(Bus)형
④ 성(Star)형

해설 [난도 중]

정답의 이유
버스형은 모든 장치들이 백본이라고 불리는 중심 케이블에 연결되며 상대적으로 가격이 저렴하고 작은 규모의 네트워크에서 설치하기가 쉽다.

오답의 이유
① 링형은 모든 장치들이 고리 형태로 연결되고 상대적으로 비용이 높고 설치하기가 어렵다. 높은 대역폭을 제공하기 때문에 장거리 데이터 전송이 가능하다.
② 망형은 대규모 네트워크 구축에 적합하고 대용량 데이터를 빠르고 안전하게 전달할 수 있다.
④ 성형은 모든 장치들이 중앙 허브에 연결되고 설치와 관리가 쉬운 반면 허브가 고장 나면 전체 네트워크가 마비된다.

★★★

04 다음에서 설명하는 객체지향 프로그래밍의 특징은?

┤ 보기 ├

- 객체를 구성하는 속성과 메서드가 하나로 묶여 있다.
- 객체의 외부와 내부를 분리하여 외부 모습은 추상적인 내용으로 보여준다.
- 객체 내의 정보를 외부로부터 숨길 수도 있고, 외부에 보이게 할 수도 있다.
- 객체 내부의 세부 동작을 모르더라도 객체의 메서드를 통해 객체의 기능을 활용할 수 있다.

① 구조성　　　　　　② 다형성
③ 상속성　　　　　　④ 캡슐화

해설 [난도 중]

정답의 이유

캡슐화는 사용자들에게 해당 객체의 기능과 사용법만 제공하고 내부의 데이터와 메서드는 감추는 것을 뜻한다.

오답의 이유

② 다형성은 여러 개의 형태를 갖는다는 뜻으로 이름이 같은 메서드가 사용하는 객체에 따라 다르게 동작하는 것을 의미한다.
③ 상속은 상위 클래스의 모든 것을 하위 클래스에서 물려받아 사용한다는 것을 의미한다.

★★★

05 하나의 프로세스가 CPU를 할당받은 후에는, 스스로 CPU를 반납할 때까지 다른 프로세스가 CPU를 차지할 수 없도록 하는 스케줄링 기법에 해당하는 것만을 모두 고르면?

┤ 보기 ├

ㄱ. FCFS(First Come First Served)
ㄴ. RR(Round Robin)
ㄷ. SRT(Shortest Remaining Time)

① ㄱ　　　　　　　② ㄱ, ㄷ
③ ㄴ, ㄷ　　　　　④ ㄱ, ㄴ, ㄷ

해설 [난도 중]

정답의 이유

CPU를 할당하면 중간에 다른 프로세서가 CPU를 차지하지 못하는 것은 비선점 알고리즘을 의미한다. 비선점 알고리즘에 속하는 스케줄링은 FCFS, SJF, HRN이다.
선점 알고리즘에 속하는 스케줄링은 RR, SRT, 다단계 큐, 다단계 비드백 큐이다.

＋이론플러스

- FCFS(First Come First Served) : 큐에 도착한 순서대로 CPU를 할당
- SJF(Shortest Job First) : 큐에 있는 프로세스 중에서 실행 시간이 가장 짧은 작업부터 CPU를 할당
- HRN(Highest Response Ratio Next) : 최고 응답률 우선 스케줄링으로 서비스를 받기 위해 기다린 시간과 CPU 사용 시간을 고려하여 CPU를 할당
- RR(Round Robin) : CPU를 할당받은 프로세스가 정해진 시간만큼 작업을 하다가 시간이 지나면 큐의 맨 뒤로 가서 CPU 할당을 기다리는 방식
- SRT(Shortest Remaining Time) : 남아 있는 작업 시간이 가장 적은 프로세스에 CPU를 할당
- 다단계 큐 : 여러 개의 큐를 사용하여 우선순위와 작업 형태를 고려하여 CPU를 할당
- 다단계 피드백 큐 : 다단계 큐 방식과 유사하지만 CPU를 할당받아 실행된 프로세스의 우선순위를 낮춰 우선순위가 낮아 프로세스의 실행이 연기되는 문제점을 완화

★★☆

06 프로그램 내장 방식에 대한 설명으로 옳지 않은 것은?

① 프로그램 내장 방식을 사용한 최초의 컴퓨터는 에니악(ENIAC)이다.
② 현재 사용되는 대부분의 컴퓨터는 프로그램 내장 방식을 사용하고 있다.
③ 컴퓨터가 작업을 할 때마다 설치된 스위치를 다시 세팅해야 하는 번거로움을 해결하기 위해 폰 노이만이 제안하였다.
④ 프로그램과 자료를 내부의 기억장치에 저장한 후 프로그램 내의 명령문을 순서대로 꺼내 해독하고 실행하는 개념이다.

해설 [난도 중]

정답의 이유

폰 노이만이 프로그램 내장 방식을 최초로 제안하였고, 윌키스가 프로그램 내장 방식을 채택한 최초의 컴퓨터인 EDSAC을 개발하였다.

★★★

07 CISC(Complex Instruction Set Computer)와 RISC (Reduced Instruction Set Computer)에 대한 설명으로 옳지 <u>않은</u> 것은?

① CISC 구조에서 명령어의 길이는 가변적이다.
② 전형적인 RISC 구조의 명령어는 메모리의 피연산자를 직접 처리한다.
③ RISC 구조는 명령어 처리구조를 단순화시켜 기계어 명령의 수를 줄인 것을 말한다.
④ CISC 구조는 RISC 구조에 비해서 상대적으로 명령어 실행 단계가 많고 회로 설계가 복잡하다.

해설 난도 중

정답의 이유

CISC	RISC
하드웨어 중심	소프트웨어 중심
명령어 크기와 형식이 다양	명령어 크기가 동일하고 형식이 제한적
명령어 형식이 가변적	명령어 형식이 고정적
적은 수의 레지스터	많은 수의 레지스터
주소 지정 방식이 복잡하고 다양	주소 지정 방식이 단순하고 제한적
프로그래밍이 복잡	컴파일러가 복잡
프로그램 길이가 짧고 긴 명령어 사이클	프로그램 길이가 길고 명령어가 한 사이클에 실행
파이프 라인이 어려움	파이프 라인이 쉬움

★★☆

08 릴레이션 R={A, B, C, D, E}이 함수적 종속성들의 집합 FD={A→C, {A, B}→D, D→E, {A, B}→E}를 만족할 때, R이 속할 수 있는 가장 높은 차수의 정규형으로 옳은 것은?(단, 기본키는 복합속성 {A, B}이고, 릴레이션 R의 속성 값은 더 이상 분해될 수 없는 원자 값으로만 구성된다)

① 제1정규형 ② 제2정규형
③ 제3정규형 ④ 보이스/코드 정규형

해설 난도 중

정답의 이유

R의 속성 값이 원자 값으로만 구성되어 있기 때문에 제1정규형에 속한다.

오답의 이유

② 제2정규형은 릴레이션이 제1정규형에 속하고 기본키가 아닌 모든 속성이 기본키에 완전 함수 종속되는 경우이다.
③ 제3정규형은 릴레이션이 제2정규형에 속하고 기본키가 아닌 모든 속성이 기본키에 이행적 함수 종속이 되지 않을 경우이다.
④ 보이스/코드 정규형은 릴레이션의 함수 종속 관계에서 모든 결정자가 후보키일 때이다.

★★☆

09 인터넷의 전송 계층에서 사용하는 프로토콜로 TCP와 UDP가 있다. TCP와 UDP 모두에서 제공하지 <u>않는</u> 기능은?

① 연결 설정(Connection Setup)
② 오류 검출(Error Detection)
③ 지연시간 보장(Delay Guarantee)
④ 혼잡 제어(Congestion Control)

해설 난도 중

정답의 이유

TCP, UDP에서는 주소지정, 분할과 재조립, 연결 제어, 흐름(혼잡) 제어, 오류 제어 기능을 제공한다.

★★★

10 유비쿼터스를 응용한 컴퓨팅 기술에 대한 설명으로 옳지 <u>않은</u> 것은?

① 엑조틱 컴퓨팅(Exotic Computing)은 스스로 생각하여 현실세계와 가상세계를 연계해 주는 컴퓨팅 기술이다.
② 노매딕 컴퓨팅(Nomadic Computing)은 장소에 상관없이 다양한 정보기기가 편재되어 있어 사용자가 정보기기를 휴대할 필요가 없는 컴퓨팅 기술이다.
③ 디스포절 컴퓨팅(Disposable Computing)은 컴퓨터가 센서 등을 통해 사용자의 상황을 인식하여 사용자가 필요로 하는 정보를 제공해 주는 컴퓨팅 기술이다.
④ 웨어러블 컴퓨팅(Wearable Computing)은 컴퓨터를 옷이나 안경처럼 착용할 수 있게 해줌으로써 컴퓨터를 인간의 몸의 일부로 여길 수 있도록 하는 컴퓨팅 기술이다.

해설 〔난도 중〕

정답의 이유

센서 등을 통해 정보를 획득하고 처리하는 컴퓨팅 기술은 감지 (sentient) 컴퓨팅이다.

★★☆

11 컴퓨터 명령어 처리 시 필요한 유효 주소(Effective Address)를 찾기 위한 주소 지정 방식에 대한 설명으로 옳지 <u>않은</u> 것은?

① 즉시 주소 지정 방식(Immediate Addressing Mode)은 유효 데이터가 명령어 레지스터 내에 있다.

② 간접 주소 지정 방식(Indirect Addressing Mode)으로 유효 데이터에 접근하는 경우 주기억장치 최소접근횟수 는 2이다.

③ 상대 주소 지정 방식(Relative Addressing Mode)은 프로그램 카운터와 명령어 내의 주소필드 값을 결합하여 유효 주소를 도출한다.

④ 레지스터 주소 지정 방식(Register Addressing Mode)은 직접 주소 지정 방식(Direct Addressing Mode)보다 유효 데이터 접근속도가 느리다.

해설 〔난도 중〕

정답의 이유

레지스터 주소 지정 방식은 직접 주소 지정 방식보다 데이터 접근속도 가 빠르다.

➕이론플러스 **주소 지정 방식**

- 즉시 주소 지정 : 오퍼랜드에 데이터가 있는 방식이다. 오퍼랜드를 인출하기 위해 메모리 참조가 필요 없으나 상수 값만 사용할 수 있다.
- 직접 주소 지정 : 오퍼랜드가 데이터가 저장되어 있는 메모리 주소를 직접 가리키는 방식이다. 데이터에 접근하기 위해 주기억장치 최소접 근횟수는 1회이다.
- 간접 주소 지정 : 오퍼랜드에 데이터가 저장된 주소를 가리키는 주소 를 포함하는 방식이다. 데이터에 접근하기 위해 주기억장치 최소접근 횟수는 2회이기 때문에 데이터를 가져오는 데 많은 시간이 걸린다.
- 레지스터 주소 지정 : 직접 주소 지정 방식과 개념은 같고 위치가 주기억 장치 대신 레지스터이다. 레지스터는 액세스가 빠르고 주소가 짧아 가장 일반적으로 사용하는 주소 지정 방식이다.

- 레지스터 간접 주소 지정 : 주기억 장치에 저장된 데이터의 주소를 레지스터 내에서 가리키는 주소 지정 방식이다. 명령어에 전체 메모리 주소가 없어도 메모리를 참조할 수 있다.
- 변위 주소 지정 : 특정 레지스터에 저장된 주소에 변위를 더해 실제 오퍼랜드가 저장된 메모리 위치를 지정하는 방식이다.
- 묵시적 주소 지정 : 오퍼랜드의 출발지나 목적지를 명시하지 않아도 암묵적으로 위치를 알 수 있는 주소 지정 방식이다.

★★★

12 컴퓨터 시스템에서 교착상태의 해결 방안에 대한 설명 으로 옳지 <u>않은</u> 것은?

① 교착상태가 발생할 가능성을 사전에 없앤다.

② 하나의 프로세스만이 한 시점에서 하나의 자원을 사용할 수 있게 한다.

③ 교착상태가 탐지되면, 교착상태와 관련된 프로세스와 자원을 시스템으로부터 제거한다.

④ 교착상태가 발생할 가능성을 인정하고, 교착상태가 발생 하려고 할 때 이를 회피하도록 한다.

해설 〔난도 중〕

정답의 이유

하나의 프로세스만이 한 시점에서 하나의 자원을 사용한다면 교착 상태 자체가 발생하지 않는다.

오답의 이유

① 예방으로 상호 배제, 비선점, 점유와 대기, 원형 대기 조건이 발생하 지 않도록 하는 것이다.

③, ④ 회피로 자원 할당량을 조절하여 교착 상태를 해결하는 방법이다.

★★☆

13 다음 Java 프로그램은 3의 배수를 제외한 1부터 10까지 정수의 누적 합이 10을 초과하는 최초 시점에서의 합을 출력하는 프로그램이다. ㉠과 ㉡에 들어가는 내용으로 적절한 것은?

```java
public class JavaApplication {
    public static void main(String[] args) {
        int i = 0, sum = 0;
        while(i < 10) {
            i++;
            if(i % 3==0) ㉠_____;
            if(sum > 10)   ㉡_____;
            sum+ = i;
        }
        System.out.println("sum = "+sum);
    }
}
```

	㉠	㉡
①	break	goto
②	continue	break
③	final	continue
④	return	break

해설 [난도 중]

정답의 이유

if문 조건이 어떤 수를 3으로 나눈 나머지가 0일 때 ㉠이 실행된다. 즉, 3의 배수일 때 ㉠이 실행되는데 누적 합에서 3의 배수는 제외하기 때문에 ㉠ 이후 문장들을 생략하고 바로 반복문의 조건 검사로 이동하는 continue가 와야 한다. ㉡의 경우에는 누적 합이 10이 넘을 경우 루프를 빠져나가 누적 합을 출력해야 한다. 따라서 루프를 빠져나갈 수 있는 break가 되어야 한다.

✚이론플러스

• goto : 프로그램 흐름을 원하는 위치로 이동시킬 때 사용하는 키워드이다.
• return : 값을 반환하면서 함수를 빠져나갈 때 사용한다.

★☆☆

14 다음과 같은 압축되지 않은 비트맵 형식의 이미지를 RLE(Run Length Encoding) 방식을 이용하여 압축했을 때 압축률이 가장 작은 것은?(단, 모든 이미지의 가로와 세로의 길이는 동일하고, 가로 방향 우선으로 픽셀을 읽어 처리한다)

①   ②

③   ④

해설 [난도 상]

정답의 이유

RLE는 데이터에서 같은 값이 연속적으로 나타나는 것을 개수와 반복되는 값만으로 표현하는 매우 간단한 비손실 압축 방법이다. 문제에서 가로 방향 우선으로 픽셀을 읽어 처리한다고 했으므로 이미지가 가로 방향으로 같은 색이 연속적으로 많을 때 압축 효과가 높아진다. ④는 다른 그림에 비해 연속적으로 같은 색이 있는 비율이 적다.

★★☆

15 다중 스레드(Multithread)에 대한 설명으로 옳은 것만을 모두 고르면?

> ㄱ. 스레드는 프로세스보다 더 큰 CPU의 실행 단위이다.
> ㄴ. 단일 CPU 컴퓨터에서 작업을 수행하는 스레드들은 CPU 자원을 공유한다.
> ㄷ. 스레드는 프로세스와 마찬가지로 독립적인 PC(Program Counter)를 가진다.
> ㄹ. 프로세스 간의 문맥교환은 동일 프로세스에 있는 스레드 간의 문맥교환에 비해 비용면에서 효과적이다.

① ㄱ, ㄴ   ② ㄱ, ㄹ
③ ㄴ, ㄷ   ④ ㄴ, ㄹ

해설 [난도 중]

오답의 이유

ㄱ. 프로세스가 스레드보다 더 큰 실행 단위이다.
ㄹ. 스레드 간의 문맥 교환이 프로세스 간의 문맥 교환에 비해 비용면에서 효과적이다.

★☆☆
16 구매 방법에 따른 소프트웨어 분류에 대한 설명으로 옳은 것은?

① 프리웨어(Freeware)는 라이선스 없이 무료로 배포되어, 영리목적 기관에서도 자유롭게 배포할 수 있는 소프트웨어이다.

② 라이트웨어(Liteware)는 상용 소프트웨어의 일부 기능만을 사용할 수 있도록 하여, 낮은 가격에 판매되는 소프트웨어이다.

③ 오픈소스 소프트웨어(Open Source Software)는 프로그램 소스가 공개되어 있으나, 저작권자의 동의 없는 임의 수정은 불가능하다.

④ 셰어웨어(Shareware)는 시범적으로 사용자에게 무료로 제공한 후 일정 기간이 지나면, 유용성에 따라서 구매하도록 하는 소프트웨어이다.

해설 난도 중

오답의 이유

① 일반적으로 프리웨어는 대가를 바라지 않고 무료로 배포되는 소프트웨어이지만, 영리 목적 기관에서 사용하기 위해서는 일부 제한이 있을 수 있다.

② 라이트웨어는 상용 소프트웨어에서 일부 기능을 제거한 채 무료로 배포되는 소프트웨어를 말한다.

③ 오픈 소스 소프트웨어는 소스 코드가 공개되어 있어 누구나 특별한 제한 없이 해당 코드를 보고 사용할 수 있다.

★★☆
17 프로세스 상태 전이에서 준비(Ready) 상태로 전이되는 상황만을 모두 고르면?(단, 동일한 우선순위의 프로세스가 준비 상태로 한 개 이상 대기하고 있다)

ㄱ. 실행 상태에 있는 프로세스가 우선순위가 높은 프로세스에 의해 선점되었을 때
ㄴ. 블록된(Blocked) 상태에 있는 프로세스가 요청한 입출력 작업이 완료되었을 때
ㄷ. 실행 상태에 있는 프로세스가 작업을 마치지 못하고 시간 할당량을 다 썼을 때

① ㄱ, ㄴ   ② ㄱ, ㄷ
③ ㄴ, ㄷ   ④ ㄱ, ㄴ, ㄷ

해설 난도 중

정답의 이유

ㄱ. 운영체제에서 막 프로세스가 되었거나 CPU를 사용하다가 쫓겨난 프로세스는 준비 상태에서 자기 순서를 기다린다.

ㄴ. 대기 상태(Blocking status)에 있는 프로세스는 처음에 실행 상태에서 왔기 때문에 입출력 작업이 완료되면 실행 상태로 옮겨 가는 것이 맞지만, 현재 실행 상태에서 작업 중인 프로세스가 있기 때문에 준비 상태에서 자기 순서를 기다린다.

ㄷ. 프로세스는 자신에게 주어진 타임 슬라이스 동안 작업을 끝내지 못하면 다시 준비 상태로 돌아가서 기다린다.

★★★
18 CSMA/CD(Carrier Sense Multiple Access with Collision Detection)에 대한 설명으로 옳은 것만을 고르면?

ㄱ. 버스형 토폴로지에 많이 사용한다.
ㄴ. 데이터 전송 시간 및 충돌에 의한 데이터 지연 시간을 정확히 예측할 수 있다.
ㄷ. 데이터를 전송하기 전에 통신회선의 사용 여부를 확인하고 전송하는 방식이다.
ㄹ. 전송할 데이터가 없을 때에도 토큰이 통신회선을 회전하면서 점유하는 단점이 있다.

① ㄱ, ㄷ   ② ㄱ, ㄹ
③ ㄴ, ㄷ   ④ ㄴ, ㄹ

해설 난도 중

오답의 이유

ㄴ. 충돌이 발생했을 때는 지수적인 백오프 방법을 사용하는데 기다리는 시간은 0과 $2^n \times$(최대전송시간) 사이의 시간만큼 기다린다. 여기서 n은 전송을 시도하는 횟수를 의미하고, 최대전송시간은 네트워크의 끝에 비트가 전송되는 데 필요한 시간을 말한다. 예를 들어 2번째 시도에는 0~$2^2 \times$(최대전송시간) 사이의 시간만큼 기다리지만, 해당 시간 간격에서 정확하게 기다리는 시간을 예측할 수 없다.

ㄷ. 데이터 전송 전 통신 회선의 사용 여부를 확인하고 전송하는 방식은 CSMA/CA이다.

★☆☆

19 최대 히프 트리(Heap Tree)로 옳은 것은?

①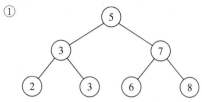

②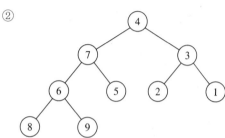

③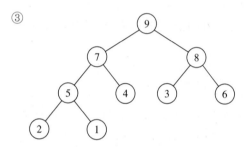

④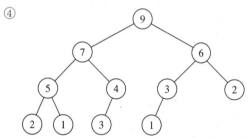

해설 난도 중

정답의 이유

키 값이 가장 큰 노드를 찾기 위한 히프를 최대 히프라고 한다. 최대 히프의 조건은 부모 노드의 키 값이 자식 노드의 키 값보다 항상 크거나 같은 크기의 관계를 가지는 완전 이진 트리이어야 한다. 최대 히프에서는 키 값이 가장 큰 노드가 루트 노드가 되어야 한다. 따라서 ①, ②는 키 값이 가장 크지 않기 때문에 정답이 아니고 ④는 완전 이진 트리가 아니기 때문에 정답이 될 수 없다.

★★★

20 다음 식과 논리적으로 같은 것은?

$$(x+y \geq z \text{ AND } (x+y \geq z \text{ OR } x-y \leq z) \text{ AND } x-y > z) \text{ OR } x+y < z$$

① $x+y < z$

② $x-y > z$

③ $x+y \geq z$ OR $x-y \leq z$

④ $x+y < z$ OR $x-y > z$

해설 난도 상

정답의 이유

$x+y \geq z$를 A라고 할 때, $x+y < z$는 $\overline{A}$로 표현할 수 있다. 마찬가지로 $x-y \leq z$를 B라고 하면, $x-y > z$는 $\overline{B}$라고 표현할 수 있다.

전체 논리식은

$$(A(A+B)\overline{B}) + \overline{A} = (AA\overline{B} + AB\overline{B}) + \overline{A} = A\overline{B} + \overline{A}$$
$$= (\overline{A} + \overline{B})(\overline{A} + A) = \overline{A} + \overline{B} \text{이다.}$$

즉, $\overline{A}$는 $x+y < z$이고, $\overline{B}$는 $x-y > z$이므로 $x+y < z$ OR $x-y > z$가 된다.

CHAPTER 05

06.15.

2019 서울시 9급 컴퓨터일반

★★☆
01 C 프로그램을 컴파일하면 〈보기〉와 같은 것들이 실행된다. 이 중 3번째로 실행되는 것은?

┤ 보기 ├
- 링커(linker)
- 어셈블러(assembler)
- 전처리기(preprocessor)
- 컴파일러(compiler)

① 링커(linker)
② 어셈블러(assembler)
③ 전처리기(preprocessor)
④ 컴파일러(compiler)

해설 난도 중

정답의 이유
컴파일 순서
전처리기(preprocessor) → 컴파일러(compiler) → 어셈블러 (assembler) → 링커(linker)

➕ 이론플러스 **트로이목마**

- 전처리기(preprocessor) : 전처리 구문을 해석하고 처리
- 컴파일러(compiler) : 원시 프로그램을 목적 프로그램으로 번역
- 어셈블러(assembler) : 언어로 작성된 소스 프로그램을 번역하여 기계어 프로그램 작성
- 링커(linker) : 목적 프로그램을 실행 프로그램으로 번역

★☆☆
02 유닉스 파일 시스템에 대한 설명으로 가장 옳지 않은 것은?

① 슈퍼블록은 전체 블록의 수, 블록의 크기, 사용 중인 블록의 수 등 파일 시스템의 정보를 가지고 있다.
② 아이노드는 파일의 종류, 크기, 소유자, 접근 권한 등 각종 속성 정보를 가지고 있다.
③ 파일마다 데이터 블록, 아이노드 외에 직접 블록 포인터와 단일·이중·삼중 간접 블록 포인터로 구성된 인덱스 정보를 가진 인덱스 블록을 별도로 가지고 있다.
④ 디렉터리는 하위 파일들의 이름과 아이노드 포인터(또는 아이노드 번호)를 포함하는 디렉터리 엔트리들로 구성된다.

해설 난도 중

정답의 이유
유닉스 파일 시스템 구성 요소
- 부트 블록 : 유닉스 커널을 적재시키기 위한 프로그램 저장
- 슈퍼 블록 : 파일 시스템마다 하나씩 존재하며 파일 시스템을 기술하는 정보를 저장
- 아이노드 : 파일이나 디렉터리에 대한 모든 정보를 저장
- 데이터 블록 : 실제 데이터가 저장되는 공간

☆☆☆

03 〈보기〉는 8비트에 부호 있는 2의 보수 표현법으로 작성한 이진수이다. 이에 해당하는 십진 정수는?

| 보기 |

1 0 1 1 1 1 0 0

① -60   ② -68
③ 94   ④ 188

해설 [난도 중]

정답의 이유
8비트 중 가장 왼쪽은 부호 비트로 0은 +이고, 1은 -를 의미한다. 부호 비트가 1이므로 결과 값의 부호는 음수이다. 결과 값은 8비트 데이터에 2의 보수를 취하면 된다. 2의 보수는 1의 보수에서 1을 더한 값이므로 1의 보수를 구하면 01000011이 되고 +1을 하면 01000100이 된다. 2진수를 10진수로 변환하면 68이 되고 부호는 -가 된다.

★★★

04 〈보기〉가 설명하는 것은?

| 보기 |

다음에 실행할 명령어의 주소를 보관하는 레지스터이다. 계수기로 되어 있어 실행할 명령어를 메모리에서 읽으면 명령어의 길이만큼 증가하여 다음 명령어를 가리키며, 분기 명령어는 목적 주소로 갱신할 수 있다.

① 명령어 레지스터   ② 프로그램 카운터
③ 데이터 레지스터   ④ 주소 레지스터

해설 [난도 중]

정답의 이유
프로그램 카운터는 명령 포인터 레지스터라고도 하며, 다음 실행될 명령어의 주소를 저장한다.

오답의 이유
① 명령어 레지스터 : 주기억 장치에서 인출한 명령어를 저장
③ 데이터 레지스터 : 주변 장치로 입·출력되는 데이터를 일시적으로 저장
④ 주소 레지스터 : 데이터의 메모리 주소를 저장

★★☆

05 운영체제에서 가상 메모리의 페이지 교체 기법에 대한 설명으로 가장 옳지 <u>않은</u> 것은?

① FIFO 기법에서는 아무리 참조가 많이 된 페이지라도 교체될 수 있다.
② LRU 기법을 위해서는 적재된 페이지들의 참조된 시간 또는 순서에 대한 정보가 필요하다.
③ Second-chance 기법에서는 참조 비트가 0인 페이지는 교체되지 않는다.
④ LFU 기법은 많이 참조된 페이지는 앞으로도 참조될 확률이 높을 것이란 판단에 근거한 기법이다.

해설 [난도 중]

정답의 이유
2차 기회(Second Chance) 페이지 교체 알고리즘은 특정 페이지에 접근하여 페이지 부재가 발생하지 않으면 해당 페이지를 큐의 맨 뒤로 이동시켜 대상 페이지에서 제외한다.

★★☆

06 네트워킹 장비에 대한 설명으로 가장 옳지 <u>않은</u> 것은?

① 라우터(router)는 데이터 전송을 위한 최선의 경로를 결정한다.
② 허브(hub)는 전달받은 신호를 그와 케이블로 연결된 모든 노드들에 전달한다.
③ 스위치(switch)는 보안(security) 및 트래픽(traffic) 관리 기능도 제공할 수 있다.
④ 브리지(bridge)는 한 네트워크 세그먼트에서 들어온 데이터를 그의 물리적 주소에 관계없이 무조건 다른 세그먼트로 전달한다.

해설 [난도 중]

정답의 이유
브리지는 두 개 이상의 네트워크 세그먼트를 연결하거나 패킷을 전송한다. 브리지의 동작 원리는 물리 주소를 기반으로 패킷을 분석하여 폐기 또는 전송한다.

★★☆

07 다음의 정렬된 데이터에서 2진탐색을 수행하여 C를 찾으려고 한다. 몇 번의 비교를 거쳐야 C를 찾을 수 있는가? (단, 비교는 '크다', '작다', '같다' 중의 하나로 수행되고, '같다'가 도출될 때까지 반복된다)

A	B	C	D	E	F	G	H	I	J	K	L	M	N	O

① 1번
② 2번
③ 3번
④ 4번

해설 [난도 중]

정답의 이유

2진탐색은 정렬된 전체 데이터에서 찾고자 하는 데이터를 중간 지점의 데이터와 비교했을 때 작을 경우 왼쪽으로 탐색하고 클 경우 오른쪽으로 탐색하는 방법이다. 먼저 찾고자 하는 데이터 C가 중간 지점의 데이터 H보다 작기 때문에 왼쪽을 탐색한다. H를 기준으로 왼쪽 부분의 중간 지점 데이터는 D이다. C가 D보다 작으므로 다시 왼쪽으로 탐색한다. D를 기준으로 왼쪽 부분의 중간 지점 데이터는 B이다. C는 B보다 크므로 오른쪽을 탐색한다. 오른쪽 데이터는 C이므로 찾고자 하는 데이터와 일치한다.

★☆☆

08 인터넷 서비스 관련 용어들에 대한 설명으로 가장 옳지 않은 것은?

① ASP는 동적 맞춤형 웹페이지의 구현을 위해 사용된다.
② URL은 인터넷상에서 문서나 파일의 위치를 나타낸다.
③ HTML은 웹문서의 전달을 위한 통신 규약이다.
④ SSL은 안전한 웹통신을 위한 암호화를 위해 사용된다.

해설 [난도 중]

정답의 이유

HTML은 웹 페이지를 제작하는 데 사용되는 마크업 언어이다. 웹 문서의 전달을 위한 통신 규약은 HTTP이다.

★★☆

09 〈보기〉의 배열 A에 n개의 원소가 있다고 가정하자. 다음 의사코드에 대한 설명으로 가장 옳지 않은 것은?

┤ 보기 ├

```
Function(A[ ], n)
{
for last← n downto 2 // last를 n에서 2까지 1씩 감소
for i←1 to last−1
if (A[i]>A[i + 1]) then A[i]↔A[i + 1]; //A[i]와 A[i + 1]를 교환
}
```

① 제일 큰 원소를 끝자리로 옮기는 작업을 반복한다.
② 선택 정렬을 설명하는 의사코드이다.
③ $O(n^2)$의 수행 시간을 가진다.
④ 두 번째 for 루프의 역할은 가장 큰 원소를 맨 오른쪽으로 보내는 것이다.

해설 [난도 상]

정답의 이유

보기의 프로그램을 다음과 같이 예로 구현할 수 있다.

	[1]	[2]	[3]	[4]	[5]	[6]	[7]
A	7	3	6	5	9	1	8

프로그램 코드를 위의 예로 설명하면 배열의 1번 인덱스 데이터 7과 2번 인덱스 데이터 3을 비교하여 1번 인덱스 데이터가 크면 데이터를 서로 교환한다는 의미를 가진다. 교환이 끝나면 다시 2번 인덱스 데이터 7과 3번 인덱스 데이터 6을 비교하여 2번 인덱스 데이터가 크면 서로 데이터를 교환하게 된다. 2번째 for문이 마지막까지 실행되면 7번 인덱스에는 배열의 데이터 중 가장 큰 숫자가 저장된다. 나란히 있는 두 개의 데이터를 비교하여 교환하는 방법은 버블 정렬이다. 버블 정렬의 평균 수행 시간은 $O(n^2)$이다.

★★★

10 〈보기〉의 Java 프로그램의 실행 결과는?

┤ 보기 ├

```
class A {
public void f() { System.out.print("1"); }
public static void g() { System.out.print("2"); }
}
class B extends A {
public void f() { System.out.print("3"); }
}
class C extends B {
public static void g() { System.out.print("4"); }
}
public class D {
public static void main(String args[]) {
A obj = new C();
obj.f();
obj.g();
}
}
```

① 3 2   ② 3 4

③ 1 2   ④ 1 4

해설 [난도 상]

정답의 이유

먼저 클래스를 살펴보면 B 클래스는 A 클래스를 상속하고 C 클래스는 B 클래스를 상속한다. A, B 클래스에 있는 f() 함수는 함수의 형태가 동일하므로 오버라이딩 되었다. g() 함수는 static으로 정의되었기 때문에 해당 클래스 참조 변수로 호출된다. main() 함수에서 A obj = new C();는 C 클래스 인스턴스를 생성하여 A 클래스 참조 변수 obj로 참조하라는 의미를 가진다. obj.f();는 f() 함수를 호출하는 명령어인데 오버라이딩 된 경우 하위 클래스의 함수가 호출되므로 B 클래스의 함수가 호출되면서 3을 출력한다. obj.g();에서 g() 함수는 static으로 정의되어 있고 obj가 A 클래스 참조 변수이기 때문에 A 클래스 안의 g() 함수가 호출되어 2가 출력된다.

★☆☆

11 어떤 시스템은 7비트의 데이터에 홀수 패리티 비트를 최상위 비트에 추가하여 8비트로 표현하여 저장한다. 다음과 같은 데이터를 저장 장치에서 읽어 왔을 때 오류가 발생한 경우는?

① 011010111   ② 101101111

③ 011001110   ④ 101001101

해설 [난도 하]

정답의 이유

홀수 패리티의 경우 1의 개수가 짝수인 경우 오류가 발생한 것으로 간주한다. ①의 경우 1의 개수가 6개로 짝수이기 때문에 오류가 발생한 경우이다.

★★★

12 고객, 제품, 주문, 배송업체 테이블을 가진 판매 데이터베이스를 SQL을 이용해 구축하고자 한다. 각 테이블이 〈보기〉와 같은 속성을 가진다고 가정할 때, 다음 중 가장 옳지 않은 SQL문은?(단, 밑줄은 기본키를 의미한다)

┤ 보기 ├

- 고객(고객아이디, 고객이름, 나이, 등급, 직업, 적립금)
- 제품(제품번호, 제품명, 재고량, 단가, 제조업체)
- 주문(주문번호, 주문제품, 주문고객, 수량, 배송지, 주문일자)
- 배송업체(업체번호, 업체명, 주소, 전화번호)

① 고객 테이블에 가입 날짜를 추가한다. → "ALTER TABLE 고객 ADD 가입 날짜 DATE;"

② 주문 테이블에서 배송지를 삭제한다. → "ALTER TABLE 주문 DROP COLUMN 배송지;"

③ 고객 테이블에 18세 이상의 고객만 가입 가능하다는 무결성 제약 조건을 추가한다. → "ALTER TABLE 고객 ADD CONSTRAINT CHK_AGE CHECK(나이 > = 18);"

④ 배송업체 테이블을 삭제한다. → "ALTER TABLE 배송업체 DROP;"

해설 [난도 상]

정답의 이유

CREATE TABLE 문으로 생성한 테이블은 DROP TABLE 명령어로 삭제할 수 있다. 배송업체 테이블을 삭제하기 위한 SQL문은 DROP TABLE 배송업체; 이다.

★★☆

13 〈보기〉의 UML 다이어그램 중 시스템의 구조 (structure)보다는 주로 동작(behavior)을 묘사하는 다이어그램들만 고른 것은?

┤ 보기 ├

ㄱ. 클래스 다이어그램(class diagram)
ㄴ. 상태 다이어그램(state diagram)
ㄷ. 시퀀스 다이어그램(sequence diagram)
ㄹ. 패키지 다이어그램(package diagram)
ㅁ. 배치 다이어그램(deployment diagram)

① ㄱ, ㄹ ② ㄴ, ㄷ
③ ㄴ, ㅁ ④ ㄷ, ㄹ

해설 [난도 중]

정답의 이유

- 구조 다이어그램 : 클래스 다이어그램, 객체 다이어그램, 복합 구조 다이어그램, 배포 다이어그램, 컴포넌트 다이어그램, 패키지 다이어그램
- 동작 다이어그램 : 활동 다이어그램, 상태 다이어그램, 유스케이스 다이어그램, 상호작용 다이어그램(시퀀스 다이어그램, 커뮤니케이션 다이어그램, 상호작용 개괄 다이어그램, 타이밍 다이어그램)

★★☆

14 〈보기 1〉의 테이블 R에 대해 〈보기 2〉의 SQL을 수행한 결과로 옳은 것은?

┤ 보기 1 ├

A	B
3	1
2	4
3	2
2	5
3	3
1	5

┤ 보기 2 ├

```
SELECT SUM(B) FROM R GROUP BY A
HAVING COUNT(B) = 2;
```

① 2 ② 5
③ 6 ④ 9

해설 [난도 중]

정답의 이유

보기 2의 SQL문은 R 테이블에서 A그룹의 데이터가 2인 부분의 B 그룹 데이터를 더한 결과 값을 검색하라는 의미를 가진다. A 그룹의 데이터가 2인 부분의 B 데이터는 4, 5이기 때문에 합은 9가 된다. 노드의 주소를 저장하는 링크 필드로 구성되며 항목이 추가된 순서에 상관없이 제거할 수 있다.

★★★

15 〈보기〉는 데이터가 정렬되는 단계를 일부 보여준 것이다. 어떤 정렬 알고리즘을 사용하면 이와 같은 데이터의 자리 교환이 일어나겠는가?(단, 제일 위의 행이 주어진 데이터이고, 아래로 내려갈수록 정렬이 진행되는 것이다)

┤ 보기 ├

초기 데이터	8 9 4 3 7 1 5 2
	8 9 3 4 1 7 2 5
	3 4 8 9 1 2 5 7
정렬 데이터	1 2 3 4 5 6 7 8 9

① 삽입 정렬 ② 선택 정렬
③ 합병 정렬 ④ 퀵 정렬

해설 [난도 중]

정답의 이유

합병 정렬은 전체 자료들을 최소 원소의 부분집합이 될 때까지 두 개의 부분집합으로 분할한다. 그리고 두 부분 집합을 정렬하고 하나의 집합으로 결합한다.
초기 데이터를 부분 집합으로 나누면 {8,9}, {4,3}, {7,1}, {5,2}가 된다. 집합 내에서 정렬하면 두 번째 데이터가 되고 다시 결합하여 정렬하면 세 번째 데이터가 된다.

오답의 이유

① 삽입 정렬은 정렬되어 있는 부분집합에 정렬한 새로운 원소의 위치를 찾아 삽입하여 정렬한다.
② 선택 정렬은 기준 위치에 맞는 원소를 선택해서 자리를 교환하여 정렬한다.
④ 퀵 정렬은 전체 원소에 대해 정렬을 수행하지 않고 기준 값을 중심으로 왼쪽과 오른쪽 부분 집합으로 분할한 후 정렬한다.

16 〈보기〉의 각 설명과 일치하는 데이터 구조로 바르게 짝지어진 것은?

┌─────────── 보기 ───────────┐
│ (가) 먼저 추가된 항목이 먼저 제거된다. │
│ (나) 먼저 추가된 항목이 나중에 제거된다. │
│ (다) 항목이 추가된 순서에 상관없이 제거된다. │
└──────────────────────────┘

	(가)	(나)	(다)
①	큐	연결 리스트	스택
②	스택	연결 리스트	큐
③	스택	큐	연결 리스트
④	큐	스택	연결 리스트

해설 난도 중

정답의 이유
- 큐 : 먼저 입력된 항목이 먼저 출력되는 선입선출(FIFO) 구조를 가진다.
- 스택 : 먼저 입력된 항목이 나중에 출력되는 선입후출(FILO) 구조를 가진다.
- 연결 리스크 : 원소 값을 저장하는 데이터 필드와 다음 노드의 주소를 저장하는 링크 필드로 구성되며 항목이 추가된 순서에 상관없이 제거할 수 있다.

★★☆

17 전화번호의 마지막 네 자리를 3으로 나눈 나머지를 해싱(hashing)하여 데이터베이스에 저장하고자 한다. 나머지 셋과 다른 저장 장소에 저장되는 것은?

① 010-4021-6718
② 010-9615-4815
③ 010-7290-6027
④ 010-2851-5232

해설 난도 중

정답의 이유
전화번호의 마지막 네 자리를 3으로 나눈 나머지가 다른 하나를 찾으면 된다. ②, ③, ④는 3으로 나눈 나머지가 0이 되고 ①은 나머지가 1이 되므로 다른 저장 장소에 저장된다.

★★☆

18 다음 메모리 영역 중 전역 변수가 저장되는 영역은?

① 데이터(Data)
② 스택(Stack)
③ 텍스트(Text)
④ 힙(Heap)

해설 난도 중

정답의 이유
데이터는 프로그램 내에서 사용하는 변수나 파일 등의 각종 데이터를 저장하는 영역이다.

오답의 이유
② 스택은 프로그램 실행 시 부수적으로 필요한 데이터를 저장하는 영역이다.
③ 텍스트는 프로그램의 본문이 기술된 영역이다.
④ 힙은 동적으로 할당되는 변수 영역이다.

★★☆

19 UML(Unified Modeling Language)에 대한 설명으로 가장 옳지 <u>않은</u> 것은?

① UML은 방법론으로, 단계별로 어떻게 작업해야 하는지 자세하게 나타낸다.
② UML은 소프트웨어의 구성요소와 그것들의 관계 및 상호 작용을 시각화한 것이다.
③ UML은 객체지향 소프트웨어를 모델링하는 표준 그래픽 언어로, 심벌과 그림을 사용해 객체지향 개념을 나타낼 수 있다.
④ UML은 소프트웨어 개발의 중요한 작업인 분석, 설계, 구현의 정확하고 완벽한 모델을 제공한다.

해설 난도 중

정답의 이유
UML은 객체 지향 소프트웨어를 개발할 때 요구 사항 정의 및 분석, 설계의 결과물을 다양한 다이어그램으로 표현하는 언어이다. 구성 요소들의 관계나 상호작용들을 시각화하여 표현한다. UML은 단계별로 작업해야 하는 내용과는 거리가 멀다.

★★★
20 〈보기〉의 C 프로그램을 실행했을 때, 화면에 출력되는 값은?(단, 프로그램의 첫 번째 열의 숫자는 행 번호이고 프로그램의 일부는 아님)

┤ 보기 ├

```
1 #include 〈stdio.h〉
2 #include 〈stdlib.h〉
3 #define N 3
4 int main(void){
5   int (*in)[N], *out, sum = 0;
6
7   in = (int (*)[N])malloc(N * N * sizeof(int));
8   out = (int *)in;
9
10  for (int i = 0; i 〈N*N; i++)
11    out[i] = i;
12
13  for (int i = 0; i 〈N; i++)
14    sum+ = in[i][i];
15
16  printf("%d", sum);
17  return 0;
18 }
```

① 0
② 3
③ 6
④ 12

해설 난도 상

정답의 이유

7번 라인은 int형 사이즈를 가진 공간을 총 9개를 메모리상에 할당하고 크기 3을 가진 배열을 in이 참조한다는 의미이다. 해당 내용을 표로 나타내면 다음과 같다.

	[0]	[1]	[2]
in[0]			
in[1]			
in[2]			

8번 라인은 in을 out이 참고한다는 의미이고 10~11 라인은 out 배열에 0~8까지 숫자를 저장한다는 의미인데 out은 in을 참조하므로 위 배열 공간에 숫자를 저장하는 것과 같은 의미를 가진다. 따라서 10~11 라인을 실행한 결과는 다음과 같다.

	[0]	[1]	[2]
in[0]	0	1	2
in[1]	3	4	5
in[2]	6	7	8

13~14라인에서 N 값이 3이므로 i는 0~2까지 루프가 돌아간다. i 값이 1씩 증가하면서 in[0][0], in[1][1], in[2][2] 배열에 있는 데이터를 sum에 더하는 코드이다.

루프를 돌면서 데이터 0, 4, 8이 sum에 더해지므로 최종적인 sum의 값은 12이다.

CHAPTER 06

04.07.

2018 국가직 9급 컴퓨터일반

★★☆

01 유닉스 운영체제에 대한 설명으로 옳지 않은 것은?

① 계층적 파일시스템과 다중 사용자를 지원하는 운영체제이다.
② BSD 유닉스의 모든 코드는 어셈블리 언어로 작성되었다.
③ CPU 이용률을 높일 수 있는 다중 프로그래밍 기법을 사용한다.
④ 사용자 프로그램은 시스템 호출을 통해 커널 기능을 사용할 수 있다.

해설 난도 중
정답의 이유
BSD 유닉스의 모든 코드는 C언어로 작성되었다.

★★☆

02 다음에서 설명하는 해킹 공격 방법은?

공격자는 사용자의 합법적 도메인을 탈취하거나 도메인 네임 시스템(DNS) 또는 프락시 서버의 주소를 변조하여, 사용자가 진짜 사이트로 오인하여 접속하도록 유도한 후 개인정보를 훔친다.

① 스니핑(Sniffing)
② 파밍(Pharming)
③ 트로이 목마(Trojan Horse)
④ 하이재킹(Hijacking)

해설 난도 중
오답의 이유
① 스니핑은 네트워크상의 정보 흐름을 도청하는 공격으로 네트워크 상의 상대방 패킷 교환을 엿듣는 것을 의미한다.
③ 트로이 목마는 사용자가 의도하지 않은 코드를 정상적인 프로그램에 삽입한 형태를 취하고 있으며, 보통 관리자가 아닌 해커에 의해 인증 절차를 무시하고 원격에서 시스템 내부에 접근한다.
④ 하이재킹 공격은 서버와 클라이언트 사이의 로그인 상태를 가로채는 것을 말한다.

★★☆

03 다음 SQL 명령어에서 DDL(Data Definition Language) 명령어만을 모두 고른 것은?

```
ㄱ. ALTER
ㄴ. DROP
ㄷ. INSERT
ㄹ. UPDATE
```

① ㄱ, ㄴ
② ㄴ, ㄷ
③ ㄴ, ㄹ
④ ㄷ, ㄹ

해설 난도 하
정답의 이유
데이터 정의어(DDL) 명령어는 CREATE(생성), ALTER(변경), DROP(삭제)가 있다.
데이터 조작어(DML) 명령어는 SELECT(검색), INSERT(삽입), UPDATE(수정), DELETE(삭제)가 있다.

04 다음 수식에서 이진수 Y의 값은?(단, 수식의 모든 수는 8비트 이진수이고 1의 보수로 표현된다)

$$11110100_{(2)} + Y = 11011111_{(2)}$$

① $11101001_{(2)}$ 　　② $11101010_{(2)}$

③ $11101011_{(2)}$ 　　④ $11101100_{(2)}$

해설 　난도 **중**

정답의 이유

$Y = 11011111_{(2)} - 11110100_{(2)}$ 이므로 $11110100_{(2)}$에 1의 보수를 취하면 $00001011_{(2)}$이 된다. $Y = 11011111_{(2)} + 00001011_{(2)}$ 이므로 $11101010_{(2)}$이 된다.

05 다음 진리표를 만족하는 부울 함수로 옳은 것은?(단, ·은 AND, ⊕는 XOR, ⊙는 XNOR 연산을 의미한다)

입력			출력
A	B	C	Y
0	0	0	1
0	0	1	0
0	1	0	0
0	1	1	1
1	0	0	0
1	0	1	0
1	1	0	1
1	1	1	0

① $Y = A \cdot B \oplus C$ 　　② $Y = A \oplus B \odot C$

③ $Y = A \oplus B \oplus C$ 　　④ $Y = A \odot B \odot C$

해설 　난도 **중**

정답의 이유

출력이 1일 때 입력에 대해 논리식을 만들면

$Y = A'B'C' + A'BC + AB'C + ABC' = A'(B'C' + BC) + A(B'C + BC') = A'(B \odot C) + A(B \oplus C)$

$B \oplus C$를 D라고 가정하면 $A'D' + AD = A \odot D$ 가 된다. D에 $B \oplus C$를 대입하면 $A \odot B \oplus C$가 된다. 결합 법칙을 적용하면 $A \oplus B \odot C$으로 표현할 수 있다.

06 스레싱(Thrashing)에 대한 설명으로 옳지 않은 것은?

① 프로세스의 작업 집합(Working Set)이 새로운 작업 집합으로 전이 시 페이지 부재율이 높아질 수 있다.

② 작업 집합 기법과 페이지 부재 빈도(Page Fault Frequency) 기법은 한 프로세스를 중단(Suspend)시킴으로써 다른 프로세스들의 스레싱을 감소시킬 수 있다.

③ 각 프로세스에 설정된 작업 집합 크기와 페이지 프레임 수가 매우 큰 경우 다중 프로그래밍 정도(Degree of Multi-programming)를 증가시킨다.

④ 페이지 부재 빈도 기법은 프로세스의 할당받은 현재 페이지 프레임 수가 설정한 페이지 부재율의 하한보다 낮아지면 보유한 프레임 수를 감소시킨다.

해설 　난도 **중**

정답의 이유

작업 집합 크기와 페이지 프레임 수가 매우 큰 경우는 멀티프로그래밍 정도를 감소시켜 스레싱이 발생하지 않도록 한다.

07 인공신경망에 대한 설명으로 옳은 것만을 모두 고른 것은?

> ㄱ. 단층 퍼셉트론은 배타적 합(Exclusive-OR) 연산자를 학습할 수 있다.
> ㄴ. 다층 신경망은 입력 층, 출력 층, 하나 이상의 은닉 층들로 구성된다.
> ㄷ. 뉴런 간 연결 가중치(Connection Weight)를 조정하여 학습한다.
> ㄹ. 생물학적 뉴런 망을 모델링한 방식이다.

① ㄱ, ㄴ, ㄷ 　　② ㄱ, ㄴ, ㄹ

③ ㄱ, ㄷ, ㄹ 　　④ ㄴ, ㄷ, ㄹ

해설 　난도 **중**

오답의 이유

ㄱ. 단층 퍼셉트론은 배타적 합(Exclusive-OR) 연산자를 학습할 수 없다.

이론플러스 인공 신경망 종류

- 퍼셉트론 : 뉴런의 수학적 모델을 일컫는 용어이기도 하고, 최초로 제안된 신경망 프로그램 알고리즘이기도 하다. 이 알고리즘은 하나의 뉴런을 사용하며 학습 데이터를 가장 잘 설명할 수 있는 최적의 파라미터(w, b)값을 찾는다. 학습은 학습 데이터를 넣은 후 결과가 원하던 결과보다 크면 결과가 작아지게 파라미터를 조정하고 원하던 결과보다 작으면 커지게 파라미터를 조정하는 것을 반복한다. 입력층과 출력층만 있는 퍼셉트론으로는 XOR 문제도 해결할 수 없다. 이에 대한 대책으로 다층 신경망(MPP)가 나오게 된다.
- 다층 신경망 : 여러 개의 perceptron을 연결시켜 층으로 만들고 이 층들을 중첩시켜 다층으로 만든 것이다. 다층 신경망은 입력 층, 출력 층, 은닉 층들로 구성된다.

★★☆

08 네트워크 기술에 대한 설명으로 옳지 <u>않은</u> 것은?

① IPv6는 인터넷 주소 크기가 128비트이고 호스트 자동 설정기능을 제공한다.

② 광대역통합망은 응용 서비스별로 약속된 서비스 레벨 보증 (Service Level Agreement) 품질 수준을 보장해줄 수 있다.

③ 모바일 와이맥스(WiMAX)는 휴대형 단말기를 이용해 고속 인터넷 접속 서비스를 제공하는 무선망 기술이다.

④ SMTP(Simple Mail Transfer Protocol)는 사용자 인터페이스 구성방법을 지정하는 전송 계층 프로토콜이다.

해설 난도 중

정답의 이유

SMTP는 인터넷상에서 전자 우편을 전송할 때 사용하는 프로토콜이다.

★★★

09 다음 Java 프로그램의 출력 값은?

```java
class Super {
    Super() {
    System.out.print('A');
    }
    Super(char x) {
    System.out.print(x);
    }
}
class Sub extends Super {
    Sub() {
    super();
    System.out.print('B');
    }
    Sub(char x) {
    this();
    System.out.print(x);
    }
}
public class Test {
    public static void main(String[] args) {
    Super s1 = new Super('C');
    Super s2 = new Sub('D');
    }
}
```

① ABCD
② ACBD
③ CABD
④ CBAD

해설 난도 상

정답의 이유

main() 함수에서 첫 번째 줄은 Super 클래스 객체를 생성하고 Super형 참조 변수 s1을 선언하였다. 생성자 호출 시 전달인자가 'C'이므로 Super 클래스의 생성자 Super(char x)가 호출된다. x의 값이 'C'이므로 화면에 C가 출력된다.

main() 함수의 두 번째 줄은 Sub 클래스 객체를 생성하고 Super형 참조 변수 s2를 선언하였다. 생성자 호출 시 전달인자가 'D'이므로 Sub 클래스의 Sub(char x) 생성자가 호출된다. 생성자의 첫 줄에는 this();가 있으므로 Sub() 생성자가 호출되고, 생성자 첫 줄에 super();가 있으므로 Super 클래스의 Super() 생성자가 호출되면서 A가 출력된다. A 출력이 끝나면 Sub() 생성자의 B가 출력되고, 마지막으로 Sub(char x) 생성자에서 전달인자 값 D가 출력된다.

해당 호출 순서를 다시 정리하면 다음과 같다.

Sub(char x) 실행 후 this() 호출 → Sub() 실행 후 super() 호출 → Super() 실행 후 A 출력 → Sub()로 돌아와 B 출력 → Sub(char x)로 돌아와 전달인자 D 출력

★☆☆

10 개발자가 사용해야 하는 서브시스템의 가장 앞쪽에 위치하면서 서브시스템에 있는 객체들을 사용할 수 있도록 인터페이스 역할을 하는 디자인 패턴은?

① Facade 패턴
② Strategy 패턴
③ Adapter 패턴
④ Singleton 패턴

해설 난도 중

오답의 이유

② strategy 패턴은 알고리즘 군을 정의하고 같은 알고리즘을 각각 하나의 클래스로 캡슐화한 다음, 필요할 때 서로 교환해서 사용할 수 있게 한다.

③ adapter 패턴은 기존 클래스를 재사용할 수 있도록 중간에서 맞춰주는 역할을 한다.

④ singleton 패턴은 객체의 생성과 관련된 패턴으로서 특정 클래스의 객체가 오직 한 개만 존재하도록 보장한다.

★★☆

11 소프트웨어 모듈 평가 기준으로 판단할 때, 다음 4명 중 가장 좋게 설계한 사람과 가장 좋지 않게 설계한 사람을 순서대로 바르게 나열한 것은?

- 철수 : 절차적 응집도+공통 결합도
- 영희 : 우연적 응집도+내용 결합도
- 동수 : 기능적 응집도+자료 결합도
- 민희 : 논리적 응집도+스탬프 결합도

① 철수, 영희
② 철수, 민희
③ 동수, 영희
④ 동수, 민희

해설 난도 중

정답의 이유

좋은 설계의 형태는 모듈 간의 결합도는 낮아야 하고, 응집도는 높아야 한다. 동수의 경우에는 응집도는 가장 높고, 결합도는 가장 낮으므로 가장 좋은 설계 형태이다. 영희의 경우에는 응집도는 가장 낮고, 결합도는 가장 높으므로 가장 좋지 않은 설계 형태이다.

이론플러스

- 결합도
  결합도가 낮은 정도에서 높은 정도로 나열하면 데이터(자료) 결합 → 스탬프 결합 → 제어 결합 → 공통 결합 → 내용 결합 순이다.
- 응집도
  응집도가 높은 정도에서 낮은 정도로 나열하면 기능적 응집도 → 순차적 응집도 → 교환적 응집도 → 절차적 응집도 → 시간적 응집도 → 논리적 응집도 → 우연적 응집도 순이다.

★★☆

12 자료구조에 대한 설명으로 옳지 **않은** 것은?

① 데크는 삽입과 삭제를 한쪽 끝에서만 수행한다.
② 연결리스트로 구현된 스택은 그 크기가 가변적이다.
③ 배열로 구현된 스택은 구현이 간단하지만 그 크기가 고정적이다.
④ 원형연결리스트는 한 노드에서 다른 모든 노드로 접근이 가능하다.

해설 난도 중

정답의 이유

데크는 두 개의 큐를 좌우로 붙인 형태로 삽입과 삭제가 양쪽 끝에서 수행된다.

★★☆

13 IPv4가 제공하는 기능만을 모두 고른 것은?

ㄱ. 혼잡제어
ㄴ. 인터넷 주소지정과 라우팅
ㄷ. 신뢰성 있는 전달 서비스
ㄹ. 패킷 단편화와 재조립

① ㄱ, ㄴ
② ㄴ, ㄷ
③ ㄴ, ㄹ
④ ㄷ, ㄹ

해설 난도 중

오답의 이유

IPv4의 기능은 IP의 기능을 살펴보면 된다. IP는 호스트의 주소 지정과 패킷 전달을 책임진다. 정보의 안정성이나 흐름 제어에 대해서는 관여하지 않는다. 따라서 신뢰성 있는 패킷의 전달을 보장할 수 없다.

★☆☆

14 결정 명령문 내의 각 조건식이 참, 거짓을 한 번 이상 갖도록 조합하여 테스트 케이스를 설계하는 방법은?

① 문장 검증 기준(Statement Coverage)
② 조건 검증 기준(Condition Coverage)
③ 분기 검증 기준(Branch Coverage)
④ 다중 조건 검증 기준(Multiple Condition Coverage)

해설 난도 중

정답의 이유
조건 검증 기준은 전체 조건식은 무시하고, 개별 조건식들에 대해서만 T와 F에 대해 최소한 한 번은 수행할 수 있도록 테스트 케이스를 선정한다.

오답의 이유
① 원시 코드 내의 모든 문장이 최소한 한 번은 실행될 수 있는 테스트 데이터를 갖는 테스트 케이스를 선정한다.
③ 테스트 케이스를 선정하는 기준은 원시 코드에 존재하는 조건문에 대해 T와 F가 되는 경우를 최소한 한 번은 실행되는 입력 데이터를 테스트 케이스로 사용한다.
④ 개별 조건식과 전체 조건식도 모두 만족하면서 분기/조건 검증 기준에서 발생하는 마스크 문제를 해결할 수 있는 테스트 케이스를 선정한다.

★★☆

15 가상머신에 대한 설명으로 옳지 <u>않은</u> 것은?

① 단일 컴퓨터에서 가상화를 사용하여 다수의 게스트 운영 체제를 실행할 수 있다.
② 가상 머신은 사용자에게 다른 가상 머신의 동작에 간섭을 주지 않는 격리된 실행환경을 제공한다.
③ 가상 머신 모니터를 사용하여 가상화하는 경우 반드시 호스트 운영체제가 필요하다.
④ 자바 가상 머신은 자바 바이트 코드가 다양한 운영체제 상에서 수행될 수 있도록 한다.

해설 난도 중

정답의 이유
가상 머신 모니터는 하드웨어에서 직접 실행되는 타입이 있고, 호스트 운영 체제에서 실행되는 타입이 있다. 따라서, 하드웨어에서 직접 실행되는 타입일 경우 호스트 운영체제는 필요 없다.

★☆☆

16 IEEE 802.11 무선 랜에 대한 설명으로 옳은 것은?

① IEEE 802.11a는 5GHz 대역에서 5.5Mbps의 전송률을 제공한다.
② IEEE 802.11b는 직교 주파수 분할 다중화(OFDM) 방식을 사용하여 최대 22Mbps의 전송률을 제공한다.
③ IEEE 802.11g는 5GHz 대역에서 직접 순서 확산 대역(DSSS) 방식을 사용한다.
④ IEEE 802.11n은 다중입력 다중출력(MIMO) 안테나 기술을 사용한다.

해설 난도 중

오답의 이유
① IEEE 802.11a OFDM은 5GHz ISM 대역에서 신호 생성을 위해 직교 주파수분할 다중화(OFDM)방식을 기술하고 있다.
② IEEE 802.11 HR-DSSS는 2.4GHz ISM 대역에서 신호 생성을 위해 고속의 DSSS 방법을 기술하고 있다.
③ IEEE 802.11g는 2.4GHz ISM 대역에서 OFDM을 이용한 새로운 명세는 54Mbps 데이터율을 얻기 위해 복잡한 변조 기술을 사용한다.

★★☆

17 데이터베이스의 동시성 제어에 대한 설명으로 옳지 <u>않은</u> 것은?(단, T1, T2, T3는 트랜잭션이고, A는 데이터 항목이다)

① 다중버전 동시성 제어 기법은 한 데이터 항목이 변경될 때 그 항목의 이전 값을 보존한다.
② T1이 A에 배타 로크를 요청할 때, 현재 T2가 A에 대한 공유 로크를 보유하고 있고 T3가 A에 공유 로크를 동시에 요청한다면, 트랜잭션 기아 회피기법이 없는 경우 A에 대한 로크를 T3가 T1보다 먼저 보유한다.
③ 로크 전환이 가능한 상태에서 T1이 A에 대한 배타 로크를 요청할 때, 현재 T1이 A에 대한 공유 로크를 보유하고 있는 유일한 트랜잭션인 경우 T1은 A에 대한 로크를 배타 로크로 상승할 수 있다.
④ 2단계 로킹 프로토콜에서 각 트랜잭션이 정상적으로 커밋될 때까지 자신이 가진 모든 배타적 로크들을 해제하지 않는다면 모든 교착상태를 방지할 수 있다.

해설 [난도 상]

정답의 이유

2단계 로킹 프로토콜에서 각 트랜잭션이 정상적으로 커밋될 때까지 자신이 가진 모든 배타적 로크들을 해제하지 않는다면 교착 상태에 빠져들게 된다.

★☆☆

18 파일구조에 대한 설명으로 옳지 <u>않은</u> 것은?

① VSAM은 B+ 트리 인덱스 구조를 사용한다.

② 히프 파일은 레코드들을 키 순서와 관계없이 저장할 수 있다.

③ ISAM은 레코드 삽입을 위한 별도의 오버플로우 영역을 필요로 하지 않는다.

④ 순차 파일에서 일부 레코드들이 키 순서와 다르게 저장된 경우, 파일 재구성 과정을 통해 키 순서대로 저장될 수 있다.

해설 [난도 중]

정답의 이유

ISAM은 하나 이상의 키로 레코드를 순차적 또는 무작위로 검색할 수 있고 키 필드의 인덱스는 인덱스 파일에서 필요한 파일 레코드를 빠르게 검색할 수 있도록 하는 역할을 한다. 레코드를 삽입과 관련하여 별도의 오버플로우 영역을 마련해야 한다.

★★☆

19 다음 C 프로그램의 출력 값은?

```c
#include <stdio.h>
int a = 10;
int b = 20;
int c = 30;
void func(void)
{
        static int a = 100;
        int b = 200;
        a++;
        b++;
        c = a;
}
int main(void)
{
        func();
        func();
        printf("a = %d, b = %d, c = %d \n", a, b, c);
        return 0;
}
```

① a = 10, b = 20, c = 30

② a = 10, b = 20, c = 102

③ a = 101, b = 201, c = 101

④ a = 102, b = 202, c = 102

해설 [난도 중]

정답의 이유

main() 함수에서 func() 함수를 두 번 호출한다. func() 함수 내 변수 a는 static으로 선언되었고, 변수 b는 지역 변수이며, c는 전역 변수이다. func() 함수가 처음 호출되었을 때 각 변수의 값을 살펴보면 a = 101, b = 201, c = 101이 된다. 두 번째 호출될 때 변수 a는 static 변수이기 때문에 새롭게 초기화되지 않고 값이 누적된다. 따라서, a와 c는 102 값을 가진다. b는 지역 변수이기 때문에 함수가 새롭게 호출되면 초기화되므로 201 값을 가진다. 출력은 main() 함수에서 이루어진다. 먼저 변수 a는 func() 함수 내에서만 사용 가능하므로 main() 함수에서는 전역 변수 a의 값이 적용되어 10이 출력된다. b도 마찬가지로 지역 변수 b의 값이 적용되어 20이 출력된다. 전역 변수 c는 func() 함수 내에서 a의 값을 저장한다. 따라서, func() 함수 결과 102의 값을 가지고 main() 함수에서 해당 값이 출력된다.

20 해싱(Hashing)에 대한 설명으로 옳지 <u>않은</u> 것은?

① 서로 다른 탐색키가 해시 함수를 통해 동일한 해시 주소로 사상될 수 있다.

② 충돌(Collision)이 발생하지 않는 해시 함수를 사용한다면 해싱의 탐색 시간 복잡도는 O(1)이다.

③ 선형 조사법(Linear Probing)은 연결리스트(Linked List)를 사용하여 오버플로우 문제를 해결한다.

④ 폴딩함수(Folding Function)는 탐색키를 여러 부분으로 나누어 이들을 더하거나 배타적 논리합을 하여 해시 주소를 얻는다.

해설 난도 중

정답의 이유

선형 조사법이 아닌 체이닝이 연결리스트를 사용하여 오버플로우 문제를 해결한다.

CHAPTER 07

05.19.

2018 지방직 9급 컴퓨터일반

★★☆

01 선형 자료구조에 해당하지 않은 것은?

① 큐
② 스택
③ 이진 트리
④ 단순 연결 리스트

해설 난도 하

정답의 이유
이진 트리는 비선형 구조에 속한다.

➕ 이론플러스   **자료 구조 분류**

• 선형 구조 : 순차 리스트, 연결 리스트, 스택, 큐, 데크
• 비선형 구조 : 트리, 그래프
• 파일 구조 : 순차 파일, 색인 파일, 직접 파일

★★☆

02 비트열 A를 2의 보수로 표현된 부호 있는 2진 정수로 해석한 값은 −5이다. 비트열 A를 1의 보수로 표현된 부호 있는 2진 정수로 해석한 값은?

① −4   ② −5
③ −6   ④ −7

해설 난도 중

정답의 이유
비트열 A는 −5에 2의 보수를 취하면 된다. 5가 01010이므로 1의 보수는 10100이 되고 +1을 하면 10111이 된다. A의 가장 왼쪽 비트가 1이므로 −가 되고 1의 보수를 취하면 01000이 되므로 −4가 된다.

★★★

03 직원 테이블 emp의 모든 레코드를 근무연수 wyear에 대해서는 내림차순으로, 동일 근무연수에 대해서는 나이 age의 오름차순으로 정렬한 결과를 얻기 위한 SQL 질의문은?

① SELECT*FROM emp ORDER BY age, wyear DESC;
② SELECT*FROM emp ORDER BY age ASC, wyear;
③ SELECT*FROM emp ORDER BY wyear DESC, age;
④ SELECT*FROM emp ORDER BY wyear, age ASC;

해설 난도 중

정답의 이유
정렬을 하기 위해서는 정렬을 하고 싶은 속성 뒤에 정렬 키워드(ASC, DESC)를 사용한다. 정렬에 대한 키워드를 사용하지 않으면 기본적으로 오름차순 정렬이다. 따라서 근무연수 wyear에 대해서는 DESC 키워드를 사용해야 한다.

04 다음에서 설명하는 디스크 스케줄링은?

> 디스크 헤드가 한쪽 방향으로 트랙의 끝까지 이동하면서 만나는 요청을 모두 처리한다. 트랙의 끝에 도달하면 반대 방향으로 이동하면서 만나는 요청을 모두 처리한다. 이러한 방식으로 헤드가 디스크 양쪽을 계속 왕복하면서 남은 요청을 처리한다.

① 선입 선처리(FCFS) 스케줄링
② 최소 탐색 시간 우선(SSTF) 스케줄링
③ 스캔(SCAN) 스케줄링
④ 라운드 로빈(RR) 스케줄링

해설 난도 중

오답의 이유
① FCFS 디스크 스케줄링은 가장 간단한 디스크 스케줄링으로, 요청이 들어온 트랙 번호 순서대로 스케줄링한다.
② SSTF 디스크 스케줄링은 최소 탐색 시간 우선 스케줄링이라고도 하며, 현재 헤드가 있는 위치에서 가장 가까운 트랙부터 시작한다.

★☆☆

05 정보량의 크기가 작은 것에서 큰 순서대로 바르게 나열한 것은?(단, PB, TB, ZB, EB는 각각 petabyte, terabyte, zettabyte, exabyte이다)

① 1PB, 1TB, 1ZB, 1EB
② 1PB, 1TB, 1EB, 1ZB
③ 1TB, 1PB, 1ZB, 1EB
④ 1TB, 1PB, 1EB, 1ZB

해설 난도 하

정답의 이유
정보량의 크기는 TB → PB → EB → ZB → YB순서이다.

➕ 이론플러스 단위별 기억 용량

- YB = $10^{24} \approx 2^{80}$ byte
- ZB = $10^{21} \approx 2^{70}$ byte
- EB = $10^{18} \approx 2^{60}$ byte
- PB = $10^{15} \approx 2^{50}$ byte
- TB = $10^{12} \approx 2^{40}$ byte

★★★

06 다음에서 설명하는 RAID 레벨은?

> - 블록 단위 스트라이핑(striping)을 통해 데이터를 여러 디스크에 분산 저장한다.
> - 패리티를 패리티 전용 디스크에 저장한다.

① RAID 레벨 1
② RAID 레벨 2
③ RAID 레벨 4
④ RAID 레벨 5

해설 난도 중

오답의 이유
① RAID 1에서는 데이터를 두 개의 디스크 그룹에 나눠 저장하여 장애가 발생했을 때 복구할 수 있도록 한다.
② RAID 2는 오류 교정 코드(ECC)를 관리하여 오류가 발생하면 이 코드를 사용하여 디스크를 복구한다.
④ RAID 4의 병목 현상을 해결한 방식으로 패리티 비트를 여러 디스크에 분산하여 구성한다.

★★★

07 소프트웨어 개발을 위한 애자일 기법에 대한 설명으로 옳은 것은?

① 소프트웨어를 점증적으로 개발한다.
② 작동하는 소프트웨어보다 포괄적인 문서에 더 가치를 둔다.
③ 계획에 따라 단계적으로 개발하므로 변화에 대응하기 어렵다.
④ 고객과의 협업보다 계약 협상을 더 중요시한다.

해설 난도 중

정답의 이유
애자일 기법은 실행 가능한 프로토타입을 만들어 사용자에게 확인받고, 빠른 시일 내에 일부 소프트웨어를 사용할 수 있도록 하는 것을 중요시한다.

08 2-way 집합 연관 사상 방식을 사용하는 캐시 기억장치를 가진 컴퓨터가 있다. 캐시 기억장치 접근을 위해 주기억장치 주소가 다음 세 필드로 구분된다면 캐시 기억장치의 총 라인 개수는?

태그(tag) 필드	세트(set) 필드	오프셋(offset) 필드
8비트	9비트	7비트

① 128개
② 256개
③ 512개
④ 1,024개

해설 〔난도 중〕
정답의 이유
총 라인 개수＝세트 개수×세트 라인이다. 세트 개수는 $2^{\text{set field bit}} = 2^9$ ＝512이다. 2-way 집합 연관 사상 방식이기 때문에 세트 라인은 2이다. 따라서 총 라인 개수는 512×2＝1,024개이다.

09 다음 C 프로그램의 출력 결과는?

```c
#include <stdio.h>
#define SIZE 3
void func(int *m, int *a, int b);
int main(void)
{
    int num[SIZE] = { 1, 3, 6 };
    int a = 10, b = 30;
    func(num, &a, b);
    printf("a = %d, b = %d \n", a, b);
    return 0;
}
void func(int *m, int *x, int y)
{
    int i = 0, n = 0;
    y = *x;
    n = *(m + 1)+(*m + 2);
    *x = ++n;
}
```

① a = 7, b = 10
② a = 7, b = 30
③ a = 10, b = 10
④ a = 10, b = 30

해설 〔난도 상〕
정답의 이유
main() 함수 내에서 func() 함수 호출 시 전달인자를 살펴보면 num 배열의 주소, a 변수의 주소, b 변수의 값이 전달된다. func() 함수를 살펴보면 y = *x;에서 *x의 값은 10이므로 y는 10이 된다. *(m+1)에서 m이 num 배열의 첫 번째 주소를 저장하고 있으므로 m+1은 num 배열의 두 번째 주소를 저장하는 것이고 *(m+1)은 num 배열의 두 번째 주소에 있는 값을 의미하므로 3이 된다. (*m+2)에서 *m의 값은 num 배열의 첫 번째 주소에 있는 값이므로 1이 되고, 2를 더하면 3이 된다. 따라서 n의 값은 6이 되고, 마지막 줄에서 1을 증가하므로 n의 값은 7이 된다. 7을 *x 즉, x가 가리키는 주소의 값을 7로 변경한다는 의미를 지니므로 a의 값이 7이 된다. func() 함수의 전달인자인 y는 call by value이므로 func() 함수 내에서 값이 바뀌어도 함수가 종료될 때 소멸되므로 b의 값이 변경되지 않는다. 따라서, main() 함수에서 출력되는 값은 a = 7, b = 30이다.

10 TCP 프로토콜에 대한 설명으로 옳지 않은 것은?

① 전이중(full duplex) 연결 서비스를 제공한다.
② 3-way 핸드셰이크(handshake)를 사용하여 연결을 설정한다.
③ 흐름제어(flow control)와 혼잡제어(congestion control)를 제공한다.
④ TCP 세그먼트(segment)에서 검사합(checksum)의 포함은 선택 사항이다.

해설 〔난도 중〕
정답의 이유
TCP 세그먼트에 오류제어를 위해 존재하는 검사합(checksum)은 선택 사항이 아니다.

★★★

11 사용자가 인터넷 등을 통해 하드웨어, 소프트웨어 등의 컴퓨팅 자원을 원격으로 필요한 만큼 빌려서 사용하는 방식의 서비스 기술은?

① 클라우드 컴퓨팅
② 유비쿼터스 센서 네트워크
③ 웨어러블 컴퓨터
④ 소셜 네트워크

해설 [난도 중]

오답의 이유

② 장소에 구애받지 않고 언제 어디서나 컴퓨팅 환경에 접속할 수 있도록 센서를 네트워크로 구성한 것을 말한다.
③ 컴퓨터를 옷이나 안경처럼 착용할 수 있게 해줌으로써 컴퓨터를 인간의 몸의 일부로 여길 수 있도록 하는 컴퓨팅 기술이다.
④ 사용자 간의 자유로운 의사소통과 정보 공유 등이 이루어질 수 있도록 네트워크를 구성한 것을 말한다.

★★★

12 다음 이진 트리의 노드를 전위 순회(preorder traversal)할 경우의 방문 순서는?

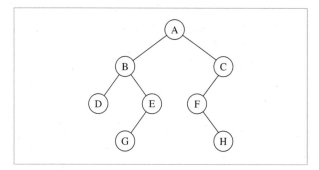

① A − B − C − D − E − F − G − H
② A − B − D − E − G − C − F − H
③ D − B − G − E − A − F − H − C
④ D − G − E − B − H − F − C − A

해설 [난도 중]

정답의 이유

전위 순회는 현재 노드를 처리하고 왼쪽 노드가 있으면 왼쪽 노드로 이동해서 처리하고 오른쪽 노드를 처리한다. A 노드를 먼저 처리하고 왼쪽 노드 B로 이동해서 처리한다. B 노드에 왼쪽 노드가 있기 때문에 D 노드를 처리하고 오른쪽 노드 E를 처리한다. 다음으로 G노드가 처리 된다. A 노드의 왼쪽 노드는 모두 처리되었고 다음으로 오른쪽 노드 C를 처리하고 F, H 노드를 처리한다.

★★☆

13 전자메일의 송신 또는 수신을 목적으로 하는 응용 계층 프로토콜에 해당하지 <u>않은</u> 것은?

① IMAP
② POP3
③ SMTP
④ SNMP

해설 [난도 중]

정답의 이유

SNMP는 네트워크상에서 연결된 장치들을 관리하는 네트워크 관리 프로토콜이다.

✚ **이론플러스** **전자메일 관련 프로토콜**

• SMTP : 인터넷상에서 전자 우편을 전송할 때 사용하는 프로토콜
• IMAP : 인터넷 메일 서버에서 메일을 관리하고 읽어올 때 사용되는 프로토콜
• POP3 : 전자 우편을 받을 때만 사용되고, 사용자가 자신의 PC에 메일을 다운로드 받아서 보여주는 것을 정의한 프로토콜

★★☆

14 모바일 기기에 특화된 운영체제에 해당하지 <u>않는</u> 것은?

① iOS
② Android
③ Symbian
④ Solaris

해설 [난도 하]

정답의 이유

Solaris는 선마이크로시스템스에서 개발한 PC 기반 운영체제이다.

★★★
15 다음 표는 단일 중앙처리장치에 진입한 프로세스의 도착 시간과 그 프로세스를 처리하는 데 필요한 실행 시간을 나타낸 것이다. 비선점 SJF(Shortest Job First) 스케줄링 알고리즘을 사용한 경우, P1, P2, P3, P4 프로세스 4개의 평균대기 시간은?(단, 프로세스 간 문맥 교환에 따른 오버헤드는 무시하며, 주어진 4개의 프로세스 외에 처리할 다른 프로세스는 없다고 가정한다)

프로세스	도착 시간(ms)	실행 시간(ms)
P1	0	5
P2	3	6
P3	4	3
P4	6	4

① 3ms
② 3.5ms
③ 4ms
④ 4.5ms

해설 난도 상

정답의 이유

SJF 스케줄링은 실행 시간이 짧은 프로세스부터 실행된다. 처음 시작되는 시점에는 P1만 있으므로 P1이 실행되고 P3 → P4 → P2 순으로 실행된다. P3의 작업은 5ms부터 시작되고 도착 시간은 4ms이므로 대기 시간은 5 − 4 = 1ms이다. P4의 작업은 8ms부터 시작되고 도착 시간은 6ms이므로 대기 시간은 8 − 6 = 2ms이다. P2의 작업은 12ms부터 시작되고 도착 시간은 3ms이므로 대기 시간은 12 − 3 = 9ms이다. 총 대기 시간은 0(P1) + 1(P3) + 2(P4) + 9(P2) = 12ms이고 전체 평균 대기 시간은 12/4 = 3ms이다.

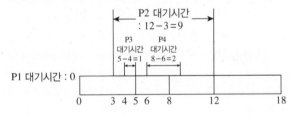

★★☆
16 IPv4와 IPv6에 대한 설명으로 옳지 <u>않은</u> 것은?

① IPv4는 비연결형 프로토콜이다.
② IPv6 주소의 비트 수는 IPv4 주소 비트 수의 2배이다.
③ IPv6는 애니캐스트(anycast) 주소를 지원한다.
④ IPv6는 IPv4 네트워크와의 호환성을 위한 방법을 제공한다.

해설 난도 중

정답의 이유

IPv4는 32비트이고, IPv6는 128비트이다. 따라서 IPv6의 주소는 IPv4의 4배이다.

➕ **이론플러스** IPv6 주소 분류

• 유니캐스트 : 하나의 컴퓨터를 정의한다. 유니캐스트로 전송된 패킷은 특정 컴퓨터에게만 전송된다.
• 애니캐스트 : 한 그룹의 컴퓨터를 정의한다. 애니캐스트로 전송된 패킷은 그룹 멤버 중 하나에게 전송된다
• 멀티캐스트 : 물리적 네트워크로 연결되어 있을 수도 있고 아닐 수도 있는 컴퓨터들의 그룹이다.

★★☆
17 순차논리회로(sequential logic circuit)에 해당하는 것은?

① 3-to-8 디코더(decoder)
② 전가산기(full adder)
③ 동기식 카운터(synchronous counter)
④ 4-to-1 멀티플렉서(multiplexer)

해설 난도 하

정답의 이유

순서논리회로에는 비동기식 카운터, 동기식 카운터가 있다.

오답의 이유

①, ②, ④는 조합논리회로에 속한다.

★★★

18 클록(clock) 주파수가 2GHz인 중앙처리장치를 사용하는 컴퓨터 A에서 프로그램 P를 실행하는 데 10초가 소요된다. 클록 주파수가 더 높은 중앙처리장치를 사용하는 컴퓨터 B에서 프로그램 P를 실행하면, 소요되는 클록 사이클 수는 컴퓨터 A에 대비하여 1.5배로 증가하나 실행 시간은 6초로 감소한다. 컴퓨터 B에 사용된 중앙처리장치의 클록 주파수는? (단, 실행 시간은 중앙처리장치의 실행 시간만을 고려한 것이며 프로그램 P만 실행하여 측정된다)

① 3GHz ② 4GHz
③ 5GHz ④ 6GHz

해설 [난도 상]

정답의 이유

CPU 실행시간, 클록 사이클 수, 클록 주파수의 관계식은 CPU 실행 시간 $= \dfrac{\text{CPU 클록 사이클 수}}{\text{클록 주파수}}$ 이다. A 컴퓨터 중앙처리장치의 클록 사이클 수를 구해보면 CPU 실행 시간×클록 주파수 $= 10 \times 2 \times 10^9 = 20 \times 10^9$ 이다. B 컴퓨터의 중앙처리장치의 클록 사이클 수는 A 컴퓨터 클록 사이클 수의 1.5배이기 때문에 30×10^9 이 된다. B 컴퓨터의 중앙처리장치의 클록 주파수는 $\dfrac{\text{CPU 클록 사이클 수}}{\text{CPU 실행 시간}} = \dfrac{30 \times 10^9}{6} = 5\text{GHz}$ 이다.

★★☆

19 다음 Java 프로그램의 출력 결과는?

```
public class Foo
{
    public static void main(String[] args)
    {
        int i, j, k;
        for (i = 1, j = 1, k = 0; i<5; i++ )
        {
            if ((i % 2) = = 0)
            continue;
            k+ = i * j++;
        }
        System.out.println(k);
    }
}
```

① 5 ② 7
③ 11 ④ 15

해설 [난도 중]

정답의 이유

for문은 i변수를 기준으로 총 4회 반복된다. 그리고 반복문 안 문장을 살펴보면 i의 값이 짝수일 때(2, 4)는 continue가 실행되므로 k+ = i*j++;이 실행되지 않는다. 따라서 i의 값이 홀수일 때(1, 3)만 k, j 값을 파악하면 된다. i가 1일 때 k+ = i*j++;가 실행되므로 i*j++의 결과 값은 1되므로 k+ = 1과 같다. k의 값이 0이기 때문에 k는 1이 된다. 해당 연산이 끝나면 j의 값은 1 증가되어 2가 된다. i가 3이 될 때 j의 값은 2이므로 i*j++의 결과 값은 6이 되고, k+ = 6과 같다. 현재 k의 값은 1이므로 연산 결과는 7이 된다. 반복문이 끝나면 System.out.println() 함수를 사용하여 k값이 출력되므로 화면에는 7이 출력된다.

★★★

20 다음 카르노 맵으로 표현된 부울 함수 F(A, B, C, D)를 곱의 합 형태로 최소화한 결과는?(단, X는 무관(don't care) 조건을 나타낸다)

CD \ AB	00	01	11	10
00	0	1	X	1
01	0	X	0	0
11	X	1	0	0
10	0	1	X	1

① $F(A,B,C,D) = AD' + BC'D' + A'BC$
② $F(A,B,C,D) = AB'D' + BC'D' + A'BC$
③ $F(A,B,C,D) = A'B + AD'$
④ $F(A,B,C,D) = A'C + AD'$

해설 [난도 중]

정답의 이유

카르노 맵을 X를 사용하여 묶어주면 다음과 같다.

CD \ AB	00	01	11	10
00	0	1	X	1
01	0	X	0	0
11	X	1	0	0
10	0	1	X	1

출력 $F = A'B + AD'$ 가 된다.

70 PART 02 과년도 기출문제

18 ③ 19 ② 20 ③ **정답**

CHAPTER 08

06.23.

2018 서울시 9급 컴퓨터일반

★★★
01 중위 표기법으로 표현된 〈보기〉의 수식을 후위 표기법으로 옳게 표현한 것은?

┤ 보기 ├
$$a+(b*c-d)*(e-f*g)-h$$

① ab*cd+efg* − * − h −
② abc*d+ef*g − * − h −
③ abcd * − efg*+* − h −
④ abc*d − efg* − *+h −

해설 난도 중

정답의 이유
연산자 우선순위에 따라 괄호를 표시하면 a + (((b*c) − d)*(e − (f*g))) − h이다. 가장 안쪽에 있는 괄호의 연산자를 괄호 뒤로 이동시키면 a + (((bc)*d) − (e(fg)*) −)* − h이고, 다시 정리를 하면 a + (bc*d − efg* − *) − h이다. (bc*d − efg* − *)를 D라고 가정하면 ((a + D) − h)라고 표기할 수 있다. 연산자를 괄호 밖으로 이동시키면 aD+h − 가 된다. D대신 (bc*d − efg* − *)를 작성하면 abc*d − efg* − *+h − 가 된다.

★★★
02 소프트웨어 개발 프로세스 모델에 대한 설명으로 가장 옳지 않은 것은?

① 폭포수(Waterfall) 모델은 단계별 정형화된 접근 방법 및 체계적인 문서화가 용이하다.
② RAD(Rapid Application Development) 모델은 CASE (Computer Aided Software Engineering) 도구를 활용하여 빠른 개발을 지향한다.
③ 나선형(Spiral) 모델은 폭포수(Waterfall) 모델과 원형 (Prototype) 모델의 장점을 결합한 모델이다.
④ 원형(Prototype) 모델은 고객의 요구를 완전히 이해하여 개발을 진행하는 것으로 시스템 이해도가 높은 관리자가 있는 경우 유용하다.

해설 난도 중

정답의 이유
원형(Prototype) 모델은 고객의 요구는 완전히 이해하여 개발하는 것이 아니고 결과물에 대한 고객의 새로운 요구를 적용하여 개발하고 다시 피드백을 받는 방식이다.
사용자의 요구를 받아 모형을 만들면 사용자는 추가 및 수정 요구를 한다. 개발자는 이와 같은 요구 사항을 적용한 프로토타입을 개발한다. 이와 같은 과정을 n번 반복하여 사용자의 추가 및 수정 요구 사항이 없으면 최종 프로토타입이 완성된다.

★★★
03 서로 다른 시스템 간의 통신을 위한 표준을 제공함으로써 통신에 방해가 되는 기술적인 문제점을 제거하고 상호 인터페이스를 정의한 OSI 참조 모델의 계층에 대한 설명으로 가장 옳지 <u>않은</u> 것은?

① 네트워크 계층은 물리 계층에서 전달받은 데이터에 대한 동기를 확인하는 기능, 데이터의 원활한 전송을 제어하는 흐름제어(Flow Control) 기능, 안전한 데이터 전송을 위한 에러 제어(Error Control) 기능을 수행한다.

② 물리 계층은 상위 계층으로부터 전달받은 데이터의 물리적인 링크를 설정하고 유지, 해제하는 기능을 담당한다.

③ 전송 계층은 통신하고 있는 두 사용자 사이에서 데이터 전송의 종단 간(end-to-end) 서비스 질을 높이고 신뢰성을 제어하는 기능을 담당한다.

④ 응용 계층은 사용자가 직접 접하는 부분이며 전자 메일 서비스, 파일 전송 서비스, 네트워크 관리 등이 있다.

해설 [난도 중]

정답의 이유
전송 계층은 세션 계층에서 전달받은 데이터에 대한 동기를 확인하고 흐름 제어 및 에러 제어 기능을 수행한다.

＋이론플러스 **OSI 7 계층 구조, 기능, 데이터 단위, 네트워크 장치**

계층	계층 이름	계층별 기능	데이터 단위	네트워크 장치
7	응용 계층	사용자 인터페이스 제공	메시지	게이트웨이
6	표현 계층	변환, 암호화, 압축		
5	세션 계층	동기화, 세션 관리 및 종료		
4	전송 계층	포트 주소 지정, 분할 및 재조립, 연결제어, 흐름제어, 오류제어		
3	네트워크 계층	논리 주소 지정, 라우팅	패킷	라우터
2	데이터링크 계층	흐름제어, 오류제어	프레임	브리지, 스위치
1	물리 계층	신호 변환 및 전송	비트	리피터, 허브

★★☆
04 〈보기〉 C 프로그램의 실행 결과는?

┤ 보기 ├
```
#include 〈stdio.h〉
int main( )
{
        int a = 0,  b = 1;
        switch(a)
        {
                case 0 : printf("%d \n", b++); break;
                case 1 : printf("%d \n", ++b); break;
                default : printf("0 \n", b); break;
        }
        return 0;
}
```

① 0

② 1

③ 2

④ 3

해설 [난도 중]

정답의 이유
switch(a)는 a값을 가진 case문을 실행시킨다는 의미이다. 따라서 case 0에 있는 문장이 실행된다. %d는 정수형 값을 의미하고 해당 정수형 값은 b++의 결과 값이다. ++가 변수 뒤에 붙어있으므로 b의 현재 값(1)을 출력하고 b의 값을 1 증가시킨다.

★★★
05 정책 수립에 있어 중요성이 커지고 있는 빅데이터에 대한 설명으로 가장 옳지 <u>않은</u> 것은?

① 디지털 환경에서 생성되는 데이터로 규모가 방대하고, 생성 주기가 길며, 형태가 다양하다.

② 하둡(Hadoop)과 같은 오픈 소스 소프트웨어 시스템을 빅데이터 처리에 이용하는 것이 가능하다.

③ 보건, 금융과 같은 분야의 빅데이터는 사회적으로 유용한 정보나 데이터 활용 측면에서 프라이버시 침해에 대한 대비가 필요하다.

④ 구글 및 페이스북, 아마존의 경우 이용자의 성향과 검색 패턴, 구매패턴을 분석해 맞춤형 광고를 제공하는 등 빅데이터의 활용을 증대시키고 있다.

해설 [난도 중]

정답의 이유
빅데이터는 디지털 환경에서 생성되는 데이터로 규모가 방대하고, 생성 주기가 짧으며, 형태가 다양하다.

06 〈보기〉는 TCP/IP 프로토콜에 대한 설명이다. ㉠~㉡에 들어갈 내용으로 가장 옳은 것은?

---| 보기 |---

- (㉠)는 사용자가 입력한 IP 주소를 이용해 물리적 네트워크 주소(MAC Address)를 제공한다.
- (㉡)는 데이터 전송 과정에서 오류가 발생하면 오류 메시지를 전송한다.

	㉠	㉡
①	ICMP	RARP
②	RARP	ICMP
③	ARP	ICMP
④	ICMP	ARP

해설 난도 중

오답의 이유

RARP는 물리적 네트워크 주소를 이용해 IP 주소로 변환한다.

이론플러스 네트워크 계층 프로토콜

- IGMP : 수신자 그룹에게 메시지를 동시에 전송하는 기능을 한다.
- IP : TCP로 받은 세그먼트를 패킷 형태로 분할하는 비연결 프로토콜이며, 패킷이 정확하게 전달되었는지는 확인하지 않는다.

★★★
07 주기억 장치의 페이지 교체 기법에 대한 설명으로 가장 옳은 것은?

① FIFO(First In First Out)는 가장 오래된 페이지를 교체한다.
② MRU(Most Recently Used)는 최근에 적게 사용된 페이지를 교체한다.
③ LRU(Least Recently Used)는 가장 최근에 사용한 페이지를 교체한다.
④ LFU(Least Frequently Used)는 최근에 사용빈도가 가장 많은 페이지를 교체한다.

해설 난도 중

오답의 이유

② 최근에 적게 사용된 페이지를 교체하는 알고리즘은 LRU이다.
④ LFU는 최근에 사용 빈도가 가장 적은 페이지를 교체한다.

이론플러스 페이지 교체 알고리즘 종류와 특징

종류	알고리즘	특징
간단한 알고리즘	무작위	무작위로 대상 페이지를 선정하는 알고리즘
	FIFO	처음 메모리에 올라온 페이지를 선정하는 알고리즘
최적 근접 알고리즘	LRU	시간적으로 가장 멀리 떨어진 페이지를 선정하는 알고리즘
	LFU	최근에 사용 빈도가 적은 페이지를 선정하는 알고리즘
	NUR	최근에 사용한 적이 없는 페이지를 선정하는 알고리즘
	FIFO 변형	FIFO 알고리즘을 변형하여 성능을 높인 알고리즘

★★★
08 RAID(Redundant Array of Inexpensive Disks) 기술에 대한 설명으로 가장 옳지 <u>않은</u> 것은?

① RAID 1 레벨은 미러링(Mirroring)을 지원한다.
② RAID 3 레벨은 데이터를 블록 단위로 분산 저장하여 대용량의 읽기 중심 서버용으로 사용한다.
③ RAID 5 레벨은 고정적인 패리티 디스크 대신 패리티가 모든 디스크에 분산되어 저장되므로 병목 현상을 줄여준다.
④ RAID 6 레벨은 두 개의 패리티 디스크를 사용하므로 두 개의 디스크 장애 시에도 데이터의 복구가 가능하다.

해설 난도 중

정답의 이유

RAID 3은 데이터를 섹터 단위로 저장하고, RAID 4가 데이터를 블록 단위로 저장한다.

안심Touch

★★☆
09 질의 최적화를 위한 질의문의 내부 형태 변화에 대한 규칙으로 가장 옳지 <u>않은</u> 것은?

① 실렉트(select) 연산은 교환적이다.

$\quad$: $\sigma_{c1}(\sigma_{c2}(R)) \equiv \sigma_{c2}(\sigma_{c1}(R))$

② 연속적인 프로젝트(project) 연산은 첫 번째 것을 실행하면 된다.

$\quad$: $\Pi_{List1}(\Pi_{List2}(\cdots(\Pi_{Listn}(R))\cdots)) \equiv \Pi_{Listn}(R)$

③ 합집합($\cup$)과 관련된 프로젝트(project) 연산은 다음과 같이 변환된다.

$\quad$: $\Pi(A\cup B) \equiv \Pi(A) \cup \Pi(B)$

④ 실렉트의 조건 c가 프로젝트 속성만 포함하고 있다면 교환적이다.

$\quad$: $\sigma_c(\Pi(R)) \equiv \Pi(\sigma_c(R))$

해설 〔난도상〕
정답의 이유
연속적인 프로젝트 연산은 마지막 것만 실행하면 된다.

오답의 이유
① 셀렉트 연산은 $\sigma_{c1}(\sigma_{c2}(R)) \equiv \sigma_{c2}(\sigma_{c1}(R))$와 같이 교환적 특징이 있다.
③ 릴레이션 A, B의 합집합에서 프로젝트 연산을 수행하는 것과 각 릴레이션을 프로젝트 연산하여 합집합하는 결과는 같다.
④ 실렉트 조건 c가 프로젝트 속성만 포함하면 교환이 성립한다.

★★☆
10 〈보기〉 이진 트리의 내부 경로 길이(length)와 외부 경로 길이로 옳은 것은?

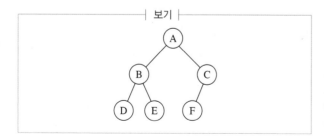
│ 보기 │

① 7, 20 　　　　　② 7, 23
③ 8, 20 　　　　　④ 8, 23

해설 〔난도중〕
정답의 이유
내부 경로 길이를 구하는 방법은 현재 노드에서 다음 레벨로 가는 경로 ×레벨이다. 루트 노드가 레벨 00기 때문에 레벨 1로 가는 경로는 20이고, 레벨 2로 가는 경로는 30이다. 따라서, 내부 경로 길이는 $1 \times 2 + 2 \times 3 = 8$이다. 외부 경로 길이 공식은 $E = I + 2n$이다. I는 내부 경로 길이를 의미하고, n은 노드의 개수이다. 따라서, $E = 8 + 2 \times 6 = 20$이다.

★★☆
11 8진수로 표현된 $13754_{(8)}$를 10진수로 표현하면?

① 6224 　　　　　② 6414
③ 6244 　　　　　④ 6124

해설 〔난도중〕
정답의 이유
8진수로 표현된 숫자를 자릿수를 곱하면 다음과 같다.
$1 \times 8^4 + 3 \times 8^3 + 7 \times 8^2 + 5 \times 8^1 + 4 \times 8^0$
$= 4096 + 1536 + 448 + 40 + 4 = 6124$

★☆☆
12 〈보기〉 잘 알려진 포트번호(well-known port)와 TCP 프로토콜이 바르게 연결된 것을 모두 고른 것은?

│ 보기 │
ㄱ : 21번 포트 : FTP
ㄴ : 53번 포트 : TELNET
ㄷ : 23번 포트 : SMTP
ㄹ : 80번 포트 : HTTP

① ㄱ, ㄴ 　　　　　② ㄱ, ㄹ
③ ㄴ, ㄷ 　　　　　④ ㄴ, ㄹ

해설 〔난도중〕
오답의 이유
ㄴ. TELNET의 포트 번호는 230다.
ㄷ. SMTP의 포트 번호는 250다.

★★☆
13 파일 처리 시스템(File Process System)과 비교한 데이터베이스 관리 시스템(DBMS)에 대한 설명으로 가장 옳지 <u>않은</u> 것은?

① 응용 프로그램과 데이터 간의 상호 의존성이 크다.
② 데이터 중복을 최소화한다.
③ 응용 프로그램의 요청을 수행한다.
④ 데이터 공유를 수월하게 한다.

해설 난도 중
정답의 이유
데이터를 데이터베이스에서 관리하므로 응용 프로그램과 데이터 간의 상호 의존성은 낮다.

이론플러스 데이터베이스 관리 시스템 장단점

장점	단점
• 데이터 중복을 최소화할 수 있다. • 데이터 독립성이 확보된다. • 데이터를 동시 공유할 수 있다. • 데이터 보안이 향상된다. • 데이터 무결성을 유지할 수 있다. • 표준화할 수 있다. • 장애 발생 시 회복이 가능하다. • 응용 프로그램 개발 비용이 줄어든다.	• 설치와 컴퓨터 자원 비용이 많이 든다. • 백업과 회복 방법이 복잡하다. • 중앙 집중 관리로 인한 취약점이 존재한다.

★☆☆
14 임계지역(critical section) 문제에 대한 해결책이 가져야 하는 성질로 가장 옳지 <u>않은</u> 것은?

① 한 번에 한 프로세스만이 임계지역을 수행하도록 해야 한다.
② 프로세스는 자신이 임계지역을 수행하지 않으면서 다른 프로세스가 임계지역을 수행하는 것을 막으면 안 된다.
③ 프로세스의 임계지역 진입은 유한 시간 내에 이루어져야 한다.
④ 임계지역 문제의 해결책에서는 프로세스의 수행 속도에 대해 적절한 가정을 할 수 있다.

해설 난도 중
정답의 이유
프로세스의 수행 속도에 대한 가정은 임계구역 문제 해결책으로 적합하지 않다.

오답의 이유
① 상호 배제 조건에 해당한다.
② 진행의 융통성 조건에 해당한다.
③ 한정 대기 조건에 해당한다.

★★☆
15 〈보기〉 C 프로그램의 출력은?

| 보기 |

```
#include <stdio.h>
int main()
{
    int a = 5, b = 5;
    a *= 3 + b++;
    printf("%d %d", a, b);
    return 0;
}
```

① 40 5 ② 40 6
③ 45 5 ④ 45 6

해설 난도 중
정답의 이유
a *= 3 + b++에서 3 + b++의 결과 값은 8이고, a *= 8은 a = a*8로 표현할 수 있기 때문에 a의 값은 40이 된다. a에 40 값이 대입된 후 b의 값은 1 증가한다. 따라서 출력은 40 6이 된다.

★★☆
16 〈보기〉 회로의 종류를 바르게 연결한 것은?

┤ 보기 ├

ㄱ. 3개의 입력 중에서 적어도 2개의 입력이 1이면 출력이 1이
되는 회로
ㄴ. 설정된 값이 표시되었을 때, 경고음을 울리는 카운터

	ㄱ	ㄴ
①	조합논리회로	조합논리회로
②	조합논리회로	순차논리회로
③	순차논리회로	조합논리회로
④	순차논리회로	순차논리회로

해설 난도 중
정답의 이유
ㄱ. 조합논리회로는 입력과 출력을 가진 논리 게이트로 입력 조건에
따라 출력 값이 결정되는 회로이다.
ㄴ. 카운터는 1씩 증가 또는 감소하는 회로로 순차논리회로에 속한다.

★★★
17 CISC(Complex Instruction Set Computer)에 대한 설명으로 가장 옳은 것은?

① 고정 길이의 명령어 형식을 갖는다.
② 명령어의 길이가 짧다.
③ 다양한 어드레싱 모드를 사용한다.
④ 하나의 명령으로 복잡한 명령을 수행할 수 없어 복잡한
하드웨어가 필요하다.

해설 난도 중
정답의 이유
CISC는 주소지정방식이 다양하고 복잡하다.

오답의 이유
①, ②, ④는 RISC에 대한 내용이다.

⊕ 이론플러스

CISC	RISC
하드웨어 중심	소프트웨어 중심
명령어 크기와 형식이 다양	명령어 크기가 동일하고 형식이 제한적
명령어 형식이 가변적	명령어 형식이 고정적
적은 수의 레지스터	많은 수의 레지스터
주소 지정 방식이 복잡하고 다양	주소 지정 방식이 단순하고 제한적
프로그래밍이 복잡	컴파일러가 복잡
프로그램 길이가 짧고 긴 명령어 사이클	프로그램 길이가 길고 명령어가 한 사이클에 실행
파이프 라인이 어려움	파이프 라인이 쉬움

★★☆
18 퀵 정렬에 대한 설명으로 가장 옳지 않은 것은?

① 퀵 정렬은 분할 정복(divide and conquer) 방식으로 동
작한다.
② 퀵 정렬의 구현은 흔히 재귀 함수 호출을 포함한다.
③ n개의 데이터에 대한 퀵 정렬의 평균 수행 시간은
$O(\log n)$이다.
④ C.A.R. Hoare가 고안한 정렬 방식이다.

해설 난도 중
정답의 이유
퀵 정렬의 평균 수행 시간은 $O(n\log n)$이다.

오답의 이유
① 퀵 정렬은 정렬할 자료들을 기준값을 중심으로 두 개로 나눠 부분
집합을 만드는 분할과 부분 집합 안에서 기준값의 정렬 위치를
정하는 정복을 이루어진다.
② 두 개의 부분 집합으로 나누고, 각 부분 집합에 대해 퀵 정렬을
재귀호출로 수행한다.

★☆☆
19 나시-슈나이더만(N-S) 차트의 반복(While) 구조에 대한 표현으로 가장 옳은 것은?

해설 [난도 중]
정답의 이유
while 구조는 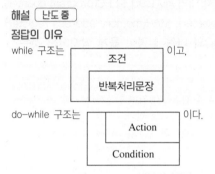 이고,

do-while 구조는 | Action | / Condition | 이다.

Condition → 조건, Action → 반복처리문장으로 처리한다.

★★★
20 〈보기〉 C 프로그램의 실행 결과로 화면에 출력되는 숫자가 아닌 것은?

─────────── 보기 ───────────

```c
#include <stdio.h>
int my(int i, int j)
{
        if (i < 3)
                i = j = 1;
        else
        {
                i = i - 1;
                j = j - i;
                printf("%d, %d, ", i, j);
        }
        return my(i, j);
}
int main(void)
{
        my(5, 14);
        return 0;
}
```

① 1   ② 3
③ 5   ④ 7

해설 [난도 상]
정답의 이유
main() 함수에서 my() 함수를 호출할 때 전달인자로 5, 14를 사용하면 my() 함수의 i에 5, j에 14가 저장된다. my() 함수 내에서는 i의 값이 5이고 if의 조건이 거짓이므로 else가 실행되면, i는 4, j가 10이 된 후 출력된다. 다시 return my(i, j)는 재귀함수로 다시 my() 함수를 호출하게 된다. 전달인자로 i는 4, j는 10이 되고, 다시 if의 조건이 거짓이므로 else가 실행되면 i는 3이 되고, j는 7이 되어 출력된다. 다시 my() 함수가 호출되면 if의 조건이 거짓이므로 i는 2가 되고, j는 5가 되어 출력된다. 다시 my() 함수가 호출되면 if의 조건이 참이 되므로 i와 j는 1이 되고 my() 함수가 계속 호출되는 형식이 된다. 따라서, 출력되는 숫자는 4, 10, 3, 7, 2, 5이다.

CHAPTER 09

04.08.

2017 국가직 9급 컴퓨터일반

★★☆

01 컴퓨터 구조에 대한 설명으로 옳지 <u>않은</u> 것은?

① 폰노이만이 제안한 프로그램 내장방식은 프로그램 코드와 데이터를 내부기억장치에 저장하는 방식이다.

② 병렬처리방식 중 하나인 SIMD는 하나의 명령어를 처리하기 위해 다수의 처리장치가 동시에 동작하는 다중처리기 방식이다.

③ CISC 구조는 RISC 구조에 비해 명령어의 종류가 적고 고정 명령어 형식을 취한다.

④ 파이프라인 기법은 하나의 작업을 다수의 단계로 분할하여 시간적으로 중첩되게 실행함으로써 처리율을 높인다.

해설 [난도 중]

정답의 이유
CISC는 RISC에 비해 명령어 수가 많고 가변 명령어 형식을 취한다.

➕ 이론플러스 병렬 컴퓨터 구조

- SISD : 고전적인 순차적 폰노이만 컴퓨터로 제어 장치와 프로세서를 각각 하나씩 갖는 구조로 명령 스트림과 데이터 스트림을 각각 하나씩 가지며 한 번에 한 가지 작업을 수행하는 단일 프로세서 시스템이다.
- SIMD : 여러 개의 프로세서들로 구성되고 프로세서들의 동작은 모두 하나의 제어 장치에 의해 제어되며, 대량의 데이터를 처리하는 시스템에 응용된다.
- MISD : 여러 개의 제어 장치와 프로세서를 갖는 구조로 각 프로세서들은 서로 다른 명령어들을 실행하지만 처리하는 데이터 스트림은 하나이다.
- MIMD : 병렬 처리 컴퓨터의 궁극적인 목표가 되며, 완전히 독립된 프로세서를 결합하여 커다란 시스템으로 구성하는 것이다.

★★★

02 중앙처리장치 내의 레지스터 중 PC(program counter), IR(instruction register), MAR(memory address register), AC(accumulator)와 다음 설명이 옳게 짝지어진 것은?

> ㄱ. 명령어 실행 시 필요한 데이터를 일시적으로 보관한다.
> ㄴ. CPU가 메모리에 접근하기 위해 참조하려는 명령어의 주소 혹은 데이터의 주소를 보관한다.
> ㄷ. 다음에 인출할 명령어의 주소를 보관한다.
> ㄹ. 가장 최근에 인출한 명령어를 보관한다.

	PC	IR	MAR	AC
①	ㄱ	ㄴ	ㄷ	ㄹ
②	ㄴ	ㄹ	ㄷ	ㄱ
③	ㄷ	ㄴ	ㄱ	ㄹ
④	ㄷ	ㄹ	ㄴ	ㄱ

해설 [난도 중]

정답의 이유
- ㄷ. 명령 계수기(PC ; Porgram Counter) : 프로그램의 명령 순서에 따라 명령이 실행될 수 있도록 하기 위해 다음에 실행할 명령의 주소를 기억하는 레지스터로, 프로그램 계수기라고도 한다.
- ㄹ. 명령 레지스터(IR ; Instruction Register) : 주기억 장치에서 인출한 명령어를 저장한다. 제어 장치는 IR에서 명령어를 읽어와 해독하여 컴퓨터 각 장치에 제어 신호를 전송한다.
- ㄴ. 주소 레지스터(MAR ; Memory Address Register) : 주기억장치에서 선택될 주소를 기억하는 레지스터이다. 명령 어드레스, 기억 어드레스, 장치 어드레스를 나타내는 주소가 각각 따로 되어 있는 경우도 있다.
- ㄱ. 누산기(Accumulator) : 연산 결과를 일시적으로 기억하는 레지스터로서 보통 누산기 내의 데이터와 주기억장치 상의 데이터를 연산하여 그 결과를 누산기에 기억한다.

★★☆

03 트랜잭션이 정상적으로 완료(commit)되거나, 중단(abort)되었을 때 롤백(rollback)되어야 하는 트랜잭션의 성질은?

① 원자성(atomicity)   ② 일관성(consistency)

③ 격리성(isolation)   ④ 영속성(durability)

해설 난도 하

오답의 이유

② 트랜잭션이 성공적으로 수행된 후에도 데이터베이스가 일관된 상태를 유지해야 함을 의미한다.

③ 고립성이라고도 하고, 현재 수행 중인 트랜잭션이 완료될 때까지 트랜잭션이 생성한 중간 연산 결과에 다른 트랜잭션들이 접근할 수 없음을 의미한다.

④ 영속성이라고도 하는데 트랜잭션이 성공적으로 완료된 후 데이터베이스에 반영한 수행 결과는 어떠한 경우에도 손실되지 않고 영구적이어야 함을 의미한다.

★★☆

04 다음의 설명과 무선 PAN 기술이 옳게 짝지어진 것은?

(가) 다양한 기기 간에 무선으로 데이터 통신을 할 수 있도록 만든 기술로 에릭슨이 IBM, 노키아, 도시바와 함께 개발하였으며, IEEE 802.15.1 규격으로 발표되었다.

(나) 약 10cm 정도로 가까운 거리에서 장치 간에 양방향 무선 통신을 가능하게 해주는 기술로 모바일 결제 서비스에 많이 활용된다.

(다) IEEE 802.15.4 기반 PAN기술로 낮은 전력을 소모하면서 저가의 센서 네트워크 구현에 최적의 방안을 제공하는 기술이다.

	(가)	(나)	(다)
①	Bluetooth	NFC	ZigBee
②	ZigBee	RFID	Bluetooth
③	NFC	RFID	ZigBee
④	Bluetooth	ZigBee	RFID

해설 난도 중

오답의 이유

RFID는 무선 주파수를 이용하여 접촉하지 않아도 인식이 가능한 기술이다.

★★★

05 디스크 헤드의 위치가 55이고 0의 방향으로 이동할 때, C-SCAN 기법으로 디스크 대기 큐 25, 30, 47, 50, 63, 75, 100을 처리한다면 제일 마지막에 서비스 받는 트랙은?

① 50   ② 63

③ 75   ④ 100

해설 난도 상

정답의 이유

헤드의 위치가 55이기 때문에 0 방향으로 이동하면서 요청받은 트랙 50, 47, 30, 25 순서로 서비스한다. 트랙 0에서 방향을 바꿔 요청받은 트랙 중 반대편 끝에 있는 트랙 100으로 이동하여 서비스하고, 트랙 75, 63을 서비스한다. 마지막으로 서비스 받는 트랙은 63이 된다.

★★☆

06 컴퓨터 시스템 구성요소 사이의 데이터 흐름과 제어 흐름에 대한 설명으로 옳은 것은?

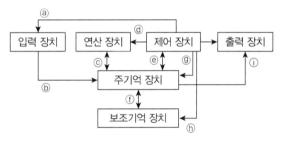

① ⓐ와 ⓕ는 모두 제어 흐름이다.

② ⓑ와 ⓖ는 모두 데이터 흐름이다.

③ ⓗ는 데이터 흐름, ⓓ는 제어 흐름이다.

④ ⓒ는 데이터 흐름, ⓖ는 제어 흐름이다.

해설 난도 중

오답의 이유

① ⓘ는 데이터 흐름이다.

② ⓖ는 제어 흐름이다.

③ ⓗ는 제어 흐름, ⓓ는 데이터 흐름이다.

★★★

07 수식의 결과가 거짓(false)인 것은?

① $20D_{(16)} > 524_{(10)}$

② $0.125_{(10)} = 0.011_{(2)}$

③ $10_{(8)} = 1000_{(2)}$

④ $0.1_{(10)} < 0.1_{(2)}$

해설 난도 중

정답의 이유

10진수 0.125를 2진수로 변환하면 0.001이 되므로 0.011보다 작다.

	0.125	0.25	0.5
	× 2	× 2	× 2
	0.25	0.5	1.0
정수	0	0	1
읽는 순서	→		

오답의 이유

① 16진수 20D를 10진수로 변환하면 $2 \times 16^2 + 13 \times 1 = 512 + 13 = 525$이므로 10진수 524보다 크다.

③ 8진수 10을 2진수로 변환하면 각 자리의 숫자를 2진수 3비트로 만들면 된다. 따라서 숫자 1은 001이고 0은 000이므로 00100000이 된다. 1 앞의 00은 의미 없는 숫자이기 때문에 10000이 되므로 오른쪽 2진수 1000과 같다.

④ 2진수 0.1을 10진수로 변환하면 1이 2^{-1} 자리이므로 $2^{-1} \times 1 = 0.5$가 된다. $0.1_{(10)} < 0.5_{(10)}$가 성립한다.

★★☆

08 '인터넷 서점'에 대한 유스케이스 다이어그램에서 '회원등록' 유스케이스를 수행하기 위해서는 '실명확인' 유스케이스가 반드시 선행되어야 한다면 이들의 관계는?

① 일반화(generalization) 관계

② 확장(extend) 관계

③ 포함(include) 관계

④ 연관(association) 관계

해설 난도 중

정답의 이유

포함 관계는 하나의 유스케이스가 다른 유스케이스의 실행을 전제로 할 때 형성되는 관계이다.

오답의 이유

① 유사한 유스케이스 또는 액터를 모아 추상화한 유스케이스 또는 액터와 연결시켜 그룹을 만들어 이해도를 높이기 위한 관계이다.

② 확장 기능 유스케이스와 확장 대상 유스케이스 사이에 형성되는 관계이다. 확장 대상 유스케이스를 수행할 때 특정 조건에 따라 확장 기능 유스케이스를 수행하는 경우에 적용한다.

④ 유스케이스와 액터간의 상호작용이 있음을 표현하고, 유스케이스와 액터를 실선으로 연결한다.

★★☆

09 노드 A, B, C를 가지는 이중 연결 리스트에서 노드 B를 삭제하기 위한 의사코드(pseudo code)로 옳지 않은 것은?(단, 노드 B의 메모리는 해제하지 않는다)

① A → next = C;
   C → prev = A;

② A → next = B → next;
   C → prev = B → prev;

③ B → prev → next = B → next;
   B → next → prev = B → prev;

④ A → next = A → next → next;
   A → next → next → prev = B → prev;

해설 난도 중

정답의 이유

노드 B를 삭제하면 노드 A와 노드 C를 연결하는 과정이 필요하다. 연결하는 과정에서 노드 A.next는 노드 C를 가리키고, 노드 C.prev는 노드 A를 가리키게 된다.

A → next = A → next → next;에서 A → next → next를 풀이하면 A → next는 노드 B이기 때문에 B → next라고 표현할 수 있다. B → next는 C가 된다. 즉, A → next = C와 같은 의미를 가진다.

A → next가 노드 C이므로 A → next → next → prev는 C → next → prev라고 표현할 수 있다. 그런데 C → next는 노드 C의 다음 노드를 뜻하는데 C 다음에는 노드가 존재하지 않기 때문에 에러가 발생하게 된다.

★★☆
10 이동 애드혹 네트워크(MANET)에 대한 설명으로 옳지 않은 것은?

① 전송 거리와 전송 대역폭에 제약을 받는다.
② 노드는 호스트 기능과 라우팅 기능을 동시에 가진다.
③ 보안 및 라우팅 지원이 여러 노드 간의 협력에 의해 분산 운영된다.
④ 동적인 네트워크 토폴로지를 효율적으로 구성하기 위해 액세스 포인트(AP)와 같은 중재자를 필요로 한다.

해설 난도 **중**
정답의 이유
이동 애드혹 네트워크는 고정된 기반 망의 도움 없이 이동 노드들 간에 자율적으로 구성되는 망으로, 액세스 포인트(AP)와 같은 중재자가 없어도 네트워크를 구성할 수 있다.

★★☆
11 공개키 암호화 방법을 사용하여 철수가 영희에게 메시지를 보내는 것에 대한 설명으로 옳지 않은 것은?

① 공개키는 누구에게나 공개된다.
② 공개키의 위조 방지를 위해 인증기관은 인증서를 발급한다.
③ 철수는 자신의 공개키를 사용하여 평문을 암호화한다.
④ 영희는 자신의 개인키를 사용하여 암호문을 복호화한다.

해설 난도 **중**
정답의 이유
철수는 영희의 공개키를 획득하여 평문을 암호화한다.

➕ **이론플러스** **암호화 기법**

• 대칭키 암호화 방식 : 송신자와 수신자 사이에서 암호화와 복호화 과정에서 사용되는 키를 같은 키로 사용하는 방식으로 공통키 암호라고 부른다.
• 비대칭키 암호화 방식 : 암호화키와 복호화키가 동일한 대칭키 암호화 방식의 문제점을 보완한 암호화 방식이다. 비대칭키 암호화 방식은 암호화키와 복호화키가 서로 다른 암호화 방식으로, 암호화키는 제3자에게 공개를 해도 상관없는 공개키이고, 복호화키는 개인키에 해당한다.

★★★
12 네트워크 구성 형태에 대한 설명으로 옳지 않은 것은?

① 메시(mesh)형은 각 노드가 다른 모든 노드와 점 대 점으로 연결되기 때문에 네트워크 규모가 커질수록 통신 회선 수가 급격하게 많아진다.
② 스타(star)형은 각 노드가 허브라는 하나의 중앙노드에 연결되기 때문에 중앙노드가 고장 나면 그 네트워크 전체가 영향을 받는다.
③ 트리(tree)형은 고리처럼 순환형으로 구성된 형태로서 네트워크 재구성이 수월하다.
④ 버스(bus)형은 하나의 선형 통신 회선에 여러 개의 노드가 연결되어 있는 형태이다.

해설 난도 **중**
정답의 이유
고리처럼 순환형으로 구성된 형태는 링형이다.

★★☆
13 다음에서 설명하는 보안공격방법은?

> 공격자는 여러 대의 좀비 컴퓨터를 분산 배치하여 가상의 접속자를 만든 후 처리할 수 없을 정도로 매우 많은 양의 패킷을 동시에 발생시켜 시스템을 공격한다. 공격받은 컴퓨터는 사용자가 정상적으로 접속할 수 없다.

① 키로거(Key Logger)
② DDoS(Distributed Denial of Service)
③ XSS(Cross Site Scripting)
④ 스파이웨어(Spyware)

해설 난도 **중**
오답의 이유
① 키보드를 통해 입력되는 정보를 기록하는 장치를 말한다.
③ 웹상에서 가장 취약한 부문을 공격하는 방법의 일종으로, 공격하려는 사이트에 스크립트를 넣는 기법을 말한다.
④ 자신이 설치된 시스템 정보를 원격지의 특정한 서버에 주기적으로 보내는 프로그램을 말한다.

★★☆

14 논리적 데이터 모델에 대한 설명으로 옳지 <u>않은</u> 것은?

① 개체 관계 모델은 개체와 개체 사이의 관계성을 이용하여 데이터를 모델링한다.
② 관계형 모델은 논리적 데이터 모델에 해당한다.
③ SQL은 관계형 모델을 따르는 DBMS의 표준 데이터 언어이다.
④ 네트워크 모델, 계층 모델은 레거시 데이터 모델로도 불린다.

해설 난도 중

정답의 이유
개체 관계 모델은 개념적 데이터 모델에 속한다.

★★★

15 다음에서 설명하는 소프트웨어 개발 방법론은?

- 애자일 방법론의 하나로 소프트웨어 개발 프로세스가 문서화하는 데 지나치게 많은 시간과 노력이 소모되는 단점을 보완하기 위해 개발되었다.
- 의사소통, 단순함, 피드백, 용기, 존중의 5가지 가치에 기초하여 '고객에게 최고의 가치를 가장 빨리' 전달하도록 하는 방법론으로 켄트 벡이 고안하였다.

① 통합 프로세스(UP)
② 익스트림 프로그래밍
③ 스크럼
④ 나선형 모델

해설 난도 중

오답의 이유
① 4단계(도입, 구체화, 구축, 전이)로 나뉘고 각 단계도 여러 개의 작은 단위로 나뉘어 각 반복 구간을 하나씩 정복해나간다.
③ 소프트웨어 개발보다 팀의 개선과 프로젝트 관리를 위한 애자일 방법론이다.
④ 나선형 모델에는 위험 요소를 최소화하기 위한 방법으로 개발 단계에 위험을 분석할 수 있는 과정이 존재한다.

★★★

16 다음 프로세스 집합에 대하여 라운드 로빈 CPU 스케줄링 알고리즘을 사용할 때, 프로세스들의 총 대기 시간은? (단, 시간 0에 P1, P2, P3 순서대로 도착한 것으로 하고, 시간 할당량은 4밀리초로 하며, 프로세스 간 문맥교환에 따른 오버헤드는 무시한다)

프로세스	버스트 시간(밀리초)
P1	20
P2	3
P3	4

① 16
② 18
③ 20
④ 24

해설 난도 상

정답의 이유
모든 프로세스의 도착 시간이 0이고, 실행 순서는 P1, P2, P3이기 때문에 P1이 4밀리초 동안 실행되고 P2가 3밀리초, P3가 4밀리초, 이후 P1이 4밀리초 단위로 4번 실행된다. P2는 4밀리초 이후 실행되고 도착 시간은 0밀리초이므로, 대기 시간은 4밀리초이다. P3는 7밀리초 이후 실행되고 도착 시간은 0밀리초이므로 대기 시간은 7밀리초이다. P1이 다시 실행되는 시점은 11밀리초 이후이므로 대기 시간은 11 − 4 = 7밀리초가 된다. 따라서, 프로세스 총 대기 시간을 구하면 4 + 7 + 7 = 18밀리초가 된다.

★★☆

17 다음 C 프로그램의 출력 값은?

```
#include <stdio.h>
void funCount();
int main(void) {
int num;
for(num = 0; num<2; num++)
funCount();
return 0;
}
void funCount() {
int num = 0;
static int count;
printf("num = %d, count = %d \n", ++num, count++);
}
```

① num = 0, count = 0

    num = 0, count = 1

② num = 0, count = 0

    num = 1, count = 1

③ num = 1, count = 0

    num = 1, count = 0

④ num = 1, count = 0

    num = 1, count = 1

해설 [난도 중]

정답의 이유

main() 함수에서 for문이 2회 반복되면서 funCount() 함수를 두 번 호출한다. funCount() 함수 내 num은 지역 변수이고 count는 static 변수이다. num 변수는 funCount() 함수가 종료되면 사라지고 count 변수는 프로그램이 종료될 때 사라지므로 중간에 값이 바뀌면 바뀐 값을 저장한다. funCount() 함수가 처음 호출되면 num에는 전위 연산자가 있기 때문에 1을 증가시키고 값을 출력하기 때문에 1이 출력되고 count에는 후위 연산자가 있기 때문에 0을 출력시키고 값을 1 증가시킨다. 두 번째 호출되면 num은 다시 0으로 초기화되고 1이 출력된다. count는 1을 저장하고 있어서 1을 출력한 뒤 1 증가하여 2가 된다.

★★☆

18 페이지 크기가 2,000byte인 페이징 시스템에서 페이지테이블이 다음과 같을 때 논리주소에 대한 물리주소가 옳게 짝지어진 것은?(단, 논리주소와 물리주소는 각각 0에서 시작되고, 1byte 단위로 주소가 부여된다)

페이지번호(논리)	프레임번호(물리)
0	7
1	3
2	5
3	0
4	8

	논리주소	물리주소
①	4,300	2,300
②	3,600	4,600
③	2,500	6,500
④	900	7,900

해설 [난도 상]

정답의 이유

논리주소 2500을 VA = ⟨P,D⟩로 변환하면 P는 2500/2000의 몫 1이 되고, D는 2500/2000의 나머지 500이 된다. 즉, 논리주소 2500은 VA = ⟨1,500⟩으로 표기되므로 페이지 1의 500번째 위치한 주소임을 알 수 있다. 물리주소 6500도 동일하게 수행하면 PA = ⟨3,500⟩이 된다. 즉, 프레임 3번의 500번째 주소임을 알 수 있다. 논리주소 2500은 페이지 1에 속해 있으므로 프레임 3의 500번째 주소로 변환되어야 한다. 즉, 프레임 3의 500번째 주소가 6500인 것을 알 수 있다.

오답의 이유

① 논리주소 4300은 VA = ⟨2,300⟩이고, 물리주소 2300은 PA = ⟨1,300⟩이다. 논리주소 4300은 페이지 2에 속해 있으므로 프레임 1이 아닌 프레임 5의 300번째 주소로 변환되어야 한다.

② 논리주소 3600은 VA = ⟨1,1600⟩이고, 물리주소 4600은 PA = ⟨2,600⟩이다. 논리주소 3600은 페이지 1번에 속해 있으므로 프레임 2가 아닌 프레임 3의 1600번째 주소로 변환되어야 한다.

④ 논리주소 900은 VA = ⟨0,900⟩이고, 물리주소 7900은 PA = ⟨3,1900⟩이다. 논리주소 900은 페이지 0번에 속해 있으므로 프레임 3이 아닌 프레임 7의 900번째 주소로 변환되어야 한다.

19 HTML5의 특징에 대한 설명으로 옳지 <u>않은</u> 것은?

① 플러그인의 도움 없이 음악과 동영상 재생이 가능하다.

② 쌍방향 통신을 제공하여 실시간 채팅이나 온라인 게임을 만들 수 있다.

③ 디바이스에 접근할 수 없어서 개인정보 보호 및 보안을 철저히 유지할 수 있다.

④ 스마트 폰의 일반 응용프로그램도 HTML5를 사용해 개발할 수 있다.

해설 난도 중

정답의 이유

HTML5는 디바이스에 접근할 수 있기 때문에 개인정보 보호 및 보안을 철저히 유지해야 한다.

20 컴퓨터의 발전 과정에 대한 설명으로 옳지 <u>않은</u> 것은?

① 포트란, 코볼같은 고급 언어는 직접회로(IC)가 적용된 제3세대 컴퓨터부터 사용되었다.

② 애플사는 1970년대에 개인용 컴퓨터를 출시하였다.

③ IBM PC라고 불리는 컴퓨터는 1980년대에 출시되었다.

④ 1990년대에는 월드와이드웹 기술이 적용되면서 인터넷에 연결되는 컴퓨터 사용자가 폭발적으로 증가하였다.

해설 난도 중

정답의 이유

포트란, 코볼 등의 고급 언어는 제2세대 컴퓨터부터 사용되었다.

CHAPTER 10

06.17.

2017 지방직 9급 컴퓨터일반

★★★
01 네트워크 프로토콜에 대한 설명으로 옳지 <u>않은</u> 것은?

① TCP와 UDP는 전송 계층에 속하는 프로토콜로서 데이터 전송의 신뢰성을 보장한다.
② IP는 네트워크 호스트의 주소 지정과 경로 설정을 담당하는 네트워크 계층 프로토콜이다.
③ SMTP는 전자메일 전송을 위한 응용 계층 프로토콜이다.
④ IPv4에서 예상되는 IP 주소의 고갈 문제 해결을 주요 목적으로 IPv6가 제안되었다.

해설 난도중

정답의 이유
TCP와 UDP는 전송 계층에 속하는 프로토콜이지만, UDP의 경우 데이터 전송의 신뢰성을 보장하지 못한다.

★☆☆
02 하드디스크에 대한 설명으로 옳지 <u>않은</u> 것은?

① 하드디스크는 데이터접근 방식이 직접접근 방식인 보조 기억 장치이다.
② 바이오스(BIOS)는 하드디스크에 저장된다.
③ 하드디스크는 주기억장치보다 접근 속도가 느리다.
④ 하드디스크는 전원이 꺼져도 저장된 데이터가 지워지지 않는다.

해설 난도중

정답의 이유
바이오스(BIOS)는 ROM에 저장된다.

★☆☆
03 가상 사설 네트워크(VPN : Virtual Private Network)에 대한 설명으로 옳지 <u>않은</u> 것은?

① 터널링(tunneling) 기술을 사용한다.
② 전용회선 기반 사설 네트워크보다 구축 및 유지 비용이 높다.
③ 암호화 기술을 사용한다.
④ VPN 기능은 방화벽이나 라우터에 내장될 수 있다.

해설 난도중

정답의 이유
가상 사설 네트워크를 사용하면 전용회선 기반 네트워크보다 구축 및 유지 비용을 줄일 수 있다.

★★★
04 다음은 폭포수 모델에서 제시하는 소프트웨어 개발 단계들 중 일부에 대한 설명이다. 제시된 소프트웨어 개발 단계를 순서대로 바르게 나열한 것은?

> ㄱ. 시스템 구조, 프로그램, 인터페이스를 설계한다.
> ㄴ. 소프트웨어를 이용하면서 문제점을 수정하거나 새로운 기능을 추가한다.
> ㄷ. 요구대로 소프트웨어가 적합하게 작동하는지 확인한다.
> ㄹ. 사용자의 요구사항을 파악한다.

① ㄱ → ㄴ → ㄷ → ㄹ
② ㄱ → ㄹ → ㄴ → ㄷ
③ ㄹ → ㄱ → ㄷ → ㄴ
④ ㄹ → ㄷ → ㄴ → ㄱ

해설 난도중

정답의 이유
폭포수 모델의 개발 단계는 계획 – 요구 분석 – 설계 – 구현 – 테스트 – 유지보수로 구성된다. ㄹ은 요구 분석 단계이고, ㄱ은 설계 단계이다. ㄷ은 테스트 단계이고, ㄴ은 유지보수 단계이다.

안심Touch

★★☆

05 입출력과 관련하여 폴링(polling) 방식과 인터럽트(interrupt) 방식에 대한 설명으로 옳지 <u>않은</u> 것은?

① 폴링 방식에서는 프로세서가 입출력을 위해 입출력장치의 상태를 반복적으로 검사한다.

② 인터럽트 방식은 폴링 방식 대비 프로세서의 시간을 낭비하는 단점이 있다.

③ 인터럽트 방식에서는 인터럽트 간에 우선순위를 둘 수 있다.

④ 인터럽트 방식에서는 인터럽트 처리를 위해 인터럽트 처리 루틴을 호출한다.

해설 [난도 중]

정답의 이유

인터럽트 방식은 입출력 장치 또는 예외 상황이 발생하여 처리가 필요할 때만 실행되고, 폴링 방식은 입출력 장치의 상태를 주기적으로 검사하기 때문에 폴링 방식이 인터럽트 방식에 비해 시간을 낭비하는 단점이 있다.

★★☆

06 다음은 배열로 구현한 스택 자료구조의 push() 연산과 pop() 연산이다. ㉠과 ㉡에 들어갈 코드가 옳게 짝지어진 것은?

```
#define ARRAY_SIZE 10
#define IsFull() ((top = = ARRAY_SIZE-1) ? 1 : 0)
#define IsEmpty() ((top = = -1) ? 1 : 0)
int a[ARRAY_SIZE];
int top = -1;
void push(int d) {
if( IsFull() )
printf("STACK FULL \n");
else
                    ㉠
}
int pop() {
if( IsEmpty() )
printf("STACK EMPTY \n");
else
                    ㉡
}
```

	㉠	㉡
①	a[++top] = d;	return a[--top];
②	a[++top] = d;	return a[top--];
③	a[--top] = d;	return a[++top];
④	a[top--] = d;	return a[top++];

해설 [난도 중]

정답의 이유

top 변수는 마지막으로 삽입된 데이터가 저장된 배열의 인덱스 값을 가지고 있다. push가 발생하면 top을 1 증가시키고 top이 위치한 배열 공간에 매개 변수 d를 저장한다.(a[++top] = d;) pop이 발생하면 top이 위치한 배열의 데이터를 반환하고 top은 1 감소시킨다.(return a[top--];)

★☆☆

07 32비트 16진수 정수 302AF567$_{(16)}$이 메모리 주소 200$_{(16)}$부터 시작하는 4바이트에 저장되어 있다. 리틀 엔디안(little endian) 방식을 사용하는 시스템에서 메모리 주소와 그 주소에 저장된 8비트 데이터가 옳게 짝지어진 것은? (단, 바이트 단위로 주소가 지정된다)

①

200$_{(16)}$	201$_{(16)}$	202$_{(16)}$	203$_{(16)}$
67$_{(16)}$	F5$_{(16)}$	2A$_{(16)}$	30$_{(16)}$

②

200$_{(16)}$	201$_{(16)}$	202$_{(16)}$	203$_{(16)}$
F5$_{(16)}$	67$_{(16)}$	30$_{(16)}$	2A$_{(16)}$

③

200$_{(16)}$	201$_{(16)}$	202$_{(16)}$	203$_{(16)}$
30$_{(16)}$	2A$_{(16)}$	F5$_{(16)}$	67$_{(16)}$

④

200$_{(16)}$	201$_{(16)}$	202$_{(16)}$	203$_{(16)}$
2A$_{(16)}$	30$_{(16)}$	67$_{(16)}$	F5$_{(16)}$

해설 [난도 중]

정답의 이유

리틀 엔디안 방식은 오른쪽에서 왼쪽으로 데이터를 낮은 주소에 저장한다.

★☆☆

08 데이터 전송 기법인 DMA(Direct Memory Access)에 대한 설명으로 옳지 <u>않은</u> 것은?

① DMA는 프로세서의 개입을 최소화하면서 주기억장치와 입출력장치 사이에 데이터를 전송하는 기술이다.
② 주기억장치와 입출력장치 사이에 대량의 데이터를 고속으로 전송 시, 인터럽트 방식이 DMA 방식보다 효율적이다.
③ 주기억장치와 입출력장치 사이에 DMA에 의한 데이터 전송 시, DMA 제어기는 버스 마스터(master)로 동작한다.
④ 단일 컴퓨터 시스템에 여러 개의 DMA 제어기가 존재할 수 있다.

해설 [난도 중]

정답의 이유

대량의 데이터를 고속으로 전송하기 위해서는 DMA 방식이 인터럽트 방식보다 효율적이다.

★☆☆

09 PMBOK(Project Management Body of Knowledge)에서 제시하는 소프트웨어 프로젝트 관리 영역에 대한 설명으로 옳지 <u>않은</u> 것은?

① 프로젝트 일정 관리(time management)는 주어진 기간 내에 프로젝트를 완료하기 위한 활동에 대해 다룬다.
② 프로젝트 비용 관리(cost management)는 승인된 예산 내에서 프로젝트를 완료하기 위한 활동에 대해 다룬다.
③ 프로젝트 품질 관리(quality management)는 품질 요구를 만족하여 수행 목표를 달성하기 위한 활동에 대해 다룬다.
④ 프로젝트 조달 관리(procurement management)는 완성된 소프트웨어를 고객에게 전달하기 위한 활동에 대해 다룬다.

해설 [난도 중]

정답의 이유

프로젝트 조달 관리는 조직의 외부에서 물품과 서비스를 조달하기 위한 활동에 대해 다룬다.

이론플러스 **PMBOK 프로젝트 관리 영역**

- 프로젝트 통합 관리 : 프로젝트의 여러 요소를 적절하게 통합하기 위한 활동에 대해 다룬다.
- 프로젝트 범위 관리 : 프로젝트를 성공적으로 완료하기 위해 필요한 모든 작업을 프로젝트에 포함시키기 위한 활동에 대해 다룬다.
- 프로젝트 인적 자원 관리 : 프로젝트 인적 자원 관리는 프로젝트 참여 인력을 어떻게 관리해야 프로젝트를 성공시킬 수 있는가에 대한 활동에 대해 다룬다.
- 프로젝트 의사소통 관리 : 프로젝트 의사소통 관리는 이해 관계자들 간에 메시지를 누구에게, 언제, 어떻게 보낼 것인가를 결정하고 관리하기 위한 활동에 대해 다룬다.
- 프로젝트 위험 관리 : 프로젝트의 위험을 식별, 분석, 대응하기 위한 활동에 대해 다룬다.

10 프로그램 구현 기법은 컴파일러를 이용한 기법, 인터프리터를 이용한 기법, 하이브리드(hybrid) 기법으로 구분된다. 이에 대한 설명으로 옳지 <u>않은</u> 것은?

① 하이브리드 기법에서는 인터프리터가 중간 언어로 번역된 프로그램을 해석하고 실행한다.

② 인터프리터를 이용한 기법에서는 고급 언어 프로그램을 명령문 단위로 하나씩 해석하여 바로 실행한다.

③ 반복문이 많은 프로그램의 실행에서 컴파일러를 이용한 기법이 인터프리터를 이용한 기법보다 효율적이다.

④ 인터프리터를 이용한 기법은 번역된 프로그램을 저장하기 위한 큰 기억 장소를 요구하는 단점이 있다.

해설 난도 중

정답의 이유

인터프리터는 명령어들을 한 줄 단위로 번역하기 때문에 목적 프로그램이 불필요하고 기억 장소 또한 적게 필요하다. 반면, 컴파일러는 프로그램 단위로 번역을 하고 번역 후에 목적 프로그램을 저장하기 위해 기억 장소가 많이 필요하다.

★★★
11 객체지향 프로그래밍에 대한 설명으로 옳지 <u>않은</u> 것은?

① 다형성(polymorphism)을 이용할 수 있다.

② 추상 클래스(abstract class)로부터 객체를 직접 생성할 수 없다.

③ 객체 간에는 메시지(message)를 통해 명령을 전달한다.

④ 상속(inheritance)이란 기존의 여러 클래스들을 조합하여 새로운 클래스를 만드는 기법이다.

해설 난도 중

정답의 이유

상속은 기존 클래스로부터 모든 변수와 메소드를 상속받고, 더 필요한 변수와 메소드를 추가하여 새로운 클래스를 생성하는 것이다.

➕**이론플러스**

추상 클래스는 상속 관계를 형성하기 위한 상위 클래스로 인스턴스화시키기 위해서 정의된 클래스는 아니다. 따라서 추상 클래스에서는 객체 생성이 불가능하다.

★★★
12 시간 순서대로 제시된 다음의 시스템 운영 기록만을 이용하여 시스템의 가용성(availability)을 계산한 결과는?

(단위 : 시간)

가동시간	고장시간	가동시간	고장시간	가동시간	고장시간
8	1	7	2	9	3

① 80% ② 400%

③ 25% ④ 75%

해설 난도 중

정답의 이유

$$가용성 = \frac{\text{MTTF}}{\text{MTTF} + \text{MTTR}} = \frac{24}{24 + 6} = \frac{24}{30} = 0.8 이다.$$

%로 표현하면 80%가 된다.

★★☆
13 다음에서 설명하는 기술은?

- 자동차를 기반으로 각종 정보를 주고받을 수 있는 자동차용 원격정보 서비스 기술
- 교통정보, 차량안전 및 보안, 차량진단, 생활정보 등의 서비스를 제공

① 텔레매틱스(Telematics)

② USN(Ubiquitous Sensor Network)

③ 증강현실(Augmented Reality)

④ 와이브로(WiBro)

해설 난도 하

오답의 이유

② 다양한 위치에 설치된 전자 태그(RFID)와 U-센서를 광대역 통합망과 연계하여 사람, 사물, 환경 정보를 인식하고 그 정보를 무선으로 수집하여 언제 어디서나 자유롭게 이용할 수 있도록 구성된 네트워크를 말한다.

③ 가상현실(VR)의 한 분야로 실제로 존재하는 환경에 가상의 사물이나 정보를 합성하여 마치 원래의 환경에 존재하는 사물처럼 보이도록 하는 컴퓨터 그래픽 기법이다.

④ 국내에서 개발한 무선 인터넷 서비스로서 2.3GHz 주파수를 사용한다.

★★☆

14 다음과 같은 가용 공간을 갖는 주기억장치에 크기가 각각 25KB, 30KB, 15KB, 10KB인 프로세스가 순차적으로 적재 요청된다. 최악적합(worst-fit) 배치전략을 사용할 경우 할당되는 가용 공간 시작주소를 순서대로 나열한 것은?

가용 공간 리스트	
시작주소	크기
w	30KB
x	20KB
y	15KB
z	35KB

① w → x → y → z
② x → y → z → w
③ y → z → w → x
④ z → w → x → y

해설 난도 중

정답의 이유
최악적합 배치는 할당 가능한 메모리 크기 중 가장 큰 공간에 프로세스를 배치하는 방식이다. 프로세스 순서대로 적재되는 공간을 살펴보면 25KB 프로세스는 30KB, 35KB 두 공간에 배치가 가능한데 이 중 큰 공간인 35KB 공간에 배치된다. 즉 시작주소가 z인 공간에 배치된다. 이와 같은 방법으로 수행하면 30KB → w, 15KB → x, 10KB → y가 된다.

★★★

15 32K×8비트 ROM 칩에 대한 설명으로 옳지 않은 것은?

① 이 ROM 칩 4개와 디코더(decoder)를 이용하여 128K× 8비트 ROM 모듈을 구현할 수 있다.
② 데이터 핀은 8개이다.
③ 워드 크기가 8비트인 컴퓨터 시스템에서만 사용된다.
④ 32,768개의 주소로 이루어진 주소 공간(address space)을 갖게 된다.

해설 난도 상

정답의 이유
ROM 칩 모듈을 설계하는 방법에 따라 다른 비트의 컴퓨터 시스템에서도 사용할 수 있다.

오답의 이유
① 32K×8비트 ROM 칩의 주소에 4를 곱하면 128K×8비트 ROM 모듈을 구현할 수 있다.
② 8비트는 데이터 버스를 의미하므로 데이터 핀은 8개이다.
④ 주소 32K를 2의 승수로 나타내면 $2^5 \times 2^{10} = 2^{15}$가 된다. 즉, 총 주소의 수는 32,768이고, 주소선의 수는 15개이다.

★★★

16 빅데이터에 대한 설명으로 옳지 않은 것은?

① 빅데이터의 특성을 나타내는 3V는 규모(Volume), 속도(Velocity), 가상화(Virtualization)를 의미한다.
② 빅데이터는 그림, 영상 등의 비정형 데이터를 포함한다.
③ 자연어 처리는 빅데이터 분석기술 중의 하나이다.
④ 시각화(visualization)는 데이터 분석 결과를 쉽게 이해할 수 있도록 표현하는 기술이다.

해설 난도 중

정답의 이유
빅데이터 특성을 나타내는 3V는 규모(Volume), 속도(Velocity), 다양성(Variety)이다.

17 다음 Java 프로그램의 출력 결과는?

```
class Foo {
    public int a = 3;
    public void addValue(int i) {
        a = a + i;
        System.out.println("Foo : "+a+" ");
    }
    public void addFive() {
        a+ = 5;
        System.out.println("Foo : "+a+" ");
    }
}
class Bar extends Foo {
    public int a = 8;
    public void addValue(double i) {
        a = a +(int)i;
        System.out.println("Bar : "+a+" ");
    }
    public void addFive() {
        a+ = 5;
        System.out.println("Bar : "+a+" ");
    }
}
public class Test {
    public static void main(String [] args) {
        Foo f = new Bar();
        f.addValue(1);
        f.addFive();
    }
}
```

① Foo : 4 ② Bar : 9
　 Foo : 9 　 Foo : 8
③ Foo : 4 ④ Bar : 9
　 Bar : 13 　 Bar : 14

해설 난도 중

정답의 이유

Foo, Bar 클래스의 addValue() 메소드는 전달인자가 다르므로 오버로딩 되었고, addFive() 메소드는 서로 같으므로 오버라이딩 되었다. 오버로딩의 경우 전달인자에 따라 해당 메소드가 호출된다. f.addValue(1); 에서 전달인자가 int형이므로 Foo 클래스의 addValue() 메소드가 호출되고 a의 값이 3이고 i의 값이 1이므로 Foo : 4가 출력된다. 오버로딩의 경우 상위 클래스의 메소드는 숨겨지고 하위 클래스의 메소드가 호출된다. 따라서 Bar 클래스의 addFive() 함수가 호출되어 a의 초기 값 8에서 5가 더해진 13이 다시 a에 저장된 후 출력된다.

18 다음 부울식을 간략화한 것은?

$$AB + A'C + ABD' + A'CD' + BCD'$$

① $A'C + BC$
② $AB + BC$
③ $AB + A'C$
④ $A'CD' + BCD'$

해설 난도 중

정답의 이유

부울식은 4개의 변수를 사용하고 있고 각 항에서 없는 변수를 고려하여 카르노맵을 적용하면 쉽게 해결할 수 있다. 각 항에서 없는 변수에 대해서는 0, 1일 때 상태를 고려해서 정리를 하면 된다. 변수에 '(NOT)이 있으면 0, 없으면 1로 표기를 할 때 AB 항을 살펴보면 CD 변수가 없는 상황이다. AB는 11의 값을 가지고 CD는 2개의 변수이므로 4가지 상태 (00, 01, 10, 11)를 적용하면 1100, 1101, 1110, 1111이 된다. 똑같은 방법으로 다른 항에도 적용하면 A'C – 0010, 0011, 0110, 0111 ABD' – 1100, 1110 A'C'D' – 0010, 0110 BCD' – 0110, 11100이 된다. 전체 상태를 카르노맵에 적용하면 다음과 같다.

AB＼CD	00	01	11	10
00			1	1
01			1	1
11	1	1	1	1
10				

전체 간소화된 식은 AB + A'C이다.

19 다음은 속성(attribute) A, B, C, D와 4개의 투플(tuple)로 구성되고 두 개의 함수 종속 AB → C, A → D를 만족하는 릴레이션을 나타낸다. ㉠과 ㉡에 들어갈 수 있는 속성 값이 옳게 짝지어진 것은?(단, A 속성의 도메인은 {a1, a2, a3, a4}이고, D 속성의 도메인은 {d1, d2, d3, d4, d5}이다)

A	B	C	D
a1	b1	c1	d1
a1	b2	c2	㉠
㉡	b1	c1	d3
a4	b1	c4	d4

	㉠	㉡
①	d1	a1
②	d1	a2 또는 a3
③	d5	a2 또는 a4
④	d4	a4

해설 [난도 상]

정답의 이유

함수 종속 관계 AB → C는 A와 B의 속성이 C 속성을 결정하고, A → D는 A 속성이 D 속성을 결정한다는 의미를 가진다. ㉠은 D 속성이므로 A 속성의 값이 D 속성이 값을 결정하므로 d1이 된다. A 속성의 값은 C와 D 속성의 값을 결정하므로 D 속성의 값이 d3이므로 A 속성의 값으로 a3이 포함되어야 한다. C 속성의 값은 B의 속성의 값이 결정했으므로 A 속성의 값은 다른 값을 가질 수 있다.

20 서브넷 마스크(subnet mask)가 255.255.255.192인 서브넷의 IP 주소에서 호스트 식별자(hostid)의 비트 수는?

① 5 ② 6

③ 7 ④ 8

해설 [난도 중]

정답의 이유

서브넷마스크는 네트워크 ID에 1을 대입하면 구할 수 있다. 4번째 자리가 192이므로 8비트로 표현하면 11000000이 된다. 8비트 중 2비트만 네트워크 ID이고, 나머지 6비트는 호스트 ID이다.

CHAPTER 11

12.16.

2017 지방직(추가선발) 9급 컴퓨터일반

★★☆

01 주기억장치로 사용될 수 없는 기억장치는?

① EPROM
② 블루레이(Blu-ray) 디스크
③ SRAM
④ DRAM

해설 난도 하

오답의 이유
블루레이 디스크는 보조 기억 장치에 속한다.

★☆☆

02 스택(stack)에 대한 설명으로 옳지 않은 것은?

① 임의의 위치에서 데이터의 삽입과 삭제가 가능하다.
② 연결 리스트(linked list)를 사용하여 구현할 수 있다.
③ 푸시(push) 연산에 의해 데이터를 삽입한다.
④ 가장 나중에 삽입된 데이터가 가장 먼저 삭제된다.

해설 난도 중

정답의 이유
스택에서는 데이터의 삽입과 삭제가 임의의 위치가 아니고 top 부분에서 발생한다.

오답의 이유
② 데이터를 삽입할 때 순차적으로 리스트를 생성하고 삭제할 때 순차적으로 리스트를 삭제할 수 있다.
③ 데이터를 삽입할 때는 푸시(push)라고 하고, 데이터를 삭제할 때는 팝(pop)이라고 한다.
④ 스택은 가장 나중에 삽입된 데이터가 가장 먼저 삭제되므로 LIFO(Last-In First-Out)이라고 한다.

★★☆

03 통신 시스템에서 아날로그 신호를 디지털 신호로 변환하는 과정 중 시간적으로 연속적인 아날로그 신호로부터 신호 값을 일정한 시간 간격으로 추출하는 단계는?

① 표본화(sampling)
② 부호화(encoding)
③ 복호화(decoding)
④ 양자화(quantization)

해설 난도 하

오답의 이유
② 양자화된 값을 디지털 부호로 변환하는 과정이다.
③ 수신측에서 디지털 부호를 원래의 아날로그 신호를 재현하는 과정이다.
④ 측정된 진폭의 크기에 양자화 레벨의 근사값을 할당하는 과정이다.

★★★

04 OSI 참조 모델에서 데이터 링크 계층의 프로토콜 데이터 단위(PDU : Protocol Data Unit)는?

① 비트(bit)
② 프레임(frame)
③ 패킷(packet)
④ 메시지(message)

해설 난도 하

오답의 이유
① 물리 계층의 데이터 단위이다.
③ 네트워크 계층의 데이터 단위이다.
④ 전송, 세션, 표현, 응용 계층의 데이터 단위이다.

★★★

05 다음 C 프로그램의 실행 결과는?

```
#include <stdio.h>
int main(void)
{
    int i;
    char buf[] = "12345678901234567989012345";
    char *str, ch;
    str = buf;
    for(i = 0; i <= 20; i+=4)
    {
        printf("%c ", *str++);
        ch = *++str;
    }
return 0;
}
```

① 1 3 5 7 9 1   ② 1 5 9 3 7 1

③ 2 4 6 8 0 2   ④ 2 6 0 4 8 2

해설 난도 상

정답의 이유

str 포인터 변수가 buf 배열의 주소를 가리키고 있고 for문 안에서 str이 가리키고 있는 배열의 원소를 출력한다. 후위 연산자가 있기 때문에 가장 처음에 1을 출력하고 1 증가하여 배열의 두 번째 원소의 주소를 가리킨다. ch = *++str;에서는 ch에 저장되는 값은 의미가 없고 선위 연산자가 있기 때문에 1 증가하여 배열의 세 번째 원소의 주소를 가리킨다. 2회 반복 시에는 str 변수가 배열의 세 번째 원소 3을 출력한다. 이와 같은 방법으로 출력되는 원소는 1 3 5 7 9 10이다.

★★☆

06 데이터 통신의 오류 검사 방식 중 다항식 코드를 사용하며 집단(burst) 오류 검출에 적합한 방식은?

① FEC(Forward Error Correction)

② 단일 패리티 비트(parity bit) 검사

③ 블록 합(block sum) 검사

④ CRC(Cyclic Redundancy Check)

해설 난도 하

정답의 이유

CRC는 제수를 다항식 코드로 표현하며 집단 오류 검출에 적합한 방식이다.

오답의 이유

① FEC는 전향 오류 정정이라고 하며, 수신 측에서 자동적으로 어떤 종류의 오류를 정정하는 코드를 사용하는 방식이다.

② 패리티 비트(parity bit)라 불리는 중복비트는 데이터 단위에 덧붙여져 패리티 비트를 포함한 데이터 단위 내에 1의 전체 개수가 짝수 또는 홀수가 되도록 하여 검사하는 방식이다.

★☆☆

07 컴퓨터의 수 표현에 대한 설명으로 옳지 않은 것은?

① 기본적으로 0과 1을 사용하여 수를 표현한다.

② 1의 보수 표기법을 사용하여 부호 있는(signed) 2진 정수를 표현할 수 있다.

③ IEEE 754 표준 부동소수점 수는 부호(sign), 지수(exponent), 소수(fraction)로 구성된다.

④ IEEE 754 표준 단정도(single precision) 부동소수점 수가 표현할 수 있는 값의 개수는 2의 보수 표기법에 의한 32비트의 부호 있는 2진 정수보다 많다.

해설 난도 중

정답의 이유

IEEE 754 표준 단정도에서 정보를 표현할 수 있는 비트는 23비트이다. 2의 보수 표기법에 의해 32비트의 부호 있는 2진 정수보다 표현할 수 있는 값의 개수가 적다.

08 어떤 컴퓨터에서 프로그램 P를 실행할 때, 실행시간 중 60%의 시간이 연산 A를 실행하는 데 소요된다. 다른 조건의 변화 없이 연산 A만을 n배 빠르게 실행하도록 컴퓨터의 성능을 향상시킨 후 프로그램 P에 대한 실행시간이 50% 감소했다면, n의 값은?(단, 실행시간은 프로그램 P만 실행하여 측정한다)

① 2

② 4

③ 6

④ 10

해설 [난도 상]

정답의 이유

컴퓨터의 일부 부분 성능 향상이 전체 시스템의 최대 성능 향상은

$\dfrac{1}{(1-P)+\dfrac{P}{S}}$ 이다. 연산 A의 실행 시간이 전체의 60%를 차지하므로

P = 0.6이다. 연산 A만 n배 빠르게 성능을 향상시켰으므로 S = n이 되고, 전체 시스템의 실행 시간이 기존 실행 시간보다 50% 감소했기 때문에 성능이 2배 증가한 것을 알 수 있다. 공식에 적용하면

$\dfrac{1}{(1-0.6)+\dfrac{0.6}{n}}=2$ 가 된다. n을 구해보면 $\dfrac{1}{0.4+\dfrac{0.6}{n}}=2 \rightarrow 0.5$

$=0.4+\dfrac{0.6}{n} \rightarrow 0.1=\dfrac{0.6}{n} \rightarrow n=6$ 이다.

09 데이터베이스 무결성 제약조건에 대한 설명으로 옳지 않은 것은?

① 무결성 제약조건은 사용자에 의한 데이터베이스 갱신이 데이터의 일관성을 손상하지 않도록 보장하는 데에 사용된다.

② DBMS는 무결성 제약조건을 검사하는 기능을 가진다.

③ 도메인 무결성 제약조건은 기본 키가 널(NULL) 값을 가질 수 없고 튜플을 유일하게 식별해야 한다는 것이다.

④ 참조 무결성 제약조건은 릴레이션 사이의 참조를 위해 사용되는 외래키에 대한 것이다.

해설 [난도 중]

정답의 이유

개체 무결성 제약조건이 기본 키가 널(NULL) 값을 가질 수 없고 튜플을 유일하게 식별해야 한다는 것이다.

10 다음은 2진 입력 A, B, C와 2진 출력 X, Y, Z 사이의 관계를 나타낸 것이다. X, Y, Z에 대한 출력 함수를 옳게 짝지은 것은?

- 입력 C = 0일 때, 출력 X = 0, Y = 0, Z = 0
- 입력 B = 0이고 C = 1일 때, 출력 X = 0, Y = 0, Z = 1
- 입력 B = 1이고 C = 1일 때, 출력 X = A, Y = B, Z = C

① X = AC, Y = BC, Z = C

② X = A'C, Y = B'C, Z = C'

③ X = ABC, Y = BC, Z = C

④ X = A'B'C, Y = B'C, Z = C'

해설 [난도 중]

정답의 이유

보기의 조건에 맞게 진리표를 작성하면 다음과 같다.

입력			출력		
A	B	C	X	Y	Z
0	0	0	0	0	0
0	0	1	0	0	1
0	1	0	0	0	0
0	1	1	0	1	1
1	0	0	0	0	0
1	0	1	0	0	1
1	1	0	0	0	0
1	1	1	1	1	1

각 변수마다 출력이 1일 때, 곱의 합 형태로 논리식을 작성한다. 필요 시 불대수 또는 카르노 맵을 사용하여 논리식을 간소화한다.
출력 X는 입력 A, B, C가 모두 1일 때 1이므로 논리식 X = ABC이다.
출력 $Y = A'BC + ABC = BC(A' + A) = BC$이다. 출력 Z에 대해 카르노 맵을 작성하면 다음과 같다.

A \ BC	00	01	11	10
0		1	1	
1		1	1	

출력 Z = C이다.

★★☆

11 다음 시나리오에서 괄호 안에 들어갈 가장 적합한 정보 서비스 유형은?

> 회사원 갑이 출장지로 자동차를 운전하여 가던 중, 휘발유가 부족한 것을 알았다. 그래서 (　) 유형의 앱을 실행하여 주변 주유소를 검색하고 가장 가까운 주유소를 선택하였다.

① 빅데이터 서비스　　　② 클라우드 서비스
③ 가상현실 서비스　　　④ 위치기반 서비스

해설 〔난도 하〕

정답의 이유
위치기반 서비스(LBS : Location Based Service)는 이동통신망이나 위성항법장치(GPS) 등을 통해 얻은 위치 정보를 이용하여 사용자에게 여러 가지 서비스를 제공하는 시스템을 말한다.

오답의 이유
① 수집·저장된 대량의 정형 또는 비정형 데이터 집합으로부터 가치를 추출하고 결과를 분석하는 기술이다.
② 클라우드 컴퓨팅 인터넷 기술을 활용하여 가상화된 정보 기술 자원을 서비스한다. 클라우드는 컴퓨터의 네트워크상에 있는 구조나 인터넷을 뜻하고, 컴퓨팅은 컴퓨터 기술을 의미한다.
③ 컴퓨터 등을 이용하여 인공적인 기술로 만들어낸 실제와 유사하지만 실제가 아닌 어떤 특정한 환경이나 상황 혹은 그 기술 자체를 의미한다.

★★☆

12 다음 이진 트리의 노드를 중위 순회(inorder traversal)할 때, 4, 5, 6번째 방문 노드를 순서대로 바르게 나열한 것은?

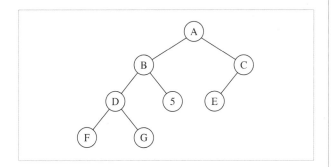

① A, B, C　　　　② B, A, E
③ B, E, C　　　　④ F, G, C

해설 〔난도 중〕

정답의 이유
중위 순회는 현재 노드에서 왼쪽 노드를 처리하고 현재 노드를 처리한 후, 오른쪽 노드를 처리하게 된다. 중위 순회 경로를 살펴보면 왼쪽의 가장 마지막 노드인 F가 먼저 처리된다. 다음으로 노드 D, G가 처리된 후 노드 B, A가 처리된다. A 노드의 오른쪽 노드에서 왼쪽 노드 E가 처리된 후 C가 처리된다. 전체 순회 경로를 정리하면 F − D − G − B − A − E − C이다. 4, 5, 6번째 방문 노드는 B, A, E가 된다.

★☆☆

13 CASE(Computer-Aided Software Engineering)에 대한 설명으로 옳지 <u>않은</u> 것은?

① 소프트웨어 품질을 효율적으로 제어할 수 있다.
② 소프트웨어 유지보수 비용을 절감할 수 있다.
③ 통합 CASE 도구는 소프트웨어 개발 주기의 전체 과정을 지원한다.
④ 하위 CASE 도구는 프로젝트 계획 수립 및 요구 분석 과정을 지원한다.

해설 〔난도 중〕

정답의 이유
하위 CASE 도구는 소프트웨어 개발 주기의 코드 작성(구현), 테스트, 문서화 과정을 지원한다.

➕**이론플러스**　**CASE 분류**

• 하위 CASE : 소프트웨어 개발 주기의 코드 작성(구현), 테스트, 문서화 과정을 지원한다.
• 상위 CASE : 소프트웨어 개발 주기의 분석, 설계 과정을 지원한다.
• 통합 CASE : 소프트웨어 개발 주기의 전체 과정을 지원한다.

★★☆

14 2의 보수로 표현된 n비트의 부호 있는(signed) 2진 정수가 표현할 수 있는 최댓값과 최솟값의 합은?

① −1　　　　　　② 0
③ 1　　　　　　　④ 2^{n-1}

해설 〔난도 상〕

정답의 이유
8비트로 가정했을 때 가장 왼쪽의 비트가 부호를 의미하므로 최댓값은 부호 비트가 0(양수)이고 나머지 비트는 1을 가질 때 이므로 01111111 (＝127)이다. 최솟값은 부호 비트가 1(음수)이고 나머지 비트는 0을 가질 때 이므로 100000000이 되고, 2의 보수로 표현하면 −128이 된다. 최댓값과 최솟값을 더하면 −1이 된다.

★★★
15 다음 표는 프로세스들의 대기 시간과 예상되는 서비스 시간을 나타낸 것이다. HRRN(Highest Response Ratio Next) 스케줄링 알고리즘을 사용할 때, 우선순위가 가장 높은 프로세스는?

프로세스	대기 시간	서비스 시간
P1	10	5
P2	12	4
P3	8	12
P4	15	3

① P1   ② P2
③ P3   ④ P4

해설 난도 상
정답의 이유
우선순위를 구하는 계산식은 다음과 같다.

$$우선순위 = \frac{대기\ 시간 + CPU\ 사용\ 시간}{CPU\ 사용\ 시간}$$

P1의 우선순위는 $\frac{10+5}{5} = 3$이고, P2의 우선순위는 $\frac{12+4}{4} = 4$이다.

P3의 우선순위는 $\frac{8+12}{12} ≒ 1.66$이고, P4의 우선순위는 $\frac{15+3}{3} = 6$이다. 따라서, 우선순위가 가장 높은 프로세스는 P4이다.

★☆☆
16 비트맵 방식의 이미지 파일 형식 중 압축을 하지 않기 때문에 파일 크기가 크다는 단점을 가진 것은?

① AI
② BMP
③ PNG
④ JPEG

해설 난도 하
오답의 이유
① 벡터 방식으로 일러스트레이터에서 사용된다.
③ PNG는 비손실 압축 기법을 사용하는 그래픽 파일 형식이다.
④ JPEG는 흑백 및 컬러 정지 화상을 위한 국제 표준안으로 이미지의 압축 및 복원 방식에 관한 표준이다.

★★☆
17 프로세스 P가 수행 준비는 되어 있으나 다른 프로세스들이 더 우선적으로 수행되어, 프로세스 P가 계속적으로 CPU 할당을 기다리면서 수행되지 <u>못하는</u> 상태는?

① 교착상태(deadlock)
② 기아상태(starvation)
③ 경쟁상태(race condition)
④ 상호배제(mutual exclusion)

해설 난도 하
정답의 이유
프로세스가 CPU를 할당받을 준비가 되어 있지만 다른 프로세스가 우선적으로 수행되어 계속적으로 CPU를 할당받지 못하는 상태를 기아상태라고 한다.

★★★
18 다음은 후위(postfix) 표기 수식을 스택을 이용하여 계산하는 과정 중에 처리되지 않고 남아 있는 수식과 스택의 상태를 나타낸 것이다. 수식 계산을 완료했을 때의 최종 결과 값은?(단, 수식에서 연산자는 +, *이다)

- 남아 있는 수식 : *4*5 + 6 +

3
2

- 스택의 상태 :

① 35   ② 68
③ 126   ④ 466

해설 난도 상
정답의 이유
먼저 스택에 있는 3, 2를 pop하여 *를 실시하면 6이 되고, 다시 push한다. 다음 수식은 4이므로 push를 하면 스택에는 6, 4가 있다. * 연산을 위해 6, 4를 pop한 후 *를 실시하면 24가 되고 다시 결과를 push하고 다음 숫자 5도 push한다. + 연산을 위해 24, 5를 pop한 후 +를 실시하면 결과는 29가 되고 다시 push한다. 다음 숫자 6도 push한 후 +연산을 위해 29와 6을 pop한 후 + 연산을 실시하면 결과는 35가 된다.

★★☆

19 다음 Java 프로그램이 실행될 수 있도록 ㉠~㉢을 옳게 짝지은 것은?

```java
import java.util.Stack;
public class StackDemo1 {
    public static void main(String[] args) {
        Stack< ㉠ > stack = ㉡ Stack◇();
        stack.push("java");
        stack.push("stack");
        stack.push("demo");
        ㉢ popResult = stack.pop();
        System.out.println(popResult);
        popResult = stack.pop();
        System.out.println(popResult);
        popResult = stack.pop();
        System.out.println(popResult);
    }
}
```

	㉠	㉡	㉢
①	String	create	String
②	Object	create	String
③	Object	new	char
④	String	new	Object

해설 〔난도 중〕

정답의 이유

㉠은 Stack의 인스턴스 자료형이 들어가야 한다. push() 메소드의 매개변수로 문자열이 사용되므로 알맞은 자료형은 String이 된다. ㉡이 인스턴스를 생성할 때 알맞은 명령어는 new이다. push() 메소드의 형태는 push(Object item)이다. 즉, 객체가 매개 변수로 사용된다. pop() 메소드의 형태는 Object pop()이다. 즉, 객체를 반환한다. 따라서 ㉢의 popResult의 경우에는 Object가 된다.

★★☆

20 캐시 기억장치에 대한 설명으로 옳지 않은 것은?

① 명령어 캐시 기억장치와 데이터 캐시 기억장치로 분리된 구조를 가질 수 있다.

② 2개 이상의 단계(level)를 가지는 다단계 구조를 가질 수 있다.

③ 직접 사상(direct mapping) 방식을 사용할 경우, 적절한 교체(replacement) 알고리즘이 필요하다.

④ 쓰기 버퍼(write buffer)는 즉시 쓰기(write-through) 캐시 기억장치에서 쓰기 동작이 오래 걸리는 문제를 개선할 수 있다.

해설 〔난도 중〕

정답의 이유

교체 알고리즘이 필요한 사상 방식은 완전 연관 사상, 집합 연관 사상이다.

CHAPTER

12

06.24.

2017 서울시 9급 컴퓨터일반

★★☆

01 다음은 컴퓨터 언어처리에 관련된 시스템 S/W의 기능을 설명한 것이다. 옳지 <u>않은</u> 것은?

① 컴파일러 : 고급언어를 이진목적모듈로 변환기능
② 어셈블러 : 객체지향언어를 이진목적모듈로 변환기능
③ 링커 : 여러 목적모듈을 통합하여 실행 가능한 하나의 모듈로 변환기능
④ 로더 : 실행 가능한 모듈을 주기억장치에 탑재기능

해설 [난도 중]

정답의 이유

어셈블러는 어셈블리어를 이진파일(실행파일)로 변환한다.

➕이론플러스

• 컴파일러 : 고급언어(소스코드)를 이진파일(실행파일) 또는 어셈블리어로 변환한다.
• 링커 : 소스코드를 컴파일 한 이진파일과 미리 컴파일 한 라이브러리 이진 파일을 통합하여 실행 가능한 하나의 파일로 만든다.
• 로더 : 링커를 통해 만들어진 이진파일(실행파일)을 실행하기 위해 주기억장치에 올린다.

★★☆

02 컴퓨터에서 사건이 발생하면 이를 처리하기 위해 인터럽트 기술을 사용한다. 사건의 발생지에 따라 동기와 비동기 인터럽트로 분류된다. 다음 중 비동기 인터럽트는?

① 프로세스가 실행 중에 0으로 나누기를 할 때 발생하는 인터럽트
② 키보드 혹은 마우스를 사용할 때 발생하는 인터럽트
③ 프로세스 내 명령어 실행 때문에 발생하는 인터럽트
④ 프로세스 내 명령어가 보호 메모리 영역을 참조할 때 발생하는 인터럽트

해설 [난도 중]

오답의 이유

①, ③, ④는 동기 인터럽트에 속한다.

➕이론플러스

• 동기 인터럽트 : 사용자 인터럽트라고도 하며, 프로세스가 실행 중인 명령어로 인해 발생한다.
• 비동기 인터럽트 : 하드웨어 인터럽트라고도 하며, 실행 중인 명령어와 무관하게 발생한다.

★★★

03 데이터통신에서 에러 복구를 위해 사용되는 Go-back-N ARQ에 대한 설명으로 옳지 <u>않은</u> 것은?

① Go-back-N ARQ는 여러 개의 프레임들을 순서번호를 붙여서 송신하고, 수신 측은 이 순서번호에 따라 ACK 또는 NAK를 보낸다.
② Go-back-N ARQ는 송신 측은 확인응답이 올 때까지 전송된 모든 프레임의 사본을 갖고 있어야 한다.
③ Go-back-N ARQ는 재전송 시 불필요한 재전송 프레임들이 존재하지 않는다.
④ Go-back-N ARQ는 송신 측은 n개의 Sliding Window를 가지고 있어야 한다.

해설 [난도 중]

정답의 이유

Go-back-N ARQ는 손상된 프레임부터 시작하여 마지막으로 전송했던 프레임까지 재전송한다.
예를 들어 5번째 프레임까지 전송한 후 3번째 프레임이 손상된 것을 알았을 때 3, 4, 5번 프레임을 다시 재전송하게 된다. 4, 5번 프레임이 정상적으로 도착했어도 재전송하기 때문에 불필요한 재전송이 발생한다.

★☆☆

04 데이터베이스에서 뷰(View)에 대한 설명으로 옳은 것은?

① 뷰는 테이블을 기반으로 만들어지는 가상 테이블이며, 뷰를 기반으로 새로운 뷰를 생성할 수 없다.

② 뷰 삭제는 SQL 명령어 중 DELETE 구문을 사용하며, 뷰 생성에 기반이 된 기존 테이블들은 영향을 미치지 않는다.

③ 뷰 생성에 사용된 테이블의 기본키를 구성하는 속성이 포함되어 있지 않은 뷰도 데이터의 변경이 가능하다.

④ 뷰 생성 시 사용되는 SELECT문에서 GROUP BY 구문은 사용 가능하지만, ORDER BY 구문은 사용할 수 없다.

해설 [난도 중]

오답의 이유

① 뷰는 기본 테이블을 기반으로 만들어지는 가상 테이블이며, 뷰를 기반으로 새로운 뷰를 생성할 수 있다.

② 뷰를 삭제할 때 SQL 명령어는 DROP 이다.

③ 기본 테이블의 기본키를 구성하는 속성이 포함되어 있지 않은 뷰는 변경할 수 없다.

★★☆

05 초기에 빈 Binary Search Tree를 생성하고, 입력되는 수는 다음과 같은 순서로 된다고 가정한다. 입력되는 값을 이용하여 Binary Search Tree를 만들고 난 후 Inorder Traversal을 했을 때의 방문하는 순서는?

> 7, 5, 1, 8, 3, 6, 0, 2

① 01235678
② 02316587
③ 75103268
④ 86230157

해설 [난도 중]

정답의 이유

입력되는 수로 Binary Search Tree를 생성하면 다음과 같다.

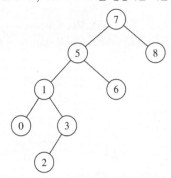

중위 순회(Inorder Traversal) 순서는 왼쪽 노드-현재 노드-오른쪽 노드이다. 이와 같은 기준으로 순회 순서를 나열하면 0→1→2→3→5→6→7→80이다.

★★☆

06 통신 S/W 구조에서 제2계층인 데이터링크 계층의 주기능이 <u>아닌</u> 것은?

① 데이터링크 계층에서 전송할 프레임(Frame) 제작 기능

② 점대점(Point to Point) 링크 간의 오류제어 기능

③ 종단(End to End) 간 경로설정 기능

④ 점대점(Point to Point) 링크 간의 흐름제어 기능

해설 [난도 중]

정답의 이유

종단 간 경로설정은 네트워크 계층의 기능이다.

★★☆

07 다음 중 집적도가 가장 높은 회로와 가장 큰 저장용량 단위를 나타낸 것은?

> GB, PB, MB, TB
> VLSI, MSI, ULSI, SSI

① ULSI, PB

② VLSI, TB

③ MSI, GB

④ SSI, PB

해설 [난도 중]

정답의 이유

집적도가 높은 회로부터 순서대로 나열하면 ULSI → VLSI → MSI → SSI이다. 저장용량이 큰 순서부터 나열하면 PB → TB → GB → MB이다.

★★☆

08 다음은 다중스레드(Multi-Thread)에 관한 설명이다. 옳지 **않은** 것은?

① 하나의 프로세스에 2개 이상의 스레드들을 생성하여 수행한다.

② 스레드별로 각각의 프로세스를 생성하여 실행하는 것보다 효율적이다.

③ 스레드들 간은 IPC(InterProcess Communication)방식으로 통신한다.

④ 각각의 스레드는 프로세스에 할당된 자원을 공유한다.

해설 [난도 중]

정답의 이유

프로세스 간 데이터를 주고받을 때 프로세스 간 통신(IPC)를 사용하고 스레드 간에는 변수나 파일 등을 공유하고 전역 변수나 함수 호출 등의 방법을 사용한다.

★★★

09 다음과 같이 3개의 프로세스가 있다고 가정한다. 각 프로세스의 도착 시간과 프로세스의 실행에 필요한 시간은 아래표와 같다. CPU 스케줄링 알고리즘으로 RR(Round Robin)을 사용한다고 가정한다. 3개의 프로세스가 CPU에서 작업을 하고 마치는 순서는?(단, CPU를 사용하는 타임 슬라이스(time slice)는 2이다)

프로세스	도착시간	프로세스의 실행에 필요한 시간
P1	0	5
P2	1	7
P3	3	4

① P2, P1, P3

② P2, P3, P1

③ P1, P2, P3

④ P1, P3, P2

해설 [난도 상]

정답의 이유

라운드 로빈 스케줄링은 한 프로세스가 할당받은 시간만큼 작업을 수행하다가 작업을 완료하지 못하면 준비 큐의 맨 끝으로 가서 자신의 차례를 기다리는 방식이다.

0		2		4		6		8		10		11		13		15		16
P1	P2	P1	P3	P2	P1	P3	P2	P2								

도착시간이 가장 빠른 P1(0~2)이 2초 동안 실행되고 다음으로 P2(2~4)가 실행된다. P3는 3초에 큐에 들어오기 때문에 P2(2~4)가 실행될 때 P1은 P2 뒤에 대기하고 있다가 P2가 실행이 끝나고 다시 실행된다. P3가 3초에 큐에 들어오기 때문에 P1(4~6) 실행 후에 P3(6~8)가 실행된다. 가장 처음 작업이 끝나는 프로세스는 P1이 되고, 다음으로 P3, 마지막으로 P2가 작업이 끝난다.

★★★

10 다음의 C프로그램을 실행한 결과로 옳은 것은?

```
#include <stdio.h>
void main()
{
    int num[4] = {1, 2, 3, 4};
    int *pt = num;
    pt++;
    *pt++ = 5;
    *pt++ = 10;
    pt--;
    *pt+++ = 20;
    printf("%d  %d  %d  %d",num[0], num[1], num[2], num[3]);
}
```

① 1 5 10 20 ② 1 5 20 4
③ 1 5 30 4 ④ 에러 발생

해설 난도상

정답의 이유

포인터 변수 pt가 num 배열의 첫 번째 주소를 저장한다. pt++ 이후 pt는 배열의 두 번째 주소를 저장한다. *pt++=5; 는 현재 pt가 가리키고 있는 두 번째 배열의 요소에 5를 대입한 후 세 번째 주소를 저장한다는 의미이다. 따라서 배열 요소의 값은 1, 5, 3, 4가 된다. *pt ++ = 10;에서 *pt와 ++사이에 공백은 있지만 이전의 명령어와 동일하다. 현재 pt가 가리키고 있는 세 번째 배열의 요소에 10을 대입한 후 네 번째 주소를 저장한다는 의미이다. 배열 요소의 값은 1, 5, 10, 4가 된다. pt—기 때문에 pt는 배열의 3번째 주소를 저장한다. 마지막 *pt +++ = 20; 현재 pt가 가리키고 있는 세 번째 배열 요소의 값에 20을 더한 후 네 번째 주소를 저장한다는 의미이다. 따라서, 배열 요소의 값은 1, 5, 30, 4가 된다.

★☆☆

11 Flynn의 병렬컴퓨터 분류방식에 대한 설명으로 옳지 않은 것은?

① SISD - 명령어와 데이터를 순서대로 처리하는 단일프로세서 시스템이다.
② SIMD - 단일 명령어 스트림을 처리하고 배열프로세서라고도 한다.
③ MISD - 여러 개의 프로세서를 갖는 구조로 밀결합 시스템과 소결합 시스템으로 분류한다.
④ MIMD - 여러 개의 프로세서들이 서로 다른 명령어와 데이터를 처리하는 진정한 의미의 병렬프로세서이다.

해설 난도중

정답의 이유

MIMD를 다중 프로세서(공유 메모리, 밀결합) 시스템과 다중 컴퓨터(메시지 전달, 소결합) 시스템으로 분류할 수 있다.

★★☆

12 네트워크 토폴로지(Topology) 중 버스(Bus) 방식에 대한 설명으로 옳지 않은 것은?

① 버스 방식은 네트워크 구성이 간단하고 작은 네트워크에 유용하며 사용이 용이하다.
② 버스 방식은 네트워크 트래픽이 많을 경우 네트워크 효율이 떨어진다.
③ 버스 방식은 통신 채널이 단 한 개이므로 버스 고장이 발생하면 네트워크 전체가 동작하지 않으므로 여분의 채널이 필요하다.
④ 버스 방식은 노드의 추가·삭제가 어렵다.

해설 난도중

정답의 이유

버스형은 노드의 추가·삭제가 쉽다.

★☆☆

13 정보은닉(information hiding)에 대한 설명으로 옳지 않은 것은?

① 필요하지 않은 정보는 접근을 제한하는 것이다.
② 모듈 사이의 독립성을 유지시킨다.
③ 설계전략을 지역화하여 전략의 변경에 따른 영향을 최소화 한다.
④ 모듈 사이의 결합도를 높여 신뢰성을 향상시킨다.

해설 난도중

정답의 이유

모듈 사이의 결합도는 낮추고 응집도를 높여 모듈의 독립성을 향상시킨다.

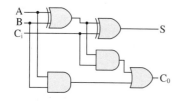

★★☆

14 다음 전가산기 논리회로에 대한 설명으로 옳지 <u>않은</u> 것은?

① 전가산기는 캐리를 포함하여 연산처리하기 위해 설계되었다.

② $S = (A \oplus B) \oplus C_i$

③ $C_o = AB + AC_i + BC_i$

④ 전가산기는 두 개의 반가산기만으로 구성할 수 있다.

해설 [난도 중]

정답의 이유

전가산기는 두 개의 반가산기와 한 개의 OR 게이트로 구성된다.

오답의 이유

③ 자리 올림수 C_o의 진리표로 카르노 맵을 작성하면 다음과 같다.

A \ BC$_i$	00	01	11	10
0			1	
1		1	1	1

간소화된 논리식 $C_o = AB + AC_i + BC_i$ 가 된다.

★★☆

15 다음은 그래프 순회에서 깊이 우선 탐색 방법에 대한 수행 순서를 설명한 것이다. (ㄱ)~(ㄹ)에 알맞은 내용으로 짝지어진 것은?

(1) 시작 정점 v를 결정하고 방문한다.

(2) 정점 v에 인접한 정점 중에서

(2-1) 방문하지 않은 정점 w가 있으면 정점 v를 (ㄱ)에 (ㄴ)하고 w를 방문한다. 그리고 w를 v로 하여 (2)를 수행한다.

(2-2) 방문하지 않은 정점이 없으면 (ㄱ)을/를 (ㄷ)하여 받은 가장 마지막 방문 정점을 v로 설정한 뒤 다시 (2)를 수행한다.

(3) (ㄹ)이/가 공백이 될 때까지 (2)를 반복한다.

	(ㄱ)	(ㄴ)	(ㄷ)	(ㄹ)
①	Stack	push	pop	Stack
②	Stack	pop	push	Queue
③	Queue	enQueue	deQueue	Queue
④	Queue	enQueue	deQueue	Stack

해설 [난도 중]

정답의 이유

깊이 우선 탐색 방법은 stack을 이용하기 때문에 정답 보기에서 큐와 관련된 용어 Queue, enQueue, deQueue가 있으면 모두 오답이 된다. 깊이 우선 탐색 방법에서 방문하지 않은 정점 w가 있으면 정점 v를 Stack(ㄱ)에 push(ㄴ)하고 w를 방문한다. 방문하지 않은 정점이 없으면 Stack을 pop(ㄷ)한다. 이와 같은 과정은 Stack(ㄹ)이 공백이 될 때까지 반복한다.

★★★

16 소프트웨어 개발 생명 주기(Software Development Life Cycle)의 순서로 옳은 것은?

① 계획 → 분석 → 설계 → 구현 → 테스트 → 유지보수

② 분석 → 계획 → 설계 → 구현 → 테스트 → 유지보수

③ 분석 → 계획 → 설계 → 테스트→ 구현 → 유지보수

④ 계획 → 설계 → 분석 → 구현 → 테스트 → 유지보수

해설 [난도 중]

정답의 이유

소프트웨어 개발 생명주기는 총 6단계로, 계획 → 분석 → 설계 → 구현 → 테스트 → 유지보수 단계로 이루어져 있다.

★★★

17 다음은 postfix 수식이다. 이 postfix 수식은 스택을 이용하여 연산을 수행한다. 그리고 ^는 지수함수 연산자이다. 처음 *(곱하기 연산) 계산이 되고 난 후 스택의 top과 top-1에 있는 두 원소는 무엇인가?(단, 보기의 (top) 은 스택의 top 위치를 나타낸다)

```
27 3 3 ^ / 2 3 * -
```

① (top) 6, 1   ② (top) 9, 1
③ (top) 2, 3   ④ (top) 2, 7

해설 난도 중

정답의 이유

후위 연산자(postfix)로 표기된 수식의 연산은 피연산자는 스택에 삽입(push)하고, 연산자를 만나면 두 피연산자를 삭제(pop)으로 꺼내 연산 후 결과를 다시 push한다. 풀이 과정을 그림으로 나타내면 다음과 같다.

– 연산 전 스택의 top에 있는 원소는 6이고 top–1에 있는 원소는 1이다.

★★★
18 빅데이터에 대한 설명으로 옳은 것은?

① 빅데이터는 정형데이터로만 구성되며, 소셜 미디어 데이터는 해당되지 않는다.

② 빅데이터를 구현하기 위한 대표적인 프레임워크는 하둡이 있으며, 하둡의 필수 핵심 구성 요소는 맵리듀스(MapReduce)와 하둡분산파일시스템(Hadoop Distributed File System)이다.

③ 빅데이터 처리과정은 크게 수집 → 저장 → 처리 → 시각화(표현) → 분석 순서대로 수행된다.

④ NoSQL은 관계 데이터 모델을 사용하는 RDBMS 중 하나이다.

해설 난도 중

오답의 이유

① 데이터는 정형화 정도에 따라 정형, 반정형, 비정형으로 구분되며 소셜 미디어 데이터도 해당된다.

③ 빅데이터 처리 과정은 데이터소스 → 수집 → 저장 → 처리 → 분석 → 표현의 순서대로 수행된다.

④ NoSQL은 관계형 데이터 모델과 SQL 문을 사용하지 않는 데이터베이스 시스템을 말한다.

★★☆
19 최근 컴퓨팅 환경이 클라우드 환경으로 진화됨에 따라 가상화 기술이 중요한 기술로 부각되고 있다. 이에 대한 설명으로 옳지 않은 것은?

① 하나의 컴퓨터에 2개 이상의 운영체제 운용이 가능하다.

② VM(Virtual Machine) 하에서 동작되는 운영체제(Guest OS)는 실 머신에서 동작되는 운영체제보다 효율적이다.

③ 특정 S/W를 여러 OS플랫폼에서 실행할 수 있어 S/W 이식성이 제고된다.

④ VM하에서 동작되는 운영체제(Guest OS)의 명령어는 VM명령어로 시뮬레이션 되어 실행된다.

해설 난도 중

정답의 이유

VM 하에서 동작되는 운영체제는 실 머신에서 동작되는 운영체제보다 비효율적이다.

★★★
20 다음 C프로그램의 실행 결과는?

```c
#include <stdio.h>
void change(int *px, int *py, int pc, int pd);
void main(void)
{
    int a = 10, b = 20, c = 30, d = 40;
    change(&a, &b, c, d);
    printf( a = %d b = %d c = %d d = %d , a, b, c, d);
}
void change(int *px, int *py, int pc, int pd)
{
    *px = *py + pd; *py = pc + pd;
    pc = *px + pd; pd = *px + *py;
}
```

① a=60 b=70 c=50 d=30   ② a=60 b=70 c=30 d=40
③ a=10 b=20 c=50 d=30   ④ a=10 b=20 c=30 d=40

해설 난도 상

정답의 이유

change() 함수의 매개 변수를 살펴보면 a, b는 변수의 주소 값을 전달하여 포인터 변수로 주소를 가리키도록 하고 c, d는 변수의 값을 전달한다. 즉, change 함수 내에서 변수의 값이 바뀔 때 포인터 변수는 바뀐 값으로 변경이 되지만 일반 변수는 값이 변경되어도 함수가 끝나면 그냥 사라진다. 즉, 포인터 변수인 px, py 값이 바뀌면 a, b 값도 그에 맞게 바뀌고 pc, pd는 지역 변수이기 때문에 값이 바뀌어도 change() 함수가 끝나면 사라진다. 따라서 c, d의 값은 바뀌지 않는다. 결론적으로 출력되는 값은 a = 60 b = 70 c = 30 d = 40이다.

CHAPTER 13

04.09.

2016 국가직 9급 컴퓨터일반

★★★

01 데이터베이스 관리 시스템(database management system)을 구축함으로써 생기는 이점만을 모두 고른 것은?

> ㄱ. 응용 소프트웨어가 데이터베이스에 관한 세부 사항에 자세히 관련할 필요가 없어져서 응용 소프트웨어 설계가 단순화될 수 있다.
> ㄴ. 데이터베이스에 대한 접근 제어가 용이해진다.
> ㄷ. 데이터 독립성을 제거할 수 있다.
> ㄹ. 응용 소프트웨어가 데이터베이스를 직접 조작하게 된다.

① ㄱ, ㄴ　　　　　② ㄱ, ㄷ
③ ㄴ, ㄹ　　　　　④ ㄷ, ㄹ

해설 난도 중

오답의 이유

ㄷ, ㄹ. 데이터베이스 관리 시스템이 응용 프로그램을 대신하여 데이터베이스의 접근과 관리에 모든 책임을 지기 때문에 응용 프로그램과 데이터베이스 사이에 독립성이 확보된다.

★★★

02 다음은 PC(Personal Computer)의 전원을 켰을 때 일어나는 과정들을 순서대로 나열한 것이다. ㉠~㉢이 바르게 짝지어진 것은?

> • (㉠)에 저장된 바이오스(BIOS)가 실행되어 컴퓨터에 장착된 하드웨어 장치들의 상태를 점검한다.
> • (㉡)에 저장되어 있는 운영체제가 (㉢)로/으로 로드(load)된다.
> • 운영체제의 실행이 시작된다.

	㉠	㉡	㉢
①	보조기억장치	ROM	주기억장치
②	보조기억장치	주기억장치	ROM
③	ROM	보조기억장치	주기억장치
④	ROM	주기억장치	보조기억장치

해설 난도 중

정답의 이유

롬에 저장된 바이오스(BIOS)가 컴퓨터의 하드웨어 장치의 상태를 점검한다. 운영체제는 보조기억장치에 저장되어 있으며 실행 시 주기억장치(RAM)로 로드된다.

★★★

03 나머지 셋과 다른 부울 함수를 표현하는 것은?

① $F = A + A'B$
② $F = A(A + B)$
③ $F = AB' + A$
④ $F = (A + B)(A + B')$

해설 난도 중

정답의 이유

$F = A + A'B$
$= (A + A')(A + B) = A + B$

오답의 이유

② $F = A(A + B) = AA + AB$
　$= A + AB = A(1 + B) = A$
③ $F = AB' + A = A(B' + 1)$
　$= A$
④ $F = (A + B)(A + B') = AA + AB' + AB + BB'$
　$= A + AB' + AB = A(1 + B') + AB = A + AB$
　$= A(1 + B) = A$

04 CMMI(Capability Maturity Model Integration)의 성숙도 모델에서 표준화된 프로젝트 프로세스가 존재하나 프로젝트 목표 및 활동이 정량적으로 측정되지 <u>못하는</u> 단계는?

① 관리(managed) 단계

② 정의(defined) 단계

③ 초기(initial) 단계

④ 최적화(optimizing) 단계

해설 난도 중

오답의 이유

① 규칙화(프로젝트별)된 프로세스가 존재하는 단계이다.

③ 프로세스가 존재하지 않는 단계이다.

④ 프로세스를 지속적으로 개선하는 단계이다.

★★☆

05 다음에서 설명하는 이미지 파일 형식(format)으로 옳은 것은?

> • 컴퓨서브사에서 이미지 파일 전송 시간을 줄이기 위해 개발한 이미지 파일 압축 형식이다.
> • RLE(Run Length Encoding) 방식을 응용한 압축 방법을 사용한다.
> • 사용 가능한 색이 256색으로 제한된다.

① JPEG   ② MPEG

③ TIFF   ④ GIF

해설 난도 중

오답의 이유

② MPEG는 동영상 압축을 위한 표준이다.

③ TIFF는 앨더스사와 마이크로소프트사가 공동으로 개발하였고, 무손실 압축과 태그를 지원하는 최초의 이미지 포맷이다.

★☆☆

06 소프트웨어 테스트에 대한 설명으로 옳지 <u>않은</u> 것은?

① 단위(unit) 테스트는 개별적인 모듈에 대한 테스트이며 테스트 드라이버(driver)와 테스트 스텁(stub)을 사용할 수 있다.

② 통합(integration) 테스트는 모듈을 통합하는 방식에 따라 빅뱅(big-bang) 기법, 하향식(top-down) 기법, 상향식(bottom-up) 기법을 사용한다.

③ 시스템(system) 테스트는 모듈들이 통합된 후 넓이 우선 방식 또는 깊이 우선 방식을 사용하여 테스트한다.

④ 인수(acceptance) 테스트는 인수 전에 사용자의 요구사항이 만족되었는지 테스트한다.

해설 난도 중

정답의 이유

넓이 우선 방식과 깊이 우선 방식은 통합 테스트의 하향식 기법에서 사용하는 방식이다.

★★★

07 다음 C 프로그램의 출력 값은?

```c
#include <stdio.h>
int func(int n);
int main(void){
    int num;
    printf("%d \n", func(5));
    return 0;
}
int func(int n){
    if (n<2)
        return n;
    else {
        int i, tmp, current = 1, last = 0;
        for(i = 2; i <= n; i++){
        tmp = current;
        current + = last;
        last = tmp;
        }
    return current;
    }
}
```

① 5   ② 6

③ 8   ④ 9

해설 **난도 상**

정답의 이유

main() 함수에서 매개 변수 5로 func() 함수를 호출하면 2보다 크기 때문에 for문이 실행된다. for문은 i가 5가 될 때까지 반복한다. 반복을 할 때마다 tmp, current, last 변수의 값을 정리하면 다음과 같다.

i = 2	i = 3	i = 4	i = 5
tmp = 1	tmp = 1	tmp = 2	tmp = 3
current = 1	current = 2	current = 3	current = 5
last = 1	last = 1	last = 2	last = 3

for문이 끝나면 func() 함수는 current 값 5를 반환하고 main() 함수에서는 5를 출력한다.

★★☆

08 프림(Prim) 알고리즘을 이용하여 최소 비용 신장 트리를 구하고자 한다. 다음 그림의 노드 0에서 출발할 경우 가장 마지막에 선택되는 간선으로 옳은 것은?(단, 간선 옆의 수는 간선의 비용을 나타낸다)

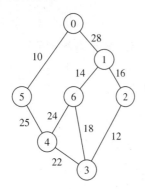

① (1, 2)　　　　② (1, 6)
③ (4, 5)　　　　④ (4, 6)

해설 **난도 상**

정답의 이유

정점이 7개이므로 간선이 6개 생성될 때까지 프림 알고리즘을 수행한다.
(1). 정점 0의 간선 중 가중치가 낮은 간선 (0, 5)를 삽입한다. (2). 정점 0, 5의 간선 중 가중치가 낮은 간선 (4, 5)를 삽입한다. (3). 정점 0, 5, 4의 간선 중 가중치가 낮은 간선 (3, 4)를 삽입한다. (4). 정점 0, 5, 4, 3의 간선 중 가중치가 낮은 간선 (2, 3)를 삽입한다. (5). 정점 0, 5, 4, 3, 2의 간선 중 가중치가 낮은 간선 (1, 2)를 삽입한다. (6). 정점 0, 5, 4, 3, 2, 1의 간선 중 가중치가 낮은 간선 (1, 6)를 삽입한다. 마지막으로 선택되는 간선은 (1, 6)이다.

★★☆

09 가상기억장치(virtual memory) 구현 방법으로서의 페이징(paging)과 세그멘테이션(segmentation)에 대한 설명으로 옳지 않은 것은?

① 페이징 기법에서 페이지(page)의 크기가 2^k바이트이면 가상주소(virtual address)의 페이지 오프셋(offset)은 k비트이다.
② 세그멘테이션 기법에서 세그먼트들은 2의 거듭제곱 바이트의 크기를 가져야 하며 최대 크기가 정해져 있다.
③ 페이징 기법에서는 외부 단편화(external fragmentation)가 발생하지 않는다.
④ 세그멘테이션 기법에서는 외부 단편화가 발생할 수 있다.

해설 **난도 중**

정답의 이유

실제 컴퓨터의 경우 페이징 기법에서 2의 거듭제곱 페이지의 크기를 가진다.

★★☆

10 캐시 일관성(cache coherence) 문제를 해결하기 위한 기술과 관련이 없는 것은?

① 스누핑(snooping) 프로토콜
② MESI 프로토콜
③ 디렉토리 기반(directory-based) 프로토콜
④ 우선순위 상속(priority-inheritance) 프로토콜

해설 **난도 중**

정답의 이유

우선순위 상속은 공유된 자원을 이용할 때 일시적으로 최고 우선순위를 부여하는 행위를 의미하며, 캐시 일관성 문제를 해결하는 것과는 관련이 없다.

★★★

11 통신 연결 장치와 그 장치가 동작하는 OSI(Open Systems Interconnection) 계층이 바르게 짝지어진 것은?

> ㄱ. 네트워크 계층(network layer)
> ㄴ. 데이터 링크 계층(data link layer)
> ㄷ. 물리 계층(physical layer)

	라우터(router)	브리지(bridge)	리피터(repeater)
①	ㄱ	ㄴ	ㄷ
②	ㄴ	ㄱ	ㄷ
③	ㄴ	ㄷ	ㄱ
④	ㄷ	ㄴ	ㄱ

해설 **난도 하**

정답의 이유

라우터는 3계층(네트워크 계층) 장비이고, 브리지는 2계층(데이터링크 계층) 장비이다. 마지막으로 리피터는 1계층(물리 계층) 장비이다.

★★★

12 교착상태(deadlock)가 발생하기 위해서 만족해야 하는 조건들에 대한 설명으로 옳지 <u>않은</u> 것은?

① 상호 배제(mutual exclusion) 조건 : 한 프로세스에 의해 점유된 자원은 다른 프로세스가 사용할 수 없다.

② 점유와 대기(hold and wait) 조건 : 이미 하나 이상이 자원을 점유한 프로세스가 다른 프로세스에 의해 점유된 자원을 요청하며 대기하고 있다.

③ 비선점(no preemption) 조건 : 프로세스가 점유한 자원을 그 프로세스로부터 강제로 빼앗을 수 있다.

④ 순환 대기(circular wait) 조건 : 프로세스 간에 닫힌 체인(closed chain)이 존재하여, 체인 내의 각 프로세스는 체인 내의 다른 프로세스에 의해 소유되어 있는 자원을 요청하며 대기하고 있다.

해설 **난도 중**

정답의 이유

비선점 조건은 프로세스가 점유한 자원을 그 프로세스로부터 강제로 빼앗을 수 없다.

★★★

13 자료 구조에 대한 설명으로 옳지 <u>않은</u> 것은?

① 큐(queue)는 선입 선출의 특성을 가지며 삽입과 삭제가 서로 다른 끝 쪽에서 일어난다.

② 연결 그래프(connected graph)에서는 그래프 내의 모든 노드 간에 갈 수 있는 경로가 존재한다.

③ AVL 트리는 삽입 또는 삭제가 일어나 트리의 균형이 깨지는 경우 트리 모습을 변형시킴으로써 균형을 복원시킨다.

④ 기수 정렬(radix sort)은 키(key) 값이 가장 큰 것과 가장 오른쪽 것의 위치 교환을 반복적으로 수행한다.

해설 **난도 중**

정답의 이유

기수 정렬은 분배 방식의 정렬 방식으로 정렬할 원소를 버킷(bucket)에 원소를 분배했다가 버킷의 순서대로 원소를 꺼내는 방법을 반복한다.

★☆☆

14 단일 종류의 논리 게이트(gate)만을 사용하더라도 모든 조합논리 회로를 구현할 수 있는 게이트로 옳은 것은?

① AND 게이트
② OR 게이트
③ NOR 게이트
④ 인버터(inverter)

해설 **난도 중**

정답의 이유

NOR 게이트로 AND, OR, NOT 게이트 등을 구현할 수 있기 때문에 모든 조합논리 회로를 구현할 수 있다.

★★☆

15 데이터베이스 데이터 모델에 대한 설명으로 옳지 않은 것은?

① 계층 데이터 모델은 트리 형태의 데이터 구조를 가진다.
② 관계 데이터 모델은 테이블로 데이터베이스를 나타낸다.
③ 네트워크 데이터 모델은 그래프 형태로 데이터베이스 구조를 표현한다.
④ 계층 데이터 모델, 관계 데이터 모델, 네트워크 데이터 모델은 개념적 데이터 모델이다.

해설 〔난도 중〕
정답의 이유
계층 데이터 모델, 관계 데이터 모델, 네트워크 데이터 모델은 논리적 데이터 모델이다. 개체−관계 모델이 개념적 데이터 모델이다.

★★☆

16 파이프라이닝(pipelining) 기법이 적용된 중앙처리장치(CPU)에서의 파이프라인 해저드(pipeline hazard) 종류와 대응 방법을 바르게 짝지은 것만을 모두 고른 것은?

> ㄱ. 데이터 해저드(data hazard)−데이터 전방전달(data forwarding)
> ㄴ. 구조적 해저드(structural hazard)−부족한 자원의 추가
> ㄷ. 제어 해저드(control hazard)−분기 예측(branch prediction)

① ㄱ, ㄴ
② ㄱ, ㄷ
③ ㄴ, ㄷ
④ ㄱ, ㄴ, ㄷ

해설 〔난도 중〕
정답의 이유
ㄱ. 데이터 해저드 대응 방법은 데이터 포워딩과 명령어 실행 지연을 사용한다.
ㄴ. 구조적 해저드 대응 방법은 하버드 구조, 분리 캐시를 사용하거나 장치를 추가한다.
ㄷ. 제어 해저드 대응 방법은 지연 분기와 분기 예측 알고리즘을 사용한다.

★★★

17 유비쿼터스 컴퓨팅에 대한 설명으로 옳지 않은 것은?

① 감지 컴퓨팅은 컴퓨터가 센서 등을 이용하여 사용자의 행위 또는 주변 환경을 인식하여 필요 정보를 제공하는 기술이다.
② 노매딕(nomadic) 컴퓨팅은 현실 세계와 가상 화면을 결합하여 보여주는 기술이다.
③ 퍼베이시브(pervasive) 컴퓨팅은 컴퓨터가 도처에 편재되도록 하는 기술이다.
④ 웨어러블(wearable) 컴퓨팅은 컴퓨터 착용을 통해 컴퓨터를 인간 몸의 일부로 여길 수 있도록 하는 기술이다.

해설 〔난도 중〕
정답의 이유
노매딕 컴퓨팅은 장소에 상관없이 다양한 정보기기가 편재되어 있어 사용자가 정보기기를 휴대할 필요가 없는 컴퓨팅 기술이다. 이는 증강 현실에 대한 설명이다.

★★★

18 다음 C 프로그램의 출력 값은?

```c
#include <stdio.h>
int main()
{
        int a[] = {1, 2, 4, 8};
        int *p = a;
        p[1] = 3;
        a[1] = 4;
        p[2] = 5;
        printf("%d, %d \n", a[1] + p[1], a[2] + p[2]);
        return 0;
}
```

① 5, 9
② 6, 9
③ 7, 9
④ 8, 10

해설 〔난도 중〕
정답의 이유
포인터 변수 p가 a 배열의 첫 번째 주소를 저장한다. p[1], a[1]은 같은 의미로 배열의 두 번째 요소의 값을 변경한다는 것이다. a[1]의 명령어가 p[1]보다 뒤에 나오므로 배열의 두 번째 요소의 값은 4가 된다. p[2]를 통해 배열의 세 번째 요소의 값은 5가 된다. 배열 요소의 값을 정리해보면 1, 4, 5, 8이 된다. a[1] + p[1]은 8이 되고, a[2] + p[2]는 10이 된다.

★★★

19 TCP/IP 프로토콜에서 TCP 및 UDP에 대한 설명으로 옳지 <u>않은</u> 것은?

① TCP와 UDP는 전송 계층(transport layer)의 프로토콜이다.

② UDP는 중복 전달 및 전송 오류를 허용한다.

③ TELNET, SNMP, TFTP는 TCP 서비스를 이용하는 응용 계층(application layer) 프로토콜이다.

④ TCP는 신뢰성 있는 통신을 제공하기 위한 연결형 프로토콜이다.

해설 [난도 중]

정답의 이유

TELNET은 TCP 서비스를 사용하지만 SNMP, TFTP는 UDP 서비스를 사용한다.

★★☆

20 인터넷에서 사용되는 경로배정(routing) 프로토콜 중에서 자율 시스템(autonomous system) 내부에서의 경로 배정을 위해 사용되는 것만을 모두 고른 것은?

ㄱ. OSPF   ㄴ. BGP   ㄷ. RIP

① ㄱ, ㄴ   ② ㄱ, ㄷ

③ ㄴ, ㄷ   ④ ㄱ, ㄴ, ㄷ

해설 [난도 중]

정답의 이유

자율 시스템 내부 라우팅 프로토콜은 RIP, OSPF이고, 자율 시스템 외부 라우팅 프로토콜은 BGP이다.

안심Touch

★★★

01 접근 속도가 가장 빠른 기억장치는?

① 주기억장치
② 보조기억장치
③ 레지스터
④ 캐시

해설 난도 하

정답의 이유

접근 속도가 빠른 순서대로 나열하면 레지스터 → 캐시 → 주기억장치 → 보조기억장치이다.

★★☆

02 10진수 −20을 2의 보수 형식의 8비트 2진수로 나타낸 것은?

① 10010100
② 11101011
③ 11101100
④ 11110100

해설 난도 중

정답의 이유

−20을 2의 보수 형식으로 표현하기 위해 20을 8비트로 표현하면 000101000이 된다. 이 결과 값에 2의 보수를 취하면 111011000이 된다.

★★★

03 어떤 프로세스가 일정 크기의 CPU 시간 할당량(time quantum)을 한 번 받은 후에는 강제로 대기 큐의 다른 프로세스에게 CPU를 넘겨주는 방식의 스케줄링 기법은?

① FCFS(First-Come-First-Served)
② RR(Round-Robin)
③ SPN(Shortest Process Next)
④ HRRN(Highest Response Ratio Next)

해설 난도 중

정답의 이유

강제로 대기 큐의 다른 프로세스에게 CPU를 넘겨주는 방식은 선점형 알고리즘을 말하며 대표적인 스케줄링 기법으로 라운드로빈(RR : Round-Robin)이 있다.

➕ 이론플러스

- 비선점형 알고리즘 : FCFS, SJF, HRN
- 선점형 알고리즘 : 라운드 로빈, SRT, 다단계 큐, 다단계 피드백 큐

★★☆

04 입력 안내에 따라 두 사람의 나이를 입력받고 그 합을 구하는 C 프로그램을 작성하려고 한다. 프로그램이 정상적으로 동작하도록 다음의 코드 조각을 올바른 순서로 나열한 것은?

```
ㄱ. scanf("%d%d", &age1, &age2);
ㄴ. result=age1 + age2;
ㄷ. int age1, age2, result;
ㄹ. printf("나이의 합은 %d살입니다. \n", result);
ㅁ. printf("철수와 영희의 나이를 입력하세요 : ");
```

① ㄷ→ㅁ→ㄱ→ㄴ→ㄹ
② ㄷ→ㄱ→ㄴ→ㅁ→ㄹ
③ ㅁ→ㄱ→ㄷ→ㄹ→ㄴ
④ ㄷ→ㄱ→ㅁ→ㄴ→ㄹ

해설 난도 중
정답의 이유

두 사람의 나이를 입력받기 위해서는 먼저 변수를 선언해야 한다(ㄷ). 다음으로 사용자에게 "철수와 영희의 나이를 입력하세요"라는 메시지를 출력(ㅁ)하면 사용자는 두 변수를 사용하여 나이를 입력한다(ㄱ). 입력이 완료되면 두 변수를 더해 result 변수에 저장(ㄴ)한 뒤 result 변수를 출력한다(ㄹ).

★★☆

05 주소 변환을 위한 ARP(Address Resolution Protocol)에 대한 설명으로 옳지 않은 것은?

① ARP는 같은 네트워크상에 있는 상대 호스트나 라우터의 논리 주소인 IP 주소를 획득하기 위해 사용된다.
② ARP 요청은 해당 네트워크상의 모든 호스트와 라우터에게 브로드캐스트된다.
③ ARP 응답은 ARP 요청을 전송한 요청자에게 유니캐스트된다.
④ ARP 요청과 응답을 통해 획득한 주소 값을 ARP 캐시 테이블에 저장하여 통신 효율성을 높일 수 있다.

해설 난도 중
정답의 이유

ARP는 주소 변환 프로토콜로 IP 주소를 물리 주소로 변환하는 기능을 한다. 즉, IP 주소를 이용하여 물리 주소를 알아낼 때 사용된다.

★☆☆

06 QR코드에 대한 설명으로 옳지 않은 것은?

① 'Quick Response' 코드의 약자로 일본에서 개발되었다.
② 가로와 세로를 활용하는 2차원 형태로 이루어져 있다.
③ 기존 바코드보다 많은 양의 데이터를 넣을 수 있다.
④ 오류 정정(error correction) 기능이 없다.

해설 난도 중
정답의 이유

QR 코드에는 오류 정정 기능이 있다.

★★☆

07 관계형 데이터베이스 설계에서의 정규화에 대한 설명으로 옳지 않은 것은?

① 질의처리 성능 향상을 위해 비효율적인 릴레이션들을 병합하는 과정이다.
② 데이터 중복을 감소시켜 저장 공간의 효율성을 향상시킨다.
③ 삽입, 삭제, 수정 시 발생할 수 있는 이상(anomaly) 현상을 제거한다.
④ 정규형에는 1NF, 2NF, 3NF, BCNF, 4NF, 5NF 등이 있다.

해설 난도 중
정답의 이유

정규화는 함수 종속성을 이용하여, 릴레이션을 연관성이 속성들로만 구성되도록 분해해 이상 현상이 발생하지 않는 바람직한 릴레이션으로 만들어나가는 과정이다.

★★☆

08 속성 A, B, C로 정의된 릴레이션의 인스턴스가 아래와 같을 때, 후보키의 조건을 충족하는 것은?

A	B	C
1	12	7
20	12	7
1	12	3
1	1	4
1	2	6

① (A)
② (A, C)
③ (B, C)
④ (A, B, C)

해설 난도 상
정답의 이유

A, C 속성을 조합하면 중복되는 값이 존재하지 않으므로 유일성이 만족되고, 속성 A, B, C 각자는 중복된 값이 있기 때문에 유일성을 만족하지 못한다. 따라서 (A, C) 두 개의 속성을 조합하면 최소성을 만족하므로 후보키가 될 수 있다.

오답의 이유

① 중복된 값 1이 있으므로 후보키에 부적합하다.
③ B, C의 조합은 1, 2번째 투플의 값이 12, 7로 중복되어 유일성이 만족되지 않는다.
④ (A, C)가 최소성을 만족하므로 (A, B, C)는 후보키가 될 수 없다.

★★☆
09 다음의 인접리스트는 어떤 그래프를 표현한 것이다. 이 그래프를 정점 A에서부터 깊이 우선 탐색(depth first search)할 때, 정점이 방문되는 순서로 옳은 것은?

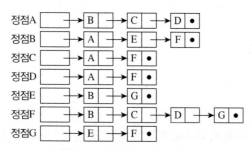

●은 null을 의미함

① A→B→C→D→F→G→E
② A→D→C→B→F→E→G
③ A→B→C→D→E→F→G
④ A→B→E→G→F→C→D

해설 〔난도 상〕

정답의 이유
깊이 우선 탐색(DFS : Depth First Search)은 시작 정점에서 한 방향으로 갈 수 있는 경로가 있는 곳까지 탐색하다가 더 이상 갈 곳이 없으면, 가장 마지막에 만났던 갈림길 간선이 있는 정점으로 돌아와 다른 방향의 간선으로 탐색을 계속하는 순회 방법이다.
정점 A~G 정보를 그래프로 표현하면 다음과 같다.

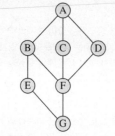

깊이 우선 탐색 순서는 A → B → E → G → F → C → D가 된다.

★★★
10 다음은 가상 메모리의 페이지 교체 정책 중 최적(optimal) 알고리즘을 적용하여 페이지를 할당한 예이다. 참조열 순으로 페이지가 참조될 때, 페이지 부재(page fault)가 6회 발생하였다. 동일한 조건 하에서 LRU(Least Recently Used) 알고리즘을 적용할 경우 페이지 부재가 몇 회 발생하는가?

참조열	1	2	0	3	0	5	2	3	7	5	3
페이지 프레임	1	1 2	1 2 0	3 2 0	3 2 0	3 2 5	3 2 5	3 2 5	3 7 5	3 7 5	3 7 5
상태	F	F	F	F		F			F		

① 6
② 7
③ 8
④ 9

해설 〔난도 상〕

정답의 이유
LRU(Least Recently Used) 페이지 교체 알고리즘은 최근에 최소로 사용된 페이지를 대상 페이지로 선정한다. 즉, 메모리에 올라온 후 가장 오랫동안 사용되지 않은 페이지를 스왑 영역으로 옮긴다. LRU 알고리즘을 적용하여 페이지 상태를 작성해보면 다음과 같다.

참조열	1	2	0	3	0	5	2	3	7	5	3
페이지 프레임	1 (1)	1 (1) 2 (2)	1 (1) 2 (2) 0 (3)	3 (4) 2 (2) 0 (3)	3 (4) 2 (2) 0 (5)	3 (4) 5 (6) 0 (5)	2 (7) 5 (6) 0 (5)	2 (7) 5 (6) 3 (8)	2 (7) 7 (9) 3 (8)	5 (10) 7 (9) 3 (8)	5 (10) 7 (9) 3 (11)
상태	F	F	F	F		F	F	F	F	F	F

페이지 부재는 총 9번 발생한다.

★★★
11 IT 기술에 관한 설명으로 옳지 않은 것은?

① IoT(Internet of Things)는 각종 사물에 센서와 통신 기능을 내장하여 인터넷에 연결하는 기술이다.
② 공용 클라우드(public cloud)는 한 기업의 정보 보안을 위해 내부 데이터 센터의 기능을 강화한 형태이다.
③ 빅데이터는 수집·저장된 대량의 정형 또는 비정형 데이터 집합으로부터 가치를 추출하고 결과를 분석하는 기술이다.
④ 가상현실은 가상의 공간과 사물을 컴퓨터에서 만들어, 인간 오감을 활용한 작용으로 현실 세계에서는 경험하지 못하는 상황을 간접적으로 체험할 수 있도록 해준다.

해설 [난도 중]

정답의 이유

한 기업의 정보 보안을 위해 내부 데이터 센터의 기능을 강화한 형태는 폐쇄형 클라우드(private cloud)를 말한다. 공용 클라우드(public cloud)는 공개적 이용을 위해 열린 네트워크를 통해 렌더링되는 클라우드로, 서비스들은 유료 또는 무료일 수 있다.

★★☆
12 2진 부동소수점 수를 표현하기 위한 표준 형식의 요소가 아닌 것은?

① 지수(exponent)
② 가수(fraction 또는 mantissa)
③ 기수(base)
④ 부호(sign)

해설 [난도 중]

정답의 이유

2진 부동소수점 수를 표현하기 위한 요소는 부호, 지수, 가수이다.

★★☆
13 범용 컴퓨터의 시스템 버스에 해당하지 않은 것은?

① 주소 버스(address bus)
② 데이터 버스(data bus)
③ 제어 버스(control bus)
④ 명령어 버스(instruction bus)

해설 [난도 하]

정답의 이유

시스템 버스 종류에는 주소 버스, 데이터 버스, 제어 버스가 있다.

➕ 이론플러스

• 주소 버스 : CPU가 기억 장치 혹은 주변 장치로 데이터를 주고 받을 때, 해당 요소의 주소를 지정하기 위한 선들의 집합이다.
• 데이터 버스 : 시스템 요소들 사이에 데이터를 전송하는 데 사용되는 선들의 집합이다.
• 제어 버스 : CPU와 주변 장치간에 필요한 제어신호를 전송하기 위한 선들의 집합이다.

★★★
14 통신 프로토콜에 대한 설명으로 옳은 것은?

① MIME(Multipurpose Internet Mail Extensions)는 인터넷상에서 디지털 오디오 및 비디오 신호를 실시간으로 전달하기 위한 전송 계층 프로토콜이다.
② TFTP(Trivial File Transfer Protocol)는 안전한 파일 전송을 위해 인증과 TCP를 필수 구성 요소로 한다.
③ TELNET는 가상 터미널 연결을 위한 응용 계층 프로토콜로 텍스트 기반 양방향 통신 기능을 제공한다.
④ DHCP(Dynamic Host Configuration Protocol)는 호스트의 인터넷 도메인 명을 IP 주소로 변환시켜 주는 것이다.

해설 [난도 중]

오답의 이유

① 인터넷상에서 디지털 오디오 및 비디오 신호를 실시간으로 전달하기 위한 전송 계층 프로토콜은 RTP이다. MIME는 전자 메일에서 사용되는 텍스트, 이미지, 오디오, 비디오 등의 데이터를 표현하기 위한 형식 표준이다.
② FTP처럼 파일을 전송하기 위한 프로토콜이지만, FTP보다 단순하게 파일을 전송한다. 파일 전송과 관련해서는 UDP를 사용한다.
④ 호스트의 인터넷 도메인 명을 IP 주소로 변환시켜 주는 것은 DNS이다. DHCP는 IP 주소를 동적으로 설정하기 위해 사용되는 프로토콜이다.

★★★
15 브라우저가 웹 서버로부터 정보를 읽어 오기 위해 사용하는 응용 계층 프로토콜은?

① SMTP
② HTTP
③ IMAP
④ RTP

해설 [난도 하]

오답의 이유

① 인터넷상에서 전자 우편을 전송할 때 사용하는 프로토콜이다.
③ 인터넷 메일 서버에서 메일을 관리하고 읽어올 때 사용되는 프로토콜이다.
④ 실시간으로 음성이나 통화를 송수신하기 위한 전송 계층 프로토콜이다.

16 다음의 부울함수와 같은 논리식이 <u>아닌</u> 것은?

$$F(x, y, z) = \sum m(1, 3, 4, 5, 6)$$

① $\bar{x}\,\bar{y}z + \bar{x}yz + x\bar{y}\,\bar{z} + x\bar{y}z + xy\bar{z}$

② $(x + y + z)(x + \bar{y} + z)(\bar{x} + \bar{y} + \bar{z})$

③ $\bar{x}z + x\bar{z} + xy$

④ $\bar{x}z + x\bar{z} + \bar{y}z$

해설 [난도상]

정답의 이유

표시 기호를 카르노 맵에 적용하면 다음과 같다.

x \ yz	00	01	11	10
0		1	1	
1	1	1	1	1

③

x \ yz	00	01	11	10
0		1	1	
1	1	1		1

왼쪽과 같이 1을 묶으면 $\bar{x}z + x\bar{z} + xy$가 된다.

오답의 이유

① 카르노 맵에 적용된 1을 하나씩 논리식으로 표현한 결과이다.
② 카르노 맵에서 1이 아닌 공간을 합의 곱으로 표현한 결과이다.

④

x \ yz	00	01	11	10
0		1	1	
1	1	1		1

왼쪽과 같이 1을 묶으면 $\bar{x}z + x\bar{z} + \bar{y}z$가 된다.

17 다음의 데이터 링크 계층 오류제어 기법들을 프레임 전송 효율이 좋은 것부터 나쁜 순으로 바르게 나열한 것은? (단, 여러 개의 프레임을 전송할 때 평균적으로 요구되는 전송 및 대기 시간만을 고려하되, 송신 및 수신단에 요구되는 구현의 복잡도나 운용에 따른 비용은 무시한다)

ㄱ. 정지 후 대기(stop-and-wait) ARQ
ㄴ. N 복귀(go-back-N) ARQ
ㄷ. 선택적 반복(selective-repeat) ARQ

① ㄱ → ㄴ → ㄷ
② ㄴ → ㄷ → ㄱ
③ ㄷ → ㄱ → ㄴ
④ ㄷ → ㄴ → ㄱ

해설 [난도중]

정답의 이유

정지 후 대기 ARQ는 전송되어 확인 응답을 기다리는 프레임이 하나이기 때문에 ARQ 방식 중 전송 효율이 가장 좋지 않다. N 복귀 ARQ는 이미 전송된 프레임이라도 이전 프레임이 오류가 났다면 오류가 난 프레임부터 다시 전송되기 때문에 선택적 반복 ARQ보다 전송 효율이 좋지 않다. 선택적 반복 ARQ는 전송된 프레임 중 오류가 난 프레임만 재전송하기 때문에 가장 전송 효율이 좋다.

➕ 이론플러스 | **재전송에 의한 오류 정정**

• 정지-대기 ARQ : 송신측에서 프레임을 전송한 후 수신 측의 확인 응답을 기다리는 방식이다.
• N 프레임 후퇴 ARQ : 프레임이 손상되면 송신 측에서는 손상된 프레임부터 시작하여 마지막으로 전송했던 프레임까지 재전송한다.
• 선택적 반복 ARQ : 전송한 프레임 중 손상된 프레임만 재전송하는 방식이다.

18 다음과 같은 코드로 동작하는 원형 큐의 front와 rear의 값이 각각 7과 2일 때, 이 원형 큐(queue)가 가지고 있는 데이터(item)의 개수는?(단, MAX_QUEUE_SIZE는 12이고, front와 rear의 초깃값은 0이다)

```
int queue[MAX_QUEUE_SIZE];
int front, rear;
void enqueue(int item) {
        if( (rear + 1) % MAX_QUEUE_SIZE = = front ) {
        printf("queue is full \n");
        return;
        }
        rear = (rear + 1) % MAX_QUEUE_SIZE;
        queue[rear] = item;
}
int dequeue() {
        if( front = = rear ) {
        printf("queue is empty \n");
        return -1;
        }
        front = (front + 1) % MAX_QUEUE_SIZE;
        return queue[front];
}
```

① 5   ② 6

③ 7   ④ 8

해설 난도상

정답의 이유

원형 큐를 쉽게 이해하기 위해 시작 부분과 마지막 부분의 연결을 끊었다고 가정하자. 큐의 총 크기는 12이고, 초기 에 12개 공간에는 데이터가 저장되어 있다. 그리고 현재 front와 rear의 값이 각각 7과 2일 때 큐에 저장된 데이터의 개수를 표현해보면 다음과 같다.

	rear						front				
주소	1	2	3	4	5	6	7	8	9	10	11	12
	30	7						42	10	17	23	71

enqueue() 함수는 큐에 데이터를 입력하는 함수로 rear 변수가 1씩 증가하면서 해당 주소에 데이터를 입력한다. dequeue() 함수는 큐에서 데이터를 출력하는 함수로 front 변수가 1씩 증가하면서 해당 주소에 있는 데이터를 출력한다. 즉, front 변수는 큐에서 데이터를 출력할 때 사용되고, rear 변수는 큐에 데이터를 입력할 때 사용된다. front 변수의 현재 위치가 7이라는 것은 1번부터 7번 주소까지 데이터를 출력했다는 의미이고, rear 변수의 현재 위치가 2이므로 1, 2번 주소에 데이터를 입력했다는 의미이다. 즉, 12 크기를 가진 큐 공간에서 데이터가 없는 공간이 5개이므로 현재 데이터는 7개가 저장되어 있다.

19 다음 자바 코드를 컴파일할 때, 문법 오류가 발생하는 부분은?

```
class Person {
        private String name;
        public int age;
        public void setAge(int age) {
        this.age = age;
        }

        public String toString() {
        return("name : "+ this.name +", age : "+this.age);
        }
}
        public class PersonTest {
        public static void main(String[] args) {
        Person a = new Person(); // ㉠
        a.setAge(27); // ㉡
        a.name = "Gildong"; // ㉢
        System.out.println(a); // ㉣
        }
}
```

① ㉠   ② ㉡

③ ㉢   ④ ㉣

해설 난도중

정답의 이유

㉢은 name 변수를 Gildong으로 초기화하는 명령어이다. name 변수는 Person 클래스에서 private로 선언되어 있다. 따라서 name 변수는 Person 클래스 내에서만 사용이 가능하기 때문에 PersonTest에서 접근하면 에러가 발생한다.

오답의 이유

①은 객체를 생성하는 명령어로 구조에 맞게 잘 작성되었다.

②는 setAge() 함수를 호출하는 명령어이다. setAge() 함수는 public으로 선언되어 있어 PersonTest 클래스 내에서 접근이 가능하다. 전달인자로 int형 변수를 전달받기 때문에 27을 전달인자로 사용한 것은 잘못된 점이 없다.

④는 객체의 참조 변수를 출력하는 명령어이다. 참조 변수를 출력하면 객체의 변수 값이 출력된다.

➕ 이론플러스   **this**

this는 클래스의 메소드나 생성자에서 현재 객체를 나타내는 참조 변수이다. 클래스 내에서 생성되는 객체를 표현해야 하는 경우가 발생하는데 이 때 객체를 this라고 부른다.

20 크기가 각각 12KB, 30KB, 20KB인 프로세스가 다음과 같은 메모리 공간에 순차적으로 적재 요청될 때, 모든 프로세스를 적재할 수 있는 알고리즘만을 모두 고른 것은?

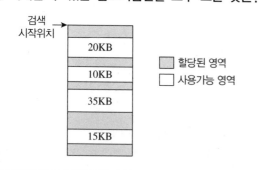

검색 시작위치 →

| 20KB |
| 10KB |
| 35KB |
| 15KB |

□ 할당된 영역
□ 사용가능 영역

ㄱ. 최초 적합(first-fit)
ㄴ. 최적 적합(best-fit)
ㄷ. 최악 적합(worst-fit)

① ㄱ
② ㄴ
③ ㄱ, ㄴ
④ ㄴ, ㄷ

해설 난도 중

정답의 이유
최적 적합은 메모리의 빈 공간을 모두 확인한 후 배치가 가능한 메모리 공간 중 가장 작은 공간에 프로세스를 배치한다. 따라서, 12KB는 메모리의 15KB, 30KB는 메모리의 35KB, 20KB는 메모리의 20KB에 적재된다.

오답의 이유
ㄱ. 최초 적합은 메모리의 빈 공간에 프로세스를 배치할 때 적재 가능한 메모리 공간을 순서대로 찾다가 첫 번째로 발견한 공간에 프로세스를 배치하는 방식으로 12KB는 메모리의 20KB에 적재되지만 30KB는 메모리에 10KB에 적재되지 못한다.
ㄷ. 최적 배치와 마찬가지로 메모리의 빈 공간을 모두 확인하지만, 배치는 최적 배치와 정반대로 배치가 가능한 메모리 공간 중 가장 큰 공간에 프로세스를 배치한다. 따라서 12KB는 메모리의 35KB에 적재되면 30KB는 적재할 공간이 없어진다.

CHAPTER 15

06.25.

2016 서울시 9급 컴퓨터일반

★★☆

01 다음 논리회로에서 A = 1010, B = 0010일 때, S에 출력되는 값은?

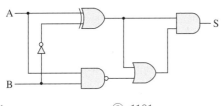

① 1011

② 1101

③ 0111

④ 1110

해설 난도 중

정답의 이유

S는 AND 게이트의 출력이고 AND 게이트의 입력은 XOR 게이트와 OR 게이트의 출력이다.

만약 XOR 게이트의 출력이 0이면 OR 게이트의 출력에 관계없이 AND 게이트의 출력이 0이 되고 XOR 게이트의 출력이 1이면 OR 게이트의 출력이 1이 되므로 AND 게이트의 출력이 1이 된다. 즉, XOR 게이트의 출력에 따라 AND 게이트의 출력이 정해진다. XOR 게이트 입력 중 B는 NOT 게이트가 있으므로 입력이 반전된다. XOR 게이트는 1의 개수가 홀수 일 때 1이 출력되고, 짝수일 때 0이 출력된다. 즉, 입력되는 두 수가 같으면 B에서 반전이 되어 XOR 게이트로 입력되므로 출력 결과는 1이 된다. 정리하면 입력되는 두 수가 같으면 XOR 게이트의 출력은 1이 되고, 다르면 XOR 게이트의 출력은 0이 된다. 따라서 정답은 0111이 된다.

★☆☆

02 현재 실행 중인 프로세스에 할당된 CPU 사용권을 다른 프로세스에게 할당하려면, 현재 실행 중인 프로세스의 실행 정보를 저장하고 다음으로 실행할 프로세스의 실행 정보를 가져오는 과정이 필요하다. 이 과정을 무엇이라고 하는가?

① 컨텍스트 스위칭(Context Switching)

② 가상 메모리(Virtual Momory)

③ 교체 정책(Replacement Strategy)

④ 디스패치(Dispatch)

해설 난도 중

오답의 이유

② 가상 메모리는 보조기억장치의 일부 공간을 가상의 메모리로 사용하는 것을 의미한다.

③ 페이징 기법으로 새로운 페이지를 할당하기 위해 할당된 페이지 중 어떤 페이지와 교체할지 결정하는 기법을 의미한다.

④ 준비 상태의 프로세스 중 하나를 골라 실행 상태로 바꾸는 CPU 스케줄러의 작업을 의미한다.

★★★

03 다음 중 유효한 SQL 문장이 아닌 것은?

① SELECT*FROM Lawyers WHERE firmName LIKE '% and %';

② SELECT firmLoc, COUNT(*) FROM Firms WHERE employees < 100;

③ SELECT COUNT(*) FROM Firms WHERE employees < 100;

④ SELECT firmLoc, SUM(employees) FROM Firms GROUP BY firmLoc WHERE SUM(employees) < 100;

해설 난도 중

정답의 이유

그룹별 검색에서 조건을 추가할 때에는 WHERE이 아니고 HAVING 키워드를 함께 사용한다.

오답의 이유

① 검색 조건을 부분적으로만 알고 있을 때 LIKE 키워드를 사용하여 검색할 수 있다. 기본 형식은 SELECT 속성리스트 FROM 테이블 리스트 [WHERE 조건] [LIKE 조건];이다.

② 계산 결과를 검색하기 위해 집계 함수를 이용할 수 있다. COUNT()는 속성 값의 개수를 구하는 함수이다.

★☆☆
04 다음 중 나머지 셋과 역할 기능이 다른 하나는?

① Array processor
② DMA
③ GPU
④ SIMD

해설 [난도 중]

정답의 이유
DMA는 데이터 전송 기법 중 하나로 주기억 장치와 입출력 장치 사이에 데이터 전송을 CPU가 개입하지 않고 메모리 버스를 직접 사용하여 통신하는 기법이다.

오답의 이유
①, ③, ④ 모두 프로세서의 종류이다.

★★☆
05 다음은 IPv6에 대한 설명이다. 옳지 않은 것은?

① 기존의 IP 주소 공간이 빠른 속도로 고갈되어 왔기 때문에 고안되었다.
② IPv6는 IP 주소 크기를 기존의 4바이트에서 6바이트로 확장했다.
③ IPv6는 유니캐스트, 멀티캐스트 주소뿐만 아니라 새로운 주소 형태인 애니캐스트 주소가 도입되었다.
④ 네트워크 프로토콜을 바꾼다는 것은 매우 어렵기 때문에 IPv6로의 전환을 위해 여러 방법들이 고안되었다.

해설 [난도 중]

정답의 이유
IPv6에서 주소의 크기는 128비트이기 때문에 16바이트가 된다.

★★★
06 다음 정렬 알고리즘 중 최악의 경우에 시간복잡도가 가장 낮은 것은?

① 버블 정렬(Bubble sort)
② 삽입 정렬(Insertion sort)
③ 퀵 정렬(Quick sort)
④ 힙 정렬(Heap sort)

해설 [난도 상]

정답의 이유
힙 정렬의 최악의 경우 시간 복잡도는 O(nlogn)이다.

오답의 이유
①, ②, ③ 최악의 경우 시간 복잡도는 $O(n^2)$이다.

★★★
07 다음 C 프로그램의 실행 결과는?

```c
#include<stdio.h>
int main()
{
    char* array1[2] = {"Good morning", "C language"};
    printf("%s \n", array1[0] + 5);
    printf("%c \n", *(array1[1] + 6));
    return 0;
}
```

① Good morning
   C-language
② morning
   a
③ morning
   g
④ morning
   u

해설 [난도 상]

정답의 이유
문자형 포인터 배열을 선언하고 두 문자열로 초기화하였다. array1[0]의 경우에는 Good morning 문자열의 첫 번째 주소를 저장하고, array1[1]의 경우에는 C language 문자열의 첫 번째 주소를 저장한다. array1[0]+5에서 array1[0]가 가리키는 문자열의 첫 번째 주소에서 5만큼 주소를 이동하여 가리킨다는 의미이다. char형은 1byte이기 때문에 5byte 떨어진 주소는 문자 m의 주소이다. 해당 주소부터 문자열을 출력하면 morning이 출력된다. *(array1[1]+6)는 첫 번째 주소에서 6byte 떨어진 주소의 문자를 출력한다는 의미이다. 따라서 u가 출력된다.

★★☆

08 메모리 크기가 200KB인 시스템에서 요구 페이징으로 가상 메모리를 구현한다고 하자. 페이지 크기가 2KB이고 페이지 테이블의 각 항목이 3바이트라고 하면, 25KB 크기의 프로세스를 위한 최소 페이지 테이블의 크기는 어떻게 되는가?

① 25바이트   ② 39바이트

③ 60바이트   ④ 75바이트

해설 [난도 중]

정답의 이유

한 페이지의 크기가 2KB이고 프로세스의 크기가 25KB이므로 요구되는 페이지는 총 13개이다. 페이지 테이블의 크기 = 페이지 수×페이지 테이블 각 항목의 크기 = 13×3바이트 = 39바이트이다.

★★☆

09 다음 그래프에서 최소 비용의 신장 트리 값은 얼마인가?

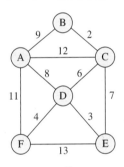

① 16   ② 20

③ 23   ④ 26

해설 [난도 중]

정답의 이유

그래프의 최소 비용 신장 트리 값을 구하기 위해서는 크루스칼 알고리즘 I와 프림 알고리즘 중 하나를 적용하면 된다. 크루스칼 알고리즘 I을 적용하면 가중치가 가장 높은 간선을 제거하는데 정점이 6개이므로 5개의 간선이 남을 때까지 반복한다. 단, 제거 시 정점이 그래프에서 이탈되는 경우가 발생하면 다음 가중치가 높은 간선을 제거한다. (1). 간선 (E, F)를 제거한다. (2). 간선 (A, C)를 제거한다. (3). 간선 (A, F)를 제거한다. (4). 간선 (A, B)를 제거한다. (5). 다음으로 제거될 간선은 (A, D)인데 정점 A가 그래프에서 이탈되기 때문에 간선 (C, E)를 제거한다. 최소 비용 신장 트리는 다음과 같고, 간선의 가중치를 모두 더한 최소 비용 신장 트리 값은 23이 된다.

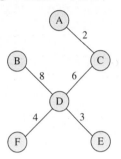

★★☆

10 라우팅 알고리즘은 라우터에 패킷이 도착했을 때 포워딩 테이블을 검색하고 패킷이 전달될 인터페이스를 결정하는 알고리즘이다. 다음 중 라우팅 알고리즘이 <u>아닌</u> 것은?

① RIP(Routing Information Protocol)

② OSPF(Open Shortest Path First)

③ CDMA(Code Division Multiple Access)

④ BGP(Border Gateway Protocol)

해설 [난도 하]

정답의 이유

CDMA는 다중접속방식 중 하나로 대역확산기술을 사용하여 하나의 채널로 동시에 데이터를 전송할 수 있다. 동일한 주파수 대역에서 모든 노드가 동시에 접속할 수 있도록 코드화한 신호를 대역 확산하여 전송한다.

★★★

11 암달(Amdahl)의 법칙은 컴퓨터 시스템의 일부를 개선할 때 전체적으로 얼마만큼의 최대 성능 향상을 기대할 수 있는지를 예측하는 데 사용된다. 만약 특정 응용프로그램의 75%가 멀티코어(Multicore)를 이용한 병렬 수행이 가능하고 나머지 25%는 코어의 수가 증가해도 순차 실행만 가능하다는 전제 하에, 컴퓨팅 코어(Core)의 수를 4개로 늘릴 때 기대할 수 있는 최대 성능 향상은 약 몇 배인가?

① 약 1.28배

② 약 2.28배

③ 약 3.28배

④ 약 4.28배

해설 난도 상

정답의 이유

코어의 수를 4개로 늘리면 응용프로그램의 75%가 병렬 수행이 가능하고 성능은 4배가 향상된다. 따라서, 암달의 법칙 공식에 적용하면 다음과 같다.

$$\frac{1}{(1-P)+\dfrac{P}{S}} = \frac{1}{(1-0.75)+\dfrac{0.75}{4}} ≒ 2.28배가 된다.$$

★★★

12 〈보기〉 중 우리가 흔히 인터넷을 통해 비용을 지불하거나 혹은 무료로 사용하는, 클라우드 저장 서버에 대한 분류로 옳은 것을 모두 고르면?

| 보기 |

ㄱ. Public cloud

ㄴ. Private cloud

ㄷ. Software as a service(Saas)

ㄹ. Platform as a service(Paas)

ㅁ. Infrastructure as a service(Iaas)

① ㄱ, ㄷ

② ㄱ, ㅁ

③ ㄴ, ㄷ

④ ㄴ, ㄹ

해설 난도 중

정답의 이유

Public cloud는 유료 또는 무료로 사용할 수 있고 IaaS는 서버, 스토리지, 네트워크 등의 인프라 자원을 제공한다.

+ 이론플러스 **배치 모델**

폐쇄형 클라우드 (private cloud)	하나의 단체를 위해서만 운영되는 클라우드 인프라구조의 하나로, 내부적으로나 서드 파티에 의해 관리를 받거나 내외부적으로 호스팅된다.
공개형 클라우드 (public cloud)	공개적 이용을 위해 열린 네트워크를 통해 렌더링되는 클라우드로, 서비스들은 유료 또는 무료일 수 있다.
혼합형 클라우드 (hybrid cloud)	뚜렷한 실체는 유지하지만 둘 이상의 클라우드의 조합으로, 여러 개의 배치 모델들의 이점을 제공한다.

★★★

13 16진수로 표현된 $B9E_{(16)}$를 2진수로 표현하면 다음 중 무엇인가?

① 1100 0101 1101

② 0101 0101 1001

③ 1011 1001 1110

④ 1110 0101 1101

해설 난도 중

정답의 이유

16진수 각 자리의 숫자를 2진수 네 자리로 만들면 다음과 같다.
B(= 11) : 1011, 9 : 1001, E(= 14) : 1110이므로 1011 1001 1110이 된다.

★★☆

14 다음 프로그램의 구성 요소들 중 프로세스 내에서 생성한 스레드들 사이에 공유되지 않는 것을 모두 고르면?

ㄱ. 레지스터(Register)

ㄴ. 힙(Heap) 메모리

ㄷ. 전역 변수(Global variables)

ㄹ. 스택(Stack) 메모리

① ㄱ, ㄴ

② ㄱ, ㄹ

③ ㄴ, ㄷ

④ ㄷ, ㄹ

해설 난도 중

정답의 이유

스레드 간에는 힙(Heap) 메모리와 변수 등은 공유된다.

★★☆

15 다음 중 Use case diagram에서 사용하는 기본 요소가 아닌 것은?

①
② 《Extend》
③ 《Include》
④

★☆☆

16 가상메모리(Virtual Memory)를 효과적으로 제공하기 위해 Core i7과 같은 프로세서 내부에 있는 장치는 무엇인가?

① TLB(Translation Lookaside Buffer)
② 캐시(Cache)
③ 페이지 테이블(Page Table)
④ 스왑 스페이스(Swap Space)

★☆☆

17 다음 중 C 프로그래밍 언어의 식별자로 사용할 수 없는 것은?

① 3id
② My_ID
③ __yes
④ K

★★★

18 3개의 page를 수용할 수 있는 메모리가 있으며, 현재 완전히 비어 있다. 어느 프로그램이 〈보기〉와 같이 page 번호를 요청했을 때, LRU(Least-Recently-Used)를 사용할 경우 몇 번의 page-fault가 발생하는가?

보기
요청하는 번호순서 : 2 3 2 1 5 2 4 5

① 6번
② 5번
③ 4번
④ 3번

19 소프트웨어 프로젝트 관리가 어려운 이유로 옳지 <u>않은</u> 것은?

① 소프트웨어는 형태가 없어 프로젝트 관리자는 프로젝트 진척사항을 분석하는 데 어려움이 있다.
② 소프트웨어 개발 프로세스는 조직에 따라 가변적이므로 관리에 어려움이 있다.
③ 컴퓨터와 통신에서의 빠른 기술적 변화로 인해 관리자의 경험이 새로운 프로젝트에 전달되지 않을 수 있다.
④ 대규모 소프트웨어 프로젝트는 일회성(one-off) 프로젝트가 전혀 없어서, 경험이 충분한 관리자가 문제를 예측할 수 없다.

해설 〔 난도 중 〕

정답의 이유
대규모 소프트웨어 프로젝트는 대개 일회성 프로세스에 해당하므로 경험이 충분한 관리자가 문제를 예측하기 힘들다.

20 다음 C 프로그램의 실행 결과는?

```c
#include<stdio.h>
struct student
{
        char name[20]; // 이름
        int money; // 돈
        struct student* link; // 자기 참조 구조체 포인터 변수
};
int main(void)
{
        struct student stu1 = {"Kim", 90, NULL};
        struct student stu2 = {"Lee", 80, NULL};
        struct student stu3 = {"Goo", 60, NULL};
        stu1.link = &stu2;
        stu2.link = &stu3;
        printf("%s %d   n", stu1.link→link→name, stu1.link→money);
        return 0;
}
```

① Goo 80
② Lee 60
③ Goo 60
④ Lee 80

해설 〔 난도 중 〕

정답의 이유
stu1 구조체 변수의 link 포인터 변수는 stu2 구조체 변수의 주소를 저장하고, stu2 구조체 변수의 link 포인터 변수는 stu3 구조체 변수의 주소를 저장한다. stu1.link → link → name에서 stu1.link는 stu2의 주소를 저장하기 때문에 stu2.link → name이라고 표현할 수 있다. stu2.link는 stu3의 주소를 저장하기 때문에 stu3.name과 같다. 따라서 Goo가 출력된다. stu1.link → money는 stu2 → money와 동일하기 때문에 80이 출력된다.

CHAPTER 16

04.18.

2015 국가직 9급 컴퓨터일반

★★☆
01 시스템 소프트웨어에 포함되지 <u>않는</u> 것은?

① 스프레드시트(spreadsheet)
② 로더(loader)
③ 링커(linker)
④ 운영체제(operating system)

해설 난도 하

정답의 이유
시스템 소프트웨어에는 운영체제, 인터프리터, 컴파일러, 유틸리티 프로그램, 드라이버, 링커, 로더 등이 있다.

+ 이론플러스 소프트웨어

- 시스템 소프트웨어 : 하드웨어를 관리하고 응용 소프트웨어를 실행하는데 필요한 프로그램으로, 컴퓨터 시스템의 개별 하드웨어 요소들을 직접 제어, 통합, 관리하는 가장 큰 기능을 수행한다. 운영체제, 장치 드라이버, 프로그래밍 도구(로더, 링커), 컴파일러, 어셈블러, 유틸리티 등을 포함한다.
- 응용 소프트웨어 : 일반 사용자가 특별한 용도로 활용하기 위해 개발된 프로그램으로, 컴퓨터가 많은 다른 작업을 수행할 수 있도록 하는 소프트웨어이다. 사무용(스프레드시트), 과학계산, 정보시스템, 멀티미디어, 교육용 등이 존재한다.

---

02 OSI 7계층 중 브리지(bridge)가 복수의 LAN을 결합하기 위해 동작하는 계층은?

① 물리 계층
② 데이터링크 계층
③ 네트워크 계층
④ 전송 계층

해설 난도 중

정답의 이유
브리지가 동작하는 계층은 데이터링크 계층이다.

+ 이론플러스 OSI 7계층과 네트워크 장치

- 물리 계층 : 리피터, 허브
- 데이터링크 계층 : 브리지, 스위치
- 네트워크 계층 : 라우터
- 전송~응용 계층 : 게이트웨이

★★☆
03 데이터베이스 설계 과정에서 목표 DBMS의 구현 데이터 모델로 표현된 데이터베이스 스키마가 도출되는 단계는?

① 요구사항 분석 단계
② 개념적 설계 단계
③ 논리적 설계 단계
④ 물리적 설계 단계

해설 난도 중

오답의 이유
① 수집된 요구 사항을 분석하여 그 결과를 요구 사항 명세서로 작성하는 것이 요구 사항 분석 단계에서 수행하는 주요 작업이다.
② 사용자의 요구 사항을 분석한 결과를 E-R 다이어그램으로 표현하는 것이 개념적 설계 단계에서 중요한 작업이다.
④ 물리적 설계 단계에서는 저장 장치에 적합한 저장 레코드와 인덱스의 구조 등을 설계하고, 저장된 데이터와 인덱스에 빠르게 접근할 수 있는 탐색 기법 등을 정의한다.

★★★ 04 객체지향 프로그래밍의 특징 중 상속 관계에서 상위 클래스에 정의된 메소드(method) 호출에 대해 각 하위 클래스가 가지고 있는 고유한 방법으로 응답할 수 있도록 유연성을 제공하는 것은?

① 재사용성(reusability)
② 추상화(abstraction)
③ 다형성(polymorphism)
④ 캡슐화(encapsulation)

해설 난도 중

오답의 이유

① 상속에서 새로운 클래스는 기존 클래스로부터 모든 요소를 상속받고 추가되는 데이터와 메소드만 지정하면 되기 때문에 코드의 재사용성을 높일 수 있다.
④ 캡슐화는 사용자의 입장에서는 객체의 메소드가 어떻게 동작하는지 몰라도 메소드의 기능만 알면 객체를 사용할 수 있다는 개념이다.

★★★ 05 다음은 캐시 기억장치를 사상(mapping) 방식 기준으로 분류한 것이다. 캐시 블록은 4개 이상이고 사상 방식을 제외한 모든 조건이 동일하다고 가정할 때, 평균적으로 캐시 적중률(hit ratio)이 높은 것에서 낮은 것 순으로 바르게 나열한 것은?

> ㄱ. 직접 사상(direct-mapped)
> ㄴ. 완전 연관(fully-associative)
> ㄷ. 2-way 집합 연관(set-associative)

① ㄱ - ㄴ - ㄷ
② ㄴ - ㄷ - ㄱ
③ ㄷ - ㄱ - ㄴ
④ ㄱ - ㄷ - ㄴ

해설 난도 중

정답의 이유

캐시 적중률에 대해 완전 연관은 높고, 집합 연관은 중간, 직접 사상은 낮은 편이다.

이론플러스 사상 방식의 비교

사상 방식	단순성	태그 연관 검색	캐시 효율	교체 기법
직접	단순	없음	낮음	불필요
완전 연관	복잡	연관	높음	필요
집합 연관	중간	중간	중간	필요

★★★ 06 다음 논리회로의 부울식으로 옳은 것은?

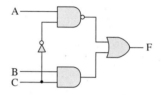

① $F = AC' + BC$
② $F(A, B, C) = \sum m(0, 1, 2, 3, 6, 7)$
③ $F = (AC')'$
④ $F = (A' + B' + C)(A + B' + C')$

해설 난도 중

정답의 이유

논리회로에 대한 출력 F의 논리식을 작성하면
$F = (AC')' + BC = A' + C + BC = A' + C(1+B) = A' + C$이다.
따라서 $F = (AC')' = A' + C$이다.

오답의 이유

② 카르노 맵에 1을 적용하여 간소화하면 다음과 같다.

A＼BC	00	01	11	10
0	1	1	1	1
1			1	1

$F = A' + B$

④ $F = (A' + B' + C)(A + B' + C')$
$= A'A + A'B' + A'C' + AB' + B'B' + B'C' + AC + B'C + CC'$
$= A'B' + A'C' + AB' + B'C' + AC + B'C = B'(A' + A) + A'C' + AC + B'(C' + C) = B' + A'C' + AC + B' = B' + A'C' + AC$

★★★

07 소프트웨어 개발 프로세스 모델 중 하나인 나선형 모델 (spiral model)에 대한 설명으로 옳지 <u>않은</u> 것은?

① 폭포수(waterfall) 모델과 원형(prototype) 모델의 장점을 결합한 모델이다.
② 점증적으로 개발을 진행하여 소프트웨어 품질을 지속적으로 개선할 수 있다.
③ 위험을 분석하고 최소화하기 위한 단계가 포함되어 있다.
④ 관리가 복잡하여 대규모 시스템의 소프트웨어 개발에는 적합하지 않다.

해설 [난도 중]

정답의 이유
나선형 모델은 위험 분석 단계가 존재하여 처음부터 위험에 대해 고려를 하기 때문에 갑자기 발생하는 위험으로 인해 프로젝트가 중단되는 확률이 적다. 다른 모델에 비해 위험 관리를 추가적으로 해야 하지만 관리가 복잡하지는 않으며, 프로젝트 중단 확률이 적기 때문에 대규모 시스템 소프트웨어 개발에 적합한 방법이다.

★★★

08 다음 표는 단일 CPU에 진입한 프로세스의 도착 시간과 처리하는 데 필요한 실행 시간을 나타낸 것이다. 프로세스 간 문맥 교환에 따른 오버헤드는 무시한다고 할 때, SRT(Shortest Remaining Time) 스케줄링 알고리즘을 사용한 경우 네 프로세스의 평균 반환시간(turnaround time)은?

프로세스	도착 시간	실행 시간
P1	0	8
P2	2	4
P3	4	1
P4	6	4

① 4.25
② 7
③ 8.75
④ 10

해설 [난도 상]

정답의 이유
SRT 스케줄링은 기본적으로 라운드 로빈 스케줄링을 사용하고, CPU를 할당받을 프로세스를 선택할 때 남아 있는 작업 시간이 가장 적은 프로세스를 선택한다.

0	2	4	5	7	11	17
P1	P2	P3	P2	P4		P1

P1이 0~2동안 실행되고 P2가 큐에 들어온다. P2의 실행 시간이 짧기 때문에 P2가 2~4동안 실행된다. 4초에 P3가 큐에 들어오고 실행 시간이 1초로 가장 짧기 때문에 4~5초간 실행된다. 이와 같이 실행 시간이 짧게 남은 프로세스가 실행된다. 프로세스 별로 반환 시간을 구해보면 다음과 같다.
• P1 반환 시간 : 17-0 = 17
• P2 반환 시간 : 7-2 = 5
• P3 반환 시간 : 5-4 = 1
• P4 반환 시간 : 11-6 = 5
• 평균 반환 시간 : (17 + 5 + 1 + 5)/4 = 7

★★★

09 이더넷(Ethernet)의 매체 접근 제어(MAC) 방식인 CSMA/CD에 대한 설명으로 옳지 <u>않은</u> 것은?

① CSMA/CD 방식은 CSMA 방식에 충돌 검출 기법을 추가한 것으로 IEEE 802.11b의 MAC 방식으로 사용된다.
② 충돌 검출을 위해 전송 프레임의 길이를 일정 크기 이상으로 유지해야 한다.
③ 전송 도중 충돌이 발생하면 임의의 시간 동안 대기하기 때문에 지연시간을 예측하기 어렵다.
④ 여러 스테이션으로부터의 전송 요구량이 증가하면 회선의 유효 전송률은 단일 스테이션에서 전송할 때 얻을 수 있는 유효 전송률보다 낮아지게 된다.

해설 [난도 중]

정답의 이유
IEEE 802.11에 사용되는 매체접근제어 방식은 CSMA/CA이다.

이론플러스 | 매체접근제어 방식

• CSMA/CD : 이더넷 접근 방식으로 버스형 토폴로지에서 많이 사용되며 통신 회선의 사용 여부를 확인한 후 네트워크가 사용 중이 아니면 바로 프레임을 전송한다. 프레임을 전송하는 도중에 충돌이 발생하면 프레임 재전송을 요구한다.
• CSMA/CA : 충돌을 감지하는 CSMA/CD 방식과는 달리 충돌을 회피하는 방식으로 IEEE 802.11 무선 랜에서 사용된다.

★★★

10 다음은 C언어로 내림차순 버블정렬 알고리즘을 구현한 함수이다. ㉠에 들어갈 if문의 조건으로 올바른 것은?(단, size는 1차원 배열인 value의 크기이다)

```c
void BubbleSorting(int *value, int size) {
    int x, y, temp;
    for(x = 0; x < size; x++) {
        for(y = 0; y < size-x-1; y++) {
            if( ㉠ ) {
                temp = value[y];
                value[y] = value[y + 1];
                value[y + 1] = temp;
            }
        }
    }
}
```

① value[x] > value[y + 1]

② value[x] < value[y + 1]

③ value[y] > value[y + 1]

④ value[y] < value[y + 1]

해설 [난도 상]

정답의 이유

내림차순으로 버블 정렬을 하기 때문에 배열의 현재 위치 값이 다음 위치 값보다 작으면 값을 서로 교환해서 저장한다. if문 안에 있는 내용은 배열의 값을 서로 바꾸는 문장이다. 따라서 if의 조건에는 현재 위치 값이 다음 위치 값보다 작다는 조건이 들어가야 하므로 value[y] < value[y + 1]가 된다.

★★☆

11 객체지향 기법을 지원하지 않는 프로그래밍 언어는?

① LISP   ② Java

③ Python   ④ C#

해설 [난도 중]

정답의 이유

LISP는 포트란에 이어 두 번째로 오래된 고급 프로그래밍 언어로 절차 지향 기법의 프로그래밍 언어이다.

➕ 이론플러스

• 절차지향 언어 : FORTRAN, LISP, PASCAL, COBOL, C 등

• 객체지향 언어 : C++, C#, JAVA, Python 등

★★☆

12 관계형 모델(relational model)의 릴레이션(relation)에 대한 설명으로 옳지 <u>않은</u> 것은?

① 릴레이션의 한 행(row)을 투플(tuple)이라고 한다.

② 속성(attribute)은 릴레이션의 열(column)을 의미한다.

③ 한 릴레이션에 존재하는 모든 투플들은 상이해야 한다.

④ 한 릴레이션의 속성들은 고정된 순서를 갖는다.

해설 [난도 중]

정답의 이유

한 릴레이션의 속성들은 고정된 순서를 갖지 않는다.

➕ 이론플러스   관계 데이터 모델

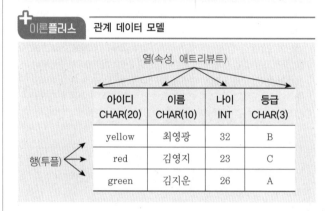

★☆☆

13 컴퓨터 버스에 대한 설명으로 옳지 <u>않은</u> 것은?

① 주소 정보를 전달하는 주소 버스(address bus), 데이터 전송을 위한 데이터 버스(data bus), 그리고 명령어 전달을 위한 명령어 버스(instruction bus)로 구성된다.

② 3-상태(3-state) 버퍼를 이용하면 데이터를 송신하고 있지 않는 장치의 출력이 버스에 연결된 다른 장치와 간섭하지 않도록 분리시킬 수 있다.

③ 특정 장치를 이용하면 버스를 통해서 입출력 장치와 주기억 장치 간 데이터가 CPU를 거치지 않고 전송될 수 있다.

④ 다양한 장치를 연결하기 위한 별도의 버스가 추가적으로 존재할 수 있다.

해설 [난도 중]

정답의 이유

버스의 종류에는 데이터 버스, 주소 버스, 제어 버스가 있다. 제어 버스는 CPU와 주변 장치 간에 필요한 제어신호를 전송하는 역할을 수행한다.

14 다음 이진 트리(binary tree)의 노드들을 후위 순회 (post-order traversal)한 경로를 나타낸 것은?

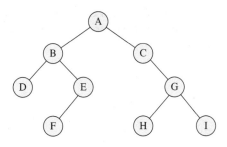

① F→H→I→D→E→G→B→C→A
② D→F→E→B→H→I→G→C→A
③ D→B→F→E→A→C→H→G→I
④ I→H→G→C→F→E→D→B→A

해설 〔난도 중〕
정답의 이유
후위 순회 경로는 왼쪽 노드 → 오른쪽 노드 → 현재 노드이다. A 노드를 기준으로 왼쪽 노드 그룹(B, D, E, F)을 순회한다. 왼쪽 노드 그룹 중 B를 기준으로 했을 때 D가 왼쪽 노드이고 자식 노드가 없기 때문에 가장 먼저 순회한다. 그리고 오른쪽 노드 E에서 왼쪽 노드인 F를 순회하고 E를 순회한다. B까지 순회 후 오른쪽 노드 그룹(C, G, H, I)을 순회하게 된다. 이와 같은 방법으로 순회하면 H, I, G, C가 되고 마지막으로 A를 순회한다.

15 프로토콜에 대한 설명으로 옳지 <u>않은</u> 것은?

① ARP는 데이터 링크 계층의 프로토콜로 MAC 주소에 대해 해당 IP 주소를 반환해 준다.
② UDP를 사용하면 일부 데이터의 손실이 발생할 수 있지만 TCP에 비해 전송 오버헤드가 적다.
③ MIME는 텍스트, 이미지, 오디오, 비디오 등의 멀티미디어 전자우편을 위한 규약이다.
④ DHCP는 한정된 개수의 IP 주소를 여러 사용자가 공유할 수 있도록 동적으로 가용한 주소를 호스트에 할당해준다.

해설 〔난도 중〕
정답의 이유
ARP는 네트워크 계층의 프로토콜로 IP 주소를 MAC 주소로 반환하는 기능을 한다.

16 비결정적 유한 오토마타(non-deterministic finite automata)에 대한 설명으로 옳지 <u>않은</u> 것은?

① 한 상태에서 전이 시 다음 상태를 선택할 수 있다.
② 입력 심볼을 읽지 않고도 상태 전이를 할 수 있다.
③ 어떤 비결정적 유한 오토마타라도 같은 언어를 인식하는 결정적 유한 오토마타(deterministic finite automata)로 변환이 가능하다.
④ 모든 문맥 자유 언어(context-free language)를 인식한다.

해설 〔난도 중〕
정답의 이유
비결정적 유한 오토마타는 한 상태에서 전이 시 다음 상태를 선택할 수 있으며 입력 심볼을 읽지 않고 상태 전이를 할 수 있다. 어떤 비결정적 유한 오토마타라도 같은 언어를 인식하는 결정적 유한 오토마타로 변환이 가능하다. 언어의 구조를 쉽게 표현할 수 있지만 결정적 유한 오토마타에 비해 프로그램 구현이 어렵다.

17 클라우드 컴퓨팅 서비스 모델과 이에 대한 설명이 바르게 짝지어진 것은?

> ㄱ. 응용소프트웨어 개발에 필요한 개발 요소들과 실행 환경을 제공하는 서비스 모델로서, 사용자는 원하는 응용 소프트웨어를 개발할 수 있으나 운영체제나 하드웨어에 대한 제어는 서비스 제공자에 의해 제한된다.
> ㄴ. 응용소프트웨어 및 관련 데이터는 클라우드에 호스팅되고 사용자는 웹 브라우저 등의 클라이언트를 통해 접속하여 응용소프트웨어를 사용할 수 있다.
> ㄷ. 사용자 필요에 따라 가상화된 서버, 스토리지, 네트워크 등의 인프라 자원을 제공한다.

	IaaS	PaaS	SaaS
①	ㄷ	ㄴ	ㄱ
②	ㄴ	ㄱ	ㄷ
③	ㄷ	ㄱ	ㄴ
④	ㄱ	ㄷ	ㄴ

정답의 이유

IaaS(Infrastructure as a Service)는 가장 기본적인 클라우드 서비스 모델로, 가상 머신과 기타 자원들을 사용자에 대한 서비스로 제공하는 모델이다. PaaS(Platform as a Service)는 응용소프트웨어 개발에 필요한 개발 요소들과 실행 환경을 제공하는 서비스 모델로서, 사용자는 원하는 응용소프트웨어를 개발할 수 있으나 운영체제나 하드웨어에 대한 제어는 서비스 제공자에 의해 제한된다. SaaS(Software as a Service) 응용소프트웨어 및 관련 데이터는 클라우드에 호스팅되고 사용자는 웹브라우저 등의 클라이언트를 통해 접속하여 응용소프트웨어를 사용할 수 있다.

★★★

18 다음 C 언어로 작성된 프로그램의 실행 결과에서 세 번째 줄에 출력되는 것은?

```
#include <stdio.h>
int func(int num) {
    if (num == 1)
    return 1;
    else
    return num*func(num-1);
}
int main() {
    int i;
    for (i = 5; i >= 0; i--) {
    if (i % 2 == 1)
    printf("func(%d) : %d\n", i, func(i));
    }
    return 0;
}
```

① func(3) : 6
② func(2) : 2
③ func(1) : 1
④ func(0) : 0

정답의 이유

main() 함수를 살펴보면 i의 값이 홀수일 때 func() 함수가 호출된다. i가 5일 때 return num * func(num - 1);이 실행되고, func() 함수가 호출을 반복하는 형태이다. 반복이 끝난 후 리턴되는 값은 5×4×3×2×1 = 120이므로, func(5) : 120이 된다. 즉, func() 함수는 팩토리얼 (factorial)을 구하는 함수이다. i가 3일 때는 func(3) : 60이 되고, i가 1일 때는 func(1) : 1이 된다. 세 번째 출력되는 것은 func(1) : 1이 된다.

★★☆

19 서브넷 마스크(subnet mask)를 255.255.255.224로 하여 한 개의 C클래스 주소 영역을 동일한 크기의 8개 하위 네트워크로 나누었다. 분할된 네트워크에서 브로드캐스트를 위한 IP 주소의 오른쪽 8비트에 해당하는 값으로 옳은 것은?

① 0
② 64
③ 159
④ 207

정답의 이유

마지막 8비트는 네트워크 ID 3비트, 호스트 ID 5비트로 나눠졌다. 네트워크 ID는 000 ~ 111까지 8개의 네트워크를 가진다. 호스트 ID 5비트에 0을 대입하면 시작주소, 1을 대입하면 마지막 주소를 구할 수 있다. 각 브로드캐스트 주소의 마지막 숫자는 31, 63, 95, 127, 159, 191, 223, 255가 된다.

네트워크 개수	네트워크 ID (3 bit)	호스트 ID (5 bit)	IP 주소 범위	
			시작주소 (네트워크 주소)	마지막 주소 (브로드 캐스트 주소)
0	000		x.x.x.0~x.x.x.31	
1	001		x.x.x.32~x.x.x.63	
2	010		x.x.x.64~x.x.x.95	
3	011		x.x.x.96~x.x.x.127	
4	100		x.x.x.128~x.x.x.159	
5	101		x.x.x.160~x.x.x.191	
6	110		x.x.x.192~x.x.x.223	
7	111		x.x.x.224~x.x.x.255	

★★☆
20 연결리스트(linked list)의 'preNode' 노드와 그 다음 노드 사이에 새로운 'newNode' 노드를 삽입하기 위해 빈칸 ㉠에 들어갈 명령문으로 옳은 것은?

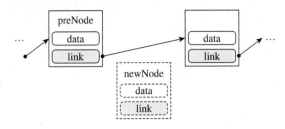

```
...
Node *newNode = (Node*)malloc(sizeof(Node));
                        ㉠
preNode→link = newNode;
...
```

① newNode → link = preNode;

② newNode → link = preNode → link;

③ newNode → link → link = preNode;

④ newNode = preNode → link;

해설 [난도 중]

정답의 이유

㉠ 아래 명령어는 이전 노드의 링크가 새로운 노드를 연결하는 내용이다. 따라서 ㉠에는 새로운 노드의 링크가 이전 노드가 가리키는 노드를 가리키면 된다. 이를 명령어로 나타내면 newNode→link = preNode →link;가 된다.

CHAPTER

17

06.27.

2015 지방직 9급 컴퓨터일반

★★☆

01 P(Unified Process)의 네 단계 중 아키텍처 결정을 위한 설계 작업과 분석 작업의 비중이 크고, 시스템 구성에 관련된 위험 요소를 식별하고 이를 완화하는 데 중점을 두는 단계는?

① 도입(inception)
② 상세(elaboration)
③ 구축(construction)
④ 이행(transition)

해설 난도 중

정답의 이유
상세 단계는 구체화 단계, 정련 단계라고도 하며, 비즈니스 모델링과 요구 사항 정의 작업은 줄어들고 분석 및 설계 작업이 가장 활발하게 이루어진다.

➕ 이론플러스 **UP 4 단계**

- 1단계(도입) : 준비 단계, 인지 단계, 시작 단계, 발견 단계와 같이 다양한 이름으로 불리며, 비즈니스 모델링과 요구 사항 정의 관련 작업이 가장 많이 이루어진다.
- 2단계(구체화) : 상세 단계, 정련 단계로도 불리고 보통 2~4개 반복 단위로 구성된다. 구체화 단계에서는 비즈니스 모델링과 요구 사항 정의 작업은 줄어들고, 분석 및 설계 작업이 가장 활발하게 이루어진다.
- 3단계(구축) : 구현 작업이 가장 많이 이루어지고 비즈니스 모델링과 요구 사항 정의 작업은 많이 줄어들고, 분석 및 설계 작업도 구체화 단계보다 줄어든다.
- 4단계(전이) : 이행 단계라고도 하며, 사용자를 위한 제품을 완성하는 단계이다. 완성된 제품을 사용자에게 넘겨주는 과정에서 수행해야 할 일을 한다.

★☆☆

02 문법 G가 다음과 같을 때 S_1으로부터 생성할 수 없는 것은?

$G : S_1 \rightarrow 0S_2$	$S_1 \rightarrow 0$
$S_2 \rightarrow 0S_2$	$S_2 \rightarrow 1$

① 0
② 00
③ 01
④ 001

해설 난도 중

정답의 이유
$S_1 \rightarrow 0S_2$ 다음으로 사용할 수 있는 문법은 $S_2 \rightarrow 0S_2$인데 0다음으로 다시 S_2와 관련된 문법을 선택해야 한다. 따라서 00은 생성할 수 없다.

오답의 이유
① $S_1 \rightarrow 0$로 0을 생성할 수 있다.
③ $S_1 \rightarrow 0S_2$, $S_2 \rightarrow 1$로 01을 생성할 수 있다.
④ $S_1 \rightarrow 0S_2$, $S_2 \rightarrow 0S_2$, $S_2 \rightarrow 1$로 001을 생성할 수 있다.

★★★

03 데이터 통신의 표준참조모델인 OSI모델의 각 계층에 대한 설명으로 옳지 <u>않은</u> 것은?

① 물리 계층은 송수신 시스템의 연결에서 전송 매체의 종류, 송수신되는 신호의 전압 레벨 등을 정의한다.
② 네트워크 계층은 송수신 컴퓨터의 응용프로그램 간 송수신되는 데이터의 구문과 의미에 관련된 기능으로 변환, 암호화, 압축을 수행한다.
③ 전송 계층은 연결된 네트워크의 기능이나 특성에 영향을 받지 않고 오류제어와 흐름제어 기능을 수행하여 신뢰성 있는 데이터 전송을 보장하는 것으로, 프로토콜은 TCP, UDP 등이 있다.
④ 응용 계층은 최상위 계층으로 프로토콜은 FTP, HTTP 등이 있다.

해설 [난도 중]
정답의 이유
송수신 컴퓨터의 응용프로그램 간 송수신되는 데이터의 구문과 의미에
관련된 기능으로 변환, 암호화, 압축을 수행하는 계층은 표현 계층이다.
네트워크 계층은 패킷이 발신지에서 목적지까지 전달될 수 있도록 경로
를 설정하고 주소 변환을 한다.

★★☆
04 컴퓨터 이미지에 대한 설명으로 옳지 <u>않은</u> 것은?

① 벡터 방식은 이미지의 크기가 커지면 저장 용량도 커진다.
② GIF와 JPG는 비트맵 방식의 파일 형식이다.
③ 상세한 명암과 색상을 표현하는 사진에 적합한 방식은
  비트맵 방식이다.
④ 벡터 방식은 이미지를 확대, 축소, 회전하더라도 이미지
  의 품질에 영향을 주지 않는다.

해설 [난도 중]
정답의 이유
비트맵 방식이 이미지의 크기가 커지면 저장 용량도 커진다.

★★☆
05 음수를 2의 보수로 표현할 때, 십진수 −66을 8비트
이진수로 변환한 값은?

① $10111101_{(2)}$ ② $10111110_{(2)}$
③ $11000010_{(2)}$ ④ $01000001_{(2)}$

해설 [난도 중]
정답의 이유
−66을 2의 보수 형식으로 표현하기 위해 66을 8비트로 표현하면
$01000010_{(2)}$ 이 된다. 이 결과 값에 2의 보수를 취하면 $10111110_{(2)}$ 이
된다.

★☆☆
06 디자인 패턴에 대한 설명으로 옳지 <u>않은</u> 것은?

① 일반적으로 디자인 패턴을 이용하면 좋은 설계나 아키텍
  처를 재사용하기 쉬워진다.
② 패턴은 사용 목적에 따라서 생성 패턴, 구조 패턴, 행위
  패턴으로 분류할 수 있다.
③ 생성 패턴은 빌더(builder), 추상 팩토리(abstract factory)
  등을 포함한다.
④ 행위 패턴은 가교(bridge), 적응자(adapter), 복합체
  (composite) 등을 포함한다.

해설 [난도 중]
정답의 이유
가교(bridge), 적응자(adapter), 복합체(composite) 등은 구조 패턴에
속한다.

➕ 이론플러스   **디자인 패턴**

- **생성 패턴** : 객체를 생성하는 것과 관련된 패턴으로, 객체의 생성과
  변경이 전체 시스템에 미치는 영향을 최소화하도록 만들어주어 유연
  성을 높일 수 있고 코드를 유지하기 쉬운 편이다. 종류로는 factory
  method, singleton, prototype, builder, abstract factory 등이 있다.
- **구조 패턴** : 프로그램 내의 자료구조나 인터페이스 구조 등 프로그램의
  구조를 설계하는 데 많이 활용될 수 있는 패턴이다. 클래스나 객체들의
  구성을 통해서 더 큰 구조로 만들 수 있게 해준다. 종류로는 adapter,
  composite, bridge, decorator, facade, flyweight, proxy 등이 있다.
- **행위 패턴** : 반복적으로 사용되는 객체들의 상호작용을 패턴화한 것으
  로, 클래스나 객체들이 상호작용하는 방법과 책임을 분산하는 방법을
  정의한다. 종류로는 template method, interpreter, iterator,
  observer, strategy, visitor, chain of responsibility 등이 있다.

★★☆

07 다음 그림과 같은 원형 큐에 한 객체를 입력하는 알고리즘에 대해 의사코드(pseudo code)를 순서대로 바르게 나열한 것은?(단, 객체는 rear 쪽에 입력되고 front 쪽에서 출력되며, M은 큐의 크기를 나타내는 정수이다)

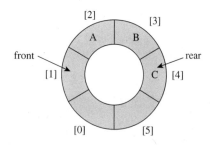

ㄱ. 큐가 공백 상태인지 검사 : (front = = rear)
ㄴ. front 값을 1 증가 : front = (front + 1)%M
ㄷ. 큐가 포화 상태인지 검사 : (front = = rear)
ㄹ. 객체를 rear 위치에 입력
ㅁ. rear 값을 1 증가 : rear = (rear + 1)%M

① ㄱ — ㄴ — ㄹ
② ㄴ — ㄹ — ㄷ
③ ㄹ — ㅁ — ㄱ
④ ㅁ — ㄷ — ㄹ

해설 [난도 상]

정답의 이유

입력과 관련된 변수는 rear이고, 입력 시 rear 변수의 값을 1 증가 시킨다. rear의 값을 1 증가 시켰을 때 front와 같은 값을 가지는지 체크함으로써 큐가 포화 상태인지 확인한다. 큐가 포화 상태가 아니면 rear가 가리키는 큐의 위치에 객체를 입력한다.

★★☆

08 다음 내용에 적합한 매체 접근 제어(MAC) 방식은?

• IEEE 802.11 무선 랜에서 널리 사용된다.
• 채널이 사용되지 않는 상태임을 감지하더라도 스테이션은 임의의 백오프 값을 선택하여 전송을 지연시킨다.
• 수신 노드는 오류 없이 프레임을 수신하면 수신 확인 ACK 프레임을 전송한다.

① GSM
② CSMA/CA
③ CSMA/CD
④ LTE

해설 [난도 중]

오답의 이유

① 개인 휴대 통신 시스템으로 TDMA 기반의 통신 기술이다.
③ 회선의 사용 여부를 확인한 후 사용 중이 아니면 프레임을 전송하고 전송 도중에 충돌이 감지되면 일정 시간 동안 대기한 후 다시 프레임을 전송하는 방식이다.
④ HSDPA 보다 한층 진화된 휴대전화 고속 무선 데이터 패킷 통신 규격이다.

★★★

09 다음 C 프로그램의 출력 값은?

```c
#include <stdio.h>
int main()
{
    int darr[3][3] = {{1, 2, 3}, {4, 5, 6}, {7, 8, 9}};
    int sum1, sum2;
    sum1 = *(*darr + 1)+*(*darr + 2);
    sum2 = *darr[1] + *darr[2];
    printf("%d, %d", sum1, sum2);
}
```

① 3, 5
② 5, 5
③ 5, 11
④ 11, 5

해설 [난도 상]

정답의 이유

*darr은 배열의 첫 번째 주소의 요소 값 1을 의미하고 1을 더하면 2가 된다. *darr + 2은 배열의 두 번째 주소의 요소 값 2를 의미하고 1을 더하면 3이 된다. 따라서 sum1은 5가 된다. *darr[1]은 배열의 2행의 첫 번째 요소 값 4를 의미하고 *darr[2]는 배열의 3행의 첫 번째 요소 값 7를 의미하므로 sum2 값은 11이 된다.

★★★
10 스레드(thread)에 대한 설명으로 옳지 <u>않은</u> 것은?

① 스레드는 자기만 접근할 수 있는 스레드별 데이터를 갖지 않는다.
② 단일 프로세스에 포함된 스레드들은 프로세스의 자원을 공유할 수 있다.
③ 멀티프로세서 환경에서는 각각의 스레드가 다른 프로세서에서 수행될 수 있다.
④ Pthread는 스레드 생성과 동기화를 위해 POSIX가 제정한 표준 API이다.

해설 〔난도 중〕
정답의 이유
스레드는 자기만 접근할 수 있는 데이터를 갖는다.

★★★
11 RAID에 대한 설명으로 옳은 것은?

① RAID 레벨 1은 패리티를 이용한다.
② RAID 레벨 0은 디스크 미러링을 이용한다.
③ RAID 레벨 0과 RAID 레벨 1을 조합해서 사용할 수 없다.
④ RAID 레벨 5는 패리티를 모든 디스크에 분산시킨다.

해설 〔난도 중〕
오답의 이유
① RAID 레벨 3, 4, 5, 6에서 패리티를 이용한다.
② RAID 레벨 1에서 디스크 미러링을 이용한다.
③ 빠른 입·출력이 장점인 RAID 0과 복구와 미러링 기능을 가진 RAID 1을 결합한 것이 RAID 10이다.

★★☆
12 IoT(Internet of Things)기기의 확산 등으로 예상되는 인터넷 주소의 고갈 문제를 해결하기 위한 것은?

① HTTPS
② IPv4
③ IPv6
④ Common Gateway Interface

해설 〔난도 중〕
정답의 이유
IP 주소의 고갈 문제를 해결하기 위한 방법 중 하나가 IPv6이다.

★★★
13 다음 논리회로의 부울식으로 옳은 것은?

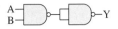

① $Y = AB$
② $Y = (AB)'$
③ $Y = A'B$
④ $Y = AB + (AB)'$

해설 〔난도 중〕
정답의 이유
왼쪽 AND 게이트의 출력은 AB′이고 다시 오른쪽 AND 게이트의 입력으로 들어가면 출력 Y의 논리식은 다음과 같다.
$Y = ((AB)' \cdot (AB)')' = AB + AB = AB$

★★☆
14 네트워크의 전송 데이터 오류 검출에 대한 설명으로 옳지 않는 것은?

① 체크섬(checksum)은 1의 보수 방법을 사용한다.
② 순환중복검사(CRC)는 모듈로-2 연산을 주로 사용한다.
③ 전송할 데이터에 대한 중복 정보를 활용하여 오류를 검출한다.
④ 단일 패리티 비트를 사용하는 패리티 검사는 홀수 개의 비트에 오류가 발생하면 오류를 발견할 수 없다.

해설 〔난도 중〕
정답의 이유
단일 패리티 비트를 사용하는 홀수 패리티 검사는 홀수 개의 비트에 오류가 발생하면 오류를 발견할 수 있다. 짝수 패리티 검사는 짝수 개의 비트에 오류가 발생하면 오류를 발견할 수 있다.

➕ **이론플러스** 　오류 검출 종류

• 패리티 검사 : 패리티 비트(parity bit)라 불리는 중복비트는 데이터 단위에 덧붙여져 패리티 비트를 포함한 데이터 단위 내에 1의 전체 개수가 짝수 또는 홀수가 되도록 한다.
• 순환중복검사 : 중복 검사 기법 중 매우 효과적인 오류 검출 방법으로 폭주(burst) 오류 검출에 적합하다. 2진 나눗셈(모듈로-2)을 기반으로 한다.
• 검사합 : 상위 계층 프로토콜에서 사용되는 오류 검출 방법이다. 검사합에서는 1의 보수 연산을 이용한다.

15 유닉스 운영체제의 커널에 속하지 <u>않는</u> 것은?

① 스케줄러　　　　② 파일 관리자
③ 메모리 관리자　　④ 윈도우 관리자

해설 〔 난도 하 〕

정답의 이유
유닉스와 윈도우는 다른 운영체제이다. 따라서 윈도우 관리자는 유닉스 운영체제 커널에 속하지 않는다.

16 안드로이드에 대한 설명으로 옳지 <u>않은</u> 것은?

① 안드로이드는 구글이 중심이 되어 개발하는 휴대 단말기용 플랫폼이다.
② 일반적으로 안드로이드 애플리케이션의 네 가지 구성요소는 액티비티, 방송 수신자, 서비스, 콘텐츠 제공자이다.
③ 보안, 메모리 관리, 프로세스 관리, 네트워크 관리 등 핵심 서비스는 리눅스에 기초하여 구현되었다.
④ 콘텐츠 제공자는 UI 컴포넌트를 화면에 표시하고, 시스템이나 사용자의 반응을 처리할 수 있다.

해설 〔 난도 중 〕

정답의 이유
UI 컴포넌트를 화면에 표시하고, 시스템이나 사용자의 반응을 처리하는 것은 액티비티(Activity)이다.

➕ 이론플러스 | **안드로이드 애플리케이션 구성 요소**

- **액티비티** : 사용자와 상호작용하기 위한 진입점으로, 사용자 인터페이스를 포함한 화면 하나를 나타낸다. UI 컴포넌트를 화면에 표시하고, 시스템이나 사용자의 반응을 처리한다.
- **서비스** : 백그라운드에서 실행되는 구성 요소로, 오랫동안 실행되는 작업을 수행하거나 원격 프로세스를 위한 작업을 수행한다. 단, 사용자 인터페이스를 제공하지 않는다. 다른 구성 요소가 서비스를 시작한 다음 실행을 유지하거나 자신에게 바인딩하여 상호작용하도록 할 수 있다.
- **방송 수신자** : 시스템이 정기적인 사용자 플로우 밖에서 이벤트를 앱에 전달하도록 지원하는 구성 요소이다.
- **콘텐츠 제공자** : 파일 시스템, SQLite 데이터베이스, 웹상이나 앱이 액세스할 수 있는 다른 모든 영구 저장 위치에 저장 가능한 앱 데이터의 공유형 집합을 관리한다.

17 컴퓨터 시스템에 대한 설명으로 옳은 것은?

① 임베디드 시스템은 특정 기능을 수행하기 위해 설계된 컴퓨터 하드웨어와 소프트웨어 및 추가적인 기계 혹은 기타 부품들의 결합체이다.
② 클러스터 컴퓨팅 시스템에 참여하는 컴퓨터들은 다른 이웃 노드와 독립적으로 동작하고 상호 연결되어 협력하지 않는다.
③ 불균일 기억장치 액세스(NUMA) 방식은 병렬 방식 중 가장 오래되었고, 여전히 가장 널리 사용된다.
④ Flynn의 분류에 따르면, MISD는 여러 프로세서들이 서로 다른 명령어들을 서로 다른 데이터들에 대하여 동시에 실행하는 것이다.

해설 〔 난도 상 〕

오답의 이유
② 클러스터 컴퓨터는 다른 이웃 노드와 상호 연결되어 있다.
③ 병렬 방식 중 가장 오래되었고, 여전히 널리 사용되는 방식은 UMA이다.
④ MISD는 여러 개의 제어 장치와 프로세서를 갖는 구조로 각 프로세서들은 서로 다른 명령어들을 실행하지만 처리하는 데이터 스트림은 하나이다.

18 다음 데이터베이스 스키마에 대한 설명으로 옳지 <u>않은</u> 것은?(단, 밑줄이 있는 속성은 그 릴레이션의 기본키를, 화살표는 외래키 관계를 의미한다)

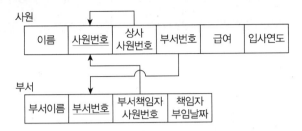

① 외래키는 동일한 릴레이션을 참조할 수 있다.
② 사원 릴레이션의 부서번호는 부서 릴레이션의 부서번호 값 중 하나 혹은 널이어야 한다는 제약조건은 참조무결성을 의미한다.
③ 신입사원을 사원 릴레이션에 추가할 때 그 사원의 사원번호는 반드시 기존 사원의 사원번호와 같지 않아야 한다는 제약조건은 제1정규형의 원자성과 관계있다.
④ 부서 릴레이션의 책임자부임날짜는 반드시 그 부서책임자의 입사연도 이후이어야 한다는 제약조건을 위해 트리거(trigger)와 주장(assertion)을 사용할 수 있다.

해설 [난도 상]

정답의 이유
제1정규형은 모든 속성이 하나의 원자 값만 가져야 한다는 것을 의미한다. 새롭게 추가되는 사원의 사원번호가 기존 사원의 사원번호와 같지 않아야 한다는 제약조건은 제1정규형의 원자성과 관계가 없고 개체무결성 제약조건을 말한다. 개체 무결성 제약조건은 기본키는 NULL 값을 가지면 안되고 릴레이션 내에 오직 하나의 값만 존재해야 한다는 조건을 말한다.

★☆☆
19 명령어 파이프라이닝의 4단계에 속하지 <u>않는</u> 것은?

① 인터럽트
② 명령어 실행
③ 명령어 인출
④ 명령어 해독

해설 [난도 하]

정답의 이유
명령어 파이프라이닝은 명령어 인출, 해독, 실행 사이클로 진행된다.

★★★
20 다음 C 프로그램의 출력 값은?

```
#include <stdio.h>
int recur(int a, int b)
{
if (a <= 1)
return a*b;
else
return a * recur(a - 1, b + 1) + recur(a - 1, b);
}
int main()
{
int a = 3, b = 2;
printf("%d\n", recur(a, b));
}
```

① 24
② 30
③ 41
④ 52

해설 [난도 상]

정답의 이유
recur(3, 2)로 호출이 되면 a가 3이기 때문에 return 3*recur(2, 3) + recur(2, 2);가 되면서 다시 recur() 함수를 호출한다. recur(2, 3)을 먼저 정리해보면 다시 recur() 함수를 호출하게 되고 a가 2이므로 return 2*recur(1, 4) + recur(1, 3);이 되고 a의 값이 1이므로 recur(1, 4)에서 리턴되는 값은 4이고 recur(1, 3)에서 리턴되는 값은 3이므로 recur(2, 3)의 결과는 return 2*4 + 3 = 11이 된다. 같은 방법으로 recur(2, 2)의 결과는 return 2*3 + 2 = 8이 된다. recur(3, 2)의 결과는 3*11 + 8 = 41이 된다.

CHAPTER 18

06.13.

2015 서울시 9급 컴퓨터일반

★★★

01 다른 컴퓨터 시스템들과의 통신이 개방된 시스템 간의 연결을 다루는 OSI 모델에서 〈보기〉가 설명하는 계층은?

| 보기 |

물리적 전송 오류를 감지하는 기능을 제공하여 송·수신 호스트가 오류를 인지할 수 있게 해주며, 컴퓨터 네트워크에서의 오류 제어(error control)는 송신자가 송신한 데이터를 재전송 (retransmission)하는 방법으로 처리한다.

① 데이터 링크 계층
② 물리 계층
③ 전송 계층
④ 표현 계층

해설 난도 중

정답의 이유
물리적 전송 오류를 감지하고 데이터를 재전송하는 방법으로 오류를 제어하는 계층은 데이터 링크 계층이다.

★★☆

02 가상기억장치(virtual memory)에 대한 설명으로 가장 옳은 것은?

① 가상기억장치를 사용하면 메모리 단편화가 발생하지 않는다.
② 가상기억장치는 실기억장치로의 주소변환 기법이 필요하다.
③ 가상기억장치의 참조는 실기억장치의 참조보다 빠르다.
④ 페이징 기법은 가변적 크기의 페이지 공간을 사용한다.

해설 난도 중

정답의 이유
가상 기억 장치를 사용하기 위해서는 가상 주소를 주기억 장치의 실제 주소로 변환하는 주소 매핑(mapping)이 필요하다.

오답의 이유
① 가상기억장치에서도 메모리 단편화가 발생한다.
③ 가상기억장치의 참조는 실기억장치의 참조보다 느리다.
④ 페이징 기법은 동일한 크기의 페이지 공간을 사용한다.

★★☆

03 스키마 R(A, B, C, D)와 함수적 종속 {A → B, A → C}을 가질 때 다음 중 BCNF 정규형은?

① S(A, B, C, D)
② S(A, B)와 T(A, C, D)
③ S(A, C)와 T(A, B, D)
④ S(A, B, C)와 T(A, D)

해설 난도 상

정답의 이유
A가 B와 C를 결정하므로 이행적 함수 종속이 되지 않아 제3정규형에 속하게 된다. A가 결정자이자 후보키이므로 BCNF 정규형까지 만족한다. 따라서 S 릴레이션에 A, B, C를 구성하고, D는 종속되지 않기 때문에 B, C와는 분리하여 다른 릴레이션에 기본키 A와 함께 구성한다.

★★☆

04 해싱(hashing)에 대한 설명으로 옳지 <u>않은</u> 것은?

① 검색 속도가 빠르며 삽입, 삭제의 빈도가 높을 때 유리한 방식이다.
② 해싱기법에는 숫자 분석법(digit analysis), 제산법(division), 제곱법(mid-square), 접지법(folding) 등이 있다.
③ 충돌 시 오버플로(overflow) 해결의 부담이 과중되나, 충돌해결에 필요한 기억공간이 필요하지는 않다.
④ 오버플로(overflow)가 발생했을 때 해결기법으로 개방 주소법(open addressing)과 폐쇄 주소법(close addressing)이 있다.

해설 [난도 중]

정답의 이유
충돌이 발생했을 때 비어 있는 슬롯이 없으면 문제가 발생한다. 버킷에 비어 있는 슬롯이 없는 상태를 포화 버킷 상태라고 하고, 포화 버킷 상태에서 또 버킷을 지정받은 키 값이 있어서 다시 충돌이 발생하면 오버플로가 된다. 충돌 해결에는 기억공간이 필요하다.

★★☆

05 다음 IPv4에 대한 설명 중 올바른 것은?

① 주소는 6바이트 크기로 되어 있다.
② 하나의 패킷에는 출발지주소와 목적지주소가 포함되어 있다.
③ 주소 공간은 3바이트 네트워크 주소 부분과 3바이트 호스트 주소 부분으로 나누어진다.
④ 스위치는 IPv4 주소를 사용하여 해당 패킷이 어느 포트로 이동해야 할지 결정한다.

해설 [난도 중]

오답의 이유
① IPv4의 주소는 4바이트(32비트) 크기를 가진다.
③ 주소는 네트워크 주소와 호스트 주소로 구성되는데 크기는 클래스마다 다르다.
④ 라우터가 IPv4 주소를 사용하여 패킷이 어디로 이동해야 할지 결정한다.

★★☆

06 다중 쓰레드(multi thread) 프로그래밍을 할 때 다음 C언어의 변수들 중에서 임계구역(critical section)에 해당하는 것은?

① 매크로변수(macro variable)
② 지역변수(local variable)
③ 함수인자(argument)
④ 전역변수(global variable)

해설 [난도 중]

정답의 이유
임계구역은 어느 한 시점에 한 프로세스나 스레드가 사용하게 되는 공유자원을 뜻한다. C언어에서 전역변수는 공유하여 사용되는 변수로 임계구역에 해당한다.

★★★

07 입력값으로 5, 2, 3, 1, 8이 주어졌을 때 버블 정렬(bubble sort)의 1회전(pass) 결과는?

① 1, 2, 3, 5, 8
② 2, 3, 1, 5, 8
③ 2, 5, 3, 1, 8
④ 8, 5, 3, 2, 1

해설 [난도 중]

정답의 이유
버블 정렬은 인접한 두 원소를 비교하여 작은 원소가 왼쪽에 위치하고 큰 원소가 오른쪽에 위치한다. 마지막 자리에 가장 큰 원소가 위치할 때까지 비교를 반복한다. (1). 2<5이므로 자리 교환이 발생하고 2, 5, 3, 1, 8이 된다. (2). 3<5이므로 자리 교환이 발생하고 2, 3, 5, 1, 8이 된다. (3). 1<5이므로 자리 교환이 발생하고 2, 3, 1, 5, 8이 된다. (4). 5<8이므로 자리 교환이 발생하지 않는다. 1회전 결과는 2, 3, 1, 5, 8이 된다.

안심Touch

08 데이터 링크 계층에서 전송 오류를 해결하는 과정에서 사용하는 프레임(frame)의 종류가 <u>아닌</u> 것은?

① 부정 응답 프레임
② 비트 프레임
③ 긍정 응답 프레임
④ 정보 프레임

> **해설** 난도중
> **정답의 이유**
> 데이터 링크 계층에서 전송 오류 제어에 사용되는 프레임은 정보 프레임, 긍정 응답 프레임, 부정 응답 프레임이 있다.

★★☆

09 현재 사용되는 PC에서와 같이 일반적인 폰-노이만 방식의 중앙처리장치에 대한 설명으로 옳지 <u>않은</u> 것은?

① 중앙처리장치의 중요 구성요소는 산술논리장치(ALU)와 제어부(CU)이다.
② 산술논리장치의 계산 결과는 레지스터에 저장된다.
③ 중앙처리장치에 연결된 어드레스 버스는 단방향 통신을 지원한다.
④ 중앙처리장치와 주기억장치 사이의 통신은 대부분 DMA 방식으로 처리된다.

> **해설** 난도중
> **정답의 이유**
> DMA는 고속 저장 매체 간 데이터 전송 기술을 의미한다.

★★☆

10 다음 C프로그램을 실행한 결과로 옳은 것은?

```c
int main(void)
{
    int i;
    char ch;
    char str[7] = "nation";
    for(i = 0; i < 4; i++)
    {
        ch = str[5-i];
        str[5-i] = str[i];
        str[i] = ch;
    }
    printf("%s  n", str);
    return 0 ;
}
```

① nanoit
② nation
③ noitan
④ notian

> **해설** 난도중
> **정답의 이유**
> str 배열에는 nation 문장이 다음과 같이 초기화된다.
>
> | 배열 이름 | [0] | [1] | [2] | [3] | [4] | [5] | [6] |
> | --- | --- | --- | --- | --- | --- | --- | --- |
> | str | n | a | t | i | o | n | \0 |
>
> for문은 i가 0에서 3까지 총 4번 반복을 실행한다. i가 0에서 3일 때 ch, str[5-i], str[i] 값을 정리하면 다음과 같다.
>
> | i = 0 | i = 1 | i = 2 | i = 3 |
> | --- | --- | --- | --- |
> | ch = n | ch = o | ch = i | ch = i |
> | str[5] = n | str[4] = a | str[3] = t | str[2] = t |
> | str[0] = n | str[1] = o | str[2] = i | str[3] = i |
>
> for문이 종료되고 srt 배열에 저장된 문자열은 다음과 같다.
>
> | 배열 이름 | [0] | [1] | [2] | [3] | [4] | [5] | [6] |
> | --- | --- | --- | --- | --- | --- | --- | --- |
> | str | n | o | t | i | a | n | \0 |

★☆☆

11 다음 중 컴퓨터 내부에서 제어장치의 구성 요소에 해당되지 <u>않는</u> 것은?

① 메모리 버퍼 레지스터
② 세그먼트 포인터
③ 프로그램 카운터
④ 명령어 레지스터

해설 [난도 중]

정답의 이유

제어장치에 속하는 구성 요소에는 프로그램 카운터(PC), 메모리 주소 레지스터(MAR), 메모리 버퍼 레지스터(MBR), 명령 레지스터(IR), 해독기 등이 있다.

★★☆

12 교착상태(deadlock)를 해결할 수 있는 방법으로 적당하지 <u>않는</u> 것은?

① 프로세스들이 필요로 하는 자원에 대해 배타적인 통제권을 갖게 한다.
② 자원에 선형으로 고유번호를 할당하고, 각 프로세스는 현재 점유한 자원의 고유번호보다 큰 번호 방향으로만 자원을 요구하도록 한다.
③ 한 프로세스가 실행되는 데 필요한 모든 자원을 할당한 후 실행시킨다.
④ 자원을 점유하고 있는 프로세스가 다른 자원을 요구할 때, 점유하고 있는 자원을 반납하고 요구하도록 한다.

해설 [난도 중]

정답의 이유

프로세스들이 필요로 하는 자원에 배타적인 통제권을 갖게 되면 교착상태가 발생하게 된다. 교착상태 해결 방법 중 비선점 예방은 모든 자원을 프로세스들이 빼앗을 수 있도록 하는 방법이다.

오답의 이유

② 원형 대기 예방을 의미한다.
③, ④ 점유와 대기 예방을 의미한다.

이론플러스

• **상호 배제 예방** : 시스템 내의 독점적으로 사용할 수 있는 배타적인 자원을 모두 없애는 방법이다. 즉, 모든 자원을 공유할 수 있다면 교착상태는 발생하지 않는다.
• **비선점 예방** : 모든 자원을 빼앗을 수 있도록 하는 방법이다. 다른 프로세스가 점유한 자원을 빼앗을 수 있으면 교착상태는 발생하지 않는다.
• **점유와 대기 예방** : 프로세스가 자원을 점유하고 있는 상태에서 다른 자원을 기다리지 못하게 하는 방법이다. 즉, 자원을 전부 할당하거나 할당하지 않는 방식을 말한다.
• **원형 대기 예방** : 점유와 대기를 하는 프로세스가 원형을 이루지 못하도록 하는 방법이다. 모든 자원에 숫자를 부여하고 숫자가 큰 방향으로만 자원을 할당하는 것을 말한다.

★★★

13 소프트웨어 프로토타이핑(prototyping)에 대한 설명으로 옳지 <u>않은</u> 것은?

① 개발자가 구축할 소프트웨어의 모델을 사전에 만드는 공정으로서 요구사항을 효과적으로 유도, 수집한다.
② 프로토타이핑에 의해 만들어진 프로토타입은 폐기될 수 있고, 재사용될 수도 있다.
③ 프로토타입은 기능적으로 제품의 하위 기능을 담당하는 작동 가능한 모형이다.
④ 적용사례가 많고, 가장 오래됐으며 널리 사용되는 방법으로 결과물이 명확하므로 가시성이 매우 좋다.

해설 [난도 중]

정답의 이유

가장 오래된 소프트웨어 개발 프로세스 모델은 폭포수 모델이다.

안심Touch

★★☆

14 다음 데이터베이스에 관한 설명 중 옳은 것은?

① 개념스키마는 개체 간의 관계와 제약 조건을 정의한다.
② 데이터베이스는 응용프로그램의 네트워크 종속성을 해결한다.
③ 데이터의 논리적 구조가 변경되어도 응용프로그램은 변경되지 않는 속성을 물리적 데이터 독립성이라고 한다.
④ 외부스키마는 물리적 저장장치와 밀접한 계층이다.

해설 난도 중

오답의 이유
② 데이터베이스는 데이터베이스 관리 시스템이 관리하고 모든 책임을 진다. 응용프로그램의 네트워크 종속성은 데이터베이스와 직접적으로 연관이 있지 않고 응용프로그램과 네트워크 간 관계를 가진다.
③ 물리적 데이터 독립성은 내부 스키마가 변경되어도 개념 스키마가 영향을 받지 않는다는 것이다.
④ 물리적 저장 장치와 밀접한 계층은 내부스키마이다.

★★☆

15 'A', 'B', 'L', 'E' 순서로 문자들을 이진 탐색 트리 (Binary Search Tree)에 추가했을 때 결과 트리의 깊이 (depth)는?(단, 트리의 깊이는 트리에 속한 노드의 최대 레벨을 의미하며, 루트 노드의 레벨은 1로 정의한다)

① 3
② 4
③ 2
④ 1

해설 난도 중

정답의 이유
이진 탐색 트리는 루트(A)를 기준으로 키 값이 크면 오른쪽, 작으면 왼쪽으로 구성된다. 이와 같은 기준으로 이진 탐색 트리를 구현하면 다음과 같다.

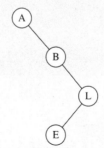

루트 노드의 레벨이 1일 때 E 노드는 레벨이 4가 된다. 따라서 트리의 깊이는 4이다.

★★★

16 다음 중 값이 나머지 셋과 다른 것은?

① 10진수 436.625
② 8진수 $(664.5)_{(8)}$
③ 16진수 $(1B4.C)_{(16)}$
④ 10진수 0.436625×10^3

해설 난도 중

정답의 이유
16진수 1B4.C를 10진수로 변환하면
$$1 \times 16^2 + 11 \times 16^1 + 4 \times 16^0 + 12 \times 16^{-1} = 512 + 176 + 4 + 0.75$$
$$= 692.75$$

오답의 이유
② 8진수 664.5를 10진수로 변환하면
$$6 \times 8^2 + 6 \times 8^1 + 4 \times 8^0 + 5 \times 8^{-1} = 384 + 48 + 4 + 0.625$$
$$= 436.625$$
④ 0.436625에 10^3을 곱하면 소수점을 오른쪽으로 3칸 움직이면 되므로 436.625가 된다.

★☆☆

17 다음 중 인터럽트 입출력 제어방식은?

① 입출력을 하기 위해 CPU가 계속 Flag를 검사하고, 자료전송도 CPU가 직접 처리하는 방식이다.
② 입출력을 하기 위해 CPU가 계속 Flag를 검사할 필요가 없고, 대신 입출력 인터페이스가 CPU에게 데이터 전송 준비가 되었음을 알리고 자료전송은 CPU가 직접 처리하는 방식이다.
③ 입출력 장치가 직접 주기억장치를 접근하여 Data Block을 입출력하는 방식으로, 입출력 전송이 CPU 레지스터를 경유하지 않고 수행된다.
④ CPU의 관여 없이 채널 제어기가 직접 채널 명령어로 작성된 프로그램을 해독하고 실행하여 주기억장치와 입출력장치 사이에서 자료전송을 처리하는 방식이다.

해설 난도 중

오답의 이유
① 프로그램화된 입·출력을 말한다.
③ DMA에 의한 입·출력을 말한다.
④ 채널에 의한 입·출력을 말한다.

★☆☆
18 소프트웨어 설계의 원칙으로 옳지 않은 것은?

① 상세 설계로 갈수록 추상화 수준은 증가한다.

② 계층적 조직이 제시되며, 모듈적이어야 한다.

③ 설계는 분석 모델까지 추적이 가능하도록 한다.

④ 요구사항 분석에서 얻은 정보를 이용하여 반복적 방법을 통해 이루어져야 한다.

해설 [난도 중]
정답의 이유
상위 설계에서 하위 설계(상세 설계)로 갈수록 추상화 수준은 낮아진다.

★☆☆
19 다음 웹 캐시에 대한 설명 중 옳은 것은?

① 웹에서 사용자의 상태 정보를 보관하기 위한 것이다.

② 캐시 정보를 찾기 위한 방법으로 iterative와 recursive 방법이 있다.

③ 웹 사용자에게 데이터를 더 빠르게 전달할 수 있다.

④ 인터넷을 이용한 전자상거래에서 쇼핑카트나 추천 등에 사용할 수 있다.

해설 [난도 중]
오답의 이유
① 서버 지연을 줄이기 위해 웹 페이지, 이미지, 기타 웹 멀티미디어 등의 웹 문서들을 임시 저장하기 위한 정보기술이다.
② DNS 쿼리의 종류에 iterative(반복)와 recursive(재귀)가 있다.
④ 동일한 서버에 다시 접근할 때 웹 캐시에 저장된 정보를 불러오므로 빠른 접근이 가능하다.

★★☆
20 다음의 C프로그램을 실행한 결과로 옳은 것은?(단, 아래의 scanf() 함수의 입력으로 90을 타이핑했다고 가정한다)

```
int main( )
{
    int i = 10 ;
    int j = 20 ;
    int * k = &i ;
    scanf("%d", k);
    printf("%d, %d, %d \n", i, j, * k);
    return 0 ;
}
```

① 10, 20, 10

② 10, 20, 90

③ 90, 20, 10

④ 90, 20, 90

해설 [난도 중]
정답의 이유
포인터 변수 k가 i의 주소 값을 가리키고 있고 k를 통해 90을 입력받는다. 입력을 받게 되면 k가 가리키고 있는 변수도 함께 값이 변하므로 i의 값도 90이 된다. 따라서 출력은 90, 20, 90이 된다.

CHAPTER 19

04.19.

2014 국가직 9급 컴퓨터일반

★★☆

01 데이터베이스에서 트랜잭션(transaction)이 가져야 할 ACID 특성으로 옳지 않은 것은?

① 원자성(atomicity)

② 고립성(isolation)

③ 지속성(durability)

④ 병행성(concurrency)

해설 [난도 하]

정답의 이유

트랜잭션의 특성으로는 원자성, 일관성, 고립성(지속성), 지속성(영속성)이 있다.

＋ 이론플러스 　 트랜잭션 특성

- 원자성 : 트랜잭션을 구성하는 연산들이 모두 정상적으로 실행되거나 하나도 실행되지 않아야 한다는 all-or-nothing 방식을 의미한다.
- 일관성 : 트랜잭션이 성공적으로 수행된 후에도 데이터베이스가 일관된 상태를 유지해야 함을 의미한다.
- 고립성 : 격리성이라고도 하고, 현재 수행 중인 트랜잭션이 완료될 때까지 트랜잭션이 생성한 중간 연산 결과에 다른 트랜잭션들이 접근할 수 없음을 의미한다.
- 지속성 : 영속성이라고도 하는데 트랜잭션이 성공적으로 완료된 후 데이터베이스에 반영한 수행 결과는 어떠한 경우에도 손실되지 않고 영구적이어야 함을 의미한다.

★★★

02 운영체제에 대한 설명으로 옳은 것만을 모두 고르면?

> ㄱ. 운영체제는 중앙처리장치, 주기억장치, 보조기억장치, 주변장치 등의 컴퓨터 자원을 할당 및 관리하는 시스템 소프트웨어이다.
>
> ㄴ. 스풀링(spooling)은 CPU와 입출력 장치의 속도 차이를 줄이기 주기억장치의 일부분을 버퍼처럼 사용하는 것이다.
>
> ㄷ. 비선점(non-preemptive) 방식의 CPU 스케줄링 기법은 CPU를 사용하고 있는 현재의 프로세스가 종료된 후 다른 프로세스에 CPU를 할당하는데 대표적으로 RR (Round Robin) 스케줄링 기법이 있다.
>
> ㄹ. 가상메모리(virtual memory)는 디스크와 같은 보조기억 장치에 가상의 공간을 만들어 주기억장치처럼 활용 하도록 하여 실제 주기억장치의 물리적 공간보다 큰 주소 공간을 제공한다.

① ㄱ, ㄴ

② ㄱ, ㄷ

③ ㄱ, ㄹ

④ ㄷ, ㄹ

해설 [난도 상]

오답의 이유

ㄴ. CPU와 입출력 장치의 속도 차이를 줄이기 위해 주기억장치의 일부분을 버퍼처럼 사용하는 것을 버퍼링이라고 하고, 보조기억장치의 일부분을 버퍼처럼 사용하는 것을 스풀링이라고 한다.

ㄷ. 라운드 로빈 스케줄링 기법은 선점형 알고리즘에 속한다.

＋ 이론플러스 　 스케줄링 종류

- 비선점형 알고리즘 : FCFS, SJF, HRN
- 선점형 알고리즘 : 라운드 로빈, SRT, 다단계 큐, 다단계 피드백 큐

03 열거된 메모리들을 처리 속도가 빠른 순서대로 바르게 나열할 것은?

> ㄱ. 가상 메모리
> ㄴ. L1 캐시 메모리
> ㄷ. L2 캐시 메모리
> ㄹ. 임의 접근 메모리(RAM)

① ㄱ - ㄴ - ㄷ - ㄹ
② ㄴ - ㄷ - ㄹ - ㄱ
③ ㄷ - ㄴ - ㄱ - ㄹ
④ ㄹ - ㄱ - ㄴ - ㄹ

해설 난도 중

정답의 이유
L1 캐시 메모리는 L2 캐시 메모리보다 속도가 빠르다. RAM은 캐시 메모리보다는 속도가 늦다. 가상 메모리는 보조기억장치의 일부 공간을 가상의 메모리로 사용하는 것으로 RAM보다 속도가 느리다.

04 8진수 $(56.13)_{(8)}$을 16진수로 변환한 값은?

① $(2E.0B)_{(16)}$
② $(2E.2C)_{(16)}$
③ $(B2.0B)_{(16)}$
④ $(B2.2C)_{(16)}$

해설 난도 중

정답의 이유
8진수 56.13을 16진수로 변환하기 위해 먼저 2진수로 변환한다. 2진수 3비트로 각 자리의 숫자를 표현하면 $101110.001011_{(2)}$가 된다. 2진수를 16진수로 변환하기 위해 4비트씩 묶어 표현하면 $2E.2C_{(16)}$가 된다.

05 OSI 7계층 중 종점 호스트 사이의 데이터 전송을 다루는 계층으로서 종점 간의 연결 관리, 오류 제어와 흐름 제어 등을 수행하는 계층은?

① 전송 계층(transport layer)
② 링크 계층(link layer)
③ 네트워크 계층(network layer)
④ 세션 계층(session layer)

해설 난도 중

정답의 이유
종점 간의 연결 관리, 오류 제어, 흐름 제어 등을 수행하는 계층은 전송 계층이다.

06 데이터 통신 시스템에서 발생하는 에러를 제어하는 방식으로 송신측이 오류를 검출할 수 있을 정도의 부가적인 정보를 프레임에 첨가하여 전송하고 수신측이 오류 검출 시 재전송을 요구하는 방식은?

① ARQ(Automatic Repeat reQuest)
② FEC(Forward Error Correction)
③ 순회 부호(Cyclic code)
④ 해밍 부호(Hamming code)

해설 난도 중

정답의 이유
ARQ 방식은 오류가 발생하면 재전송에 의해 오류를 정정한다.

★★★

07 3개의 페이지 프레임으로 구성된 기억장치에서 다음과 같은 순서대로 페이지 요청이 일어날 때, 페이지 교체 알고리즘으로 LFU(Least Frequently Used)를 사용한다면 몇 번의 페이지 부재가 발생하는가?(단, 초기 페이지 프레임은 비어있다고 가정한다)

요청된 페이지 번호의 순서 : 2, 3, 1, 2, 1, 2, 4, 2, 1, 3, 2

① 4번
② 5번
③ 6번
④ 7번

해설 난도 상

정답의 이유

LFU(Least Frequently Used) 페이지 교체 알고리즘은 사용 빈도가 가장 적은 페이지를 대상 페이지로 선정한다. 즉, 메모리에 있는 페이지마다 사용된 횟수를 확인하여 횟수가 가장 적은 페이지를 스왑 영역으로 옮긴다.

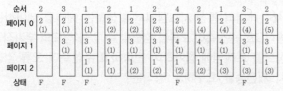

세 번째 요청 페이지까지는 메모리가 비어있기 때문에 그대로 작성되고 네 번째 요청 페이지 2는 메모리에 존재하기 때문에 횟수를 (2)로 수정한다. 요청 페이지가 메모리에 존재하지 않을 때는 사용 빈도가 가장 적은 페이지를 스왑 영역으로 보낸다. 페이지 부재는 총 5회 발생한다.

★★☆

08 관계형 데이터베이스의 표준 질의어인 SQL(Structured Query Language)에서 CREATE TABLE문에 대한 설명으로 옳지 않은 것은?

① CREATE TABLE문은 테이블 이름을 기술하며 해당 테이블에 속하는 칼럼에 대해서 칼럼이름과 데이터타입을 명시한다.
② PRIMARY KEY절에서는 기본키 속성을 지정한다.
③ FOREIGN KEY절에서는 참조하고 있는 행이 삭제되거나 변경될 때의 옵션으로 NO ACTION, CASCADE, SET NULL, SET DEFAULT 등을 사용할 수 있다.
④ CHECK절은 무결성 제약 조건으로 반드시 UPDATE 키워드와 함께 사용한다.

해설 난도 중

정답의 이유

CHECK절은 무결성 제약 조건으로 CONSTRAINT 키워드와 함께 고유의 이름을 부여할 수도 있다.

★☆☆

09 데이터 전송 방식 중에서 한 번에 한 문자 데이터를 전송하며 시작 비트(start-bit)와 정지 비트(stop-bit)를 사용하는 전송방식은?

① 비동기식 전송 방식(asynchronous transmission)
② 동기식 전송 방식(synchronous transmission)
③ 아날로그 전송 방식(analog transmission)
④ 병렬 전송 방식(parallel transmission)

해설 난도 하

정답의 이유

시작 비트와 정지 비트를 사용하는 전송 방식은 비동기식 전송 방식이다.

오답의 이유

② 동기 전송의 비트 흐름은 더 긴 프레임으로 구성되며 각 바이트는 전송 링크에 간격 없이 들어온다. 간격, 시작 비트, 정지 비트를 사용하지 않기 때문에 비트의 동기화를 맞추는 타이밍이 매우 중요하다.
④ 병렬 전송은 여러 개의 비트들을 클록 펄스에 맞춰 동시에 보낸다. n개의 데이터를 동시에 보내기 위해 n개의 회선을 사용한다.

10 다음 C 프로그램의 출력 결과로 옳은 것은?

```c
#include<stdio.h>
void func(int *a, int b, int *c)
{
    int x;
    x = *a;
    *a = x++;
    x = b;
    b = ++x;
    --(*c);
}
int main()
{
    int a, b, c[1];
    a = 20;
    b = 20;
    c[0] = 20;
    func(&a, b, c);
    printf("a = %d b = %d c = %d \n", a, b, *c);
    return 0;
}
```

① a = 20 b = 20 c = 19
② a = 20 b = 21 c = 19
③ a = 21 b = 20 c = 19
④ a = 21 b = 21 c = 20

해설 난도 상

정답의 이유

func() 함수에서 매개 변수로 a는 주소, b는 값, c는 주소를 전달한다. 즉 a, c는 주소를 전달하기 때문에 함수 내에서 값이 변경되면 변경된 값이 저장된다. x의 값을 *a에 저장시키는데 x에는 후위 연산자가 있기 때문에 x의 값 20의 주소 값을 a가 가리킨다. b는 지역 변수이기 때문에 함수 내에서 값이 변경되어도 변경된 값이 저장되지 않는다. --(*c);는 *c가 20이므로 1이 감소되면 19가 된다. 따라서 main() 함수에서 출력되는 a, b, *c의 값은 20, 20, 19가 된다.

★★★

11 정렬 알고리즘 중에서 시간 복잡도가 나머지 셋과 다른 것은?

① 버블 정렬(bubble sort)
② 선택 정렬(selection sort)
③ 기수 정렬(radix sort)
④ 삽입 정렬(insertion sort)

해설 난도 중

정답의 이유

①, ②, ④의 시간 복잡도는 n^2이고, 기수 정렬의 시간 복잡도는 $O(d(n+r))$이다.

★★☆

12 데이터 전송 중에 발생하는 에러를 검출하는 방식으로 옳지 않은 것은?

① 패리티(parity) 검사 방식
② 검사합(checksum) 방식
③ CRC 방식
④ BCD 부호 방식

해설 난도 중

정답의 이유

BCD 부호는 숫자, 영문자, 특수 기호를 나타내기 위해 6비트로 이루어진 코드를 말한다. 에러 검출과는 관계가 없는 부호이다.

★★★

13 다음 전위(prefix) 표기 수식을 중위(infix) 표기 수식으로 바꾼 것으로 옳은 것은?(단, 수식에서 연산자는 +, *, /이며 피연산자는 A, B, C, D이다)

> + * A B / C D

① A + B*C/D
② A + B/C*D
③ A*B + C/D
④ A*B/C + D

해설 난도 중

정답의 이유

먼저 피연산자에 괄호를 표시하고 연산자 사이에 추가로 괄호를 표시하면 + (*(A B)/(C D))가 된다. 수식을 피연산자 사이에 넣으면 ((A*B) + (C/D))가 된다. 괄호를 제거하면 A*B + C/D가 된다.

14 프로그램의 내부구조나 알고리즘을 보지 않고, 요구사항 명세서에 기술되어 있는 소프트웨어 기능을 토대로 실시하는 테스트는?

① 화이트 박스 테스트
② 블랙 박스 테스트
③ 구조 테스트
④ 경로 테스트

해설 난도 중

오답의 이유
① 구현 기반 테스트는 화이트박스 테스트라고도 하고, 프로그램 내부에서 사용되는 변수나 서브루틴 등의 오류를 찾기 위해 프로그램 코드의 내부 구조를 테스트 설계의 기반으로 사용하기 때문에 코드 기반 테스트라고도 한다.
③ 화이트 박스 테스트를 구조 테스트라고도 한다.
④ 경로 테스트는 매케이브(McCabe)가 개발한 것으로, 원시 코드의 독립적인 경로가 최소한 한 번은 실행되는 테스트 케이스를 찾아 테스트를 수행한다.

15 객체 지향 언어에서 클래스 A와 클래스 B는 상속관계에 있다. A는 부모 클래스, B는 자식 클래스라고 할 때 클래스 A에서 정의된 메소드(method)와 원형이 동일한 메소드를 클래스 B에서 기능을 추가하거나 변경하여 다시 정의하는 것을 무엇이라고 하는가?

① 추상 클래스(abstract class)
② 인터페이스(interface)
③ 오버로딩(overloading)
④ 오버라이딩(overriding)

해설 난도 중

정답의 이유
상위 클래스의 메소드 원형과 동일한 메소드를 하위 클래스에서 기능을 추가하거나 변경하여 정의하는 것을 오버라이딩이라고 한다.

오답의 이유
① 구조가 완전하지 않은 클래스로, 인스턴스의 생성이 불가능한 클래스이다.
② 추상 클래스처럼 추상 메소드를 갖지만 추상 클래스보다 추상화 정도가 높아 추상 클래스와 달리 몸통을 갖춘 일반 메소드 또는 변수를 구성원으로 가질 수 없다.
③ 동일한 이름의 메소드를 정의하는데, 전달인자의 형이 다르거나 개수가 다른 메소드를 정의하는 것을 의미한다.

16 인터넷 관련 용어에 대한 설명으로 옳지 <u>않은</u> 것은?

① POP3, IMAP, SMTP는 전자 우편 관련 프로토콜이다.
② RSS는 웹사이트 간의 콘텐츠를 교환하기 위한 XML 기반의 기술이다.
③ CGI(Common Gateway Interface)는 웹서버 상에서 다른 프로그램을 실행시키기 위한 기술이다.
④ 웹 캐시(web cache)는 웹 서버가 사용자의 컴퓨터에 저장하는 방문 기록과 같은 작은 임시 파일로 이를 이용하여 웹 서버는 사용자를 식별, 인증하고 사용자별 맞춤 정보를 제공할 수도 있지만 개인 정보 침해의 소지가 있다.

해설 난도 중

정답의 이유
웹 캐시는 서버 지연을 줄이기 위해 웹 페이지, 이미지, 기타 웹 멀티미디어 등의 웹 문서들을 임시 저장하기 위한 정보기술이다. ④는 쿠키(cookie)에 대한 설명이다.

★★★
17 운영체제의 디스크 스케줄링 기법에 대한 설명으로 옳은 것은?

① FCFS(First-Come-First-Served)는 현재의 판독/기록 헤드 위치에서 대기 큐 내 요구들 중 탐색 시간이 가장 짧은 것을 선택하여 처리하는 기법이다.

② N-Step-SCAN은 대기 큐 내에서 디스크 암(disk arm)이 외부실린더에서 내부 실린더로 움직이는 방향에 있는 요구들만을 처리하는 기법이다.

③ C-LOOK은 디스크 암(disk arm)이 내부 혹은 외부 트랙으로 이동할 때, 움직이는 방향에 더 이상 처리할 요구가 없는 경우 마지막 트랙까지 이동하지 않는 기법이다.

④ SSTF(Shortest-Seek-Time-First)는 각 요구 처리에 대한 응답 시간을 항상 공평하게 하는 기법이다.

해설 난도중
오답의 이유
① FCFS 디스크 스케줄링은 가장 간단한 디스크 스케줄링으로, 요청이 들어온 트랙 번호 순서대로 스케줄링한다.
② SCAN 디스크 스케줄링 기법과 동일하지만 요청받은 대기 트랙에 대해 우선적으로 서비스를 하고, 처리 과정 중에 요청이 들어온 트랙들은 바로 처리하지 않고 반대 방향으로 진행할 때 서비스한다.
④ SSTF 디스크 스케줄링은 최소 탐색 시간 우선 스케줄링이라고도 하며, 현재 헤드가 있는 위치에서 가장 가까운 트랙부터 시작한다.

★★☆
18 멀티미디어 기술에 대한 설명으로 옳지 않은 것은?

① 멀티미디어는 소리, 음악, 그래픽, 정지화상, 동영상과 같은 여러 형태의 정보를 컴퓨터를 이용하여 생성, 처리, 통합, 제어 및 표현하는 개념이다.

② RLE(Run-Length Encoding)는 손실 압축 기법으로 압축되는 데이터에 동일한 값이 연속하여 나타나는 긴 열이 있을 경우 자주 사용한다.

③ RTP(Real-time Transport Protocol)는 인터넷상에서 실시간 트래픽을 처리하기 위해 설계된 프로토콜로 UDP와 애플리케이션 프로그램 사이에 위치한다.

④ JPEG은 컬러 사진의 압축에 유효한 표준이다.

해설 난도중
정답의 이유
RLE는 매우 간단한 비손실 압축 방법으로, 데이터에서 같은 값이 연속해서 나타나는 것을 그 개수와 반복되는 값만으로 표현하는 방법이다.

★★★
19 JAVA 클래스 D의 main()함수 내에서 컴파일하거나 실행하는 데 에러가 발생하지 않는 명령어는?

```
abstract class A {
    public abstract void disp();
}
abstract class B extends A {
}
class C extends B {
    public void disp() { }
}
public class D {
public static void main(String[] args) {

    }
}
```

① A ap = new A();　　② A bp = new B();
③ A cp = new C();　　④ B dp = new B();

해설 난도중
정답의 이유
class A와 B는 추상 클래스이기 때문에 인스턴스를 생성할 수 없다. class C의 경우에는 class B를 상속받은 일반 클래스이기 때문에 인스턴스를 생성할 수 있다.

★★★
20 유비쿼터스 컴퓨팅 환경과 관련된 기술에 대한 설명으로 옳지 않은 것은?

① RFID 시스템은 태그(tag), 안테나(antenna), 리더기(reader), 서버(server) 등의 요소로 구성된다.

② 스마트 카드(smart card)는 마이크로프로세서, 카드 운영체제, 보안 모듈, 메모리 등을 갖춘 집적회로 칩(IC chip)이 내장된 플라스틱 카드이다.

③ 텔레매틱스(telematics)는 증강현실(augmented reality)이 확장된 개념으로 사용자가 실세계 위에 가상세계의 정보를 겹쳐 볼 수 있도록 구현한 기술이다.

④ 웨어러블 컴퓨팅(wearable computing)은 컴퓨터를 옷이나 안경처럼 착용할 수 있게 해주는 기술이다.

해설 난도중
정답의 이유
텔레매틱스(telematics)는 자동차를 기반으로 각종 정보를 주고받을 수 있는 자동차용 원격정보 서비스 기술로, 교통정보, 차량안전 및 보안, 차량 진단, 생활 정보 등의 서비스를 제공한다.

CHAPTER 20

06.21.

2014 지방직 9급 컴퓨터일반

★☆☆

01 구조화된 웹 문서의 작성을 위해 W3C에서 제정한 확장 가능한 마크업 언어는?

① HTML
② CSS
③ XML
④ SGML

해설 난도 하

정답의 이유

HTML보다 구조화된 웹 문서 생성이 가능하도록 W3C에서 제정한 확장된 언어로, 정보 검색이나 데이터를 쉽게 처리할 수 있다. 체계적인 관리가 필요한 자료는 데이터베이스 형태로도 처리가 가능하다. 전자도서관이나 전자출판과 같이 문서 교환이 필요한 분야에서 많이 활용되고 있다.

오답의 이유

① SGML 언어의 한 응용으로, 웹에서 하이퍼텍스트 문서를 만들기 위해 사용하는 마크업 언어이다.
② 마크업 언어로 작성된 문서가 웹사이트에 표현되는 방법을 정해주는 언어이다.
④ 문서의 논리적 구조를 기술하는 마크업 언어를 정의하기 위한 언어의 표준이다.

★★☆

02 CPU의 연산을 처리하기 위한 데이터의 기본 단위로서 CPU가 한 번에 처리할 수 있는 데이터 크기를 나타내는 것은?

① 워드(word)
② 바이트(byte)
③ 비트(bit)
④ 니블(nibble)

해설 난도 하

정답의 이유

CPU의 연산을 처리하기 위한 데이터의 기본 단위는 워드(word)이다.

오답의 이유

② 8비트 단위를 의미한다.
③ 정보를 나타내는 가장 기본적인 단위이다.
④ 4비트 단위를 의미한다.

★★☆

03 8비트 데이터 A와 B에 대해 다음 비트(bitwise) 연산을 수행하였더니, A의 값에 상관없이 연산 결과의 상위(왼쪽) 4비트는 A의 상위 4비트의 1의 보수이고 연산 결과의 하위(오른쪽) 4비트는 A의 하위 4비트와 같다. B의 값을 이진수로 표현한 것은?

A XOR B

① $00001111_{(2)}$
② $11110000_{(2)}$
③ $10010000_{(2)}$
④ $00001001_{(2)}$

해설 난도 상

정답의 이유

A 값에 상관없이 연산 결과가 A의 1의 보수가 나오기 위한 경우를 생각해보면 A의 값이 0일 때 XOR 연산 후 결과가 1이 나오려면 B의 값은 1이 되어야 하고, A의 값이 1일 때 XOR 연산 후 결과가 0이 나오려면 B의 값은 1이 되어야 한다. 따라서 B의 상위 4비트 값은 1111이 된다. 연산 결과가 A의 값과 같은 경우를 생각해보면 A의 값이 0일 때 XOR 연산 후 결과가 0이 나오려면 B의 값은 0이 되어야 하고, A의 값이 1일 때 XOR 연산 후 결과가 1이 나오려면 B의 값은 0이 되어야 한다. 따라서 B의 하위 4비트 값은 00000이 된다. B의 8비트 값은 $11110000_{(2)}$이 된다.

04 경영 상태를 실시간으로 파악하고 정보를 공유하게 하여 기업의 기간 업무부터 인사 관계까지 기업 활동 전반을 통합적으로 관리함으로써 경영 자원의 활용을 최적화하기 위한 것은?

① EAI(Enterprise Application Integration)
② ERP(Enterprise Resource Planning)
③ BPR(Business Process Reengineering)
④ KMS(Knowledge Management System)

해설 난도 중

오답의 이유
① 각종 데이터를 비즈니스 프로세서를 중심으로 상호 연동되도록 통합하여 조정하기 위한 시스템이다.
③ 반복적이고 불필요한 과정들을 제거하기 위해 업무상의 여러 단계들을 통합하여 단순화하여 재설계하는 시스템이다.
④ 조직 내의 인적 자원들이 축적한 지식들을 체계화하고 공유하여 기업 경쟁력을 향상시키기 위한 기업정보 시스템이다.

★★★

05 다음 C 프로그램의 출력 값은?

```c
#include <stdio.h>
int main(void) {
    int i;
    int a[ ] = {10, 20, 30, 40, 50, 60, 70, 80, 90, 100};
    int *ptr = a + 3;
    for (i = 0; i<5; ++i) {
        printf("%d ", *(ptr + i)-3);
    }
}
```

① 27 37 47 57 67
② 37 47 57 67 77
③ 47 57 67 77 87
④ 43 53 63 73 83

해설 난도 상

정답의 이유
int *ptr = a + 3;에서 ptr은 배열의 네 번째 주소를 가리킨다. for문 내에서는 *(ptr + i) − 3을 출력하므로 i가 0일 때는 *ptr − 3이 되므로 40 − 3 = 37이 된다. i가 1일 때는 *(ptr + 1) − 3이 되므로 ptr은 다섯 번째 주소를 가리키게 되고 배열의 값 50 − 3 = 47이 된다. 이와 같은 방법으로 출력되는 순서를 나열하면 37 47 57 67 77이 된다.

★★★

06 운영체제에서 교착상태(deadlock)가 발생하기 위한 필요조건에 해당되지 <u>않는</u> 것은?

① 상호배제(mutual exclusion)
② 점유와 대기(hold and wait)
③ 선점(preemption)
④ 순환 대기(circular wait)

해설 난도 중

정답의 이유
교착상태가 발생하기 위한 필요조건은 선점이 아닌 비선점이다.

★☆☆

07 소프트웨어 형상 관리(configuration management)에 대한 설명으로 옳지 <u>않은</u> 것은?

① 형상 관리는 소프트웨어에 가해지는 변경을 제어하고 관리하는 활동을 포함한다.
② 기준선(baseline) 변경은 공식적인 절차에 의해서 이루어진다.
③ 개발 과정의 산출물인 원시 코드(source code)는 형상 관리 항목에 포함되지 않는다.
④ 형상 관리는 소프트웨어 운용 및 유지보수 단계뿐 아니라 소프트웨어 개발 단계에서도 적용될 수 있다.

해설 난도 중

정답의 이유
형상 관리는 소프트웨어 개발 생명주기 전반에 걸쳐 생성되는 모든 산출물의 종합 및 변경 과정을 체계적으로 관리하고 유지하는 일련의 개발 관리 활동으로 개발 과정의 산출물인 원시 코드도 형상 관리 항목에 포함된다.

★☆☆

08 클러스터(cluster) 컴퓨터 시스템에 대한 설명으로 옳지 <u>않은</u> 것은?

① 클러스터 내의 노드들을 연결하기 위해 클러스터 전용 상호 연결망이나 LAN을 사용할 수 있다.
② 노드를 추가함으로써 클러스터의 확장이 가능하다.
③ 일부 노드의 고장 발생 시에도 지속적인 서비스가 가능하도록 높은 가용성을 추구한다.
④ 각 노드의 개별적인 운영체제 없이 모든 노드들은 단일 운영체제의 관리 하에서 동작한다.

해설 [난도 중]
정답의 이유
각 노드는 개별적인 운영체제를 가지고 있으며 상호 연결망으로 연결되어 사용된다.

★★☆

09 어떤 회사의 한 부서가 155.16.32.*, 155.16.33.*, 155.16.34.*, 155.16.35.*로 이루어진 IP 주소들만으로 서브넷(subnet)을 구성할 때, 서브넷마스크(mask)로 옳은 것은?(단, IP 주소는 IPv4 주소 체계의 비클래스형(classless) 주소 지정이 적용된 것이고, IP 주소의 *는 0~255를 의미한다)

① 255.255.252.0
② 255.255.253.0
③ 255.255.254.0
④ 255.255.255.0

해설 [난도 상]
정답의 이유
부서의 IP 주소가 155로 시작하므로 B 클래스에 속하고, B 클래스의 기본 서브넷마스크는 255.255.0.0이다. 155.16.32로 구성된 IP 주소가 256(0~255)개 있고, 마찬가지로 155.16.33으로 구성된 IP 주소도 256개 이다. 즉, 256개의 IP 주소가 4묶음 있다는 의미이다. 총 주소의 개수는 256×4 = 1,024이다. 이는 호스트 ID가 10비트라는 의미를 지닌다. 부서의 IP 주소에 대해 네트워크 ID, 호스트 ID 구성을 살펴보면 다음과 같다.

네트워크 ID(16bit)		호스트 ID(16bit)		
		네트워크 ID	호스트 ID	호스트 ID
8bit	8bit	6bit	2bit	8bit

서브넷마스크는 네트워크 ID에 1, 호스트 ID에 0을 대입하면 된다. 따라서 서브넷마스크는 255.255.252.0이 된다.

★★★

10 관계형 데이터베이스의 키(key)에 대한 설명으로 옳지 <u>않은</u> 것은?

① 수퍼키(superkey)는 릴레이션을 구성하는 속성(attribute)들 중에서 각 투플(tuple)을 유일하게 식별할 수 있도록 하는 속성 또는 속성들의 집합이다.
② 후보키(candidate key)는 유일성(uniqueness)과 최소성(minimality)을 만족시킨다.
③ 기본키(primary key)는 후보키 중에서 투플을 식별하는 기준으로 선택된 특별한 키이다.
④ 두 개 이상의 후보키 중에서 기본키로 선택되지 않은 나머지 후보키를 외래키(foreign key)라고 한다.

해설 [난도 중]
정답의 이유
두 개 이상의 후보키 중에서 기본키로 선택되지 않은 나머지 후보키를 대체키라고 한다. 이래키는 어떤 릴레이션에 소속된 속성 또는 속성 집합이 다른 릴레이션의 기본키가 되는 키다.

★★★

11 인터넷에 연결된 호스트의 도메인 이름을 IP 주소로 변환하기 위한 것은?

① NAT
② ARP
③ DHCP
④ DNS

해설 [난도 하]
오답의 이유
① IP 패킷의 포트 숫자와 소스 및 목적지의 IP 주소 등을 기록하면서 라우터를 통해 네트워크 트래픽을 주고 받는 기술로, 사설 네트워크에 속한 여러 개의 호스트가 하나의 공인된 IP 주소를 사용하여 인터넷을 접속할 수 있다.
② 주소 변환 프로토콜로 IP 주소를 물리 주소로 변환하는 기능을 한다.
③ 동적으로 정보를 제공하기 위해 설계된 프로토콜로 동적으로 호스트에게 주소를 할당하기 위해 사용한다.

★★☆
12 음수 표현을 위해 2의 보수를 사용하는 경우 다음 4비트 덧셈의 결과를 10진수 값으로 표현한 것은?

$$0011_{(2)} + 1100_{(2)}$$

① 0

② −7

③ 15

④ −1

해설 [난도 중]
정답의 이유
4비트를 더하면 $1111_{(2)}$이 된다. 부호 비트가 1이므로 결과 값은 음수이고 2의 보수를 취하면 00001이 되므로 정답은 -1이 된다.

★★☆
13 후입선출(LIFO : Last-In First-Out) 형태로서 자료의 삽입과 삭제가 한쪽 끝에서 이루어지는 자료구조는?

① 스택(stack)

② 큐(queue)

③ 트리(tree)

④ 그래프(graph)

해설 [난도 하]
정답의 이유
자료의 삽입과 삭제가 같은 곳에서 이루어지는 후입선출 형태는 스택이다. 큐는 선입선출(FIFO : First-In First-Out) 형태로 자료의 삽입과 삭제가 서로 다른 곳에서 이루어진다.

★★☆
14 다양한 장치들이 서로 통신할 수 있게 하는 PAN(Personal Area Network)을 위한 통신 규격으로, IEEE 802.15.1 표준으로 채택된 통신 방법은?

① 블루투스(Bluetooth)

② Wi-Fi(Wireless-Fidelity)

③ RFID(Radio Frequency IDentification)

④ USB(Universal Serial Bus)

해설 [난도 중]
정답의 이유
블루투스 기술은 IEEE 802.15.1 표준안으로 정의되어 있고, 방이나 거실 규모의 공간에서 동작하는 무선 개인 영역 네트워크(PAN, Personal Area Network)로 정의하고 있다.

오답의 이유
② IEEE 802.11 표준에 기반을 둔 무선 통신 기술로, 많은 전자기기들이 무선 LAN에 연결할 수 있도록 해준다. 주로 2.4GHz UHF 및 5GHz SHF SIM 무선 대역을 사용한다.
③ 무선 주파수를 이용하여 접촉하지 않아도 인식이 가능한 기술이다.
④ 범용 직렬 버스로 컴퓨터와 주변기기를 연결하기 위해 사용되는 입출력 표준 중 하나이다.

★★☆
15 프로그래밍 언어에 대한 설명으로 옳지 <u>않은</u> 것은?

① C#은 .NET 프레임워크(framework)에서 동작하는 소프트웨어의 개발을 지원하는 언어이다.

② Java는 C++의 특징인 클래스에서의 다중 상속과 포인터를 지원하는 간결한 언어이다.

③ JavaScript, PHP 및 Ruby는 스크립트 언어이다.

④ C++는 다형성, 오버로딩, 예외 처리와 같은 객체지향(object-oriented) 프로그래밍의 특징을 가진 언어이다.

해설 [난도 중]
정답의 이유
Java는 C++의 특징인 클래스에서의 다중 상속과 포인터를 지원하지 않는다.

★★★
16 RAM 칩을 사용하여 8K×64비트 기억장치 모듈을 구성하는 방법으로 옳지 <u>않은</u> 것은?

① 4개의 2K×64비트 RAM 칩 사용
② 32개의 1K×16비트 RAM 칩 사용
③ 8개의 4K×8비트 RAM 칩 사용
④ 4개의 8K×16비트 RAM 칩 사용

해설 [난도 상]
오답의 이유
① 2K×64비트 RAM 칩의 주소에 4를 곱하면 8K×64비트 기억장치 모듈을 구성할 수 있다.
② 1K×16비트 RAM 칩의 워드 길이를 64비트로 일치시키기 위해 4개의 RAM 칩을 사용하면 1K×64비트 RAM 칩이 된다. 다음으로 주소에 8을 곱하면 8K×64비트 기억장치 모듈을 구성할 수 있다. 해당 기억장치 모듈을 구성하기 위해 필요한 RAM 칩은 4×8＝32개이다.
④ 8K×16비트 RAM 칩의 워드 길이를 64비트로 일치시키기 위해서는 4개의 RAM 칩이 필요하다.

★★☆
17 캐시 메모리 시스템을 구성할 때 일반적으로 캐시 블록은 복수의 워드를 가지도록 구성되는데, 이것은 어떤 항목이 참조되면 그 근처에 있는 다른 항목들도 곧바로 참조될 가능성이 높다는 메모리 참조의 특성에 기반을 두고 있다. 이러한 특성으로 옳은 것은?

① 시간적 지역성(temporal locality)
② 캐시 일관성(cache coherence)
③ 공간적 지역성(spatial locality)
④ 영속적 바인딩(persistent binding)

해설 [난도 중]
정답의 이유
공간적 지역성은 기억 장치 내 서로 인접하여 저장된 데이터들이 연속적으로 액세스될 확률이 높아지는 특성을 의미한다.

오답의 이유
① 최근에 액세스된 명령어나 데이터가 가까운 시점에 액세스 될 확률이 높아지는 특성을 의미한다.
② 캐시 일관성은 공유 메모리 시스템에서 각 클라이언트가 가진 로컬 캐시 간 일관성을 말한다.

★★☆
18 RAM의 일종인 DRAM(Dynamic RAM)에 대한 설명으로 옳지 <u>않은</u> 것은?

① 휘발성 메모리이다.
② 주기적인 재충전(refresh)이 필요하다.
③ SRAM(Static RAM)에 비해 접근 속도가 빠르고 저장 밀도가 높다.
④ 주기억장치로 주로 사용된다.

해설 [난도 중]
정답의 이유
DRAM은 SRAM에 비해 접근 속도는 늦고 저장 밀도는 높다.

★★☆
19 파이프라이닝(pipelining) 기법이 적용된 프로세서에서 파이프라인 실행이 계속될 수 있는 조건이 충족되지 않아 파이프라인 전체 또는 일부가 정지(stall)될 수 있는 상황이 발생하는데, 이를 파이프라인 해저드(pipeline hazard)라고 한다. 파이프라인 해저드의 유형이 <u>아닌</u> 것은?

① 구조적 해저드(structural hazard)
② 데이터 해저드(data hazard)
③ 제어 해저드(control hazard)
④ 병렬 해저드(parallel hazard)

해설 [난도 중]
정답의 이유
파이프라인 해저드의 유형에는 구조적 해저드, 데이터 해저드, 제어 해저드가 있다.

＋ 이론플러스 **파이프라인 해저드 유형**

• 구조적 해저드 : 서로 다른 명령어가 같은 자원에 접근하려고 할 때 문제가 발생하게 된다. 병렬 처리되는 명령어 A와 명령어 B 모두 같은 레지스터를 사용하려고 할 때 서로 충돌하게 된다.
• 데이터 해저드 : 데이터의 의존성 때문에 문제가 발생한다. 즉, 앞의 명령 결과가 다음 명령 입력으로 사용될 때 문제가 발생하게 된다. 두 번째 명령어는 첫 번째 명령어와 동시에 실행되면 안 된다.
• 제어 해저드 : if문이나 goto문 같은 분기 명령이 실행될 때 문제가 발생하게 된다. 보통의 경우 명령어들이 순차적으로 실행되지만 분기 명령이 실행되면 현재 동시에 처리되고 있는 명령어들이 쓸모없어지게 되는 현상이 발생한다.

★★☆
20 CPU 스케줄링 기법 중에서 기아상태(starvation)가 발생할 가능성이 <u>없는</u> 것만을 모두 고르면?

> ㄱ. FCFS(First-Come First-Served)
> ㄴ. 라운드 로빈(RR : Round Robin)
> ㄷ. SJF(Shortest Job First)
> ㄹ. HRRN(Highest Response Ratio Next)

① ㄱ, ㄴ
② ㄷ, ㄹ
③ ㄱ, ㄴ, ㄷ
④ ㄱ, ㄴ, ㄹ

해설 [난도중]

오답의 이유

ㄷ. 기아상태는 프로세스가 수행할 준비가 되어 있지만 다른 프로세스가 우선적으로 수행되어 계속적으로 CPU를 할당받지 못하는 상태를 말한다. 기아상태가 발생할 수 있는 CPU 스케줄링 기법에는 SJF(Shortest Job First)와 우선순위(Priority) 기법이 있다.

CHAPTER

21

06.28.

2014 서울시 9급 컴퓨터일반

★★★
01 다음에 실행할 명령의 번지를 기억하고 있는 레지스터는?

① 프로그램 카운터(Program Counter)

② 누산기(Accumulator)

③ 명령어 레지스터(Instruction Register)

④ 메모리 버퍼 레지스터(Memory Buffer Register)

⑤ 인덱스 레지스터(Index Register)

해설 난도 중
오답의 이유
② 산술 논리 연산 장치(ALU) 내부에 위치하며, 연산 시 초기 데이터, 중간 결과, 최종 연산 결과를 저장한다.
③ 주기억 장치에서 인출한 명령어를 저장한다.
④ 입·출력 모듈과 프로세서 간에 데이터 교환 시 사용된다.
⑤ 주소를 변경하거나 서브루틴 연결 및 반복 연산 횟수를 파악할 때 사용된다.

★★★
02 다음 식은 최적화 된 곱의 합 형태이다. 카르노 맵 (Karnaugh Map)을 이용하였을 때, 맵에 표시된 함수로 올바른 것은?

$$F(A, B, C, D) = \overline{A}\,\overline{C} + ABD + A\overline{B}C + \overline{A}\,\overline{B}\,\overline{D}$$

① $F(A, B, C, D) = \sum m\ (0, 1, 3, 4, 5, 9, 10, 14, 15)$

② $F(A, B, C, D) = \sum m\ (0, 1, 3, 4, 5, 10, 11, 13, 14)$

③ $F(A, B, C, D) = \sum m\ (0, 1, 2, 4, 5, 9, 11, 14, 15)$

④ $F(A, B, C, D) = \sum m\ (0, 1, 2, 4, 5, 10, 11, 13, 15)$

⑤ $F(A, B, C, D) = \sum m\ (0, 1, 4, 5, 6, 10, 11, 12, 15)$

해설 난도 중
정답의 이유
카르노 맵에 적용하기 위해 각 항에 없는 변수의 상태를 고려하여 작성하면 다음과 같다.
$\overline{A}\,\overline{C}$ - 0000, 0001, 0100, 0101 ABD - 1101, 1101 A$\overline{B}$C - 1010, 1011 $\overline{A}\,\overline{B}\,\overline{D}$ - 0000, 00100이다. 각 변수의 상태를 아래 카르노 맵에 적용하면 $\sum m\ (0, 1, 4, 5, 6, 10, 11, 12, 15)$가 된다.

AB \ CD	00	01	11	10
00	m_0	m_1	m_3	m_2
01	m_4	m_5	m_7	m_6
11	m_{12}	m_{13}	m_{15}	m_{14}
10	m_8	m_9	m_{11}	m_{10}

★★★
03 다음 중 DBMS를 구성할 때 고려해야 할 사항으로 옳지 <u>않은</u> 것은?

① 데이터의 중복성을 최소화해야 한다.

② 최신의 데이터를 유지해야 한다.

③ 데이터의 일관성을 유지해야 한다.

④ 사용자가 모든 데이터를 자유로이 탐색할 수 있어야 한다.

⑤ 데이터들은 상호간에 긴밀히 연결되어 있어야 한다.

해설 난도 중
정답의 이유
사용자는 응용프로그램을 통해 필요한 데이터와 처리를 데이터베이스 관리 시스템에 요청하면 데이터베이스 관리 시스템은 데이터를 처리한 후 결과를 응용프로그램을 통해 사용자에게 전달한다. 사용자가 모든 데이터에 직접 접근할 수 없다.

04 개념 관계 모델(Entity–Relationship model)을 그래프 방식으로 표현한 E-R다이어그램에서 마름모 모양으로 표현되는 것은?

① 개체 타입(entity type)

② 관계 타입(relationship type)

③ 속성(attribute)

④ 키 속성(key attribute)

⑤ 링크(link)

해설 난도 하

정답의 이유

E-R 다이어그램은 기본적으로 개체를 표현하는 사각형, 개체 간의 관계를 표현하는 마름모, 개체나 관계의 속성을 표현하는 타원, 각 요소를 연결하는 연결선으로 구성된다. 다음은 E-R 다이어그램 예이다.

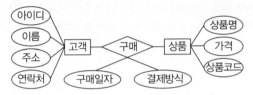

★★★

05 프로세스(process)와 스레드(thread)에 대한 설명으로 거리가 먼 것은?

① 프로세스는 운영체제에서 작업의 기본 단위이다.

② 프로세스는 비동기적인 행위를 일으키는 주체이다.

③ 프로세스는 현재 실행중인 프로그램이라고 정의할 수 있다.

④ 스레드는 프로세스에서 실행의 개념만을 분리한 것이다.

⑤ 하나의 스레드 내에는 여러 개의 프로세스가 존재할 수 있다.

해설 난도 중

정답의 이유

하나의 프로세스에는 여러 개의 스레드가 존재할 수 있다.

이론플러스 프로세스와 스레드의 차이

- 프로세스는 여러 개의 스레드로 구성되고, 프로세스끼리는 서로 독립적이다. 서로 독립적인 프로세스는 데이터를 주고받을 때 프로세스 간 통신(IPC)을 이용한다.
- 스레드는 프로세스 내부에서 서로 강하게 연결되어 있다. 하나의 스레드는 여러 프로세스에 포함될 수 없고, 같은 프로세스에 속한 다른 스레드와 코드를 공유한다.
- 스레드는 프로그램 카운터(PC)를 독립적으로 가진다.
- 스레드 간에는 힙(Heap) 메모리의 변수나 파일 등을 공유하고 전역 변수나 함수 호출 등의 방법으로 스레드 간 통신을 한다.

★★★

06 데이터베이스 키(key)에 대한 다음의 설명에 해당하는 키는?

> 릴레이션에 있는 모든 투플들을 유일하게 식별할 수 있는 애트리뷰트의 부분집합으로 유일성과 최소성을 만족함

① 기본키(primary key)

② 후보키(candidate key)

③ 대체키(alternate key)

④ 슈퍼키(super key)

⑤ 외래키(foreign key)

해설 난도 중

오답의 이유

① 기본키는 여러 후보키 중에서 기본적으로 사용할 키를 말한다. 기본 키 표현은 속성 이름에 밑줄을 긋는다.

③ 대체키는 기본키로 선택되지 못한 후보키들이다.

④ 슈퍼키는 유일성의 특성을 만족하는 속성 또는 속성들의 집합이다. 유일성은 키가 갖추어야 하는 기본적인 특성으로, 하나의 릴레이션에서 키로 지정된 속성 값은 투플마다 달라져야 한다는 것을 의미한다.

⑤ 외래키는 어떤 릴레이션에 소속된 속성 또는 속성 집합이 다른 릴레이션의 기본키가 되는 키다. 즉, 다른 릴레이션의 기본키를 그대로 참조하는 속성의 집합이 외래키다.

07 데이터베이스 설계 단계에서 목표 DBMS에 맞는 스키마 설계와 트랜잭션 인터페이스 설계에 대한 것은 어떤 단계에서 이루어지는가?

① 요구 조건 분석 단계
② 개념적 설계 단계
③ 논리적 설계 단계
④ 물리적 설계 단계
⑤ 구현 단계

해설 | 난도 중

정답의 이유

개념적 설계 단계에서 생성한 E-R 다이어그램을 릴레이션 스키마로 변환하여 DBMS가 처리할 수 있도록 하는 것이 논리적 설계 단계에서 수행하는 주요 작업이다.

+ 이론플러스 | 데이터베이스 설계 단계

- 1단계(요구 조건 분석) : 요구 사항 분석 단계에서는 조직의 구성원들에게 필요한 데이터의 종류와 처리 방법 같은 다양한 요구 사항을 수집한다. 수집된 요구 사항을 분석하여 그 결과를 요구 사항 명세서로 작성한다.
- 2단계(개념적 설계) : 사용자의 요구 사항을 분석한 결과를 E-R 다이어그램으로 표현하는 것이 개념적 설계 단계에서 중요한 작업이다.
- 3단계(논리적 설계) : 개념적 설계 단계에서 생성한 E-R 다이어그램을 릴레이션 스키마로 변환하여 DBMS가 처리할 수 있도록 하는 것이 논리적 설계 단계에서 수행하는 주요 작업이다.
- 4단계(물리적 설계) : 물리적 설계 단계에서는 저장 장치에 적합한 저장 레코드와 인덱스의 구조 등을 설계하고, 저장된 데이터와 인덱스에 빠르게 접근할 수 있는 탐색 기법 등을 정의한다.
- 5단계(구현) : 구현 단계에서는 이전 설계 단계의 결과물을 기반으로 DBMS에서 SQL로 작성한 명령문을 실행하여 데이터베이스를 실제로 생성한다.

08 OSI모델의 각 계층별 기능이 옳지 <u>않은</u> 것은?

① 데이터 링크 계층(Data link layer) – Physical addressing, Flow Control
② 네트워크 계층(Network layer) – Logical addressing, Routing
③ 전송 계층(transport layer) – Connection Control, Flow Control
④ 세션 계층(Session layer) – Dialog Control, Synchronization
⑤ 표현 계층(Presentation layer) – Network virtual terminal, File transfer

해설 | 난도 중

정답의 이유

Network virtual terminal, File transfer는 응용 계층의 기능이다. 표현 계층 기능으로는 변환(translation), 암호화(encryption), 압축(compression)이다.

09 인터넷상에 있는 원격지의 컴퓨터에 접속하여 자신의 컴퓨터처럼 사용할 수 있도록 해주는 인터넷 서비스는?

① FTP
② SMTP
③ USENET
④ HTTP
⑤ TELNET

해설 | 난도 중

오답의 이유

① 인터넷상에서 컴퓨터 간 파일 전송을 지원하는 프로토콜이다.
② 인터넷상에서 전자 우편을 전송할 때 사용하는 프로토콜이다.
③ 인터넷을 통해 이야기를 나눌 수 있는 토론공간이다.
④ 인터넷상에서 웹 서버와 웹브라우저 간의 하이퍼텍스트 문서를 전송하기 위해 사용되는 프로토콜이다.

★★★

10 네트워크의 구성 유형에서 중앙에 컴퓨터가 있고 이를 중심으로 단말기를 연결시킨 중앙 집중식 네트워크 구성 유형은?

① 스타(star) 형 ② 트리(tree) 형

③ 버스(bus) 형 ④ 링(ring) 형

⑤ 그물(mesh) 형

해설 난도하

정답의 이유

스타형(star topology)은 성형이라고도 하며 중앙 허브를 중심으로 주변에 분산된 단말기를 연결시킨 형태로 중앙의 허브가 통신을 제어한다.

오답의 이유

② 트리형(tree topology)은 중앙 컴퓨터에서 일정 거리의 컴퓨터까지는 하나의 통신 회선으로 연결되고 해당 컴퓨터에 여러 대의 단말기가 연결되는 형태이다.

③ 버스형(bus topology)은 하나의 버스(백본)에 여러 개의 노드들이 연결되어 있는 형태로 모든 노드들은 하나의 전송 매체를 공유해서 사용한다.

④ 링형(ring topology)은 고리형 또는 환형이라고도 하며 서로 이웃하는 노드들을 연결하여 고리 모양으로 만든 형태이다.

⑤ 그물형(mesh topology)은 여러 노드들이 통신 회선을 통하여 상호 연결된 형태로 망형 구조이다.

★★☆

11 다음과 같은 수식을 이진트리(binary tree)로 표현하였을 때 완성된 이진트리의 깊이(depth)는 얼마인가?(단, 근 노드(root node)만 존재하는 이진트리의 깊이는 1이다)

((a + b) + c) + d

① 1 ② 2

③ 3 ④ 4

⑤ 5

해설 난도상

정답의 이유

a + b가 가장 먼저 실행되고 그 결과가 c와 덧셈이 되고, 다시 결과가 d와 덧셈이 되는 형태이다. 이 점을 토대로 이진트리를 완성해보면 다음과 같다.

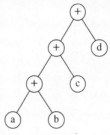

근 노드의 깊이는 1이므로 a, b 노드의 깊이는 4가 된다.

★★☆

12 다음 중 큐가 컴퓨터 시스템에서 이용되는 경우는?

① 부프로그램을 처리할 때 레지스터들의 내용 및 복귀주소를 저장할 때

② 순환적 프로그램(recursive program)을 처리할 때

③ 다중 프로그래밍의 운영체제가 대기하고 있는 프로그램들에게 처리기를 할당할 때

④ 그래프를 컴퓨터 내부에 나타낼 때

⑤ 후위 표기방식으로 표현된 수식을 계산할 때

해설 난도상

오답의 이유

①, ②, ④, ⑤ 스택이 이용되는 경우를 말한다.

★★★
13 객체 지향 소프트웨어 개발 모형의 개발 단계로 옳은 것은?

㉠ 설계	㉡ 구현
㉢ 계획	㉣ 분석
㉤ 테스트 및 검증	

① ㉢ – ㉠ – ㉣ – ㉡ – ㉤
② ㉢ – ㉡ – ㉣ – ㉠ – ㉤
③ ㉢ – ㉣ – ㉠ – ㉡ – ㉤
④ ㉢ – ㉡ – ㉠ – ㉣ – ㉤
⑤ ㉢ – ㉠ – ㉤ – ㉡ – ㉣

해설 난도 중
정답의 이유
객체 지향 소프트웨어 개발 모형의 개발 단계는 계획 – 분석 – 설계 – 구현 – 테스트 및 검증이다.

★★☆
14 다음 중 컴퓨터에서 사용하는 그림 파일 형식에 대한 설명으로 옳지 않은 것은?

① GIF : 컬러 사용에 제한이 없고 파일의 크기가 작은 그래픽 파일
② BMP : Windows 운영체제에서 기본적으로 지원하는 비트맵 방식의 그래픽 파일
③ WMF : 벡터방식을 지원하기 위한 공통적인 형식
④ JPG : 불필요하게 복잡한 부분을 생략하여 압축하는 형식
⑤ PSD : 포토샵의 기본적인 파일 형식

해설 난도 중
정답의 이유
GIF는 이미지의 색상이 256개로 제한되어 있어 다양한 색상을 필요로 하는 이미지 저장 형식으로는 알맞지 않다.

★★★
15 SJF(Shortest Job First) 스케줄링에서 준비 큐에 도착하는 시간과 CPU 사용시간이 다음 표와 같다. 모든 작업들의 평균대기 시간은 얼마인가?

프로세스 번호	도착시간	CPU 사용시간
1	0	6
2	1	4
3	2	1
4	3	2

① 3   ② 4
③ 5   ④ 6
⑤ 7

해설 난도 상
정답의 이유
SJF(Shortest Job First) 스케줄링은 준비 큐에 있는 프로세스 중 실행 시간이 가장 짧은 작업에 CPU를 할당하는 비선점형 방식이다.

0	6	7	9	13
P1	P3	P4	P2

P1이 큐에 들어온 시점에는 P2, P3, P4는 큐에 없으므로 P1이 6초 동안 수행한다. 6초 이내에 P2, P3, P4가 큐에 대기하고 있으므로 사용 시간이 짧은 순서대로 수행하면 P3 → P4 → P2이다. 프로세스 별로 대기 시간은 다음과 같다.
- P1 대기 시간 : 0
- P2 대기 시간 : 9 – 1 = 8
- P3 대기 시간 : 6 – 2 = 4
- P4 대기 시간 : 7 – 3 = 4
- 평균대기 시간 : (0 + 8 + 4 + 4)/4 = 4

★★★
16 다음의 정렬 알고리즘들 중 N개의 데이터를 정렬하는 데 최악의 경우에 비교 횟수가 O(NlogN)인 알고리즘으로 옳은 것은?

① 병합 정렬(Merge Sort)
② 퀵 정렬(Quick Sort)
③ 선택 정렬(Selection Sort)
④ 버블 정렬(Bubble Sort)
⑤ 삽입 정렬(Insertion Sort)

해설 난도 중
오답의 이유
② 시간 복잡도는 $O(n\log_2 n)$이다.
③, ④, ⑤ 시간 복잡도는 $O(n^2)$이다.

★★★
17 자료 저장 구조인 스택에 A, B, C, D가 차례로 삽입 (push) 되며 삽입의 중간에 꺼냄(pop)이 임의의 순서로 일어날 수 있고 꺼낸 데이터는 바로 출력된다면 다음 출력 순서 중 가능하지 **않은** 것은?

① D, C, B, A ② A, D, C, B
③ D, A, B, C ④ A, B, C, D
⑤ A, B, D, C

해설 난도 중
오답의 이유
① 스택에 A, B, C, D를 차례로 push한 후 하나씩 pop을 했을 때 출력 순서가 D, C, B, A가 된다.
② 스택에 A를 push한 후 바로 pop을 하고 B, C, D를 차례로 push한 후 하나씩 pop을 하면 출력 순서가 D, C, B가 된다.
④ 스택에 하나를 push한 후 바로 pop을 하면 A, B ,C, D가 된다.
⑤ A, B는 스택에 push한 후 바로 pop을 하면 출력 순서가 A, B가 되고 C, D는 모두 push한 후 pop을 하면 D, C가 된다.

★★★
18 디스크의 서비스 요청 대기 큐에 도착한 요청이 다음과 같을 때 C-LOOK 스케줄링 알고리즘에 의한 헤드의 총 이동거리는 얼마인가?(단, 현재 헤드의 위치는 50에 있고, 헤드의 이동방향은 0에서 199방향이다)

요청대기열의 순서
65, 112, 40, 16, 90, 170, 165, 35, 180

① 388 ② 318
③ 362 ④ 347
⑤ 412

해설 난도 상
정답의 이유
C-LOOK 스케줄링 알고리즘은 한쪽 방향으로만 서비스를 하고, 요청 받은 마지막 트랙에서 방향을 전환할 수 있다. 현재 헤드의 위치가 500이고 첫 번째 헤드가 65이므로 오른쪽 방향으로 이동한다. 헤드의 이동과 거리는 다음과 같다.

헤드	50	→	65	→	90	→	112	→	165	→	170	→	180	→	16	→	35	→	40
거리		15		25		22		53		5		10		164		19		5	

헤드 이동 간 거리를 더하면 15 + 25 + 22 + 53 + 5 + 10 + 164 + 19 + 5 = 318이 된다.

★★★
19 다음 중 컴퓨터에서 연산 중에 교착상태(deadlock) 발생 조건에 대한 설명으로 **틀린** 것은?

① 점유 및 대기 - 프로세스가 이미 자원을 점유하고 있으면서 다른 프로세스의 자원이 반납되기를 기다리는 경우를 말한다.
② 상호배제 - 프로세스가 자원을 사용 중일 때는 다른 프로세스가 자원을 사용하지 못하고 대기한다.
③ 효율성 - 프로세스에 할당된 자원은 사용이 끝나기 전에 다른 프로세스에 양보되어 효율성을 높인다.
④ 환형 대기 - 프로세스와 자원들이 원형을 이루며 각 프로세스는 자신에게 할당된 자원을 가지고 있으면서 상대방의 자원을 상호 요청하는 경우이다.
⑤ 비선점(non-preemption) - 자원들은 그들을 점유한 프로세스로부터 벗어나지 못한다.

해설 난도 중
정답의 이유
교착 상태 발생 조건으로 점유 및 대기, 상호배제, 환형 대기, 비선점이 있다. 효율성은 교착상태 발생 조건에 해당되지 않는다.

20 다음의 C프로그램을 실행한 결과로 옳은 것은?

```
void main()
{
    int a[4] ={1, 2, 3 };
    int *p = a;
    p++;
    *p++ = 10;
    *p+ = 10;
    printf("%d %d %d  \n", a[0], a[1], a[2]);
}
```

① 1 2 3

② 1 2 10

③ 1 10 10

④ 1 2 13

⑤ 1 10 13

해설 [난도 상]

정답의 이유

포인터 변수 p가 a 배열의 첫 번째 주소를 가리키고 있고 p++;의 결과로 a 배열의 두 번째 주소를 가리키게 된다. *p++ = 10;는 현재 p가 가리키고 있는 배열의 원소(2)에 10을 저장하고 p는 a 배열의 세 번째 주소를 가리키게 된다. *p+ = 10;은 p가 가리키고 있는 주소의 배열의 값 3에 10을 더하고 다시 결과값을 저장한다는 의미가 된다. a 배열에 저장된 값을 정리하면 다음과 같다.

배열 이름	[0]	[1]	[2]
a	1	10	13

CHAPTER 22

07.27.

2013 국가직 9급 컴퓨터일반

★★☆

01 전통적인 폰 노이만(Von Neumann) 구조에 대한 설명으로 옳지 <u>않은</u> 것은?

① 폰 노이만 구조의 최초 컴퓨터는 에니악(ENIAC)이다.
② 내장 프로그램 개념(stored program concept)을 기반으로 한다.
③ 산술논리연산장치는 명령어가 지시하는 연산을 실행한다.
④ 숫자의 형태로 컴퓨터 명령어를 주기억장치에 저장한다.

해설 난도 중

정답의 이유
폰 노이만이 주장한 프로그램 내장 방식을 적용한 최초의 컴퓨터는 에드삭(EDSAC)이다.

★★★

02 소프트웨어 개발 프로세스 모형에 대한 설명으로 옳은 것은?

① 폭포수(waterfall) 모델은 개발 초기 단계에 시범 소프트웨어를 만들어 사용자에게 경험하게 함으로써 사용자 피드백을 신속하게 제공할 수 있다.
② 프로토타입(prototyping) 모델은 개발이 완료되고 사용 단계에 들어서야 사용자 의견을 반영할 수 있다.
③ 익스트림 프로그래밍(extreme programming)은 1950년대 항공 방위 소프트웨어 시스템 개발경험을 토대로 처음 개발되어 1970년대부터 널리 알려졌다.
④ 나선형(spiral) 모델은 위험 분석을 해나가면서 시스템을 개발한다.

해설 난도 중

정답의 이유
나선형 모델은 요구 분석 후 프로토타입 개발 이전에 위험 분석 단계를 거친다. 위험 분석 단계에서 위험 요소는 소프트웨어 개발 과정이 순조롭게 진행되는 데 방해되는 모든 것을 말한다. 나선형 모델에는 위험 요소를 최소화하기 위한 방법으로 개발 단계에 위험을 분석할 수 있는 과정이 존재한다.

오답의 이유
① 개발 초기 단계에 시범 소프트웨어를 만들어 사용자에게 경험하게 함으로써 사용자 피드백을 신속하게 제공하는 것은 프로토타입 모델의 특징이다.
②, ③ 폭포수 모델에 대한 특징이다.

★★☆

03 범 기관적 입장에서 데이터베이스를 정의한 것으로서 데이터베이스에 저장될 데이터의 종류와 데이터 간의 관계를 기술하며 데이터 보안 및 무결성 규칙에 대한 명세를 포함하는 것은?

① 외부스키마
② 내부스키마
③ 개념스키마
④ 물리스키마

해설 난도 중

오답의 이유
① 외부 단계에서 사용자에게 필요한 데이터베이스를 정의한 것이다.
② 내부 단계에서 데이터베이스가 저장 장치에 실제로 저장되는 방법을 정의한 것이다.

★★★

04 다음 부울 함수식 F를 간략화한 결과로 옳은 것은?

$$F = ABC + AB'C + A'B'C$$

① $F = AC + B'C$
② $F = AC + BC'$
③ $F = A'B + B'C$
④ $F = A'C + BC$

해설 [난도 중]

정답의 이유

논리식을 카르노 맵에 적용하면 다음과 같다.

A＼BC	00	01	11	10
0		1		
1		1	1	

간소화된 논리식은 $F = AC + B'C$이다.

★★★

05 TCP/IP 프로토콜의 계층과 그 관련 요소의 연결이 옳지 않은 것은?

① 데이터 링크 계층(data link layer) : IEEE 802, Ethernet, HDLC
② 네트워크 계층(network layer) : IP, ICMP, IGMP, ARP
③ 전송 계층(transport layer) : TCP, UDP, FTP, SMTP
④ 응용 계층(application layer) : POP3, DNS, HTTP, TELNET

해설 [난도 중]

정답의 이유

전송 계층에 속하는 프로토콜은 TCP와 UDP이다. FTP와 SMTP는 응용 계층에 속하는 프로토콜이다.

이론플러스 TCP/IP 프로토콜

계층	계층 이름	프로토콜
5	응용 계층	HTTP, TELNET, DNS, SNMP, FTP, TFTP, SMTP, IMAP, POP3, MIME, DHCP
4	전송 계층	TCP, UDP
3	네트워크 계층	ICMP, IGMP, IP, ARP, RARP
2	데이터링크 계층	Ethernet, HDLC, FDDI, SLIP, PPP
1	물리 계층	–

★★☆

06 DHCP(Dynamic Host Configuration Protocol)에 대한 설명으로 옳은 것은?

① 자동이나 수동으로 가용한 IP 주소를 호스트(host)에 할당한다.
② 서로 다른 통신규약을 사용하는 네트워크들을 상호 연결하기 위해 통신규약을 전환한다.
③ 데이터 전송 시 케이블에서의 신호 감쇠를 보상하기 위해 신호를 증폭하고 재생하여 전송한다.
④ IP 주소를 기준으로 네트워크 패킷의 경로를 설정하며 다중 경로일 경우에는 최적의 경로를 설정한다.

해설 [난도 중]

오답의 이유

② 게이트웨이에 대한 설명이다.
③ 리피터에 대한 설명이다.
④ 라우터에 대한 설명이다.

07 다중접속(multiple access) 방식에 대한 설명으로 옳지 <u>않은</u> 것은?

① 코드분할 다중접속(CDMA)은 디지털 방식의 데이터 송수신 기술이다.

② 시분할 다중접속(TDMA)은 대역확산 기법을 사용한다.

③ 주파수분할 다중접속(FDMA)은 할당된 유효 주파수 대역폭을 작은 주파수 영역인 채널로 분할한다.

④ 시분할 다중접속(TDMA)은 할당된 주파수를 시간상에서 여러 개의 조각인 슬롯으로 나누어 하나의 조각을 한 명의 사용자가 사용하는 방식이다.

해설 난도 중

정답의 이유

대역확산 기법을 사용하는 다중접속 방식은 CDMA이다.

08 시스템의 신뢰성 평가를 위해 사용되는 지표로 평균 무장애시간(mean time to failure, MTTF)과 평균 복구시간(mean time to repair, MTTR)이 있다. 이 두 지표를 이용하여 시스템의 가용성(availability)을 나타낸 것은?

① $\dfrac{MTTF}{MTTR}$

② $\dfrac{MTTR}{MTTF}$

③ $\dfrac{MTTR}{MTTF + MTTR}$

④ $\dfrac{MTTF}{MTTF + MTTR}$

해설 난도 하

정답의 이유

가용성은 정보 시스템이 정상적으로 사용 가능한 정도를 의미하고, 공식은 $\dfrac{MTTF}{MTTF + MTTR}$ 이다.

09 다음 조건에서 메인 메모리와 캐시 메모리로 구성된 메모리 계층의 평균 메모리 접근 시간은?(단, 캐시 실패 손실은 캐시 실패 시 소요되는 총 메모리 접근 시간에서 캐시 적중 시간을 뺀 시간이다)

- 캐시 적중 시간 : 10ns
- 캐시 실패 손실 : 100ns
- 캐시 적중률 : 90%

① 10ns

② 15ns

③ 20ns

④ 25ns

해설 난도 상

정답의 이유

캐시 실패 손실＝총 메모리 접근 시간－캐시 적중 시간이므로 총 메모리 접근 시간은 110ns가 된다.

평균 메모리 접근 시간을 구하면 $0.9 \times 10 + (1-0.9)110 = 20ns$가 된다.

10 다음 조건에서 A 프로그램을 실행하는데 소요되는 CPU 시간은?

- 컴퓨터 CPU 클록(clock) 주파수 : 1GHz
- A 프로그램의 실행 명령어 수 : 15만 개
- A 프로그램의 실행 명령어 당 소요되는 평균 CPU 클록 사이클 수 : 5

① 0.75ms

② 75ms

③ 3μs

④ 0.3μs

해설 난도 상

정답의 이유

$$CPU\ 실행\ 시간 = \frac{CPU\ 클록\ 사이클\ 수}{클록\ 주파수}$$

$$= \frac{명령어수 \times 명령어\ 당\ 평균CPU\ 클록\ 사이클\ 수}{클록\ 주파수}$$

$$= \frac{150000 \times 5}{10^9} = \frac{75 \times 10^4}{10^9}$$

$$= 0.75 \times 10^{-3} = 0.75ms$$

★★★

11 객체 지향 프로그래밍에 대한 설명으로 옳지 <u>않은</u> 것은?

① 하나의 클래스를 사용하여 여러 객체를 생성하는데, 각각의 객체를 클래스의 인스턴스(instance)라고 한다.

② 객체는 속성(attributes)과 행동(behaviors)으로 구성된다.

③ 한 클래스가 다른 클래스의 속성과 행동을 상속(inheritance) 받을 수 있다.

④ 다형성(polymorphism)은 몇 개의 클래스 객체들을 묶어서 하나의 객체처럼 다루는 프로그래밍 기법이다.

해설 **난도 중**

정답의 이유

다형성은 상속 관계에 있는 클래스에서 상위 클래스에 정의된 메소드가 하위 클래스의 객체가 할당될 때마다 다양한 형태로 변할 수 있다는 것을 의미한다. 예를 들어 상위 클래스에서 그리기() 라는 메소드가 있을 때 하위 클래스에서는 다양한 형태로 삼각형 그리기(), 사각형 그리기(), 오각형 그리기() 메소드가 있다는 것이다.

★★☆

12 다음 두 이진수에 대한 NAND 비트 연산 결과는?

$$10111000_{(2)} \text{ NAND } 00110011_{(2)}$$

① $00110000_{(2)}$

② $10111011_{(2)}$

③ $11001111_{(2)}$

④ $01000100_{(2)}$

해설 **난도 하**

정답의 이유

NAND 연산은 입력이 모두 1일 때 출력이 0이 되고, 입력 중 하나라도 0이 있으면 출력은 1이 된다. 두 이진수에 NAND 연산을 하면 $11001111_{(2)}$이 된다.

★☆☆

13 컴퓨터의 입출력과 관련이 <u>없는</u> 것은?

① 폴링(polling)

② 인터럽트(interrupt)

③ DMA(Direct Memory Access)

④ 세마포어(semaphore)

해설 **난도 중**

정답의 이유

세마포어는 멀티프로그래밍 환경에서 공유 자원에 대한 접근을 제한하는 방법으로 사용되며, 입출력과는 관련이 없다.

★★★

14 RAID 레벨 0에서 성능 향상을 위해 채택한 기법은?

① 미러링(mirroring) 기법

② 패리티(parity) 정보저장 기법

③ 스트라이핑(striping) 기법

④ 쉐도잉(shadowing) 기법

해설 **난도 하**

정답의 이유

RAID 0에서는 여러 데이터가 있을 경우, 데이터를 나눠 각 디스크에 동시에 저장하는 스트라이핑 기법을 지원한다.

★★☆

15 악성코드에 대한 설명으로 옳지 <u>않은</u> 것은?

① 파일 감염 바이러스는 대부분 메모리에 상주하며 프로그램 파일을 감염시킨다.

② 웜(worm)은 자신의 명령어를 다른 프로그램 파일의 일부분에 복사하여 컴퓨터를 오동작하게 하는 종속형 컴퓨터 악성코드이다.

③ 트로이 목마는 겉으로 보기에 정상적인 프로그램인 것 같으나 악성코드를 숨겨두어 시스템을 공격한다.

④ 매크로 바이러스는 프로그램에서 어떤 작업을 자동화하기 위해 정의한 내부 프로그래밍 언어를 사용하여 데이터 파일을 감염시킨다.

해설 [난도 중]

정답의 이유

웜은 자신을 복제하여 네트워크 연결을 통해 컴퓨터에서 다른 컴퓨터로 전파되는 프로그램을 말한다.

★★☆

16 가상 메모리(virtual memory)에 대한 설명으로 옳지 않은 것은?

① 가상 메모리는 프로그래머가 물리 메모리(physical memory) 크기 문제를 염려할 필요 없이 프로그램을 작성할 수 있게 한다.
② 가상 주소(virtual address)의 비트 수는 물리 주소(physical address)의 비트 수에 비해 같거나 커야 한다.
③ 메모리 관리 장치(memory management unit)는 가상 주소를 물리 주소로 변환하는 역할을 한다.
④ 가상 메모리는 페이지 공유를 통해 두 개 이상의 프로세스들이 메모리를 공유하는 것을 가능하게 한다.

해설 [난도 중]

정답의 이유

가상 주소 공간은 물리 주소 공간과 같은 크기를 가진다.

★☆☆

17 BNF(Backus–Naur Form)로 표현된 다음 문법에 의해 생성될 수 없는 id는?

⟨id⟩∷ = ⟨letter⟩ | ⟨id⟩⟨letter⟩ | ⟨id⟩⟨digit⟩
⟨letter⟩∷ = 'a' | 'b' | 'c'
⟨digit⟩∷ = '1' | '2' | '3'

① a
② a1b
③ abc321
④ 3a2b1c

해설 [난도 중]

정답의 이유

⟨id⟩∷ = ⟨letter⟩이므로 id의 시작은 letter가 되어야 한다. 즉, 문자로 시작해야 된다는 의미이다. 따라서 숫자로 시작하는 3a2b1c는 생성될 수 없는 id이다.

오답의 이유

① ⟨id⟩∷ = ⟨letter⟩에 의해 생성된다.
② ⟨id⟩∷ = ⟨letter⟩에 의해 a가 생성되고, ⟨id⟩∷ = ⟨id⟩⟨digit⟩에 의해 a1이 생성된다. 마지막으로 ⟨id⟩∷ = ⟨id⟩⟨letter⟩에 의해 a1b가 생성된다.
③ ⟨id⟩∷ = ⟨letter⟩에 의해 a 생성 후 ⟨id⟩∷ = ⟨id⟩⟨letter⟩에 의해 b와 c를 생성한다. ⟨id⟩∷ = ⟨id⟩⟨digit⟩에 의해 3, 2, 1이 차례로 생성된다.

★★☆

18 다음 C 프로그램 실행 결과로 출력되는 sum 값으로 옳은 것은?

```
#include ⟨stdio.h⟩
int foo(void) {
    int var1 = 1;
    static int var2 = 1;
    return (var1++) + (var2++);
}
void main() {
    int i = 0, sum = 0;
    while(i<3) {
        sum = sum + foo();
        i++;
    }
    printf("sum = %d \n", sum);
}
```

① 8
② 9
③ 10
④ 11

해설 [난도 중]

정답의 이유

foo() 함수 내에서 var1 변수는 지역 변수로 foo() 함수가 종료되면 사라지고, var2 변수는 static 변수로 var1 변수처럼 foo() 함수 내에서만 사용할 수 있지만 프로그램이 종료될 때 사라진다. 따라서 중간에 값이 바뀌면 바뀐 값을 적용하게 된다. i 값이 1씩 증가하면서 foo() 함수를 호출한다. foo() 함수 내에서 리턴되는 부분을 살펴보면 var1, var2 모두 후위 연산자를 사용하기 때문에 먼저 두 변수를 더한 뒤 각 변수의 값이 1 증가한다. 즉, 두 변수의 더한 값이 리턴된 후 각 변수의 값이 1 증가한다. 함수에서 리턴되는 값을 sum 값과 더한 후 다시 결과 값을 sum에 저장하는 프로그램이다. i, var1, var2, sum 값을 정리하면 다음과 같다.

i	var1	var2	sum
0	1	2	2
1	1	3	5
2	1	4	9

★★★
19 캐시 메모리가 다음과 같을 때, 캐시 메모리의 집합 (set) 수는?

- 캐시 메모리 크기 : 64 Kbytes
- 캐시 블록의 크기 : 32 bytes
- 캐시의 연관정도(associativity) : 4-way 집합 연관 사상

① 256
② 512
③ 1024
④ 2048

해설 [난도 상]
정답의 이유
전체 캐시 라인, 세트, 세트 라인의 관계식은 다음과 같다.
전체 캐시 라인 = 세트×세트 라인
전체 캐시 라인 = 캐시 메모리 크기/캐시 블록의 크기 = 64K / 32 =
2Kbyte = 2×1,024 = 2,048
세트 = 전체 캐시 라인 / 세트 라인 = 2,048 / 4 = 512

★★★
20 다음 자료를 버블 정렬(bubble sort) 알고리즘을 적용하여 오름차순으로 정렬할 때, 세 번째 패스(pass)까지 실행한 정렬 결과로 옳은 것은?

5, 2, 3, 8, 1

① 2, 1, 3, 5, 8
② 1, 2, 3, 5, 8
③ 2, 3, 1, 5, 8
④ 2, 3, 5, 1, 8

해설 [난도 중]
정답의 이유
버블 정렬은 인접한 원소 두 개를 비교하여 자리를 교환하는 방법이다. 처음 원소부터 끝까지 원소 두 개를 비교하면 마지막 원소에 가장 큰 값이 위치한다. 첫 번째 정렬을 실시하면 2, 3, 5, 1, 8이 된다. 두 번째 정렬을 실시하면 2, 3, 1, 5, 8이 되고, 세 번째 정렬을 실시하면 2, 1, 3, 5, 8이 된다.

좋은 책을 만드는 길
독자님과 함께하겠습니다.

도서나 동영상에 궁금한 점, 아쉬운 점, 만족스러운 점이
있으시다면 어떤 의견이라도 말씀해 주세요.
시대고시기획은 독자님의 의견을 모아 더 좋은 책으로 보답하겠습니다.

www.sidaegosi.com

2022 기술직 공무원 9급 컴퓨터일반

개정1판1쇄 발행	2022년 01월 05일 (인쇄 2021년 10월 06일)
초 판 발 행	2021년 01월 05일 (인쇄 2020년 10월 23일)
발 행 인	박영일
책 임 편 집	이해욱
저 자	김홍덕
편 집 진 행	송재병 · 최지우
표지디자인	박종우
편집디자인	차성미 · 박서희
발 행 처	(주)시대고시기획
출 판 등 록	제10-1521호
주 소	서울시 마포구 큰우물로 75 [도화동 538 성지 B/D] 9F
전 화	1600-3600
팩 스	02-701-8823
홈 페 이 지	www.sidaegosi.com
I S B N	979-11-383-0891-5 (13000)
정 가	37,000원

시대북 통합서비스 앱 안내

시대에듀

연간 1,500여종의 실용서와 수험서를 출간하는 시대고시기획, 시대교육, 시대인에서
출간도서 구매 고객에 대하여 도서와 관련한 "실시간 푸시 알림" 앱 서비스를 개시합니다.

이제 수험정보와 함께 도서와 관련한 다양한 서비스를
찾아다닐 필요 없이 스마트 폰에서 실시간으로 받을 수 있습니다.

사용방법 안내

1. 메인 및 설정화면

— 로그인/로그아웃

— 푸시 알림 신청내역을 확인하거나 취소할 수 있습니다.

— 시험 일정 시행 공고 및 컨텐츠 정보를 알려드립니다.

— 1:1 질문과 답변(답변 시 푸시 알림)

2. 도서별 세부 서비스 신청화면

메인화면의 [콘텐츠 정보] [정오표/도서 학습자료 찾기]
[상품 및 이벤트] 각종 서비스를 이용하여 다양한 서비스를 제공 받을수 있습니다.

향후 서비스 자동 알림 신청
(위 도서와 관련되어 제공되는 모든 자료 / 서비스에
대하여 추가 자료 및 서비스 발생 시 알림 자동신청,
신청되지 않은 도서에 대해서는 알림이 제공되지 않
습니다.)

[제공 서비스]

- **최신 이슈&상식** : 최신 이슈와 상식 제공(주 1회)
- **뉴스로 배우는 필수 한자성어** : 시사 뉴스로 배우기 쉬운 한자성어(주 1회)
- **정오표** : 수험서 관련 정오자료 업로드 시
- **MP3 파일** : 어학 및 MP3파일 업로드 시
- **시험일정** : 수험서 관련 시험 일정이 공고되고 게시될 때
- **기출문제** : 수험서 관련 기출문제가 게시될 때
- **도서업데이트** : 도서 부가자료가 파일로 제공되어 게시될 때
- **개정법령** : 수험서 관련 법령개정이 개정되어 게시될 때
- **동영상강의** : 도서와 관련한 동영상강의가 제공, 변경 정보가 발생한 경우
- **★향후 서비스 자동 알림 신청** : 이 외의 추가서비스가 개발될 경우 추가된 서비스에 대한 알림을 자동으로 발송해 드립니다.
- **★질문과 답변 서비스** : 도서와 동영상 강의 등에 대한 1:1 고객상담

⑦ 앱 설치방법 ▶ Google Play   Available on the App Store

← 시대에듀로 검색

※ 본 앱 및 제공 서비스는 사전 예고 없이 수정, 변경되거나 제외될 수 있고, 푸시 알림 발송의
경우 기기변경이나 앱 권한 설정, 네트워크 및 서비스 상황에 따라 지연, 누락될 수 있으므로
참고하여 주시기 바랍니다.

※ 안드로이드와 IOS기기는 일부 메뉴가 상이할 수 있습니다.

전산직 · 계리직 공무원 채용 대비
최근 12년의 기출문제를 분석하여 이론에 완벽 반영한 기본서!

기술직 공무원

9급 컴퓨터일반

최신 · 과년도 기출문제

기술직 공무원

9급 컴퓨터일반

기술직 공무원

9급 컴퓨터일반